U0515135

序

党的二十大报告指出，“教育、科技、人才是全面建设社会主义现代化国家的基础性、战略性支撑”，要“深入实施科教兴国战略、人才强国战略、创新驱动发展战略，开辟发展新领域新赛道，不断塑造发展新动能新优势”，“全面提高人才自主培养质量，着力造就拔尖创新人才”。新时代赋予高等教育新的使命和职责。

武汉大学始终将人才培养作为根本任务，致力于探索拔尖创新人才培养新模式、新路径，不断优化人才培养结构，深化人才培养体制机制改革，规划构建拔尖创新人才培养新蓝图。学校以国家重大战略需求为牵引，结合学习贯彻党的二十大精神和习近平新时代中国特色社会主义思想主题教育，聚焦建设世界一流、中国特色、武大风格的拔尖创新人才培养体系，制定《武汉大学关于新时期加快本科拔尖创新人才培养的若干意见》等 1+3 文件，召开全校拔尖创新人才培养大会，发布《武汉大学拔尖创新人才培养行动计划》《武汉大学数智教育白皮书》，汇聚了武汉大学拔尖创新人才培养的前瞻性思考、全局性谋划、战略性布局、整体性推进，以全链条、贯通式培养推进学校拔尖创新人才“成高原”“起高峰”的发展方向与具体举措。

为深入探讨拔尖创新人才培养，创新人才培养理念和人才培养模式，构建拔尖创新人才培养新格局，2023 年武汉大学第四届“教与学的革命”珞珈论坛以“拔尖创新人才培养”为主题，通过举办工作坊、专题研讨会、师生座谈会、调研会、报告会、经验分享会、示范课、教学竞赛、社会实践等系列主题活动，深入探讨拔尖创新人才培养模式、培养机制、人才培养方案、课程改革、实验教学改革、专业实践、校企合作、学生竞赛等内容。本次论坛对进一步聚焦国家重大战略，努力创新一流培养模式，建设一流师资队伍，构建一流课程体系，完善一流保障机制，营造一流育人文化，加快建设和完善世界一流、中国特色、武大风格的拔尖创新人才培养体系，着力培养担当民族复兴大任的新时期拔尖创新人才产生了良好效果。

在论坛开展期间，广大教师和学生积极参与研讨并撰写相关教学研究论文。为促进经验交流与分享，我们特编纂了这本优秀论文集。论文作者从不同角度、不同层面，对拔尖创新人才培养的理念、模式和实践探索进行深入思考，为学校人才培养提供了宝贵经验和有益参考与借鉴。让我们以此为新的起点携手共进，共同推动拔尖创新人才培养事业的发展，为培养大批担当民族复兴大任的新时期本科拔尖创新人才而努力！

周叶中

目　录

教师编

学生编

教师编

跨域融通与强基拓新

——新文科背景下武汉大学中文拔尖创新人才培养的探索与实践

裴　亮　于　亭

（武汉大学　文学院，湖北　武汉　430072）

【摘　要】为党和国家培养面向国家重大战略需要和经济社会发展新要求的中文专业人才，是当下语言文字教育工作的使命担当。武汉大学文学院致力于在“新文科”建设中坚持以立德树人为根本，以培养中文学科基础拔尖人才为核心任务，以面向国家重大文化发展战略需要为出发点，以新理念、新方向与新标准来重新审视新时代中文专业人才必须具备的专业能力素养与核心知识架构，积极构建“科际融合”的课程体系，深入推进“科教协同”的育人机制，全力打造“拔尖型、专业型与通识型”多元一体的人才培养体系，从而构建“以育人育才为中心、以成人教育引领成才教育”的中文教育新格局，培养中华文化的传承者、中国声音的传播者、中国故事的书写者。

【关键词】新文科；强基计划；科际融合；拔尖创新；人才培养

【作者简介】裴亮（1982— ），男，土家族，湖北长阳人，博士，武汉大学文学院副院长，副教授，主要从事中国现当代文学研究，E-mail：peiliang@ whu. edu. cn；于亭（1968— ），男，江苏扬州人，博士，武汉大学文学院院长，教授，主要从事中国古典文献学研究，E-mail：justinyu@ 163. com。

【基金项目】教育部2022年度基础学科拔尖学生培养计划2.0研究课题“新文科背景下‘四通中文’拔尖人才培养的科际融合课程体系研究”（项目号20222132）。

一、问题的提出

伴随着“新文科”概念于2018年教育部产学合作协同育人项目对接会上的正式提出，这项作为教育部“四新”建设组成部分的重要政策，因其对当前高等教育改革理念、培养模式、专业结构与课程体系的重新布局与综合改革而引起了教育界的积极反馈。2019年，教育部联合科技部等13个部门联合启动“六卓越一拔尖”计划2.0，是“新文科”由概念、政策走向实施阶段的重要标志。一系列政策文件的推出也对新文科建设的具体内容和要求提出了更高层次的目标，也就是在对教育质量进行全方法提升的基础上，构建中国特色哲学社会科学学术体系。2022年10月，党的二十大报告提出“加快构建中国特色哲学社会科学学科体系、学术体系、话语体系"等要求，这为新文科建设的理论研究和实践探索提供了根本遵循。在此意义上，从传统中文学科的角度出发来进行新文科建设，对文科基础教育改革与中国特色哲学社会科学话语体系建设无疑都具有重要意义。

2020年以来，学术界对"新文科"建设进行了深入的讨论。据有关学者统计：至2022年12月31日，中国知网(CNKI)总计收录3880篇以"新文科"为主题的文献，其中2022年发文2059篇，包括学术期刊1646篇、特色期刊300篇、学位论文26篇、会议57篇、报纸30篇，2022年发文量占总发文量比重高达53.1%。[1]学者们关注的议题主要集中在政策解读、路径探讨以及具体专业人才培养的个案研究三个方面。而纵览三个方面的研究成果，众多学者指出了"学科融合"与"中国内涵"的重要性。如王铭玉等认为新文科是在新的时代背景下传统文科的转型升级，具备战略性、创新性、融合性、发展性四大特点。[2]周毅等认为新文科建设要以现有文科专业为基础，同时根据科学技术和社会发展的新需求推动教学内容和教学模式的变革。[3]陈凡等撰文指出，新文科建设不应是文理交叉的老调重弹，更要在立德树人方面彰显中国文化的内涵。[4]

这些重要观点对我们思考传统中文学科如何进行新文科建设提供了理论指导，但也有一定的局限性，最大的问题就在于未能充分认识与阐释新文科与传统文科发展脉络之间的深刻联系，且未能与国内已有的高等教育改革实践相结合，进而落到行之有效的实践层面。新文科建设是提升哲学社会科学高等教育质量、创新文科人才培养机制的重要举措。而传统中文学科人才培养模式主要存在以下四个方面的不足或问题：

第一，信息技术与中文教育融合深度不够、关系定位不准，存在"重数字技术、轻数智思维"的问题。传统中文与信息技术的连接与交叉，往往多停留在中文信息技术处理、语音识别等技术层面。"数字"与"中文"不应该是简单的嫁接或是单方面的从属关系，而应该是一种从思维方式到技术体系的深度双向联合。

第二，以往的中文专业教学改革，多以"文史哲一体化"的思路展开，存在"重文科内拼盘，轻跨科际融合"的问题。以往拼盘式的人文科学试验班培育模式，不过是文史哲三系核心课程的简单组合叠加，缺乏整体的人文科学意识，课程架构缺乏内在逻辑，损害了专业性教育带来的学科意识和训练效果。

第三，以概论式课程为主的传统中文教育，存在"重文史知识，轻科学精神"的问题。中文系的培养环节，除了部分语言学科涉及信息处理与人文计算之外，对科学精神和科技思维都严重忽视，尤其欠缺与社会科学、自然科学交叉融通的视野。

第四，理论知识传授与实践能力培养脱节，存在"重理论、轻实践"的问题。传统中文学科人才培养注重学生理论功底的涵养，而对实践教学重视不够，以致学生对国情民生关注思考不够，分析问题和科研实践能力较为薄弱。

鉴于既有研究存在的不足与传统中文教育存在的问题，本文期待通过对新文科建设的特征及其核心要素进行界定与说明，同时结合武汉大学文学院"四通中文"拔尖创新人才培养模式改革的实际，提出传统人文基础学科进行新文科建设的可操作性现实路径。

二、精专与博雅的“博弈论”：新文科的发展脉络与基本结构

大学是教育的场所，教育是大学的本质。即便以现代的研究型大学来说，学术研究和知识创新，也应以教育和培养年轻人为归宿和目标。因此，思考大学提供何等教育，以及如何通过教育，引导学生面向社会、面向未来，塑造开放而稳健的心智，是当前多元多变的世界最重要的话题。新文科建设需要面对社会的巨大变化和未来的挑战，也应当用“引领”来完成“调适”。新文科建设可以分为以下两个层面：(1)文科专业教学层面的新文科建设；(2)作为大学本科人才培养的人文通识基础的新文科建设。本文重点探讨第一个层次的理论与实践，即现有中文学科专业教学与人才培养的新文科建设思路。

新文科教育，并非等同于“通识教育”(general education)，是立足于专业教育，融合博雅教育(liberal arts education)精神，以摆脱传统专业教育的职业主义误区和专家式培养，从而全新提升品质的新型文科教育。新文科教育的核心是博雅教育或称自由教育。芝加哥大学前校长罗伯特·梅纳德·哈钦斯(Robert Maynard Hutchins)说“经由博雅技艺和伟大作品展开的教育，是对最优秀者的优质教育”，列奥·施特劳斯(Leo Strauss)则更好地阐释了博雅教育的理念，称之为“在文化之中或朝向文化的教育”，他进而说：它的成品是一个文化的人(a cultured human being)。“文化”首先意味着农作：对土壤及其作物的培育，对土壤的照料，以及按其本性对土壤品质的提升。“文化”衍生性地且在今天主要地意味着对心灵的培育，按心灵的本性对其内在能力的照料和提升。就像土壤需要其培育者那样，心灵需要老师。[5]正如他所说的，博雅的教育“是大众文化的解毒剂，它针对的是大众文化的腐蚀性影响，及其固有的只生产‘没有精神的专家和没有心肝的纵欲者’的倾向”，因此它“唤醒一个人自身的优异与卓越构成”。[6]施特劳斯在此强调的是通过通识博雅教育来唤醒个体的内在自由和卓越的含义。

博雅教育的理念，高度诉诸古典传统对于人性卓越和现代社会理想的意义，因此，伟大的书(great books)成为这种教育的重要媒介。哈钦斯通过编纂《西方世界伟大著作》来进一步实践和发展了这一观点。它是一套54卷的大型丛书，汇编了上下2000多年(从公元前8世纪到19世纪末)，从荷马到弗洛伊德共74位哲学家、思想家、科学家的443部代表作的全文。编纂这套丛书的原因，在他看来：首先，教育的根本目的，是要使受教育者对自己的文化传统有所了解，有所体现；历代名作，经过时间考验，其思想，其智慧，长放光芒，是文化传统的记录和代表；因此，好的教育唯有通过阅读历代伟大著作来进行。其次，哈钦斯的这一主张，也是针对西方、特别是美国的现实社会情况，提出的匡救时弊的具体措施。哈钦斯认为，当今美国科学、技术、工业高度发展，人民物质生活极为丰裕，但精神生活方面却有很多毛病；这就需要通过阅读名著，进行文化传统教育，使人们有智慧，善思考，有理想，方能抵制庸俗、低劣的风习，享受良好的社会生活。[7]

基于此，新文科教育，以古典人文和时代智慧作为核心内容，强调文科学生必须将伟大经典的深读和研讨作为持续教育的终身目标，并且在四年本科学习的期间，围绕着经典及其思想持续地展开训练。

然而我们意识到，除了伟大的精神遗产之外，身处政治经济全球化浪潮的人类，必须深刻理解变革的动因及其趋势。文化多元和地缘政治体、族群意识和利益分歧、自然界的有序理解和无序现实、数字化生活、虚拟社群及其交互、人工智能、技术发展带来的伦理生活困境等，需要教育对于变革展开探索性的知识回应和价值预估，需要受过良好教育的年轻人对之有所了解。因此，文科教育中社会科学系科的学生，固然需要大幅度提升人文教育的比重，人文学科的学生更加需要加强经济理论、政治和社会理论的高水平训练。而文科学生都要加强科学和技术领域相关知识的学习。

因此，新文科的设计旨在提供一种综合教育(comprehensive education)，它摒弃以往的专业教育加“通识教育”或“素质教育”的模式，亦摒弃以往各类人文社科试验班所采取的拼盘式的“跨学科”(multidisciplinary)教学模式，以人文教育为核心，诉诸人文、社科、科学意识的融通和综合，全面提升学生的读写能力和想象力，并发展出建设性的批判思维，产生捍卫价值和共享遗产的整体思维和文化精神，从而催生创造力和深思熟虑的见解。其基本框架是，以学问和思辨教育为基本面目，通过整合的哲学思维和判断力、审美体验和文学、古典文明和现代世界、人类行为和社会理论、科学精神和技术趋势五个模块的课程设计，以对人类知识和思想中具有重要意义的“点”的探索展开，代替面面俱到、无所用心的浮泛概论知识，辅之以语言和思维写作训练，实施完整的富有挑战性的大学文科教育。五个模块的课程设计内涵，旨在从思辨能力、历史认知和价值判断、美学感知、科学精神、对技术力量的想象五个方面对学生展开系统的训练。

三、通才与全人的“培养皿”：新文科框架之下的核心教育理念

大学是教授普遍知识，提升和培护人性，捍卫精神价值和作为“普遍的善”的知识的场所，而不是“为工作而学”的场所。高等教育虽然以系科专业作为教学和研究的施设，但是从培养人、养成人性的教育来说，应该博雅精当，充满挑战性和思想探索。我们都应该承认，教育最终是以人为目标，使人成其为人，焕发人性，而不是仅仅把人当作实现目标的手段和秉持技能、为生计的存在。

1. 从专业训练到整体视域

新文科教育是立足在现有的人文社科院系专业教育基础上的新教育模式，它融合了文史哲和社会科学诸领域的学科思维，但不是文史哲和社科的相加。以往的拼盘式的人文科学试验班模式，缺乏整体的人文科学意识，对于社会科学研究领域缺乏兴趣和关注。其学生培养模式不过是中文、历史、哲学系的概论课程简单相加，课程架构缺乏内在逻辑，课程内容陈陈相因，泛释无义。由于三个大的研究领域的拼盘式叠加，学生在学习草草构架，缺乏内在关联的各学科知识的同时，也损害了专业性教育带来的学科意识和训练效果。新文科教育的思路是，将人文科学看成是追问和理解人的意义世界的整体的问题意识的领域，因此这种整体的问题意识关怀，应该在知识教育上加以梳理和体现。人类的历史意识、文明和身份感知、形而上学的思考、人文想象力，也应该在知识教育中通过富有关

联和逻辑的课程层次递进地加以展现，并付诸教学。同时，这种学科视域整合的教育，如果得到审慎、明智和得当的设计的话，完全可以提升专业教育的深度和精度。

新文科教育不同于以往大学所推行的“通识教育”。新文科教育是大学文科专业教学体系的深耕和提升。相比于传统的专业教育，它揭示了人文教育和人文学研究的旨趣，并且由于以往分门别类的知识格局被审慎地思考和整合重组，拓宽了人文知识的领域及其维度，大大加强了人文学研究的思想可能性、人文关怀和社会关怀。同时，社会科学各专业，因为加强了人文传统和价值关怀、哲学思维和历史意识的训练，可以很好地摆脱田野调查、统计精算、资本和资源形式、法律和技术条款带来的工具理性思维，从而实现未来社会中劳作的人向思想和创造的人的转变。

2. 从多学科模式到学科交融模式

以往的文科教学改革往往以多学科叠加为思路展开，所谓的多学科，在教学环节上变成了多个学科知识的课程相加。课程的设计和讲授都充溢着强烈的专业化色彩，内容则以浮泛的概论为主，导致学生的知识结构呈现拼盘式、万金油、凌乱丛杂的状况。学科知识之间隔阂割裂，学科思维彼此冲突，既不能达致某一学科专业知识的精和通，亦没有培养起学科交互的眼光和跨域思维的能力。另外，以往的多学科培养多在传统人文学的文史哲系科内部展开，称之为“文史哲不分家”，却未培养出完整的人文视域。同时，全球化、社会变革、知识爆炸、高等教育扩张，使得人文学科教育既未坚定地引导学生深切理解遗产的伟大力量，又对变革缺乏理解，导致知识陈旧，形同套话。社会科学各系科，则因专业知识与职业化过分贴近，丧失了从根本上理解和解释人类行为，探究社会的问题关怀，显得技术过剩，思想匮乏。同时，整个人文社科教育，高度忽视科学精神和技术理念，人文社科科系的学生，除了部分学科的学生精于运算(calculating)之外，对科学的精神和技术的动力相当隔膜。当技术社会、商业社会、地缘政治-行政社会的技术组织和运作形态导致严重的工具异化、伦理困境、生存绝境而动力衰竭的时候，原本应该继承精神遗产，关注社会变革，提出深沉成熟而富有价值意见的人文社科领域却漠然无应，无所措其手足。因此，新文科的建设希望在科际交叉上多有思考和设计，不是止于“文史哲不分家”，而是在人文学术、社会科学、自然科学、技术应用多领域有所设计。在当代知识新和变、确定性和不确定性的背景下，教学环节应该激发思维，对于新领域、新知识和新话题加以考虑，尤其在现代世界的形成和心智表达、大数据环境下的社会变革和伦理问题、群体生活和自然互动、物理的宇宙探索和价值意义上的人类命运、物质-商业和幸福感的冲突、价值冲突和共同人性的可能、技术可能性和合理的善等方面加强教学和探讨。这些都旨在通过专业知识交叉综合的教学，增强学生对人生和社会、过去和未来、知识和价值的重大问题的关注和思考，并且培养学生有能力对之展开独立的批判性思考。

3. 知识和价值、心智与能力并重

文科，尤其是人文科学知识，以人的处境和人的行为为研究对象。人文传统和时代智慧的内容以及人类社会的经济政治的历史和现状，支撑着文科的学科知识体系。其中，人

文价值和社会关怀是人文社科领域知识应该具有的问题关怀。长期以来，概论式教学传授的学科知识已经成为丝毫不诉诸内在价值的书本言辞，学生一方面对这种浮泛的知识感到厌倦，另一方面因常年受到这种知识的熏染，而对人类的精神遗产缺乏了解与敬畏，对于智识的严肃性和人生的严肃性缺乏基本概念和感受。所以新文科教育，应该在知识形态的教育中以古典与现代、遗产与变革为主要线索，持续展示对于人的命运和生命意义、人的尊严和相互责任、正当性和责任感的关注，提升学生对于富有旨趣的知识的热情，以及对责任的追寻，从而挖掘和召唤人的卓越。

心智的力量、稳定性、理解力如果没有经年累月的努力和训练通常是无法得到的。智识需要经历艰辛的磨砺，才能逐渐成长和成熟。模式化、套路化的概论知识，不能够砺炼智性；缺乏旨趣的知识教育，使得大学教育对于心智缺乏挑战。普通大学教育对于学生成长来说，成为“封顶”的教育，限制了其人生发展和想象力、创造力。而当中国社会面临社会转型期的痛苦的时候，面对高质量发展的瓶颈的时候，教育应当反思和勇于承担责任。同时，理解人类精神遗产，应对社会变革和未来未知的问题，都需要宏远成熟的心智，这对新一代人才提出了更高的要求，因此也是教育急需优先回应的问题。

四、强基与拔尖的“辩证法”：文学院创新人才培养模式的探索

武汉大学本科“新文科”教育改革规划，脱胎于以“成人”教育统领“成才”教育的本科教育理念。这一理念认为一流大学的教育内涵，在于提升心灵，养成人文，锻造心智，激发创造，培养学问，捍卫价值。因此提出诉诸人文传统和时代智慧，以珍视禀赋和完善心智为教育的责任。2010 年开始以“弘毅学堂”国学班和数理金融班两个人文社会科学试验班为试点基地，率先展开了教学改革实践。2010 年，武汉大学在入选教育部基础学科拔尖人才培养试验计划之后，在教育部规定实施的五个理科学科试验班序列之外，自行设立了人文社科试验班自主培养项目。经过全校的设计和竞争，最终在创新人才培养方面实践有年、富有特色、成绩突出的国学试验班和数理金融班入围，成为与理科试验班并列的文科试验教学建制。经过近十年的校级支持运营，以整合的高端人文学术型教育为特色的“弘毅学堂”国学班和以国际化、前沿理论型社科教育为特色的“弘毅学堂”数理金融班都走出了一条充满特点、成绩斐然的教学改革实践之路，人才培养卓有成效，人才品质显著提升。在此基础上，武汉大学成立弘毅学院，对人文社科试验班序列进行了重新设计和升级，在将文史哲、国学整合的基础上组建了“弘毅学堂”人文试验班，成为实施武汉大学本科教育新文科战略的试验基地。弘毅学堂将文科拔尖人才培养定义为：以闳深的人文教育为中心，将文明传统、时代智慧、批判思维、想象力作为核心目标，所展开的对人的总体培养的新型文科教育。它培养学生的好奇心，关注严肃的学习和智识成长之间的关系，养成批判性思维和创新意识，培育社会责任感和价值意识，塑成学生自我完善和自我教育的内在冲动。我们希望由此纠正高度专业化的教育中职业教育将人工具化的弊端，使高等

教育重拾梦想，即以人文教育为内核，而非简单的知识-技术教育。

与弘毅学堂的“拔尖人才”培养并行，文学院积极参与并实施汉语言文学“强基计划”，以立德树人为根本，以培养中文学科基础拔尖人才为核心任务，以面向国家重大战略需要和经济社会发展新形势为出发点，以新理念、新方向与新标准来重新审视新时代中文专业人才必须具备的专业能力素养与核心知识架构，对传统中文学科的培育模式进行全方位改造升级，积极构建“科际融合”的课程体系，深入推进“科教协同”的育人机制，努力促进现代信息技术与中文专业的深度融合，全力打造“拔尖型、专业型与通识型”多元一体的人才培养体系，从而进一步提升数字时代中文学科人才的专业广博度、职业适应性与行业竞争力。

“强基计划”汉语言文学专业(古文字学方向)的人才培养，以武汉大学文学院、古籍整理研究所冷门绝学传承教师团队、简帛研究中心、中国传统文化研究中心等团队为主体，开展多学科交叉、人文学互融的学术专精教育。2020年，武汉大学“强基计划”首次招生，学院根据“强基计划”旨在服务国家重大战略需求，加强基础学科拔尖创新人才选拔培养的总体目标，结合文学院实际，成立“强基计划”拔尖创新人才培养专业委员会，制订了本科人才培养方案。然而，设计之初，存在“重语言、文字学科内拼盘，轻科际深度融合”的问题。在课程设置上，延续以概论式课程为主的教育模式，存在“重知识传授，轻方法训练”的问题。在培养模式上，理论知识传授与实践能力培养脱节，存在“重理论、轻实践”的问题。面对这些困境，文学院及时调整培养方案，依据“强基计划”教育改革总体目标，针对强基班学生生源和培养特点，以“精心遴选、动态考核、精心引导、培育卓越”为理念，打破学科壁垒，推动多学科交叉融合，共同搭建拔尖人才培养共享平台。具体包括凝练由国家级教学名师和国家级人才领衔、专业骨干教师参与的“强基计划”古文字方向人才培养教学团队。实施“一对一”导师制，指导学生的学习及科研活动，保障本硕博衔接培养的连贯性与教学指导的针对性。学院充分发挥自身特色和优势，推进科教融合，打造系统、规范、全程的科研能力培养体系。依托利用省级实践教学中心——中国语言文学实践教学中心，在学生培养过程中突出实践教学，开展学生自主的语言文字应用状况和湖北省人文资源调研，建立多层次、开放式实践教学模式，实现综合性、研究性、创新性的统一。

对比2020级、2021级学生发展情况，学生专业认同度显著提升，专业基础得以坚实巩固，基础学科拔尖人才培养初见成效。从平均学分绩点来看，2020级第一学期，学分绩点3.7以上的，占46%；2021级第一学期，学分绩点3.7以上的，占82%。从同期对比来看，至2022年春季学期，2020级平均学分绩点3.7以上的占46%，2021级平均绩点3.7以上的占82%。一方面，反映出修订后的培养方案更加符合本科生学习成长规律，更有利于培养基础学科拔尖人才。另一方面，也说明学生专业学习的热情更高，对该专业也更加认同，学习效果显著提高。2020级前三学期GPA分布情况见图1。

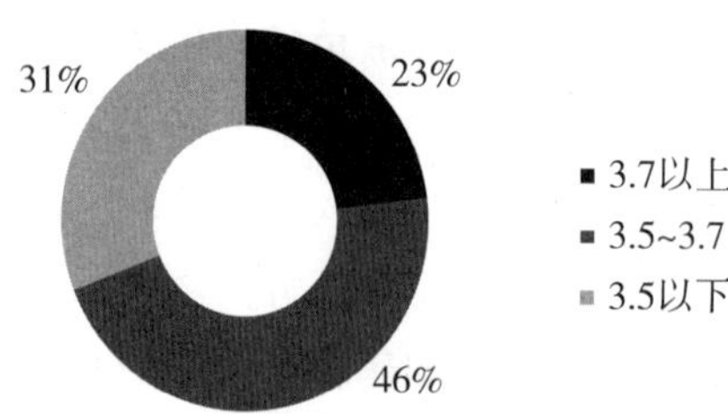

图 1　2020 级前三学期 GPA 分布情况

“强基班”在课程设置上，专业理论课、专业研讨课、实习实践课单独编班实施教学和运行管理。核心课程和部分选修课程，结合小组研讨形式进行教学，强调课堂报告与讨论，注重培养学生自主学习能力和独立思考能力。学生核心课程优秀率(部分核心专业课)亦有亮眼表现(见图 2 和图 3)。

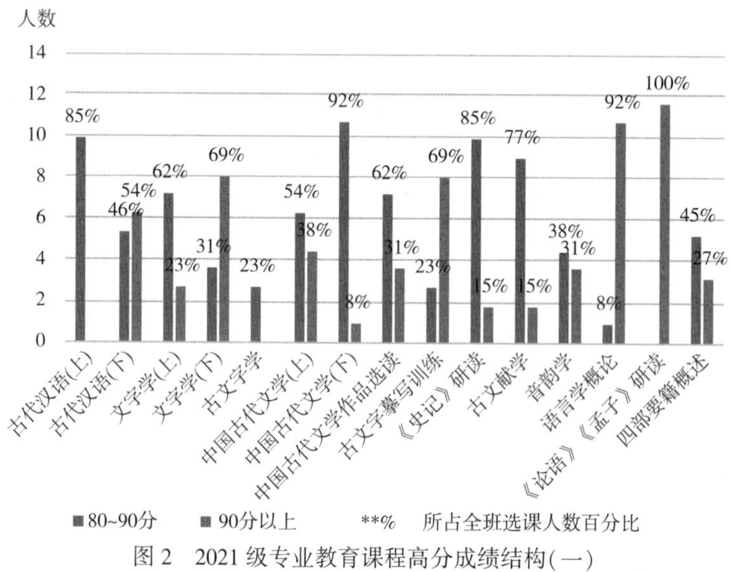

图 2　2021 级专业教育课程高分成绩结构(一)

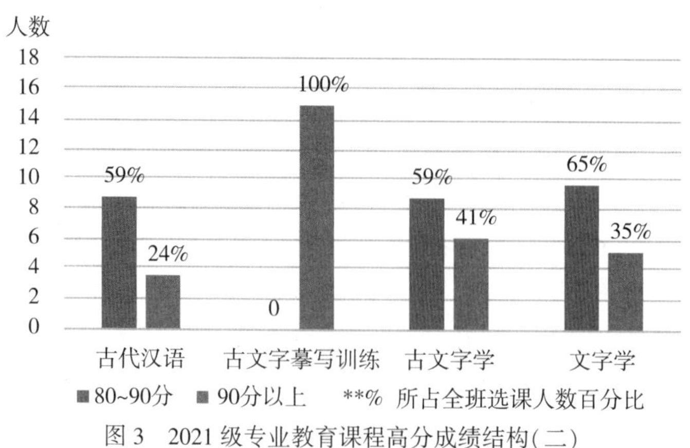

图 3　2021 级专业教育课程高分成绩结构(二)

经过近两年的探索、优化，武汉大学文学院明确了“强基计划”汉语言文学专业(古文字学方向)拔尖人才培养的总体目标，制订了相对完善的培养方案，形成了较为稳定的培养模式，以及切实可行的过程管理、分流管理实施办法。

五、跨域融合与四通中文：文学院新文科建设的实践路径与成效

为党和国家培养面向国家重大战略需要和经济社会发展新要求的中文专业人才，是当下语言文字教育工作的使命担当，本项目紧密围绕“一个中心”(以培养中文基础拔尖人才为中心)、通过科学利用“两条路径”(博雅通识与科际融合)、坚持实施“基地三制”(导师制、书院制、学分制)，以“四通中文”(文理打通、知行打通、中西打通、古今打通)为理念打造全新升级的新文科课程体系，构建“以育人育才为中心、以成人教育引领成才教育”的中文教育新格局，培养中华文化的传承者、中国声音的传播者、中国故事的书写者。

1.“科际融合”：以2023版培养方案修订为重心，着力构建适应新文科发展目标的“科际融合”的本科人才培养体系

在学校总体框架的指导下，确定了“精简大类平台课程门类，夯实专业核心课程基础，推进准出课程整合升级；专业选修课模块化设计，提升课程体系的清晰度；加强实践教育与专业教育的有机融合”的修订方针，深化大类培养模式改革，革新培养方案，建设科际融合的课程体系。学院“新文科背景下‘四通中文’拔尖人才培养的科际融合课程体系研究”，获批2022年度教育部基础学科拔尖学生培养计划20研究课题立项。此外，还获批教育部语合中心项目1项、湖北省省级教改项目2项、武大教育质量综合改革一流本科专业建设项目3项。于亭院长主持完成的省级教学研究项目“武汉大学‘新文科’建设的理论研究和实践框架”获评优秀。学院连续7年获武汉大学本科教学评估A类。

2.“脱水炼金”：以培育和建设“卓越课堂”为中心、以学生需求和国家重大发展需求为导向，构建一流课程体系，营造一流育人文化

课堂是立德树人的主渠道，课堂教学是人才培养的主阵地。文学院始终将提高人才培养质量作为实现高质量、内涵式发展的重要途径。本着“高度重视、科学规划、顶层设计、长期投入、梯级建设”的课程建设总体思路，文学院深化本科课程改革，不断提高本科人才培养质量。文学院课程建设方面卓有成效，目前文学院教师主持的14门课程已被认定为国家级一流课程，不仅在全校首屈一指，在全国中文院系中也是独占鳌头。此外，获批省级一流课程3门，建设校级以上课程62门，其中基础通识课1门、核心通识课4门、一般通识课29门、首批跨学院公共基础平台课1门。获学校研究生精品课项目1项、3门课程入选全校研究生公选课。业已形成了校级慕课立项、省部级精品课程打磨、国家级一流课程认定的梯级课程建设体系。

3.“数智中文”：以人工智能写作实验室申建为亮点，进一步深化现代数字时代智慧中文学科建设

新文科建设是用新视角、新范式、新方法来进一步拓展传统文科的外延，进而带动传统文科转型升级。从传统的“中文+计算机处理”的单一模式，转向综合利用网络技术、多媒体技术等新兴技术发展新型跨学科中文研究领域。将“数智中文”作为新文科建设的尝试，探索发展数字人文与文学地理学、文学生态学、融媒体创意写作等新兴交叉学科，对标全球学术前沿，拓展人才培养半径。实践教学中心获批湖北省优秀基层教学组织，通过落实教育部修购专项资金三期获批经费累计 500 余万元，初步建成了“汉语语音教学实验室”“语言学习与认知科学实训实验室”“普通话模拟测试与训练实验室”等多个实验室用语实践教学。设计并打造“人工智能写作教学与创研实验室”(一期)，并成功申报国家贴息贷款 200 万元。获得 2022—2023 年校级虚拟仿真教学实验项目 3 项(见表 1)，在虚拟仿真教学资源建设的道路上迈出了关键的一步。

表 1　**2022—2023 年校级虚拟仿真教学实验项目**

年份	2022 年项目	2023 年项目	2023 年项目
项目名称	语言障碍测评及康复训练虚拟仿真课程	基于全球胜任力的海外中文差异化教学设计虚拟仿真实验	非虚构写作流程虚拟仿真实验
主持人	王宇波	欧阳晓芳	余蔷薇
级别	校级	校级(A 类)	校级(B 类)

4.“科教协同”：贯彻研究性、高水平、创新型拔尖人才培养导向，依托学院高水平科研平台推进教研协同育人，推动研究型学习和创新性发展

文学院始终将创新创业教育贯穿于人才培养的全过程。依托特色科研平台，推进教研协同育人。本科培养方案中均专门设置“创新实践”2 个必修学分，鼓励并倡导学生平时课外自己进行创新性写作训练，发表论文、文学作品，进行各个级别的大学生创新创业项目立项训练。通过指导学生参加竞赛、申报项目、专业调研，推动研究型学习和创新性发展。2020—2023 年，文学院共立项学生科研项目 89 项，其中国家级科研项目 10 项，省级项目 31 项，校级项目 48 项，位居人文学部前列。学生在《红楼梦学刊》《名作欣赏》等核心刊物上刊发论文。

5.“国际视野”：以全球视野为目标拓展人才培养半径，以多样的学术交流形式提高国际化办学水平和国际影响力

学院以提高国际化办学水平和国际影响力为目标，全面推进与海内外著名大学的学术

交流与合作。学院与澳门大学文学院签订了本科交流培养协议；与罗马大学签订了硕士双证培养协议；与香港城市大学签订了博士合作培养和联合授予博士学位的协议；搭建了武大-杜克大学中西文论对话互鉴研究合作平台。与哈佛、牛津、剑桥等名校进行深度学术交流与合作，并与美国匹兹堡大学、法国巴黎大学、英国阿伯丁大学等大学共建孔子学院及多个实习基地，每年选派100余名国际汉语教育志愿者赴海外孔子学院担任汉语教师，培育中国声音的传播者、中国故事的书写者。

六、结语

本文旨在响应教育部提出的"新时代新使命要求文科教育必须加快创新发展"之精神，助力武汉大学"新文科"建设。通过聚焦"成人"教育目标，探讨如何吸收国际一流高校的教育理念和培养模式，提出体现中国特色、世界一流、立德树人的设计构想和基本方案，进而以提升高等教育中文科教育质量和人才培养水平。其现实意义主要可以总结为以下几个方面：

第一，探索如何以"成人"教育统领"成才"教育，从而有序展开新型文科教育，捍卫精神价值。引导学生诉诸人文思考，将个体情感和社会实践结合，由此更好地理解自己的责任和利益。

第二，打破以往空泛无序的"概论式"教育，以人文教育为核心，让学习者细读经典文本，深入了解古典传统和时代智慧，使之生发出对人类共享精神遗产的认同。

第三，厘清博雅教育和专业教育、整体性思维和专业眼光之间的相互建构关系，使文科教育兼具"博通"和"精专"的特色，令学习者领略到文明传统、批判思维和想象力的相辅相成。

第四，重新思考科际交叉问题，不止步于"文史哲不分家"，而是打破文史哲与社会科学、数字技术的学科专业藩篱。借助信息技术，以充满想象力的方式传授知识，建构课程模块类型教学，布局科际交叉。

武汉大学文学院致力于在"新文科"建设中兼重知识和价值，使高等教育重拾梦想，而非简单施行"知识-技术"教育；致力于回答如何建构真正"好的"大学教育，如何平衡人文传统和时代智慧，如何搭建知识和价值的桥梁，如何令年轻人在学习中培养自我教育的能力以及有旨趣地思考等大学教育的核心问题。武汉大学文学院的本科教育始终坚持以立德树人为根本，以培养中文学科基础拔尖人才为核心任务，以面向国家重大战略需要和经济社会发展新形势为出发点，以新理念、新方向与新标准来重新审视新时代中文专业人才必须具备的专业能力素养与核心知识架构，对传统中文学科的培育模式进行全方位改造升级，积极构建"科际融合"的课程体系，深入推进"科教协同"的育人机制，努力促进现代信息技术与中文专业的深度融合，全力打造"拔尖型、专业型与通识型"多元一体的人才培养体系，从而进一步提升数字时代中文学科人才的专业广博度、职业适应性与行业竞争力。这一系列的改革与探索，既是及时回应时代的要求，也是实现和充实武汉大学"成人"教育理念的重要步骤。它不仅是文科专业教学自身的改善和提升，也是综合类大学整个本科教育环境的丰富和教育竞争力、号召力的提升。

◎ 参考文献

[1]韩萌，正明. 2022年新文科理论与实践研究综述[C]//新文科建设年度发展报告2022. 济南：山东大学出版社，2022：79.

[2]王铭玉，张涛. 高校"新文科"建设：概念与行动[N]. 中国社会科学报，2019-03-21(4).

[3]周毅，李卓卓. 新文科建设的理路与设计[J]. 中国大学教学，2019(6)：52-59.

[4]陈凡，何俊. 新文科：本质、内涵和建设思路[J]. 杭州师范大学学报(社会科学版)，2020(1)：7-11.

[5][6]列奥·施特劳斯. 什么是自由教育[M]. 一行，译//刘小枫，陈少明. 古典传统与自由教育. 北京：华夏出版社，2005.

[7]田乃钊. "伟大的会话"：哈钦斯和他主编的《西方世界伟大著作》[J]. 读书，1985(10)：94-100.

媒体融合背景下广播电视学本科课程设置研究

——基于25所“双一流”高校培养方案的内容分析

洪杰文　张晨欣

（武汉大学　新闻与传播学院，湖北　武汉　430072）

【摘　要】 在媒体融合加速推进的背景下，媒体格局被彻底重构，一个多元、丰富、信息化的传播生态初步形成，这对广播电视学专业人才培养提出了新的要求和挑战，高校应结合自身定位和发展趋势，科学调整人才培养模式。本文围绕国内“双一流”高校广播电视学专业本科培养方案展开讨论，筛选出核心课程和专业必修课程进行编码，借此梳理广播电视学本科专业人才培养的现状，发现复合型、应用型和创新型人才成为多数院校培养目标，但课程设置存在一定问题。基于此本文提出提高课程关联度、突出专业优势、增设数字技术、开展跨学科和实践教学等建议，从而更好地培养适应时代需求的高素质广播电视人才。

【关键词】 媒体融合；广播电视教育；培养方案；人才培养

【作者简介】 洪杰文（1971— ），男，汉族，湖北黄冈人，博士，武汉大学新闻与传播学院副院长，教授，主要从事网络传播理论与实务研究，E-mail：hjwcn@ whu. edu. cn；张晨欣（2001— ），女，武汉大学新闻与传播学院研究生，E-mail：zcxdeyouxiang77 @ 126. com。

【基金项目】 中国高等教育学会2022年度高等教育科学研究规划课题“新文科背景下新闻传播课程体系与教学模式改革调查研究”和2023年湖北本科高校省级教学改革研究项目“全媒体传播人才培养体系的构建与实践”。

从移动通信到大数据、再到人工智能等，快速迭代更新的新媒介技术催生了大量新兴媒体，驱动传统媒体与新兴媒体的融合发展，导致传媒格局发生了颠覆性变化。2023年第六届世界新闻教育大会主题为：“变革与延续：数字时代的新闻教育”，可以看出当今的新闻教育理念正在发生变化。

在媒体融合加速推进的背景下，媒体格局被彻底重构，一个多元、丰富、信息化的传播生态初步形成，这对广播电视人才的能力素养提出了新的需求。在此之下，广播电视学专业人才培养教育应密切关注媒体融合的发展趋势，不断调整培养模式、教育重点、课程体系，以培养适应时代需求和产业环境的高素质广播电视人才。

一、文献回顾与问题提出

（一）关于媒体融合背景下广播电视专业建设的讨论

当下媒体融合正在成为不可逆转的潮流，这不仅极大地改变了信息传播的方式，而且对传媒行业带来巨大的冲击：一是打破传统媒体垄断权，传受主体地位发生转变；二是传播方式由单线传播转向多媒体一对多、多对多传播；三是传媒机构的技术平台、组织机构等进行转型升级。这必然对媒体人才有了新的要求。① 部分学者分析指出，现今高校的培养目标雷同度高，没有形成差异化竞争，且少有前瞻性的预见和创新，需要进一步推动教育改革。② 夏颖比较分析了南京大学、郑州大学等六所高校广播电视专业人才培养方案中的课程体系设置，指出其存在一些问题：一是技术类课程和专业理论类课程之间存在断裂；二是跨专业选修课程相对杂乱；三是课程重复度高、融合性弱、延续性差。③ 面对社会的快速发展和传媒行业的激变，高等传媒教育需要进行改革和广播电视人才培养模式的创新。

（二）关于广播电视学教育既有研究的梳理

1. 人才培养与广播电视人才素养的相关研究

研究者们多强调，高校要加大卓越新闻传播人才培养力度，着重培养创新型、复合型、应用型人才。在传统媒体时代，以政治新闻、人民生活和社会新闻为主，随着时代的发展，新闻采编人员也需要实时更新，关注社会形势和热点，寻找具有时代特征的新闻信息，不断创新新闻报道的内容和形式。④ 孙宜君等学者认为媒体融合环境下广播电视新闻专业需要的是能够运用多种技术工具的“全媒体”型新闻传播人才以及具有复合知识结构和较强信息分析能力的整合传播人才。⑤

媒体行业作为信息传播的重要载体，在数据采集、数据挖掘、数据分析等技术的不断渗透下，已悄然驶入“大数据”的快车道。数据与媒介融合的关系愈加紧密，这也成为一众学者关注的焦点。

---

① 孙宜君，刘进．媒体融合环境下广播电视新闻专业人才培养的思考[J]．现代传播（中国传媒大学学报），2010（11）：120-123.

② 余红．我国 985、211 高校传播学专业培养方案分析[J]．东南传播，2014（1）：12-16.

③ 夏颖．融媒体时代广播电视专业课程体系设置特色及问题研究[J]．视听，2022，187（11）：174-177.

④ 叶德宝．自媒体与融媒体结合下新闻编辑能力的培养[J]．传媒论坛，2020，3（3）：25-27.

⑤ 孙宜君，刘进．媒体融合环境下广播电视新闻专业人才培养的思考[J]．现代传播（中国传媒大学学报），2010（11）：120-123.

2. 人才培养模式调整与改革的相关研究

“人才培养模式改革成为提升高等教育教学质量的首要问题，是高等学校内涵建设的核心。”①互联网时代的媒体融合是传媒领域的一次历史性变革，高等传媒教育在融合语境下不断解构和重构。2014 年，中国人民大学新闻学院新闻传播教育课题小组对 18 所国内新闻传播院系进行了调研，发现各新闻传播院系教学改革集中于 5 个方面：通识教育与专业教育比重的调整、具体专业的边界淡化、提升国际化路线、建设教学实践基地、优化实验教学。②

在教育理念方面，学界主要针对全媒体和专业性展开探讨。有学者认为传媒教育的服务目标是为社会行业培养具有全媒体传播能力的人才，要由过去的对单一媒介的学习转变为对全媒介课程的学习。③ 与之相似的是跨媒体培养的观点，要打破文本报道、图片报道等单一的培养形式，进行跨学科的培养。但部分学者并不认同培养全媒体人才的观点，指出媒介融合专业学生的培养目标并不主要是全能记者，而是应该培养一专多能型的新闻人才。④

在改革取向方面，学者们提出了四个重点方向：一是知识复合与学科交叉；二是开设媒体融合相关课程；三是加强创新能力培养；四是提升实践应用能力。⑤ 不少学者专家认为高校可以和公司企业、新闻机构等社会组织进行合作，“提供两种平台”即校内专业实验室平台和校外专业实习基地平台，联手为学生创造实践机遇。⑥ 部分学者对课程体系建设或者人才培养要求方面给出了一些较为具体的改革方向，如基于 OBE 视角，提出“产出导向”“学生为中心”和“持续改进”三个核心理念。⑦ 还有学者专门对媒体融合背景下广播电视学应用型人才的培养进行研究，认为应该强化技术赋权、赋能思维。⑧ 与此同时，注重新技术新媒介能力培养，但也不能忽略基本的新闻素养，还需要传统新闻技能，如优秀的写作能力。⑨

---

① 钟秉林．人才培养模式改革是高等学校内涵建设的核心[J]．高等教育研究，2013，34(11)：71-76.

② 中国人民大学新闻学院新闻传播教育课题小组，倪宁，蔡雯．媒介融合时代的中国新闻传播教育：基于 18 所国内新闻传播院系的调研报告[J]．国际新闻界，2014，36(4)：123-134.

③ 蔡雯．媒介融合前景下的新闻变革与新闻教育改革[J]．今传媒，2009(1)：21-24.

④ 王杨．媒介融合时代高校新闻教育面临的二元选择——美国密苏里新闻教育模式的启示和思考[J]．中国报业，2013(10)：13-15.

⑤ 范明献．新闻教育时代转型的焦点问题与高校专业改革的实践取向——以四所知名新闻院校广播电视学专业教育为例[J]．新闻大学，2017(5)：120-128，152.

⑥ 孙宜君，刘进．媒体融合环境下广播电视新闻专业人才培养的思考[J]．现代传播(中国传媒大学学报)，2010(11)：120-123.

⑦ 聂伟，徐鑫鑫．基于 OBE 视角的广播电视学专业教学改革研究[J]．新闻知识，2018(8)：57-62.

⑧ 王笑圆．融媒时代广播电视学应用型人才的培养[J]．青年记者，2020(24)：85-86.

⑨ 杜慧贞．全球新闻教育改革五大焦点评析[J]．现代传播(中国传媒大学学报)，2015，37(7)：151-155.

（三）问题提出

通过文献的梳理可以看出当下高校新闻传播教育转型的紧迫，不同学者专家对新闻教育改革的观点，以及对广播电视人才培养方向的建议。技术的发展极大地冲击了传统的媒介生态，并引发社会各个层面的变革，传媒行业也面临更加严峻的竞争和就业状况。人才培养对于媒体发展具有重要意义，媒体融合趋势要求高校新闻教育不断转变思维，以便跟上时代的步伐。

那么当下国内的广播电视学教育呈现怎样的状态？培养目标和取向如何？课程体系如何设置？存在什么问题或局限？又该如何进行调整？这是本文所关注并将进行探索的主要问题。

二、研究设计与对象

（一）研究设计

“大学的独特存在理由与根本职能便是培养人才，是在中学的基础上培养高层次人才。”①而人才培养方案是指导人才培养活动过程的纲领性文件，对提高人才培养质量具有重要作用。

本研究围绕人才培养方案展开，通过对课程的筛选，构建类目，进行编码，形成课程设置编码表。基于先前学者对于广播电视学专业人才培养和教学设置的研究，对“双一流”大学广播电视学本科人才培养方案中的课程体系进行类目构建，总体将课程划分为四个一级指标：思想道德与职业规范、人文精神与科学素养、专业知识与技术能力、创新思维与实践锻炼，在此基础上再划分出对应的二级指标，借此了解和分析当下高校对广播电视专业的课程设置与人才培养情况。

（二）研究对象

“双一流”大学的概念是 2015 年 10 月 24 日印发的《统筹推进世界一流大学和一流学科建设总体方案》中提出的，即以“坚持以一流为目标，坚持以学科为基础，坚持以绩效为杠杆，坚持以改革为动力”为基本原则，加快建设成一批世界一流大学和一流学科，②是培养基础研究人才的主力军和科技创新人才的生力军。“人才培养体系的核心在课程，包括课程体系和每一门课程。”③科学的课程体系是高质量人才培养的关键因素，从中可以看出目前我国广播电视人才培养的发展状况。因此，本研究选择以第四轮 147 所“双一

① 吴康宁．人才培养：强化大学的根本职能[J]．江苏高教，2017(12)：1-4.

② 中华人民共和国教育部．国务院关于印发统筹推进世界一流大学和一流学科建设总体方案的通知[EB/OL]．(2015-10-24)[2023-07-08]．http：//www.moe.gov.cn/jyb_xxgk/moe_1777/moe_1778/201511/t20151105_217823.html.

③ 别敦荣．“双一流”建设与大学管理改革[J]．中国高教研究，2018(9)：1-6.

流”高校中开设广播电视专业的 33 所高校的广播电视学本科人才培养方案作为研究对象。剔除全校通识课程、选修课程、新生研讨课、专业实习、毕业论文等，筛选出其中的专业基础课程与专业核心课程，以这部分培养方案中的课程为框架进行分析。

三、数据呈现

(一)课程设置编码

本研究主要以培养方案中的课程名称为依据，由于各学校课程命名不一，主要根据课程名称理解该课程的教育方向和教学重点，以此对各学校课程进行名称统一和归类。此外，本研究围绕培养方案中的专业基础课程和专业核心课程两部分的必修课程展开，其他选修课程不在讨论范围。部分院校官网未公开其培养方案，最终围绕 25 所“双一流”高校的培养方案展开讨论。课程设置编码见表 1，二级指标课程开设院校比重见图 1。

表 1　**课程设置编码**

一级指标	二级指标	具体要求	实现课程	开设核心/必修课程的院校数量
思想道德与职业规范	政治立场	树立正确的政治信仰，明确国家对于传媒行业的指导要求	实践中的马克思主义新闻观、国情教育、马克思主义新闻观	15
	法律规范	具备法律意识，遵守政策规范	法理学、法学导论、法学	2
	职业道德	保持新闻理想，明白职业责任与行业规范，具有社会责任感	新闻传播法规与伦理、传播伦理与法规、传媒伦理与法律法规	16
人文精神与科学素养	哲学逻辑	具有独立思考和理性思维，锻炼写作创作与数据处理逻辑	西方现代哲学思潮、逻辑学、中国哲学导论、高等数学、统计学、批判性思维	7
	文学艺术	具有一定的文学素养和艺术鉴赏能力	中国文学、大学国文、现代汉语、中国现当代文学经典、中国古代文学经典赏析、西方艺术史、文艺美学	13
	心理与社会	了解大众心理，科学看待和分析各种社会现象、社会思潮	心理学基础、社会学概论、社会学导论、中国现当代社会思潮、社会研究方法、社会心理学、传播心理学	12
	经管与政治	培养对政治的敏感度，帮助理解传播技术的发展	管理学原理、组织行为学、政治学原理、国际政治概论、经济学原理、公共关系学	9

续表

一级指标	二级指标	具体要求	实现课程	开设核心/必修课程的院校数量
专业知识与技术能力	学科理论	掌握新闻传播学类的基础知识，包括新闻学、广告学、传播学、广播电视学与新媒体	新闻学概论、视听传播导论、现代广告学、新媒体基础、新闻理论、传播学概论、网络与新媒体概论	22
	史论研究	了解新闻传播、广播电视等的发展历史，提升对新闻事业的鉴别力	中外传播史、中国新闻传播史、世界新闻史、广播电视发展史	9
专业知识与技术能力	新闻业务	掌握采、写、编、评等新闻业务基础，提高视听人才的语言表达能力	电视新闻采写、新闻评论、新闻主持与出镜报道、演讲与口才、出镜记者实务、广播电视新闻采访、非线性编辑	19
	视听基础	了解广播电视专业相关知识，掌握视听创作的基础技术	广播电视系统原理、电视摄像、电视照明、电视画面剪辑、广播电视广告、音响制作与编辑、影视剧作基础、视听语言、视听节目编导	17
	节目创作	具备视听节目策划与创作的能力，了解多种形式的视听语言表达	视听新闻节目生产、电视节目制作、视频制作与传播、电视专题片制作、纪录片创作与实践、电视节目制作实验、融媒体视听表达、直播与现场报道	8
	新媒体能力	了解当下新媒体的应用形式，拥有利用新媒体技术进行视听传播的能力	新媒体应用入门、数据分析与信息可视化、交互技术、计算机辅助视音频编辑、数据新闻、多媒体新闻制作、数字传播技术应用、人工智能与数据科学、新媒体视频实务	4
	媒介研究	理解媒介的历史动态，把握媒介融合的发展趋势	媒介与社会变迁、媒介融合、媒介经营管理、媒介文化专题、媒介技术导论	8
	学术科研	具备学术研究能力，掌握基础的研究方法，以便硕博阶段的深造	学术规范与论文写作、传播学研究方法、新闻传播学研究方法	7
	国际传播	具有开拓的国际视野，拥有使用广播电视专业进行跨文化传播的能力	外国新闻事业、英语电视新闻、跨文化传播	5

续表

一级指标	二级指标	具体要求	实现课程	开设核心/必修课程的院校数量
创新思维与实践锻炼	创意表现	加强视觉表达能力，培养自我创新意识	广告创意与策划、视觉创意与表现、视觉传达、电视节目创意与策划	3
	专业实践	将理论与现实结合，具备视听节目制作的实际操作能力	全媒体传播实验、新闻采编实践、影视摄录实践、电视节目编辑与制作实践	3

注：开设核心/必修课程的院系数量取所含课程中开设课程院校的最大值。

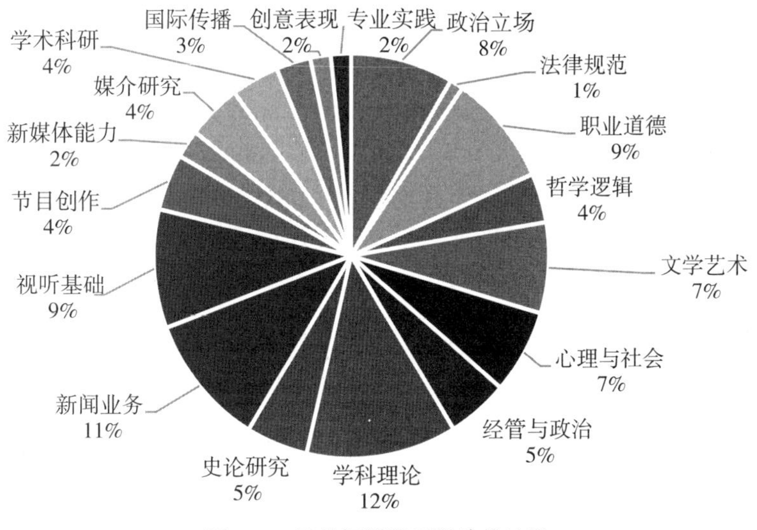

图1　二级指标课程开设院校比重

总体而言，政治立场、职业道德、文学艺术、心理与社会、学科理论、史论研究、新闻业务、视听基础和节目创作是较具共性的课程指标。具体课程表现为：马克思主义新闻观、新闻传播法规与伦理、文艺美学、社会学导论、新闻学概论、现代广告学、传播学概论、网络与新媒体概论、中国新闻传播史、电视新闻采写、新闻评论、电视摄像、电视节目制作。

(二)培养目标与培养模式

以北京大学、复旦大学、中国人民大学、武汉大学、同济大学等高校的培养目标为例，进行词频分析，除去“新闻”“传播”“培养”等词语，选取与能力素养相关的词语，得出以下词云图(见图2)：

图 2　广播电视专业培养目标词云图

借助词云图，可以直观和快速地了解高校对广播电视人才的培养方向："融合""全面""特色""实践"等素养成为当下广播电视教育的重点目标，且复合型、应用型和创新型人才成为多数高校的培养目标。各个高校有不同的广播电视专业培养要求，大体上可以总结为五个重点部分：

(1)掌握马克思主义基本理论，树立马克思主义新闻观，具有良好的政治素养，熟悉新闻工作的方针政策与法规，恪守职业道德，具有新闻敏感和社会责任感。

(2)具有广播电视学的基本理论与基本知识，掌握社会科学研究方法，具有国际视野，了解国内外广播电视业的现状与发展趋势。

(3)具有深厚文化素养和表达能力，具有采、写、编、评的基本新闻专业能力，以及广播电视节目策划、摄录、制作、播音的能力。

(4)熟练运用现代传播技术从事视听传播活动，了解现代传播技术手段的发展动向。

(5)掌握一门外语，有较强的外语听、说、读、写能力，能阅读本专业外文资料。

整体上，"双一流"高校想要培养德、智、体全面发展，具有系统的新闻传播理论知识和宽广的文化科学知识，能适应融合媒体和广播电视发展需要，能从事广播、电视等新闻、宣传部门的策划、采编、录播、摄影、主持等工作的拥有复合型知识结构和全面的专业技能的视听传播人才。

在培养模式上，主要分为大类培养、跨学科复合培养和专业培养三种。目前，"大类招生、分流培养"是多数院校的培养方式，即录取专业为新闻传播学类，前期按照新闻传播大类进行培养，通过一学年至两学年新闻学、传播学概论等基础学习，再进行专业分流。此外，部分高校在大类招生的基础上进行改动，根据自己院校的培养目标实施更为具体的培养模式。如复旦大学实行"2+2"的复合型培养模式，将四年制培养进程分成两个阶段，第一阶段(第一、第二学年)，须在经济学方向、社会学方向等方向中任选一个，按所选方向培养方案进行学习；第二阶段(第三、第四学年)，按照新闻传播学各专业的培养方案进行学习。

多数考生填报志愿时对于专业并没有清晰的认知，大类招生可以减少选择专业的盲目性，有利于高校教学资源的有效整合和配置。通过新闻传播学大类培养，可以提升基础新闻素质，且给予学生自主选择的权利，使其根据兴趣进行专业学习，有助于学生的个性化发展。

四、研究发现

广播电视教育需着眼于适应行业需求、技术创新等，以提高广播电视专业人才培养的质量。通过对25所"双一流"高校广播电视新闻学专业本科培养方案的分析发现，高校在课程安排上有适应时代变化做出调整，如强化跨学科和人文类课程，但仍存在一些问题，课程架构有待进一步完善。

（一）以马克思主义树立新闻观，以伦理法规培养职业道德

"新闻工作具有鲜明的政治属性。在我国，新闻事业作为党和人民的耳目喉舌，要坚持为人民服务、为社会主义服务、为党和国家工作大局服务的方向。"①15所学校将马克思主义新闻观作为必修课程，南京大学和同济大学还开设国情教育类课程。旨在强调媒体的社会责任和使命，要求新闻媒体关注社会问题、追求真实、具有批判精神、为人民服务，以实现社会进步和公正发展的目标，对于保障公众知情权、维护社会公平正义和促进社会稳定具有积极影响。16所学校将新闻传播法规与伦理课程作为必修课程，要求广播电视专业人才坚守职业素养，保持职业道德，增强新闻传播为人民服务、为公共利益服务的价值取向。

（二）强化跨学科课程设置，旨在培养复合型人才

新时代背景下，各学校都想培养具备宽广的文化与科学知识的新闻传播人才，进而提出"厚基础、宽口径、术理兼备"的教学口号。

为培养知识复合型应用人才，各院校都在努力打破院系壁垒，开设跨学科、跨学院的课程，涉及数学、哲学、社会学、心理学等专业，部分学校结合自身的学科优势开设特殊课程，如同济大学所开设的日语和德语课程。文学艺术类课程和心理与社会类课程是较为普遍的必修课程。13所学校开设文学艺术类课程；12所学校开设心理与社会类课程，指导学生以科学的视角观察社会现象，把握事态发展趋势。但整体而言，跨学科课程在必修课程中占比低，且与广播电视学专业的学科关联度还需做出进一步的思考与调整。跨学科课程开设比重见图3。

---

① 郑保卫．要讲政治需要，也要讲新闻规律——对社会主义新闻工作政治属性与专业属性关系的思考[J]．新闻与写作，2016(11)：68.

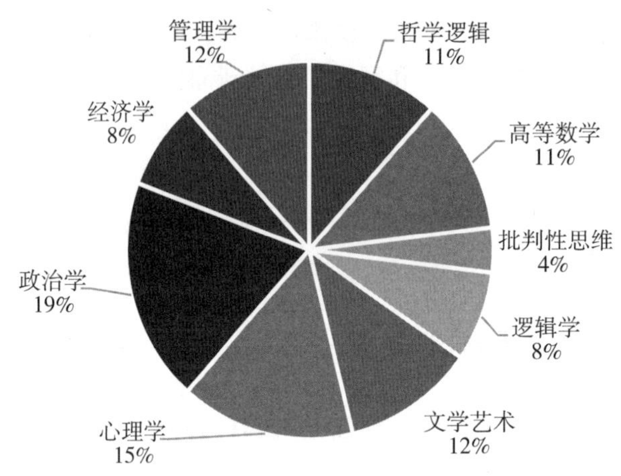

图 3　跨学科课程开设比重

(三)注重文学素养与艺术修养，增强视听人才的文化底蕴

在设置学科交叉的课程时，一级指标人文精神与科学素养中，文学艺术类课程的占比最高。13 所学校开设相关课程，包括中国文学、中国古代文学经典赏析、西方艺术史、文艺美学等课程，以此帮助学生积累史学常识、强化文学理论功底和增长艺术鉴赏能力。同时，部分学校还开设影视艺术与批评类课程，如上海大学的影视批评，华中师范大学的电影批评，有助于培养广播电视学专业学生的审美能力，为视听语言的表现力和叙事力打下基础。

人文课程帮助培养学生对不同文化的敏感性和理解能力，指导其主动审视和分析媒体内容的真实性、客观性和立场偏向。在广播电视教育中，注重培养学生的人文素养对于他们能够成为具有社会责任感和良好道德品质的媒体从业人员至关重要。

(四)学科理论和新闻业务基础是重点课程，“内容为王”原则仍然适用

由新闻学、传播学、广告学、广播电视学概论或原理组成的学科理论课程，是大部分学校会开设的课程。新闻传播类专业概论是较为普遍的必修课程，22 所学校开设传播学概论课程，20 所学校开设新闻学概论课程，10 所学校开设新媒体基础课程，8 所学校开设现代广告学课程。部分学校将新媒体基础和网络与新媒体概论作为必修课程，部分学校还开设电影理论、品牌传播概论、公共关系学等课程，扩充基础理论知识，但是个别学校的理论课程稍显累赘，理论课程的架构还需调整。

采、写、编、评等新闻业务基础课程也是广播电视学专业的重点课程。19 所学校开设采访或写作类课程，12 所学校开设新闻评论课程；此外，中南大学开设应用文写作，湘潭大学开设语言文字应用，可见文字功底仍是广播电视学人才不可或缺的素养，“内容为王”仍然是新闻工作的重要原则。部分学校开设了更具针对性的课程，如电视新闻学、广播新闻、出镜报道、口语表达与主持。中国传媒大学开设了中国新闻传播大讲堂课程，

邀请行业媒体人分享一线故事和感受，让学生了解当今社会所需的传播技能。

(五)强调广播电视学专业本位，视听专业技能仍需加强

随着互联网的普及和手机等移动设备的流行，自媒体逐渐盛行，对传统的传受关系造成冲击，并降低了新闻媒体的进入门槛，这种情况下，过硬的专业技能是提升自身竞争力的优势条件。

电视摄像是多数学校开设的课程，音视频的编辑与制作也是广播电视学专业人才所需要的重点技能。视听节目的编导、策划、编辑和创作可以帮助学生们了解视听节目生产的基本内容和流程，但这部分课程在整体课程设置中的占比并不高，可以适当增加或根据自身院校优势开设特色课程，如厦门大学的电视照明，帮助增加本校学生的优势技能，打造具有鲜明特点和专业素养的视听人才。

(六)新媒体和数字传播技术课程待完善，缺乏理性思维和数据处理能力培养

广播电视人才的知识能力和专业素养的培养需要配合媒介技术的发展，在融媒体时代背景下，新媒体及网络传播成为媒体行业的热点话题，这就要求广播电视学专业人才具备综合运用新媒体进行实际操作的能力，但各学校对该方面的教育却稍显不足，所开设的相关课程并不多，数据新闻有 4 所学校开设，普遍没有开设新媒体相关的细化课程。同时，关于新媒体技术类的课程各不相同，如中国人民大学开设数字传播技术应用、南京大学开设新媒体应用入门。

现今的社会需要人文内涵与数字技能并重的多媒介、全技能的新型视听传播人才，但只有少数学校开设数字传播技术教育课程，如华中科技大学的人工智能与数据科学、复旦大学的数据分析与信息可视化。与此同时，在当下的信息环境中需要具有对信息数据的处理和分析的能力，因此在注重人文精神培养的同时，也需要理性的思维的锻炼，良好的思考和逻辑能力对视听人才的创作和表达尤其重要。

(七)前沿性课程占比较低，国际视野和跨文化传播教育不足

“全球化”正在各个领域以前所未有的速度发展，尤其是媒体领域，世界各国信息在互联网上海量流通，各国之间的交流越来越密切，处在这样一个信息漩涡中，需要媒体工作者及时了解国际信息和前沿动态，争取国际话语权，助推中国更好地实现“走出去”的国际目标。全球一体化的大环境中，广播电视学专业人才需要“内外兼修”，“外”就是指具备国际视野与跨文化传播力，但只有少数学校开设相关必修课程，如上海大学的英语电视新闻、同济大学的传播学前沿、暨南大学的跨文化传播。新时代视听内容的生产者和传播者应当追求一个更加广阔、开放和包容的思考状态。

(八)创新思维和实践操作能力需重视，以此保障创新型应用人才质量

面对当下竞争激烈的媒体市场以及人才辈出的自媒体环境，广播电视学专业需要的并

不是技术型工人，而是需要创意型视听人才。尽管各个学校会让学生进行电视新闻、电视节目或纪录片等视听内容的创作，但有针对性的创意表现类课程寥寥无几。二级指标创意表现下，除广告创意与策划有同济大学和南京航空航天大学 2 所学校开设外，视觉创意与表现和电视节目创意与策划都只有 1 所学校开设。

实践性课程也不多，例如电视节目编辑与制作实践有 3 所学校开设，融合新闻编辑实验有 2 所学校开设。广播电视学专业是偏向于实践的学科，需要将理论知识运用到实际操作当中，熟悉全媒体传播过程。通过实务、实验性课程掌握节目或影片的生产流程和细节；通过亲身拍摄和剪辑等环节，掌握如何进行镜头创意表达，发掘自身的创新潜力。

五、建议与展望

媒体融合的背景下，不同媒体形态和技术交织融合，信息以多样化的方式传播和呈现。在这种变革的环境下，广播电视教育也需紧跟时代，不断调整培养方案，科学规划专业课程，以增加行业适应性，培养全面发展的广播电视专业人才。结合对 25 所“双一流”高校广播电视学专业本科培养方案的分析，针对其中存在的问题，提出以下建议。

(一)适应融媒体时代发展，提高课程关联度，凸显专业人才优势

随着信息技术的发展，媒介融合的环境下，形成了新型媒体运作模式。广播电视新闻教育需要适应媒介融合的时代发展，不断调整其专业方向与定位，培养学生的媒体素养，使学生更好地适应新媒体环境，为广播电视新闻行业的发展注入新的活力和动力。数据统计，只有 4 所学校开设了融合新闻学课程，学校可以增加相关融合课程，如数据新闻、新媒体视频等，关注视听内容在多媒介平台的融合生产与传播。

面对新型的传媒市场，各个学校普遍提倡培养“复合型人才”。25 所院校都在不同程度上开设了跨学科课程，积极推动打破专业壁垒，进行学科交叉，这有助于拓展学生的接触面，使其拥有多方位的知识储备。同时，也有两点需要注意：

第一，课程设置架构还需进行调整，与广播电视学关联性不大的课程或者具有重复性质的课程可以适当删减，使学生更好地适应广播电视行业的发展需求，提升专业能力和竞争力；同时，也可以留给学生更多自主选择的空间，以便得到个性化的发展。

第二，“复合型人才”的培养目标下，应注重学生综合素养的提升，加大跨专业、跨学科、跨领域课程的设置，朝着全能型的要求前进，但是一些课程与广播电视专业能否融为一体有待商榷，媒体行业需要的不是“万金油”式的人才，课程不是涉及面越广越好，需要学校在课程设置时把握好全与专的关系，可以依托本土资源和学校优势，打造特色化专业人才，增强人才培养的区分度，让“通专融合、一专多能”成为复合型人才的“利器”。①

① 曾祥敏，郄屹．“新文科”语境下广播电视学专业和人才培养改革创新[J]．中国广播电视学刊，2022(9)：17-20.

（二）开设前沿课程，使学生熟悉数字传播技术，了解国际动态，把握时代需求

在全球信息化和高新技术迅速发展的今天，当下中国广播电视传媒业正朝着全民性、全球性的方向进行调整和重组。广播电视媒体人需要转变思想理念，坚持以内容为主，在加强业务能力的同时融合各种技术优势，提高视听作品质量。但整体而言，将前沿性、数字技术或国际视野类课程设为必修课程的学校较少。为此有三点建议：

第一，聚焦互联网及广播电视学专业，开设前沿性课程，如互联网认知、数据新闻、计算人文。学生可以及时了解广播电视学界的学科议题及视听行业前沿动态，提升数据素养和数据分析能力，以便更好地适应学术科研及社会行业需要。

第二，增设数字传播技术课程。媒介技术不仅是新闻传播的工具，而且已成为传媒业发展的内核驱动力，媒介融合离不开技术支持，人工智能、虚拟现实技术、增强现实技术等新的科学技术涌进广播电视行业，学校也应增设相应课程，帮助学生熟悉新型媒介技术。同时，引导学生接触不同的传播平台，熟悉平台的运行规则，增强跨媒体叙事能力。

第三，重视国际视野和跨文化传播能力的培养。随着通信技术的发展，世界各国间信息的流通越发频繁，逐渐形成信息产业全球一体化，国际社会对中国产生了前所未有的关注，如何与不同的文化进行有效的沟通成为焦点。广播电视学专业也应与国家和社会同步，培养具备国际传播能力的视听人才，以适应跨文化环境，促进国际合作与理解。

（三）培养创意创新人才，重视实践教学，满足受众需求

随着移动设备和新媒体的飞速发展，受众不再满足于被动的接受，而是以更加积极主动的姿态去拥抱网络，抖音、B站等多个网络平台中的（用户生成内容）UGC层出不穷，这对于广播电视学专业来说既是机遇也是挑战，扎实的理论学习是基础。

第一，专业的技术技能是竞争力，独特的创意表现就是优势。人才趋于饱和的媒体市场，缺乏的不是技术，而是创新与创意，尤其是在当下的快节奏与碎片化的社会中，可能仅仅因为开头的几秒钟没有吸引受众注意就被抛到一边。但在各院校的培养方案当中，仅有几所学校将创意类课程加入必修课程。在融媒体环境中，需要媒体工作者在信息的生产、制作、发布等流程中都具备创新意识。在传统的传播活动中，受众需求往往处在被忽略的角落，但在新媒体时代，受众需求在新闻实践和视听传播中得到重视。

第二，各院校在理论课程的日常教学中或许设有实务部分，但是专门的实验性课程并不多。新闻业务、视听技术课程需要在实践中积累经验，而不是只知框架，不知如何运用在新闻内容生产中，导致应用型人才的应用性不足，进而出现知识结构与技能技术失衡的问题。广播电视人才的培养应该重视实操，关注观众反应，理解和把握社交媒体的特点和趋势，学习如何用镜头进行互动沟通。

广播电视学专业人才不能被理论固化思维，理论终需应用到实践当中，在实际操作当中发现可能性，观察受众反应，了解真实需求，获取学习动力与方向。学校应当将专业教学放置于实际操作中，注重多媒介适应能力的培养，让学生学有所用，熟练掌握新闻采

编、视听制作业务全流程，培养多媒体创新应用型人才。

六、结语

广播电视作为现代社会重要的信息传播媒介，在社会发展和文化交流中扮演着不可替代的角色。随着科技的快速发展和传媒环境的变化，广播电视行业正面临着新的挑战和机遇。为培养适应这一变化的专业人才，高校也需进行改革，不断调整广播电视学专业的培养方案。

传统的教学模式往往注重理论知识的传授，而在媒体融合时代，学生需要提升自己的实践能力和解决问题的能力。广播电视教育需要适应媒体融合环境，推动不同学科领域之间的合作和交流，培养具备跨学科思维和创新意识的专业人才，同时把握好“全”与“专”的关系，着重思考课程关联度，以及如何利用各院校资源培养具有特色的广播电视人才，更好地助力广播电视行业的可持续发展。

法科教学中虚拟仿真实验的特点、难点及解决路径

杨　巍　党馨梓

（武汉大学　法学院，湖北　武汉　430072）

【摘　要】 法学虚拟仿真实验教学是新时代法学教育发展的重点之一。目前我国法学虚拟仿真实验教学的现存问题包括：教学内容形式化、学科知识单一化、技术手段运用简单化等。这与法学虚拟仿真实验的特点有关，即法律思维过程重于物理模拟操作；系统法律知识规范性与职业技能仿真模拟性并重；程序性操作与实体性操作并重；实验主体和实验客体的变化并存。法学虚拟仿真实验建设的难点包括两方面：实施层面的难点包括建设起步晚、预算缺口大、建设成本高、应用效果不佳等；内容设计层面的难点包括校企沟通困难、法学和虚拟仿真实验的兼容性挑战以及精细化和完整性之间的矛盾。对于上述难点，应从目标定位、对外合作、技术开发与师资建设等路径进行解决。

【关键词】 法学教育；虚拟仿真实验；建设难点；解决路径

【作者简介】 杨巍，武汉大学法学院民商法教研室教授，博士生导师，武汉大学法学实验教学中心副主任，E-mail：wdfxyyw@ sina. com；党馨梓，武汉大学法学院民商法学硕士研究生，武汉大学法学实验教学中心教学助理，E-mail：dangxinzi@ foxmail. com。

一、问题的提出

（一）法科教学中虚拟仿真实验的应用背景

1. 培养专业化法治人才的战略要求

信息技术的发展与应用为法学教育提供了广阔的进步空间，多媒体、人机交互、虚拟仿真等技术有利于学生开展探究式学习、情景化体验和创新性实践，极大地弥补了传统课堂教学形式的缺陷。我国法科实验教学起步较晚，且存在教学资源分散、教学方式单一、课程体系陈旧等问题。① 美国学者威廉·沃尔夫于 1989 年首次提出虚拟实验

① 吴育生，等. 新文科背景下法学实验教学云平台建设[J]. 实验技术与管理，2021(12)：223.

室的概念。[①] 经过30多年的建设，虚拟实验室在发达国家已经普及，并且产生了一批理念前瞻、技术先进、特点突出的建设成果。[②] 国外较著名的虚拟仿真实验教学平台有卡耐基-梅隆大学的虚拟实验室、麻省理工学院的Web Lab、加拿大的DRDC项目、伊利诺伊大学芝加哥分校的Vicher系统等。[③] 近年来，我国在"加快信息化时代教育变革、利用现代技术加快推动人才培养模式改革"[④]的指导思想下，将虚拟仿真实验作为教育信息化、现代化的重要形式，以促进创新法学人才培养体系、建设社会主义法治国家的总体战略的实现。依据官方定义，"虚拟现实(含增强现实、混合现实)是新一代信息技术的重要前沿方向，是数字经济的重大前瞻领域，将深刻改变人类的生产生活方式，产业发展战略窗口期已然形成"。[⑤] 以虚拟仿真技术、ChatGPT等为代表的信息化手段将深刻改变传统法学教育模式。将这些技术手段有效运用于法科教学之中，是贯彻新型人才培养模式的现实需要，也是提升法律人才竞争力的必然要求。

2."互联网+法学教育"的时代走向

近年来，国家明显加强了"互联网+法学教育"的政策导向。在"十九大"提出"中国特色社会主义进入新时代"的背景下，教育管理部门提出了"强化法学实践教育、发展'互联网+法学'"[⑥]"2022年基本实现'三全两高一大'"[⑦]的总体目标。2023年2月，"两办"印发文件同样强调"适应'互联网+教育'新形态新要求，创新教育教学方法手段"。[⑧] 互联网技术不仅拓展了法学的研究领域，而且对法学教育产生了革命性的影响：开放性和共享性的特征有效克服了法学实验资源紧张的缺陷，智能化和高仿真性扩展了法学实验教学的更多可能性，有效性和逼真性能够极大地提高学生的学习表现。[⑨] 因此，运用互联网技术发展虚拟仿真教学课程，积极探索大数据、人工智能、虚拟仿真等技术在虚拟仿真实验课程中的综合运用，是互联网时代法学教育发展的必由之路。

---

① Ruiz L, Martinez-Pedrajas C, Gomez-Nieto M A. Design and development of computer-aided chemical systems: representation and balance of inorganic chemical reactions[J]. Journal of Chemical Information and Computer Sciences, 2000, 40(3): 744-752.

② Alnouri S Y, Linke P. Optimal membrane desalination network synthesis with detailed water quality information[J]. Computer Aided Chemical Engineering, 2012, 31(5): 520-524.

③ 赵铭超，等. 虚拟仿真实验教学的探索与实践[J]. 实验室探索与研究，2017(4)：91.

④ 中共中央、国务院《中国教育现代化2035》。

⑤ 工业和信息化部、教育部、文化和旅游部、国家广播电视总局、国家体育总局《虚拟现实与行业应用融合发展行动计划(2022—2026年)》(工信部联电子〔2022〕148号)[EB/OL]. http://www.gov.cn/zhengce/2022-11/01/content_5723274.htm。

⑥ 教育部、中央政法委《关于坚持德法兼修实施卓越法治人才教育培养计划2.0的意见》(教高〔2018〕6号)。

⑦ 教育部《教育信息化2.0行动计划》(教技〔2018〕6号)。

⑧ 中共中央办公厅、国务院办公厅《关于加强新时代法学教育和法学理论研究的意见》。

⑨ 王娜，张应辉. 基于有效教学的智慧型法学虚拟仿真实验室建设路径研究[J]. 实验技术与管理，2020(4)：26.

3. 新文科建设理念的重要体现

2018 年，教育部决定实施“六卓越一拔尖”计划 2.0，努力发展高等教育“新工科、新医科、新农科、新文科”，并明确指出要“推进虚拟仿真实验建设”。① 2019 年，该计划正式启动。新文科建设理念的提出是我国高等教育改革的重要举措，虽然官方文件未对“新文科”的概念进行界定，但根据文件内容可以将其内涵概括为三个方面：一是学科建设之新，“新文科”提倡促进学科交叉融合；二是人才培养之新，“新文科”要求人才培养方式和课程体系的创新；三是学科功能之新，“新文科”应服务于中国走向世界舞台的强国目标。② 由于虚拟仿真实验能够高度模拟法律实务场景，在法学思维训练、实务技能提升以及学科交融培养等方面具有显著的优势，因此能够较好地契合“新文科”建设的核心理念，是新文科建设的重要内容之一。

(二)法科教学中虚拟仿真实验的应用现状及存在的问题

教育部自 2013 年开始在全国范围内开展国家级虚拟仿真实验教学中心建设工作,③ 并于 2017—2020 年在普通本科高等学校开展示范性虚拟仿真实验教学项目建设工作，建设虚拟仿真实验教学课程共享平台。④ 迄今为止，在已获批的 300 个国家级虚拟仿真实验教学中心中仅有 2 个法科实验教学中心(中国人民公安大学的“公安执法虚拟仿真实验教学中心”和中国政法大学的“法学虚拟仿真实验教学中心”)，已评选出的 728 门国家级一流虚拟仿真实验教学课程中有 7 项法学类项目。总体而言，法科虚拟仿真实验教学课程呈现出起步晚、发展快、种类少、普及面小的特点。

第一，教学内容形式化。基于对现有虚拟仿真实验教学项目的观察，大多数课程虽然在形式上采取虚拟仿真的教学方式，但课程内容仍然以流程化讲授和灌输为主，而缺少探索性内容和开放式学习渠道。现有教学内容主要呈现“单线条型”特征，即学生只能在固定框架内完成作答或者推进流程。这导致虚拟仿真实验变成了“会动的教科书”，而对启发创新性思考、锤炼实务技能作用有限。有研究显示，“国家虚拟仿真实验教学项目共享平台”中的大多数实验属于较为简单的验证性实验，而提升学生创新能力的综合型、设计型、研究型的实验比较少。⑤

第二，学科知识单一化。已获评国家级一流课程的 7 个法学类虚拟仿真实验教学项目涉及国际法、民法、刑法等部门法，且有针对性地讲授法律谈判技术、司法鉴定知识以及

---

① 教育部《关于加快建设高水平本科教育全面提高人才培养能力的意见》(教高〔2018〕2 号)。

② 项焱. 新文科背景下法学实验教学的改革与创新——以信息化法学实验室建设为例[J]. 法学教育研究，2022(2)：299.

③ 教育部高等教育司《关于开展国家级虚拟仿真实验教学中心建设工作的通知》(教高司函〔2013〕94 号)。

④ 教育部办公厅《关于 2017—2020 年开展示范性虚拟仿真实验教学项目建设的通知》(教高厅〔2017〕4 号)。

⑤ 姜姗，等. 虚拟仿真实验教学项目建设研究与思考[J]. 中医教育，2020(5)：65-68.

法庭质证技巧等。但是囿于项目容量和技术瓶颈，每个项目涉及的学科知识均较为单一，往往仅对诉讼、仲裁、合规风险识别等某一局部问题展开实验，能够有效承载的信息容量有限。然而在实务中，无论是法官、律师还是其他法律职业人员，都要完整地掌握各阶段的实务技能，包括接待当事人、起诉、开庭、和解、执行等。每一环节的处理对后续流程均会产生重要影响。

第三，技术手段运用简单化。虚拟仿真实验运用的现有技术包括：多媒体、大数据、三维建模、人机交互、传感器、虚拟现实、增强现实等。这些技术的主要作用是复现高危或极端环境，或者代替高成本、高消耗、不可逆操作等实验内容。而大量的前沿技术手段(如人工智能、大数据分析等)并没有在虚拟仿真实验教学中得到开发和应用——这恰恰是法学虚拟仿真实验教学所必需的。相较于理工科实验中极端环境、特殊实验现象观察等仿真需求(如复杂的化工过程、微观的量子行为、各类空间的飞行器、地球物理系统等)，[①] 法科虚拟仿真实验应追求法律实务“内容”的真实性，而非“画面”的真实性。现有项目大多停留在还原“国际机构的内部场景”“道路交通事故的现场环境”等层面，而未能通过各类技术手段真正实现法律复杂应用的仿真效果。

第四，成果应用低效化。一方面，法科虚拟仿真实验课程的现有地位不高，尚未完全融于课程体系之中。获评国家级一流虚拟仿真实验教学课程的单位是四川大学等 7 所高校，但其制订的法学专业培养方案中并未包括单独以“虚拟仿真实验”为名的课程，虚拟仿真实验可能只是作为某一实务课程或理论课程的教学辅助内容。[②] 另一方面，根据“国家虚拟仿真实验教学共享平台”的数据，自 2019 年上线以来，法学类国家级一流虚拟仿真课程的浏览量均过万(最高达 62646 次)，但平均实验人数仅为 3834 人。[③] 可见，虚拟仿真实验课程的应用情况并不理想。

二、法科教学中虚拟仿真实验的特点

(一)法律思维过程重于物理模拟操作

对于虚拟仿真实验教学的任务及功能，教育部文件的表述有一个逐渐变化的过程。早期表述为“实现真实实验不具备或难以完成的教学功能，在涉及高危或极端的环境、不可及或不可逆的操作，高成本、高消耗、大型或综合训练等情况时，提供可靠、安全和经济

---

① 李炎锋，等. 土木类专业建设虚拟仿真实验教学中心的探索与实践[J]. 中国大学教学，2014(9)：82-85.

② 四川大学法学专业本科人才培养方案[EB/OL]. https：//law. scu. edu. cn/info/1071/10168. htm；福建师范大学 2022 级法学专业人才培养方案[EB/OL]. https：//fxy. fjnu. edu. cn/48/29/c1117a346153/page. htm；湖南师范大学法学专业 2016 年本科人才培养方案[EB/OL]. https：//fxy. hunnu. edu. cn/info/1081/3406. htm.

③ https：//www. ilab-x. com/list？ sid=217.

的实验项目”。① 在该阶段，虚拟仿真实验的主要任务是在理工科领域替代现实中的高危、极端实验项目，而文科领域并非重点建设领域。但新近的官方表述转变为“以提高学生实践能力和创新精神为核心，以现代信息技术为依托，以相关专业类急需的实验教学信息化内容为指向，以完整的实验教学项目为基础，建设示范性虚拟仿真实验教学项目”。② 由此可见，随着对虚拟仿真实验认识的逐渐深化，教育部已不再将实验内容局限于模拟物理环境和物理操作层面，而是要运用虚拟仿真教学手段全面提升学生的创新精神和实践能力。

法科教学中虚拟仿真实验的物理环境及操作模拟固然有意义，但仿真的主要对象与理工科实验存在较大差异。例如，化学虚拟仿真实验要求准确建构不同物质的物理形态，精确还原实验中发生反应的实验现象；法学类虚拟仿真实验的重点不是审判庭内的物理环境是否真实，而是审判庭内发生的事件、情节是否真实。因此，法学类虚拟仿真实验的设计应当立足于学生思维过程对法律事件发展的影响，而非仅关注物理空间的还原。

以笔者参与建设的“‘法律责任认定’虚拟仿真实验项目”③为例，该实验课程是由武大法学院数位教师组成的团队负责，以培养“厚基础、宽口径、高素质、强能力”应用型人才为目标，依托法学实验教学中心，融合虚拟现实等法学专业实验室与教辅硬软件设施的高端应用型课程。该课程以“杭州保姆纵火案”为原型，利用虚拟仿真技术还原了一个高度逼真的犯罪现场。参与实验的学生可以自由选择7个不同的实验角色，并且自行选择多条自主可逆的实验进程。在选择实验角色后，学生要根据实验剧情的发展确定诉讼策略、搭建论证框架、收集运用证据、撰写法律文书、进行初步结果分析、调整行动方案、修改文书、进行结果对比分析、撰写实验报告（见图1）。可见，该实验设计的内容主要围

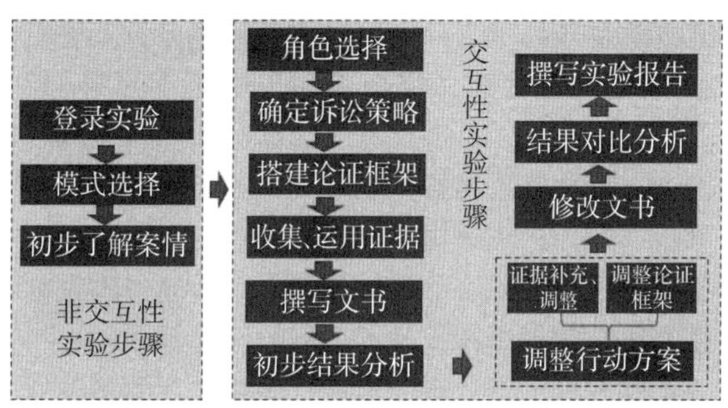

图1 “法律责任认定”虚拟仿真实验步骤

① 教育部高等教育司《关于开展国家级虚拟仿真实验教学中心建设工作的通知》（教高司函〔2013〕94号）。

② 教育部办公厅《关于2017—2020年开展示范性虚拟仿真实验教学项目建设的通知》（教高厅〔2017〕4号）。

③ 该项目已获2023年度“国家级一流本科课程（虚拟仿真课程）”立项。

绕实验主体的思维过程展开，注重模拟一个真实刑事案件的发生、侦查、起诉以及审判等阶段，虚拟仿真技术起到的作用是让学生通过情景再现法、角色扮演法等身临其境地体验法律责任认定的全过程，其中的火灾现场等物理情景模拟仅起到辅助作用，更重要的是模拟法律思维的展开过程，实现法律思维能力和实操能力培养的精准化和科学化。

(二)系统法律知识规范性与职业技能仿真模拟性并重

法学教育模式历来面临着“二重性拷问”，即“法学教育应当成为培养未来的律师、法官、检察官等法律职业者的职业教育学院(professional school)还是应成为一种培养国民素质的通识性教育(general high education)或培养学者和法学专家而教授法学理论和系统法律知识的研究学院(research school)”。[①] 在英美法系和大陆法系，法学教育的发展都经历了“以讲授职业技能为内容的学徒式法学教育”到“以讲授系统化法学知识和案例教学为内容的学院式法学教育”的发展过程。随着实践需求的不断呼吁，现代法学教育最终又回到“以实践技能教学作为学院式教学的修正与补充”这一看似起点的形态。法学教育的发展历程表明，如果只注重实践性的职业技能传授，会将学生引入对法律原则的片面化理解和零碎认知;[②] 如果只重视对法学理论系统性、抽象性和概念性的讲授，则可能导致学生实际执业能力和法律职业要求的能力之间的差距越来越大。

法学类虚拟仿真实验虽然主要是满足法学实践教育需求的产物，但其同时也应成为法律理论教育的有机组成部分。例如，在讲授知识产权法中有关发明和实用新型的“创造性”之区别时，单纯的文字描述难以体现“突出的实质性特点”和“实质性特点”“显著的进步”和“进步”之间的差异。运用虚拟仿真手段模拟二者的具体技术并在应用场景中进行对比，将更有助于学生理解这两种类型专利的认定标准。又如，国际货物买卖支付手段涉及大量学生从未接触过的概念和交易术语，如果能够运用虚拟仿真手段让学生作为各类交易场景下的买家(或卖家)参与交易过程，将极大地提升其学习兴趣和对相关知识的理解程度。

体系化的理论知识和实践性的法律技能都应成为法学类虚拟仿真实验的内容。在实验设计中，既应当要求学生严谨分析法律规则的内涵，也应当培养学生观察法律实际运作的习惯与能力。观察对象包括法治环境、法律规范的实际运用、各种利益主体对法律运作的影响、法律程序、各执法机关的行为模式及现实制约因素等。例如，在民事诉讼虚拟仿真实验中，一方面应还原律师或者法官对法律程序、法律适用等问题的思考抉择过程，另一方面也要模拟可能会遇到的法律问题之外的其他情景，如与当事人沟通受阻、收集证据时的障碍、利益相关方的介入等。

---

① 周汉华. 法律教育的双重性与中国法律教育改革[J]. 比较法研究，2000(4)：389.

② 王晨光. 法学教育的宗旨——兼论案例教学模式和实践性法律教学模式在法学教育中的地位、作用和关系[J]. 法制与社会发展，2002(6)：40-41.

(三)程序性操作与实体性操作并重

法学类虚拟仿真实验和传统法学课程的最大区别在于，前者系以实践需求和问题为导向、高度还原法律实务问题的复合性和复杂性，后者以传授法学理论知识为核心，注重法学理论体系的完整性和科学性。近年来，法学实务课程和职业技能训练越来越受重视，国内主要法学院相继在课程体系中增添了案例研习、模拟法庭等实训内容。但是，长期以来各部门法之间壁垒森严的研究习惯和教学惯性，使学生往往只能关注一个案件的局部法律知识，而缺乏以多个实体法和程序法为视角来综合思考和解决问题的能力。

区别于授课方式，虚拟仿真实验将学生带入真实的职业环境，能够大幅提高学生将各学科知识融会贯通、应用于实战的能力。例如在一起环境侵权案件中，承办法官既要根据原被告双方提供的证据来认定事实，进而在正确适用法律的前提下做出实体判决；又要处理程序性事项，如管辖、财产保全、上诉等；还要处理实体和程序交叉的争议，如案外人是对执行行为有异议还是对执行标的主张权利。这就要求学生将侵权责任法知识、民事诉讼法知识等融会贯通。虚拟仿真实验的这种教学效果一定程度上类似于美国哈佛大学的一门名为“问题和理论”的课程，该课程的培养目标是：通过系统地学习法条和案例分析方法，对不同法律理论进行讨论，对一个或多个超越任何单一学科界限的复杂问题进行研究，以及通过模拟和团队活动进行探究，且要求学生在提出和评估问题解决方案上具备一定的创造力和精确的分析力。① 囿于课程设置、师资短缺等因素，我国大多数法学院尚不具备开设这种“问题和理论”课程的条件。因此，虚拟仿真实验成为一种合适的替代方案，甚至还可以将其作为“问题和理论”课程的试点和先导，以此检验类似课程的教学效果并由此作出法学教育体系的有益改变。

(四)实验主体和实验客体的变化并存

与理工科实验主要关注实验客体的发展和变化相比，社会科学实验主体的变化往往更能够体现对比效果。社会科学实验中，不同实验主体的切换在实验效果达成方面具有重要意义。例如商科虚拟仿真实验中，学生依次进行“总经理”“员工”“部门经理”的角色切换，并在不同角色中按照企业运营真实过程中的基本业务流程进行实训。② 在模拟经营中体验不同角色的工作内容、工作收益以及沟通接洽，有助于学生在平衡各方利益的基础上做出公平决策和效率决策，从而提升其认知能力、协同合作能力、组织管理能力和创新创业能力。

法学类虚拟仿真实验对于满足学生的全方位法律职业实训需求具有重要意义。广义上的法律职业主要包括三种：应用类法律职业、学术类法律职业和法律辅助技术类法律职

---

① 汪习根. 美国法学教育的最新改革及其启示——以哈佛大学法学院为样本[J]. 法学杂志，2010(1)：35.

② 李燕捷，等. 新商科虚拟仿真实验教学中心建设探索[J]. 实验室研究与探索，2022(8)：183.

业。① 应用类法律职业是指律师、法官、检察官以及立法人员、仲裁员和公证员等；学术类法律职业是指高校教师和法学研究人员；法律辅助技术类法律职业的主要职责是辅助律师、法官和检察官工作，如司法鉴定人员、刑事侦查人员等。目前被评为国家级一流法学类虚拟仿真实验课程的7个项目中，5个项目模拟的是应用类法律职业，1个模拟的是法律辅助技术类职业（“诉讼中文件真伪的司法鉴定虚拟仿真实验”），1个模拟的是法学思维判断过程（“正当防卫虚拟仿真实践教学项目”，本文将其归入学术类法律职业实验）。各类法律职业的虚拟仿真实验应当成为我国法律职业技能实训体系的一个重要组成部分。一方面，它能够让尚未确定职业取向的学生在实验中体验不同法律职业的真实工作内容及工作强度，并在此基础上做出适合的职业选择；另一方面，它也有利于已确定职业规划的学生在实验中锤炼职业技能、找出能力短板，进而有针对性地展开训练。

三、法科教学中虚拟仿真实验的难点

（一）实施层面的难点

第一，法科虚拟仿真实验教学中心建设起步较晚，预算缺口较大。首先，相较于理工农医类实验室，文科实验室本身的建设起步较晚，多数是在2005年教育部开展国家级实验教学示范中心评审建设工作之后迅速发展起来的，之前基本处于零散建设阶段。2005—2014年，教育部共评审立项801个国家级实验教学示范中心。在这801个国家级实验教学示范中心中，文科类共有93个，② 仅占11.6%。③ 由此可看出，文科类实验室的建设水平、规模，与文科在普通高等学校13大学科门类中所占的比例是不相称的。④ 根据教育部规定，只有具有国家级实验教学示范中心的高校才有申报国家级虚拟仿真实验教学中心的资格，所以文科虚拟仿真实验教学中心的建设严重滞后于其他学科类的虚拟仿真实验教学中心。教育部国家虚拟仿真实验教学课程共享平台共开放了3459个实验项目，其中仅有788个文科类项目。⑤ 无论从现实发展的规模还是理论研究的成熟度来看，文科类虚拟仿真实验教学都与理工农医类的差距明显，更遑论法学类这一文科类下属的单一学科发展情况。其次，法学类虚拟仿真实验还面临开发经费有限的问题。由于政策导向等原因，文科类项目经费预算本就远低于理工科类。例如，2021年国家自然科学基金项目预算为308.97亿元，而国家社会科学基金项目预算仅为26.94亿元。虚拟仿真实验教学资源建设需要大密度、多场景的VR建模，不仅人工强度大，而且制作成本高——通常一个实验

---

① 霍宪丹. 法律职业与法律人才培养[J]. 法学研究，2003(4)：81.

② 此处文科类指文综/考古/法学组、艺术组、传媒组。

③ 朱科蓉. 文科类虚拟仿真实验教学中心建设的问题与思考[J]. 现代教育管理，2016(1)：87.

④ 在教育部印发的《普通高等学校本科专业目录(2012)》所列的13个学科门类中文科占了9大类。

⑤ 本文将教育部国家虚拟仿真实验教学课程共享平台中的法学、管理学、经济学、文学、历史学、艺术学纳入文科类。

场景的搭建就需要花费数十万元乃至数百万元经费，对高校资源建设来说负担较重。① 虚拟仿真实验项目建设的高昂成本问题在文科类项目建设中体现得尤为突出。②

第二，设备更新速度要求高、维护成本高。为实现法律职业环境和法律思维过程的高仿真性，最基本的要求之一是实验中的法律依据为现行有效版本，法学理论为最新前沿内容。近年来，我国立法、修法活动频繁。截至 2022 年年底，全国人大及其常委会通过宪法修正案(2018 年)，制定法律 47 件，修改法律 111 件次，废止法律 16 件，作出法律解释 1 件，通过有关法律问题和重大问题的决定 51 件。这只是全国人大及其常委会的统计数据，还未包括大量的行政法规、部门规章、地方性法规等的“立、改、废”等情况。这意味着，虚拟仿真项目的开发完成仅是一个开始，后续维护才是实验教学能否保持高质量、达成好效果的关键。教育管理部门已经意识到该问题的重要性，并要求虚拟仿真实验教学项目持续改进项目内容与评价机制、持续开放服务及加强管理。③ 但是，如何真正落实常态化维护、定期化更新，仍然需要进一步探索。

第三，尚不具备独立的课程地位，项目成果应用存在障碍。在现阶段，各高校普遍未将虚拟仿真实验课程列为独立的法学课程，而仅将其作为其他课程的补充，有的甚至仅具“展示”功能。这给项目成果应用造成了较大障碍。一方面，虚拟仿真项目组成员通常包括专职教师、实务导师(如律师、法官)和信息化技术人员，将这些专业背景及职业特点各异的人组织在一起进行联合教学，确实存在诸多困难。另一方面，虚拟仿真实验与现有课程的协调也存在障碍。法学基础课程普遍存在课时不足的问题，而与虚拟仿真实验具有相似性的“模拟法庭”“法律诊所”“实习实践”等课程已日趋成熟，在培养方案中已形成较稳固的地位。“法学虚拟仿真实验”欲取得独立的课程地位，就必须从教学目的、教学内容、教学效果上有所创新、取得优势，对其他实践性法学课程实现“弯道超车”。

(二)内容设计层面的难点

第一，校企沟通困难。大部分虚拟仿真实验项目的开发模式是校企合作，即拥有相关开发技术的企业按照高校专业教师的要求开发相应的虚拟仿真课程软件。由于知识背景的差异，企业技术人员常常难以理解专业教师设想的实验内容和所欲达成的实验效果；专业教师通常也难以对某些技术难题有具象认知。在大多数场合下，校企双方均背负了较高的沟通成本。高校的开发目标通常是以有限的成本设计出仿真效果好、交互性强的虚拟仿真课程，而企业的目标则是尽量压低成本以获得更多的利润。某些高校的经验表明，由于沟通成本高、建设目标存在分歧，高校和虚拟仿真技术企业的合作最终生产出的产品往往效

---

① 逯行，等. 高校虚拟仿真实验教学的基本问题与趋势[J]. 现代教育技术，2021(12)：65.

② 陈淑飞. 新文科建设下虚拟仿真实验室教学模式探讨——基于 1761 份高校师生问卷调查分析[J]. 山东师范大学学报(社会科学版)，2022(3)：114.

③ 教育部高等教育司《关于加强国家虚拟仿真实验教学项目持续服务和管理有关工作的通知》(教高司函〔2018〕56 号)。

果欠佳。①

第二，法学学科特点与虚拟仿真实验兼容性的挑战。如果说理工科虚拟仿真实验是从现实到虚拟的“一步走”过程，那么法学虚拟仿真实验则是从无到有、从现实到虚拟的“两步走”过程。在此意义上，法学虚拟仿真实验内容的设计难度大于理工科实验。其一，法学实验要求更多探索型、开发型内容。与偏重事实和科学原理且具有单纯客观性的理工科实验不同，法学实验目的不是发现自然客观规律或者唯一正确答案，而是通过实验提高学生应用法学理论解决问题的能力。换言之，法学实验应在尊重法理和社会规律的前提下，留给学生自由发挥和探索的足够空间。从内在原理而言，要实现实验方式自主化，虚拟仿真实验的开发所依据的科学模型应具备相当的复杂程度。② 其二，法学实验中的强交互性的设计难度较高。法学虚拟仿真实验要求实验“剧情”根据实验主体的不同行为产生相应的变化，实验的交互性越强、实验主体的选择越多，实验剧情的穿插设计就会愈加复杂。有学者依据模型复杂度将各类虚拟仿真实验分为四个层次：自由观摩→规定操作→自由操作→自由搭建。③ 理想的法学虚拟仿真实验应达到第三层自由操作和第四层自由搭建，如此才能实现锻炼学生思维、提高创新能力的目的。

第三，局部精细化和内容完整性的矛盾。如前文所述，目前建设水平相对突出的法学虚拟仿真实验多聚焦于某一局部场景，如道路交通事故处理流程、法庭质证环节等。这并不能给学生提供某一类法律职业的体系化实训效果，也很难达到提升实践能力的目标。细究之下不难发现，这主要是法学虚拟仿真实验的设计难度大而相关技术和课程发展理论未臻成熟所致。如果要完整展现某一类法律职业的全部工作内容，必须在流程内容的完整性方面投入更多关注，那么局部流程的交互训练就可能不够充分。如果就某一局部流程展开高仿真性的情节场景模拟、强互动性的思维训练，同时又要兼顾该法律职业的全部工作内容，恐怕现有任何一个团队都无法承担如此繁重和复杂的工作。这本质上反映了法学虚拟仿真实验的落后建设能力和高端教学目标之间的矛盾。

四、现有难点的解决路径

结合法学虚拟仿真实验建设的目标和现状，该实验在法学课程中的体系定位是“基础问题”，项目建设的成本和可持续发展是“前提问题”，相关技术和实验的融合开发是“核心问题”，团队的师资力量是“关键问题”。本文拟从以下四个方面讨论上述现有难点的解决路径和方案。

---

① 常亮，等. 高校组织建设虚拟仿真实验教学项目的思考——以河北大学为例[J]. 实验技术与管理，2020(12)：30.

② 张敏，等. 高质量虚拟仿真实验教学课程内涵和特征[J]. 实验技术与管理，2022(3)：3.

③ 张敏，等. 高质量虚拟仿真实验教学课程内涵和特征[J]. 实验技术与管理，2022(3)：3.

(一)建设目标定位于“精确分工、能实不虚”

法学虚拟仿真实验是和传统理论课程并列的教学形式，二者具有不同的目标和任务。原则上，理论课程讲授的内容没有必要采用虚拟仿真实验重复教学，否则会造成资源的巨大浪费。实验内容设计应当遵循“虚实结合、相互补充、能实不虚的原则”。① 实验的建设目标应当涵盖锻炼实务技能、培养法律思维、拓展知识边界等三个方面。

第一，应将“能实不虚”原则贯彻于项目建设的始终。从某些高校的经验来看，在筛选、培育阶段就应当淘汰违反该原则的项目。这些项目通常只是把真实实验的操作过程原原本本地通过仿真技术进行还原，而未能真正理解虚拟仿真的内涵。② 此外，高校还应在项目规划阶段做好项目的统筹工作，依托教学大纲、围绕教学需求，精确划分虚拟仿真实验和线下教学的内容范围。在适当的时机将虚拟仿真实验纳入培养方案，最大限度地发挥虚拟仿真实验在法学教育中应有的作用。

第二，准确理解一流课程评选中“能实不虚”原则的评价标准。有学者通过梳理教育部文件③总结出以下规律：对于虚拟仿真实验课程的评价标准，2017 年仅对教学理念、内容、方式方法、开放运行、评价体系等作出要求，但自 2018 年起则开始强调项目建设的必要性及先进性、教学方式方法、评价体系及对传统教学的延伸与拓展，且更加强调与实体实验的关系及其对实验教学的作用。④ 但文科领域里一种常见的误解是，将虚拟仿真实验当作真实实验的“热身”。⑤ 这实际上是对“虚实关系”缺乏准确的认识。

(二)对外合作谋求“联盟协同，多方联动”

阻碍虚拟仿真实验项目开发的重要因素之一是开发成本高昂，因此有必要利用各方优势、整合现有资源，通过校内合作、校际合作以及校企合作解决资金缺口，提高资金利用效率。

第一，积极谋求校内合作。一方面，可充分利用综合性大学的复合学科优势，成立校级虚拟仿真实验教学中心，发挥不同学科的专业特色，以理工科的技术优势弥补法学实验建设的不足，共享虚拟仿真实验建设的经验和成果。另一方面，实现课程资源的校内开放共享，将其作为通识课程建设。这既有利于提升学生学习其他学科知识的兴趣、促进学科

---

① 教育部高等教育司《关于开展国家级虚拟仿真实验教学中心建设工作的通知》(教高司函〔2013〕94 号)。

② 常亮. 高校组织建设虚拟仿真实验教学项目的思考——以河北大学为例[J]. 实验技术与管理，2020(12)：31.

③ 教育部办公厅《关于开展 2017 年度示范性虚拟仿真实验教学项目认定工作的通知》(教高厅函〔2017〕47 号)；教育部办公厅《关于开展 2018 年度国家虚拟仿真实验教学项目认定工作的通知》(教高厅函〔2018〕45 号)；教育部高等教育司《关于开展 2019 年度国家虚拟仿真实验教学项目认定工作的通知》(教高函〔2019〕33 号)。

④ 郭婷，等. 虚拟仿真实验教学项目建设与应用研究[J]. 实验技术与管理，2019(10)：216.

⑤ 朱科蓉. 文科类虚拟仿真实验教学中心建设的问题与思考[J]. 现代教育管理，2016(1)：88.

交叉融合，又有助于促进课程的广泛应用，进而收集更多的教学反馈和评价用于优化改进。

第二，大力发展校际合作。应借鉴中国虚拟仿真实验教学创新联盟(以下简称“虚拟仿真联盟”)和地区间教学联盟的发展经验，创立全国性或区域性法学虚拟仿真实验教学联盟。2019 年 1 月成立的“虚拟仿真联盟”是由高等院校、相关企事业单位和专家组织自愿组成的，在教育部高教司指导下开展虚拟仿真实验教学研究、咨询、指导、评估和服务的非营利社会团体。① 该联盟于 2020 年牵头制定了《虚拟仿真实验教学课程建设指南》，按照基础类、机械类、信息类、土建类、化环类、生物类、医学类和文科类八个专业领域制定了层次丰富的虚拟仿真实验教学课程体系，助力系统化推进虚拟仿真实验教学课程建设，避免重复投入和资源浪费。虽然该联盟内部下设“文科领域工作委员会”，但现阶段仅停留在交流经验层面，而尚未展开实质性工作。造成该局面的可能原因是，一方面由于各会员单位存在地域隔阂等因素，尚未探索出稳定、适宜的合作模式；另一方面，由于“文科类”下属各学科差异性较大，不同的话语体系及学科特点增加了跨学科合作的难度。现阶段较为现实的做法是，在法学一级学科范围内建立虚拟仿真实验教学联盟，实质性地促进各法学院校的项目建设合作，以利于有针对性地解决法学虚拟仿真实验教学中的痛点和难点。在建立全国性联盟之前，先试行省内联盟也是可以考虑的方案，以发挥省内高校联系密切的优势，通过项目成绩互认、学分转换等举措，提高优质教学资源的利用效率，避免重复建设。②

第三，全力推进校企合作。应鼓励法学院校和虚拟仿真行业的骨干企业保持稳定的战略伙伴关系，培育出一批龙头企业，形成完整的项目建设产业链。校企合作并不仅指法学院校和某企业就某一特定项目建立合作关系，而是指法学院校和虚拟仿真产业之间做到理念融合、资源共享、定向服务，在建立长期战略合作伙伴关系的基础上形成法学虚拟仿真教学的生态体系。根据中央多部委发布的文件，虚拟现实与行业应用融合发展行动计划的“三大专项工程”包括：关键技术融合创新工程、全产业链条供给提升工程以及多场景应用融合推广工程。③ 具体到法学虚拟仿真实验领域，本文认为：推进“关键技术融合创新工程”主要表现为企业以法学院校的设计需求为导向研发新技术，既要加快近眼显示、渲染处理、感知交互、网络传输、内容生产、压缩编码、安全可信等关键细分领域技术突破，又要强化与 5G、人工智能等新一代信息技术的深度融合。“全产业链条供给提升工程”是指生成专门服务于法学虚拟仿真实验的虚拟仿真产业链，包括虚拟现实关键器件、终端外设、业务运营平台、内容生产供给、专用信息基础设施等供给能力，全面提升法学

---

① 中国虚拟仿真实验教学创新联盟官网，http：//cloudvse. com/www/introduction/intro.

② 明仲，等. 虚实结合建设高水平虚拟仿真实验教学中心[J]. 实验室研究与探索，2017(11)：146-150.

③ 工业和信息化部、教育部、文化和旅游部、国家广播电视总局、国家体育总局《虚拟现实与行业应用融合发展行动计划(2022—2026 年)》(工信部联电子〔2022〕148 号)[EB/OL]. http：//www. gov. cn/zhengce/2022-11/01/content_5723274. htm.

虚拟仿真实验的开发质量。“多场景应用融合推广工程”主要表现为与法学院校建立稳定的战略伙伴关系后，企业能够获得第一手教学设计资料、不断累积开发经验，进而在法学类甚至文科类虚拟仿真实验教学领域取得优先布局和先发优势。这有利于解决企业成本取向和学校效果取向之间的分歧，以最终达到“凝聚校企共识、创造校企合力”的效果。

(三)技术开发与应用实现“技术融合，智慧创新”

虚拟仿真实验依托的核心技术是虚拟现实和可视化技术，但画面的真实性并不是法学实验追求的全部内容，因此必须探索其他信息技术在法学实验中的应用，打造“智慧课堂”，实现理想的法学虚拟仿真实验的各项目标。

第一，促进人工智能和司法大数据与虚拟仿真实验的融合。大数据应用是利用数据分析的方法，从大数据中挖掘有效信息，为用户提供辅助决策，实现大数据价值的过程。大数据已经被广泛应用到司法领域。① 大数据应用在法学教育中具有重要意义，虚拟仿真实验平台可寻求与有关部门合作，获取非公开的相关数据(如裁判文书网未刊载的法律文书)用于实验设计。学界普遍认为，以大数据为基础的人工智能在法学教育中也具有广阔的运用空间。② 人工智能具有沟通交流能力、目标驱动行为以及创造能力等特质，③ 能够满足法学虚拟仿真实验对真实社会的模拟需求。例如，在收集不同地区司法判决数据的基础上形成多个人工智能法官，比较不同法官对同一案件的裁判结果，进而分析影响法官裁判的因素。又如，学生作为立法者模拟设计某一部法律规范，在大数据基础上利用人工智能模拟该规范实施后的社会效果，进而比较不同制度设计的优劣等。

第二，尝试远程交流技术和匿名化技术与虚拟仿真实验的融合，搭建线上“虚拟仿真法律诊所”。诊所式法律教育(clinical legal education)是20世纪60年代美国为了弥补传统案例式教学模式的缺陷而开发的、以训练法学院学生实际能力为宗旨的实践性法学教育模式。诊所式法律教育如同医学院学生在诊所实习一样，是设立某种形式和内容的法律诊所，使学生在接触真实当事人和处理真实案件的过程中学习、运用法律的教学训练。④ 从某种角度而言，法律诊所的课程内容和虚拟仿真实验的目标高度重合。在国外，由于法律诊所是为贫困人群提供免费的法律服务，法律诊所课程通常是依托当地法律援助中心而建立。⑤ 我国目前的法律诊所课程发展面临许多障碍：一方面，由于单个法律援助中心的当事人接待量有限，法律诊所的课程容量也较小，难以满足法学院校学生的选课需求；另一方面，当事人可能会由于担心隐私泄露、不信任学生的执业能力等原因而拒绝接受学习法

---

① 张吉豫. 大数据时代中国司法面临的主要挑战与机遇——兼论大数据时代司法对法学研究及人才培养的需求[J]. 法制与社会发展，2016(6)：58.

② 王利明. 人工智能时代提出的法学新课题[J]. 中国法律评论，2018(2)：1.

③ 刘艳红. 人工智能法学研究的反智化批判[J]. 东方法学，2019(5)：120.

④ 王晨光，陈建民. 实践性法律教学与法学教育改革[J]. 法学，2001(7)：4.

⑤ Benjamin Liebman. Legal aid and public interest law in China[J]. Texas International Law Journal, 1999, 34(2)：233-235.；Pamela Phan. Clinical legal education in China：in pursuit of a culture of law and a mission of social justice[J]. Yale Human Rights & Development Journal, 2005, 8(1)：117-152.

律诊所课程学生的法律援助。① 将法律诊所的课程内容与虚拟仿真实验相融合可以有效地解决上述问题。利用虚拟仿真平台的远程交流技术将不同法学院校和法律援助中心的供需予以共享，可以改变法律诊所课程只能依托当地法律援助中心的现状。此举不仅能够释放出高校丰富的法律服务资源、扩大法律诊所的课程容量，而且有助于落后地区的法律援助事业发展，促进高校法律资源向欠发达地区流动。此外，由于线上“虚拟仿真法律诊所”课程将当事人信息和案件事实作匿名化处理，可以打消当事人的隐私顾虑，兼顾学生实务技能锻炼和弱势群体获得法律援助两方面的需求。

(四)师资建设达成“复合人才，多元师资”

法学虚拟仿真实验师资团队是项目设计及实施主体，也是持续服务和管理的主体，在项目建设中处于核心地位。专业结构合理、学科背景丰富的师资团队能够有效地提高项目开发的效率以及达成学科交叉的要求。

第一，引入“技术背景+法学背景”人才加入师资团队，不仅能够使其充当企业和法学院校之间的沟通桥梁、“翻译”彼此的专业术语和思维方式，而且有利于设计实验内容时拓展思路，找到法学实验和虚拟仿真技术深度融合的突破口。

第二，引入“其他学科背景+法学背景”人才则有助于实现实验内容上的学科交叉。“新文科”提倡促进学科交叉融合，在法学领域已出现“计算法学”“人工智能法学”“算法规制”“网络治理”“健康法治”等法学和其他学科交叉研究的命题。尽可能丰富师资团队的专业背景，有利于为法学虚拟仿真实验教学预留开放性的发展空间。

第三，积极探索法学院校和法律实务部门的合作，引入法律实务人员参与实验设计、教学过程以及反馈改进等工作。依据国家对法学教育提出的最新目标，应当“强化法学实践教学，深化协同育人，推动法学院校与法治工作部门在人才培养方案制订、课程建设、教材建设、学生实习实训等环节深度衔接”。② 因此，应充分利用法律实务人员和高校教师的不同优势，共同助力法学虚拟仿真实验的发展，以利于上述目标的实现。

---

① 刘加良，等. 法律诊所教育研究[J]. 山东大学法律评论，2007(1)：268.

② 中共中央办公厅、国务院办公厅《关于加强新时代法学教育和法学理论研究的意见》。

迈向“胜任力”的叙事：教与学的前沿指向

陈　昫

（武汉大学　社会学院，湖北　武汉　430072）

【摘　要】胜任力已成为教学治理的重要内容，是教育体系建设的核心内涵之一。胜任力聚焦认知能力的建构，识别和培养学生的潜力功能。反思性厚植胜任力的基本内涵，以社会发展参与能力、成长能力、劳动价值提升能力、跨领域发展能力作为学生成长发展的基准目标。自主性丰富胜任力的现实叙事，以大局观、规划力、学习力增强学生的元认知水平。适应性体现胜任力面临的数字过载问题，利用数字技术、发挥数字功能、解脱数字负担成为教育专注力培养的重要机制。应拓展并实现无边界教育，给予学生自主的责任和自由，推进教育高质量发展。

【关键词】胜任力；反思性；自主性；适应性；数字过载

【作者简介】陈昫（1986—　），男，湖北武汉人，博士，武汉大学社会学院讲师，武汉大学全球健康研究中心副研究员，研究方向为老年社会工作理论与实务，E-mail：swchenxu@ qq. com。

“胜任力”是教学治理的一项关键内容，是教育体系建设的核心内涵之一。作为人才资源培养、人才梯队建设、人才强国发展的核心动力，胜任力培养理念的创新、胜任力育植方法的改良、胜任力建构路径的完善一直是教育发展的重要方面。2019 年联合国“教育的未来”国际委员会成立以来，一直重视教育核心要素改革，在应用课程、教学方法、教师专业等方面作出调整，培养学生的智力、社会交往能力、合乎道德的行动能力，使其能够在同理心和同情心基础上共同改造世界。2020 年世界经济论坛就“教育 4. 0”作出解读，初步阐释了教与学过程中所应当体现的胜任力要求，从放眼全球治理的公民技能，到重视数字社会适应性的数字技能，再到人际沟通、和谐共荣的人际交往技能，个性化的学习、自主的学习、应对问题的学习等新的胜任力培养要求逐渐与基础教育和高等教育深度融合，为“教与学”赋予了深刻的“能力导向”内涵。[1]

一、“胜任力”主导教育目标的嬗变

在教育的框架下界定胜任力的学研内涵，是一项既简单又复杂的任务。从简单性角度而言，在教育理念中融入能力的要求，在教学过程中注重开发学生的自主学习、自主寻解能力，在教学质量评估中重视“学悟”而非仅是“学绩”，已成为教学质量发展要求的拼图之一。从复杂性角度而言，胜任力内涵的定义机制、胜任力培养的发展过程、胜任力建设的有效途径，则通常非前瞻性的探索所能胜任。[2]经合组织在《塑造教育的趋势 2022》报告中引用达里尔·扎努克的“电视机没有发展前景，因为人们很快就会厌倦每天晚上盯着胶合板盒子”这一阐述，用以表明对历史发展的前瞻常易出现偏误，未来很少仅仅是过去模式的平稳循沿，因此对教育趋势的发展水平、方向、内涵进行定位，其难度较高。

一般认为，教育的发展趋势深植于教育的功能建构过程中。教育本质上具有两个功能，一是识别和培养学生的潜力，二是生产维护社会和支持发展所需的劳动力。前者主要聚焦教育的自我实现功能，而后者则关注教育的生产功能，二者之间的平衡也就成为教育发展治理的重点内容之一。[3]进入 21 世纪以来，随着“以数量取胜”的劳动力建设思路逐渐走向没落，对个体能力和竞争力的关注也使教育逐渐走向潜力开发的专精路径。如 Gervais(2016)所述，能力培养是对“教育体系的重新设计”，也是创新方法和实践的聚焦点，教育改革的重点由此更多地集中在基于胜任力的学习过程之中。[4]

在经典的教育视角下讨论学生的胜任力范畴时，这一概念经常和学习成绩、考核标准等相提并论，不过 Bramante 等(2012)提出胜任力是学生学习的原因，是学生需要掌握的广泛适用的技能，比“标准”的内容更加全面。[5]因此，近年来对胜任力的界定，逐渐走出知识和技能水平的界定框架，既要求学生在特定的背景下，有效地应用所学的知识和技能，同时也包含成长成果，要求学生能够在不同情境中使用所学的知识，将教育培养和学生成长深度绑定。基于知识、技能的组合，在此基础上开展活动的能力也就由此成为胜任力的基本内涵。

随着经合组织于 2022 年提出学校教育的未来构想，胜任力培养的基本内涵也得到进一步充实，以教育为桥梁，胜任力培养逐渐与社会现实紧密贴合，以“认知胜任力”的形式对教育培养提出新的要求。以全球人口结构变迁为例，人口老龄化、“银龄时代”的到来已成为人口发展的总体趋势，积极应对人口老龄化成为全球治理的重点内容。如何在教学过程中使青年学生形成对老年期、老年人、老龄化、老年问题治理的客观科学认识等逐渐成为教学过程所不应忽视的问题。现实导向性为教育赋予认知胜任力的建构指向，通过“有知、有新知、有正确认知”有效充实学生的认知体系。

二、“反思性”厚植胜任力的基本内涵

20 世纪 60 年代末，“语言”“言语”等概念在乔姆斯基的主张下，逐渐和“能力”“能力素质”等概念建立联系，基于胜任力的“使用知识”和人的思维、经验等多要素有关。在这一阶段，基于“胜任力”和“素质”的概念得以区分，交流沟通能力等概念逐渐得以明确。从 20 世纪 90 年代开始，基于胜任力的素质成为“有动机的能力”的本质，能力素质也就被视为学习过程的结果，是学习成果的一部分，各种基于能力的讨论、教育方法和教育策略在教育体系各层面得以完善。[6]

能力体系的建设需要重视反思能力，在反思性思维的引导下开展教育工作。相对于复

杂的思维过程而言，反思性的思维要求思维过程的主体扮演“客体”的角色。例如，当要求学生理解“以老年人为本”的相关知识时，可要求学生在理解老年人生理衰老、心理老龄化、健康老龄化的知识基础上，思考如何从老年人的立场看问题，并将其与自身的生活与学习经历相联系，针对所讲授的知识改变或适应。反思性敦促能力的承载者在进行反思性思维后，开展相关学研实践。

在胜任力逐渐成为教育发展牵引力的同时，能力建设导向的学生培养机制重视必要的反思性循环机制的建设，以确保学生的学习能力提升为核心。相应的，以反思性为依据的教育工作被赋予了五个方面的导向：一是进步导向性，确保学生在掌握知识后能取得进步；二是目标导向性，能力应当是明确的、可衡量的、可转移的学习目标，能够赋予学生学习激发力；三是评估导向性，对能力的综合评估、评价应成为学生能力的关键指标；四是需求导向性，教与学的过程应当和学生的个人学习需求紧密结合，确保学生获得个性化、差异化的支持；五是成果导向性，确保学生能有效应用和创造知识，通过学习发展重要技能，培养学生的学习性格。[7]

对胜任力培养机制的再界定，事实上与学生的学习特征有密切关联，在内涵上则包括学习方式、学习动机、学习策略等多方面内容。由于学习方式的不同，学生在取得相近的学习成果时，所需花费的时间也各有不同。学生自身可能处于学习连续体的不同节点，每个人可能采取不同的学习方法，使学生以不同的学习速度开展学习工作，取得不同程度的学习反馈。在能力培养机制体系中，教师应当采取和学生合作的工作方式，在了解学生的学习需求、学习短板、学习难点等问题的基础上，及时给予相应的支持。

从学习能力的角度来看，胜任力培养机制其实是身处不同环境、不同情境的人，所应共同达成的教育发展目标。在融合了个人成长要求、知识积累要求和身份归属要求的基础上，胜任力的内涵直接指向“关键胜任力”这一具有特殊价值的内容，关键胜任力锚定教育的“实用价值”开发，具有四种形态：

第一，社会发展参与能力。重视因材施教，对经济和社会发展都能带来显著的有利影响。个体在发挥个人能力的过程中，能够带来更好的获得感、更多的社会参与机会和更高的政治参与程度。

第二，成长能力。在教育的框架下，成长是个体明确发展目标、掌控发展主动权、制订发展计划的过程。成长与发展具有阶段性特征，应适时以多元融合的方法进行矫正，融入健康型的人文关怀和心理疏导，推进环境塑造、强化引导、理想引导。

第三，劳动价值提升能力。基于学习而提升的能力可被应用于生活的多个领域，在提升个体的劳动力价值的同时，具备先进性、不可或缺性的特性，由此体现“关键性”的本质特征。

第四，跨领域发展能力。个人能力既要具备专业的专精性特征，也要具备广博的普适性特征。关键能力是个人素质、个人认知、个人能力、个人价值的综合体现，不仅限于特定行业、职业或生活领域，个体应在条件允许的前提下努力发展和保持跨领域的能力。[8]

基于以上四项能力建设的要求，提升个体的能力也就需要在反思性思维的引导下，使用元认知技能，改变思考方式，创新思维路径，提升创造能力，并采取批判性的思维立场。对关键能力的培养，逐渐聚焦个体思维的范畴与经验世界的构建。作为关键能力承载者的学生，其思想水平如何得以提升，其感情机制如何建构成熟，其社会关系如何有效拓展，都需要学生在自主学习、社会实践、自我反思的过程中，经历“过程成熟”。

三、“自主性”丰富胜任力的现实叙事

“自主性”近年来逐渐与无边界学习等深度融合，尽管有学者认为，无边界学习在事实上延续了“开放中的封闭”叙事，“独立的、解放的学者自主地臣服于算法之下……越强调自主，越深陷制度之网”，但也依然就“人如何重获自主”等关键议题做了颇有创见的探讨，“以做代学”等提法为个体从“自主的囹圄”中解脱提供了全新路径。[9]

从胜任力培养的角度来看，经合组织较早地在胜任力框架下提出，在复杂世界中实现自我身份认同、创建自我发展目标、承担相应责任、改变自身环境等目标，都需要胜任力深度介入，并围绕大局观、规划力与学习力进行全生命周期的能力培养。

大局观是胜任力培养的基石所在。大局观要求个体思考其行动如何与社会文化、社会规范、社会制度等内容相关联，自己的学习经历、学习成果、学习与生活经验如何更好地融入更广阔的情境之中。大局观在学理内涵上，与“理解中心性”的要求颇有相似之处，主张个体了解其所处的系统，包括结构、组织、文化、正式与非正式的规则等，也包括社会规范、道德准则等多方面内容。“胜任”也就体现为行动者能够了解其行为所面临的限制，能够了解其行动所产生的直接和间接后果，能够了解不同的行动方案如何与规范和目标相匹配融合。这种胜任性的要求逐渐融入社会工作学科的教学之中，成为“社会工作胜任力”教学的一项基本要求。

规划力为全生命周期的能力建设赋予意义和目的。规划力要求个体把生活解释为有组织的叙事，并在碎片化的环境中赋予其意义和目的。规划常见于学生培养的现实过程中，不论是微观层面的按时完成作业，还是宏观层面的顺利完成学业，都属于规划力培育的范畴。作为一种未来取向的能力建构，规划力富含乐观主义的色彩，但同时也要求个体具备综合的、全局的思考能力与持续的、稳定的行动能力。作为该能力的承载者，个体应评估发展目标和可获得的资源，完善具体指标体系，探索与平衡多目标达成所需的资源，并有效评估相关工作进展。规划力逐渐成为教育体系完善和建设的重点内容，敦促学生在碎片化的环境中，赋予学习、自我提升以意义和目的。

学习力为能力的塑形提供“扬弃”的路径。这一能力聚焦全生命周期的学习过程，和终身学习异曲同工。随着能力在全生命周期内发展和变化，以及技术进步、经济发展和社会改革，作为教育的个体，其能力也会在整个生命周期中各有不同，获得与失去贯穿整个生命周期。例如青年学生可能因久疏锻炼，而不再拥有儿童期不错的足球天赋；但青年学生能通过接受高等教育这一途径，获得儿童期所无法具备的体系化知识的能力。学习力引导这一过程的发展和持续，与个体的学习兴趣、习惯、行为紧密相关，并体现该框架所承载的反思性思维和行动力的基本要求。[8]

学校在自主性培养方面发挥着核心功能，从基础教育到高等教育，学校承担着“激励

者"的职责，帮助学生认识和理解对学习"负责性"的认识，这一过程通常是将学习与学生的个人兴趣相关联，将学习目标和学生努力方向相关联，将学习反馈与学习改良相结合。对负责性的培养有助学生形成主人翁意识，也对"自主"的内涵形成更为直观且深刻的认识。

自主性的培养在很大程度上受到元认知能力的影响，正因为个体需要相对明确和稳定的自我认同，才能产生自我意识，自我意识是自我调节的基础，由此，自我调节与人类行为、情感和认知系统中的自我控制相联系。为了使学生有良好的自我调节功能，他们需要有契合自身特征的学习计划与学习目标，并在达成目标时获得奖励。

作为一种能力，自主性的培养在形式上体现为增强学生元认知水平的过程，特别是在反思性自我意识的提升方面。当学生广泛地意识到自身是构建特定思想的主体，并能够有效地利用相关思维工具、思考路径、行动模式时，其学习动机就能得到有效提升。[10]

四、"适应性"体现胜任力的数字挑战

适应性反映个体随环境变化而自我调节，同时反作用于环境的互动过程，是主客体二元的共存和二元的互动。作为"适应性"的主要载体，数字过载(digital overload)成为教育体系，特别是高等教育治理所必须面对的重难点问题之一。从定义的角度来看，数字过载存在的前提是有相对成熟的计算机辅助教学环境。得益于计算机芯片的发展，大容量存储技术的成熟，高速通信网络的建设，远程教学理念与技术的成熟，计算机辅助教学在近十年来成为教育模式创新的重要抓手；同时在数字环境中出现的、来自多个渠道的信息抑制了有效处理信息、使用信息的能力。这种信息渠道伴随智能移动终端，例如智能手机的普及而越发呈现出多元化的趋势。基于高速互联网、智能手机应用的信息传递机制，为信息来源的高度异质化提供了重要的发展动力。例如，学生在学习"功能社会学"时，可以从课堂教学、网络搜索、短视频、智能应用中获取相关知识，这种多渠道的学习过程在为学生提供丰富的信息源的同时，也带来两项新的挑战：

一是信息的信度问题。较之大学课堂的专业性、权威性，来自短视频、智能应用等渠道的信息表述、呈现方式可能更加生动、有趣，在降低理解难度的同时，更加贴合学生的学习习惯与学习兴趣，但相关信息的提供者通常不一定具有高水平的、专业的资质，其观点陈述过程通常缺乏有效的纠错机制，对作为信息接收者、寻求者的学生而言，"辨误"的问责机制从信息源与发布渠道，逐渐向缺少相关专业知识储备的学生转移，对学生成长所产生的消极影响不言而喻。

二是信息的感知问题。尽管个体接收的数字信息量不能用于评估数字过载的直接原因，但"从数字来源接收过多输入所导致的主观痛苦"，已成为学习压力的一项组成部分。不难发现，在这个定义中，强调对学生学习过程主观体验的描述，这在体现"以学生为本"的教育导向的同时，也阐明了知识的存在方式、客观传递方式、连接机制等对学生的学习负面感所产生的一系列浅层影响。[11]

数字过载现象与数字社会建设相互交织，伴随教育设备与设施的完善、教学方法与技

能的创新而逐渐呈现显著化的态势。随着数字技术深度嵌入教育过程，对数字过载的适应性不良也就由此呈现出三种类型：

第一，信息焦虑。因接收信息过多而诞生的一种压力状态，由于无法理解、使用、辨别必要的信息而感到无能为力。例如在软件算法的支持下，短视频平台等信息集散中心向使用者推送大量与其日常行为有关的信息内容，使用者因无法有效利用这些信息而产生焦虑感。

第二，信息回避。因信息量过大而导致人们忽略有用的信息，这种现象在基于现实问题的检索、寻解过程中体现得较为明显，例如学生在搜索"大学毕业后是考研好还是考公好"时，通常会产生海量的、观点相斥的信息。学生在浩如烟海的巨量信息中检索相关观点和建议时，倾向于结合自身的能力、经验和选择倾向，在信息中择取"符合需要"的内容，例如学生在回帖中看到答复"考研好"的回帖更多，则会更加坚定考研的信心，而较少关注国家战略布局、高校研究生招考工作变动等所产生的影响。换言之，信息回避本就是主观选择的一个过程，检索信息并不是为了对客观事物形成更加全面的认识，而是用以强化主观选择倾向。

第三，信息撤回，即人们主观设置信息过滤策略，以最低限度地整理相关信息。例如对不感兴趣的短视频备注"不再推荐"，则之后同类型短视频的推送频率会显著下降。

数字过载本身就是信息技术进步的一项副产品，包含客观数据和主观体验，二者之间的沟通负荷测量在事实上与感知压力有着直接的关联。[11]通常认为，数字过载会导致学生注意力难以集中，例如在学习时间歇性放下书本浏览短视频；学生自信心下降，例如在阅读大量关于"考研难"的网络评论后，失去对考研的信心；压力和焦虑，例如将自身的健康状况和网上关于特定病症的状况进行横向比较，并形成关于"我生病了"等不良认知。

在教育实践的框架下，应对数字过载成为个体适应力培养的重要目标之一。通过不断对信息、任务和想法进行筛选，数字过载聚焦提升专注性。由此形成的"广泛的启发式方法"，成为教育的重要决策，即围绕学生的学习需求，随时间推移而确定哪些信息有利于引起学生注意，而哪些不会引起注意，这一过程与个人、专业和组织发展目标保持一致。事实上，数字资源并不一定和个人能力相匹配，但数字资源给予其对象以机遇，实现和信息更短、更有效的连接。不应将数字过载视作一个问题，而是认清数字过载的本质：提供增强学生注意力的机会，并帮助学生更有效地利用数字工具。

五、结语

基于胜任力培养的教育体系建设为学校教育进行了有效赋能，学习的场景更加交融互通，学习的组织更加富有弹性，学习的评价更加全面立体，在胜任力培养的框架下讨论教育的发展也就由此包括三个取向：

第一，改变传统教学方式，利用网络学习空间拓展教育边界，更多地采用体验、创造、探究等方式，引导学生参与学习全过程，把知识学习和实践学习相结合，把正式学习和非正式学习相结合，建设"无边界的"大课堂。[12]

第二，给予学生以“自主”的责任与自由。阿伦特提出了“教育的危机”观点，认为如果存在一个世界，尽可能把它留给儿童自己去管理，这一假定将致使成年人只能无助地站在儿童旁边，这破坏了儿童与成年之间真实、正常的关系，将儿童驱逐于成年世界之外，或者说驱逐于文明世界之外。[9]对高等教育而言亦如是，作为教育场域的大学，在形式上给予学生充分的自由，给予其时间安排、学习安排、生活安排的高度自主和自由性，同时在文化上构建惜时如金的学习氛围，鼓励学生以自主、自发、自觉的状态，全身心参与到学习过程中。“自主”不仅是学生在大学中可以享受到的自由，更是学生刻苦学习的前提条件。以学促优，全面推动基于学习的能力培养，在学习中逐渐构建良好的身份认同，由此成为学生能力培养的核心基石。

第三，审慎地看待“数字过载”等相关问题。一般认为，数字技术主要用于拓展基于数据的精准学习，基于大数据、人工智能、学习分析等技术，教师、学校准确了解学生的学习状态，评估学生的认知特征和优势潜能，并提供相应的解决方案。数字技术始终是推进学习发展的动力，而不应成为学习的主要途径。[13]

提高人才培养质量，厚植学生能力建设，是近年来我国高等教育事业发展与改革的重要组成部分。2019 年教育部《关于深化本科教育教学改革全面提高人才培养质量的意见》就已提出，提高学生创新和实践能力，激励学生刻苦学习，扩大学生学习自主权、选择权，提高自主学习时间比例等多项内容，从“学习胜任力”的高度对学生能力培养的内涵做了高屋建瓴的解读。2022 年 5 月 13 日，《光明日报》刊文，提出要坚持全方位育人，从不同层次引导学生，从不同角度培养学生，从不同方面历练学生，真正实现对学生的全方位培养。[14]随着育人大环境建设的逐步深入，以胜任力为导向有序推进“教与学”的建设工作，意义重大，时间紧迫。

◎ 参考文献

[1]张永军，吴云雁. 如何通过未来教育重塑世界[N]. 光明日报，2022-08-11.

[2]Açıkgöz T, Babadogan C. Competency-based education: theory and practice[J]. Psycho-Educational Research Reviews, 2021(3): 67-95.

[3]Frank J R, SnellL S. Competency-based medical education: theory to practice[J]. Med Teach, 2010, 32(8): 638-45.

[4]Gervais J. The operational definition of competency-based education[J]. The Journal of Competency-Based Education, 2016, 1(2): 98-106.

[5]Bramante F, Rose C. Off the clock: moving education from time to competency[M]. Thousands Oaks: Corwin Press, 2012.

[6]Judith C. Competence in educational theory and practice: a critical discussion[J]. Oxford Review of Education, 2019(45): 1, 70-85.

[7]Chris S. What is competency education? Issues in practice[EB/OL]. (2016-09-20)[2023-09-23]. https: //aurora-institute. org/cw_post/what-is-competency-education/.

[8] Oecd, DeSeCo. Definition and selection of key competencies: executive summary [M]. Paris: OECD, 2005.

[9]刘云杉. 开放中的封闭:无界学习的教育危机[J]. 中国远程教育, 2023, 43(5): 1-12.

[10]Babara M C. Developing responsible and autonomous learners: a key to motivating students [EB/OL]. (2015-05-07)[2023-09-23]. https://www.apa.org/education-career/k12/learners#:~:text=Addressing%20the%20whole%20learner%20in%20developmentally%20appropriate%20ways, their%20own%20learning%20in%20school%20and%20in%20life.

[11]Smith A C, Lauren A F. Digital overload among college students: implications for mental health app use[J]. Social Sciences, 2021, 10(8): 279.

[12]曹培杰. 推动教育向"无边界"突破[N]. 中国教育报, 2022-06-08.

[13]曹培杰. 学校如何实现教育数字化转型[N]. 中国教育报, 2023-06-12.

[14]何秀超. 全面提高人才培养能力, 做好新时代育人工作[N]. 光明日报, 2022-05-13.

高校拔尖创新人才培养的迷误及其纠偏

——对“项目制科研进本科”的实践反思

冯　川

（武汉大学　政治与公共管理学院，湖北　武汉　430072）

【摘　要】 以各种项目制科研的立项和获奖情况为衡量指标，加快在本科生中间造就拔尖创新人才，普遍成为高校本科教育教学改革的目标。项目制科研不一定有助于创新性研究的培育，而项目制科研的前置更意味着对研究者创新能力培养规律的突破，有可能对创新性研究的培育产生不利影响。本科生的定位本应是打基础，以“输入”为本位。“项目制科研进本科”的整体导向，是强调应用和“输出”，这就不可避免地造成田野调查的实施困境、问题意识和框架提炼的形成困境、多线作战的忙乱困境、拜码头混圈子的德育困境、妄自菲薄与盲目自信的极化思维困境，以及成果贡献度的认定困境。项目制科研进本科的实践困境证明，拔尖创新人才培养忽视了全景式视野、研究主体性和源头性知识，项目制科研无助于生成培养拔尖创新人才的基本条件。高校本科教育教学改革，急需从调整本科阶段的培养方式、调整实践教学的方式和目的、调整创新能力培养的过程和规律、调整师生之间的互动关系、调整项目制科研的引入边界等方面入手，对本科生培养的导向进行纠偏。拔尖创新人才培养的关键在于解放学生的主体性。

【关键词】 创新人才；本科教育；高校教育；教育教学改革；项目制科研；主体性

【作者简介】 冯川（1989—　），男，汉族，湖北武汉人，博士，武汉大学政治与公共管理学院副教授，硕士生导师，主要从事县域基层治理现代化与公共政策过程研究，E-mail：fengchuan28111@126.com。

一、引言

为了贯彻党的二十大精神，落实习近平总书记关于教育强国的重要论述，实施科教兴国战略，坚持教育、科技、人才“三位一体”协同发展，强化现代化建设人才支撑，全面提高人才自主培养质量，着力造就拔尖创新人才，一些重点高校结合教育部、财务部、国家发展改革委《关于深入推进世界一流大学和一流学科建设的若干意见》和教育部《关于深化本科教育教学改革全面提高人才培养质量的意见》文件要求，开展本科教育改革大讨论，有的高校就此启动了本科教育教学改革。面对新时期和新要求，高校需要进一步加快本科拔尖创新人才的培养。

拔尖创新人才的培养，主要是培养学术型人才，包括大学者、科学家、教育家、工程师等。近年来，以项目制为依托的各种比赛，被愈益普遍地作为培养拔尖创新人才的抓手，并出现从作为研究者的高校教师群体向硕博乃至本科阶段扩散、从理工科向人文社科类专业扩散的倾向。以项目的立项申请和奖项获得为中心，项目制科研迅速成为将学生、教师、企业乃至政府部门整合和动员起来的重要制度载体。值得注意的是，高校里越来越多刚刚步入大学阶段，对本专业还没有形成方法论和知识谱系的清晰认知的本科生也被动员起来，甚至也邀请到他们的指导教师，共同为种类繁多的项目制科研投入越来越多的时间和精力。这是因为，人文社科类专业和本科教育的分管领导，通常会将上级的文件精神转化为各种项目制科研的立项和获奖指标，试图以此加快在本科生中间造就拔尖创新人才。

一般而言，拔尖创新人才的培养是一个循序渐进的、漫长而又需要系统性投入的过程。本科教育以及此前的中小学教育，乃至于幼儿教育，都可算作拔尖创新人才培养的一个环节。也就是说，拔尖创新人才是诸多阶段的教育成果累进叠加的最终结果，只有在完成了各个学校教育阶段、彻底进入研究工作阶段之后，视其独立开展科研的能力和成果质量，我们才能评定其是否成为拔尖创新人才。在学校教育体系中的任何一个阶段，宣称造就了拔尖创新人才，都是荒谬的。人文社科类专业和本科教育的分管领导，之所以会致力于加快在本科阶段造就拔尖创新人才，可能是因为他们误读了政策中“本科拔尖创新人才的培养”这一存在歧义的表述。从人才培养规律上看，政策的意图是重视“本科的拔尖创新人才培养”，即重视本科阶段在拔尖创新人才培养过程中的重要作用。然而，本应在研究生阶段乃至进入研究工作阶段之后才展开的项目制科研，当下被越来越多地前置到本科阶段。从这个结果来看，政策是被解读成了“培养作为拔尖创新人才的本科生”。

如果说项目制科研的开展更适用于技术性更强的理工科专业和具有一定理论储备和学科认知的研究生阶段，那么它是否适用于思辨性和体悟性更强的社会科学专业？是否应被前置到刚刚走出标答式应试教育阶段、学理素养总体尚浅的本科生阶段？本研究基于笔者对一所重点高校的社会科学专业大力倡导本科生加入项目制科研的参与式观察，发现其中存在一些迷误之处有待辨析和纠偏。

二、项目制科研及其前置

本研究认为，项目制科研不一定有助于创新性研究的培育，而项目制科研的前置更意味着对研究者创新能力培养规律的突破，有可能对创新性研究的培育产生不利影响。

(一)项目制科研的特点

“项目制”这个概念，最早来源于对项目管理问题进行系统研究的管理学，其后作为一种国家财政资源流转的制度载体在公共管理和政治社会学界被广为讨论。根据美国项目管理协会的定义，项目是为创造独特的产品、服务或成果而进行的临时性工作。① 科兹纳则进一步提出，项目管理就是“为一个相对短期的目标(这个目标是为了完成一个特定的大目标而建立的)去计划、组织、指导和控制公司的资源，利用系统的管理方法将职能人员(垂直体系)安排到特定的项目(水平体系)中去”②。而在公共管理和政治社会学界，项目制则更多被放到纵向政府间权力收放、横向政府间竞争合作的运行结构中被分析和把握，以揭示其与科层制的内在“嵌套”机制与关系逻辑。③

在当下的中国，项目制不仅被广泛运用于国家治理过程，更被大量引入科研领域。随着国家和地方政府对科研领域的重视以及可支配财力的增加，越来越多的财政资源需要通过项目制的方式，自上而下地向科研一线人员和研究单位流转和分配。作为一种非普惠性资源分配方式，项目制衍生出一系列自下而上申报立项的竞争环节，以及自上而下根据意向与能力的匹配度进行筛选并赋予各种“帽子”或身份标签的认证过程。

总体来看，项目制科研的特点可大致概括为以下四个方面：

第一，项目制科研是考核和评价研究者实力的外部评价手段。在国内研究者的整体学术水平大幅提升，高校的人事竞争和学院学科评估日益重视课题项目经费的当下，在高校任教的研究者能否拿到省部级乃至国家级科研项目，是其能否向用人单位和学术研究界宣示其研究能力的重要筹码。越来越多的高校用人单位，也将获得一定到账金额的课题项目作为考核和筛选人才的重要指标。为了在高校用人单位成功立足以及在学术界求得生存，在高校就职的研究者不得不学会“对标对表”，适应科研项目化所带来的高度竞争性，将满足围绕项目制科研而产生的各项指标作为配置时间和规划研究节奏的核心标尺。

不过，作为外在指标的项目制科研，是否能够准确代表研究者的实力却是值得商榷的。毕竟，项目评审专家平均只有 3~5 分钟的极短时间审阅项目申报书。不少有经验的评审专家透露，申请书的题目、综述、结构框图、前期成果等是其主要关注的核心区域。因此，题目是否“抓人”，结构框图是否既清晰又有新意，这些形式“艺术”的重要性就被不成比例地放大。并且，不同的评审专家关注的要点可能并不一致，对申请书内容的熟悉程度也不同，以至于同一本项目申报书可能前一年并没有成功立项，却在后一年立项成功。“立项”的相对主观性在一定程度上干扰了其衡量研究者实力的效度。

然而对于初入学术体制却还没有获得稳定编制的研究者，一个最直接的敏感点就是能不能在学界生存，由此而生的敏感点便是项目能否获得，这直接关系到职称问题能不能解决。于是不经意间，他们的整个精神状态就被缺乏掌控感的项目制所捆绑。在巨大的不确定性面前，一旦项目申请屡屡受挫，特别是自我感觉良好、创新性自我评价较高的申请书

① 美国项目管理协会. 项目管理知识体系指南[M]. 5 版. 北京：电子工业出版社，2013：3-10.

② 科兹纳. 项目管理：计划、进度和控制的系统方法[M]. 杨爱华，等，译. 北京：电子工业出版社，2010：5.

③ 典型研究如：田先红. 项目化治理：城市化进程中的县域政府行为研究[J]. 政治学研究，2022(3)；李祖佩，钟涨宝. 项目动员：“统合化”背景下的县域政府治理[J]. 社会学研究，2022(6)；陈家建. 项目化治理的组织形式及其演变机制——基于一个国家项目的历史过程分析[J]. 社会学研究，2017(2).

没有立项成功，他们就会自问：研究者的实力是谁在定义？研究实力有没有客观的衡量尺度？为什么自己的实力评估和被他者承认的结果存在那么大的差距？实力的自我评估结果与体制确认结果的巨大差距，往往让研究者陷入丧失方向感的自我怀疑。为了获得自身实力的体制化确认，寻求外在认同和获得外在光环的动力将超越向内用力的实力成长本身。这将促生大量虚有其表的“伪创新”，却无助于研究者内在创新能力的长期涵育和养成。

第二，项目制科研本身“短平快”，需要一定的前期积累。项目制科研有时限要求，必须在规定时间内结项，形成得到同行专家认可的成果。为了满足结项要求，参与项目制科研的研究者必须有能力在短时间内围绕课题完成系统研究，并对研究内容进行进一步梳理、概括和框架提炼，然后将研究内容有效转化为论文、专著或咨政报告。在这里，项目制科研更多考验的是研究者的学术执行力，即能否拥有足够的研究专注度和工作效率。同时，也考验研究者写作的语言驾驭能力，即能否在不同的文体、文风和读者对象之间自如切换。

显然，要做好项目制科研，需要有相当充分的前期准备，包括对某一个具体议题的持续关注，对相关经验事实、理论资源的全面了解和掌握，以及长时间的阅读训练和写作训练。如果要高质量完成项目制科研，具备驾驭“短平快”项目制科研的能力，就必须从平时积累。项目申请书的生成，以及项目制科研成果的产出，都需要以 3~5 年在小论文、小项目、小框架和小想法等方面的持续积累为基础。项目制科研之所以需要在小同行和不同领域的专家之间积极交流，一方面是为了在领域内更加准确地自我评估和自我定位，另一方面更是为了寻找彼此的结合点，将他人的前期积累有效转化为自己可支配的资源积累。

然而，“短平快”的反面，则是因明确的目标导向而产生的从容感丧失，以及对试错成本较大的新领域、新尝试的排斥。从这个意义上说，项目制科研与真正的创意、创新和创造之间是存在张力的。一方面，一些创新性的研究未必能被项目评审专家理解和接受，因此可能立项环节就被淘汰。另一方面，即使被成功立项，具体而规范的项目题目以及对“短平快”成果的时限要求，排除了“闲人出思想”的可能性，同时也可能抑制创新的生长空间。因为，持久的创新活力需要研究者拥有自由探索的空间，对任何道路都保持开放的心态，不断积累各个方向的踏脚石，全景式地不断开拓，以至于最后形成一种系统性的交叉和贯通。很多领域的创新是在求知路上的偶然所得，在于“意外”和“顿悟”。但是，项目制科研极大限缩了研究的主题，要求研究者拒绝表面上不相关的想法和思考，仿佛这些头脑中的杂音都会干扰研究者对于研究主题的凝练。这种封闭而紧张的心态又如何让研究者走出一条超越预想的精彩新路呢？

第三，项目制科研具有高度动员性。不少公共管理和政治社会学的研究者，对政府项目动员和控制权的关系进行了深入考察，发现项目制逐渐溢出了财政领域并出现了不断泛化的趋势，以至于各种各样的“项目”层出不穷，“不仅中央自上而下地设立各种‘项目’对下级进行动员，各级单位组织也设立各种‘项目’动员内外资源，呈现出‘运动式治理常态化’和‘常规治理运动化’的情况”①。与此类似，在科研项目化的情况下，从学校到学院

① 苗大雷，王修晓. 项目制替代单位制了吗？——当代中国国家治理体制的比较研究[J]. 社会学评论，2021(4).

通过各种自上而下的方式动员研究者申报项目，调动和集中各方力量和注意力对研究者的申报书进行反复的专家论证，以期提升项目申报的中标率。正是由于项目制具有临时性、专门性的特点，“高度动员”已成为常规项目管理的一部分。

在项目即是权威的认同结构下，学校和学院都表现出相当的热情，和地方政府一样每天都在“想项目”“盼项目”，研究者则必须经常思考如何将自己的研究专长与项目意图相结合。毕竟项目制的高度动员性，意味着对常规体制运行方式的叫停和暂时打断。项目与晋升考核、绩效考评、奖惩制度等相结合的动员手段，促使研究者不得不将申请和完成项目作为自己的“中心工作”，研究者的研究工作逐渐有了向上负责的特征。如果项目动员过度，研究者的研究生涯就被拆解为接连不断地尝试申请和完成一个又一个项目的过程。如此一来，研究者作为项目过度动员的对象，其自主的创新思考能力必将不断被项目消耗，以至于科研被分解为一个个短期行为。浮躁的速成技术排斥了需要时间与耐心养成的技艺，最终破坏了创新研究的可持续能力。

第四，项目制科研容易造成人员的层次分化。对于有能力驾驭项目制科研的研究者，项目制科研将为其带来资金奖励、职称晋升、“帽子”地位等一系列利益。由于项目成果的可积累性，每一次项目的获得都能降低后一次项目获得的难度，提升后一次项目的可获得性。而申请项目长期失败的研究者，不但无法获得这一系列利益，而且其学术状态、学术思想和学术行为的持久性，也将受到“缺少项目”这一“原罪”的负面影响。因为获得项目被等同于获得学界承认，立项失败就会让研究者体验到深刻的劣等感。最终，这种劣等感可能转化为自我否定。除非研究者顶着压力，仍然从小论文着手进行研究积累，具有“时间站在我这一边”的定力和毅力，否则项目申请的屡次失败将可能使青年研究者过早选择退出其学术生涯，或者从重点高校向下流动到一般院校过上“学术躺平”的生活。

因此，项目制科研产生一种杠杆效应，一方面为一部分研究者撬动起丰厚的经济资源、社会资源和学术资源，并使这种资源获得自我繁衍的再生产效用；另一方面，又将一部分研究者抛入边缘地带，且随着年龄的增长而越来越难以翻身。如此一来，研究者群体就分化为一批具有“压倒性优势”的“大佬”和一批成果甚少又难以突破现状的苦闷“小虾米”。虽然在人文社科领域，研究者需要通过长期积累和沉淀才能形成较为成熟的研究体系，但项目制科研倒逼研究者在博士毕业后的5~10年内就需要通过成果的集中爆发而在学界形成一定的显示度。一旦研究者错过了年龄的黄金窗口期，时间被更多“上有老，下有小”的家庭琐事所分割，项目制科研就可能成为在造成研究者分层之后进一步锁定这种分层的结构性力量。

(二)违反规律的项目制科研前置

本研究提出“前置”的概念，就意味着项目制科研原本并不存在于那个靠前的阶段性位置。毕竟项目制科研需要以一定的科研能力为根基。对于以经验世界为研究对象的社会科学研究而言，研究者必须经过充分的经典训练和经验训练。项目制科研的前置，即将项目制科研引入尚未完成经典训练和经验训练的阶段而提前展开。

按照对经典训练和经验训练的规律性认识，进入项目制科研的研究者必须经历五个体验阶段。第一体验阶段，为“经典理论是简单的，而经典的分析过程是复杂的”。经典理论的命题一定是简洁明快的。教材通常会罗列许多名家的论著结论，这些结论无疑都是一些经典的理论命题，而这些理论命题通常都可以用一两句话加以简单概括。“经典训练”的核心，是打破背记经典结论、用经典结论解释一切(演绎思维)的简单思维方式，通过对经典原著的阅读，体味经典作家对问题的复杂分析过程，进而达到训练逻辑思维能力的目的。阅读经典是一个积累的过程，大量的经典阅读可以培养起阅读的质感，形成研究者对学术作品的辨识和鉴赏能力。

第二体验阶段，为“经验现象和经验实践是简单的，而通过阅读经典形成的思维是复杂的”。只看教材、背记结论，固然因其失之过简而无法训练思维；而若过多阅读经典却失之对经验现象与经验实践的观照，则又容易陷入思维的烦琐哲学，将实践中简单的逻辑建构得无比复杂。此时，就需要从“经典训练”转入“经验训练”。相比于阅读经典让人思维烦琐，回归经验则可简化人的思维，因为经验可以排除不存在的逻辑推演和理论假设(伪命题)。从这个意义上说，经验现象和经验实践是简单的。

第三体验阶段，为“归纳、演绎、结构化是简单的，而经验现象和经验实践是复杂的”。相比于复杂思维建构的烦琐哲学，经验现象和经验实践是简单的。然而，经验现象和经验实践同时又是复杂的，具有充分的丰富性，需要研究者进入现场，通过身体的在场感知田野中经验的多维、错杂、悖谬与和谐。但感受经验本身的随机、碎片与杂乱，并不能形成研究者的认知。过分关注细节会出问题，因为细节可以无限拓展。对经验本身进行“过程性提问”，容易使研究变成历史叙事，让研究出现学理性不够的问题。随机现象本身没有研究价值。研究者需要从复杂的经验现象和经验实践中发现规律，归纳出具有通则性的机制，并用机制演绎解释经验现象和经验实践。相比于经验本身的复杂，作为碎片结构化产物的机制是简单的，是众多经验现象收敛之后而达致的稳态。个案看似纷繁复杂，表面上都具有其特殊性。但只要向后挖掘，找出支配经验的“主要矛盾”和“最关键因素”，就会发现诸多个案在深层根源上的相通，看到个案之间在结构性条件上的类似。做出结构性判断，就是对经验进行统合锚定。在此前提之下再对经验进行细化和细节丰富，才会有方向感。

第四体验阶段，为“中层理论和设置的议题是简单的，而归纳、演绎、结构化是复杂的”。单纯的归纳、演绎、结构化，往往足以操作一篇论文。具体而言，即在一个具体的经验现象之下，给出一点机制解释，从而建构一篇文章。研究本身成为类似烹饪的“料理”食材，其过程便是加工和编集材料，并对一些部分进行术语化或抽象化的“翻译”。重复这个过程，会使操作和生产论文模式化。研究者需要在做出大量复杂的机制描述和机制解释的前提下，进一步具备“想问题的能力”，以简驭繁、删繁就简。所谓“想问题的能力”，一是要从局部经验走向对广域经验群的横贯和穿透，二是从被动接受经验刺激的状态走向主动思考和发现一鳞半爪“硬的”问题意识。在沉淀和积累大量机制描述和机制解释、反复出入多个问题域的过程中，思维中多个经验的盘旋、交织和串联，形成复杂的经验网络。“头脑风暴”的想象能力，恰是基于这种对厚重且系统的经验的反复归纳、演绎、结构化所带来的复杂而透彻的思考，然而其产物却是思考瞬间“从无到有”“从零到一”的灵光乍现，是高站位、大格局下的视角凝缩和中层理论呈现。中层理论导源于沉淀厚重经验、建立复杂经验网络所形成的经验质感，而其表述无疑是简约凝练的。因为中层理论遵循简约主义(simplicity)原则，这一原则被称为“奥卡姆剃刀”(Occam's Razor)。作为简练的认识与行为原则，“奥卡姆剃刀”是现代科学研究的基本信条：当你有两个处于竞争地位的理论能得出同样的结论，那么简单的那个更好。该原则引导研究者的研究避免人为将事情复杂化，而要能够直探事物本质，通透把握研究对象，解决最为关键的问题。

第五体验阶段，即“中层理论和设置的议题是简单的，而经验现象和经验实践是复杂的”。“理论是灰色的，而生命之树长青。”学术研究的产物终究还是“文本”。文本理论是简单的，经验现实是复杂的。“接地气”的文本理论，务必能够还原为复杂的经验实践。这便要求我们的学术研究务必具备“想事的能力”，用经验质感中饱藏的想象力穿透简约的语词、理论和议题，让复杂经验现象和经验实践本身的丰富性和身体性重新归位。

上述五次体验，可梳理如图 1 所示。在图中，“→”所示为递进关系，“—”所示为对等关系。从图中可以看出，五次体验中展现的五对关系并非平行结构，而是构成一个呈现递进序列的闭环系统。每一次递进都意味着一次“解放”：或是头脑理性思维对身体日常经验的解放，或是身体田野经验对头脑理性思维的解放，又或是头脑质感思维对身体田野经验的解放。“解放”即对固有界限的突破。阅读经典的训练过程，即用阅读突破身体界限的过程，使头脑解放身体。从“经典训练”转入“经验训练”，即用身体和经验突破头脑界限的过程，使身体解放头脑。而“经验训练”的过程不是收集资料、被经验细节所役使，而是需要不断努力用思维突破身体和经验的界限，再次使头脑解放身体。在经验现场尝试对经验现象进行串联、归纳和演绎，突破经验感知的琐细，由“繁”入“简”，是“经验训练”

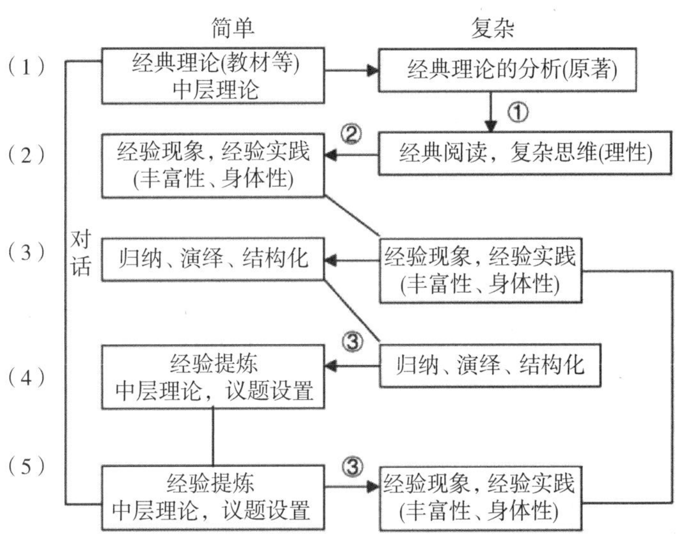

注：①=用阅读突破身体的界限；②=用经验/身体突破头脑的界限；③=用思维突破经验/身体的界限

图 1　进入项目制科研之前必须经历的五个体验阶段

的基本功。而在身体不在场的情况下，突破身体的时空局限，只依据某个议题的只言片语和蛛丝马迹，就能触动经验质感背后的想象力，精准还原经验现场，并穿透经验现象的本质展开分析。这种由“简”识“繁”再化“繁”为“简”的能力，是“经验训练”所指向的极高境界。

理论与经验的循环上升，是复杂化与简单化的循环演进，同时也是头脑与身体的循环解放。在不断的循环往复过程中，研究者的研究思维才会能放能收、能繁能简、大开大合，具备进入项目制科研的基本素质。

项目制科研的前置，意味着将对基本能力的“训练”过早转化为目的性和获利性极强的“工作”，破坏了如图 1 所示的循序渐进的能力生长体系。借助项目制科研以“加快造就拔尖人才”，最终可能只会产生揠苗助长的效果，不但无助于创新性研究的产生，反而有害于创新研究能力的培养。

三、项目制科研进本科的推动机制与实践困境

将项目制科研前置到本科阶段，其后果是将还未完成基本学术训练、尚不具备足够科研能力的本科生，也卷入未必有助于形成创新性研究的项目制科研过程中。政策初衷是想推动本科生尽早融入教师科研团队，但其必要性、可能性和科学性都值得商榷。如此一来，不但项目制科研本身存在的上述诸多问题都必然投射到项目制科研进本科所遭遇的实践困境中，并且其实践困境还必然带有本科生的独特性。

(一)项目制科研进本科的推动机制

前置到本科阶段的项目制科研，主要以学科竞赛为形式组织和开展，其正式的表述概念为“学科竞赛项目”。根据某高校本科生院公布的名单，本科生的学科竞赛，除“挑战杯”和“互联网+”之外，2023 年就有共计 123 项赛事。2022 年，该校共有 5628 人次通过 92 种学科竞赛项目取得了奖项，而社会科学领域某个学院的本科生在其中的 6 种学科竞赛项目中取得了获奖 30 人次的成绩。与社会科学领域相关的学科竞赛项目，影响力较大的如下：

①全国大学生市场调查与分析大赛(国家级)；

②全国大学生电子商务“创新、创意及创业”挑战赛(国家级)；

③全国高校商业精英挑战赛(国家级)；

④中国公共政策案例分析大赛(清华大学主办)；

⑤“求是杯”全国公共管理案例大赛(中国人民大学主办)；

⑥青年全球治理创新设计大赛(复旦大学主办)；

⑦“我是外交官”全国大学生外交风采大赛(厦门大学主办)；

⑧“政务关注”省级调研大赛(中山大学主办)。

如果按照项目的品级来划分，社会科学类专业的本科生参加的学科竞赛项目，可以分为国家级赛事、省级赛事、校内赛事。国家级赛事的代表，是“挑战杯”全国大学生课外学术科技作品竞赛和中国国际“互联网+”大学生创新创业大赛。省级赛事的代表，是“挑

战杯”×省大学生课外学术科技作品竞赛和中国国际“互联网+”大学生创新创业大赛(×省赛区)。校内赛事的代表，则包括××大学“自强杯”大学生课外学术科技作品竞赛、××大学“互联网+”大学生创新创业大赛、大学生创新创业训练计划项目(国家级、省级、校级、本科生院)、大学生社会实践项目(国家级、省级、校级、校团委)、青年研究中心课题项目(校团委)。

其中，“挑战杯”学科竞赛项目，被列入全国普通高校大学生竞赛排名榜内竞赛项目名单，被教育系统文件经常提及，也被纳入“双一流”建设指导意见，是本科生获得国家奖学金的重要条件。

以第十八届“挑战杯”全国大学生课外学术科技作品竞赛为例，其作品分类中包含“哲学社会科学类社会调查报告”，每篇在1.5万字以内，需要参赛者围绕发展成就、文明文化、美丽中国、民生福祉、中国之治等5个组别形成社会调查报告。其中与社会科学相关的专项赛，包括“揭榜挂帅”专项赛(由中国青少年研究中心等单位发布选题)、红色专项活动(上好一堂红色课，组建一支实践团，形成一件好作品，开展一次交流营。作品既需要有5分钟内的短视频，也需要有5000~10000字的调研报告)。该赛事是由共青团中央、中国科协、教育部、全国学联主办的大学生课外学术科技活动中一项具有导向性、示范性和群众性的学科竞赛项目，每两年举办一届。

中国国际“互联网+”大学生创新创业大赛，是由教育部等部门与地方政府联合主办的一项全国技能大赛，受教育部认可，在全国普通高校大学生竞赛排行榜中位列第一。该竞赛包括高教主赛道(创意组、初创组、成长组)、“青年红色筑梦之旅”赛道(公益组、创意组、创业组)、产业命题赛道。该竞赛项目发展至今，已举办9届，各省各校都越来越重视，部分省把它设为学校本科评估、“双一流”评估的要点，还专门出台措施激励师生积极参赛。

大学生创新创业训练计划项目(简称“大创”项目)，是教育部实施的面向本科生的、在导师指导下完成的科研训练项目，是学校推动本科生尽早进入实验室、融入教师科研团队的最主要载体。“大创”项目分为国家级、省级、校级三个级别，各级别项目包括创新训练、创业训练、创业实践三个类别。创新训练项目是学生团队在导师指导下，自主完成创新性研究项目设计、研究条件准备和项目实施、研究报告撰写、学术成果交流等工作。

为了动员本科生以及作为研究者的高校教师加入指导本科生参赛的行列，各高校也相继制定了大同小异的激励措施(见表1)。

表1 **动员本科生和教师参与项目制科研的激励措施**

	“挑战杯”	“互联网+”	“大创”
动员本科生	推免加分，本科生创新学分以及研究生科研成果认定，奖学金评定名额倾斜，表彰荣誉，资金奖励	推免加分，本科生创新学分及研究生科研成果认定，奖学金评定名额倾斜，表彰荣誉，资金奖励	推免加分，成果可申请创新学分，国家级项目优秀成果可以参加全国大学生创新创业年会，年会获奖成果可在推免中参照学科竞赛获奖申请加分

续表

	“挑战杯”	“互联网+”	“大创”
动员教师	学科竞赛项目获奖可折算教学工作量。教师指导学生获得“挑战杯”大赛成绩可适用于职称评聘。招生指标分配倾斜。表彰荣誉	学科竞赛项目获奖可折算教学工作量。教师指导学生获得“互联网+”大赛成绩可适用于职称评聘。招生指标分配倾斜。国赛金奖项目前五名指导教师获得“全国优秀创新创业导师”表彰	年底学校对指导“大创”项目进行工作量奖励。对于参加全国大学生创新创业年会并获奖的优秀成果，参照学科竞赛获奖进行绩效奖励

(二)项目制科研进本科的实践困境

本科生的定位本应是打基础，以“输入”为本位。但项目制科研进本科的整体导向是强调应用和“输出”。一个基础不牢、“输入”不够的本科生，如何融入教师科研团队？有必要这么急着融入教师科研团队吗？在本科生融入能力不够的情况下，为了急功近利追求成绩，教师很有可能越俎代庖、包办代替。又或者，教师只是有限地进行旁敲侧击式的指导，但难以产生高水平、高质量的研究成果。

1. 田野调查的实施困境

为了完成上述学科竞赛项目，本科生需要围绕选题自行开展田野调查。基于安全责任和经费负担等问题的考虑，教师很少会亲自带领本科生开展较长时间的调研，至多带队调查1~2天。但这种蜻蜓点水、走马观花式的调查，对于形成深入全面的调查报告而言是远远不够的。因此，本科生在大多数时间里需要自己结合指导教师推荐的研究方向组建实践团队，确定调研结构框架。

然而，本科生的社会经验和社会关系有限，在独立开展田野调查的过程中，会遭遇诸多难题。首先是入场困境。本科生在接触政府部门工作人员时，往往不受重视。即使因持有学院开具的调研函而不会被赶走，也会被一些工作人员假借“工作忙”等理由推辞而无法进行访谈，或者无法开展2~3小时的长时段访谈。屡次被拒之门外，必然会打击本科生的积极性。指导教师只能远程指导和劝慰，但无法从根本上改变入场困难的局面。由于入场困难，调研工作量就会受到极大影响，取得的信息量也无法达到饱和状态。

其次是访谈困境。本科生在调研现场，没有指导教师手把手的示范和协助，往往问了几个问题之后就不知道如何继续下去，因为他们积累太有限，无法迅速在脑海中生成适当的问题意识，也无法围绕一个问题意识从不同侧面进行进一步的追问。由于缺乏训练，他们抛出的问题往往是封闭式提问，提问方式也通常较为生硬，不会通过聊天式的交流将一些场景化的经验信息从访谈对象那里自然诱导出来。因此，访谈对象的兴奋情绪很难被调动，很多值得进一步深挖和开掘的议题就被轻易放过。由于提问质量不高，他们也无法收集到集中度较高且有一定质量的信息。

2. 问题意识和框架提炼的形成困境

学科竞赛项目的主题，通常只是一个问题域。而调查报告的撰写和最终学术成果的生成，关键是要在问题域中找到特定的问题意识，并围绕该问题意识形成具体可操作的分析框架。然而大多数本科生在未经足够的经典阅读训练和经验训练的情况下，为了学科竞赛项目而过早进入研究领域，其结果往往是从“经验”到“经验”的简单循环。因为没有经过大量经典阅读的理论训练，缺乏理论的想象力和抽象总结提炼能力，他们的调研往往可以把经验复杂的细枝末节调查得很精细，但却至多只能形成一篇完整的调研报告。一旦陷入经验复杂的内部结构中而无法跳出经验，不断细化的经验事实本身也无法带来理论认知和知识生产的更多增量。

从经验“到”理论的大循环要能循环得起来，本身就是一种能力。要做到从经验“到”理论，这个“到”的过程，便是一个具有原创性的创造过程，需要充分的理论想象力，比如：第 N+1 个村庄的经验激活前面 N 个村庄的经验，前面 N 个村庄的经验又刺激对第 N+1 个村庄的经验理解的理论想象力；或对一个更具一般性的问题的理论想象力。这个“到”不是在对经验现象的归纳之后自动达成的，它需要对经验现象的解构、还原和重组，需要“思维的惊险一跃”，需要瞬间“天才式头脑”的灵光一现。顿悟式的灵光一现，其产物是理性的，但其产生的过程本身却是非理性的，需要激情以及对某个问题的“冥思苦想”“念念不忘”。完成训练的研究者尚且需要不断在“如何提出问题”上下功夫，在原创能力方面持续成长、不断反思和突破，更遑论刚刚接触人文社科知识的本科生了。

3. 多线作战的忙乱困境

虽然不少本科生选择参与项目制科研，其对外宣称的动机是想提升自身的学术研究能力，但从许多本科生同时参加多个项目制科研的情况来看，不得不怀疑其急功近利的投机性动机要远大于提升自身学术研究能力的动机。

曾有一位文科实验班的本科生在向笔者汇报学习近况时，将自己和不少其他同学同时参加多个项目制科研的状态概括为“多线作战”，并认为这是一个普遍现象。他们往往存在“不把鸡蛋都放在一个篮子里”的心理，认为参加越多的项目制科研，立项和获奖的机会就越多。他们的目标很明确，就是分摊风险，确保加分和排名进入保研圈。因此，没有立项和获奖的项目制科研对于他们而言毫无意义。并且，他们基本不会用全身心的投入去认真对待任何一项学科竞赛项目，而是满足于浅尝辄止和挂名，其余就交给项目负责同学和指导教师了。

不少本科生同时参加了 2 个以上的学科竞赛项目，有的本科生同时参加的学科竞赛项目甚至多达 5 个。这样的“多线作战”状态，自然让本科生形成一种心浮气躁、急功近利的投机心理。他们忙碌于查找资料、拼凑论文，形成零零散散的调查报告，在不同的项目之间反复横跳、投机取巧，如何还有心思沉静下来用大块时间完完整整阅读几本有分量的学术经典，稳扎稳打地形成属于自己的洞见和能力？

4. 拜码头混圈子的德育困境

拜码头混圈子，原本是当下研究者中间流行的一种不良风气。越是在学术上发展得好的研究者，就越可能深陷既得利益而难以自拔。一些研究者为了发论文而不择手段，通过体制资源、个人资源的投入来建构和维系期刊关系，而不是通过自己的学术发展来累积学术声誉。项目的申报也是如此。尤其是涉及重点项目、重大项目，苦心经营各种体制关系也都是为了获得项目利益。

项目制科研的前置，让拜码头混圈子的不良风气传导到本科生中间。一些本科生为了参与教师组织的课题项目，想方设法与教师发邮件、套近乎，表现出自己热爱学术的样子，希望自己也能共享教师的学术资源和“圈子”。项目制科研这种鼓励本科生融入教师科研团队的做法，在实践中蜕变为鼓励本科生甘当被导师个人所利用的学术民工。如果导师没有培养学生的正确方向和远大志向，就会把学生当成写论文的工具。混进“圈子”的学生各有分工、互不干扰，甚至不知道其他人在做什么，最后在导师那里被汇集成了供自己署名的文章。大量没有营养的学术论文就是这样被生产出来的，这也严重挤占了学术发表的资源，不利于良好学术生态的建立。这种学术上的“玩法”，也把学风彻底搞坏了。本科生选择导师的目的不是多读书、培养学术兴趣和学术能力，而是为了发表论文并以此获得各种奖励。

5. 妄自菲薄与盲目自信的极化思维困境

大部分本科生还不明确：自己要不要考研？要不要做学术(不确定自己是否适合做学术)？要不要做经验研究、中国研究？因此，这些本科生与学术拔尖创新性人才的识别入口之间，还有很长的一段距离。如果教师没有正确适当的引导，用对博士生的要求去指导本科生的调查和写作，必然会让本科生产生自己不适合做学术的自我判定。事实上，万物的成长都得有个过程。这些本科生没有经过循序渐进的学术能力训练，就贸然被抛入项目制学术的科研过程，他们无法形成自己的想法，无法将议题引向学理性的深度，都是再正常不过的。毕竟天才是很少的，人才是需要长期培养的。但项目制科研的引导，会让本科生还没有进入培养体系、在方法和方向都正确的道路上持续努力过，就对自己的学术潜力妄自菲薄。

与此同时，由于社会科学的不少议题具有公共性，讨论门槛相对较低，一些善于表现的本科生在没有沉下心去广泛阅读和深入调研的情况下，就能凭着自己的感觉长篇大论侃侃而谈，对自己现有的科研能力盲目自信。项目制科研的前置，给了他们自我表现的机会空间，即使他们的“输出”并没有太多学理内涵和调研依据。这种“输出”的畅快感带给他们一种拥有极强学术能力的错觉，却并不会教给他们在敬畏和谦卑的心态下认识到“输入”的基础性。

项目制科研的前置，或者让本科生盲目否定自己的学术潜力，或者让本科生对自己的学术能力盲目自信。这样的极化思维困境，只会导致一些可能真正具有学术潜力的待造人才浪费和流失。

6. 成果贡献度的认定困境

由于项目成果多采用共同署名，并还有教师指导，事实上从最终成果中是难以精确识别每位参与成员的贡献比例的。正因为成果贡献度认定的模糊性，前置的项目制科研就难以避免指导教师主导甚至包办项目成果生产的可能性。学生的能力越差，为了取得成绩，指导教师主导甚至包办项目成果生产的可能性就越大。而一旦指导教师，特别是那些在学术界有一定地位的教师，主导甚至包办项目成果生产，这样的成果就更容易获得优异奖项。

因此，我们看到获得靠前奖项的项目成果，其指导教师也多是学术界知名教授。项目成果能否立项和获奖，不是取决于本科生的水平，而是取决于指导教师的学术能力和学术地位。即使本科生的调研只能提供支离破碎地堆积在一起的无效信息，一个本身就擅于申报课题和包装论文的指导教师，也能将这样的调研包装得像模像样，并且无人追问这样的研究是不是一个“看上去很美”的假研究。如此一来，面向本科生的学科竞赛项目，实际上变成了指导教师之间的代理人竞争，这也进一步刺激本科生去“拜码头混圈子”，想方设法接近拥有学术权势的学者争取其作为自己的指导教师。最后，指导教师的项目包装技艺变得更加精湛，而本科生自身的研究能力却实在没有太大进展。

四、项目制科研与拔尖创新人才培养的迷误

项目制科研前置的顶层设计者，认为项目制科研是拔尖创新人才培养的有力杠杆。然而项目制科研进本科的实践困境证明，我们对拔尖创新人才培养的认知存在迷误，项目制科研基本无助于生成培养拔尖创新人才的根本条件。

(一) 全景式视野的忽视

社会科学专业的拔尖创新人才，需要对中国拥有全景式的视野。这是因为中国社会的区域特征很显著，学术创新需要通过对不同地区的调研为自己搭建尽可能完整丰富的田野版图。同时，中国社会和治理机制也处于变迁之中，即使是同一个地方，时隔几年之后再去，可能情况就发生了变化。拔尖创新人才的培养不能是项目课题导向的，而是需要首先深入经验场景中去具体问题具体分析，因而问题的分析、总结和提炼也应是开放性和探索性的。并不是说调研者去的时候就一定要关注哪个问题，或者就一定是带着哪个问题去的。比如，东部地区经济发达、利益密集，经济分化现象比较突出，产业在村庄里面有很多非正规的经济形态。由于利益密集，村民争先恐后当村干部。这个时候，研究者就自然而然会关注到这些现象，并以此为契机寻找解释现象的分析角度和逻辑关联。

调研地点的选择是偶然的、开放的、不确定的，关注什么问题是偶然的、开放的、不确定的。研究者每一次去不同的地方，回来写的论文话题可能就很不相同，论文角度和风格也不一样。经过三五年时间，研究者就可以形成研究话题的积累。刚开始进入研究时，由于研究话题铺得太开，研究者可能没有太多精力去熟悉文献，这是对研究的挑战。但这

种方式有个很大的好处，就是培养了学术想象力，学术视野可以打得非常开。什么话题都关注，不会一开始就被局限在一个很小的领域里面。只有在不同领域和问题之间来回穿梭，研究者才能把很多问题串联在一起，在反复比较中最终形成对经验或问题的贯通性认识。以此为基础再回头去看理论和学科，研究者的视野就会更加开放包容，且具有反思性。当下跨学科视角被广为推崇。其实经过这种经验训练过程之后，研究者天然就会有一种跨学科的整体视角，很容易进入其他学科的领域里面。在贯通经验之后，再进一步明确自己的研究方向，形成学术用力的焦点。这才是培养拔尖创新人才的正确道路。

然而，项目制科研引导本科生一开始就聚焦于一个特定的问题领域，并不利于培养学生丰富的学术想象力和经验质感的迁移能力。

(二)研究主体性的忽视

一个具有创新能力的研究者，必须自身首先具备整全的主体性。经过长期的阅读和调研积累，这样的研究者基本已经建构出较为完整的知识谱系和经验谱系，这也是其形成研究主体性的前提。研究者遇到的新问题，都能刺激和调用这些既有的知识谱系和经验谱系，服务于对新问题的分析和解释。也就是说，研究者所做的最新科研内容，都是以研究者既有的知识谱系和经验谱系作为其支撑的，最新科研内容并不是孤立的，而是研究者的科研版图结构中的一个局部。

然而，项目制科研引导学生加入教师的研究课题，就是让学生委身和依附于教师的主体性，而这种主体性并不能自动从教师身上转移到学生身上。教师做课题是基于其较为完整的知识谱系和经验谱系，但学生没有。学生是无法单纯通过参与项目制科研而形成研究主体性的，因此学生在项目制科研中只有可能机械地成为教师科研的工具。学生最多是在这个过程中体验一些形而下的技术和方法，获得一些枝节性的知识，但绝无可能形成系统的超越既有研究水平的自主能力。

如果说拔尖创新人才的培养目标，是产生一批能够在科研领域独当一面的“群狼”，那么前置的项目制科研基本上只能产生一批温顺听话的“群羊”。知识谱系和经验谱系的残缺，使其丧失了独立思考和开展科研的可能性，而急功近利的项目制科研根本无助于补强其短板。

(三)源头性知识的忽视

项目制科研强调的是知识和方法的运用能力。如果基础知识掌握度与理解度普遍不足，项目制科研所试图培养的思考批判力也只能是“无源之水、无本之木”。在现代社会问题已经足够复杂的背景下，通识性基础知识的匮乏和知识体系的缺失会让学生难以发现问题和独立思考。如果缺失耐心的知识习得过程，学生就无法进行缜密的思考。如果没有良好的基础学习，学生对“自己的思考”的表达也不过是基于个人感觉的意见主张而已。以培育“自主思考、自主学习”为目标的学科竞赛项目，表面上似乎能够提高学生的批判力和思考力，但由于过于轻视基础性学力和知识，学生没有积累扎实充分的学养知识基础，就只能进行单纯表达自我主观感受的批判。

因此，拔尖创新人才的培养应当从源头性知识开始。从“知者行之始”来说，进入实践之前，应是具备所谓源头性知识的，也即大量的经典著作阅读训练。有了这个基础，进入科研实践，我们即便是悬置了源头性知识，也并不代表源头性知识没有发生作用，它的作用就是平时的“思维训练”在指导我们进入科研实践时的理论自觉。只不过我们因为有了源头性知识的储备，刚进入田野时才更要强调实践自觉。

王阳明在《传习录》中的一段答语，说的正是源头性知识对于拔尖创新人才培养的重要性所在，在此不妨原文照录如下：

> “为学须有本原。须从本原上用力。渐渐盈科而进。仙家说婴儿亦善。譬婴儿在母腹时，只是纯气。有何知识？出胎后，方始能啼。既而后能笑。又既而后能认识其父母兄弟。又既而后能立，能行，能持，能负。卒乃天下之事，无不可能。皆是精气日足，则筋力日强，聪明日开。不是出胎日便讲求推寻得来。故须有个本原。圣人到‘位天地，育万物’，也只从喜怒哀乐未发之中上养来。后儒不明格物之说。见圣人无不知，无不能。便欲于初下手时讲求得尽。岂有此理。”
>
> “立志用功，如种树然。方其根芽，犹未有干。及其有干，尚未有枝。枝而后叶。叶而后花实。初种根时，只管栽培灌溉。勿作枝想。勿作叶想。勿作花想。勿作实想。悬想何益？但不忘栽培之功，怕没有枝叶花果？”①

正因为源头性知识是根本，培养拔尖创新人才急需秉持“只问耕耘，不问收获”的原则，明确“人才是培养出来的”。如果一开始就按圣人无所不知、无所不能的要求，靠项目制科研来选拔天才，恐怕难以培养出拔尖创新人才。

五、拔尖创新人才培养的迷误纠偏

基于前置的项目制科研中蕴含的对拔尖创新人才培养的迷误，本研究从五个方面提出对这些迷误进行纠偏的基本路径。

(一)调整本科阶段的培养方式

本科阶段的培养目标，不应是直接造就即使有也是少数的拔尖创新人才，而是力求让所有学生打牢专业基础能力，同时形成一定的学科素养，注重“培养”而非“选拔”。素养的形成，关键在于“一心一意做一件事”的这种“纯粹”状态，然后辅以对我们所处时代和社会的关怀。在此前提之下，再逐渐培养看问题的学科视角，提升分析问题的逻辑思维品质。怎么培养？本科阶段，广泛大量阅读人文社科经典理论著作，用大块时间来读“硬”书；然后抓住“第三学期”进入田野，适度进行有教师指导的经验调查训练，而经验调查的感受和体验同样服务于本科阶段的经典阅读训练。理论功底和逻辑思维能力需要靠阅读

① 王守仁. 传习录[M]. 郑州：中州古籍出版社，2008.

来训练。进入研究生阶段，重点才转向经验调查训练。如何入场、如何提问、如何控场，以及如何分析、归纳、比较和提炼，这些经验研究能力也需要长期训练和积累。最后，写作能力也是需要训练的。如何缩小思维与表述的差距，如何清晰呈现问题和分析逻辑，这些问题的答案都需要通过训练而自主探寻。一个阶段就要安排好一个阶段该做的事情，拔尖创新人才的培养没有捷径可走。

本科阶段应培养学生的一般性能力，比如看问题的理论视角、分析问题的思维层次、总结问题的抽象能力和归纳能力等。这些素养，不论他们今后走上什么工作岗位，都是基础性的，能够及时转化为工作的现场能力。经典阅读，可以培养他们集中注意力专注于一件事的能力，同时训练理论思维的基本功，形成基本的学术鉴赏力。适当的调查实践，可以让他们更关注时事、关怀家国，不至于让阅读训练走火入魔、让思维凌空蹈虚。

(二)调整实践教学的方式和目的

实践教学的目的，不应是着眼于完成专题化的项目课题调研，而是基于全景视野的、无特定目标的经验训练。其方式自然也不能只由指导教师远程指导，或者蜻蜓点水式地带领学生在1~2天之内走马观花。

真正的实践教学，要求教师将课堂开设在田野现场，将实践课程与理论课程相结合，由专任教师、博士研究生、硕士研究生与本科生组成社会实践课程教学小组，将科学研究与学生教育结合，探索形成一套类似传统师徒“手艺”传递的教学模式，做到教学相长、研学相长。不对学生的调研内容、思考方向和关注对象设限，注意学生的主观能动性。

教师需要将学生带到田野现场，吃住在农户家中或是城市社区，带着前期学习的社会科学理论和方法进入田野展开调查，进行面对面访谈，从中提出学术问题，进行专业化分析，回应理论问题和现实政策实践问题，让学生亲自体验理论与经验的结合、理论研究与应用研究的结合。教师要实现一对一、面对面、手把手的教学，课程时长为20~30天，每天教学实践12个小时(白天为调研实践，晚上为讨论时间)，实现学生思维能力的高强度训练和专业能力强化。在田野调查期间，白天主要进行入户访谈，晚上教师则可以组织集体讨论。由于白天的访谈内容在调查成员间处于共享状态，晚上则可主要围绕这些访谈所得的经验材料展开讨论，按照问题意识进行总结，对经验材料背后的经验逻辑进行深度挖掘和提炼。

与此同时，教师指导本科生进行若干重要学术问题研究，让本科生体验“研究”的快乐。课程结束后指导本科生撰写高质量的调研报告(部分修改为学术论文投稿)，并进一步指导学生回乡观察和参与调查重大现实政策问题。

(三)调整创新能力的培养过程

项目制科研能够激发一部分本科生对基层治理研究的兴趣。这是好事，也是坏事。为什么是好事？至少关注基层治理的复杂性，可以让他们想问题，特别是在讨论价值性问题的时候，减少立场先行的情绪化争论，让网络上少一些“键盘侠”，也让他们的理论学习更有方向性。但为什么也是坏事？因为这方面的研究门槛看起来很低，没有完成经典阅读和基础思维训练的本科生，在保研加分的指挥棒下，急功近利地借申报和完成各种项目的名义过度参与进来，颠倒了先练基本功、厚积薄发的能力成长规律，盲修瞎练、“认真地”应付，浪费了宝贵时间。

对于学生而言，靠灌输和背诵得来的知识结构都是“死知识”。教师起到的作用更多应是引导，解决学生的动力问题，点燃学生的自主性和主体性；课堂现场教学，也只是起到引领和示范的作用。经典著作一定要学生自己去看，自己去体会，从读不懂到逐渐读懂读通，这样才能形成学生自己的能力。建立知识结构，培养创新研究能力，不是靠“讲通”或者传教式的教育所能达成的。

培养创新性研究人才，首要工作应是强调学生开展体系化阅读，而不是融入教师科研团队。体系化阅读不是句读式地连年累月“精”读一本书，也不是在闲散状态下悠然阅读的“泛读”状态。作为“兴趣”的阅读，与作为一种兴趣的打麻将没有本质差别。但体系化阅读，是一种“训练”。体系化阅读重在从体系中理解和掌握原著内容的过程。学生在体系化阅读过程中经常处于连蒙带猜的状态，但不查字典、不问教师，继续往下读，读到后面，前面的自然就懂了。连蒙带猜，不断琢磨，就训练了学生的思维。最终，学生所习得的知识和方法是在体系当中的。体系中的知识不需要背诵，因为已经化作其思想血脉的一部分。在此情境下，记忆也是理解式的记忆，学生在自主阅读中获得的知识也生长在属于自己的“知识之树”上，不会轻易掉落。因此，阅读所得就成为基本的一般化能力。理解和掌握原著思想的过程很重要。而依据教材的讲解，则极易沦为对研究结果和结论的宣达。各种喜闻乐见的课堂讲授形式、各种辅导，相反也容易淹没本应属于学生的“训练”过程、心理历程和顿悟的兴奋。

只有经过体系化的阅读训练，具备了一定的理论想象力和抽象思维能力，习得了不同学科的专业视角，学生才可能在研究生阶段进一步开展经验训练，朝成为创新性研究人才的方向不断迈进。

(四)调整师生之间的互动关系

教师对本科生的影响，不仅重在言传，更应重在身教；不仅传授具体知识，更应重在培养学生的“三观”，引发学生对学科的热爱，训练学生的学科思维。教师的现场教学是全人格地投入其中的。教师热爱学术研究、热爱思考的兴奋状态，在现场教学的群体环境和身体在场中，是可以感染学生、影响他们的“三观”的。教育不是体力活，而是脑力劳动和情感劳动。推着学生走没有用，关键在于解决学生专业学习的认识问题、思想问题、方法问题和动力问题。

要建立无利益关联的师生关系。师生关系也是利益结构的重灾区，比如让学生为自己做杂事，让学生给自己做课题，甚至是让学生为自己写论文，等等。对此，教师需要按照比较高的要求来严格要求自己。除了让学生读书和指导学生写作论文，教师和学生之间不应建构任何利益性的交换关系。

另外，刚性的复杂治理系统是脆弱的。大学的教育模式高度重视课堂和课程、高度重视教师教学、高度重视考核与考试、高度重视知识传授与知识点梳理，现在又高度重视项目制科研进本科，其后果只能是越来越多的课程、越来越严的纪律、越来越细的考核、越来越知识点化的讲授，以及越来越“内卷”的项目科研任务，一方面让教师“治理负荷过高”，另一方面也使学生浮躁、功利，难保学习兴趣，不可能充分发挥学习的积极性与主动性，因为学生始终是教学关系中的客体。

（五）调整项目制科研的引入边界

拔尖创新人才的形成基础，是让学生在本科阶段充分且有主体性地通过广泛涉猎经典学术著作，训练基本的理论思维习惯和沉静下来“一心一意做一件事”的专注能力。借参与项目制科研的机会适当开展田野调研，其最终目的也应服务于使学生认识到阅读领域和阅读数量的拓展和提升空间，而非真的形成高水平、高质量的调研报告乃至论文，或者在学科竞赛项目中获名获利。因此，在本科阶段对项目制科研的引入，不应采取广泛动员的中心工作方式，并在其上附着过多的个人利益。

此外，项目制科研不应成为教师与学生关系的主要连接方式。教师的研究状态，往往对学生起到一种代表学者群体的示范作用。教师是否具有家国情怀和使命感，是否表现出学术探索的志趣，直接可以成为学生在未来道路选择过程中的参照。他们是否选择科研道路，与他们对学术生产和学界生态的认知，与高校教师和学术研究者的工作和生活状态，都深切相关。从某种意义上说，教师就是表率，是向他们展现学术作为“人生未来的一种可能”的一扇窗口。不少有想法的本科生会积极通过网站等各种途径了解教师在授课之外的状态：教师有没有论文发表等学术产出？生活和研究的状态如何？研究方向与自己是否契合？“非升即走”是否压力很大？学术是否没有用？如果教师自己并没有表现出研究得很有趣，而是表现得仍是一个难以立足的苦闷“青椒”，又有何底气影响他们坚持读书、将来和自己一样进高校当教师做研究，乃至于成为拔尖创新人才呢？

然而，在项目制科研的互动过程中，不少教师可能表现出自己也处于一种迷茫状态，让学生感觉到很大的压力，这种压力往往遮蔽了教师的学术理想和事业心，让学生对科研的未来丧失信心，兴趣大减，这显然不利于拔尖创新人才的培养。因此，教师的学术理想和事业心，恰恰应当成为教师与学生关系的主要连接方式。教师应当首先自己拥有使命感，并通过课堂和课余指导表现出其对科研探索的志趣，然后才能让学生拥有对学术人生的想象空间，并让学生在教师身上获得成为拔尖创新人才的方向感和确定性，让学生觉得成为拔尖创新人才的方法可信、未来可期。

六、拔尖创新人才培养的关键在于解放主体性

本研究认为，将项目制科研作为拔尖创新人才培养的关键，属于“缘木求鱼”，其结果很可能只是造成一些急功近利的学生和教师，以及一些牵强附会、表面相似、为名为利、自我循环论证的“假研究”，让原本对学术科研充满憧憬和敬畏的学生丧失对学术的兴趣。基于上述分析，本研究提出的观点是：拔尖创新人才培养的关键，在于解放学生的主体性。拔尖创新人才的出现，一定意味着主体性的胜利。

“主体性”的一个重要表现，是自己能够形成问题意识，不依附于任何外部“拐杖”，能够在经验内部提问题，在宏观与微观之间建立联结。外部的环境和条件总在变，一个有主体性的人善于在运动中寻找战机，创造性地完成工作，而非刻舟求剑。主体性是创新性研究人才应当具备的基本素养。

项目制科研进本科的唯一好处，在于让师生意识到调查研究的重要性，这与国家对大兴调查研究之风的提倡相互应和。但项目制科研产生的效果，往往是将调查研究的重要性矮化和庸俗化为获得保研加分、职称晋升优势和丰厚资金奖励。事实上，调查研究之所以重要，首先在于社会科学当下迫切需要国家所需、社会所求的一流研究，“上面的人不了解下面的情况”在决策系统内成了一种普遍现象。如今中国缺的不是传播平台，而是一流的创新性研究。如果研究者对问题没有深入的认识，这些平台也没有用。如今部分基层干部看不起学者，这就警醒学者如果研究不扎实就毫无价值。

是不是“假调研”，研究能否创新，关键在于学者有没有真正发挥主体性与研究对象“混”在一起，同情理解对方的意义世界，知道对方是怎么想的、需要什么。在浮躁的社会环境下，做一个保持与社会密切联系的“有机知识分子”已属不易。在“公知”当道的时代，西方知识是稀缺品，群众鉴别力有限，因而容易受到错误引导。但至少“公知”是有公共性的，是有群众基础和群众影响力的。如今群众有了鉴别力，信息时代促成了认知民主化的实现，群众更加渴求有解释力和深刻性的知识供给。然而，学术与社会的互动却似乎减弱了，学术的公共性在消退，一些研究变得只为职称、靠名利驱动。部分学者丧失了反思性，成为结构性体制的产物，无法跳开体制看待自己和工作，也没有反思和定位自己的机会。

在这种研究生态下，国家迫切需要培养拔尖创新人才，因为真正一流的研究实在不多。大多数研究，要么在解释环节“一触即跳”，要么理论和经验都过于碎片化，要么只知道套用西方理论而其理论创造几乎为零。然而培养拔尖创新人才的本质，在于解放每个学生，充分发挥每个人的长处，并从内在激励每个学生持续努力，而不是陷入没有方向的内卷和内耗。

主体性是创造力的前提。培养创新性人才，必须让学生自己做自己的主人，而不是成为在项目制科研任务下多线作战的奴隶。任何伟大的创造，都是有主体性的智力活动，而不是单纯的体力劳动。“奴隶是建不成金字塔的。”创新性研究，必定是能够对决策者和社会的底层认知架构产生影响的研究，必然因其在认识深刻度和清晰度上的优势而改变既有的主流思维格局。如果没有足够的理论想象力和抽象思辨能力，没有对经验复杂性的充分把握，没有进行议题设置的能力，创新性研究是无法产生的。而这些能力的前提正是主体性的养成。

主体性养成的关键，在于不将过多的项目、课堂、考核强加在学生身上，而是将他们的时间和个性解放出来，让他们不受限地在阅读和调查中自由探索，教师仅仅起到动员其自主性朝正确的轨道方向运行的辅助纠偏作用。只有将项目制科研调整到正确的位置上，在人才培养中遵循创造能力形成的一般规律，才有可能让本科培养真正服务于造就拔尖创新人才。

数学拔尖创新人才培养模式的探索与实践

涂振汉　赵会江
（武汉大学　数学与统计学院，湖北　武汉　430072）

【摘　要】围绕本科数学拔尖创新人才培养高目标，武汉大学数学与统计学院对数学人才培养模式进行了系统探索与实践。在课程体系、教学模式和管理体制等方面推出了一系列创新性举措，激发教师的教学动力，创新培养模式，努力提升拔尖学生的学习与发展质量，逐步形成了“强基础、重能力、促创新”的具有武汉大学数学特色的高目标拔尖人才培养模式，为培养高水平的数学与应用数学专业本科拔尖人才提供了重要的有效路径。

【关键词】课程体系；科研训练；教学管理

【作者简介】涂振汉（1963— ），男，汉族，湖北仙桃人，博士，武汉大学数学与统计学院教授，博士生导师，主要从事多复变与复几何研究，E-mail：zhhtu. math @ whu. edu. cn；赵会江（1967— ），男，汉族，湖北汉川人，博士，武汉大学数学与统计学院院长，教授，博士生导师，主要从事非线性偏微分方程数学理论研究，E-mail：hhjjzhao @ whu. edu. cn。

【基金项目】湖北省高等学校省级教学研究项目“高等数学课程思政建设”（项目号2022009）；2024年武汉大学本科教育质量建设综合改革项目大中衔接专项研究项目。

武汉大学数学本科拔尖人才培养起步很早，成效显著。1980年创办了国家中法数学实验班，1991年首批获准建立国家理科基础科学研究和教学人才培养基地——武汉大学数学基地班，2002年该基地被评为全国优秀基地。

进入21世纪，科技竞争日趋激烈，高层次拔尖创新人才成为世界各国竞相争夺的战略资源。为持续推进科教兴国和人才强国战略，教育部先后启动了基础学科拔尖学生培养计划、国家级一流本科专业点建设、基础学科招生改革试点（强基计划），选拔和培养基础学科拔尖创新人才。拔尖创新人才培养模式的探索引起了广泛关注和重视[1-9]。武汉大学数学与统计学院在过去拔尖人才培养实践基础上，借鉴世界一流大学的数学人才培养体系和国内同类专业培养模式，依托学院的学科优势和高水平的师资队伍，在课程体系、教学模式和管理体制等方面推出了一系列创新性举措，努力提升拔尖学生的学习与发展质量。一方面，通过优化课程体系，提高教学质量和学习效果，使学生打下坚实的数学基础；另一方面，采取一系列措施对学生进行科研训练，提高其科研创新能力和学术素养。经长期实践探索，逐步形成了“强基础、重能力、促创新”的具有武汉大学数学特色的高目标拔尖人才培养模式，为培养高水平的数学与应用数学专业本科拔尖人才提供了重要的有效路径。

一、以往本科数学拔尖人才培养中面临的主要教学问题

(1)课程设置比较传统，挑战性课程不足。以往本科课程体系单薄、结构失衡，并且教学内容陈旧，前沿性与挑战性课程不足，难以满足学生创新能力培养对现代数学基础的需求。

(2)学生的科研能力和学术素养的培养不够，亟待提高。教师授课多局限于教材和大纲中规定的内容，忽视了学生科研思维及能力的培养与训练。学生科研意识淡薄，培养方案中缺乏以培养科研创新能力为中心的研究性课程。

(3)教学管理和支撑体系对创新能力培养的配合度不够，需要健全、改革和创新。存在教学与科研失衡、相互脱节等问题。教学忽视了学生个性的培养。高水平专家对于本科教育教学积极性不高，很难做到以学生为中心。

二、本科数学拔尖人才培养的探索与实践

(1)改革教学内容和课程体系

我们对数学专业教学内容和课程体系的改革尤为注重以下几点：

人才培养方案既考虑大类专业的共性知识要求，又兼顾不同模块在特定知识点的个性需求。构建分层课程体系，给予学生较大的自主空间。在大类内打通相邻专业基础课程，开放专业选修课程自由修读。

实施“本硕博”贯通式培养课程体系，强化课程的系统性和前沿性。课程体系为学习能力强的拔尖学生提供贯通硕士、博士的高效课程。

将科研训练纳入教学内容。面向本科生开设学科前沿、研究方法、专业选修、研究学分等课程，完成科研训练课程的学生可获得相应学分。训练内容分层和模块化，尽量满足处于不同阶段的本科生多层次学习需求，让每个学生都有机会获得有效的学科指导和探究机会。

(2)强化科教融合与学术交流

数学科研平台提供优秀本科生参与科研项目的机会。利用武汉大学数学科研平台“国家天元数学中部中心”“湖北国家应用数学中心”和“计算科学湖北省重点实验室”的项目优势、资源优势、人才优势，强化数学本科生科研训练。

充分发挥数学类专业竞赛对创新人才培养的推动作用。以学术竞赛为契机，每年开设暑期数学竞赛培训班，每年第三学期学院开设数学能力拓展训练课程。以赛促学、以赛促教，提升学生创新能力与团队协作精神，促进教师教育教学水平提高。

强化境内外合作办学，推进学术交流。大力资助优秀本科生参加境内外暑期学校、学术会议和科研训练等活动。每年聘请众多境内外名师来学院讲授“拓展课程”(如专题研讨

课、学科前沿课程、国际化课程）和做“名师讲座”“专题报告”。

（3）健全和创新基于创新能力培养的教学管理和支撑体系

将“学术导师制”引入本科生培养模式中。强化大师引领，为每一位学生配备学业导师。关注学生成长过程，及时发现并着力解决问题。注重个性化培养，鼓励学生以兴趣为导向，针对学生个性化差异因材施教，形成名师引领和学生自主学习并重的个性化培养。

建立鼓励争先、尊重创新的学习环境。积极组织本科生学术交流、学长介绍学术经验、数学文化节、教授午餐会等面对面交流活动。实施多元化选拔与培养过程动态管理，在评奖、评优、保研中提高科创表现占比，激发学生的科创实践热情。

组织一批长江学者、国家杰出青年基金获得者为核心的高水平专家组成导师团队，对学生开展课外训练。加强课程建设和课外指导，将教师指导本科生创新创业项目、研究训练计划、学科竞赛、研究小组、问题探究、讨论班、本科生论坛等纳入绩效考核范围。建全教学质量监督系统，绩效考核和评优评奖等凸显本科教学基础地位。

三、本科数学拔尖人才培养的创新之处

（1）建设了多层次、高质量的课程体系

建立了模块化的分层课程体系。整合、优化系列课程，建立知识结构模块和不同类型的课程模块。坚持多样性与相对开放模式下的个性化培养，方便不同发展志趣的学生选择和学生跨学科发展，在专业发展上提供拔尖学生更多选择。

实施了“本硕博”贯通式培养课程体系。把本科与研究生教育结合起来进行总体规划，更好地为优秀拔尖学生提供所需的课程方案与高效成长环境。

将科研训练纳入教学内容和课程体系。科研训练内容兼顾了基础与高级、经典与前沿，帮助学生打牢学术基础，为高年级本科生参与高水平科学研究提供了强力支撑。

（2）构建了多尺度、阶梯式的科研实践平台

通过数学竞赛、研究训练、教授午餐会、学术交流、专题讲座、评奖等课外活动，为拔尖学生营造了良好的学术氛围。让学生在学习、交流过程中了解学科前沿动态，不断拓展学生学术视野，激发学生的科研热情。

加强与境内外一流大学的交流与合作，拓展了学生的国际视野。在立足于自己培养的同时，合理利用境外名校的优质教育资源，培养优秀拔尖学生面向世界的学习与科研能力。

加强数学研究者及跨学科专家与拔尖学生的交流指导与合作研究。优秀拔尖学生直接加入教师的讨论班和研究小组，通过导师的个别指导和言传身教，培养了学生勇于探索的精神和独立思考的能力，使学生在知识、能力和素质素养方面协调发展。

（3）完善创新了以提高拔尖人才创新能力为重点的教学管理和支撑体系

搭建了多元立体化培养平台。实施了“传统教学+科研训练+名师指导”的人才培养机制。课程设置多元化，大班授课与小班研讨相结合，实现了教师引导和学生自主学习并重以及理论与实践、教育与教学有机结合的个性化培养。

形成了教学和科研的良性循环。将武汉大学多个国家级数学科研平台的优质学术资源与人才培养整合起来，本科生科研能力得到了有效训练和提高，高年级本科生成为科研队伍的生力军和高质量的研究生生源，实现了教学与科研的双赢。

以加强教学管理来推动人才培养质量的提升。成立拔尖人才培养体系领导小组，建立教学质量监督系统，完善教学规章制度，构建教学质量保障体系。构建以科学、创新、有效为目标的教学运行机制，强调科研与教学并重，确保了数学拔尖人才培养体系的实施和取得成效。

四、本科数学拔尖人才培养的成效分析

把最优秀的教师队伍用于本科教学与人才培养，形成了高水平教学团队，极大促进了人才培养质量的提高。学院始终贯彻研究性、创新型拔尖人才培养导向，依托学院高水平科研平台推进科教协同育人，推动研究型学习和创新性发展。在项目实践过程中，数学与统计学院的院士、长江学者、国家杰出青年基金获得者等高水平专家学者不仅参与本项目的基础课程和专业课程的教学，还担任了拔尖学生的科研及学业导师。这支高水平教学团队在课程建设、科研训练、导师指导中发挥了巨大作用，最大化发挥教师、导师、大师在拔尖学生培养中的育人作用。

建设了一批高质量的专业基础课程和科研训练课程。通过实施“本硕博”贯通式培养课程体系，构建了以大类专业平台课、必修课程模块和专业选修课为主体的多层次、个性化、高质量的本科课程体系。学院还建设了一批提高型、拓展型课程和科研训练课程模块，推动了同一平台上优质专业课程资源的共享，本科教育更加高效地支持拔尖创新人才培养。

形成了稳定的境内外一流大学的交流与合作关系。在拔尖人才培养过程中，学院与欧美、中国香港等地区的一流大学签订了交流、合作协议，建立了较为稳定的合作关系。每年派出学生前往相关大学交流学习，与一批国际名师形成了较为稳定的友好关系，拓展了学生的国际视野。

数学拔尖人才培养成绩显著。学院毕业生中，有 30 人次入选国家杰青、长江学者等高层次人才；25 人入选国家四青人才；12 人在数学四大顶级刊物发表研究论文。在“全国大学生数学竞赛决赛”中武汉大学共获数学类一等奖 35 项，排全国第三位(仅次于北京大学和复旦大学)。学院每年大部分本科毕业生进入国内外一流学术中心继续深造，为国内外知名高校、研究院提供了大量高质量的硕、博士生生源。

本项成果对数学拔尖人才培养的示范、辐射带动作用明显。学院教师爱岗敬业，以提升课堂教学质量和人才培养质量为根本，不断创优争先。通过优化课程体系、强化科教协同，搭建了多元立体化本科人才培养平台，学院数学与应用数学本科专业 2009 年入选教育部高等学校本科特色专业建设点、2010 年入选国家基础学科拔尖学生培养试验计划——武汉大学“弘毅学堂”数学班、2019 年入选国家级一流本科专业建设点、2020 年入选基础学科招生改革试点(数学强基班)、2021 年入选拔尖计划 2.0 数学拔尖学生培养基

地——武汉大学数学弘毅班，培养的一批具有数学研究潜力的优秀本科毕业生已进入世界一流大学或研究机构继续深造，数学创新人才培养的模式被兄弟院校高度认可。近几年，北京大学、中国科技大学、国防科技大学、华中科技大学等十多所大学的数学院先后到学院进行数学创新人才培养的交流活动。同时，由于我们成功的办学经验，团队的教师也多次受邀到兄弟院校做教研报告和在全国数学拔尖人才培养研讨会上做大会发言，本项成果在全国起到了很好的辐射推广作用。

◎ 参考文献

[1]张晓鹏. 美国大学创新人才培养模式探析[J]. 中国大学教学，2006(3)：7-11.

[2]孙燕君，卢晓东. 小班研讨课教学：本科精英教育的核心元素——以北京大学为例[J]. 中国大学教学，2012(8)：16-19.

[3]阎琨. 拔尖人才培养的国际论争及其启示[J]. 复旦教育论坛，2013(4)：5-11.

[4]訾艳阳，郭山丹，程小青，等. 拔尖学生的学习素养发展研究[J]. 教育理论与实践，2018(19)：27-31.

[5]路丽娜，刘隽颖."拔尖计划"学生拔尖在何处[J]. 高等教育研究，2019，40(11)：79-85.

[6]郑昱，蔡颖蔚，徐骏. 跨学科教育与拔尖创新人才培养[J]. 中国大学教学，2019(7-8)：36-40.

[7]张力群，徐红，徐雷，等. 引领科学发展需要知识、能力、兴趣和勇气——复旦大学拔尖人才培养思考[J]. 中国大学教学，2019(3)：8-12.

[8]王新凤，钟秉林. 我国高校实施"强基计划"的缘由、目标与路径[J]. 高等教育研究，2020，41(6)：34-40.

[9]曾长淦，杨阳，刘婷. 拔尖学生学习与发展路径研究[J]. 中国大学教学，2021(10)：9-15.

面向智慧水利专业的测量学课程改革探讨

——以武汉大学智慧水利拔尖人才培养为例

金银龙[1,2]　严　鹏[1,2]　吴云芳[2]　史良胜[2]　刘任莉[2]　邓念武[2]

（1. 武汉大学　水利水电工程国家级实验教学示范中心，湖北　武汉　430072；
2. 武汉大学　水利水电学院，湖北　武汉　430072）

【摘　要】测量学作为智慧水利多门专业核心课程的重要前导课程，是水利专业与测绘新技术交叉融合的基础和起点。本文在学校"双一流"建设背景下，综合分析了智慧水利人才培养目标和测量学课程教学方面存在的问题，吸收和借鉴优势学科基础课程教学经验，提出以专题化模式重组测量学教学内容，拓展测绘基础理论，归并压缩传统仪器实践教学，引入智能测绘新技术的改革思路。通过组织开放实验课程，结合线上教学平台，解决教学容量与学时不足以及教学效果评价问题，实现培养理论基础扎实、学术视野广阔、专业技能全面的智慧水利人才。文中所提思路，为智慧水利测量学课程建设提供借鉴与参考。

【关键词】双一流；智慧水利；测量学；专题化教学；开放实验

【作者简介】金银龙(1980—　)，男，汉族，安徽砀山人，博士，武汉大学水利水电学院副教授，主要从事水利类专业测量学教学工作，研究方向为工程测量与变形监测、点云数据处理与应用，E-mail：wrhjinyl@ whu. edu. cn。

【基金项目】2023 年武汉大学本科教育质量建设综合改革项目(自筹类)"智慧水利专业测量学专题式教学改革"；2022 年湖北省高等学校省级教学研究项目"碳中和本科人才培养模式与培养方案研究"(项目编号：2022008)。

1. 引言

科教兴国战略是全面落实"科学技术是第一生产力"的基本国策，始终坚持教育为本，把科技和教育摆在经济、社会发展的重要位置。党的十八大以来，习近平总书记将科技创新作为全面创新的核心，将科教兴国提升为创新驱动发展战略的强国理念。习近平总书记在二十大报告中进一步指出，"教育、科技、人才是全面建设社会主义现代化国家的基础性、战略性支撑"，提出"加强基础学科、新兴学科、交叉学科建设，加快建设中国特色、世界一流的大学和优势学科"的重要举措，"坚持为党育人、为国育才，全面提高人才自主培养质量”的原则和途径，努力实现“教育强国、科技强国、人才强国”的强国梦[1]。习近平总书记关于科教兴国和人才战略的重大论述是新时期我国教育事业发展的纲领。

为贯彻落实习近平新时代中国特色社会主义思想，适应新一轮科技革命和产业变革的新趋势，服务国家重大战略实施，我国高等教育积极推进新形势下的学科建设。2015 年中央全面深化改革领导小组审议通过“双一流”建设总体方案。2018 年，教育部联合工信部、中国工程院发布《关于加快建设发展新工科实施卓越工程师教育培养计划 2.0 的意见》，以加入《华盛顿协议》组织为契机，以新工科建设为重要抓手，持续深化工程教育改革，加快培养适应和引领新一轮科技革命和产业变革的卓越工程科技人才，打造世界工程创新中心和人才高地，提升国家硬实力和国际竞争力[2]。

武汉大学为贯彻落实创新驱动发展国家战略，主动服务国家战略需求，持续推进“双一流”建设，开办了一批新工科专业。2022 年，武汉大学在深入总结“卓越工程师班”“碳中和班”培养经验的基础上，进一步推进水利学科新工科建设，经过认真谋划，凝聚智慧，进行了“智慧水利”专业的筹建，并获得教育部审批通过(教高函[2023]3 号)。

本文在双一流高校新工科建设的框架下，依据智慧水利专业人才培养目标和要求，分析智慧水利人才知识体系与测绘新技术融合交叉的需求和潜力。结合水利工程测量课程的教学现状和特点，参考和借鉴武汉大学“院士课程(测绘学概论)”的教学模式，为了更好地服务人才培养，文中提出并探讨了针对智慧水利专业的测量学教学改革思路。

2. 水利类专业内涵演变与人才培养

2.1 水利类专业及内涵演变

2.1.1 水利类专业演变

武汉大学水利水电学院的历史沿革体现了水利类专业的演变过程。中华人民共和国成立初期，我国普通高校主要参照苏联高等工业学校设置工科专业，由行业办学按专业培养高级工程人才。1954 年我国以武汉大学水利学院为主体成立武汉水利学院，最初开办水利土壤改良和水利施工两个专业，1958 年专业调整为农田水利、治河工程、水工建筑和水利施工四个专业。20 世纪 90 年代以前，我国水利学科主要有水利水电工程施工、水利水电工程建筑、河川枢纽及水电站建筑物、水工结构工程、陆地水文、海洋工程水文、水资源规划及应用等专业，并按照这种细分专业模式逐渐建立了水利行业生产组织结构和生产工序及工种。

20 世纪 90 年代以后水利类专业历经我国 4 次大规模的专业调整，在保留传统优势与应对国家重大需求的基础，通过合并与新增，形成了 2023 年教育部最新公布的 2022 版本的专业目录，共 6 个专业[3](见表 1)。“新工科”建设背景下，智慧水利专业(代码 081106T)，作为新增特设专业以满足我国水利事业特殊发展及国家水网建设的智慧化需求。

表 1 **水利类专业设置**

1993 年	1998 年	2012 年	2020 年	2022 年
080901 水文与水资源利用	080801 水利水电工程	081101 水利水电工程	081101 水利水电工程	081101 水利水电工程
080902 水利水电建筑工程	080802 水文与水资源工程	081102 水文与水资源工程	081102 水文与水资源工程	081102 水文与水资源工程
080903 水利水电动力工程	080803 港口航道与海岸工程	081103 港口航道与海岸工程	081103 港口航道与海岸工程	081103 港口航道与海岸工程
080904W 港口航道及治河工程			081104T 水务工程	081104T 水务工程
080905W 海岸与海洋工程			081105T 水利科学与工程	081105T 水利科学与工程
				081106T 智慧水利

2.1.2 专业内涵演变

水利类专业内涵演变的动力就是培养水利人才以满足不同时期的国家战略和行业发展对人才素质的相应需求。中华人民共和国成立以来水利事业的发展经历了四个阶段，1949—1999 年为“工程水利”阶段，水利类专业主要培养具备水资源规划、开发、利用和水利工程规划、设计、施工、运行与管理能力的人才。2000—2020 年，我国水利事业进入“资源水利”和“生态水利”阶段，水利类专业人才培养方向进行了调整，由水利工程建设转向水资源管理和水生态环境保护，多学科交叉融合趋势显现。

2020 年“智慧水利”时代开启，水利部出台了《智慧水利总体方案》，印发了《关于开展智慧水利先行先试工作的通知》[4]。国内外众多机构和部门已开展了面向智慧水利的研究和实践，业界对智慧水利相关概念和架构基本达到共识，初步形成对智慧水利的统一认识。培养既熟悉水利专业知识又掌握现代信息技术的高级专业人才是智慧水利专业的根本任务。智慧水利专业内涵是面向国家战略需求和水利专业的升级转型，是以水利工程学科为基础的水利学科各方向与空间信息获取、大数据处理和云计算、智能装备及人工智能等新兴专业深度融合发展而成的新工科专业，是水利专业“新工科”建设的重要抓手和载体[5]。如图 1 所示，蒋云钟等解析了智慧水利六大维度内涵，阐明智慧水利实现形式和内在需求之间的关系。

2.2 智慧水利类专业人才培养

2.2.1 培养课程体系

“天大行动”作为“新工科”建设的整体路线，明确指出到 2030 年，形成中国特色、世界一流工程教育体系，到2050年，形成领跑全球工程教育的中国模式。智慧水利作为“新工科”特色专业，在武汉大学世界一流大学建设战略背景下，以建设世界一流本科专业，培养专业基础深厚、学术能力突出的创新拔尖人才为目标。学习和借鉴国内外先进工程科技人才培养理念和模式，坚持“五育并举”中国特色的传统教育理念，突出“三创”高等教育灵魂，形成培养方案课程体系编制的6项基本原则，如图2所示。

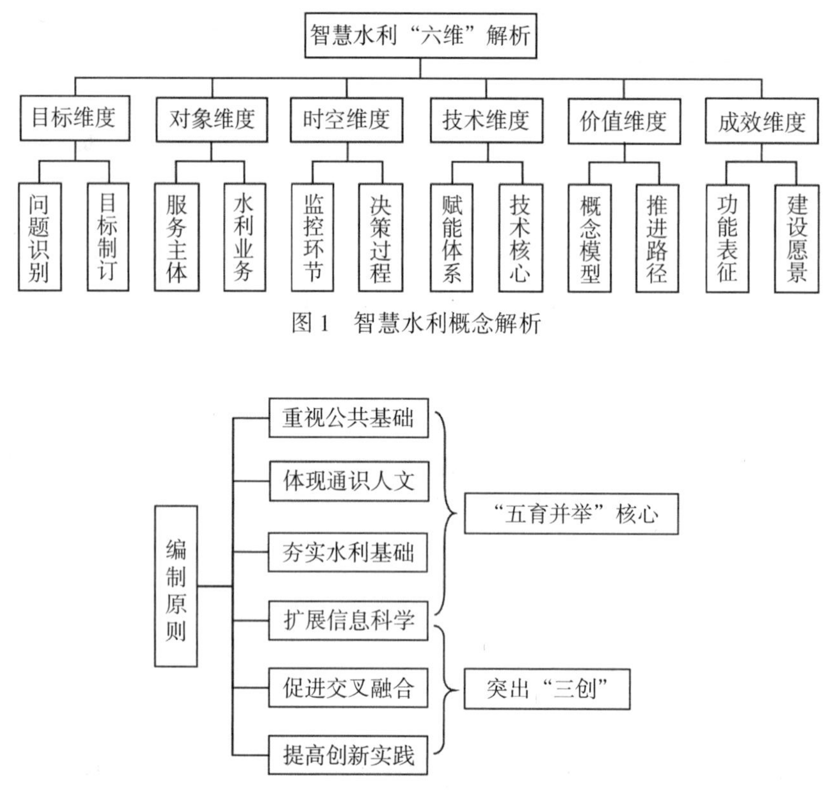

图1　智慧水利概念解析

图2　培养方案编制原则

经过广泛而充分的讨论，按照应对变化、塑造未来的新理念、多元化、创新型的新要求[1]和培养方案的编制原则，设置了智慧水利专业课程体系，主要分为三大模块：公共基础课程、通识教育课程和专业教育课程。

与传统水利专业相比，智慧水利专业课程体系内容体现以下4个特点：

(1)公共基础课程包括思想政治课程19学分，物理与数学课程19学分，大学体育4学分，劳动教育2学分，心理健康2学分，国家安全及军事理论教育5学分，大学英语6学分，还包括大数据分析与处理和工程项目管理4学分作为智慧水利基础课程，以“五育并举”的培养内容，夯实智慧水利人才所必备的“德智体美劳”基础素养，确立高等教育培养社会主义建设者和接班人的教育方向。

(2)通识教育课程包括人文社科经典导引和自然科学经典导引各2学分，中国精神2

学分，同时提供4选3人文类选修课程，共6学分，其中2学分指定选修艺术体验与审美鉴赏课程，增加美学和人文情怀的人才培养元素，可促进文理融合，拓展学生思维方式。

(3)大类平台必修课程包含化学、力学、数学、计算机基础和多门水利类专业前导课程，专业核心必修课程体现智慧水利专业特色，涵盖智慧水利基础、智能数据获取和处理及智慧水利应用等方面的课程，主要包括人工智能、智慧水利概论、水利遥感、水利智能监测与调控、水工程BIM设计、数字孪生流域、水工程智能建造等，多方位支持智慧水利专业内涵和外延建设[6]，如图3所示。

图3　课程体系内容划分

(4)实践课程模块引入创新创业类课程，培养智慧水利专业人才理论联系实际和学以致用的能力，在实践中引导学生创新、创造和创业的意识和能力，形成在成长中规划和调整个人发展方向的内驱力。

2.2.2　智慧水利与测绘新技术

近年来测绘行业以其内在发展的特性与通信、导航、遥感及微电子传感器技术深度融合，促进了无人机测绘及三维激光扫描技术蓬勃发展，低空倾斜摄影测量和空间精细结构信息采集更加高效便捷，测绘技术进入“4S(GNSS、GIS、RS、Scan)”智能测绘新时代[7]。

我国空间信息技术及其基础设施的建设和发展，极大提升了水利行业空间信息获取的能力，形成了“天-空-地-洞”的立体格局，水利信息数据获取呈现出实时化、泛在化和智能化的新特征。培养智慧水利人才使之了解空间信息数据智能化获取的基本原理，掌握一定的空间信息处理和应用技能，增强学科交叉和融合的意识和能力。

智慧水利的发展既得益于新技术的推动又离不开水利行业内在发展的驱动，武汉大学智慧水利专业从4个传统专业中重组师资，对标国际创新新方向，确立4个前沿方向形成专业新格局，包括水工程智能建造与运维、水旱灾害精准预警与智能防御、水资源智能配置与高效利用和水利数字孪生理论与技术。在促进水利行业转型和全面升级的过程中，现代测绘技术发挥了重要作用，且仍在进行更为深入的交叉融合，不断促进智慧水利的发展。图4简要说明了智慧水利新方向与测绘新技术交叉融合的关系[8]。

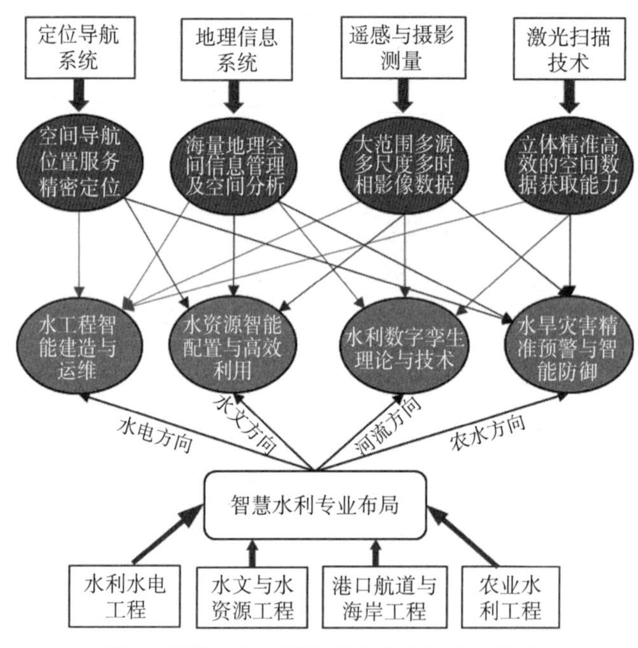

图4　智慧水利与测绘新技术交叉融合关系

智慧水利与测绘新技术已形成较深入的学科交叉态势，水利水电学院智慧水利专业培养方案需要测量学作为前导课程，提供测绘学科空间基准、投影变换、坐标转换、空间数据管理、空间分析等有关的基本理论、方法和技术。

3. 测量学教学现状及改革要求

3.1　测量学教学现状及问题

测量学是水利、土木、交通等工科类专业的传统专业基础课程，教学内容在较长的时间内保持相对稳定，测量学课程教学内容分为三个模块：课堂理论教学(48学时)、仪器操作及观测方法实验教学(32学时)和数字化测图综合实习(2周约16学时)。

水利水电学院按照大类培养方案的要求更新了本科专业培养方案，将测量学实验和实习内容压缩合并为测量学实验，学时数为32学时，目前测量学课程教学主要内容和对应的学时数如表2所示。

表 2　　测量学教学内容和课时

序号	教学章节	实际教学内容	(理论+实践)教学学时
1	绪论	地球形状大小、地图投影基本理论、坐标基准、地面点的确定、地球曲率的影响、教学内容与测绘学科发展简介	2+0
2	水准测量	水准测量原理、仪器操作使用、一般水准测量方法、水准测量内业计算、水准仪的检验与校正、水准测量误差及消减、精密水准仪和电子水准仪介绍	6+4
3	角度测量	角度测量原理、全站仪角度观测、水平角观测、竖直角观测、经纬仪的检验与校正、角度测量误差及消减	6+4
4	距离测量 直线定向	钢尺量距、视距测量、电磁波测距、全站仪测距、方位角定义和转换计算、磁方位角观测(罗盘仪)	4+2
5	测量误差 基本知识	误差概念、偶然误差、评定精度标准、误差传播定律	4+0
6	控制测量	国家控制网、导线测量、三、四等水准控制测量	6+4
7	地形图测绘	全站仪数字测图方法	2+16
8	工程测量应用	地形图基本应用、施工测量、渠道测量、隧洞施工测量、线路工程测量等	2+2

针对智慧水利专业人才的培养，测量学课程教学主要存在以下 3 个方面的传统问题：

3.1.1　教学容量与课程学时矛盾突出

为了保证教学效果，教学内容必须遵循一定的连续性和完整性。在学时大幅压缩的情况下教学内容很难减少，教学内容完整度无法保障，教学内容重难点缺乏充足的时间深入领会；实践教学分配的学时压缩严重，实践教学的质量不能保证，学生对于仪器的操作没有时间充分熟悉；测量实习纳入测量实验课程内，学时分散且在校内进行，无法达到实习效果；无法引入测绘新理论、新方法和新设备的教学内容。

3.1.2　教学内容与设备更新滞后

在目前的教学内容中，传统的高差、角度、距离和控制测量部分共占 22 学时，约占总学时的 68. 8%，且对应的设备为光学水准仪和传统的全站仪为主，教学内容和设备滞后于目前主流的 GNSS 测图、倾斜摄影测量和三维激光扫描技术。更无法接触和体会到目前测绘学科智能化、泛在化的发展趋势和方向，不利于智慧水利专业人才的培养，同时教学内容和设备缺乏现代感，难以激发学生强烈的学习欲望，很难保障教学效果。

3.1.3　教学方法与考核方式科学性差

测量学课程具有理论性、系统性、实践操作性和应用多样性的特点，目前课程教学方法主要注重理论和实践两部分内容，课堂讲解理论，实践环节操作设备，在系统性和应用多样性的内容教学方面缺乏有针对性的教学方法来完成相应的教学任务，比如测量工作的基本原则“先整体后局部”和测量工作基本程序“先控制后碎部”所体现的系统性和应用多样性在教学内容中缺失，学生的理解不到位。在考核方式方面缺乏学习过程监督，实践教学部分受测量学特点所限采用分组方式教学和考核，造成考核的公正性不足。

3.2 测量学教学改革的要求

从智慧水利专业对测绘新技术为代表的空间信息技术的整体需求和水利水电智慧水利专业培养方案的课程体系要求来看，提高测量学课程教学质量具有重要作用，事关人才培养质量。从测量学教学现状及问题出发，充分考虑智慧水利人才培养要求以及测量学在人才培养方案中的作用和定位，进行探索与改革，并注重以下3个方面的要求：

3.2.1 增加智能测量教学内容，以适应智慧水利专业人才培养要求

智慧水利的开展与实施，严格遵循认识论对客观世界“感知-分析-控制”的基本规律，因此测量学作为获取工程信息的重要手段一直是水利工程专业课程设置中的基础课程。引入智能测绘教学内容将有助于提升智慧水利专业人才工程信息的获取能力和效率，改变和提高智慧水利人才依托测绘技术对水利工程信息认知的层次和格局，有利于提高智慧水利专业人才的培养质量。

3.2.2 加强对测绘基础理论的掌握和理解，完善测量学前导课程的作用

智慧水利专业是以培养具备空间信息感知、大数据处理和云计算、智能装备与人工智能等相关知识的人才为目标的新型水利工程专业。测量学是测绘和非测绘专业的基础课程，是智慧水利专业多门专业核心课程的前导课程，其作用是提供有关空间信息技术学科的空间基准理论。加强智慧水利专业人才对水利遥感、水利智能监测与调控、水工程BIM设计、数字孪生河流、地理信息系统等多门课程的基础理论的掌握和认识，对培养智慧水利专业人才的知识结构和学科交叉融合能力非常重要。

3.2.3 进行教学模式改革，确保测量学课程教学质量

在前2项革新的要求下必然会加大教学容量与教学学时的矛盾，必须科学合理地设计教学内容，采用合理的教学模式，充分整合调动学院、教师、学生各类教学资源，确保教学质量。

4. 测量专题化教学模式改革

武汉大学院士课程——“测绘学概论”的教学模式其本质是专题化教学模式，是指在教学中，针对某一特定主题或知识领域，进行深入研究和专门讲授的一种教学方式。专题化教学模式通过聚焦某一特定主题，提供有针对性的教学方法和资源，帮助学生建立知识

结构的框架，形成系统化的思维方式，有利于知识的整合和应用，有助于提高学习兴趣和效果。

智慧水利专业测量学教学改革借助专题化教学模式，科学设计课程内容架构，合理划分专题教学内容，有针对性地制定教学方法和投入教学资源，教学中通过提高学习兴趣，训练系统化思维，达到教学目标。

4.1 专题化教学内容设置

为适应智慧水利专业人才培养，对测量学教学内容进行科学合理的模块化划分，主要进行 4 个方面的调整：

(1)归并压缩现有教学内容中传统测量方法的原理、方法和仪器操作部分，将水准测量、角度测量和距离测量的理论和实践学时从 26 学时压缩到 10 学时(8 学时理论教学，2 学时仪器操作实验教学)，设置 6 学时的开放实验，此模块为传统测量方法及设备操作模块。

(2)增加第一章绪论的教学内容及课时容量，将地球大小和投影基本知识扩展为空间基准内容(包含旋转椭球、参考椭球)，详细讲授投影变换、坐标系统和坐标变换等基本理论和基础数学工具，学时数为 6 学时，该模块为测绘基础理论模块。

(3)增加智慧测量模块，提高和加强智慧专业学生对空间位置服务的认识，培养学生的地理信息空间数据管理和操作能力，训练学生空间分析和点云数据处理能力，让学生了解视觉测量的基本原理和体系结构，4 学时理论教学，6 学时实践学时。

(4)其他教学内容基本保持不变。数字化测图增加 RTK 测图，将工程应用模块中地形图基本应用部分替换为基于地理信息系统的地形分析。增加水深测量系统的介绍，保留施工控制测量、线路测量和隧洞测量的教学内容，突出工程测量应用多样性的特点。专题模块内容的划分如表 3 所示，图 5 对新旧教学内容进行了对应分析。

表 3 **测量学教学内容专题化调整**

序号	教学模块划分	教学学时		内容设置
		原学时(理论+实践)	现学时(理论+实践+开放实验)	
1	测绘基础理论模块	2+0	4+0+0	空间基准、投影变换、坐标系统、坐标变换
2	传统测量方法及设备操作模块	6+4 6+4 4+2	2+0+2 4+2+2 2+0+2	将水准仪、全站仪对应的高差、角度及距离测量有关的内容整合重组
3	智能测量	0+0	6+8+0	增加 GIS 数据管理和格式转换、空间分析方法、点云数据处理方法、视觉测量

续表

序号	教学模块划分	教学学时		内容设置
		原学时（理论+实践）	现学时（理论+实践+开放实验）	
4	测量误差基本概念模块	4+0	4+0+0	保持原有内容不变
5	控制测量	6+4	6+4+0	控制测量模块内容不变
6	数字化测图	2+16	2+16+0	全站仪、RTK 测图
7	传统工程应用	2+2	2+2+2	增加地理信息系统地形分析功能、施工控制测量、线路测量、隧洞测量、水深测量

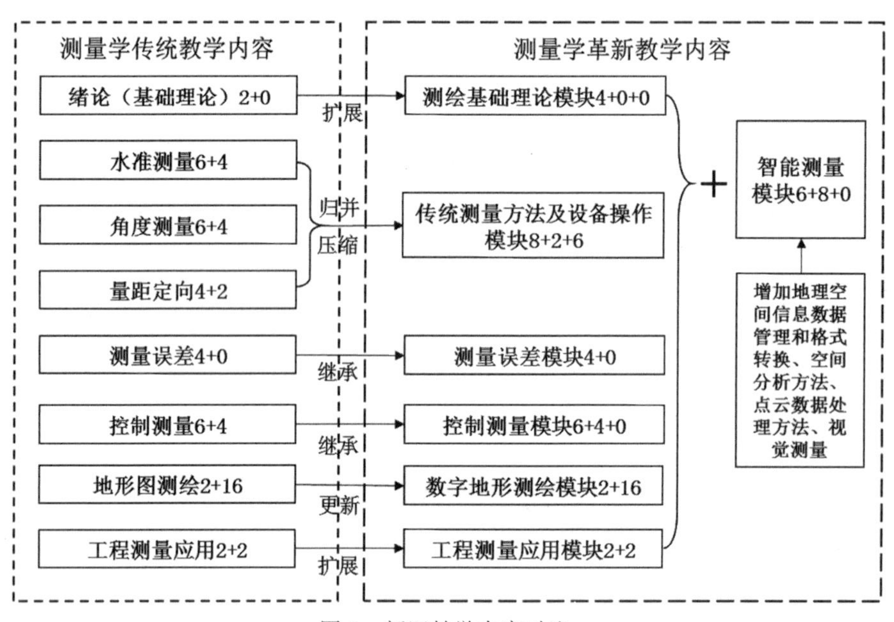

图 5　新旧教学内容对比

4.2　专题化教学模式实施保障措施

测量学教学内容增加了智能测量，扩展了测绘基础理论的容量，采用开放实验教学尝试解决学时矛盾，要确保教学质量必须充分调动教学资源，并制定相应的措施进行教学保障。

4.2.1　强化实践教学环节，通过设置开放实验，实现课堂延展，突破教学场地、时间的限制

测量学涵盖智能化内容后其教学容量必然增加，在有限的学时内保证教学效果除夯实

课堂教学内容之外还必须强化教学实验，“百闻不如一见，动眼不如动手”，通过对仪器设备和实验内容的直接操作加强学生对课程内容的理解。在对教学内容难易程度把握的基础上专题化教学改革缩减了传统测量的教学内容，将理论课程可以通过实践环节消化吸收的部分完全划分到实践课程内，同时设置开放实验课程，其本质是布置了实验操作类的课外作业，通过这种方式实现课堂延展，突破教室、实验室等传统教学场地及教学时间的限制，以更灵活的形式，更开放的教学理念服务课程建设和人才培养。因此需要实验室老师投入更多时间，以做好教学服务。

4.2.2 加强教学各阶段监督，获取教学效果的实时动态信息，并精准调控和干预

利用现代化信息技术和教学效果评估系统，比如在进行开放实验时学生应提供个人定位信息，教师及时通过网络批改作业，实时跟踪教学内容落实情况，并评价教学效果。依据测评信息帮助教师改进教学方法，同时可精准指导学习效果不达标的同学。以此方式加强教学各阶段的综合监管，通过适度增加学习紧张度增强学生学习投入度。教学效果评估软件加强了学生课余时间对课程投入的把控，实现课上课下的全面把控，保障教学自由形式松散而质量不减的效果。

4.2.3 更新实验设备，建设智能测量教学实验室，做好教学硬件保障

水利水电学院国家级实验教学示范中心的测量学实验室的仪器设备配置目前居全国水利专业测量学实践课程硬件条件之首，但仍然以常规光学和电子仪器为主，电子水准仪和全站仪可满足600名本科生的教学需求。现代智能测量设备数量不足但基本涵盖目前智能测量发展前沿方向，精密全站仪6套，GNSS设备12套，无人船1艘，测深仪2套，BLK360激光扫描仪1套，松灵移动智能测量平台1套，智慧水利教学实验系统通过学校贴息贷款项目购置RTC360高速激光扫描系统1套。

测量实验室在软件配套方面相对薄弱，数字化测图实验软件节点不足无法满足多个班级同时开展实习需要，摄影测量及遥感影像处理软件12套，点云数据处理软件6套，无人机倾斜摄影测量处理软件1套，移动测量开发平台1套，配套软件方面还存在较大的建设空间[9]。

5. 结束语

为适应智慧水利专业人才培养，传统的测量学必须进行教学改革，本文通过专题化教学模式重组测量学教学内容，在增加智能测量教学内容和拓展测绘学科基础理论的条件下，解决教学容量和教学学时冲突、教学内容滞后的问题；通过设立开放实验课程，打破教学场地和教学时间的限制；通过以专题化模式组织教学内容和提高学生学习兴趣，构建智慧水利专业必备的智能测绘知识结构，促进智慧水利与测绘新技术的融合，可以为智慧水利专业基础课程的教学改革提供一定的借鉴和参考。

◎ 参考文献

[1]周端明，沈燕培．习近平科技创新重要论述指引新工科建设的方向[J]．高等工程教育研究，2021(4)：1-7.

[2]闫利，李建成．测绘类专业的“新工科”建设思考[J]．测绘通报，2020(12)：148-154.

[3]中华人民共和国教育部．教育部关于公布2022年度普通高等学校本科专业备案和审批结果的通知[Z]．2023.

[4]刘德龙，李夏，李腾，等．智慧水利感知关键技术初步研究[J]．四川水利，2020，41(1)：111-115.

[5]张晓春，陈俊涛，邓念武，等．新工科背景下非测绘专业测量学教学改革探索——以武汉大学水利水电学院为例[J]．大学教育，2023(4)：50-52.

[6]徐磊，张继勋．智慧化背景下水利水电工程专业培养方案优化[J]．教育教学论坛，2021(19)：26-29.

[7]邓念武，金银龙，刘玉新，等．新工科背景下的“测量学”教学改革研究[J]．教育教学论坛，2021(5)：53-56.

[8]蒋云钟，冶运涛，赵红莉，等．智慧水利解析[J]．水利学报，2021，52(11)：1355-1368.

[9]雷斌，罗魁，叶涛，等．“土木工程测量”课程的现代化教学改革探究[J]．教育教学论坛，2020(28)：252-254.

面向新一代信息技术的本科拔尖创新人才培养探索与实践

——以武汉大学电子信息学院为例

单　欣　隋竹翠　江　昊

（武汉大学　电子信息学院，湖北　武汉　430072）

【摘　要】培养造就大批德才兼备的高素质人才，是国家和民族长远发展大计。坚持科技自立自强，需要努力培养造就更多科学家、一流科技人才、创新团队和卓越工程师，高等学校应率先担负起这一重要历史使命。本文在分析了现阶段拔尖创新人才培养中普遍存在的问题之后，以武汉大学电子信息学院本科生教育教学改革为例，阐述了学院对以实践为主线、以能力培养为核心的拔尖创新人才培养模式所进行的探索和实践，形成了以"一个中心、两大平台，三大品牌"为核心的拔尖创新人才培养体系，以适应科技进步和经济发展对人才的多元化需求。

【关键词】本科生教育；实践；能力培养；拔尖创新人才培养体系

【作者简介】单欣(1981—)，女，回族，湖北武汉人，博士，武汉大学电子信息学院，副教授，E-mail：sx@whu.edu.cn；隋竹翠，(1971—)，女，汉族，山东文登人，硕士，武汉大学电子信息学院教学管理办公室主任，E-mail：szc@whu.edu.cn；江昊(1976—)，男，汉族，广东揭阳人，博士，武汉大学电子信息学院副院长，教授，博士生导师，E-mail：jh@whu.edu.cn。

一、引言

进入21世纪以来，我国高等教育事业已经取得了一系列令人瞩目的重要成就，参与了一批国家重大战略科研项目的研制，但是拔尖创新人才培养能力不够、原始创新能力不足等问题仍然是制约我国高等教育高质量发展的短板。与此同时，伴随着新一轮科技革命浪潮席卷全球，以人工智能、区块链、空天信息、绿色低碳等为代表的新一代信息技术已然成为社会经济发展的新动能，而其多学科、多技术领域高度交叉和深度融合的特性也对当今高校人才培养提出了新的挑战和机遇。

习近平总书记在党的二十大报告中强调，要"全面提高人才自主培养质量，着力造就拔尖创新人才"。拔尖创新人才，是引领科技创新与产业发展方向的关键力量，在提升全球竞争力、保障国家发展安全等方面起着至关重要的作用。本文旨在探索面向新一代信息技术的本科拔尖创新人才培养模式，并分析其在实践中的应用成效。本文将首先分析现阶段拔尖创新人才培养中普遍存在的主要问题，然后结合武汉大学电子信息学院的探索和实践，对多学科交叉复合型拔尖创新人才的培养经验进行总结。希望以此为相关高校提供有益的经验和启示，促进人才的高质量培育培养。

二、拔尖创新人才培养中存在的主要问题

建设创新型国家是我国的重大发展战略。根据三步走战略，我国目前已经进入创新型国家行列，但是在创新型人才培养方面，我国跟位居前列的世界创新型国家之间仍然存在一定差距，主要表现在以下几个方面：

(一)培养模式单一、创新教育不足

目前仍有部分高校培养模式较为单一，主要表现在本科专业培养方案体系和结构固化，培养目标单一，课程结构简单、缺乏进阶层次，无法适应不同能力、不同发展方向学生的学习需求，限制了学生的个性发展。大部分学生已经习惯于按照既定的目标和要求完成学习任务，单一培养模式忽视了学生志愿、兴趣和特长，更加无法激发出学生的创新精神。

(二)课程设置“重理论、轻实践”

教育部副部长吴岩强调，拔尖创新人才的培养必须通过拔尖创新的实践来实现，解决复杂问题的实战能力才是检验人才培养最好的试金石。而以知识传授为主要目标的教育模式忽视了对实践能力的培养，导致在真实情境下学生对知识综合应用、解决实际问题的能力明显不足；同时，一些课程设置过于陈旧，缺乏前沿性和国际视野，也难以培养学生的创新意识和国际竞争胜任力。

(三)人才培养和社会需求不符

传统的大学教育最大特点是以完整的学科体系为出发点考虑课程开发，偏重理论知识的完整性、系统性和严密性，缺乏对社会需求的把握。[1]而随着当今社会的飞速发展，知识更新迭代的速度加快，高校对人才的知识能力培养必须与产业和科技的发展需求相适应，否则必然导致大学生毕业即失业的情况出现。因此，产学研融合必将是培育拔尖创新人才的必由之路。

(四)忽视思政教育与专业课程的融合

拔尖创新人才的培养是一个全方位的、长期的过程，而不应只将人才培养的重心放在对知识和技能的培养上。以立德树人为根基，引领拔尖创新人才增强使命感责任感、激发拔尖创新人才内驱力、营造拔尖创新人才培养的良好氛围，既是思想教育的使命，也是其优势所在。[2]在人才培养的过程中，只有将思政教育和专业教育相结合才能真正达到“为

党育人、为国育才”的根本目的。

三、拔尖创新人才培养体系的构建

武汉大学电子信息学院拥有地球物理学、信息与通信工程、电子科学与技术等7个一级学科，是一个典型的理工融合、多学科交叉型学院。为了适应新一代信息技术的发展趋势，不断提升本科人才培养质量，学院以拔尖创新人才培养为中心，通过课程教育和工程实践两大平台的交叉融合，倾力打造国际课程与海外交流、大学生学科竞赛、学术科研活动三大品牌，形成了以“一个中心、两大平台，三大品牌”为核心的拔尖创新人才培养体系。

（一）一个中心：以拔尖创新人才培养为中心的人才培养模式

新一代信息技术正在重塑信息科技及产业发展的格局，其对人才的需求也在发生着悄然变化。为了顺应这一变化趋势，电信学院面向电子信息、空间科学、光信息科学、人工智能等不同领域方向，以卓工、质廷、逐光、人智四个试点班为抓手，探索建立了以学生发展为中心，以能力培养、素质提升为出发点的人才分类培养机制。卓工班以加强创新实践能力为重点，培养电子信息类优秀工程技术人才；质廷班以加强数理基础与学术研究能力为重点，面向空间科学领域培养领军型科学人才；逐光班以加强学科交叉与创新能力为重点，面向光信息科学领域培养“光机电算”复合创新型人才；人智班则以加强前沿/跨学科能力为重点，面向人工智能领域培养科学研究拔尖人才。经由四个试点班的建设，以点带面，全面推进学院电子信息类拔尖创新人才培养机制和模式的转型和升级，以适应新一代信息技术对人才多元化需求。

通过不断的探索与实践，学院逐步构建了以实践为主线、以能力培养为核心的拔尖创新人才培养模式（如图1所示）。通过课程教育平台和工程实践平台的深度融合，将课内与课外相结合、校内与企业相结合、教学计划与学生个性发展相结合，建立了层次化、立

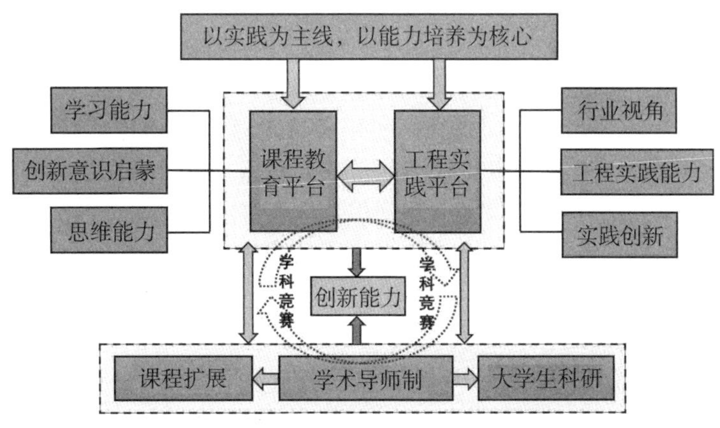

图1　电子信息类本科拔尖创新人才培养模式

体化的实践体系。全面实施学术导师制，着力推进大学生业余科研，引入企业课程和企业导师联合指导项目研究，以科研反哺教育教学。课程平台经由理论知识的延伸启蒙学生的创新意识，增强学生的学习和思维能力；实践平台为学生提供更多的实践机会，将理论付诸实践，着力培养学生的行业视角和工程素养、实践能力；作为两大平台的有益补充，学术导师制的科教融合将全方面塑造学生的创新精神和挑战未知的勇气，为学科竞赛提供强有力的支撑基础。

(二)两大平台：课程教育平台和工程实践平台的交叉融合

电信学院始终坚持"宽口径、重基础、强实践"的多样化育人特色，以课程教育和工程实践两大平台为依托，将知识传授、能力培养、技术创新、工程训练、产业转化贯穿人才培养全过程，加快实施卓越工程师计划 2.0，培养电子信息领域拔尖创新人才。

课程教育平台通过大类培养的模式，淡化专业界限，突破课程壁垒，按照课程群整合优化课程内容，重构以能力培养为核心、理论与实践高度融合的课程体系。以核心平台课程建设为重点，全面推进课程教学理念创新、内容整合和教学方法改革，完善和优化实践教学体系，提升课程的高阶性、创新性和挑战度。强调专业基础课、核心课、专业课应具有"理论-方法-系统"的"进阶性"，专业选修课应"培养学生解决复杂工程问题的工程实践能力、创新能力"，应建设成为具有综合性、系统性、实践性、挑战性的"顶点课程"。

"模拟电路基础"课程采用英文原版教材和全英文授课方式，在理论授课的基础上增加手机充电器、智能水温设计等多个仿真设计、综合设计选题，增强课程的综合体验和实践性。"数字信号处理"课程提出"从单纯知识传授向能力培养转变"的教学理念，以实践为主线，以能力培养为核心，通过研讨式课堂模式将学科领域前沿发展引入教学过程，课程提供压缩感知和采样、音效合成、基于简单麦克风阵列的声源定位、声音背景分析等近 10 个选题，以项目式教学解决实际工程问题。再如"高频电子线路"和"信号与系统"课堂，采用研究式教学，理论授课配合电子系统的设计制作和创新创业训练，既注重了理论知识的延伸，又启蒙了学生的创新意识，将仿真实验引入课堂，课内课外结合，以应用问题驱动课外探究。

电子技术类实验课程群以实际应用需求为牵引，以典型示范系统为引导，通过学生自主分析、设计、制作、测试，开展工程实践能力训练和系统工程意识培养。"电工电子工程基础"和"工程训练"课程定位零基础的大学一年级新生，为电子系统入门实践课程，给予其电子技术认知体验、工具使用和制作方法基本训练，引导学生持续深入学习；"电工电子工程训练"和"电子技术课程设计"分别以竞赛培训和实践课程的形式，开展电路分析、低频电子线路、数字电路知识等电路实践，培养综合应用能力；"电子系统综合设计"课程是面对大学三年级学生开设的相对高阶的实践课程，以实际工程应用为目标完成电子技术、微处理器技术的综合系统设计，强调知识综合运用，以实践环节为主，提高学生自主创新设计能力。课程群的五门课程从认知与基本技能训练、电子技术专业训练以及电子综合训练三个层次，引领学生从对电子元器件的基本认识到独立完成一件电子作品的设计制作及测试，构建起一整套贯穿式的实践课程体系，极大地提升了学生的工程实践能力和创新意识。经过对课堂教育的持续优化和升级，学院已成功打造 2 门国家级线下一流本科课程以及 4 门国家级线上一流本科课程，为拔尖创新人才培养提供了优质的课程教育平台。

与此同时，实践课程体系与校内工程训练的有机结合，校企联合实验室的建立和深入合作，企业课程的积极引入，企业实习的实战锻炼，国际课程及海外研修的高端培养，这些多元化教育教学元素为学院的人才培养构建起一个立体化、多层次的工程实践平台(见图 2)。平台以实践应用为主线，以能力培养为核心，以产教融合为指引，致力于实现从基础知识的扎实掌握到专业技能的灵活运用，从技术的深度钻研到工程项目的实战操作，从产业的深刻了解到创新思维的激发拓展；不仅为学生提供了丰富的实践机会，更旨在全方位、多角度地推动人才的培育与成长，培养出面向新一代信息技术领域、具备高度专业素养和创新精神的拔尖创新人才。

图 2　立体化工程实践平台架构

学院积极引进业界前沿的新技术教学资源，产教融合，不断深化校企协同育人新模式；紧密围绕电子信息产业的发展趋势，持续优化培养方案，打造“大类平台-产业方向-个性化发展”动态优化的人才培养模式，以适应新一代信息技术及其产业的快速发展。针对通信连接、光电系统、集成电路、嵌入式系统等不同领域的技术需求，学院积极与华为、中国信科、中原电子、士兰微等 30 余家在业界具有广泛影响力的高新技术企业展开深度合作。通过共建 32 个校企联合实验室、29 个企业实习基地，并引入 8 门紧密结合实践的企业课程，为学生提供了丰富的实践学习机会。学院还充分利用企业新技术，对课程内容进行优化更新，确保教学内容与产业发展同步；同时，积极引入企业高端人才担任企业导师，融合企业资源开设高新技术讲座，为学生提供了宝贵的行业经验，增强其对信息技术发展趋势的认知。通过校企协同育人模式，学院不仅拓展了教学资源，更构建了一个集产、教、研、学、用为一体的协同育人平台，引导学生从行业视角深度理解产业需求与技术发展，为学生提供直面复杂工程问题的机会，在解决实际问题的过程中不断提升自身的能力和水平。通过实践的“磨刀石”不断打磨拔尖创新人才培养的真水平，切实提升拔尖创新人才自主培养质量。

(三)三大品牌：打造国际课程与海外交流、大学生学科竞赛、学术科研活动三大品牌

在“两大平台”的基础上，电信学院立足以实践为主线、以能力培养为核心的拔尖创新人才培养模式，聚力打造国际课程与海外交流、大学生学科竞赛以及学术科研活动三大品牌。

1. 国际化人才培养是实现拔尖创新人才培养的必然选择

电信学院从 2015 年暑期就开启了本科生国际交流活动，推动本科生“走出去”，经过多年的策划宣传，2018 年学院出国学生人数已达 168 人，较前期超两番。学院还制定了成建制的境外高水平大学交流项目，包括美国加利福尼亚大学伯克利分校、英国帝国理工学院、英国卡迪夫大学、澳大利亚悉尼大学、新加坡南洋理工大学等多个暑期交流项目，让本科生有机会走进原汁原味的国际化课堂，聆听国际教师讲授的多元化课程。除了暑期学校的短期交流项目，学院也为拔尖创新人才的培养积极搭建国际校际合作平台，与多所国际知名学府签订了联合培养协议，包括英国布里斯托大学 3+1 项目、法国南特中央理工大学 3+1+2 项目、新加坡国立大学 3+1+1 项目等，鼓励学生积极申请，走出去学习了解国外先进的理论、技术、研究方法和学术思想，提高学习和研究能力，提升全球胜任力和国际竞争力，拓展未来发展空间。

国际化培养不仅要“走出去”，还要“引进来”。电信学院自 2017 年以来，持续推进在地国际化工作，立足学院拔尖创新人才国际化培养目标和内涵，通过暑期国际化课程帮助学生开阔视野，提升全球素养和能力。学院的国际暑期学校已经连续举办 7 届，邀请来自美国佐治亚理工大学、美国加利福尼亚大学、法国国立高等学院、英国卡迪夫大学、意大利威尼斯大学、韩国延世大学等著名高校专家学者共计 26 人次，每年开设 3~5 门全英文国际课程，内容不仅包括电路设计、信号处理等传统的信息类课程，同时涉及数据挖掘、模式识别、机器学习、人工智能等多个新兴领域，受惠学生 1000 余人。

2. 课赛融合，打造拔尖创新人才创新实践能力培养的新途径

学科竞赛活动是电信学院拔尖创新人才培养的第二大重要品牌。围绕全国大学生电子设计大赛这一影响范围广、含金量高的电子信息专业国家级核心赛事，学院不断深化创新人才培养方式，通过课程教育与学科竞赛的深度融合，实现教与学的双向奔赴，打造拔尖创新人才创新实践能力培养的新途径。

由于电信学院是一个典型的多学科交叉类型的学院，根据学生专业和学科方向，学院将电子类主要学科竞赛进行了分类。全国大学生电子设计竞赛为国家级 A 类赛事，属综合性核心基础赛事，赛事包括电子、通信、电气、测控、仪器仪表、自动化、人工智能以及机器人应用，赛事涉及范围广、难度大、影响高，为一类赛事；第二类为专业支撑赛事，包括全国大学生集成电路创新创业大赛、全国大学生嵌入式芯片与系统设计竞赛、全国大学生光电设计竞赛，以及嵌入式系统、模拟电子系统设计、信息科技前沿等专题邀请

赛，这几项赛事是分别以光电技术、集成电路技术、嵌入式技术为核心的系统设计竞赛；第三类为基础支撑赛事和基础引导赛事，包括湖北省大学生电子设计竞赛和武汉大学电子设计竞赛，两个赛事均作为学生实践培训过程的选拔验证赛事。这一学科赛事体系以人才培养为本、竞技成绩为引，赛事水平由低到高，助力拔尖创新人才的培养。

课赛融合体系是以专业实验课程体系为基础，在专业课程的教学实践环节中恰当地植入竞赛命题，引导学生结合命题方向实现“真刀真枪”的教学新模式(见图 3)。如根据电子设计大赛、光电设计竞赛、集成电路大赛等学科竞赛的不同命题赛道题目进行拆解和重构，引入工程训练、电子系统综合设计等课程中，引导学生自主设计制作完整的电子设计作品。通过学科竞赛将教学和实践、应用紧密结合在一起，避免了“重理论、轻实践”的情况出现。另外，通过赛事的组织也能将企业资源融入教学环节，拓宽了学生行业视角，培养出更加贴近市场需求的拔尖创新型工程人才。除了专业课程，学院还进一步依托电子创意俱乐部、IOS CLUB 等各类专业社团活动，结合学生志趣，持续而有计划地开展有针对性的课外模块化电子设计基础培训，包括各种基础项目、FPGA 技术基础、嵌入式系统基础、电路设计与制作、MCU 系统等不同版块。为期两年的各类基础和专题培训能够保证学生和专业的大面积覆盖，每年有超过 300 名本科生参与到各类赛事的科技创新活动中。通过各级赛事的引领，让学生与校内外同学同台竞技，既能推动校际交流，又能极大地激发起师生在教学过程中的内驱力和热情，保证课程教学目标的实现，使学生能够在实践中不断突破自我。

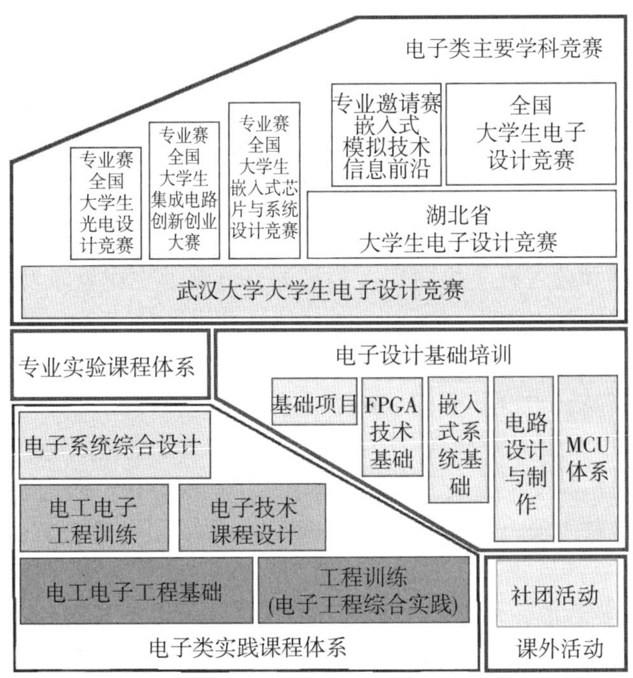

图 3　课赛融合体系

3. 科教融汇，推动科学研究与教育教学的互促共进

电子信息学院师资力量雄厚，现有 1 个国家自然科学基金委创新研究群体，1 个教育部创新团队，1 名中国科学院院士，国家级高层次人才 10 余人。学科优势明显，涵盖理学和工学 7 个一级学科，其中地球物理学在 2017 年入选教育部国际一流建设学科，在全国第五轮学科评估中依旧保持 A+排名；有 1 个国家重点学科——无线电物理、1 个国家重点培育学科——空间物理学、5 个国家“211”工程重点建设学科、1 个湖北省重点学科。学院切实推进科学研究和教育教学的相辅相成、协同育人，将教师最新的科研成果、产业的最新发展、学术发展前沿及时总结、提炼、转化，不断更新优化专业核心课程，将科研优势转化为育人优势，以高水平科研带动教学水平提高。

学院积极推行学术导师制，制定并颁布《武汉大学电子信息学院本科生学术导师实施办法》，充分发挥教师在学生培养中的主导作用，对学生进行人生规划、发展规划、学业就业指导，培养学生责任担当，指导学生开展课外科研竞赛和创新创业研究项目，有效提升学生学术科研能力与学业水平。学术导师制能够将最新的科研成果深度融入人才培养体系，将创新能力的渐进式培养贯穿教育教学全过程。学院一批重大的科研项目经整理优化，被学生作为各类科研项目选题，进而产生了一批专利和科研论文成果。

学院本科生在学术导师指导下年均立项大学生创新创业训练计划项目 50 余项。2022—2023 年度学院共 396 名学生参加大学生创新创业训练项目研究工作，共结题国家级项目 13 项，省级项目 26 项，校级项目 28 项；新立项 53 项，其中国家级项目 11 项(含 1 项重点项目)，省级项目 33 项，校级项目 92 项。2022 年学院本科生获发明专利 3 项，实用新型专利 22 项，计算机软件著作权 9 项；以第一作者/通讯作者公开发表科研论文 19 篇，其中 SCI 论文 5 篇(含 TOP 期刊论文 1 篇)，其他国际会议和核心期刊论文 14 篇。

四、本科拔尖创新人才培养成效

通过学术导师制和教育教学协同育人等措施，电信学院充分激发学生兴趣和创新潜能，学生参与课外科技和大学生创新创业活动热情高涨，超过 75%的学生参加了大学生创新创业训练项目，创新实践成果突出，每年获得的创新学分占全校总学分的 20%左右。学科竞赛获奖屡创新高，2023 年学院本科生在全国大学生电子设计竞赛中获全国一等奖 10 项，二等奖 12 项，获奖总数排名全国第一；在全国大学生集成电路创新创业大赛中获一等奖 4 项，全部为最高奖项企业大奖，二等奖 2 项，三等奖 3 项；在全国大学生光电设计竞赛中获国赛一等奖 1 项，三等奖 2 项。连续 8 届“卓工班”获评武汉大学“先进班集体标兵”，毕业生深造率持续提高，2023 年已高达 65%，其中 2023 届卓工班 29 名毕业生中，有 23 人国内升学至北京大学、清华大学、上海交通大学等知名院校，3 人赴宾夕法尼亚大学等海外名校深造。多家实习/用人单位对学院毕业生均评价良好，认为学院学生基本功扎实，主观能动性、创新能力和实践能力强，让人印象深刻。

与此同时，在学校“以成人教育统领成才教育”的人才培养理念指引下，学院坚决讲

好珞珈少年的“电信三堂课”。精心设计电信学子入学“第一课”，结合学科导论，邀请各系(专业)专家、竞赛教练团队、业界企业家开启对新入校大学生的专业引导，促进人才培养和产业技术发展有机融合。讲好专业“第一课”，不仅重视专业研讨课和专业基础课，还积极倡导创新实践，走访“天眼”等国家重大科技创新工程，参观“光博会”等信息产业博览会，充分发挥科研、实践育人功能；更不断丰富社会实践形式，学生积极参加“科技下乡”助力恩施白果树村结对扶贫、“西部计划”和支教团等志愿服务。学生在专业实践、科研实践和社会实践的过程中，深刻认识到人生价值实现与国家命运的紧密联系，“科技强国、科技报国”的理念根植于心。夯实毕业生“最后一课”，以价值塑造、方法引导为核心，培养学生形成正确的思想价值观，引领学生将个人理想与民族复兴大任相融合，坚定学生以专业知识服务国家重大需求的理想信念，加快拔尖创新人才的成长步伐。连续两年，学院均有优异本科生从武汉大学众多优秀学子中脱颖而出，获评“榜样珞珈”年度人物，成为数万学子学习的榜样和目标。

五、结语

习近平总书记在主持中共中央政治局第五次集体学习时强调：“进一步加强科学教育、工程教育，加强拔尖创新人才自主培养，为解决我国关键核心技术攻关提供人才支撑。”作为人才培养的主力军，高等院校必须肩负起这一时代重任，在“培养担当民族复兴大任的时代新人”的使命中展现出新作为。

面对新一代信息技术爆发式发展，武汉大学电子信息学院不断加快探索拔尖创新人才自主培养的新路。学院以“特色班”为依托，创新教学组织方式与教学内容，满足学生个性化发展需求；以实践创新能力培养为目标，提出并实施贯通式、多元协同的电子信息类拔尖创新人才培养实践教学体系；以产业发展、技术前沿、学生志趣、校企协同为指导，创新电子信息类拔尖创新人才培养模式；以成人教育统领成才教育，胸怀“国之大者”，打造拔尖创新人才的高质量培养之路。希望通过我们的尝试，能够积极发挥“双一流”建设的示范引领作用，主动面向国家重大战略需求开展教学科研实践，为新时代培养急需的高层次人才和基础研究人才，推进高等教育高质量发展。

◎ 参考文献

[1]梁国鑫．我国高等教育存在的问题及解决方法[J]．学周刊，2013(5)：7.
[2]韩雪青．以思想政治教育赋能拔尖创新人才培养[N]．光明日报，2023-08-22(15).

基于“教学科研、实习实践、社会服务”三位一体的遥感科学与技术专业拔尖创新人才培养研究

陈江平　易尧华　卢　冰　龚　龑*

（武汉大学　遥感信息工程学院，湖北　武汉　430079）

【摘　要】习近平总书记在党的二十大报告中提出“实施科教兴国战略，着力造就拔尖创新人才”。武汉大学遥感学科已经连续七年排名世界第一，为遥感拔尖创新人才培养探索了优良的教育思路和培养模式。文章阐述了遥感拔尖创新人才的内涵与培养目标及模式，构建了武汉大学面向国家创新驱动发展战略需求的遥感拔尖创新人才的“教学科研、实习实践、社会服务”三位一体的培养路径，以期为深化高校教育教学改革提供参考和借鉴。

【关键词】拔尖创新人才；遥感科学与技术；教学科研；实习实践；社会服务

【基金项目】教育部产学合作协同育人项目(231107175105310)。

【通讯作者】龚龑，E-mail：gongyan@ whu. edu. cn。

【作者简介】陈江平(1975—)，女，汉族，湖北洪湖人，博士，武汉大学遥感信息工程学院副教授，主要从事自然资源监测统计分析与评价及地理空间数据建模研究，E-mail：chen_jp@ whu. edu. cn；易尧华，男，汉族，江西吉安人，博士，武汉大学遥感信息工程学院教授，博士生导师，主要从事计算机视觉、空间场景感知研究，E-mail：yyh@ whu. edu. cn；卢冰(1977—)，女，汉族、湖北武汉人，硕士，武汉大学遥感信息工程学院教学办副主任，E-mail：lbing@ whu. edu. cn；*通讯作者：龚龑(1979—)，男，汉族，湖北竹山人，博士，武汉大学遥感信息工程学院教授，博士生导师，主要从事定量遥感、农业遥感和本科教学及管理研究，E-mail：gongyan@ whu. edu. cn。

一、遥感科学与技术专业拔尖创新人才培养的必要性

(一)拔尖创新人才的理解

创新出自《南史·后妃传上·宋世祖殷淑仪》，创：始造之。新：取木者，新之本义，引申之为凡始基之称。“创新”，合在一起，有两个含义：第一，在旧有的基础上改造、更新现有的东西；第二，从无到有创造全新的东西。拔尖是指超出一般，在次序、等级、

成就、价值等方面位于最前面的、居领先或优先地位的。因此拔尖创新人才是指在某些专业能力上能基于现有的知识和基础，为满足社会需求而改进或创造新的事物、方法、元素、路径、环境，并能获得最好、最优秀效果的行为。

遥感科学与技术拔尖创新人才就是能利用遥感科学的理论、方法与技术产生创造性的成果并对国家经济社会发展做出重大贡献的领先人才。遥感科学与技术拔尖创新人才具有的特点有：在个人品质方面，具有探索性、独立性、坚韧性、自控性与合作性等个性品质；在知识基础方面：具有深厚而广博的基础理论知识和精深的专业知识以及独特的国际视野；在个人能力方面：具有超前的意识和独立思考的能力、较强的自主学习能力及沟通组织协调能力并具有非凡的胆识和坚韧不拔的毅力以及强烈的事业心和社会责任感等品质。

（二）遥感科学与技术专业拔尖创新人才培养是国家、社会、历史所需

2005 年 7 月 29 日，钱学森在与国家领导人的谈话中指出：“现在中国没有完全发展起来，一个重要原因是没有一所大学能够按照培养科学技术发明创造人才的模式去办学，没有自己独特的创新的东西，老是‘冒’不出杰出人才。这是很大的问题。”这段交心之谈被普遍概括为“钱学森之问”。

高校特别是双一流大学，要发挥培养基础研究人才主力军作用。创新是民族进步的灵魂，是国家兴旺发达的不竭源泉，是中华民族最鲜明的民族禀赋。当前世界面临百年未有之大变局，我们处在复杂的国际大环境中，一些发达国家在核心科技上对我国进行了封锁，要实现第二个百年奋斗目标和中华民族的伟大复兴，建设强大的祖国，就必须以创新作为我们发展的最终出路，培养拔尖创新人才。

随着社会经济发展和国际化趋势，国家要加快在国际上取得竞争的主导地位，就必须拥有一批具有高素质、高技能的拔尖创新型技术人才来担负重任。单一课堂教学已经难以满足对拔尖创新人才的教育与培养，因为精英化教育的培养方案不能结合实际就是纸上谈兵，难以将高校和科研机构的科技成果转化为生产力。创新源于实践，理论创新更需要实践的检验，因此我们更需要将拔尖人才的培养教学与社会服务结合，着重培养学生对知识的探究能力，使学生具有解决当地社区实际事务的能力，培养学生服务社区的责任意识并承担一定的社会义务。遥感科学与技术作为工科型学科，更注重将课堂理论与社会服务实践相结合，这样才能培养拔尖创新人才，让学生对所学的知识有更加充分的掌握，将来也能将所学的知识运用到国家发展和社会服务中。

遥感科学与技术在国家各重大战略和重大计划中都发挥着至关重要的作用，不仅极大地推动了地理科学全面发展，而且在服务国家经济主战场和重大战略中都大有贡献，因此遥感科学与技术专业的人才培养一定要以拔尖创新人才培养为最终目的，这是国家、社会、历史所需。

（三）遥感科学与技术专业拔尖创新人才培养目标

拔尖创新人才是多元化的，以满足社会对各类人才的需求，包括学科型拔尖人才，应

用型拔尖人才、领袖型拔尖人才等各方面人才。培养拔尖创新人才需要社会多方面的努力，形成合力，才能完成这一项大工程[1]。

遥感类拔尖创新人才培养的核心目标是要激发学生的创造潜能，将其转化为创新精神和创新能力。重点是激发学生的创造和创新潜能，形成批判思维能力，培养以学生为主的"知识探求"能力，能解决我国遥感基础理论和关键技术的科学问题，并能运用这些理论知识解决我国在测绘、遥感、电力、国土、城规、水利、交通、环保、应急等领域的重大工程问题。

培养学生的团队合作能力、人际交往能力也是遥感类拔尖创新人才培养目标。科研问题往往不是一个人就能解决的，尽管个人的创新科研能力可能非常突出，但是需要一个团队互相交流、分享观点。在此过程中，团队的合作能力、人际交往能力都能得到很好的提升，这些也正是培养遥感类拔尖创新人才的必需因素。

培养学生的科研学术志趣也是遥感类拔尖创新人才培养目标。有效的学习能够激发学生的学习兴趣，也能够使其认识自我，做出正确的选择[2]。培养遥感类拔尖创新人才就应该在有效的遥感理论学习和实践中让学生充分认识自我，培养科研学术的能力，激发学生对遥感的热情，从而进行沉浸式学习。

二、遥感科学与技术专业拔尖创新人才培养路径

(一)"教学科研、实习实践、社会服务"三位一体的遥感类拔尖创新人才培养路径

高校社会服务职能在世界范围内一直得到重视，如何保持高校与社会之间的高质量有效互动是高校、政府和社会都关心的话题。发端于20世纪60年代的美国服务学习理念因重新架构"服务"与"学习"之间的关系，倡导社会服务反哺人才培养而得到许多国家及高校的重视[3]。从理念维看，以关注师生与社区发展福利直接反哺人才培养；从制度维看，通过加大"政校社"制度保障多元助力人才培养；从实践维看，在注重中心机构实体建设中在地化落实人才培养。深入了解和反思借鉴这一点能为中国双一流高校建设中社会服务职能深度发挥、教与学质量整体提升以及人才培养改革提供新的思考。

深入理解图1所示的"教学科研、实习实践、社会服务"相互促进的关系，对于培养遥感类拔尖创新人才有重要意义。教学和科研是相互促进的，教师通过课堂教学将研究热点和前沿知识融入教学，使学生掌握知识的同时能够对科研产生浓厚兴趣，而教学也能够将科研的一些问题反哺给课堂，通过学生开阔的思维提出新的想法和思路。大学生参与实践和社会服务可以培养他们基于基本原理进行实践和创新的能力，将最新知识转化为创新实践。通过实践和社会服务，将所学习到的理论知识和科研方法用于解决社会实际问题，在提高能力和素养的同时，也清楚认识到社会发展所需要的人才定位；同时，在实践过程中所遇到的问题也可以反哺给教学和科研，深入研究解决问题。为保证"教学科研、实习

实践、社会服务”三位一体专业教育模式落地实行，应给予物质扶持、制度保障等保障措施，这是培养遥感类拔尖创新人才的基本路径。

图 1　教学科研、实习实践、社会服务的关系

(二)遥感类拔尖创新人才“三位一体”培养路径对师生的要求

遥感科学与技术专业拔尖创新人才教育包括两个层次：一是就教师而言，培养高素质专业化创新型教师。学习过程与科研过程本质上是一致的，高素质专业化创新型教师应该采用合适的模式，激励、引导和鼓励学生主动发现问题、分析问题和解决问题，并在学习的过程中获取知识、训练思维、培养能力、发展个性。二是就学生而言，培养创新型人才尤其是科技创新人才，让学生能够主动运用所学知识和科学的思维方式解决问题，将在课堂上学习到的探究能力运用在无尽的科研任务上继续探究，在教学相承和知识转化中实现高校人才培养目标。

教学和科研是实现教学相承的基本方法和路径，而实习实践和社会服务则是实现遥感类拔尖创新人才的知识转化的基本方法和路径。因此有必要在遥感类拔尖创新人才中加入社会服务的元素，为学生提供更多参与科研和创新实践的机会。拔尖创新人才在具备坚实的理论知识和较强的综合素质后，学校应该将其派往实习实践基地进行更高要求的实践锻炼，在实践当中将所学知识转为解决问题的方法，并积极发现问题，培养独立思考的能力，增长知识，增强才干[4]。

学生是“教学科研、实习实践、社会服务”三位一体培养路径的主体。学生是教学过程的主体，也是现实社会的一部分，具有主观能动性[5]。在三位一体模式中，学生首先需要扎实地掌握理论知识，以便将来应用于实践指导。在培养路径中，鼓励大学生用自己所学的理论知识参与科学研究。科学研究在提升拔尖创新人才培养质量方面起着重要作用，不仅促进知识更新和丰富课程内容，还能够培养学生科学研究的方法和思维方式。教师将自己的科研实践与教学相结合，将研究热点和前沿知识融入教学，可以丰富教学内容、激发学生兴趣，并教授他们科学研究的技巧[6]。大学生参与科学研究可以培养他们基于基本原理进行思考的能力，从而激发创新潜力，并将最新知识转化为创新实践。科研训练注重学生通过实践来学习，加强师生之间的合作关系，促进师生之间的沟通和交流，有助于改善师生关系，同时也有利于学生掌握和应用学科知识，培养他们的创新精神和问题解决能力。

在三位一体的模式中，学生更应该参与到实践和社会服务中。遥感类拔尖创新人才培养的终极目标是让人才参与到国家的社会、经济、生态的发展中，为祖国的伟大复兴贡献自己的一分力量。通过参与课程实践、专业实践和志愿服务等活动，学生需要将在课堂上学到的实践方法、技巧和理念应用到实际活动中。通过实际情境的实操，学生能够发现问题和不足之处，并提升自己的专业能力和素养。这也有助于对理论知识的理解和消化。

三、遥感科学与技术专业拔尖创新人才培养实践

(一)从教学科研、实习实践到社会服务的全链条遥感类拔尖创新人才培养实践

遥感类拔尖创新人才的培养实践主要从课程体系的科教融合、培养方案的"三位一体"设计和学生课堂外的安排举措等几个方面进行，具体有：

(1)课程体系和课程大纲的设计以教学、科研的融合为基础进行学科内涵建设，以学科内涵建设的创新性、领先性为基础进行拔尖创新人才培养方案和教学内容的编制。武汉大学遥感学院坚持开拓创新，通过培养体系的构建、教材体系的建设、课程体系的重塑、教育教学方法的改革与创新等一系列教育教学改革，形成了面向国家需求和新工科改革的遥感领域的教学生态系统。遥感学科的拔尖创新人才培养的教学与科研环节要主动对接国家和区域的重大战略、完善以解决卡脖子技术和社会服务、遥感基础理论与应用创新为导向的专业动态调整机制。加强对接国家战略、国家安全、国际组织等相关人才培养需求，围绕国家和区域发展战略、面向遥感学科重大发展问题，在关键共性技术、前沿引领技术、现代工程技术、颠覆性技术、重大理论上进行创新。

(2)培养方案和课程体系的设计充分考虑学生科研、实践和社会服务的需求。实践出真知，所有的"纸上谈兵"都比不上学生的实地实践对知识的探求和应用的作用。在培养方案的设计中，设置了相应的实践和社会服务课程学分，给学生提供科研、实践、社会服务的条件和时间与空间。同时，为学生进行实践和社会服务提供多方条件。武汉大学遥感学院与中科院、NASA、华为、微软等机构建立了联合培养机制，培养了一大批遥感科技拔尖创新人才，推动了全球遥感科技的发展与繁荣。充分发挥测绘遥感信息工程国家重点实验室科研平台的特色优势，依托国家级实验教学示范中心，建立了科研成果进课堂、进教材、融入实习实践的机制。设立大学生创新创业基金，指导大学生创新创业实践，组织本科生、研究生参加"卡脖子"遥感核心技术攻关，积极参与各类国际国内学科竞赛[7]。

(3)实践和社会服务类课程的内容设置上充分体现科学研究和教学的融合，紧密结合实际问题和国家的重大战略需求。用实际的问题为学生规划实践课程和社会服务课程的主

题和区域，实现遥感类拔尖创新人才核心素养的提升。

(4)武汉大学遥感学科秉持着从教学、科研、实践到社会服务的全链条遥感类拔尖创新人才培养模式。打造了卓越工程师、耕耘计划、绿叶计划等学生培养模式，在拥有一流教学团队和教学生态系统的背景下，引导学生从事科研任务，以创新为向导，主动对接国家和区域重大战略，发挥科研创新精神。在教学和科研环节的学科内涵建设基础上，引导学生积极参与实践和社会服务，参与各类国际国内学科竞赛，在提升能力的同时也提升了国际交流能力，拓宽了视野。

(二)“三位一体”的遥感类拔尖创新人才培养实效

在拔尖创新人才培养成果方面，成立“遥感信息工程大学生创新创业中心”为代表的开放实验室，历年来培养的学生连续斩获中国国际“互联网+”决赛金奖、“中国软件杯”总决赛一等奖等“三创”赛事中的多项最高荣誉，并为武汉大学首次捧回“中国软件杯”。“面向国家需求的世界一流遥感人才培养体系创新与实践”获第九届湖北省高等学校教学成果特等奖，并荣获国家级教学成果奖一等奖。在一次上千个团队参加的 IEEE 全球影像融合竞赛中，武汉大学获得第 1、2、3、5、6 名，美国橡树岭国家实验室第 4 名，MIT 第 7，学生 136 人次获国际和国家级奖励[7]。

遥感科技创新人才的培养之所以取得这样的效果是因为：(1)教学内容是科教融合的结果，是教师科学研究的成果，具有创新性和前沿引领性；(2)在培养方案设计中给学生的实践和社会服务预留了课程学分，学生有时间、有精力将理论知识进行实践并运用到实际的问题中进行社会服务；(3)坚持以“三位一体”为中心的遥感类拔尖创新人才培养。

学生是学习的主体，课程是学生自己的体验过程，学生学习课程的过程是学生自我学习和发展过程，如果学生没有自主学习、自我发展，学生的学习和发展是很难真正达到高水平以满足遥感类拔尖创新人才的培养目标与需求。课堂内，遥感类拔尖创新人才的课程内容是教学与科学研究的高度融合，保证了一流的学科内容；课堂外，学生根据各自的主题，自主查找资料、查阅文献、设计方案、处理数据、编写算法、进行数据建模与分析、协调、组织、领导团队、完成任务，真正地实现以学生为中心、以学生主动探求知识的教学[5]。学生在这些创新实践过程中真正做到了自主学习和发展。实现学生的自我探求知识，也体现了教学的成果和意义。学生在教学过程中培养了浓厚的兴趣，主动探索知识，积极参与科研项目进行实践操作，将能力最大化体现；在此基础上，以学生为中心，在教师的指导下，参与社会服务，在实践中体验各种问题，明白大众的需求，用自身本领给群众解决问题。在实践中强化专业技能，也能增加步入社会、完成实际工作所需要的技能。

四、结论

当前世界面临百年未有之大变局，遥感类专业拔尖创新人才培养是国家、社会、历史所需。通过“教学科研、实习实践、社会服务”三位一体的遥感类拔尖创新人才培养路径，将人才的潜能和创新能力充分激发出来。教学相长，通过教学授予学生基础理论知识和研究前沿热点，学生将学习到的知识运用到科研实践和社会服务，不仅实践能力和科学素养得到提高，也能发现社会急需解决的问题，进而反哺教学和科研，通过不断的研究创新，找到解决问题的方法，再运用到实践当中，如此反复循环过程，这就是三位一体的遥感类拔尖创新人才培养方法。

为认真落实习近平总书记在党的二十大报告中提出的"实施科教兴国战略，强化现代化建设人才支撑"的部署，武汉大学遥感教学团队将坚守为党育人，为国育才，坚持"教学科研、实习实践、社会服务"三位一体的遥感类拔尖创新人才培养路径，面向国家需求和新工科改革，不断开拓创新、砥砺前行，进一步创新遥感类人才培养体系，培养世界一流遥感类拔尖创新人才，为把我国建成世界遥感强国做出更大的贡献。

◎ 参考文献

[1]杨德广．拔尖创新人才培养的成效、缺失和建议[J]．重庆高教研究，2022，10(6)：3-9.

[2]路丽娜．"创新教学"理念下的拔尖创新人才培养[J]．大学教育科学，2016(2)：74-77.

[3]游柱然．论美国高校服务学习的起源与发展[J]．湖南师范大学教育科学学报，2009，8(3)：61-64.

[4]张倩，张睿涵．我国高校拔尖创新人才培养模式与实践[J]．继续教育研究，2015(10)：91-95.

[5]李建华，汪海玲．"教学、实践、研究、社会服务"四位一体的社会工作专业教育模式路径研究[J]．公关世界，2021(13)：59-61.

[6]张建红．"双一流"建设背景下我国高校拔尖创新人才培养研究[J]．江苏高教，2021(7)：70-74.

[7]李德仁，龚健雅，秦昆，等．面向国家需求的世界一流遥感人才培养体系创新与实践[J]．高等工程教育研究，2023(2)：1-5，177.

“新医科”背景下人体解剖学拔尖创新人才培养模式探索与实践

——“人体结构学+”立体课程搭建

胡成俊　雷岳山　高　晴　郑　勇　何　柳　潘　勤

（武汉大学　泰康医学院（基础医学院），湖北　武汉　430071）

【摘　要】在国家“新医科”建设背景下，响应武汉大学培养“复合型医学人才”的战略布局，着力造就拔尖创新人才，人体解剖学教研室以人体结构学教学为基点，根据学科特色结合虚拟仿真、生物信息等新技术向外发散融合，从教学形式、思政建设、数智化建设和课堂创新四个方面搭建“人体结构学+”立体课程，形成了“一联合、两突出、三位一体”的新培养模式，搭建促进知识、能力、素养的全方位提升的立体课程体系。

【关键词】人体解剖学；人体结构学；高等医学教育；拔尖创新人才培养；新医科

【基金项目】2022 年湖北省一流本科课程“人体结构学”（线上线下混合）；2022 年湖北省高等学校省级教学研究项目（课题号：2022011）；2022 年武汉大学本科教育质量建设综合改革项目（课题号：2022ZG191）；2022 年武汉大学来华留学生课程建设项目“系统解剖学”；2022 年武汉大学研究生“课程思政”示范建设项目（项目号：413100123）；2023 年武汉大学虚拟仿真实验教学项目“人体解剖学前庭蜗器虚拟仿真实验”；2023 年武汉大学本科教育质量建设综合改革项目（项目号：2023ZG223）。

【通讯作者】潘勤（1978— ），女，教授，E-mail：panqincn@whu.edu.cn。

党的二十大报告指出，培养造就大批德才兼备的高素质人才是国家和民族长远发展大计，要全面提高人才自主培养质量，着力造就拔尖创新人才。为全面贯彻党的二十大精神，武汉大学正构筑培养“国家脊梁和领袖人才”的教育蓝图[1]。

人体解剖学是一门历史悠久的经典医学基础课程，也是医学生进入高校后学习的第一门医学专业基础课程，更是连接基础医学与临床医学知识的桥梁课程。在国家“新医科”建设和培养“复合型医学人才”的战略布局下[2,3]，建立与时俱进的教学模式，从而保证医学生在有限的课堂时间内掌握更多的基础知识，在科学的学习计划中提升发散的探索能力，在良好的课堂氛围中修养高尚的职业道德。

1. 人体解剖学创新人才培养模式的提出背景

在全球工业革命4.0和生命科学革命3.0的背景下，医疗逐渐向智能化方向发展[4,5]，医学科学的目标从单纯的疾病诊治转向维护与促进健康，人民群众的期盼从单纯的治病转变为“防患于未然”的高水平的医疗卫生服务，这些变革势必催生医学教育的实质性转变[6]。2020年9月，国务院办公厅发布《关于加快医学教育创新发展的指导意见》(国办发〔2020〕34号)，明确以“新医科”引领医学教育创新。“新医科”由此应运而生[7,8]。

在这样的时代背景下，人体解剖学作为一门研究正常人体形态结构、相关功能及其发生发展规律的科学，与医学其他各科都存在极其密切的联系[9]，人体解剖学和相关医学学科进一步有机整合构筑形成人体结构学。为响应武汉大学培养“复合型医学人才”的需求，人体解剖学教研室自2010年起率先在国内开设了人体结构学课程。在课程不断的完善和发展中，逐步结合虚拟仿真、生物信息等新技术[10-12]，让老学科获得新发展，为建设具有整合观(强化学科交叉融合)、整体观(服务国家重大战略)、医学观(构建大医学格局)的“新医科”拔尖创新人才培养体系[8,13]提供基础医学教育方向的新尝试。

2. 人体解剖学创新人才培养模式的构建思路

人体解剖学教研室搭建“人体结构学+”立体课程，实践“一联合、两突出、三位一体”的培养模式。“一联合”即“医学+×”的交叉创新人才培育理念。在学校积极推进“医学+×”培养交叉创新人才的规划要求下，人体解剖学教研室课程体系以医学生能力培养为导向，强调解剖学与生物、物理、化学以及临床医学各学科的交叉，与基因工程、生物医学工程、营养代谢、免疫治疗乃至生物信息等前沿专业的通融，教研室通过引进医学热点领域研究人才、鼓励青年教师出国学习等机制促进传统解剖学科发展、加强学校内外交叉学科教学沟通，探索培养具备“整合观”的学科交叉创新人才的新思路。

“两突出”即“医德双修”的卓越医师培养。人体解剖学教学团队始终坚持立德树人的育人理念，传承朱裕璧教授(湖北省立医学院创始人)“执着追求、献身医学”的精神，秉承“自强、弘毅、求是、创新”的武汉大学校训，在新时期“卓越医师培养计划”的推进下，不断深化“德医双修、知行合一”的人才培养理念，将思想品德教育和职业道德教育贯穿始终，引导学生成长为服务于国家重大战略的具有“整体观”的医者。

“三位一体”即“知识、能力、素养三位一体”。遵循学校培养“具有坚定民族精神和开阔国际视野、强烈社会责任感和使命感、人格健全、知识宽厚、能力全面、能够引领未来进步和文明发展的国家脊梁和领袖人才”的总体方针，人体解剖学人才培养需完成知识目标(掌握人体形态、结构及解剖学操作技能，为其他基础医学课程和临床医学课程学习奠定坚实基础)、能力目标(通过解剖实践操作培养学生临床分析思维、自主学习能力和医学科研能力)、素养目标(注重医学职业素养培育，引导学生树立“救死扶伤、追求卓越”

的医者精神)，从而帮助学生构建大医学格局，成长为具备"医学观"的国之大医(构建框架见图1)。

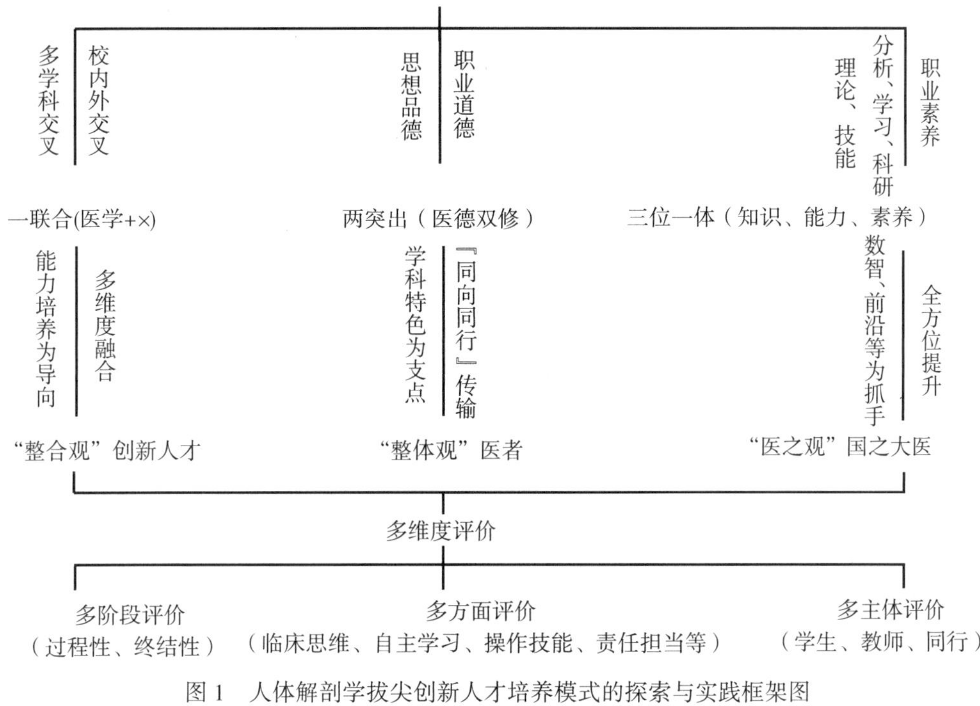

图1 人体解剖学拔尖创新人才培养模式的探索与实践框架图

3. 人体解剖学创新人才培养模式的实践探索

3.1 以能力培养为导向搭建立体课程体系

为实现培养卓越医学人才的最终目标，"人体结构学+"课程体系对传统解剖学专业课程进行优化重组，将知识为本转为素养为本进行教学。该教学模式以医学生能力培养为导向，围绕解剖学知识和实训技能这一核心内容来学习，同时将生命价值和医师职业素养教育融合在模式中。在教学形式上注重实体+虚拟、课内+课外、线上+线下以及基础+临床的多维度有机融合方式。在教学实施中恰当运用多种教学方法和手段致力于激发医学生内在驱动力，培养医学生解决复杂医学问题的能力和创新意识。

3.2 以学科特色为支点提升课程思政深度

以"大体老师"为载体，对专业课教学大纲进行思政优化，在原有培养目标的基础上设立课程思政教学目标。教学中充分挖掘思政元素，精心提炼与构思：理论学习以故事、人物、案例等思政素材为主，注重人文思想和职业素养的塑造与培养；在实践操作中以临床案例为主，侧重人文精神的应用；课外实践活动，引导医学生把个人命运与国家命运紧密联系，增加使命感和责任感，最终实现思政学习与专业知识的“同向同行”传输。

3.3 以数智化教学和医学前沿知识为抓手助力医学生创新意识培养

将先进的数字化解剖虚拟仿真系统应用于课程教学、助推数智化教学发展，打造虚实结合、数据高精、智能主导的解剖学虚拟仿真教学，不仅补齐实体解剖实践中标本有限、细小超微结构观察困难的短板，还有助于开展多种多样的互动教学，提升医学生创新意识与辩证思维，为培养医、教和研全面发展人才提供保障。

将医学前沿知识学习设置为课程教学拓展部分，通过病例讨论、线上文献分享、课外讲座和通识课等形式，结合班级导师、烛光导航和大学生创新创业项目实施，充分利用教学团队老师在科研前沿领域的研究优势和最新研究成果，指导医学本科生开展医学科学研究，培养其创新意识和科研能力。

3.4 以知识、能力、素养考察为核心拟定多维度创新评价体系

人体结构学课程已初步建立评估专业知识、能力、素养培养成效的多维度综合评价体系。采用多阶段评价，包括过程性评价和终结性评价；多方面评价，包括临床思维能力、自主学习能力、解剖操作技能、感恩敬畏情感、严谨探索态度、责任担当意识等评价；多主体评价，包括学生评价、教师评价、专家同行评价等。同时，将思政育人内容融入课程考核、实验操作考核和临床病例讨论考核，重视学生学习过程中态度、情感以及效果的变化。下面以肝外胆道章节为例展示本课程实践的实施过程(见表1)。

表1　**人体解剖学创新人才培养课程实践的实施(以肝外胆道为例)**

	理论	实践	形式
以能力培养为导向搭建立体课程体系	用“披肝沥胆”“肝胆相照”引出肝外胆道专业理论	解剖和观察肝外胆道结构，培养职业技能	课内+课外，线上+线下，基础+临床，实体+虚拟
以学科特色为支点提升课程思政深度	理论讲授融入我国肝胆外科专家吴孟超悬壶济世先进事迹	实践操作致敬大体老师，培养医学生的使命感和责任感	组织学生参加遗体器官捐献纪念、红十字会宣传活动
以数智化教学和医学前沿知识为抓手，培养医学生的创新意识	多平台、多渠道获取肝外胆道前沿研究进展	数字化解剖+实体解剖发现肝外胆道的微细结构和变异	病案讨论、文献分享、课外讲座，结合烛光导师和大学生创新创业等理解肝外胆道

续表

	理论	实践	形式
以知识、能力、素养考察为核心拟定多维度创新评价体系	应用肝外胆道知识解释“披肝沥胆”“肝胆相照”，加强知识应用(知识素养)	清楚肝外胆道解剖结构，依据技能培训提出胆囊结石保胆除胆的方案(能力素养)	开展教学过程总参与度、提问、技能展示等多阶段，思维、感恩、探索等多方面，学生、教师、同行多主体的评价

4. 人体解剖学创新人才培养模式的初步成效

4.1 教学体系模式建设成效

“人体结构学+”课程体系模式分五大模块来进行实践：线上解剖与临床 SPOC 和前测；线下课堂教学(人体结构学 1 和人体结构学 2 两部分，共 8 学分)；线下解剖操作；线下病案研讨；课后测和课外拓展(通识课、解剖技能大赛、解剖绘图大赛、医学形态学读片与人体解剖学标本辨识大赛和医学形态学科普演讲大赛)。

通过不懈的努力，教研室建设的课程体系中，解剖与临床荣获国家级一流本科线上课程(2020 年)，Regional Anatomy 荣获国家来华留学生英语授课品牌课程(2013 年)，人体结构学荣获省级一流线上线下混合课程(2022 年)。我们希望通过“人体结构学+”体系培养后，医学生能大幅度提升创新能力和科研能力，同时树立“救死扶伤、追求卓越的”的医者精神。

4.2 课程思想政治建设成效

以“立德树人”为导向完善新教学大纲和编写新教案，精准融入思政内容；在课程中注重专业知识、能力、医学人文等教育，以“大体老师”为载体构建解剖专业特色的课程思政体系，将人体结构学课程思政全程贯通：课程开课前标本搬运(与“大体老师”第一次亲密接触)→“解剖第一课”(“大体老师”的精神意蕴)→课中对“大体老师”的维护(牺牲奉献、无私大爱的感悟)→课程结束时的感恩告别仪式(医师职业精神素养的凝练升华)。

教研室以理论课贯穿人文素养，实践课规范解剖操作，讨论课塑造自我，逐步培养医师的专业化态度及主动学习意识，并因此获批湖北省 2022 年“大爱无声，生生不息”——人体解剖学教学育人示范岗建设项目。

4.3 教学数智化建设成效

在线上教学平台建设方面，线上教学分为线上课程、线上评测和线上拓展三大板块。线上课程有中国大学 MOOC 平台中的国家线上一流课程解剖与临床；线上评测包括自建的人体结构学在线测试网站以及题库(www.whuanatomy.cn)，同时还利用学校 SPOC 平台、教学管理软件(学习通)评测教学效果；线上拓展有供学生在课堂外使用的虚拟仿真系统移动端以及购买的 Elsevier 出版社发行的网络版虚拟数字人软件(Complete Anatomy)。

在数智化教学建设上，人体结构学使用的解剖虚拟仿真系统正与组胚、病理、生理和寄生虫等虚拟仿真系统同步打通，实现形态学科虚拟仿真大融汇，为疑难复杂病案的分析、讨论和学习提供了良好的支撑。正在引入的数字解剖操作台用于虚拟解剖，能有效补充实体解剖操作中细小局部难以充分了解其结构和毗邻关系的短板。同时，服务器+PC端+移动端的互联形式，使医学生解剖学习的地点不再受限，大大促进了学生自主学习能力的提升。

4.4 教学课堂创新建设成效

教研室实施考核方式改革，采用多元和梯次评价标准，强调学习成果的内涵和进步，兼顾终结性和过程性评价的双重评价。评价方面包括临床思维能力、自主学习能力、解剖操作技能、感恩敬畏情感、严谨探索态度、责任担当意识等(见图 2)。主体评价包括学生、教师及专家同行评价等，开展对学生的师-生、生-生评价、对教师的生-师、督导评价等，这种多元化的评价，反馈及时、过程可追溯，有利于及时对教学方案进行调整，更助于教学目标的实现。

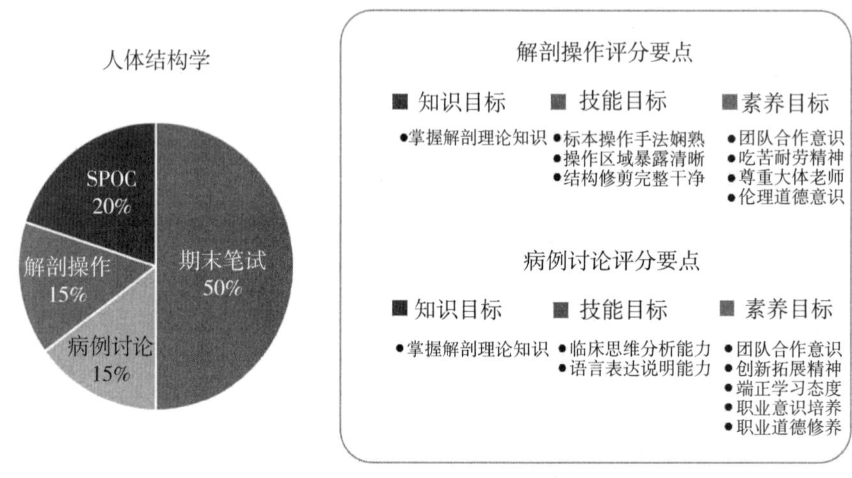

图 2　知识、技能和素养多维度考核体系

“人体结构学+”教学改革以来，人体结构学和解剖与临床 MOOC 受到学生们的普遍好评。学生视野拓展，越来越多的学生发表课程相关的专业论文。对正在实施教学的 2022 级临床医学本科生 265 人进行的问卷调查显示，98%的学生认可该课程的教学模式，带教老师的评教均分达 94.6，课程获得学生的高度认同。

4.5 教学社会服务建设成效

"人体结构学+"课程体系发挥良好辐射示范引领效应，积极组织宣传"大体老师"的相关人文素养活动，本教研室活动多次被武汉电视台以及武汉大学新闻网报道；教研室举办多期解剖与临床研讨班，促进解剖学与临床多学科合作，构建培养基层临床医生的实训基地；团队教师参与社会服务工作，言传身教，以实际行动带动学生参与社会实践(见图3)，受到武汉市红十字会的表彰。

图3 教师带领学生参加"缅怀遗体捐献者"活动现场

5. 人体解剖学创新人才培养模式的展望与规划

在人体解剖学创新人才培养实践中，我们以习近平新时代中国特色社会主义思想为指导，落实立德树人根本任务，以新医科建设为契机，以培养医德高尚、医术精湛的卓越医学人才为终极目标，结合人体解剖学学科特色和前沿发展方向，积极推进省级一流本科线上、线下混合课程、课程思政教学育人示范岗以及数智化虚拟仿真中心建设；争取获批国家级一流本科线上、线下混合课程、课程思政示范课程和虚拟仿真实验教学一流课程，以推动人体解剖学教学的高质量、全方位发展。

5.1 丰富临床与解剖课程数据，促进线上线下课程的深度融合

持续更新和完善SPOC课程，新录10~20讲MOOC视频，基本达到对与临床紧密相关的人体解剖学重要知识点的全覆盖。利用丰富的线上数据及优秀的兄弟高校资源[14]，进行个性化分层学习。

5.2 完善人体结构学课程思政模式

完善人体结构学课程思政教学体系，包括教学内容、方法和评估等方面，提升教学效

果。建立学生对课堂满意度、教师认可度的反馈通道等，促进课程思政育人工作的落实。进一步规范课程思政校外活动。拟与武汉市红十字会开展深度合作，建立人体结构学课程思政实习实训基地。

5.3 深化虚拟仿真平台建设

实现人体结构学虚拟仿真与组胚、病理、生理和寄生虫等虚拟仿真系统打通融合，构建形态学虚拟仿真中心，将数字解剖操作台、虚拟解剖与实体解剖实践深度交互，提高学生学习效率和效果[15]。

5.4 强化师德师风建设

进一步提升教师的课程思政认识及融通能力。紧密结合国家开展的专项活动，大力进行师德师风培训。加强校本教研，注重在教学实践中历练教师，促进教师教学能力的提高。激励和支持教师参加课程思政和教学经验交流会。举办教学研讨会，增加与同行的交流，加强课程辐射和影响。

5.5 推进数字教材编写

积极借鉴其他学科数字教材编写经验，结合人体解剖学学科特点，推进人体结构学数字教材编写工作，同时组织和参与思政内容新版统编教材的编写，进一步完善课程思政元素案例库建设，丰富育人资源。

6. 人体解剖学创新人才培养模式实践中存在的问题及解决途径

6.1 教学模式滞后，跨学科融合不足

虽将虚拟解剖、知识图谱等现代科技手段运用到人体解剖学教学，但契合度欠佳；多学科的融合存在局限，极易回归到单一学科知识的单向传递。需要探索新的教学方法和手段，拓宽学生视野和知识面。

6.2 评价体系不够完善，导致创新能力培养不足

虽开展多阶段、多方面、多主体的评价，但仍跳不出以考试成绩为主要评价标准的思维模式，学生缺乏参与创新创业活动的机会，忽视创新思维的培养和锻炼。需要贯彻执行多元化评价方式，注重实践能力和创新能力的培养。

◎ 参考文献

[1]武汉大学十四五规划[Z]. 2021.

[2]周菊香，莫中成．基础医学教育可持续发展浅谈[J]．基层医学论坛，2015(10)：1382-1384.

[3]罗凤玲，潘勤，刘敏，等．"名师工作室"在创新型医学人才培养中的示范与引领[J]．中国多媒体与网络教学学报(电子版)，2019(5S)：97-98.

[4]刘婧，李坤，艾杨．人工智能在医疗中的应用[J]．信息与电脑，2019(5)：150-151.

[5]赵旭峰，于伟泓．人工智能技术在眼底图像分析中的应用进展[J]．中国医学前沿杂志(电子版)，2023，15(6)：21-26.

[6]刘持，刘惠君，黄柏胜，等．"双一流"建设中创新型基础医学人才培养的探索[J]．教育教学论坛，2020(33)：220-221.

[7]陈国强．探索"新医科"创新人才培养方案[N]．中国教育报，2021-03-22(5).

[8]何珂，汪玲．健康中国背景下"新医科"发展战略研究[J]．中国工程科学，2019，21(2)：98-102.

[9]杨蓬勃，冯改丰，靳辉，等．一流本科课程背景下系统解剖学课程建设与探索[J]．基础医学教育，2023，25(4)：275-279.

[10]沃吟晴，乔梁，霍奕鸣，等．周围神经系统教学设计的创新与实践[J]．解剖学研究，2023，45(3)：278-280.

[11]张江涛，谢勇江，卢远新，等．整合人体解剖学的教学实施[J]．解剖学研究，2023，45(1)：88-89.

[12]高璐，孙燕，马丽香，等．"三全育人"教学实践——局部解剖学课程思政教学案例[J]．解剖学研究，2023，45(1)：80-82.

[13]吴凡，汪玲．基于新版学科专业目录创新医学人才培养机制[J]．中国卫生资源，2023，26(3)：233-238.

[14]吕健，王举波，权瑜，等．关于临床医学本科生人体解剖学教学的思考[J]．解剖学研究，2023，45(3)：280-282.

[15]李宁，潘玉玲，张美芝，等．研究生局部解剖学优质课程建设与实践——以山东中医药大学为例[J]．解剖学研究，2023，45(1)：89-92.

“医学+”拔尖人才培养体系的实践与思考

谢先飞　卢林淼　熊朝瑞　乐　江

（武汉大学　基础医学院，湖北　武汉　430071）

【摘　要】新医科建设背景下，“医学+”交叉学科的教育教学正成为医学教育结构变化的新趋势。国务院办公厅《关于加快医学教育创新发展的指导意见》明确提出加快高层次复合型创新拔尖人才培养。本文调研了国外大学生物医学工程跨学科教育，结合武汉大学实践和学生问卷调查结果，从课程设置、科研训练、个性化需求不同维度分析和讨论了跨学科教育模式，为完善拔尖人才培养体系提供了新的思考方向。

【关键词】医学+；拔尖人才；跨学科教育

【作者简介】谢先飞（1976—　），男，湖北武汉，博士，副教授，研究方向：基础医学教育，E-mail：xiexianfei@ whu. edu. cn。

【通讯作者】乐江（1975—　），女，湖北武汉，博士，教授，研究方向：基础医学教育，E-mail：yuejiang@ whu. edu. cn。

【基金项目】湖北省高等学校省级教学研究课题（2020012）；武汉大学医学部教学改革研究项目（2020005）；武汉大学医学部教学改革研究项目（2021009）。

长久以来，世界各国普遍重视拔尖人才的培养，我国也将其提升到国家重大战略部署的高度[1]。在过去的20年里，随着科技革命和产业变革的深入推进，跨学科教育逐步成为高校拔尖创新人才培养模式发展的必然趋势。新医科建设是高等医学教育顺应时代要求而进行的必然转变，也是服务健康中国战略的重要举措。本文调研了国际跨学科教育，并对笔者所在的武汉大学基础医学专业本科生进行了问卷调查，为探索医学跨学科教育提供新的思考方向。

一、国外跨学科人才培养模式

当代科学研究范式的变化催生跨学科教育热潮，美国、英国、日本等发达国家已形成特色鲜明的跨学科人才培养体系[2]。20世纪初，跨学科本科教学开始出现，90年代中期走向成熟[3]。美国大学生物医学工程学科居于世界领先地位，培养出一大批具有复合知识结构、高阶思维和跨界能力的拔尖人才[4]。本文重点调研了斯坦福大学和约翰斯·霍普金斯大学的跨学科人才培养模式。

斯坦福大学生物医学本科课程体系分为基础科学(数学、物理、化学)、人文社会、工程基础核心课程、学科深度选修课程四个模块[5]。生物医学计算专业纳入学校跨学科项目，教师团队、课程内容、研究项目来自工程学院、人文科学学院和医学院，开展跨学科教育[6]。学生将接受一门严格、彻底整合了生物和计算的课程学习，必须在一对一的教师指导下完成6个单元时间的研究工作。基于生物学与医学、工程学、计算机科学、物理学、化学等学科开展的大型跨学科研究计划中，专门设置了本科生奖学金项目。本科生不仅可以获得津贴，还可以获得为期10周的参与研究工作的机会。“Bio-X本科生暑期研究计划”为856名本科生提供了跨学科的科研实践学习，以及与不同学科背景教师、博士后等科研人员交流的机会[7]。

约翰斯·霍普金斯大学生物医学开展了本科教育BME 2.0改革[8]，其本科课程体系分为基础科学(数学、物理、化学)、人文通识、专业核心课程和学科高级课程四个模块[9]。学科高级课程涉及7个重点领域(生物医学数据科学、计算医学、基因组学与系统生物学、影像与医疗器械、免疫工程、神经工程、转化细胞与工程)，具有鲜明的学科交叉特征。学生在大二前基于学习兴趣选择1个重点领域进行学习。学院组建了一种新颖的跨代团队，将不同年级的学生(从新生到大四)组织到团队中，与工程学院、临床医生和行业领导者一起解决重要的跨学科问题。通过课程学习，掌握现代分子生物学和复杂生物系统的计算和分析建模，精通生物医学数据科学；通过实践教学，培养解决实际生物医学和工程问题的能力，获得研究和设计经验，鼓励学生在重点专业领域追求学术目标。

此外，为了使青年人有能力应对不断变化的世界，教学方法需要满足教育促进可持续发展的需要。欧洲国家(例如奥地利)的学校和校外机构之间建立了教育合作的伙伴关系，促进跨学科、以学习者为中心、参与式的和与本地相关的教育方式，促使学生和教师能够与科学家以及政治、经济、生态和学校所在社区的民间社会等领域的更多校外伙伴合作[10]。学生和校外合作伙伴合作设计研究阶段，通过持续交流不同观点来共同制定社会认可的可持续解决方案。跨学科合作的教育方式有助于发展学生所需的能力，例如反思自己和其他人的观点和批判性思维的能力，这符合教育促进可持续发展的要求。以学习者为中心的跨学科教育方式是我国拔尖人才培养体系值得借鉴的。

二、武汉大学的实践及调研结果

武汉大学于2016年开始招收基础医学专业学生，2020年入选强基计划。我校利用综合性大学优势，积极探索建立跨学科融合课程体系。通过组建跨学院跨学科教学团队，开设Python语言程序设计与应用编程、人工智能及应用、大数据基础研究及应用编程、多组学研究、生物信息学等前沿及交叉学科课程；设置学术与研究、探索与发现、创新思维训练等系列研究性课程，开展研讨式教学；与剑桥大学、新加坡国立大学等国际知名高校合作定制线上线下混合实训项目，深化国际合作。学生在实验室轮转、大创训练、毕业设计多个环节自由选择导师，通过多学科背景的博士生导师开展“多对一”教学模式，强化科研训练。目前，首批强基计划 18 名学生中 4 人参加互联网+比赛获得省级银奖，2 人以第一作者或共同第一作者发表 5 篇科研论文，2 个项目获批国家级大学生创新训练项目，100%主持或参与大学生创新训练项目。

我们针对交叉课程和科研训练，对我校基础医学专业 2019—2022 级共 4 个年级本科生开展了问卷调查，在校学生以不记名方式填写并回收有效问卷 55 份。问卷内容及结果详见表 1。

表 1　基础医学拔尖人才培养模式问卷调查结果[*n*=55，*n*(%)]

类　别					
你的年级	2019 8(14.55)	2020 17(30.91)	2021 18(32.73)	2022 12(21.82)	
导师制					
你对导师制的了解情况	非常了解 8(14.55)	比较了解 28(50.91)	一般了解 16(29.09)	不了解 3(5.45)	
你认为对本科生实施导师制是否有必要	很有必要 26(47.27)	比较有必要 26(47.27)	没有必要 2(3.64)	无所谓 1(1.82)	
你觉得将本科导师细分为学业导师、班级导师和生活导师是否有必要	很有必要 19(34.55)	比较有必要 21(38.18)	没有必要 12(21.82)	无所谓 3(5.45)	
你希望什么时间开始进行学业导师的双向选择	一年级 11(20)	二年级 31(56.36)	三年级 11(20)	无所谓 2(3.64)	
你希望什么时间进入实验室开始基于项目的研究型学习	二年级 37(67.27)	三年级 15(27.27)	四年级 3(5.45)	无所谓 0(0)	
你希望和导师采用的交流方式	面对面 45(81.82)	邮件 0(0)	电话 0(0)	QQ 或微信 9(16.36)	其他 1(1.82)
你希望与导师交流的频率	一周一次 27(49.09)	两周一次 8(14.55)	一个月一次 7(12.73)	两个月一次 0(0)	不定期约见 13(23.64)
你觉得学业导师同一时间指导学生的合适人数	1~2 人 42(76.36)	3~4 人 11(20)	5~6 人 0(0)	6 人以上 2(3.64)	
你选择学业导师最看重的是	专业学术能力 27(49.09)	教育表达能力 11(20)	理解尊重能力 17(30.91)	其他 0(0)	
你最希望从学业导师处获得的指导内容	科研学术指导 48(87.27)	专业知识指导 4(7.27)	职业规划指导 3(5.45)	其他 0(0)	

续表

类 别					
你希望最新研究成果和学术前沿融入课程教学内容的比例	10%以内 10(18.18)	10%~20% 24(43.64)	20%~30% 18(32.73)	30%~40% 3(5.45)	
你是否赞同开始行业实习了解科技公司的现状	非常赞同 37(67.27)	部分赞同 16(29.09)	不赞同 0(0)	无所谓 2(3.64)	
你最希望从班级导师或生活导师(辅导员)处获得的指导内容	心理健康指导 15(27.27)	思想情感指导 9(16.36)	日常生活指导 18(32.73)	人际交往指导 10(18.18)	其他 3(5.45)
“医学+×”					
你了解“医学+×”教育体系吗?非常了解是5分,完全不了解是1分	1分 14(25.45)	2分 19(34.55)	3分 12(21.82)	4分 8(14.55)	5分 2(3.64)
“医学+×”是医学与其他学科的深度融合。你对该模式充满期待请给5分,完全没兴趣给1分	1分 3(5.45)	2分 3(5.45)	3分 17(30.91)	4分 17(30.91)	5分 15(27.27)
对于“医学+×”中的×你更倾向于选择哪项?选1或2项	基础研究 (数学、物理、化学等) 18(32.73)	人文社科 (经管、哲学、心理学等) 7(12.73)	信息科学 (大数据分析、人工智能、虚拟现实) 22(40)	工程制造 (生物材料、医疗器械等) 25(45.45)	转化医学 (企业研发、质控生产等) 31(56.36)
	临床医学 (医院专科) 23(41.82)	其他 0(0)			
你觉得哪种“医学+×”实践方式更好?选1或2项	个人加入课题组 23(41.82)	团队(3~5人)加入课题组 31(56.36)	课题组实践半年8(14.55)	课题组实践1年 14(25.45)	课题组实践一年以上 10(18.18)

学生们认为导师制对科研能力培养非常重要,大多数倾向在二年级进行导师双向选择,开展基于项目的研究型学习。学生们在选择导师时,教师的学术水平和理解沟通能力被作为重要的考量条件。学生们希望导师在科研学术方面提供更多指导,每周至少一次且是面对面的方式,而在职业规划方面的指导需求不高。关于班级导师或生活导师,学生们则是希望从心理、情感、生活、人际交往等方面获得指导。

学生们在倾向参与的“医学+×”融合方向的多项选择中,针对不同学科方向,希望参与医工融合方向的人数比例最高(45.45%),其次是基础与临床融合方向(41.82%),医信融合方向(40%),医理融合方向(32.73%),医文融合方向(12.73%)。对于实践环节的安排，96.36%的同学希望开展行业实习，了解科技公司的现状。在科研实践方面，56.36%的同学希望以3~5人组成的团队方式加入课题组进行研究，41.82%的同学希望以个人的形式加入课题组，有18.18%的同学希望参与时长一年的跨学科项目研究。

与2020级强基计划部分学生就跨专业学习的访谈中，学生表示进行跨专业学习对学生成长成才如下三点优势：①在跨专业课程学习过程中，有10%的学生发现了自己在其他领域的潜在天赋，这有助于学生结合自己的兴趣和优势，走差异化成长道路；②在培养方案中引入的不同学院课程，可以有效帮助学生打破学科壁垒，使得他们深入思考如何将先进科学技术如人工智能融入医学研究，开展跨专业研究项目；③经过跨专业学习后，行业竞争能力显著提升，明显拓宽就业领域，有助于学生进入一些新兴行业，如智能诊疗、药物智能发现与开发等。

三、问题与思考

医学的高速发展和跨学科教育潮流，正不断改变着教育活动中的三要素，教育内容和形式出现了快速更迭，同时教育者和受教育者之间的交互作用被重塑。总体而言，国内外基础学科拔尖人才培养课程体系设置的共同特征都表现为多元、开放，提供给本科生丰富的科研机会。国外高校的跨学科教育分为跨学科课程教育和交叉研究实践项目两个维度，其中跨课程教育以模块化的方式进行，而实践教学形式则相对灵活，有助于学生个性化发展。国外高校给予学生充分选择权，注重推进差异化的跨学科教育[11]。国内综合性大学以课程体系为切入口，大力推进“医学+”融合课程体系建设，即医工、医信、医理、医文多学科融合教学[12]。“医学+”多学科交叉融合也是未来医学发展能够取得突破性进展的重要支撑[13]。武汉大学充分贯彻系统化、贯通化、个性化的人才培养理念，统筹制订本科、研究生阶段培养方案，实现课程互联，并通过采取更加灵活的学分制，鼓励学生根据兴趣和学术专长选修课程。然而，从问卷调查的结果来看，学生对跨学科教育充满热情，但并不能主动利用学校资源自主构建跨学科知识体系。在制订个人学业规划时，部分学生感到茫然和焦虑，不善于分析个人兴趣和特长。这表明在跨学科教育过程中，受教育者的主观能动性还需要深度开发和充分释放。跨学科教育的前提是基于个体多样化发展需求，通过教育活动使得受教育者在学科概念之间建立联系，实现知识的综合应用。个性化是跨学科教育的固有特征，唤起受教育者的主体意向，使之成为建构知识体系的主体，在跨学科教育中显得尤为重要。

在新医科建设背景下，教育者和受教育者是“医学+”跨学科教育的复合主体。充分发挥教育者本身的示范效应是唤起学生主体意向的重要方法。在交叉课程中，如何整合和综合应用跨学科知识与技能，需要多学科教师协作，引导学生在不同学科之间建立起联系，全面综合地看待和解决问题[14]。例如人工智能和机器学习等信息技术类课程的学习，需要进行单元化主题教学设计，通过融入医学实践项目，启发学生思考，引导学生提出解决问题的探究策略。教育者在跨学科课程的整合与优化方面具有主导性作用，立体化设计课堂教学、实践活动、研究活动等环节，一方面可获得高质量教学效果，另一方面也可产生强烈的示范效应。从调研情况来看，国外高校通过实体机构的运行机制保障不同学科背景的教师开展协作与交流，以及跨学科教师培训。国内高校如何突破院系界限分明的行政管理框架，建设跨学科师资队伍，并根据医学发展前沿，充分整合课程内容，需要进一步探索。

“医学+”是当前医学教育工作者密切关注的方向，其目标是提升学生综合应用多学科知识解决医学问题的能力，培养具有国际视野的高层次拔尖创新医学人才[15-16]，但本科阶段跨学科教育深度及实践教育路径仍需进一步探索。医学本科阶段的课程数量多任务重，故跨学科教育深度可能需要因“校”制宜、因人而异。在实践类课程中，教学目标、教学内容和教学时长容易被固化，但基于项目式的跨学科学习则难以固化相关内容。从调研情况看，国外高校利用交叉学科研究平台为学生提供跨学科实践项目，如斯坦福大学的“Bio-X 计划”。武汉大学本科生院通过统筹各学院和高水平科研单位发布的大学生创新创业训练项目，搭建学生参与跨专业科研活动的平台。不同专业、不同年级的学生可以自由组队进入实验室，基于真实项目开展研究活动，例如医学院学生组队参与生命科学的研究项目。大学生创新创业训练项目可以在一定程度上作为跨学科实践教育环节的载体，但跨学科教育深度与学生主体意向和综合能力密切相关。

自主培养拔尖人才是落实科教兴国战略、人才强国战略和创新驱动发展战略的关键一环。分析国际拔尖人才培养体系框架和特征，对完善我国拔尖人才培养体系的实施路径有借鉴意义。结合国内医学生学情实际，有效激活教育活动的三要素，尤其是复合主体教育者和受教育者的跨学科教育意向，对于推进复合型人才培养有着重要影响。武汉大学医学基础教育通过强基拓新，积极推动高层次复合型医学拔尖人才培养，为丰富医学教育教学理论和探索育人体系积累经验。

◎ 参考文献

[1]阎琨，吴菡．拔尖人才培养的国际趋势及其对我国的启示[J]．教育研究，2021(6)：78-91.

[2]姬紫婷，崔迎春．世界一流大学跨学科人才培养模式比较及启示[J]．世界教育信息，2021，34(7)：44-49.

[3]徐冬青．跨学科教育：高校教育改革的生长点[J]．上海教育，2021(14)：28-31.

[4]季波，李劲湘，邱意弘，等．“以学生为中心”视角下美国一流研究型大学本科人才培养的特征研究[J]．中国高教研究，2019(12)：54-59.

[5] BS bioengineering [EB/OL]. https://bioengineering. stanford. edu/academics-admission/undergraduate-degrees/bs-bioengineering.

[6] BS biomedical computation [EB/OL]. https://bioengineering. stanford. edu/academics-admission/undergraduate-degrees/bs-biomedical-computation.

[7]Undergraduate research [EB/OL]. https://biox. stanford. edu/research/undergraduate-research.

[8]BME 2.0: undergraduate education redefined [EB/OL]. https://www. bme. jhu. edu/academics/undergraduate.

[9]Undergraduate degree requirements [EB/OL]. https://www. bme. jhu. edu/academics/undergraduate/undergraduate-degree-requirements.

[10]S Kubisch, S Parth, V Deisenrieder, et al. From transdisciplinary research to transdisciplinary education-the role of schools in contributing to community well-being and sustainable development[J]. Sustainability, 2021, 13(1): 306.

[11]臧小佳,车向前,尹晓煌.跨学科思维与跨文化素质:美国经验于大学本科教育之借鉴[J].南京师大学报(社会科学版),2021(1):139-146.

[12]曹启轩,马哲."医学+×"对口腔医学生成长的启示[J].继续医学教育,2022,35(11):67-69.

[13]秦向阳,张鹏飞,张俊娜,等.双师同堂授课模式与复合型拔尖创新医学人才培养[J].医学教育研究与实践,2022,30(6):683-690.

[14]董艳,孙巍,徐唱.信息技术融合下的跨学科学习研究[J].电化教育研究,2019(11):70-77.

[15]杨承慧,王震."医学+×"复合型人才培养模式改革与探索[J].医学教育研究与实践,2023,31(1):11-15.

[16]国务院办公厅.关于加快医学教育创新发展的指导意见[EB/OL].https://www.gov.cn/zhengce/content/2020-09/23/content_5546373.htm.

科研教学相融合的神经科学课程建设

尹　君　韩　松　何　柳　何小华

（武汉大学　泰康医学院（基础医学院），湖北　武汉　430072）

【摘　要】目的：探讨“科研教学相融合”的教学模式在神经科学课程教学过程中的效果。方法：选取60名学生为研究对象，随机分成两组，对照组采用传统教学模式，试验组采用“科研教学相融合”模式。比较两组学生的成绩并调查学生的认可度。结果：试验组的知识理解程度显著优于对照组，科研融入教学的方式得到了学生的认可。结论：将“科研教学相融合”的教学模式应用于神经科学教学，有助于教学质量的提高和学生综合素质的培养。

【关键词】科研；教学；神经科学；课程建设

【作者简介】尹君（1980—　），女，湖北武汉，博士，武汉大学泰康医学院（基础医学院）副教授，主要从事神经科学方面的教学与研究，E-mail：yinjun@whu.edu.cn。

【基金项目】武汉大学本科教育质量建设综合改革项目“神经科学MOOC课程建设”。

神经科学是研究神经系统的结构与功能，阐明神经系统活动规律的学科。神经科学研究近年来发展迅速，被称为人类科学“最后的前沿”。在我国2015年提出的“脑科学与类脑科学研究计划”中，探索大脑秘密和攻克大脑疾病这两大方向，被列入“事关我国未来发展的重大科技项目”[1,2]。

神经科学课程是武汉大学“以系统为基础的岗位胜任力培养”医学教育改革过程中[3]，按照“器官系统为中心”整合而成的全新的课程，目的是培养“卓越医生”，即回答如何培养“高水平医师”和“高层次、国际化的医学拔尖创新人才”这个重要问题[4]。课程主要包括人体中枢神经系统的结构与功能，以及生理和病理状态下的改变。神经科学课程建设发展过程中逐渐形成“一体两翼”的特色，即以“基本理论”为主体，展开“科学”和“医学”两翼。在实际教学过程中，如何将教学与科研有机结合起来，贯彻“厚基础、跨学科、鼓励创新和冒尖”的教育观；如何突出创新性，让教学内容体现前沿性与时代性；如何将学术研究、科研发展前沿成果引入课程，成为神经科学课程需要解决的问题。

一、研究对象

选取武汉大学医学院临床医学专业八年制的60名学生作为研究对象，向学生详细介绍此次教学研究的目的和内容，取得学生的理解和配合。依照均衡可比原则，将学生随机分为两组，分别接受传统模式教学(对照组)和“科研教学相融合”模式教学(试验组)。所用教材均为人民卫生出版社《医学神经科学》教材，将中枢神经系统高级功能中的“学习与记忆”章节作为授课内容。

二、研究方法

两组同学均在第5学期接受8学时的“学习与记忆”内容教学，由课程组同等资质教师授课。课程结束后，进行客观测试和调查问卷。

对照组30名学生主要采用传统大课讲授，内容包括学习与记忆的形式分类，记忆在整体、细胞和分子层面的产生机制，临床上常见的学习记忆障碍。其中记忆的产生机制是讲课的重点。完整课件、视频(包括教学实录)、文献等资料均在线上共享，可自由获取。

实验组30名学生，在大纲要求的基础上，通过叙述科学发现和科研结果来阐释相关理论知识点，一方面对现有理论进行科学溯源，另一方面介绍该理论和科学研究在临床实际工作中的应用。教学过程中融入多种形式的教学方法，以及科学精神的培养和辩证思维的应用。具体方法如下：

(1)课程设计：选取相关的科学研究例子、科学家故事，以及科研向临床转化应用的事例编写教案。

(2)课程实施：课前，老师发放简短视频资料以及相关推荐阅读文献，请同学们预习。课中，应用多种教学方法，如科学故事讲述、翻转课堂、互动游戏、文献阅读、科学家做客访谈等方式，师生共同学习(见表1)。课后，学生对于章节内容进行回顾和总结。

表1　**科研教学相融合的模式在“学习与记忆”章节中的应用**

对标知识点	教学内容	教学方法	教学目标
记忆的类型	(1)陈述性记忆与非陈述性记忆的概念、区别 (2)陈述性记忆与非陈述性记忆的表现形式	(1)翻转课堂。学生分享其记忆经历，老师引导学生分析其中的记忆类型 (2)课堂互动。引入神经科学研究中的“纸牌游戏”，感受两种不同类型记忆的表现形式	(1)学生能够辨别具体案例中记忆的类型 (2)学生能够通过临床量表来评价受试者不同类型记忆的水平
记忆的结构基础	(1)神经科学家对典型遗忘症患者H.M.的观察研究 (2)与记忆相关的脑区	(1)讲述法。老师讲述科学家对病例观察的过程，列举患者的典型表现 (2)引导法。引导学生根据患者的表现进行分析，推导出与记忆有关的脑区	(1)学生掌握记忆脑区的基本医学知识 (2)学生具有透过病例现象看到疾病本质的能力

续表

对标知识点	教学内容	教学方法	教学目标
记忆的分子机制	(1)LTP 的实验原理及分子机制 (2)LTP 在科学研究中的应用 (3)基于 LTP 的原理，在临床诊疗中的转化	(1)病例法。提出典型病例，引出课程内容 (2)分析法。对 LTP 的实验结果进行分析 (3)文献阅读。了解 LTP 在科学研究中的应用及能解决的临床问题 (4)讨论法。对某些科学研究和临床应用上看似矛盾实则统一的现象进行讨论	(1)学生掌握 LTP 的机制 (2)学生了解 LTP 的实验原理，能够分析实验结果和设计简单实验 (3)学生能够初步阅读科研文献，能够初步理解如何将科学研究的发现应用于临床 (4)学生具有思辨精神，理解事物对立统一的辩证关系
联合型学习的机制	(1)联合型学习的概念和分类 (2)联合型学习在动物、细胞、分子层面的机制	(1)讲授法。通过海兔的实验研究，解释联合型学习在不同层面的机制 (2)师生互动。学生与老师一起手工绘制机制图，老师展评优秀作品 (3)讨论法。讨论联合型学习的实质及其在生活中的应用	(1)学生掌握学习机制的知识，能设计简单的相关实验 (2)能应用知识解释生活中与临床上的现象 (3)能归纳出学习在神经科学中的本质 (4)培养科研绘图能力，提升美感
神经电生理常见研究方法	(1)常见的神经电生理实验 (2)中国早期的神经电生理研究开拓史	讲授法。引入中华人民共和国成立初期，中国科学家回国在艰苦条件下开展电生理实验研究的例子	(1)学生了解基本电生理知识 (2)感受中国科学家的爱国情怀和坚忍不拔的科学精神
神经科学研究新进展	(1)神经科学方面优秀文献 (2)科学精神	(1)推荐文献阅读 (2)访谈法。邀请文献作者，知名科学家进课堂，讲述他们的科研故事，分享科研心得，与学生交流互动	(1)学生能了解科研前沿 (2)提升科研兴趣 (3)领会严谨踏实的科学态度，求真务实的科学精神

三、教学效果评价

教学效果从以下方面评价。通过考试，考察两组学生对相应知识点的掌握程度。同时进行问卷调查，了解两组学生对科研融入教学的接受度以及对科学精神和临床应用的认可度。了解试验组学生印象最深刻的科学实验或科学家事例的频次。采用 SPSS 23.0 软件分析，考试正确率资料采用 Fisher 精确检验(Fisher's exact test)进行分析，并以%表示正确率；问卷资料认可度采用曼-惠特尼 U 非参数检验进行分析，并以 $\bar{x}\pm s$ 表示认可度评分。$P<0.05$ 表示有统计学差异。

四、结果

(一)考试结果

对采用“科研教学相融合”模式教学的章节进行考察，采用 A1 型题考察相关知识点，并就正确率进行统计分析(见表 2)。试验组学生的成绩明显优于对照组，且有统计学差异(见图 1)。

表 2　　科研教学相融合章节的考试正确率

组别	人数	正确人次	错误人次	正确率
对照组	30	306	84	78.46%
试验组	30	336	54	86.15%**
P(Fisher's exact test)				0.0064

注：试验组与对照组比较，**表示 $P<0.01$

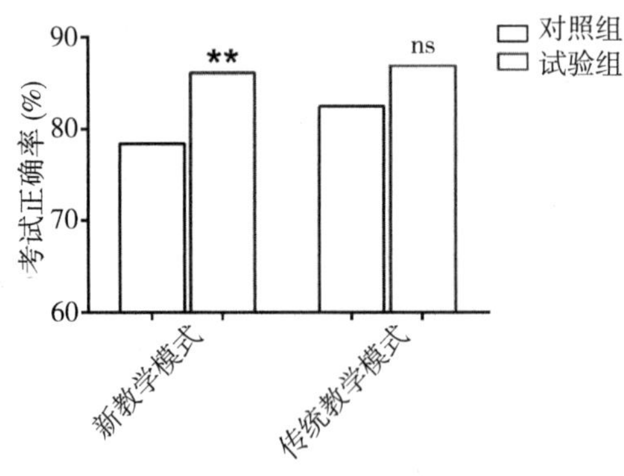

图 1　学生的考试正确率比较

注：选取采用科研教学相融合的新教学模式以及传统教学模式的两个章节的考试结果，将试验组与对照组的考试正确率做比较，**表示 $P<0.01$，ns 表示无显著性差异

同时，对只采用了传统教学模式的其他章节进行考察(见表 3)，发现两组学生回答这些章节的题目时，成绩没有显著性差异(见图 1)，说明两组学生同质性较好。

表 3　　**传统教学模式章节的考试正确率**

组别	人数	正确人次	错误人次	正确率
对照组	30	297	63	82.50%
试验组	30	313	47	86.94%
P(Fisher's exact test)				0.1199

注：试验组与对照组比较，$P>0.05$，无显著性差异

(二)问卷调查结果

在试验组和对照组学生中进行问卷调查(见表4)，统计两组学生对科研融入教学的认可度评分(满分5分)。试验组学生对科研教学相融合的教学模式认可度更高，尤其是激发科研兴趣和指导临床实践这两项，试验组的认可度相比于对照组具有统计学差异(见图2)。

表 4　　**两组学生对科研教学相融合模式的认可度(分)**

组别	人数	掌握知识点	激发科研兴趣	指导临床实践
对照组	30	3.97±0.16	4.23±0.13	3.90±0.18
试验组	30	4.33±0.15	4.57±0.14*	4.67±0.11***
P(Mann-Whitney test)		0.0720	0.0387	0.0006

注：认可度评分，每项5分为满分。试验组与对照组比较，* 表示 $P<0.05$，*** 表示 $P<0.001$

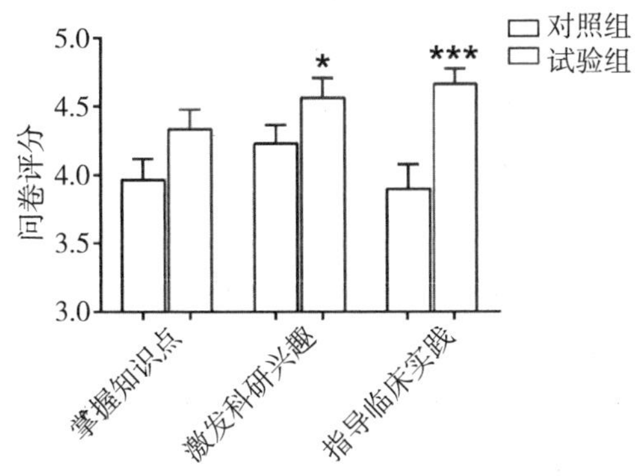

图 2　学生对科研教学相融合模式的认可度

注：从掌握知识点、激发科研兴趣和指导临床实践3个方面进行问卷评分，试验组与对照组比较，* 表示 $P<0.05$，***表示 $P<0.001$

(三)科研素材频次调查

教学过程中运用了多种科研素材，每种素材所针对的学生素质培养侧重点不同，采用的教学方法也不同。对学生印象深刻的科研素材进行调查，可以知道哪些素材更适合科研教学相融合的模式。我们对试验组的 30 名学生进行问卷，调查课堂讲述的 10 项科研事例或实验中，学生对哪些印象深刻(每人限选 3 项)。结果按照频次由高到低排列(见表 5)。

表 5　**课堂上学生印象深刻的科研素材频次**

对标知识点	采用科研教学相融合的素材	学生选票(共 90 票)
联合型学习的机制	在海兔上进行的习惯化敏感化及条件反射的细胞分子研究	24
学习的分类	巴甫洛夫使用狗做的条件反射实验	19
记忆的脑区	对颞叶损伤引起遗忘患者的观察研究	16
神经科学基本动物实验	对动物行为学(水迷宫、八臂迷宫、DNMS 等)的研究介绍	13
其他(痴呆的机制、学科前沿等)	痴呆有关实验介绍，最新文献介绍等	<10

五、讨论

时代的发展对医学生提出了更高的要求。就神经方面而言，除了掌握神经疾病诊疗技术外，关注并进行科学研究也成为对现代医学生的要求。将科学研究与医学知识有机融合，培养具有科研创新精神的学生，引导他们运用科学发现指导临床工作，成为拔尖创新人才，这也是时代对医学教育提出的更高要求。

科研教学相融合的教学模式能够更好地提高教学质量。从本研究的结果来看，试验组在掌握理论知识方面显著高于对照组($P<0.01$)。这是因为就学生而言，“学习(理论)”与“科研(实践)”的融合，遵循了学习的规律，因此对知识的理解更深刻。同时，我们也可以看到试验组学生对科研的热情和认同度较高，显示出他们的科研兴趣得到激发，科研精神得到培养，动手能力得到增强。科研来自科学实验，和临床诊疗一样，这也是实践的一种。因此，科研的融入能够有效弥合基础理论与临床应用间的缝隙。从科研素材频次表的分析中可以看到，有具体详细的科学实验细节，运用多种教学手段，强调师生互动的素材和模式更受学生欢迎。

科研教学相融合的教学模式能够促进高阶学习。美国当代心理学家、教育家本杰明·布鲁姆曾提出认知的六个层次，即知识、领会、应用、分析、综合和评价。引入了科研要素之后，学生可以对原始科学实验过程进行分解，从而发现事物表象(实验现象)和事物本质(理论)之间的联系，这属于“分析”层面；请学生将所学知识整合，初步尝试实验设计，这属于“综合”层面；当某一理论在科学实验过程和临床应用过程中出现似乎矛盾的表现时，请学生去寻求其中对立统一的辩证关系，对该理论知识进行合理的评价，这属于“评价”层面。

通过研究我们也发现，这种教学模式在不同水平程度的学生中表现出了一定差异。那些基础较好、学习能力较强的学生，他们在课堂表现出极大热情，并通过这种灵活且富有挑战性的学习方式，较好地实现了高阶学习的目标。但对于学习能力较弱的学生，他们则需要投入更多的时间和精力，反而容易造成疲惫感，影响知识的内化。面对这种情况，可考虑针对不同水平学生设定不同难度的任务，制定不同层次的评价标准，实现分层教学，最大程度实现个性化的高阶学习。此外，对于本教学模式应用的远期效果，还可以对学生进入临床阶段的学习和工作做持续的跟踪和评价。

当然，科研教学相融合的教学模式对老师也提出了更高的要求，但这也更能激发老师们的教学热情，更有利于提升教学质量。对课程而言，能协助培养出既能治病又会科研的新时代好医生。

总的来说，科研教学相融合的教学模式是一种“基本理论-科学-医学”相结合的“一体两翼”模式，这种教学模式能够有效提高学生的知识储备、学习技能和科研热情，值得应用。

◎ 参考文献

[1]中华人民共和国科学技术部．科技创新 2030——“脑科学与类脑研究”重大项目 2021 年度项目申报指南[EB/OL]．(2021-09-16)．https：//service. most. gov. cn/kjjh_tztg_all/20210916/4583. html.

[2]陆林，刘晓星，袁凯．中国脑科学计划进展[J]．北京大学学报(医学版)，2022，54(5)：791-795.

[3]Julio Frenk，Lincoln Chen，Zulfiqar A Bhutta，et al. Health professionals for a new century：transforming education to strengthen health systems in an interdependent world[J]．Lancet，2010，376(9756)：1923-1958.

[4]中华人民共和国教育部．关于加强医教协同实施卓越医生教育培养计划 2.0 的意见[EB/OL]．(2018-09-17)．http：//www. moe. gov. cn/srcsite/A08/moe_740/s7952/201810/t20181017_351901. html.

家校合作视角下父母职业相关行为对医学生职业召唤的影响研究

吴绍棠[1]　陈非非[2]　丁郑荧[1]

（1. 武汉大学公共卫生学院，湖北　武汉　430071；
2. 复旦大学公共卫生学院，上海　200032）

【摘　要】从家校合作视角出发，基于认知评价理论和生涯建构理论，采用父母职业相关行为量表(包括职业支持、职业干涉、职业缺位三个维度)、生涯适应力量表、职业召唤量表对443名武汉地区高校医学生进行问卷调查，探索父母职业相关行为对医学生职业召唤的影响，以及生涯适应力的中介作用。研究发现，父母职业支持、生涯适应力与医学生职业召唤显著正相关；父母职业支持显著正向预测医学生职业召唤；生涯适应力在父母职业支持与医学生职业召唤中起到部分中介作用。本研究拓展了医学生职业召唤的研究情境与研究视角，揭示了医学生父母职业支持行为影响职业召唤的中间机制，提出了提升医学生职业召唤水平与从医意愿的启示建议。

【关键词】家校合作；医学生；职业召唤；父母职业相关行为；生涯适应力

【基金项目】湖北省自然科学基金项目(2022CFB263)、湖北省教育科学规划课题(2022GB003)和2022年武汉大学本科教育质量建设综合改革项目(37-1)。

【作者简介】吴绍棠，男，湖南浏阳人，武汉大学公共卫生学院副教授，从事卫生人力资源开发与管理研究。E-mail：tangdream@ whu. edu. cn。

一、引言

党的二十大报告指出，推进健康中国建设，发展壮大医疗卫生队伍。医学生是医疗卫生队伍的主要供给来源，是实施健康中国战略、人才强国战略的绝对后备力量。习近平总书记高度重视医学教育事业，并勉励医学生“努力做党和人民信赖的好医生”。值得欣慰的是，党的十八大以来，我国医学教育事业迅速发展，2021年我国高校共有医学专业毕业生94. 34万人[1]，远超世界其他国家。但近年来，受医患关系紧张、培养长周期、工作负荷大、职业风险高、待遇不满意等因素影响，医学生毕业后继续从事医务工作的比例并不乐观[2,3]，有较多医学毕业生并没有选择在医疗卫生单位就业[4]。因此，提高医学生从医意愿与职业使命感，对全面提升医学人才培养与医学教育事业发展质量、发展壮大医疗卫生队伍、有效推进健康中国战略实施，具有重大意义。

提高医学生从医意愿，既要从客观角度破解医学生学业和就业困境，更要关注医学生职业价值观，从主观源头上提高医学生对医学职业的深层热爱和矢志追求[5,6]，这就是职业召唤的内涵意义。职业召唤是个体将自己从事或即将从事的职业视为更广泛意义上的人生目标和价值追求的核心部分，并以此来帮助他人或社会实现更大价值的信念[7]。已有研究表明，职业召唤在医学生群体中的存在，是医学生择业就业的重要预测指标[8]。对医学生而言，职业召唤的找寻有助于激发他们对医学事业的认同热爱和救死扶伤的使命追求，帮助他们更好地在医疗卫生事业中实现人生意义和社会价值[9]。

回顾既往文献，职业召唤的形成受到了外部环境因素（包括社会、家庭等）的影响[10]。在家庭因素中，作为孩子教育的第一责任人，父母的言行举止、行为习惯对子女的人生观、价值观、世界观的形成都有潜移默化的影响[11]，诸如家庭社会阶层、父母职业类型、父母就业期望、父母就业沟通等对大学生就业意愿、职业选择、就业表现有积极影响[12,13,14]。国外一些质性研究亦发现，来自家庭成员尤其是父母的早期职业接触、从医鼓励、救死扶伤类的价值观输出等职业行为，有助于帮助医学生较早建立对医学专业的兴趣热爱，促进他们内心召唤的形成[15,16]。然而，父母职业相关行为（career-specific parental behaviors，CSPB）与职业召唤的关系鲜有中国医学生的实证检验。与此同时，作为我国首部家庭教育法规的《中华人民共和国家庭教育促进法》，仅对父母促进未成年人全面健康成长进行了全面规范，然而对已成年但未就业的大学生群体，以父母为核心的家庭教育举足轻重、不可或缺。因此，本研究基于家校合作视角，探索父母职业相关行为对医学生职业召唤的影响，旨在为改善医学生职业召唤水平与从医意愿提供借鉴参考。

二、研究假设演绎

父母职业相关行为是父母对子女职业生涯发展的特定行为，并可区分为职业支持、职业干涉、职业缺位三种类型[17]。其中，职业支持指父母积极支持子女探索职业发展的各种可能性并给予帮助，职业干涉指父母将自己的意愿强加给子女并干涉子女的职业发展方向和选择，职业缺位指父母不愿意或者没有能力参与子女的职业发展[17]。有限的研究发现，父母职业相关行为对子女的职业生涯发展具有重要影响[18]，其中父母职业支持能够促进子女的职业探索并提升其职业决策自我效能感与职业成熟度[19,20]，而父母职业干涉与职业缺位会对子女职业发展产生不利影响[17,21]，譬如降低职业适应性。认知评价理论认为，个体有自主、能力、归属三种基本心理需要，并天生会不断整合外部与内部经验，积极追求心理成长与发展，但这种趋势会受到个体对外部事件因素的认知评价影响[22]。外部事件因素可分为信息性、控制性和去动机性三种，当这些因素满足了个体的基本心理需要时，个体的内部动机将显著增强。其中，信息性事件能够促进个体的心理成长，而控制性事件让个体感受到外来命令的干预，往往抵制个体的心理成长，去动机性事件也会对个体内在动机与心理发展产生不利影响[23]。本研究推测父母职业支持行为属于外部信息性事件，能够满足医学生的归属心理需要，从而能够促进职业召唤这种心理信念的成长与发展；而父母职业干涉、职业缺位行为则属于外部控制性、去动机性事件，影响医学生职业的自主选择，亦是对自我能力的否定，进而阻碍其心理成长与发展，包括职业召唤的形成。据此提出以下三个假设：

假设 1a：父母职业支持对医学生职业召唤具有正向预测作用；

假设 1b：父母职业干涉对医学生职业召唤具有负向预测作用；

假设 1c：父母职业缺位对医学生职业召唤具有负向预测作用。

生涯适应力(career adaptability)作为个体适应职业生涯发展的重要能力之一，已被验证能够受到家庭及父母等因素的影响，如父母教养方式、经济地位以及家庭氛围[24,25]。生涯适应力是个体为适应工作需求而做出改变的能力[26]，能够对即将开始或已开始的职业生涯变化做出调整与转变[24,27]。生涯建构理论指出，生涯适应力是个体与环境交互匹配的结果，需要个体增强“适应”来应对生涯的不确定性变化[28]，并促进个体职业生涯不断前进[24]。一方面，父母职业相关行为作为与医学生紧密联系的外部环境因素，能够与医学生的内在特质、职业兴趣、知识技能等交互产生作用，进而使其做出适应性改变，动态完成生涯构建过程，从而影响到其生涯适应力水平。已有研究亦发现，父母职业支持能够正向影响子女生涯适应力，而父母职业干涉则产生负面影响[29]。另一方面，生涯适应力作为一种适应工作需求、应对职业生涯变化的能力与内部经验，能够满足个体能力、归属的基本心理需要，进而强化对心理成长与发展的追求。此外，已有研究发现，拥有高生涯适应力的大学生有更少的择业焦虑[30]、更高的职业投入状态与职业敬业度[31,32]、更好的心理健康程度[33]。因此，本研究认为父母职业相关行为将影响医学生的生涯适应力水平，进一步影响其职业召唤水平。据此提出以下三个假设：

假设 2a：生涯适应力在父母职业支持与医学生职业召唤中起中介作用；

假设 2b：生涯适应力在父母职业干涉与医学生职业召唤中起中介作用；

假设 2c：生涯适应力在父母职业缺位与医学生职业召唤中起中介作用。

三、研究设计

(一)研究对象

武汉地区开展医学教育的高校主要包括武汉大学、华中科技大学、武汉科技大学、江汉大学等。本研究以上述 4 所大学的医学生作为调查对象，采用便利抽样方式，通过问卷星发放电子问卷，共回收问卷 485 份。剔除填写时间过少、明显逻辑错误等问卷 42 份，有效问卷共计 443 份，问卷有效率为 91. 34%。其中，男生 130 人，女生 313 人；公共卫生与预防医学类及临床医学专业人数较多，分别占比 35. 89%、35. 21%；本科生 314 人

(70.88%)，研究生 129 人(29.12%)；有确定毕业后从医意向的医学生占 76.75%，不确定意向的医学生仅占 23.25%；340 名被调查对象家中没有家庭成员从医，占 76.75%。

(二)研究工具

采用吴海梅(2017)修订的中文版父母职业相关行为量表[34]，其已在中国大学生群体中得到检验，信效度良好。量表共分为三个维度，分别为职业支持、职业干涉和职业缺位，每个维度共 5 题，采用李克特五级评分，从"1 分=非常不符合"到"5 分=非常符合"。本研究中该量表的 Cronbach's α 系数为 0.79。采用 Maggiori(2017)等人制定的生涯适应力量表简版(career adapt-abilities scale-short form，CAAS-SF)[35]，该量表已在中国大学生群体中被应用，信效度良好。量表共 12 个题项，标题为"与您的同学相比，您如何评价您以下能力"，采用李克特 5 级评分，从"1=非常弱"到"5=非常强"。本研究中该量表的 Cronbach's α 系数为 0.93。采用 Dik 等人(2012)编制的职业召唤量表(calling and vocation questionnaire，CVQ)[36]，该量表已在中国大学生中得到广泛使用，表现出良好信效度。量表共 12 个条目，从"1 分=非常不符合"到"5 分=非常符合"。本研究中该量表的 Cronbach's α 系数为 0.96。

(三)数据处理

采用 SPSS 25.0 软件进行描述性分析、单因素方差分析、非参数检验和 Pearson 相关分析，使用 Process 插件中的模型 4 并结合 Bootstrap 法检验中介效应。

四、研究结果

(一)共同方法偏差检验

采用 Harman 单因素检验法对数据进行共同方法偏差检验。对原始题目进行因素分析，特征根大于 1 的因素共 7 个，第一个因子的总方差解释百分比为 31.41%，小于 40% 的临界值标准[37]，表明本研究不存在严重的共同方法偏差。

(二)差异性检验

分别对不同性别、学校、专业、家庭成员从医情况、毕业后从医意向的医学生职业召唤进行单因素方差分析；对学业阶段进行 Kruskal-Wallis 方法的非参数检验。结果发现，医学生职业召唤得分在性别($F=1.229$，$P=0.268$)、学校($F=2.253$，$P=0.063$)因素中未见显著统计学差异；而医学生职业召唤得分差异在专业($F=8.652$，$P<0.001$)、家庭成员从医情况($F=4.529$，$P=0.034$)、毕业后从医意向($F=49.071$，$P<0.001$)、学业阶段($P<0.001$)等因素上具有显著差异。

(三)描述性统计和相关分析

父母职业相关行为中，父母职业支持与生涯适应力、职业召唤均呈显著正相关关系，而父母职业干涉和父母职业缺位与其他因素均不存在相关关系(见表 1)，假设 1b、假设 1c、假设 2b 与假设 2c 无法得到验证。生涯适应力与职业召唤显著正相关。

表 1　　**描述性统计与相关分析(n=443)**

变量	M	SD	1	2	3	4	5
1. 父母职业支持	3.46	0.85	1				
2. 父母职业干涉	2.94	0.96	0.28***	1			
3. 父母职业缺位	2.43	0.83	−0.19***	0.16**	1		
4. 生涯适应力	3.61	0.60	0.35***	0.11*	0.06	1	
5. 职业召唤	3.47	0.78	0.42***	0.09	0.04	0.50***	1

注：* P 表示<0.05，**表示 P<0.01，***表示 P<0.001

(四)生涯适应力的中介效应检验

在控制专业、家庭成员从医情况、毕业后从医意向、学业阶段基础上，采用 SPSS PROCESS 插件的模型 4，结合 Bootstrap 方法对生涯适应力的中介效应进行检验。分析结果显示(见图 1 与表 2)，父母职业相关行为通过生涯适应力的中介影响医学生职业召唤。其中，间接路径效应量为 0.120(95%Boot CI[0.071，0.176])，占总效应量(0.348，95% Boot CI[0.273，0.423])的 34.48%。直接路径效应量为 0.228(95% Boot CI[0.157，0.300])。直接效应与间接效应的置信区间均不包含 0，间接效应显著。加入中介变量后，父母职业支持对职业召唤的回归系数从 0.348 降为 0.228。因此，假设 1a 与假设 2a 均得到验证。

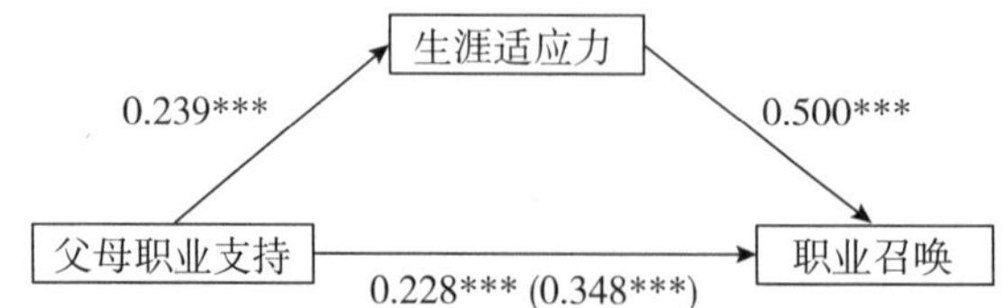

图 1　生涯适应力在父母职业支持促进职业召唤中的中介作用

注：数字代表回归系数，括号内为无中介参与的回归系数。***表示 P<0.001

表 2　**各变量回归分析结果**

变量	模型：职业召唤			模型：生涯适应力			模型：职业召唤		
	β	SE	t	β	SE	t	β	SE	t
常量	1.980	0.186	10.646***	2.799	0.158	17.743***	0.580	0.221	2.622**
专业	0.037	0.022	1.690	0.006	0.185	0.316	0.034	0.020	1.715
学业阶段	-0.154	0.071	-2.158*	-0.051	0.060	-0.844	-0.128	0.065	-1.984*
家庭成员从医情况	0.012	0.073	0.165	-0.036	0.062	0.588	-0.006	0.066	-0.094
毕业后从医意向	0.610	0.076	6.668***	0.033	0.065	0.506	0.493	0.069	7.117***
父母职业支持	0.348	0.038	9.146***	0.239	0.323	7.410***	0.228	0.037	6.240***
生涯适应力							0.500	0.051	9.784***
R^2	0.267			0.124			0.399		
F	31.879***			12.350***			48.279***		

注：* 表示<005，** 表示 $P<0.01$，*** 表示 $P<0.001$

五、分析讨论

本研究发现，父母职业相关行为中的职业支持行为能够正向预测医学生职业召唤水平。这意味着，父母与医学生子女进行的职业交流沟通，不仅能够帮助医学生了解到医学的意义与价值，尽早建立医学价值观，而且能够让他们尽早开展职业探索，帮助他们接触医学相关领域工作，为未来从医打下基础[16]。这与相关研究具有一致性，即家庭成员的支持与激励能够推动医学生内心召唤的形成[15,16]，亦与认知评价理论的核心观点吻合。依据认知评价理论的观点，医学生不断整合外部与内部经验，持续从对外部环境事件的认知评价中追求基本心理需要的满足，进而增强内部动机，实现特定心理的成长与发展。对医学生而言，父母职业支持行为属于重要的外部环境事件，首先表现为父母对医学生职业倾向的认同与激励，能够满足医学生自主的基本心理需要；其次体现为父母对医学生的职业帮助和正向反馈，能够增强医学生对于医学工作胜任力的感知需要；最后呈现为父母与子女间的和谐交流，能够让医学生感知到爱和温暖，满足个体归属的基本心理需要[38]。当医学生从父母职业支持行为中满足了基本心理需要时，其内心从事医学职业的热情与追求将显著增强，从而促进职业召唤的成长与发展[39]。

本研究发现，医学生生涯适应力在父母职业支持与职业召唤中具有部分中介作用，即父母职业支持不仅能够直接正向预测医学生的职业召唤，还可以通过生涯适应力对职业召唤产生积极影响。这与父母职业支持能够正向影响子女的生涯适应力水平以及拥有高生涯适应力的学生具有更高的职业敬业度与认可度等研究结果具有一致性[29,32]，并进一步验证了生涯建构理论的核心观点。生涯建构理论认为，生涯适应力并非仅仅随着年龄增长而产生，而是需要经过个体特质和环境因素的交互作用，进而达成三个层次的建构。其中第三层是最具体的生涯适应力层次，包括各种具体的个体职业行为与应对策略[28]。家庭是个体首次获得社会化的场所。父母职业支持行为能够为医学生子女提供早期接触医学职业的资源，帮助他们想象未来医学职业图景，同时这也能够让他们感受到来自家庭的情感支持与从医鼓励[40]。医学生在与有职业支持行为的父母互动过程中，不断完成外部环境因素与自身个体特质的交互融合，从而形成更高的生涯适应能力[41]。当医学生内在的适应动机被满足，他们将积极主动迎接职业要求与外部环境变化，进而产生更加具体的职业行为和应对策略，如积极的职业探索、更少的职业决策困难、更高的医学专业满意度等[42]。其结果是，医学生对医学职业具有更高的价值认同，并不断调整自身以适应职业发展需要、追求职业目标，从而达到更高的职业召唤水平[43]。

本研究没有发现父母职业干涉与职业缺位对医学生职业召唤的预测作用。这与Dietrich(2009)的研究具有一致性，即父母职业干涉和职业缺位与子女的职业探索水平不存在线性相关关系[17]。一个可能的原因在于，本研究的被测对象大多为已成年的在校医学生，他们大多秉持“天高皇帝远”信念，且早已习惯于自我探索与自我规划，对未来职业选择与发展已形成了较为明确的自我认知，再加之医学职业专业技术强、培养周期长、转换成本高，父母对其职业选择的干涉或不参与并不会对医学生的从医意愿与职业选择产生影响，父母对其职业干涉也有可能被忽略。不过，有研究发现了父母职业干涉和缺位与父母职业支持的交互作用，当父母对子女职业干预增加时，父母职业支持与子女职业探索的关系增强，这一关系又随着父母职业缺位的增加而减弱[17]。因此，父母职业相关行为与职业召唤之间的关系还有待进一步探讨。

六、启示建议

本研究从家校合作视角出发，基于认知评价理论和生涯建构理论，发现了医学生父母职业相关行为中的支持行为对其职业召唤具有正向影响，且生涯适应力在其中具有部分中介作用。本研究的理论价值在于：一是较过往以商业组织员工为对象的文献，本研究考察了医学生的父母职业相关行为对职业召唤的影响，丰富了职业召唤的研究情境。二是从家校合作视角出发，探索了父母职业相关行为对医学生职业召唤的独特作用，拓展了医学生职业召唤的研究视角。三是发现了医学生父母职业支持—生涯适应力—职业召唤的影响路径，揭示了医学生父母职业相关行为影响职业召唤的中间机制。基于研究发现，本研究从家校合作视角出发，提出激发医学生职业召唤、提高医学生从医意愿的启示建议。

(一)家校合作开展医学生职业召唤教育

全面推进医学院校课程思政建设，通过教改项目研发、示范课程建设、思政案例开发等方式，把“敬佑生命、救死扶伤、甘于奉献、大爱无疆”的医者精神有机融入每门课程教学，引导学生始终以维护人民群众生命安全和身体健康为己任，不断唤醒医学生矢志投身人类卫生健康事业的初心使命。围绕习近平总书记关于卫生健康的重要论述、“红医精神”、援外医疗队精神等主题，定期开展医学生参访实践教育活动，感受党领导的卫生健康事业伟大成就，直面中国卫生健康改革发展的挑战困境，提升医学生从医的荣誉感、自豪感、使命感。打造家校共育“未来杰出医者讲堂”，邀请优秀的从医父母走进医学院校，聆听他们投身医学的心路历程，讲述他们治病救人的身边故事，分享他们从医行医的收获喜悦，激发医学生对医学事业的热爱追求。

(二)家校合作优化父母职业支持行为

医学院校要引导父母们积极展现高水平的职业支持行为，开拓家校合作辅导医学生职业生涯规划的支持路径。建设医学生思政教育、人文教育线上课堂并向父母开放，引导他们正确理解医学医者、医德医风、医者精神、卫生健康事业，提高父母与医学生的职业对话与交流能力。充分利用社交软件等现代化信息平台，定期向父母们反馈医学生在校学习实训情况，帮助他们了解子女的学习习惯、学习状态、职业偏向等，为其职业支持行为提供参考依据。将职业生涯规划教育向家庭延伸，邀请职业生涯规划专家，面向父母开展职业指导类的技能培训，明确父母在医学生职业生涯规划中的角色定位与行为方式，提高他们参与辅导子女职业规划的能力技巧与应对策略。

(三)家校合作提升医学生生涯适应力

开展唤醒医学生未来想象活动，譬如挖掘宣传“人民英雄”国家荣誉称号、“中国医师奖”、南丁格尔奖章等获得者的人物事迹与成长历程，遴选推荐与医务职业有关的优秀影视作品清单等，让医学生及父母被未来的图景所吸引和激励，引导他们明确当下要为未来做的准备与采取的行动，提升医学生的生涯关注。举办杰出医学校友谈访、优秀医务学长座谈、从医父母进校园等活动，扩宽医学生职业生涯视野，促进医学生职业探索行为。组织低年级医学生提前走进优秀医疗卫生机构开展参访实践活动，接触早期职业信息，激发医学生的生涯好奇。引导医学课程应用推广问题导向的情景模拟教学方法，让医学生在真实或模拟的工作环境中，有机会获得解决问题的能力与经验，并通过反馈强化改善积极情绪体验，提高医学生的生涯自信。

◎ 参考文献

[1]国家卫生健康委员会.2022中国卫生健康统计年鉴[M].北京：中国协和医科大学出版社，2022.

[2]赵鹏，曹俊娜.2017—2019年河北某非重点医学院校毕业生就业趋势分析及思考[J].华北理工大学学报(社会科学版)，2021，21(5)：100-105.

[3]张琴，何瑞雪，刘智，马晓晴，周曼莉，陈凤贞，董晛.2016—2020年上海市口腔医

学技术毕业生就业现状调查研究[J]. 卫生职业教育，2023，41(2)：123-126.

[4] J Hou et al. Transformation of the education of health professionals in China：progress andchallenges[J]. Lancet，2014(384)：819-827.

[5]王雄伟．医学生职业认同现状与影响因素研究[J]. 中国社会医学杂志，2018，35(5)：495-498.

[6]张丽娜，马晓玲．医学生职业认同的现状调查及对策[J]. 学校党建与思想教育，2016(21)：72-74.

[7]Duffy R D，Dik B J. Research on calling：what have we learned and where are wegoing?[J]. Journal of Vocational Behavior，2013，83(3)：428-436.

[8]Borges N J，Manuel R S，Duffy R D. Speciality interests and career calling to medicine among first-year medical students[J]. Perspect Med Educ，2013，2(1)：14-17.

[9]胡利利，谭楠楠，熊璐．职业召唤研究评述[J]. 生产力研究，2017(11)：156-160.

[10]田启涛，葛菲．职业目标新视角——职业使命感研究评述及未来展望[J]. 上海对外经贸大学学报，2019，26(5)：39-51.

[11]邓秋，杨雪．原生家庭对学生成长心理健康的影响[J]. 教育现代化，2017，4(42)：170-171.

[12]阮草．父母职业类型对大学生就业表现的影响研究——基于2017年全国高校毕业生就业状况调查数据[J]. 江西财经大学学报，2019(6)：16-25.

[13]李颖，王文杰．大学生职业价值观现状及其培育——基于北京地区5所高校大学生的调查研究[J]. 思想教育研究，2017(2)：118-121.

[14]崔淼，林崇德，徐伦，等．家庭社会阶层对大学生择业依赖倾向的影响：当前经济信心的中介作用[J]. 心理科学，2011，34(3)：652-656.

[15]Bott E M，Duffy R D，Borges N J，et al. Called to medicine：physicians' experiences of career calling[J]. Career Development Quarterly，2017，65(2)：113-130.

[16]Nath V. Calling orientations of junior doctors and medical interns in India：cultural，occupational and relational perspectives[J]. International Journal for Educational and Vocational Guidance，2017，17(2)：143-163.

[17]Dietrich J，Kracke B. Career-specific parental behaviors in adolescents' development[J]. Journal of Vocational Behavior，2009，75(2)：109-119.

[18]胡艳军．父母支持与职业归因风格对大学生职业决策自我效能感的影响[D]. 天津：天津师范大学，2009.

[19]Guan Y，Wang F，Liu H，et al. Career-specific parental behaviors，career exploration and career adaptability：a three-wave investigation among Chinese undergraduates[J]. Journal of Vocational Behavior，2015(86)：95-103.

[20]王天北，龚炜．父母特定生涯行为与高中生职业成熟度的关系：职业决策自我效能的中介作用[J]. 教育测量与评价，2021(3)：57-64.

[21]Zhang Y C, Zhou N, Cao H, et al. Career-specific parenting practices and career decision-making self-efficacy among Chinese adolescents: the interactive effects of parenting practices and the mediating role of autonomy[J]. Frontiers in Psychology, 2019, 10(2).

[22]刘丽虹，张积家．动机的自我决定理论及其应用[J]．华南师范大学学报(社会科学版)，2010(4)：53-59.

[23]孟亮．基于自我决定理论的任务设计与个体的内在动机：认知神经科学视角的实证研究[D]．杭州：浙江大学，2016.

[24]赵小云，郭成．国外生涯适应力研究述评[J]．心理科学进展，2010，18(9)：1503-1510.

[25]陈莹．新型冠状病毒肺炎疫情下家庭亲密度对高职生生涯适应力的影响：主动性人格和心理资本的链式中介效应[J]．中国健康心理学杂志，2022(8)：1192-1196.

[26]赵小云．大学生生涯适应力研究——结构、特点及其与相关因素的关系[D]．南京：南京师范大学，2011.

[27]Savickas M L, Porfeli E J. Career adapt-abilities scale: construction, reliability, and measurement equivalence across 13 countries[J]. Journal of vocational Behavior, 2012, 80(3): 661-673.

[28]关翩翩，李敏．生涯建构理论：内涵、框架与应用[J]．心理科学进展，2015，23(12)：2177-2186.

[29]赵芳芳，赵辉，李平，等．父母生涯相关行为和学前教育专业大学生专业满意度的关系：生涯适应力和生涯规划的中介作用[J]．心理科学，2022，45(1)：68-74.

[30]舒晓丽，叶茂林，吴静珊，等．生涯适应力与择业焦虑：注意偏向和归因的认知加工作用[J]．心理科学，2021，44(5)：1193-1200.

[31]Dumulescu D, Balazsi R, Opre A. Calling and career competencies among romanian students: the mediating role of career adaptability[J]. Procedia-Social and Behavioral Sciences, 2015(209): 25-32.

[32] QiY, Tong L, Chen Y W. Relationships among personality, calling, career engagement, and self-defeating job search behavior in Chinese undergraduate students: the mediating effects of career adaptability[C]//2017 IEEE International Conference on Industrial Engineering and Engineering Management (IEEM). IEEE, 2017.

[33]李玲．中医院校专业学位硕士生心理弹性与学习生涯适应在日常应激与心理健康间的中介作用[J]．中国健康心理学杂志，2021，29(3)：392-398.

[34]吴海梅．父母特定生涯行为对大学生生涯适应力的影响：有调节的中介模型[D]．西安：陕西师范大学，2017.

[35]Maggiori C, Rossier J, Savickas M L. Career adapt-abilities scale-short form (CAAS-SF): construction and validation[J]. Journal of Career Assessment, 2017, 25(2): 312-325.

[36]Dik B J, Eldridge B M, Steger M F, et al. Development and validation of the calling and

vocation questionnaire （CVQ） and brief calling scale （BCS）[J]. Journal of Career Assessment, 2012, 20(3SI): 242-263.

[37]周浩，龙立荣．共同方法偏差的统计检验与控制方法[J]. 心理科学进展，2004(6): 942-950.

[38]Okorie, C. O., Nwankwo, F. M., Iwuala, H. O., & Okolie, U. C. Understanding contextual and personality-related factors predicting student career certainty in work placement learning[J]. Journal of Career Assessment, 2022(31): 68-84.

[39]ShenX, Gu X, Chen H, et al. For the future sustainable career development of college students: exploring the impact of core self-evaluation and career calling on career decision-making difficulty[J]. Sustainability, 2021, 13(12): 1-14.

[40]ZengQ, Li J, Huang S, et al. How does career-related parental support enhance career adaptability: the multiple mediating roles of resilience and hope[J]. Current Psychology, 2022(8): 1-13.

[41]田静．基于生涯建构理论的大学生生涯适应力培养路径探究[J]. 创新与创业教育，2017，8(4): 49-51.

[42]Cwr A, Hz B, Ah C. Empirical developments in career construction theory[J]. Journal of Vocational Behavior, 2019(111): 1-6.

[43]Kao A C, Jager A J. Medical students' views of medicine as a calling and selection of a primary care-related residency[J]. Annals of Family Medicine, 2018, 16(1): 59-61.

医学专业型硕士循证临床实践课程的教学效果分析

阎思宇　王　宇　王云云　郭　毅　靳英辉　曾宪涛

（武汉大学　第二临床学院循证医学与临床流行病学教研室，湖北　武汉　430071；
武汉大学　中南医院循证与转化医学中心，湖北　武汉　430071）

【摘　要】目的：探索循证临床实践课程对医学专业型硕士循证实践相关知识、态度、行为及自我效能的影响。**方法**：以武汉大学 2020 级学习循证临床实践课程的临床医学及口腔医学专业型硕士为调查对象，使用问卷调查学生课前、课后循证实践相关知识、态度、行为和自我效能，采用配对设计的符号秩检验进行前后差异的显著性检验。**结果**：对比课前，课后学生对 10 个循证实践相关术语的理解程度均有显著性提高（$P<0.001$），学生对循证实践的积极态度在部分条目进一步提升（$P<0.05$），从构建问题、检索证据、评价证据、应用证据到分享证据等 9 个循证实践相关行为的发生频率均显著提高（$P<0.001$），对 11 个循证实践相关能力的信心也均显著提高（$P<0.001$）。**结论**：循证临床实践课程可在短期显著提升医学专业型硕士循证实践相关知识、态度、行为、自我效能，具有较好的教学效果，可在未来持续优化慕课等信息资源与教学的融合，促进循证实践能力的持续培养。

【关键词】循证实践；循证医学；医学研究生；专业型硕士；教学效果；知识；态度；行为；自我效能；MOOC

【通讯作者】靳英辉，博士，副教授，硕士研究生导师，E-mail：jinyinghui0301@163.com；曾宪涛，博士，主任医师，副教授，博士研究生导师，Email：zengxiantao1128@whu.edu.cn。

【基金项目】湖北高校省级教学研究项目（2022016）；湖北省教育科学规划重点课题（2021GA001）；武汉大学研究生精品课程建设项目（2022）。

随着科技的进步，医学知识不断更新，这要求医疗保健专业人员需具备获取最新最佳医学证据的能力，并根据临床经验、患者价值观和偏好进行个体化临床决策，也即循证医学的理念[1]。循证实践（evidence-based practice，EBP）为将研究证据和患者的价值观和偏好整合到医疗保健服务中提供了框架[2]。在过去的 20 年中，EBP 越来越多地作为核心组成部分被整合到全球本科、研究生和继续教育健康课程中[3]。然而，缺乏 EBP 知识和技能仍然是医生实践 EBP 最常报告的障碍之一[4,5]。因此，需要持续关注并优化医学院校的循证实践教学。

武汉大学自 2017 年为临床医学和口腔医学专业型硕士开设循证临床实践专业必修课，旨在通过循证医学理念和方法的普及，促进医学生基于循证医学原则进行临床实践。在我国的临床医学人才培养体系中，专业型硕士与住院医师规范化培训并轨[6]，也即专业型硕士比学术型硕士更早进入临床进行规培。因此，我们将循证医学课程体系部署为面向学硕的循证医学课程和面向专硕的循证临床实践课程[7]，后者更强调循证在临床实践中的应用。

循证实践，既是方法，也是目标。为达成这一目标，学习者必须有机会随着时间的推移在临床实践中不断练习直至掌握这些技能[8]。这要求我们的循证实践教学应适应、满足学生自主学习、终身学习的需求。为此，教研室于 2020 年开发、上线循证医学慕课课程，向所有感兴趣的学习者免费开放。结合该慕课资源，循证临床实践课程进行了优化设计，由教师在第一堂课向学生介绍此线上资源，并将学生线上互动学习情况作为课程的形成性评价之一，以解决传统单一课堂短期授课、集体教学的弊端，为学生的自主学习、个性化学习、终身学习及教学的综合评价提供了途径。

本研究以首次使用该教学模式的 2020 级学生为研究对象，通过问卷调查，比较其在循证临床实践课程前后对循证实践相关知识、态度、行为和自我效能的变化，以评价教学效果，并为循证实践教学的优化和改革提供参考。

1. 对象与方法

1.1 调查对象

以武汉大学 2020 级学习循证临床实践课程的 511 名医学专业型硕士为调查对象，专业包括临床医学、口腔医学。学生在研究生一年级学习该课程，上课的同时参与住院医师规范化培训进行临床轮转。

1.2 课程设置

课程共计 8 次课，32 学时。教学内容详见表 1。教学方式以理论课为主，检索及 Meta 分析软件使用 2 次课，由学生自带电脑，跟随教师演示进行操作练习，并由助教答疑。同时提供教研室上线的循证医学慕课作为线上学习资源，学生可自主学习，但需回答与本课程对应的 6 讲慕课课程的讨论题，作为课下作业构成形成性评价之一。终结性评价为期末考试。

表 1　**循证临床实践课程教学组织**

教学内容	教学方式	教学评价
循证临床实践概述	理论课	形成性评价： 考勤(10%)+回答与本课程对应的 6 讲慕课课程的讨论题(20%) 终结性评价： 期末考试(70%)
临床研究设计类型	理论课	
系统评价/Meta 分析的制定与解读	理论课	
临床实践指南的制定与解读	理论课	
循证医学数据库及检索	理论+实践	
临床研究证据的评价与应用	理论课	
循证查房与循证病案撰写	理论课	
Meta 分析编程软件使用	理论+实践	

1.3 调查方法

本研究采用自拟循证实践评估问卷调查以下内容：①学生的基本信息；②知识：对循证实践相关术语的理解(10 个条目)；③态度：对循证实践相关陈述的看法(10 个条目)；④行为：循证实践相关行为发生的频率(9 个条目)；⑤自我效能：对循证实践相关能力的信心(11 个条目)。

问卷参考了针对护理学生的循证实践能力调查问卷[9,10]，循证实践知识、态度、行为问卷等[11]，为适用临床医学和口腔医学专业学生而设计。项目分析显示：删除任一条目后问卷的 Cronbach's α 系数均未上升，因此保留初设的 40 个条目。信度分析显示：问卷总体 Cronbach's α 系数为 0.942，各维度为 0.936~0.959，表明问卷具有较高的信度；效度分析显示：KMO=0.926，Bartlett 球形检验的 P 值小于 0.001，适合作因子分析。运用主成分分析法提取公因子，按照特征值大于 1，提取了 4 个公因子，累计贡献率为 69.63%，各条目在相应因子上的载荷均大于 0.7，各因子包含条目与原问卷一致，表明问卷具有较好的结构效度。

分别在第一次课、最后一次课后将问卷填写链接发至学生课程群，使用统一指导语解释本研究的目的和意义。采取自愿参与调查的方式，所有被调查者均对本研究知情同意。

1.4 统计分析

计数资料采用频数、百分比描述。课程前、后学生循证实践相关知识、态度、行为与自我效能的比较采用配对设计的符号秩检验。所有检验均为双侧检验，$P \leq 0.05$ 表示差异具有统计学意义。采用 SAS 软件进行统计分析。

2. 结果

2.1 调查对象的一般情况

回收课前填写问卷 347 份(67.91%)、课后填写问卷 462 份(90.41%)，课前、课后同时填写者 324 人(63.41%)，其问卷用于后续课程效果的评价分析。调查对象中，男性 144 人(44.4%)，女性 180 人(55.6%)；临床医学专业学生 287 人(88.6%)，口腔医学专业学生 37 人(11.4%)。

2.2 循证实践相关知识的调查结果

结果显示课后学生对 10 个循证实践相关术语的理解程度较课前均有显著性提高(均为 $P<0.001$)(见表 2)。课前大部分学生对相关术语听过不理解或部分理解，其中对术语"森林图"最为陌生，25.93%的人从未听过。课程后完全理解或在理解的基础上能向他人解释这些术语的学生占比从课前的 12%~34%提升至 36%~58%，平均提升 27%；课程后部分理解、完全理解或在理解的基础上能向他人解释这些术语的学生占比达到 83%~

94%，平均占比 90.43%，对比课程前平均占比的 67.84%，提升 22.59%(见图 1)。

表 2　**课程前后医学专业型硕士对循证实践相关术语的理解程度(n(%))**

术语	时间	从未听过	听过但不理解	部分理解	完全理解	在理解的基础上能向他人解释	P 值
系统评价	课前	7(2.16)	69(21.30)	183(56.48)	48(14.81)	17(5.25)	<0.001
	课后	5(1.54)	24(7.41)	147(45.37)	111(34.26)	37(11.42)	
Meta 分析	课前	6(1.85)	77(23.77)	172(53.09)	52(16.05)	17(5.25)	<0.001
	课后	6(1.85)	20(6.17)	151(46.60)	109(33.64)	38(11.73)	
置信区间	课前	20(6.17)	56(17.28)	173(53.40)	55(16.98)	20(6.17)	<0.001
	课后	7(2.16)	24(7.41)	129(39.81)	127(39.20)	37(11.42)	
发表偏倚	课前	27(8.33)	70(21.60)	167(51.54)	47(14.51)	13(4.01)	<0.001
	课后	7(2.16)	23(7.10)	146(45.06)	110(33.95)	38(11.73)	
森林图	课前	84(25.93)	93(28.70)	109(33.64)	29(8.95)	9(2.78)	<0.001
	课后	11(3.40)	44(13.58)	153(47.22)	86(26.54)	30(9.26)	
统计学意义	课前	7(2.16)	54(16.67)	168(51.85)	75(23.15)	20(6.17)	<0.001
	课后	6(1.85)	18(5.56)	144(44.44)	113(34.88)	43(13.27)	
随机对照试验	课前	13(4.01)	56(17.28)	145(44.75)	85(26.23)	25(7.72)	<0.001
	课后	5(1.54)	16(4.94)	116(35.80)	135(41.67)	52(16.05)	
二分类变量	课前	57(17.59)	86(26.54)	127(39.20)	37(11.42)	17(5.25)	<0.001
	课后	9(2.78)	22(6.79)	125(38.58)	121(37.35)	47(14.51)	
连续性变量	课前	39(12.04)	75(23.15)	143(44.14)	49(15.12)	18(5.56)	<0.001
	课后	6(1.85)	22(6.79)	120(37.04)	129(39.81)	47(14.51)	
治疗效应量	课前	54(16.67)	92(28.40)	127(39.20)	39(12.04)	12(3.70)	<0.001
	课后	6(1.85)	29(8.95)	148(45.68)	100(30.86)	41(12.65)	

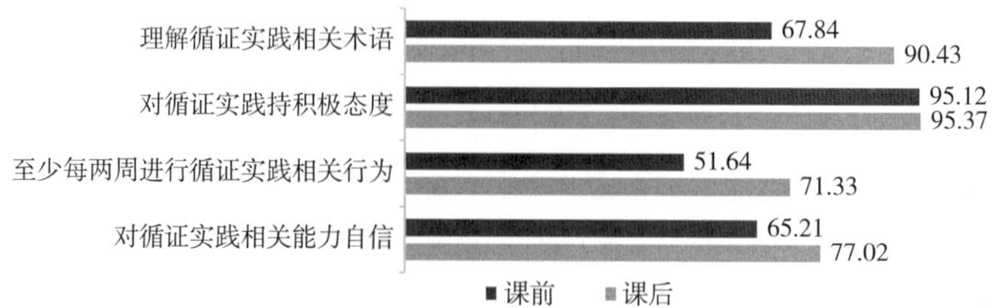

图 1　医学专业型硕士循证临床实践课程前后知识、态度、行为及自我效能的百分比变化

2.3 循证实践相关态度的调查结果

课前学生对循证实践的态度普遍比较积极，所有条目同意或非常同意的占比均在90%以上(见表3)。课后，学生对循证实践的积极态度在部分条目进一步提升，有更多学生打算应用最佳证据来促进实践($P=0.028$)，对学习/促进循证实践融入工作所必需的技能感兴趣($P=0.004$)，认为循证实践提高了其工作质量($P=0.002$)，帮助其在工作中对服务对象做出科学决策($P=0.014$)，此外其余6个条目的课前课后变化无统计学意义。课程后同意或部分同意循证实践相关陈述(即对循证实践持积极态度)的学生平均占比为95.37%，对比课程前的平均占比95.12%，略有提升(见图1)。

表3　**课程前后医学专业型硕士对循证实践相关陈述的看法(n(%))**

条目	时间	非常同意	同意	中立	不同意	非常不同意	P值
我打算拓展有关循证实践的知识	课前	172(53.09)	133(41.05)	18(5.56)	1(0.31)	0(0.00)	0.365
	课后	190(58.64)	110(33.95)	21(6.48)	1(0.31)	2(0.62)	
我打算加强检索、获取和评价与自身实践相关证据的技能	课前	193(59.57)	120(37.04)	9(2.78)	2(0.62)	0(0.00)	0.641
	课后	203(62.65)	107(33.02)	11(3.40)	1(0.31)	2(0.62)	
我打算阅读相关文献资料来更新知识	课前	193(59.57)	120(37.04)	9(2.78)	2(0.62)	0(0.00)	0.373
	课后	206(63.58)	105(32.41)	10(3.09)	1(0.31)	2(0.62)	
我打算应用最佳证据来促进实践	课前	175(54.01)	128(39.51)	19(5.86)	2(0.62)	0(0.00)	**0.028**
	课后	197(60.80)	113(34.88)	11(3.40)	1(0.31)	2(0.62)	
循证实践的应用在我的工作中是必要的	课前	181(55.86)	131(40.43)	10(3.09)	0(0.00)	2(0.62)	0.084
	课后	204(62.96)	108(33.33)	10(3.09)	1(0.31)	1(0.31)	
文献和研究发现对我的日常工作很有帮助	课前	204(62.96)	112(34.57)	7(2.16)	1(0.31)	0(0.00)	0.680
	课后	214(66.05)	98(30.25)	10(3.09)	0(0.00)	2(0.62)	
我有必要在日常工作中增加证据的使用	课前	179(55.25)	133(41.05)	11(3.40)	1(0.31)	0(0.00)	0.094
	课后	204(62.96)	108(33.33)	9(2.78)	1(0.31)	2(0.62)	
我对学习/促进循证实践融入工作所必需的技能感兴趣	课前	160(49.38)	146(45.06)	17(5.25)	0(0.00)	1(0.31)	**0.004**
	课后	198(61.11)	108(33.33)	16(4.94)	0(0.00)	2(0.62)	
循证实践提高了我的工作质量	课前	150(46.30)	145(44.75)	27(8.33)	0(0.00)	2(0.62)	**0.002**
	课后	187(57.72)	117(36.11)	17(5.25)	1(0.31)	2(0.62)	
循证实践帮助我在工作中对服务对象做出科学决策	课前	169(52.16)	138(42.59)	16(4.94)	0(0.00)	1(0.31)	**0.014**
	课后	194(59.88)	119(36.73)	9(2.78)	1(0.31)	1(0.31)	

2.4 循证实践相关行为发生频率的调查结果

课后学生 9 个循证实践相关行为的发生频率均显著高于课前(均为 $P<0.001$)(见表4)。从构建 PICO 问题、检索证据、评价证据、应用证据到分享证据等行为，课程后每天进行这些行为的学生人数从课前的 3%~11%提升至 8%~22%，平均提升 6%；每周进行这些行为的学生人数从课前的 15%~37%提升至课后的 25%~45%，平均提升 13%。课前，除检索电子数据库大部分学生为每周一次外，其他行为大部分学生每月或更少发生一次；课后，除构建问题和构建问题后查找相关证据外，其他行为大部分学生每周发生一次。至少每两周进行循证实践相关行为的学生平均占比从课程前的 51.64%提升至课程后的 71.33%(见图 1)。

表 4　　**课程前后医学专业型硕士循证实践相关行为发生频率(*n*(%))**

在过去一年内您下述行为发生的频率	时间	每天	每周	每两周	每月或更少	从不	*P* 值
构建可明确回答的问题来阐明关注的服务对象/疾病、干预和结果(即运用 PICO 原则构建问题)	课前	9(2.78)	48(14.81)	50(15.43)	158(48.77)	59(18.21)	<0.001
	课后	26(8.02)	82(25.31)	72(22.22)	124(38.27)	20(6.17)	
构建问题后查找相关证据	课前	11(3.40)	64(19.75)	71(21.91)	144(44.44)	34(10.49)	<0.001
	课后	30(9.26)	98(30.25)	76(23.46)	108(33.33)	12(3.70)	
检索电子数据库	课前	31(9.57)	119(36.73)	67(20.68)	89(27.47)	18(5.56)	<0.001
	课后	71(21.91)	146(45.06)	55(16.98)	50(15.43)	2(0.62)	
严格评价你找到的任何文献，以确定其方法学质量	课前	14(4.32)	73(22.53)	55(16.98)	145(44.75)	37(11.42)	<0.001
	课后	30(9.26)	108(33.33)	80(24.69)	90(27.78)	16(4.94)	
将研究证据与专业知识结合在一起	课前	13(4.01)	85(26.23)	88(27.16)	115(35.49)	23(7.10)	<0.001
	课后	34(10.49)	139(42.90)	75(23.15)	71(21.91)	5(1.54)	
做临床/专业决策时考虑服务对象的意愿	课前	36(11.11)	86(26.54)	84(25.93)	92(28.40)	26(8.02)	<0.001
	课后	53(16.36)	131(40.43)	83(25.62)	55(16.98)	2(0.62)	
阅读已发表的循证研究报告	课前	19(5.86)	65(20.06)	80(24.69)	126(38.89)	34(10.49)	<0.001
	课后	33(10.19)	119(36.73)	74(22.84)	86(26.54)	12(3.70)	
在工作场所与他人非正式地分享和讨论文献/研究发现	课前	19(5.86)	74(22.84)	73(22.53)	117(36.11)	41(12.65)	<0.001
	课后	35(10.80)	124(38.27)	74(22.84)	76(23.46)	15(4.63)	
在科室/实践(如文献报告会、在职展示)中与他人正式地分享和讨论文献/研究发现	课前	17(5.25)	78(24.07)	77(23.77)	114(35.19)	38(11.73)	<0.001
	课后	37(11.42)	114(35.19)	81(25.00)	82(25.31)	10(3.09)	

2.5 对循证实践相关能力的信心的调查结果

课后学生对11个循证实践相关能力的信心均显著高于课前(均为 $P \leq 0.001$)(见表5)。对这些能力非常自信、很自信或较自信的学生占比从课前平均占比65.21%(57%~74%)提升至课程后平均占比77.02%(66%~83%),平均提升11.81%。

表5 **课程前后医学专业型硕士对循证实践相关能力的信心(n(%))**

对下列循证实践相关能力的信心	时间	非常自信	很自信	较自信	不自信	非常不自信	P 值
科研技能	课前	10(3.09)	29(8.95)	144(44.44)	124(38.27)	17(5.25)	<0.001
	课后	18(5.56)	44(13.58)	161(49.69)	95(29.32)	6(1.85)	
计算机技能	课前	9(2.78)	32(9.88)	148(45.68)	116(35.80)	19(5.86)	<0.001
	课后	17(5.25)	45(13.89)	153(47.22)	101(31.17)	8(2.47)	
发现知识缺口的能力	课前	10(3.09)	40(12.35)	159(49.07)	103(31.79)	12(3.70)	<0.001
	课后	19(5.86)	51(15.74)	175(54.01)	76(23.46)	3(0.93)	
将信息需求转化为可明确回答问题的能力	课前	8(2.47)	40(12.35)	164(50.62)	108(33.33)	4(1.23)	0.001
	课后	15(4.63)	50(15.43)	169(52.16)	86(26.54)	4(1.23)	
对重要信息类型和来源的感知	课前	10(3.09)	36(11.11)	180(55.56)	93(28.70)	5(1.54)	<0.001
	课后	16(4.94)	59(18.21)	180(55.56)	65(20.06)	4(1.23)	
检索电子数据库的能力	课前	15(4.63)	40(12.35)	183(56.48)	81(25.00)	5(1.54)	<0.001
	课后	19(5.86)	63(19.44)	186(57.41)	53(16.36)	3(0.93)	
获取证据的能力(获取文章或报告的复制版)	课前	11(3.40)	42(12.96)	179(55.25)	86(26.54)	6(1.85)	<0.001
	课后	18(5.56)	61(18.83)	190(58.64)	52(16.05)	3(0.93)	
依据现有的文献评价标准(即质量评分)对证据进行评判性分析的能力	课前	10(3.09)	26(8.02)	165(50.93)	112(34.57)	11(3.40)	<0.001
	课后	16(4.94)	53(16.36)	178(54.94)	73(22.53)	4(1.23)	
确定资料有效性(与事实符合程度)的能力	课前	7(2.16)	32(9.88)	171(52.78)	107(33.02)	7(2.16)	<0.001
	课后	19(5.86)	57(17.59)	189(58.33)	58(17.90)	1(0.31)	
确定资料实用性(临床适用性)的能力	课前	10(3.09)	30(9.26)	173(53.40)	103(31.79)	8(2.47)	<0.001
	课后	16(4.94)	63(19.44)	183(56.48)	60(18.52)	2(0.62)	
将信息应用于个案的能力(即将研究证据与个人意愿、价值观、关注点、期望进行结合)	课前	11(3.40)	34(10.49)	166(51.23)	104(32.10)	9(2.78)	<0.001
	课后	20(6.17)	57(17.59)	185(57.10)	59(18.21)	3(0.93)	

3. 讨论

近几十年来，随着循证医学成为临床医学的基石，医学教育需要进行相关的变革，以确保充分覆盖医生所需的新技能。由此，医学教育工作者设法将循证医学教学纳入各个阶段的医学课程，循证医学教育已发展成为医学教育领域的一个重要分支[12]。与循证医学相比，循证实践意味着每天将医学证据纳入实时临床实践。2018 年 Albarqouni 等人基于系统评价和德尔菲调查提出了卫生专业人员需具备的一套标准化的循证实践核心能力，涵盖循证实践 5 个步骤共 68 项能力[3]。尽管这些能力提供了一个培养方向，但如何通过教学实现这一目标仍然是一个挑战。

随着信息技术的发展，“互联网+教育”得到广泛应用，融入信息技术的新型教学活动因有较强的开放性、自主性和灵活性，应用日益广泛[13]。我们针对临床专业型硕士的培养要求，开设了循证临床实践必修课程，同时开发了循证医学慕课线上公开课程及配套的线上学习资源，包括课程视频、课件、测验与作业、讨论题、考试题库等，以确保学习者在实践循证医学过程遇到问题时可随时自主学习、反复学习，作为线下课堂的补充，提升教学效果。有研究报告了可重复使用的教学对象(reusable learning objects，RLOs)作为教学补充，可使学生对困难科目的理解程度有所提高[14]。结合慕课资源的循证临床实践课程旨在支持将 EBP 知识和技能的使用作为学生终身职业发展的一部分。

调查结果显示，临床医学及口腔医学的专业型硕士在课前对循证实践的态度普遍较为积极，认可循证实践的重要性，这与既往研究结果一致[15,16]。但在课前大部分学生对循证实践相关术语不能完全理解，从未听过或听过不理解的学生占比在 23%至 55%；大部分学生除检索证据外其他循证实践相关行为发生频率低至每月或更少发生一次；对循证实践相关能力不自信的学生占比在 26%至 43%，这些都提示有必要在医学研究生阶段开设循证实践相关课程，以促进学生相关知识、能力的提升。课前，学生对不同术语理解程度、不同循证行为发生频率、能力自信心的差异也为课程的重难点设置提供了参考。

课后，学生对循证实践相关术语的理解、循证实践相关行为的发生频率、对循证实践相关能力的自信心均显著提升，对循证实践的积极态度在部分条目上有显著提升。循证医学相关课程对循证知识的即时提升效果在多个研究中得到验证[16,17]。同时 EBP 课程也会使学生构建 PICO 问题、检索证据、评价证据、应用证据、分享证据等循证实践相关行为增加。对美国护理研究生的调查显示，EBP 课程可增加其临床环境中自我报告的 EBP 行为，同时态度和自我效能感的得分在课后也显著提高[18]。态度、知识、自我效能感被认为是实践循证医学所必需的，但是有关它们的定义是不明确的，并且通常来说被调查者都会表现对循证医学的积极态度[19]。课前已广泛表现出的积极性使得课后的提升效果有限，对美国执业护士的调查显示 EBP 课程前后态度得分差异不显著[20]，对中国医学研究生的调查也显示了一致的结果[16,21]。在本研究中，EBP 课程对应用最佳证据来促进实践、对学习/促进循证实践融入工作所必需的技能感兴趣、认为循证实践提高了其工作质量、帮助其在工作中对服务对象做出科学决策等 4 个条目的提升仍旧显著。受调查的专业型硕士上课的同时在临床接受规范化培训，该经历可能有助于其有机会在临床工作中思考和实践循证医学，因此可能在上述促进实践的条目上课程后态度更加积极。

对循证实践知识、态度、行为及自我效能感的提升将有助于医学生未来走入临床时持续使用循证医学来改善患者的预后。缺少时间和循证资源也被报告是循证临床实践的常见障碍[20,22,23]。健康信息技术的发展为这一障碍提供了解决思路，越来越多综合性、智能化的循证服务涌现[24]，如我们开发的循证医学研究助手在线平台等[25]，可为医疗工作者在临床环境中获取当前最佳证据节省时间、提高效率。在循证实践的教学中也应注意与时俱进，探索先进技术、工具与教育教学的融合。

本研究存在以下局限性：第一，问卷为自主填写，课前问卷回收率较低，进行课前课后配对分析时样本量有所损失，自主填写问卷者的调查结果在未填写者中的适用性有待明确；第二，调查使用的是自拟问卷，与基于其他问卷进行调查的结果进行对比时，应注意其固有差异；第三，未进行长期教学效果的调查，未来可追踪被调查学生的知识留存率等，评估当前 EBP 教学的长期效果。

综上所述，面向医学专业型硕士的循证临床实践课程可在短期显著提升学生对循证实践相关知识的掌握，促进其循证实践相关行为的发生，提升其循证实践相关能力的自信心，一定程度上促进其对循证实践的积极态度。当前的循证临床实践课程取得了较好的教学效果，未来可持续探索慕课等信息技术及资源与循证实践课程的深度融合，促进医学生循证实践能力的持续培养，以提升医疗质量，最终使患者受益。

◎ 参考文献

[1]Evidence-Based Medicine Working Group. Evidence-based medicine: a new approach to teaching the practice of medicine[J]. JAMA, 1992, 268(17): 2420-2425.

[2]Straus, S. E., P. Glasziou, W. S. Richardson, et al. Evidence-based medicine: how to practice and teach EBM[M]. 5th ed. Edinburgh: Elsevier, 2019.

[3]Albarqouni, L., T. Hoffmann, S. Straus, et al. Core competencies in evidence-based practice for health professionals[J]. JAMA Network Open, 2018, 1(2): e180281.

[4]Sadeghi-Bazargani, H., J. S. Tabrizi, S. Azami-Aghdash. Barriers to evidence-based medicine: a systematic review[J]. J Eval Clin Pract, 2014, 20(6): 793-802.

[5]Zwolsman, S., E. te Pas, L. Hooft, et al. Barriers to GPs'use of evidence-based medicine: a systematic review[J]. Br J Gen Pract, 2012, 62(600): e511-21.

[6]中华人民共和国教育部. 关于加强医教协同实施卓越医生教育培养计划 2.0 的意见. http://www.moe.gov.cn/srcsite/A08/moe_740/s7952/201810/t20181017_351901.html.

[7]王云云，王宇，黄笛，等. 循证医学课程体系的建设与实践——以武汉大学为例[J]. 医学新知，2022，32(1)：74-80.

[8]Nandiwada, D. R., W. Kormos. Interprofessional evidence-based practice competencies: equalizing the playing field[J]. JAMA Network Open, 2018, 1(2): e180282.

[9]李敏. 循证实践能力评估量表的汉化及其应用[D]. 延吉：延边大学，2016.

[10]Ruzafa-Martinez， M.， L. Lopez-Iborra， T. Moreno-Casbas， et al. Development and validation of the competence in evidence based practice questionnaire（EBP-COQ）among nursing students[J]. BMC Med Educ，2013(13)：19.

[11]杨如美. 英文版循证实践知识、态度、行为问卷及循证实践影响因素问卷的初步修订与应用[D]. 长沙：中南大学，2010.

[12]Rashid， A.， S. Finnikin， S. Tackett. Accreditation drives teaching：evidence-based medicine and medical education standards[J]. BMJ Evid Based Med，2021，26(5)：216-218.

[13]王云云，王宇，黄笛，等."互联网+"新型教学模式形成性评价体系构建及其应用于循证医学课程的思考[J]. 医学新知，2022，32(3)：233-240.

[14]Bath-Hextall，F.，H. Wharrad，J. Leonardi-Bee. Teaching tools in evidence based practice：evaluation of reusable learning objects（RLOs）for learning about meta-analysis[J]. BMC Med Educ，2011(11)：18.

[15]杨奕婷，朱雪娇. 护理本科生循证实践能力现状及教学对策[J]. 护理研究，2020，34(11)：1944-1948.

[16]罗丽莎，王云云，王宇，等. 循证医学课程对科学型研究生循证医学相关知识、态度和行为影响的调查研究[J]. 中国社会医学杂志，2022，39(1)：21-24.

[17]Ekvall Hansson，E.，G. Carlsson，A. M. Fänge. Master student's application of evidence-based knowledge and skills in Swedish healthcare practice[J]. JBI Evid Implement，2021，19(1)：13-20.

[18]Moore，E. R.，R. Watters，K. A. Wallston. Effect of evidence-based practice（EBP）courses on MSN and DNP students' use of EBP[J]. Worldviews Evid Based Nurs，2019，16(4)：319-326.

[19]Thomas，A.，B. Chin-Yee，M. Mercuri. Thirty years of teaching evidence-based medicine：have we been getting it all wrong?[J]. Adv Health Sci Educ Theory Pract，2022，27(1)：263-276.

[20]Rojjanasrirat，W.，J. Rice. Evidence-based practice knowledge，attitudes，and practice of online graduate nursing students[J]. Nurse Educ Today，2017(53)：48-53.

[21]周丽萍，陈进，艾昌林，等. 循证医学教学对研究生相关知识、技能、态度和行为的影响研究[J]. 中国循证医学杂志，2007(5)：337-343.

[22]Thomas，A.，L. Han，B. P. Osler，et al. Students' attitudes and perceptions of teaching and assessment of evidence-based practice in an occupational therapy professional Master's curriculum：a mixed methods study[J]. BMC Med Educ，2017，17(1)：64.

[23]Mallion，J.，J. Brooke. Community- and hospital-based nurses' implementation of evidence-based practice：are there any differences?[J]. Br J Community Nurs，2016，21(3)：148-154.

[24]余丽娜，任相颖，任相阁，等．临床实践指南制定的自动化、智能化工具研究进展[J]．中国循证心血管医学杂志，2022，14(10)：1178-1184.
[25]黄桥，王宇，马文昊，等．循证医学研究助手在线平台的开发和简介[J]．中国循证医学杂志，2022，22(12)：1483-1488.

新医科指引：论医工融合教学模式对口腔医学拔尖创新人才培养的意义

——以口腔种植学课程创新为例

陈 斯[*] 夏海斌 赵 熠

（武汉大学 口腔医学院，湖北 武汉 430079）

【摘 要】新医科指引医学教育人才培养是近年来的热门话题，其"医+X"的内涵日益深入人心。然而，如何将"医+X"应用于口腔医学拔尖创新人才培养，不仅缺乏系统有效的理论指导，也极少有一线教师提供针对具体课程的研究案例。本文以笔者建设武汉大学口腔医学专业必修课程口腔种植学的教学创新为例，呈现医学教育领域最常用的"医工融合"新医科模式在教学内容重构、教学实施和教学评价等有效教学设计方面发挥的重要作用，探讨该模式对口腔医学拔尖创新人才培养的重要意义。

【关键词】教学创新；医工融合；人才培养；口腔种植学

【作者简介】＊第一作者：陈斯（1981— ），女，湖北武汉人，医学博士，武汉大学口腔医学院副主任医师，校级教学咨询师，教学梯队人才，主要进行口腔种植学临床及教学研究，E-mail：doctorsisi@ whu. edu. cn；夏海斌（1970— ），男，湖北英山人，医学博士，武汉大学口腔医学院教授，主任医师，口腔种植学教研室主任，主要从事口腔种植学临床及基础研究，E-mail：xhaibin@ whu. edu. cn；赵熠（1981— ），男，湖北武汉人，医学博士，武汉大学口腔医学院副教授，主任医师，口腔材料学教研室主任，主要研究破骨细胞分化及口腔颌面部溶性疾病，E-mail：zhao_yi@ whu. edu. cn。

一方面，随着人们生活水平不断提高，公众对口腔健康的关注日益提升，越来越多牙齿缺损、龋坏、牙齿松动脱落及口腔颌面部其他疾病的患者迫切希望得到救治，对口腔保健和治疗的需求也越来越大。而口腔疾病与全身健康之间的联系也被更多地认识和关注，人们希望通过口腔健康维护获得更高的生活质量。另一方面，在信息化社会的背景下，口腔医学作为一个专门和重要的医学分支，其发展也日益显现出注重交叉与融合的特点。新兴技术的发展为口腔医学领域提供了新的可能性，这些技术不仅有助于改善诊断和治疗效果，还为未来诊疗模式提供了新的思路、工具和方法。因此对能够运用交叉学科知识解决未来口腔医学领域前沿问题的高层次拔尖创新人才的需求也呼之欲出。

这一时代的需求正顺应"新医科"人才培养方向的指引。自 2018 年以来，随着教育部提出加快实施"六卓越一拔尖"计划 2. 0 并重点强调"四新"建设[1]，新医科的内涵，将医学从生物医学科学教育为主要支撑的模式，转变为以“医+X”交叉学科支撑的医学教育新模式[2]；而X的范畴，则可涉及理、工、文等多个领域。

怎样培养新医科口腔医学人才？首先要明确培养目标。满足新时代甚至未来需求的口腔医学拔尖创新人才，要具备“口腔五术”，即知行合一、用专业服务社会的仁术；口腔疾病诊断、治疗、预防理论知识扎实的学术；能规范且出色地实施口腔疾病治疗的技术；具备精细协调的口腔美学审美能力的美术以及能开展复杂口腔病例综合诊疗的艺术。传统教学模式能满足仁术学术的培养，而能帮助学生立足于未来口腔医学诊疗数字化时代的技术、美术和艺术，则需通过“医+X”的教育新模式来实现，并能给仁术和学术的范畴赋予更多内涵。近年来，工科技术在口腔医学临床及教学方面的交叉融合应用日益广泛。因此，本研究旨在探讨“医工融合”教学模式对口腔医学拔尖创新人才培养的作用和意义，并以口腔种植学的“医工融合”教学模式为例，展示实践成效。

1.“医工融合”教学模式内涵

“医工融合”教学模式是指在教学设计、实施及评价过程中，将医学知识体系与工科技术进行有机融合，实现理论知识与实践能力培养的完美结合。这种模式旨在培养出具备卓越临床技能、深厚工程素养、创新思维和团队合作精神的复合型人才[3]。该模式有四个特点：(1)跨学科融合：这是医工融合教学模式的首要特征。它强调医学与工程技术的交叉融合，使得学生具备更宽阔的知识视野和更多元化的解决问题的方法和能力。(2)理论与实践相结合：在教学过程中，教师通过案例讲解、实验操作等方式，引导学生将所学理论知识应用于实践操作，锻炼学生的动手能力和解决具体问题的能力。(3)创新与合作并重：该模式鼓励学生创新思考，敢于尝试，对培养其创新精神和创新能力颇有助益；同时，强调团队协作的重要性，通过团队合作完成项目等方式，增强学生的交流沟通能力和团队协作精神[4]。(4)以人为本、因材施教：每个学生的兴趣、技能和需求各不相同，医工融合教学模式注重根据每个学生的特点来进行教学，可通过多样化的教学方法和策略来满足不同的学习需求，旨在激发他们的潜能，并为他们提供全面发展的机会。

2.“医工融合”教学模式对口腔医学拔尖创新人才培养的意义

2.1 培养创新思维能力

将口腔临床诊疗最前沿的医工融合技术引入口腔医学教学，让学生学习口腔知识的同时能了解并掌握最新工科技术与口腔诊疗技术的深度融合，拓展学科宽度、丰富科学视野，激发学生的创新思维，使他们在理论学习的基础上能对已获取知识和新拓展知识进行重新组合和创新。

2.2 提升口腔临床诊疗实践技能

运用虚拟仿真技术引入模拟教学，通过模拟临床场景可实现真实病例在课堂上再现，最大程度营造真实的临床操作条件，让学生能亲身参与到医疗服务或医疗器械的研发、测试、使用等过程中，使他们对医疗实践有更深入的了解和体验，并提供反复练习和试错的机会，从而提高他们的实践能力[5]。

2.3 培植口腔美学素养和沟通能力

医工融合教学模式可让学生接触更多应用于口腔诊疗的数字化美学知识，增强美学意识，培植精细、协调的审美能力和设计个性化的口腔美学素养，使他们更好地理解美、创造美。同时，口腔美学素养的培育不仅要求学生掌握美学知识，还锻炼学生与患者进行美学沟通的能力。医工融合教学模式可模拟临床情境，培养学生的沟通技巧和理解患者需求的能力。

2.4 锻炼解决复杂口腔医学问题的能力

口腔医学实践中，利用工程技术来解决一些复杂问题的模式是“数智化”诊疗时代的常见解决方案，如医疗设备的设计和优化、疾病的预防和治疗等。医工融合教学模式可以提供一个全面、深入的学习平台，尤其是复杂病例的模拟再现，可帮助学生锻炼分析和解决复杂诊疗问题的能力。同时，该教学模式涵盖医学、工程学和信息技术等多个学科领域，通过跨学科的整合，使学生能够全面了解和应用医工融合的相关知识和技术，帮助学生整合多学科知识，培养综合性思维。此外，在诊疗复杂病例时，通常需要一个团队的力量，医工融合教学模式强调团队协作的重要性，并通过复杂病例诊疗任务等形式让学生体验到团队协作的过程。在这个过程中，学生可以学习如何与不同背景的人一起工作，如何有效地沟通和协调，从而提高他们的团队协作能力。

2.5 提高学习兴趣和动力

医工融合教学模式形式新颖，将理论与实践结合，使学习内容更加实用和有趣。同时，通过解决实际病例的诊疗问题，学生可以感受到学习的价值和意义，通过体验自我成长获得成就感，并提高学习兴趣和动力。

3. 典型案例——进阶式医工融合的口腔种植学课程创新

口腔种植学是研究利用人工种植体对各类牙齿缺失进行修复，以最大限度恢复患者口腔颌面部生理功能的一门口腔临床学科，是口腔医学专业学生在进入临床实习前重要的专业必修课程。根据学情分析和问卷调查，发现如下痛点问题：缺牙病例复杂多样，学生较难建立综合性种植诊疗思维；难以接触真实病例，学生无法利用多样化真实病例锻炼种植外科技能。为解决以上痛点，秉承“口腔五术”培养目标，以学生发展为中心，以增强教学设计的多样化和高阶性、加强教学活动的创新性和远迁移为思路，结合现代化工科技术在口腔种植领域大量应用的契机，构建进阶式医工融合的理论实践整合模式；充分运用智能辅助医学教育方式开展多元化教学活动(见图1)。

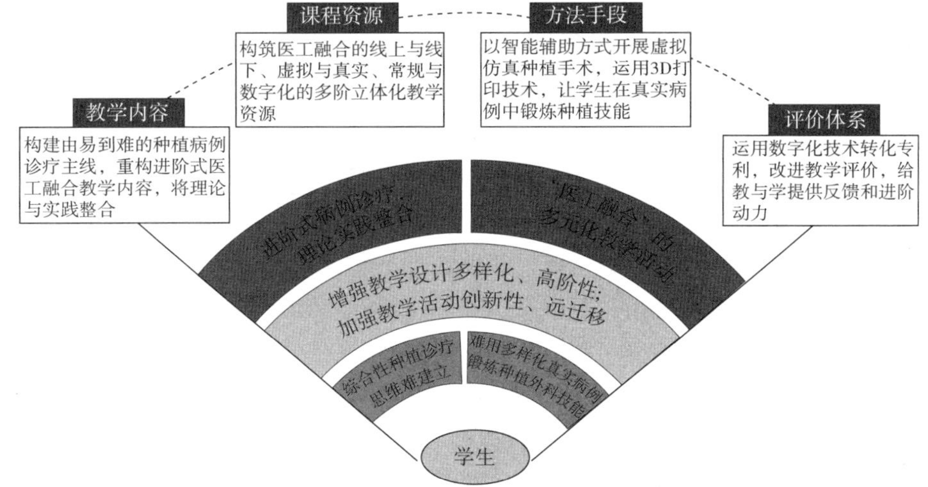

图 1　医工融合的教学改革思路

3.1　医工融合的教学内容重构

传统教学内容按临床技能进行分章讲授。经分析解构，将这些技能与临床真实病例对接，以由简到难的种植病例诊疗为主线，将后牙单牙缺失的常规病例、前牙美学区缺失的复杂病例和多牙缺失、牙槽骨缺损的综合性复杂病例结合不同程度的现代化工科技术和设备，按照初阶、中阶、高阶的进阶式模式进行教学内容重构，打造新的教学体系，构建理论与实践整合式课程。

3.2　医工融合的教学资源建设

根据逐级进阶设计，购进大量工科技术应用于口腔教学的设备，打造多阶立体化教学环境(见图 2)。初阶教学板块建设线上学习系统和视频课程用于线上线下混合式教学。中阶板块为美学区种植教学增设虚拟仿真智慧教室种植模块和病例资源、配备种植工具和双向多媒体互动教学系统的仿真人头模型教室。同时打造由真实病例颌骨及专利转化评价器材所组成的数字化 3D 打印教学器材库。高阶板块购置国际领先的口腔种植机器人和口腔仿真机器人患者用于综合性复杂病例教学。

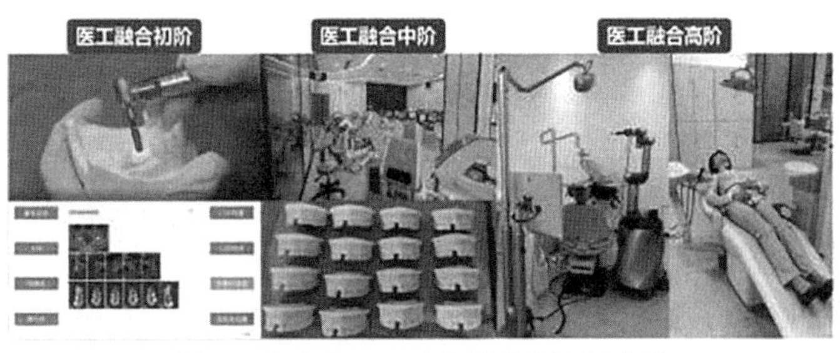

图 2　进阶式医工融合的教学资源建设

3.3　医工融合的教学实施路径

在初阶教学实施中，采用线上线下混合模式开展后牙单牙缺失病例诊疗教学。课前学生线上自学自测，课中教师双向互动示教，学生通过模型实操，课后学生完成线上作业和后测，以掌握基础理论和常规操作技能。

在中阶教学实施中，以智能辅助结合线上线下混合模式开展教学实施，采用虚拟真实结合、课内课外联动的教学方式开展教学。根据前牙美学区病例诊疗需求，组织学生在课内练习美学区种植规划、课外研习数字化美学设计及光学扫描重建，培植精准协调的审美能力。同时，针对同一真实病例，在课堂开展虚拟操作与真实操作相结合的实践训练。学生先通过虚拟仿真口腔手术模拟器上三维场景实时描绘、精细的力反馈感受，进行虚拟种植。然后再运用3D打印的患者1：1颌骨模型，在人头模型上进行实操训练，实现技能应用从虚拟到真实的转化(见图3)。课外学生可根据自身需求在口腔手术模拟器进行虚拟种植全模块练习，既能进行专项技能训练，又能对多个真实病例进行无限次练习操作，实现技能应用远迁移，锻炼实践技能在多样化病例中的稳定输出能力。

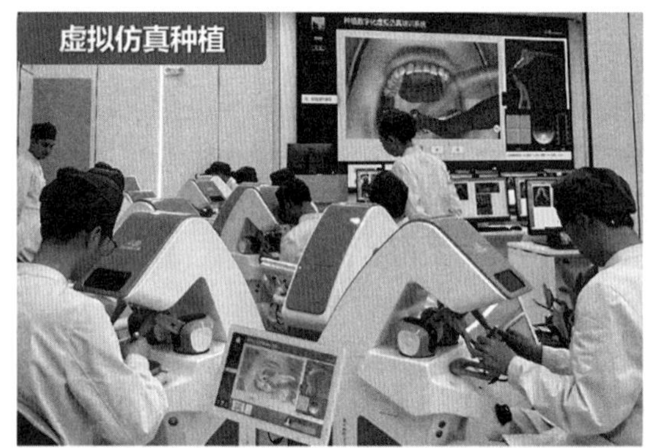

图3　医工融合中阶教学板块实施举例：同一真实病例以先虚拟仿真种植、再3D打印模型结合头模实操的方式实施教学

在高阶教学实施中，深度运用智能辅助医学教育方式，采用“医生+机器人”的人机互动教学模式，结合多颗牙缺失的数字化治疗手段，培养学生操作口腔种植机器人进行3D打印模型实操，获得最先进的用机器手臂代替人手进行种植手术操作的体验，零距离感受世界领先技术。同时，运用仿真机器患者开展最接近真实临床的模拟患者综合诊疗训练，既帮助锻炼专业技能，又锻炼沟通能力、同情心和理解患者需求的能力，助力未来发展(见图4)。

3.4　医工融合的多元教学评价

以数字化评价助力实践技能评价。虚拟仿真种植采用种植体植入位置与理想位置进行数字化比对的方式，分别对学生个人和班级整体种植体植入精度进行精确的实时评价，并

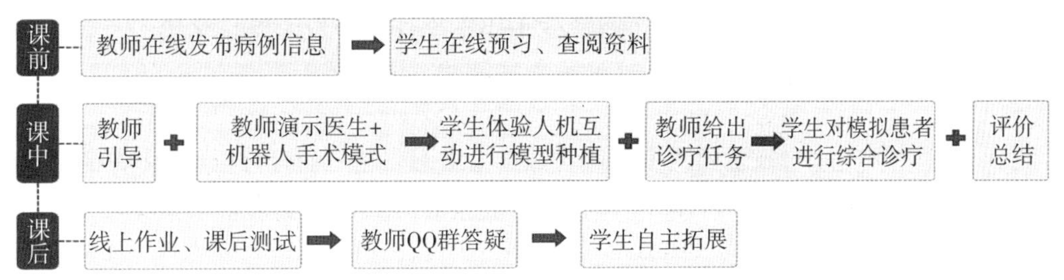

图 4　医工融合高阶教学板块实施流程举例

在课堂中实现及时反馈。

头模实操评价通过专利转化研制 3D 打印教学测量器，可帮助学生在课堂实现精准的实时评价。同时还利用数字化影像学分析方法开展班级整体植入精度评价，既可向学生反馈、提示后续操作注意事项，又可根据数据分析进行教学总结，持续进行教学改进(见图 5)。

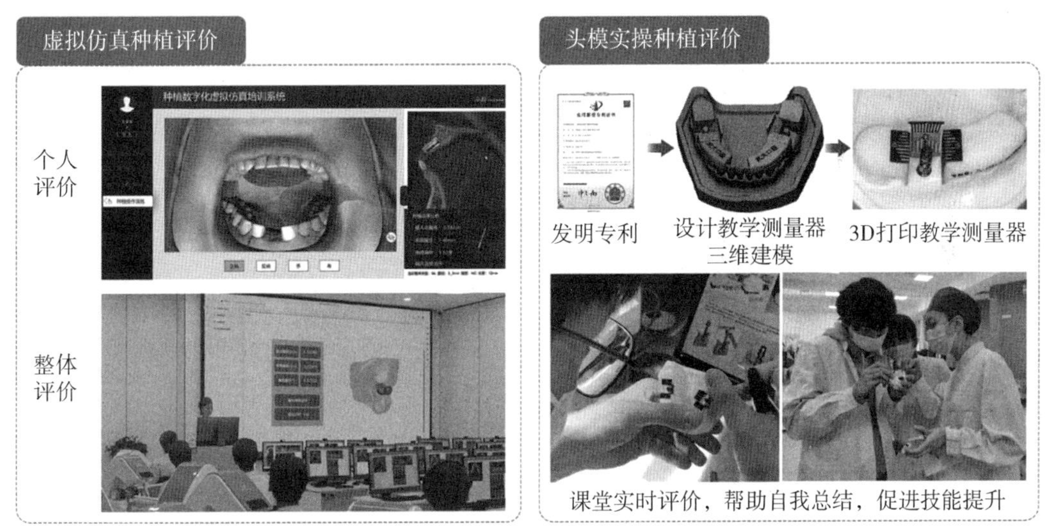

图 5　医工融合的虚拟和真实种植体植入精度评价方式

3.5　医工融合教学创新的成效

经创新模式培养的学生成绩较之前学生有显著提升。学生实践能力、综合性诊疗思维和创新能力得到全面提升，在全国口腔院(系)本科生操作技能竞赛等多项赛事中斩获奖项。学生团队在以注重临床诊疗思辨闻名的全国口腔种植修复思辨会上连续三年取得佳绩。学生对课程的学习满意度进一步提升，从改革前的 88%上升到 95.5%，同时对该教学模式最大的期望是要求进一步增加实践课时，并希望能以更小的班级规模开展课程。因此在下一轮教学过程中，计划以兴趣小班课模式增加实践课时，让更多对本课程有兴趣的同学能有更多实践技能锻炼机会。本课程 2021 年学生评教分数学院排名第一，教学创新成果获得第三届全国高校教师教学创新大赛一等奖、湖北省高校教师教学创新大赛特等奖。

综上所述，医工融合教学模式不仅可增强学生学习兴趣，而且可以帮助口腔医学生有效达成能适应未来的"口腔五术"能力和素养，从教学内容、教学实施到教学评价，通过完整的医工融合设计环环相扣，真正做到以学生为中心，培养拔尖创新人才，是口腔医学教育创新改革的新动力。

◎ 参考文献

[1]教育部　国家卫生健康委员会　国家中医药管理局发布《关于加强医教协同实施卓越医生教育培养计划 2.0 的意见》(教高〔2018〕4 号). 中华人民共和国教育部公报, 2018(10): 16-19.

[2]国务院办公厅. 国务院办公厅关于加快医学教育创新发展的指导意见. 中华人民共和国国务院公报, 2020(28): 27-31.

[3]范舜, 谈在祥. 人工智能背景下"新医科"建设的挑战与变革[J]. 中国高校科技, 2019(7): 56-59.

[4]郭建如, 王维民. 新发展阶段我国高等医学教育改革探析[J]. 国家教育行政学院学报, 2022(7): 19-26.

[5]李刚, 周学东. 新医科战略中口腔医学教育发展的思考[J]. 四川大学学报(医学版), 2021, 52(1): 70-75.

ChatGPT 在高校人文学科教学之应用经验浅谈

赵　盼

（武汉大学　哲学学院，湖北　武汉　430072）

【摘　要】 人工智能 ChatGPT 技术可以给课程提升与教师备课科研方面带来很多创新，在教学方面主要体现在，课前 AI 协助深入备课，PPT 智能优化；课堂上以“提问互动”为主导的授课方式中 AI 协助教师拟定讨论问题，学生向教师提问。ChatGPT 的应用也促进传统考核方式的转变。在指导学生与科研方面，ChatGPT 可以协助探索研究话题，处理多语言的整理、翻译等。

【关键词】 ChatGPT；人工智能；人文学科；互动

【作者简介】 赵盼（1987— ），女，陕西汉中人，博士，特聘副研究员，研究方向：宗教学，E-mail：zhaopan@ whu. edu. cn。

2022 年年末，由美国人工智能研究机构 Open AI 公司所开发的 ChatGPT（即 AI 聊天机器人程序、人工智能语言模型）目前已经成为当今科技最重要的发展之一。ChatGPT 以其强大的大型语言模型及通过人类反馈强化学习模式（Reinforcement Learning from Human Feedback，RLHF）将给我们的工作、学习与生活带来革命性的变革。ChatGPT 的基本原理，简单来说，就是“从互联网、书籍等获取人类创造的海量文本样本。然后训练一个神经网络来生成‘类似’的文本。特别是，它能够从‘提示’开始，继续生成‘与其训练数据相似的文本’”。① 从高校“教与学的革命”来说，最新的科技成果无疑会给社会生活带来方方面面的变革，也会对我们的教学与科研产生巨大影响。那么，ChatGPT 对于高校人文学科的教学和科研将会有怎样的帮助呢？从研究来说，文史哲人文学科中，除了与自然科学和社会科学密切相关的一些子学科，如科技哲学、计量史学等，很多传统学科，如我所从事的中国或西方古典哲学研究，以及文学研究等似乎与当代科技发展相距甚远，文史哲的主要研究和教学方法仍旧多以传统的阅读经典文献为主。随着 AI 技术的发展，特别是 ChatGPT、Bing、Claude、文心一言等各种 AI 技术的开发使用，传统人文学科该如何使用它，使之成为我们教学科研的利器，这是我们需要密切关注的。本文将基于笔者的教学与科研工作实际情况，浅谈 ChatGPT 在传统人文学科的教学中可以为我们提供哪些新的思

---

① Stephen Wolfram. What is ChatGPT doing and why does it work [Z]. Wolfram Media, Incorporated, 2023.

路、协助与突破，从而对于我们培养新时代的拔尖人才有哪些帮助。①

笔者目前所使用的是 ChatGPT-4 版本，相较于 ChatGPT-3.5，ChatGPT-4 明显更为成熟严谨，功能更为强大。ChatGPT 的使用效果与使用者所给出的提示词(prompt)的书写有着密切的关系，prompt 越详细、越准确、越丰富，它所能输出的内容质量越高，此外还有一些插件也会进一步提升其功能。结合上述背景，我将从授课教学、指导学生和个人科研三个角度介绍和探讨 ChatGPT 可为我们在教与学的革命中提供的协助、启发和创新。

一、ChatGPT 助力教学

当前传统人文类课程教学中，往往传统课程师生缺乏互动，讲授形式单一，部分学生存在缺少学习兴趣，只为应付考试的现象。在短视频、动漫、网络游戏等大众娱乐文化所充斥的当代，一门依赖讲授为主的、探讨古老学问的课程如何能够激发年轻人的学习兴趣，成为教师们要面临的重大挑战。传统课堂单向度传授知识也不利于学生批判性思维和学术能力的养成。此外，一些学生觉得课程"跟不上时代""没什么用"。这一问题可能比前者更为致命，即学习传统哲学学科在部分学生看来老旧、与时代脱节。课程与教学改革的需要和重要性自不待言，人工智能(AI)在今天或许是一个非常好的教学改革的工具。我们可以从课前、课堂与课后几个方面来充分利用 AI 协助，提升教学能力和质量。

(一)课前：与 ChatGPT 的互动备课

在传统人文学科中，我们往往主要是依靠对教材、经典著作、文献的阅读研究，结合一些实际的案例来讲授。但是，为了让课程的内容鲜活生动、贴近学生，我在备课过程中寻求 ChatGPT 协助。这主要体现在以下几个方面：

1. AI 协助备课，内容生动丰富

在备课的过程中，ChatGPT 可以为我们提供很多帮助。第一种应用场景是针对性答疑。在我备课时遇到某些不熟悉的概念、信息时，ChatGPT 可以提供很多帮助。与维基百科或一般搜索引擎很不同的是，ChatGPT 可以按照我们的要求和困惑，有针对性地、按照特殊需要来进行解释。比如可以要求 ChatGPT 用最简单通俗的用语来解释"存在主义"(existentialism)这一概念(见图 1)。这种对抽象概念的简单化、通俗化的解释非常有利于课堂讲解和学生理解。

① 目前，ChatGPT 在教学中的应用研究已有很多成果，如 Amina AI-Marzouqi. Artificial intelligence in education: the power and dangers of ChatGPT in the classroom [M]. Switzerland: Springer Nature, 2024. Brent A. Anders. ChatGPT AI in education: what it is and how to use it in classroom [Z]. Sovorel Publishing, 2023. Stan Skrabut. 80 Ways to use ChatGPT in the classroom: using AI to enhance teaching and learning[EB/OL]. [2024-04-27]. https://www.doc88.com/p-99559600437731.html. Danny Anderson. AI in the classroom: a beginner's guide to ChatGPT and other AI tools for educators[Z]. DSPark, 2023.

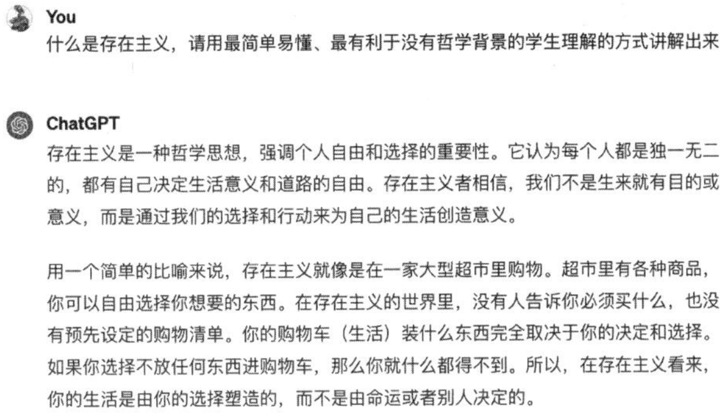

You
什么是存在主义，请用最简单易懂、最有利于没有哲学背景的学生理解的方式讲解出来

ChatGPT
存在主义是一种哲学思想，强调个人自由和选择的重要性。它认为每个人都是独一无二的，都有自己决定生活意义和道路的自由。存在主义者相信，我们不是生来就有目的或意义，而是通过我们的选择和行动来为自己的生活创造意义。

用一个简单的比喻来说，存在主义就像是在一家大型超市里购物。超市里有各种商品，你可以自由选择你想要的东西。在存在主义的世界里，没有人告诉你必须买什么，也没有预先设定的购物清单。你的购物车（生活）装什么东西完全取决于你的决定和选择。如果你选择不放任何东西进购物车，那么你就什么都得不到。所以，在存在主义看来，你的生活是由你的选择塑造的，而不是由命运或者别人决定的。

图 1　ChatGPT 对存在主义的解释(一)

第二种场景是生动化举例。我们在授课过程中，需要把一些专业的、晦涩难懂的概念使用简明清晰的语言和贴切、有趣的举例讲解出来。讲授越生动，教学效果越好，越有助于学生的理解，否则学生容易觉得枯燥。接着上一个问题，我进一步要求 ChatGPT 举出一个当今影视、动漫、游戏中的例子来说明什么是“存在主义”，从而打破“代沟”。图 2 是它的回答，它分别以电影《堕落街传奇》、动漫作品《攻壳机动队》，以及游戏《黑暗之魂》来解释何为存在主义。显然，这在传统教学准备中，对于对年轻一代的文化不熟悉的教师来说是非常困难的，但 AI 却能给我们很大帮助。

You
用电影、动漫或游戏举例来解释一下什么是存在主义

ChatGPT
存在主义是一种强调个人自由、选择和个人责任的哲学观点。在流行文化中，有几部作品很好地反映了存在主义的主题：

电影：《堕落街传奇》（Fight Club）

《堕落街传奇》通过主角的生活和心理状态，探讨了寻找生命意义和个人身份的主题。角色们在现代社会的无意义中寻找真实的存在，并通过自己的选择来定义自己的生活，这与存在主义的核心理念一致。

动漫：《攻壳机动队》（Ghost in the Shell）

《攻壳机动队》中的主角是一个拥有人工身体（壳）的警察。动漫讨论了意识、个性以及人的存在本质，引发观众对于"我是谁？"和"我为什么在这里？"这样的存在主义问题的思考。

游戏：《黑暗之魂》（Dark Souls）

在《黑暗之魂》这款游戏中，玩家在一个荒凉且充满敌意的世界里寻求生存和前进。游戏没有明确的指引，玩家必须自己探索和决定如何面对困难和死亡，这反映了存在主义的自由选择和对抗荒诞性的主题。

通过这些例子，可以让学生理解存在主义不仅仅是关于思考人生的意义，更是关于如何通过我们的行动和选择来赋予生活意义。这些作品中的角色往往在面对困境和选择时表现出他们对自己命运的掌控，这是存在主义的一个关键概念。

图 2　ChatGPT 对存在主义的解释(二)

2. PPT 内容的生成与优化

众所周知，在现代课堂中，幻灯片 Power Point 的制作是否美观、简洁明了、条理清晰极大地影响了我们的授课效果。虽然 PPT 的版式可以使用模板或请专业人士制作得非常精美，但其内容还需要教师自己打磨。好的 PPT 内容应该是简洁明了、提纲挈领、条理清晰。ChatGPT 就可以协助内容的生成。ChatGPT 可以迅速将一大段文本整合为 PPT，它不仅可以提供内容，而且可以对图像、字体与配色都给出建议。

举例来说，我需要讲解一段内容，可以先将这段内容输入 ChatGPT 中，并给它提供一个 prompt：“这是一段课程讲授材料，请将其整理为一页 PPT”(见图 3)。

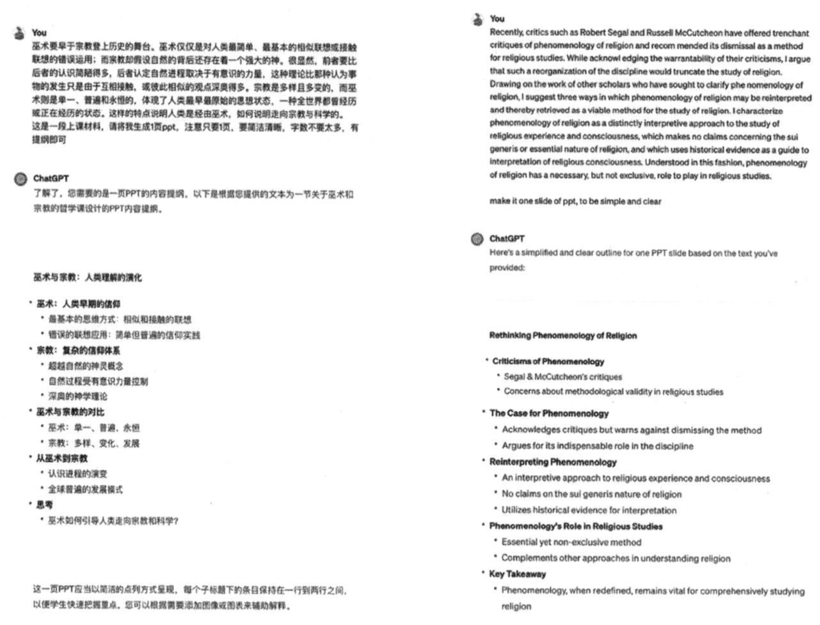

图 3　ChatGPT 对 PPT 内容的生成与优化

由这个例子可以看出，ChatGPT 可以迅速将一大段文本整合为 PPT 的一页，它不仅可以提供内容，而且对图像、字体与配色都给出建议。如果我们的 prompt 写得更详细精确，效果会更好。比如第一次我只是要求它生成 PPT，我发现它所生成的内容还是不够简洁清晰，因此我再次告诉它不必将所有文字都放在 PPT 中。在我们使用的过程中，反复修改、明确我们的要求会使得它输出的内容更加准确有帮助。

另外，由于 ChatGPT 的主要语言是英文，所以英文内容输出的质量更高，对我们来说也更高效。在讲授英文最新文献材料时，我们可以将英文文献直接提供给 ChatGPT，要求它将其改编成为 PPT，其效率极高，效果很好。图 3 中右上边这段话是我从一篇学术论文的 pdf 摘要中直接复制而成，读者可能会注意到其中有一些由于复制粘贴而造成的拼写错误，但这些都没有关系，ChatGPT 完全可以读得懂。后面是它输出的内容。

我们可以看到，它所制作的幻灯片内容简洁，条理清楚。这样非常有助于授课教师很好地把文献重点讲授给学生，又不至于给学生太多内容使其阅读费劲、抓不住重点。因此，ChatGPT 可以作为一种极好的 PPT 内容生成工具，同时这也有助于教师在备课和科研中尽快把握新材料新论文的主旨。此外，上述举例仅是生成一页 PPT，读者还可以根据需要要求它生成多页 PPT。在我们参加学术会议要将自己的论文整理为 PPT 时，这一功能也非常实用。

(二)课堂：ChatGPT 协助下的以问题为主导的师生互动

众所周知，中国大学课堂的一大痛点是学生的“沉默”。大家都知道互动的重要性，现实是老师课上提问，无论难易与否，一些学生总是低着头不肯回答。但是，大学教育中没有问题就没有思考，提不出问题就根本无法进入未来的学术研究之中，而师生不互动就不能改变我们传统课堂的沉默、沉闷氛围。这就涉及两个问题：首先，教师要会向学生提问，这个“会”指的是问题要提得好，能有助于培养学生的批判性思维，还要有意思、让学生有兴趣去回答。其次，学生要会提问，以此方式让自己去主动思考。因此，我尝试设计以提问为主导的师生互动方式。

1. AI 协助教师提问，供学生课堂讨论

为了改变传统课堂完全以教师讲授为主，我在课上准备了一些问题供学生课堂研讨。此时，ChatGPT 可以为我们提出很多好问题。举例来说，学生阅读了涂尔干的《宗教生活的基本形式》一书之后，我请 ChatGPT 为学生们拟定一些思考和讨论的问题(见图 4)。①

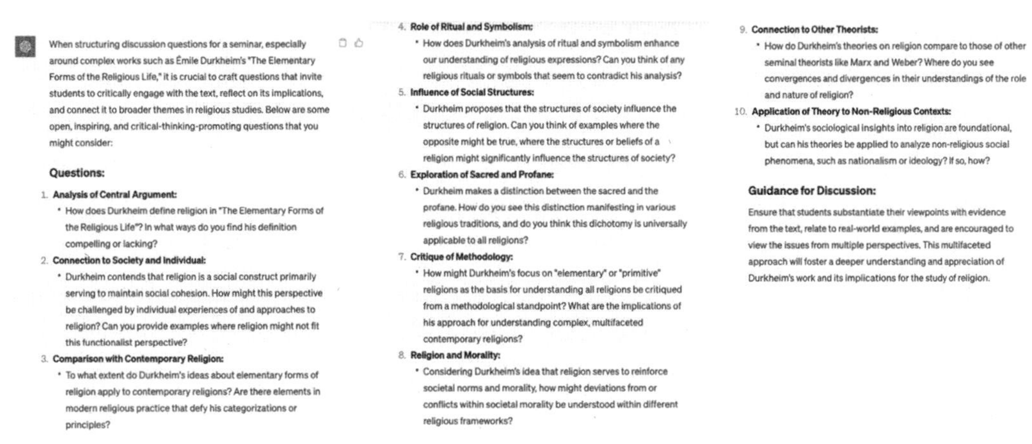

图 4　ChatGPT 拟定思考和讨论的问题

如上，它为我提供了十组问题，当然并非所有问题都适合讨论，有些问题太过于宽泛，学生不好把握。但多数问题是非常有启发的，比如“你是否能想到哪些仪式或象征似乎是和他的分析矛盾的?”这类问题就非常有助于学生批判性思维的养成。有些问题则是有一定难度的，非常适合研究生阶段的同学进行研讨甚至进一步形成研究论文，比如“涂尔干的宗教社会学理论是否能应用到非宗教问题的研究?”这类问题并不一定是教师在自

① 由于 ChatGPT 的主要语言是英文，使用英文远比汉语所生成的内容更丰富更准确，因此下文中的示例是用英文生成。

己阅读与备课过程中可以想到的，甚至很多问题对于教师自己的研究也很有帮助和启发。

2. AI 助教

在高等教育中，自主学习是学生非常重要的素质。学生能够主动探索、解决问题将有效地促进他们知识水平的提升和后续科研能力的建立。在人文学科的本科阶段，学生往往习惯了被灌输知识而自主性不足。ChatGPT 可以有效地帮助学生自主探索相关的概念和问题，特别是个人化与定制化学习。课程之后我会提出一些开放性的、具有一定难度的涉及批判性思维的问题，要求学生在课下探索其答案，学生可以借助 ChatGPT 引导其自主学习。由于我们可以对 AI 提有针对性的问题，并不断追问(这是教师答疑往往做不到的)，因此学习过程互动性强、效率高、生动有趣。

(三)考核：ChatGPT 的挑战与创新式考核方式

在笔者所讲授的一门人文学科课程中，考核通常分为平时成绩与期末成绩两个部分。平时成绩主要是由日常考勤与期中作业组成，期末为开卷考试。

受问答互动理念的启发，我为学生所提出的期中作业就是每位同学必须提出五个关于课程内容的、引发真实困惑的问题，并描述这一问题，但不要求回答。提问的水准作为期中考试成绩评分的依据。课后，不少学生提出了很多真实的、生动有趣的问题，相信这是极好地促进学生思考的过程。

期末考核形式是开卷考试，学生可以参考教材和参考书。疫情期间不得不线上考试，且笔者没有禁止开卷考试中使用电子设备，但是，学生群体对 ChatGPT 等工具的使用给我们的考试带来很大挑战，因为按照传统的试题，当下他们可以很容易通过 ChatGPT 找到试题答案。我们在考试题目的设计中，就不能再像以往一样考一些事实性、封闭性问题，而必须设计那些更具有深度、更能验证学生是否认真听课、体现学生批判性思维、分析能力，并能够结合现实处境、具有创造性的问题。这种题目也不能通过考前突击获得高分，而是必须要求学生认真听课，对课堂讲授的相关理论有深入的思考，并且在课后有深入阅读才能获得高分。教师阅卷的评价标准也要从“答对”转变为“答得有理有据、有逻辑、有深度”。

比如最近一次考试中一道题为：“请用本课学到的理论回答，中国祭祖传统是不是宗教，并给出理由。”这道题本身没有标准答案，旨在考查学生对于“宗教”概念的理解深度。无论回答“是”或“不是”，只要在回答中使用到课程中所讲授的相关理论分析皆可得分。但是，这一问题不可能直接询问 ChatGPT 以获得一个高分答案，因为 ChatGPT 并不知道我们在课上所讲授过的理论与讨论语境。因此，学生对 ChatGPT 等 AI 工具的使用要求我们必须用一种更注重学生素质、能力的方式去评价考核学生，这也将进一步促进学生的成长。考试之后，笔者确实看出有个别学生完全依赖于 ChatGPT 生成试题答案，但是由于 ChatGPT 所生成的答案没有课堂背景知识的语境，过于宽泛，不能切题，也不能应用课程中所讲授过的理论，语言也较为生硬刻板，因此该考生的成绩并不理想。此外，笔者目前也看到有学生尝试直接使用 AI 生成课堂展示内容甚至本科毕业论文，但内容都是比较表面泛泛而谈的介绍，缺少深度。因此，根据笔者的实践，就目前 AI 发展水准，人文学科的教师如果考试题目设计得足够开放，强调批判性思维能力的培养，就不必过于担忧 AI 会对考试和论文带来困扰。懒惰的学生依赖 AI 直接生成的答题与论文质量都比较低，因为缺乏足够的背景知识对 AI 进行“喂入”和训练。反之，如果学生能够将大量课堂、研究背景知识提供给 AI，探索性地一步步寻找答案，就已经与传统上查找书本论文数据库的学习没有太大区别了。整体上说，笔者认为，在学习实践中，AI 技术会成为勤奋聪明学生的学习利器，使他们如虎添翼；反之，它也会让那些懒惰的学生更加懒惰，不愿意去主动学习思考，从而进一步影响他们的学习表现。

二、ChatGPT 协助指导学生

高校教师课堂授课只是工作之一，我们很多时间还会用于单独指导学生论文写作，相对于一般知识性的讨论，单独指导学生论文的选题、谋篇布局与写作对于教师，特别是经验较少的青年教师群体来说是比较有挑战的。我们可以寻求 ChatGPT 给我们一些启发和协助，特别是对于我们原本不熟悉的话题，就可以通过 ChatGPT 寻求一些建议。

举例来说，某次笔者与所指导学年论文的学生沟通，询问学生生活中有什么兴趣爱好，或者对什么问题比较感兴趣，该生告诉我她对克苏鲁文学很感兴趣。“克苏鲁”一词在此之前我从未听说过，她告诉我是一种当下年轻人中间很流行的恐怖小说题材。因此，我询问了 ChatGPT。ChatGPT 在这个我完全不熟悉的话题上给出了非常专业、详细、多角度的研究指导，包括参考书目的罗列。

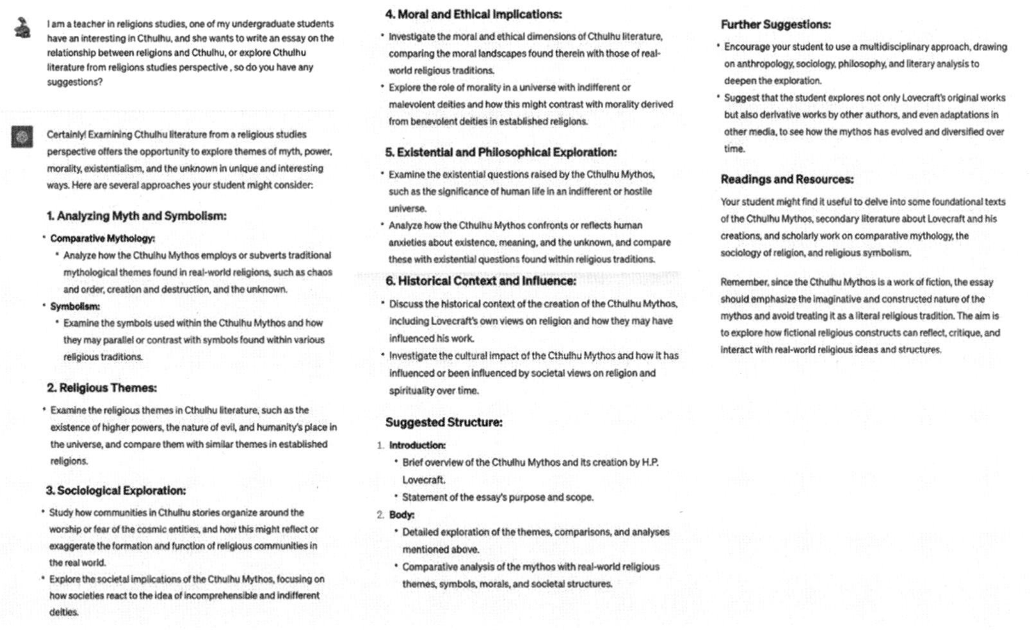

I am a teacher in religions studies, one of my undergraduate students have an interesting in Cthulhu, and she wants to write an essay on the relationship between religions and Cthulhu, or explore Cthulhu literature from religions studies perspective , so do you have any suggestions?

Certainly! Examining Cthulhu literature from a religious studies perspective offers the opportunity to explore themes of myth, power, morality, existentialism, and the unknown in unique and interesting ways. Here are several approaches your student might consider:

1. Analyzing Myth and Symbolism:

- **Comparative Mythology:**
  - Analyze how the Cthulhu Mythos employs or subverts traditional mythological themes found in real-world religions, such as chaos and order, creation and destruction, and the unknown.
- **Symbolism:**
  - Examine the symbols used within the Cthulhu Mythos and how they may parallel or contrast with symbols found within various religious traditions.

2. Religious Themes:

- Examine the religious themes in Cthulhu literature, such as the existence of higher powers, the nature of evil, and humanity's place in the universe, and compare them with similar themes in established religions.

3. Sociological Exploration:

- Study how communities in Cthulhu stories organize around the worship or fear of the cosmic entities, and how this might reflect or exaggerate the formation and function of religious communities in the real world.
- Explore the societal implications of the Cthulhu Mythos, focusing on how societies react to the idea of incomprehensible and indifferent deities.

4. Moral and Ethical Implications:

- Investigate the moral and ethical dimensions of Cthulhu literature, comparing the moral landscapes found therein with those of real-world religious traditions.
- Explore the role of morality in a universe with indifferent or malevolent deities and how this might contrast with morality derived from benevolent deities in established religions.

5. Existential and Philosophical Exploration:

- Examine the existential questions raised by the Cthulhu Mythos, such as the significance of human life in an indifferent or hostile universe.
- Analyze how the Cthulhu Mythos confronts or reflects human anxieties about existence, meaning, and the unknown, and compare these with existential questions found within religious traditions.

6. Historical Context and Influence:

- Discuss the historical context of the creation of the Cthulhu Mythos, including Lovecraft's own views on religion and how they may have influenced his work.
- Investigate the cultural impact of the Cthulhu Mythos and how it has influenced or been influenced by societal views on religion and spirituality over time.

Suggested Structure:

1. **Introduction:**
   - Brief overview of the Cthulhu Mythos and its creation by H.P. Lovecraft.
   - Statement of the essay's purpose and scope.
2. **Body:**
   - Detailed exploration of the themes, comparisons, and analyses mentioned above.
   - Comparative analysis of the mythos with real-world religious themes, symbols, morals, and societal structures.

Further Suggestions:

- Encourage your student to use a multidisciplinary approach, drawing on anthropology, sociology, philosophy, and literary analysis to deepen the exploration.
- Suggest that the student explores not only Lovecraft's original works but also derivative works by other authors, and even adaptations in other media, to see how the mythos has evolved and diversified over time.

Readings and Resources:

Your student might find it useful to delve into some foundational texts of the Cthulhu Mythos, secondary literature about Lovecraft and his creations, and scholarly work on comparative mythology, the sociology of religion, and religious symbolism.

Remember, since the Cthulhu Mythos is a work of fiction, the essay should emphasize the imaginative and constructed nature of the mythos and avoid treating it as a literal religious tradition. The aim is to explore how fictional religious constructs can reflect, critique, and interact with real-world religious ideas and structures.

图 5　ChatGPT 关于克苏鲁文学的研究指导(一)

由上可见，ChatGPT 在一个教师完全不熟悉的话题上，可以给出非常专业、详细、多角度的研究指导，并且教师可以基于某一点继续追问。比如我认为上述讨论还是太笼统，于是我继续询问它“如果做宗教与克苏鲁文学的相关研究的话”，可以有哪些角度。

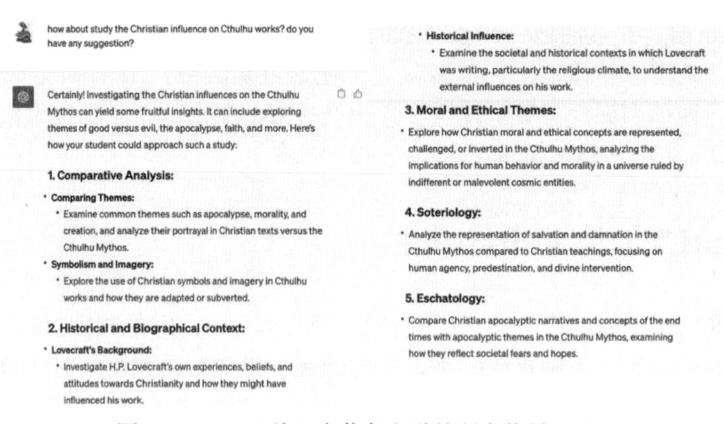

图 6　ChatGPT 关于克苏鲁文学的研究指导(二)

它继续给了我非常详细的回复，这些都极大地有助于为我提供指导学生论文研究的思路。虽然该同学后来没有选择这一话题进一步研究，但是这一案例为我使用 ChatGPT 提供了很重要的经验，它说明即使是作为教师并不熟悉的话题，在其协助下，也可以为学生提供有益的研究建议，而倘若我们自己去查找一个完全不熟悉的领域的材料则是非常耗时吃力的。特别是教师与学生之间本身存在代际差异，很多年轻学生中间流行的话题、兴趣爱好、流行词、新生的小众文化圈子等，教师可能非常陌生。这时 ChatGPT 都可以帮助我们高效地获取信息。更重要的是，它并不是提供现成的答案，而是提出了很多研究的思路和问题，这对于拓宽学生视野和研究思路来说是非常有帮助的。

此外，在指导学生过程中，我认为另一些比较有帮助的方面就是通过上文提到的对话与追问的方式，请 ChatGPT 帮忙厘清很多背景性问题和材料，以及上文提到的请 ChatGPT 来提出一些学术问题，为我们的研究提供一些新的角度和灵感。这些也与下文在个人科研中的使用方法是相通的。

AI 会为教师和学生在寻找研究主题和研究思路中提供很多帮助，但笔者看来，教师也不必对学生是否会依赖 AI 直接生成论文过度焦虑。一方面，目前就笔者的经验来看，如果没有任何知识的主动探索，仅凭借 AI 生成论文，其质量很差，完全达不到正常论文的水准。另一方面，随着 AI 技术的发展，各种相关涉及 AI 抄袭的学术规范也会越来越成熟。①

① 比如康奈尔大学在 2023 年已经发布了 CU Committee Report：Generative Artificial Intelligence for Education and Pedagogy，明确了很多 AI 在现代科研中的学术规范和界定。https：//teaching. cornell. edu/generative-artificial-intelligence/cu-committee-report-generative-artificial-intelligence-education，获取时间，2024-04-27.

三、ChatGPT 助力科研

科研与教学的关系是互为补充、互相促进的。高质量的科研成果可以进一步推动教学水准的提升，而教学中遇到的问题也激发科研问题的提出和解决。在人文学科中，特别是我所从事的研究中，虽然主要还是以传统的文献阅读研究为主，对技术的依赖不如社会学科或自然科学那么多，但是 ChatGPT 可以为我们提供极大的帮助，具体包括但不限以下几点：

（一）多语言的使用与翻译

人文学科，特别是涉及西方哲学、历史文化的研究总是不可避免地与外语打交道，即使教师们语言能力比较好，也会存在语言障碍的情况。特别是文史哲研究经常涉及古典语言的研读和使用，如古希腊语、古拉丁语等，这时 ChatGPT 可以极大地帮助我们打开语言的屏障，为我们的研究和教学助力。

举例来说，笔者近期翻译了一本专著，该书中涉及古希伯来文的研究分析，虽然我略懂古希伯来文，但是书中一些专业术语的解释和翻译，还是觉得拿不准。但 ChatGPT 为我提供了很多帮助。

> This is most transparent in Genesis 18：18, where a statement concerning a mere wish expressed by other nations would hardly explain Abraham's international significance. It seems unlikely, therefore, that these occurrences of theniphal form of brk should be interpreted reflexively, despite the presence of the hitpael in Genesis 22:18 and Genesis 26:4. But how then are these occurrences of the hitpael to be explained?
>
> One plausible way to account for the latter is by giving theniphal a "middle" sense (i. e. "win/find blessing"). This translation has the advantage of incorporating both a passive and reflexive meaning, which may help explain why the compiler of Genesis allowed both forms of the verb to stand unaltered in the final text 10 Moreover, if a middle rather than a passive sense were intended, this would also explain why the more common passive verb forms (qal passive participle or pual) of brk were not employed.

这段话探讨了一个核心古希伯来动词 brk 为何使用 niphal 形式(一种古希伯来文的动词形式)。作者认为，这个 niphal 既不是反身也不是被动，而应该解释为"middle"。这段话对于没有古希伯来文背景的读者是很难理解的，也比较难翻译为中文。但是，ChatGPT 可以帮助我们(见图 7)：

根据 ChatGPT 的解释，在古希伯来文中，动词的 niphal 形式不仅有被动与反身的意思，还有"middle"的意义，它将其解释为"主语既是动作的发出者也是接受者"。而这个"middle"在古典语言语法中通常翻译为"中动态"。这是仅有英文知识的译者所不熟悉的。

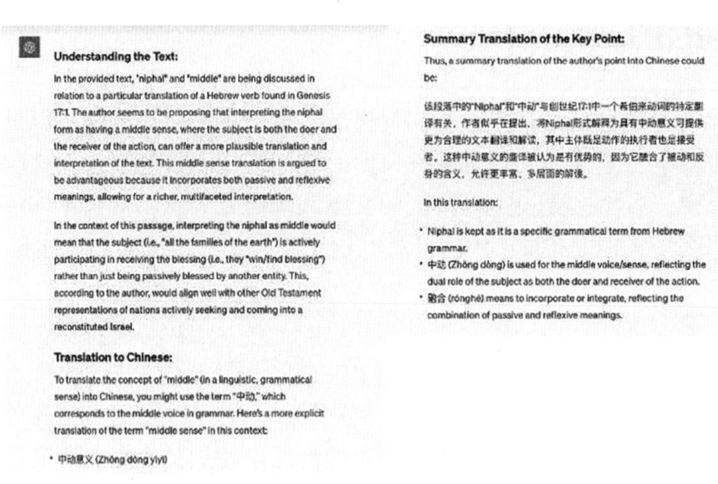

图 7　ChatGPT 关于古希伯来文专业术语的讲解

这样，即使并不熟悉古希伯来文的语法，也可以顺利地通过向 ChatGPT 询问及其讲解将这段话准确地翻译出来。

因此，ChatGPT 极大地扩展了我们的多语言能力，传统的翻译软件或者可以翻译一些其他文字，但是它们不具有解释功能，ChatGPT 则可以帮助我们不仅仅是翻译，更是帮助用户去学习和理解。目前 ChatGPT 已可以识别图片，从而有助于我们去判读一些古典文献中难以识别的手写体、花体字等文字，并且可以进一步对文字进行转录、编辑和翻译。

此外，ChatGPT 也是写作利器。它可以很好地按照我们的要求，帮助我们修改文字，特别是进行英文写作的校对和润色，找到我们英文写作中的语法错误、不地道之处，帮助我们修改并提供文字写作的建议。

但是，笔者并不主张完全依赖 ChatGPT 进行翻译和写作，ChatGPT 目前的翻译并不能做到完全准确、流畅、通顺，经常会出现一些错误和遗漏，并不能取代译者的工作，更会产生著作权的伦理争议，这是需要我们谨慎处理的。

(二)专业性背景知识提供

在第一部分备课知识点补充方面，我已经提到了这一问题。在科研中，ChatGPT 也会同样为我们提供很多这类协助。

举例来说：我在翻译上文提到的专著中，发现 ChatGPT 还有一个非常有帮助的地方，就是可以为我们提供大量的背景知识。举例来说，我在翻译上文提到的专著时，遇到这样一句话：

Defining covenant as ‘a bond-in-blood sovereignly administered’ (1980: 15), Robertson’s study is primarily interested in the relationships between the various divinehuman covenants in Scripture.

由于这段话出现在文献综述中，作者并没有对文中提到的 Robertson 的整体思想做详细的介绍分析，只有这一只言片语。因此，我最初将“a bond-in-blood”猜测性地理解为是指“血缘纽带”关系，但又担心会有错误，也未能找到 Robertson 的书详细阅读一遍。此时，我寻求了 ChatGPT 的协助。ChatGPT 通过背景资料的分析，回复我 Robertson 将盟约理解为必须用流血来建立的关系，意即立约过程中需要杀死祭牲，因此这里 blood 不是指血缘关系，是指“歃血为盟”之“血”。很显然，原来 Robertson 的原意与我最初仅凭字面意义的猜测差之千里。这一经历给我很大触动，让我体会到 ChatGPT 所能为我们的学术研究提供的帮助，是一般的翻译软件做不到的，也是仅有外语知识不能够取代的。

此外，ChatGPT 对于高校教师的其他方面的工作也有很多帮助，如个人外语能力的学习和提升，工作中一些简单重复性文字或表格文字的编辑、校对、输出等不一而足。ChatGPT 的使用方法、应用范围、发展潜力目前在全球都是正在被密切关注和探索的问题。

四、结语

虽然 ChatGPT 已经成为 2023 年全世界最热门的话题，但由于种种限制和中文开发尚不成熟等局限，很多教师对 ChatGPT 或 AI 技术还停留在猜测和质疑阶段。[①] 特别是我们传统人文学科的研究者们，往往对所谓的技术革新兴趣不大，认为这些不过是雕虫小技，无助于我们依赖于文献的研究，认为读文史哲还是要依赖经典，以聪明的头脑和勤奋的投入进行学习。很多教师也对 AI 有很多怀疑和防备心理，认为 AI 的使用会造成学生偷懒，学术不端等。但是，AI 技术已经实实在在地开始进入并改变我们的生活了，就算教师们不理睬不使用，学生也已经开始大量使用。[②] 即使是出于避免学生滥用、误用 AI，教师自己先去认识、使用和研究 AI 技术也是极有必要的。只有教师们自己有研究、使用体会和反思，才能进一步指导学生规范使用 AI 工具。

本文举出一些简单肤浅的个人使用案例想要说明的是，作为一种新技术，AI 可以为我们的传统人文学科的教学、科研提供极大的协助，提高我们的工作效率，打破我们的语言障碍，扩展我们的知识和思路。进而，它也可以对学生的学习有很多直接性的帮助。当然更不用说，ChatGPT 对社会学科的量化分析、法律文书的写作、自然科学的计算分析以及一些涉及技术的跨学科研究的帮助。此外，还有很多 ChatGPT 在我们日常生活中的应

---

① AI 技术的发展之迅速也引人瞩目。本文写成于 2023 年 9 月，修改稿完成于 2024 年 4 月，在半年之间，ChatGPT 等 AI 工具继续发展，据笔者观察，目前教师群体对 AI 的接受度也远高于本文最初写作之时。

② 据中国青年报 2023 年 11 月 17 日报道，目前“超八成受访大学生曾使用 AI 工具”。https://zqb.cyol.com/html/2023-11/17/nw.D110000zgqnb_20231117_1-07.htm，获取时间 2024-04-27。

用和案例，如写邮件和代码、AI 绘画、语音合成等，但与本文主题无关便不再详述。

但是有几点值得指出，最重要的是，ChatGPT 更像是一个工作与研究助理，而不能当作教学与学术研究的替代。我在使用过程中也体会到它存在一些问题：其一是众所周知的编造参考文献，“一本正经地胡说八道”，这些问题在中文使用环境下更为突出。所以在使用过程中，我们需要鉴别其内容的水准和准确程度。目前它和很多专业数据库尚未打通，所以我不建议使用它来协助罗列参考资料。但这一问题的解决也许指日可待。其二，创造性问题。众所周知，学术研究是一种创造性工作，ChatGPT 对于知识性普及已经足够了，但它并不能提供给我们一些有创造性的、研究性的新观点。因此，我不认为它能够代替我们进行学术研究，替我们写论文或翻译。除了目前热议的著作伦理问题外，我认为它还不能达到学术研究的深度。其三，ChatGPT 的使用效果很大程度上取决于我们 prompt 的输入，不断完善我们的 prompt，使之更为准确、清晰，给它提供充足的背景资料、明确的需求，将可以极大地有助于它为我们生成优质的内容，这方面既需要我们积累使用经验，网络上也有大量资料可供参考。① 其四，建议最好使用英文来与之对话，并且完全无须担心英文水平问题，无论是常规的语法错误还是拼写错误，只要基本描述清晰，它基本可以识别我们要表达的意图。但对于很多中国研究与中国学者相关的问题，若再用中文提问，它的回答则很不尽如人意。其五，AI 工具的使用，事实上更让我们去反思人超越于机器的独特性，如人的创造力、批判性思维、情感能力，以及人际关系的影响力。AI 技术对教师们所提出的最大挑战，是要让我们不再只是知识的灌输者，而成为学生学习和科研真正的引导者，不再只是课堂中的讲者，而成为与学生产生真实关系的师者。毕竟，人与人真实的关系、智慧的启迪是不能被技术取代的。

我们看到一个由 AI 所开启的新时代已经到来，也期待它不只是我们茶余饭后一个关于新鲜事物的谈资，更能够实际进入我们教、研、学的过程。只有教师群体紧跟时代步伐，有了解和把握当代最新高精尖科技发展趋势的眼界，我们才能真正培养出能够适应当今极速变革的时代，在将来推动国家发展的拔尖人才。因此，无论是在课堂上，还是在科研中，无论是与科技直接相关的学科，还是如文史哲这种传统的人文学科，期待 AI 都能为我们提供前所未有的帮助，开启一场真正意义上的教与学的“革命”。

◎ 参考文献

[1] AI-Marzouqi Amina. Artificial intelligence in education: the power and dangers of ChatGPT in the classroom[M]. Switzerland: Springer Nature, 2024.

[2] Anders Brent A. ChatGPT AI in education: what it is and how to use it in classroom[Z]. Sovorel Publishing, 2023.

[3] Anderson, Danny. AI in the classroom: a beginner's guide to ChatGPT and other AI tools for educators[Z]. DSPark, 2023.

① 如 https://github.com/yzfly/awesome-chatgpt-zh，获取时间 2023-09-25。

[4] CU Committee Report. Generative artificial intelligence for education and pedagogy[EB/OL]. [2024-04-27]. https://teaching.cornell.edu/generative-artificial-intelligence/cu-committee-report-generative-artificial-intelligence-education.

[5] Skrabut, Stan. 80 ways to use ChatGPT in the classroom: using AI to enhance teaching and learning[EB/OL]. [2024-04-27]. https://www.doc88.com/p-99559600437731.html.

[6] Wolfram, Stephen. What is ChatGPT doing and why does it work[Z]. Wolfram Media, Incorporated, 2023.

[7] 超八成受访大学生曾使用 AI 工具[EB/OL]. [2024-04-27]. https://zqb.cyol.com/html/2023-11/17/nw.D110000zgqnb_20231117_1-07.htm.

表现性评估方式在语言学理论课程中的应用

——以语言学概论课程为例

郭婷婷

（武汉大学　文学院实践教学中心，湖北　武汉　430072）

【摘　要】 语言学理论课程自身的特点带来了教学上的难点，通过对课程评价方式的变革提升该类课程的教学效果或是一种值得探索的途径。通过在语言学概论这类语言学理论课程中引入“表现性评估”方式，设计并优化表现性任务的环节，制定具有可操作性和科学性的评价量表，在语言学概论课程中予以实践并进行问卷调查，调查结果反映了表现性评估对于语言理论类课程的适用性和有效性。在教学实践的基础上，进一步对表现性评估的有效开展提出了思考与建议。

【关键词】 表现性评估；语言学理论课程；语言学概论；评估任务；评估量表

【作者简介】 郭婷婷（1976—　），女，重庆人，研究生学历，博士学位，武汉大学文学院副教授，主要从事汉语语法学、语言理论、国际中文教育等方面的教学与研究，E-mail：guotingting@ whu. edu. cn。

【基金项目】 武汉大学教学研究项目（2019JG020）；教育部产学合作协同育人项目（231001665070345）。

语言学理论课程是构建中国语言文学专业学生基本专业素养的重要组成部分，但这类课程呈现出与文学类课程迥然相异的特点，由于其突出的理论性和逻辑性，常常被称作“文科中的理科”，一直以来，“枯燥”“难懂”“生涩”也成为学生们对语言学理论课程刻板印象的标签。同时，语言学理论课程的考核方式大多采用以纸笔为主的“总结性评估”（summative assessment），主要考察的是学生是否达到了教学的目标、要求，水平如何等。这种评价方式更多追求量化的分数，比较重结果、轻过程，对于学生实践能力的提升和探究式学习能力的培养较为缺乏，也很难反映出学生在真实情景中运用已有知识完成任务的能力和相关表现。那么，究竟如何在教学活动中克服学生对语言学理论课程学习的恐惧心理，激发内在学习动机？如何突破传统评估方式的局限，利用评估这一手段培养学生的深度学习、高阶思维、实践能力、创新能力？都是值得我们深入探讨的问题。为此，本研究将基于建构主义学习理论（constructivism learning theory）的“表现性评估”方式（performance assessment）引入相关课程，希望为解决当下语言学理论课程所面临的问题展开一点探索。

一、"表现性评估"的内涵与作用

"表现性评估"兴起于20世纪80—90年代的美国，随着构建主义学习理论的推广，教育评价的重点逐渐从侧重学习结果的诊断开始转向对于学习过程的考查。通过梳理已有的文献发现，不同的研究对于"表现性评估"定义的表述不尽相同，但都非常强调考查学习者对于知识的主动构建能力以及运用既有知识解决新问题的能力。例如，美国知名的教育评估专家理查德·斯蒂金斯认为"表现性评估"就是测量学习者运用先前所获得的知识来解决新异问题或完成特定任务能力的一系列尝试。[1]国际教育成就评价协会(International Association for the Evaluation of Educational Achievement，IEA)把表现性评估定义为："利用综合实践任务考查学生对内容性知识(content knowledge)和程序性知识(procedural knowledge)的掌握情况，并评价学生运用以上知识去论证和解决问题的能力。"[2]我国学者周文叶认为"表现性评价是在尽量合乎真实的情境中，运用评分规则对学生完成复杂任务的过程表现或/与结果做出判断。"[3]

已有的研究表明，表现性评价评的是居于课程核心的、需要持久理解的目标，这些目标需要通过真实情景中的任务来落实并进行检测。学生完成任务的过程，也就是经历真实情景中的任务解决过程，在这个过程中，学生需要进行建构、创造，指向的是深度理解与学习。更重要的是，学生需要利用评分规则引导自己进行自我主导的学习，对学习本身进行反思，从而促进和改善表现。[4]

因此，在该评估理论的指导下，我们尝试在具有代表性的语言学理论课程——语言学概论中引入"表现性评估"的方式，构建一个以实践为核心的教学评价情境，与传统的"总结性评估"共同构成多元化的成绩考评体系，以期在此过程中帮助学生进行主动的知识建构，不断提升实践能力和高阶思维，将评估的证明功能转变为对教学的改进功能，真正做到以评促学。

二、"表现性评估"的探索与实践

在语言学概论课程中引入表现性评估，主要通过解决以下两个问题来实施：一是探索如何结合真实场景设计表现性任务；二是解决如何构建科学可量化的评价体系。现分述如下。

(一)表现性任务的设计与实践

根据周文叶提出的观点，[5]我们将语言学理论课程的表现性任务设计环节展示如图1所示。

作为教师，开展表现性任务设计的第一步应该是"分析目标能力的特征"，即确定学生在完成表现性任务的过程中，必须展示哪些语言学相关的知识来证明达到目标能力；第二步是"生成初始任务的想法"，教师大致描述提供评价证据的基本任务；第三步"检查任

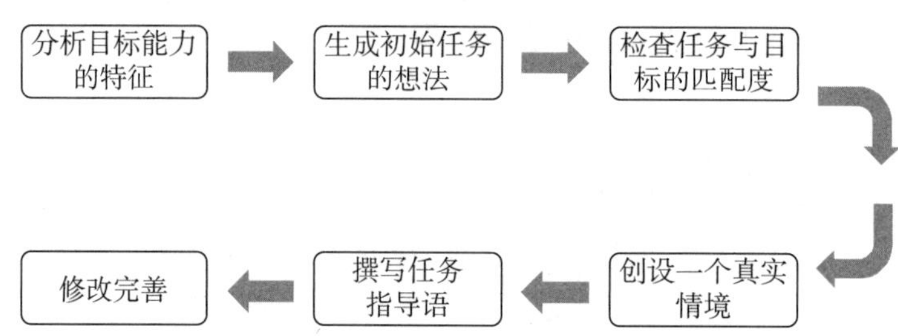

图 1　语言学理论课程的表现性任务设计环节

务与目标的匹配度”，指的是教师应进一步核查这项任务在多大程度上能与目标能力相匹配；第四步“创设一个真实情境”，应结合本课程知识可能涉及的真实场景和学生的兴趣及实现条件来进行选取和考虑；第五步“撰写任务指导语”，教师应说明学生被要求具体完成哪些任务内容并最好提供相关资源及范例；第六步是进一步对任务设计进行修改和完善。

基于以上的设计过程，我们结合语言学概论的培养目标，选取了“语言调查报告”作为整个课程表现性评估的任务。具体内容设计如图 2 所示。

语言学概论课程表现性评估任务——语言调查报告

- 角色：你是本地语言文字工作委员会的一名工作人员，目前正在开展本地第三产业从业人员服务语言使用状况的调查研究。
- 总体目标：请你选择某一特定行业开展调查（例如：餐饮、医疗、零售、银行等，个案调查、抽样调查均可），通过该调查，一方面能够展示该行业从业人员的语言服务状况，另一方面，在调查的基础上对该行业的从业人员进一步改善语言服务提供建议和对策。
- 任务内容及环节：

（1）文献综述：在初步确定某一行业服务语言作为研究对象后，请进行相关的文献调查，了解已有的研究成果并进行简要综述：对于该领域，前人已经研究了什么，得出了哪些主要结论，还有哪些尚待调查和研究的空间等。

（2）语料搜集：在确定该研究对象可行之后，请在充分考察语料的基础上搜集不少于 100 条具有代表性的真实语言材料。

（3）语料分类：对语言材料进行分类整理，请说明分类的依据。

（4）形式描写：在分类的基础上充分描写每一类语料的语言特征（例如：可描写语音、词汇、语义、语法等方面的特征）。

（5）内容挖掘：结合特征描写进而挖掘语料背后反映的社会文化心理。

（6）建议对策：在对语料进行充分考察的基础上说明该行业的服务语言是否存在问题或失范现象，并提出相应的建议和对策。

- 其他要求

（1）调查报告字数不少于 3000 字。

（2）请注意学术规范，按照提供的范例进行排版。

图 2　语言学概论表现性评估任务示例

任务内容的(1)(2)环节，主要是考查学生的观察与调查能力；(3)(4)环节是考查学生对语言材料的分类和描写能力；(5)(6)环节则是考查学生的解释说明能力。语言学研究所要求的“观察充分”“描写充分”“解释充分”原则在以上的任务环节中得到了充分的体现。同时，该任务赋予了学生具体的语言工作者身份，使学生在完成任务的同时具有了责任感和使命感，能够从角色身份的角度出发思考问题，较好地激发了学生完成表现性评估任务的内驱力。在学期末，不少同学提交了非常具有社会应用价值的调查报告，比如：《奶茶店语言服务调查报告》《泰州乡镇地区医生与老龄患者会话调查研究》《网络带货主播的语言特点及其对产品销量的影响》等，对改善相关领域的语言生活状况提出了不少颇有见地的建议。

以上的评估性任务我们分两个学期进行了实践，第一次实践采用了小组任务的方式，第二次采用了个人任务的方式，同时对学生完成任务的流程方面进行了一些调整和优化，对比如图 3 所示。

小组任务：确定选题——→多次研讨——→撰写调查报告——→制作展示视频——→撰写反思报告

个人任务：学习范例——→撰写包含语料的学习记录——→确定选题——→撰写调查报告——→撰写自评报告

图 3　小组任务和个人任务的流程对比

在实施第二次评估性任务之前，我们对学生做了问卷调查，了解学生对采取小组任务和个人任务的倾向性，结果如图 4 所示。

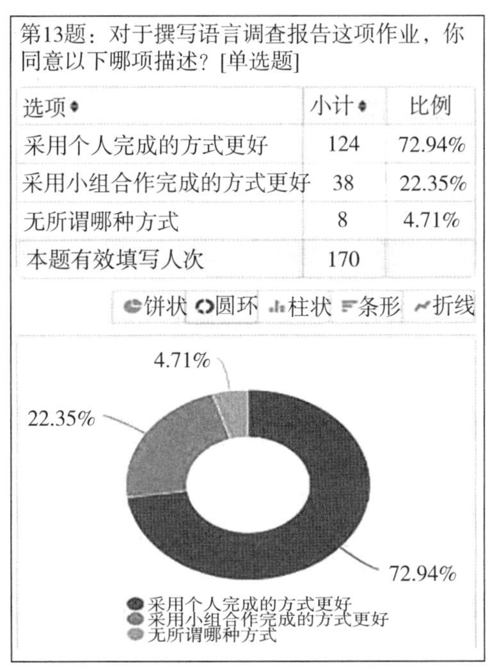

第13题：对于撰写语言调查报告这项作业，你同意以下哪项描述？[单选题]

选项	小计	比例
采用个人完成的方式更好	124	72.94%
采用小组合作完成的方式更好	38	22.35%
无所谓哪种方式	8	4.71%
本题有效填写人次	170	

图 4　学生对小组任务和个人任务的倾向性调查结果

基于大部分学生的倾向性，第二次评估采用了个人任务的方式，并且在实施第二次任务时，针对学生提出的选题确定困难等问题，我们通过提供学习范例等方式对流程进行了优化，要求学生在确定选题之前，必须先学习语言调查报告范例，进而观察生活中的语料形成学习记录，在此基础上确定最终的选题意向并提交老师审核。增加了范例学习和语料记录这两个环节的引导之后，学生的选题确定能够更加明晰，任务完成起来也就水到渠成了。

(二)表现性评估量表的设计

由于表现性评估不是采用传统的纸笔考试方式，没有统一的标准答案，学生呈现的表现性评估成果也具有明显的主观性和差异性，因此制定相对客观的评分规则对于顺利实施表现性评估尤为重要，一方面能够提升评估结果的科学性，另一方面也能够向学生传达评价他们成果所依据的标准，并通过细化的标准帮助学生提高他们完成任务的表现。为了达到以上目的，在表现性评估中经常使用评估量表的方式开展评分。针对本研究中语言学概论所设计的表现性评估任务，我们制定了相应的评分量表，部分展示如表 1 所示。

表 1　**语言学概论表现性评估任务评价量表(部分)**

一级指标	二级指标	评价指标(评分点)	评价等级				得分
			优秀	良好	合格	不合格	
选题能力	选题范围	选题范围适中，能针对具体问题确定选题，未出现宽泛不明确的情况	5 分	4 分	3 分	2 分及以下	
	选题价值	选题具有实践性和应用价值，且具有创新意识	5 分	4 分	3 分	2 分及以下	
综述能力	综述的全面性	对相关成果的综述全面完整，做到中外成果无遗漏	5 分	4 分	3 分	2 分及以下	
	综述的准确性	对相关成果的综述表达准确、逻辑清晰、要言不烦	5 分	4 分	3 分	2 分及以下	
语料采集整理能力	语料采集的多样性	能够使用多种科学的途径和方法进行语料的采集	5 分	4 分	3 分	2 分及以下	
	语料整理的合理性	对语料的分类有科学客观的依据，做到分类清晰、逻辑周延	5 分	4 分	3 分	2 分及以下	

在具体的评价过程中，我们采用了教师评价和学生自我评价相结合的方式，后者能够促使学生逐条对照指标考察每项任务完成的有效性，并最后形成自评报告提交，同时能够帮助教师及时了解学生在完成任务过程中的困难和障碍，有助于后续表现性任务设计的完善优化。

三、结论及思考

在语言学概论课程中尝试使用了表现性评估方式之后，我们对参与课程的学生进行了问卷调查，从调查结果来看，学生们对表现性评估方式都展现出了积极的态度。例如，针对“你对设置表现性评估类学习任务的态度是什么？”这一问题的回答，选择“比较有必要设置”和“非常有必要设置”这两类积极回答的占比超过86%，选择“完全没必要设置”和“不太有必要设置”等消极回答的占比仅占不到3%；另外，针对“你认为表现性评估方式，最能有效提升你关于课程学习的哪些方面的能力？”这一问题，所列举的六大能力选择占比从高到低依次为：分析能力>应用能力>理解能力>创造能力>评价能力>记忆能力，① 选择“不能提升任何能力”这一选项的人数为零。由此看出，所有参与课程的学生均认为表现性评估方式提升了自己的课程学习能力，其中大部分学生认为自身的分析、应用等高阶认知思维能力得到了有效的提升。问卷结果在一定程度上证实了在语言学概论这类理论性较强的语言类课程中引入表现性评估具有可行性和有效性。

在进行了两期的表现性评估实践之后，我们也对如何开展表现性评估提出一些思考和建议：(1)任务设计时应尽量模拟任务的真实性，从而达到提升学生兴趣的效果；(2)力求任务与考查点一致，将课程要求达到的能力培养目标有机融入表现性任务设计之中；(3)制定具有可操作性的评分细则，将有助于科学有效地对学生表现进行评价，同时能够促进学生对标准所要求能力的认知和提升；(4)教师应优化任务流程，引导学生全程深度参与，以有效保证表现性评估的效果。

总体而言，“表现性评估”的设计过程较为复杂，对教育者也提出了更高的要求，但是这种评估方式指向的是学生核心素养的养成，是一种符合当代人才培养需求的评估模式，值得我们教育者投入更多的关注并不断付诸实践。

◎ 参考文献

[1]Stiggins, Richard J. Design and development of performance assessments[J]. Educational Measurement: Issues and Practice, 1987, 6(3): 33-42.

[2] Wolf, Richard M. Performance assessment in IEA studies[J]. International Journal of Educational Research, 1994, 21(3): 239-245.

[3]周文叶．中小学表现性评价的理论与技术[M]. 上海：华东师范大学出版社，2014：53.

[4]周文叶．促进深度学习的表现性评价研究与实践[J]. 全球教育展望，2019(10): 86-87.

[5]周文叶．素养导向的表现性评价[EB/OL]. (2022-9-21). https://b23.tv/7Kt2hH7.

① 六大能力源自美国教育心理学家本杰明·布鲁姆提出的认知领域目标六个层次。

科技考古在英美的发展及其对我国人才培养的启发

李　涛

（武汉大学　历史学院，武汉大学　长江文明考古研究院）

【摘　要】科技考古是将自然科学中的方法与技术应用于考古学材料，解决考古学问题的一门学科。一般认为，这个意义下的科技考古初步形成于20世纪50年代，70年代成长为一个专门的研究领域，至90年代发展成熟。经过70多年的发展，科技考古在西方国家特别是英、美两国取得长足进步，但各自的发展过程和现状又有差异。本文简要梳理和比较科技考古在英、美的发展，主张科学研究的顶层设计、人才培养的体系性、专门性的研究经费是推动科技考古学科体系发展的三大要素，在此基础上，结合科技考古在中国的发展和现状，对我国科技考古的高层次人才培养提出建议。

【关键词】科技考古；计量考古；顶层设计；人才培养；科研经费

【基金项目】中组部“万人计划”青年拔尖人才计划（项目号：1105-212200003）。

【作者简介】李涛（1982—　），男，陕西礼泉人，理学博士，哲学博士，武汉大学历史学院教授，博士生导师，研究方向：科技考古、史前考古，E-mail：tao-li@ live. com。

引言

进入21世纪，自然科学的方法和技术在考古学研究中得到越发成熟和广泛的应用，进一步推动科技考古学科体系的发展。2009年，考古学家大卫·基利克和保罗·戈登伯格在《美国考古学的宁静危机》一文中，态度鲜明地提出21世纪的第一个十年（2000—2009年）中，世界考古学的主要发展方向既不是过程主义向后过程主义的过渡，也不是传播论在考古学阐释中的复兴，更不是女性考古学家比例的增加，而是科技考古在世界范围内的迅速发展与扩张①。2011年，国务院学位委员会对学科体系进行调整，将考古学提升为一级学科，之后考古学在中国的发展进入新时代。而与中国考古学一同经历快速发展的，还有中国的科技考古研究，既有成规模的科技考古团队和实验室平台，也有能够构建科技考古学科体系的人员保障，全国主要的考古科研院所已配备科技考古专业人员，一些

① David Killick, Paul Goldberg. A quiet crisis in American archaeology[J]. SAA Archaeological Record, 2009, 9(1): 6-10.

机构还专门成立科技考古研究部门，有40多个高校和科研院所开展科技考古相关领域的教学和研究工作①。2021年，袁靖在《科技考古——助力中国考古学进入黄金时代》一文中，提出"能否在考古学研究中更加广泛、有效地运用多种自然科学等相关学科的方法和技术，进一步推动学科的发展，已经成为21世纪衡量一个国家考古学研究水平的极为重要的标尺"②。无数的案例证明，在考古学作为一级学科发展的第一个十年中，自然科学的方法与技术发挥了举足轻重的作用，科技考古的重要性日益凸显。

一、科技考古的相关概念与内涵演变

时至今日，学术界一般认为科技考古是应用自然科学的方法和技术解决考古学问题的一类研究的总称，对应的英文主要是 archaeometry（计量考古，也译为科技考古）、archaeological science（考古科学或科技考古）、analytical archaeology（分析考古）等③，但以 archaeometry 和 archaeological science 最为常见。专攻欧洲史前史的英国考古学家克里斯托弗·霍克斯于1958年首次提出"archaeometry"一词，意为"对旧物的测量（the measurement of old things）"，因此 archaeometry 在当时作为一个新兴领域，指的是在考古学范畴内进行的测量和计量研究，测量（measurement）是科技考古的核心特征④，测量数据的获取及量化分析主要借助核物理技术、现代仪器设备、统计学来实现⑤。

20世纪60至70年代，学术界基本认可科技考古即是采用自然科学（在当时主要指物理科学）研究考古材料，为解释考古学数据提供帮助。研究者提出"archaeological science"，旨在通过自然科学方法和技术的考古学应用来完善考古材料的研究方法，科技考古的核心研究内容逐渐形成⑥。例如，1967年，考古学家、美国考古测年学先驱之一欧文·泰勒认为计量考古（archaeometry）包括四个主要的研究内容，即考古测年、考古遗物的物理和化学分析、古环境重建以及遥感考古⑦。70年代，英国考古学家科林·伦福儒认

① 于靖园. 科技考古的新未来[J]. 小康，2021(3)：24-27.

② 袁靖. 科技考古——助力中国考古学进入黄金时代[J]. 江汉考古，2021(6)：222-228.

③ R. Ervin Taylor, Louis A. Payen. The role of archaeometry in American archaeology: approaches to the evaluation of the antiquity of Homo sapiens in California[J]. Advances in Archaeological Method and Theory, 1979(2): 239-283.

④ Rhys Jones. Ions and eons: some thoughts on archaeological science and scientific archaeology[C]// W. Ambrose and P. Duerden. Archaeometry: an Australasian perspective. Canberra: Department of Prehistory, Research School of Pacific Studies, the Australian National University, 1982: 22-35.

⑤ Philip C. Hammond. Archaeometry and time: a review[J]. Journal of Field Archaeology, 1974(1): 3-4.

⑥ 胡耀武. 科技考古研究范式之思考[J]. 人类学学报，2022，41(5)：952-958.

⑦ R. Ervin Taylor, Louis A. Payen. The role of archaeometry in American archaeology: approaches to the evaluation of the antiquity of Homo sapiens in California[J]. Advances in Archaeological Method and Theory, 1979(2): 239-283.

为科技考古主要包括遥感探测、年代测定以及化学分析①。绝对测年以及物理-化学分析成为当时科技考古的主要研究内容。

但是，一直到20世纪80年代，学术界对科技考古(archaeometry或archaeological science)仍没有形成统一、明确的认识。例如，英裔澳大利亚考古学家里斯·琼斯认为科技考古是将物理和化学的分析方法应用于考古材料的一门复合型学科②；1981年美国史密森学会(Smithsonian Institution)筹办会议，将科技考古定义为“自然科学数据在考古学研究中的运用”；各类辞典中均未收录“archaeometry”或“archaeological science”一词③。彼时的中国也面临着大致类似的情况，即零星出现用自然科学的方法和技术分析考古材料的工作，但尚未形成一个固定的研究领域，因此对其研究方法、研究目的、研究意义没有形成一致的看法，也没有统一的称谓。1983年，考古学家夏鼐在香港召开的“第二届国际中国科学史研讨会”上发表讲话，明确提出“科技考古学”的中文表述，但当时语境下的“科技考古”主要指对古代器物的文献梳理与复原研究，不涉及对出土文物和考古材料的物理和化学分析。同一年，中国科学技术大学成立“科技考古协会”，主要工作内容是利用现代自然科学技术手段对出土文物进行测试与分析，相对而言，这更加符合我们今天对“科技考古”的理解。另外，1985年，上海博物馆文物保护科学技术实验室编写了《国外自然科学与文物、考古技术》，1986年，“全国科技史与文物考古学术研讨会”成功举办，这些资料或者会议均收录一些在今天看来属于“科技考古”的研究内容，但当时的称呼是“实验室考古”④。

90年代，学术界对科技考古的基本概念形成共识，同时也注意到其内涵的丰富性。1991年，苏珊娜·迪特利和罗纳德·毕晓普提出，无论是广义或是狭义的科技考古(archaeometry)，都必定具备以下特点之一：应用科技考古手段，解决考古学家提出的研究问题；应用科技考古手段，解决科技考古学家提出的研究问题；研究和发展科技考古手段，从而回答考古学问题⑤。1996年，爱思唯尔(Elsevier)出版社出版的*Elsevier's Dictionary of Archaeological Materials and Archaeometry*正式收录“archaeometry”一词，将其定义为“自然科学(主要是物理学和化学)在考古学中的应用”，并认为其内容主要包括对考

---

① 王全玉. 自然科学与社会科学嫁接的产物：科技考古学[J]. 世界科技研究与发展，1998(3)：106-108.

② Rhys Jones. Ions and eons：some thoughts on archaeological science and scientific archaeology[C]// W. Ambrose and P. Duerden. Archaeometry：an Australasian perspective. Canberra：Department of Prehistory, Research School of Pacific Studies, the Australian National University，1982：22-35.

③ 王全玉. 自然科学与社会科学嫁接的产物：科技考古学[J]. 世界科技研究与发展，1998(3)：106-108.

④ 厚宇德. 李志超教授在科技考古领域的重要贡献[J]. 广西民族大学学报(自然科学版)，2019，25(4)：36-43.

⑤ Suzanne P. Deatley，Ronald L. Bishop. Toward an integrated interface for archaeology and archaeometry [M]//Ronald L. Bishop and Frederick W. Lange. The ceramic legacy of Anna O. Shepard. Boulder：University of Colorado Press，1991：358-382.

古遗址的定位与考察、考古材料和器物的鉴定、古代材料与技术的分析和解释、年代测定、古代材料和器物的产地研究等五个方面①。王昌燧在1996年发表文章，将科技考古定义为“利用现代科学技术，分析古代遗存，取得丰富的潜信息，结合考古学方法，探索人类古代历史的科学”，明确了科技考古的研究对象、方法、内容以及目的②。

大约从20世纪90年代中后期开始，随着科技考古逐渐成长为一门成熟的学科，国内外学术界对“科技考古”内涵的理解整体上有所改变。不少国外学者反对科技考古仅是自然科学方法和技术在考古学中的简单应用，强调科技考古研究必须以考古学问题为核心，并认为只有关注考古学问题的自然科学工作者才是“科技考古学家”③。进入21世纪，科技考古成为衡量一个国家考古学研究水平的重要标尺，例如袁靖就将科技考古的研究内涵概括为“以考古学的研究目标为指引，以考古学的研究问题为导向，应用自然科学的研究方法和技术，对考古遗址及所在区域进行调查、勘探和取样，对出土的多种遗迹和遗物进行观察、鉴定、测试、分析和统计，多角度地获取有关人类活动的多种信息并进行深入解读和探讨，从整体上拓展考古学研究的领域，深化考古学研究的内容，提高考古学研究的科学性，提升考古学研究的历史科学价值”④。至此，科技考古与考古学深入地交融在一起。

二、科技考古在英国的兴起与发展

科技考古最早出现在欧洲，而且率先在英国扎根。1955年，英国牛津大学成立考古学与艺术史研究实验室，这是世界上第一个致力于开展科技考古研究的实验室，专注于使用各种自然科学的方法和技术研究考古材料和文物，在推动科技考古研究方法的进步方面发挥了至关重要的作用。1974年，英国布拉德福德大学推出科技考古课程，它是推动科技考古与考古学整合的先驱，带动英国多所大学随后开设科技考古的学位课程。

一直到今天，英国的科技考古研究以及人才培养始终保持在世界前列。剑桥大学、牛津大学、伦敦大学学院、杜伦大学常年位于世界大学考古学科排名前十⑤，前沿的科技考古研究、课程体系以及相对稳定的经费支撑在其中发挥了巨大作用。本文作为初步探讨，从科学研究、人才培养以及研究经费三个方面，简要介绍科技考古在英国的兴起与发展过程。

---

① 王全玉. 自然科学与社会科学嫁接的产物：科技考古学[J]. 世界科技研究与发展，1998(3)：106-108.

② 王昌燧. 科技考古学[J]. 地球科学进展，1996，11(3)：517-519.

③ David Killick，Suzanne M. M. Yong. Archaeology and archaeometry：from casual dating to a meaningful relationship[J]. Antiquity，1997，71(273)：518-524.

④ 袁靖. 科技考古助力中国考古学进入黄金时代[J]. 小康，2021，441(2上)：6.

⑤ 2024年QS世界大学考古学科排名中，剑桥大学、牛津大学、伦敦大学学院、杜伦大学分别为第一、第二、第三和第五。网站链接：https：//www. qschina. cn/university-rankings/university-subject-rankings/2024/archaeology.

(一)科学研究

20世纪50年代以前，欧洲的一些自然科学工作者如化学家、矿物学家曾利用自然科学的方法和技术，研究古代文物或考古材料，但此类工作是零星开展，从事分析的人员少，也没有专门性的研究机构①。1955年，英国牛津大学成立世界上第一个专门性的研究机构——考古学与艺术史研究实验室，专注于使用各种自然科学的方法和技术研究考古材料和文物②。1958年，考古学与艺术史实验室创办*Archaeometry*(《计量考古学》)期刊，专门聚焦自然科学方法在考古研究中的应用，早期关注的话题包括青铜器的矿源，陶器热释光测年方法及改进，利用化学手段鉴别博物馆馆藏物品的真伪，出土金属器物的超声波技术和电泳清洗，等等。这一时期的科技考古研究旨在利用物理和化学的方法分析考古遗物或人工制品，未涉及高深的考古学理论，也没有更高层次的研究目的，绝对测年技术、产地研究以及文物保护技术率先成为科技考古的核心研究内容③。

20世纪60年代，过程考古学(processual archaeology)的形成和发展很大程度上改变了之前文化-历史考古学的研究对象和研究策略，考古学研究态度鲜明地转向以“假说-演绎”为主的解释模型。在这个新的考古学阐释框架中，学术界广泛地认识到科技考古的潜在重要性，科技分析手段开始全方位地应用于史前文化研究，并成为过程考古学的一个重要分支学科，同时推动考古学转向跨学科研究。除传统的绝对测年和产地研究外，针对生物样本开展的动植物考古、植硅体和淀粉粒分析、稳定同位素分析以及脂肪酸分析开始得到较广泛的考古学实践④。

到了1974年，在英国约克大学考古学家唐·布罗斯维尔(Don Brothwell，1933—2016)和伦敦大学学院环境考古学家杰弗里·丁柏比(Geoffrey Dimbleby，1917—2000)的共同推动下，一本专注于科技考古的新期刊——*Journal of Archaeological Science*《考古科学杂志》——出版。《考古科学杂志》致力于发表考古学与自然科学相结合的跨学科研究，尤其关注生物考古(包括宏观植物遗存和植物微体化石、动物考古、古环境重建、考古残留物、骨化学、同位素以及食谱研究)、地质考古学(即利用地球科学的方法和技术研究考古学问题)、科技考古(包括材料鉴别、产地分析、冶金考古、古陶瓷和玻璃、绝对测年研究)以及器物研究(包括工具的生产、使用、微痕研究以及有机残留物分析)。该期刊首先在欧洲(主要是英国)考古学界产生很大的影响力，最初发展的十年主要依靠英国学者的投稿，1985—2005年美国学者在论文数量上持续超过英国学者，2006—2015年，来自

① 冼鼎昌，李学勤，朱清时. 科技考古学的现状与展望[J]. 农业考古，2000(3)：17-23.

② David Killick. Archaeological science in America and Britain [M]//Alan Sullivan. Archaeological concepts for the study of the cultural past. Salt Lake City：University of Utah Press，2008：40-64.

③ Rhys Jones. Ions and eons：some thoughts on archaeological science and scientific archaeology [C]// W. Ambrose and P. Duerden. Archaeometry：An Australasian Perspective. Canberra：Department of Prehistory，Research School of Pacific Studies，the Australian National University，1982：22-35.

④ Arkadiusz Marciniak，Wldzimierz Raczkowski. Archaeology and archaeological science：past，present，and future[J]. Archaeologia Polona，2001(39)：5-16.

中国的论文数量急剧增加①。2004年，《考古科学杂志》的影响因子超过《考古人类学杂志》(*Journal of Anthropological Archaeology*)、《美洲古物》(*American Antiquity*)、《计量考古学》(*Archaeometry*)、《地质考古学》(*Geoarchaeology*)等期刊，成为考古学研究中的领军期刊，也标志着欧洲科技考古研究走向一个新的发展高峰②。2015年，《考古科学杂志》的姊妹期刊《考古科学杂志：报道》(*Journal of Archaeological Science*：*Reports*)出版，此后《考古科学杂志》将焦点转向创新性的方法与议题、全球性的争论以及具备广泛和深远影响力的研究，而《考古科学杂志：报道》则专注于探讨如何利用各种不同方法解决具体的考古学问题，这两本期刊秉持相同的学术规范和学术严谨性，共同引领世界科技考古的发展方向。

20世纪80至90年代，后过程考古学(post-processual archaeology)对过程考古学提出激烈的批判，也质疑了科技考古的基础。后过程考古学强调人类行为和活动的个体化，重视能动性，认为所有的人类行为都是具体情境中的社会化行为产生的，而不太重视具体的技术分析如产地研究、工艺复原等。但是，后过程考古学强调景观(landscape)，因此客观上促进地理信息系统分析技术(Geographic Information Systems，GIS)的流行③。在后过程主义的影响下，考古学与科技考古学的分歧逐渐扩大，一些后过程考古学家在阐释考古学材料的过程中，要么不采纳科技考古的数据，要么只是非常随意、简单化地使用科技考古的数据。

2000年以来，世界考古学见证了科技考古的迅猛发展和扩张，而欧洲特别是英国的科技考古研究进展尤其突出，后者在有机化学分析、古DNA研究、土壤微观形态学、地质年代学、地球物理遥感、孢粉学、利用重稳定同位素进行的产地分析、考古地磁学、释光测年、冶金考古、陶瓷工艺以及文物保护技术等方面取得令人瞩目的成就④。例如研究者在近东地区以及地中海一带成功开展地质考古学和产地研究，让许多后过程主义者重新看到科技考古的价值。2008年，德国、希腊和意大利的科技考古学会共同创办新期刊《考古学与人类学科学》(*Archaeological and Anthropological Sciences*)，并很快成长为考古学领域同时被SSCI、A&HCI、SCI收录的两本期刊之一(另一本为《考古科学杂志》)。英国以及欧洲其他国家不断涌现的科技考古学会以及具备国际影响力的科技考古期刊，反映出科技考古在欧洲的旺盛生命力。

---

① Robin Torrence，Marcos Martinon-Torres，Th Rehren. Forty years and still growing：Journal of Archaeological Science looks to the future[J]. Journal of Archaeological Science，2015(56)：1-8.

② Karl W. Butzer. Evolution of an interdisciplinary enterprise：the Journal of Archaeological Science at 35 years[J]. Journal of Archaeological Science，2009(36)：1842-1846.

③ Arkadiusz Marciniak，Wldzimierz Raczkowski. Archaeology and archaeological science：past，present，and future[J]. Archaeologia Polona，2001，39：5-16.

④ David Killick，Paul Goldberg. A quite crisis in American archaeology[J]. SAA Archaeological Record，2009，9(1)：6-10.

(二)人才培养

英国布拉德福德大学是推动科技考古与考古学整合的先驱。该大学在1974年率先开设考古学和物理/自然科学的学位课程，并设置有“考古学中的科学方法”的一年制硕士学位，随后在1975年又开设科技考古的本科生学位课程，主要涉及物理科学和考古学的课程。但一直到20世纪80年代初，英国同时接受考古学和物理科学或生物科学训练的学者都非常少。

20世纪80年代中期开始，英国高校的考古学系逐渐将科技考古纳入课程体系。除布拉德福德大学外，剑桥大学、格拉斯哥大学、杜伦大学、诺丁汉大学、谢菲尔德大学、南安普顿大学、卡迪夫大学等的考古系都在发展科技考古教育方面做出重要的努力，开设自然科学或者物理科学的学位课程，让科技考古成为考古学课程中的一个重要内容，而且不同大学院系开设的课程各有特色，授课内容突出了师资和教师的研究背景和研究特长①。

截至目前，英国至少有20余所大学提供科技考古方向的学位教育，例如，伯恩茅斯大学、南安普顿大学、埃克塞特大学、莱斯特大学、格林多大学、曼彻斯特大学、杜伦大学提供生物考古学硕士或博士学位课程，约克大学提供动物考古方向的硕士学位课程，谢菲尔德大学、爱丁堡大学、雷丁大学、阿伯丁大学提供骨学方向的硕士学位课程，剑桥大学、牛津大学、布拉德福德大学、诺丁汉大学、卡迪夫大学、伦敦大学学院提供科技考古或法医学的硕博士学位课程，布莱顿大学提供地质考古学的硕士学位课程。

专项经费是培养科技考古高层次人才过程中的一个重要助力，在提升人才培养质量的同时，持续激励科技考古进一步创新。以英国自然与环境研究委员会(Natural Environment Research Council，NERC)为例，它不仅为英国的科技考古研究提供专项经费，而且资助博士研究生开展与科技考古相关的课题，该组织每年资助300个博士研究选题，其中有15个左右的选题来自大学的考古学系，这对英国高校的科技考古博士培养而言是一个很重要的推动力量②。

(三)研究经费

科研经费是支持科技考古研究的必要条件，没有经费的支持，科技考古基本无从开展。1977年，英国设立“以科学为基础的考古学委员会(Science-based Archaeology Committee，SBAC)”，这是一个专门支持科技考古研究的国家级学术组织，最初的年预算是5万英镑，到20世纪80年代后期，年预算经费增加到100万英镑。1994年，SBAC转入英国自然与环境研究委员会。除SBAC外，英国政府每年提供给考古学的专项经费中，会有一部分被用于开展科技考古研究，此外，自然与环境研究委员会每年资助一定数量的

① Justine Balley，Carl Heron. Archaeological science in the UK：current trends and future prospects[J]. Revue d'Archéométrie，1998(22)：137-140.

② David Killick，Suzanne M. M. Yong. Archaeology and archaeometry：from casual dating to a meaningful relationship[J]. Antiquity，1997，71(273)：518-524.

大学考古学系的博士研究课题。目前，英国的科技考古经费主要用于地球科学、陆地科学、第四纪研究、沉积地球化学的相关研究。自然与环境研究委员会同样支持主题性很强的研究，旨在形成跨学科的研究项目。例如，该委员会在 1993 年资助古代生物分子项目（Ancient Biomolecules Initiative，ABI），到 1998 年止，总计给该项目投入 190 万英镑的科研经费。另外，英格兰遗产委员会作为一个非政府性质的慈善组织，同样给予科技考古研究一定的经费支持，举例来说，1996—1997 年，英格兰遗产委员会拨付 800 万英镑给考古学研究，其中的 500 万英镑用于支持由考古学团队所主持的项目，由于该委员会将科技考古看作考古学中不可缺少的组成部分，因此额外投入 100 万英镑用于支持科技考古研究①。

三、科技考古在美国的兴起与发展

美国考古学界对自然科学的关注可以追溯到第二次世界大战之前，并且一直延续到 20 世纪 50 年代，不过，一直到 20 世纪 70 年代自然科学在美国考古学中的应用仍然比较少，并且相关研究的分布很不平衡②。

（一）科学研究

将自然科学的方法和技术应用于考古材料，在美国同样历史悠久。1895 年，第一位获得诺贝尔化学奖的美国科学家西奥多·理查德（Theodore W. Richards，1868—1928）分析了波士顿美术博物馆馆藏的玛雅文化陶器，他从陶器的化学元素组成出发，提出两个重要思想：（1）如果样品的相关元素含量集中在一个狭窄的范围中，则它们可能来自有限的地理源头；（2）建立相当规模的数据库，将待分析样品的测试值与之比较，是系统研究文物产地的前提③。上述认识是通过化学成分分析探讨陶器产地和来源的理论根基。20 世纪 30 年代后期，美国天文学家安德鲁·道格拉斯（Andrew E. Douglass，1867—1962）注意到太阳黑子活动与树木年轮生长幅度之间的关系，提出亚利桑那州和新墨西哥州等半干旱地区的树木年轮可以反映这些地区在古代的环境波动，他还对美国查科峡谷的普韦布洛波尼托（Pueblo Bonito）建筑中的松木进行年轮测定，由此确立树木年轮学（dendrochronology）这一绝对测年方法的基本工作原理④。20 世纪 40 年代末，美国物理化学家威拉德·利比（Willard F. Libby）建立碳十四测年方法，让考古年代学完全从定性描述转向定量表达，并

① Justine Balley，Carl Heron. Archaeological science in the UK：current trends and future prospects［J］. Revue d'Archéométrie，1998（22）：137-140.

② R. Ervin Taylor，Louis A. Payen. The role of archaeometry in American archaeology：approaches to the evaluation of the antiquity of Homo sapiens in California［J］. Advances in Archaeological Method and Theory，1979（2）：239-283.

③ 冼鼎昌，李学勤，朱清时. 科技考古学的现状与展望［J］. 农业考古，2000（3）：17-23.

④ Stuart Fleming. Scientific measurement in archaeology：Historical review［C］//W. Ambrose and P. Duerden. Archaeometry：an Australasian Perspective. Canberra：Department of Prehistory，Research School of Pacific Studies，Australian National University，1982：7-22.

在更大的空间尺度上建立可比较和逐渐精细化的年代学框架。上述工作为考古学研究中时空框架的确立奠定了基础。

20 世纪 50—60 年代，美国著名核物理学家、原子弹之父尤利乌斯·奥本海默(Julius R. Oppenheimer，1904—1967)建议将中子活化分析方法应用于文物产地研究。1954—1956，尤利乌斯·奥本海默多次邀请美国布鲁克海文国家实验室(Brookhaven National Laboratory，BNL)的爱德华·赛尔(Edward V. Sayre，1919—2007)和理查德·多德森(Richard W. Dodson，1915—2002)与考古学家一起召开会议，系统讨论中子活化分析与文物来源之间的关系，会后不久，爱德华·赛尔和理查德·多德森就成功利用中子活化分析追踪了地中海地区古陶器的产地①。

20 世纪 60—80 年代，在美国考古学家路易斯·宾福德(Lewis R. Binford，1931—2011)的倡导下，过程主义考古(也叫新考古学)兴起，它强调考古学研究必须有明确的问题以及在演绎推理的指导下，借助民族学、实验科学等的方法与技术，解释考古学材料，以此推动科技考古和实验考古的发展。美国地理学家、生态学家和考古学家卡尔·巴策(Karl W. Butzer，1934—2016)分别在 1971 年和 1975 年撰文指出，彼时的美国考古学家已经逐渐意识到，利用物理和其他自然科学分析考古材料，有助于加深理解文化行为的演进过程②，但一直到 20 世纪 70 年代末，科技考古在美国所取得的进展都比较少而且分布领域很不均衡。不过，借着过程主义考古学的兴起与发展，测年技术与产地研究在美国考古学中的重要地位得到确立，其他科技考古内容也快速发展。

1981 年，美国布鲁克海文国家实验室举行主题为“计量考古学的未来方向”的圆桌讨论，与会的自然科学工作者和考古学者就自然科学技术在考古学研究中的应用成效展开激烈甚至针锋相对的争论。尽管如此，这次会议之后，科技考古在美国得到快速的发展，这几乎完全归因于文化资源管理(Cultural Resource Management，CRM)行业的快速发展③。CRM 项目在美国开始于 20 世纪 70 年代初，以 1974 年《联邦公报》(*Federal Register*)发布第 106 条程序(Section 106 procedures)为标志性事件，专注于美国西南部地区的考古学家威廉·利佩(William D. Lipe)在当年度发表论文，提出考古学中的保护模型，核心理念是考古学的重心应该是保护遗址而不是发掘遗址，如果破坏不可避免，则考古学家应该将对遗址的破坏尽可能降到最低，在此前提下完成发掘和数据采集④。CRM 产生于过程考古学兴起的时期，从一开始就与考古学、建筑学、建筑史、文化人类学、历史学、博物馆管

---

① 冼鼎昌，李学勤，朱清时. 科技考古学的现状与展望[J]. 农业考古，2000(3)：17-23.

② R. Ervin Taylor，Louis A. Payen. The role of archaeometry in American archaeology：approaches to the evaluation of the antiquity of Homo sapiens in California[J]. Advances in Archaeological Method and Theory，1979(2)：239-283.

③ David Killick，Suzanne M. M. Yong. Archaeology and archaeometry：from casual dating to a meaningful relationship[J]. Antiquity，1997，71(273)：518-524.

④ Francis P. McManamon. The development of cultural resource management in the United States[C]//Francis P. McManamon. New perspectives in cultural resource management. London and New York：Routledge/Taylor & Francis Group，2018：11-55.

理等学科紧密结合，路易斯·宾福德倡导的实验设计理念与CRM项目很好地融合在一起，大量从事CRM项目的考古学家经受过新考古学的系统训练，在开展项目时能够将新考古学所倡导的研究方法和理念（特别是清晰、详细的研究问题、样本采集和实验室分析），应用于区域考古学研究、区域调查以及考古发掘。正因如此，CRM从美国联邦政府持续获得大量的经费投入，以2020财年为例，CRM获批经费达到14亿美元，其中有超过4000万美元用于包括科技考古在内的科学研究。但必须指出的是，美国CRM项目对科技考古在方法学上的创新性发展几乎没有做出什么贡献，反倒是在低水平、重复性的分析工作上投入甚多。

与知识培养和学术训练相比，更加检验科技考古人才培养成效的是学生的就业和去向。20世纪80—90年代，美国的一些博物馆如宾夕法尼亚大学考古学与人类学博物馆和华盛顿特区史密森学会博物馆一度是非常活跃的科技考古中心，提供了重要的相关职位，但如今这些机构已经风光不再，能获得用于支持科技考古技术发展的经费也非常有限，甚至无法支持相应的科技考古工作职位。此外，美国大学的人类学系中，自然科学工作者并不太受文化人类学者待见，因此，科技考古方向的毕业生也很难在人类学系找到相应的教职①。以笔者就读过的匹兹堡大学人类学系为例，2010年至2016年仅有一位科技考古方向的老师成功拿到该系的终身教职。

（二）人才培养

美国的考古学人才培养体系中始终欠缺足够的分析技术和操作技能方面的培训，这是导致美国考古学研究中科技考古内容发展迟缓的一个重要原因。产生这一结果与两方面因素有关，一方面是美国长期以来的人类学四分支（即将人类学划分为体质人类学、文化人类学、语言人类学和考古人类学）培养模式约束了考古学的课程设置；另一方面是美国能够提供科技考古的就业岗位（包括大学教职）非常有限，限制了高校人才培养体系中的科技考古方向的师资。

美国现有的人类学培养体系承袭自美国人类学之父、德裔美国人类学家弗朗茨·博厄斯（Franz Boaz，1858—1942）及其学生，要求四个分支学科的研究生学习人类学核心课、考古学理论、统计学、一门外语、一门或者多门技术分析课程，这样的课程设置和学术训练方式虽然保障了学生具有广阔视野和扎实的知识体系，但其繁重的课程压力同时也切断了包括科技考古在内的其他培养方式。美国考古学家在20世纪40年代至70年代就已经认识到自然科学方法与技术对考古学研究的重要性，但一直到70年代晚期，美国开设考古学博士学位培养项目的院系仍不太重视科技考古的相关课程②。截至1997年，只有南

① David Killick，Paul Goldberg. A quite crisis in American archaeology[J]. SAA Archaeological Record，2009，9(1)：6-10.

② R. Ervin Taylor，Louis A. Payen. The role of archaeometry in American archaeology：approaches to the evaluation of the antiquity of Homo sapiens in California[J]. Advances in Archaeological Method and Theory，1979(2)：239-283.

卫理公会大学和波士顿大学明确要求考古专业学生必须选修一门科技考古的相关课程，另外有十几所美国高校的人类学系开设科技考古的选修课程①。根据笔者的近期调查，这一现状并没有很大的改观，虽然一些美国高校人类学系开设科技考古相关课程，但仍以专业选修课为主，如伊利诺伊大学厄巴纳-香槟分校的石器分析和动物考古，匹兹堡大学的科技考古、陶器分析以及地理信息系统的考古学应用，新墨西哥大学的地质考古、动植物考古、陶器分析、石器分析，威斯康星大学的石器分析，华盛顿大学的动植物考古、地质考古以及同位素考古，俄勒冈大学的动植物考古，以及斯坦福大学的陶瓷金属分析、动植物考古、地理信息系统、实验考古②。考古学家大卫·基利克(David Killick)和苏珊娜·扬(Suzanne M. M. Young)在亚利桑那大学和哈佛大学的调查表明，受繁重课业的影响，不到10%的考古专业研究生愿意选修科技考古及相关课程。

(三)研究经费

无论科技考古专门人才的培养还是科技考古方法和技术的发展，都离不开经费的支持，而在美国考古学中，科技考古较CRM和考古项目能够获取的经费十分有限。1979年，美国国家科学基金会(National Science Foundation of USA)开始专门负责针对科技考古研究的经费支持政策。此外，美国科技考古学会(Society of Archaeological Sciences)、美国地质学会(Geological Society of America)以及美国化学学会(American Chemical Society)都设立专门的部门或者组织提供科技考古经费，但投入的经费额度比较小③。从1981年开始，美国国家科学基金会和美国国家人文基金会(National Endowment for the Humanities)大幅度降低对考古学研究的支持经费，但同时极大地增加对文化资源管理项目的支持经费，以亚利桑那州为例，每年该州支出超过3000万美元用于文化资源管理项目，其中只有较小比例的经费可用于开展科技考古方面的内容。从1984年开始，美国国家科学基金会是唯一提供专项科技考古经费的组织，而划拨给科技考古的年度经费(100万至150万美元)中，有一大部分钱用于建设实验室，真正用于发展科技考古技术的经费非常少④。

---

① David Killick，Suzanne M. M. Yong. Archaeology and archaeometry：from casual dating to a meaningful relationship[J]. Antiquity，1997，71(273)：518-524.

② 承蒙山东大学董豫，复旦大学张萌，伊利诺伊大学厄巴纳-香槟分校王一帆，新墨西哥大学刘睿喆，东新墨西哥大学孟繁琇，威斯康星大学毛玉菁，斯坦福大学沈劼，圣路易斯华盛顿大学孙宇峰，俄勒冈大学方圆提供相关信息，在此一并致谢。

③ R. Ervin Taylor，Louis A. Payen. The role of archaeometry in American archaeology：approaches to the evaluation of the antiquity of Homo sapiens in California[J]. Advances in Archaeological Method and Theory，1979(2)：239-283.

④ David Killick. The awkward adolescence of archaeological science [J]. Journal of Archaeological Science，2015(56)：242-247.

四、英美科技考古发展对我国人才培养的启发

将自然科学的方法和技术应用于考古学材料，在我国有着近百年的历史①。早在20世纪初，冶金学家和陶瓷学家周仁(1892—1973)、化学家王琎(1888—1966)就利用分析化学的技术和方法，研究过古代的陶瓷与金属材料。中华人民共和国成立成立初期，考古材料的科技分析较为零星，如考古学家罗宗真将宜兴周处墓出土金属带饰送至南京大学化学系，进行化学元素分析，这是1949年后科技考古的早期阶段。20世纪50年代中期，“新中国考古学奠基人”夏鼐(1910—1985)将碳十四测年技术引入中国，筹建并于1965年建成国内第一个碳十四测年实验室，后来与北京大学考古系实验室一起，发表上千个测年数据，确立了我国新石器时代考古学的确切年代序列，奠定了我国碳十四测年的基础，这是1949年后我国科技考古发展的第二阶段。

20世纪80—90年代，我国科技考古工作者在断代测年、冶金考古以及古陶瓷研究方面成果丰硕，中国社科院考古研究所、北京大学、中国科学技术大学、北京科技大学等筹备中国科技考古学会，并陆续召开了五次全国科技考古学术讨论会。此外，周昆叔组织全国环境考古学术讨论会，俞伟超组织班村考古发掘并邀请地理、动物、植物和理化方面的专家参加，张居中的《舞阳贾湖》融合多学科研究成果，等等，这些成果彰显了科技考古在国内考古学研究中不断增强的显示度和影响，也是1949年后科技考古发展的第三阶段。

1996—2001年，夏商周断代工程这一多学科协作的重大科研项目的顺利实施，代表着1949年后科技考古发展的第四阶段，标志着我国考古学与科技考古学进入全面发展的新阶段，北京大学、吉林大学相继成立科技考古实验室，石器微痕、有机残留物、稳定同位素、古DNA等分析方法被介绍并应用于国内的考古学研究②。此后至今，科技考古在中国全面开花，介入考古学研究的各个不同阶段，并正在逐步深入地融合到考古学的归纳、分析和阐释中。特别重要的是，中国学者主导的古DNA、有机残留物、稳定同位素分析等科技考古工作频频亮相国际期刊，引起广泛关注者不在少数，表明中国的科技考古学已深度融入国际科技考古的海洋之中。

笔者综合前面对英美科技考古在科学研究、人才培养、研究经费三个方面的比较，谈一谈其对我国现阶段以及未来科技考古高层次人才(尤其是硕博士研究生)培养的启发。

(一)科学研究

毫无疑问，从20世纪50年代开始，英国科技考古研究的整体水平一直保持在世界前

① 冼鼎昌，李学勤，朱清时. 科技考古学的现状与展望[J]. 农业考古，2000(3)：17-23。山西大学考古文博学院侯亮亮教授详细梳理了1921年至2001年科技考古在中国的发展简史，详见：侯亮亮. 中国科技考古简史(1921—2001)[J]. 新兴科学与技术趋势，2023，2(3)：330-340.

② 翟少东，傅罗文(Rowan Flad). 北美中国考古学的后张光直时代[J]. 中原文物，2021(6)：43-49.

列，如果说最初在绝对测年和产地研究方面英国与美国并驾齐驱的话，那么20世纪90年代之后则远远超过美国，成为世界科技考古的领头羊。这其中或许有一个特别重要的推动因素，即国家层面对科技考古行业发展和前沿引领的顶层设计。

英国是世界上比较少见的从国家层面对科技考古这一学科进行布局的国家。前面提到，英国早在1977年就成立"以科学为基础的考古学委员会"，专门支持科技考古研究，到20世纪80年代后期，年预算经费达到100万欧元①。此外，自然与环境研究委员会专门支持主题性强、跨学科的前沿研究(如古代生物分子项目)。相比之下，法国国家科学研究中心从大学分离之后，面临着无法通过教育将新的研究技术传递给新一代的科技考古学者的困境；德国、澳大利亚等国家的科技考古甚至没有得到官方的正式认可，这些国家并不将科技考古看作科学的一个分支，从事科技考古的人员在所在院系得不到太多认可，退休之后也很难找到接替的学者；南非的科技考古教育同样面临困境，国家经费直接给予个人，当研究者退休或者更换工作，相应的研究结构就随之消失，而非洲除南非以外的地区没有任何的科技考古课程②。

不可否认，英国以外的不少国家如法国、德国、澳大利亚等都在科技考古的若干领域颇有成果，但英国的例子告诉我们，只有成立正式的科技考古组织，拥有专门的科技考古人才培养体系和专项的支持经费，才能够保证科技考古教育的持续性，以及保障科技考古自身方法和技术的不断发展。简单言之，需要用政策确立科技考古在考古学研究中的重要地位，用引导机制(师资配置、课程设置、实验室建设)确保人才培养有目的、成体系，用持续性的专项经费和专门的监管机构保障科技考古的若干关键领域不断朝着前沿性、开创性的方向发展。此外，从长远看，美国考古学中强调人类学以及科学考古学(scientific archaeology)的做法有助于美国考古学自身的发展，但限制了科技考古作为一门学科的发展。相比之下，英国的科技考古研究普遍重视方法和技术的创新，关注理论但更加强调问题解决型研究，能持续性推进科技考古学科属性(明确的研究对象，相对独立、自成体系的理论和知识基础，以及独特的研究方法)的成长。综上，中国科技考古研究的未来走向实则面临的是一道选择题。

2021年12月28日，教育部办公厅、国家文物局办公室联合发布《关于实施考古学国家急需高层次人才培养专项的通知》，认为现阶段我国考古学高层次人才规模小、创新力不足，与党和国家事业发展对考古学高层次人才的需求不符，提出要加快培养一批支撑考古核心技术突破和行业发展急需的高层次人才，为提升我国考古自主创新能力、实现考古科技高水平自立自强的战略目标做出更大贡献。此次专项的实施形式以高校考古学一级学科已录取博士新生和在读博士生为培养对象，每个高校每年选拔3至10名优秀博士生进入专项，通过学科交叉、校所(院)协同培养，由联合培养单位设置面向专项博士生的科

---

① Justine Balley, Carl Heron. Archaeological science in the UK: current trends and future prospects[J]. Revue d'Archéométrie, 1998(22): 137-140.

② David Killick, Suzanne M. M. Yong. Archaeology and archaeometry: from casual dating to a meaningful relationship[J]. Antiquity, 1997, 71(273): 518-524.

研题目，提供科研条件和科研经费，由中央财政为进入专项的学生所在高校安排经费。该专项的工作指南提出八个优先开展的方向，不仅包括科技考古，其他方向如水下考古、石窟寺考古、科技考古、边疆考古、外国考古、旧石器时代考古、文物保护与管理也都不同程度地涉及自然科学技术如遥感探测、计算机三维重建、古 DNA 研究、文物的修复与保护等。① 此次专项是第一次从国家层面引导考古学科的高层次人才培养，并特别强调自然科学技术在考古学中的重要作用，对推动国内科技考古高层次人才的培养以及科技考古的整体发展具有划时代的意义。

(二)人才培养

从宏观发展看，科技考古经历了从最早的自然科学技术在考古材料中的简单运用，到有意识地利用自然科学技术解决考古学问题，再到主张自然科学技术向考古学各个方向和层面的自然渗透与融合，在此过程中，科技考古人才的培养方式和培养方向也在不断自我调整。最早的科技考古学者基本来自自然科学领域，要么完全不了解考古学，要么一知半解，从而引发同样不了解自然科学或对自然科学一知半解的考古学家的抵触，甚至引发科技考古学者与考古学者之间激烈的针锋相对，美国布鲁克海文国家实验室圆桌会议就是一次代表性的事件，其正面结果就是促成越来越多的考古学专业的学生学习自然科学知识②。而从英美科技考古的发展来看，从考古背景的学生中培养科技考古人才，其整体成效要好于将自然科学背景的学生培养成科技考古学者。

相对来说，英国在科技考古人才的培养方面优势更加突出。首先，很多英国大学提供了各具特色的科技考古学位课程，特别是一些硕、博士研究生的培养计划中，科技考古课程是作为核心甚至强制性的培养内容。这完全不同于美国大学人类学系将科技考古课程边缘化的现状，前面说过，这种边缘化的结果有多方面、深层次的原因，但造成的既定事实就是科技考古在美国考古学的独立成长过程异常艰难。其次，英国科技考古人才培养中强调对方法与技术的掌握与运用，并通过具体的实践检验学习成效，这种偏应用的培养方式比单纯的理论学习更加容易让学生吸收知识。当然，开展这种培养方式的前提条件是院系拥有一定的实习实践条件如实验室、分析设备和仪器、具备专业知识技能的分析人员、比较成体系的实验室和田野实践训练。最后，英国科技考古研究的领域非常全面，既坚守了传统研究领域(如绝对测年、产地研究和冶金考古)的领先位置，又敢于探索和开创全新的前沿领域(如最近十年发展异常快速的有机残留物分析和古 DNA 研究)，并且还在文化遗产保护、博物馆研究等领域保持很高的学术活力与社会显示度。

国内高校考古学专业博士生的培养体系中，通常将科技考古作为课程教学中的选修课程。由于考古学博士生对课程教学的重视程度相对科研和田野工作来说普遍低一些，学生往往希望在第一年甚至第一个学期内修完要求的学分，所以倾向于选择熟悉、学习难度较低的

① http://www.moe.gov.cn/srcsite/A22/moe_826/202201/t20220119_595259.html.

② David Killick, Suzanne M. M. Yong. Archaeology and archaeometry: from casual dating to a meaningful relationship[J]. Antiquity, 1997, 71(273): 518-524.

课程，科技考古作为一门自然科学属性较强的学科，对大多数考古学博士生而言有较大的学习困难。2023年春季学期，笔者在武汉大学开设面向硕、博士研究生的科技考古概论，实际上课人数有24人，但只有3人选课，其余皆为旁听。尽管旁听说明学生对科技考古的兴趣，但课堂参与度、课后作业的完成情况均不可能达到教学预期。此外，科技考古涉及的自然科学技术与方法较多，很难有高校同时拥有所有或者主要的分析设备和仪器，当教学只能停留在书面和课堂时，不少学生对科技考古的理解也就止步于想象。英、美高校中院系之间的联合培养体系更加成熟一些，通过设置兼职教授岗位(adjunct professorship)以及联合培养研究生，在保障师生自身利益的前提下，最大程度地增强学生对自然学科院系中相关设备、仪器的了解甚至运用能力，这是很值得我们借鉴与学习的地方。

袁靖研究员特别重视科技考古人才的培养问题，他指出要全面提升科技考古研究的综合实力，需要强化对科技考古人才的培养，推动更多的高校开展科技考古的教学工作，并且全面、系统地对考古专业的本、硕、博学生讲授科技考古的思路、方法和实践案例，只有这样才能培养科技考古的后续人才①。根据笔者的调研②，国内不少高校已开设了针对本科生或研究生的科技考古相关课程，并形成各自特色，如北京大学开设的本科生选修课考古化学、科技考古、动物考古、植物考古、古DNA与人类历史和文物分析技术，吉林大学面向本科生开设的专业必修课动物考古和选修课科技考古、考古地理信息系统、植物考古、分子考古学、环境考古、骨化学、生物考古、文物保护学以及面向硕博士生开设的选修课动物考古学、考古统计学、分子考古学，西北大学开设的科技考古学概论(本科生专业必修课)和植物考古(本科生专业选修课)，浙江大学的本科生必修课科技考古以及研究生选修课古陶瓷研究和分子考古学，郑州大学的动物考古和植物考古(本科生与硕士生的选修课)，中国科学院大学面向研究生开设的专业必修课科技考古、生物考古、陶瓷科技史和植物考古，北京师范大学的动物考古学(全校公选课)、科技考古学(本科专业选修课)、天文考古学(研究生选修课)，山西大学面向本科生开设的科技考古、定量考古、动物考古和植物考古，武汉大学面向本科生开设专业选修课植物考古、动物考古、考古学数据分析、GIS与数字考古、科技考古概论、古陶瓷工艺学、冶金考古以及面向硕博士研究生的专业选修课科技考古概论，兰州大学的科技考古(本科生和硕士生专业选修课)以及环境考古(本科生专业选修课)和动物考古(本科生专业选修课)，中南民族大学面向本科生开设的专业必修课科技考古、冶金考古、环境考古以及文物保护技术与方法，中国科学技术大学面向研究生开设选修课科技考古概论、文物科技鉴定、地质考古学、考古化学导论、文物光谱分析、文物保护科学、植物考古学、定量考古学和陶瓷科技史。

(三)研究经费

英、美两国在科技考古研究经费的投入上有较大的差异，这在一定程度上影响科技考

① 易舒冉. 把中国文明历史研究引向深入[N]. 人民日报，2023-02-09(18).

② 中国科学院大学杨益民、北京大学宁超、浙江大学郭怡、中国科学技术大学吕骎骎以及武汉大学考古专业研究生贺黎民、康禹潇、薛铭博、朱浩杰、杜舒懿、谭可欣、曾思浩提供了国内高校开设科技考古相关课程的信息，在此表示感谢。

古作为一门科学在两国的发展。1976—1994年，英国的SBAC作为国家级学会，专门支持科技考古研究，到了20世纪80年代后期，预算由最初的5万英镑增加到100万英镑。1993—1998年，英国自然与环境研究委员会投入近200万英镑，专门用于支持古代生物分子研究项目。虽然美国的文化资源管理发展很快，获得的经费也很多，但几乎没有对科技考古的创新性发展做出贡献，美国科技考古的唯一经费来源是美国国家科学基金会的年度经费，但由于支持经费不足，既没有实现对实验室建设的支持，也没有帮助科技考古在技术和方法方面取得突破，一些方法和技术虽然运用很广泛，但没有得到进一步发展。以稳定同位素分析为例，虽然研究者在20世纪70年代就已经意识到可以通过骨骼的化学元素推断食谱，但直到90年代才发现除了锶和钡外，其他元素的富集与它们在食谱中的富集没有关系①。

除了给科技考古这门学科提供研究经费外，科技考古硕、博士研究生的课题经费同样需要得到保障。匹兹堡大学人类学系考古专业特别注重培养博士研究生的世界视野和比较视野，每一年比较考古学研究中心(Center for Comparative Archaeology)和人类学系会资助研究生到各自的研究区域开展田野工作，并资助每一位博士生到研究区域之外的地区开展一次学术活动，这是一个对研究生培养而言意义重要的项目，需要一笔不小的经费开支。因为这个项目，笔者在读博的前三年每个暑假可以获得2000至3000美金的暑期田野实习经费，并拿到过4000美元的额外资助到智利开展田野调查，既开阔了研究视野，加深了对不同文化的认识，也与其他区域的学者建立了学术联系②。而国内考古学博士研究生的论文选题主要依赖自主兴趣和导师的纵向和横向项目，可选择的范围、能够获得的资助经费往往有限，几乎不会有太多机会参与和自己研究区域或研究兴趣全然不同的项目，在一定程度上限制了学生的学术视野和学术想象力，这对于技术和方法更新速度相对较快的科技考古领域而言，是一个较大的但急需克服的障碍。

最近十余年，我国在科技考古的科研方面投入了非常可观的经费。以国家自然科学基金委员会为例，2011—2021年的11年中，共资助174个与科技考古直接相关的项目，包括98个面上项目、69个青年基金项目以及7项地区科学基金项目，累计金额1.17亿元人民币，先后资助中国科学院古脊椎动物与古人类研究所、中国社会科学院考古研究所、南京大学、兰州大学等多家科研院所，所支持的面上项目研究内容集中于环境考古、科技考古、古人类、陶瓷考古、测年研究，青年科学基金项目主要关注稳定同位素分析、遥感考古和冶金考古，面上项目侧重创新性的科学研究、鼓励学科平衡和可持续发展，而青年科学基金则强调开展基础研究，培养独立主持科研项目的能力③。未来，除继续支持科技考古方面的基础研究外，国家层面也应考虑设立专门的科技考古经费，用于发展科技考古中

① David Killick, Suzanne M. M. Yong. Archaeology and archaeometry: from casual dating to a meaningful relationship[J]. Antiquity, 1997, 71(273): 518-524.

② 李涛. 学贯中西，博采众长：记对李涛老师的访谈[J]. 古今，2020(41)：110-118.

③ 熊巨华，刘建宝，高阳，吴浩. 国家自然科学基金地理科学方向助力中国科技考古的实践与展望[J]. 中国科学，2022，67(8)：707-713.

的关键或前沿性技术以及扶持一批具备顶尖实力的科技考古实验中心，毕竟，自然科学方法和技术的考古学应用本身并不能持续带动科技考古的未来发展。

五、结语

从科技考古在英、美两国的发展来看，从 20 世纪 70 年代至 21 世纪初，很多考古学家对科技考古的结果持有很大的质疑。但 2000 年以后到现在的科技考古发展并没有带来明显的抵触情绪。事实上，很多考古学家反倒对此表现出极大的热情①。相比美国，英国给予科技考古从业者更大的行业自由度和自主性，而且从业人员能够相对容易地找到职位，确保专业知识的延续。美国从事科技考古研究的考古学者主要附属于人类学系，受到文化人类学等其他人类学分支的较大影响，难于发展。考古学家大卫·基利克总结认为，就科技考古的发展而言，英国优于美国的地方在于：(1)科技分析方法的创新；(2)科技分析方法与科技考古实践的融合；(3)科技考古的基础设施如设备、专业技术人员以及研究经费②。笔者认为，英国在科技考古人才的教学与培养方面也更加成体系。

20 世纪 90 年代末，我国学者已经较为重视科技考古对考古学研究的重要性，但科技考古研究整体而言未完全成熟，主要是由于自然科学工作者利用现代仪器和技术分析考古学家提供的样本，并将可能的解释反馈给考古工作者，自然科学家与考古学者之间的合作是分离的、被动的③，也因此有了“两张皮”的说法④。2000 年以后，科技考古在中国得到了快速的发展，多所高校设置科技考古的研究方向，2011 年考古学成为一级学科，给科技考古增添了动力。正如著名科技考古学家王昌燧先生所说，科技考古工作应特别注重两点，一是研究方法的创新，二是重大科学问题的攻克⑤。但要实现这两者，仅有坐在教室虚心学习的人还远远不足够，实验室场地、精通并能够传授专业知识的分析人员、关键性的设备和仪器、必要的运行和维护经费缺一不可。未来的考古学中，科技考古的作用将尤为凸显，而要发挥其作用，人才质量、培养体系、支持经费是三大要素。以上就是笔者结合科技考古在英、美两国的发展提出的一点浅见。

---

① David Killick. The awkward adolescence of archaeological science [J]. Journal of Archaeological Science, 2015(56): 242-247.

② David Killick. Archaeological science in America and Britain [M]//Alan Sullivan. Archaeological concepts for the study of the cultural past. Salt Lake City: University of Utah Press, 2008: 40-64.

③ 王全玉. 自然科学与社会科学嫁接的产物：科技考古学[J]. 世界科技研究与发展，1998(3)：106-108.

④ a. 陈淳. 谈考古科技与科学考古学[J]. 南方文物，2010(4)：1-7；b. 陈建立，张海，梁宏刚. 有关考古领域科技发展的几点思考[J]. 南方文物，2010(2)：7-13. c. 陈淳. 建立历史、科技与人文整合的考古学[N]. 中国社会科学报，2022-07-07(6).

⑤ 王昌燧. 科技考古学科发展的思考[J]. 科学文化评论，2019，16(2)：18-22.

新文科背景下社会学专业课程思政教学探索与实践

——以中国乡村研究课程为例

李向振[1]　刘亚品[2]

（1. 武汉大学　社会学院，湖北　武汉　430072；
2. 北京中医药大学　马克思主义学院，北京　102488）

【摘　要】 思政教育融入专业课堂是新时代党和国家在教育战线上的重要举措。新文科背景下社会学专业课程思政建设，应以中国共产党领导下的社会变迁过程为主要内容，坚持立足国情，将思政元素充分挖掘并融入课程教学全过程。以中国乡村研究课程为例，从三条实践路径：思政教育内容嵌入、思政教育资源挖掘、思政教育融入专业课堂效果验收，为提升社会学专业课程思政效果提供有益借鉴。

【关键词】 新文科；社会学专业；中国乡村研究；课程思政

【作者简介】 李向振（1985— ），男，河北故城人，博士，武汉大学社会学院副教授，主要研究方向为民俗学、社会学理论及课程教学。E-mail：li. 1985@ whu. edu. cn；刘亚品（1988— ），女，河北石家庄人，博士，北京中医药大学马克思主义学院副教授，主要研究方向为马克思主义哲学、思想政治教育。E-mail：yapin8806@ 126. com。

【基金项目】 中央高校基本科研业务费社科培育项目“创新实践论视域下高校思政课高质量发展研究”（2023-JYB-PY-011）。

新文科建设的启动，为哲学社会科学各门类学科的建设和人才培养模式提供了改革创新的指引和契机。《新文科建设宣言》指明，文科教育教学兼具价值性与学术性，强化价值引领是新文科建设的内在要求。牢牢把握文科教育的价值导向性，坚持立德树人，必须全面推进课程思政融入文科专业课程课堂，这既是提升专业课程政治站位的重要举措，也是改革与创新新时代高校思想政治教育形式的重要探索，同时还是培养新时代文科人才树立崇高理想信念、科学是非观和正确价值观的重要路径。习近平总书记强调，“要用好课堂教学这个主渠道……各门课都要守好一段渠、种好责任田，使各类课程与思想政治理论课同行，形成协同效应”[1]。本文将以面向社会学专业本科生开设的中国乡村研究课程为例，结合社会学教育目标及学科建设，通过展示中国乡村研究课程设计来进一步呈现如何将思政教育内容有机融入社会学专业课堂全过程，以及如何挖掘社会学专业课程中蕴藏的丰富的思政教育资源。

一、立足国情是新文科背景下社会学学科建设的基本定位

社会学作为一门现代社会科学，是人们对现代性与现代化等诸多问题的科学回应。“社会学自创始之日起就被赋予了促进人类社会现代化的使命，社会学的现代性与人类社会的现代化进程是相辅相成的”[2]。早在清末民初，源自西方的社会学专业即在早期知识分子的引介下进入中国，并逐渐发展成为建制完备的专门学科。从20世纪初到20世纪中叶，经过近50年发展，中国社会学在理解和回应近代中国现代化历程的相关问题上已经形成颇具本土特色的知识体系和研究范式。20世纪70年代末，中断近30年的社会学学科恢复重建。其后，在改革开放40多年的历程中，中国社会学一直扮演着非常重要的基础社会科学的角色，并对一系列重大社会议题进行了深入讨论。

从社会学学科自身特点来看，与其他社会学科不同，社会学学科兼具理论性和实践性、基础性和应用性、本土性与全球性等特点。正如洪大用所说，“在哲学社会科学中，社会学是最重视调查研究、最讲理论联系实际、最强调基础理论与应用对策研究有效互动交叉融合协同创新的学科之一，表现出很强的实践感，这是社会学发展过程中给累积起来的需要传承弘扬的一个重要比较优势，也是我们强调社会学实践自觉的历史依据”[3]。

从研究成就和教学实践来看，过去40余年里，中国社会学始终坚持以研究“当下”为己任，不断地从改革发展中挖掘新材料，发现新问题，提出新观点，构建新理论，并逐渐形成有中国特色的社会学话语和知识体系。如何将这些话语和知识体系有效传授给本专业学生，是我们讨论课程思政进课堂问题的起点。

2022年4月，习近平总书记在考察中国人民大学时强调，“坚持和发展中国特色社会主义理论和实践提出了大量亟待解决的新问题”，并要求“哲学社会科学工作者要做到方向明、主义真、学问高、德行正，自觉以回答中国之问、世界之问、人民之问、时代之问为学术己任，以彰显中国之路、中国之治、中国之理为思想追求，在研究解决事关党和国家全局性、根本性、关键性的重大问题上拿出真本事、取得好成果。”[4]这为新时代社会学学科建设提出了新的方向和要求。社会学教育是社会学学科建设的有机组成部分，同时也是课程思政有机融入专业课堂的实践场域，新文科背景下更要坚持走中国特色的社会学教育发展之路，要在传承中创新，自觉将“回答中国之问、世界之问、人民之问、时代之问的学术”成就准确地传达给学生。

从社会学专业教学培养目标和培养计划来看，20世纪80年代费孝通先生主持编写的社会学专业本科生教材社会学概论中指出，“社会学是从变动着的社会系统的整体性出发，通过人们的社会关系和社会行为来研究社会结构、功能、发生、发展规律的一门综合性的社会科学”[5]。这个关于社会学学术任务的界定，实际上也成为其后数十年里，中国高校制定社会学教育培养目标和培养计划的最初蓝本。随着改革开放的深入，中国社会发生了极大变化，社会变迁与转型为中国社会学提出了更多新的亟待讨论和研究的问题。新文科背景下培养目标的设定，应坚持立足国情，要特别注重与新时代改革开放和社会主义现代化建设相结合，注重立德树人与中国特色社会主义社会学理论体系相结合。

二、中国乡村研究课程思政建设的总体设计与理念

中国乡村研究是面向社会学专业本科三年级学生的专业选修课，课程内容主要是对中国乡村研究的研究，侧重于学术史梳理与回顾。学术史既是学生深入了解一门学问的学术传统和学术规范的必经之途，又是他们建立对一门学问的信仰和志向的基础性知识体系，因此，在学术史相关课程中融入思政教育内容，既迫切又必要。

(一)中国乡村研究的教学目标及大纲

如前所述，中国乡村研究是一门研究的研究，是一门有关学术史梳理和回顾的课程。因此，本课程教学目标就是通过课堂授课及课程推荐经典阅读书目的方式，使学生较为全面了解近代以来有关中国乡村问题的诸多研究成就和研究范式的基本脉络与知识谱系，培养学生对当前社会学领域有关中国乡村社会议题的批判性思维，同时培养学生发现真问题、关注真问题的能力以及提升学生对当前农村社会现象和社会问题的想象力与判断力，进而提升学生的社会学专业素养以及形成富有洞见论点的学术能力。

习近平总书记在哲学社会科学工作座谈会的讲话中强调，“我们不仅要让世界知道‘舌尖上的中国’，还要让世界知道‘学术中的中国’、‘理论中的中国’”[6]。对高等院校本科生培养来说，学术史训练是十分必要的。学术史不同于学科史(具体到社会学专业则是中国社会学史)，也不同于社会思想史。学术史尤其是专题性学术史所关注的是某个社会公众议题或研究领域是如何进入学术研究视域，又是如何进行知识生产并形成专门知识谱系和脉络的等问题。具体到中国乡村研究这门课程来说，就是要梳理和讨论近代以来，在涉及中国乡村社会结构、社会变迁及社会生活与秩序等重要议题上，有哪些学者基于什么样的学术背景与研究理念，对哪些具体问题采取何种研究方法和研究策略进行了讨论和分析，这些讨论和分析对知识生产来说有什么贡献，以及形成了哪些总体性问题意识、研究框架、研究范式，这些问题意识如何启发和引导我们进一步思考当下涉及“三农”的相关议题，等等。“历史是最好的老师”，作为人类历史尤其是知识史的重要组成部分，学术史课程在培养学生过程中扮演着非常重要的角色，学术史课堂是培养学生建立正确历史观，自觉摒弃历史虚无主义等错误史观的重要实践场域。

清末民初以来百余年时间里，学界有关中国农村社会诸多议题的学术成果，从研究问题及研究对象，到分析框架与研究范式，可谓汗牛充栋，纷繁复杂。为在有限课时容量内最高效地完成本门课程目标及任务，我们选择以专题形式展开课堂内容的组织与讲授。专题设定主要遵循两个基本原则：一是尽量能够反映近代以来中国乡村诸问题研究的基本面貌；二是要与当前党和国家的乡村振兴战略、乡村建设行动等有关“三农”问题的重大战略部署直接关联。在此基本原则指导下，本课程内容主要包含以下10个专题，即：(1)发现乡村：近代中国乡村何以成为问题？(2)到民间去：近代知识分子对于乡村的想象；(3)真正的革命：乡村社会调查运动的兴起；(4)燕京学派：近代乡村研究范式建立及代表性学术团队；(5)志在富民：近代中国乡村经济研究；(6)复兴和重建：近代中国乡村

建设运动研究；(7)乡村自治与农政学：近代中国乡村政治研究；(8)宗族与会社：近代中国乡村组织研究；(9)人在江湖：近代中国乡村流民文化研究；(10)海外汉学中的近代中国乡村研究。这10个专题遵循的基本逻辑是：从发现乡村到认识乡村，到研究乡村再到乡村研究范式的确立与反思，最后是理解、改造与建设乡村。该逻辑基本符合社会学专业学生所需要锻炼的学术观察力和社会洞察力的主要面向，同时也符合学生认识社会、理解社会、改造社会的学习过程。

(二)中国乡村研究的课程设计及理念

在设计中国乡村研究课程内容时，课程组遵循新文科建设理念，坚持将思政教育内容贯穿到课堂教学全过程。一方面，注重思政教育内容进课程的“融入”和“析出”，坚持显性教育与隐性教育相统一，在专业课授课过程中潜移默化地培养学生树立崇高理想信念，同时培养学生以专业眼光深刻认识和理解思政教育内容；另一方面，注重更新教学方法，创造性提出“知识供给侧改革”理念，倡导教师和学生双主体课堂构建，最大限度提升课堂效率。具体来说，本课程设计理念方面有如下几个特色：

第一，打破学科壁垒，以知识和问题为中心。2019年3月，习近平总书记在主持召开学校思想政治理论课教师座谈会上明确指出，“要坚持灌输性和启发性相统一，注重启发性教育，引导学生发现问题、分析问题、思考问题，在不断启发中让学生水到渠成得出结论。”[7]2022年10月，党的二十大报告中亦明确提出“必须坚持以问题为导向”，“问题是时代的声音，回答并指导解决问题是理论的根本任务。今天我们所面临问题的复杂程度、解决问题的艰巨程度明显加大，给理论创新提出了全新要求。”[8]本课程内容为中国乡村社会、经济、政治、文化等诸问题的研究，秉持“新文科”和“大文科”理念，以社会学研究为主，兼及经济学、政治学、历史学、民俗学和人类学等多学科，着重梳理和讲述近代以来中国乡村研究的诸多问题意识和研究范式，并培养学生提出真问题、研究真问题、真研究问题的专业素养。

第二，以专题授课为纲，兼顾知识体系构建。一门专业课程是否合格，其知识体系的完备性是重要的判断标准，而所教授的知识体系是否完备又是考察教师是否合格的重要指标。习近平总书记指出，“‘经师易求，人师难得。’教师承载着传播知识、传播思想、传播真理，塑造灵魂、塑造生命、塑造新人的时代重任”。[9]课程组即本着向学生“传经”的理念，选择以专题形式授课，内容涵盖近代乡村何以成为问题、近代乡村研究理念及实践、近代乡村研究的方法和研究团队、近代乡村经济、政治、乡村建设、文化以及海外汉学的相关研究范式等，知识体系相对比较完整。

第三，以学术史为鉴，兼顾当代“三农”领域现实问题。2020年9月，习近平总书记在湖南考察时强调，“要把课堂教学和实践教学有机结合起来，充分运用丰富的历史文化资源，紧密联系中国共产党和中国人民的奋斗历程，深刻领悟马克思主义中国化的内在道理，深刻领悟为什么历史和人民选择了中国共产党和社会主义，进一步坚定‘四个自信’”。[10]中国乡村研究本质是关于中国乡村问题研究的学术史课程，其内容既涉及近代以来有关中国乡村诸问题研究的基本知识和脉络，也涉及中国共产党领导人民建设乡村、改造乡村、振兴乡村的奋斗历程。

从课程设计理念上看，该课程主要有两个创新点：第一，创新性提出“知识供给侧改革”理念，倡导教师和学生双主体课堂构建。双主体课堂构建就是要破除过去填鸭式课堂教师主导或翻转式课堂学生主导的弊端，而重新定位教师、学生和课堂之间的关系。这里面其实涉及的是“知识选择”问题，“任何课程的‘知识选择’，不仅要涵盖学科专业的基本范畴、命题、原理和方法，而且要符合社会变迁对高校人才培养提出的时代要求”[11]。第二，授课形式多样化与授课内容民主化相结合，最大限度提升课堂效率和学生参与热情。授课形式多样化即采取线上线下相结合、理论实践相结合、综合运用多媒体技术等；授课内容民主化，即由过去“教师有什么讲什么”向现在“教师有什么和学生要什么”相结合转变。本课程尝试从教学内容入手进行改革，具体来说就是教师根据知识储备和本课程培养方案要求列出相对宽泛的知识点，然后由学生根据需要和兴趣选择其中部分知识点或自荐部分知识点(要说明理由)，以最大限度保持课堂效率和学生积极性。从学生教评和实践效果来看，这种尝试获得了学生的认可和支持，收效良好。

三、中国乡村研究课程思政实践方案及效果

立足中国特色社会主义进入新时代的新节点，遵循以育人育才为中心的教育发展战略，课程组经过近五年的探索与实践，基本形成三个有效的实践路径：一是将思政教育内容有机嵌入本课程各专题；二是充分挖掘和使用本课程中有关思想政治教育的资源；三是引导学生自觉地以习近平新时代中国特色社会主义思想为指导分析和讨论历史上和现实中有关中国乡村的诸多议题。具体来说：

第一，将思政教育内容有机嵌入本课程各专题。由于本课程专题设计之初就已经秉持了思政教育进课堂的基本理念，因此各专题都能嵌入大量的思政教育内容。比如第一个专题中讨论近代以来中国乡村何以成为问题时，特别嵌入早期受马克思主义影响的知识分子看待和分析中国社会的基本观点等，以及他们如何看待和讨论中国乡村，并与当前社会知识界对中国乡村问题的讨论进行对比分析；第二个专题主要关注的是近代知识分子如何发现了乡村，即讨论“到民间去”运动，在这个专题中，笔者有意识地嵌入了李大钊先生与早期中国共产党历史的基本知识；第三个专题主要讨论的是近代知识分子如何研究中国乡村，也就是研究方法的问题，将百余年来党的重要领导人有关“社会调查”思想的重要论点结合当时的学术研究呈现在课堂上；第四个专题讨论的是近代知识分子的乡村建设运动，同时嵌入了党在不同历史时期有关乡村建设的重要思想及实践活动，尤其注重对当前党和国家的乡村振兴战略与乡村建设行动进行对比讨论；从第五到第九专题，主要是对乡村各要素研究成果进行梳理和讨论，每个专题都特别注意嵌入以马克思主义为指导思想的知识分子的研究成果和相关论点，并且对当前党和国家在相关问题上的政策进行对比解读；第十个专题主要呈现海外汉学在中国乡村问题研究上的成就与不足，主要嵌入当前党和国家倡导建立中国哲学社会科学本土知识体系的必要性讨论，并对外国学者以“西方中心主义”眼光审视中国乡村问题的倾向进行反思。通过以上有关思政教育内容的嵌入，让

学生能够形成一种大历史观，即思考当前中国乡村问题时需要有一个“近代以来”的历史视野，以更好地、更深刻地理解当前“三农”问题的历史根源与现实特点。

第二，挖掘和使用本课程中的有关思想政治资源。这条路径与第一条路径是有机统一的。如前所述，中国乡村研究课程本身属于学术史范畴，讨论的是近代以来面对中国乡村问题时，各学术流派在不同学术思想指导下发现、认识、理解和改造中国乡村的成就与形成的知识体系。这其中就包括早期以马克思主义为主要指导思想的进步知识分子的学术发现及学术成果。在本课程的各个专题中，都会涉及相关内容。教师在课堂讲述时，特别注意到将党史教育与本课程教学相联系，不仅让学生在专业课学习中潜移默化地重新温习党的历史，也使他们以社会学专业视角重新理解和认识党的历史上的重要思想和重大事件，同时还能提升他们准确理解当前党和国家围绕“三农”问题的系列政策与战略部署的时代意义和价值内涵的能力，进而帮助学生自觉抵制历史虚无主义等错误思想。

第三，引导学生自觉以习近平新时代中国特色社会主义思想为指导，讨论和分析当前“三农”领域的诸多现实问题和公共议题。这是本课程教学过程的重要组成部分，也是贯彻思政教育融入课程教学建设全过程理念的必要做法。如果说，前两个路径主要属于思政教育进课堂的教学过程与实施范畴，那么这一路径则主要属于思政教育进课堂的教学结果与评估范畴。通过对学生相关经典书目的阅读展示和期末论文或研究报告撰写来考察思政教育内容融入专业课堂的效果。

除此之外，本课程还特别注意将党和国家有关“三农”问题的最新政策和最新表述有机融入课程，使学生在学习本课程内容时，能够与当下社会现实问题进行对话。从实践效果来看，无论是学生课堂表现还是课后的研究报告，都表明学生一方面增强了对党史和习近平新时代中国特色社会主义思想学习的热情，另一方面逐渐形成以专业视角分析和解读党和国家重要政策文件和战略部署的能力。

四、结语

课程思政融入专业课程课堂是新时代党和国家在教育战线上的重要举措。社会学专业因其更注重实践与理论相结合、更注重社会行动与意识形态相结合、更注重本土经验与西方对话相结合、更注重认识和改造现实与专业知识生产相结合，在培养学生树立崇高理想信念，培养学生自觉与历史虚无主义等错误观念作斗争等问题上，能够发挥更重要的作用。因此，在面对社会大转型及国内国际环境发生变化时，课程思政融入社会学专业课堂全过程，就显得尤为重要。本文立足为社会学专业学生开设的中国乡村研究课程设计及教学实践，总结出思政教育内容嵌入、思政教育资源挖掘和思政教育融入专业课堂效果验收等三条可行性实践路径，期望能够为思政教育融入社会学专业课堂全过程提供一个有益案例。

◎ 参考文献

[1]习近平. 把思想政治工作贯穿教育教学全过程 开创我国高等教育事业发展新局面[N]. 人民日报，2016-12-09.

[2]颜敏. 社会学教育的后现代转向[J]. 社会，2004(6).

[3]洪大用. 实践自觉与中国式现代化的社会学研究[J]. 中国社会科学，2021(12).

[4]习近平. 坚持党的领导传承红色基因扎根中国大地 走出一条建设中国特色世界一流大学新路[N]. 人民日报，2022-04-25.

[5]《社会学概论》编写组. 社会学概论(试讲本)[M]. 天津：天津人民出版社，1984：5.

[6]习近平. 在哲学社会科学工作座谈会上的讲话[N]. 人民日报，2016-05-19.

[7]习近平. 用新时代中国特色社会主义思想铸魂育人 贯彻党的教育方针落实立德树人根本任务[N]. 人民日报，2019-03-19.

[8]习近平. 高举中国特色社会主义伟大旗帜 为全面建设社会主义现代化国家而团结奋斗[N]. 人民日报，2022-10-26.

[9]习近平. 思政课是落实立德树人根本任务的关键课程[J]. 求是，2020(16).

[10]习近平在湖南考察时强调 在推动高质量发展上闯出新路子 谱写新时代中国特色社会主义湖南新篇章[N]. 人民日报，2020-09-19.

[11]高宁，张梦. 对“课程思政”建设若干理论问题的“课程论”分析[J]. 中国大学教学，2018(10).

当代中国人文社科的转向与现代化初探

潘墨涛

（武汉大学　政治与公共管理学院，湖北　武汉　430072）

【摘　要】 当代人文社科研究已走入追求极致“现代性”的误区，这种将“现代”与“传统”进行人为切割的模式伤害了人文社科的本质价值。可以说，伪装成“现代性”的当代人文社科教育已暴露出其“虚伪性”，中国人文社科发展正在扭转这种局面并朝着传统价值回归的方向转变。在这样的趋势与要求下，当代人文社科的研究能力培养也必须走向更加求真务实的未来，基于知识教育的开阔性与长期性、问题意识的第一性与开放性与研究逻辑的简练化与正常化而展开变革。

【关键词】 人文社科研究；现代化；人文传统；研究能力

【教改项目】 武汉大学本科教育质量建设综合改革子课题“乡村振兴战略背景下大学生参与乡村发展的田野教学研究基地建设”。

【作者简介】 潘墨涛(1986—)，男，山西太原人，武汉大学政治与公共管理学院讲师，主要研究方向为政府现场管理、行政哲学等。E-mail：pmt19861130@ 126. com。

无论是中国还是西方的大学、科研部门，其当代人文社科研究能力的培养已暴露出长期积累的一些问题，如科学研究过于形式主义、功利主义，专业分工过细而强化了“小院高墙”，过度追求科学性而忽视人性多样化导致解决问题能力的丧失，等等。这些问题在学者与学生中普遍存在，严重影响了人文社科研究在人类进步、国家发展进程中的价值，使“去文科化”的错误思潮扩大了影响。习近平总书记明确要求“把论文写在祖国的大地上”，其实质是对中国人文社会科学研究现状表示担忧。对此，面对普遍“虚伪化”“浅薄化”的所谓研究成果，符合现代化要求的人文社科研究能力到底是什么？人文社科研究的现代化应当指向何方？中国大学人文社科研究的改革出路何在？这些问题是本文探讨的重点。

一、现代性“陷阱”与人文社科的现代化

究竟人文社科研究有没有“前现代”“现代”与“后现代”分野？从理论来看，追求“现代性”的当代人类不可能人为撕裂历史，也不可能根本上改变人性的底色——人文社科研究的动力与目标；从现实来看，传统人文社科的价值取向与当前并无二致，所谓科学化的

方法论现代化并不否认人类一以贯之的核心价值，一切研究也均以价值导向为最终判断标准。所以，谈论人文社科研究的现代性丝毫没有理论与现实意义，急于割裂历史而强调“现代性”的进步，仅表现出对作为宗教的科学的迷信，以及对不确定性未来的“慌乱”。

（一）伪装成“现代性”的当代人文社科教育

所谓“现代性”的当代人文社科教育，开篇于19世纪、20世纪西方工业化进程之中。为了适应资本主义工厂生产所引致的不断深化、细化的社会劳动分工，人文社科教育在科学主义、理性主义的冲击下，改变了传统所追求的情操教育主线，开始转向大众教育与技能训练，尤以为民族国家培养合格的科层官僚队伍为重点。在中国，随着清末洋务运动的展开，近现代教育开始冲击传统科举体制，人文社科教育也开始转向愈加世俗的人的价值。五四运动之后，科学主义、理性主义开始全然接管了人文社科教育价值取向的“掌舵者”角色，追求世俗现实意义成为教育的本质需要。所以，无论中西，人文社科教育的“现代性”发展可谓殊途同归，朝着更加科学化、非人格化的方向，呈现出一种典型的制度性“收敛”。这种“现代性”全然否认了人文社科教育是传统“神学”“经学”中的“人”的学问这一价值判断，以更加精微的科学方法分工替代了人格的培养与情操的训练。可以说，这是“作为宗教的”科学在人文社科领域的胜利，也是科学之于人性、人格的无情碾压。

但是，这样的“现代性”真的可以否认传统人文社科教育的价值取向，进而实现传统与现代真正的“切割”吗？绝非如此。回归学科的根本价值与核心逻辑，人文社科与自然科学之间存在巨大的差异，研究人类社会与研究客观世界之间虽有相似的科学之处，但更多的是价值取向上的不同。自然科学关注对客观世界可认知的客观规律的把握，人文社科则倾向于对多元价值取向的理解与伸张。在这个根本差异基础上，所谓“现代性”的当代人文社科教育，从科学理性出发，依靠一整套完备的应试制度，将一切价值多样性回归到单一的科学规律认识论上，无疑是一种扭曲。可以说，人文社科这种对价值多样性的追求是一种涉及人性的传统，人性不发生根本性变革，人文社科这种传统也不会出现与所谓“现代性”的割裂。归根结底，当代人文社科教育是一种伪装成“现代性”的“权益游戏”，依靠社会大众对于“科学”的宗教狂热，实现本不属于自身的权利。

（二）“现代化”人文社科研究能力的虚伪性

既然追求符合根本人性的价值多样性的人文社科传统不可能出现现代性的割裂，当代人文社科所伪装的“现代性”是一种无聊的权益游戏，那么沿着这种认知而展开的人文社科研究能力培训更是虚伪的“应试游戏”。从目前人文社科研究的教育与实践来看，研究能力的培养依靠应试指标的激励与“应用题”解题方法的训练。以这种方式强化所谓的研究能力，与人文社科所追求的价值多样性南辕北辙。一方面，处于应试教育的“延长线”上，这样的研究能力培养恰恰扼杀了价值多样性，标准“题型”磨灭了从现实中寻找真问题的能力，解题工具与标准答案的确定性则限制了反思能力提升。另一方面，严格强调现代化人文社科研究能力训练，与传统人文核心价值做切割，辅之以学科壁垒，则人为强化了人文社科领域内各个学科的“权益边界”，进一步弱化了对围绕真问题、广视野目的的研究能力的培养。

总之，当前培养所谓现代化的人文社科研究能力的模式，其实质已不再是社会启蒙与知识扩散，而堕落为“小院高墙”式的利益区隔。如此，失去人文社科研究的本质价值，自然愈加“虚伪”。应当认识到，延续社会启蒙与知识扩散的价值，培养人文社科研究能力，必须培养真问题、广视野的战略性研究人才，而这种培养又必须打破学科边界、权益边界、思想边界。须知，需要研究讨论的现实社会真实问题是绝无学科之分的，亦是秉持客观中立而不受个人私权利所影响的。

(三)人文社科研究能力的本质：上帝视角下的“人”的学问

既然当代人文社科教育与研究能力培养日益“虚伪化”，那么回归人文社科本真实质便显得尤为可贵。从根本上讲，人文社科研究能力的本质是从“上帝视角”切入的认识“人”本身的学问。所谓“上帝视角”，即超脱于一切世俗化、职业化所带来的权益关系，“俯视”所观察研究的人类社会，给出客观中立、超凡脱俗的独立见解，具有对问题根源的敏锐洞察力与普世性的强大说服力。这种“上帝视角”下对人类社会的研究能力是一种最为理想状态下的表述，不失为一种改造当前人文社科研究的终极目标方向。

在“上帝视角”的研究站位基础上，人文社科本质上的研究对象聚焦于人的自身，即人文社科研究能力的培养实质是人类自我认识能力的培养，是一种在上帝视角下研究“人”自身的学问。具体而言，这种学问不只需要将研究者培养为具有能够客观脱离人类社会视角的人，还必须使其能够以足够多元价值取向来思考判断现实社会，给出更加多元的对于“人”本身的思考与理解，最终创造出社会发展的多种选项。所以，“批评家发展出三条进路来对我们的世界展开分析：自然化进路(naturalization)、社会化进路(socialization)、解构主义进路(deconstruction)”，即这些批评家发展出来的“三个截然不同的领域：事实、权力和话语”。① 作为对整个人类社会的研究，人文社科研究不只着眼于世界的“社会化进路”，同时也聚焦于与“社会化进路”有着建构关系的“自然化进路”与“解构主义进路”，即试图将事实、权力与社会在前两者之上建构起来的话语体系结合起来，加以研究并深刻理解人类本身。

二、中国人文传统与当代人文社科的转向

从上述人文社科研究的本质来看，当前人文社科教育与研究能力的培养业已陷入现代性的“陷阱”，在追求与传统的切割中失去了赖以为生的本质价值。而在这种“现代化”过程中，人文社科越来越多的问题开始暴露，其虚伪的现状严重侵蚀了其合法性，甚至在某些国家已经出现了“废除文科学部”的声浪。改变已刻不容缓，人文社科已开启转向的步伐，中国人文传统正在对“现代性”提出更加严肃的挑战。

---

① 布鲁诺·拉图尔．我们从未现代过：对称性人类学论集[M]．上海：上海文艺出版社，2022：13-14.

(一)博雅教育回归的试错：研究的审美与人格

面对人文社科领域的种种深层问题，当代中国大学已多数重拾博雅教育，即与职业培训相对立的、讲求储备广博知识以提升逻辑思辨能力的教育，从平民式的技能培训转向贵族审美的情操教育，讲求人生审美品位的培养与健全人格的塑造。这个转向无疑是正确的，也是符合社会启蒙、知识扩散的趋势与规律的。但是，在具体的博雅教育回归过程中，出现了大量的现实问题，这就意味着中国大学博雅教育的实践充满了制度实行错误的色彩。其意义旨在尝试改变人文社科教育的流弊，这种尝试必然是通过从小范围试错至大范围推广而实现的。所以，目前小范围的博雅教育回归，是为了未来大范围地转向博雅教育做试验，试验的成本也只好由目前的大学教师与学生承担了。

具体讨论这些试验的成本。一方面，为了实现中国跨越式的现代化，中国大学教育半个多世纪以来重技能培养而忽视情操教育，几乎其中两代人的教育失去了对审美培养与人格塑造的高要求，因此当前寄希望于此两代人扛起博雅教育的试错责任，培养新一代具有高度人生审美品位与健全人格的大学生，成功概率并不高。而既然又必须转向博雅教育，微乎其微的成功概率也必须尝试，这些成本只能由大学教师与学生来承担。另一方面，在博雅教育的环境中，具体的人文社科研究能力也将出现转向，从应试解题式的成果产出转向更具审美品位与人格魅力的知识创造。不过，这种制度转向中势必触碰旧学阀的“奶酪”，评价标准的转变试错将呈现新旧制度激烈的对立，未来是否能够真正转向博雅教育所要求的人文社科研究评价体系依然难以预知，这种成本也只能由生活在变迁规则中的大学教师与学生所承担。

(二)人文社科转向的动力：规范与偏离的艺术

陈丹青评价艺术发展时言道，“所谓规范，褒义的说法，就是中规中矩；贬义的说法，就是陈陈相因……所谓偏离规范，并非作者不认同规范，而是总会有天才蹦出条条框框，他个性特别强，感觉特别灵，听从自己，放纵自己，忽然发现稍微犯一点规，出一点格，作品更好玩，更有意思，更有快感。”①人文社科研究也是如此。为了打破传统的枷锁，强调自身现代性的当代人文社科亦在发展进程中形成了自己的规范、枷锁，束缚了变革的动力。但在逐渐僵化的规范下，也存在着“偏离”规范的可能，即一种创新的动力。可以说，近年来中国人文社科的弊病尽显，其中“偏离”的主动性也越来越强。在国家对人文社科的要求不断提高的背景下，现有规范已显得不合时宜。尤其是严格遵循学科壁垒、限制跨学科问题意识、以工具复杂化强化学科合法性等规范，难以满足人文社科进一步发展及助力国家经济发展事业的现实要求。对此，体系内部的“偏离”愿望与国家政策的外部刺激转变均成为人文社科当前转向的动力之源。

进一步来说，中国人文社科的现有规范与世界接轨的程度是不容否认的，西方国家人文社科的规范问题也非常棘手，急需改变。如果中国人文社科可以进一步刺激转向动力，

① 陈丹青．我的大学[M]．北京：北京日报出版社，2020：15.

尽快实现规范的变迁，对于引导全球整个时代的人文社科转向具有重要价值。不过，阻力也是显而易见的。一方面，大学中人为设置的专业壁垒限制了研究者对真实社会的认知理解，围绕专业利益的“小院高墙”也已形成，对有意义的“偏离”形成了强大的阻力。另一方面，学术社区“圈子文化”逐渐扭曲了年轻学者的价值观，这种“小院高墙”式的专业壁垒的建构，为专业内的同质化学者“创造独特的身份，为‘我们’和‘工作’寻找共用标签，并为新的从业者提供专业训练；与此同时，造成了很多人曾经历过的学科训练和专业身份之间的脱节”。[①] 所以，渐进式的“偏离”而非革命性的变革是有益的，激发“偏离”的动力是一种艺术，在旧规范依然具有强大形塑力的背景下，先提高体系的包容度，逐渐激励规范的更新替代。

(三) 中国人文传统的价值：认知与方法的标准

习近平总书记在各种场合多次强调“两个结合”，其实质是将中国共产党治国理政的思想之源与行动依据聚焦于“中国具体实际”与“中华优秀传统文化”。可见，中国人文传统的价值在当前具有重要现实意义。一方面，中国人文传统提供了“日用而不觉”、具有广泛信仰程度的价值标准。这些价值标准并不会因人为割裂“传统”与“现代”、标榜当代人文社科研究的“现代性”而褪色，未来人文社科研究进一步的现代化转型在牢牢把握这些价值标准的基础上，变迁方向便不会出现重大失误。另一方面，中国人文传统提供了评价人文社科研究范式与成果的根本标准。人文社科任何研究所采用的任何方法都以尽可能低成本达成研究目的为重，而研究目的则受到研究者价值取向的影响——遵循人文传统精神，或者“为了发表而发表”的人文社科现实主义。

展开来说，中国人文传统为当代人文社科的转向提供了根本价值，而回归这种传统则是从党中央到经济社会对人文社科研究的根本要求所激励的。基于这种要求，人文社科的教育与研究能力培养均应回归传统，以扭转过分信仰“理性化”“科学化”的自然科学范式，以人文的审美替代对绝对理性的疯狂追逐，以求真务实的态度打破日益固化的学术利益藩篱，以人格教养为评价核心来替代重复低水平研究的错误导向。总之，中国人文传统引导当代人文社科转向，从中国人文传统中寻找走出当前困境的办法，以包容开阔的态度，向着人格形塑与审美养成前行。在这个大趋势下，研究能力的培养也会出现重大转向。

三、当代人文社科研究能力的现代化方向

在面对问题并开始转向的当下，高校科研部门对人文社科研究能力的培养也需要做出相应的改变，即找到真正的“现代化”方向，借以提升人文社科研究的真实价值。从知识积累出发，围绕真实且富有洞察力的问题意识，以简练和正常的研究逻辑展开，改变业已僵化的当前人文社科研究评价标准，尤其避免工具主义，打破利益藩篱，是中国人文社科

---

① 玛莉亚·柏赞提斯，里克·E. 罗宾逊．对价值观有价值：“用户研究”该如何转变[C]//艾莉森·J. 克拉克．设计人类学：转型中的物品文化. 北京：北京大学出版社，2022：105.

研究的出路。

(一)研究能力基于教育而非训练：知识教育的开阔性与长期性

当下，人文社科研究能力的培养必须走出“技能训练”的误区，重新回归多样价值观导向下对人生与社会的理解，回归知性活动与知识教育。技能训练的结果是呈现研究者们“千篇一律”的人生，教育的目的则在于养成可以产生多元价值尺度的批判精神。这种人文社科研究能力所仰仗的教育，基础有二：一是开阔的知识眼界，二是长期坚韧的教育实践。前者需要打破现有所谓“科学”的专业壁垒，后者表明人文社科教育的特殊性，即长期教育投入远高于自然科学。具体而言，关于知识教育的开阔性，拉图尔在其著作的讨论中，得出一个极具现实改革意义的结论：“一个科学学科越是与其他领域相涉，这个学科就越好。”①跨学科是培养研究能力的有效手段，开阔性的知识教育则是根本方向，以实现研究者大视野、广视角与细致入微的观察有效结合，即所谓“致广大而尽精微”。关于知识教育的长期性，“文科的知性活动，致力在全体性的长时段中观察对象……文科的学问能够在长时段中创造出价值”。② 这种长时段的参与观察与价值创造，必须基于大量、持续性的知识积累，在研究者的全生命周期中进行“真实知识输入”与“思想创新输出”的循环。这种研究能力的培养是一种追求长期性的知识教育，需要下笨功夫、断人生捷径的“情操教育”，此乃纠正当代人文社科研究能力培养错误的根本。

(二)重拾人文社科研究核心价值：问题意识的第一性与开放性

虽然就研究而言，“抽象是认识活动的必要因素”③，但抽象的来源正是具体社会。走向具体的社会田野，从对具体的认识出发，寻找值得研究的问题意识，在“问题集”中反复吟味沉思，最终选择最有价值、最具意义的问题展开研究，正是人文社科研究应有的思路。此即意味着回归问题意识的第一性，而实实在在地放弃从方法论出发的认识过程。问题意识第一性所引致的整个研究过程，充满了对未知社会的求知欲，其本身具有高度的美学色彩。这种对未知的探求，不抛弃个体已有价值认知与书本经验，并杜绝各种傲慢与偏见是不可能展开的。必须在“无知”的态度与大量阅读、游学所积累的素养基础上，拥抱现实社会所给予的一切可能性。此即意味着回归问题意识的开放性，而非套用应试教育中的标准化“应用题”格式，不断复制以方便论文产出的错误路径。客观上讲，能够品味寻找真正问题的美学“快感”的个体毕竟只在少数，故而真正的人文社科研究绝不是做多做大的“低水平复制”，人文社科研究的繁荣所指的只能是一定范围内的绝无仅有的高质量。在大学本硕博均已扩招的当代，重拾这种人文社科研究的核心价值困难重重，人格的教育与思维的训练必须同时有所转向。

---

① 布鲁诺·拉图尔．我们从未现代过：对称性人类学论集[M]．上海：上海文艺出版社，2022：中译版序言．

② 吉见俊哉．“废除文科学部”的冲击[M]．上海：上海译文出版社，2022：57.

③ 尼·布哈林．食利者政治经济学[M]．北京：商务印书馆，2002：41.

(三)养成批判思维引导研究方法：研究逻辑的简练化与正常化

轻批判思维养成而重研究方法训练是当下人文社科研究能力培养的重大失误，大量体现方法复杂性而远离真实现实的研究充斥着整个体系，如此“真事隐”“假语存”的现实导出了严重的“劣币驱除良币”问题。独立思考是养成批判思维的不二法门，批判思维则比任何具体研究方法更具价值。众所周知，人文社科研究重在为人类社会发展提供多元价值尺度，具有美学意义而非科技的力学意义，因此“在多元的价值尺度中，为了在每一个具体情况下适用最佳的价值尺度，就需要与各种价值尺度均保持一定距离，采取批判的态度。深陷于某一个价值尺度，将失去应对新变化时的灵活性”。① 人文社科研究能力的培养，必须面向多元的价值尺度，并尽可能养成对每一价值尺度进行反思批判的习惯与精神，在辩论与探讨中磨炼研究逻辑，持续提升研究者思想的说服力。具体而言，良好的批判思维不是否定一切和诡辩，而是逻辑能力与说服力的体现，这就要求从当前人文社科普遍对问题“想当然”“复杂化”“技巧化”的研究逻辑回归传统纯粹的思维逻辑，追求逻辑的简练与基本思维的正常。如此，必须改造对人文社科研究的价值评价标准，避免为了迅速形成“成果”而刻意追求逻辑的复杂，避免“无脑的”非正常思维，避免无知识积累而缺乏自信的诡辩。归根结底，要提升人文社科研究的“审美”，用极简的、有说服力的、正常思维的研究逻辑贡献具有洞察力、体现价值多样之美的研究成果。

四、结论：远未结束的人文社科研究现代化试错

实事求是就是中国共产党最大的党性，人文社科研究的现代化方向并非缥缈未知，而就在于面对真实社会、做真实研究。任何所谓人文社科“现代性”的虚伪面纱必须被揭开，回归人文社科研究的纯粹本质。当前，人文社科领域已可听到“假作真时真亦假，无为有处有还无”的叹息，改变已在进行中，现代化的试错过程远未结束，割裂传统与当代的幼稚观点已受到应有的批判。尝试改变对人文社科研究者研究能力的培养，实质也是一种现代化的试错过程。从对阅读的严肃要求开始，培养在现实“田野”中发现问题、理解问题的敏锐洞察力，到最终知识的再创造，此种培养路径已经与数十年来中国人文社科研究的僵化范式大为不同，值得进一步探索试错。总之，制度试错的过程是包容而非强权的，是开放的而非封闭的，是长期演变而非一蹴而就的。各个专业必须打破已有利益藩篱，在开放包容的长期积累基础上寻找“独立之精神”与“自由之思想”。此变革期应在十年之间，也许更久，但“上路比抵达更重要”，变革方向既定，试错过程开启，静待开花结果。

◎ 参考文献

[1]布鲁诺·拉图尔．我们从未现代过：对称性人类学论集[M]．上海：上海文艺出版

① 吉见俊哉．“废除文科学部”的冲击[M]．上海：上海译文出版社，2022：57.

社，2022.
[2]陈丹青．我的大学[M]. 北京：北京日报出版社，2020.
[3]玛莉亚·柏赞提斯，里克·E. 罗宾逊．对价值观有价值："用户研究"该如何转变[M]//艾莉森·J. 克拉克．设计人类学：转型中的物品文化. 北京：北京大学出版社，2022.
[4]吉见俊哉."废除文科学部"的冲击[M]. 上海：上海译文出版社，2022.
[5]尼·布哈林．食利者政治经济学[M]. 北京：商务印书馆，2002.

破除“唯论文”背景下高校教师科研评价体系构建

黄　颖　刘晓婷　张　琳
（武汉大学　信息管理学院，湖北　武汉　430072）

【摘　要】高校教师是科研队伍的重要组成部分，教师科研评价对于激发教师创造力、提升教师学术和社会贡献水平具有重要意义。结合国家出台的相关破除“唯论文”等文件，从我国高校教师科研评价所面临的问题出发，构建了一套由评价目的、评价主体、评价客体、评价标准与指标、评价流程与方法、评价制度六大要素构成的高校教师科研评价体系，进而提出了“六位一体”的政策建议，旨在破除“唯论文”带来的学术功利化浮躁化、创新创造动力不足、侵蚀学术风气等后果，在人才评价中推进科学的评价体系建设，促进教师高质量发展。

【关键词】“唯论文”；高校教师；科研评价；评价体系

【作者简介】黄颖，男，武汉大学信息管理学院副教授，武汉大学科教管理与评价中心副主任；刘晓婷，女，武汉大学信息管理学院博士研究生；张琳，女，武汉大学信息管理学院教授，武汉大学科教管理与评价中心主任，本文通讯作者。

【基金项目】国家自然科学基金面上项目“新时代一流大学建设成效评价理论与应用研究”(72074029)；国家自然科学基金面上项目“科研人员职业生涯的性别差异和影响机理研究：合作、流动与学术表现”(71974150)。

一、引言

高校教师评价是一种旨在促进教师发展的制度安排，有助于教师反思行为、形塑认知、构筑共同体。新时代背景下，国家对高校教师评价改革提出了多方面的新要求，如加强师德师风建设、重视教育教学实绩、强化一线学生工作、改进教师科研评价、推进人才称号回归学术性与荣誉性等[1]。高校教师评价改革涉及方方面面，而改进教师科研评价是改革的重要一环。如今，“唯论文”“重数量、轻质量”等问题突出，急需构建一套完整的高校教师科研评价体系，引导高校教师重视人才培养贡献、学术贡献和社会贡献，提升教师科研水平。

近年来，无论是科技领域还是哲学社会科学领域，均存在过分倚重论文的倾向，将论文作为全部、唯一或决定性的科研评价标准，并直接关系到职称晋升、评奖、考核、招聘结果等，严重影响到我国的教学、科研及学术生态[2]。尤其对高校来说，“唯论文”导向，不仅直接挫伤了广大脚踏实地、求真务实的教师和科技工作者的积极性[3]，也加剧了高校教师“重科研轻教学”的倾向[4]，严重影响我国高校教学质量以及国家科技创新发展进程。2018年，习近平总书记在全国教育大会上发表的重要讲话指出，要深化教育体制改革，健全立德树人落实机制，扭转不科学的教育评价导向，坚决克服唯分数、唯升学、唯文凭、唯论文、唯帽子的顽瘴痼疾[5]。为此，我国相关部门先后出台了多项政策文件，均旨在破除“唯论文”等不良倾向，真正落实高校教师科研评价改革精神，发挥“以评促建”的评价作用。

例如，2020年2月，科技部印发《关于破除科技评价中“唯论文”不良导向的若干措施（试行）》，强调改进科技评价体系，力求破除评价中过度看重论文数量多少、影响因子高低，忽视标志性成果的质量、贡献和影响等“唯论文”的不良导向[6]。2020年10月，中共中央、国务院印发《深化新时代教育评价改革总体方案》，指出要改进高校教师科研评价，突出质量导向，不得将论文数、项目数、课题经费等科研量化指标与绩效工资分配、奖励挂钩，坚持分类评价，推行代表性成果评价，探索长周期评价，完善同行专家评议机制，注重个人评价与团队评价相结合，探索特殊领域教师科研专门评价办法等[7]。2020年12月，教育部印发《关于破除高校哲学社会科学研究评价中“唯论文”不良导向的若干意见》，提出破除“唯论文”不是不要论文，而是要正确看待SSCI、CSSCI等相关引文索引的作用与功能，不得简单以刊物、头衔、荣誉、资历等判断论文质量，防止“以刊评文”“以刊代评”“以人评文”，并提出从分类评价、综合评价、代表作成果评价、同行评议等方面优化评价方式[8]。此外，围绕科技成果评什么、谁来评、怎么评、怎么用的评价机制问题，2021年8月，国务院办公厅印发《关于完善科技成果评价机制的指导意见》，指出基础研究成果以同行评议为主，鼓励国际“小同行”评议，推行代表作制度，实行定量评价与定性评价相结合；要全面纠正科技成果评价中单纯重数量指标、轻质量贡献等不良倾向，鼓励广大科技工作者把论文写在祖国大地上[9]。

通过梳理国家近期出台的相关政策文件可知，随着破除“唯论文”等一系列评价改革文件的出台，论文、职称、头衔、获奖情况、行政职务等将不得再作为高校教师评价的硬性标准。然而，评价改革的重点是有破有立。虽然破除“唯论文”不良导向已经喊了多年，但效果并不是十分理想，究其根源，是因为并没有建立起一套完整的、可操作且有普遍适用意义的科研评价体系。2020年，习近平总书记在教育文化卫生体育领域专家代表座谈会上明确指出，要构建符合中国实际、具有世界水平的评价体系[10]。为此，本文从我国高校教师科研评价所面临的问题与不足出发，结合我国具体国情，落实政策文件中反复强调的分类评价、代表作评价、多元评价、同行评议等精神，旨在构建一套具有中国特色的高校教师科研评价体系，引导发挥“以评促建”的积极作用。

二、我国高校教师科研评价的问题与不足

在国家出台了一系列新时代高校教师科研评价改革文件之后，各省市、高校等相关单

位积极响应并根据自身情况提出了诸多改革方案。但是，从对政策文件的解读到各层面的具体操作，仍需要一定时间的消化和调整。因此，高校教师科研评价改革，虽然已经取得了一定进展，但仍面临着一系列问题与挑战。

第一，评价主体多元化缺乏，评价结果公信力不足。虽然高校教师科研评价的参与主体相对明确，但评价主体间的交互作用还未充分体现，且缺乏更多元主体的深度参与。比如，与绩效考核相关的科研评价活动，其评价权力往往掌握在高校内部的行政部门手中，尽管有学术专家的参与，但仍易被诟病为“外行评内行”[11]。此外，评价过程中容易受“关系”“圈子”“打招呼”等影响，缺乏多元主体会在一定程度上导致评价的公正性与权威性受到质疑[12]。

第二，评价标准同质化趋向，评价方式差异化不足。在实践中，我国各大高校教师科研评价存在评价标准同质化、分类评价落实不到位等问题，主要体现在缺乏对各种学科专业特色、办学定位、办学层次、教师队伍等的针对性评价标准，“一把尺”衡量现象普遍[13]，致使评价结果无法科学合理地对高校教师科研水平进行区分，在一定程度上挫伤了教师的积极性、荣誉感和归属感[14]。虽然相关政策文件一再强调要针对科技计划、人员、机构、项目、所从事的科研领域及岗位等的不同，设置不同的评价指标、标准、内容等，但是在实践操作中仍难以落实。

第三，评价指标定量化过度，评价方法建构性不足。实践中，由于发表论文数量、刊载期刊层级、影响因子、被引次数、获奖数量、科研项目数量、科研经费数额等数据具有可获得性和可比较性，使得量化指标得以“重用”，导致广泛存在数量化、功利化的不良倾向[15]。众多学者均指出要有效结合定量评价与定性评价[16,17]。但是，何时以何种方式实现同行评议和计量评价等不同方法的有效融合，以及对由不同评价方法得到的差异性评价结果如何统一等问题仍存在挑战。

第四，评价指引规范化缺位，评价程序完善性不足。目前对评价结果的反馈、申诉以及评价意见的分析等方面相对欠缺，对评价本身的反思(即元评价)不足，学术评审失范、学术腐败行为屡见不鲜。此外，科研评价的结果只能代表教师过去的科研能力和水平，并不代表未来的发展潜力，而目前的评价制度往往局限于评价过程，对评价之后的跟踪、监督、调整等不到位，缺乏对科研人员的“后评价”[18]。

第五，评价结果与利益捆绑严重，评价引导正确性不足。目前，科研激励和考核机制偏重于根据教师发表文章的级别和数量、承接科研项目的级别和经费等进行简单的量化计算，很大程度上引发了教师在学术上的急功近利行为和浮躁心理，不利于学术生态的良性发展[19]。此外，繁杂的科研评价类目和过短的科研评价周期，不利于教师投身于具有重大学术价值和重要社会意义的中长期、基础性研究，背离科技创新“四个面向”的初衷。

三、高校教师科研评价要素识别与体系构建

当前破除“唯论文”背景下的高校教师科研评价改革正在进入深水区，面对评价主体、评价方法、评价标准、评价制度等方面存在的现实问题，急需“破立并举”。本文以实践

中的问题为抓手，参考国内外优秀典型案例，从科研评价要素出发[20]，构建基于评价目的、评价主体、评价客体、评价标准与指标、评价流程与方法、评价制度六大要素的具有中国特色的高校教师科研评价体系(如图1所示)。

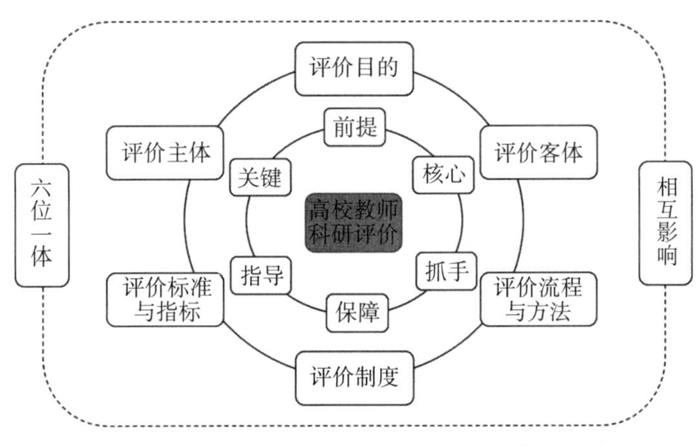

图1　高校教师科研评价的六大要素及其逻辑功能关系

(一)评价目的是高校教师科研评价的前提

评价目的是指评价要达到的预期希望和总体原则要求，是高校教师科研评价的前提。不同的评价目的决定着不同的评价标准、评价指标、评价方法、评审专家、评价程序等，制约和引导着整个评价过程和评价方向。因此，高校教师科研评价的第一步就是要明确评价目的。其中，人才招聘、职称晋升、各层次人才选拔、年度/任期考核是高校教师科研评价的四大评价场景，评价场景不同，评价目的和评价要点也有所不同(见表1)。例如，各层次人才选拔是为了遴选出各领域的优秀拔尖人才，起到示范、引领及激励作用，而人才招聘旨在根据岗位需求选拔符合学校/学院定位的教师，不仅要注重评价人才的已有成果，还需注重未来发展潜力。因此，科研评价中首先要明晰评价目的，结合评价场景，设计不同评价场景下的评价逻辑和方法，推动评价过程和评价结果服务于评价目的。

表1　**不同评价场景下的评价目的及注意要点**

评价场景	评价目的	需注意的要点
人才招聘	结合学校/学院岗位需求，招聘符合要求的应聘者，以完善人才结构，促进学校/学院发展	注重考察应聘教师的发展潜力、研究方向和可能的团队合作情况等，而非仅仅局限于对已有成果的评价
职称晋升	选拔符合岗位条件及晋升要求的优秀人才，对满足条件的高校教师予以晋升	根据不同岗位类型、学科领域特点进行灵活评价，对有突出成果的申请人可破格晋升

续表

评价场景	评价目的	需注意的要点
各层次人才选拔	遴选出各层级各领域的优秀拔尖人才，起到示范、引领及激励作用	突出创新性、引领性，注重学科差异化及多元评价
年度/任期考核	总结评价教师在一定周期内的综合表现，以促进高校教师持续发展	倡导由“总结和结果性”向“诊断和建议性”评价转型

(二)评价主体是高校教师科研评价的关键

评价主体是发起和实施学术评价的人，是高校教师科研评价的关键。在高校教师科研评价实践中，评价主体一般包括评审组织者、评审专家和第三方评价机构等。其中，评审组织者一般包含高校人事管理部门、科研管理部门、特定岗位聘任委员会等。评审专家包含所有参与评价的校内外专家个人或群体，部分评价场景可能涉及国际同行专家。第三方评价机构指非政府和非评价对象单位的专业评估机构或研究机构，可以根据自身的评价指标体系，按照一定的程序进行评价[21]，在评价的标准制定、信息搜集、评价组织、流程监督、质量反馈等环节发挥重要作用。

需要注意的是，在不同的评价场景中，各类评价主体的功能侧重及参与力度也存在一定差异。例如，在人才招聘的评价场景中，由于人才招聘更加关注本校/院的发展需求，因此评价主体更加侧重于以本校/院的管理部门为主导，以本校/院专家为主要评价主体。而在各层次人才选拔中，特别是高层次人才选拔中，往往需要更加多元的评价主体，评价过程中不仅考虑国内专家，还可能纳入国际评审专家等。

(三)评价客体是高校教师科研评价的核心

评价客体是指被评价的对象，是高校教师科研评价的核心。在不同的评价场景中，评价客体具有一定的区别(见表2)。

表2　**不同评价场景下的评价客体**

评价场景	评价客体
人才招聘	高校职位的应聘者，主要包括领军人才、青年拔尖人才、青年优秀人才等
职称晋升	本校教职工，一般分为专业技术岗位类(教学型、科研型、教学科研并重型)和非专业技术岗位类
各层次人才选拔	处于专业前沿并且在国内外相关领域具有较大影响的人才，具体可细分为国家级、省市级和校级等不同层级的人才选拔
年度/任期考核	本校教职工，一般分为聘期制岗位和固定教职岗位

在区分不同的评价场景后，还需要注意对评价客体进行分类评价，根据不同类别教师岗位要求建立准确、多元、科学的评价体系[22]。具体包括基于不同类型高校、不同学科领域、不同岗位类型等。

(1)基于不同类型高校的教师分类评价。对于不同类型的高校，需要设计符合其自身发展规律的教师评价体系，注重分类评价。例如，研究型高校的教师评价标准不一定适用于应用型高校；非行业特色高校的教师评价标准也并不适用于行业特色高校。因此，需要结合高校类型，合理设计符合其自身发展特点和发展水平的评价标准和体系。

(2)基于不同学科领域的教师分类评价。对于不同学科领域的教师，需要尊重其所在学科领域的研究范式和成果特点。对从事基础研究的教师，突出原创导向，将代表性论文、重要项目、获奖等作为主要评价标准；对从事应用型研究的教师，突出应用导向，重点评价其解决工程技术问题的能力；对哲学社会科学领域的教师，注重社会评价，将代表性著作、论文、重要项目、获奖、决策咨询建议等作为主要评价内容；对于偏重教学的教师，注重教学质量、教学效果、教学研究、教学成果的评价；对于体育艺术学科的老师，增设相应的业务评价标准，引导教师专心做好学生体育和美育教育[23]；而对于"绝学"、冷门学科等特殊领域的教师，如传统文化和民族历史保护领域，突出其代表作评价。

(3)基于不同岗位类型的教师分类评价。对于教学型、科研型、教学科研并重型等不同岗位类型的教师，需区分不同的科研评价标准。例如，对于教学岗教师考核，适度突出人才培养工作内容，评价标准以教学成果为主；教研岗教师考核，兼重人才培养和科学研究工作，评价标准以学术成果为主；科研岗教师考核，着重科学研究工作，注重考察学术成果的质量和影响力。

此外，在进行教师分类评价时，还需要深入探索个人评价与团队评价、个人分类与团队分类之间的关系。例如，针对团队负责人时，侧重于评价其把握研究发展方向、组织协调和团队建设的能力与成绩；针对团队成员时，侧重于评价个人的实际贡献等。

(四)评价标准与指标是高校教师科研评价的标尺

评价标准与指标是指人们在评价活动中应用于评价客体的价值尺度和界限。美国著名的评估理论专家泰勒指出，在进行评价指标分解时，要以整体目标为核心维度，一步一步细化为下位的一、二、三、四级指标等，同时要遵循科学性、一致性、独立性、整体性、可行性、可测性六大原则[24]。本文在遵循泰勒模式下评价指标分解的六原则的基础上，通过梳理相关政策文件和学术文献，在与相关专家、评价主体和评价客体代表等充分研讨之后，设置出契合我国当前的评价导向、相对切实可行的高校教师科研评价标准及相关指标框架。框架包括一票否决制指标、通用评价类指标和观测参考类指标 3 个部分(见表 3)。需要说明的是，本文所构建的指标框架涵盖了目前大多数高校教师科研评价中可能涉及的评价指标，旨在破除"唯"某一方面指标的评价倾向，各单位需要根据自身发展的实际情况选用合适的评价指标和赋予合理的权重，既要防止一刀切，也要避免面面俱到、贪大求全。

表 3　　**高校教师科研评价指标及指标重要性**

指标参考程度	一级指标	二级指标	三级指标	评价场景				评价客体层级		
				职称晋升	青年人才招聘	高层次人才选拔	年度/任期考核	初级	中级	高级
一票否决指标		思想政治	立德树人	如有违马克思主义基本原理或中央现行基本方针政策，或存在情节严重的师德师风问题、学术不端行为，则一票否决						
			师德师风							
		科研诚信	科研不端行为							
通用评价指标	产出维度	成果产出	研究论文	✓✓✓	✓✓✓	✓✓✓	✓✓✓	✓✓✓	✓✓✓	✓✓✓
			学术专著	✓✓✓	✓✓	✓✓✓	✓✓✓	✓	✓✓	✓✓✓
			资政建议	✓✓✓	✓	✓✓✓	✓✓	✓	✓✓	✓✓
			专利	✓✓	✓✓	✓	✓✓	✓	✓✓	✓✓
			其他研究成果	✓	✓	✓	✓✓	✓	✓	✓
	投入维度	纵向项目	项目层次/类别	✓✓✓	✓	✓✓✓	✓✓✓	✓✓	✓✓	✓✓✓
			项目经费	✓✓	✓	✓✓	✓✓✓	✓	✓✓	✓✓
			项目数量	✓	✓	✓	✓	✓	✓	✓
			项目参与度	✓✓	✓	✓✓	✓	✓	✓✓	✓✓
		横向项目	项目经费	✓✓	✓	✓✓	✓✓✓	✓	✓✓	✓✓
			项目数量	✓	✓	✓	✓	✓	✓	✓
			项目参与度	✓	✓	✓✓	✓	✓	✓✓	✓✓
			成果转化应用	✓✓✓	✓✓	✓✓✓	✓✓✓	✓✓	✓✓	✓✓✓
	影响维度	同行认可	学术影响力	✓✓✓	✓✓✓	✓✓✓	✓✓✓	✓✓	✓✓	✓✓✓
			行业领域奖励	✓✓✓	✓	✓✓✓	✓✓✓	✓	✓✓	✓✓✓
			特邀学术报告或讲学	✓	✓	✓✓✓	✓	✓	✓✓	✓✓✓
		政府认可	国家级科学技术奖励	✓✓✓	✓	✓✓✓	✓✓✓	✓	✓✓	✓✓✓
			参与国家规划的编制	✓✓✓	✓	✓✓✓	✓✓✓	✓	✓✓	✓✓✓
			国家重大科技计划专家组成员或评议组成员	✓✓✓	✓	✓✓✓	✓✓✓	✓	✓✓	✓✓✓
		社会声誉	社会传播影响力	✓✓	✓	✓✓✓	✓	✓	✓✓	✓✓✓
			社会组织奖励	✓✓	✓	✓✓	✓✓	✓	✓✓	✓✓

续表

指标参考程度	一级指标	二级指标	三级指标	评价场景				评价客体层级		
				职称晋升	青年人才招聘	高层次人才选拔	年度/任期考核	初级	中级	高级
观测参考指标	合作与服务维度	合作与国际化	团队贡献	✓	✓	✓✓	✓✓	✓✓	✓✓	✓✓✓
			跨学科合作情况	✓	✓	✓✓	✓	✓	✓	✓✓
			产学研合作情况	✓✓	✓	✓✓	✓✓	✓	✓	✓✓
			国际合作情况	✓	✓	✓✓✓	✓✓	✓	✓✓	✓✓✓
			受邀进行国际交流访问	✓	✓	✓✓✓	✓✓	✓	✓✓	✓✓✓
		社会服务	公益报告讲座	✓	✓	✓✓	✓	✓	✓	✓✓
			科普文章	✓	✓	✓✓	✓	✓	✓	✓✓
			与社会团体合作项目	✓	✓	✓✓	✓	✓	✓	✓✓
		学术兼职与学术服务	期刊任职	✓✓	✓✓	✓✓✓	✓	✓✓	✓✓	✓✓✓
			学术团体任职	✓✓	✓✓	✓✓✓	✓	✓✓	✓✓	✓✓✓
			评审工作	✓	✓	✓	✓	✓	✓✓	✓✓✓
			全国性/国际性学术会议重要任职	✓	✓	✓✓✓	✓✓	✓	✓✓	✓✓✓

注：✓✓✓表示非常重要，✓✓表示比较重要，✓表示一般重要，均为相对概念，只做参考标准，具体评价维度与指标权重需结合实践场景灵活制定。

其中，一票否决制指标是进行科研评价的先决条件，若该指标存在问题，则执行一票否决制。本文参考相关科研文献以及政策文件中反复提到的评价指标以及评价导向来确定具体的指标。《教育部关于深化高校教师考核评价制度改革的指导意见》中指出将师德考核摆在教师考核的首位，以师德为先，以立德树人为根本任务，把思想政治素质作为教师考核的基本要求，防止学术不端[25]。以上作为本文中一票否决制指标中思想政治以及科研诚信二级指标的来源，并将此细化得到本文指标框架中的三级指标。

通用评价类指标是具有普遍适用性的评判标准。一般情况下，科研评价包括产出评价和影响评价两个常见的维度[26]，除此之外，科研项目也是高校教师科研评价的重要内容，科研项目在一定程度上可以看作一种科研投入。基于此，本文将通用评价指标划分为产出维度、投入维度以及影响维度三个一级指标。其中，产出维度主要是针对一些常见的成果形式的评价，比如论文、专著、专利等；投入评价则是对科研项目的评价，包括纵向项目与横向项目；影响维度是指高校教师对学术同行、政府以及社会等产生的科研影响。

(1)对于产出维度而言，常见的研究成果多以论文和专著的形式来表现，应用性较强的研究方向中还包括专利、资政建议、调查咨询报告等成果形式[27]。对于艺术等学科而言，需要依照学科特点，对多种形式的产出和成果予以认定和合理评价，如作品、创作、设计等类型成果[28]。因此，本文的产出维度指的是相关成果产出，主要包括研究论文、学术专著、资政建议、专利以及其他研究成果等三级评价指标。

(2)对于投入维度而言，有研究将科研项目分为纵向科研项目和横向科研项目等一级指标，进一步从项目层次/类别等方面划分为国家级项目、省部级项目、市厅级项目等二级指标，同时还设立了项目经费[29]、项目数量[30]等二级指标。此外，项目参与度，即项目的负责人或参与者，也是科研评价中非常重要的指标之一。因此，本文在借鉴已有研究的基础上，将项目维度划分为纵向项目以及横向项目两个二级指标，并进一步从项目的层次/类别、经费、数量、参与度等确定三级评价指标。

(3)对于影响维度而言，重点评价高校教师在同行、政府以及社会三个层面的科研表现。其中，同行认可方面的评价，主要通过成果的引文和转载，或重要的学术兼职等评价其学术影响力。此外，行业领域奖励和特邀学术报告(特别是高级别学术会议的报告)等也是评价高校教师的同行认可程度的一部分。政府认可方面的评价，本文参考浙江大学医学院所颁发的学术分类评价指南[31]，将国家级科学技术奖励、参与国家规划的编制、担任国家重大科技计划专家组成员或评议组成员等指标划分到政府认可评价中。社会声誉方面主要包含社会传播影响力和社会组织奖励，其中社会传播影响力既包括研究成果被社交媒体分享与评论、被博客转载、被新闻报道等[32]，也包括教师向社会传递科学文化知识、承担重要社会责任、参与社会公共活动等；社会组织奖励主要是指社会公益性基金会等社会团体为在特定学科领域取得重大发明、发现和科技成果的学者所给予的奖励或者资助等，比如腾讯基金会出资支持、科学家主导的公益性奖项“科学探索奖”、何梁何利基金设立的“何梁何利基金科学与技术进步奖”等。

观测参考指标则作为补充或辅助形式，由各单位根据自身情况进行合理选择。相关参考指标包括，实验室和团队建设情况(硬件设施，研究队伍的结构、层次及每个方向的队伍建设，优秀人才的引进和培养)、重要国际合作研究情况、国内学术交流和合作网络、国际性学术会议上作大会报告、组织重要学术会议情况、在国家级/国际性学术组织中担任重要职务或担任国家级/国际性学术杂志的编委等情况[33]。本文在对以上各项指标进行归纳和总结的基础上，将此部分划分为合作与服务维度，具体包括合作与国际化指标、社会服务、学术兼职与学术服务三个二级指标，以及若干个三级指标，用于对高校教师的补充或辅助评价。

由于评价场景不尽相同、评价客体具有多种层级，因此必须结合具体情况确定不同指标的重要性程度，避免用“一把尺子量到底”的标准来进行评价。比如，2014—2019 年，青年科研人员申请自科基金项目的成功率持续降低，青年项目资助率从 25. 3%降至 17. 9%，面上项目资助率从 25. 4%降至 19%[34]。青年科研人员获得经费资助的难度较大，在科研项目方面处于一定的弱势低位，且具有该年龄阶段的独特压力。因此，考虑到实际情况，在青年人才招聘过程中应该适度降低对“项目层次/类别”这个评价指标的重要性要求，从而进一步激发青年科研人员的科研热情和科研潜力。此外，还有相关研究通过问卷调查方法[35]、结构方程模型方法[36]等对部分评价指标进行了重要性的调查，或确定了相关评价指标的权重等。因此，本文在借鉴相关研究结果的基础上，通过与领域内专家的交流和讨论，给出了基于不同评价场景及评价客体层级的各个评价指标重要性的参考性建议（见表3）。其中，✓✓✓表示非常重要，✓✓表示比较重要，✓表示一般重要。需要注意的是，本文给出的重要性程度均为相对概念，只做参考标准，具体评价指标与指标权重仍需结合学校实际情况，灵活且科学地进行采纳和调整。

（五）评价流程与方法是高校教师科研评价的抓手

科学把握定量与定性评价，创新评价方法，是推动评价改革落地的"关键一公里"。在科研评价过程中，计量评价方法与同行评议方法各有其优势，同时又有其局限性。仅依靠其中任何一种评价方法都难以得到满意的评价结果。因此，需要二者结合，将各自所具有的"优质元素"进行融合，即以融合评价方法对高校教师进行科研评价。一方面，利用计量指标来支撑、辅助、约束同行评议，提高同行评议的客观性和科学性；另一方面，充分利用同行评议的学术性、专业性、综合性等优势以克服计量评价的局限性，提高计量评价质量。因此，在高校教师科研评价过程中，应将融合评价方法[37]作为一种指导性的评价思想，贯穿于人才招聘、职称晋升、各层次人才选拔、年度/任期考核等不同的评价场景中。

科研评价的流程一般分为申请阶段、审核阶段、预评审阶段、同行评审阶段和公示反馈阶段。在申请阶段，申请人需要根据评审要求准备相关材料，具体包括标准化、结构化简历和支撑性证明材料。在审核阶段，科研管理部门需要对申请人的"思想政治"以及"科研诚信"两方面进行审核。如果发现有思想政治观念不正确，或存在科研不端等现象时，则执行一票否决制。在预评审阶段，建议引入第三方机构或组织，根据评价场景和要求，将待评审的关键信息进行规范化、专业化梳理和呈现。在同行评审阶段，根据已有的专家库或者依托第三方机构提供的同行评议专家库，选择匹配评价场景和评价对象的同行专家，对规范化的评审信息做出客观有效的判断。在公示反馈阶段，对评审流程和评审结果以适当的方式进行较长周期的公开，以保证评价工作的透明性和公平性，切实减少公示期过短、无法发挥有效监督的问题。同时，为保障申请人的反馈与申诉权利，允许申请人对评审过程与评价结果进行申诉与反馈。

在此过程中，引入第三方机构评价和推行代表作评价是优化评审流程与提升评审质量的重要抓手。具体而言，在预评审阶段便可考虑引入第三方机构或组织，根据评价场景和要求，将待评审的关键信息进行规范化、专业化梳理和呈现，进而协助提供标准化的对标信息，包括国内同级或更高级高校同等职位的评审标准和要求、国际同领域相似岗位的评审标准和要求、同领域处于相似职业生涯阶段的对标学者的成果信息等。在代表作评价方面，需要明确代表作的类型、代表作的数量、代表作的构成、代表作的评价方法、代表作的评价维度等多个方面。其中，可以根据学科领域特点灵活多元地挑选代表作的类型，代表作构成比例的要求需结合具体的评价场景和评价客体特点而定，不宜僵化。此外，同行评议是代表作评价的主要方法，但并不应排斥使用引用数量、转摘数量、网络传播数量等定量指标辅助评价。同时，要注意代表作的评价维度，一是对代表作的原创性评价，需要从其研究的领域、包含的思想、使用的方法、构建的理论等各个层面进行全方位的原创性评判；二是从应用和认同维度对代表作进行评价，需要深入代表作的引用内容，分析学术同行对代表作学术内容的认同程度；三是从知识系统维度对代表作进行评价，需要将代表作纳入科学知识系统中，分析其对学术体系发展的推动作用[38]。

(六)评价制度是高校教师科研评价的保障

评价制度是高校教师科研评价的保障，是有关部门制定的保证评价活动进行、要求有关人员共同遵守的规程，包括专家遴选制度、监督约束制度、第三方评价制度、评审申诉制度、评审公示制度等，对高校教师的科研行为具有引导、激励和保障作用。

(1)专家遴选制度。同行评议专家的意见构成了整个评价体系的基础。因此，专家遴选是影响同行评议质量的最关键因素之一。建立完善的专家遴选制度，提高同行评议专家队伍水平是我国当前亟待解决的问题[39]。遴选过程中，首先，重点选择仍在科研一线工作的专家，同时注意吸收优秀的青年同行专家，避免职称论、帽子论。其次，注意挑选秉持不同学术观点的评审专家，保证评审专家的多样性。此外，完善评审专家的知识结构，区分大同行与小同行，从“研究领域”“研究对象”和“研究问题”三个维度挑选最为匹配的评审专家。

(2)监督约束制度。公开透明的评价程序是取得客观公正评价结果的重要条件。高校教师科研评价中，要建立健全对全过程的监督约束机制[40]，有利于发现或是威慑评审过程中的不规范甚至是违法行为，对于营造良好的评审氛围、提升评审的公平性具有积极的意义。而目前在高校教师科研评价的同时并没有很好地明确监督的主体及其权责。因此，首先需要明确监督约束制度的定位，将其视作保证评审过程公开、透明、科学的重要保障性制度。其次要明确监督的责任主体及其权责界限，明确高校内监督责任主体。最后应建立相应的平衡与制约机制，避免出现“自己监督自己”的现象[41]。

(3)第三方评价制度。第三方评价制度是一项已被多国实践证明行之有效的科技管理制度。第三方评价是独立于组织方、评价对象和评审专家之外的第三方机构组织实施的评估活动，具有独立性、专业性和程序性三大特征。但是结合实践来看，我国第三方评价处于起步期，面临着地位不高、主体不清晰、程序不规范、方法不科学、责任不明确等诸多困境，需要从保障主体独立、明确主体资质、制定技术标准、规范评价程序、明确法律责任、建立监督体系等多个方面着手，构建和完善第三方评价制度体系，使其发挥应有价值[42]。

(4)评审申诉制度。评价结果往往与教师的年终考核、职位晋升等个人利益挂钩，完善的申诉制度能够保障被评价者通过正常途径提出诉求。当教师对评价结果及评审过程存在质疑时，有权利通过合理合法的途径表达意见并要求得到及时的回复。各高校应切实保障教师的申诉权利，从申诉启动主体、申诉实施程序、异议裁决机构等方面完善申诉制度[43]。

(5)评审公示制度。目前，部分高校在进行科研评价过程中，只公示最终评价结果，片面地公开部分信息，损害了高校教师的知情权，同时导致评价过程偏于形式化，不利于评审的公正性和公平性[44]。因此，评审公示制度需在避免利益冲突和保护隐私的基础上，尽可能多地以适当的形式对评审过程和评审结果进行公示，同时进行较长周期的公开，切实减少公示期过短、无法发挥有效监督的问题。

四、高校教师科研评价的政策建议

破除“唯论文”背景下，要推动高校教师科研评价改革从理论走向实践，需要各级政府、高校机构和科学共同体等多方主体的共同探索。基于此，本文结合六大评价要素，提出高校教师科研评价的六点政策建议。

第一，在评价目的方面，明晰科研评价的导向性与适配性。首先要明确区分评价目的，依据不同的评价目的，确定适合的评价主体、评价客体和评价场景，进而设计与之相匹配的评价逻辑、方法和机制。此外，在评价模式上促成“总结和结果性”评价向“诊断和建议性”评价转型。“诊断和建议性”评价注重为高校教师提供有益建议，有利于个人成长和组织战略发展，但是需要组织方和评审专家投入更多的精力。因此，建议加强评审人激励制度，充分肯定评审专家在评议工作中所做的贡献，考虑将评议工作纳入相关人员的工作量考核指标中，激励评审人在评议工作中投入更多的精力，提升评议质量。

第二，在评价主体方面，突出科研评价的多元化和标准化。当前我国参与高校教师科研评价的评审专家大都以“资深专家”(一般是高级职称教师)为主，评价主体较为单一，容易形成“圈子文化”，影响评审的公正性。因此，建议增加评审专家的多元化和标准化，首先，适度增加评审专家中的优秀青年人员比重，不仅可以减轻资深专家的评审负担，还可以在一定程度上避免评审权力过度集中；其次，在实操性较强的领域，还可以考虑引入市场评价和社会评价，吸纳产业界代表进入评审专家队伍；最后，在保证资质性、独立性和专业性的基础上建议引入第三方评估机构，为评价工作提供科学规范的支撑服务，规避行政和人情等干扰因素，提升高校教师科研评价的质量与效率。

第三，在评价客体方面，适配科研评价的灵活性和差异性。虽然评价改革已明确要求对学科大类进行分类评价，但面向学科大类内部的具体差异和细分学科的评价标准仍有待推进。面对分类评价的现实复杂性，建议结合具体评价目标，适度下放职称评审等人才评价权限，结合具体评价场景制定分类评价标准和策略。同时值得注意的是，大多数高校的评价体系对青年教师并不友好，评价标准模糊和考核周期过短等问题突出，导致很多青年教师不得不做“短平快”的研究。因此，建议针对青年教师特点，设置差异化和灵活化的评价策略，激励青年教师潜心研究，为青年教师的成长发展提供更好的保障。

第四，在评价标准与指标方面，注重科研评价的包容性和导向型。在开展“五唯”清理行动时，在评价实践中出现了一些新的“唯”，“唯项目(经费)，特别是重大项目”，

“唯资政(服务)，特别是领导批示”等，可能引发新的评价导向偏差，其危害性并不弱于“唯论文”，急需各层级管理部门关注和破解。此外，在评价维度多元但操作标准并不清晰的情况下，对教师过于全面的评价导向可能导致教师精力分散，无法聚焦和发挥自己的长项。因此，需要厘清多元评价的目的不是要求每位教师“十全十美”，而是鼓励教师在不同维度发挥优势、扬长避短，个性化发展，形成业务精湛、结构合理、充满活力的高素质专业化高校教师队伍。

第五，在评价流程与方法方面，提高科研评价的科学性和规范性。创新评价方法，深入探索“基于充分信息支撑的专家评议”和“基于专家深度参与的定量分析”的融合评价方法及其实践应用。专家评议时，合理利用规范有效的定量数据和信息，为专家提供客观参考依据；在定量指标设计时，充分融入专家智慧，提高计量评价质量。此外，建议开发评价工具，通过自动化和平台化建设，推进评价的规范化和智能化，让“质”化的内容“量”化出来，不仅能够为专家提供数据支持和循证证据，帮助其在信息集成的基础上做出更有公信力的判断，也有利于形成科教活动的动态监测与反馈机制，引导周期式评价向常态化监测过渡。

第六，在评价制度方面，健全科研评价的文化与标准建设。一方面，建立负责任的同行评议制度，培育同行评议文化。建议相关部门研制“负责任的同行评议”的基本原则，构建同行评议流程规范框架，明确同行评议的主体权责和落实路径，制定不同参与主体的系统性行为准则和制度规范。在实施层面，建议研究论证国家级或高校联盟的同行评议专家库构建工作，可考虑建立分类别、分学科、分层级、分地域的共享专家库，帮助高校解决同行评议的专家遴选和匹配问题。同时，建议加强对评审专家的“元评价”，建立专家信誉机制，提升评价质量。另一方面，健全推进代表作评价制度，更加重视“内容评价”。在代表作制度的完善过程中，首先需要统一“代表作”的质量评价标准。其次落实“分类评价”理念，制定“代表作”的分类评价指标体系，组织同行评议工作。最后从程序化实现的角度，组织方应就“代表作”的申请材料格式进行规范要求。

总之，破除“唯论文”背景下，高校教师科研评价改革是一个历史性、系统性、复杂性问题，既需顶层设计、系统贯彻，也需一批敢为人先的高校试路探索，提供经验。虽然本文构建了高校教师科研评价体系，为“如何评”“谁来评”“评什么”等问题提供了一定的参考与借鉴，但是，其落实与推进，需要紧紧围绕《深化新时代教育评价改革总体方案》等相关政策文件精神，通过各项改革的相互配合与促进，才能最终实现科研评价服务于高校发展、科技进步、社会繁荣和民族富强的初心目标。

◎ 参考文献

[1][7]中华人民共和国中央人民政府．中共中央　国务院印发《深化新时代教育评价改革总体方案》[EB/OL]．(2022-02-18)．http：//www. gov. cn/zhengce/2020-10/13/content_5551032. htm.

[2]何勇．破除“唯论文”导向，关键是建立科学评价体系[J]．广西教育，2021(8)：34.
[3]鲁翠涛，赵应征．破除“唯论文”导向建立科学合理的论文评价体系[J]．科技传播，2021，13(14)：15-17.
[4]董华，韩育，张青山．高校教师工作满意度的调查与模糊综合评价：基于不同类型教师的对比分析[J]．黑龙江高教研究，2022，40(1)：23-30.
[5]中华人民共和国中央人民政府．习近平出席全国教育大会并发表重要讲话[EB/OL]．[2022-02-18]．http：//www.gov.cn/xinwen/2018-09/10/content_5320835.htm.
[6]中华人民共和国科学技术部．科技部印发《关于破除科技评价中“唯论文”不良导向的若干措施(试行)》的通知[EB/OL]．[2022-02-18]．http：//www.most.gov.cn/xxgk/xinxifenlei/fdzdgknr/fgzc/gfxwj/gfxwj2020/202002/t20200223_151781.html.
[8]中华人民共和国教育部．教育部印发《关于破除高校哲学社会科学研究评价中“唯论文”不良导向的若干意见》[EB/OL]．[2022-02-18]．http：//www.moe.gov.cn/srcsite/A13/moe_2557/s3103/202012/t20201215_505588.html.
[9]中华人民共和国中央人民政府．国务院办公厅关于完善科技成果评价机制的指导意见[EB/OL]．[2022-02-18]．http：//www.gov.cn/zhengce/content/2021-08/02/content_5628987.htm.
[10]国家新闻出版署．习近平：在教育文化卫生体育领域专家代表座谈会上的讲话[EB/OL]．[2022-02-18]．https：//www.nppa.gov.cn/nppa/contents/718/75000.shtml.
[11]刘庆昌．学术评价的主体资格、内在标准与价值追求[J]．中国社会科学评价，2017(3)：117-124.
[12]宋旭红．论我国学术评价中的程序正当和结果公正[J]．清华大学教育研究，2019，40(2)：72-82.
[13][18]王海燕，张昕妍．我国科技评价体系改革的困境与对策[J]．中国软科学，2018(4)：10-17.
[14]顾亚林．破“五唯”背景下高校学术评价的问题及对策[J]．江苏经贸职业技术学院学报，2021(6)：28-31.
[15]吕黎江，吴剑．高校教师评价体系改革探析[J]．浙江社会科学，2021(7)：144-149.
[16]刘林芽，秦佳良，刘全民，等．高校科研绩效融合评价模型的构建及应用研究[J]．教育学术月刊，2021(10)：49-55.
[17]方宝．教师科研业绩：量化评价还是同行评议？——以国外研究综述为视角[J]．兰州职业技术学院学报，2021，37(5)：69-72.
[19]杜伟．高校科研评价现状与完善途径探析[J]．高等教育研究，2004(4)：61-64.
[20]叶继元．人文社会科学评价体系探讨[J]．南京大学学报(哲学·人文科学·社会科学版)，2010，47(1)：97-110.
[21]鲁翠涛，赵应征．破除“唯论文”导向建立科学合理的论文评价体系[J]．科技传播，2021，13(14)：15-17.

[22]孙雷，何玉龙．治理“唯论文”需打“组合拳”[J]．新华文摘，2021(3)：2.
[23]山东省教育厅．中国海洋大学建立“1+N”评聘制度　推进分类评价　切实破除“五唯”[EB/OL]．[2022-02-18]．http：//edu. shandong. gov. cn/art/2021/1/28/art_11972_10285764. html.
[24]潘晶，孙河川．教育评估指标制订应遵循的六项原则[J]．辽宁教育，2015(17)：45-49.
[25]中华人民共和国教育部．教育部关于深化高校教师考核评价制度改革的指导意见[EB/OL]．[2022-04-24]．http：//www. moe. gov. cn/srcsite/A10/s7151/201609/t20160920_281586. html.
[26]曾燕，杨晓，吴京晶．替代计量指标的应用、问题和反思——基于发达国家科技评价政策和实践的调查[J]．情报理论与实践，2022(6)：74-83.
[27]李蒙，张仁福，陈宇红，等．社会科学研究成果的评价研究[J]．云南财贸学院学报，2002(S2)：260-271.
[28]苏金燕．政策视角下代表作评价制度分析[J]．社会科学文摘，2021(7)：16-18.
[29]包永强，汪木兰，梁瑞宇，等．基于分数倒谱特征的应用型高校教师科研能力评价研究[J]．电子器件，2019，42(2)：271-275.
[30]罗宇，李红昌，李亚军，等．基于协同平台的高校教师科研绩效评价体系[J]．技术经济，2020，39(5)：29-34.
[31][33]浙江大学医学院．学术分类评价原则[EB/OL]．[2022-02-18]．http：//www. cmm. zju. edu. cn/38770/list. htm.
[32]许鑫，叶丁菱．多维影响力融合视域下的数据论文评价研究[J]．情报学报，2022，41(3)：275-286.
[34]薛姝，张文霞，李睿婕．当前我国青年科研人员面临的主要压力分析[J]．中国科技人才，2021(5)：70-75.
[35]刘艺戈，何婉卿，李改娣．高层次人才评价新议[J]．人力资源，2022(4)：14-17.
[36]许鑫，叶丁菱．多维影响力融合视域下的数据论文评价研究[J]．情报学报，2022，41(3)：275-286.
[37]林梦泉，任超，韩菲，等．“融合评价”理论与方法体系建构研究[J]．大学与学科，2021，2(3)：46-56.
[38]董克．科学评价代表作的学术质量[N]．中国社会科学报，2021-08-31(1).
[39]齐丽丽，司晓悦．对我国同行评议专家遴选制度的建议[J]．科技成果纵横，2008(5)：26-28.
[40]王艳萍．高职院校教师评价体系研究——以教师专业技能发展为导向[J]．包头职业技术学院学报，2014，15(3)：11-14.
[41]刘金松．高校教师职称评审权下放：逻辑、变革与瓶颈[J]．中国高教研究，2017(7)：81-86.

[42]谭华霖，吴昂．我国科技成果第三方评价的困境及制度完善[J]．暨南学报(哲学社会科学版)，2018，40(9)：32-40.

[43]王吉春．基于教师发展导向的高校教师评价机制改进研究[J]．淮海工学院学报(人文社会科学版)，2017，15(12)：119-121.

[44]黄英婉．“放管服”背景下高校教师职称评审改革研究——以沈阳大学为例[J]．沈阳大学学报(社会科学版)，2020，22(6)：753-758.

论拔尖人才培养视角中的高校教师之立德树人

让光林

（武汉大学　数学与统计学院，湖北　武汉　430070）

【摘　要】本文以武汉大学数学专业本科教育为例，从高校教师的价值定位、情操以及高效的课堂教学应遵循的基本原则等方面探讨大学教师在拔尖人才培养中的重要地位和作用。

【关键词】拔尖人才培养；课堂教学原则；教师价值定位

【作者简介】让光林，男，博士，武汉大学数学与统计学院副教授，概率统计科学系系主任，主要从事概率论、随机过程等方向的教学和研究工作。

教育部高等教育司副司长武世兴在 2023 年 3 月 23 日教育部举办的新闻发布会上表示，2022 年中国高等教育在学总规模达到 4655 万人，毛入学率达到 59.6%。他还说“多样化、个性化、学习化、现代化等普及化阶段的发展特征更加显著”①。有研究表明，50%的毛入学率是高等教育开始快速迈向普及化阶段的一个阈值[1]。实际上，国家发展的战略需求以及教育发展的内在禀性已经使得中国高等教育从普及型进入深度普及型的内涵式发展阶段。习近平总书记在中共中央政治局第五次集体学习时强调，要进一步加强科学教育、工程教育，加强拔尖创新人才自主培养，为解决我国关键核心技术攻关提供人才支撑。

为了响应这一号召以及进一步提高高等教育的办学质量，各高校根据自己的办学特色和优势提出拔尖人才自主培养的新思路和新模式。武汉大学在原来基地班、弘毅班、强基班的基础上，面对全校选拔招生优秀学生成立数学自强班。该班学生的培养方式采用院士大师引领、注重学术培养和科研实践，因应了拔尖人才培养立足基础学科、国家战略急需及应用创新型的要求。

不管是何种培养模式大学课堂教学始终是高校教育最重要的一环。大学课堂是教师、学生及管理者发生交汇的一个最重要的时空点。大学课堂教学承载着知识交换、思想共鸣和灵魂沟通的重要任务。大学课堂本性上区别于中、小学课堂。这源于大学课堂具有知识传播的致密性、传道者和受道者的身份渐趋平等、受教者的认同趋向减弱和理性批判增强、教学相长现象发生更为频繁等特征。提高课堂教学质量、丰富课堂教学手段、多元化

① 教育部：我国高等教育毛入学率达 59.6%[N]. 中国青年报客户端，2023-03-23.

课堂教学内容使得大学课堂成为高效传播知识、弘扬人类优秀文明及三全育人的最佳舞台。得之以内，取乎于外，是否充分彰显课堂功能取决于课堂之外投入总量的多少、评价机制的科学性及制度设计的合理性。

本文将以大学教师为切入点，结合自己的教学经历思考和探索在拔尖人才培养体系中如何发挥高校教师的课堂教学作用。

一、教师的自我定位、自我发展以及教育价值实现

大学教师是决定中国高等教育成功与否的一支绝对力量。过去 30 年，特别是在过去的 5 年，大学教师队伍发生巨大变化，主要表现在以下几个方面：

(1)985、部分 211 高校新进教师基本具有国外大学和研究所的博士学位，毕业后从事博士后研究工作，且有高质量的研究成果，回国后可以获得国家级的各类人才项目[2]。2020—2023 年，武汉大学新进 11 位青年教师，其中有 9 位在国外获得博士学位，有 5 位直接聘为正教授。

(2)顶尖学者全职回国工作逐年增多，比如北京大学丁剑教授(在 ICM 上作了 45 分钟报告)以及深圳医学科学院院长颜宁教授等。这也带动国家多层次的人才引进计划实现井喷。研究表明近七成(69.6%)的海外高端人才有强烈的归国意愿，在目前西方国家对敏感行业的华裔学者进行监控的背景下，这些高端人才优先考虑回国就业，其择业的主要单位集中在高校及科研院所[3,4]。

(3)本土培养的教师具有国外留学、访学及六个月以上学术交流的人数每年维持很高的规模，2016—2021 年的数据参见图 1[1]。从图 1 可知，2017—2020 年国家全额资助的访问学者人数每年均为 3500 人，2021 相对减少到 2700 人，青骨项目和西部人才计划在 2019 年开始减少，但总的数目仍然很大。①

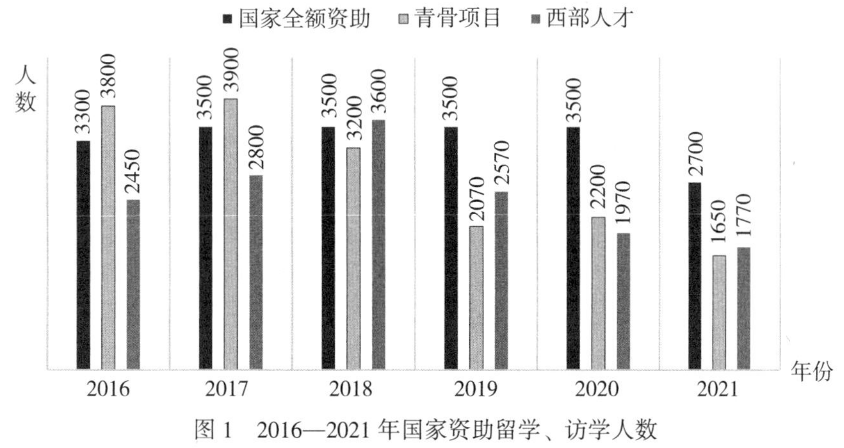

图 1　2016—2021 年国家资助留学、访学人数

① 2022 年国家公派留学模式和数量发生较大的变化，此处没有列出具体数据。

(4)青年教师快速成长。青年教师不仅在学术领域享有较高的国内国际声誉，同时教学经验也逐步丰富，教学手段有强烈的现代感和科技感。另外一些其他因素，如教育背景、语言能力、兴趣爱好等使得他们和学生的交流更通畅、更融洽，相比于传统学究型教师他们更受大学生的喜爱和追捧。

具有国际教育背景的海外学者的加盟以及本土教师职业水平不断提升，不仅提高了我国高校的师资水平，加快了中国高等教育国际化战略的步伐[2]，也为高校高质量拔尖人才培养的顺利实施提供了有力的硬件支撑。

毫无疑问，我国高等院校抓住国家整体发展的契机，根据各自的办学历史、优势、地域以及学科特点找准自己的发展定位，采取措施促进高校师资队伍和管理人才发生根本性的变化，进而使得我国高等教育良性发展。其主要特征是中国高校的世界排名稳步前进、国际声誉逐年递增。具体表现在学术研究活跃、标志性的科技成果不断涌现①、毕业生质量口碑好、国际交流频繁，从而助推了世界各国知识分子对中国和中国文化的了解及热爱。

发展导致竞争，特别是同层、同类之间的竞争更加激烈。这种竞争必然会传递到教师身上。随着各种评价体系、激励机制、惩罚条款、人事制度、分配方案等相继出台，高校教师特别是青年教师为了在这一波教育发展机遇中处于有利位置，出现了一些倾向：在职业规划上重学术轻教学；在科学研究上重数量轻质量、亲盲从少创新；在教学上专注知识传授、忽视学生精神沟通与人格塑造；在自我发展上重视专业能力提升、忽略人文情怀与价值情感的修炼。从社会层面看，处于象牙塔的大学教师与中小学教师相比，他们被认为处在知识和科技的前沿以及道德的高地，因而被给予更高的期望。除自身内在逻辑发展的要求之外，国家和社会的期许也是大学教师进步的外在动力，即全面提升教书育人本领，用高尚的精神情感和高深的专业知识重塑和造就国家的建设者和接班人，成为一个真正的有理想信念、有道德情操、有扎实学识、有仁爱之心的“四有”教师。

二、高尚的精神境界是大学教师必备特征

有境界自成高格。教师的思想境界、知识境界、道德境界会投射到学生身上并反射出来。武汉大学数学类本科培养方案规定学生顺利毕业必须获得155个学分，按照平均3个学分一门课程来计算，大学4年学生将会与四十多位老师长时间相处与接触。他们将从每位与其深度接触的老师那里获取专业指导，从中观察老师的行为举止、感受老师的思想情感、搜寻老师能与自己产生共鸣的精神特质。老师的解惑答疑、思想纠错、迷茫时的开导、挫折中的鼓励、狂放处的鞭策均会成为学生成长过程中的“点拨”，并让他们终身受益。

---

① 2023年5—6月，国内学者在*Cell*、*Nature*及*Science*共发文51篇，其中武汉大学在*Science*发文2篇，另外，武汉大学数学与统计学院在顶级数学期刊如*Inventiones Mathematicae*、*PRL*发文1篇。（参见武汉大学主页新闻网2023-07-28发布的学术动态前沿栏）

具有高尚的精神境界和情操的人才能成为暗路上的明灯和茫茫大海上的灯塔。道之所存，师之所存。一个人之所以是老师特别是大学老师是因为他不仅有渊博的知识、广阔的视野，更有敞亮的胸怀以及拥有怜悯、明理、良知、仁爱等高尚的道德情操。著书、育人、立德、立言，为天地立心，为生民立命是大学教师的最高使命。中国大学教师既要传承现代科学技术，更要传承数千年来人类优秀精神文明特别是中华优秀精神文明；不仅要引导受教育者学习深奥的知识，更要引导受教育者完善其人格、引导他们成为有担当、甘于奉献、有家国情怀的人。己不正，何以引人？

大学教师身上这种高尚的精神境界和情操不是与生俱来的。韩愈在《原性》一文中发展了孔子的人性观点，他认为“性也者，与生俱生也”，“性之品有三”，“上之性，就学而愈明；下之性，畏威而寡罪。是故上者可教，而下者可制也”，中品“可导而上下也”。人可以通过后天的学习使中品向上品转化，使上品的人更加圣明。大学教师的一生就是学习的一生，其拥有的文化知识、价值取向通过学习而不断更新。学习能提高他们的专业素养，让自己始终处在专业知识的前沿，不落伍，从而达到自我专业赋能。讲台上的大学教师就是知识的权威，通过过硬的专业积累，赢得学生虔诚的信任，更好地完成知识的传授。更重要的一点是，不断的学习和自我内省使大学教师在塑造被教育者人格的同时重塑自己向上向善的灵魂，使人性的仁、义、礼、信、智、信至臻至善。这种内足以律己、外足以感人的优秀品德是大学教师教书育人最有力的武器。因此，提升专业水平和完善自我人格既是大学教师的理性自觉，又是大学教师的应有之义。换句话讲，大学教师既要注重自己的专业增值，又要注重道德情感的升华和人文素养的有意沉淀。高级人才的教育者应该是集渊博的学识、细腻的情感、高尚的精神境界于一身的“艺术家”。

三、高效的课堂教学的基本原则

教书育人是教师的天职，课堂教学是教书育人的主战场。广义上，大学里任何有教师参与的场所，如图书馆、博物馆、球场、电影院等都存在教育，普通职工也能用他们的辛勤工作感染、影响学生，产生从课堂得不到的效果和价值。这里我们仅限于课堂空间的专业知识教学。

张楚廷分析了大学课堂教学应该遵循的基本原则[5]，包括：知识习得与能力训练、传授引导与独立学习、扩充新知识与研究进展、理论兴趣与技术兴趣、学习成长与心理发展等之间的结合与平衡。当然远不止这些，课程的课堂教学究竟采用何种方法、遵循什么原则是由课程本身的特点决定的。一门发展成熟的学科，体系虽然庞大，但学科内的各个方向发展并不平衡。有的因为关键性技术和思维的突破发展很快，有的进入相对平稳期只能进行小修小补；有的还处在理论完善阶段，有的已经进入广泛的应用领域。所以结合学生知识储备水平和接受能力，只能将小部分整合后以课程的形式进入大学课堂，即便如此仍然数目繁多，少则 50 多门，比如文学、数学、物理等。成型课程所包含的基本内容在一段时间内大致稳定。

以武汉大学专业数学课程为例。它分为三个层级[6]：7 门大类平台必修课；5 类(数学与应用数学、金融数学、信息与计算科学、统计学、数据科学与大数据技术)共 21 门专业必修课(这里没有计算金融数学的会计学、宏观微观经济学、计量经济学及货币银行学等课程);27 门专业选修课。有的专业选修课是另外专业的必修课，只计入 1 门，故武汉大学数学与统计学院开设的纯粹数学课程(包括统计学课程，但不包括计算机语言、经济类及专题课程)共有 55 门。在这些课程中数学分析和高等代数与解析几何是核心中的核心，前者 3 个学期内完成，获得 17 个学分，后者 2 个学期内学完，获得 11 个学分。它们是进阶其他课程的必备课程，内容细而多，发展历史长且相当完善，以此为基点阅读文献、做研究非常困难。相较而言，高年级开设的后续课程离学科前沿稍近一些，比如随机过程每一个内容就近乎一个问题的出发点，学生学完之后可以就某个问题阅读相关文献，感兴趣的学生有可能沿着此方向走下去，专业学习的分流就此展开。

为在有限时间内完成这些任务(对拔尖人才培养还需将部分学生引入较前沿的领域)，我们需要提高课堂效能，并遵循以下原则。

1. 课程内容选材恰当，施教反映个体差异性

课程选材既要保证课程的系统性和完整性，又要兼顾主次。这样的问题在中小学课堂里不会出现，在那里教学内容必须严格遵守教学大纲。相对而言，虽然大学低年级的专业课和跨专业公共课的课堂内容因为有课程小组的共同商讨教师的权限相对较低，但大学老师在专业课程教学或高年级的课堂上讲授什么内容、讲多少有相对的主动权。不同的老师当然有不同的研究兴趣和偏爱，课堂上如果喜欢的内容就滔滔江河，不喜欢的则惜墨如金，将会导致学生在课程的整体脉络和局部关键之间达不到好的平衡。所以教师对教学材料的选择和时间分配必须持审慎的态度，并根据受者的接受能力和教学效果实时动态调整。

这种原则在拔尖人才培养的课堂教学中尤显重要。所谓拔尖人才培养，是指以精英、高创新型人才为培养目标，人数极少(武汉大学数学自强班是在全校的新生中选拔 30 人)。他们有很高的专业智力、活跃独立的思维能力、敏感的审美意识、独特的行为举止。这些特质差异性决定了教师在教学过程中既要夯实学生对核心课程的掌握与消化，也要因材施教，针对不同禀性的学生引导其迅速进入不同的前沿领域，这时教与学就可能产生化学反应。研究表明[7]，许多诺贝尔获奖者除了家庭环境及个人的兴趣之外，特别提到在大学学习阶段(也包括中小学阶段)受到个别教师的点化，对其以后生涯有重要影响。这些老师俗称为“贵人”，显然这些点化是在老师注意到学生的自然禀赋、兴趣和专长等个体差异存在的基础上发生的。当然，我们不能奢望进入拔尖人才培养的每一个体均会成为科学精英，但是一旦在培养过程中注重尊重个性天赋、恰当点化、实时激发潜在的创新思维等方式，科学精英的出现就只是时间早晚的问题。

2. 课程难易要适中

课程的难易既是绝对的又是相对的，一个专业总有几门课程让学生苦不堪言，如数学的实变函数、泛函分析、随机过程等。同样的，不同专业的学生对同一门课程的接受能力

也不一样。这就要求我们根据对象选材施教，因人施教。太难的内容会让学生失去学习的信心和兴趣，太简单会让学生觉得索然寡趣，失去学习的激情。在一个单位授课时内，难易也需要一定的比例。这里所谓的难是指学生理解比较困难的内容，易是学生必须掌握的内容。这个比例究竟是多少，目前还没有研究给予具体的数据支撑，笔者认为 1：4 是一个能接受的数值，对拔尖类人才培养其值可以更高，如 1：2。因为越是困难越易激发学生的斗志，以此会倒逼着学生课后花时间去查阅资料、广泛阅读、深入思考并与同学讨论交流，最后寻求老师的帮助，最终获得圆满的答案。从全校范围内筛选出的小班集体是很容易出现这种氛围的，好的老师会精心引导并加以控制。“不愤不启，不悱不发”(《论语·述而》)，意思是说，教导学生，不到他冥思苦想仍不得其解的时候，不去开导他；不到他想说却说不出来的时候，不去启发他。学生在半生半熟之间通过自己额外的努力明理认知对象是一件幸福和愉悦的事情，这种习得习惯是大学教育必须培育的，因为这会增强他的自信心以及养成他遇事先求己的处事风格。

3. 适当增加学科自然发展的背景

科学的探索发展并不顺利，过程曲折、道路艰辛。为了追求真理、认知世界的本来面目，人类为此付出了巨大的代价甚至是生命的代价。但课堂知识的传播却是一条完全不同甚至相反的道路。以数学课程教学为例，一般我们采用如下方式：定义概念→列出定理→定理的证明→应用(讨论、举例)。在上述方式中，“举例”处于末端，看似仅仅用来检验定理的正确和说明其用处，其价值往往被学生低估。事实上，最有可能的情况是“例子”或者“问题”就是起点或者是撬动一个新理论出现的支点。具体讲，一个问题——可以是来自应用，也可能是来自理论本身，搜寻所有现存的方法都无法解决，在多次试错、反复积累经验及探索后最终找到解决的方法①。其中有些方法可以提炼升华到一个新的理论框架从而解决更多的问题。这个新框架包含各种概念、对象、操作及规则(见图 2)。奥地利概率论学者马丁·海尔(Martin Hairer)因为解决了 KPZ 方程的一个长期未决的问题而获得菲尔兹奖(Fields)，随后他将他采用的方法发展成一个更一般的正则结构理论(regular structure theory)，在此理论框架下可以解决更多的奇异随机偏微分方程问题。

标准化的教材(课堂)处理为我们节约了大量的篇幅和时间，逻辑上也严谨得无懈可击，学生也许会感受到定理的证明过程惊心动魄和无言的美妙，其中也许有人还会问怎么找到这么好的方法。他们不知道如此美妙证明的最初版本也许是多么的笨拙和烦琐，也不知道从最初的雏形到进入教科书花费了多少人的心血。显然，我们没有必要也不允许对所有的知识体系按它原来产生的方式再重复走一遍。但是还是有必要在适当的时机告诉他们科学进程的本来面目，否则他们在遇到障碍时就会泄气，甚至还抱怨“我的运气怎么这么差碰到这么难的问题”，这种情绪在研究生学习阶段比较普遍。殊不知，触碰到困难的问题就是一种幸运，用常规能解决的问题就不是问题，用常规不能解决的问题才凸显科学研

---

① 1900 年 Hilbert 在世界数学家大会上提出 23 个问题，其第 8 个问题孪生素数猜想 2013 年由数学家张益唐基本解决，共花了 113 年时间。

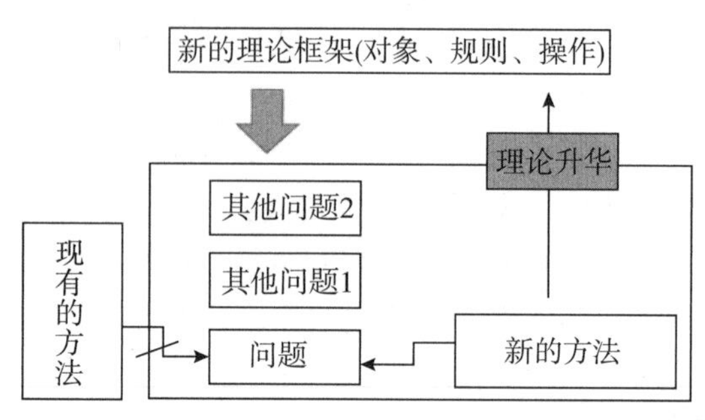

图 2　新的理论框架的自然形成过程

究的价值，提高人类的认知能力和突破人类已有认知领域的边界是我们的最高追求，这恰是拔尖人才培养的重中之重，培养学生勇于探索未知世界以及解决问题的科学素养。

4. 重视思维方式的引导

每一个学科、每一门课程都有其独一无二的特点，其中之一就是因为研究的对象不同其处理问题的方式或者思维方式也不一样。知识是静态的，知识的形成是动态的，这种动态的知识流就构成了思维的载体。一条公理、一则定理阐述一个知识点。获得知识点相对容易，比如查阅资料，但是要获取知识之间演变的内在本质联系却很困难，需要一定的领悟能力。特别是在理论日趋完善进入高度抽象阶段时，这种内在本质的东西能帮学习者很快穿过事物的表象直达核心进而获取问题的解决之道，这种能力在探索未知领域时尤为宝贵，但对初学者来讲它不易察觉，需要老师的帮助。因而教师在传授知识的同时要兼顾思维方式的引导，撇开知识只谈思维犹如空中建楼阁，没有思维链接的知识正如没有灵魂的躯壳。在体系完整的情况下不要在意一城一地的得失，因为思维引导可以促使学生自己去开疆辟地、行远致深。笔者近期在武汉大学经济与管理学院授课线性代数时反复阐明类比思想[8]。所谓类比就是分析新旧理论之间的共性。新的理论所涉及的范畴较大，以往习以为常的认知在新的框架里不再正确，以前显然的东西现在却要求验证，这种差异很让人沮丧，因而被夸大；新的理论脱胎于旧的框架，有很多相同的地方，但易被忽略，因而很迷茫。线性代数是学生第一次接触非交换对象，在刚开始很不适应。总体来讲，相对其他数学课，该课程并不难对付，但要说学得多么好，学生们恐怕也没有太大的底气。其原因在于由于对象的改变，如数→矩阵、交换→非交换、数量空间→函数空间等导致他们无法找到变化前后之间的内在逻辑联系，老师强调差异的同时一定要帮助学生用类比思想分析共性，从而延伸到新的领域。事实证明采用这种理念教学效果很好，学生也乐意接受。为了便于问题的说明，我将参考文献[8]中的一个例子拿来作以简单的说明。

例：设 A，B 均为 n 阶可逆方阵，且 $(A+B)^{-1}$ 存在，试求 $(A^{-1}+B^{-1})^{-1}$。求逆矩阵比证明逆矩阵要困难得多，原因在于后者只是一个简单的验证，而前者需要找出其形式。对初学者来讲要直接给出 $(A^{-1}+B^{-1})^{-1}$ 的表达式比较困难，但是将可逆矩阵 A，B 与两个非零实数 a，$b(a\neq -b)$ 对应起来作类比就是一种好的方法。因为对实数 a 与 b，只要 $a\neq -b$，则 $\frac{1}{a^{-1}+b^{-1}}=\frac{ab}{a+b}$ 恒成立。这时将 $a\rightarrow A$，$b\rightarrow b$，$\frac{1}{a+b}\rightarrow(A+B)^{-1}$ 作类比，注意由于 A，B 位置的对称性，我们猜想其结果可能为 $A(A+B)^{-1}B$。接下来，只需一个简单的验证即可。因为 $A(A+B)^{-1}B(A^{-1}+B^{-1})=A(A+B)^{-1}(BA^{-1}+I)=A(A+B)^{-1}(B+A)A^{-1}$。

显然上式等于单位矩阵。如此得到最终的结果。

上面实际上是数学研究过程中一个常见的程式：相似比较⟶大胆猜想⟶小心求证。学生往往夸大不同对象之间的差异，而忽略它们之间的联结，这是对新出现的事物的一个自然反应。我们应该知道，突出差异能使未知世界准确地被认识，科学技术得以变革性地发展；抓住联结使得我们对未知世界的探索能持续进行，因为新规律一般来讲孕育在已有的框架理论之中，待时机成熟时就会破土而出。

四、结语

拔尖人才培养是高校直面国家发展战略需求、高等教育改革发展需要和多元化的社会需求改革人才培养模式的产物。2022 年 2 月 28 日习近平总书记在中央全面深化改革委员会第二十四次会议上强调，“要全方位谋划基础学科人才培养，科学确定人才规模，优化结构布局，在选拔、培养、评价、使用、保障等方面进行体系化、链条式设计，大力培养造就一大批国家创新发展急需的基础研究人才”。武汉大学数学自强班就是因应习近平总书记对人才培养要求，结合自己的学科特点、师资力量以及对外交流的便利等优势而顺势出台的一种新型拔尖人才培养模式。决定这种小规模优质生源汇聚的培养模式成功的重要因素很多，如制度设计、资源配置等，都值得深层次思索与探讨。本文从高校教师的价值定位、情操以及高效的课堂教学应遵循的基本原则等方面论述了大学教师在拔尖人才培养中的重要地位和作用。学校管理者应该科学完整地建立拔尖人才培养中一线教师的配置、选拔、考核、评价等机制。赋予责任心强、专业素养深厚、道德情操高尚的教师自由发挥和进步的平台，尊重他们的专业活动，为他们的教育教学做好坚强有力的后勤保障[9]。

（在撰写此文的过程中，数学与统计学院的周宁、胡雪红、杨宁及胡法拉四位老师不厌其烦地给我提供诸多数据和材料，在此一并致谢。）

◎ 参考文献

[1] MartinTrow. Problems in the transition from elite to mass higher education[M]. Berkeley, CA: Carnegie Commission on Higher Education, 1973: 12.

[2] 鲍威，田明周，陈得春. 新形势下海外高端人才的归国意愿及其影响因素[J]. 高等教

育研究，2012，42(2)：24-34.

[3]赵显通，彭安臣，刘绪. 高校教师出国访学的现实困境与改革路径——基于22名教师访谈数据的质性分析[J]. 高校教育管理，2018，12(4)：111-117.

[4]王利爽，阳荣威. "双一流"建设背景下"C9"联盟高校师资队伍及结构调查研究[J]. 大学教育科学，2017(6)：32-36.

[5]张楚廷. 高等教育学导论[M]. 北京：人民教育出版社，2010.

[6]武汉大学本科生院. 武汉大学本科人才培养方案(2023版)[Z]. 武汉：武汉大学，2023.

[7]阎光才. 高校有组织科研与科学英才的独特作用——兼及拔尖创新人才的培育议题[J]. 高等教育研究，2023，44(2)：10-19.

[8]让光林. 类比思想在线性代数教学中的渗透——从矩阵求逆的一个例子说起[J]. 武汉大学数学与统计学院，2023.

[9]金生鈜. 教育者自我治理的本质与方式[J]. 高等教育与研究，2021，42(6)：21-28.

美英知名高校化学专业课程体系比较与借鉴

张海波　周金平　魏尚娥*　许　艳
（武汉大学　化学与分子科学学院，湖北　武汉　430072）

【摘　要】 通过美英知名高校的官方网站和校友留学生提供的相关材料，调研了美英知名高校化学专业课程设置与教学内容，通过对比分析了解中美高校化学教学的异同，并在此基础上对武汉大学化学专业课程体系设置及教学改革提出了一些思考和建议。

【关键词】 美英知名高校；化学专业；课程体系；教学内容；比较和借鉴

【作者简介】 张海波，男，武汉大学化学与分子科学学院副教授，化学实验教学示范中心副主任；周金平，男，武汉大学化学与分子科学学院教授，武汉大学化学与分子科学学院分管本科教学副院长；＊通讯作者：魏尚娥，武汉大学化学与分子科学学院教师；许艳，武汉大学化学与分子科学学院教师。

【基金项目】 教育部产学合作协同育人项目“混合式能源化学实验实践课程体系构建和实践”(230705940114745)；武汉大学“教育教学改革”建设引导专项“新能源材料制备及标准化检测虚拟仿真实验”；武汉大学创新创业中心建设项目子课题“虚实结合混合式综合化学实验体系的构建”。

一、美国高校化学专业课程体系基本情况

通过检索相关美国高校的网站及校友留学生信息反馈，我们对美国部分高校化学主要课程开设情况进行了统计(见表1)。从表1中可以看出，美国多数高校化学专业必修课与国内类似，一般包括以下课程：普通化学、无机化学、分析化学、有机化学、物理化学(含结构化学)、普通化学实验、无机化学实验、有机化学实验、分析化学实验和物理化学实验等。这些课程的学分比重很大，以确保学生能够打下坚实的基础。部分高校将分析化学理论内容放到普通化学课程中，不少高校则将结构化学纳入物理化学或化学原理课程中。此外，一些学校还将高等无机化学和生物化学等课程作为基础必修课程。

同时，美国高校对前沿交叉学科很重视，化学专业普遍设置了生物类课程，同时也融合了化学、生物学、信息科学、环境能源、材料学和物理学等多个相关学科的理论和技术。比如麻省理工学院和华盛顿大学将“生物化学”作为必修课程，并开设有生物化学实验课程。美国高校对实验课程也非常重视，多数学校分别设置了基础实验和专业实验课

表 1　美国部分高校化学主要课程设置情况

麻省理工学院 （总学分 180 学分，BS）[1,2]	加利福尼亚大学伯克利分校 （总学分 120 学分，BS）[3,4]	华盛顿大学 （总学分 183 学分，BS）[5,6]	斯坦福大学 （总学分 120 学分，BS）[7,8]	加利福尼亚大学圣巴巴拉分校 （总学分 150 学分，BS）[9,10]
必修理论课程（72 学分） 无机化学原理 I（12 学分） 有机化学 I（12 学分） 有机化学 II（12 学分） 生物化学概论（12 学分） 热力学 I（6 学分） 热力学 II 与动力学（6 学分） 光谱学基础（6 学分） 分子的电子结构（6 学分） 指定选修（24 学分）四选二 无机化学原理 II（12 学分） 生物化学 II（12 学分） 高等有机化学（12 学分） 物理化学（12 学分） 必修实验课程（17 学分） 光谱基础实验（4 学分） 配位化合物的合成及动力学（5 学分） 大分子前药（4 学分） DNA 重组技术（4 学分） 限制选修实验课（12～14 分） 抗癌药物评估实验（5 学分） 有机结构测定实验（4 学分） 连续流动化学实验（4 学分） 可再生能源化学（4 学分） 氮气等小分子活化转化（4 学分） 量子点（4 学分） 时间和频率分辨光谱（5 学分） 快速合成多肽和蛋白质（4 学分） 其他选修课程 生物、化工、数学、计算机、物理、统计等专业相关课程，本科科研	必修理论课程（26 学分） 普通化学和定量分析（A，B）（10 学分） 有机化学（A，B）（10 学分） 高等无机化学（A，B）（3 学分） 物理化学（A，B）（3 学分） 必修实验课程 普通化学和定量分析实验 （学分包含在“普通化学和定量分析 A，B” 课程中） 有机化学实验 （学分包含在“有机化学 A，B”课程中） 物理化学实验（3 学分） 限制选修（4 学分）三选一 分析方法中的仪器方法（4 学分） 无机合成和反应（4 学分） 有机化学-高等实验方法（4 学分） 化学及相关领域的前沿研究（选修） （12 学分） 至少选择一门高年级化学课程+相关学科的课程，学生可选无机、核化学、有机、物化等化学专业课程或物理、生物、地质学、数学、环境、能源、材料科学、核科学等课程；专题和科研等	必修理论课程（52 学分） 普通化学（1，2，3）（12～15 学分） 无机化学（4～7 学分） 分析化学（1，2）（8 学分） 有机化学（1，2，3）（18 学分） 物理化学（1，2，3）（12 学分） 生物化学（3 学分） 高等化学及实验（8 学分） 仪器分析（3 学分） 必修实验课程（13 学分） 有机化学实验（1，2）（6 学分） 物理化学实验（3 学分） 无机化学实验（4 学分） 化学选修（5 学分） 5 学分的高年级化学课程 或者生物课程 一门实验课程（限选）（2～3 学分） 生物仪器分析（3 学分） 有机化学合成技术（2～3 学分） 结构表征的光谱学技术（2 学分） 计算化学（3 学分） 推荐选修课程 本科生研究（最多 12 学分） 本科生研究与报告作品 （最多 12 学分） 其他选修课程 专题与报告（1～6 学分） 核化学（3 学分） 放射化学实验（2 学分） 材料化学（3 学分）	必修理论课程（52 学分） 化学原理 I（5 学分） 化学原理 II（5 学分） 或化学原理：从分子到固体（5 学分） 有机分子的结构与反应性（5 学分） 通过化学了解自然和非自然世界（5 学分） 物理化学基础（4 学分） 仪器分析原理与实践（5 学分） 无机化学 I（4 学分） 生物化学 I（4 学分） 多功能有机化合物 无机化学 II（3 学分） 物理化学 I（3 学分） 物理化学 II（3 学分） 物理化学 III（3 学分） 生物物理化学（3 学分） 必修实验课程（12 学分） 光谱实验（3 学分） 物理化学实验（3 学分） 合成实验（3 学分） 有机化学实验（3 学分） 其他选修课程 生物、化工、数学、计算机、物理、统计等专业相关课程，本科生科研等	必修理论课程（45 学分） 普通化学（9 学分） 有机化学（12 学分） 物理化学（9 学分） 生物化学（6 学分） 分析化学（3 学分） 高等无机化学（6 学分） 限制选修（12～15 学分）三选一 群论化学应用导论（3 学分） 环境化学基础（3 学分） 科学是如何运作的（3 学分） 其余学分应从高年级化学相关开设课程获得（化学教育相关课程除外） 必修实验课程（30） 普通化学实验（6 学分） 高等无机化学实验（6 学分） 有机化学实验方法（6 学分） 有机化学实验（3 学分） 定量分析和物理方法（3 学分） 高级物理化学实验（3 学分） 无机合成与物理表征实验（3 学分） 其他选修课程 可选无机、分析、化生、有机、物化等化学专业课程或者生物、物理、环境等相关课程，本科生科研

程，有的还设置了高级实验课程。“普通化学”“无机化学”“分析化学”“有机化学”和“物理化学”课程都设相应的实验课程。其实验课的特点是部分理论课与相应的实验课作为一门课程开设。例如，加利福尼亚大学伯克利分校“普通化学与定量分析”课程，每周有3小时授课、4小时实验，“有机化学”课程每周有3小时授课、1小时讨论和5小时实验，康奈尔大学“普通化学”课程每周有2小时授课、4小时实验。理论课与实验作为一门课开设的优点在于内容可互相衔接，便于学生理论实验相结合，当然也有一些负面的问题，造成实验课依附于理论的局面。加利福尼亚大学伯克利分校开设的高级化学实验很有特色，与学校化学特色研究和热点方向紧密相关，比如开设了抗癌药物评估、有机结构测定、连续流动化学实验、可再生能源化学、氮气等小分子活化转化、量子点、时间和频率分辨光谱、快速合成多肽和蛋白质等课程，要求学生选修并达到一定学分要求。

美国高校选修课程分得比较细，不少高校开设一些短、细、深的课程，并与当下研究热点紧密结合为将来研究生阶段打下基础。例如，麻省理工学院开设“病毒、大流行病和免疫”“杂环化学”“分子结构和反应性”“统计热力学在生物系统的应用”等课程。加利福尼亚大学伯克利分校开设的高年级专业选修课有30多门，包括信息化学、生命体系中的无机化学、高等无机化学、无机合成与反应、普通生物化学和分子生物实验、高等有机化学机理、高等有机合成、有机化学高级实验方法、量子力学和光谱学、生物物理化学、物理学原理和生命分子、生物物理化学、化学生物学、伯克利能源讲座、生物质能、原子核化学、原子核技术中的化学方法、材料化学导论、生物化学工程实验、高分子科学与技术、大气化学和物理实验以及量子信息科技等课程。同时有些高校化学专业建议选修的跨专业课程还涉及大气、生物、土木和环境工程、计算机、地球和行星科学、经济、教育、电子工程、政策和管理、力学工程、分子和细胞生物学、营养学和毒理学、物理、植物和微生物学、公共卫生、统计等多个学科分支，多达200余门课程，以提升学生的知识面和专业兴趣。另外，本科生还可以选修多达50门的研究生专业课。

美国多数高校课程设置层次分明，针对不同的对象，采用分层次教学模式。主要分为两类：一是开设多门同类但学分不同的基础课程，供有不同需求的学生选择；有的还开设荣誉课程(类似拔尖计划)，课程要求较高，供学有余力的学生选择。如加利福尼亚大学圣巴巴拉分校开设“普通化学”1A 3学分、“普通化学”1B 3学分、“普通化学”1C 3学分分别针对化学专业、化生专业和非化学专业等；二是开设深度递进课程，如“有机化学”是必修基础课程，“有机化学进展”“有机合成”“金属有机化学”“有机化学反应机理”等则是为学有余力的本科生开设的系列选修课程。美国部分高校会开设一些与研究前沿、产业以及社会发展热点相关的课程，如麻省理工学院开设了化学问题、能源、环境和社会等课程，让学生在掌握本专业基础知识的同时，掌握其他学科和工程所需的知识和技能。

二、英国高校化学专业课程体系基本情况

英国大学本科课程分为不同部分(Part)，学位要求根据三年制和四年制而不同。整体上看，英国大学学位要求专业性更强，课程体系清晰，共同特点是第一学年为基础学习，

第四学年为研究学习。英国大学课程结构专业明了，第二学年确定专业方向之后，学生可根据自己的兴趣选择课程，因此并不会限制学生的知识视野和专业发展。以剑桥大学为例，剑桥大学三年制要完成 Part I 和 Part II，四年制要完成 Part III。第一学年 Part IA 是基础课程；第二学年 Part IB 为专业基础课程，根据后续专业选择不同而选择学习；第三、第四学年为专门学科专业学习。牛津大学三年制为课程学习，四年制第四学年为研究学习。第一学年学习基础科目；第二学年 Part IA；第三学年 Part IB；第四学年 Part II。下面进行详细分析讨论。

剑桥大学的化学系隶属于物理科学学院，学院下设天文、化学、地球科学、地理、材料科学、冶金、数学和物理等系。本科阶段不再划分专业方向。剑桥大学专业课程结构也称为“剑桥荣誉课程”。被分成“Parts”，每个 Part 持续 1 年或 2 年。三年制课程包括两部分，获得荣誉学位必须通过两部分的考试。工程类和一些科学学科有第四学年(Part III)，获得工程硕士或科学硕士学位。剑桥大学化学专业课程分为 3 个部分，如表 2 所示。第一学年 Part IA，Part IA 部分课程的设计是为了与大学预科化学课程相结合，协调一致。在这门课程中，学生开始探索分子结构与其化学性质之间复杂而微妙的关系；理解这种关系对于理解物理和生物世界至关重要。课程中介绍的思想和概念与分子科学的所有领域相关(从生物化学到材料科学)，也为后续几年更深入的化学研究奠定了基础。本课程强调化学中的基本概念，以及如何利用这些概念来合理化和理解化学系统和分子相互作用的行为。本课程涉及的这些主题以一种跨越学科传统划分的方式呈现，以显示学科中广泛不同的部分相互关联的方式。

第一年的实验课程由化学系组织并在该系举行，是所有学生必须参加的。一般每两周要参加一次实验课，持续一学年。每个实验室由 15 位学生组成，由一年级的博士生负责指导。实验课上进行的实验和练习都经过精心设计和排序，以便尽可能地与课堂课程相适应。由于整个班级需要两周时间才能完成一节实验课，这种同步不可能非常精确。然而，学生在做实验时所需的任何背景理论都应该在课堂上接触了。

第二学年 Part IB，提供化学 A 和化学 B 两种化学课程。化学 A 主要包括物理和理论化学；化学 B 主要包括有机和无机化学。打算专门从事化学专业的学生通常两种课程都学，但这不是进入第三学年的硬性规定。通常，打算学习其他专业的自然科学学生只学习其中一类课程。第二年的课程以第一年学习的主题为基础，更深入地探讨这些化学思想和原理。书中涵盖了广泛的主题，并强调了这些不同主题之间的联系，以及如何从一个想法发展到另一个想法，从而帮助学生理解整个化学。这些课程为化学原理奠定了坚实的基础，为更高级的化学研究以及相关领域如生物化学、物理学、分子生物学、材料科学和地球科学提供了信息。

化学 A 主要侧重于用来理解和探索化学键合、结构和反应的理论。它从讨论量子力学开始，量子力学是化学家用来理解物质和分子微观性质的基本理论。本课程将继续使用这些思想来讨论化学键，微观性质如何影响实体物质的微观性质，以及如何将所有这些思想结合起来理解固体材料的性质和化学性质。贯穿整个课程的基本主题是努力理解分子、物质和反应的微观本质。化学B主要关注化学家如何发现和合理化范围广泛的已知化学

表 2　剑桥大学化学专业课程安排[11-13]

	第一学年 Part IA	第二学年 Part IB	第三学年 Part II	第四学年 Part III
秋季学期	分子的形状和结构(18 讲)；有机化学中的反应与机理(14 讲) 实验课程 2 周一次，大学化学实验与理论课同步配套	化学 A：量子力学导论(14 讲)；分子光谱(7 讲)；对称与键合 I(3 讲) 化学 A 实验课：计算化学 化学 B：芳香族和烯醇化学(6 讲)；共轭加成和手性(5 讲)；立体化学概论(7 讲)；构型和有机反应性(6) 化学 B 实验：合成化学实验	A 类必修课程： A1：无机 I-结构与键合(12 讲) A2：有机合成基础(12 讲) A3：高分辨率分子光谱(12 讲) A4：理论技术(12 讲) A6：物理化学概念(12 讲) B 类和 C 类选修课程(至少选 2 门 B 类和 2 门 C 类)： B1：无机 II-过渡金属反应和有机金属催化(12 讲)；B2：有机光谱(6 讲)；B3：化学生物学生物催化(12 讲)；I-B4：大气中化学(12 讲)；B5：结构和反应性(6 讲)；B6：生物材料(6 讲)；B7：统计力学(12 讲)；B8：对称(6 讲)；B9：聚合物：合成、描述和应用(6 讲) C1：电化学(6 讲)；C2：未来能源的化学(6 讲)；C3：核磁共振(6 讲)；C4：化学生物学 II-蛋白质：结构、稳定性、折叠和错误折叠(12 讲)；C5：控制有机化学(12 讲)；C6：化学中的衍射(12 讲)；C7：量子力学(6 讲)；C8：电子结构(12 讲)；C9：化学生物学 III-核酸(12 讲)；C10：表面和界面(12 讲)；C11：有机反应机理研究两门核心实践课程，包括现代合成化学技术(有机和无机)和物理与理论化学联合课程	研究项目和课题(类似毕业设计) 选修课： M0：高级聚合物化学(12 讲)；M1：无机材料(12 讲)；M2：生物无机化学(12 讲)；M3：软物质——从分子到材料(12 讲)；M4：势能面和软物质(12 讲)；M5：立体控制有机合成(12 讲)；M6：化学和物理中的计算机模拟方法(12 讲)；M8：主族有机金属(12 讲)；M9：芳香杂环和药物化学(12 讲)
春季学期	有机化学中的反应和机理：续　热力学与平衡(9 讲)； 化学反应动力学(6 讲) 实验课程 2 周一次	化学 A：对称与键合 II(11 讲)；分子能级与热力学(13 讲) 化学 B：过渡金属配合物的结构、键合和反应性(17 讲)；结构、成键和 p 区元素(7 讲)		交叉学科选修课 I1：大气化学与全球变化(12 讲)；I2：地球系统与气候变化；I3：材料、电子和可再生能源 春季选修课 L1：合成中的催化；L3：固体表面的电子结构；L4：化学生物学和药物发现；L5：固体电解质；L6：超分子化学和自组织；L7：化学动力学；L8：全合成；L9：生物合成；L10：原子模拟技术前沿(FAST)
复活节学期	无机与材料化学(12 讲)	化学 A：固体的电子结构和性质(11 讲) 化学 B：化学生物学概论(11 讲)		

结构和反应；课程涵盖的范围很广，从熟悉的碳基化学，到无机化学领域的化合物和结构的巨大多样性，最后到重要的化学生物学。尽管这门课程涉及的范围很广，但学生可以通过使用化学成键和反应中相对较少的关键概念来理解这一切。随着讨论的深入，电子结构和分子的三维形状所起的中心作用变得明显起来；正是这些性质影响了它们的反应性和其他性质。如果学生打算在第三年或者第四年继续学习化学，最好的选择是在第二年同时选修化学 A 和化学 B。通过这样做，学生会有最广泛的知识面和坚实的化学理论基础，并为在最后两年学习高级专业课程打下基础。

当然化学 Part Ⅱ也为那些只在 Part IB 选修过化学 B 的学生提供了另外一条路线，但重要的是要意识到，通过选择这条路线，需要在前一个假期进行一些有针对性的学习。在 Part IB 自然科学课程中，有许多课程是对两门化学课程的补充。物理、材料科学和数学通常与化学 A 一起学习。任何一门更倾向于“分子”的生物课程都可以与化学 B 一起学习。

化学 Part IB 的实验课程有两个重要的作用：第一是验证理论课堂上的知识，以帮助学生理解概念并熟悉使用它们；第二是培养学生作为实验科学家所需的技能。因为化学首先是一门以实验为基础的科学，所以学生必须熟练地进行实验操作，解释实验现象和分析数据。同时，化学也是一门多样化的学科，需要多学科的技能来协同，比如学生需要在处理准备工作中使用的仪器和试剂、使用光谱仪和其他仪器测量物理量以及使用计算机分析数据和计算分子性质等方面的技能。

化学 A 的实验课程的主要目的是帮助学生理解课堂上介绍的概念，特别是量子力学的关键思想，这是这门课程的核心。通过进行实验和计算机练习，学生将能够看到这些关键概念的“应用”，也将了解它们在“真实”情况下的使用方式。

此外，在做实验和练习的过程中，学生还将获得实用技能，如光谱仪的使用、真空设备的操作，以及使用不同种类的仪器进行仔细的测量和数据获取。此外，学生还将学习计算机在化学中的广泛应用，例如数据分析和图表绘制(使用 Excel)、数学函数的可视化，如波函数(使用 Mathematica)，以及分子轨道的计算(使用 HyperChem)。该课程由实验(E)和计算机练习(C)两部分组成。实验部分将在 Part IB/II 物理实验室进行。而化学 B 课程的实验部分旨在教授学生合成和表征化合物所需的技能，该部分课程被称为合成化学实验。在第一学年，学生只需进行相对简单的化学转化即可完成实验；而第二学年的合成化学实验课程将扩展到更复杂的反应和实验，其中需要进行产物的分离和纯化。此外，学生还将学习如何使用 NMR、IR 和质谱等光谱工具来表征反应产物。该课程将在有机与无机化学实验室进行。

第三学年 Part II 进入化学专业学习。本学年课程以学生在第一年和第二年所学的知识为基础，为学生提供拓宽和加深化学知识的机会。随着时间的推移，学生有机会缩小关注的范围，比如化学生物学或化学物理学；然而，学生同样可以选择在化学的所有领域追求广泛的主题。实验课程和活动被放在突出的位置，学生将继续发展实验技能并在这一领域处理更复杂和开放的实验。如果学生决定下一年留下来从事一个研究项目，本学年获得的实践技能将非常有用。本课程包括一系列讲座和实验与实践课程。讲座分为 A、B、C 三组。A 类课程是必修课，涵盖了一系列核心主题。如果学生已经在 Part IB 部分学习了化学 A 和化学 B，就必须学习 A1～A4 化学核心课程。如果学生只选修了 Part IB 部分的化学 B，就有两个选择：要么选修 A1～A4 课程，要么选修物理化学中的 A1、A2 和 A6 概念课程。后一门课程是专门为没有上过 Part IB 部分化学 A 的学生设计的。本学年的实验和实践课程由三部分构成：(1)两门核心实践课程，包括现代合成化学技术(有机和无机)和物理与理论化学联合实验课程。(2)两个与化学信息学课程相关的实践练习。(3)与核心实验课程结束后匹配的扩展实验课程。核心实验课程包括以下内容：①SYN-合成实验(Part II 有机/无机实验室)；②PHY-物理实验(Part II 物理实验室)；③THE-理论计算实验(在线进行)；④CHI-化学信息学(在线进行)。

第四学年 Part III，化学专业学习。在第四年，课程在很多方面与前几年不同，最后一年是学生在剑桥大学本科生涯的一个充满挑战和激动人心的结尾。本学年的工作只有两个组成部分。首先，一系列高级讲座课程将探讨系内教授积极从事参与的科研课题，课程内容广泛，反映了本系研究工作的巨大广度和深度，每门课程都旨在带学生进入"研究前沿"，这样学生就可以开始感受一下现代化学的发展方向。课程的第二部分是一个为期 16 周的研究项目，包括秋季学期和春季学期。学生需要选择要合作的教授研究小组，在接下来的十几周里，在教授的实验室开始参与他们的工作。学生在过去三年所学到的知识和经验为开展研究打下了坚实的经验和技能基础。本学年还开设了一些跨学科的课程，比如大气化学与全球变化，地球系统与气候变化，材料、电子和可再生能源，这些课程旨在使学生了解跨越传统界限的主题以及在化学、物理、地球科学和地理之间的交叉课题，可以激发学生广泛的兴趣，拓宽视野，注意到学科交叉的重要性和趋势。

综上所述，从剑桥大学化学专业的课程设置可看出，其突出特点是专业课程结构清晰。这种设置有利于立志学习化学的学生建立坚实的专业基础，并进行深入的学科领域探索。化学专业课程设置层次分明，分类细致。第一学年开设基础学科课程，教授学科基本理论和基础知识；第二学年课程按学科内容划分类别，可供不同兴趣点的学生自由选择；第三学年和第四学年专门学习化学科学深入课程，这些课程按水平层次划分，引导学生进行专业领域的深入探索，同时设立跨学科课程增进学生专业视野。

同时，从课程选择和专业确定的具体要求中我们也可体会到剑桥大学课程设置的灵活性。在保证专业结构和深度的同时，兼顾了学生学科视野的开阔性和兴趣选择的自由性。第一学年进行基础学习，面向所有自然科学学生开放，学生有机会学习自己感兴趣的学科课程。第二学年相当于专业的选择确定阶段，学生根据自身关注重点确定自己的专业方向后选择课程类别(化学专业一般要求学习 Part IB 中的 A 和 B 两部分课程)。第三学年之后学生才会进行深入的专业学习。这些课程要求和选择细节都能体现出剑桥大学课程设置的灵活性。

三、美英高校化学专业课程体系的共性

从以上对美英代表性高校化学专业课程体系的分析，可以发现它们具有以下共性：

(1)课程内容层次和梯度明显。比如加利福尼亚大学伯克利分校化学系对本科生实行分阶段培养，课程设置分低年级课程和高年级课程。针对专业基础不同的学生，部分课程

设置了引导性或难度较低的课程。而剑桥大学的化学专业课程则更多地从学科认知规律来体现课程内容的层次性，学生根据自身发展也可以选择不同的课程模块。

(2)课程设置具有广泛性和多样性。麻省理工学院基本采用化学四大基础课的模式，但本专业和跨专业选修课程非常丰富，涉及生物、化工、数学、计算机、物理、统计等很多相关学科分支，化学专业学生还可以选修本专业研究生课程。剑桥大学的专业课程体系中，前沿性选修课程多，能让学生充分了解学科前沿。比如大三课程 Part III 中的未来能源的化学、核磁共振、化学生物学 II-蛋白质：结构、稳定性、折叠和错误折叠、控制有机化学、化学生物学 III-核酸、表面和界面、有机反应机理研究等课程，本身已经具有研究生课程的专业性和深度。

(3)设置导学课程。加利福尼亚大学伯克利分校和剑桥大学都有针对本专业的引导性课程，并有相关手册，网络资源也很丰富。如加利福尼亚大学伯克利分校大一新生需要修读的导学课，主要包括面向新生讲解化学系各个课题组的研究工作、学院的图书馆、计算机设备、校友和高年级学生的经验交流，以及学校和学院的资源介绍等。而剑桥大学在大三和大四学期初均设置了化学职业生涯指导讲座以及安全教育。这类课程的设置能够更好地帮助学生学习与成长。

(4)非常重视实验教学。加利福尼亚大学伯克利分校和剑桥大学除了专门的实验课外，很多课程有相应的实验内容，并且内容与理论课程基本同步。同时加强理论化学实验和化学信息学实验，让学生掌握最新的实验技术和方法。

四、启示及化学实验课程体系改革建议

《化学类专业本科教学质量国家标准》明确了化学类专业的人才培养目标，包括培养具有高度社会责任感、良好科学文化素养的人才，他们应该较好地掌握化学基础知识、基本理论和基本技能，具备创新意识和实践能力，能够在化学及相关学科领域从事科学研究、技术开发、教育教学等工作。为了支持这一人才培养目标，《化学类专业本科教学质量国家标准》将实验教学目标调整为：通过实验教学，使学生掌握化学实验的基础知识、基本理论和基本技能，并在此基础上培养学生具备动手能力、科学素养、综合解决复杂问题的能力和创新能力。教育部根据实验教学发展的趋势对实验教学内容进行了丰富和发展，并对实验教学内容及对应的教学目标进行了分析(见表3)。

表3　**化学类专业化学实验教学基本内容分析**[14,15]

实验教学内容	对应建议内容	实验教学目标
(1)实验安全与环保教育	I 实验室安全与防护	学生能够按照安全、环保和可持续发展的要求进行实验
(2)实验基本操作	II 操作与技术；III 基本物理量、物理化学参数与性质的测量；V 仪器设备与软件	学生能够科学、规范地完成实验操作、观察现象、记录和分析实验结果

续表

实验教学内容	对应建议内容	实验教学目标
(3)小型综合实验	IV 物质的合成与制备+I~III+V	学生能够依照给定的实验原理和步骤完成系统实验操作
(4)综合实验	合成制备-分离提纯-分析表征-性质研究-应用拓展(生命、环境、材料、能源等)	学生能够依照给定的实验原理和仪器设备，完成具有一定复杂性和挑战性的实验
(5)设计实验	方案设计-合成制备-分离提纯-表征分析-性质研究-应用探索	学生能够根据给定目标，完成实验设计、方案评价、实验操作、数据分析、实验报告或者论文的撰写
(6)创新实验	问题提出-方案的创新设计-合成制备-分离提纯-表征分析-性质研究-应用探索	学生能够提出创新性问题，按照科学研究的方式独立完成方案设计和评价

结合《化学类专业本科教学质量国家标准》要求，并与国外高校实验课程体系进行对比，我们发现武汉大学化学与分子科学学院化学实验课程体系存在明显不足。具体问题包括验证性实验较多、层次性不强，内容保守陈旧、不注重学生团队精神的培养、课堂教师讲解过多、考核体系不全面以及课程管理不够严格等。综合美英知名大学实验课程体系的优点，我们提出以下几点建议。

(一)调整优化课程结构，实现层次化培养

以武汉大学“综合性、研究型、国际化”的双一流大学建设目标和大理科人才培养模式为导向，以人才培养为中心，以一流本科专业和一流本科课程建设为契机，秉承“固本创新”的教学理念，持续推进“融合、交叉、创新”的新实验课程体系建设。同时，我们将持续加强“基础化学实验”“综合化学实验”和“科研能力训练”三个层次核心培养课程的改革和建设。

(二)动态更新实验教学内容，强化能力培养

每年适当更新和完善实验项目，包括实验改进和轮换，应超过20%。积极开发与当代社会热点相关的实验，与学院凝练的科学研究同向而行，发动全员教师将科研成果转化为实验项目，如MOFs的制备及表征、二氧化碳的利用和转化、新能源材料的制备及表征等。同时将基于新成果、新技术、新方法的实验转化为实验教学内容，如液质联用、核磁、ICP、样品前处理、计算化学等。此外，转变实验教学用于验证理论的观念，以培养动手和运用专业知识解决实际问题的能力为主。

(三)强化组织形式，独立实验能力和协作精神培养并重

基础化学实验阶段，学生独自一组，以基本操作实验和典型实验为主。在实验教学过

程中，通过增加学生讨论互动、作业和总结等环节，引导和督促学生在动手实做的过程中运用已有的理论知识，提高学生在实验各环节的参与程度，促使学生养成主动学习的习惯，提高学生自主实践和自我管理能力。

综合化学实验阶段，着重培养学生的团队合作能力和解决实际问题的能力，安排分组实验。在开课之初，教师提供实验题目及基本实验方法，并要求学生根据参考文献选择合适的实验方法、实验条件、仪器和试剂等，独立设计实验方案。教师需要在实施前对学生的实验方案进行评估，给出意见和建议。经过师生多次讨论后，最终确定实验方案。实验结束后，学生需要共享实验数据，并在遇到困难时相互启发和学习。但是，数据处理和分析以及实验报告需要学生独自完成。在相同的时间内，学生能够完成更多的实验内容，提高实验教学效率和综合能力。

科研能力训练与实践阶段，课程组采用多种课程方式，例如依托科研成果转化教材《综合化学实验》和自编讲义，在中心教学实验室进行课堂教学；在科研课题组进行自主选题实验；深度融入挑战杯、创新实验竞赛等赛事。无论采用何种方式，都以问题为导向，以化学专业研究为主线，以培养创新意识和创新能力为出发点和目标，强调因材施教，推行独立实验、小组实验和课题组实验并行，采用完整实验、留白实验和设计实验相结合的实验教学模式。科研能力训练实验不仅仅是培养专业人才，更是培养科学思维、了解科研方法、提升研究能力等科学素养的途径。同时，加强过程管理和考核，通过文献调研、中期进展报告和结题报告等步骤培养学生对科学问题的凝练能力；通过创新实验竞赛等方式以赛促学，让学生掌握如何设计、实施和优化研究方案；同时培养学生形成完整、及时、准确的实验记录的科学习惯；初步掌握规范的科技论文写作能力，提升学生科研成果的展示和交流能力。通过接触学科发展前沿、践行完整的科研过程，实验教学与科研相衔接，提高学生的科研素养和创新潜质。

(四)优化教学方法，弱化实验讲解，还时间于实验

我们的实验课会先讲授实验原理、实验流程、注意要点，之后学生再操作。对学生的错误操作我们会及时纠正，保证他们按照正确的步骤进行。国内这种教学模式能够保证大部分学生顺利完成实验，达到实验教学的目的。但讲得太多太细，没有给学生留下思考和尝试的空间，不可避免地扼杀了学生的探索热情，使学生更趋向于一个技术工，而不是科学家。国外的实验课通常只是提醒实验要注意的安全问题，比如不同试剂要倒入相应的容器，对实验原理和实验步骤则基本不提。实验过程中出现了疑问，大部分靠学生自己研究讨论解决，因此课堂上会出现同一个实验步骤大家采取不同的做法。对此助教一般不会干涉，任由学生按自己的想法做下去。有些组做错后发现不对会做出调整，也有的组就会一直错到得出不合理的实验结果。要培养学生的科研探索精神，就需要改变实验教学理念，课前少讲，放手让学生通过思考、讨论、摸索，自己找到解决问题的方法。并且要允许学生在实验过程中犯错误，教会学生面对不理想的实验结果时进行归纳总结，避免下次再错，这样更能加深学生的印象。

同时应加强线上资源和虚拟仿真实验项目的建设，借助虚拟仿真、微课和视频等手段，采用教师指导下的学生自主学习模式开展教学。学生通过“进行虚拟仿真实验、观看视频、参与微课、阅读手册”等线上线下相结合的混合式教学方式，在课外完成预习教学和资料收集整理，将有限的课内实验教学时间用于综合实验核心内容的实践。在课内实验教学过程中，提高实验的综合性和设计性，实现参数的探究性，实验结果的不确定性，以及实验设计和实验过程的灵活性。这样可以更好地培养学生的自主学习能力和独立思考习惯以及自信心和适应力，以确保实验教学的高阶目标得以实现。

五、结语

实验教学内容、教学层次与人才培养目标紧密相关。“双一流”建设高校培养基础研究拔尖人才的实验教学目标强调与前沿对接，要求学生具有利用新原理和新方法从事实验创新设计，对结果进行综合分析和判断的能力。相较于理论教学改革，实验教学改革具有更大的难度和更高的复杂性。但为了适应新时代培养拔尖化学类人才的需要，更好地支撑武汉大学化学与分子科学学院化学学科的高水平发展，化学实验教学必须打破以往的惯性思维，按照目标导向的方式对实验教学体系、教学内容和教学方法进行根本性改革，以适应多样化人才培养的需要，建立多样化的实验教学模式，大幅度提升实验教学效果。“它山之石，可以攻玉”，国外知名大学的化学课程体系给学生提供了更大的思考空间，从激发学生自主学习，鼓励学生不断探索、尝试，培养学生沟通、协作能力等各个方面锻炼提高学生的科研创新能力，有很多值得我们借鉴学习的地方。我们需要取长补短，更新教育理念，改革教学方法，以培养出更多具有系统的实验思维和良好的科研训练，符合时代发展需求的人才。

◎ 参考文献

[1]http：//catalog. mit. edu/degree-charts/chemistry-course-5/.

[2]http：//catalog. mit. edu/subjects/5/.

[3]https：//guide. berkeley. edu/undergraduate/degree-programs/chemistry/#majormaptext.

[4]https：//chemistry. berkeley. edu/ugrad/degrees/chem.

[5]https：//www. washington. edu/students/gencat/program/S/Chemistry-117. html#credential-5fc967c85203cc0026682721.

[6]http：//www. washington. edu/students/crscat/chem. html.

[7]https：//bulletin. stanford. edu/programs/CHEM-BS.

[8]https：//syllabus. stanford. edu/syllabus/#/mainSyllabus.

[9]https：//my. sa. ucsb. edu/catalog/Current/CollegesDepartments/ls-intro/chem. aspx？DeptTab=Undergraduate.

[10]https://my. sa. ucsb. edu/catalog/Current/CollegesDepartments/ls-intro/chem. aspx? DeptTab=Courses.

[11]https：//www. ch. cam. ac. uk/teaching/course-guides.

[12]https：//www. natsci. tripos. cam. ac. uk/subject-information.

[13]https：//www. ch. cam. ac. uk/.

[14]张树永，朱亚先，张剑荣．本科化学类专业化学实验教学体系改革的思路与实施建议[J]. 大学化学，2018，33(10)：1-6.

[15]2013—2017年教育部高等学校化学类专业教学指导委员会．化学类专业化学实验教学建议内容[J]. 大学化学，2017(8)：1-3.

产学合作协同育人在生物科学研究训练平台中的实践

龙　燕　谢志雄

（武汉大学　生命科学学院，湖北　武汉　430072）

【摘　要】 产学合作协同育人旨在通过企业支持、高校对接、共建共享，深化产教融合，促进教育链、人才链与产业链、创新链有机衔接，以产业和技术发展的最新需求推动高校人才培养改革。武汉大学生命科学学院进行了产学合作协同育人在生物科学研究训练平台中的实践，同时通过科学研究训练课教学活动的前后拓展，将各类大学生社会实践、业余科研活动、学科竞赛及学位论文等有机联系起来，建立了有效、规范的本科生科研训练培养模式。

【关键词】 产学合作协同育人；产教融合；生物科学研究训练平台；本科生科研训练培养模式

【作者简介】 龙燕(1980—　)，女，博士，正高级实验师，主要从事生物实验教学工作。E-mail：skyjck4@ shu. edu. cn。

【通讯作者简介】 谢志雄(1969—　)，男，博士，教授，武汉大学生命科学学院分管本科教学副院长，生物学实验教学示范中心主任。E-mail：zxxie@ whu. edu. cn。

【基金项目】 武汉大学本科教育质量建设综合改革项目(2023ZG115)；武汉大学创新创业中心建设子项目“生物科学拔尖人才系统科学研究训练模式研究与实践(20211043)”。

产学合作协同育人旨在通过企业支持、高校对接、共建共享，深化产教融合，促进教育链、人才链与产业链、创新链有机衔接，以产业和技术发展的最新需求推动高校人才培养改革。

高校本科生科学研究训练应是一个具有延续性、渐进性的系统过程，为培养创新型生命科学人才，武汉大学生命科学学院已构建了实验技能系统训练与培养科学研究能力、创新能力相结合的基础型实验教学—综合型实验教学—研究创新型实验教学三个层次相互衔接的本科实验教学体系，科学研究训练课程属于研究创新型实验教学层次。

科学研究训练课程是专为高年级学生开设的一门开放实验课程，有 72 学时。建立有科学研究训练实验室，实验室实行全开放管理模式，配有智能化门禁及监控系统，并在中心网站上专门建立了科学研究训练信息化管理平台，学生在进行科学研究训练的过程中，登录该科学研究训练信息化管理平台，上传实验过程中的相关结果和最终的实验论文，和指导教师进行在线沟通交流，实现科学研究训练过程的细化高效、信息化管理。

1. 面对的问题及解决办法

仅依托科学研究训练课程，构建大学生科研训练一体化培养模式，对学生科研创新能力提升作用明显，但对学生创新创业能力培养考虑不足，创新创业场地空间有限，不能完全满足学生学习需求。且科学研究训练课程因科学研究训练的项目来源多样化，项目研究内容不能持续固定，同时科学研究训练课程受课程学时周期限制，学生积累的科研成果数量有限。

自 2019 年以来，我们与校外产学合作协同育人基地——湖北环境污染与治理有限公司合作建立了固定的科学研究训练平台项目——多环芳烃降解微生物筛选及其降解关键基因功能研究。根据公司采用微生物治理环境污染的实际需求，设立一批运用现代科学新技术、新方法的综合性、探索性实验项目，以达到提高本科生科研成果数量和质量的目的，进一步培养学生的科研素质和创新创业能力。同时将科研成果转化为实际生产应用，解决实际环境污染治理问题，将专业教育与社会服务紧密结合，培养学生运用所学理论知识认识社会，研究社会，理解社会，服务社会的能力。

2. 建设内容及改革成效

在项目实施过程中，学生深刻了解到环境治理的迫切性及微生物治理环境污染的社会价值和市场价值。首先学生到黄石市新冶钢有限公司东钢污染厂区实地采样，然后在科学研究训练实验室中完成了高效降解多环芳烃菌种筛选，优化了不同微生物复配配方，建立了高效有机污染物降解系统，进行了实验室微生物治理土壤污染小试。之后学生再回到黄石市新冶钢有限公司东钢污染厂区实地参加现场中试流程，以工业场地有机污染土壤为治理对象，试验修复效果达到验收标准，污染物去除率达 78%。科研成果成功应用于黄石市新冶钢有限公司东钢污染厂区有机污染物治理，并获得人民网报道称“开创生态绿色修复土壤新领域”。在解决实际环境污染治理问题的同时，学生高质量完成了科学研究训练课程及毕业论文设计，积累了多项科研成果，获得了多个专利菌种，发表了系列核心期刊学术论文。

科学研究训练平台项目实施中，组织学生申报国家和武汉大学大学生创新创业项目，全国大学生生命科学创新实验大赛和互联网+大学生创新创业大赛，取得了优异成绩。项目的实施，不仅提高了大学生科研课题的创新性、科学性、研究性，而且强化了学生实践研究能力、创新精神与能力和可持续发展能力的培养。

我们建立了产学研基地，加强创新创业教育与专业教育的有机融合，推动了科教融合、产教结合等多渠道培养模式的建立，为学生开辟优良的创新创业空间。引入校外指导老师，扩大了创新创业师资队伍，完善了培养方案和考核方式的制定和细化。

成功构建了生物学科研训练平台，推动生物学科创新创业教学改革，发表教学论文多篇，并已获批2023年武汉大学本科教育质量建设综合改革项目和2023年武汉大学创新创业中心建设子项目。

3. 结语

通过科学研究训练平台项目建设，加强了创新创业教育与专业教育的有机融合，推动了科教融合、产学合作协同育人等多渠道培养模式的建立。同时通过科学研究训练课教学活动的前后拓展，将各类大学生社会实践、业余科研活动、学科竞赛及学位论文等有机联系起来，建立了有效、规范的本科生科研训练一体化培养模式。

科学研究训练平台项目通过历届学生的科学研究训练，积累成果，达到提高本科生科研成果数量和质量的目的，同时将科研成果转化为实际生产应用，推动了学生创新创业能力的培养。建立校外产学研基地，纵向拓展了学生创新创业空间，加强了产学合作协同育人基地的构建及影响。

学生将社会实践与科学研究训练相结合，深刻了解到专业知识的重要社会价值及市场价值，激发学生创新创业的兴趣，学以致用，解决现实的社会问题，在此过程中，实现个人的社会价值。将专业教育与社会服务紧密结合，培养学生运用所学理论知识认识社会、研究社会、理解社会、服务社会的能力。

今后我们将扩大创新创业师资队伍并提高队伍水平，加强创新创业教育与专业教育的有机融合，推动建立科教融合、产教结合等多渠道培养模式。社会实践和学科竞赛等活动会占用学生大量时间，如何协调课堂学习和社会实践、业余科研等活动是学生需要面对的问题，我们将完善创新创业课程体系的设置和培养方案的制订，让学生有充足的时间进行创新创业的实践学习。同时建立更多产学合作协同育人基地，为学生开辟优良的创新创业空间，提高产学合作协同育人基地的影响力。

◎ 参考文献

[1]杨君慧．高等数学课程线上线下“混合式”教学模式的构建与实践研究[J]．创新创业理论研究与实践，2021(9)：101-102.

[2]郭梦．新时代背景下大学生社会实践的思政教育元素探究[J]．山海经：教育前沿，2021(28)：109.

[3]王丽，亢心怡，刘壮，张天．新形势下高校社会实践开展方式探索[J]．文学少年，2021(27)：286.

[4]周雯．大学生“三下乡”社会实践育人功能研究[J]．佳木斯职业学院学报，2019(10)：102，104.

[5]戴坤，吕梦醒．大学生暑期社会实践育人功能的提升对策研究[J]．创新创业理论研究与实践，2019(17)：174-175.

[6]吴立全．新时代大学生社会实践育人功能拓展及其实现路径探究[J]．黑龙江教育(理论与实践)，2019(1)：41-44.

[7]张雪红，何宜丽．浅析大学生社会实践活动的育人功能、存在问题及提升对策[J]．高教学刊，2019(24)：60-62.

[8]吴立全，李德丽，姜兴睿．创新创业教育背景下大学生社会实践思考与探究[J]．黑龙江科学，2019(3)：26-27.

[9]方正泉．高校社会实践育人实效性探析[J]．学校党建与思想教育，2017(19)：79-82.

[10]廖小霞．大学生社会实践的育人功能探讨[J]．智库时代，2020(3)：203-204.

智能机器人方向创新人才培养机制建设

肖晓晖　朱逸颖　马彦昭　张志强　郭　朝

（武汉大学　动力与机械学院，湖北　武汉　430072）

【摘　要】机器人领域人才培养涉及机械、电子、计算机和控制等学科，近年来我国机器人产业蓬勃发展，人才缺口逐渐显现，这对我国高校机器人领域人才培养提出了更高要求。本文针对机器人领域人才培养特点，结合武汉大学智能机器人方向人才培养实际，提出了“价值引领、体系重构、四融支撑”的创新人才培养机制。主张落实立德树人，重视价值引领的机器人创新人才培养模式；强调交叉整合，构建全过程递进式实践课程体系；强化科教融汇、产教融合、赛教融通和学科融贯的支撑模式，形成项目驱动的创新实践平台和创新人才培养机制。在该培养机制的指导下，通过课程思政教育、交叉学科课程体系和项目驱动实践平台，培养了学生的专业知识、创新能力和社会责任感，提升了智能机器人方向人才培养质量和学科竞赛影响力，获得了同行的广泛认可。

【关键词】智能机器人；创新人才；课程体系；培养机制

随着我国经济社会快速发展，机器人产业已成为国家战略性新兴产业之一，对推动制造业转型升级、提高社会生产效率、改善人民生活质量等方面具有重要作用[1,2]。《“十四五”机器人产业发展规划》提出，到 2025 年我国将成为全球机器人技术创新策源地、高端制造集聚地和集成应用新高地，形成具有国际竞争力的领军企业和产业集群，实现制造业机器人密度的翻番，这为我国机器人产业发展指明了方向。机器人产业的发展离不开大量具有专业知识和创新能力人才的支持，如何高质量、高标准地培养机器人领域创新人才，成为高等院校教育体系面临的重要问题[3]。武汉大学动力与机械学院是武汉大学机器人领域人才培养的示范区，自 2018 年起学院开设了智能机器人模块课程，2022 年设立了“智能机器人试验班”，致力于培养能够解决机器人技术问题、具备创新能力、能够推进技术融合应用的高素质人才，以助力我国机器人技术与产业高质量发展。目前，学院基于学科优势研究方向，结合产业需求，形成了一套具有具有特色的人才培养模式，在机器人领域的人才培养方面积累了丰富的经验和成果。

机器人是涉及多个学科的交叉领域，它结合了机械、电子、计算机和控制等技术[4,5]，强调理论与实践的融合，近年来机器人产业需求与行业格局变化剧烈，人工智能技术兴起，机器人新技术新业态不断涌现，机器人技术快速迭代，其知识体系呈现明显的综合性、前沿性、开创性等特征。这对机器人方向课程体系、授课模式等提出了更高要求，现有机器人领域人才培养机制已难以满足我国社会经济发展需求。为了适应机器人技术发展趋势，武汉大学结合多年教学实践与调研，针对机器人领域人才培养现状，提出了“价值引领、体系重构、四融支撑”的创新人才培养机制。该机制通过创新教育理念和模式，加强教学内容和方法的改革，旨在培养具有专业知识、创新能力和社会责任感的智能机器人领域人才。实践证明，该机制有效提升了教学质量和人才培养效果，取得了阶段性成果。

1. 教学现状分析

我国智能机器人产业发展迅猛，对相关领域人才需求持续扩大，高质量培养智能机器人方向人才已迫在眉睫。2016 年，教育部新增了机器人工程本科专业，国内院校在该方向人才培养上进行了广泛探索，然而目前尚未形成成熟的智能机器人方向人才培养机制。武汉大学动力与机械学院基于学院在机器人设计、制造、运维等方面深厚的科研积累，自 2018 年起开始系统性培养智能机器人方向人才。课程团队在早期教学实践中发现，机器人技术具有综合性、前沿性、开创性，使智能机器人方面人才培养面临一些教学难题，例如学生对专业的认知存在偏差、专业知识结构不够完善、实践实操技能难以满足社会需求的快速变化等。

机器人技术是推动制造业高质量发展的重要支撑，然而传统制造业工作环境差，导致学生在投身制造业转型升级时存在顾虑，加之在互联网、金融等高薪行业冲击下，当下部分年轻人更习惯将技能学习视为手段，缺乏科技报国的热情，对专业认知存在偏差。采用课程思政的方法，是解决这一问题的关键，这既可以激发学生对学习机器人技术的热情，也可以使学生理解机器人技术发展的人性化和可持续性的需求。然而，机器人技术涉及多个学科，其思政教育不同于传统的工科专业，需要有针对性的教学目标、教学内容和教学方法。如何培养学生的国家意识和社会责任感，让学生认识到自己的技术能力如何服务于国家的科技创新和发展，关注技术的可持续性和社会利益，如何在创新过程中遵循正确的价值导向并担负起社会责任，这是一项艰巨而重要的任务。

机器人技术是一门综合性很强的学科，涉及多个知识领域，并且与当前的高新技术密切相关，为合理地构建学生智能机器人知识结构，其专业课程体系的建设显得更为重要。课程设置既要借鉴机械工程、控制工程、软件工程等传统专业的经验，又要突出自身的特色和创新，适应社会和产业的需求。目前，国内很多高校在积极探索和建设机器人工程专业的课程体系，但是还没有形成统一的体系和规范，各个高校要根据自己的学科优势和特点进行调整和优化。如何在本科阶段对多个学科基础课程体系进行精练并结合本校基础与优势建设新的课程体系，以满足本科教学的需求，打好学生机器人领域知识基础，以更好地服务于未来前沿技术的研发，是一项不小的挑战。

机器人技术强调理论联系实际，对动手能力要求较高，所以相关人才培养需要更多层次的实践教学。实践是快速融会贯通理论知识的重要手段，特别是对于机器人技术这一高度交叉的新领域，其实践教学环节不能像以往的工科专业仅考虑实验以及学科竞赛这两个层次，还要更多地融入前沿技术领域以及企业的实际需求。智能制造时代，机器人人才培养需要融合多学科多领域交叉知识，并且面向实际工程问题，需要学生具备较强的自主学习与创新实践能力。原有的实践教学偏重认知实习、课程设计，学生实践停留在被动参观与程式化设计，实践内容与机器人新技术结合不够紧密，缺乏代入感、科研训练和创新实践环境。机器人技术的实践教学需求也要综合考虑学科、竞赛、产业以及科研等多个层面的需求，能够平衡好各个层次的关系并搞好配合衔接，做到实践教学重点明确，循序渐进，以及全面覆盖。

2. 创新人才培养理念与机制建设

针对上述总结的目前机器人领域人才培养的短板，武汉大学动力与机械学院以服务国家机器人产业转型升级为导向，以学生成长成才为中心，秉持“强化基础、鼓励创新、拓宽口径、促进交叉”的原则，通过价值引领使学生树立正确的价值观，融合综合交叉学科优势重构实践课程体系，通过融合多方面力量提升学生创新和解决复杂工程问题的能力，形成了“价值引领、体系重构、四融支撑”的面向新工科的智能机器人方向创新人才培养机制。

2.1 价值引领，课程思政同频共振，引导学生正确的专业认知

我国制造业正处于结构调整、提质增效的关键时期，也处于由大变强、爬坡过坎的关键阶段。机器人技术是推动制造业高质量发展的重要支撑，高校在培养具有正向价值观的相关领域高质量人才方面肩负重要责任。思政教学是提升人才培养价值体系的重要手段，但当前机器人相关课程缺乏系统性和有针对性的价值导向，课程内容难以满足价值体系培养需求，课程思政教学方法不够灵活。对此，武汉大学动力与机械学院以习近平新时代中国特色社会主义思想为指导，在机器人领域长期人才培养经验的基础上，总结机械类专业思政要素，结合目前机器人领域前沿发展动态与该领域对高素质人才的要求，构建一套基于“价值引领”的课程思政教育体系（见图1）。

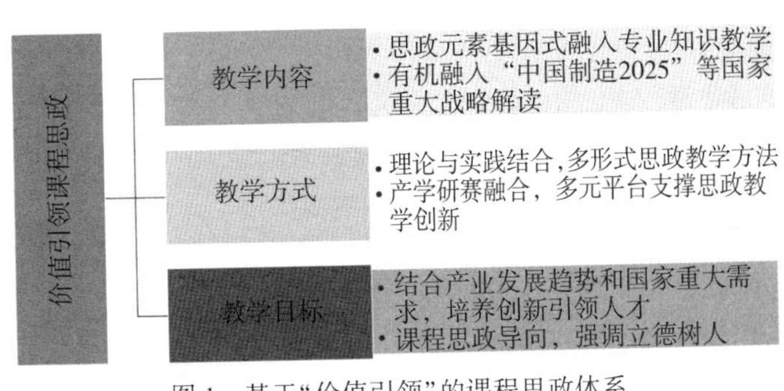

图1　基于“价值引领”的课程思政体系

（1）教学目标突显价值引领。从培养方案出发，系统性地结合我国机器人技术发展现状与未来趋势，在教学目标层次突显价值引领，强调德才并育的教学理念。在培养大学生专业素养、提升专业技能的同时，设定机器人核心课程和专业选修课的思想政治教育导向，构建“机德兼备”的知识能力体系，以培养具有扎实专业知识和正确价值取向的综合型人才为根本目标。

（2）教学内容蕴含价值引领。根据机器人技术的发展历程和教学内容，考虑教育环节的多样性，有针对性地体现正向价值导向，强调以“润物细无声”的方式将思政元素“基因式”地融于专业知识的教学之中。通过回顾中国机器人技术发展历史，引导学生树立正确的历史观，梳理党和国家政策，培养学生对“中国制造 2025”等国家重大战略和核心价值观的认同，使学生正确认识时代责任感，主动提高站位。

（3）教学方式体现价值引领。根据机器人领域人才培养特点，既重视理论学习，也强调动手实践能力。在教学方式上，通过多种形式来体现价值引领的理念。依托武汉大学深厚的人文底蕴，培养学生的民族认同感与家国情怀；以杰出校友的亲身经历为榜样，激发学生“制造报国”的使命感和责任感；以在“国之重器”企业的实习实践为平台，了解国家机器人领域前沿，提升学生的民族自尊心和自豪感。

2.2 体系重构，交叉学科优势融合，构建三阶段全过程递进式实践课程体系

机器人领域涉及多学科交叉知识。为了适应这一特点，在课程设置方面，强化数理基础、整合不同学科的知识，对原有专业课程体系进行重构，形成了涵盖数理、机械、设计、电子、控制、人工智能、经济等学科知识的智能机器人课程体系。进一步加强实践教学，实现从知识讲解范式教学向工程实践范式教学转变，构建三阶段全过程递进式实践课程体系（见图 2）。在体系中，将创新思维培育、创新能力训练和创新过程实践融入专业培养全过程，使学生能够在实践中掌握专业知识，提高创新素养和工程能力。

（1）基础阶段，在数学、物理、计算机等大类平台课基础上，紧密衔接机器人领域核心理论课程，系统性地讲授机器人结构设计、算法编写、运动控制、应用开发等内容，并与人工智能技术深度融合。在理论课内注重通过仿真、实操等方式，开展机器人基本构型、控制、感知、规划等基础实践，促进基础知识的掌握和灵活应用。

（2）综合实践阶段，建设了多门综合实践与科研训练课程，并专门设置了机器人综合设计课程。实践题目主要来源于国家重大项目、国家级学科竞赛、行业应用项目等的转化，侧重于多学科交叉知识实践创新。课程以项目式教学为主，在导师指导下学生以小组形式开展项目制的综合性实践，完成从方案调研到方案实现的全过程体验。该类实践课程的开设，为学生提供了实践平台，弥补了学生无法学以致用的问题，让学生有机会接触到各种机器人技术新知识，培养了学生实践能力，提高学生参与度、临场感，激发学生批判精神与敏捷思维，培养解决实际工程问题的能力和科学研究态度。

（3）学科创新阶段，开设了多门交叉创新类课程，课程侧重智能产线、智能装备、智

三阶段全过程递进式实践课程体系

核心理论类课程	
机器人学 机器人传感、视觉与控制 机电液一体化系统 机电传动控制	**负责教授1名** **教学团队：**由动力与机械学院5名专任教师组成 系统讲授机器人结构设计、算法编写、运动控制、应用开发等内容，与AI技术深度融合
综合实践类课程	
智能机器人系统综合设计 机器人设计与制作 机械创新设计与制作 科学研究技能训练 机械专业综合实验	**负责教授1名** **教学团队：**由动力与机械学院6名专任教师组成 实践题目由国家重大项目、国家级学科竞赛、行业应用项目等转化，侧重于多学科交叉知识实践创新
交叉创新类课程	
智能制造导论 人工智能引论 大数据分析与处理 工业互联网 数字孪生技术	**负责教授1名** **教学团队：**由动力与机械学院、工业科学研究院7名专任教师组成 课程侧重智能产线、智能装备、智能算法、智能传感等内容，与机器人应用技术和环境等密切相关

图 2　三阶段全过程递进式实践课程体系

能算法、智能传感等相关课程，其内容与机器人应用技术和产业环境密切相关。同时，继续围绕教师科研课题、企业课题和“机器人 ROBOCON 大赛”等机器人竞赛展开创新活动，鼓励学生创新创造，培养学生的开拓精神、追求卓越精神、创新能力、团队协作能力等综合素养，完成创新型智能机器人方向人才的培养。

2.3　四融支撑，多方力量齐心协力，打造项目驱动式创新实践平台与培养机制

机器人领域人才教育需要强调理论与实践融合，为此，结合多方资源打造了“四融支撑”的协同育人平台(见图 3)，将理论教学、科研训练、实习实训、学科竞赛高度融合，建立了包含科研项目、学科竞赛项目、大学生创新创业训练计划项目、课程内项目等的多层次项目化创新实践培养机制，将创新成果纳入学分认定，将科研活动、学科竞赛纳入课程，并与评先、评优、评选奖学金、推免研究生相联系，充分调动学生积极性，实现创新实践活动对本科生的全覆盖。

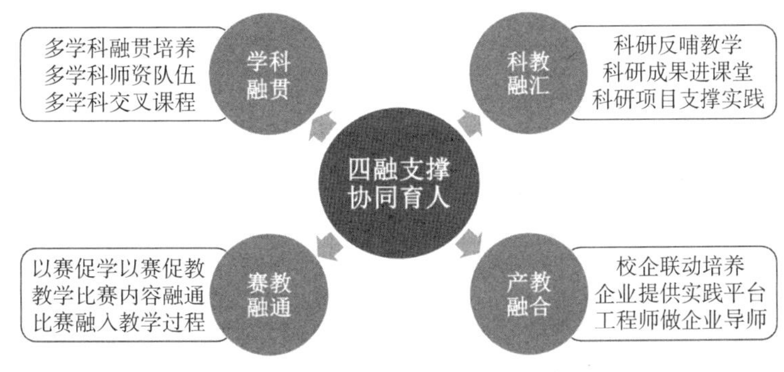

图 3　四融支撑的协同育人平台

(1)科教融汇，推动科研项目课程内容转化，将机器人研发、制造、应用、人工智能、工业软件的研究成果引入课程体系和实际教学中，引导学生参与真实科研项目。

(2)产教融合，以机器人产业实际需求为导向，邀请公牛电器、柳工集团等头部公司和深圳科创学院等创新人才培训机构进校指导，打通产业和学校的边界，引导学生参与到实际机器人前沿产品的研发过程中。

(3)赛教融通，将“全国机器人大赛”和“全国机械创新设计大赛”等学科竞赛课程化，融合理论教育和实践活动，让学生在赛事中获得知识、能力等的发展。

(4)学科融贯，按照课程体系，由武汉大学跨学院老师以及深圳科创学院导师组建跨学科校企合作教学团队，理清各课程内容和体系逻辑，弱化课程边界，并以创新活动为载体引导学生应用多学科知识解决实际工程问题。

3. 教学实践与效果

在本文所提出的创新人才机制的作用下，机器人相关方向人才模式不断迭代。目前，“智能机器人”专业模块每届培养约 60 名本科生，所有学生均参加了各类学科竞赛与科研活动，学生人均创新学分数名列武汉大学前茅，获授权专利 30 余项，发表学术论文 50 余篇，创新实践能力稳步提升。经过该实践课程体系培养的毕业生理论知识宽厚、专业基础扎实、创新意识和动手能力突出，人才培养质量全面提升，深造率由 40%提高至 60%，深造学校包括清华大学、华中科技大学、浙江大学、香港科技大学、卡内基梅隆大学、洛桑联邦理工学院、新加坡国立大学等大学，毕业生深受华为、上飞、中广核、长江存储、中国中车等企业欢迎，人才培养质量全面提升，获得社会高度认可。

在全过程递进式实践课程体系的培养下，本专业学生在机器人相关领域学科竞赛中连续取得突破，获得全国性奖项 50 余项。其中，在全国大学生机器人大赛项目中，武汉大学机器人队连续 6 年获全国一等奖，连续 2 年卫冕南方赛冠军。2019 年获得季军，2020 年实现突破获得亚军，2021 年问鼎全国赛总冠军，2022 年代表中国参加亚广联大学生机器人大赛，从来自日本、马来西亚等 11 个国家和地区的共 21 支参赛队伍中脱颖而出，斩获最高荣誉奖 ABU ROBOCON AWARD，2023 年再次取得斐然成绩，在“吴哥之花”组赛事中获得季军，并在“机器马术”组赛事中荣获两项一等奖。武汉大学在该赛事中的优异表现受到 CCTV、日本 NHK、山东卫视等数十家国内外媒体广泛报道，以及东京大学等国际高校同行密切关注，并作为国内唯一一家高校单位受邀参加第 8 届中国国际机器人展览会(CIROS 2019)，受到了业界的高度评价，有力地提升了武汉大学智能机器人人才培养的影响力。

同时，本文所建立的智能机器人方向创新人才培养机制受到同行广泛关注。北京科技大学、电子科技大学、东北大学、厦门大学等 10 余所高校前来武汉大学参观交流实训机制。开展机器人竞赛相关培训 20 余场，促进了竞赛机器人技术的不断迭代更新。肖晓晖老师与王伟老师分别受长沙理工大学、湖南科技大学、广西大学等 10 余所高校邀请交流专业建设经验，在教育部机械专业教指委年度会、全国机械工程学院院长联席会，中部机电行业产学研训合作峰会、湖北机电工程学会年会等会议上作有关专业建设的大会报告，获得同行广泛关注和肯定。

4. 结语

按照“强化基础、鼓励创新、拓宽口径、促进交叉”的理念，武汉大学动力与机械学院结合多年机器人人才培养实践，创新智能机器人方向创新人才培养机制。以立德树人为根本任务，以学生成才为中心，通过武汉大学深厚的人文底蕴和杰出校友资源赋能，引导学生把个人志向与国家民族命运紧密结合，从培养方案出发系统结合我国机器人技术发展趋势。在教学目标层次突出价值引领，强调德才并育。依托学校文理医工综合学科优势，通过激励和机制创新，引导学术带头人、国字号人才、一线科研人员、行业高级人才，将承担的国家和行业重大项目引入人才培养环节。通过设计交叉学科课程模块，增设创新实验、科研训练、学科竞赛等创新课程，重构了三阶段全过程递进式实践课程体系。形成以科教融汇、产教融合、赛教融通和学科融贯的四融支撑为基础的项目驱动实践模式，引导学生参与到实际科学研究、企业研发、成果转化和多学科交叉创新课题中，综合运用专业知识和技能去分析问题、构建思路、拟定解决方案以及通过具体实践去验证方案，提升学生实践能力，形成多样性差异化的人才培养机制。经过实践检验，本文所建立的智能机器人方向创新人才培养机制有着良好的效果，所提出的“价值引领、体系重构、四融支撑”人才培养机制，较好地引导了学生价值取向，激发了学生学习潜力，是一套行之有效的面向新工科机器人领域创新人才培养机制。

◎ 参考文献

[1]冯曰海，王克鸿，周琦．智能制造背景下现代企业实践教学改革与实践[J]．实验室科学，2020，23(6)：166-169.

[2]张永春，冯钧，王刚，等．智能制造与机器人技术实践创新训练中心的建设[J]．实验技术与管理，2017，34(7)：20-23.

[3]张武翔，徐坤．机器人学课程教学改革研究与实践[J]．安徽工业大学学报(社会科学版)，2019，36(4)：68-69.

[4]蔡自兴．中国机器人学40年[J]．科技导报，2015，33(21)：23-31.

[5]刘艳，张伟，李艳君，等．面向新工科的移动机器人教育体系及实践平台构建[J]．教育改革与发展，2022，23(12)：79-81.

面向"双碳"战略目标的水利类学生创新创业能力培养模式探索

尹家波

(武汉大学　水资源工程与调度全国重点实验室，湖北　武汉　430072)

【摘　要】面向"碳达峰碳中和"等国家重大战略目标，当前迫切需要研究水利工程领域学生的创新创业能力培养机制。结合武汉大学的实际情况，建议基于"先创新、后创业"的创新创业教育理念，打通人才培养的"产学研用"全链条，促进学生的就业创业工作。以校企联合培养为驱动力，从多学科交叉融合的课程体系、多方位的协同育人平台、多方式教学模式三个方面构建协同培养模式。遵循复合应用型拔尖创新人才的培养目标，促进工程教育与国际接轨，提高武汉大学水利专业人才的培养质量，为实现"双碳"战略目标输送一大批优秀人才。结合水利行业需求，依托"未来地球"科技攻关项目，通过跨学科国际合作、参加国际学术会议和创新创业赛事，提高学生的国际化视野和跨文化沟通能力。

【关键词】碳达峰；碳中和；气候变化；水利工程；人才培养

【作者简介】尹家波，男，武汉大学水利水电学院副教授。

工业革命以来，人类经济活动快速发展，温室气体和气溶胶颗粒物排放量不断增加，改变了地球系统的辐射收支平衡及水碳循环过程，导致全球温度快速升高。全球"趋暖"效应改变了大气边界层的热力和动力环境，影响了降水、蒸散发、径流、陆地水储量等气象水文过程，进而加剧了未来水资源短缺及时空分布不均等问题[1]。同时，气候变暖改变了全球陆地生态系统的结构，进而减缓或加剧气候变化。气温快速升高可能造成未来干旱等极端水文事件的频率和强度持续增加，威胁我国水安全、粮食安全和生态系统可持续发展[2-4]。当前，预测和评估未来气候变化下极端水文事件的演化过程及潜在风险，成为国际水科学领域的前沿研究热点和重大挑战之一，是关系国家水资源战略、生态环境战略和社会经济发展战略的关键性科学问题。2020 年 9 月 22 日，习近平总书记在联合国大会一般性辩论上向全世界宣布，"中国将提高国家自主贡献力度，采取更加有力的政策和措施，二氧化碳排放力争于 2030 年前达到峰值，努力争取 2060 年前实现碳中和"。时隔一年，2021 年 9 月 21 日，习近平总书记在同样场合再次强调，"中国将力争 2030 年前实现碳达峰、2060 年前实现碳中和"，充分表达了中国实现这一战略目标的决心。当前急需研究变化环境下的水文循环过程及演化机制，尤其是探明气候系统变化对极端水文事件的影响内因及驱动机理，该议题不仅对应对气候变化、制定减排战略措施及促进可持续发展均具有重要价值，也是我国实现“双碳”目标的重要科学技术支撑。

我国水利工程领域相关专业是贯彻落实国家“双碳”战略目标的重要技术支撑和专业保障，如何提高水利领域学生的创新能力和创业素养是关系国家重大战略的关键所在，本文将结合武汉大学的实际情况，探讨如何提升新时期水利类学生创新创业能力。

1. 中国提出“双碳”战略的背景及意义

未来几十年，受到国内外因素的共同影响，中国生态文明理念、美丽中国及碳中和目标所引领的经济转型，将被视为新的增长路径——多目标协同发展的蓝图。我国设定的碳中和目标，将对全球升温幅度控制在 1.5℃之内的国际进程做出重大贡献，是最“经济有效”的路径之一。当前，全球应对气候变化形势紧迫，日益严峻的气候危机是摆在全人类面前的又一场严峻大考，需要世界各国协同行动、携手应对。2015 年通过的《巴黎协定》指明了全球应对气候变化的最新努力方向，是保护地球家园需要采取的最低限度行动。中国作为世界上最大的发展中国家，向国际社会作出实现“双碳”战略目标的庄严承诺，将为全球能源与气候治理合作注入强大动力，为世界创造巨大的绿色低碳发展机遇，是构建人类命运共同体的重要举措。国内外学者采用多模式-多成员气候模式研究发现，通过可持续发展战略控制二氧化碳排放量，将本世纪末的全球升温速率控制在 1.5℃以内，将显著减少洪水、干旱、热浪等极端灾害对未来社会经济和生态系统的破坏力[4-5]。未来气候变暖情景下全球水碳循环变异机制更趋复杂，国内外学者结合地球系统模式、动态植被模型和全球水文模型，假定不同的碳排放情景及社会经济发展路径，模拟了 21 世纪全球陆地水储量、极端高温及地表主要碳通量，发现本世纪末高温-热浪复合事件的发生频率和强度显著增加，平均每年影响 14 亿~17 亿人口和 13 万亿~20 万亿美元；复合事件增长的主要驱动力为气温升高，但是未来水分条件会成为制约陆地生态系统碳汇的重要约束力，且其胁迫作用超过极端高温[6]。为了进一步诊断非一致性条件下高温与干旱事件的联合变化过程，学者们构建了高温强度与干旱强度的二元时变模型，并考虑社会经济系统的动态属性，定量评估了复合事件对人口和 GDP 的影响，发现未来变暖情景下复合灾害对低收入群体和农村造成更大威胁[7]。

实现碳中和是一项复杂的系统工程，要处理好发展与减排、整体与局部、短期与中期长期的关系，而持续科技创新和培养公民环保意识是实现经济社会发展和“双碳”目标的关键。当前，我国要加大教育投入，培养学生的创新能力，为低碳技术和体制机制创新培养大量科技人才，提升我国在全球气候治理领域的话语权。

2. 全球变暖背景下涉水领域的新兴科学技术难题

在全球变暖背景下，暴雨、干旱、洪涝、野火、高温热浪等灾害频繁发生，对社会经济发展和生态系统碳汇产生了重要影响[7-8]。本文以干旱和洪水为例，论述全球变暖背景下的旱灾研究前沿。干旱是最具破坏性的自然灾害之一，具有长期和广泛的社会经济影响。干旱事件产生的原因很复杂，而且它持续时间较长，影响的范围较广，破坏力也很强，一定程度上会对自然环境产生破坏，并对社会经济的发展造成阻碍。干旱常常被划分为气象干旱、水文干旱、农业干旱以及社会经济干旱。气象干旱是干旱事件中备受关注的重要类别，它是其他三类干旱的基础：气象干旱事件发生时，往往会有降水较少、气温较高等现象发生，而这可能会进一步造成土壤水分不足，影响农作物的生长发育，从而引发农业干旱；如果还造成了河湖径流和地下水的大量减少，有可能会引发水文干旱；当这些现象对人类的社会活动造成一定影响时，则可能引发社会经济干旱，并对碳汇造成重要影响。以往对干旱事件的监测一般使用的是地面测站，这种方法存在着诸多缺陷。首先，监测站点时空分布不均、站点建设及站点维护的投入较大、部分站点数据缺失、部分区域数据匮乏等。而随着卫星遥测和数据反演技术的快速发展，基于重力卫星的定量观测产品能够提供较宽的覆盖范围和更高的时空分辨率，从而有效弥补了地面测站监测的上述缺陷[7,9-11]。陆地水储量是指储存在地表以及地下的全部水分，代表了陆地上的总可用水量，是水循环的重要组成部分。研究者们在通过重力卫星定量观测并反演得到的数据来对干旱事件进行评估的过程中发现，基于陆地水储量异常的干旱强度指数在做到监测干旱事件的同时，还能够大规模捕捉地表通量的时空变化。全球大多数地区的观测资料表明：21 世纪以来极端降水频次和强度显著上升，进而引发了城市内涝、泥石流等一系列水灾害，全球每年损失超过 300 亿美元。中国是受气候变暖影响最大的发展中国家之一，近年来连续遭受极端灾害侵袭，例如：2020 年长江发生流域性大洪水，造成直接经济损失近 700 亿元；2021 年 7 月，河南省遭受特大暴雨袭击，1481. 4 万人受灾，农作物受灾面积 1620. 3 万亩，直接经济损失超过 1200 亿元。

降水是水文循环的关键变量和重要因子，大气边界层水热条件的变化对水循环过程产生重要影响，进而改变了洪水、干旱等极端水文事件的时空属性，对人类社会和生态系统的可持续发展造成严峻挑战[12-14]。学者们采用不同的全球气候模式预估了未来的极端降水事件，认为全球大多数地区的极端降水强度将继续增强。关于极端水文事件的相关研究日益受到关注，从初期的趋势分析发展到对其演变机理的探索与实践，走过了一条不平凡的道路。在干旱事件越来越频繁的背景下，当前迫切需要结合“双碳”战略目标识别未来全球极端水文事件演变的趋势，并对其对社会经济的影响进行评估。

3. 面向“双碳”战略目标的本科生培养路径

武汉大学水利水电学院历史悠久，开办有水利水电工程、水文与水资源工程、港口航道与海岸工程、农业水利工程等国家一流本科专业，拥有水利工程、控制科学与工程 2 个一级学科博士学位授权点，形成了以水利工程一级学科为主体的完整的人才培养体系。2017 年，“水利与土木矿业”学科群入选首轮一流学科建设名单。2022 年，水利工程学科入选第二轮“双一流”建设学科。依托学院的学科优势，建有水资源工程与调度全国重点实验室、水利水电工程国家级实验教学示范中心、水工岩石力学教育部重点实验室、海绵城市建设与水系统科学湖北省重点实验室、水安全保障湖北省协同创新中心、水利部泵站测试中心等多个国家和省部级科研平台。学院参与了三峡、小浪底、南水北调和西电东送等国内大型水利水电工程的科学研究和技术咨询工作，取得了一大批国内领先、国际先进的科技成果。作为国家水利类人才培养的重要基地，迫切需要提高本科生的培养质量，助力国家实现“双碳”战略目标。结合武汉大学水利水电学院的实际情况，建议从以下几方面着手。

(1)构建“多元化、高水平”学术科研-思政育人复合型师资队伍。主动适应学科发展趋势和国家“双碳”战略需求，按学科方向重点研究全球气候变化、结构工程、河流工程、智慧水利、城市水利、生态水利等学术方向的育人模式和科技前沿，按团队组建教研室，创新“学院—团队—思政”的育人模式，联通教学与科研，推进“产科教融合、校地企协同”，培养教师实践创新和实践育人能力；推动长江水利委员会、长江电力、汉江集团、湖北清江公司等业内龙头企业和武汉大学水利水电学院建立常态化育人机制，依托具体工程应用项目和技术研发课题，基于校企联合模式培养本科生的爱国情操和团队协助能力。

(2)产科教融合，建设“实验-理论一体”育人共享平台。依托武汉大学水资源工程与调度全国重点实验室、水利水电工程国家级实验教学示范中心、水工岩石力学教育部重点实验室、海绵城市建设与水系统科学湖北省重点实验室等重要基地，以“互(物)联网+足尺及原位试验场”为基础，建设“实验-理论一体”实践育人共享平台，探索“多主体合作、多形式投入”共建模式，汇聚足尺及原位试验设施优质资源；结合水利行业需求开展研究生思政教育，提出面向“双碳”战略目标的人才培养模式和课程思政体系。

(3)提出面向“双碳”战略目标的实践育人与就业价值引领机制。瞄准“碳达峰碳中和”“长江大保护”和“生态文明建设”等国家重大战略，面向“新工科”建设和中国水利事业发展的新形势，提出有专业特色的校企协同育人机制；对接国家第四次工业革命建设标准，探索“教学—竞赛—科研—实践”四融合的水利类专业双创型本科生培养新模式，实现理论教学与学科竞赛和创新创业等实践环节的有效贯通，提高学生的工程实践与创新能力；基于“先创新、后创业”的创新创业教育理念，打通学生培养的“产学研用”全链条，依托与“双碳”战略研究相关的科技攻关项目提高学生的多学科交叉研究能力和国际竞争力，促进水利类本科生的就业创业工作。

4. 面向“双碳”战略目标的研究生培养路径

培养创新能力强的新时代研究生需要结合具体的研究案例，针对武汉大学水利水电学院的客观情况，建议开设与“全球变化与水碳循环研究前沿”相关的公开课。相关公开课可以瞄准国家“碳达峰碳中和”战略目标，结合武汉大学水文水资源专业博士生培养体系的实际特点，建议与英国牛津大学合作，联合创新国际化教学方法，优化武汉大学水文水资源学科的研究生课程体系，激发研究生的创新潜能，产出高水平原创研究成果，培养一批具有国际视野的拔尖创新人才，以更好地服务“碳达峰碳中和”和“长江经济带建设”等国家战略。

该课程以课题研究为主，引导研究生以长江流域森林、湿地和水体等典型生态系统为研究对象，结合机器学习、植被遥感与光能利用率模型，重构中国陆域的碳源汇数据集；

基于大气热力理论和植被生理学效应，解析“大气-陆面-植被-土壤”之间的水碳耦合关系；提出耦合大气动力机制的极端水文事件预测模型，驱动天气气候模式和全球陆面模式，预估长江流域生态系统碳源汇的时变响应路径及其社会经济效应。在未来不同碳排放情景和共享社会经济路径(SSP)下，长江流域的人口和GDP也将发生动态变化(见图1)，如何研究社会经济系统和气候系统的耦合关系将成为新的研究前沿。建议结合这些研究前沿，针对专业学位硕士、学术型硕士和博士研究生等不同类型，根据学生的实际情况调整研究课题，让每一名研究生都能参与到创新性研究课题。

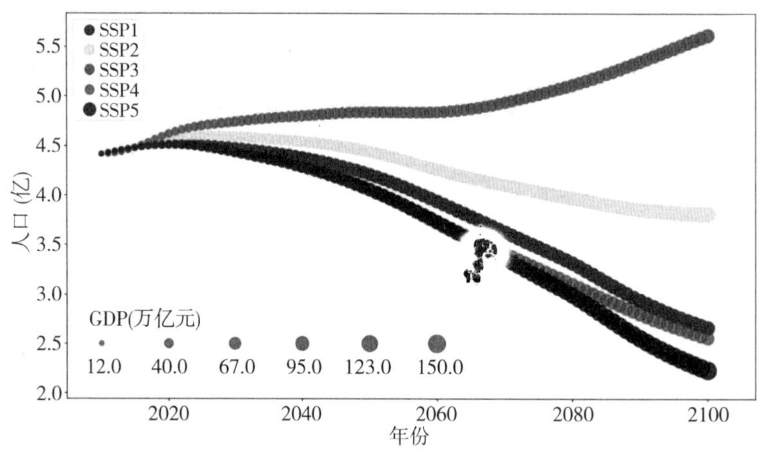

图1　不同发展路径预测的长江流域未来人口和GDP

依托这些前沿课程，指导研究生聚焦“全球变化与水碳循环”研究前沿，提出全球或区域尺度的水碳循环新理论新方法，鼓励学生在领域内国际权威期刊发表高水平论文；支持研究生参加中国水论坛、AGU、EGU等国内外学术会议，提高研究生凝练科学问题、学术汇报和跨文化交流能力；推动建立武汉大学水利水电学院和牛津大学水科学研究中心的常态化交流机制，推动建立学者学生互访交流机制，切实提高武汉大学水利水电学院研究生的国际合作能力。

5. 结语

瞄准“碳达峰碳中和”国家重大战略目标，面向“新工科”建设和中国水利事业发展的新形势，当前迫切需要提出有武汉大学特色的水利工程领域学生的创新创业能力培养机制。针对武汉大学水利水电学院的实际情况，建议基于“先创新、后创业”的创新创业教育理念，打通人才培养的“产学研用”全链条，促进学生的就业创业工作。水利工程领域的人才培养需要依托具体的工程案例才能较好实施，建议与三峡集团、长江水利委员会等单位合作，以校企联合培养为驱动力，从多学科交叉融合的课程体系、多方位的协同育人平台、多方式教学模式三个方面构建水利类学生的协同培养新模式。建议结合武汉大学新工科建设的切实需求，遵循复合应用型拔尖创新人才的培养目标，促进工程教育与国际接轨，提高武汉大学水利专业人才的培养质量，为实现“双碳”战略目标输送一大批优秀人才。结合水利行业需求，建议依托“未来地球”科技攻关项目，通过跨学科国际合作、参加国际学术会议和创新创业赛事，提高学生的国际化视野和跨文化沟通能力。

◎ 参考文献

[1] Wing O E J, Lehman W, Bates P D, et al. Inequitable patterns of US flood risk in the Anthropocene[J]. Nature Climate Change, 2022, 12(2): 156-162.

[2] 朴世龙，岳超，丁金枝，等．试论陆地生态系统碳汇在“碳中和”目标中的作用[J]. 中国科学：地球科学，2022，52(7)：1419-1426.

[3] Piao Shilong, Yue Chao, Ding Jinzhi, et al. Perspectives on the role of terrestrial ecosystems in the “carbon neutrality” strategy[J]. Science China Earth Sciences, 2022, 65(6): 1178-1186.

[4] 夏军，陈进，佘敦先．2022年长江流域极端干旱事件及其影响与对策[J]. 水利学报，2022，53(10)：1143-1153.

[5] Roxy M K, Ghosh S, Pathak A, et al. A threefold rise in widespread extreme rain events over central India[J]. Nature Communications, 2017, 8(1): 708.

[6] Su B, Huang J, Fischer T, et al. Drought losses in China might double between the 1.5℃ and 2.0℃ warming[J]. Proceedings of the National Academy of Sciences, 2018, 115(42): 10600-10605.

[7] 顾磊，陈杰，尹家波，等．气候变化下中国主要流域气象水文干旱潜在风险传播[J]. 水科学进展，2021，32(3)：321-333.

[8] 尹家波，郭生练，王俊，等．全球极端降水的热力学驱动机理及生态水文效应[J]. 中国科学：地球科学，2023，53(1)：96-114.

[9] 尹家波，郭生练，吴旭树，等．两变量设计洪水估计的不确定性及其对水库防洪安全的影响[J]. 水利学报，2018，49(6)：715-724.

[10] 尹家波，郭生练，杨妍，等．基于陆地水储量异常预估中国干旱及其社会经济暴露度[J]. 中国科学：地球科学，2022，52(10)：2061-2076.

[11] 杨远航，尹家波，郭生练，等．中国陆域干旱演变预估及其生态水文效应[J]. 科学通报，2023，68(7)：817-829.

[12] 张更喜，粟晓玲，刘文斐．考虑 CO_2 浓度影响的中国未来干旱趋势变化[J]. 农业工程学报，2021，37(1)：84-91.

[13] 李军，吴旭树，王兆礼，等．基于新型综合干旱指数的珠江流域未来干旱变化特征研究[J]. 水利学报，2021，52(4)：486-497.

[14] Yang Q, Li M, Zheng Z, et al. Regional applicability of seven meteorological drought indices in China[J]. Science China Earth Sciences, 2017, 47(3): 337-353.

“课赛融合、研创一体”四级递进式创新实践能力培养体系探索

周立青　江　昊　邹　炼　隋竹翠

（武汉大学　电子信息学院，湖北　武汉　430072）

【摘　要】本文针对电子信息技术高速发展、知识半衰期缩短对电子信息专业人才提出的挑战，根据电子信息学科理论与实践紧密联系、实践技术快速更迭的特点，提出以实践引领，将创新实践能力培养全程贯穿、全环节衔接、全员覆盖的实践育人理念。设计了“课程实验、竞赛实训、科研实践、创新创业实战”四级递进的创新实践能力培养体系。新建“纵向贯穿、横向交织”实验课程群，构建“实验课程、电子设计竞赛、专业竞赛”根干枝结构的课赛融合体系，搭建“专业支撑、学科交叉、科教融合”的大学生科研平台，拓展“行业引领、产教协同”的创新创业实践模式。实施以来取得了显著成效，全覆盖提升学生的创新实践能力，全方位提升实践教学质量，为专业建设提供有力支撑。

【关键词】课赛融合；研创一体；四级递进式培养；创新实践能力；实践育人

【作者简介】周立青（1981—　），男，高级实验师，武汉大学电子信息学院教学实验中心常务副主任，主要从事智能系统与信号检测处理技术研究。E-mail：zlq@whu.edu.cn。

一、引言

“科技是第一生产力、人才是第一资源、创新是第一动力”，创新驱动已经成为我国高质量发展的核心动力，创新实践能力在高等教育人才培养目标中变得更加突出[1]。电子信息作为过去一个世纪科技发展和社会进度的支撑技术之一，既是科技创新和产业发展的前沿，也是新一代通信技术、集成电路、人工智能、智能制造、大数据、云计算、物联网应用等新技术方向的基础支撑[2]。培养大批适应国家战略发展需要的电子信息创新人才，是高等教育的重要历史使命。电子信息技术高速发展、知识半衰期缩短、产品日新月异，对电子信息专业人才提出严峻挑战；电子信息专业前沿的拓展以及新一代信息技术与交叉学科的深度融合，使得电子信息新工科专业的知识和能力内涵呈现多方向、跨专业、跨行业、深融合的特点[3]。爆炸的知识体系、细分的研究方向、交叉的专业内容对传统电子信息专业人才培养提出了全面挑战。

面对人才培养需求变化，根据电子信息学科理论与实践紧密联系，实践技术快速更迭的特点，在“注重基础、突出能力、追求创新、发展个性”的人才培养思路指导下，武汉大学电子信息学院确立了实践引领的创新实践能力探索思路。依托教指委和省部级教学研究项目，构建了“课程实验、竞赛实训、科研实践、创新创业实战”四级递进的创新实践能力培养体系。构建“纵向贯穿、横向交织”的实验课程群，解决学生学习内驱力不足和入门难的问题；建立“实验课程、电子设计竞赛、专业竞赛”根干枝结构的课赛融合体系，从课内实验引导至课外实践探索；搭建“专业支撑、学科交叉、科教融合”的大学生科研平台，通过高水平科研实践进一步提高创新实践能力[4]；拓展“行业引领、产教协同”的创新创业实践模式，在创新创业项目实战中检验创新实践能力培养效果。探索平台赋能，建设“公共、共建、共享”的综合性大学电子信息公共实践平台，保障“课赛融合、研创一体”实践活动顺利开展。

二、四级递进式创新实践能力培养体系

鉴于电子信息技术高速发展、创业快速更迭、前沿不断拓宽，提出了实践引领的电子信息类人才培养思路，“课程实验、竞赛实训、科研实践、创新创业实战”四级递进，突出创新实践能力培养以适应人才需求的快速变化。

1. 以课程为根，构建“纵向贯穿、横向交织”的实验课程群(见图1)，解决学生学习内驱力和专业信心不足问题

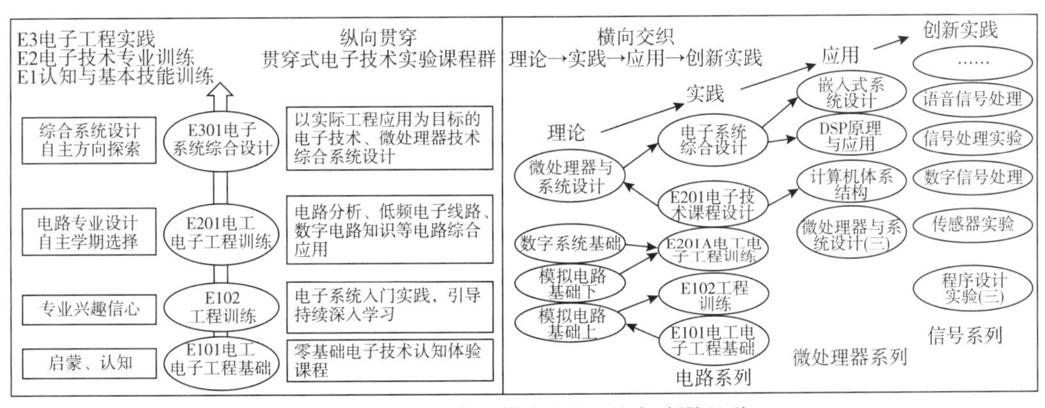

图1 “纵向贯穿、横向交织”的实验课程群

①纵向贯穿强化实践能力。以“贯穿式”思路建立电子技术基础实践课程群，“启蒙认知、专业训练、综合实践”层层递进，克服入门困难，引导学习方向。将实践能力培养贯穿到课程群全过程，实现实践能力培养全覆盖，为课外实践创新提供基础[5]。

②横向交织串联知识结构。以贯穿式实验课程群为轴，横向交织串联“理论、实践、

应用”三维和“电路、信号、微处理器”三线，为创新实践构筑知识结构支撑。

③三体共建打造一流课程。将“实验课程、实验项目、实验设备”三个实验主体协同共建，能力训练取代知识覆盖，项目探索取代验证设计，激发实验课堂的“教与学革命”。

2. 建立实验课程、电子设计竞赛、专业竞赛“根-干-枝”课赛融合体系(见图2)，解决课内实验与课外实践相互支撑问题

①“三维互补”实现课赛融合。将贯穿式电子技术实验课程群与电子设计竞赛培训体系在“施教时间”“施教内容”“施教模式”三个维度进行互补、互鉴、互引，将实验课程与学科竞赛的对立转换为统一。

②“干-枝结构”倡导卓越精神。坚定学科竞赛“育人本质、竞技引导”定位，确立“立足教学、引导教改、培训完善、机制健全”的电子设计竞赛为骨干基础性赛事，聚焦部分专业性、公平性和公信度较好的专业比赛为枝，引导学生在顶级赛事中进行高水平竞争。

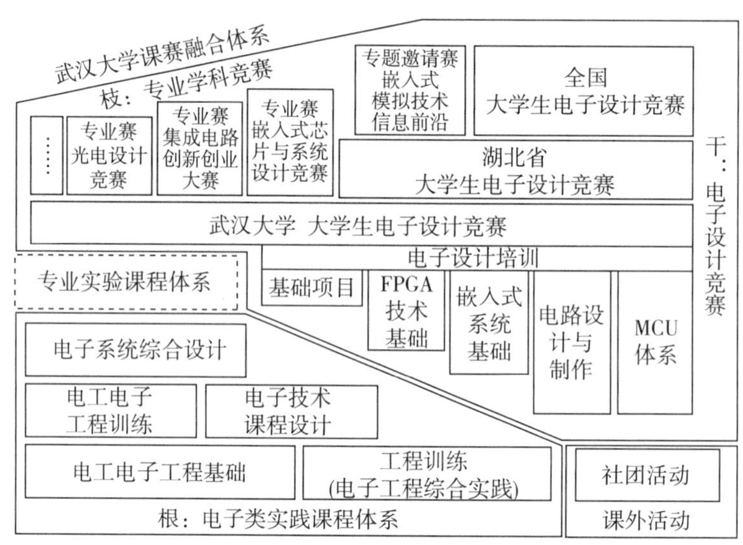

图2 “根-干-枝”课赛融合体系

3. “课程实验、竞赛实训、科研实践、创新创业实战”四级递进，解决创新实践体系的系统性、延展性和引领性问题

①“专业支撑、学科交叉、科教融合”引领高质量科研实践。以教师科研转换保证高质量科研选题，“课程实验、竞赛实训”培养高素质参研学生，通过高水平科研实践树立科研规范、引导创新意识[6]，进一步提高创新实践能力，产出高水平成果，化解大学生科研环节科研与教学的对立关系。

②“行业引领、产教协同”创新创业实战。在传统企业实习、共建实验室、联合培养、企业课程、合作竞赛等全方位、全方向、全行业、全过程校企合作基础上，从行

业一线提炼实际需求，以师生共研保障实战质量，组跨级团队延续稳定方向。通过积累企业项目库，建立稳定项目和持续方向；引导师生共研、跨级传承，实现“科研实践-项目实战-实习-就业”研创一体，以真实需求在创新创业项目实战中检验创新实践能力培养效果。

三、课赛融合、研创一体应用效果

1. 学生创新实践积极性高、能力突出、成果丰硕，发展后劲足

①实践能力培养全覆盖，创新实践活动积极性高。新建实验课程群和贯穿交织课程组织方式融入 2018 版培养方案，通过必修、选修实验实现创新实践能力培养 100%全覆盖；电子设计竞赛等竞赛活动、大学生科研等创新活动参与人次数 1400 余人，是招生人数的 3 倍多。

②学生创新实践能力突出，学科竞赛位居全国前列。2018 年以来获各类学科竞赛省部级奖项 653 项，国家一等奖 46 项。全国大学生电子设计竞赛连续三届(两年一届)位列全国前五并稳步前进，2023 年获国家奖数量全国第一；集创赛、FPGA 竞赛等均位居全国前列。

③创新实践成果丰硕，学生发展后劲足。近五年立项国家级大学生科研 40 余项、省部级 50 余项；发表论文 80 余篇(SCI 16 篇)，获批专利 150 余项；获互联网+国家级银奖 4 项，省级金奖等各类奖励 16 项；学生创新学分多年位居全校第一。2020 级本科生宋晓有获评“中国大学生自强之星”，2019 级本科生孙基玮获评“榜样珞珈年度人物”。毕业生被北京大学、清华大学、中国科学院等研究生培养单位和华为、中国电科、航天科技集团等用人单位评价为“基础扎实、实践能力突出，自主探索和创新意识强”。

2. 建设了一批模式可借鉴、内容可复制、方法可推广的全国一流创新实践优质教学资源和模式方法

①贯穿式电子技术基础实践课程群建设思路和建设成果被广泛认可、借鉴和推广。新建了 3 个层次 5 门贯穿式实验课程，核心课程电工电子工程训练获批国家线下一流课程，是武汉大学唯一获评线下一流课程的实验课程；获实验案例竞赛全国一等奖 15 项；课程、教学模式、实验设备、实验项目等成果被 20 余所高校采用。

②建立了具有全国影响力的电子设计竞赛培训体系和干枝结构学科竞赛组织模式。在综合性大学学科和学生分布背景下，通过课赛融合、干枝结构实现了课内实验教学与课外竞赛培训的衔接，学科竞赛学生培养成效与成电、西电等电子类强校相当。受到南京大学、济南大学等众多学校肯定借鉴。

③建立了“教研、教学、教辅”一体化电子技术创新实践教学团队和“实验课程、实验项目、实验设备”三体共建教学研究机制。获批湖北省优秀教学团队和基层教学组织，形成了课程、教材、自制仪器、实验案例系统性优质实验教学资源，获得湖北省高等学校自

制实验教学仪器设备一等奖等奖励。

3. 形成了综合性大学电子信息创新实践能力培养的“武大模式”，辐射示范和影响广泛

①创新实践能力培养研究系统化。实践育人理念，教赛融合、研创一体、四级递进培养体系，以及贯穿式课程群、干枝结构竞赛等模式方法，构建了系统的综合性大学电子信息创新实践能力培养“武大模式”。组织省部级教学研究项目 37 项，在《实验技术与管理》等刊物发表研究论文 66 篇，编著实验教材 7 本，实验讲义 11 本，自制实验设备 16 种，构建了创新实践能力培养系统矩阵。

②辐射示范广。创新实践能力培养研究成果在教学会议和同行单位分享报告 41 场，南京大学、重庆大学、南京航空航天大学、国防科技大学等单位前来调研 30 余次；续签、新签手牵手协议 3 项；与海军工程大学共同成立“军民融合电子技术创新实践联合教研室”。

③社会影响大。“武大模式”电子信息创新实践能力培养过程及相关成果得到多方关注。在武汉大学首届大学生科研训练营上做“电子类创新人才培养与学科竞赛组织模式探索”专题经验交流；应省内高校建议主持成立湖北省电子设计竞赛联盟；参与组建了“电子信息类虚仿实验教学”虚拟教研室；师生创新实践活动得到人民网、央视新闻客户端、中新网、光明网等主流媒体报道；师生实践创新成果向国内外领导进行展示。

四、结语

论文提出以实践引领，将创新实践能力培养全程贯穿、全环节衔接、全员覆盖的实践育人理念。实现实践育人的全程贯穿、全环节衔接和全员覆盖。聚焦课内外实践脱节、课外实践有组织无体系的典型问题，设计了统筹全程、四级递进、全程引导的创新实践能力培养路径。通过贯穿交织组织课程实验，干枝结构引导竞赛实训，科教融合引领科研实践，产教协同创新创业实战，全覆盖提升学生创新实践能力，学生发展后劲充足。

◎ 参考文献

[1]吕卅，杨佳，张立辉，等．“双轮驱动、递进融合式”大学生创新实践能力培养机制构建与实施[J]．高教学刊，2023，9(26)：38-42.

[2]袁东明，史晓东，孙丹丹．电子信息类创新人才基础能力提升与启发式教学实践——基于电子工艺实习课程改革与探索[J]．高教学刊，2023，9(25)：164-167.

[3]朱权洁，刘晓云，梁娟，等．以科创竞赛为载体的大学生创新能力培养探索与实践[J]．华北科技学院学报，2023，20(4)：105-111.

[4]张贵银．改革实验实践教学　培养学生创新能力[J]．陕西教育(高教)，2023(8)：1.

[5]李效龙，王敏，奚彩萍．基于提升创新能力的教学实践分析[J]．电子技术，2023，52

(7)：96-97.
[6]孙月娜，李攀，赵文革，等．基于科研创新能力培养的化学实验设计与实践[J]．实验室科学，2023，26(3)：56-58，63.
[7]邓计才，宋豫全，张延彬．面向创新能力培养的实践教学平台设计及应用[J]．河南教育(高等教育)，2023(7)：76-77.

导航工程专业实践与创新能力培养探索
——以专业实习 1 为例

郭　斐　张小红　王甫红　徐晓华　张万威
（武汉大学　测绘学院，湖北　武汉　430079）

【摘　要】导航工程是实践性非常强的“新工科”专业，实践教学在人才培养中至关重要。本文以专业实习 1 为例，围绕课程教学目标，以实践教学内容构建、教学方法改革、实践平台搭建等为抓手，构建了“1+2+3+4”的卫星导航实践教学体系，探讨了武汉大学导航工程专业实践与创新能力的培养模式，为国内导航与测绘类专业建设提供了参考。

【关键词】导航工程；卫星导航；实践教学；教学方法；课程思政

【第一作者简介】郭斐（1984— ），男，江西万安人，博士，武汉大学，教授，主要从事卫星导航定位技术及其应用的教学与研究工作。E-mail：fguo@ sgg. whu. edu. cn。

【基金项目】湖北高校省级教学研究项目（2021034）、武汉大学本科教育质量建设综合改革项目（2021056，2024060）。

1. 引言

建设独立自主的北斗卫星导航系统，是党中央、国务院、中央军委作出的重大战略决策。为了适应北斗国家战略需求，2012 年武汉大学在我国普通高校中率先设立导航工程专业，以培养从事导航工程设计、技术研发、系统集成和工程应用的复合型高层次人才为目标。导航工程是实践性非常强的“新工科”专业，实践教学在人才培养中至关重要。专业实习 1 是导航工程专业的一门实践类必修课，也是支撑武汉大学导航工程专业通过教育部工程认证、入选国家一流本科专业建设点的核心课程之一。如何科学构建卫星导航实践教学内容体系，改革实践教学方法，搭建能满足学生创新创业训练要求的先进实践教学平台，强化学生的创新实践技能培养？这是导航工程专业建设面临的问题和挑战。

2. 课程概述

专业实习 1 是面向武汉大学导航工程专业开设的一门核心专业必修课程（实践类）。开课学期为大二下（第三学期），课程学分为 1.5，旨在巩固导航学、卫星导航原理等专业基础课中的理论知识。课程的教学目标包括知识获得、能力提升、价值塑造三个方面。通过本课程学习，学生应掌握卫星导航软硬件装备的工作原理、操作流程、数据标准与协议等专业知识，提升自主学习和解决复杂导航工程问题的能力，培养学生严谨务实的工作态度、精益求精的科学精神，增强学生的团队协作精神与合作意识。为后续专业课程学习和实践打下坚实基础。围绕课程目标，设置了以"卫星导航装备使用、卫星导航数据处理与分析、导航定位质量控制、北斗/GNSS 高精度定位技术及行业应用"为核心的教学内容。教学过程中及时将 PPP、RTK、PPP-RTK 等前沿技术引入实践教学环节，并根据学生的实际情况，按照"立足基础、突出能力"的原则，设置入门、进阶、拔高三个层次的实践案例(算例)，最大限度激发学生的自主学习与创新能力。

3. 教学设计与教学方法

3.1 总体思路

课程建设的总体思路如图 1 所示，秉承"以学生为中心"的教学理念，以"导航与位置服务产业需求"为导向，以"自主学习、实践与创新能力培养"为主线，以"实践教学内容构建、课程思政建设、教学方法改革、实践平台搭建"等为抓手，构建了"1+2+3+4"的卫星导航实践教学体系，其内涵如图 2 所示。

"1"，即"将知识传授、能力培养和价值塑造"融为一体。

"2"，即依托校内、校外两大类实践教学与创新创业平台。

"3"，即三个层次的实践教学内容：按照"立足基础、突出能力、循序渐进"的原则，建立从基础训练到综合设计，再到创新研究的三级实践教学内容体系，满足不同学生的需求。

"4"，即"产教研创"四维协同：产教研深度融合，提升学生创新创业能力。

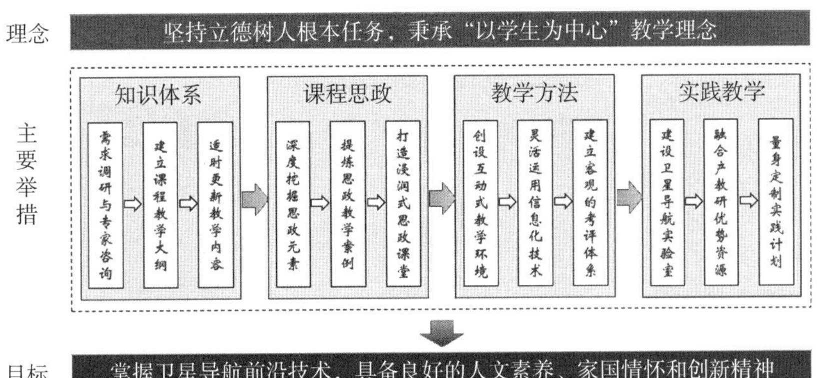

图 1 课程建设总体思路

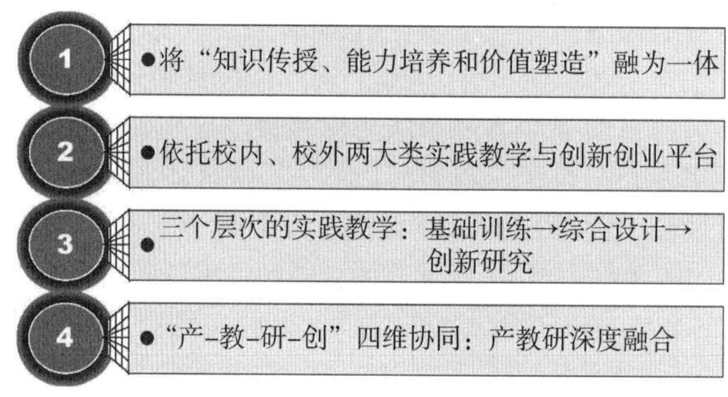

图 2 “1+2+3+4”卫星导航实践教学体系内涵

3.2 教学环境

课程的教学环境包括校内卫星导航实验室和校企合作实践基地两个部分。校内卫星导航实验室拥有各类 GPS/北斗接收机、高精度数据处理软件，以及高性能计算平台。此外，课程组自研的软硬件设备也被应用于实践教学，为学生实践与创新搭建了虚实结合的教学环境。

依托的校外实践基地包括湖北省测绘工程院、上海华测卫星导航技术股份有限公司、北京北斗星通导航技术股份有限公司等，这些企事业单位在卫星导航芯片研发、国产化装备研制、高精度位置服务等方面具有雄厚基础，为本课程创造了良好的实践教学环境，如图 3 所示。

图 3 实践教学平台

3.3 教学方法

在教学方法上，一是采用调查研究方法，深入卫星导航领域的企事业单位，通过专家座谈、现场考察等方式全面展开问题分析与矛盾解析。二是采用现场演示与虚拟仿真相结合的教学方法，对于精密测量仪器的操作一方面可以采用实体演示方法，另一方面也可通过虚拟仿真实验，突破时间和空间的限制，降低实验成本与风险。三是采用任务驱动式教学方法，通过布置一些探究性的学习任务，让学生开展创新实验训练，培养学生自主学习、独立思考和解决复杂导航工程问题的能力，以及团队协作精神。具体实施可分为三个阶段：

阶段 1：社会调查。通过走访卫星导航企事业单位，调研卫星导航装备与前沿技术，深入剖析卫星导航在测绘遥感、智能交通、灾害应急等行业应用中遇到的各类热点、难点和痛点问题。

阶段 2：分组教学。采用示范教学法演示卫星导航软硬件操作，在校内外实习基地开展卫星导航数据采集、处理与分析等实践教学活动，巩固卫星导航理论知识，锻炼实践动手与分析和解决问题的能力，如图 4 所示。

图 4　示范教学法示例

阶段 3：创新设计。结合调研的实际热点和难点问题，学生开展自主选题，引入专业知识，提出复杂导航工程问题的解决方案，培育创新创业项目，如图 5 所示。

3.4 考评方式

探索建立了“态度+知识+能力+价值观”并重的课程评价体系，试图更加客观地评价学生课程目标的达成情况。成绩评定综合考虑平时表现和最终提交的成果，评价依据如表 1 所示。

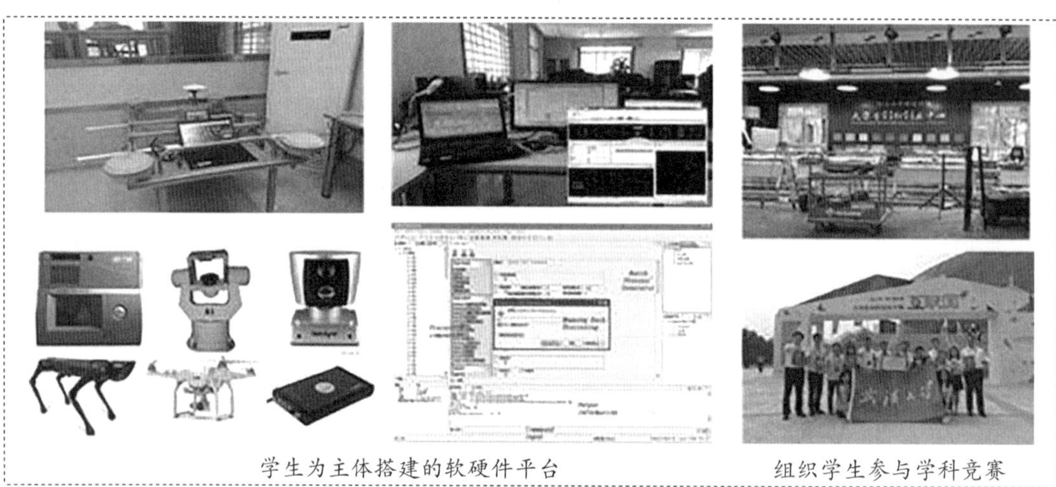
学生为主体搭建的软硬件平台　　组织学生参与学科竞赛

图 5　任务驱动式教学法示例

表 1　　课程成绩评价方式及依据

分项	占比	考察指标点	满分	得分
平时表现	30%	考勤与互动 ①全程参与实习 ②具有团队协作精神 ③能够独立思考和解决实际问题	30	
提交成果	70%	实习报告 ①内容完整，格式规范 ②计算正确，图文并茂 ③分析细致，思考深入	50	
		自编程序 ①算法正确，代码可读性强 ②操作简便，能正常运行 ③功能完备，结果可信	20	
总成绩			100	

4. 总结与思考

历年的考核成绩、学生问卷调查等数据表明学生对本课程及教师满意度高，课程目标达成度较高。学生经过阶段性培养后，涌现出一批优秀学生和班集体。校外实践基地和用人单位评价我们的学生“实践动手能力强”“自主创新能力方面非常突出”“在核心产品研发中发挥了关键作用”。学生在“互联网+”“挑战杯”“全国大学生测绘技能大赛”中屡获金奖或特等奖。本课程的教学大纲、教学模式也为国内开设导航工程专业的其他近十所高校借鉴和采用，发挥了一定的辐射和示范效应。

未来，我们将在实践教学内容的更新和优化、虚实结合的实践平台搭建、国际一流师资队伍建设、教学方法改革、成果推广应用等方面继续努力，切实将本课程打造成导航工程专业的“金课”。

(1)教学内容更新：卫星导航技术发展和更新快，需要紧跟国际前沿，不断推陈出新。一方面，教师自身需要加强自主学习，掌握卫星导航新技术和先进导航装备，并在设置实习实践教学内容上与时俱进；另一方面，统筹规划实习实践指导用书或教材编写，整合优势教学资源，制作优质实践教学视频。

(2)师资队伍建设：导航工程拔尖创新人才培养需要有多学科交叉背景的师资支撑。一方面，可采取“人才引进”和“自主培养”方式，扩充一批基础理论扎实、工程经验丰富的教师团队。另一方面，可依托校级和院级教师教学发展中心定期或不定期组织教学研讨、教学培训等活动，提升教师教学技能。

(3)实践教学改革：建立虚实结合的实践教学平台，拓展校企联合实践基地，改进实践教学模式，提升校内外实践质量；大力推进产教研创深度融合，持续培育高水平大学生创新创业项目。

(4)虚拟教研室建设：充分发挥武汉大学导航工程专业的国内领先优势，联合国内开设该专业的其他院校，建设“卫星导航实习实训”虚拟教研室，共享本课程的教学成果，推进导航拔尖创新人才培养。

◎ 参考文献

[1]教育部关于加快建设高水平本科教育全面提高人才培养能力的意见[EB/OL]. (2018-10-08). http://www.moe.gov.cn/srcsite/A08/s7056/201810/t20181017_351887.html?from=timeline&isappinstalled=0.

[2]徐晓华，黄劲松，周晓慧，张小红. 关于建设导航工程专业卫星导航原理课程的思考[J]. 科教导刊，2013(36)：108-109.

[3]郭斐，刘万科，楼益栋，张小红. 导航工程专业卫星导航数据处理方法课程建设与思考[J]. 全球定位系统，2016(4)：120-122.

[4]郭斐，张小红，刘万科，王甫红. 多学科交叉背景下新工科课程建设与思考——以导航学课程为例[C]//李建成. 测绘学科和专业发展战略研讨会征文汇编. 武汉：武汉大学出版社，2020.

[5]郝莉，冯晓云，宋爱玲，李君. 新工科背景下跨学科课程建设的思考与实践[J]. 高等工程教育研究，2020，02：31-40.

[6] National Academy of Engineering. Educating the engineer of 2020: adapting engineering education to the new century[R]. Washington, DC: The National Academies Press, 2005.

网络安全人才培养校企合作模式与方法研究

赵　波[1]　刘　会[2]　安　杨[3]　郭嘉宝[1]

（1. 武汉大学　国家网络安全学院，湖北　武汉　430072；

2. 华中师范大学　计算机学院，湖北　武汉　430079；

3. 武汉大学　计算机学院，湖北　武汉　430072）

【摘　要】 调研国内外网络安全产业融合现状，研究建立高校与网络安全企业联合培养网络安全人才的新模式，提出基于"内生需求"的网安人才培养产教融合的新思路，树立和细化网安人才培养各阶段与企业融合的方法和关键点以及形式，探索并推进高校与网络安全企业重大项目合作，归纳相关的成功做法和工作模式。根据网络安全产业需求，合理规划布局网络安全的教学、科研及产业融合发展结构，制定完善的符合我国特色的网络安全人才培养校企合作的机制。

【关键词】 网络安全；内生需求；人才培养；产业融合

【作者简介】 赵波（1972—　），男，武汉大学国家网络安全学院教授，主要从事网络空间安全的教学和科研工作，E-mail：zhaobo@ whu. edu. cn。

0. 引言

随着信息化的快速发展，网络安全问题越发凸显，对网络安全人才建设也有新的需求[1-2]。网络空间的竞争，归根到底是人才的竞争。从总体上来看，当前网络安全人才还面临着总量缺口较大、技术能力不高、人员结构不合理等问题。我国网络空间安全学科还没有形成完整的人才培养体系，培养方案与社会需求严重脱节。目前，安全专业的教学主要采用传统的授课方式，注重理论课程的讲授，而为学生提供的动手实际操作机会相对较少，这导致学生在实际应用能力方面的培养不足。

1. 网安专业人才培养现状分析

我国作为一个网络大国，互联网普及率已接近 76. 4%，网民数量已达到 10. 79 亿人，然而在迈向网络强国的道路上，网络诈骗、网络犯罪以及个人信息泄露等问题依然严峻[3]。十八大以来，党中央高度重视网络安全建设问题，网络安全建设已成为国家治理的重中之重。

近年来，网络安全专业以及对网络安全专业人才需求的内涵发生了巨大改变，其中一个重要变化在于，安全不再只是合规的要求，而正在转化为网络安全专业建设的内生需求，对技能人才的需求成为网安专业发展的内生需要。网络安全专业人才培养基于国家网络安全需求的创新培养模式，以面向网络空间安全专业人才培养的内生需求为导向，以践行“新工科”为培养理念，在人才培养过程中突出网络安全的技术地位，通过不间断的实践能力培养，强调实践实战的重要性，形成以竞赛牵引、实习拔高，课上与课下、理论和实验、校内与校外紧密耦合的创新人才培养机制[4-6]。

2. 网安专业校企合作人才培养模式

当前的校企合作面临没有从专业内生需求角度出发设计合作内容，实践内容与专业培养计划和定位不匹配，企业占据主导地位，合作程度不够深入等问题[7-8]。要想高校与网络安全相关企业进行深度融合并建立起良性教学循环，就必须严格制定院校与企业之间互相进步与制约的机制，达到学校、企业与学生之间三方的合作共赢。

2.1 校企合作模式认知存在偏差

在实践中，鉴于网络安全的特殊性、敏感性和保密性，校企双方对于网络安全校企融合发展还存在理解不够透彻、把握不够全面等问题。有的学校认为，对企业提融合就是给企业提要求、添负担，对企业发展作用不大；而有些学校则一味强调课程教学要求，日常教学工作不与产业界接触，即便是合作，也是置企业成熟技术和产品于不顾，导致网络安全专业的人才培养供需关系存在较大差异。在学校层面，引进企业高技术型人才和企业技术设备加强对学生的专业技能培训往往投资过大、负担过重。传统教学体系下的教师习惯了课堂教学方式，对于相应的实践操作教学、课程考评等没有统一标准，无法保证教学质量。在企业层面，合作动力不足，仍停留在选拔人才而不是培养人才的认知层面。部分企业出于竞争需求，一般不会将企业先进技术和成果用于教学研究和企业交流，导致校企合作成效不好。

2.2 网络安全教师人才队伍有待加强

最近几年，国务院学位委员会和教育部已将“网络空间安全”列为一级学科，该领域每年毕业生数量也在不断增长。在具有实战经验的高校网络安全教师方面，尚存在人才队伍缺口较大、高校与企业网络安全人才流动性差等问题。大多数学校开设了计算机技术相关专业，而对网络安全学科专业的建设未予以足够的关注。因此，师资力量的配置结构不合理，而且与网络安全专业完全对口的教师本来就相对稀缺，许多核心课程常由计算机科学等其他专业的教师兼课，这背离了网络安全课程的最初目标和培养计划，导致学生和社会普遍误认为网络安全学科为边缘学科。

2.3 校企合作基础设施共享程度不高

经过多年发展，科研机构和骨干企业已建立起了有规模、成系统、功能强大的教育信息服务基础设施，为全国高等学校信息教育基础设施共建与共享提供了强力科技保障。不过，由于高校企业双方在关键信息技术基础设施方面合作的深度不够，基础工程领域各行其是、产品多头研发、技术标准规范不一、自成体系等问题也给网络安全人才培养带来巨大隐患。无论是在现有校园内建设网络空间安全学院，还是建设新的校区来建设网络空间安全学院，都存在着不可忽视的问题。

3. 基于内生需求的校企合作人才培养

3.1 教学模式及内容创新

面向国家重大战略需求，依托自身已有基础和行业优势，联合国内优秀网络安全技术研究公司，共同探索网信领域产教融合新模式、新路径，形成分领域、分等级的网信产业实训标准、课程体系、技能认证等体系，为国家联合培养能够符合网信企业实际需求的各类优秀人才。

1. 引导课程内容改革，融入企业实战经验

网络安全专业课程教学在国内尚属于探索阶段，国内尚无一家大学建立起完全成熟完善的教学体系。针对当前网络空间安全实践教学中存在的实践课程分割独立，实践课程内容设置相对滞后等问题，引入国内优秀网络安全技术研究公司的实战培训，将他们积累的经验、技术和方法，与理论课程建设结合起来[9]。企业依据学校制定的教学大纲和计划，以实践为导向，向学生传授大量贴合实践的基础理论、常用工具的基本操作以及经验技巧，把网络安全与企业内部实际项目案例结合起来。

武汉大学数字取证课程以及软件逆向分析课程是实践性、创新性很强的学科，在培养过程中不能局限于理论与方法，需要能够贴合当前产业发展和实践需求。必须将实际技能培训与教学相结合，并组织学生参与综合实践取证案例，以实现培养目标。围绕校企联合课程的设置初衷及课程建设目标，数字取证课程以及软件逆向分析课程以“企业导师+专职教师”形式授课。在该模式下，由专职教师负责学科的总体设计、规划和进度，负责课程相关基础理论授课。企业导师负责讲授课程的具体知识和工具的实际运用、配合案例和实验加深对理论知识的理解。通过双讲师制进行授课，高校教师与企业教师各展所长，理论与实践结合，相得益彰。

2. 高水平导师队伍建设，培养杰出网安师资

师资队伍是高等院校开展人才培养的核心之一，它直接决定了人才培养的质量与水平[10]。建立拥有丰富行业和教育经验的双师型团队是提升学校与企业合作水平的关键举

措。这要求参与校企合作的教育工作者不仅有扎实的理论知识和深厚的专业实践技能，而且有过硬的教学技能，即“双师型”师资。积极创造条件，吸引并鼓励那些在网络安全领域具有丰富专业知识和实际工作经验的人从事网络安全教育工作，招聘经验丰富的网络安全技术和管理专家、民间特殊人才担任兼职教师。鼓励高等院校有计划地组织网络安全专业教师赴网信企业、科研机构和国家机关开展科研合作或挂职。

3. 设立实训培训班，提升实践技能

通过校企合作打通人才培养的最后一公里，设立培训班，由企业派出经验丰富的工程技术人员，利用学校(院)提供的场所，对全年级学生进行一段时期集中实训，以实训方式将企业需求植入学校培养体系，让学生可以从校园直接进入企业无缝衔接，完成从学校到企业的人才培养路径。企业与高校在人才培养与实训方面，真正建立长期、深度的合作关系，实现高校、人才、企业三方共赢。以校内实训室作为合作平台，与企业共同建设实训基地，学校除了实训基地外还提供可供企业生产的活动用地，学校通过绩效考核由骨干教师组成项目组向企业提供技术服务，企业根据服务支付费用并支付实训耗材与科研经费，企业与学校共同参与课程建设和人才培养，学生在该种模式下真正实现“做中学、学中练”。

4. 校企合作举办学术会议，填补产学鸿沟

企业专家通过开展学术讲座、座谈、科技论坛等与师生进行深入交流，帮助学生学习企业技术人员的实践实战经验，了解企业运作机制。以武汉大学为例，为了推动国内网络安全专业的发展，带动学科的建设，武汉大学非常支持网络方向的研究，并先后两年和其他院校、企业共同举办了“CCFC 计算机取证技术峰会”，选派专业教师就网络安全和取证技术的研究作报告，展示武汉大学在此方向的研究成果。合作的会议更是得到了湖北省网信办、湖北省公安厅、海关缉私局以及全国各地司法鉴定、执法办案机关、企业调查机构的支持和积极参与，参会人员每年均超过 400 人。在武汉大学和武汉网络安全企业的共同努力下，武汉已经成为中国网络安全和电子数据取证方向的研究、教育中心，受到全国信息安全人士的普遍关注。

3.2 联合培养单位创新

校企合作是中长期任务，有机融入网络安全院校“十四五”人才培养战略规划中，通过与企业开展共建联合实验室、实训基地、双导师培养等多层次的校企合作模式，探索出以“聚集人才、建立高地，输出人才、服务产业”为核心，学历教育与产业实训相结合的网信产业人才培养新模式，为国家网信产业培养具有行业一流、国际水准的高技术、高水平复合型人才和专业技术人才，推动人才链、教育链、产业链和创新链之间实现有机衔接，构建网信产业培养新高地。在实际进行校企合作过程中，可通过以下方式作为突破口，不断丰富和完善校企合作模式。

1. 共建校外实习实训基地，锻炼实践能力

网络安全领域技术更新很快，高校在理论教学方面表现出色，但缺乏来自行业的实际项目案例，并且缺乏获取行业案例的途径。网络安全行业学员专业能力与行业企业的人才需求无法完全匹配，必须促进高校与企业的合作，共同参与网络安全课程的开发，建立校外实习和实训基地，以有机地融合实际需求和课程学习。企业参与人才培养，培养学生成为能够将理论与实际紧密结合，适应市场经济发展需求的杰出应用型创新人才。

2. 建立联合实验室，培育成熟技术

网络安全是一门涉及技术广，包含大量动手练习、模拟案例的专业课程。但是国内双一流院校中还没有一套全面、深入、成熟、完善的教学实验平台。在设计好理论教学内容和教学计划的基础上，与企业开展合作，建立联合实验室，组织企业和学生定期开展实习实训活动，主要针对网络安全开发领域的前沿技术进行研究以及纵向研究课题进行合作。

3. 建立协同创新中心，加快推进科研成果产业化

设立联合创新研发机构，促进产业技术的快速转化，实现技术研发成果的共享。积极展开高校与企业之间的项目合作，推动共建项目。广泛深入推进协同育人项目，设立高质量联合创新研发实验室，依托政府支持，设立课题基金，支持省内外高校与科研院所科研人员与企业共同完成网络安全技术的研发创新。建立校企协同创新中心，校企双方通过定期交流前沿技术成果，探讨进一步合作的可能性。同时借助协同创新，促进科研成果的产业化进程，为相关产业的高质量发展提供支持与助力。

4. 双导师联合培养

执行本科生、研究生双导师联合培养制度，校内导师负责课堂内专业教学，主要作用在于给学生讲解基本的理论知识，构建起学科知识的框架；校外企业导师致力于培养学生的综合能力，重点加强实践技能、协同沟通和专业技能等方面的培训，双方密切协作，共同促进学生的全面成长。以“企业导师+专职教师”形式授课，鼓励企业深度参与高校网络安全人才培养工作，从各个环节加强同高校的合作。

3.3　推动产学研一体化

通过深化产业和教育的融合，实行校企合作，改革人才培养方式，创新评估制度，探索新的合作模式，同时总结执行过程中的问题和不足之处，进一步创新并提升以提高专业人才培养质量为核心的“产学研一体”任务导向教育模式，以及基于真实企业项目任务的教育模式，将教、学、产、创等教育环节紧密结合，相互融通，是提升学生学习成果、实际操作技能、职业素养以及人文修养的有效途径。这种综合方法有助于培养学生的创新实践能力和综合应用能力。

1. 赛项合作，促进双方共赢

加大校企学科赛项合作，在各大赛事和科技项目申报中加强与企业的深度合作，强化学生的科技创新和实际应用能力，同时为企业招聘提供坚实基础。在高校设备有限的情况下，与企业联合开展科研竞赛和项目，提高学生学习兴趣和学习主动性；营造优良学习氛围，建设积极的校园文化；强化学生创新能力，提升学生综合素质；推动教育教学改革，促进应用型人才培养目标的实现。为校企合作双方提供了更广阔的交流、学习和提升的平台，促进了校企双方共赢，同时也推动了地方产业发展，为合作企业提供未来人力输出。

2. 组织骨干教师进修，顺应网安行业发展

专业化的师资队伍对于构建校企合作人才培养体系具有至关重要的作用。采取多种形式对高等院校网络安全专业教师开展在职培训。鼓励与国外大学、企业、科研机构在网络安全人才培养方面开展合作，不断提高在全球配置网络安全人才资源的能力。加大师资培养培训力度，促进高校教师的自我发展和整体能力的全面提升。同时面向高校师生和社会大众开展网络安全相关证书的培训，提升校企双方的影响力和辐射效应。

3. 联合申报课题，定期交流前沿技术

围绕网信产业，开展产-学-研-用协同育人，进行技术课题联合申报。与企业开展合作，以产业与人才融合发展为核心，积极探索“政-校-企”合作新机制，联合申请网络安全技术课题，为地方建设成为全国信息技术服务产业人才发展高地提供有力支撑。校企双方定期交流前沿技术成果，探讨进一步合作的可能性。通过前沿技术成果扫描的模式，及时提供技术研发成果汇编，促进技术交流对接；定期汇编企业前沿技术外协需求，提供给高校科研团队，形成信息互通的良性循环。

4. 结语

网络安全人才培养校企合作模式与方法的研究是一项关乎国家网络安全战略发展的重要课题。通过深入调研国内外网络安全产业融合的现状，探索建立高校与网络安全企业联合培养网络安全人才的创新模式，提出基于内生需求的网安人才培养产教融合的前瞻性思路，积极推进高校与网络安全企业在重大项目上的深度合作。不断探索高校与企业联合培养网安人才的新模式，完善契合我国国情特点的网络安全人才培养校企合作机制，是当前和未来一个时期内必须长期坚持的战略任务。网络安全人才的培养是一项系统工程，需要政府、高校、企业等多方携手，凝聚共识，形成合力。唯有不断探索和创新，才能源源不断地为我国网络安全事业输送优秀人才，为建设网络强国奠定坚实的基础。

◎ 参考文献

[1]张焕国，杜瑞颖．网络空间安全学科简论[J]．网络与信息安全学报，2019，5(3)．

[2]杜瑞颖，张焕国，傅建明，等．网络空间安全大类下的信息安全专业人才培养[J]. 2019，5(3).
[3]张焕国，韩文报，来学嘉，等．网络空间安全综述[J]. 中国科学：信息科学，2016，46(2)：125-164.
[4]彭国军，张焕国．大学生创新实践注重能力培养[J]. 中国信息安全，2016(12).
[5]李冲，毛伟伟，孙晶．新工业革命与工科课程改革——基于知识生产模式转型的新工科课程建设路径研究[J]. 中国大学教学，2022(7)：88-96.
[6]汪雅霜，汪霞，付玉媛．“互联网+”时代研究生课程的发展趋势与改革策略[J]. 研究生教育研究，2018(4)：28-34.
[7]胡莉芳．教育性与研究性——一流大学研究生课程建设的内在逻辑[J]. 清华大学教育研究，2022(1)：62-69.
[8]王传毅，黄俭．基于价值取向分析的我国研究生课程体系优化研究[J]. 学位与研究生教育，2016(7)：42-47.
[9]杨东晓．课程主体激励视角下的研究生课程质量提升策略研究[J]. 学位与研究生教育，2020(1)：43-47.
[10]杨倩倩．“新工科”背景下高校教师工程实践能力提升路径研究[D]. 长沙：长沙理工大学硕士学位论文，2021：34.

综合型创新性实验课程建设的探索与实践

——以人体机能实验为例

李 柯 韩 莉*

(武汉大学 泰康医学院(基础医学院), 湖北 武汉 430071)

【摘 要】 本研究建设了一门综合型创新性实验课程, 医学生在实验课上以自己为健康志愿者进行实验, 观察人体机能状态的变化, 并综合利用基础阶段所学知识分析和解释这些机能状态变化的机制。这种实验课程摒弃传统实验教学中仅使用动物进行实验的模式, 更加贴近临床实践。我们发现人体机能实验能极大提高学生的学习兴趣, 锻炼医学生整合所学多学科的知识的能力, 具有高阶性、创新性和挑战性, 紧密结合临床, 培养学生解决复杂问题的能力, 提高医学生的职业胜任力。

【关键词】 人体机能实验; 综合型; 创新性; 解决复杂问题的能力

【作者简介】 李柯, 男, 武汉大学泰康医学院(基础医学院)讲师; ＊通信作者: 韩莉, 女, 武汉大学泰康医学院(基础医学院)本科生教学管理办公室主任。

人体机能实验是以医学生自身为实验观察对象, 进行无创伤性的实验, 探索生命现象的规律, 并分析其发生机制的一种实验[1]。以人体自身为实验对象的实验, 在安全方面要求较高, 在实验器材、内容设置和实验干预手段等方面与以动物为实验对象的实验有较大差别。近年在武汉大学专项资助下, 学院购买了 8 套 Lab station 人体机能信号采集系统(见图 1), 建设了 2 间人体机能实验室(见图 2)。这种人体机能信号采集系统具有多个国家和地区的安全认证, 在全球多个国家被用于人体机能实验教学, 能够保证学生的安全[2]。在此基础上我们建设了一门人体机能实验课程。

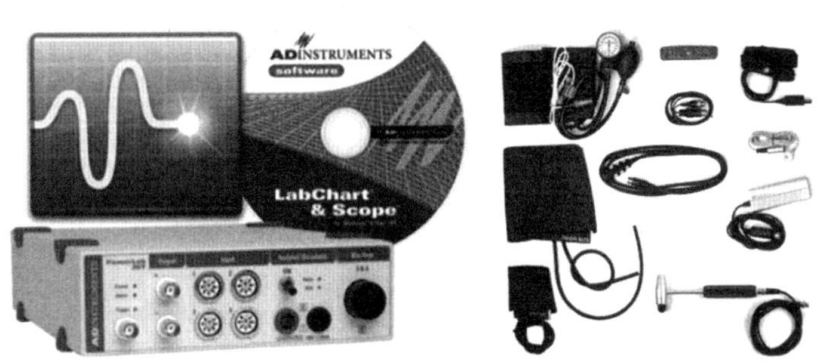

图 1 Lab station 人体机能信号采集系统

图 2　人体机能实验室

1. 实验课程教学理念和教学目标

人体机能实验是一门研究人体的各种机能活动及其机制的课程，它涵盖了生理学、病理生理学和药理学的基本人体实验内容，包括对器官、系统水平及人体整体水平所表现的各种生命现象、活动规律以及各部分之间的相互关系的观察和分析。在学生获得相关理论知识后，通过系统的人体机能学实验的学习，培养学生的动手操作能力，强化学生观察、分析和独立解决问题的能力，提高学生的综合素质。本课程从知识、能力、素质三个方面细化课程教学目标。

知识目标：能够表述重要人体生命现象的过程，复述这些现象发生的基本条件，罗列可能的异常变化。能够清晰地解释发生机制，解读机体功能、代谢的变化特点，分析异常变化的发生机制及防治原则。

能力目标：完成由观察生命现象变化到变化趋势的推演。能够归类实验现象、整理变化指标、推理实验现象发生发展过程。能够联系各类实验现象、解释关键机制。具备利用所学医学基础知识分析复杂临床问题的综合分析能力和一定创新思维能力。

素质目标：能在实验过程中理解团队合作对于协调人与人、医学与社会关系的重要性，具备团队合作精神和一定的交流沟通能力。热爱祖国，热爱医学，培养健全的职业道德和医学人文关怀精神。

2. 实验课程教学内容和教学方法

人体机能实验是一门综合性、设计性实验，既要保证实验内容的系统性和科学性，又要保证学生操作的安全性和自主性，更要保证实验过程的可控性，我们进行了如下教学内容和教学方法的设置。

2.1　实验课程教学内容

尽管受到安全和伦理等方面的限制，人体机能实验内容仍可以覆盖心血管系统、呼吸系统、泌尿系统、神经系统、肌肉组织等多个器官和系统；实验内容包括负荷运动与心肺机能、神经与肌肉系统功能、呼吸功能检测及影响因素、泌尿系统功能的影响因素、人体心电图的检测、脑电图及其影响因素、人体动脉血压的测量及血压的影响因素、心理学实验-测谎等，形成一定的体系和知识结构；同时设计涵盖多个系统的综合实验(见图3)。这些实验基本可以覆盖传统的机能动物实验。

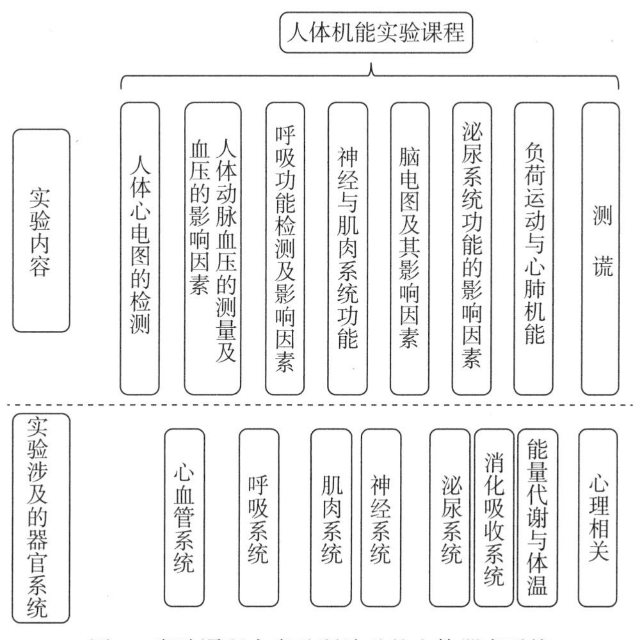

图3　实验课程内容及所涉及的人体器官系统

实验中，通过合适的干预改变人体机能状态，并要求学生使用所学的知识进行评价和分析，以解释生命现象发生发展的规律和机制。在安全的基础上，针对不同的器官系统，我们进行了一些实验项目设置：对于神经肌肉系统，使用安全范围内适度的电压电流刺激，可以完成肌肉的单收缩和复合收缩实验、神经传导速度检测实验和心电图检测实验，这几个实验基本能达到使用动物进行的有创伤性的实验效果；对于心血管系统，我们使用运动作为主要干预手段观察心肺功能的改变情况；对于呼吸系统，可以使用深呼吸、闭气等方法检测功能。通过实验，我们验证了这些干预方法的安全性。同时还能通过实验现象引导学生进行深入的思考。

2.2　实验课程教学方法

在教学方法上，采取了线下实验操作、案例分析、ESP 虚拟实验(线上拓展)的方式(见图4)。

为了培养医学生检测人体生命体征的能力、判断各正常值的能力，提高医学生理解和分析这些指标的正常值和异常值的意义，线下实验操作教学是本实验课程的主要教学方式。在课堂教学过程中，首先引导学生将实验所涉及的器官系统的基础理论知识串联起

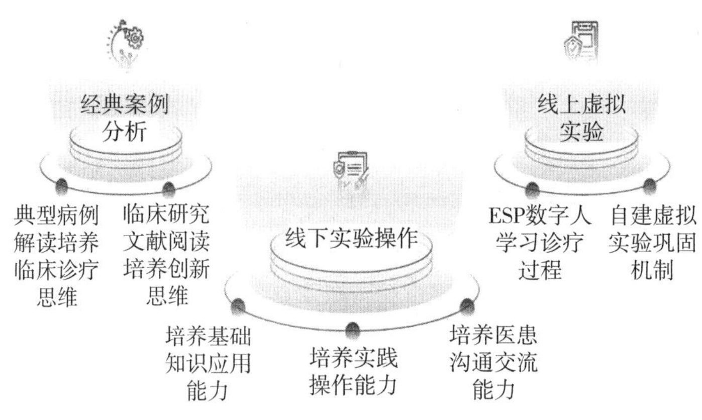

图 4　实验课程教学方法

来；在随后的实验操作过程中，引导学生将一个个实验现象与基础理论联系起来，促进学生对知识的融会贯通和应用。

在教学中加入案例分析，包括某个病人的典型病例和公开发表在知名杂志上的大型临床人群研究案例，通过这些案例将各种知识具体化、细节化，进一步加深医学生对医学知识的理解，同时也启发学生思维，为医学生进行创新思维和创新科研打基础。

课程还纳入虚拟实验进行拓展。由于人体机能实验是以健康志愿者作为实验对象，不能进行有创伤性的实验，因此利用虚拟实验项目和数字人虚拟实验（ESP 功能数字人）系统，可以进一步促进学生对于医学知识的应用[3]。数字人虚拟实验类似于临床医生接诊治疗病人，学生可以选择合适的方法诊断和治疗虚拟病人。尽管还没有学习临床课程，医学生可以根据所学基础知识判断患者的生命体征的变换情况进而判断患者的状态，尝试根据所学药物知识治疗病人。虚拟实验帮助学生实现从基础医学知识学习到临床诊断治疗技能训练的转变，在医学教学体系中发挥了重要作用。

在课堂教学过程中，注重批判式思维训练。由于人与人之间的差异，实验结果也会有差异，因此如何引导学生正确分析这些问题是课堂教学的重点，通过启发式和问题讨论式教学培养学生独立分析能力，进而培养大学生思维能力。

2.3　思政元素自然融合

本实验课程实验内容丰富，涵盖几乎所有人体器官系统，基础知识所涉及的科学发现过程、著名的研究成果、献身医学健康事业的名人等思政素材较多，可以自然融入实验教学。例如，在血压的调节实验中蕴含着对立统一的规律，机体中既存在升高血压的因素，又存在降低血压的因素，两者在复杂的矛盾运动中保持稳态。在动作电位的实验中可以观察到从量变到质变的过程。在肾脏功能的调节实验中，讨论新冠疫情最严重的阶段，卫生部门为几千位需要透析的肾衰竭患者建立生命通道。通过这些事例，促进学生自主学习与深入思考、塑造正确价值观、养成健全人格、拓展科学思维方式、提升学习能力和职业胜任力。

3. 实验教学课程特点

3.1 实验教学的高阶性

尽管人体机能实验在实验方法上受到一定限制，但是这也使得实验场景和过程更加符合临床工作中的实际情况，完成实验并分析实验结果是学生们知识、能力和素质的综合体现，也是培养学生解决复杂问题能力的重要方法之一。

在动物实验中，通过实验设计，可以做到只观察一种因素对现象的影响，尽可能排除其他影响因素。而在人体机能实验中，实验现象的影响因素复杂。在分析人体血压的影响因素实验中，我们发现血压会受到学生的机体功能状态、生活方式、饮食、运动和心理活动等多种因素的干扰；同时，随着我国经济发展，心脑血管疾病的发病年轻化，小部分同学会有血压升高达到临界高血压的情况，甚至偶尔会遇到同学已经患有高血压的情况。因此需要学生在实验过程中尽量排除干扰因素的影响，并在评价和分析中考虑到这些干扰因素。在泌尿功能实验中，实验前就需要询问实验者课前饮水的多少、是否饮用含咖啡饮料、是否大小便等情况。在呼吸功能实验中，实验前就需要询问实验者是否有哮喘、过敏等情况。

在动物实验中，我们可以通过阻断血管内血液流动，切断神经等有创的方式来研究复杂因素的效应；在人体机能实验中不能使用有创伤性的实验方式。因此在分析实验结果时，人体机能状态的影响因素，特别是相对立的影响因素的分析尤为重要。例如，升高血压和降低血压的物质和调控系统，交感神经系统和副交感神经系统的影响等。学生们需要分析实验现象发生的机制是一种因素增强导致的，还是另外一种因素减弱导致的，或者是一种因素增强和另外一种因素减弱同时发生导致的，以及不同因素增强和减弱的程度差异等。这就锻炼了学生理解和分析复杂问题的能力。

这些实验场景使得学生不仅要回忆和应用所学的基础相关知识，还要进行相关知识的有机融合，并在此基础上分析和评价观察到的实验结果，完成思维和综合能力的训练和培养。

3.2 实验教学的创新性

与传统的动物机能实验相比，人体机能实验具有不确定性。不同组的实验结果可能存在差异，如何分析、解释实验结果是人体机能实验的特点。在心血管相关的实验中，我们发现学生们在运动前后，交感神经、副交感神经的变化存在差异，甚至有时是相反的结果，这与实验中志愿者的生活方式、实验时的环境以及志愿者对环境的反应等多个因素相关。在分析实验结果的过程中需要学生去思考和探究。

与传统的动物机能实验相比，人体机能实验过程中，学生与学生之间的互动也成为其特点之一。即在人体机能实验场景中，学生与学生的交流与医生看病人的场景类似，医生看病人时需要询问病情和分析病情，反复交替进行直到完成诊治；实验中学生之间也需反复交流沟通以完成人体机能实验。例如，在人体血压实验前，同组的学生需要相互询问影响实验的各种情况是否存在，以排除或知晓可能存在的影响因素；在实验开始前，还需要检测重要生命体征，以判定是否能作为志愿者参与实验；在实验过程中，需要观察生命体征的变化情况；在实验结束后，对实验结果进行分析和评价。在肌肉疲劳实验中，学生需要通过语言激励等方式干预实验者的肌肉功能。在心理相关实验中，学生通过各种问题影响实验者的心理状态。这些实验的完成都锻炼和培养了学生的沟通交流能力，实验室氛围也更为活跃。这种具有大量互动性的实验，能增加课程的兴趣性，提高学生的参与度，促进学生的学习。这种沟通能力的训练也是提高医学生职业胜任力的重要环节。

3.3 实验教学的挑战性

本课程具有一定的难度，教师和学生都需要思考和探索。作为教师，在备课过程中需要不断查阅文献资料，了解相关的研究进展，调整教学安排；避免自己掌握的知识落后于科学的发展。在上课时，学生也需要积极投入实验中，一边完成实验，一边利用所学知识进行分析；甚至需要再通过实验验证自己的分析。在 ESP 数字人的实验中，学生要整合基础阶段所学的知识，系统分析患者的病情；虽然最终可以完成，但是还是有一定的难度，甚至还需要查阅资料，自学部分临床内容，才能较好地完成实验。

本课程采用多元化评价方法对学生学习情况进行评价，包括多元化评价主体，有指导教师评价，也邀请同行教师、临床医师等，还有组内学生互评；多元化内容评价，学生的成绩考核主要由理解分析测试、理论测试、综合应用测试、学习行为过程性评价、实践项目表现评价等部分组成。对教学的评价则主要由线上学生对老师进行评分和评议，教师互听课程评议，学生学习数据分析等组成。根据这些评价结果的数年积累，分析发现教学中的不足并进行调整，以达到提高教学质量，引导学生学习行为转变的效果。

我们认为人体机能实验这种以学生自身为健康志愿者的实验课程，具有系统性，能形成一定的知识体系，提高学生对于生命现象的整体性和系统性的把握；具有高阶性、创新性和挑战性，能提高学生的能力；具有互动性，能增加课程的兴趣性；紧密结合临床，培养学生解决复杂问题的能力，提高医学生的职业胜任力。

◎ 参考文献

[1]胡媛萍，黄伊娜，陈聚涛，孙红荣，汪铭．“双一流”背景下人体机能学实验课程建设初探[J]．中国医学教育技术，2022，36(5)：523-527.

[2]童学红，梁雪，韩艳芳，董晓敏，张俊波，孙笑语，李利生．人体机能实验教学探讨[J]．卫生职业教育，2018，36(13)：109-110.

[3]袁艺标，吴晓燕，戚晓红，等．基于网络的虚拟人体机能实验教学系统研究[J]．实验技术与管理，2016，33(8)：115-118.

预防医学本科生学习收获与学习信念、专业认同及学习满意度关系的研究

武瑞燕[1] 张 苗[1] 周 晴[1] 朱俊勇[2] 燕 虹[2] 刘 晴[2]

（1. 武汉大学 流行病与卫生统计学专业，湖北 武汉 430071；
2. 武汉大学 公共卫生学院，湖北 武汉 430071）

【摘 要】目的：学习收获作为衡量学生培养质量的评价标准，受到了研究者的高度重视。学习收获会受到学习信念、专业认同和学习满意度的影响，然而目前国内关于预防医学本科生学习收获所受影响关系路径探讨不足。本研究以预防医学专业的本科教育为例，探讨学习信念、专业认同和学习满意度对学习收获的作用路径和作用效力，为提高预防医学本科生的学习质量和更好地培养公共卫生专业人才提供可行性建议。方法：采用大学生学习收获调查问卷、大学生学习信念调查问卷、本科生专业认同问卷和大学学习满意度问卷，对武汉大学公共卫生学院预防医学专业的 87 名本科生进行调查。结果：87 名预防医学本科生的学习收获平均得分为 55.95（总分 72）。预防医学本科生的学习信念、专业认同、学习满意度和学习收获之间均存在显著正相关性（$P<0.01$），学习信念对学习收获的直接正性作用效果最强（$\beta=0.70$，$P<0.05$），专业认同与学习满意度对学习收获均具有正性作用（β 分别为 0.22、0.19；$P<0.05$）。结论：预防医学本科生的学习信念、专业认同和学习满意度均对学习收获产生影响，其中学习信念对学习收获的正性作用效果最强。今后在预防医学专业本科生的教育教学中教师应不断增强学生的学习信念，并逐步提高其专业认同与学习满意度，使学生的学习收获更大。

【关键词】学习信念；专业认同；学习满意度；学习收获；预防医学；本科生

【通讯作者】刘晴，博士，武汉大学公共卫生学院流行病与卫生统计学系副教授，E-mail：liuqing@ whu. edu. cn。

学习收获是指学生在完成一系列课程或者培养计划后，所获得的专业知识、技能和情感态度价值观，是衡量学生培养质量的重要指标[1]。对于预防医学本科生而言，学习收获不仅与未来的职业发展相关，而且对提高医疗卫生服务质量、促进社会和谐进步至关重要。因此，探究预防医学本科生学习收获的影响因素和作用机制具有重要的现实意义。学习信念是指学生对知识和经验的一套信念体系，是学习者对学习较高层次的认知[2]，研究表明学习信念是影响大学生学习收获的重要因素[3]。专业认同是指学习者在认知了解自身所学习的学科的基础上，产生的情感上的接受和认可，并伴随积极的外在行为和内心

的适切感，是一种情感、态度乃至认识的移入过程[4]。预防医学本科生的专业认同，即指承认自己是预防医学专业的学生以及将来从事此类行业的身份，认可专业价值，并对其各方面做出积极的感知和正面的评价。已有研究表明，医学生对所学专业的专业认同度越高，越能得到更好的学习收获[5]，也有研究发现学习满意度与学习效果之间存在明显的正相关关系[6]。然而，以上研究调查分布在各研究之中，各因素对学习收获的影响路径和影响程度如何在已有的研究中较少涉及。因此，本研究聚焦武汉大学预防医学专业本科生的学习收获问题，应用结构方程模型深入分析医学生学习信念、专业认同和学习满意度与学习收获的关系，探究这些因素之间的相互作用和影响路径，以期为医学教育者提供思路。

1. 对象与方法

1.1 研究对象

于 2021 年 10 月，采用整群抽样方法抽取武汉大学公共卫生学院预防医学专业 2~5 年级的全体本科生为研究对象，采用网络调查问卷进行资料收集。本研究共回收有效问卷 87 份。其中，男生有 23 人，占 26.44%；女生有 64 人，占 73.56%。所有研究对象均对本研究知情同意。

1.2 研究工具

参照国内学者的研究量表或问卷，编制医学生学习收获、学习信念、专业认同和学习满意度等的调查问卷。

(1)学习收获：采用王芳[7]于 2014 年编制的《大学生学习收获量表》进行测量。该量表包括认知收获、技能收获、情感态度价值观收获 3 个维度，共 13 个题目。采用 Likert 6 级评分法，“完全不同意”“不同意”“基本不同意”“基本同意”“同意”“完全同意”分别计 1~6 分，得分越高代表学生的学习收获越大。本研究中该量表的 Cronbach's α 系数为 0.933。

(2)学习信念：采用卢丽君[8]于 2013 年编制的《大学生学习信念调查问卷》进行测量。该问卷包括记忆知识、应用知识、内在动力、外在动力、教师角色、学习环境 6 个维度，共 30 个题目。采用 Likert 6 级评分法，“完全不同意/完全不重要”“不同意/不重要”“基本不同意/比较不重要”“基本同意/比较重要”“同意/重要”“完全同意/非常重要”分别计 1~6 分，其中有 5 道题目采取反向计分，得分越高代表学生的学习信念越强。该问卷具有良好的信效度，本研究中 Cronbach's α 系数为 0.910。

(3)专业认同：采用陈娜[9]于 2015 年编制的《本科生专业认同问卷》进行测量。该问卷包括专业认知、专业情感、专业学习投入、专业就业前景、专业培养 5 个维度，共 36 个题目。采用 Likert 5 级评分法，“完全不符合”“比较不符合”“不确定”“比较符合”“完全符合”分别计 1~5 分，其中有 1 道题目采取反向计分，得分越高代表学生的专业认同越强。本研究中该问卷的 Cronbach's α 系数为 0.935。

(4)学习满意度：该问卷由郝建春[10]于 2005 年编制，包括学习环境、教学公共设施、教师素质与教学态度、教学过程、人际关系 5 个维度，共 19 个题目。采用 Likert 5 级评分法，“非常不同意”“不同意”“无所谓”“同意”“非常同意”分别计 1~5 分，得分越高代表学生的学习满意度越高。该问卷具有良好的信效度，本研究中该问卷的 Cronbach's α 系数为 0.937。

1.3 资料收集方法

资料收集在学生知情同意、自愿参加的前提下进行。问卷填写前充分告知学生此次研究目的与意义，并会对个人信息严格保密。学生采用自填式网络调查方式进行填写，如果学生忘记回答某些问题，系统将会自动提示，直至学生回答全部问题，要求学生在 20 分钟内提交问卷。

1.4 统计学方法

采用 SPSS 21.0 软件进行数据的统计分析，AMOS 24.0 软件构建结构方程模型。符合正态分布的计量资料采用均数 ±标准差($\bar{x} \pm s$)描述，计数资料采用频数和构成比描述。两组间比较采用独立样本 t 检验，多组间比较采用单因素方差分析。采用皮尔逊(Pearson)相关分析法进行相关性分析。对学习信念、专业认同、学习满意度和学习收获 4 个因素构建结构方程模型，并对初步构建的模型进行拟合和修正。$P<0.05$ 为差异有统计学意义。

2. 结果

2.1 预防医学本科生的一般特征

表 1 总结了 87 名预防医学本科生的一般特征。在所有调查对象中，男性 23 人(26.44%)，女性 64 人(73.56%)；大二学生 29 人(33.33%)，占比最多；55.17%的本科生认为就读专业前景为一般专业，41.38%认为是冷门专业，仅有 3.45%认为是热门专业；45.98%的本科生在志愿选择时是自主选择，44.83%是调剂专业，9.20%是按父母或他人意愿选择的专业。

表 1 研究对象的一般特征

变量	人数(n)	构成比(%)
性别		
男	23	26.44
女	64	73.56

续表

变　量	人数(n)	构成比(%)
年级		
大二	29	33.33
大三	20	22.99
大四	19	21.84
大五	19	21.84
就读专业前景看法		
热门专业	3	3.45
一般专业	48	55.17
冷门专业	36	41.38
就读专业志愿选择		
自主选择	40	45.98
父母或他人意愿	8	9.20
调剂专业	39	44.83
合计	87	100.00

2.2　预防医学本科生的学习收获、学习信念、专业认同和学习满意度得分情况

87 名预防医学本科生的学习收获问卷平均得分为 55.95(总分 72)，学习信念问卷平均得分为 137.55(总分 180)，专业认同问卷平均得分为 113.30(总分 160)，学习满意度问卷平均得分为 71.10(总分 95)。

与男性相比，女性的学习收获与学习信念、专业认同及学习满意度得分较高，差异无统计学意义。大三年级的本科生学习收获、学习信念、专业认同和学习满意度的得分均高于其他年级，但只有学习满意度得分的组间比较差异有统计学意义($P<0.05$)。其中，大二年级本科生的均分为(73.38±9.24)分，大三年级为(75.10±6.62)分，大四年级为(67.21±14.19)分，大五年级为(67.32±11.32)分。不同就读专业前景看法本科生的学习收获和专业认同的得分组间比较有统计学意义($P<0.05$)，热门专业组的学习收获和专业认同均分最高，分别为(59.00±7.94)分和(127.00±22.52)分。志愿选择是自主选择的本科生的学习收获、学习信念、专业认同及专业满意度得分显著高于其他两组，分别为(58.53±5.74)分、(141.85±14.55)分、(120.60±13.79)分和(75.43±9.28)分，组间比较差异有统计学意义($P<0.05$)。具体详见表 2。

表 2　　研究对象的学习收获、学习信念、专业认同和学习满意度得分情况

变量	学习收获			学习信念			专业认同			学习满意度		
	$\bar{x}\pm s$	F/t	P	$\bar{x}\pm s$	F/t	P	$\bar{x}\pm s$	F/t	P	$\bar{x}\pm s$	F/t	P
性别		−0.80	0.425		−0.71	0.481		−0.71	0.482		−0.39	0.700
男	54.96±6.09			135.61±15.14			111.26±17.21			70.35±12.89		
女	56.31±7.23			138.25±15.44			114.03±15.75			71.38±10.17		
年级		0.72	0.545		0.88	0.458		2.43	0.071		3.11	0.031*
大二	56.24±5.33			135.72±14.98			116.69±14.77			73.38±9.24		
大三	57.60±5.53			142.40±11.42			118.05±11.04			75.10±6.62		
大四	55.16±8.69			136.53±18.97			107.32±18.97			67.21±14.19		
大五	54.58±8.51			136.26±15.51			109.11±17.58			67.32±11.32		
就读专业前景看法		4.39	0.015*		2.68	0.075		4.60	0.013*		1.65	0.199
热门专业	59.00±7.94			142.67±33.08			127.00±22.52			80.00±7.81		
一般专业	57.65±6.47			140.54±14.62			116.60±13.03			71.90±11.37		
冷门专业	53.44±6.88			133.14±13.88			107.75±17.79			69.31±10.15		
就读专业志愿选择		5.64	0.005**		3.34	0.040*		9.47	0.001**		6.72	0.002**
自主选择	58.53±5.74			141.85±14.55			120.60±13.79			75.43±9.28		
父母或他人意愿	53.38±7.07			130.38±16.44			103.13±21.60			65.88±12.92		
调剂专业	53.85±7.29			134.62±15.00			107.90±14.04			67.74±10.58		

注：* 表示 $P<0.05$；** 表示 $P<0.01$。

2.3 学习收获、学习信念、专业认同、学习满意度的相关性分析

Pearson 相关分析结果如表 3 所示。分析结果显示，学习信念、专业认同、学习满意度与学习收获之间均存在显著正相关性($P<0.01$)。其中，学习收获与学习信念、专业认同、学习满意度的相关系数分别是 0.635、0.622、0.530，均介于 0.40~0.70，属于中度相关；学习信念与专业认同、学习满意度的相关系数分别是 0.600、0.426，均介于 0.40~0.70，属于中度相关；专业认同与学习满意度的相关系数是 0.749，大于 0.70，属于高度相关。

表 3　**学习收获、学习信念、专业认同和学习满意度的相关性分析(*r* 值)**

变量	学习收获	学习信念	专业认同	学习满意度
学习收获	1.00	0.635**	0.622**	0.530**
学习信念	—	1.00	0.600**	0.426**
专业认同	—	—	1.00	0.749**
学习满意度	—	—	—	1.00

注：**表示 $P<0.01$。

2.4 预防医学本科生学习收获影响因素的结构方程模型

为进一步探讨各因素与学习收获的作用路径和作用效力，在学习收获的影响因素分析及结合相关文献回顾的基础上，建立结构方程模型。通过问卷调查获得实际数据并进行分析，对构建的理论模型进行拟合和修正。修正后的学习收获影响因素的路径如图 1 所示，

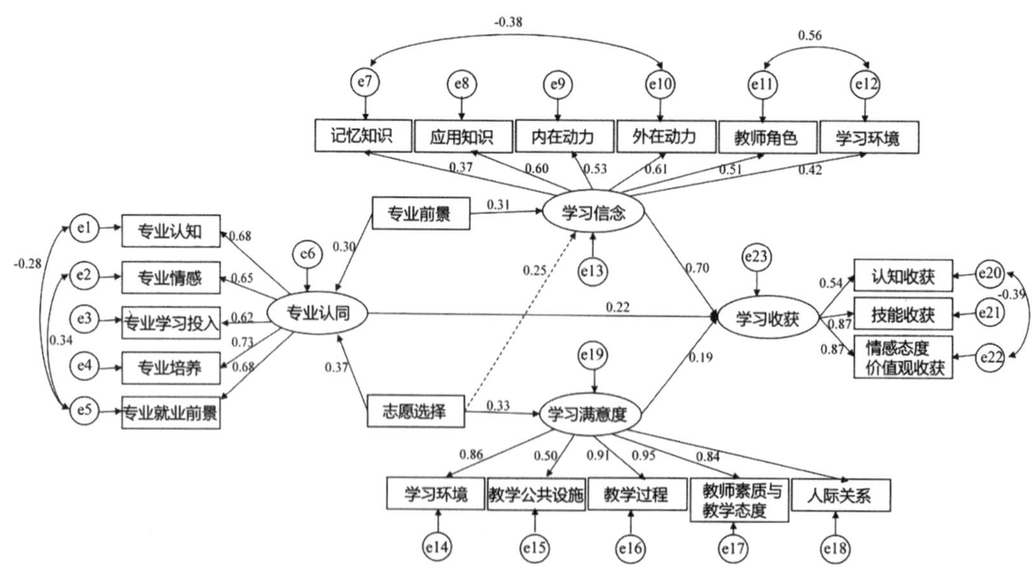

图 1　预防医学本科生学习收获与学习信念、专业认同及学习满意度的结构方程模型图

学习信念对学习收获的直接正性作用效果最强($\beta=0.70$，$P<0.05$)，专业认同与学习满意度对学习收获均具有正性作用(β 分别为 0.22、0.19；$P<0.05$)。同时，专业前景和志愿选择还通过学习信念、专业认同及学习满意度对学习收获产生间接影响。本研究中所构建结构方程模型修正后的模型拟合指标总结见表 4。卡方自由度比值为 2.086<3.00，表明模型适配度良好。

表 4 结构方程模型拟合指标

项目	χ^2/df	RMSEA	GFI	IFI	CFI
数值	2.086	0.112	0.755	0.807	0.800
评价标准	<3.00	<0.05	>0.90	>0.90	>0.90

3. 讨论

3.1 预防医学本科生学习收获的整体状况和差异性分析

本研究结果提示，预防医学本科生学习收获的总体均值为 55.95(总分 72)，整体处于中等偏上水平，与李佳佳等[11]对于山东某高校预防医学本科生的研究结果相似。同时，本研究发现：(1)学习收获不存在显著的性别和年级差异。(2)认为所在专业为热门专业的学生学习收获最高，认为是冷门专业的学生则最低。原因可能是：热门专业组学生的专业认同感更强，所以自主学习意愿更高，更加主动地学习来获取专业知识。因此，医学院校不仅要加强对医学专业的重视，还要积极加强专业建设，提升专业实力。(3)自主选择志愿的学生学习收获得分最高。这提示在志愿选择时，应充分考虑学生的兴趣和主观感受，学生对专业的满意程度会直接影响学生的学习状态，进而影响学习收获。

3.2 医学生学习收获与学习信念、专业认同和学习满意度的相关性分析

从相关性分析和结构方程模型结果来看，首先，学习信念与学习收获的相关性最强，且学习信念对学习收获的直接正性影响作用最强，表明学习信念越强的学生学习收获越大。学习信念作为学习的主要规范和价值观，在学习过程中起着价值支持与动力支撑的作用。学习信念越强烈、越坚定，学生就越会努力投入学习活动中，从而对学生学习收获产生影响。医学生是未来的医务工作者，日后需要持续地更新医学知识，从学生开始逐步提高其学习信念，对其后期学习收获会产生重要影响。

其次，专业认同与学习收获有较强的相关性，同时专业认同对学习收获具有直接正性影响。于晨等对公共卫生与预防医学专业本科生的调查结果显示，有 76.6%的本科生在经历新冠肺炎疫情后较以前更希望毕业后能从事相关工作，提示新冠肺炎疫情等突发公共卫生事件可能会增强预防医学专业本科生的职业认同感[12]。这提示今后在公共卫生与预

防医学专业教育教学中应该加强与社会实际相结合[13]，提高预防医学专业本科生的专业认同，最终对学习收获产生正性影响。

最后，学习满意度与学习收获呈正相关性，同时学习满意度对学习收获具有正性影响。学生的学习满意度可以体现学生的在学体验和获得感，预测学生的学习收获。具有较高学习满意度的学生可能会更容易满足自身内部和外部需求，在专业软硬件设施及课程设置等方面满意度都较高，对学习也有正确的认知，并能付诸行动，也进一步说明了关注学生的学习满意度对学习收获提升的重要性。

本研究的局限性在于样本量较少，结构方程模型没有表现出较好的拟合效果。未来研究可考虑扩大样本量，提高模型适配度，使得研究更具有普适性，同时探索预防医学专业本科生学习收获的更深层次机制。

3.3 结论和建议

综上所述，预防医学专业本科生的学习信念、专业认同和学习满意度均对学习收获产生直接影响。医学教育者应重视学习信念对学习收获的正向影响，采取有效措施引导学生培养积极正向的学习信念，激发学生的内在学习动力。此外，本科阶段是专业认同形成的关键时期，医学教育者应积极拓宽专业教育途径，通过多种形式如开展优秀校友讲座培训、职业生涯规划讲座等教育，提升本科生对预防医学专业的了解，增强其专业认同感。最后，医学教育者可通过改进教学服务质量、推动良性师生关系建立等方式提高学生学习满意度，同时高校应积极完善校园环境，为学生提供优质的学习支持服务，以提升学生的学习满意度，进而促进学习收获的提高。

（作者贡献声明：武瑞燕：数据分析、论文撰写；张苗、周晴：研究设计、数据采集；朱俊勇、燕虹、刘晴：研究设计、论文指导；利益冲突声明：所有作者声明无利益冲突。）

◎ 参考文献

[1] Kuh GD, Hu S. Learning productivity at research universities[J]. The Journal of Higher Education, 2001, 72(1): 1-28.

[2] Buehl MM, Alexander PA. Beliefs about academic knowledge[J]. Educational Psychology Review, 2001, 13(4): 385-418.

[3] 杨院. 以学习投入为中介：学生学习信念影响学习收获的机制探究——以“985 高校”本科生为例的分析[J]. 高教探索, 2016(3): 75-78.

[4] 秦攀博. 大学生专业认同的特点及其相关研究[D]. 重庆：西南大学, 2009.

[5] 郭敏. 康复心理学课程学习效果的相关因素——基于医学生专业认同度和学习适应性的实证研究[J]. 教育教学论坛, 2020(32): 312-314.

[6] 刘选会, 钟定国, 行金玲. 大学生专业满意度、学习投入度与学习效果的关系研究[J]. 高教探索, 2017(2): 58-63.

[7]王芳．不同类型高校大学生的学习收获研究[D]．厦门：厦门大学，2014.
[8]卢丽君．我国大学生学习信念的实证研究[D]．厦门：厦门大学，2013.
[9]陈娜．本科生专业认同现状及其对策研究[D]．湘潭：湖南科技大学，2015.
[10]郝建春．生活压力、负向情绪调整、学习满意度与学习绩效关系研究[D]．天津：天津大学，2005.
[11]李佳佳，方峰，李梦斐，等．疫情期间山东某高校预防医学本科生在线学习投入与学习收获的影响因素[J]．山东大学学报(医学版)，2021，59(1)：115-121.
[12]于晨，刘霞，陶立元，等．新型冠状病毒肺炎疫情背景下公共卫生与预防医学专业本科生职业认同现状调查[J]．中国公共卫生，2021，37(6)：986-989.
[13]陈育德．公共卫生与预防医学专业教育教学改革的思考[J]．中华预防医学杂志，2021，55(2)：277-279.

Effects of high-fidelity simulation synchronized with theory on nursing students' clinical reasoning ability

Pei Xianbo

(School of Nursing, Wuhan University, Wuhan, 430071, China)

[Abstract] Objective: This cross-sectional study aimed to assess the level of clinical reasoning in baccalaureate nursing students in different stages of high-fidelity simulation synchronized with theory. Methods: All second, third and fourth year (n = 113) nursing students of one nursing school in the China were invited to participate in this study. Clinical reasoning were assessed using the Chinese Lasater Clinical Judgment Rubric (C- LCJR). Results: 108 students completed the questionnaire effectively. Third-and fourth-year students scored on a significant higher level of clinical reasoning compared to the second-year students ($p<0.05$). But third-and fourth-year students scored similar in their level of clinical reasoning ($P=0.103$). More third-and fourth-year students reached an accomplished or expert level of clinical reasoning compared to the second-year students. Conclusion: High-fidelity simulation synchronized with theory was a effective method on nursing students' clinical reasoning, and the level of clinical reasoning could be explained by time of high-fidelity simulation.

[Key Words] High-fidelity simulation; Synchronization; Clinical reasoning

[Corresponding Author] Xianbo Pei (1974—); female; Huanggang City, Hubei Province; MD; School of Nursing, Wuhan University; research interest: nursing education; E-mail: peixb@whu.edu.cn.

1. Introduce

Worldwide the profession of nurses is changing as they are achieving a more significant role in patient care. Nurses need to deal with more multi-morbidity, technological developments, shorter hospitalization and develop more autonomy and responsibilities in patient care[1]. Nursing students will be registered as nurses after their graduation and must be able to perform clinical reasoning in chronic and acute healthcare settings[2]. At present, domestic nursing colleges have begun to pay attention to the training of nursing students' clinical reasoning ability[3-6], but there are still the following problems in the training of clinical reasoning ability: nursing students are lack of an effective training session between theory and clinical education before entering clinical practice[7]. The high-fidelity simulation teaching that links theory teaching and clinical practice has not been fully developed[8]. In order to solve the above problems and further improve the clinical reasoning ability of nursing students, our nursing school has integrated medical nursing, surgical nursing, obstetrics and gynecology nursing, pediatric nursing and psychiatric nursing since the year 2011, aiming to establish the internal connection and integration of students' knowledge system. The integrated course is Nursing Planning and Implementation, and it has been continuously improved since its establishment. The 2018 version training plan of Nursing Planning and Implementation establishes that high-fidelity simulation is carried out with the theoretical course simultaneously, and the ratio of theory course hours and simulation hours is 3 : 1. The purpose of this training program is to allow students to play the role of nurses while learning theory knowledge, exercise students' clinical reasoning ability, and bridge the distance between theory and clinical practice. However, as a teaching mode which aims to improve the clinical reasoning ability of nursing students, its teaching effect is still to be evaluated. This study aimed to assess the level of clinical reasoning ability in baccalaureate nursing students in different stages of high-fidelity simulation synchronized with theory.

2. Methods

2.1 Participants

A cluster sampling method was adopted. Possible participants in this study were students who just started their second year (class of 2020, 40 students), third year (class of 2019, 37 students) and fourth year (class of 2018, 36 students) education in our nursing school. Students in these three grades all adopted the same training program which kept all the curriculumconsistent.

2.2 Training plan

2.2.1 Teaching model of high-fidelity simulation synchronized with theory

The Nursing Planning and Implementation course was completed in three semesters, which were carried out in the 4th, 5th and 6th semesters respectively. There were high-fidelity simulation course in laboratory after the theory lessons every week. The simulation scenarios were from simple to complex, 6 clinical credits for theory courses and 2 credits for high-fidelity simulation course in laboratory each semester. Students played the role of nurses to conduct clinical case management in the simulation room, so that the knowledge and skills learned in theory courses can be applied and be fed back in time in the simulation. The synchronous high-fidelity simulation course could cultivate the students' clinical reasoning ability and prepare them for the later clinical practice. The following semesters 7 and 8 were the intensive clinical practice time.

2.2.2 High-fidelity simulation cases

The design principle of high-fidelity simulation cases/scenarios is to match the content and difficulty of the theory lessons. All simulation cases/scenarios were from a hospital, affiliated hospital of our university (A third class hospital). And the cases/scenarios were edited according to teaching objectives and ethical considerations. The cases/scenarios were selected after discussion between clinical teachers and faculty teachers, which could represent the nursing characteristics of several clinical department, including medical nursing, surgical nursing, obstetrics and gynecology nursing, pediatric nursing and psychiatric nursing. Each case consists of three scenarios that develope chronologically, highlighting the events of the scenario. The expert panel of faculty members and clinical experts had experience in the content of each scenario and had reviewed each scenario to ensure content validity and course content fidelity. In simulation training, students simulated the role of clinical nurses and comprehensively applied the knowledge and skills they have learned to solve the practical problems of patients. Each simulation scenario took a process evaluation, which was incorporated into the student's academic performance forthat course.

2.2.3 High-fidelity simulation implementation

There were a total of 36- to 40 students in each semester. They were divided into 4 groups with 9 to 10 students each. When each group arrived for the activity, a 10-minute orientation was provided by the faculty about the simulation. During the orientation, faculty explained the simulator's basic functions, an explanation of the monitors, use of materials, the simulated ward environment, the basic information and learning objectives of the simulation scenario, the time frame for each scenario, and that there would be a debriefing period at the end of each session. After the brief orientation, students had a discussion about the scenario and possible reactions. Then the students were split into two groups. One half of the group began the simulation activity in the simulated ward and the other half watched from the observation room. Three scenarios guaranteed all students at least one chance to run the simulation as a nurse. When the scenario was running, the teacher acted as an observer to record the student's performance. A 30- to 40-minute debriefing session was conducted after each student group participated in the 15- to 20-minute simulation scenario. During the debriefing, the students and instructor discussed the group's performance and patient outcomes as they related to the clinical decisions made during the scenario.

2. 2. 4 Simulated Room

The simulation teaching center has SimMan 3G high-fidelity simulator, control system, and simulated wards. The SimMan 3G high-fidelity simulators are computer operated mannequins with programmable physiologic responses based on the student actions. The simulated room is based on the real environment of clinical care ward and is equipped with various medical instruments. The teacher team is consist of 1 faculty and 2 laboratory staff.

2. 3 Evaluation

Within the authors' institution, all students who engage in simulation activities were asked to complete an evaluation tool that assesses their clinical reasoning ability and their perceived learning. The questionnaire consisted of three parts: demographic data and clinical judgment scale. General demographic characteristics include gender and grade level of students.

For the assessment of the level of clinical reasoning level, the *Dutch Lasater Clinical Judgment Rubric*, D-LCJR was used in a so-called high-fidelity simulation[9]. In this study, the Chinese version of Lasater Clinical Judgment Rating Scale translated by Yang et al.[10] was adopted. In this rubric four dimensions, based on Tanners Clinical Judgment Model, are scored; noticing(3 items), interpreting(2 items), responding(4 items), and reflecting (2 items). The D-LCJR has an ordinal scale and distinguishes eleven items, each scored 1-4 points. The sum score distinguishes four levels of clinical reasoning: beginner (11pts), developing (12-22pts), accomplished (23-33pts), and expert (34-44pts). The LCJR was validated and tested. The Cronbach's α coefficient of the four dimensions of the scale ranged from 0. 71 to 0. 79, which was suitable for evaluating the clinical reasoning ability of Chinese nursing students.

2. 4 Data collection and ethical considerations

Data was collected during five days in September, the first week of the academic year. Data were handled and stored anonymously and voluntarily, regardless of the student's grades for the semester. Although the students were obligated to participate in the assessment because it is as a regular part of their curriculum, using their scores for this study was on a voluntary base. Therefore, all participating students signed an agreement and gave permission to use their data for this study. This study complies with the Declaration of Helsinki.

2. 5 Analysis

The Statistical Package for the Social Sciences (SPSS) Student Version 26. 0 for Windows was used to analyze the data in this study. Both descriptive and inferential statistics were calculated. Sum scores for the clinical reasoning were calculated and presented, because of a non-normal distribution, with the median and interquartile range. Due to non-normal distribution of the sum scores a Kruskal Wallis test was used to assess whether they statistically differ in the three education years, and Bonferroni test was used for post-hoc analysis. Student characteristics were presented with frequencies and percentages, and a chi-squared test was used for comparison between group. AP value of <0. 05 was considered statistically significant.

3. Results

3. 1 Student characteristics

Students' characteristics are presented in Table 1. The number of nursing students in the three grades who completed the questionnaire was 38, 36 and 34 respectively, corresponding to the students before high-fidelity simulation synchronized with theory course, after the teaching of 2 semesters and after the teaching of all 3 semesters. Most students were female. There was no significant difference in gender among different grades($r>0.05$). The majority of second year and third year students were 20-21 years old, accounting for 81. 6% and 69. 4% respectively, while the fourth year students were 22-23 years old, accounting for 76. 5%. The students of the three grades were in the same training program (2018 training program), and the pre-study courses were completely consistent.

Table 1 **student characteristics in different education years**

Variable	Second education year	Third education year	Fourth education year	Total *N*
Number of	38	36	34	108
students, *n*				
Year, *n*(%)				
18~19	6(13. 1)	0(0. 0)	0(0. 0)	6(5. 5)
20~21	31(81. 6)	25(69. 4)	8(23. 5)	64(59. 3)
22~23	1(5. 3)	11(30. 6)	26(76. 5)	38(35. 2)
Sex, *n*(%)				
Male	12(31. 6)	10(27. 8)	10(29. 4)	32(29. 6)
Female	26(68. 4)	26(72. 2)	24(70. 6)	76(70. 4)

3. 2 Differences in sum scores of clinical reasoning among different education years

The sum scores of the D-LCJR were significant different in the education years ($p\leqslant0.05$,

Table 2). Fourth-year and third year students scored on a significantly higher level of clinical reasoning compared to the second year($p<0.05$). Fourth-year students scored on a higher level of clinical reasoning compared to third year, but there were no differences between second and third education years ($p>0.05$).

Table 2 **differences in sum scores on clinical reasoning in different education years measured with D-LCJR**

Kruskal Wallis	Median (IQR)	Second education year	Third education year	Total N
Second education year	21(17-23)		$P=0.043$	38
Third education	30(27-32)	$P=0.043$		36
year				
Fourth education year	31(29-34)	$P=0.001$	$P=0.103$	34

Kruskal Wallis: $p<0.001$, df = 2, $X^2 = 57.158$.

There has been a gradual increase in accomplished or expert levels among third-and fourth-year students, according to total scores, as shown in Table 3. Of the fourth-year students 65.63% scored an accomplished level of clinical reasoning and 34.37% scored an exert level of clinical reasoning just before their final internship. Compared to second-and third-year no students scored at the beginner level of clinical reasoning.

Table 3 **level of clinical reasoning per number of students in education year measured with D-LCJR**

	Second education year ($n=36$)	Third education year ($n=38$)	Fourth education year ($n=34$)
Beginning 11 points	3(9.38%)	—	—
Developing points 12-22	20(62.50%)	2(5.71%)	—
Accomplished 23-33 points	9(28.12%)	27(80.00%)	23(65.63%)
Expert 34-44 points	—	6(14.29)	9(34.37%)

4. Discussion

This study is the first to investigate the effect of 3 semesters teaching of systematic design high-fidelity simulation synchronized with theory on nursing students' clinical reasoning ability. A cross-sectional questionnaire survey was carried out to investigate the clinical reasoning ability of all the second, third and fourth nursing students in the same training program in our nursing school, corresponding to the students before high-fidelity simulation synchronized with theory course, after the teaching of 2 semesters and after the teaching of all 3 semesters. The results showed that students' clinical reasoning level was gradually increased significantly with the time of high-fidelity simulation synchronized with theory.

Clinical judgment is the premise of clinical decision-making, and the International Nursing Association for Clinical Simulation & Learning (INACSL) defines nursing clinical judgment as follows. It is the ability to gather and comprehend data while recalling knowledge, skills (technical and nontechnical), and attitudes about a situation as it unfolds. After analysis, information is put together into a meaningful whole when applying the information to new situations[10]. Clinical judgment ability is one of the basic skills that nursing students should improve in undergraduate education[11,12]. However, The survey found that nursing graduates were not well prepared for clinical practice, especially the lack of clinical judgment ability [13] or clinical nursing ability [14]. The results of this study showed that students' clinical judgment scores were continuously improved with the teaching time or year. In addition, the number of students in the third and fourth year students reaching the accomplished or expert level increased significantly. These results indicates that our teaching model is fully prepared for the later clinical practice. Moreover, the results of this study also showed that the proportion of students at the accomplished or expert level in third - and fourth- year students was higher than in other studies[15-17]. The possible reason is that the third year students in this study had completed the simulation teaching of 96 class hours in 2 semesters, and the fourth year students had completed the simulation teaching of 144 class hours in all 3 semesters. The design principle of high-fidelity simulation cases/scenarios was to synchronize with the nursing integration curriculum. And simulation cases/scenarios were carefully designed from simple to complex and oriented towards solving clinical health problems of patients. In the simulation, students integrate theoretical knowledge into clinical simulation scenario in a timely manner, promote the correlation of knowledge in the process of solving clinical problems, and realize the transformation of knowledge into ability. In the briefing after simulation, students can actively discuss under the guidance of teachers, which help nursing students to find problems they tend to ignore and learn better solutions. The accumulation of knowledge and experience in the HFS course can promote the improvement of clinical reasoning level and improve the teaching effects of nursing integration course. It is noteworthy that HFS combined with nursing integrated curriculum require a large number of professional teachers, time and simulation equipment, which makes its application has certain obstacles.

Although simulation teaching is an effective method to improve clinical reasoning or clinical decision-making ability, Leijser's study shows that internship experience is a very important factor in acquiring clinical reasoning or clinical decision-making ability[15]. Therefore, simulation teaching can prepare for clinical practice, minimize the distance between theoretical teaching and clinical work, and promote the effect of clinical practice.

This study used a cross-sectional design which makes it impossible to see the actual growth in clinical reasoning in individual nursing students. Some work remains to be done to gain more insight in the grow of level of clinical reasoning or other clinical ability during their education. Another important limitation is the use of an assessment in the regular curriculum, so measurements of clinical reasoning could not be made at the end of the final year. In addition, this is a questionnaire survey of the normal teaching effect of one school, without setting up a control group.

5. Conclusion

High-fidelity simulation synchronized with theory was a effective method on nursing students' clinical reasoning, and the level of clinical reasoning could be explained by time of high-fidelity simulation.

◎ References

[1] Larsen A, Broberger E, Petersson P. Complex caring needs without simple solutions: the experience of interprofessional collaboration among staff caring for older persons with multimorbidity at home care settings[J]. Scand J Caring Sci., 2017, 31(2): 342-350.

[2] Lasater K. Clinical judgment: the last frontier for evaluation[J]. Nurse Educ Pract., 2011, 11(2): 86-92.

[3] Mannino J E, Lane M, Siegel V, et al. On-campus clinical: preparing prelicensure nursing students for a safe clinical practice[J]. Nurse Educ., 2021, 46(3): 180-183.

[4] Jiping L, Yi W, Danli H. Problems and strategies in the cultivation of clinical practice capability of undergraduate nursing students in professional accreditation of baccalaureate nursing programs[J]. Chinese Journal of Nursing Education, 2016, 13(7): 496-499.

[5] Xuchun Y, Anli Y. Connotation and enlightenment of nursing clinical decision[J]. Military Nursing, 2003, 20(5): 51-52.

[6] Xianbo P, Aijing X, Xu Z, et al. Effect evaluation of three-stage simulation teaching for undergraduate nursing students in clinical practice of general ICU[J]. Journal of Nursing Science, 2019, 34(16): 68-71.

[7] Ewertsson M, Allvin R, Holmström I K, et al. Walking the bridge: nursing students' learning in clinical skill laboratories[J]. Nurse Educ Pract, 2015, 15(4): 277-283.

[8] Lei Y Y, Zhu L, Sa Y T R, Cui X S. Effects of high-fidelity simulation teaching on nursing

students' knowledge, professional skills and clinical ability: a meta-analysis and systematic review[J]. Nurse Educ Pract., 2022(60): 103306.

[9] Lasater K. Clinical judgment development: using simulation to create an assessment rubric [J]. J Nurs Educ, 2007, 46(11): 496-503.

[10] Yang F, Wang Y, Yang C, et al. Improving clinical judgment by simulation: a randomized trial and validation of the Lasater Clinical Judgment Rubric in Chinese[J]. BMC Med Educ, 2019, 19(1): 20.

[11] Meakim C, Boese T, Decker S, et al. Standards of best practice: simulation standard I: terminology[J]. Clinical Simulation in Nursing, 2013, 9(6): S3-S11.

[12] Lasater K. Clinical judgment: the last frontier for evaluation[J]. Nurse Educ Pract., 2011, 11(2): 86-92.

[13] Kavanagh J M, Szweda C. A crisis in competency: the strategic and ethical imperative to assessing new graduate nurses' clinical reasoning[J]. Nurs Educ Perspect, 2017, 38(2): 57-62.

[14] Zhen D, Zheng P, Hongyu S. Survey and analysis on competency of bachelor of nursing graduates: based on mixed methods perspective[J]. Chinese Journal of Nursing Education, 2019, 54(3): 422-427.

[15] Leijser J, Spek B. Level of clinical reasoning in intermediate nursing students explained by education year and days of internships per healthcare branches: a cross-sectional study[J]. Nurse Educ Today, 2021(96): 104641.

[16] Shin H, Park C G, Shim K. The Korean version of the lasater clinical judgment rubric: a validation study[J]. Nurse Educ Today, 2015, 35(1): 68-72.

[17] Vreugdenhil J, Spek B. Development and validation of Dutch version of lasater clinical judgment rubric in hospital practice: an instrument design study[J]. Nurse Educ Today, 2018(62): 43-51.

武汉大学新医科背景下护理学拔尖创新人才培养改革调研

杨冰香　周芙玲　赵昊鲁　尹白洁　毛诗柔

（武汉大学　护理学院，湖北　武汉　430071）

【摘　要】通过对护理学人才培养方案改革的调研，明确了武汉大学护理人才培养的特色和优势及其与其他高校的区别。同时探讨了在新医科背景下，护理学院通过培养方案改革提升护理人才培养质量的策略。研究采用问卷调查、网络调研、实地走访、会议座谈和在线交流等调研方法，对国内外10所大学的护理本科培养方案进行了调研。研究发现武汉大学护理本科培养目标重视人文关怀和国际视野，但需要加强对社会需求和临床实践的关注；课程设置总体合理，但在灵活性和个性化选择方面有待改进；实践课程需要进一步优化。针对这些发现，提出了一系列改革措施，包括根据学生背景增设专业先导课程、结合第二课堂培养学生的人文素养和专业认同感、制定新的护理人才培养目标、促进护理学与其他学科的交叉融合，优化课程安排和教学质量等。这些措施旨在提升培养质量，推动武汉大学护理学科的发展，培养出具有专业能力和综合素质的拔尖创新护理人才。

【关键词】调研报告；护理学本科生；新医科背景；培养方案改革；拔尖创新人才

【作者简介】第一作者：杨冰香，女，博士，教授，武汉大学护理学院副院长，研究方向为护理模拟教育、精神心理护理。E-mail：yangbx@ whu. edu. cn。

一、研究背景与意义

2018年8月，中共中央、国务院印发关于新时代教育改革发展的重要文件，首次正式提出“新医科”概念。同年10月，教育部、国家卫生健康委员会、国家中医药管理局启动实施“卓越医生教育培训计划2. 0”，对新医科建设进行全面部署[1-3]。教育部有关领导强调，发展新医科是新时代党和国家对医学教育发展的最新要求，加强新医科建设，一是理念新，医学教育由重治疗，向预防、康养延展，突出生命全周期、健康全过程的大健康理念。二是背景新，以人工智能、大数据为代表的新一轮科技革命和产业变革扑面而来。三是专业新，医工理文融通，对原有医学专业提出新要求，发展精准医学、转化医学、智能医学等医学新专业。具体而言，新医科建设的内涵主要体现在新理念、新结构、新模式、新质量和新体系五个方面。随着中国国际影响力、感召力、塑造力的不断提高，我国的医学教育改革也要以引领人类文明发展为目标，建立我国特色医学教育“新体系”，包括优化培养制度、更新课程设置、改变教学模式、注重实践教育等，以引领全球医学教育的改革方向[4-7]。

护理学院计划通过五年的建设，力争发展成为具有武大特色、国内一流、具有国际影响的护理学科。武汉大学作为“双一流”建设重镇，近年在服务国家战略、承担国家使命上发挥着率先引领作用。“一流”的核心是本科教育，就是要培养具有坚定民族精神和开阔国际视野、强烈社会责任感和使命感、人格健全、知识宽厚、能力全面、岗位胜任力强、临床实践能力突出、创新潜力巨大的能够引领未来社会进步和文明发展的护理学领域国家脊梁和领袖人才。

在新医科背景下，如何走好护理人才自主培养之路，提高护理人才自主培养能力，培养国内领先、国际一流的卓越护理人才，是时代和国家给出的重要命题[8-9]。因此，明确人才培养定位和特色，回答好两个关键问题，至关重要。其一，跟同类双一流高校和国际知名高校相比，武汉大学护理人才培养的特色和优势在哪里？其二，作为一门应用型学科，双一流高校的护理学人才培养与其他非双一流、高职高专学校相比较，区分度如何把握？

为了回答上述两个问题，护理本科人才培养需革新理念，明确定位，激发热情，凝聚合力，提升教师队伍、课程建设、课堂教学质量[9-10]。本次培养方案的修订，将继续牢固树立学校“人才培养为本、本科教育是根”的办学理念，坚持以“成人”教育统领“成才”教育，营造具有武汉大学特色的教育教学文化；以课堂为中心，全面深化本科教育改革，加强专业内涵发展，激发学生学习动力。需进一步更新教育理念，吸收国内外高水平学校最新教育教学改革和研究成果，要学习借鉴世界一流大学护理学的教育经验，进行广泛深入的内部和外部调研，走好武汉大学护理学科的特色发展之路。

二、研究方法

本次护理学培养方案改革的研究方法为调研，具体通过问卷调查、网络调研、实地走访、会议座谈、会议研讨和在线交流的方式展开。共调研国内外 10 所大学，走访 3 家教学机构，学生会议座谈 5 次，会议研讨 2 次，在线交流 1 次。详细调研内容见表 1。

表 1　**调研对象、调研形式及调研内容**

调研对象		单位名称	调研形式	调研内容
高等学校	国内高校	中南大学(A+)	网络调研在线交流	培养方案对比经验交流
		北京大学(B+)	网络调研	培养方案对比
		华中科技大学(B)	网络调研	培养方案对比
		山东大学(B+)	网络调研	培养方案对比
		香港大学(QS 38)	网络调研	培养方案对比
		香港中文大学(QS 22)	网络调研	培养方案对比

续表

调研对象		单位名称	调研形式	调研内容
高等学校	国外高校	宾夕法尼亚大学(QS 1)	网络调研	培养方案对比
		华盛顿大学(QS 4)	网络调研	培养方案对比
		杜克大学(QS 10)	网络调研	培养方案对比
		新墨西哥州立大学 (概念式教学典范)	网络调研	培养方案对比
教学机构		武汉大学泰康医学院 (基础医学院)	实地走访 会议座谈	培养方案研讨
		武汉大学人民医院	实地走访 会议座谈	培养方案研讨
		武汉大学中南医院	实地走访 会议座谈	培养方案研讨
一线教师		武汉大学护理学院教师 22 人，调查 19 人，访谈 9 人	问卷调查 会议座谈	培养方案评价
学生		2017 级本科毕业生	问卷调查	培养方案评价
		2018 级本科生 34 人，调查 24 人，访谈 11 人	问卷调查、会议座谈 小组访谈	培养方案评价
		2019 级本科生 36 人，调查 30 人，访谈 11 人	问卷调查、会议座谈 小组访谈	培养方案评价
		2020 级本科生 40 人，调查 39 人，访谈 13 人	问卷调查、会议座谈 小组访谈	培养方案评价
		2021 级本科生 39 人，调查 35 人，访谈 12 人	问卷调查、会议座谈 小组访谈	培养方案评价

三、研究结果

本次研究，通过网络函询和在线交流的方式对国内外 10 所大学的护理本科培养方案进行调研，从培养目标和理念、课程模块与课程体系、专业核心课程和培养方案方面比较异同，对比武汉大学护理学院培养方案的优势与不足。现将研究的调研结果总结如下：

1. 培养方案特点

(1)培养目标和理念(见表2)

表2 **培养目标和理念比较**

单位名称	培养目标和理念
武汉大学	培养具备人文关怀、良好专业价值观，能适应21世纪社会发展和卫生服务需要、拥有宽厚的人文知识、扎实的专业知识、专业胜任力强，具有国际视野，能在护理领域内从事临床护理、预防保健、护理管理、护理教育和护理科研，富有创新精神和实践能力的护理领军人才
中南大学	培养适应社会、满足护理学科建设与发展需要；具有良好职业道德，较坚实的护理学的基础理论、基本知识和临床基本技能，较强的实践能力，能在各类医疗卫生保健机构从事护理工作，具备终身学习的能力和较大发展潜能的德、智、体、美、劳全面发展的高层次护理人才
北京大学	培养适应我国社会主义现代化建设和卫生保健事业发展需要的德智体美劳全面发展，较系统地掌握护理学和相关学科的基础理论、基本知识和基本技能，具有基本的临床护理能力，初步的教学能力、管理能力、科研能力及创新能力，并具备终身学习的能力和良好的职业素养，能在各级、各类医疗卫生保健机构从事护理工作的专业人才
华中科技大学	培养具有良好素质的初级护师，这种素质可确保其毕业后作为护士时在上级护师指导下，从事安全有效的护理实践，保证他们有适当的基础能够进行终身学习和在护理学某些领域内进一步深造
山东大学	以关爱健康为宗旨，以社会需求为导向，培养具有良好职业道德，系统掌握护理学和医学基础理论、专业知识和基本技能，具有较强的临床实践能力，一定的科研与创新能力，初步的教学及管理能力，并具备终身学习的能力和较大的发展潜力，能在各类医疗卫生保健机构工作的“视野宽、基础厚、技术精、创新强”的具有国际视野的护理专业人才
香港大学	提供全面和整体护理教育，课程是基础广泛和多学科的，旨在介绍健康和护理的生物社会心理方面内容，保持护理、生物、行为和社会科学的广泛领域之间的平衡，以培养学生的探究精神、人际交往技巧，以及对香港护理工作的社会文化背景的了解。学位课程强调理论与实践的结合，学生将接触各种临床环境学习临床技能，以培养学生在各种临床环境中实现全面和整体护理实践的专业优势
香港中文大学	提供高质量的护理、老年学和卫生保健学生教育，服务和满足个人、社区和整个社会迅速变化的健康需求，并推动护理专业的发展。创造一个以知识为中心的支持性学习环境来产生和分享循证护理和卫生保健知识。促进终身学习，并为继续教育奠定基础。通过创新研究、综合、实践和教学，促进和推动高质量的护理和保健的发现、整合、应用和传播

续表

单位名称	培养目标和理念
宾夕法尼亚大学	课程将医疗保健的科学基础与临床经验相结合，提供理论和应用知识的并行结合，侧重于临床实践和护理研究，以先进的模拟实验室、基于团队的临床实践和广泛的导师计划为特色，为学生提供海外学习、高保真模拟实践、攻读跨学科的双学位和研究生水平课程的机会
杜克大学	关注健康保健和疾病预防、临床领导力、循证护理实践和文化相关护理。提供创新的课程，强调健康和促进健康，以及基于证据的跨年龄段护理实践。提供先进的临床教学技术，如高保真模拟、标准化病人、互动模块、案例研究和数字格式的讲座或视频。学生可在杜克大学卫生系统的多个地点和世界各地的一流医疗保健系统中获得临床经验优势
新墨西哥州立大学	将概念式教学融入护理本科生的教育中，不再强调内容，而是注重概念的选择、组合、应用，同时强调概念式学习，鼓励学生有逻辑地组织信息，并不断提高思维能力，在临床实践过程中依据概念举一反三，触类旁通。目标是培养学生从事以患者为中心且在文化上适合个人、家庭和社区的专业护理实践，将质量改进和安全的原则纳入医疗机构和系统的护理实践中，能够提供以证据为基础的护理服务，通过应用适用于医疗保健服务的政策来展现领导能力，参与有效的跨专业合作，为患者提供高质量的医疗服务，以及利用技术管理信息和提供患者护理
华盛顿大学	培养向所有成员、团体和社区提供优质和公平保健的下一代卓越医疗保健领导者。课程设置基于多元性、开放性、包容性、动态性与国际性的教育理念。重视临床实践，通过提供安全、支持的学习环境，为不同学习水平的学生提供练习、角色扮演等多维度的模拟体验。加强与实践基地的合作，通过严格的临床轮转，使学生亲临一线，体会不同的护理案例，促进理论与实践的高度融合

(2)课程模块与课程体系(见表3)

表3 **课程模块与课程体系比较**

单位名称	课程模块与课程体系
武汉大学	全学程总学分为150学分，其中公共基础课程28学分，通识教育课程12学分，大类平台课程19.5学分，专业必修课程65.5学分，专业选修课程25学分
中南大学	全课程总学分为215学分，其中通识教育46.5学分，学科教育22学分，专业教育134.5学分，个性培养12学分
北京大学	全学程总学分为165学分。必修课119学分，其中公共基础课程不低于34学分，专业基础课程不低于26.5学分，专业课程不低于58.5学分。选修课不少于16学分，其中通选课不少于4学分，限选课不少于2学分，任选课不少于10学分。毕业实习共30学分

续表

单位名称	课程模块与课程体系
华中科技大学	全学程总学分为 168.5 学分，其中素质通识教育课程 39.5 学分，学科基础课程 74.5 学分，专业核心课程 29.5 学分，集中性实践教学环节 25 学分
山东大学	全学程总学分为 162 学分。必修课 136 学分，其中通识教育必修课程 32 学分，学科平台基础课程 25.5 学分，专业必修课程 78.5 学分。选修课 26 学分，其中通识教育核心课程 14 学分，通识教育选修课程 2 学分，专业选修课程 10 学分
香港大学	学制为 5 年，共 44 门课程，包括 6 门一般核心课程、26 门核心课程、7 门实习课程、1 门丰富生活的学习课程、3 门语言课程和 1 门选修课程

(3)专业基础和核心课程(见表 4)

表 4　**专业基础和核心课程比较**

单位	专业基础和核心课程
武汉大学	人体结构学、生理学、药理学、病原生物学、生物化学、病理生理学、生物统计学、护理学导论、护理学基础、人类发展学、健康评估、护理伦理、护理研究、护理计划与实施、护理管理与评价、急重症护理、社区护理
中南大学	人体解剖学、组织学与胚胎学、生理学、微生物学、药理学、病理生理学、病理学、卫生学、医学统计学、护理心理学、护理学基础、健康评估、内科护理学、外科护理学、妇产科护理学、儿科护理学、精神科护理学、护理管理学、护理研究
北京大学	系统解剖学、组织学与胚胎学、生理学、生物化学、医学免疫学、病理学、基础护理学、健康评估、护理研究、内科护理学、外科护理学、妇产科护理学、儿科护理学、精神科护理学、康复医学、社区护理学、老年护理学
华中科技大学	人体解剖学、病原生物学、生理学、生物化学与分子生物学、病理学、药理学、护理学基础、内科护理学、外科护理学、妇产科护理学、儿科护理学、老年护理学、社区护理学、精神科护理学
山东大学	人体解剖学、组织胚胎学、生物化学、生理学、医学免疫学、人际关系与沟通、护理学导论、护理礼仪、护理教育学、护理伦理学、健康评估、护理心理学、护理研究、护理学基础、精神科护理学、护理管理学、内外科护理学、社区护理学等
香港大学	护理核心课程、专科护理、护理实践理论基础、护理研究基础、护理选修课、护理实践、生命科学、临床药理学及行为科学
香港中文大学	生物和行为科学、健康促进和维护、护理实践和理论、护理研究和信息技术

(4)国内部分高校与武汉大学护理专业培养方案的对比

①基础课程(见表 5)。

表 5　**基础课程比较**

单位	类别	课程名称	总学分	学时数			修读学期
				总学时	讲课	实践/其他	
武汉大学	必修	人体结构学	4	68	56	12	1
		生理学	3	48	48		2
		生物化学	3	48	48		2
		病理生理学	2	32	32		3
		药理学	3	52	40	12	3
		病原生物学	2	36	24	12	3
		生物统计学	2. 5	44	32	12	4
	选修	遗传学	2	32	32		2
		医学免疫学(指定)	2	34	28	6	2
		病理学(指定)	2	34	28	6	3
		流行病学	2	32	32		5
中南大学	必修	有机化学	3. 5	56	56		2
		有机化学实验	1. 5	48		48	2
		生物化学	3. 5	56			2
		生物化学实验	1. 5	48		48	2
		人体解剖学	3	68	32	36	3
		组织学与胚胎学	2. 5	48	30	18	3
		生理学	3	48	46	2	3
		机能实验学 B	0. 5	24		24	3
		微生物学	2	42	24	18	3
		病理生理学	2	30	28	2	4
		病理学	2. 5	56	28	28	4
		医学免疫学	1. 5	38	24	14	4
		药理学	3	48	48		4
		机能实验学 D	0. 5	24		24	
		医学统计学	2	32	32		4
	选修	细胞生物学	2	32	28	4	2
		细胞生物学实验	1	32		32	2
		寄生虫学	2	38	22	16	4
		流行病学	2	32	32		6

续表

单位	类别	课程名称	总学分	学时数			修读学期
				总学时	讲课	实践/其他	
北京大学	必修	系统解剖学	3	80	32	48	1
		生理学	2	36	36		2
		生物化学	3. 5	74	50	24	2
		病理生理学	2	36	36		3
		药理学	2	36	36		3
		医学微生物学	2	36	30	6	3
		生物统计学	2	36	36		2
		组织学与胚胎学	1. 5	36	18	18	1
		医学免疫学	2. 5	56	36	20	3
		病理学	2	36	36		3
		预防医学	2	36	36		5
		流行病学	2	36	24	12	5
	选修	任选课	10	180	180		2-6
华中科技大学	必修	基础化学 1	4. 5	72	50	22	1
		有机化学 2	3. 5	56	44	12	2
		细胞生物学	2. 5	40	24	16	2
		系统解剖学	4. 5	96	48	48	3
		组织学与胚胎学	2. 5	56	32	24	3
		生理学	4	72	60	12	3
		生物化学与分子生物学	4	72	48	24	3
		病原生物学	2. 5	48	36	12	4
		医学免疫学	2. 5	48	36	12	3
		病理学	3	72	36	36	4
		病理生理学	3. 5	56	44	12	4
		药理学	2. 5	56	56		4
		机能实验 2	0. 5	16		16	4
	选修	医学基础选修课程	5	80			

续表

单位	类别	课程名称	总学分	学时数			修读学期
				总学时	讲课	实践/其他	
山东大学	必修	人体解剖学	3	64	32	32	1
		组织胚胎学	1.5	24	24		1
		生物化学	2.5	40	40		2
		生物化学实验	0.5	16		16	2
		生理学	3	48	48		2
		生理学实验	0.5	16		16	2
		医学免疫学	2	32	32		3
		医学免疫学实验	0.5	16		16	3
		医学微生物学	2	32	32		3
		医学微生物学实验	0.5	16		16	3
		病理生理学	2	32	32		3
		病理生理学实验	0.5	16		16	3
		病理解剖学	2	32	32		3
		药理学	3	48	48		4
		药理学实验	0.5	16		16	4
		统计学	1.5	24	24		4

②专业课程(见表6)。

表6　**专业课程比较**

单位	类别	课程名称	总学分	学时数			修读学期
				总学时	讲课	实践/其他	
武汉大学	必修	护理学导论	2	32	32		1
		护理学基础	2	32	32		2
		护理学基础实验	2	48		48	2
		健康评估1	1	16	16		3
		健康评估实验	1	24		24	3
		人类发展学	2	32	32		3
		健康评估2	2	32	32		4
		护理计划与实施1	6	96	96		4

续表

单位	类别	课程名称	总学分	学时数			修读学期
				总学时	讲课	实践/其他	
武汉大学	必修	综合模拟实训 1	2	48		48	4
		护理研究	3	48	48		5
		护理计划与实施 2	6	96	96		5
		综合模拟实训 2	2	48		48	5
		护理伦理	1	16	16		5
		护理计划与实施——妇儿护理	4	64	64		5
		护理管理与评价	2	32	32		6
		急重症护理	2	32	32		6
		社区护理	2	32	32		6
		毕业论文	2				8
	选修	普通心理学(指定)	2	32	32		1
		护理生涯规划	2	44	8	36	1
		有效沟通(指定)	2	32	32		2
		专业英语	2	32	32		3
		基础综合实验 2	1	24		24	3
		经济学原理	2	32	32		5
		教学原理与方法(指定)	2	32	32		4
		老年护理(指定)	2	32	32		4
		医疗保险	1	20	8	12	4
		全球妇幼保健	2	36	24	12	5
		老龄化与全球健康	2	36	24	12	5
		常用统计软件	2	48		48	5
		康复护理	2	32	32		6
		中医学	2	32	32		6
		健康财务管理	2	36	24	12	6
		营养学	2	36	24	12	6

续表

单位	类别	课程名称	总学分	学时数			修读学期
				总学时	讲课	实践/其他	
中南大学	必修	护理心理学	2	32	30	2	2
		护理学基础 1	4.5	88	56	32	3
		护理学基础 2	3.5	80	40	40	4
		健康评估	5	96	56	40	4
		护理管理学	2	32	20	12	5
		内科护理学 1	7	134	82	52	5
		内科护理学 2	2.5	54	34	20	6
		外科护理学	6.5	136	84	72	5
		中医学	2	40	24	16	5
		妇产科护理学	4	80	48	32	6
		儿科护理学	3.5	72	40	32	
		精神科护理学	2	32	16	16	6
		急危重症护理学	1.5	24	16	8	6
		老年护理学	2	32	24	8	6
		卫生学	2	32	32		6
	选修	社区护理学	2	40	24	16	6
		护理学导论	1.5	24	24		1
		医学伦理学	2	32	32		3
		护理人文修养	1.5	24	24		3
		营养临床学	1	16	16		5
		护理研究	1.5	24	24		5
		护理教育学	1.5	24	24		5
		康复护理学	2	32	18	14	5
北京大学	必修	人际沟通与护理礼仪	2	34	18	16	1
		护理学基础 1	2.5	54	26	28	2
		护理学基础 2	4	72	64	8	3-4
		护理技能训练	2	72		72	3-4
		护理学基础阶段实习	1.5	70		70	4
		健康评估	4	90	48	42	4
		中医学概论	2	45	39	6	4

续表

单位	类别	课程名称	总学分	学时数			修读学期
				总学时	讲课	实践/其他	
北京大学	必修	健康教育与健康促进	1	27	9	18	4
		护理伦理与法律	2	36	32	4	4
		精神科护理学	2. 5	48	42	6	4
		护理心理学	1	18	12	6	4
		护理教育学	i	18	12	6	5
		康复医学	2	38	30	8	5
		外科护理学	5. 5	129	71	58	5
		内科护理学 1	6	135	87	48	
		内科护理学 2	3. 5	69	43	26	6
		妇产科护理学	4	81	54	27	6
		儿科护理学	4	81	54	27	6
		护理研究	2	36	28	8	6
		护理管理学	2	36	26	10	6
		老年护理学	1. 5	28	20	8	6
		社区护理学	2. 5	48	12	36	6
	选修	限选课	2	36	36		3、5
		护理学相关跨学科研究进展	2	36	36		
		口腔护理学	1	18	18		
		急救护理学	2	36	36		
		助产护理学	2	36	36		
		护理美学	1	18	18		
		社区养老政策与管理	1	18	18		
		健康经济学	1	18	18		
		老年健康管理相关理论与实践	1. 5	27	27		
		文献阅读与评论	1	18	18		
		健康管理服务实践与职业拓展	1. 5	27	27		
		就业指导	2	36	36		

续表

单位	类别	课程名称	总学分	学时数			修读学期
				总学时	讲课	实践/其他	
华中科技大学	必修	医学伦理学	2	32	28	4	6
		医学英语基础	2	32	32		3
		医学心理学	1.5	24	24		4
		健康评估	5	104	70	34	4
		护理学基础 1	5	104	52	52	3
		护理学基础 2	3.5	72	36	36	4
		护理学导论	1.5	24	24		2
		临床营养学	1.5	24	24		4
		护理管理	1.5	24	24		5
		护理科研	1.5	24	24		5
		护理教育	1.5	24	24		6
		外科护理学	7.5	144	104	40	6
		妇产科护理学	4	72	54	18	6
		内科护理学	8	144	114	30	5
		儿科护理学	4	72	54	18	5
		社区护理学	1.5	24	16	8	6
		急救护理学	1.5	32	22	10	5
		老年护理学	1.5	24	21	3	6
		精神科护理学	1.5	24	20	4	5
	选修	专业选修课程	1.5	24			
		专业基础选修课程	1.5	24			
山东大学	必修	新生研讨课	2	32	32		1
		人际关系与沟通	1	20	12	8	1
		护理学导论	1.5	24	24		2
		护理礼仪	1	20	12	8	3
		护理教育学	1.5	24	24		3
		护理伦理学	1.5	24	24		4
		健康评估	4	84	44	40	4
		护理心理学	2.5	48	32	16	4
		护理研究	2	32	32		4

续表

单位	类别	课程名称	总学分	学时数			修读学期
				总学时	讲课	实践/其他	
山东大学	必修	护理学基础	6	128	64	64	5
		精神科护理学	1.5	28	20	8	5
		护理管理学	1.5	28	20	8	5
		内外科护理学 1	8	152	104	48	5
		内外科护理学 2	8	152	104	48	6
		社区护理学	2.5	48	32	16	6
		妇产科护理学	4	80	48	32	6
		儿科护理学	4	80	48	32	6
		急危重症护理学	2	44	20	24	6
		毕业论文	2	2			
	选修	中医护理学	1.5	28	20	8	4
		健康教育学	1.5	24	24		4
		临床营养学	1.5	24	24		4
		康复护理学	1.5	24	24		4
		眼科护理学	1	40	12	8	6
		耳鼻喉科护理学	1	40	12	8	6
		口腔科护理学	1	40	12	8	6
		老年护理学	1.5	28	20	8	6
		综合护理技能	1.5	48		48	6
		护理专才发展	1	16	16		1
		医学文献检索	1	16	16		3
		社会医学	1.5	24	24		3
		流行病学	1.5	24	24		4
		护理英语阅读	1	16	16		5
		医学英语写作	1.5	24	24		6
		循证护理概论	1.5	24	24		6

③实践课程(见表7)。

表7 实践课程比较

单位	类别	课程名称	总学分	学时数			修读学期
				总学时	讲课	实践/其他	
武汉大学	必修	护理学基础实习	1	1.5w		1.5w	
	必修	健康评估实习	1	1.5w		1.5w	3
	必修	社区护理实习	2	3w		3w	6
	必修	选科实习	14.5	37w		37w	7-8
中南大学	必修	早期接触临床	1	1w		1w	4
	必修	综合护理实习	42	42w		42w	7-8
	必修	社区护理实习	1	1w			7-8
	必修	护理技能强化训练	1.5	2w		2w	7-8
	必修	内科	5.5	8w		8w	7-8
	必修	外科	5.5	8w		8w	7-8
	必修	妇产科	3	4w		4w	7-8
	必修	儿科	3	4w		4w	7-8
	必修	急诊科	1.5	2w		2w	7-8
	必修	精神科	3	4w		4w	7-8
	必修	社区	1.5	2w		2w	7-8
北京大学	必修	护理技能强化训练	1.5	2w		2w	7-8
	必修	内科	5.5	8w		8w	7-8
	必修	外科	5.5	8w		8w	7-8
	必修	妇产科	3	4w		4w	7-8
	必修	儿科	3	4w		4w	7-8
	必修	急诊科	1.5	2w		2w	7-8
	必修	精神科	3	4w		4w	7-8
	必修	社区	1.5	2w		2w	7-8
	必修	专业护理实践	5.5	8w		8w	7-8
华中科技大学	必修	护理学基础见习	1	2w		2w	4
	必修	护理操作技能集训	0.5	1w		1w	6
	必修	精神科护理实习	1	2w		2w	5
	必修	内科护理实习	6	12w		12w	7-8
	必修	外科护理实习	6	12w		12w	7-8
	必修	妇产科护理实习	3.5	7w		7w	7-8
	必修	儿科护理实习	3.5	7w		7w	7-8
	必修	社区护理实习	1	2w		2w	8
山东大学	必修	实习	20	38w			

2. 国内外高校相比，武汉大学护理学培养方案的优势与不足

（1）培养目标及理念的比较。国内外高校的培养目标强调护理服务于“健康”，重点培养学生的临床思维能力以及在护理科研和创新中的发展能力[11-12]，尤其是宾夕法尼亚大学在培养目标中直接凸显了本科生培养中跨学科学习和研究生课程学习的机会。新墨西哥州立大学更加强调通过概念式的教学促进学生在不同卫生服务机构中的实践能力和思维能力。我国香港的两所高校强调文化背景下的护理人才培养，尤其是香港中文大学在培养理念中强调了老年护理的培养特色。而国内其他院校的培养方案中侧重于强调以社会需求为导向，培养护理专业人才，强调临床实践能力与终身学习能力。

与国内外大学的护理人才培养目标相比，武汉大学的护理本科培养目标更强调人文关怀能力和专业价值观的培养，旨在培养有国际视野的护理领军人才。该培养目标的设定从一定程度上彰显了武汉大学深厚人文底蕴给护理专业培养带来的益处，同时也体现了护理学院专业国际化的特色。但是培养目标没有体现出扎根社会需求，满足临床实践需要，是下一步培养方案修订的改革方向。

（2）课程设置的比较。整体而言，国内护理专业四年制培养方案的总学分以 160 分左右居多，中南大学的 215 分是目前为数不多的总学分较高的高校，而武汉大学的总学分为 150 分。从学分分布来看，国内高校大致相同，专业课程的学分占比均在 50%左右，通识课程占比 25%左右。从专业核心课程内容来看虽然核心课程门数略有不同，但是均涵盖了医学基础课程和护理专业课程，且包含的内容大致相同。其中香港中文大学的核心课程从课程名称上推测，其课程融合度较高，课程内容的组织框架也较为宏观。

从培养方案的灵活性上看，北京大学护理学本科培养方案的灵活性较高。学分的要求在一定程度上可以给予学生选择的空间。而香港大学的课程设置体现了较多的人才培养特色，给予了学生多元的教育机会。同时，其他高校培养方案中的专业选修课程较为丰富，给学生的选择空间较多。以上这些优点均值得我们在 2023 版培养方案修订中参考借鉴。

（3）实践课程的比较。护理学专业与临床实践密不可分，这一点从各高校的培养方案中对于实践课程的安排上充分得到了体现[13-14]。除专业规范要求的集中实习之外，各高校均有临床见习与早期接触临床的实践安排。尤其是部分高校还有专门的技能集训的学分安排。在 2023 版培养方案的修订中，我们应充分考虑平衡专业规范要求、临床实习资源和学生总学分的合理分布等因素，安排学生的实习实践。

3. 对校内教学机构及师生的调研

（1）与基础医学院和临床学院的研讨。本次研究的调研通过走访座谈和会议研讨的形式与基础医学院（负责医学基础课程）和两家临床教学医院（负责临床实习实训）相关的教学负责人进行了讨论。调研前，收集整理学生们对于基础医学课程和临床实习实训的反馈。随后分别与基础医学院和临床教学医院的与会人员，针对学生反馈意见进行研讨。

通过充分研讨与沟通，就基础医学课程在各学期安排的调整达成共识。基础课程前移到第一学期；三个学期较为均匀地分布；针对文科生增加一门先导课程，暂定为细胞生物

学，以弥补文科背景与后续基础医学课程之间的背景鸿沟。人体结构学可以改为一次解剖学一次组胚，促进两者的内容均衡安排。药理学由于各类机制非常重要，双一流高校的护理学生必须知其然、知其所以然，因此不能降低课程要求。可以适当召集护理学教师、临床医生和护士以及基础医学课程教师，依据护理学科的特点，确定基础-临床课程-临床实习的融通式重点内容，对目前的课程大纲内容重点进行调整，增加线上 MOOC 课程。也有专家建议增加法医学的选修课，为学生多提供一条出路。

(2)对院内教师的调研。本次研究的调研采取了问卷调查和座谈相结合的方式。与 9 名学院教师，包括 5 名教学指导委员会委员和 4 名主干课程负责人进行了座谈。问卷调查共收集 19 份教师问卷，教师对于培养方案的平均了解程度及满意程度评分分别为 7.58 分、7.26 分(满分为 10 分)；大部分教师对培养方案较为了解和满意。

①教师认为当前培养方案中的优势。根据调研数据，教师们认为当前培养方案中的优势为教学过程中以学生为中心，注重培养创新性思维、评判性思维，与学生保持了积极沟通。

教师授课内容会包括相关领域学术及实践上的最新发展，多领域、跨学科的前沿知识对于新医科背景下的本科人才培养至关重要，这可以使学生了解学科的前沿知识、激发学生好奇心、拓宽视野、碰撞“智慧火花”。

通过个体化教学与小组讨论相结合，社会实践与理论知识结合体现了以学生为中心，充分体现了教师的“引导者”以及学生的主体地位，这有利于引导每一个学生积极参与学习活动，提高了教学活动的针对性和有效性。

教师在进行授课时也通过多视角分析和课堂发言培养学生的创新性和评判性思维，这有助于鼓励学生好奇心、增强创造力和解决问题的能力。

此外，学院教师采用了多种方式丰富与学生的沟通，这有利于提高学生对课堂的关注度与参与度以及课堂的教学效率。

②教师认为当前培养方案的不合理之处。根据调研数据，培养方案的不合理方面如下：首先，部分课程设置不合理，具体表现为学分占比、上课顺序和指定选修课的安排不适应当前新医科背景下护理人才培养的需求。其次，理论与实践联系不够紧密，培养方案与临床实践和未来发展契合度不够，出现这种情况的原因是培养方案未及时反映出学科、行业动态。再次，毕业论文环节需改善，例如，毕业论文安排的时间节点欠合理，毕业论文与实践联系不紧密等。最后，培养方案个性化空间不足，课程考核方式有待进一步改进。

(3)对学生的调研。本次调研共收到 135 份学生问卷，学生对于培养方案的平均了解程度及满意程度评分分别为 6.44 分、6.11 分(满分 10 分)，均属于中等水平。

①学生认为当前培养方案中的优势。学生选择的学院本科教学中存在的优点有：培养方案设计的课程全面、系统；培养方案设计的专业选修课程丰富；教师授课注重培养创新性思维、批判性思维；教师授课内容包括相关领域学术及实践上的最新发展；培养方案对于临床实习的安排循序渐进。

教师在授课时鼓励课堂讨论和不同意见；在安排课程内容时，通常会安排学生进行汇报，汇报需要学生自己收集资料、分析并进行讲解，以此培养学生的创新性思维和批判性思维。

在授课形式等方面，学生认为，使用多种形式授课，如视频教学、案例讨论、学生汇报等，能够体现课程以学生为主体的思想。护理学基础、护理计划与实施等护理专业课程将理论讲解与实践操作相结合，也是学生较为认可的方式。

②学生认为当前培养方案的不合理之处。学生选择的培养方案不合理之处主要有：各学期间学分比例分配不协调、课程设置不合理、培养方案灵活性不足、学分过多，课程学业过于繁重、培养方案个性化空间不足。

课程设置不合理主要集中于基础医学课程(如人体结构学等)和护理专业课程(如护理学基础)。学生提到部分护理专业课程内容较浅显或是不实用。学生认为高数等重要课程应该纳入专业培养方案，并且应该扩充专业选修课。

在各学期学分安排及课程顺序方面，目前学生普遍反映大一上学期课程很少，大一下学期及大二上学期专业课太满。学生认为人体结构学、生理学、生物化学、药理学等课程较难，如果同一学期同时安排多门基础医学课程，将会对他们的学习和考试造成较大压力。护理专业课程，如健康评估、护理学基础等课程需要基础医学课程作为前驱课程，因此基础医学课程应在护理专业课程开课前学习。因学生目前普遍参与大创项目，护理研究和生物统计学两门课程应提前开课。

在培养方案的个性化培养方面，学生认为，虽然培养方案中有许多专业选修课，但实际上许多课没有开，没有给学生提供足够的个性选择空间。

学院当前其他不足有，学生认为教师讲课质量参差不齐；部分课程授课、材料和考核方式欠合理；理论课程与实践衔接待加强，学习到的知识用不上；毕业论文安排的时间节点欠合理。

在教师授课方面，学生认为有些老师在讲课时缺少深入浅出的讲解，不容易理解；有些课程内容过多，讲课节奏太快。学生建议部分老师提前发 PPT 以利于他们预习。

在课程授课、材料和考核方式方面，学生认为部分课程汇报过多，课件内容较繁杂，难以理解。课程应该更加考虑学生的接受能力，不将过多的内容放在有限的学时中。专业英语和护理职业生涯规划等护理专业课程应考虑学生需求，如护理职业生涯规划应该多介绍护理学的就业方向和发展方向。学生建议课程多开展案例讨论，如病理学、生理学、病理生理学、护理学导论。护理研究可以与毕业论文的设计相关联。医学基础课程可以多增加实验课。学生建议课程设置可以灵活多样，例如，有效沟通，可以深入社会活动当中，而不是仅仅局限于教室。

学生认为理论课程与实践衔接不足。部分课程学习的操作落后于临床，部分基础操作与器械已经过时，护理学基础的实习应该跟实习前的培训融合。临床课程学习内容和临床存在差距。教育原理与方法只有理论讲解，缺少实践。

关于毕业论文开题时间，学生认为可以在大三下学期进行。

(4)师生会议研讨访谈结果。基于部分教师和学生的问卷调查和座谈结果，召集部分师生、本科教学指导委员会委员、临床教师进行深入座谈。商讨 2023 版培养方案的修订建议，总结如下：

①开课时间调整：基础护理学课程希望将授课时间从第 2 学期挪到第 3 学期，这样学生完成了先导课程生理学的学习，更有利于理解：基础护理学调整到第 3 学期；健康评估调整到第 2 学期。

②同步式教学模式：坚持早期接触临床，促进理论与实践的融合。目前护理学基础、健康评估、社区护理保留了同步式实习。护理计划与实施课程开发了综合实训课程。增加护理计划与实施的同步式见习，增加护理学基础、健康评估和社区护理的综合实训课程。选科实习依然为 37 周。

③概念式教学：保留概念式教学的整体框架，加快教材编写进度，增加临床师资在课堂、综合实训和临床实习过程中的融入。

④第二课堂：把大创、各类竞赛系统正规化融入进去，实质性地融入实习基地，拓展实习实践基地，将第二课堂的活动高频率、高质量地开展，融入阶梯性课程思政，增强学生专业认同感、价值感和自豪感。

⑤护理研究：保留目前的学分设置，但是开课时间提前，至少提前到第 4 学期，把统计学调整到第 3 学期，增加科研训练拓展课程。

⑥毕业论文：应及早安排指导教师，早准备，早融入；开题报告时间应提前至第 3 学期，与护理研究课程结合；学生在临床实习过程中，可跟临床教师合作选题。建议允许学生将个案护理、临床综述等作为毕业论文。

⑦指定选修：增加康复、营养等指定选修课；将有效沟通、教学原理与方法变为普通选修课。再依据新医科理念，增加护理经济学、护理信息学、遗传学、法医学等选修课。

四、讨论

1. 建设卓越护理人才培养计划，开拓优势特色

在新医科背景下，特色的护理学拔尖创新人才培养方案顺应而生。首先，我们不仅修改了护理学类培养方案而且制定了特色护理学专业(四年制卓越班)培养方案。

依托卓越护理人才培养方案，持续优化全英文课程和交叉融通课程、探索本硕融通，在本硕高年级课程衔接方面，推动学生往临床护理专家、临床护理管理者、临床护理教学和科研专家多个方向发展。探索开设麻醉护理、移植护理等专业人才紧缺方向的课程；与国外高校开设本科学分互认项目，建设中外合作办学项目；与国内高校联合建设一流本科课程。

卓越班的特色培养目标如下：培养具备人文关怀、良好专业价值观，能紧跟人类健康发展步伐、满足社会和护理学科建设需要，拥有宽厚的人文知识、扎实的专业基础和岗位胜任力，具有强烈社会责任感和使命感、开阔国际视野、富有创新精神和思辨能力、多学科知识融合的，能在护理领域内从事临床护理、预防保健、护理管理、护理教育和护理科

研活动的国际化复合型创新型高水平护理拔尖人才。卓越护理人才教学计划在四年制护理学培养方案的基础上，通过全英文课程体系的设置，增强学生国际竞争力；在先导课程的基础上，探索本硕融通培养；通过大学生创新创业活动以及第三学期课程实习，提前对标出口，依据职业兴趣方向分类培养。

2. 人才培养定位和培养方案改革的思路

(1)结合学生实际情况查漏补缺。针对生源文理科背景不同的特点，增设1~2门专业先导课程，如细胞生物学等生物基础课程，弥合文科生生物学背景及理科背景短板，帮助其确立正确完善的医学思维方式，从而增强其对医学基础课程的理解程度及提高后续专业课程的学习能力和信心。

(2)将第二课堂同课程体系紧密结合，增强专业认同感。在培养方案中适当增加人文课程设置，设计阶梯式课程思政内容，从入校开始加重培育学生正确的世界观、人生观、价值观、理想及信念，提升人文素养。创新护理人才培养的教学模式，推进护理学与社会学，护理学与人文科学的深度融合，通过人文知识的情感渗透，激发学生对所学专业的使命感、认同感和职业自豪感。同时，将第二课堂同临床实践基地紧密结合，每位同学配备来自学院和临床的学业导师，将三创活动、互联网+等学科竞赛与临床紧密结合，充分展现护理学科的专业价值。

(3)明确定位，更新理念，加强与行业、区域发展的联动。确定"回归护理教育本源、服务人民健康需求、立足学科前沿发展"的本科人才培养新目标，转变传统护理学科教育理念，设计新的护理人才培养模式。对准出口，加强培养方案与行业产业、区域发展的对接联动，更新学科知识，丰富学科内涵。

(4)立足新医科，建立特色鲜明的人才培养模式。为适应新医科建设，促进学科间和学科内的交叉融合，拟聚焦在：促进护理-工科、护理-理科、护理-文科的交叉融通；推动基础医学课程-专业课程-临床实习的纵向贯通；驱动学科建设和专业建设双向反哺的有机融合课程。

①推进护理学科与其他学科的交叉融合力度。紧抓综合性大学多学科优势：在新医科建设背景下，在符合健康中国战略建设需求的前提下，发挥综合型大学的多学科优势，打造具有武汉大学护理学科自身特色的课程新体系，创新护理人才培养的教学模式，探索护理学与工科、理科的融合，加强对大学生科研水平、发明专利的指导和引导，培养具有创新创造能力，能够运用交叉学科知识解决未来护理领域前沿问题的高层次护理领域的创新型领军人才。

合理导入跨学科、跨学院的基础课程：学科专业是人才培养和科技发展的主要载体，为满足社会对人才的需求，学院将进一步开展和导入跨学科、跨学院的基础课程，着重探索本学科与互联网、智能化、大数据、精准护理、护理经济学等新概念融合的课程，培养出适应和服务于信息时代的护理学研究和医疗实践的复合型人才。

建设符合时代发展需求的选修课：针对新医科的发展趋势，迎合社会护理需求，结合生命健康全周期医学的新理念，学院将增设康复护理、营养学和护理经济学等相关专业指定选修课程；鼓励学生选修生物信息学、人工智能等跨学院公共基础课程，为在新医科背景下培养出更多符合时代需要的高层次、高素质的护理人才打好基石。

推动专业必修课程的交叉化：结合专业自身特色，对护理学课程进行学科融合，在开设的护理计划与实施等相关护理专业核心课程中增加医工、医理、医文的融合内容，培养出既精通护理学知识内涵又懂得最新科技，既能够引领学科前沿又能够紧跟时代步伐的卓越护理人才。

②推动基础医学课程-专业课程-临床实习的纵向贯通。推动课程纵向融通：组建包含基础医学课程教师、临床课程教师和临床实训教师的多学科合作队伍，共同研讨，建设纵向贯通式课程。推动概念从基础课程到临床实习的有效迁移。

整合资源，引育优秀师资：整合临床附属医院优质资源，增强育人力度。通过"双师型"教师的遴选聘用，弥补年轻师资、优质师资缺乏的短板，同时，鼓励学院教师和双师型师资建立课程组，加快概念式教学课程的教材研发力度；加大临床课程-临床实训-临床实习的融合力度；编写高质量案例集、视频集，提升课堂案例讨论质量。

③凝练学科和专业发展优势，设立卓越护理人才培养计划。针对专业认同感、价值感不足的问题。基于学校开展卓越人才培养的导向，设立卓越护理人才培养计划。从教师队伍、课程体系建设、课堂质量各个方面入手，借鉴复旦大学的经验，凝练学科发展优势，反哺专业建设；对标出口，以建设富有挑战性的荣誉课程和进行高标准的科研实践为核心，培养既具备深厚专业基础，又具有前沿学术视野和持久竞争力的拔尖创新人才。

(5)理顺课程安排，加强课堂主阵地建设，切实提升课程质量。针对调研结果中反馈的课程安排不合理，课程形式单一，课程质量有待提升的问题，基于研讨中的意见反馈，理顺课程安排。按照专业特性设置需求，合理调整各门课程的开课学期数。深入研讨基础课程、临床课程中制约课程质量的关键问题，以金课标准建设线下、线上线下相结合、虚拟仿真、社会实践课程。优化当前的课程质量管理体系，设立可视化的课程建设和课堂质量管理系统。加强课堂主阵地建设，进一步规范课程考核，把好每一堂课的质量关。

(6)进一步巩固优势，大胆创新。巩固同步式教学模式的优势：结合专业特点回归护理本源，充分利用学院的国家虚拟仿真实验教学中心，依托两家附属医院平台及教师资源与"床边教学"紧密结合，开展"理论教学-模拟实训-临床实习"三位一体的同步式教学，提高临床实践教学效果。

进一步加强"模拟教学"特色：设计高水平的虚拟-实景相结合的模拟实训项目，强化学生临床实践能力和创新创业能力培养，进一步规范实践教学流程和过程，在原有教学模式中增加运用启发式、讨论式等教学方法，加强学生实际动手能力的训练。

大胆创新：依托卓越护理人才培养计划，在本硕高年级课程衔接方面，推动学生往临床护理专家、临床护理管理者、临床护理教学和科研专家多个方向发展。探索开设麻醉护理、移植护理等专业人才紧缺方向的课程；与国外高校开设本科学分互认项目；与国内高校联合建设一流本科课程。

◎ 参考文献

[1]顾丹丹，钮晓音，郭晓奎，等.“新医科”内涵建设及实施路径的思考[J]. 中国高等医学教育，2018(8)：17-18.

[2]郭晓奎. 对新医科的理解与认识[J]. 中国大学教学，2023(7)：4-10，51.

[3]国务院办公厅印发《关于加快医学教育创新发展的指导意见》[J]. 中华医学信息导报，2020，35(18)：2.

[4]坚持以本为本 推进四个回归 建设中国特色、世界水平的一流本科教育[J]. 中国大学教学，2018(6)：5-6.

[5]吴岩. 建设中国“金课”[J]. 中国大学教学，2018(12)：4-9.

[6]钮晓音，郭晓奎.“新医科”背景下的医学教育改革与人才培养[J]. 中国高等医学教育，2021(5)：1-2.

[7]吴岩. 中国式现代化与高等教育改革创新发展[J]. 中国高教研究，2022(11)：21-29.

[8]谢小凤，李卡，孙克金，等. 卓越护理人才培养模式的构建与探索[J]. 四川大学学报(医学版)，2023，54(4)：848-854.

[9]陈雪蕾，高燕，陈运香，等. 护理本科“卓越护理”人才培养模式的实践与效果分析[J]. 护士进修杂志，2019，34(11)：1026-1028.

[10]鄢鸿雁. 基于健康中国的新医科背景下本科护理专业人才核心能力的探索研究[D]. 南昌大学硕士学位论文，2023.

[11]白洁，徐淑秀，谢虹. 国内外护理本科教育培养目标现状[J]. 蚌埠医学院学报，2012，37(10)：1265-1267.

[12]白洁，徐淑秀，谢虹. 国内外护理本科教育课程设置研究现状[J]. 护理研究，2012，26(2)：97-99.

[13]王惠珍，魏小雪，史蕾. 国内外8所院校护理本科课程设置现状研究[J]. 护理管理杂志，2014，14(11)：796-797，806.

[14]高丽，崔艳，郭明贤，等. 国内外护理本科课程考核评价方式的研究现状[J]. 护理实践与研究，2013，10(8)：121-122.

深化跨学科交叉融合促进放射性药物创新复合型人才培养

洪正源

（武汉大学 第一临床学院，湖北 武汉 430072）

【摘 要】放射性药物是核医学的基石，是典型的多学科交叉融合领域。放射性药物创新复合型人才的缺乏是制约我国放射性药物发展的主要瓶颈之一，此类人才的培养是我国核医学领域乃至精准医学和个性化医疗未来发展的迫切需求。但现有人才培养体系面临学科间缺乏深入衔接、师资力量不足、课程和教学平台建设落后、生源少等挑战。本文从以上问题出发，探讨形成跨学科人才培养共识、建立跨学科教师团队、加强“产学研用”课程建设、完善跨学科教学平台构建、提升学科地位和社会认知度等举措对放射性药物创新复合型人才培养的促进作用。

【关键词】跨学科；交叉融合；核医学；放射性药物；创新复合型人才

【作者简介】洪正源（1985— ），男，湖北武汉，理学博士，武汉大学人民医院，核医学化学师，助理研究员，负责放射性药物临床与科研工作。E-mail：hongzhengyuan@whu.edu.cn。

一、前言

核医学具有无创或微创、超高灵敏度、深层组织成像和诊疗一体等独特优势，其将在未来精准医学（precision medicine）及个性化医疗（personalized medicine）中扮演极为重要的角色。放射性药物（radiopharmaceuticals）是推动核医学发展的关键要素，狭义上是指含有放射性核素、用于医学诊断和治疗的一类特殊药物，亦可称为放射性示踪剂（radiotracers）；广义上，用于研究人体生理、病理和药物在体内过程的放射性核素及其标记化合物，均属于放射性药物[1]。其可以是放射性核素标记的某种对疾病标志物具有高特异性和高亲和力的生物分子（如抗体、多肽、适配体、抑制剂等）[2-4]，抑或是某种生命体组织代谢所必需物质或类似物（如^{18}F-脱氧葡萄糖、^{11}C-胆碱、^{11}C-蛋氨酸等）[5]。这些放射性药物经注射后可通过靶向结合或代谢显像，在分子水平上反映出生物体组织标志物的分布或功能性变化，从而为癌症、心血管疾病、神经系统疾病诊断提供分子水平生物学信息，再利用合适的诊疗核素（如^{177}Lu 等）[6]或诊断治疗核素对（如^{86}Y/^{90}Y 等）[7]可进一步实现疾病诊疗一体化。此外，由于放射性药物只需极小化学量即可实现生物体内病灶部位的高灵敏度及高对比度成像，因此毒理效应一般很小，非常易于新型放射性药物推广临床转化应用，从而拓宽核医学的疾病诊疗范围，促进疾病早期诊断治疗。基于以上原因，放射性药物是核医学的基石，而从事放射性药物创新研发的从业者(特别是化学师)则是放射性药物的灵魂，放射性药物创新人才的培养对核医学乃至精准医学和个性化医疗的未来发展极为重要。

然而，放射性药物的研发具有跨学科性，需要多个学科领域知识的有机结合。解决临床问题是放射性药物研发的根本动机；分子生物学研究成果为放射性药物的设计开发提供重要的理论指导与依据；化学科学的发展为实现放射性药物快速、高效、稳定的合成提供思路与解决方案；物理科学是放射性诊疗核素开发的关键支撑，不断丰富放射性药物的“核武库”。此外，还有其他一些学科在放射性药物研发中亦有着极为重要的作用。因此，放射性药物是跨学科先进知识的交叉融合领域，其研发必然需要跨学科背景的放射性药物专业人才领军，这样有利于在研发新型放射性药物时做到有的放矢。但是由于放射性药物的特殊性，国内医疗机构、学术界以及监管机构对其认知一直处在逐步完善的进程中[8]，一定程度上制约了我国核医学的发展，更遑论放射性药物专业人才的培养。近年来，经过多方专家的共同努力，国家八部门联合发布《医用同位素中长期发展规划(2021—2035年)》[9]，旨在助力放射性药物快速发展，跟上全球核医学发展的步伐。即便如此，放射性药物专业人才的缺乏仍是制约核医学发展的主要瓶颈之一。以医疗机构为例，中华医学会核医学分会2020年全国普查结果显示国内从事放射性药物工作的核医学化学师仅210人[10]，而具备放射性药物制备资格的医院有398家[11]，人才缺口很大。化学师人才缺口问题也存在于我国经济发达地区[12-13]。此外，在这一部分人员中存在着专业背景复杂和角色定位不清的问题。随着核医学发展步上快车道，专业人才需求的迫切性将会进一步增强；同时，如上所述，放射性药物研发到临床转化应用需涉及多个学科协同合作，且国内放射性药物多为“跟随”国外成果的仿制药，原创药较少，因而放射性药物创新复合型人才培养迫在眉睫[14]。

二、国内放射性药物创新复合型人才培养所面临的挑战

1. 学科交叉融合有待加强

如前文所述，放射性药物的创新研发涉及多个学科领域知识的有机结合，包括临床医学、分子生物学、化学、药学、物理学、计算机技术等学科，是学科综合性极强、技术门槛很高的领域。这也意味着多学科交叉融合的深入程度对放射性药物创新复合型人才培养有着直接且显著的影响。然而，就目前而言，实际教育体系中各学科领域间协调整合不足，缺乏深入衔接，直接影响到人才培养过程中学生对放射性药物相关知识全面深入的了解。

2. 师资力量不足制约人才培养

由于放射性药物的特殊性和复杂性，负责人才培养的教师除了具备扎实的综合性专业理论知识外，还必须有丰富的实践经验。然而，如前文所述，国内从事放射性药物工作的人才数量不足且专业背景复杂，实际教学中涉及放射性药物的课程有些是由临床医师代授，学生对放射性药物知识理解程度有待商榷，人才培养效果难以保证。

3. 专业建设落后，缺乏实践课程，教学平台有待完善

如上所述，放射性药物专业知识综合性与实践性都很强。近年来，国内紧随全球放射性药物发展的步伐，将新型放射性药物应用于临床诊疗或研究工作，学科发展迅速。然而，在实际人才培养中，除少数高校和研究机构外，课程设计、教材建设、实践学习、教学平台等学科要素建设均落后于学科发展步伐。课程设置极少且单一，未能体现出多学科交叉融合的趋势；教材知识更新较慢；课堂教学以书本知识灌输为主，实践课程极少，教学与实践脱节，面对放射性药物所需知识的综合性与复杂性，缺乏实践的书本教学很难让学生打破学科间的壁垒并对所学知识有清晰明确的整体理解，创新复合型人才培养更是无从谈起。

4. 专业地位不高，社会认知度不高，优秀生源难保证

核医学本身是一个边缘医学学科，专业地位得不到重视。而医疗机构中从事放射性药物工作的核医学化学师更是近年来的新兴职业，虽是核医学团队的核心成员[15]，但却没有成文法确定其法律地位，且在卫生职称体系中并无对应门类，从事该工作的人员职称认定和晋升存在额外的困难[8]。笔者是武汉大学第一个核医学化学师，对此深有体会。以上种种原因影响到专业建设的投入，也导致放射性药物从业人员缺乏合理的评价制度和社会认知度，难以吸引优质生源。

三、深化多学科交叉融合是促进放射性药物创新复合型人才培养的关键

推进学科交叉融合已是我国高等教育政策实施与人才培养模式改革的重要关切[16]。该项举措既利于科研方面的重大突破与创新，也利于提升人才培养的整体质量[17]。放射性药物涉及多门学科，而武汉大学又是一所涵盖诸多相关优势学科的综合性大学，可以放射性药物作为衔接点，深化多学科交叉融合，培养创新复合型人才。

1. 放射性药物是多学科先进知识成果的交叉融合领域，培养跨学科创新复合型人才是推动放射性药物发展的关键前提

临床需求是放射性药物发展的方向，“治病救人”是放射性药物发展的终极目标。核医学现在已步入发展快车道，全球新型放射性药物层出不穷，相较而言，经多期临床试验

后被 FDA 批准应用于临床的放射性药物数量要少得多。除去一些新型放射性药物因出现时间短尚未通过临床试验外，只有被证实对疾病有确实诊疗效果、满足临床诊疗需求、解决临床问题的放射性药物才能获得认可。恶性肿瘤、帕金森、阿尔茨海默病、心血管等疾病诊疗或医学研究均是放射性药物的用武之地。

分子生物学为放射性药物创新提供理论基础。生命过程的分子机制是放射性药物设计的重要理论依据，可利用病灶组织与正常组织在分子水平上的功能性差异，有针对性地设计代谢型或靶向型放射性药物用于病灶鉴别或治疗。例如，癌细胞与正常组织细胞糖代谢水平差异很大，是癌细胞的普遍特性，故而^{18}F-脱氧葡萄糖可作为一种广谱型放射性药物对恶性肿瘤组织成像，被用于90%以上 PET 成像中，因此^{18}F-脱氧葡萄糖被称为“世纪分子”。另外，利用疾病的标志物为靶标实现靶向放射性药物在病灶部位浓聚，进而鉴别病灶与正常组织甚至分子分型，如成纤维细胞活化蛋白靶向的^{68}Ga-FAPI-04 用于肿瘤诊断[4]、α-Syn 靶向的^{18}F-0502B 用于帕金森疾病诊断[18]等。采用合适的诊疗放射性核素亦可实现疾病诊疗一体化，比如获得 2017 年 Society of Nuclear Medicine and Molecular Imaging 年度影像的前列腺癌靶向的^{177}Lu-PSMA11 等。随着分子生物学不断发展，生命过程中的分子机制不断被挖掘，在一定的临床需求下可被用作新型放射性药物设计的理论依据，亦可有效指导放射性药物的结构设计，助推国内“0 到 1”原创药的开发。

化学科学是放射性药物合成的关键要素。稳定性和高效性是放射性药物合成路线设计所必须考虑的两个关键问题，也是化学科学要解决的问题，其间涉及放射化学、有机化学、无机化学、分析化学等领域知识。稳定性是保证放射性药物在生物体环境中长时间保持稳定，其上的放射性核素不会因出现脱落而导致假象出现。高效性是确保合成路径能在尽可能短时间内实现高放射产率、高放射化学纯度的放射性药物的制备合成。这是因为必须考虑到放射合成过程中主要的正电子核素（^{18}F、^{11}C 等）半衰期都很短，合成时间太长、放射产率太低均难以保证临床病人放射性药物的用量，势必影响到整体医疗效率和医疗质量。目前，根据所要标记的放射性核素，放射性药物合成方式主要分为有机合成和金属络合。有机合成一般是通过共价键实现放射性核素标记，通常具有很强的稳定性，如^{18}F-脱氧葡萄糖、^{18}F-0502B。但是其影响产率因素较多，要视放射性药物合成过程中出现的各种产物的化学特性而确定方案，因而合成过程较为复杂。在合成方案设计时则需有机化学理论的指导，同时需要放射化学合成的经验知识。有机化学理论的突破有利于助推放射性药物合成方法的进步。金属络合主要应用于放射性金属核素标记一些靶向分子，如^{68}Ga-FAPI-04、^{177}Lu-PSMA11 等。其标记主要是借助修饰于靶向分子上的金属螯合基团实现对放射性金属的快速络合，标记条件视螯合基团的特性而定。由于目前常用的放射性金属核素有限，因此常用的金属螯合基团基本确定（如 DOTA、NOTA 等），标记条件基本一致，相较有机合成而言此类放射性药物合成非常简便快速，很容易制成简便的商品化 Toolbox 用于各医疗机构。但是随着国内核医学快速发展，此类方法不会止步于此。一方面，目前常用的螯合基团需要在较为苛刻的环境下（如酸性条件）实现放射性金属螯合，可能影响到其标记对象的特性（如抗体等），而且存在一定核素脱落的问题；另一方面，未来将有更多的放射性金属核素（如^{225}Ac 等）用于临床诊疗，由于金属元素大小及性质各不相同，势必需要合适的金属螯合基团[19]。因而开发络合稳定且条件温和的金属螯合剂是一个重要课题，这需要配位化学家们的大力支持。另外，将金属螯合基团修饰到目标分子上需要条件温和的分子偶联技术，比如获得2022年诺贝尔化学奖的点击化学[20]等，这也需要有机化学家的研究成果。总之，放射性药物与化学科学密切关，国家相关规定明确要求申请放射性药品使用许可证Ⅳ类证的医疗机构必须配备具有化学博士学位的人员从事放射合成工作。也因此，放射性药物有充分理由成为化学学科科研成果转化临床应用的切入点。

物理学是放射性药物开发的重要支撑。核医学在对疾病诊疗过程中，主要是通过放射性药物上标记的放射性核素发出的射线来形成影像（γ射线）或实现治疗目的（α或β^-射线）。放射性核素的生产开发是放射性药物创新的重要支撑。正是美国工程师Lawrence利用电子在磁场中受洛伦兹力作用的物理现象，发明了回旋加速器，使电子可多次加速达到核反应要求，实现正电子放射性核素的生产制备，为“世纪分子”的出现和PET的临床应用奠定了坚实的基础，他也因此获得1939年诺贝尔物理学奖。如今，医用放射性核素主要来源于核反应堆和回旋加速器，虽然我国医用放射性核素生产在一辈辈先驱者的努力下取得了巨大进步，但一些核心、“卡脖子”的关键技术仍受限于国外相关技术先进的国家，这些国家也由此从我国攫取海量利润。因此才有国家八部门联合发布的《医用同位素中长期发展规划（2021—2035年）》，才有国家不断推进核医学诊疗设备国产化的决心。这些举措及核医学放射性药物的发展离不开物理学家们的大力支持和物理学理论的突破应用。

计算机技术是加速新型原创放射性药物研发的助推器。核医学设备方面，计算机技术与单光子发射计算机断层（single photon emission computed tomography，SPECT）及正电子发射断层（positron emission tomography，PET）设备的问世直接相关。而在放射性药物研发中，计算机强大的计算能力将极大提高新型放射性药物研发的效率。在药物设计中，计算机解构靶标生物分子结构，通过理论计算筛选高特异性高亲和力的靶向分子；在放射性药物合成路线研究中，计算机可以通过模拟合成试错，找出最优解，极大减少人力物力的消耗。随着计算机技术快速升级及人工智能的兴起，以上过程的效率将逐步提高，事实上现在已有机器人化学家出现[21]，这些技术的应用将极大加速我国原创放射性药物研发进度，抢占全球核医学领域的制高点。

另外，药学等学科在新型放射性药物开发中也扮演着非常重要的角色。因而，综观以上各学科与放射性药物研发的紧密联系，放射性药物创新人才必然是复合型的，这也是跨学科深化交叉融合培养此类人才的共识基础。

2. 建立跨学科教师团队培养放射性药物创新复合型人才

在达成以上共识基础上，跨学科教师团队建设是放射性药物创新复合型人才培养的重要举措。图1是笔者根据放射性药物研发所涉及的主要学科初步拟定的跨学科团队在放射性药物创新及人才培养中的分工。在教师团队建设中，首先，要树立大学科观[16]，打破高校里各学科及各专业间存在的不同程度的壁垒，传授专业知识，但不受限于传统知识边界，拓宽学生视野和知识面，激发学生学习的内驱力，产生学科群的整体效应。其次，加强教师团队内部跨学科成员间的沟通协调，保证跨学科课程深入衔接，课程间具有逻辑连贯性，形成独特教学体系，避免陷入“各自为战”。虚拟教研室可突破跨学科教师团队的地理时间限制，提高团队内部教师沟通交流的效率。此举有利于学生整体把握放射性药物相关跨学科知识，并培养他们跨学科知识学习能力和整合能力，这也是放射性药物创新复合型人才的必备条件。最后，如前所述，放射性药物专业知识综合性和实践性都很强，跨学科教师团队中需设立专门的实践导师，可选取放射性药物相关工作经验丰富，且具有相关学科博士学位的临床工作者担任此职，理论实践相结合更有利于学生对所学理论知识深入理解，亦可使跨学科学生更清晰地明白自己主修专业在放射性药物创新中的支点位置。笔者也总结了自己带教放射性药物合成时的教学实践经验以供参考[22]。

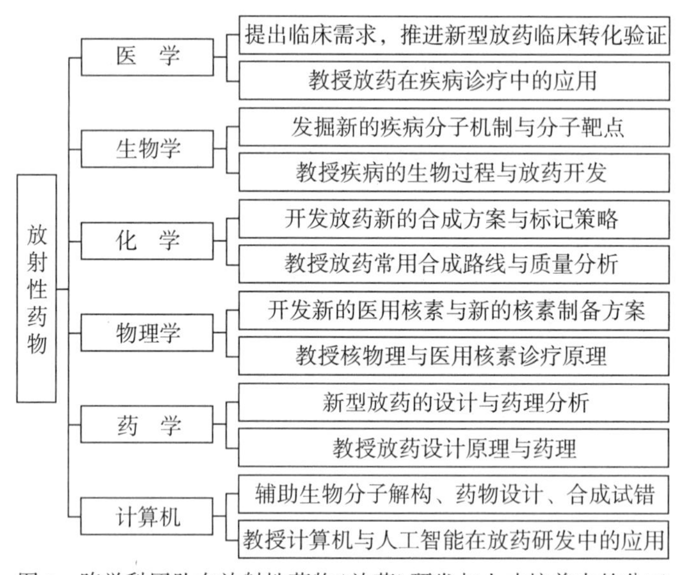

图 1　跨学科团队在放射性药物(放药)研发与人才培养中的分工

3.“产学研用”多管齐下，加强放射性药物人才培养课程建设，完善跨学科教学平台构建

近年来，全球放射性药物发展迅猛，创新复合型人才培养要跟上时代的脚步，课本知识是远远不够的。如有条件，可尝试建设高校-医院-制药工厂结合的放射性药物人才培养课程，实现“产学研用”综合教学。就武汉大学而言，该课程建设具有一定可行性。首先，武汉大学是一所“双一流”综合性大学，放射性药物相关学科具有良好成熟的教学科研平台；其次，武汉大学两所综合性三甲附属医院均有核医学科，可提供良好的实践教学平台，让跨学科教师团队和学生近距离直观感受放射性药物在临床诊疗上的重要作用；另外，两家具备放射性药物生产资质的大型企业均在本地设有放射性药物生产供应基地，可以此两厂作为实习基地，教师团队和学员可进一步了解放射性药物的市场实际需求和成熟的生产技术、生产条件。此外，可派遣教师或学生到国外高校或科研院所进修学习或进行联合培养，了解国外放射性药物方面的创新理念和知识。

4. 提升专业地位和社会认知度，加强政策支持力度，吸引优秀生源

核医学是一门边缘医学学科，但随着精准医疗和个性化医疗理念的逐渐铺开，核医学将是实现这些理念的重要手段之一，而放射性药物则是关键。因而有必要加强跨学科间的沟通宣传，提高学科的地位，并通过多途径加强学科优势的宣传力度，提升学科的社会认知度。同时，放射性药物涉及核安全和辐射防护等重要领域，开展相关人才培养，政府的政策支持是必不可少的。另外，如果生源问题一时难以解决，可尝试以跨学科教师团队为基础建设交叉学科大课堂，鼓励学生通过“主副修复合型模式”[23]参与该课堂进行学习。此举可为未来专业人才培养积累经验，亦可让跨学科领域学生共聚一堂，产生思想碰撞，进一步深化学科交叉融合，还有利于提高学科的社会认知度。

四、总结

跨学科交叉融合是放射性药物领域的重要特征之一，也是放射性药物创新复合型人才培养的重要课题。深化多学科交叉融合是此类人才培养的关键。首先，强化放射性药物是多学科先进知识成果的交叉融合领域的认识，达成跨学科人才培养共识基础。在共识基础上，建立具备大学科观、含有实践导师的跨学科教师团队，并通过“产学研用”多管齐下的课程建设和跨学科教学平台构建，为放射性药物创新复合型人才培养提供软硬件基础。另外，通过跨学科沟通和优势宣传提升放射性药物的专业地位和社会认知度，政府亦需加大政策支持力度，吸引优秀生源到放射性药物创新复合型人才培养中。“主副修复合型模式”是跨学科专业学生参与到人才培养中的一种可能模式。

◎ 参考文献

[1]王荣福，安锐．核医学[M]．北京：人民卫生出版社，2018.

[2]Yang E R，Liu Q F，Huang G，et al. Engineering nanobodies for next-generation molecular imaging[J]．Drug Discov Today，2022(27)：1622.

[3]Griffiths G L，Vasquez C，Escorcia F，et al. Translating a radiolabeled imaging agent to the clinic[J]．Adv Drug Deliver Rev，2022(181)：114086.

[4]Giesel F L，Kratochwil C，Lindner T，et al. Ga-68-FAPI PET/CT：Biodistribution and preliminary dosimetry estimate of 2 DOTA-containing FAP-targeting agents in patients with various cancers[J]．J Nucl Med，2019(60)：386.

[5]Shegani A，Kealey S，Luzi F，et al. Radiosynthesis，preclinical，and clinical positron emission tomography studies of carbon-11 labeled endogenous and natural exogenous compounds[J]．Chem Rev，2023(123)：105.

[6]Lee K H，Jung K H，Lee J H. Immuno-PET imaging and radioimmunotherapy of lymphomas[J]．Mol Pharmaceutics，2022(19)：3484.

[7]Rosch F, Herzog H, Qaim S M. The beginning and development of the theranostic approach in nuclear medicine, as exemplified by the radionuclide pair Y-86 and Y-90 [J]. Pharmaceuticals, 2017, 10(2): 1-28.

[8]张卫善，叶佳俊，李阳，等．对我国核医学化学师、核药师职业定位和培养工作的思考[J]．中华医学教育杂志，2017，37(6)：839-844.

[9]李思进．中国核医学发展现状及挑战[J]．中国核工业，2021(6)：14-15.

[10]中华医学会核医学分会．2020年全国核医学现状普查结果简报[J]．中华核医学与分子影像杂志，2020，40(12)：747-749.

[11]叶佳俊，张明如，杨卫东，等．对核医学化学师继续教育的思考[J]．标记免疫分析与临床，2021，28(4)：717-720.

[12]丁立新，王风，杨志．北京市核医学2019年基本情况调查分析[J]．国际放射医学核医学杂志，2021，45(6)：370-375.

[13]邢岩，汪太松，刘长存，等．上海市临床核医学应用现状调研及人才培养问题分析[J]．肿瘤影像学，2021，30(3)：145-148.

[14]彭述明，杨宇川，杨夏，等．我国放射性药物创新体系发展战略研究[J]．中国工程科学，2022，24(6)：116-126.

[15]Gee A D, Andersson J, Bhalla R, et al. Training the next generation of radiopharmaceutical scientists[J]. Nucl Med Biol, 2020(88-89): 10.

[16]苏君阳，杨旖萱，朴美景．学科交叉融合背景下高校人才培养模式改革[J]．北京教育(普教版)，2023(2)：44-48.

[17]范先群．学科交叉融合是培养医学创新人才的重要途径[J]．中国卫生人才，2022(6)：10-15.

[18]Xiang J, Tao Y, Xia Y, et al. Development of an α-synuclein positron emission tomography tracer for imaging synucleinopathies[J]. Cell, 2023(186): 3350.

[19]Hu A H, Wilson J J. Advancing chelation strategies for large metal ions for nuclear medicine applications[J]. Acc Chem Res, 2022(55): 904.

[20]Baskin J M, Prescher J A, Laughlin S T, et al. Copper-free click chemistry for dynamic in vivo imaging[J]. Proc Natl Acad Sci USA, 2007(104): 16793.

[21]Burger B, Maffettone, P M, Gusev V V, et al. A mobile robotic chemist[J]. Nature, 2020(583): 237.

[22]洪正源．GE氟多功能模块自动化合成^{18}F-FDG教学实践[J]．标记免疫分析与临床，2022，29(9)：1617-1620.

[23]娄延常．跨学科人才培养模式的多样性与理性选择[J]．武汉大学学报(人文科学版)，2004，57(2)：232-236.

BOPPPS 结合 SP 在线平台问诊教学的创新实践及应用探索

徐　敏[1]　雷　红[2]　杨　杪[2]*

（1　武汉大学中南医院老年医学科，湖北　武汉　430071；

2　武汉大学中南医院/第二临床学院教学办公室，湖北　武汉　430071）

【摘　要】问诊是医学生必须掌握的临床基本技能，如何通过创新的课程思政设计，在教学中既培养学生的临床思辨能力和基本技能，又兼顾倡导医学人文/职业精神，提高医学生的岗位胜任力，是当代医学教育探索的重要方向。本研究拟在问诊章节进行课程思政建设的创新实践，将思政元素与专业课程有机融合，采用线上线下相结合的混合式教学模式，结合 BOPPPS 教学模式开展教学评价；以岗位胜任力为核心，通过考查学生知识理论、实践技能、素质价值等多方面的提升情况，探索该课程的创新实践在问诊教学中的应用效果。数据显示，应用 BOPPPS 结合 SP 在线平台问诊教学模式的创新组医学生的问诊成绩和医学人文成绩均明显高于传统教学模式下对照组医学生的该项成绩。综上所述，问诊教学模式的创新不仅有助于提高医学生问诊技能，对倡导医学人文/职业精神也有重要意义。

【关键词】问诊；标准化病人；信息化教学；BOPPPS；医学人文；课程思政

【作者简介】徐敏，副主任医师，武汉大学中南医院老年医学科教学秘书，2021 年入围中美芝加哥大学国际医学教育者培训项目，对基于胜任力的医学教育与教学评价具有丰富的经验，负责学校中华医学会医学教育分会医学教学示范课程诊断学实验的实施。主持各类教改项目 4 项，多次荣获教学竞赛及优秀论文等教学奖项。* 通讯作者：杨杪，E-mail：ym0128@ qq. com。

【基金项目】湖北省高等教育学会项目（2024XC075）；武汉大学第二临床学院住培/专培教学研究项目（2024011）；武汉大学医学部教学研究项目（2021044）；武汉大学第二临床学院本科生临床实践教学资源建设项目（2022071814）。

问诊，是通过询问患者的病史、症状、疾病发展过程等信息，进行疾病诊疗的重要方法[1]。问诊既是临床诊疗中的核心环节，也是医学生必须掌握的基本技能。传统的问诊教学，是以教师为主体的讲授法为主。学生参与度较低，可能存在重理论轻实践等问题，从而导致不能更好地培养其沟通技巧、思辨能力及人文关怀精神等[2]。研究显示，问诊教学中 40% 以上的医学生存在问诊内容缺乏完整性、问诊次序混乱、重复询问等问题[3-4]。如何将医患沟通、人文关怀、职业精神等融入问诊教学，加强医学生“以患者为中心”的服务理念，构建和谐医患关系，提高医学生的岗位胜任力，是目前医学创新教育急需探索的重点方向。BOPPPS 教学模式，依据导入(bridge-in)、目标(objective)、前测(pre-assessment)、参与式学习(participatory learning)、后测(post-assessment)和总结(summary)六个阶段设计教学内容[5]。BOPPPS 模式，是以教学目标为导向，以学生为中心的新型教学模式，是实践技能教学中的优选模式。本研究拟在问诊章节进行课程建设的创新实践，将思政元素与专业课程有机融合，采用线上线下相结合的混合式教学，结合 BOPPPS 教学模式开展教学评价；以岗位胜任力为核心，通过考察医学生知识理论、实践技能、素质价值等多方面的提升情况，探索该课程的创新实践在问诊教学中的应用效果。

一、研究对象与方法

1. 研究对象

选取武汉大学第二临床学院 347 名临床医学 4 年级本科生为研究对象，按班级分为对照组和创新组开展问诊教学，所有志愿者对本研究内容知情同意。

2. 课程思政的创新思路

(1)思政元素挖掘

端正医生职业道德，告知学生在问诊过程中需要遵守职业道德规范，保护患者隐私、尊重患者意见、不歧视患者等；建立医患沟通策略，告知学生需要具备良好的沟通能力，与患者进行有效沟通，了解患者的病情和需求，为患者提供更好的医疗服务；加强临床思维培养，告知学生需要具备科学的临床思维，根据患者的症状和体征，进行正确的诊断和治疗；树立医学伦理观念，告知学生需要遵守医学伦理规范，尊重患者的生命和尊严，保护患者的权益等。

(2)课程思政的实施办法

引入案例教学，通过具体的案例将社会热点问题，如医患矛盾、医疗纠纷等引入课堂，让学生了解医生在问诊过程中需要遵守的职业道德和医学伦理规范，以及如何与患者进行有效的沟通，提高学生的职业素养；同时，让学生了解医学伦理和法律知识，提升社会责任感。通过标准化病人(standard patient，SP)的线上问诊训练，让学生亲身体验问诊的过程和难点，培养学生的沟通能力和诊断思维，更好感知医患沟通及人文观点的重要性及必要性。

3. 研究方法

本研究利用学习通、治趣、SP 在线问诊平台，采用线上线下相结合的混合式教学，结合 BOPPPS 教学设计开展教学评价(见图 1)。

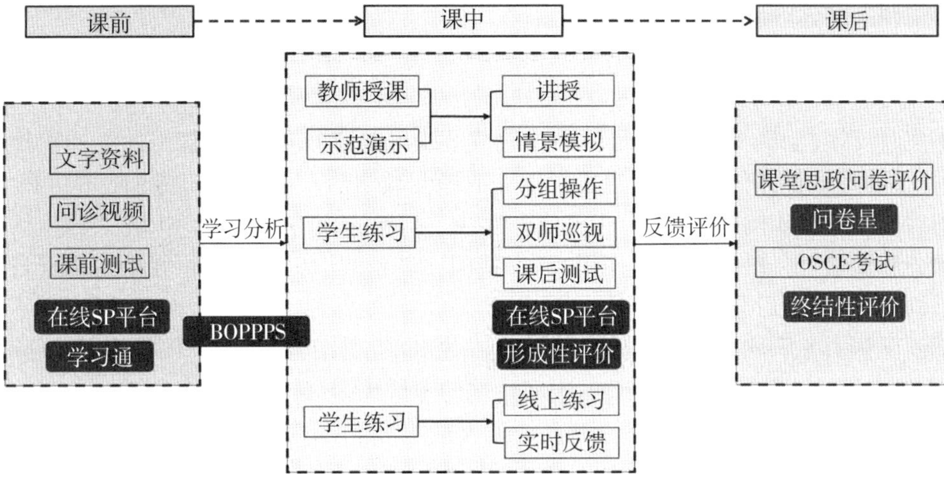

课前
课中
课后
文字资料
问诊视频
课前测试
在线SP平台
学习通
学习分析
BOPPPS
教师授课
示范演示
讲授
情景模拟
学生练习
分组操作
双师巡视
课后测试
在线SP平台
形成性评价
学生练习
线上练习
实时反馈
反馈评价
课堂思政问卷评价
问卷星
OSCE考试
终结性评价

图 1　教学设计图

(1)课前

①课前预习：在学习通平台建立课程，授课教师准备课前信、问诊学习资料及任务、问诊理论授课视频、SP 在线问诊平台使用手册等作为课前预习资源包。课前 1 周，通过学习通平台发送上述预习资料，学生 1 周内完成课前预习。

②SP 在线问诊平台：使用 SP 在线问诊平台用于学生问诊课程的核心训练。其中 SP 案例库由学院自主建立，覆盖国家临床医学专业(本科)水平测试的相关要求。SP 由学院统一招募、培训与考核，取得结业资格的社会 SP 录入 SP 在线问诊平台，并由专人统一管理。

③前测与学情分析：课前 1 周，授课教师通过电脑端在 SP 在线问诊平台发起线上问诊考试，考试任务设置多个平行考站，学生和 SP 随机分配到各个考站。学生通过电脑或手机端登录 SP 在线问诊平台，与 SP 配合完成线上远程问诊考试(前测)。考官在后台提取学生的问诊考试视频，参照各病例的问诊评分标准进行评分并在线提交。授课教师课前从 SP 后台提取学生问诊考试的前测数据进行学情分析。课前，授课教师与教学督导开展 1 次集体备课，根据对前测数据的学情分析，进行有针对性的教学方案优化。

(2)课中

按照教学大纲要求，问诊技能教学设置为 4 学时/班，对照组和创新组具体的教学实施过程如下：

A. 对照组(n=185 人)：授课教师课堂讲授问诊内容和技巧(1 学时/班)，以“胸痛”为问诊任务，学生两两一组自主练习，授课教师随堂巡视指导(3 学时/班)。

B. 创新组(n=162 人)：授课教师课堂讲授问诊内容和技巧(1 学时/班)，学生通过手机或电脑端口登录 SP 在线问诊平台，按病例或按 SP 自主完成问诊训练的预约，学生按时参加线上问诊训练(1 对 1)。

(3)课后

①实时反馈(后测 1)：创新组医学生完成线上问诊训练后，SP 基于学生的表现给出评分和反馈(形成性评价)。对照组医学生完成课堂教学后，通过手机或电脑端口登录 SP 在线问诊平台，按病例或按 SP 自主完成 1 次线上问诊的预约和测评，SP 基于学生的表现给出评分和反馈(形成性评价)。使用 SP 在线问诊平台的学生均可自行在平台查看自己问诊训练的报告详情(后测 1)。

②线下测评(后测 2)：提取该批学生在期末客观结构化临床技能考试(objective structured clinical examination，OSCE)中问诊站的考试成绩(终结性评价)。

③学生的主观评价：应用问卷星进行课程反馈的问卷调查，了解学生对课程满意度、学习效果的主观评价。此外，对创新组医学生进行 SP 在线问诊平台用户体验感的问卷调查。

4. 统计分析

应用软件 SPSS 25.0 对采集的数据进行统计学分析。计量资料以均数±标准差($x±s$)描述，以独立样本 t 检验进行组间比较，以配对 t 检验进行组内比较。计数资料以频数和百分比描述，采用χ^2 检验进行组间比较。双侧检验 $P<0.05$ 表示差异有显著统计学意义。

二、结果

1. 基本情况的比较

本研究中，创新组与对照组学生在性别比例($\chi^2=0.064$，$p>0.05$)、年龄($t=0.69$，$P>0.05$)上的差异无显著统计学意义(见表 1)。

表 1　　**创新组与对照组医学生基本情况比较**

	人数	性别		年龄(岁)
		男	女	
创新组	162	74	88	21.09±0.60
对照组	185	84	101	21.14±0.68
χ^2		0.06		—
t		—		0.69
P		0.80		0.49

2. 2 组医学生课程前后问诊成绩的比较(组内比较)

本研究中，创新组与对照组 2 组学生课程前后的问诊成绩均有显著提升($p<0.001$)(见表 2)。

表 2　**创新组与对照组医学生问诊成绩的组内比较**

分组	课前成绩	课后成绩	t	P
对照组($n=185$)	67. 19±8. 23	80. 65±7. 54	92. 13	<0. 001
创新组($n=162$)	67. 12±7. 86	91. 91±3. 81	63. 22	<0. 001

3. 2 组医学生课程前后在医学人文、问诊总分、OSCE 问诊成绩 3 项指标上的比较(组间比较)

本研究中，创新组与对照组 2 组学生课程前的基线成绩(医学人文与问诊总分)的差异无显著统计学意义($P>0.05$)。课程后，创新组学生的问诊成绩(医学人文、问诊总分、OSCE 问诊成绩)明显高于对照组学生的问诊成绩($P<0.001$)。同样地，创新组与对照组 2 组医学生课程前后问诊成绩提高幅度的差异有显著统计学意义($P<0.001$)；创新组医学生课程前后医学人文与问诊总分成绩的提高幅度明显大于对照组医学生课程前后问诊成绩的提高幅度($P<0.001$)(见表 3)。

表 3　**创新组与对照组医学生问诊成绩的组间比较**

评价指标		对照组($n=185$)	创新组($n=162$)	t	P
医学人文	课前	12. 59±1. 74	12. 38±1. 62	1. 17	0. 24
	课后	16. 74±1. 53	17. 85±0. 85	8. 26	<0. 001
	提高	4. 14±0. 64	5. 47±1. 14	13. 64	<0. 001
问诊总分	课前	67. 19±8. 23	67. 12±7. 86	0. 08	0. 93
	课后	80. 65±7. 54	91. 91±3. 81	17. 19	<0. 001
	提高	13. 45±1. 99	24. 79±4. 99	28. 43	<0. 001
OSCE 成绩		79. 24±5. 51	86. 33±4. 27	13. 24	<0. 001

4. 课程评价

数据显示，86. 1%的医学生愿意使用 SP 在线问诊平台并认为该平台能激发学习兴趣，94. 4%的医学生认为 SP 在线问诊平台有助于提高考试成绩及问诊技巧。

三、讨论

医学生是未来医疗领域的主力军，他们的思想政治素质对于医疗服务的质量和安全至关重要。在课程思政建设中，育人是核心原则，也是医学生课程思政建设的宗旨。首先，应该注重培养学生的职业道德和医学伦理，让学生树立正确的人生观和价值观，养成良好的医德医风。其次，应该注重培养学生的创新能力和实践能力，以满足医学领域的不断发展和进步需要，使其能够灵活运用所学知识解决实际问题。此外，课程思政建设还应该注重培养学生的社会责任感和使命感，让他们明确自己的社会责任和历史使命，树立正确的人生目标和追求。因此，问诊章节作为医学生临床基本技能的重要环节，如何通过创新的课程思政设计，在教学中既培养学生的临床思辨能力和基本技能，又兼顾倡导医学人文/职业精神，提高医学生的岗位胜任力，是当代医学教育探索的重要方向。

传统的问诊技能教学重理论轻实践，一对一的问诊训练主要集中在课堂学生间的相互练习以及临床实习中与患者面对面问诊。然而，课堂上学生之间的问诊训练，因受有限的课堂时间限制未能得以充分实施；在临床实习过程中，患者维权意识增强及医学伦理等因素可能直接导致医学生缺乏足够的床边问诊训练机会[4]。本研究在传统问诊理论授课的基础上，应用与产学合作研发的网络教学平台试行 SP 线上问诊训练。数据显示，线上与线下相结合混合式教学的创新组医学生，课程前后的问诊技能和医学人文层面较传统教学模式的对照组医学生均有明显提高。

SP 是经过系统标准的培训后，能准确、逼真、重复地描述和表现患者的实际临床问题，并对医学生的表现进行评估的正常人[6]。随着“生物-医学-社会”医学模式的发展，SP 已成为医学模拟教学、教学效果评价及临床技能考核的重要组成部分。相较于传统课堂学生之间的两两配对练习，应用线上 SP 作为问诊教学的核心训练，能够更好地模拟患者的表情、语气或心理变化，更接近临床真实场景[7]。不同于“重教轻学”的传统教学模式，该模式将理论授课、实践教学与思政育人有机结合，可以有效促进学生医患沟通技巧和医学人文/职业精神的培养。同时，SP 线上问诊平台也给予多元化考评(专业技能及人文关怀等)，这是思政教育的有效拓展。在问诊章节开展的课程思政创新教育可以极大提高学生自主学习的主动性，加大教学活动中学生的参与度，落实“以学生为中心”，满足医学生理论联系实际的基本需求，有助于医学生岗位胜任力的切实提高。

本研究通过构建线上模拟问诊平台，能够突破时间空间限制，使学生在多地域利用碎片化时间有效与 SP 进行沟通交流，从而得到更好的问诊训练。本研究创新性引入“互联网+”元素将传统 SP 与网络平台相结合，学生结合自己的学习进度与 SP 线上预约，按既定时间与 SP 线上交互式进行问诊训练并获取实时反馈。同时，学生可以线上回看问诊训练视频，多次反思并自我纠错。本研究问卷调查的结果显示，学生普遍认为应用 SP 在线问诊平台能够加深对问诊技能的掌握，激发学习兴趣和提高自主能动性。本研究应用的 SP 在线问诊平台，突破了学生和 SP 空间距离的限制，线上预约制可以灵活安排学生与 SP 的时间，缓解高校 SP 队伍人员不足的矛盾现状，相对降低时间和人力成本。新医科背景下，“互联网+医疗健康"是国家积极鼓励发展的医疗模式[8]。构建问诊课程的网络教学平台，整合优质教学资源，拓展网络教学空间，促进信息技术与医学教育深度融合，是高校医学教育变革赋能、培养一流医学人才的重要一环[9]。本研究中应用的 SP 在线问诊平台，在培养医学生问诊技能、医学人文/职业精神的同时，可以让学生初步体验互联网医疗时代下的在线问诊，培养远程医疗能力，提前适应医科与现代科技交叉融合的发展状况。

此外，本研究应用 BOPPPS 教学模式，注重落实教学评价。问诊是医学生必须掌握的临床基本技能，SP 在线模拟临床问诊场景，BOPPPS 教学模式结合 SP 在线问诊平台的教学设计，是新医科背景下问诊教学的创新改革。本研究中，在课前-课后不同时段针对学生的问诊技能、医患沟通、医学人文/职业精神等进行多维度的形成性评价，是对课程教学效果进行实时跟踪反馈。授课教师通过前测数据可以更精准地做出学情分析，有针对性地解决教学痛点，促进教学质量的提升；而 SP 的在线实时反馈可以让学生及时自我纠错、提高深度学习的参与度。本研究的数据显示，两组学生在课前-课后的问诊技能、问诊技巧、医学人文的成绩均有显著性提高，而创新组各项问诊成绩提高的幅度明显高于对照组。同时，在 OSCE 的终结性评价中，创新组医学生的问诊成绩亦明显高于对照组医学生。与传统的教学模式相比，BOPPPS 教学模式能更好地体现"以学生为中心"的教学理念，有效落实教学评价，发展精准化、个性化教学[10]。

综上所述，将 BOPPPS 教学模式结合 SP 在线问诊平台的教学设计应用于问诊教学，通过课程思政与专业知识有效融合，不仅可以提高医学生的专业技能，而且有利于培养学生良好的医学人文/职业精神，是理论、实践教学与思政育人有机结合的创新与改革，可供其他医学院校借鉴参考。

◎ 参考文献

[1]万学红，卢雪峰．诊断学[M]．9 版．北京：人民卫生出版社，2018：68.

[2]谭雨霜，董雨涵，Mulizwa Kalaba，杨杪．新医科背景下病史采集教学建设的路径探索——构建学生标准化病人体系[J]．医学教育研究与实践，2023，31(2)：127-132.

[3]孙嘉，张素素，李晓丹．现代医学教育体系下问诊教学新模式的实践与探索[J]．西北医学教育，2013，21(4)：808-811.

[4]刘理静，贺兼斌，钱红，等．情景模拟结合混合式教学法在诊断学教学中对提高医学生问诊能力的效果分析[J]．安徽医药，2019，23(12)：2539-2542.

[5]Huang L，Lin M，Chen X. Research on teaching design based on BOPPPS mode：a case study of the course "principles of visual communication design"[J]．IOP Conference Series：Mater Sci Engineer，2019，573：012054.

[6]Barrows H，Tamblyn R. The portable patient problem pack：a problem-based learning unit [J]．Journal of medical education，1977，52(12)：1002-1004.

[7]Li JH，Shao CY，Ming TS，et al. Progress in the application applications of standardized patients in medical education and healthcare research[J]．Chin J Hosp Adm，2020，36：72-76.

[8]田金徽. 专栏导读:“新医科”和“互联网+”背景下医药学教育教学思考[J]. 中国医药导刊, 2022, 24(6): 537-539.
[9]陈森, 李文春. 基于虚拟仿真训练的诊断学混合式教学的构建[J]. 医学教育研究与实践, 2022, 30(3): 392-395.
[10]章均, 韩立玲, 吕麟亚. BOPPPS 教学模式在医学生课程教学效果的 meta 分析[J]. 重庆医学, 2022, 51(5): 854-858.

种植机器人在口腔种植学实践课程的应用

陈靓雯　陈　斯*

（武汉大学　口腔医学院，湖北　武汉　430072）

【摘　要】为了将医疗革命性突破——种植机器人融入本科实践教学，培养出适应口腔医学数字化时代的新型人才，我们秉持"医工融合"理念，在口腔种植学课程中，引入了我国自主研发的自主式种植机器人，并对教学目标、教学内容、学习资源配备、教师培训、学生指导以及教学考核等各个环节进行精细化设计和管理。结果显示，在口腔种植学实践课程中使用种植机器人，提升了课程满意度和学生种植技能，同时激发了教师对新型教学模式的兴趣，并推动了教学项目研究。这一改革不仅提升了学生学习效果，也提升了教师教学能力，为教学改革和质量提升开辟了新途径。

【关键词】种植机器人；医工融合；口腔种植学；教学改革

【作者简介】陈靓雯（1991— ），女，湖北武汉人，口腔种植学博士，武汉大学口腔医院主治医师，口腔 PBL 训练课程教学秘书，主要进行口腔种植学临床及教学研究，E-mail：kq002048@ whu. edu. cn；＊通讯作者：陈斯（1981— ），女，湖北武汉人，医学博士，武汉大学口腔医学院副主任医师，院级教学咨询师，教学梯队人才，主要进行口腔种植学临床及教学研究，E-mail：doctorsisi@ whu. edu. cn。

一、引言

在科技日新月异的 21 世纪，口腔种植手术机器人的出现和应用已成为医疗领域的一大革命性突破[1]，它不仅为我们提供了一个全新的视角来看待和理解医疗实践，更为医学教育带来了新的挑战和机遇[2]。这一挑战并非仅仅是如何整合并应用这一创新技术，更重要的是如何通过这一技术，优化人才培养的顶层设计，改造和升级专业结构，推动学科的交叉融合[3]。

武汉大学口腔医学院口腔医学的建设目标是构建一流专业，打造一流课程，培养一流人才。要在信息化时代实现这些目标，必须打破学院、学科、专业之间的壁垒，开展更广阔的学科专业交叉，培养出更具时代性和前瞻性的高素质人才。在这个过程中，需要充分发挥口腔医学专业特色与优势[4]。

数字化辅助技术通过可视化和计算机引导的手术过程，使学生能够达到与经验丰富的种植医生相当的操作精度，缩短学习曲线[5]；与传统教学中缺乏实时反馈的问题相比，种植机器人能提供即时的操作反馈和调整指导，帮助学生更快掌握精准种植技术[6-7]；通过使用种植机器人，可以更高效地利用教学资源，使教师能够更专注于提供理论教学和个别指导，而不仅仅是操作示教；而且，种植机器人的引入促使教学方法与现代科技融合，为学生提供更互动和直观的学习体验；通过接触和学习最前沿的机器人技术，学生不仅提升了自己的专业技能，还培养了对新技术的接受能力和创新思维，为未来的口腔医学数字化治疗时代做好准备。总之，将口腔种植机器人应用于口腔种植学本科教学高阶实践课程，不仅体现了我们对于技术融合教育的积极探索，也展示了我们在医工融合教学应用领域的深入研究。种植机器人的应用，将有助于我们进一步优化教学模式，推动学科融合，提升教学质量，为培养具有创新精神和掌握智能化诊疗实践能力的高素质人才奠定坚实的基础。

二、口腔种植学实践教学现状

在现代口腔医学教育中，口腔种植学是研究利用人工种植体对各类牙齿缺失进行修复的学科，对于恢复患者口腔功能和提高生活质量具有深远的影响，是口腔医学生在进入临床实习前重要的专业必修课程[8]。然而，传统的口腔种植学实践教学通常采用学生围观老师在仿真头模上进行操作示教，再由学生集体进行操作的模式来开展教学。这种方法虽然可以让学生观察并学习种植手术过程，但大班上课时学生将老师团团围住，无法仔细观察和体会操作细节。此外，教学效果受到许多因素的影响，诸如教师的教学技巧、学生的空间想象能力等。最重要的是，由于缺乏实时反馈，学生在学习过程中难以掌握精准的种植技术。近年来，先进的工科技术在口腔种植临床诊疗的应用给口腔种植学实践教学改革带来了新的契机[9-10]，口腔种植手术机器人技术的发展为这一问题提供了优异的解决方案[11]。

三、种植机器人技术对本科生教学的革新

口腔种植手术机器人，是机器人技术的应用之一，由中国口腔医学界赵铱民院士团队科研成果转化而诞生，是世界首台口腔自主式种植机器人。它能实现手术过程的可视化、结果的可控化和种植的精准化，为口腔种植教学提供了全新的视角和方法[12]。学习口腔种植机器人的训练课程后，本科生的操作精度可以达到不亚于经验丰富的种植医生所能完成的种植手术精准度。因此，探讨口腔种植机器人在本科口腔种植学课程中的应用，旨在对现有的口腔种植学高阶实践课程进行创新改革，利用医工融合的科技力量来提升教学效果[13]。

作为全国口腔种植三大临床重点专科之一，武汉大学口腔医院种植科位列全国领先专

科行列。因此，我们有责任并具备能力，引入并融合最尖端的科技，例如口腔种植机器人，以培养掌握此类先进技术的本科生。此举不仅可以提高学生们的实践技术水平，更能引导他们接受并应用先进的数字化治疗理念，在未来的数字化时代具备充足的口腔医疗岗位胜任力，并能为未来的口腔医学研究和实践做出贡献。

四、教学目标：跨学科教育，培养新时代的口腔种植专家

为了符合新时代的需求，口腔医学需要培养具备“口腔五术”的拔尖创新人才。这些人才应该具备知行合一、用专业服务社会的仁术；口腔疾病诊断、治疗、预防理论知识扎实的学术；能规范且优异实施口腔疾病治疗的技术；具备精细协调的口腔美学审美能力的美术以及能开展复杂口腔病例综合诊疗的艺术。

基于以上目标，针对“技术”与“艺术”培养，口腔种植教研室倡导并实施一种全新的教育理念来开展高阶实践课程，即“医生+机器人”的人机互动诊疗模式。在这个模式下，我们旨在培养一批具有医工结合思维的本科生。这些学生不仅要掌握医学的专业知识，同时也需要理解和应用工程技术的基本原理，能够在人工智能、机器人技术与医学之间架起桥梁。这样的跨学科思维将使他们能够在未来的医疗实践中，更好地应对复杂疾病的诊疗挑战，同时也能推动医学技术的创新和发展[14]。这种“医生+机器人”的教学模式，将为医学教育注入新的活力，培养出能够驾驭未来医疗技术的杰出人才[15]。

种植机器人在本科生教学中的应用具有深远的意义。首先，它能显著提升种植技能的培训效率。通过精细的培训，本科生能够更高效地掌握种植技术，并能迅速熟练地运用种植机器人进行实际操作。其次，种植机器人的使用不仅让学生具备技术能力，更重要的是，它塑造了学生的数字化精准种植观念。这种观念将随着学生走入社会，传播至基层，被融入他们的医疗实践中，从而推动医疗行业的技术升级和服务改革。

此外，种植机器人还为学生提供了丰富的实习体验。在实习过程中，学生可以通过口腔种植机器人接触到多种复杂的牙齿缺失的治疗方法，这将大大丰富他们的实习体验，提升他们的实践操作能力。最后，种植机器人的培训过程也使得本科生有机会参与到数字化诊疗团队的工作中，从而提升他们的团队协作能力和专业实践能力。这种参与性的学习模式，既有助于学生更好地理解和掌握专业知识，也能培养团队协作意识，有助于他们在未来的职业生涯中更好地融入团队，进行高效的合作。

五、教学体系改革

（一）资源建设

为实施“口腔种植机器人走入本科生教学”，口腔种植学教研室已经整合了一系列必

要的资源和设备，斥资购进了口腔种植手术机器人，安装于口腔医学院新教学楼的机器人教室内(见图1)。同时还配备了3D打印设备，可大规模制造3D打印的真实患者1∶1颌骨模型，实现真实病例在实践课堂的具象化，锻炼学生在多样化的真实病例中的操作实践技能。除此之外，还购置了教学专用种植机、种植工具盒以及种植体，尽可能模拟临床操作环境，为学生们提供沉浸式、多元化的种植实操体验。

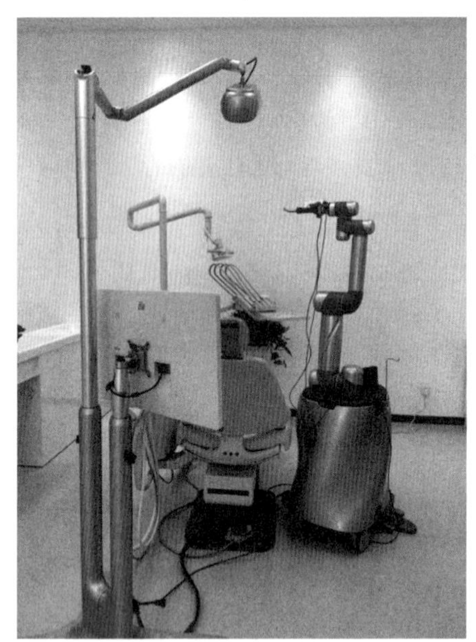
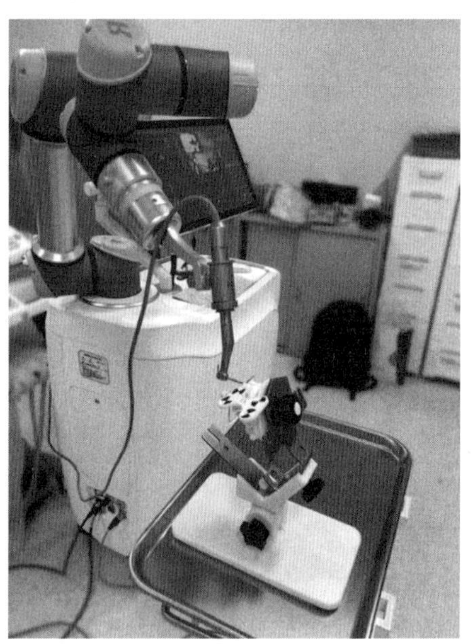

图1　教研室购入多种种植机器人供本科生教学和临床实践专用

(二)教学设计

为了提高学生的实践能力和理解程度，本教学团队设计了一种创新的教学模式。为了更清晰和系统地展示本课程的教学设计，我们采用框架图的形式来归纳和展示各个教学元素之间的关系和结构(见图2)。

1. 小班教学与深度临床实践模式

不同于以往的实验课教学方式，学生们仅能围观老师在仿头模上植入种植体，改革课程转向了小班教学模式，每组6~8人，学生们能够积极参与到种植方案的设计中[16]。并且，改革课程选用的教学病例多为复杂病例，例如跨牙弓牙列缺损等，将让学生在实践中深入理解和掌握种植技术。此外，本教学团队训练本科生在3D打印的颌骨模型上进行种植手术，让学生们对种植机器人引导的种植手术有更直观的认识和更深入的理解(见图3)。

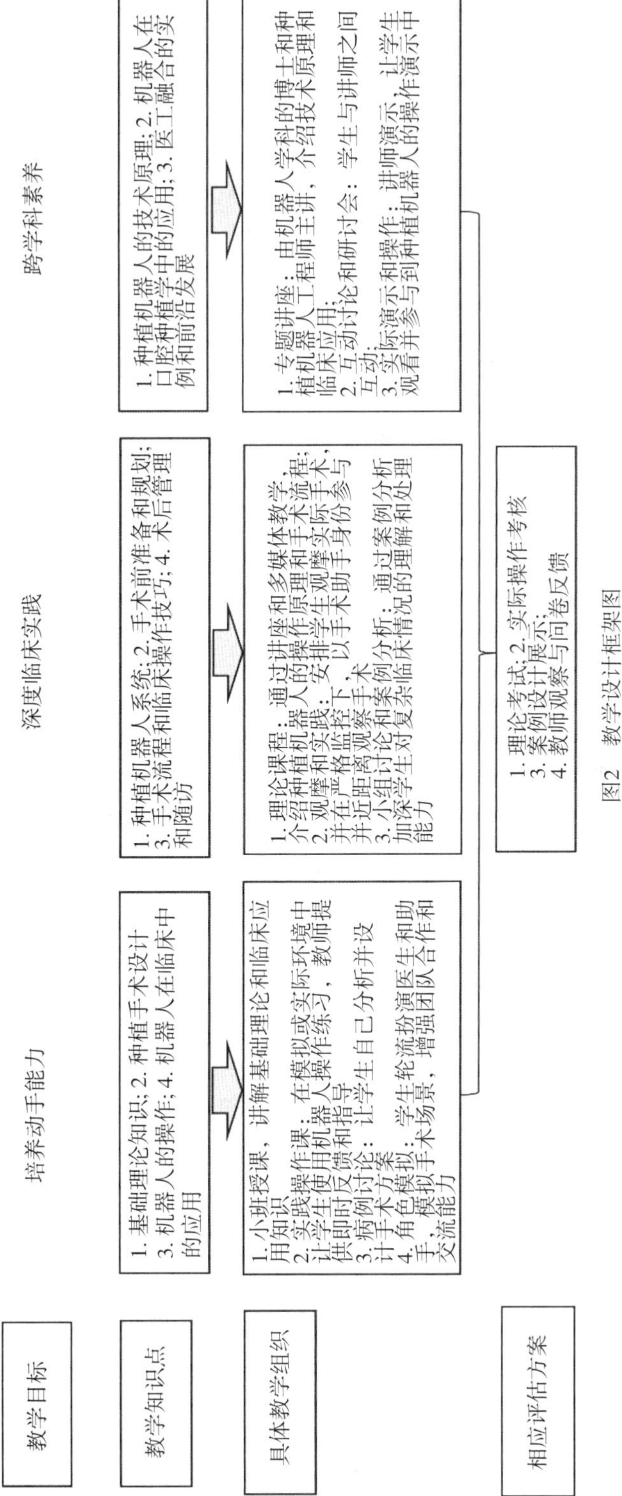
教学目标
培养动手能力
深度临床实践
跨学科素养
教学知识点
1. 基础理论知识; 2. 种植手术设计
3. 机器人的操作; 4. 机器人在临床中的应用
1. 种植机器人系统; 2. 手术前准备和规划; 3. 手术流程和临床操作技巧; 4. 术后管理和随访
1. 种植机器人的技术原理; 2. 机器人在口腔种植学中的应用; 3. 医工融合的实例和前沿发展
具体教学组织
1. 小班授课，讲解基础理论和临床应用知识
2. 实践操作课：在模拟或实际环境中让学生使用机器人操作练习，教师提供即时反馈和指导
3. 病例讨论：让学生自己分析并设计手术方案
4. 角色模拟：学生轮流扮演医生和助手，模拟手术场景，增强团队合作和交流能力
1. 理论课程：通过讲座和多媒体教学，介绍种植机器人的操作原理和手术流程;
2. 观摩和实践：安排学生观摩实际手术，并在严格监控下，以手术助手身份参与并近距离观察手术
3. 小组讨论和案例分析：通过案例分析加深学生对复杂临床情况的理解和处理能力
1. 专题讲座：由机器人学科的博士和种植机器人工程师主讲，介绍技术原理和临床应用;
2. 互动讨论和研讨会：学生与讲师之间互动;
3. 实际演示和操作：讲师演示，让学生观看并参与到种植机器人的操作演示中
相应评估方案
1. 理论考试; 2. 实际操作考核
3. 案例设计展示;
4. 教师观察与问卷反馈
图2　教学设计框架图

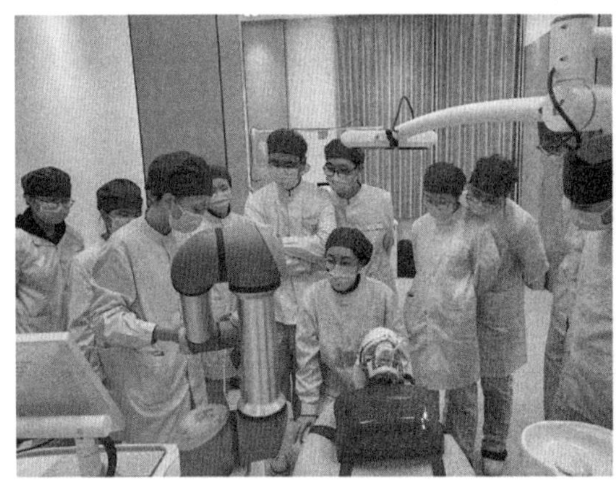
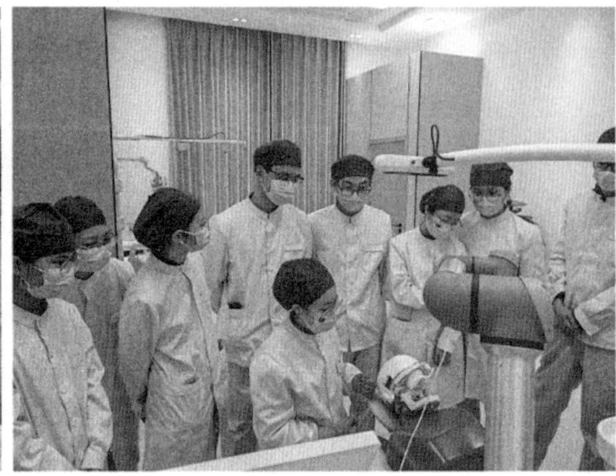

图 3　种植实践课上，同学们学习使用种植机器人

另外，在种植科的临床教学时长达到 2 周，这为学生提供了更充裕的时间进行学习和操作。在这期间，学生们将在指导老师的引导下，参与到真实病例的种植机器人引导种植方案的设计中，以手术助手的身份参与并近距离观察机器人手术，从而得到更深层次的学习和锻炼(见图 4)。

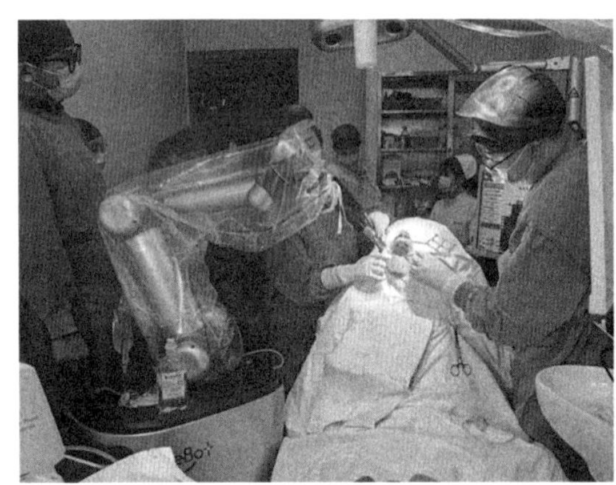
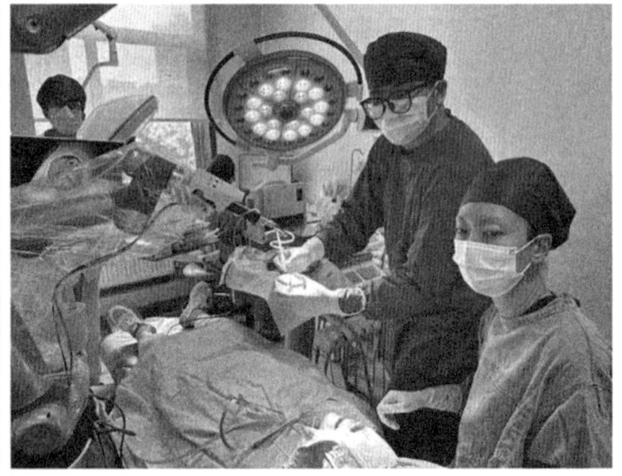

图 4　临床实践教学中，同学们协助教师完成种植机器人手术

2. 构建"医生+机器人"培养共同体模式

在追求学术卓越的过程中，学院秉持着"医学+"的跨学科整合理念，致力于构建培养共同体模式。这一模式不仅改变了传统的教学形式，而且积极推动了跨领域的学术交流和合作。

由于种植机器人的应用涉及专门的技术知识，学院特邀了知名高校的机器人学科博士，以及种植机器人工程师来到实践课上与本科生进行面对面的交流(见图 5)。这一策略的实施有效促进学生们从多方面理解和掌握种植机器人的相关知识，以工程专业和趣味相结合的模式最大程度激发学生的兴趣，为用医工融合的思维来解决医学问题而埋下临床科研的种子，从而让他们在未来有可能设计出医学和工学融合的数字化设备[17]。

同时，这种跨学科的教学模式也有助于我们培养出具备深厚理论基础和实践经验的临床治疗科学家。他们将以开放的视野和创新的思维，引领口腔种植领域的未来发展，推动医学教育和科研的进步。

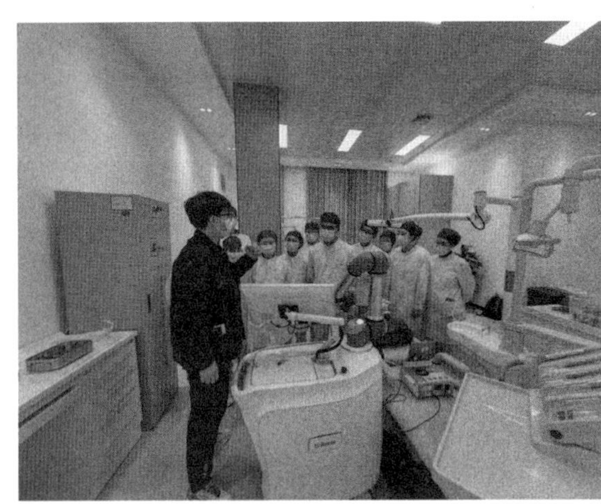
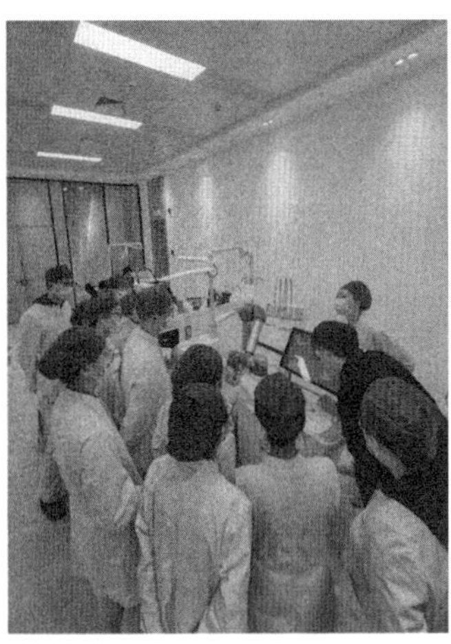

图 5　学院邀请机器人学科博士及工程师详细传授机器人工作原理

(三)教师培训

“口腔种植机器人在本科生教学中的应用”是否成功，很大程度上取决于教师的教学水平。尽管我们的教师团队由一线临床医生组成，他们已经积累了丰富的专业知识和实践经验。但面对口腔种植机器人这种新兴技术以及如何将这种技术应用于本科生实践教学，他们仍然需要接受特定的培训。

首先，教师需要掌握种植机器人的操作技能，包括 STL 和 DICOM 文件输入和拟合、虚拟种植方案设计，操控机器人执行种植方案，以及故障的诊断和解决。其次，他们需要学习如何在小班教学中将种植机器人应用融入课程，并以深入浅出的方式讲解机器人使用。在课程中，教师可以介绍种植机器人的原理、应用场景和操作流程，通过理论讲解和案例分析，让学生了解种植机器人相对于自由手种植的优势。另外，在小班教学中，学生可以有更多的机会进行操作，理想状态是每个小班可以配备一台种植机器人，让学生轮流进行操作。教师可以根据学生的实际水平和需求，设计不同难度的种植方案，引导学生在实践中学习机器人的操作方法。最后，教师还需要学习如何在学生使用种植机器人的过程中提供有效的指导和解决可能出现的问题。教师可以定期组织小班讨论和演示，让学生分享他们的操作经验和遇到的问题，并由教师提供指导和解决方案。此外，教师可以定期进行个人或小组评估，评估学生的操作技能和理解程度，及时给予反馈和指导，帮助他们不断提高。这些培训将确保教师能够有效地使用种植机器人作为教学工具，同时将他们的专业知识和经验充分转化为教学实践，以提高教学质量和效果。

(四)教学应用

在2022—2023学年的第二学期，本教学团队在2021年本科生种植教学中首次引入了种植机器人辅助学习的模块，这一改革在教学效果上取得了显著的提升。与第一学期未使用种植机器人辅助教学相比，学生的治疗方案设计水平评分从77分提升至90分，种植实践操作评分从83分提升至91分，均有显著的提高(见图6)。在2021年评教评学活动中，学生对种植机器人辅助教学的满意度较高。种植课程的加权平均分为96.07分，在教学单位中排名第一(见图7)，这充分反映了学生对种植机器人辅助教学方式的高度认可。

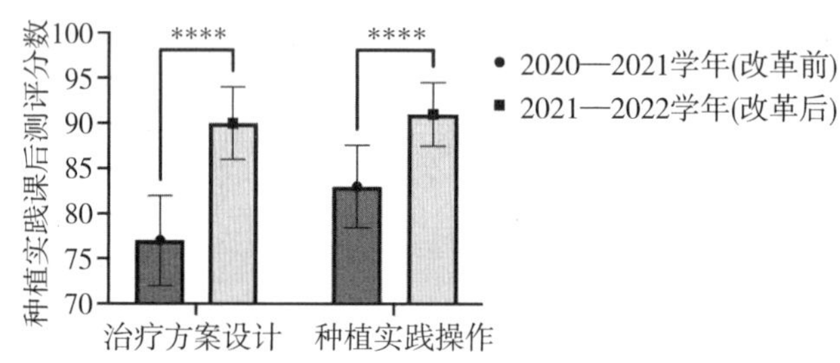

图6　教学改革前后，种植实践课后测评分数对比

图7　2021—2022学年评教评学活动中，学生对改革课程的评价

同时，参与授课的教师均表示对参加种植机器人专项教师能力提升培训有浓厚的兴趣，这表明教师们对于新型教学方式的接纳度和积极性。在教学研究方面，首次有教师申报了以种植机器人为主题的教学研究项目，这标志着我们在教学研究领域的创新能力得到了提升。基于以上的实证数据和观察结果，我们认为，种植机器人在口腔种植学实践教学中的应用，更能满足临床教师参与本科生教学的需求。这一改革方向不仅有利于提升学生的学习效果，也有助于提升教师的教学能力，是我们推动教学改革和教学质量提升的重要途径。基于此，我们将进一步推广种植机器人辅助教学，促进种植教学的现代化转型，并不断提升学生在种植领域的专业素养和竞争力。

六、讨论

尽管种植机器人已经在某些领域得到临床应用，但其在教学领域的应用尚处于非常初级的阶段，目前没有详细的案例报告可以参考，而我们的改革创新填补了这一空白，为机器人在教学领域的应用提供了可能的探索。尽管种植机器人在国内外的教学应用尚处于起步阶段，缺乏广泛的应用案例，但是正如我们在临床实践中所见，种植机器人不仅提高了手术的精确性和学生的学习效率，还通过其高级的可视化和即时反馈机制，为学生提供了前所未有的交互式学习体验。这些初步成果预示着种植机器人技术的进一步研发和教学应用将能够极大地推动教育质量的提升和教学方法的创新。因此，我们有理由相信，随着技术的成熟和普及，机器人在未来医学教育中的角色将变得越来越重要。

尽管本教学团队验证了种植机器人辅助教学方式的可行性和有效性，但仍然存在可改进之处。首先，学生人数众多，小班教学如何保证种植机器人的周转利用是一个重要问题，因此对课程的安排提出了更高的要求，需要制定合理的课次安排和周转计划，确保每个小班都有平等的机会使用机器人进行实践操作。其次，应增强真实性评价，如学生操作时长、种植机器人操作路径设计合理性等评价指标，对教学形成更好的反馈。通过不断教学改进，教师团队可以更好地完善种植机器人辅助教学系统的构建，为学生提供优质的教学服务。

◎ 参考文献

[1]Liu C, Liu Y, Xie R, Li Z, Bai S, Zhao Y. The evolution of robotics: research and application progress of dental implant robotic systems[J]. Int J Oral Sci 2024, 16(1): 28.

[2]陈江．机器人在口腔种植领域的应用[J]．中国口腔种植学杂志，2022，27(5)：274-279.

[3]沈慧青，许锋，吴皓，陶晔璇．综合性医院多学科交叉创新与实践[J]．中国医院，2019，23(6)：54-56.

[4]李刚，周学东．新医科战略中口腔医学教育发展的思考[J]．四川大学学报(医学版)，

2021, 52(1): 70-75.

[5]Ma L, Ye M, Wu M, Chen X, Shen S. A retrospective study of dynamic navigation system-assisted implant placement[J]. BMC Oral Health 2023, 23(1): 759.

[6]Cheng K J, Kan T S, Liu Y F, Zhu W D, Zhu F D, Wang W B, et al. Accuracy of dental implant surgery with robotic position feedback and registration algorithm: an in-vitro study[J]. Comput Biol Med, 2021(129): 104153.

[7]Chen D, Chen J, Wu X, Chen Z, Liu Q. Prediction of primary stability via the force feedback of an autonomous dental implant robot[J]. J Prosthet Dent, 2023.

[8]张思佳, 王舒妍, 许浩坤, 郑健, 陈怡成, 姜慧娟, 等. 本科生对口腔种植学实操课程设置的意见调查——基于卫健委“十三五”规划《口腔种植学》本科生教材[J]. 卫生职业教育, 2022, 40(2): 111-113.

[9]Zhong X, Xing Y, Yan J, Chen J, Chen Z, Liu Q. Surgical performance of dental students using computer-assisted dynamic navigation and freehand approaches[J]. Eur J Dent Educ, 2024, 28(2): 504-510.

[10]Wang X, Shaheen E, Shujaat S, Meeus J, Legrand P, Lahoud P, et al. Influence of experience on dental implant placement: an in vitro comparison of freehand, static guided and dynamic navigation approaches[J]. Int J Implant Dent, 2022, 8(1): 42.

[11]赵瑞峰, 李志文, 白石柱. 机器人在口腔医学领域的应用[J]. 机器人外科学杂志(中英文), 2022, 3(5): 351-366.

[12]吴秦, 赵铱民. 口腔医学领域的机器人研究及应用现状[J]. 国际口腔医学杂志, 2018, 45(5): 615-620.

[13]左雅敏, 王燕, 王晓雯, 曾凡龙, 徐臣利, 彭兴春. “新医科”视角下医工融合在形态学创新实验课程建设中的探索[J]. 医学教育管理, 2022, 8(1): 112-116.

[14]Yan L, Hu H, Zheng Y, Zhou Y, Li L. The development path of the medical profession in China's engineering universities from the perspective of the “four new” disciplines[J]. Ann Med, 2022, 54(1): 3030-3038.

[15]杨润怀, 朱华庆. “新工科”“新医科”改革下生物医学工程专业的医工融合教学创新[J]. 九江学院学报(自然科学版), 2020, 35(4): 6-9, 39.

[16]徐玲, 钱小龙. 世界一流大学人工智能本科人才培养的共同特征与启示[J]. 扬州大学学报(高教研究版), 2021, 25(6): 20-30.

[17]王菲, 周永新, 龚朱, 施燕, 高萍, 杨长青, 等. 促进医工理学科交叉在临床医学科研研究中的实践与思考[J]. 科技创新导报, 2018, 15(16): 212-214.

"一精多会""一专多能"人才培养实践探索及成效

——以武汉大学"多语种精英人才试验班"为例

李加莉

(武汉大学　外语学院，湖北　武汉　430072)

【摘　要】本文探讨"一精多会""一专多能"人才培养的内涵，并以武汉大学"多语种精英人才试验班"为例，探求"非外语专业+多语种"复合型人才培养可行的实施路径，探讨试验班人才培养的成效，及时总结公共外语教学改革试点工作中的经验，共同构建武汉大学校本特色高质量本科拔尖人才培养体系。

【关键词】一精多会；一专多能；多语种精英人才培养

【作者简介】李加莉(1971—)，女，湖北咸宁人，跨文化传播学博士，武汉大学外语学院大学英语部副教授，主要研究方向为外语教育，跨文化交际，E-mail：li_jiaee@whu.edu.cn。

一、引言

2019年3月23日，时任教育部高等教育司司长吴岩在第四届全国高等学校外语教育改革与发展高端论坛上，围绕高等外语教育改革做了"新使命　大格局　新文科　大外语"的主旨报告，提出外语教学包括外语专业和公共外语的教学改革，要主动求变，服务国家战略发展。建设新文科，做强大外语，需培养"一精多会""一专多能"的国际化复合型人才。

因此，公共外语教学和外语专业齐头并进，从各自不同的路径探索创新国际化复合型人才的培养模式。一方面，公共外语教学践行"大外语"理念，深化教学改革，开启了"一精多会"和"一专多能"的"非外语专业+多语种"人才培养的改革试点工作。另一方面，在"新文科"背景下，外语专业立足本学科，加强外语与其他学科专业的交叉融合，提升外语专业学生跨学科、跨专业的知识和能力，以培养"多语种+"卓越国际化人才。两条路径虽侧重点有所不同，实则异曲同工、互为补充，共同为中国参与全球治理、构建人类命运共同体培养优质国际化复合型人才。

近年来，外语界对"多语种+"外语专业人才培养有着持续深入的探讨，逐渐成为国内高校国际化人才培养探索与研究的热点(姜智彬、王会花，2019；修伟、田新笑，2019；姜峰，2020；张红梅，2021；束定芳，2022；袁筱一，2022；等等)，但是在公共外语教学领域涉足研究“非外语专业+多语种”人才培养路径的学者寥寥(蔡基刚，2019)。实际上，自 2019 年开始，首批试点高校已在全国陆续展开公共外语教学改革，这些高校改革的成效如何，有哪些经验和启示，不同高校如何根据自身情况制订可行的人才培养方案把非英语专业大学生培养成多语种精英人才，这些都是高校公共外语教学改革值得关注和研究的议题，却鲜有人提及。本文主要以“武汉大学多语种精英人才试验班”为例，探讨综合性院校非外语专业学生“一精多会”“一专多能”多语种人才可行的培养方案和实施路径。

二、“一精多会”“一专多能”复合型人才的内涵

“一精多会”“一专多能”人才在不同语境中的含义有所不同。在公共外语教学领域，它指精通一门外语、会用多门外语沟通交流，掌握一种专业、具有多种外语能力的复合型人才，确切地说，应该是懂外语的一流人才(吴岩，2019)。这里，“一精多会”“一专多能”面向的是学习公共外语的非外语专业大学生，“一专”是指学生所学的专业，“一精”“多会”“多能”是对学生所学的几门外语水平上的不同要求。但是，外语界对“一精”“多会”“多能”内涵的界定并不明确。

对于广大非外语专业的中国大学生而言，他们的一外基本上是英语，他们的英语学到什么程度为达到了“精”的要求？目前并没有明确的答案。《大学英语教学指南》(2020 版)指出“有条件的高校在基础目标级别学习结束后，可适当开设第二、第三外语类选修课程，以满足部分学生在外语能力上‘一精多会’或‘一专多能’的需求”。但它并没有对“一精”“多会”“多能”提出具体的教学要求。蔡基刚(2019)认为，目前谈论的无论是“一精”还是“多会”，都属于通用外语范畴。如果用通用外语能力九级量表来衡量，“精”就是七八级，“会”大概是三四级。但真正复合型人才所需要的外语，不仅是通用外语上的“精”，而是专业外语上的“精”。

笔者认为，就通用外语的语言能力而言，“精通”需要达到欧洲共同语言参考标准(CEFR)(以下简称欧框)C1 或以上等级，即熟练使用者及以上水平。“会”一门语言的程度不一，但至少也要达到欧框 A1、A2 等级，即初级使用者的水平。根据大学英语四、六级考试与语言能力标准的对接研究(金艳、揭薇、王伟，2022)，六级笔试总分 438 分的学生语言能力达到欧框 B2(高阶级别)的最低要求，六级笔试总分 596 分则达到欧框 C1(流利级)的最低要求。也就是说，通用英语“精”的水平大致是大学英语六级 596 分及以上。

在全国首批 22 所公共外语教学改革先行先试的高校中，除了外语类大学、特色院校之外，还包括北京大学、清华大学、中国人民大学、复旦大学、武汉大学等综合性大学。聚焦这些综合性院校，可以看到各高校的人才培养方案对“一精多会”“一专多能”有着不同的解读。

北京大学“多语种国际化卓越外语人才拔尖学生培养实验班项目”对一外英语“精”的要求是：英语入学分级 C 级及以上(对标欧框)或者国家六级考试 600+，托福 100+，雅思 7+等。对二外“会”的要求是达到该语种“专业四级水平”，对三外“会”的要求是通过课程考试。[①] 清华大学语言教学中心制定的本科生语言学习修读方案提出，努力把所有清华学子培养成“一精多会”“一专多能”的高素质国际化复合型人才，但对“一精”“多会”“多能”所要达到的语言水平没有界定。[②] 中国人民大学对拔尖人才实验班学生“一精”的要求大致对应欧框 C 等级，但没有明确对第二外语“多会”“多能”的语言水平要求。[③] 这三所综合性大学很有代表性，可以看出，在培养多语种复合型人才过程中，不同高校对“一精多会”“一专多能”复合型人才的培养赋予了各自不同的含义。

三、“一精多会”“一专多能”人才培养的主要路径

基于对“一精多会”“一专多能”内涵的不同理解和高校不同的办学定位，以上试点综合性院校积极探索，制定了各具校本特色的“非外语专业+多语种”复合型人才培养方案。北京大学从 2019 年开始创立“多语种国际化卓越外语人才拔尖学生培养实验班项目”，学习期限 2~3 年，修满 32 学分的学生(2023 版调整到 30 学分)授予荣誉证书，其中第二外语系列课程应修 16 学分，英语加强课程应修 4 学分(如批判性思维与学术英语写作等，新版减到 2 学分)，第三外语应修 2 学分。此外还有历史、文化、外交等领域以及实践活动等方面的课程设置。[④] 北京大学对“一精”“多会”“多能”的语言要求比较高，在 2019 年实验班第一期 30 多位学员中只有 9 人，不到 1/3 的学生达到培养方案的要求，顺利在 2021 年结业并拿到了荣誉证书。[⑤]

清华大学语言教学中心把增强“一精”英语能力和培养“多会”“多能”第二外语语言能力的教学目标整合到公共外语必修课程体系之中，设立有第二外语、英语综合能力、外国语言文化以及外语专项提高四个课组。学生应修公共外语课程共 8 学分，其中在英语综合能力课组修 4 学分(有可免修条件)，其余 4 学分在第二外语、外国语言文化、外语专项提高三个课组中选择修读。语言教学中心鼓励学生在学有余力的情况下，根据个人发展需

---

① 详见北京大学教务部“多语种国际化卓越外语人才拔尖学生培养实验班项目”招生简章，http：//www. dean. pku. edu. cn/web/notice_details. php? id=384.

② 详见清华大学语言教学中心本科生英语培养方案，https：//www. lc. tsinghua. edu. cn/yykc/bksyy. htm.

③ 详见中国人民大学本科生(非英语专业)大学外语培养方案，http：//fl. ruc. edu. cn/sy/rcpy/dxggwy/99afba7bd31f436d90e8ec3ca1234a4f. htm.

④ 详见北京大学教务部“多语种国际化卓越外语人才拔尖学生培养实验班项目”招生简章，http：//www. dean. pku. edu. cn/web/notice_details. php? id=384.

⑤ 详见北京大学外国语学院 2019 年 9 月 9 日相关报道，https：//sfl. pku. edu. cn/xyxw/100930. htm 以及 2021 年 6 月 23 日相关报道，https：//sfl. pku. edu. cn/xyxw/129348. htm.

要和兴趣修读第二外语(有 11 个语种可供选择)。每门第二外语设初级、中级和提高三个层级的课程。从修读方案上看，清华大学对“一精”“多会”“多能”没有语言水平考试的硬性要求。最多 4 个学分的二外学习能否达到“会多语种沟通写作”的教学目标有待探讨。

中国人民大学在公共外语必修课程体系内进行改革，设立了“大学英语拔尖人才培养实验班”，普通班的学生应修 10 学分的外语课程，实验班的学生则要求修 14 学分。实验班学生名单由新生入学分级考试成绩决定，每年大概 110 名左右的学生通过面试进入 4 个实验班。实验班课程体系包括学术英语听说、学术英语读写、演讲与辩论以及第二外语。① 其中，提升英语“一精”能力的课程应修 12 个学分，第二外语“多会”“多能”课程应修 2 学分(有法语、德语、日语、西班牙语、意大利语 5 门语言可选)。中国人民大学注重“一精”能力培养，侧重学生在专门用途英语方面综合应用能力的提高，对第二外语能力没有语言水平方面的要求。

从以上试点综合性院校来看，大学外语对“一精多会”“一专多能”人才培养主要在两条路径上探索：一是在公共外语必修课程体系内进行改革(如清华大学、中国人民大学等)，把“一精”和“多会”并举，重在“一精”，同时采取“限选课”模式，让学生选择性地学习第二外语。该模式第二外语应修学分较少，但惠及面较广、选择相对灵活。对学生而言，第二外语的学习没有通过水平考试的要求和压力。另一条路径是在公共外语必修课程体系之外，单独设立培养多语种复合型人才的“实验班”或“试验班”(如北京大学、武汉大学等)，作为大学英语必修课程体系之外的补充模块，重点培养学生“多会”“多能”的多语综合运用能力，该模式二外应修学分较多，对学生的二外学习有语言水平上的要求，并且开设有第三外语课程。

四、“多语种精英人才试验班”培养方案及特色

2020 年 9 月，武汉大学外语学院公共外语教育中心在大学英语必修课程体系之外，开启了“多语种精英人才试验班”项目，以满足国家对培养“一精多会”“一专多能”高素质国际化复合型人才的需求。该项目主要面向非外语专业的大二学生开设第二外语、第三外语课程，学习期限为两年，学生在主修专业标准学制年限内修读规定的全部课程，获得所需全部学分，即可获得本科生院颁发的武汉大学外语专业的辅修证书。

试验班培养方案要求报名学生英语水平优秀、专业学习成绩优良。具体来说，第一学年所有课程的平均学分绩点(GPA)3.0 及以上，英语成绩 85 分及以上，且必修课程考核无不及格。进入该项目的学生应修 26 学分(设有退出机制)，其中第二外语语言课程 18 学分、第二外语国家的社会文化、政治外交等课程 4 学分、第三外语语言课程 2 学分、校内外语言应用实践活动 2 学分(如参加国际学术交流活动等)，课程全部安排在周末，每

① 详见中国人民大学本科生(非英语专业)大学外语培养方案，http://fl.ruc.edu.cn/sy/rcpy/dxggwy/99afba7bd31f436d90e8ec3ca1234a4f.htm.

周 6~8 课时，以避免和学生的专业课程学习产生冲突。

“一精多会”和“一专多能”人才培养对老师和学生而言都充满挑战性，为达成试验班多语种复合型拔尖人才培养目标，外语学院制定了配套的特色专项管理制度，在学分认定、证书颁发等方面都做了明确的规定和要求，以确保人才培养工作有效运行。特色培养方案包括：

(1)导师班级管理制。首先，在学校学生管理大框架下对进入本项目的学生实行导师管理制。精英班配备具有丰富教学经验、深厚语言文化功底、渊博政治外交知识的教师作为导师，为学生学习、生活、思想等方面提供学业帮助和心理咨询，进行及时的指导和管理。

(2)学生弹性退出机制，已经获得的辅修学分可以计入其选修课学分。一方面鼓励学生努力做到主修专业成绩拔尖，辅修专业成绩优秀。另一方面对于个别主修课程学习成绩严重下滑，或者辅修多门课程不合格的学生，会劝其退出学习项目，学生亦可选择自动退出。退出机制的设立十分必要，一些学生对大二、大三专业课和外语课学习的强度估计不足，加之大三可能会安排实习，最终导致学生无法修满辅修学分。

(3)明确办学定位、人才培养规格和第二外语语言水平要求。经过首期两个试验班第一轮的探索和实践，对“多会”“多能”语言能力提出了要求。培养方案明确了学生第二外语必须达到的语言水平：日语班达到日本语能力测试 N3 级水平；俄语班对标对外俄语考试 A1 或 A2 等级。

五、“多语种精英人才试验班”人才培养的成效

2020 年 10 月第一期“多语种精英人才试验班”开设日语和俄语两个班，全校 16 个院系的 45 位同学入选，最终确定 32 人进入为期两年的试验班学习，其中日语班 21 人，俄语班 11 人。截至问卷调查时这一批学生绝大部分已毕业(两位五年制医学院学生即将毕业)，对标“一专多能”“一精多会”人才培养目标，笔者进行了跟踪问卷调查和访谈。

两年后试验班结业情况显示：32 名学生中共有 28 人修满全部 26 学分，其中日语 19 人占班级总人数的 90. 5%，俄语班 9 人占班级总人数的 81. 8%。这 28 名学生可以获得本科生院颁发的“武汉大学多语种精英人才实验班”(俄语或日语)辅修证书，占项目学生总人数的 87. 5%。毕业离校前对试验班同学的跟踪问卷调查显示，所有学生的课程平均学分绩点(GPA)都在 3. 0 以上，其中 14. 29%的学生在 3. 0~3. 5(含)，85. 71%的学生保持在 3. 5 以上，专业成绩普遍优良(见图 1)。总体来看，试验班 87. 5%的学生达到了“一专多能”人才培养目标。

“一精多会”人才培养目标是通过“试验班课程体系+大学英语课程体系”共同达成。试验班学生在大学二年级同时修读大学英语课程体系内的两门必修课程，每学期 2 学分，共 4 学分。在随后参加的全国大学英语四六级考试中，试验班学生 100%全部通过了六级考试(见图 2)。根据大学英语四六级考试与语言能力标准的对接研究，六级笔试总分 438 分

选项	小计	比例
3.5以上(不含3.5)	24	85.71%
3.0~3.5	4	14.29%
2.5~3.0(不含3.0)	0	0%
本题有效填写人次	28	

图 1 所学课程 GPA 成绩

的学生语言能力达到欧框 B2 的最低要求，六级笔试总分 596 分达到欧框 C1 的最低要求。经访谈确认，就一外英语的精通水平而言，这些学生英语语言能力全部在欧框 B2(高阶级别)以上，其中 46.43%的学生高于 596 分，达到欧框 C1(流利级)的要求。也就是说，将近 50%的学生达到了既"一精多会"又"一专多能"的人才培养整体目标的要求。但是，对于另一部分学生而言，英语"一精"的语言水平有待进一步提高。

选项	小计	比例
425~499分	2	7.14%
500~569分	10	35.71%
570~639分	13	46.43%
640分及以上	3	10.71%
未参加	0	0%
本题有效填写人次	28	

图 2 大学英语六级考试成绩区间

学生在多语种精英人才试验班的收获不仅仅体现在学业成绩上，跟踪问卷调查显示，多门外语的学习对学生产生了如下作用：85.71%的学生认为语言学习能力得到提升，拓宽了国际视野，丰富了文化知识；78.57%的学生认为跨文化交流能力得到提高；67.86%的学生认为个人自信心得到增强；50%的学生认为思维方式产生了改变；46.43%的学生认为思辨能力得到提高；35.71%的学生开始创造性地使用语言(见图 3)。在大学四年外语类和专业学科类各种竞赛中，试验班 25%的学生在国赛中获奖，21.43%的学生在省赛中获奖，28.57%的学生在校赛中获奖(见图 4)。

从 2020 年首期两个试验班学生的结业情况和跟踪问卷调查来看，外语学院"多语种精英人才试验班"的培养方案合理，达到了人才培养的主要目标，取得了初步成效。实践证明，在大学外语必修课程体系之外创立"一精多会""一专多能"多语种人才试验班，激励学生获得外语专业辅修证，是综合性院校培养"非外语专业+多语种"复合型人才可行的路径之一。通过第一轮两年的改革试点，外语学院于 2022 年筹备开设日语、俄语、法语、德语四个语种的辅修班，经过学生个人申请、资格审核和选拔，最后实际开设法语、日语、德语 3 个多语种精英人才试验班。2023 年实际开设日语、俄语 2 个多语种精英人才试验班。

选项	小计	比例
语言学习能力的提升	24	85.71%
开阔国际视野	24	85.71%
思维方式的改变	14	50%
文化知识的丰富	24	85.71%
思辨能力的增强	13	46.43%
跨文化交流能力的提升	22	78.57%
个人自信心的增强	19	67.86%
有助于国际学术交流和论文发表	13	46.43%
语言之间容易混淆误用	3	10.71%
创造性地使用语言	10	35.71%
本题有效填写人次	28	

图 3　学习多门外语的作用(多选题)

选项	小计	比例
校级获奖	8	28.57%
省级获奖	6	21.43%
国赛获奖	7	25%
无	12	42.86%
本题有效填写人次	28	

图 4　参加外语类竞赛或专业类学科竞赛的获奖情况(多选题)

六、结语

武汉大学“多语种精英人才试验班”通过实践探索出一条具有校本特色，并且行之有效的“非外语专业+多语种”复合型人才培养路径。它满足了部分学生在外语能力上“一精多会”或“一专多能”的需求，有助于学生语言学习能力、跨文化交流能力、思辨能力等综合能力的提升。同时应该看到，多语种复合型人才培养是小众的精英型教育，“一专多能”是武大学子相对容易实现的目标。既“一精多会”又“一专多能”的人才培养目标对于武大学子而言具有挑战性，能同时达到这两个条件的学生比例不算高，加之武汉大学“国际组织与全球治理人才试验班”等其他特色拔尖人才项目的分流，目前每年设立 2~3 个试验班可以满足武汉大学拔尖学子对多语种学习的个性化需求。

“多语种精英人才试验班”是武汉大学高质量拔尖人才培养体系中不可或缺的一部分。多语种复合型人才培养是拔尖学生自身认知能力发展和综合素养提升的需要，是中国参与全球治理、加强国际文化交流的需要。只有在教学改革试点过程中不断总结经验、发现问题，完善课程设置，优化教学方法，才能满足这些需要，为国家建设和战略发展提供人才支撑。

◎ 参考文献

[1]吴岩．新使命　大格局　新文科　大外语[J]．外语教育研究前沿，2019（2）：3-7.
[2]姜智彬，王会花．新文科背景下中国外语人才培养的战略创新——基于上海外国语大学的实践探索[J]．外语电化教学，2019(5)：3-6.
[3]修伟，田新笑．聚焦“多语种+”人才培养，探索外语学科发展[J]．外语界，2019(6)：71-72.
[4]姜峰．培养具有全球视野和世界眼光的高层次国际化人才[J]．中国高等教育，2020(21)：26-28.
[5]张红梅．新文科视域下多语种国际新闻传播人才培养[J]．青年记者，2021(7)：93-94.
[6]束定芳．论多语种人才培养的必要性和可行性[J]．外语教学与研究，2022(6)：912-921.
[7]袁筱一．“新文科”视域下的外语学科建设：挑战、构想与路径[J]．外语教学理论与实践，2022(3)：19-26.
[8]蔡基刚．十字路口的我国公共外语教学[J]．中国大学教育，2019(4)：22-26.
[9]金艳，揭薇，王伟．大学英语四、六级考试与语言能力标准的对接研究[J]．外语界2022(2)：24-32.

“课程思政”理念融入新闻传播学专业“专业实习”的教学实施路径探析

杨　力

（武汉大学　新闻与传播学院，湖北　武汉　430072）

【摘　要】专业实习作为新闻传播人才培养至关重要的一环，应以思想政治教育立德铸魂，加强课程思政建设。调研发现，现阶段高校新闻传播学专业实习存在“能力培养为主，思政育人效能不足”的问题，要切实提升专业实习的思政育人成效，需要明确育人目标，梳理教学内容，改进教学方法，优化考核评价方式，在专业实习各教学环节实现思政育人的一体化设计；还需要以平台搭建为基础、制度推进为保障、师资建设为支撑，构建“互惠双赢”的实践育人校媒共建长效机制，切实提升新闻传播实践育人质量。

【关键词】课程思政；新闻传播学；专业实习

【作者简介】杨力（1988— ），女，湖北武汉人，文学硕士，武汉大学新闻与传播学院本科生工作办公室主任，负责新闻与传播学院本科教学管理工作。E-mail：yanglihzau06@163.com。

党的新闻舆论工作，事关旗帜和道路，是治国理政、定国安邦的大事[1]。高校新闻传播学专业肩负着为党为国培养优秀新闻舆论队伍的重要职责，在专注专业教育的同时，以思想政治教育立德铸魂，加强课程思政建设是必然选择。

新闻传播作为应用型学科，实践教学在人才培养中扮演着重要角色。而在整个实践教学体系中位列高阶地位的专业实习，承载着将知识运用于实践、将储备转化为能力、将所观所学内化为价值的教学任务，更应在课程思政建设上下功夫。然而当前专业实习教学实际中，“能力培养为主，思政育人效能不足”的问题仍较为普遍地存在，如何提升专业实习思政育人实效，值得高校新闻传播专业普遍专注。

自党和国家要求高校全面开展课程思政建设以来，国内已涌现大量课程思政相关研究。新闻传播专业领域也对“课程思政”提起足够关注。在中国知网以“课程思政”和“新闻传播”为主题进行搜索，共有 188 条记录。相当一部分研究从宏观层面出发，聚焦新闻传播学专业课程思政教学体系和教学模式研究，认为新闻与政治、社会舆论以及意识形态存在天然的亲密关系，新闻学科的课程思政应该以马克思主义新闻观为统领，将思政内容融入专业课程[2]；应充分挖掘新闻传播学专业课程中的思政理论资源、历史资源和实践资源，守正创新、交叉融合、融通中外，推动新闻教育课程思政教育体系建构[3]；部分研究聚焦诸如新闻理论课、新闻实务课等具体课程的课程思政实践路径探析，认为专业理论课应以互动教学融合理论与实践、打造沉浸式思政学习环境、以现代技术打造教学资源共享云平台[4]；要坚持"深度教学"，以马工程教材为蓝本、"金课"建设为目标、以"三个课堂"为抓手，推动新闻理论课程思政建设[5]；新闻实务课程应将"课程思政"理念贯彻知识点讲授、案例讲解和实操训练之中[6]。纵观新闻传播专业课程思政研究现状，探讨实践教学课程思政建设的研究较少，暂无以"专业实习"为研究对象的课程思政研究。本文将从新闻传播学"专业实习"课程思政教学实施现状出发，探讨将"课程思政"理念融入新闻传播学"专业实习"的教学实施路径，希望为新闻传播实践教学育人改革提供参考依据。

一、新闻传播学"专业实习"课程思政教学实施现状

通过梳理高校新闻传播学专业本科人才培养方案及相关实习管理办法发现，尽管高校新闻传播学专业在学校层次、办学条件、师资配备、生源质量等方面存在差异，专业实习均被作为高年级学生的专业必修课纳入培养方案，学分 3~10 分不等，时长 8~16 周不一，实习去向以各级报社、广播电台、电视台、门户网站的新闻中心、编辑中心、运营中心为主。尽管允许学生自行联系实习单位，但在实习基地供给能够满足实习需求的前提下，高校一般主张学生服从学院的统筹安排，因为实习基地的数量与质量、集中实习的比例往往与实习效果成正比。

为了了解专业实习课程思政教学成效，武汉大学新闻与传播学院于 2023 年 4 月面向院内 2018 级、2019 级学生发放调查问卷，并有针对性地组织了教师访谈和学生座谈。通过调查发现，专业实习有助于"巩固专业知识、提升实践能力""接触最新技术及行业发展动向""明确职业生涯规划、提升综合适应能力"，但在课程思政育人成效上仍有很大提升空间，现阶段主要问题集中在"思政育人目标不明确""思政元素融入不充分""考核评价方式需改进"等方面。

1. 专业实习的思政育人目标尚不明确

从教师访谈发现，专业实习具备育人育才的双重功能，但目前尚未以思政育人目标为出发点对专业实习进行系统设计，实践育人很难走深走实。问卷调查结果证实了目标缺失带来的效果偏差。对于"实习单位及实训内容满意度"题项，88%的学生认为"实习注重引导学生树立正确的人生观、价值观和世界观，注重马克思主义新闻观教育"，89.5%的学生认为"实习有利于培养我良好的思想政治素质、职业道德素质、业务素质和创新素质"，说明学生感受到了专业实习在马克思主义新闻观教育、价值塑造上的正向作用，然而对于"专业实习的亮点及带给你的收获"题项，词频最高的是"工作""能力""行业""体验"，高频词中没有出现"价值观"相关词汇（见图 1）。专业实习仍以能力提升为主要功能，丰富

的育人功能亟待释放。

图 1　专业实习的亮点及带给你的收获词频分析图

2. 思政元素在实习教学中的融入不充分

学生开展专业实习通常是在业界导师和校内专业教师的联合指导下进行，业界导师重点从事业务指导，校内专业教师主要负责过程管理。业界导师往往业务精湛但育人意识不足，对学生的指导以技能传授和业务指导为主，马克思主义新闻观教育和价值观的引导多为无意识的言传身教。校内专业教师投入大量精力强调实习安全及纪律，关注学生表现及成果产出，对于学生的教化引导不足，过程管理中的思政育人融入不够。专业实习中“隐性”育人元素的提炼不足，无可避免地导致能力培养与思政育人“两张皮”的情况产生。只有凝练提升专业实习中“内生”的思政元素并进行必要的延伸，才能做到如盐化水、润物无声[7]。

3. 实习考核评价未体现思政育人成效

专业实习课程思政教学目标的缺失必然导致在评价考核环节缺乏对思政育人成效的考查。目前专业实习评价仍以能力获得为主要考核标准，考核方式以结果性评价为主，实习单位鉴定、指导教师评语及实习作品为主要评价指标。例如，武汉大学新闻与传播学院依据实习单位评价(占 50%)、实习成果(占 30%)、个人自评(占 20%)进行实习评分，中国人民大学“根据实习手册内容、代表性成果以及实习鉴定等评定学生成绩”。缺乏以“德行、素养和价值”为考量指标的实践教学评价体系是目前高校专业实习教学评价存在的普遍问题。

二、“课程思政”理念融入专业实习的教学思路

专业实习未能充分激活育人功能的根本原因，在于缺乏教学实施各环节的一体化设计。加强专业实习的课程思政建设，需要完善教学设计，确定教学目标，梳理教学内容，改进教学方法，优化考核评价方式，实现思政教育与能力培养的有机统一。

1. 确定专业实习的思政育人目标

教学目标是关于教学将使学生发生何种变化的明确表述，是指在教学活动中所期待得到的学生的学习结果[8]，涉及“培养什么人”的问题。“课程思政”理念融入专业实习，首先要落实到教学目标设计，目标定了，教学活动才能围绕实现教学目标而有序展开。

根据《高等学校课程思政建设指导纲要》要求，全面推进课程思政建设，需要“注重知识传授、能力培养和价值塑造三者统一”[9]，因此教学目标的设定需要在传统知识目标和能力目标的基础上，确定思政育人目标，有意识地凸显育人导向并加以强化。新闻传播具有天然的政治属性和舆论导向功能，人才培养强调坚持以马克思主义新闻观为教育的根本遵循[10]。习近平总书记高度重视新闻队伍建设，强调“要加快培养造就一支政治坚定、业务精湛、作风优良、党和人民放心的新闻舆论工作队伍”[1]，向新闻工作者提出“四向四做”的殷切希望，概括来说，政治素养、业务能力、价值取向和职业态度是核心指向。因此专业实习的育人目标，也应围绕核心指向来具体设定。

在武汉大学2023版人才培养方案中，思政教育及价值观塑造被纳入课程教学大纲的总体编制要求。“专业实习”的思政育人目标是：提升学生对于马克思主义新闻观的认识，进一步坚定学生的政治立场，形成正确的新闻理念，牢固树立遵守宣传纪律的意识和把握导向的意识，让学生真正成为党的政策的传播者、时代风云的记录者、社会进步的推动者、公平正义的守望者。

2. 厘清专业实习的核心思政元素及其融入方式

教学内容涉及“教什么”的问题，加强课程思政建设，需要深入挖掘课程中蕴含的思政教育元素，经过梳理形成结构化的思政育人知识图谱[11]。将“课程思政”理念融入专业实习，需要围绕政治素养、业务能力、价值取向和职业态度来强化思政内容供给，搭建起思政元素在专业实习中的渗透通道，厘清思政元素、思政融入点以及思政育人目标之间的关系。具体见表1。

表1　**专业实习课程思政元素、融入点及育人目标**

核心指向	思政育人目标	思政元素	专业实习思政元素融入点
政治素养	坚持用辩证唯物主义思维方式来处理问题，做马克思主义新闻观的坚定支持者、传播者	马克思主义新闻观立场和方法	到主流媒体实习，在工作环境熏陶下在新闻生产实践中自觉用马克思主义理论和方法指导实践
	坚定政治认同、思想认同、情感认同，牢记新闻舆论工作者的使命担当	党史国情	在“四力”实践中感悟历史，体会党为国家和人民做出的历史性贡献；把握基本国情和国际国内形势，增强民族自豪感的同时增强使命担当意识
	感受专业价值和责任担当，坚定“四个自信”	国家战略	关注国家重大主题报道，深入基层调研，优化内容生产，创新报道形式，提升舆论引导能力

续表

核心指向	思政育人目标	思政元素	专业实习思政元素融入点
业务能力	培养创新意识、批判意识和理性思考能力，提升创新能力	新技术、新业态、新问题	走进业界、接触前沿，直面传媒发展中的新理念、新技术、新问题，形成新的思维方式，获取新技术，提升解决问题的能力
	形成自主学习的主动性和积极性	相关国家政策及学科知识	结合具体实习岗位及工作内容，有针对性地了解相关政策法规、学科专业知识
	提升作为新闻工作者不断进取，敢于批判、勇于改革创新的专业精神，培养扎实的文风和实事求是的工作作风	科学精神	在新闻采访、社会调研中坚持实事求是，理性思考，用眼观察、用脑思考、有脚丈量、用笔书写
价值取向	培养有温度的准传媒人，坚持心中有光、心系人民	人文精神	深入基层，关注民生，在新闻采写中感受对生命的关切和对人格尊严的维护
	厚植爱国之心，打牢国家认同，做好舆论引导，传播核心价值、讲好中国故事，传播好中国声音	家国情怀	通过抢险救灾等主题报道实践，深刻感悟国家与个人的关系，深刻理解制度的优越性，了解平凡背后的奉献和牺牲
	树立尊重事实，传播真相，服务国家和人民，成为具有强大专业素养、高度的责任感、使命感的优秀传媒人的崇高职业理想	职业理想	发挥实习单位优秀业界精英的榜样作用，言传身教厚植职业理想信念
	增强专业认同感，自觉了解并遵守相关法律法规，恪守职业准则及伦理道德	传播伦理与职业道德	在实践中深刻理解中国的新闻体制以及媒体工作者的权利和义务，感受专业媒体人相比于“泛传媒”时代非专业从业者的专业与担当
职业态度	提升团队协作意识及团队协调能力以及解决复杂问题的能力	团队协作	以团队形式开展的各类实践促使学生自觉思考自身在团队中的定位、职责和义务
	加强职业认同，培养爱岗敬业、无私奉献、吃苦耐劳的职业品格和行为习惯	爱岗敬业吃苦耐劳	学生在实习中明确个人规划与职业选择，在达成职业认同的情况下，以社会主义核心价值观来完善职业态度

3. 将思政育人有机融入实操训练及实习管理过程

思政元素的使用不能生搬硬套。撒胡椒面似的普遍关照，看似面面俱到，实则没有重点；贴标签似的强行植入，脱离具体情境，内容空洞，适得其反。在实操指导及实习管理过程中，业界导师和专业教师要提高育人意识、创新教学方法，将思政育人有机融入实操训练及实习管理的全过程。

在实操训练方面，专业实习主要围绕新闻生产及媒体运作、产品策划及运营管理、广告策划与宣传运营等内容展开，单位和岗位不同，育人内涵各有侧重。业界导师在指导实习时要注意将“课程思政”元素与具体实操内容相结合，例如在采写实践时，要引导学生关注民生，坚持正面宣传为主；在编审实践时，则强调阵地意识，严守作品质量关；在产品策划运营时，要在调研和理性分析基础上大胆创新；而对于职场必备的核心素质诸如遵纪守法、爱岗敬业、吃苦耐劳等则要反复强调，不断强化加深理解。

在实习管理方面，校内专业教师要有意识地将思想政治教育贯穿管理全过程。实习前召开动员大会，开展理想信念教育和纪律规则训导；综合考虑学生专业方向、实习志愿和能力素质确定实习单位及岗位，通过提升学生与岗位的匹配度来增加学生的认同感、归属感；鼓励学生到中央级媒体和党媒开展实习活动，制度化推动马克思主义新闻观教育；实习中通过实习周记检查和线上谈心谈话跟踪学生实习状况，通过实习中期检查与实习单位人事部门、业界指导教师及学生沟通交流，加强对学生的正向引导；实习结束后组织实习实训总结、表彰大会，汇总整理典型性和代表性的优秀实习成果并汇编成册，形成成果辐射。

4. 形成多元考核评价体系

考核评价是对教学过程及效果的检验及诊断，具有引导科学育人目标确立、确保教学发展方向的指挥棒作用[12]。专业实习考核评价体系改革，需要将课程思政纳入考核的系统化设计，优化评价方式，细化评分细则。评价主体上，引入多维评价主体，业界导师主要考查业务熟练程度和工作态度，校内专业老师重点关注实习成果及价值获得，学生则通过自查如实反映专业能力及思想层面的提升。在考核流程上，增加发放《专业实习指导书》的环节，以明确的思政考察目标来指导学生实践行动。在评价方式上，改进过去“结果性评价为主”的评价方式，提升过程性评价占比，重点考核学生运用思政理念思考和解决问题的意识及能力。

专业实习还应建立必要的跟踪评估与效果反馈机制[6]。通过调查问卷、师生座谈、个人访谈等形式及时了解学生对于专业实习的意见建议，检验专业实习育人育才效果的同时，为改进专业实习课程思政建设提供依据。

三、提升专业实习“课程思政”育人效果的保障措施

专业实习有别于传统的课堂教学，需要学生走出校门，与时代接轨、与前沿融通，在实践中锻炼能力、在磨砺中提高素养。要提升专业实习“课程思政”育人成效，需要以平台搭建为基础，制度推进为保障，师资建设为支撑，构建“互惠双赢”的实践育人校媒共建长效机制，从政策导向、制度建设、机制保障等方面协力推进课程思政建设，实现课程

思政的持续发展[13]。

1. 着力打造高水平实践育人平台

主流媒体对于张扬国家主流价值观具有无可替代的支柱作用[14]，为加强新闻传播学专业学生的主流价值观培养，高校要不遗余力地激活与业界，特别是主流媒体的深度交往，以互惠合作、共同发展为前提开展共建合作，将“走出去和请进来”相结合，形成推动人才培养质量提升的内生动力。第一，要搭建充足、稳定、高水平的实习实训基地，为学生提供高层次、高质量的实习选择，激发学生实践热情，达到学以致用、知行合一的效果。以武汉大学为例，武汉大学新闻与传播学院先后与北京、武汉、长沙、广州和深圳等中心城市的国家级媒体、省级媒体、著名网站和广告公司合作，建立近50家高等级实习实训基地，充分确保了学生的实习层次及实习质量；第二，要结合教学需要和媒体发展需求，在联合培养、合作就业、共同发展上探索高校与主流媒体新的合作方向。腾讯与武汉大学新闻与传播学院就尝试在联合授课过程中发掘有潜力的学生，开辟实习、就业绿色通道，提前锁定优秀的人才队伍；第三，深化“请进来”和“走出去”政策，打破行业壁垒，实现学界业界优势互补。例如，武汉大学新闻与传播学院与湖北广电长期合作，定期选派专家学者讲授国内外新闻传播的新理论、新观点，邀请行业专家充实新闻传播智库力量，在人才培养、示范课堂建设方面共商学科发展大计和实践育人创新策略，释放实践育人潜能。

2. 校媒协同机制建构及管理方式创新

一个强有力的共同领导机构是专业实习深入开展的前提，一系列行之有效、一以贯之的管理办法，则是专业实习规范有效运行的保障。在基地的运行与管理上，学校应与实习基地管理层、人事部门和具体业务部门形成多层联动机制。例如，国家级实践教育基地“武汉大学-湖北日报传媒集团新闻传播学类文科实践教育基地”就设立了由学校和报业集团分管领导组成的基地管理委员会，基地管理委员会既是政策制定、培养机制改革、教师队伍建设的指导主体，也是政策协调、实习就业、师资力量调配的协调者，确保了实践教育基地的日常运作与管理，推动了校企合作的深入有效开展。

制度化规范实习组织架构、创新实习管理模式是专业实习得以持续深入有效开展的关键。加强专业实习的课程思政建设，要创新推动制度配套，例如武汉大学新闻与传播学院制定了《关于促进马克思主义新闻观实践教育的办法》，鼓励学生到人民日报、新华社、光明日报、经济日报等中央级媒体新闻生产一线实习，在制度推动下大大提升了学生在中央级媒体的实习比例，有利于学生在实践中践行马克思主义新闻观，坚定政治意识、大局意识，强化意识形态把控意识，提高处理突发事件、复杂问题的能力。

3. 建设高水平实践育人队伍

能力过硬、作风扎实、德才兼备的师资队伍是专业实习课程思政建设的关键。要规范校内外实践教师选聘制度，一方面，在校内选拔师德高尚、专业基础扎实、对人才培养怀有热情的专任教师、专技人员、教学管理干部组成实践教学团队，全程参与专业实习过程管理，为专业实习保驾护航。在“科研至上”的现行高校人事考评制度下，要出台相应的绩效考核办法，为教师的实践教学投入解除后顾之忧。另一方面，要完善业界导师选聘制度，针对业界教师难以真正进入师资队伍的高校人才“围墙”，采取灵活的师资聘用方式，设置“流动编制”，聘请业务水平精湛、政治素养扎实的优秀业界教师加入实践育人队伍，施行师德师风一票否决制，严格把控实践教师的师德师风。此外，定期组织课程思政相关培训，用理论武装头脑，提升理论水平和思政育人意识。发挥学术带头人、业务骨干的引领示范作用，合力打造示范课堂、研究智库。

四、结语

教育是国之大计、党之大计[15]。专业实习作为新闻传播实践教学的关键环节，需要从育人的本质出发，以立德树人为根本任务，在明确的思政育人目标指引下，充分挖掘专业实习实操训练及管理过程中蕴含的思政教育元素，将其有机融入实习教育教学过程中。高校要强化制度推进，关注实习基地、实践教学队伍的建设，为专业实习思政育人提供坚实的组织保障，着力培养牢固树立马克思主义新闻观、具有坚定理想信念和高尚道德品质的优秀新闻传播后备力量。

◎ 参考文献

[1]习近平在党的新闻舆论工作座谈会上强调：坚持正确方向创新方法手段　提高新闻舆论传播力引导力[N]. 人民日报，2016-02-20(1).

[2]丁柏铨. 新闻学科课程思政：特殊性、有效性及实施路径[J]. 新闻与传播研究，2020(6)：9-13.

[3]杨琳，李唐波. 新文科背景下新闻传播专业课程思政的资源挖掘与路径创新[M]//高晓红. 中国新闻传播研究：课程思政和新文科建设. 北京：中国传媒大学出版社，2022：3-14.

[4]白晓晴，顾洁. “四全媒体”框架下课程思政建设的创新探索——以国家级本科一流课程“融合新闻学”为例[J]. 青年记者(传媒教育)，2021(23)：87-89.

[5]张芹. 深度教学：高校新闻理论课程思政实践研究[J]. 教育传媒研究，2022(4)：25-27.

[6]张霆. “课程思政”理念融入高校新闻实务课程教学探析[J]. 河北科技大学学报(社会科学版)，2021，21(1)：73-79.

[7]张树永. 当前“课程思政”建设存在的不足及未来建设重点——以化学类专业课程为例[J]. 中国大学教学，2021(8)：42-46.

[8]莫雷. 教育心理学[M]. 北京：教育科学出版社，2007.

[9]教育部关于印发《高等学校课程思政建设指导纲要》的通知(教高〔2020〕3号)[EB/

OL]. (2020-06-01). http://www. moe. gov. cn/srcsite/A08/s7056/202006/t20200603_462437. html.

[10]郑保卫. 马克思主义新闻观中国化的历史进程及其理论贡献[J]. 新闻与传播研究, 2018, 25(2): 5-19.

[11]陆道坤. 课程思政评价的设计与实施[J]. 思想理论教育, 2021(3): 25-31.

[12]中共中央国务院印发《深化新时代教育评价改革总体方案》[EB/OL]. (2020-10-13). https://www.gov.cn/zhengce/2020-10/13/content_5551032. htm.

[13]肖香龙, 朱珠. “大思政”格局下课程思政的探索与实践[J]. 思想理论教育导刊, 2018(10): 133-135.

[14]林晖. 中国主流媒体与主流价值观之构建[J]. 新闻与传播研究, 2008(2): 41-47.

[15]习近平. 高举中国特色社会主义伟大旗帜 为全面建设社会主义现代化国家而团结奋斗——在中国共产党第二十次全国代表大会上的报告[EB/OL]. (2022-10-16). https: //www. 12371. cn/2022/10/25/ARTI1666705047474465. shtml.

拔尖人才本科培养过程中课程思政的教学模式创新思考

——以创业项目管理课程为例

赖一飞　龚巧云

（武汉大学　经济与管理学院，湖北　武汉　430072）

【摘　要】本课程将创业项目管理教学目标与思政建设目标有机结合起来，围绕拔尖人才本科培养过程，重点挖掘课程中体现的思政教育元素，提出创新的教学模式与教学过程，培养大学生将创业项目管理的知识深入应用至各领域、各行业的实际问题中的能力，为社会输送满足国家经济发展的创新创业型拔尖管理人才。

【关键词】创业项目管理；课程思政元素；教学模式创新；拔尖人才

【作者简介】赖一飞（1964— ），男，江西景德镇人，博士，武汉大学经济与管理学院副教授，研究方向为创业项目管理，E-mail：lyf37319@163.com；龚巧云（1989— ），女，湖北潜江人，武汉大学经济与管理学院硕士研究生，研究方向为创业项目管理，E-mail：gqy491882130@gmail.com。

0. 引言

2016年5月国务院印发《关于建设大众创业万众创新示范基地的实施意见》（以下简称《意见》），《意见》指出，按照政府引导、市场主导、问题导向、创新模式的原则，加快建设一批高水平的双创示范基地，扶持一批双创支撑平台，突破一批阻碍双创发展的政策障碍，形成一批可复制、可推广的双创模式和典型经验。“大众创业，万众创新”已被列为国家战略，是推动我国成为创新大国的有效途径。由于创新创业需依托于拔尖高素质的人才，大学生已成为大众创业的生力军，因此培养创业型拔尖人才成为新时代高等教育的一个重要目标。在此时代背景下，2018年5月武汉大学着手建设通识课程3.0，创新项目管理通识课程（项目编号：413200199）由资深教师赖一飞老师负责讲授教学。

本课程主要介绍以创业项目为对象的系统管理方法，涵盖项目管理技术方法、风险管控、法律法规及经济管理科学等多学科理论，是一门集理论、方法、实践为一体的管理综合性学科课程。课程以创业项目管理的理论和方法为手段，强调理论与实践相结合，通过案例挖掘课程思政元素，提出创新的教学模式与教学过程，运用陪伴式教学法与企业家进课堂等教学模式，培养大学生将创业项目管理的知识深入应用至各领域、各行业的实际问题中的能力，为社会输送符合经济社会发展的创新创业型项目管理拔尖人才。课程旨在提高学生的创业项目管理理论水平以及创业项目管理实践能力，培养学生的创新创业意识和思维，使其能够充分了解和认识到创新创业各个关键点，对于拓宽学生的学术视野，夯实专业基础，培养创业项目管理研究和应用型拔尖人才有重要意义。

1. 课程教学创新设计

1.1 课程教学目标

党的十八大以来，习近平总书记对课程思政建设作出了明确指示，明确“立德树人”这一原则性问题，要求高校加强课程思政建设，发挥思政课“润物细无声”作用，引导青少年树立正确价值观，培养德才兼备复合型拔尖人才。创业项目管理作为武汉大学通识课程，培养的是从事创新创业项目的拔尖人才。以课程思政理念为指导，明确课程目标和育人目标。在课程目标上，根据不同的教学内容融入不同的思政元素，更好地将课程思政与课程专业实习结合；同时，推动教学模式创新，促进思政元素与专业知识的深度融合，增强学生的学习兴趣。挖掘课程中体现的思政教育元素，创新教学模式，促进教师对课程思政的深度理解，提升思政与通识课程的融合能力，更好地发挥教师“立德树人”的作用。

1.2 课程各章节中的思政元素

课程各章节中的思政元素汇总如表 1 所示。

表 1　课程思政要素汇总

章节	思政目标	思政元素	案例素材
1. 创业项目管理导论	了解创业的基本概念及创业过程，分析创业市场的现状及问题，理解创业项目管理的概念及管理艺术	创业要素、创业过程、创业者特质	文件：党的二十大报告中有关创新创业的内容
2. 创业项目决策与实施	了解前期创业项目的机会来源及识别方法、创业机会评估与决策，熟悉创业计划的设计与实施方案	机会识别、创业机会评价、创业计划设计	影视剧：《建党伟业》中革命先烈为中国共产党的成立缜密规划、谨慎实施
3. 创业项目目标管理	了解创业项目目标管理基本知识，并结合创业项目的独特性，熟悉创业项目目标管理流程及方法	创业目标策划、目标管理	纪录片：《大国重工》中政府相关部门对大型基础设施、工程项目的成本、技术、时间管理
4. 创业项目资源整合管理	关注资源整合基础理论，建立创业项目资源整合机制，并分析创业项目资源整合管理的主要内容及管理工具	创业资源整合、资源整合工具	案例：大型民生工程 1236 工程（扬黄扶贫灌溉工程）、沙坡头治沙工程对项目中各项资源的整合利用

续表

章节	思政目标	思政元素	案例素材
5. 创业项目融资管理	分析目前创业项目的融资特点及难点，探究创业项目的融资渠道及破解融资困境的途径	融资管理、困境破解、融资渠道	案例：中国移动出行平台滴滴出行融资管理
6. 创业项目营销管理	关注创业项目目标市场定位及产品开发模式，并基于不同创业项目设计不同的营销策略	目标市场定位、营销策略	案例：农夫山泉矿泉水成功精准营销
7. 创业项目干系人管理	理解干系人的基本内涵，分析创业项目的主要干系人，并了解创业项目干系人管理的一般流程	干系人分析、干系人管理	影视剧：《山海情》中政府为了老百姓脱贫致富对各方干系人的管理培训
8. 创业项目人力资源管理	理解创业项目人力资源管理规划，主要包括创业项目团队类型、组织形式、团队人员培训及沟通管理等	人力资源规划、人员培训、沟通管理	文件：《关于进一步支持大学生创新创业的指导意见》
9. 创业项目风险管理	熟悉创业项目的常见风险类型，并关注创业项目的风险管理流程及工具，以进一步加强创业项目风险防御及危机管理	风险识别、创业风险管理、危机管理	案例：闽宁合作、吊庄移民等易地搬迁助力精准扶贫项目对实施过程中移民风险的把控

2. 创新教学模式

2.1 教学对象分析

本通识课程的教学对象为全校本科生，他们大部分为“00后”，处于人生成长的关键时期，表现出属于他们这一代的特性，生活高度依赖互联网和社交媒体，学习方式多元化，能快速获取信息，自我意识强，注重自身的兴趣爱好和个性发展，更倾向于选择自己感兴趣的课程和内容进行学习；注重个性化和创新性，希望成为一个独立思考、有独特见解的人，更倾向于通过实践和探究来获取知识和经验。

大学教育的目的主要是让学生对自我形成清晰的认知，明确自身对他人、社会的责任，在追求和探索知识的过程中关注他人，关注集体、国家和社会的发展。在通识课程中增加思政元素能正确引导学生，以辩证的立场、科学的头脑去认识世界，承担起社会责任，认真学习理论知识与技能，为实现中华民族伟大复兴而踔厉奋发。

“课程思政”教育模式不是简单地在原有课程基础上对传统思政课程内容进行嫁接。为了激发学生学习动力，提高课程思政教育的效果，教师可以通过采用多元化的教学形式，实现“教、学、做”一体化教学。通过学生喜闻乐见的教学形式，潜移默化地影响其价值理念，让其理论认同、情感认同、价值认同不断增强。

2.2 陪伴式教学法

转变观念，把每一个课头当作一个教学项目。首先统计学生人数，建立创业项目管理课程教学微信群，通过点名与自我介绍，了解每一位学生的专业来源、需求和兴趣。按照有效管理跨度原则(6~7人)，采用男生与女生搭配，不同专业进行搭配、不同年级进行搭配的办法，来划分学习研讨小组。以促进学生的团队合作能力和交流能力，让同学们互相帮助，共同进步。

建立融洽的师生关系，提高学生学习兴趣和自主学习能力，引导学生发现问题、解决问题。经典案例记录和音影记录将抽象的概念和复杂的理论知识与实践融合起来，有利于学生对知识的全面理解。在案例研讨分享中，给予学生发表意见的机会，尊重他们的个性和独立思考能力。在教学中安排课程论文撰写，小组讨论、角色扮演等，增加学生的参与度和探究动力，加深对知识的理解和记忆，促进学生的全面发展和成长。

小组讨论是一种互动教学方式，其突出特征是“参与性”与“合作性”，注重教学过程中的教师与学生、学生与学生之间的互动合作。营造幽默风趣的教学氛围，注重学生的情感健康和自信心的培养。将课程思政融入创业项目管理教学过程中，让学生感受到教师的关爱和支持。教师在教学过程中围绕思政资源，采用项目分析的方法引出新的知识点，然后引导学生对思政项目中的理论知识和价值观念进行分析、讨论、思考。

2.3 企业家进课堂

邀请校友企业家进课堂，分享创业成功经验，通过互动，跟学生并肩前进，共同探索问题，同时与企业家面对面交流，帮助学生更好地发现自己的兴趣和爱好，丰富的思政资源案例能让学生培养正确的职业观念，激发社会责任感和使命感，从而更好地规划未来的学习和职业发展。

2.4 服务本科生学习成长发展

在教学工作中，积极参与服务本科生学习成长发展的各项工作，对促进教学革命大有益处。比如通过参与招生宣传工作，传递校园文化，跟踪联系大一新生，关心学生的成长与进步，对于学习上有困难的学生及时提供帮助；参与专业班导、协会导师、教学督导等工作，与大学生交朋友，保持良好的沟通，鼓励他们分享教学过程中自己的感受和问题。在他们的成长过程中给予关心、支持和指导。针对学校开展的各种大学生创新创业的课题与竞赛以及协会的工作，鼓励学习本课程的同学积极申报参与，承担学生课题项目的指导老师，通过指导本科生参加学术科技创新实践，将课题上的理论知识与实际项目有机统一起来，促进学生的全面发展和成长，使其努力成为拔尖人才。

3. KPIL-SPARK 课程建设

面对受众规模化、教学多样化、学习差异化、思政引领化的通识课教学特点，创业项目管理通识课提出 KPIL-SPARK(Knowledgeable，Politic-Ideological and Layered SPARK)课程建设思路，具体如下。

3.1 知识体系架构(Knowledgeable，K)

围绕国家创新引领战略、创业项目管理对高端人才所需，契合领域前沿理论与国际发展动态，聚焦理论知识体系、混合教学模式、分析工具及软件操作、后续课程衔接四个环节的问题。

3.2 课程思政建设(Politic-Ideological，PI)

坚持立德树人，弘扬社会主义核心价值观、契合宏观政策导向，促进课程内容与思想政治互融共生。

3.3 人才培养分层(Layered，L)

形成理论知识与学习能力、研究与创新能力人才分层培养模式，关注课程内容分类、学生动态分层两个环节的问题。

3.4 案例教学设计(Select-Perform-Analysis-Review-Knowability，SPARK)

强化综合多学科知识的战略性思维能力的训练及沉浸式学习、突出契合创业项目实际的解决方案制定和思想的碰撞以形成"火花"。

3.4.1 课程知识的教学过程(见表2)

表2 **课程思政教学活动组织**

时间	教 师 活 动	学 生 活 动
第一节课	K1&PI1：引导案例与问题：课程思政之闽宁合作 K2&PI2：案例阅读：吊庄移民：课程思政之整村搬迁时需要面临的风险 SPARK1：播放优质影视剧《山海情》片段	PI1：闽宁合作背后的动因 PI2：课堂讨论：创业项目风险管理的重要性
第二节课	L1&PI1：异地搬迁等扶贫政策实施过程中将面临哪些风险？应采取哪些措施来应对风险？	K3：案例讨论：美国制裁下华为的应对之路
第三节课	K4&PI4：情景讨论：ofo 小黄车缔造了"无桩共享单车"模式但于 2022 年被列为被执行人：课程思政之创业项目民众信心丢失的风险	小组课堂展示与讨论 K3 中华为面临美国制裁和疫情时，其危机应对之道体现了何种创业风险管理知识
课后安排		L2：文献阅读，分组阅读期刊文献 1 篇，组内讨论并于下次课堂展示

3.4.2 教学流程

1. 课程导读

20 多年来，闽宁两省区沿着习近平总书记指引的道路砥砺前行，始终坚持“联席推进、结对帮扶、产业带动、互学互助、社会参与”的合作机制，“把建立长效机制作为前提、把解决贫困问题作为核心、把产业带动扶贫作为关键、把改造生态环境作为基础、把激发内生动力作为根本”等思路举措，为东西部扶贫协作提供了有益借鉴。

山海见证，时光亲历。翻越了脱贫路上最后一座大山，山海情，情未了。闽宁合作过程当中克服了一个又一个难关，化解了一次又一次危机，为当代精准扶贫事业、风险管理提供了鲜明生动的案例。对于个人来说，创业项目是创业者为了达到商业目的而具体实施和操作的工作，成立一家公司、加盟一个品牌、开一间店铺都是创业项目。但对于国家来说，易地搬迁、产业扶贫不仅是脱贫攻坚道路上一项创举，也是减贫事业的一个“创业项目”，并且在这个创业项目中党和政府通过政策倾斜、产业扶持、技术培训、人才培养等方式克服了贫困地区人民返贫风险，始终带领人民群众在复兴道路上行稳致远。

2. 思政案例与课程内容的融合

创业项目管理“课程思政”要以强化对学生基础知识和实践能力考核为目标，不断探索课程思政与专业知识双向贯通的教学路径，准确把握思政教育的关键环节，充分发挥课堂作为思政教育的主渠道作用，建立科学合理的教学体系，创建学生的自主型学习模式。在教学过程中，教师要引导学生以项目管理的思维去了解革命事业的艰辛、感受大型民生项目的意义、体会国家战略的先进性、认识现代社会事业的焦点，通过循序渐进的学习，提高学生思想道德修养和爱国情怀以及为人民服务的责任感和使命感。通过对红色鲜活的思政案例的介绍、分析和讨论，将抽象的概念和复杂的理论知识与思政内容融合在一起，促进学生对知识的理解，提高学生的学习兴趣，有意识地培养具有管理科学理念、意识、素质、实践能力、沟通和组织协调能力的高道德品质、高政治素养拔尖人才。

通过设计相应的引导案例和课堂思政内容，进行课堂小组案例展示与讨论，提出启发性与创新性问题，表演情景游戏或小品等，推荐课外阅读书籍、文献，布置课外作业及实践环节等，全方位帮助学生掌握和运用所学知识，提高学习和思维能力、分析解决实际问题的能力。

3. 教学效果

从 2018 年 9 月以来，创业项目管理通识课程每学期都开设，共计开设了 10 余次，通识课内课程点击量达 89000 余次，为学生提供创业项目管理的专业理论知识与方法，课程教学内容与课程思政深度融合，激励青年人才投入国家经济建设的实践中，教学效果显著，学生对该课程评价结果均为“优秀”。同学们一致认为“老师认真负责，课程规划清晰科学，课程内容充实，授课时条理清晰，讲解详细，讲课顺序由浅入深，内容丰富且简单易懂，形式多样，趣味十足；对于同学的发言与疑问也都耐心倾听并一一解答，在老师的课上学到了很多干货知识”。

有的同学还介绍说，除了理论的讲授，老师也注重实践教学。对于案例研讨小组，老师给予了同学们充分的发挥空间，促进了同学们之间的交流合作，所给出的分析案例真实生动，很好地培养了同学们的实践能力。老师在课程群内还分享一些线上的有关创业的小视频资料作为课外作业。课堂授课得到了广大学生的一致好评。

4. 总结

本课程教学研究以创业项目管理知识体系为基础，面对受众规模化、教学多样化、学习差异化、思政引领化的通识课教学特点，运用陪伴式教学法与企业家进课堂等教学模式，将课程思政巧妙地融合在专业知识教学的全过程中，激发学生的学习兴趣，培养掌握创业项目管理理念，具有社会主义核心价值观和家国情怀，拥有国际管理头脑与核心竞争力的创业项目管理的拔尖人才。

◎ 参考文献

[1]邱伟光．课程思政的价值意蕴与生成路径[J]．思想理论教育，2017(7)：10-14.

[2]董慧，杜君．课程思政推进的难点及其解决对策[J]．思想理论教育，2021(5)：70-74.

[3]王涵．高校专业课程思政教学改革与反思[J]．管理观察，2017(30)：138-140，143.

[4]张笑笑．“思政课一体化”背景下课程思政建设的路径选择[J]．延边大学学报(社会科学版)，2021，54(3)：79-85，142.

[5]Yifei Lai，Xiaoqian Zhao，Zhang Wan. Research on the teaching mode of entrepreneurial project management general courses[J]. Education Research Frontier，2019，9(2)：42-47.

[6]赖一飞，叶丽婷，谢潘佳，胡小勇．基于“课程思政”教育模式的创业项目管理课程教学改革研究[J]．Education Research Frontier，2021，11(2)：54-59.

[7]赖一飞，吴思，贾俊平. 创业项目管理[M]．武汉：武汉大学出版社，2018.

[8]赖一飞，胡小勇，陈文磊. 项目管理概论[M]．2版. 北京：清华大学出版社，2017.

新时代中国国际法学科体系的构造

杨泽伟

【摘　要】新时代中国国际法学科体系面临以下两大挑战，国际秩序的变革调整使国际法的重要性更加凸显，中国国家利益的拓展对国际法人才培养提出更高要求。重构新时代中国国际法学科体系，既是为了进一步落实习近平总书记有关学科建设的指示精神，也是为了改变国际法在整个法学体系中的地位与中国世界大国地位不相称的状况以及弥补我国涉外法治人才严重短缺的短板。中国国际法学科体系的重构，需要进一步厘清涉外法、涉外法治、对外关系法、国内法与国际法的关系以及涉外法学、国际法与法学一级学科的关系。中国国际法学科体系重构的方式，最为重要的是构建国际法学一级学科专业。未来中国国际法学的任务主要包括：弘扬国际法治理念、为人类命运共同体的构建提供法治保障，传播中国国际法观、提升中国国际法理念的国际影响力，提高运用国际法的能力以及补齐涉外法治的短板等。涉外法治人才培养和推动国际法研究的理论创新，则成为今后中国国际法学者的应有使命。未来中国国际法学的发展方向涉及架设国际法与国内法沟通的桥梁、谨慎使用“涉外法学”名称以及国际法的教育与研究应凸显中国的国际法理论与实践等。

【关键词】国际法学；涉外法治；对外关系法；国际法治

【作者简介】杨泽伟：教育部长江学者特聘教授、法学博士、武汉大学国际法研究所博士生导师，国家高端智库武汉大学国际法治研究院首席专家，E-mail：fxyyzw@ whu. edu. cn 或 2293639101@ qq. com。

【基金项目】本文系杨泽伟教授主持承担的 2022 年度教育部哲学社会科学研究重大课题攻关项目“全球治理的区域转向与中国参与亚洲区域组织实践研究”(项目批准号为：22JZD040)的阶段性研究成果之一。

“古老的法学总是一个需要不断重识的‘陌生的熟人’。”[①]国内法是如此，国际法亦然。近年来，中国国际法学科体系建设问题日益引起有关部门的重视。例如，2021 年 8 月 23 日，中共中央办公厅在有关文件中要求，加快推进涉外法治人才培养，支持能够开展学位授权自主审核工作的相关高校探索设置国际法学相关一级学科。2021 年 9 月，《教

① 郑永流. 重识法学：学科矩阵的建构[J]. 清华法学，2014(6)：97.

育部对十三届全国人大四次会议第 8342 号建议的答复》指出："加强国际法学科建设和涉外法治人才培养，对于协调推进国内治理和国际治理，更好维护国家主权、安全和发展利益具有重要意义"①。2021 年 12 月，《教育部关于加快高校涉外法治人才培养的实施意见》要求："到 2025 年，形成与国家发展需求相适应的涉外法治学科专业体系，建立以实践为导向的涉外法治人才培养机制，打造一批涉外法治人才培养示范区……到 2035 年，建成中国特色、世界一流的高校涉外法治人才培养体系。"②2022 年 5 月，中宣部、教育部联合印发的《面向 2035 高校哲学社会科学高质量发展行动计划》提出，要以习近平总书记关于哲学社会科学工作的重要论述为根本指引，推进学科体系、学术体系、话语体系建设，特别是学科体系建设方面要着力优化学科专业布局；到 2025 年的发展目标是全方位、全领域、全要素的高校哲学社会科学体系构建迈出坚实步伐，学科、学术、话语三大体系建设实现重大突破；到 2035 年，中国特色、世界一流的高校哲学社会科学体系总体形成。③ 与此同时，学术界也在密切关注这一问题。④ 因此。探讨新时代中国国际法学科体系的构造问题，无疑具有重要的理论价值和现实意义。

一、新时代中国国际法学科体系面临的挑战

（一）国际秩序的变革调整使国际法的重要性更加凸显

当前国际秩序进入变革调整期，百年变局、世纪疫情、中美博弈、乌克兰危机交织激荡，对国际秩序和国际法产生了深刻影响。一方面，百年变局背景下新兴市场国家群体性崛起，各类非传统安全威胁相互交织，国际形势不稳定、不确定性上升；世纪疫情使人们的生活方式发生了重要变化，也使全球公共卫生治理体系急需完善的短板暴露无遗；中美博弈持续，美国宣布启动"印太经济框架"（Indo-Pacific economic framework，IPEF），企图建立美国主导的贸易规则，为地区国家提供"替代中国"的方案⑤，还将中国抹黑为"对国

---

① 教育部对十三届全国人大四次会议第 8342 号建议的答复（教高建议〔2021〕120 号［EB/OL］. 教育部网站，http：//www. moe. gov. cn/jyb_xxgk/xxgk_jyta/jyta_gaojiaosi/202109/t20210907_560085. html。

② 教育部关于加快高校涉外法治人才培养的实施意见（2021 年 12 月 31 日）（教高〔2021〕3 号）.

③ 参见中宣部、教育部. 面向 2035 高校哲学社会科学高质量发展行动计划（2022 年 5 月 27 日）.

④ 参见五政法院校联合发表国际法学科建设与发展宣言（2017 年 12 月 4 日）法大新闻网，https：//news. cupl. edu. cn/info/1458/26067. htm；袁泉. 文明交流互鉴语境下重塑国际法学学科体系之思考［M］//李双元. 国际法与比较法论丛：第 26 辑. 武汉：武汉大学出版社，2020：3-15；杨泽伟. 为涉外法治工作提供学理支撑［N］. 人民日报，2021-10-20（9）；黄进. 完善法学学科体系，创新涉外法治人才培养机制［J］. 国际法研究，2020（3）：7-10；黄进. 涉外法治人才，你的舞台无比广阔［N］. 光明日报，2022-01-15（5）；魏磊杰. 大国崛起与国际法教育［M］. 北京：当代世界出版社，2022.

⑤ 参见外交部. 美国对华认知中的谬误和事实真相（2022 年 6 月 19 日）［EB/OL］. 外交部网站，https：//www. fmprc. gov. cn/wjbxw_new/202206/t20220619_10706065. shtml.

际秩序构成最严峻长期挑战”①；乌克兰危机不但使全球粮食安全、能源安全、金融安全等面临严峻的挑战，而且使网络、外空、人工智能等领域的国际规则的模糊性更加凸显，欧美国家还试图利用乌克兰危机把俄罗斯排除出主要国际机构与国际规则的制定进程。另一方面，“大国外交必重国际法”②，中国政府明确提出“共同维护国际法和国际秩序的权威性和严肃性”的倡议，强调要“推动各方在国际关系中遵守国际法和公认的国际关系基本原则，用统一适用的规则来明是非、促和平、谋发展……共同维护国际法和国际秩序的权威性和严肃性”③；“全球治理体系正处于调整变革的关键时期，我们要积极参与国际规则制定，做全球治理变革进程的参与者、推动者、引领者”④。可见，国际法在稳定国际秩序、规范国际关系、塑造国际规则方面的作用愈发凸显，⑤ 国际法也日益成为大国博弈的重要手段。

(二)中国国家利益的拓展对国际法人才培养提出更高要求

“当前，我国处于近代以来最好的发展时期。”⑥一方面，中国与外部世界的联系更加紧密，海外利益已成为中国国家利益的重要组成部分。目前有 3 万多家企业遍布世界各地，几百万中国公民工作学习生活在全球各个角落，2019 年全年出境旅游人数达 1.6 亿人次。中国已成为世界第二大经济体、第一大制造国、第一大外汇储备国、第一大债权国、第一大货物贸易国、第一大原油进口国、第一大造船国，2021 年中国全行业对外直接投资 9366.9 亿元人民币⑦、全年货物进出口总额 391009 亿元人民币。⑧ 可见，中国国家利益分布从集中在本土向本土和海外并重的方向转变，对外经济贸易合作从以贸易和引进外资为主向贸易和对外投资并重的方向转变，一个不具有领土属性的“海外中国”正在形成。⑨ 另一方面，伴随着中国国家利益的日益拓展，如果不能将中国的国内法治和涉外

---

① Antony J. Blinken. The administration's approach to the people of China[EB/OL].(2022-05-26). https://www.state.gov/the-administrations-approach-to-the-peoples-republic-of-china/.

② 黄惠康. 论习近平法治思想关于国际法治系列重要论述的实践逻辑、历史逻辑和理论逻辑[J]. 国际法研究，2021(1)：8.

③ 习近平. 弘扬和平共处五项原则 建设合作共赢美好世界——在和平共处五项原则发表 60 周年纪念大会上的讲话[N]. 人民日报，2014-06-29(2).

④ 习近平. 论坚持全面依法治国[M]. 北京：中央文献出版社，2020：225.

⑤ 参见杨洁篪. 深刻认识和用好国际法，坚定捍卫国家利益，共同维护世界和平与发展[J]. 求是，2020(20).

⑥ 习近平在中央外事工作会议上强调 坚持以新时代中国特色社会主义外交思想为指导 努力开创中国特色大国外交新局面[J]. 人民日报，2018-06-24(1).

⑦ 参见中新社. 商务部：2021 年中国全行业对外直接投资同比增长 2.2%(2022 年 1 月 20 日)[EB/OL]. 中国新闻网，https：//baijiahao. baidu. com/s？ id = 1722466068203099094&wfr = spider&for = pc.

⑧ 参见国家统计局. 中华人民共和国 2021 年国民经济和社会发展统计公报(2022 年 2 月 28 日)[EB/OL]. 中国政府网，http：//www. gov. cn/shuju/2022-02/28/content_5676015. htm.

⑨ 参见黄惠康. 论习近平法治思想关于国际法治系列重要论述的实践逻辑、历史逻辑和理论逻辑[J]. 国际法研究，2021(1)：4.

法治有机融合、有效衔接、统筹推进，不能充分发挥国际法的保障作用，那么中国的这些海外利益就有可能得不到合理、公正和有效的保护。① 因此，统筹推进国内法治和涉外法治，对中国国际法学科结构予以优化，不但是保护中国海外利益的客观要求，而且是法学教育、人才培养和法学研究的现实需要。诚如习近平总书记所指出的："要加快推进我国法域外适用的法律体系建设，加强涉外法治专业人才培养"②"加强国际法研究和运用，提高涉外工作法治化水平"③"要提高我国参与全球治理的能力，着力增强规则制定能力、议程设置能力、舆论宣传能力、统筹协调能力；为我国参与全球治理提供有力人才支撑。"④

此外，进入21世纪以来伴随着科学技术的突飞猛进，云计算、大数据、量子科技、区块链、物联网、工业互联网、5G、人工智能、基因工程、虚拟技术等新一代信息技术加速突破应用，人类社会已经迎来了数字经济时代，人们的生产生活方式、思维治理方式均在发生深刻变化。所以这些既需要运用国际法予以规制、应对⑤，也将促进国际法学科体系进行范式创新。

二、新时代中国国际法学科体系重构的原因

中华人民共和国成立以来，虽然中国国际法学者创造性地适用现代国际法的规章制度，在和平共处五项原则、承认与继承、和平解决国际争端⑥、"一带一路"倡议⑦和"人类命运共同体"的构建等重大国际法问题的理论与实践方面，为现代国际法的发展增添了许多新内容，但是中国国际法学科的发展历程跌宕起伏。可以说，目前中国国际法学科体系的种种缺陷，导致了中国涉外高层次法律人才短缺等问题仍然比较突出。这种现象不但与中国作为世界上最大的发展中国家的地位不相称，而且无法满足有效维护中国国家利益的需要。因此，重构新时代中国国际法学科体系，就显得尤为重要。

---

① 参见何志鹏. 涉外法治：开放发展的规范导向[J]. 政法论坛，2021(5)：186.

② 习近平主持召开中央全面依法治国委员会第二次会议并发表重要讲话》(2019年2月25日)[EB/OL]. 中国政府网，http：//www.gov.cn/xinwen/2019-02/25/content_5368422.htm.

③ 习近平主持召开中央全面依法治国委员会第三次会议强调全面提高依法防控依法治理能力、为疫情防控提供有力法治保障[N]. 人民日报，2020-02-06(1).

④ 新华社评论员. 让中国力量推动全球治理体系变革——学习习近平总书记在中央政治局第三十五次集体学习时的重要讲话[EB/OL]. 新华网，http：//www.xinhuanet.com/politics/2016-09/28/c_1119642701.htm.

⑤ 2018年11月，一位中国科学家宣称利用CRISPR-Cas9技术创造出世界首例基因编辑婴儿。这一消息震惊了全世界。对此，世界卫生组织警告说，基因编辑可能会产生"意想不到的后果"，并表示正在组建一个专家小组，在研究伦理和安全问题后就基因编辑制定明确的指导方针和标准。

⑥ 参见黄瑶. 论人类命运共同体构建中的和平搁置争端[J]. 中国社会科学，2021(5)：113-126.

⑦ 参见石静霞. "一带一路"倡议与国际法——基于国际公共产品供给视角的分析[J]. 中国社会科学，2021(1)：156-179.

(一)重构新时代中国国际法学科体系是为了进一步落实习近平主席有关学科建设的指示精神

2016年5月，习近平主席在“哲学社会科学工作座谈会”上发表重要讲话，明确指出：“现在，我国哲学社会科学学科体系已基本确立，但还存在一些亟待解决的问题，主要是一些学科设置同社会发展联系不够紧密，学科体系不够健全，新兴学科、交叉学科建设比较薄弱。下一步，要突出优势、拓展领域、补齐短板、完善体系”“要加快完善对哲学社会科学具有支撑作用的学科，如法学等，打造具有中国特色和普遍意义的学科体系”“要不断推进学科体系、学术体系、话语体系建设和创新”①。2017年5月，习近平总书记在中国政法大学考察时，再次针对法学学科体系建设问题专门强调，“法学学科体系建设对于法治人才培养至关重要。我们在法学学科体系建设上要有底气、有自信。要以我为主、兼收并蓄、突出特色，深入研究和解决好为谁教、教什么、教给谁、怎样教的问题，努力以中国智慧、中国实践为世界法治文明建设作出贡献”②。上述习近平主席有关学科建设的指示精神，不但在高等院校和哲学社会科学界引起了巨大反响，而且为新时代中国国际法学科体系的优化和重构提供了重要的契机。

(二)国际法在整个法学体系中的地位与中国世界大国地位不相称

众所周知，国际法于19世纪中叶正式传入中国。自20世纪30年代起，国际公法、国际私法成为中国法学本科教育的必修课。20世纪80年代，国际经济法被确立为独立的法学二级学科。到20世纪90年代初，50多所高校开设了国际法(国际经济法)本科专业，国际公法、国际私法、国际经济法作为法学二级学科独立招收硕士研究生与博士研究生。自1997年至今，国际法方向的3个二级学科被合并成为国际法1个二级学科。可以说，在整个法学体系中，国际法的地位是较低的。

首先，盲目的学科合并导致国际法学科的“萎缩化”。“学科设置的科学合理程度，能够直观地反映学科发展水平和教育现代化的水平。”③国际法学科也不例外，合理的学科结构不但有助于推动中国国际法学理论研究水平的提升，而且也有利于涉外法治人才的培养。然而，1997年国务院学位委员会办公室对《授予博士、硕士学位和培养研究生的学科、专业目录》进行了修订，取消国际法本科专业，将原来分立的国际公法、国际私法和国际经济法3个二级学科合并为“国际法学”1个二级学科，从属于法学学科门类下的法学

① 习近平. 在哲学社会科学工作座谈会上的讲话(2016年5月17日)[EB/OL]. 新华网，http://www.xinhuanet.com/politics/2016-05/18/c_1118891128.htm.

② 新华社. 习近平在中国政法大学考察(2017年5月3日)[EB/OL]. 新华网，http://www.xinhuanet.com/politics/2017-05/03/c_1120913310.htm.

③ 解志勇. 法学学科结构的重塑研究[J]. 政法论坛，2019(2)：13.

一级学科。① 对于这种"把两个或两个以上在体系上不可能合并的学科硬拼凑成一个学科的""拉郎配"做法，著名国际法学家韩德培先生在当时就提出了尖锐的批评意见，认为"这不但与世界各国通行的做法背道而驰，还会使我们在教学工作和指导研究生进行研究工作中产生极大的困难，而且对发展这三门学科也是极为不利的"②。可以说，国际法学科的合并，在某种程度上减少了涉外法治人才培养的数量，降低了涉外法治人才培养的质量，从而耽误了我国涉外法治人才培养 20 多年。③

其次，不科学的课程设置造成国际法学科的"边缘化"。一方面，从国内高等院校法学培养方案来看，在教育部法学学科教学指导委员会 1999 年版的有关法学教育专业核心课程中，虽然规定应设置国际公法、国际私法和国际经济法 3 门国际法课程，但是只强调国际公法为必须讲授的核心课，而"国际私法、国际经济法已经进入了由各个培养单位制定的核心课范围"④。2018 年教育部发布高校法学类教学质量国家标准，明确将"国际法"作为所有法学专业本科生的核心必修课，"国际私法""国际经济法"则作为高校根据办学特色开设的专业必修课。⑤ 更有甚者，在部分高校的法学课程设置中，国际法学科在整个法学专业课程体系中处于不利位置，被视为"可有可无"的小众学科门类；还有高校将国际私法、国际经济法等部门法长期定位为选修课，从而使国际法学科被严重"边缘化"。⑥此外，近年来原有法学本科教育的 14 门课程改革为 10+X 的模式，这一改革使得国际法、法制史等学科受到了直接的冲击，很多高校不可避免地压缩了国际法。⑦ 另一方面，在国

① 参见国务院学位委员会、教育部 1997 年颁布的《授予博士、硕士学位和培养研究生的学科、专业目录》、1998 年颁布的《普通高等学校本科专业目录》。按照该目录，"法学"是一个学科门类，在法学学科门类下，有法学、政治学、社会学、民族学、马克思主义理论等 5 个一级学科；在法学一级学科下，有法学理论、法律史、宪法学与行政法学、刑法学、民商法学（含：劳动法学、社会保障法学）、诉讼法学、经济法学、环境与资源保护法学、国际法学（含：国际公法、国际私法、国际经济法）、军事法学等 10 个二级学科。

② 韩德培. 论国际公法、国际私法与国际经济法的合并问题［J］. 中国国际私法与比较法年刊，1998：241-248；韩德培. 谈合并学科和设立博士点的问题［J］. 法学评论，1996（6）：1-8.

③ 2011 年，国务院学位委员会、教育部在 2009 年《学位授予和人才培养学科目录设置与管理办法（学位〔2009〕10 号）》的基础上，又编制了《学位授予和人才培养学科目录》。该目录对学科门类进行了划分，但仍然维持国际法是二级学科的现状。

④ 何志鹏. 中国国际法学的双维主流化［J］. 政法论坛，2018（5）184.

⑤ 参见教育部对十三届全国人大四次会议第 8342 号建议的答复（教高建议〔2021〕120 号）［EB/OL］. 教育部网站，http：//www.moe.gov.cn/jyb_xxgk/xxgk_jyta/jyta_gaojiaosi/202109/t20210907_560085.html.

⑥ 参见五政法院校联合发表国际法学科建设与发展宣言（2017 年 12 月 4 日）［EB/OL］. 载法大新闻网，https：//news.cupl.edu.cn/info/1458/26067.htm；袁泉. 文明交流互鉴语境下重塑国际法学学科体系之思考［M］. 李双元. 国际法与比较法论丛，2020：8.

⑦ 笔者初步梳理了国内部分高等院校的本科法学培养方案，有关国际公法、国际私法、国际经济法的课时安排分别为：中国人民大学 34、34、51；吉林大学 64、48、80；浙江大学 48、48、64；中山大学 54、54、54；中国政法大学国际法学院 48：48：48；中南财经政法大学 64、32、32；华东政法大学国际法学院 54：54：54；西南政法大学国际法学院 48、48、48；西北政法大学国际法学院 54、36、36；湖南师范大学 48、48、64；海南大学 32、32、32；而在把国际法学作为传统的强项和优势的武汉大学均为 32 学时。

家统一司法考试中，国际法分值所占的比重很小，国际公法、国际私法和国际经济法3门国际法课程加在一起只有43分，它与民法、刑法、诉讼法等科目完全不在一个档次上，被学生视为司法考试中的“鸡肋”。可见，国家统一司法考试的这种分值安排，直接影响了学生学习国际法的动力和兴趣，进而影响优秀学生选择国际法作为未来深造的专业。总之，相较于国内法学科而言，对国际法学科的重视程度与中国积极参与国际规则制定、进一步提升国际话语权的要求不相适应。

最后，参差不齐的教材也影响了国际法人才培养。教材在学科体系建设和人才培养中发挥了不可或缺的作用。诚如习近平主席所言：“学科体系同教材体系密不可分。学科体系建设上不去，教材体系就上不去；反过来，教材体系上不去，学科体系就没有后劲。”① 近些年来，一些学者把自己主编的国际法教材或独立完成的国际法著作，不断予以修订、完善，多次再版，有些已成为学界公认的学术精品。特别是，2016年高等教育出版社还出版了以曾令良、周忠海为首席专家编写的马克思主义理论研究和建设工程重点教材——《国际公法学》，该教材强调以马克思主义唯物辩证法为学习和研究国际法的理论指针。② 然而，中国多数国际法教材，大多程度不同地存在过于追求体系和结构的完整，对知识的深度和实际应用性却重视不够的现象。这就导致学生不重视国际法的实际应用性，也使学生非常容易就得出“国际法无用论”的结论。③ 此外，还有学者明确指出，中国学者撰写的具有世界性影响的国际法教材和著作(如格劳秀斯的《战争与和平法》、瓦特尔(Emmerich de Vattel)的《国际法》和《奥本海国际法》等)，尚不多见。④

(三)重构新时代中国国际法学科体系有利于弥补我国涉外法治人才严重短缺的短板

改革开放以来，我国在涉外法治人才培养方面取得了较大的成就，不但为涉外法治领域输送了一大批涉外法治人才，而且中国学者在各类国际组织中也颇为活跃，并在国际活动中发挥了积极的作用。例如，倪征日奥、史久镛、薛捍勤相继当选为联合国国际法院法官；李浩培、王铁崖、刘大群先后出任前南斯拉夫国际刑事法庭法官；赵理海、许光建、高之国、段洁龙先后当选为国际海洋法法庭法官。此外，王铁崖、李浩培、倪征日奥、陈体强等均先后成为国际法研究院院士；倪征日奥、黄嘉华、史久镛、薛捍勤和黄惠康都曾担任过联合国国际法委员会的委员；贺其治当选为国际空间法学会理事、国际宇宙科学院通讯院士，等等。另外，中国著名国际法学家史久镛还当选为国际法院院长，张玉卿、曾令良、朱榄叶、董世忠和张月姣均被推选为WTO专家组成员，张月姣、赵宏还当选为WTO的上诉机构成员；陈冯富珍当选为世界卫生组织总干事；朱民当选为国际货币基金组织副总

---

① 习近平. 在哲学社会科学工作座谈会上的讲话(2016年5月17日)[EB/OL]. 新华网，http://www.xinhuanet.com/politics/2016-05/18/c_1118891128.htm.

② 该教材于2018年推出了第2版，2022年出版第3版。

③ 参见宋杰，郑和英. 我国国际法教学与研究存在的问题[M]. 魏磊杰. 大国崛起与国际法教育. 北京：当代世界出版社，2022：117.

④ 参见何志鹏. 中国国际法学的双维主流化[J]. 政法论坛，2018(5)：182；杨泽伟. 新中国国际法学70年：历程、贡献与发展方向[J]. 中国法学，2019(5)：193.

裁；赵厚麟当选为国际电信联盟秘书长；李勇当选为联合国工业发展组织总干事；柳芳当选为国际民航组织秘书长；屈冬玉当选为联合国粮农组织总干事；黄解放出任国际民航组织法律事务与对外关系局局长；吕文正、唐勇当选为大陆架界限委员会委员等。

然而，我国涉外法治人才培养还存在一些明显的短板。首先，真正能够熟练处理国际法律事务的涉外法治人才数量不足。目前，我国能够熟练从事涉外业务的律师仅有7000余名，其中可以从事“双反双保”业务的律师仅500余名，可以在世界贸易组织争端解决机制中独立办案的律师只有300余名。① 况且，中国涉外法治人才还从未被聘为他国政府的法律顾问或律师在国际司法机构出庭，也没有被指定为解决国家间争端的仲裁员。因此，我国还特别急需：善于维护国家利益、在涉外立法、司法、执法、法律服务各环节的高层次涉外法治人才；服务“一带一路”建设、熟悉“一带一路”沿线国家和地区法制的高素质专门法治人才；国有企业走出去过程中自身需要储备的涉外法治专业人才等。

其次，中国在对联合国组织系统的人才输送方面也存在明显的劣势。虽然在联合国15个专门机构中，曾经有4个专门机构的负责人是中国人，中国成为出任联合国专门机构负责人最多的国家，但是根据中国对联合国的会费贡献②和地域分配原则，联合国系统中的中国籍国际职员实际比例远低于其应占比例，高级职位数量也偏少，代表性严重不足。据统计，在联合国秘书处中，2021年中国籍职员只有548人，占总人数的1.5%，仅为美国的22%，英国的70%③。另外，目前联合国秘书处副秘书长、助理秘书长级的高级岗位共有150多个，但中国仅占1席。④ 中国在联合国系统中代表性不足的问题，在某程度上反映了中国在联合国等国际组织人才储备方面的欠缺。

最后，我国法学教育对涉外法治人才培养重视不够。如前所述，20年多前国际法本科专业被取消，近10年国际法学科不断被压缩、国际法课程日益减少，弱化了涉外法治人才培养质量。从2011年起，教育部会同中央政法委联合实施卓越法律人才教育培养计划，支持北京大学、清华大学、中国人民大学等22所高校建设涉外法律人才教育培养基地，重点加强涉外法治人才培养；从2018年开始，两部门又联合启动卓越法治人才教育培养计划2.0，引导高校积极构建涉外法治人才培养新格局⑤；2021年，教育部印发《关于实施法律硕士专业学位（涉外律师）研究生培养项目的通知》，并选取15所高校实施涉

---

① 参见黄进. 涉外法治人才，你的舞台无比广阔[N]. 光明日报，2022-01-15(5).

② 根据据2018年12月联大通过的预算决议，2019—2021年联合国会员国应缴会费的分摊比例，中国是12.01%，位于第二，仅次于美国；中国承担的联合国维和行动的费用摊款比例达到了15.2%，位居第二，仅次于美国。另据2021年12月联大通过的预算决议，2022—2024年联合国会员国应缴会费的分摊比例，中国达到了15.254%，位于第二，仅次于美国；中国承担的联合国维和行动的费用摊款比例达到了18.6556%，位居第二，仅次于美国。

③ 参见2021年7月5日外交部发言人汪文斌主持例行记者会[EB/OL]. 外交部网站，https://www.fmprc.gov.cn/web/wjdt_674879/fyrbt_674889/t1889810.shtml.

④ 参见洛根·波利. 中国在联合国维和行动中成为领头者[N]. 美国外交学者网站(2018-04-17)，转引自参考消息，2018-04-19(14).

⑤ 参见教育部对十三届全国人大四次会议第8342号建议的答复(教高建议〔2021〕120号[EB/OL]. 教育部网站，http://www.moe.gov.cn/jyb_xxgk/xxgk_jyta/jyta_gaojiaosi/202109/t20210907_560085.html.

外律师研究生培养项目①；同年，《教育部关于加快高校涉外法治人才培养的实施意见》要求，建设50个左右涉外法治人才教育培养基地，加大面向不同区域、不同国家的涉外法治人才培养力度②。虽然上述计划取得了一定的成效，但是因为规模小、投入少、政策灵活性大，效果并不十分明显。③ 据教育部统计，目前以国际法为特色的在校本科生只有1.9万人，过去3年全国只授予博士学位421人，硕士学位3326人，远不能满足我国全面对外开放的基本需求。④ 可见，重构新时代中国国际法学科体系、大力加强涉外法治人才培养，是破解现有人才“瓶颈”的迫切需要。

三、新时代中国国际法学科体系重构涉及的主要问题

在2020年11月召开的中央全面依法治国工作会议上，习近平主席强调：“要坚持统筹推进国内法治和涉外法治。要加快涉外法治工作战略布局，协调推进国内治理和国际治理，更好维护国家主权、安全、发展利益。”⑤此后，学术界出现了一股研究涉外法治的热潮，并涌现了不少有价值的研究成果。⑥ 然而，诚如有学者所指出的，已有的有关涉外法

---

① 关于实施法律硕士专业学位(涉外律师)研究生培养项目的通知(2021年2月2日)(教研司〔2021〕1号)[EB/OL]. 教育部网站，http：//www. moe. gov. cn/s78/A22/tongzhi/202102/t20210226_515055. html.

② 参见教育部关于加快高校涉外法治人才培养的实施意见(2021年12月31日)(教高〔2021〕3号).

③ 据悉，2021年武汉大学法学院试点成立了国际法人才培养试验班，首批选拔40名学生按照《武汉大学法学院国际法人才培养试验班培养方案》进行培养。

④ 据不完全统计，我国外贸主体40万家，外商投资公司96万家；仅央企在境外单位就有9000多户，总资产超7万亿元，涉及185个国家和地区。可见，“十四五”时期我国对国际法人才的需求数以10万计。

⑤ 习近平在中央全面依法治国工作会议上强调　坚定不移走中国特色社会主义道路　为全面建设社会主义现代化国家提供有力法治保障[N]. 人民日报，2020-11-18(1).

⑥ 参见黄进. 坚持统筹推进国内法治和涉外法治[N]. 光明日报，2020-12-09(11)；莫纪宏，徐梓文. 善于运用法律武器维护国家利益　加强涉外法治体系建设[N]. 人民日报，2020-12-25(9)；柳华文. 论习近平法治思想中的国际法要义[J]. 比较法研究，2020(6)；莫纪宏. 加强涉外法治体系建设是重大的法学理论命题[J]. 探索与争鸣，2020(12)；黄惠康. 统筹推进国内法治和涉外法治[N]. 学习时报，2021-01-27(2)；黄惠康. 论习近平法治思想关于国际法治系列重要论述的实践逻辑、历史逻辑和理论逻辑[J]. 国际法研究，2021(1)；黄惠康. 论习近平法治思想关于国际法治系列重要论述的核心要义[J]. 武大国际法评论，2021(1)；王轶. 坚持统筹推进国内法治和涉外法治[N]. 人民日报，2021-03-19(11)；何志鹏. 涉外法治：开放发展的规范导向[J]. 政法论坛，2021(5)；韩永红. 中国对外关系法论纲——以统筹推进国内法治和涉外法治为视角[J]. 政治与法律，2021(10)；杨泽伟. 为涉外法治工作提供学理支撑[N]. 人民日报，2021-10-20(9)；黄进. 涉外法治人才，你的舞台无比广阔[N]. 光明日报，2022-01-15(5)；黄惠康. 准确把握“涉外法治”概念内涵统筹推进国内法治和涉外法治[N]. 武大国际法评论，2022(1)；刘仁山. 我国涉外法治研究的主要进展、突出问题与对策建议[J]. 国际法学刊，2022(1)；蔡从燕. 中国对外关系法：一项新议程[J]. 中国法律评论，2022(1)；霍政欣. 我国法域外适用体系之构建[J]. 中国法律评论，2022(1)；张龑. 涉外法治的概念与体系[J]. 中国法学，2022(2)；何志鹏. 现代化强国的涉外法治[J]. 吉林大学社会科学学报，2022(2)，等等.

治的研究成果存在以下明显的缺陷，如对涉外法治概念的认知存在某些偏颇、将涉外法治与国际法治相混淆、画地为牢式的部门化和碎片化问题开始出现甚至将涉外法治替代国际法学等。① 因此，新时代中国国际法学科体系的重构，首先需要厘清以下两组关系：一是涉外法、涉外法治、对外关系法、国内法与国际法的关系，二是涉外法学、国际法与法学一级学科的关系。

(一) 涉外法、涉外法治、对外关系法、国内法与国际法

(1)涉外法与涉外法治。国内学术界专门对涉外法予以界定的并不多见，比较有代表性的为："关于涉外法，可以从广义和狭义上进行理解。广义上，一切具有涉外因素的法律与规范都属于涉外法。狭义上的涉外法则是涉及一国对外相关事务的法律与规范。从实践定位来说，涉外法治对应的是狭义上的涉外法"②；"涉外法是指一国国内法律体系中具有涉外因素的那些法律制度和规则，简单地说，就是与外国有关的本国法，其属于一国国内法的一部分，本质上是国内法"③。

而学术界对涉外法治的讨论较为热烈，但公认的定义也尚未出现。例如，所谓涉外法治从根本上讲是指一个国家以法治思维和法治方式处理涉及该国的涉外事务，包括立法、执法、司法、法律服务等方方面面④；涉外法治是中国特色社会主义法治体系不可或缺的重要组成部分，概指中国特色社会主义法治体系中调整涉外法律关系的理念、原则、制度、规则的总和，包括涉外立法、涉外执法、涉外司法、涉外法律服务、中外司法合作等方面⑤；涉外法治是法治的思想、理念、文化、实践在涉外工作和生活各领域、方面、环节中的展开，体现为涉外工作确立并实施明确的实体法律标准、形成并坚持妥当法律程序的体系和进程，在性质上涉外法治是国家法治的对外部分，是国内法治的对外延伸⑥。

可见，上述定义基本上把涉外法纳入国内法的范畴，并且一般均把涉外法治理解为国内法治的对外拓展。但也有学者主张，涉外法治是介于国内法治与国际法治之间的一个独立体系；从规范法学的角度来看，涉外法治是指国家制定或确认的、跨国家生效的、保护国家海外利益、参与全球治理的立法、执法与司法等活动；涉外法治主要包括两个相互交织的层面，积极层面在于参与全球法律治理改革，推动构建更加公平公正的国际法治，消极层面在于以具体法治的方式防御和反制抽象法治及其背后的霸权。⑦

① 参见黄惠康. 准确把握"涉外法治"概念内涵统筹推进国内法治和涉外法治[J]. 武大国际法评论，2022(1)：2.

② 张龑. 涉外法治的概念与体系[J]. 中国法学，2022(2)：268.

③ 廖凡. 新时代中国国际法学教育的定位与路径[M]. 魏磊杰. 大国崛起与国际法教育. 北京：当代世界出版社，2022：62.

④ 参见黄进，鲁洋. 习近平法治思想的国际法治意涵[J]. 政法论坛，2021(3)：8.

⑤ 参见黄惠康. 准确把握"涉外法治"概念内涵统筹推进国内法治和涉外法治[J]. 武大国际法评论，2022(1)：12.

⑥ 参见何志鹏. 涉外法治：开放发展的规范导向[J]. 政法论坛，2021(5)：177-178.

⑦ 参见张龑. 涉外法治的概念与体系[J]. 中国法学，2022(2)：264.

(2)对外关系法。对外关系法是近些年来国内外学术界研究的热点问题之一。国内有学者认为，对外关系法是指为调整一国与外界(其他国家、国际组织、境外实体、个人)互动关系的国内法规范和国际法规范；对外关系法关涉国际法也关涉国内法，但却并不是“国际法+国内法”的同义词，不以一般国际法和国内法为研究对象。① 另有学者指出，作为调整我国对外关系的各类法律法规所构成的法律体系，中国对外关系法是指专门调整同我国有关的各类对外关系的法律法规所构成的有机联系的体系；它既包括规范中国对外关系的相关国内法，也包括与中国对外交流相关的应予遵守的国际法规则；在中国对外关系法学体系之下，至少有三个独立的法学部门——中国国际公法学、中国国际经济法学及中国国际私法学。② 还有学者简明扼要地把对外关系法界定为“各国法律秩序中客观存在的一个特殊规范体系”③。而国外有学者认为，对外关系法是每个国家规范该国如何与外部世界互动的国内法④；虽然对外关系法是由与国际法最紧密联系的那部分国内法所构成，但它仍然是国内法，况且在世界范围内还没有形成统一的对外关系法，尽管它存在一些共同的原则⑤。由上可见，对外关系法既被看作国内法，也被视为涉及国内法和国际法的特殊法律体系。

(3)涉外法、涉外法治和对外关系法均属于国内法而非国际法。正确理解涉外法、对外关系法与国际法的关系，不但对国际法学科体系的重构非常关键，而且对一国有效开展国际合作也特别重要。⑥ 不可否认，无论是涉外法还是对外关系法，均是与国际法密切联系的学术领域；国外也有学者把对外关系法作为一个独立的学科予以讨论⑦，或者经常把对外关系法放在宪法或国际法领域进行研究⑧。然而，涉外法、涉外法治和对外关系法在本质上均属于国内法，因为无论是有关国内法中规定涉外法律关系的涉外法、用法治思维处理涉外事务的涉外法治，还是调整一国与外部世界关系的对外关系法，虽然都与国际条约在国内的适用、国际习惯在国内法上的效力等问题有关联，但是其法律依据均为该国的宪法或国内相关的法律，其适用范围也是以本国域内适用为主；而国际法是各国公认的、

---

① 参见韩永红. 中国对外关系法论纲——以统筹推进国内法治和涉外法治为视角[J]. 政治与法律，2021(10)：85.

② 参见刘仁山. 论作为“依法治国”之“法”的中国对外关系法[J]. 法商研究，2016(3)：132，135，142.

③ 蔡从燕. 中国对外关系法：一项新议程[J]. 中国法律评论，2022(1)：28.

④ See Curtis A. Bradley. What is foreign relations law? [M]//Curtis A. Bradley. The oxford handbook of comparative foreign relations law. Oxford：Oxford University Press，2019：3.

⑤ See Thomas Giegerich. Foreign relation law[M]//Rüdiger Wolfrum. Max Planck Encyclopedia of Public International Law. Oxford：Oxford University，2012.

⑥ See Helmut Philipp Aust & Thomas Kleinlein. Encounters between foreign relations law and international law：bridges and boundaries[M]. Cambridge：Cambridge University Press，2021：1.

⑦ See Curtis A. Bradley. The Oxford handbook of comparative foreign relations law[M]. Oxford：Oxford University Press，2019.

⑧ See Helmut Philipp Aust & Thomas Kleinlein. Encounters between foreign relations law and international law：bridges and boundaries[M]. Cambridge：Cambridge University Press，2021：23.

主要用以调整国家间相互关系的各种规范，其约束力则来源于各国意志之间的协调，其适用范围也不局限于某个国家而是具有普遍性[①]。可见，涉外法、涉外法治、对外关系法与国内法、国际法的关系比较特殊。[②] 对此，有学者较为形象地指出，从某种意义上讲对外关系法是国内法和国际法之间的桥梁建设者。[③]

(4)中国日益重视涉外法、涉外法治和对外关系法的原因。一方面，近年来美国对国际法采取实用主义的立场更加明显，“合则用，不合则弃”，美国政府更愿意通过其国内法处理对华关系。例如，美国政府依据所谓“301 调查”[④]，先后三轮对中国输美约 3600 亿美元商品加征高额关税；泛化国家安全概念，动用国家力量无端打压和制裁华为，在世界范围内胁迫别国禁止华为参与当地 5G 网络建设；围追堵截具有国际竞争力的中国高科技企业，将 1000 多家中国企业列入各种制裁清单等。[⑤] 美国的这些做法，加大了中国利用国际法解决中美两国间分歧的难度，从而迫使中国更多地运用国内法处理对外关系。这是促进中国日益重视涉外法、涉外法治和对外关系法的一个重要外部因素。[⑥] 另一方面，完善中国涉外法律法规体系，既是阻断和反制外国法不当域外适用的客观要求，也是全面推进依法治国和建设法治中国的重要步骤。诚如习近平总书记强调的：“中国走向世界，以负责大国参与国际事务，必须善于运用法治。在对外斗争中，我们要拿起法律武器，占领法治制高点，敢于向破坏者、搅局者说不。”[⑦]“要坚持统筹推进国内法治和涉外法治。要加快涉外法治工作战略布局，协调推进国内治理和国际治理，更好维护国家主权、安全、发展利益。要强化法治思维，运用法治方式，有效应对挑战、防范风险，综合利用立法、执法、司法等手段开展斗争，坚决维护国家主权、尊严和核心利益。”[⑧]因此，在中美博弈过程中，中国政府空前重视国内法在对外关系中的作用，专门制定了《不可靠实体清单规定》《阻断外国法律与措施不当域外适用办法》《反外国制裁法》等法律法规，加快构建中国法域外适用体系。

---

① 参见詹宁斯和瓦茨在其修订的《奥本海国际法》第九版中也指出：“国际法律秩序适用于整个由国家组成的国际社会，并在这个意义上具有普遍的性质。”詹宁斯，瓦茨. 奥本海国际法：第 1 卷[M]. 王铁崖，等，译. 北京：中国大百科全书出版社，1995：50.

② 黄进教授明确提出宏观国际法学的概念，认为国际法学体系应当由国际公法学、国际私法学、国际经济法学、国际诉讼法学和国际行政法学等构成。参见黄进. 宏观国际法学[M]. 武汉：武汉大学出版社，2007：6.

③ See Helmut Philipp Aust & Thomas Kleinlein. Encounters between foreign relations law and international law：bridges and boundaries[M]. Cambridge：Cambridge University Press，2021：29.

④ “301 调查”是指根据美国《1974 年贸易法》第 301 条，在涉及技术转让、知识产权和创新领域对其他被认为贸易做法“不合理”“不公平”的国家启动的贸易调查。

⑤ 参见外交部. 美国对华认知中的谬误和事实真相(2022 年 6 月 19 日)[EB/OL]. 外交部网站，https：//www.fmprc.gov.cn/wjbxw_new/202206/t20220619_10706065.shtml.

⑥ 参见蔡从燕. 中国对外关系法：一项新议程[J]. 中国法律评论，2022(1)：30.

⑦ 习近平. 论坚持全面依法治国[M]. 北京：中央文献出版社，2020：225.

⑧ 习近平在中央全面依法治国工作会议上强调 坚定不移走中国特色社会主义道路 为全面建设社会主义现代化国家提供有力法治保障[N]. 人民日报，2020-11-18(1).

（二）涉外法学、国际法学与法学一级学科

学科设置往往影响着学术资源的分配和研究机构的设立，当前学科体系出现了该整合的没有整合、该分立的没有分立等重大问题。① 鉴于中国日益重视涉外法、涉外法治和对外关系法，因此近年来实务部门和理论界出现了将“涉外法学”设置为一级学科的新提法，并认为涉外法学包括涉外国内法、外国法（国别法）、比较法和国际法。其实，将“涉外法学”列为法学一级学科不但不具有科学性，而且不利于加强涉外法治人才的培养，也不能更好地契合重视国际法研究和运用的精神要旨。②

首先，涉外法不是一个有科学内涵和外延的独立概念。根据文义解释，“涉外法”是从本国立场来讲的，而任何国家的多数部门法都有规范涉外关系的规定，但这些规定在国内外学术界大多称为“对外关系法”，其本质是国内法的一部分。因此，“涉外法”无法指称外国法、比较法和国际法。在这种情况下，单设“涉外法学”，就与既有的“法学”一级学科有扯不断、理还乱的联系，二者的研究对象、研究内容和研究方法具有一致性。可见，将“涉外法学”从“法学”一级学科中单列出去，既不具有科学性，也没有有操作层面的意义。

其次，不能因强调“涉外法治”“涉外法治人才培养”而简单类推用“涉外法学”表达一级学科名称。“法治”是一个动态的概念，其内涵比“法”“法学”更加丰富。“涉外法治人才培养”在涉外法治建设中具有基础性、战略性、先导性的地位和作用。党的十八届四中全会审议通过的《中共中央关于全面推进依法治国若干重大问题的决定》第一次以党的文件的形式明确提出要“加强涉外法律工作”。2019 年 2 月，中央全面依法治国委员会第二次会议指出，要加快推进我国法域外适用的法律体系建设，加强涉外法治专业人才培养，积极发展涉外法律服务，强化企业合规意识，保障和服务高水平对外开放。毫无疑问，加强“涉外法治人才培养”的战略与提法，有其现实紧迫性与科学性。因为涉外法治人才培养当然是要培养中国公民，使他们熟悉党和国家方针政策、了解我国国情、具有全球视野、熟练运用外语、通晓国际规则、精通国际谈判，其培养过程不仅要学习国际法，还要掌握必要的国内法、国际关系、国际政治、国际经济知识，以便具备规则制定能力、议程设置能力、舆论宣传能力、统筹协调能力。但是，一个学科名称必须揭示其基本性质，反映其主要内容，具备国际可交流性。因此，只能用“国际法学”而不用“涉外法学”来表达与法学（主要指国内法学）并列的一级学科名称。

再次，以“涉外法学”取代或涵盖“国际法学”，不利于统筹推进国内法治和涉外法治。重视涉外法治，加强本国法域外适用、加强外国法研究都很重要，但是加强国际法研究和运用尤为关键，也更具挑战性。研究好了国际法，可以更好地做好中国法的域外适用、协调本国法与外国法的关系。事实上，习近平总书记要求“统筹推进国内法治与涉外法治”，

---

① 参见解志勇. 法学学科结构的重塑研究[J]. 政法论坛，2019(2)：17.

② 参见柳华文，戴瑞君. 建议将“国际法学”而非“涉外法学”列为一级学科；廖凡. 新时代中国国际法学教育的定位与路径[M]. 魏磊杰. 大国崛起与国际法教育. 北京：当代世界出版社，2022：62.

正是因为“涉外法”是本国法的涉外部分，是在中国的管辖和控制范围内，因而存在统一筹划的前提。而“国际法”是各国意志的协调，中国作为参与一方，可以有效影响但无法直接筹划国际法的整体。此外，假如将“涉外法学”设置为一级学科，就有可能现有的法学教育机构都要说自己的工作“涉外”，其结果是一哄而上，所有学科都要加强，重点就会被稀释，国内法治和涉外法治将无法统筹。其实，这是有前车之鉴的。例如，随着党的十八大提出“建设海洋强国”战略，特别是在应对“南海仲裁案”的过程中，大家都意识到加强海洋法研究的重要性。结果一些名称中带“海洋”的机构和国内法学科都希望搭便车获得加强，甚至有人提出了“海法”概念，将国际通行的海洋法概念变成了“与海洋相关的法”。这跟今天强调国际法，却扩大成为“涉外法”是类似的。

最后，采用“涉外法”不利于提升我国国际话语权。国际法与国内法是两个相对独立、规范不同社会、反映不同社会运行规律的规则体系。世界各国法理学一般都把法律分为“国际法”与“国内法”，没有哪个国家分为“涉外法”与“国内法”。如果我国采用“涉外法”指称法学门类下的一级学科，很难找到一个国际同行听得懂的英文词汇来表达。例如，如果我们用 foreign Law，国际同行以为是“外国法”；如果我们用 foreign-related Law，国际同行很可能不知所云。这会影响我国国际法学术交流和国际话语权的提升。因此，“涉外法”没有国际融通性，采用“国际法”才更恰当。

总之，无论是就学科设置的科学性而言，还是从落实加强国际法研究和运用、服务中国走向世界舞台中央、积极推动构建人类命运共同体的基本理念出发，均不宜将“涉外法学”列为法学门类下的一级学科，而是应当将“国际法学”列为法学一级学科，尽快繁荣发展中国国际法学，解决国际法研究和运用的短板。

四、新时代中国国际法学科体系重构的方式

“学科设置与专业构建是高等教育的命脉，在很大程度上影响学术研究的发展繁荣和未来走向。”①因此，在新时代重构中国国际法学科体系就显得尤为重要。众所周知，学科专业是相对独立的知识体系，也是学术分类后形成的功能单位，更是高级专门人才培养的载体。从某种意义上讲，学科专业建设是大学学术建设、人才培养工作的龙头。因此，加强涉外法治人才培养，关键在于尽快构建国际法学一级学科专业。②

(一)国际法学成为法学一级学科是新时代的必然要求

按照我国《学位授予和人才培养学科目录设置与管理办法》之规定，我国一级学科的调整为每 10 年进行一次，2011 版目录公布至今，已有 10 多年之久③。我国目前设置有哲学、经济学、法学、教育学、文学、历史学、理学、工学、农学、医学、军事学、管理学

① 解志勇. 法学学科结构的重塑研究[J]. 政法论坛，2019(2)：13.

② 参见黄进. 涉外法治人才，你的舞台无比广阔[N]. 光明日报，2022-01-15(5).

③ 参见学位授予和人才培养学科目录设置与管理办法(学位〔2009〕10 号).

和艺术学等13个学科门类。在法学学科门类中，有法学、政治学、社会学、民族学、马克思主义理论、公安学等6个一级学科。① 法学学科门类下的6个一级学科只有1个法学一级学科，其他5个均不是严格意义上的法学学科，与经济学(含理论经济学、应用经济学2个一级学科)、教育学(含教育学、心理学、体育学3个一级学科)、文学(含中国语言文学、外国语言文学、新闻传播学3个一级学科)、历史学(含考古学、中国史、世界史3个一级学科)、管理学(含管理科学与工程、工商管理、农林经济管理、公共管理、图书情报与档案管理5个一级学科)等学科门类相比，极不平衡。同时，在普通高等学校本科专业目录中，哲学类有3个本科专业、经济学类有10个本科专业、教育学类有8个本科专业、中国语言文学类有5个本科专业、历史学类有4个本科专业，管理学类就更多了，仅工商管理类就有10个本科专业，而法学类只有孤零零的1个法学本科专业。② 这种情况极大地弱化了法学学科专业在整个哲学社会科学领域的地位，极不利于专门培养涉外法治人才。③ 因此，应将国际法学确立为法学学科门类下的一级学科。④ 事实上，加强国际法学科建设是中国特色社会主义法治建设的重要组成部分，也是提升我国在国际法律事务和全球治理领域话语权和影响力的必然选择。

(1)国际法成为法学一级学科是培养涉外法治人才的关键步骤。习近平总书记强调，要提高我国参与全球治理的能力，着力增强规则制定能力、议程设置能力、舆论宣传能力、统筹协调能力。参与全球治理需要一大批熟悉党和国家方针政策、了解我国国情、具有全球视野、熟练运用外语、通晓国际规则、精通国际谈判的专业人才。⑤ 然而，目前国际法学科的现状，不但难以落实习近平总书记的上述指示精神，而且也不利于尽快弥补涉外法治人才的不足。

---

① 参见国务院学位委员会，教育部．学位授予和人才培养学科目录(2011年)[M]//教育部政策法规司，教育部高等教育司．中国特色现代大学制度文件辑要(2013年版)．北京：教育科学出版社，2013：340-346；该目录在法学学科门类下增设“公安学”为一级学科。

② 参见国务院学位委员会，教育部．普通高等学校本科专业目录(2012年)[M]//教育部政策法规司，教育部高等教育司．中国特色现代大学制度文件辑要(2013年版)．北京：教育科学出版社，2013：306-339.

③ 参见黄进．完善法学学科体系，创新涉外法治人才培养机制[J]．国际法研究，2020(3)：9.

④ 改革开放以来，我国共进行了4次大规模的学科目录和专业设置调整工作。目前沿用的2018版修订的学科目录，是在2011年版目录的基础上有所更新，而并非是一个完全修订的新版目录。2021年12月，国务院学位委员会下发了《博士、硕士学位授予和人才培养学科专业目录(征求意见稿)》，经过新一轮学科专业目录修订工作，面向各省市学位委征求意见。2022年7月，教育部在召开的新闻发布会上透露：为进一步支撑知识创新、科技服务和产业升级，我国组织开展了新一轮学科专业目录修订工作，新版目录即将印发实施。新一轮学科专业目录，或将迎来重大调整。其中，法学学科门类新增了中共党史党建、纪检监察学两个一级学科，知识产权、国际事务两个专业学位。此外，学科专业目录调整周期也大幅缩短，由10年缩短为5年，放权32所高水平大学自主设置学科专业，赋予所有单位学科专业动态调整和二级学科自主设置权限。

⑤ 新华社．中共中央政治局进行第三十五次集体学习(2016年9月28日)[EB/OL]．中国政府网，http：//www.gov.cn/xinwen/2016-09/28/content_5113091.htm.

(2)国际法成为法学一级学科是实现中国高水平对外开放的客观要求。2020年，十九届五中全会明确提出："实行高水平对外开放，开拓合作共赢新局面。"①国际法成为法学一级学科，不但有利于进一步推进中国涉外法治体系建设，而且能助力造就市场化、法治化、国际化的营商环境，对标国际高水平开放标准，增强我国市场透明度与国际吸引力，形成双循环发展格局。设立国际法一级学科，还可以进一步彰显我国的大国形象与责任担当，提升我国在全球治理中的制度性权力。

(3)国际法成为法学一级学科有助于统筹推进国内法治和涉外法治。目前中国特色社会主义法治体系已基本形成，但是涉外法治建设还存在明显的不足，如涉外法治立法工作比较滞后、涉外法治执法能力不强、涉外法治司法国际公信力不高等。国际法成为法学一级学科，不但有助于统筹推进国内法治和涉外法治、应对中美战略博弈，而且有助于进一步提升运用国际法维护国家权益的巧实力，并最终实现人类命运共同体理念的制度化。

(二)设置国际法一级学科的可行性

(1)习近平法治思想为新设国际法一级学科提供了引领指导。2020年11月16日至17日召开的中央全面依法治国工作会议，将习近平法治思想明确为全面依法治国的指导思想。习近平总书记用"十一个坚持"系统阐述了新时代推进全面依法治国的重要思想和战略部署，深入回答我国社会主义法治建设一系列重大理论和实践问题。习近平总书记强调："要坚持统筹推进国内法治和涉外法治。要加快涉外法治工作战略布局，协调推进国内治理和国际治理。要推动全球治理变革，推动构建人类命运共同体。"②上述思想为新设国际法一级学科提供了指引。

(2)中央全面依法治国委员会的领导协调为新设国际法一级学科明确了工作重点。中央全面依法治国委员会已明确统筹推进国内法治和涉外法治是最迫切的需要，要求完善涉外领域立法，强化涉外法律服务保障，服务更高水平的对外开放。新设国际法一级学科作为这些重点工作的基础性与先导性工程，是必须优先完成的任务。

(3)改革开放40多年的法学教育成果为新设国际法一级学科提供了基础条件。经过40多年的国际法与涉外法律教育，我国已拥有相对稳定的教师队伍、基本成型的课程体系、形式多样的培养模式和不断开放的国际合作平台。例如，一些高校专门设立了国际法学院，武汉大学国际法研究所还成为首批国家高端智库，中国社科院专门成立了国际法研究所，目前我国从事国际法教学的教师人数在1000人左右③，全国有632所高校依法依规开设法学本科专业，其中国际法(含国际公法、国际私法、国际经济法)是法学一级学

① 中国共产党第十九届中央委员会第五次全体会议公报(2020年10月29日)[EB/OL]. http://cpc.people.com.cn/gb/http:/cpc.people.com.cn/n1/2020/1029/c64094-31911510.html.

② 习近平在中央全面依法治国工作会议上强调 坚定不移走中国特色社会主义道路 为全面建设社会主义现代化国家提供有力法治保障[N]. 人民日报，2020-11-18(1).

③ 而美国高校中的国际法教师人数在600名左右。参见朱利江. 瓶颈抑或玻璃天花板——改革开放以来我国国际法教学的困境及改进[M]. 魏磊杰. 大国崛起与国际法教育. 北京：当代世界出版社，2022：77.

科下的二级学科，全国共有法学一级学科博士点55个、硕士点149个，均可培养相关国际法人才。此外，已在法学一级学科下设置国际法学二级学科博士点36个，二级学科硕士点86个。① 这些基础完全能满足我国新设国际法一级学科的基本条件。

(三)作为法学一级学科之国际法学的研究对象、理论、概念体系

按照2009年国务院学位委员会、教育部颁布的《学位授予和人才培养学科目录设置与管理办法》第7条的规定，一级学科是具有共同理论基础或研究领域相对一致的学科集合，须具有确定的研究对象，形成了相对独立、自成体系的理论、知识基础和研究方法；应有若干可归属的二级学科；应得到学术界的普遍认同，在构成本学科的领域或方向内，有一定数量的学位授予单位已开展了较长时间的科学研究和人才培养工作；社会对该一级学科人才有较稳定和一定规模的需求。② 国际法以国际性法律规范、法律关系和法律现象为研究对象，形成了独特的理论体系，现有9个二级学科，是国际公认的与国内法相对应的独立学科，“十四五”时期我国对国际法人才的需求数以十万计，完全符合我国上述法律的规定要求。

(1)研究对象。国际法学的研究对象是国际性法律规范、法律关系和法律现象。国际性法律规范既包括国际条约、国际习惯(国际商事惯例)、一般法律原则、国际软法；也包括国内法中的涉外规范等。

(2)理论体系。作为法律的一个特殊体系，国际法学发展出自己独特的理论体系，且涵盖了不同层次、不同领域，如：国际公法理论、国际私法理论、国际经济法理论，实体法理论、程序法理论、冲突法理论，自然法学派、实在法学派、格劳秀斯学派、规范法学派、政策定向学派，一元论、二元论、法则区别说、法律关系本座说、属地学说、既得权说、本地法说、政府利益分析说、最密切联系说等。

(3)概念体系。国际法学的概念体系主要由以下几组核心概念组成：渊源概念，如国际条约、国际习惯、一般法律原则、司法判例、权威公法学家学说、国际软法等；主体概念，如国家、国际组织、跨国公司、个人等；客体概念，如领土、毗连区、专属经济区、大陆架、公海、国际海底区域、南北极地区、外层空间、网络空间等；权利概念，如主权、管辖权、独立权、平等权、自卫权、豁免权、人权等；义务概念，如不干涉内政、禁止以武力相威胁或使用武力、和平解决国际争端、国际合作、国家主权平等、善意履行国际义务、约定必须信守、尊重人权等；责任概念，如国家责任、国际组织的责任、国家的刑事责任、个人的刑事责任、国家官员的外国刑事管辖豁免、保护的责任等。

(四)国际法学的二级学科及主要研究方向

将“国际法学”作为一级学科建设的目的是要整合国际法与对外关系法、涉外法，形

① 教育部对十三届全国人大四次会议第8342号建议的答复(教高建议〔2021〕120号)[EB/OL]. 教育部网站，http：//www.moe.gov.cn/jyb_xxgk/xxgk_jyta/jyta_gaojiaosi/202109/t20210907_560085.html.

② 参见学位授予和人才培养学科目录设置与管理办法(2009年2月25日)[EB/OL]. 教育部网站，http：//www.moe.gov.cn/s78/A22/xwb_left/moe_833/tnull_45419.html.

成相对独立、相互支撑、有利于涉外法治人才培养和深化国际法研究的知识体系。其中，国际法学的二级学科可以设国际法哲学、国际法史、国际公法、国际私法、国际经济法、国际刑法、国际商法、国际环境法、国际争端解决法、对外关系法等。上述国际法学二级学科的研究方向可以初步设计为：国际法哲学包括国际法的本体论、国际法的方法论、国际法的价值论、国际法的辩证法、国际法的遵行机制、国际法的中国理论等①；国际法史包括国际法制度史、国际法学说史、国际法编纂史；国际公法包括国际公法原理、国际组织法、条约法、国际人权法、领土法、海洋法、空间法、外交与领事关系法、武装冲突与国际人道法、网络空间法等；国际私法包括国际私法原理、国际民事冲突法、商事冲突法、海事冲突法等；国际经济法包括国际经济法原理、国际贸易法、国际投资法、国际金融法、国际知识产权法、国际税法等；国际刑法包括国际刑法基本理论、国际刑法总论、国际刑事司法合作、国际刑事审判、国际刑事程序法等；国际商法包括国际货物买卖法、国际货物运输法、国际货物运输保险法、海商法等；国际环境法包括国际气候变化法、国际能源法、国际水法、国际生物多样性法、国际海洋污染控制法、两极地区环境保护法、外层空间环境保护法、国际废物管理法、国际危险物质和活动管理法等②；国际争端解决法包括国际司法制度法、国际投资仲裁法、国际民事诉讼法、国际商事仲裁法、国际商事调解法等；对外关系法包括主权豁免法、国际法的国内实施、国内法的域外适用等。

值得注意的是，近年来为加强涉外法治人才培养，我国国际法学者提出将国际法学由二级学科升格为一级学科来建设，逐步获得社会广泛共识③，教育部也正在筹划相关工作。教育部曾明确表示，教育部将会同司法部继续做好以下几方面工作：一是继续支持有条件的高校在法学一级学科下自主设置国际公法、国际私法、国际经济法二级学科，支持能够开展学位授权自主审核工作的高校探索设置相关一级学科，推动培养模式改革，培养博士硕士高层次人才。在新一轮学科目录调整设置工作中，广泛听取意见建议，统筹研究构建更加科学规范、灵活高效、适应需求、有利于创新型复合型应用型人才培养的学科体系。④

五、新时代中国国际法学的任务

(一)弘扬国际法治理念、为人类命运共同体的构建提供法治保障

理念引领行动，方向决定出路。推动构建人类命运共同体，不但是习近平新时代中国

① 参见何志鹏. 国际法哲学导论[M]. 北京：社会科学文献出版社，2013：目录.

② 参见王曦. 国际环境法[M]. 北京：法律出版社，1998：目录.

③ 2022年7月15日，武汉大学同意推荐增设“国际法”本科专业，并进行了公示。

④ 参见教育部对十三届全国人大四次会议第8342号建议的答复(教高建议〔2021〕120号)[EB/OL]. 教育部网站，http://www.moe.gov.cn/jyb_xxgk/xxgk_jyta/jyta_gaojiaosi/202109/t20210907_560085.html.

特色社会主义思想的重要组成部分、是新时代中国外交工作的总目标、总纲领和总战略①，而且是新时代中国国际法观的核心价值，是中国对国际法发展的重要理论贡献②。因此，为人类命运共同体的构建提供法治保障，当然是新时代中国国际法学的首要任务。然而，构建人类命运共同体，不但需要国际法的固化和支撑，而且需要协调推进国内法治和国际法治。③

(1)弘扬国际法治理念有助于维护"以国际法为基础的国际秩序"。2015 年 11 月，习近平主席在气候变化巴黎大会开幕式上发表了"携手构建合作共赢、公平合理的气候变化治理机制"的主旨讲话，呼吁："我们应该创造一个奉行法治、公平正义的未来。要提高国际法在全球治理中的地位和作用，确保国际规则有效遵守和实施，坚持民主、平等、正义，建设国际法治。"④这是习近平主席首次在国际上正式明确提出"奉行法治""建设国际法治"的概念和倡议。2020 年 9 月，习近平主席在联合国成立 75 周年纪念峰会的讲话中进一步指出："联合国宪章宗旨和原则是处理国际关系的根本遵循，也是国际秩序稳定的重要基石，必须毫不动摇加以维护。大国更应该带头做国际法治的倡导者和维护者。"⑤

事实上，弘扬国际法治理念、坚持国际法治，有助于维护"以国际法为基础的国际秩序"。众所周知，2015 年七国集团首脑会议后发表的宣言声称，七国集团致力于维护"以规则为基础"的贸易秩序与海洋秩序。⑥ 这是欧美大国首次使用"以规则为基础的国际秩序"(rules-based international order)。此后，欧美国家不但在其政要发言和官方文件中频频使用"以规则为基础的国际秩序"，甚至点名要求中国、俄罗斯等国"遵守规则"。其实，欧美国家的这一论调旨在滥用其国内法以维护其在国际秩序中的主导地位和既得利益，以最终削弱甚至取代以联合国宪章为基础的国际法。正如习近平主席于 2021 年 9 月在第 76 届联大一般性辩论上发表演讲时一针见血地指出："世界只有一个体系，就是以联合国为核心的国际体系。只有一个秩序，就是以国际法为基础的国际秩序。只有一套规则，就是以联合国宪章宗旨和原则为基础的国际关系基本准则。"⑦这是我国国家领导人首先明确提

---

① 参见徐宏. 人类命运共同体与国际法[J]. 国际法研究，2018(5)：3-14.

② 参见中华人民共和国外交部条约法律司. 中国国际法实践案例选编[M]. 北京：世界知识出版社，2018：20.

③ 参见黄惠康. 准确把握"涉外法治"概念内涵　统筹推进国内法治和涉外法治[J]. 武大国际法评论，2022(1)：17.

④ 习近平. 携手构建合作共赢、公平合理的气候变化治理机制——在气候变化巴黎大会开幕式上的讲话(2015 年 11 月 30 日)[EB/OL]. 新华网，http：//www. xinhuanet. com/world/2015-12/01/c_1117309642. htm.

⑤ 习近平. 在联合国成立 75 周年纪念峰会上的讲话(2021 年 9 月 21 日)[EB/OL]. 新华网，http：//www. xinhuanet. com/world/2020-09/22/c_1126522721. htm.

⑥ Leader's declaration. G7 summit. 7-8 June 2015：4-7.

⑦ 习近平. 坚定信心　共克时艰　共建更加美好的世界——在第七十六届联合国大会一般性辩论上的讲话(2021 年 9 月 21 日)[EB/OL]. 中国政府网，http：//www. gov. cn/gongbao/content/2021/content_5641338. htm.

出“以国际法为基础的国际秩序”。[①] 此外，2021 年 11 月李克强总理在亚非法协第 59 届会议上的讲话也特别强调：“秉持公平正义，共同加强国际法治……要坚定维护以联合国为核心的国际体系、以国际法为基础的国际秩序、以联合国宪章宗旨和原则为基础的国际关系基本准则”[②]。

(2)弘扬国际法治理念是我国应对风险挑战的需要。一方面，在乌克兰危机背景下，欧美国家的个别智库发布一些言论，渲染所谓“台湾地位未定论”，还将台湾与乌克兰问题相提并论。另一方面，单边制裁的非法性进一步突显。乌克兰危机爆发后，美国等西方国家对俄罗斯实施了全面的制裁，特别是美国的一些顶级跨国公司如星链、谷歌、微软、苹果、通用、波音、GE 全部参与了对俄制裁。从国际法角度看，美国等西方国家对俄罗斯的相关制裁并未得到联合国安理会的授权，并不符合联合国宪章的规定。尤其是有关国家还滥施“长臂管辖”，威胁第三国配合落实制裁，明显违反了国际法。因此，它使越来越多的国家认识到单边制裁的违法性及严重后果。可见，这些问题都需要我们在实践中运用国际法治思维和法治方式加以应对。

(二)传播中国国际法观、提升中国国际法理念的国际影响力

毋庸讳言，“中国的国际法实践稀为世界各国国际法学界所知，更谈不上在国际上广为传播”[③]。诚然，一国的国际法观无疑属于主体认知的范畴，是一国对国际法的态度、主张的总体价值取向。然而，一国的国际法观只有获得国际社会的呼应和认可，才更具实际意义。况且，进入 21 世纪以来在国内维护国际法主流价值体系及在国际社会推进这些价值观，愈益成为大国界定国家利益，进而塑造国际秩序观的重要考量因素。因此，进一步加强中国国际法观在国际社会的传播，无疑是新时代中国国际法学的重要任务。

(1)进一步提炼中国国际法观的核心价值和主要内容。“党的十八大以来，习近平总书记多次就国际法问题作出重要论述……引领了中国在国际法领域的理论创新，逐步形成了新时代中国国际法观。”[④]中国国际法观的价值取向主要来源于中国社会主义核心价值观和国际法的核心理念，如人类命运共同体、主权平等、和平正义、可持续发展等。而新时代中国国际法观的内涵十分丰富，它既植根于中国悠久的传统文化，又来源于长期以来中国特色的国际关系和国际法的实践，同时还对相关的实践起到指引作用。概言之，中国国际法观的主要内容包括：和平共处五项原则、“共商共建共享”的全球治理观、“相互尊重、平等独立”的国家主权观、“集体人权和个人人权”相结合的整体人权观、“共同、综

---

① 值得注意的是，2021 年 6 月 10 日全国人大常委会通过的《反外国制裁法》第 2 条明确规定：“维护以联合国为核心的国际体系和以国际法为基础的国际秩序”。这表明“以国际法为基础的国际秩序”已经载入我国的立法中。

② 李克强. 在亚非法协第 59 届会议上的讲话(2021 年 11 月 29 日)[EB/OL]. 新华网，HTTP：//WWW. NEWS. CN/WORLD/2021-11/29/C_1128113744. HTM.

③ 段洁龙. 中国国际法实践与案例[M]. 北京：法律出版社，2011：序言，1.

④ 中华人民共和国外交部条约法律司. 中国国际法实践案例选编[M]. 北京：世界知识出版社，2018：7.

合、合作和可持续”的和平与安全观以及“创新、协调、绿色、开放、共享”的发展观等。

(2)充分拓展中国国际法观的传播路径和方式。一方面，应利用国际社会共有的国际法治的共性话语讲好“中国故事”。传播中国国际法观，首先是要让外国人听懂，听得懂是传播中国国际法观的前提。当前似乎存在一个误区，就是把传播中国国际法观、传播中国声音与使用中国原创或土生土长的话语等同，其实不然。中国原创或土生土长的话语固然重要，但对外传播时必须解决让外国人听得懂的问题。如果仅仅习惯于、依赖于自己的地方性话语，很难引起国际社会的共鸣和支持，就会出现鸡同鸭讲的无效沟通。① 另一方面，用多元化的方式传播中国国际法观。例如，通过联大六委、联合国国际法委员会等国际立法平台，在议题设置、约文起草和缔约谈判中纳入中国国际法观；在联合国主要机构和联合国专门机构等多边舞台以及欧盟、东盟等区域场合宣介和阐释中国的国际法观；在国际司法、外国司法和中国司法判例中凸显中国国际法观；在国际习惯的塑造中再现中国国际法观等。

(三)进一步明确国际条约在中国国内法的地位

在我国现有法治体系中，国际条约在国内法中的地位和效力一直未能明确，这是当前涉外法治工作战略布局中的“短板”，也是涉外法治建设进程中的一个“老大难”问题。② 关于国际条约在我国国内法上的地位问题，我国宪法并没有明确的规定。然而，从相关的实践来看，我国的做法主要有以下两种：

(1)很多部门法明确规定了国际条约在我国的效力和适用。例如，《民事诉讼法》第271条规定：“中华人民共和国缔结或者参加的国际条约同本法有不同规定的，适用该国际条约的规定，但中华人民共和国声明保留的条款除外。”《民事诉讼法》关于适用国际条约规定的原则，实际上是我国国内法关于国际条约适用问题的一项通常做法。③ 我国的许多其他法律、行政法规中也有类似的规定，如《海商法》《民用航空法》《票据法》《海洋环境保护法》等。

(2)根据国际条约制定新法规或修改国内法。例如，根据《维也纳外交关系公约》和《维也纳领事关系公约》，我国制定了《中华人民共和国外交特权与豁免条例》和《中华人民共和国领事特权与豁免条例》，并且相应地在《刑法》第11条规定：“享有外交特权和豁免权的外国人的刑事责任，通过外交途径解决。”

综上可见，我国缔结或参加的国际条约，除声明保留的条款外，在我国具有法律效

① 参见李鸣. 深刻认识国际法人才培养的重要性；郑志华. 中国国际法教育应向何处去？[M]. 魏磊杰. 大国崛起与国际法教育. 北京：当代世界出版社，2022：10，94.

② 参见黄惠康. 准确把握“涉外法治”概念内涵　统筹推进国内法治和涉外法治[J]. 武大国际法评论，2022(1)：15.

③ 值得注意的是，2021年1月1日施行的《中华人民共和国民法典》对国际条约在中国的效力和适用问题，缺乏具体规定。

力[①]；在我国缔结或参加的国际条约与我国国内法规定不一致时，国际条约在国内适用中处于优先地位。然而，因为我国宪法对于国际条约与国内法的关系未做直接的规定，所以即使在若干部门法中为此设有专门条款，但是我们亦不能说国际条约优于国内法是在我国国内法体系中已经完全确立的普遍性原则，尽管这是比较明显的立法政策倾向。

(四)提高运用国际法的能力

进入21世纪以来，中国对国际(准)司法机构的态度更加积极。一方面，就世界贸易组织争端解决机制而言，自从中国加入世界贸易组织以后，中国完全从“门外汉”成长为“优等生”。另一方面，中国政府开始主动参与国际司法机构的相关程序。例如，针对国际法院“科索沃单方面宣布独立咨询意见案”(Accordance with International Law of the Unilateral Declaration of Independence in Respect of Kosovo)[②]，中国深入参与该案的审理过程，于2009年4月16日提交了书面意见，并于12月7日在国际法院出庭作口头陈述，就该案相关的国际法问题充分、完整、深入地阐述了中方的法律立场。“这是新中国首次参与国际法院司法活动，具有重要意义。”[③]又如，2010年在国际海洋法法庭海底争端分庭受理的第一个咨询案“国家担保个人和实体在‘区域’内活动的责任和义务问题”(Responsibilities and Obligations of States Sponsoring Persons and Entities with Respect to Activities in the Area，Request for Advisory Opinion Submitted to the Seabed Disputes Chamber)中，中国政府提交了“书面意见”(written statement)，阐释了中国的基本立场，如担保国未履行《公约》义务、有损害事实发生并且二者之间存在因果联系的情形下，担保国才承担赔偿责任等。[④] 2013年，在国际海洋法法庭受理的全庭首例咨询意见案“次区域渔业委员会(就非法、未报告和无管制捕捞活动的有关问题)请求咨询意见”(Request for an Advisory Opinion Submitted by the Sub-Regional Fisheries Commission，SRFC，Request for Advisory Opinion Submitted to the Tribunal)中，中国提交的“书面意见”强调法庭的咨询管辖权缺乏充分的法律基础，因而反对法庭的咨询管辖权。[⑤] 此外，2018年中国政府就国际法

---

① 参见古祖雪. 治国之法中的国际法：中国主张和制度实践[J]. 中国社会科学，2015(10)：151-152.

② See “Accordance with international law of the unilateral declaration of independence in respect of Kosovo”[EB/OL]. https：//www. icj-cij. org/en/case/141.

③ 中华人民共和国外交部条约法律司. 中国国际法实践案例选编[M]. 北京：世界知识出版社，2018：21.

④ See “Responsibilities and obligations of states sponsoring persons and entities with respect to activities in the area，request for advisory opinion submitted to the seabed disputes chamber”[EB/OL]. https：//www. itlos. org/en-main-cases-list-of-cases-case-no-17；中华人民共和国外交部条约法律司. 中国国际法实践案例选编[EB/OL]. 北京：世界知识出版社，2018：67.

⑤ See “Request for an Advisory Opinion submitted by the Sub-Regional Fisheries Commission，SRFC，Request for Advisory Opinion submitted to the Tribunal”[EB/OL]. https：//www. itlos. org/en-main-cases-list-of-cases-case-no-21/.

院“查戈斯群岛咨询意见案”提交了书面意见。中国政府高度重视该案在“非殖民化和民族自决”和“当事国同意原则”两方面将产生的重要意义。从各方提交的书面意见和口头陈述看，中方在联大的解释性发言和向国际法院提交的书面意见的主要观点，得到了各方的肯定和认同。毛里求斯积极评价中方“承认国际法院在履行联合国非殖民化职能方面发挥重要作用”。① 由上可见，中国政府已经迈出了“谨慎参与国际(准)司法活动”的重要步伐。②

2019年，中国共产党十九届四中全会明确提出：“建立涉外工作法务制度，加强国际法研究和运用”。2020年，十九届五中全会进一步指出：“加强国际法运用，维护以联合国为核心的国际体系和以国际法为基础的国际秩序”。2020年，习近平主席在主持召开中央全面依法治国委员会第三次会议上强调：“要加强国际法治领域合作，加快我国法域外适用的法律体系建设，加强国际法研究和运用，提高涉外工作法治化水平。”③因此，提高运用国际法能力，也是新时代重构中国国际法学科体系的重要一环。

(1)加强涉外立法能力建设。特别注意建立协同创新机制，实现立法机关和政府部门、企事业单位和社会力量的深度融合，提高涉外立法质量。

(2)强化涉外执法能力建设。通过升级我国与其他国家签订的双边司法协助协定、推动我国批准《法院选择协议公约》《新加坡调解公约》、签署主要国际条约，提高涉外执法能力。

(3)着力提升涉外司法能力。利用电子卷宗随案同步生成技术、庭审语音识别技术，建立跨境纠纷在线解决平台、裁判文书资源加工和智能运用机制、互联网专业化审判机制，提升涉外司法服务智能化水平，提高涉外司法宣传的客观性、全面性和及时性。

(4)提升涉外法律服务能力。充分发挥社会主义制度集中力量办大事的优势，发挥各类法律服务主体的积极性主动性，加强涉外法律服务信息系统和涉外法律服务指标体系建设，打造一批重点涉外法律服务基地和品牌涉外法律团队，形成一个体系完备、多元协同、服务有力的涉外法律服务网络体系；完善仲裁制度，提升仲裁质量和公信力，打造国际商事仲裁目的地；建立商事调解制度，强化调解在国际商事纠纷解决中的地位和作用；制定和实施“涉外法律服务质量提升工程”，发挥政府“有形手”的作用；健全法律服务市场秩序，引导法律服务主体在市场竞争中提升服务能力、提高服务质量；进一步发挥行业组织的第三方服务功能；在北京、上海、深圳、西安、海南、武汉等省市建设一定数量的综合涉外法律服务示范区，赋予其在涉外法律服务领域先行先试的权力，形成涉外法律服务新高地。

(5)强化涉外法治(国际法治)实践教学。法学学科专业是实践性很强的学科专业。法学教育尤其是涉外法治人才培养，一定要处理好法学知识教学和实践教学的关系，要在打

① See “Legal consequences of the separation of the Chagos Archipelago from Mauritius in 1965 (request for advisory opinion)”[EB/OL]. https://www.icj-cij.org/en/case/169.

② 参见贾宇，密晨曦. 新中国70年海洋事业的发展[J]. 太平洋学报，2020(2)：12-13.

③ 习近平主持召开中央全面依法治国委员会第三次会议强调 全面提高依法防控 依法治理能力 为疫情防控提供有力法治保障[N]. 人民日报，2020-02-06(1).

牢学生的法学基本知识理论基础上，强化涉外法治(国际法治)实践教学，切实提升学生实践动手能力和解决实际问题的能力。第一，建立法学院校与涉外政府部门、涉外司法机关、涉外企业、涉外法律服务机构等涉外法治实务部门联合培养涉外法治人才的协同工作机制，打破法学院校和社会之间的体制壁垒，将涉外实际工作部门的优质实践教学资源引进法学院校，发挥涉外实际工作部门在涉外法治人才培养中的积极作用，让学生更多地参与涉外法务实习实践。第二，建立健全切实有效的涉外法治实务部门与法学院校、法学研究机构人员双向交流机制，特别是激励机制，实施高校和法治实际工作部门人员互聘计划，安排大学教师到涉外法治实务部门挂职或研修，同时安排从事涉外法治实务的专家到法学院校任教。第三，在法学院校设立实务教师岗位，吸收涉外法治实务部门的专家实质性地参与涉外法治人才培养，包括参与人才培养方案制订、课程体系设计、教材编写、课程教学、实习实践指导等。第四，拿出经费有计划有组织地持续支持我国法科大学生和研究生到国际司法、仲裁、调解、法律服务等国际组织实习实践。① 第五，在国际法学术实力较强的高校，比如武汉大学、中国政法大学、对外经贸大学、华东政法大学、厦门大学等，建立专门的“涉外法治(国际法治)人才培养基地”。②

(五)补齐涉外法治的短板

涉外法治在国内法治和国际法治之间发挥着桥梁纽带、互动融通的作用，事关国家主权、安全、发展利益，是推进国家治理体系和治理能力现代化战略的重要支点。③

(1)加强涉外法律体系建设。早在2014年《中共中央关于全面推进依法治国若干重大问题的决定》就明确指出，要“适应对外开放不断深化，完善涉外法律法规体系”④。完善涉外法律法规体系，是补齐涉外法治短板的重要步骤。一方面，加快出台相关的涉外立法，如《对外关系法》《外国主权豁免法》《反干涉法》《外国代理人法》《海洋基本法》等；修改完善《刑法》《刑事诉讼法》中有关域外适用、国际刑事司法合作等内容。另一方面，进一步明确完善涉外法律法规的优先方向，如鉴于中国的海外利益日益扩大，尽快制定海外投资法律法规、健全海外投资风险预警制度、援外制度等。⑤

(2)加快我国法域外适用的法律体系建设。2020年2月习近平主席在中央全面依法治国委员会第三次会议上进一步指出：“加快我国法域外适用的法律体系建设。”⑥因此，加

---

① 参见教育部关于加快高校涉外法治人才培养的实施意见(2021年12月31日)(教高〔2021〕3号).

② 参见黄进. 加强我国涉外法治人才培养的战略选择[N]. 光明日报，2021-02-09(5).

③ 参见黄惠康. 准确把握“涉外法治”概念内涵　统筹推进国内法治和涉外法治[J]. 武大国际法评论，2022(1)：19.

④ 中共中央关于全面推进依法治国若干重大问题的决定[N]. 人民日报，2014-10-29(1).

⑤ 参见黄惠康. 准确把握“涉外法治”概念内涵　统筹推进国内法治和涉外法治[J]. 武大国际法评论，2022(1)：15.

⑥ 习近平主持召开中央全面依法治国委员会第三次会议强调全面提高依法防控依法治理能力、为疫情防控提供有力法治保障[N]. 人民日报，2020-02-06(1).

快我国法域外适用体系的构建是统筹推进国内法治与涉外法治的关键。首先，就立法而言，加快制定涉外立法的战略规划，推动我国法域外效力的立法体系建设，特别是在一些重要立法中确立域外效力条款，如考虑将《证券法》第 2 条的适用范围扩大至对我国产生实质性后果的证券发行与交易行为等。① 其次，从执法来看，我国行政机关要积极稳妥执行具有明确域外效力的法律法规及部门规章，健全现有法律域外适用的标准和程序，通过建立多边、区域和双边机制，加强国际执法合作。最后，在司法方面，通过在司法实践中妥当解释和适用法律、及时公布指导性案例和典型案例、积极参与国际司法协助和跨国司法对话等手段，进一步加强国内法院在域外适用中的作用。② 值得注意的是，我国法的域外适用是以不违反国际法为底线的。正如习近平主席指出的："解决国际上的事情，不能从所谓'实力地位'出发，推行霸权、霸道、霸凌"，应该"践行真正的多边主义，反对打着所谓'规则'旗号破坏国际秩序、制造对抗和分裂的行径"。③

(3)阻断和反制外国法的不当域外适用。有学者形象地把"加快我国法域外适用的法律体系建设"和"阻断和反制外国法的不当域外适用"比喻为打造"涉外法治之矛"和"涉外法治之盾"。④ 首先，进一步完善我国阻断和反制外国法不当域外适用的法律体系。虽然迄今我国已颁布实施了《不可靠实体清单规定》《阻断外国法律与措施不当域外适用办法》《反外国制裁法》等法律法规，但是相关规定比较笼统、操作性不强。⑤ 其次，进一步提升我国行政机关有关"阻断和反制外国法的不当域外适用"的执法水平，避免给国际社会造成"中国围绕反制裁、反干涉、反制'长臂管辖'进行的制度建构不过是立场宣誓"⑥的错误印象。最后，进一步加强我国法院在"阻断和反制外国法的不当域外适用"中的作用。党的十八大以来，我国法院先后判决和执行了多个在国际上有重大影响力的涉外商事和海事案件，如 2014 年厦门海事法院审理的"闽霞渔 01971 轮船舶碰撞案"，彰显了我国对钓鱼岛海域的司法管辖权；而 2016 年 8 月施行的《最高人民法院关于审理发生在我国管辖海域相关案件若干问题的规定(一)》和《最高人民法院关于审理发生在我国管辖海域相关案件若干问题的规定(二)》，是我国法院维护海洋权益的重要举措。因此，今后我国法院在司法审判中应充分利用"需求响应机制"⑦，基于外交、海洋、国防等国家大局需求，利用相关案件的审理和判决宣示中国有关"阻断和反制外国法的不当域外适用"的立场，从而

---

① 参见廖诗评. 中国法域外适用法律体系：现状、问题与完善[J]. 中国法学，2019(6)：34.

② 参见蔡从燕. 中国崛起、对外关系法与法院的功能再造[J]. 武汉大学学报(哲学社会科学版)，2018(5)：141.

③ 习近平出席上海合作组织成员国元首理事会第二十一次会议并发表重要讲话[N]. 人民日报，2021-09-18(1).

④ 参见霍政欣. 我国法域外适用体系之构建[J]. 中国法律评论，2022(1)：50.

⑤ 例如，《反外国制裁法》没有对反外国制裁工作协调机制、反制裁清单及反制裁措施的制定、具体执法程序等作出可操作性的规定。参见霍政欣.《反外国制裁法》的国际法意涵[J]. 比较法研究，2021(4)：155.

⑥ 参见霍政欣. 我国法域外适用体系之构建[J]. 中国法律评论，2022(1)：50.

⑦ 贺荣. 论中国司法参与国际经济规则的制定[J]. 国际法研究，2016(1)：10.

阻断或促进相关国际习惯、国际法基本原则和规则的形成。

六、新时代中国国际法学者的应有使命

(一)涉外法治人才培养

(1)涉外法治人才的标准。《中华人民共和国国民经济和社会发展第十四个五年规划和2035年远景目标纲要》明确提出:"加强涉外法治体系建设,加强涉外法律人才培养。"可见,人才培养在中国涉外法治体系建设中是具有基础性、战略性、先导性的地位和作用的。然而,涉外法治人才应该具备什么样的标准?学者们有不同的看法。例如,黄进教授认为,国际法理论和实践知识是涉外法治人才必须具备的核心知识理论、核心实践能力和核心专业素质;涉外法治人才应该是复合型、应用型、创新型和国际型的法治人才,首先要夯实法学基本知识理论基础,学会中国国内法,同时要强化外语、国际政治、国际关系、国际经济与贸易、世界历史、跨文化交流等方面的知识、能力和素养。① 黄瑶教授指出,国际法律人才应具备的综合性素质包括:扎实的国内法律基础知识和基础能力;国际法规则的理论知识和实务运用能力;外语应用能力;跨学科通识和基本理论,尤其是国际经济、世界历史、国际政治等方面的知识及基本理论;国际上争取法律话语权和议题设置的能力。② 可见,涉外法治人才应具备:国际法与国内法知识、外语能力以及跨学科知识等。③

(2)初步建立涉外法治人才培养的系统工程。一方面,进一步完善涉外法治人才培养的顶层设计。2021年2月,教育部学位管理与研究生教育司、司法部律师工作局发布了《关于实施法律硕士专业学位(涉外律师)研究生培养项目的通知》(教研司〔2021〕1号),该通知提出我国急需"培养一大批通晓国际法律规则、善于处理涉外法律事务的涉外律师人才"。2021年8月,教育部在《对十三届全国人大四次会议第8342号建议的答复》中也明确提到:"印发实施《教育部加强高校涉外法治人才培养工作方案》,指导高校结合本校学科优势加大面向不同法域、不同国家的涉外法治人才培养力度,系统设计并实施好涉外法治人才培养专项"④。2021年12月,《教育部关于加快高校涉外法治人才培养的实施意见》要求:"支持涉外法治相关学科专业建设,扩大涉外法治相关学科专业学生规模,加

---

① 参见黄进. 完善法学学科体系,创新涉外法治人才培养机制[J]. 国际法研究,2020(3):9.

② 参见黄瑶. 大国崛起需要高层次国际法人才支撑——关于培养国际法律人才的思考[M]. 魏磊杰. 大国崛起与国际法教育. 北京:当代世界出版社,2022:28.

③ 有学者认为,国际法人才培养成功与否的标志在于有多少律师活跃在国际法律服务市场。如果各国政府、跨国公司进行国际诉讼或仲裁时纷纷聘请中国律师,那么我们就可以自豪地说,中国的国际法教育是成功的。参见郑志华. 中国国际法教育应向何处去?[M]//魏磊杰. 大国崛起与国际法教育. 北京:当代世界出版社,2022:91.

④ 教育部对十三届全国人大四次会议第8342号建议的答复(教高建议〔2021〕120号)[EB/OL]. 教育部网站,http://www.moe.gov.cn/jyb_xxgk/xxgk_jyta/jyta_gaojiaosi/202109/t20210907_560085.html.

强涉外法治急需高层次人才培养，加强涉外法治理论研究与应用"①等。因此，有必要根据近年来部分高校实施涉外法治人才培养专项的经验教训，进一步完善涉外法治人才培养的顶层设计。另一方面，创新涉外法治人才培养机制。例如，根据不同类型或高校学科优势、侧重不同的法学院，确定不同的涉外法治人才培养功能定位，走差异化发展道理；调整法学本科课程方案，加强涉外法治专业人才培养的本科基础，增加国际法课程的授课；加强外语、法律、经贸复合型涉外法治人才培养，提升涉外法治人才的语言能力和专业交叉辐射能力；积极探索"国内-海外合作培养"机制，拓宽与国际高水平大学合作交流渠道，加强中外联合办学，积极推进教师互派、学生互换、课程互通、学分互认和学位互授联授等实质性合作；有效打通法学院校与实务部门联合培养人才的工作机制，加强涉外政府部门、涉外企业、涉外律所和具备师资条件的高校之间的交流与合作等。

(3)实施国际组织后备人才培养计划。如前所述，在联合国等国际组织中，中国籍国际公务员人数偏少、级别偏低、占据的重要部门和关键岗位不多。未来，我们应积极向联合国等国际组织输送人才，实现量的突破和质的飞跃。一方面，派遣和鼓励更多中国年轻人才进入联合国系统工作，尤其要重视占据重要部门和关键岗位。这既可以弥补中国在联合国系统代表性不足的问题，也有利于展现中国的软实力，把中国的文化和理念融入联合国工作的各个领域。另一方面，要充分利用联合国现有的输送培养国际人才的渠道。例如，联合国开发计划署、经济和社会事务局均设立了一个初级职业官员项目，专门培养年轻的专业人员(P1/P2级别)。一般50%的初级职业官员项目官员都留在了联合国系统。②事实上，很多国家已经利用该渠道为联合国系统提供了不少的人力资源。我国应大力支持本国年轻人参与此类项目。值得注意的是，教育部已明确表示，下一步将会同司法部继续支持我国优秀涉外仲裁人才到国际组织或国际知名仲裁机构交流、任职和实习，协调指导涉外律师事务所参与有关涉外法治人才培养工作。③

(二)推动国际法研究的理论创新

推动国际法研究的理论创新，既是新时代中国国际法学者的应有使命，也是学者们得天独厚的优势。正如施拉格(Pierre Schlag)所说，"法庭忙于处理诉讼，法学家们却有时间，鉴于这种不对称性，学者总是可以在分析的复杂性方面超越法庭"。④

(1)加强国际法的基础研究。国际法基本理论是国际法学的基础和核心，也是建立一个法律体系的关键所在，同时也是有一定深度和难度的部分。长期以来，由于多种因素的影响，国际法基本理论问题一直是中国国际法学研究的一个薄弱环节。事实上，对国际法

① 教育部关于加快高校涉外法治人才培养的实施意见(2021年12月31日)(教高〔2021〕3号).

② 参见刘志贤. 联合国70年：成就与挑战[M]. 北京：世界知识出版社，2015：489.

③ 参见教育部对十三届全国人大四次会议第8342号建议的答复(教高建议〔2021〕120号)[EB/OL]. 教育部网站，http://www.moe.gov.cn/jyb_xxgk/xxgk_jyta/jyta_gaojiaosi/202109/t20210907_560085.html.

④ Richard A. Posner. The state of legal scholarship today (A comment on Schlag)[J]. Georgetown Law Journal，2009，93(3)：845-855.

基本理论问题的研究程度，是衡量一国国际法学发展水平的重要标准之一。因此，加强国际法的基础研究，具有重大理论价值和现实意义。一方面，应有组织地对一些最基本的国际法理论问题，如国际法的理念、国际法的方法论、国际法的价值论、国际法的认识论、国际法的效力根据、国际法与国内法的关系、国际法的渊源以及国际法各分支的一些理论问题等，展开全面、系统、深入的研究。另一方面，重视联合国国际法委员会(以下简称国际法委员会)正在编纂的议题，从更长远角度参与国际法的发展。众所周知，国际法委员会是联合国负责编纂工作的主要机关，其职能是促进国际法的编纂与逐渐发展。其中，"编纂"是指对国际法规则进行更精确的制定和系统化，"逐渐发展"(progressive development of international law)是指对尚未为国际法所规定的或在各国实践中有关法律尚未得到充分发展的问题，拟定草案。国际法委员会黄惠康委员曾经总结了国际法委员会对当代国际法的形成与发展的三大贡献：一是通过拟定国际公约条款草案的方式对国际法形成的贡献，二是国际法逐渐发展方面的重大理论突破，三是提供"软法"性质的法律指南。[①] 此外，国际法委员会的所有成果，无论是否公约性成果，都对国际法的发展产生长远影响，特别是有助于查考习惯国际法的证据。可见，国家法委员会正在编纂的议题，是推动国际法理论创新的重要源泉。目前，国际法委员会正在讨论、研究的议题主要有："国家官员的外国刑事管辖豁免"(immunity of state officials from foreign criminal jurisdiction)，"有关武装冲突的环境保护"(protection of the environment in relation to armed conflicts)，"一般国际法强制规范(强行法)"(peremptory norms of general international law, jus cogens)，"国家责任方面的国家继承"(succession of states in respect of state responsibility)，"一般法律原则"(general principles of law)、"与国际法有关的海平面上升"(sea-level rise in relation to international law)等。[②] 这些均可成为中国国际法学界基础研究的重要课题。

(2)跟踪国际法的学术前沿。国际司法机构的裁决，既是国际法的辅助渊源，也对国际法规则的认证和解释发挥了重要作用，推动了国际法的发展。因此，国际司法机构的重要判决和动向值得关注。一方面，从国际法院的历史发展来看，国际法院的一些判决产生了重要影响。例如，1951 年 12 月国际法院在"英挪渔业案"(*the Anglo-Norwegian Fisheries Case*)的判决中指出，在划定领海基线时，除了应考虑地理上的因素外，还可以考虑有关地区的特殊经济利益。[③] 后来，1958 年制定的《领海及毗连区公约》采纳了这一规则。另一方面，国际法院和国际海洋法法庭目前正在审理或裁决的案件，在某种程度上体现了国际法发展的新动向或代表了国际法的发展方向。例如，在 2021 年"索马里诉肯尼亚案"

---

① 参见黄惠康. 论国际法的编纂与逐渐发展——纪念联合国国际法委员会成立七十周年[J]. 武大国际法评论，2018(6)：11-21.

② See http：//legal. un. org/ilc/.

③ See"Fisheries case (judgment of 18 December 1951)"[EB/OL]. http：//www. icj-cij. org/docket/files/5/1811. pdf.

(*Maritime Delimitation in the Indian Ocean*, *Somalia v. Kenya*)①中，国际法院以中间线为基础划定最终界限，并且首次在一方不出庭情况下划定两国的海洋边界，无疑这在某种程度上降低了"国家同意"的门槛。又如，在 2022 年"尼加拉瓜诉哥伦比亚案"(*Alleged Violations of Sovereign Rights and Maritime Spaces in the Caribbean Sea*, *Nicaragua v. Colombia*)②中，国际法院认为《联合国海洋法公约》有关规定涵盖了习惯国际法，因而能够对非缔约国哥伦比亚直接适用，从而大大强化了《联合国海洋法公约》的地位。值得注意的是，2021 年 12 月瑞士和尼日利亚均同意终止有关"圣父皮奥"号(San Padre Pio)船只的法律程序，国际海洋法法庭尊重了当事方的意愿，未强推程序。该案凸显了谈判协商和当事人合意对解决国际争端的重要意义，也体现了国际海洋法法庭对国家同意原则的尊重和落实。③

(3)为中国对外政策或外交实践提供前瞻性的理论支撑。曾有学者指出："与传统国际法强国相比，我国运用国际法的意识、经验、能力和机制还存在发展不平衡不充分的问题。"④因此，中国需要积极、深入且高水平地认识、发展和运用国际法。⑤ 通过推动中国国际法的理论和实践创新，为中国对外政策或外交实践提供前瞻性的理论支撑，既是对中国国际法学者的客观要求，也是新时代的呼唤。一方面，国际法对一国外交政策的支撑作用尤为重要。⑥ 国际法乃国家发展之制度重器⑦，各主权国家均把国际法作为处理贸易、金融、投资、安全、文化和科技等众多国际事务的一种不可缺少的工具。⑧ 另一方面，从国际法的历史发展来看，欧美国家的国际法学者积极为本国外交政策提供理论支撑的做法值得我们学习和借鉴，如荷兰的"海洋自由论"⑨、"大炮射程说"⑩，厄瓜多尔的"托巴主

---

① See "Maritime Delimitation in the Indian Ocean, Somalia v. Kenya"[EB/OL]. https://www.icj-cij.org/public/files/case-related/161/161-20211012-JUD-01-00-EN.pdf.

② See "Alleged Violations of Sovereign Rights and Maritime Spaces in the Caribbean Sea, Nicaragua v. Colombia"[EB/OL]. https://www.icj-cij.org/public/files/case-related/155/155-20220421-JUD-01-00-EN.pdf.

③ See "The M/T 'San Padre Pio' No. 2 Case, Switzerland/Nigeria"[EB/OL]. https://www.itlos.org/en/main/cases/list-of-cases/the-m/t-san-padre-pio-no-2-case-switzerland/nigeria/.

④ 中华人民共和国外交部条约法律司. 中国国际法实践案例选编[M]. 北京：世界知识出版社，2018：20.

⑤ 参见赵骏. 国际法的守正与创新——以全球治理体系变革的规范需求为视角[J]. 中国社会科学，2021(5)：26.

⑥ 参见格·童金. 国际法原论[M]. 尹玉海，译. 北京：中国民主法制出版社，2006：221.

⑦ 参见赵骏. 国际法的守正与创新——以全球治理体系变革的规范需求为视角[J]. 中国社会科学，2021(5)：48.

⑧ See Onuma Yasuaki. International law in and with international politics: the functions of international law in international society[J]. European Journal of International Law, 2003, 4(1): 124.

⑨ See Thomas A. Walker. History of the Law of Nations[M]. Cambridge: Cambridge University Press, 1889: 278-283.

⑩ See Kinji Akashi. Cornelius van Bynkershoek: his role in the history of international law[Z]. the Hague, 1998: 47.

义”，墨西哥的“艾斯特拉达主义”，苏联的“社会主义国际法”学说①，马耳他的“人类共同继承财产”原则，美国的政策定向说、“先发制人”战略和“预防性自卫”理论②，加拿大的“保护的责任”理论③等。虽然上述国际法理论或学说无论在当时还是现在都存在争论，但是它们对国际法发展的影响是不容否认的。

七、新时代中国国际法学的发展方向

(一)架设国际法与国内法沟通的桥梁

长期以来，关于国际法与国内法的关系，是国际法学界争论很激烈的一个基本理论问题，也是各国对外交往和国际法实践不能回避的一个问题，更是中国国际法学未来发展的重要命题。因此，架设国际法与国内法沟通的桥梁就显得特别关键。

(1)国际法与国内法交流不畅问题，是法学教育和实践中的“顽症”。首先，国际法学者与国内法学者对国内诸多法律问题的看法存在观察视角的差别。一般而言，国际法学者的视野相对较为开阔，经常会从国际法、比较法和外国法的角度来思考，重点分析国际法和代表性国家的国内法是如何规定的；而国内法的学者较多从纵向或国内的现状着手进行探讨。视角的差别往往容易导致观点的迥异：国际法学者认为国内法学者的视野狭窄，国内法学者则反击国际法学者不了解国情，从而进一步加深了二者的隔膜。其次，国际法学者的国内法基础有待进一步加强。虽然国际法学者的研究最终落脚点为“中国依归”，但是在国内法的体系和内容日益繁杂、有关研究成果更加精细的背景下，国际法学者有关“中国依归”的对策建议可能是“想当然”或者有“蜻蜓点水”之嫌。最后，国内法学者对国际法的理解也有待进一步加深。鉴于国内法在国内就业市场的主导地位以及国际社会的矛盾冲突此伏彼起，国内法学者不但有一种天然优越感，而且“国际法无用论”的心态也始终存在。事实上，国际法与国内法相互关系的理想状态是，以“及时了解、分析和掌握全球治理中国际立法的规则、立法发展趋势和基本特征”④的国际法的研究成果，为国内立法和司法提供“源泉”和“养分”；国内法则通过国际法发挥其在国内和国际关系中的作用。⑤

(2)中国的大国地位和国家利益的日益拓展，要求重视国际法在国内的适用，更要主

① 参见科热夫尼科夫. 国际法[M]. 刘莎，关云逢，腾英隽，苏楠，译. 北京：商务印书馆，1985：62-75.

② See “The national security strategy of the United States of America (September 2002)” [EB/OL]. http://www.whitehouse.gov/response/index/htm.

③ 参见“干预和国家主权国际委员会”的报告：《保护的责任》(2001年12月)[EB/OL]. http://www.iciss.ca/pdf/commission-report.pdf.

④ 赵骏. 全球治理视野下的国际法治与国内法治[J]. 中国社会科学，2014(10)：98.

⑤ 参见宋杰，郑和英. 我国国际法教学与研究存在的问题[M]. 魏磊杰. 大国崛起与国际法教育. 北京：当代世界出版社，2022：123.

动发挥国内法对国际法的影响。众所周知，国际法与国内法相互渗透、相互影响是晚近国际法发展的重要趋势之一。一方面，中国是国际法律秩序的维护者和建设者。中国日益重视利用国际法规则来维护国家利益。因此，重视国际法在国内的适用，既是维护国际法律秩序、善意履行国际法义务的客观要求，也是中国作为世界大国的应有担当。① 另一方面，主动发挥国内法对国际法的影响，既是欧美大国的成功经验，也是中国积极参与全球治理体系的变革、进一步提升中国话语权的重要步骤。因此，统筹推进国内法治与涉外法治、加强国内法与国际法的互动，是新时代中国国际法学未来发展的重要面向。

(二)谨慎使用"涉外法学"名称

首先，采用"涉外法学"容易误入"国内法优先说"的陷阱。"国内法优先说"产生于19世纪末20世纪初，最早出现在德国，其思想来源于黑格尔的国家绝对主权理论。"国内法优先说"主张，国际法与国内法同属一个法律体系，在此体系中，国内法优于国际法，国际法从属于国内法；国际法是国家依主权所制定的国内法中的"对外关系法"。"国内法优先说"的实质是否定国际法，是霸权主义的真实写照，过去的纳粹德国奉行的就是这一学说。虽然我们讲"涉外法学"当然不能与它相提并论，但是也容易使人误解为我国亦主张"国内法优先说"。

其次，采用"涉外法学"也容易造成我国在对外关系中采取单边主义的困惑。当前，部分国家奉行的单边主义做法严重冲击了以多边主义为基础的全球治理体系。习近平主席在2019年会见联合国秘书长古特雷斯时再次强调，"中国坚定维护多边主义，坚定维护以联合国为核心的国际体系，坚定维护以国际法为基础的国际秩序，推动构建人类命运共同体"。② 然而，在"涉外法"概念下说国际法、讲国际法治不仅令人费解，也容易让国际社会误以为中国会采取单边主义做法，将国际法纳入中国法体系之下，或者用国内法取代国际法。

最后，中国是国际法治的坚定支持者、维护者和建设者，不宜从涉外法的立场上看待和解读国际法。如果在学科上把国际法置于涉外法的概念之下，别人可能误解为中国将国际法纳入中国法体系之下。

由上可见，采用"涉外法学"还是"国际法学"不单单是一个名称选择问题，它对我国推动构建人类命运共同体、推进"一带一路"建设、开展国际合作、应对国际竞争、参与全球治理体系的变革都有实质性的影响。

(三)国际法的教学与研究应凸显中国的国际法理论与实践

首先，一个半世纪以来中国的国际法实践较为丰富，且不乏可圈可点之处。无论是19世纪下半叶清政府对国际法的初步运用、还是20世纪上半叶中国的废约运动及对联合

① 参见古祖雪. 治国之法中的国际法：中国主张和制度实践[J]. 中国社会科学，2015(10)：147-148.

② 习近平会见联合国秘书长古特雷斯[N]. 人民日报，2019-04-27(2).

国创立的贡献，都是国际法发展史上的精彩华章。特别是中华人民共和国成立后，我国外交在条约法、国家豁免、承认与继承、国家责任、国籍问题、国家领土、海洋法、国际环境法、气候变化法、国际人权法、和平解决国际争端以及国际司法协助等国际法诸多领域积累了大量精彩的实践案例。这既是中国国际法理论的源泉，也为中国国际法教学提供了丰富的素材。

其次，中国国际法的理论研究既需要宏大的战略性思考，也需要微观的理论探索。例如，鉴于人类命运共同体思想的重要影响和突出地位，从宏观战略层面阐释构建人类命运共同体的国际法基础、国际法保障和国际法路径等相关的重大国际法问题，理所当然是国际法学者义不容辞的职责。同时，对中华人民共和国成立 70 多年来对现代国际法发展的重要理论贡献，如意志协调说、和平共处五项原则的地位、逆条件的承认理论、国家豁免问题、共商共建共享原则与国际法基本原则的关系等，进行系统总结和深入探索，既能体现中国国际法学的特色，而且有助于提炼、形成中国的国际法观①，从而进一步丰富国际法理论。

最后，全面梳理我国司法实践中的涉外或与国际法有关的案例，是确立进取型管辖权体系、统筹推进国内法治与涉外法治的重要步骤。改革开放以来，伴随着中国司法进步的步伐，中国法院先后判决和执行了多起在国际上有重大影响力的涉外商事和海事案件。例如，2005 年北京市海淀区法院有关“北京月球村航天科技有限公司销售月球土地案”，其判决明确援引了《外空条约》；2014 年江苏省无锡市中级人民法院有关“冷冻胚胎继承权案”的判决，引起了国际上的广泛关注。此外，中国司法机关对《承认及执行外国仲裁裁决公约》相关条款的解释，为该公约的适用和进一步完善提供了诸多经验。上述我国的司法实践，不但体现了中国法治建设对国际法的贡献②，而且为中国法院在未来确立进取型管辖权体系积累了宝贵的经验。值得一提的是，近年来最高人民法院高度重视服务和保障“一带一路”建设以及海洋强国战略。例如，2015 年最高人民法院发布了《全面推进涉外商事海事审判精品战略为构建开放型经济体制和建设海洋强国提供有力司法保障的意见》，同年最高人民法院专门制定了《最高人民法院关于人民法院为“一带一路”建设提供司法服务和保障的若干意见》等。特别是 2018 年最高人民法院设立了“国际商事法庭”，并在深圳市和西安市分别设立了“第一国际商事法庭”和“第二国际商事法庭”，受理当事人之间的跨境商事纠纷案件。所有这些，不但有助于宣传展示我国司法的立场和成就，提高我国对外关系领域的法治化水平，而且有利于我国积极参与国际规则的制定，进一步促进中国国际法观的传播。

---

① 令人欣慰的是，2011 年法律出版社出版了时任外交部条约法律司司长段洁龙主编的《中国国际法实践与案例》(法律出版社 2011 年版)，该书可能是中华人民共和国成立以来第一部较全面、系统地论述中国政府对国际法解释和适用的著作；2018 年，中华人民共和国外交部条约法律司又编著了《中国国际法实践案例选编》(世界知识出版社 2018 年版)。

② 贺荣. 论中国司法参与国际经济规则的制定[J]. 国际法研究，2016(1)：10.

基于拔尖创新人才培养目标创新高校思政课教育教学分析

陈慧女　戴　薇　肖丹扬

（武汉大学　马克思主义学院，湖北　武汉　430072）

【摘　要】高等教育是国家拔尖创新人才培养体系的最高层次。高校思政课是落实高校立德树人根本任务的关键课程，也是高校拔尖创新人才培养的关键课程。本文基于拔尖创新人才的培养目标要求，从强化高校思政课在高校教学体系中的价值引领作用，不断深化思政课教学内容，持续加大思政课教育教学创新力度等方面，分析新时代如何进一步发挥好思政课课堂教学的"主渠道"作用，以全面提升高校自主人才培养质量。

【关键词】拔尖创新人才；思政课教学；课程思政

【作者简介】陈慧女，武汉大学马克思主义学院教授；戴薇，武汉大学马克思主义学院硕士研究生，"毛泽东思想和中国特色社会主义理论体系概论"课程助教；肖丹扬，武汉大学马克思主义学院硕士研究生，"中国精神导引"课程助教。

【基金项目】本文系教育部优秀中青年思政课教师择优资助项目"高校思政课程与课程思政教学资源双向供给机制研究"阶段性研究成果。

教育兴则国家兴，教育强则国家强。当前，我国已经建成世界上规模最大的教育体系，正面临从"教育大国"向"教育强国"的系统性跃升和质变。2023 年 5 月，习近平总书记在中央政治局就建设教育强国进行第五次集体学习时明确提出，"建设教育强国，龙头是高等教育"，应"瞄准世界科技前沿和国家重大战略需求推进科研创新，不断提升原始创新能力和人才培养质量"，"加强拔尖创新人才自主培养，为解决我国关键核心技术攻关提供人才支撑"①。所谓"拔尖创新人才"，指的是能够通过创新开辟新领域新赛道，为国家发展做出重大贡献，从世界范围来看领先的带头人和有突出成就的杰出人才。这类人才的培养事关高水平科技自立自强，事关全面建设社会主义现代化国家大局和实现中华民族伟大复兴战略全局，对于加快建设教育强国、科技强国和人才强国具有决定性意义。高等教育是拔尖创新人才培养体系的最高层次，高校思政课是落实高校立德树人根本任务的

① 习近平在中共中央政治局第五次集体学习时强调　加快建设教育强国　为中华民族伟大复兴提供有力支撑[N]. 人民日报，2023-05-30(1).

关键课程，也是高校拔尖创新人才培养的关键课程。基于拔尖创新人才的培养目标，必须强化高校思政课在高校教学体系中的价值引领作用，不断深化思政课教学内容，持续加大思政课教育教学创新力度，切实推动习近平新时代中国特色社会主义思想进教材、进课堂、进头脑，真正发挥好思政课课堂教学的“主渠道”作用，全面提升高校自主人才培养质量。

一、基于拔尖创新人才培养目标强化高校思政课的价值引领作用

党的二十大报告明确指出：“教育、科技、人才是全面建设社会主义现代化国家的基础性、战略性支撑”，当前教育发展的使命任务是“坚持为党育人、为国育才，全面提高人才自主培养质量，着力造就拔尖创新人才”①。由此可见，拔尖创新人才培养，不仅要强调其人才素质，包括“宽厚扎实的知识基础、开拓进取的创新能力、求真求实的实践精神、开阔前瞻的国际视野和稳健卓越的领袖素质”②等，更强调其社会贡献，即矢志奉献国家和人民，且能够为国家和社会发展做出重大贡献，是社会主义现代化建设中可堪大用、能担重任的栋梁之材。2015 年 10 月，国务院在《关于印发统筹推进世界一流大学和一流学科建设总体方案的通知》中强调，拔尖创新人才应具备“历史使命感和社会责任心，富有创新精神和实践能力”③。2018 年 7 月，教育部在《前沿科学中心建设方案(试行)》中明确要求，要“培养具有学科交叉背景、国际视野和家国情怀的拔尖创新人才。”④同年 8 月，教育部、财政部、国家发展改革委印发的《关于高等学校加快“双一流”建设的指导意见》中指出：拔尖创新人才是“政治过硬、行业急需、能力突出的高层次复合型人才”⑤。由此可见，高校培养的是在各行各业试图通过变革来引领发展，进而为整个社会经济的顺利转型做出突出贡献的“拔尖创新人才”，必须在精深的专业造诣基础上强调其社会责任感和使命感，强调其对社会变革转型所做出的杰出贡献。

高校思政课是提升大学生思想道德素质，增强大学生使命担当的关键课程，是关乎拔尖创新人才培养质量提升的重要课程。2020 年 12 月，中宣部、教育部印发的《新时代学校思想政治理论课改革创新实施方案》对高校思政课内容曾做出系统性规定，明确高校思

---

① 习近平．高举中国特色社会主义伟大旗帜　为全面建设社会主义现代化国家而团结奋斗[N]．人民日报，2022-10-26(1)．

② 高晓明．拔尖创新人才概念考[J]．中国高教研究，2011(10)．

③ 国务院关于印发统筹推进世界一流大学和一流学科建设总体方案的通知[J]．中华人民共和国国务院公报，2015(32)：110-114.

④ 教育部关于印发《前沿科学中心建设方案(试行)》的通知[J]．中华人民共和国国务院公报，2018(35)：55-58.

⑤ 教育部　财政部　发展改革委印发《关于高等学校加快“双一流”建设的指导意见》的通知[J]．中华人民共和国国务院公报，2019(1)：68-75.

政课教学旨在引导学生系统掌握马克思主义基本原理和马克思主义中国化理论成果，认识世情、国情、党情，致力于培养大学生“运用马克思主义立场观点方法分析和解决问题的能力”，并引导大学生“自觉践行社会主义核心价值观，尊重和维护宪法法律权威”，做到“识大局、尊法治、修美德”，引导其“矢志不渝听党话跟党走，争做社会主义合格建设者和可靠接班人”①。因此，基于拔尖创新人才的培养目标，必须强化高校思政课的价值引领作用，教育引导大学生以马克思主义为指导，扎根中国大地深入了解国情民情，激励大学生把成长成才和自身价值实现与国家发展紧密联系起来，强化使命担当，把远大的理想抱负和所学所思落实到报效国家的实际行动中，引领其创新活动始终沿着国家民族和社会发展要求的方向前进，使创新活动的成果造福全人类。

二、基于拔尖创新人才培养目标丰富高校思政课教学内容

近年来，高校思政课根据大学生的期待和要求不断丰富教学内容，已经形成了以习近平新时代中国特色社会主义思想为主体的高校思政课教学内容体系，并根据不同层次人才培养要求开展教学。② 但是，基于拔尖创新人才培养目标，还应在以下几个方面重点推进高校思政课教学内容的丰富：

1. 强调高水平自立自强的使命任务

伴随着互联网、大数据、云计算、人工智能、区块链等技术加速创新，新一轮科技革命正带领世界进入大科学时代，科技竞争日益激烈。我们要抓住先机、抢占未来发展制高点，必须加强关键核心技术攻关，牵住自主创新这个“牛鼻子”，尽快实现高水平自立自强。高校思政课教师在课堂教学过程中，应当更加强调高质量发展视阈下高水平自立自强的使命任务，将“高水平自立自强”的核心要义、重大意义和战略部署等内容和要求准确、及时传递给学生，引导大学生将个人发展与国家战略有机联系起来，增强大学生努力学习的责任感和使命感，提升其钻研专业知识、解决前沿问题的主动性和驱动力。这就要求在教学内容中：

其一，讲清楚新中国科技自立自强的历史。高校思政课教师应当紧密围绕教学内容，系统融入党史、新中国史、改革开放史、社会主义发展史、中华民族发展史，讲清楚新中国成立以来科技自立自强的历史，帮助学生深入了解科技攻关的艰巨性、复杂性和曲折性。在此基础上，要深入分析中国能够实现科技自立自强的制度优势和人才优势，既强调历代科技工作者和普通劳动者的努力和贡献，也要讲清楚社会主义集中力量办大事的优

---

① 中共中央办公厅　国务院办公厅印发《关于深化新时代学校思想政治理论课改革创新的若干意见》[J]. 中华人民共和国国务院公报，2019(24)：9-15.

② 中央宣传部　教育部关于印发《新时代学校思想政治理论课改革创新实施方案》的通知[J]. 中华人民共和国国务院公报，2021(9)：75-80.

势，这一优势的发挥离不开中国共产党的领导。只有在党的领导下，才能瞄准方向进行战略部署、果断决策，并能够系统整合配置资源和集中力量攻关，史论结合引导学生坚定“四个自信”。

其二，讲清楚新时代高水平自立自强的核心内容和战略部署。思政课教师应当结合学生的学科背景引导学生了解所在学科领域世界科技创新的最新成果，讲清楚我国实现高水平自立自强的战略部署和具体实践，分析当前我国科技创新面临的机遇和挑战。不断增强大学生对高水平自立自强发展的理解，帮助大学生结合自身实际树立远大理想，提升对所学专业的认同感和使命感，激励学生在学习和科研过程中攻坚克难、开拓创新，在实现人生理想的过程中始终胸怀祖国、服务人民，努力在实现第二个百年奋斗目标新征程上有所作为。

其三，讲清楚实现高水平自立自强需要具备的精神品格。高校思政课教师要结合高水平自立自强的教学内容，适时适度融入马克思主义世界观和方法论，大力弘扬以伟大建党精神为源头的中国共产党人精神谱系。帮助学生认识到马克思主义世界观和方法论是进行科学研究、实现高水平自立自强的重要武器，引导大学生继承和弘扬以“胸怀祖国、服务人民的爱国精神，勇攀高峰、敢为人先的创新精神，追求真理、严谨治学的求实精神，淡泊名利、潜心研究的奉献精神，集智攻关、团结协作的协同精神，甘为人梯、奖掖后学的育人精神”①为主要内容的科学家精神，使大学生能够主动肩负起历史重任，把自己的科学追求融入全面建成社会主义现代化强国的伟大事业中。

2. 系统阐释国家重大发展战略

国家重大战略是国家发展的总体规划和方向，做好战略阐释和传递工作对于培养具有社会责任感和国际化视野的拔尖创新人才具有重要意义。因此，高校思政课在教育教学的过程中，基于拔尖创新人才培养的目标，必须立足中华民族伟大复兴的战略全局和世界百年未有之大变局，从助力高等教育人才培养更好服务党和国家的事业的高度，系统阐释国家重大发展战略，帮助学生理解高水平自立自强的总体规划方向，确保学生自身职业发展的“小逻辑”服从国家重大战略和社会发展的“大需求”。

首先，高校思政课教师应当结合2020年10月党的十九届五中全会通过的《中共中央关于制定国民经济和社会发展第十四个五年规划和二〇三五年远景目标的建议》，讲清楚“十四五”时期是我国全面建成小康社会、顺利实现第一个百年奋斗目标之后，乘势开启全面建设社会主义现代化国家新征程、向第二个百年奋斗目标奋进的第一个五年。这一时期我国处于高水平自立自强的重要战略机遇期，但是面临的国际竞争环境也更加复杂严峻。因此，高校思政课教学应当围绕“坚持创新驱动发展，全面塑造发展新优势”讲清楚把科技自立自强作为国家发展战略支撑的重要性，引导学生了解高质量学科发展与国家发

① 中共中央办公厅　国务院办公厅印发《关于进一步弘扬科学家精神加强作风和学风建设的意见》[J]. 中华人民共和国国务院公报，2019(18)：20-24.

展战略之间的关系，深刻认识高等教育是科技第一生产力、人才第一资源、创新第一动力的重要结合点，其发展路径与国家战略需求、经济社会发展紧密相连。高等教育能否实现高质量发展，直接关系到国家战略能否顺利实现，经济社会能否实现跨越式发展。

其次，高校思政课教师应重点做好国家创新驱动发展战略和科技强国行动计划的理论阐释。党的二十大报告强调，新时代新征程要加快实施创新驱动发展战略，要“面向世界科技前沿、面向经济主战场、面向国家重大需求、面向人民生命健康”，“以国家战略需求为导向，集聚力量进行原创性引领性科技攻关”①。这不仅要求强化国家战略科技力量，制定科技强国行动纲要，还要加强基础学科、新兴学科、交叉学科建设，加快建设中国特色、世界一流的大学和优势学科。思政课教师应当帮助大学生理解基础研究对于科技强国建设的重要性，鼓励大学生瞄准学科发展前沿，勇于在人工智能、量子信息、集成电路、生命健康、脑科学、生物育种、空天科技、深地深海等新兴学科和交叉学科领域进行原始创新，形成高水平的科研成果，努力成为具有国际竞争力的青年科技拔尖创新人才。

最后，高校思政课教师应根据教学对象的不同需求，基于拔尖创新人才培养的目标对涉及具体学科专业的国家重大发展战略做好系统阐释，比如针对工科类专业特别是机械制造行业的大学生，在教学过程中应做好“制造强国”发展战略的阐释，引导学生深刻认识我国制造业发展现状，“制造强国”建设目标和战略部署等。再比如，针对网络安全和计算机专业领域的大学生，在教学过程中应结合《国家信息化发展战略纲要》和《数字中国建设整体布局规划》，依据《习近平关于网络强国论述摘编》做好“网络强国”和“数字中国”战略的阐释，引导学生深刻认识到网络强国是新时代新发展阶段的大战略，建设数字中国是数字时代推进中国式现代化的重要引擎，是构筑国家竞争新优势的有力支撑。

3. 适时适度融入“四新”建设内容

2021 年 4 月，习近平总书记在清华大学考察时强调：“一个国家的高等教育体系需要有一流大学群体的有力支撑，一流大学群体的水平和质量决定了高等教育体系的水平和质量”，然而“追求一流是一个永无止境、不断超越的过程，要明确方向、突出重点”，当前一流大学建设必须“瞄准科技前沿和关键领域，推进新工科、新医科、新农科、新文科建设，加快培养紧缺人才”。②。以新工科、新医科、新农科和新文科建设为重点的“四新”建设是中国自主培养拔尖创新人才的关键一招，高等院校特别是一流大学的思政课教师应当结合重点学科教学对象的需要，结合国家发布的卓越工程师培养计划(2018)、卓越医生培养计划(2012)、卓越农林人才教育培养计划(2013)和“新文科宣言”(2020)等，在思政课教学过程中适时适度融入“四新”建设内容(参见表 1)。

---

① 习近平．高举中国特色社会主义伟大旗帜　为全面建设社会主义现代化国家而团结奋斗[N]．人民日报，2022-10-26(1)．

② 习近平在清华大学考察时强调　坚持中国特色世界一流大学建设目标方向　为服务国家富强民族复兴人民幸福贡献力量[N]．人民日报，2021-04-20(1)．

表 1　　**“四新”建设内容融入思政课教学的内容重点①**

类别	教学对象	教学重点内容
新工科建设	理工类大学生	• 新工科建设以处理人与信息的关系为中心问题，以改善人类科学技术为核心目标，采取政产学研方式，自主研发与国际合作相结合，助力建设人才强国，以在国际变局中发展领先技术，制定标准与规则 • 新工科建设主动适应产业发展趋势，主动服务制造强国战略，围绕“新的工科专业，工科专业的新要求，交叉融合再出新”，深化新工科建设，加快学科专业结构调整 • 新工科建设要加大国家重大战略、战略性新兴产业、区域支柱产业等相关学科专业建设力度，打造特色鲜明、相互协同的学科专业集群 • 新工科建设要推动现有工科交叉复合、工科与其他学科交叉融合、应用理科向工科延伸，形成新兴交叉学科专业，培育新的工科领域 • 结合《关于加快建设发展新工科实施卓越工程师教育培养计划 2.0 的意见》，对“全国新工科教育创新中心”和“天大方案”“成电方案”“F 计划”等进行阐释
新医科建设	医学类大学生	• 新医科建设以处理人与生命的关系为中心问题，以保障与改善人类生命健康为核心目标，采取医教研联合的方式，构建人类健康命运共同体，助力建设健康中国，以在国际变局中维护国家公共卫生安全 • 新医科建设要面向人民生命健康，落实“大健康”理念，加快构建服务生命全周期、健康全过程的医学学科专业体系 • 新医科建设要主动适应医学新发展、健康产业新发展，布局建设智能医学、互联网医疗、医疗器械等领域紧缺专业 • 新医科建设要瞄准医学科技发展前沿，大力推进医科与理科、工科、文科等学科深度交叉融合，培育“医学+X”“X+医学”等新兴学科专业
新农科建设	农学类大学生	• 新农科建设以处理人与自然的关系为中心问题，以保障与改善人类生命健康与自然生态环境为核心目标，采取政产学研联合的方式，构建人类生态命运共同体，助力建设健康中国，以在国际变局中维护国家粮食安全 • 推进新农科建设要面向新农村、新农业、新农民、新生态，推进农林学科专业供给侧改革，服务支撑农业转型升级和乡村振兴 • 新农科建设要适应新一轮科技革命对人才培养的新要求，主动运用现代生物技术、信息技术、工程技术等改造提升现有涉农学科专业 • 新农科建设要服务国家种业安全、耕地保护建设、现代农业发展、生态系统治理、乡村建设等战略需求，以及森林康养、绿色低碳等新产业新业态发展，开设生物育种、智慧耕地、种子科学与工程、农林智能装备、乡村规划设计等重点领域紧缺专业 • 新农科建设要积极推进农工、农理、农医、农文深度交叉融合创新发展，培育新兴涉农学科专业

① 教育部等五部门．普通高等教育学科专业设置调整优化改革方案[EB/OL]．(2023-03-02)[2023-04-16]．http：//www. moe. gov. cn/srcsite/A08/s7056/202304/t20230404_1054230. html.

续表

类别	教学对象	教学重点内容
新文科建设	文科类大学生	• 新文科建设以处理人与社会的关系为中心问题，以理解人类社会与文明为核心目标，采取政府和学术合作的主要方式，彰显文化自觉与文化自信，助力建设文化强国、教育强国，以在国际变局中争夺话语权 • 深化新文科建设要构建中国特色哲学社会科学，建构中国自主的知识体系，努力回答中国之问、世界之问、人民之问、时代之问，彰显中国之路、中国之治、中国之理 • 新文科建设要推动文科间、文科与理工农医学科交叉融合，积极发展文科类新兴专业，推动原有文科专业改造升级 • 新文科建设要强化重点领域涉外人才培养相关专业建设，打造涉外法治人才教育培养基地和关键语种人才教育培养基地，主动服务国家软实力提升和文化繁荣发展

“四新”建设是当前我国一流大学培养拔尖创新人才的重点领域，高校思政课应当根据不同类别大学生的需要，适时适度将“四新”建设对学科专业发展的要求融入思政课教学内容之中，帮助大学生了解当前“四新”建设目标要求下所在学科体系优化发展的战略方向和重点任务，从整体上了解所在专业学科的未来发展前景，引导大学生在求学的过程中树立远大理想，把个人研究兴趣、实现自身价值同为祖国和人民建功立业结合起来，增强大学生钻研专业知识和接受系统严格的专业训练的自觉性和主动性。

三、基于拔尖创新人才培养目标创新高校思政课教育教学

基于拔尖创新人才培养目标，需要加强思政课教学规律的研究，正如2019年3月习近平总书记在学校思想政治理论课教师座谈会上指出的那样，高校思政课“教学研究力度需要加大、思路需要拓展”①。高校思政课教师只有加大教学研究力度，真正将高水平自立自强的使命任务和国家重大发展战略等内容转化为教学内容，将“文件”语言转化为教学语言，才能真正实现教学内容入耳、入脑、入心，培养出真正的拔尖创新人才。这就要求，高度重视思政课教学研究，根据拔尖创新人才培养目标加大信息化教学创新力度，研究针对特定教学内容需要采取的最有效教学方法，推动高校拔尖创新人才培养方式创新和质量提升。

1. 以“大思政课”建设助力高校拔尖创新人才培养方式创新

2022年3月“两会”期间，习近平总书记在看望参加全国政协会议的医药卫生界教育界委员时说：“‘大思政课’我们要善用之，一定要跟现实结合起来。上思政课不能拿着文

① 习近平．思政课是落实立德树人根本任务的关键课程[J]．求是，2020(17)．

件宣读，没有生命、干巴巴的。”①“大思政课”建设以“坚持开门办思政课，强化问题意识、突出实践导向，充分调动全社会力量和资源，建设‘大课堂’、搭建‘大平台’、建好‘大师资’……推动思政小课堂与社会大课堂相结合”②为主要内容，是当前思政课教育教学创新的主要方向。培养拔尖创新人才是一个系统工程，在育人主体上需要实现政府、高校和社会的协同联动，形成以政府为主体、以高校为主导、以社会为依托的拔尖创新人才培养体系，这与“大思政课”的建设思路在整体上是一致的。各领域拔尖创新人才培养不仅是高校的责任，应鼓励企业、科研院所以及事业单位等社会组织共同参与到高校拔尖创新人才培养行列中来，在“大思政课”建设的视域下通过以高校为引领搭建人才联合培养基地，聘任各行业领军人才担任校外导师，引导学生参与社会实践等形式多方协作推动拔尖创新人才培养方式创新。

2. 统筹思政课程与课程思政推动高校拔尖创新人才培养质量提升

课堂教学是高校对大学生思想政治教育的“主渠道”。当前在构建全员、全过程、全方位“三全育人”大格局过程中，必须强化每一位教师的立德树人意识，在每一门课程中有机融入有利于拔尖创新人才培养的思想政治教育元素，推动“各类课程与思想政治理论课同向同行”③，“守好一段渠”“种好责任田”，从基础上实现协同育人。因此，推动高校拔尖创新人才培养体系构建，必须统筹思政课程与课程思政协同育人，既要充分发挥思政课程对课程思政的示范性与引领性作用，又要充分彰显课程思政的育人功能，深度挖掘各学科门类专业课程蕴含的思想政治教育资源，解决好各类课程与思政课相互配合的问题，构筑成熟稳定的“思想政治教育共同体”，助推高校拔尖创新人才的培养质量提升。

思政课教学是高校人才培养体系不可或缺的重要环节，是确保高等教育正确发展方向，是解决好高校“培养什么人，怎样培养人、为谁培养人”根本问题的关键领域。基于拔尖创新人才培养目标，必须通过高校思政课教育教学创新提升大学生的思想道德素质、优化其创新人格来促进各项创新素质的发挥，使大学生主动践行社会主义核心价值观，自觉传承弘扬中华优秀传统文化，最终成为有家国情怀、人文情怀、世界胸怀，有理想、有本领、有担当的时代新人④。这是新时代新征程提升高校自主人才培养质量，培养拔尖创新人才的应有之义。

---

① “‘大思政课’我们要善用之”(微镜头·习近平总书记两会“下团组”·两会现场观察)[N]. 人民日报，2021-03-07(1).

② 中华人民共和国教育部. 教育部等十部门关于印发《全面推进“大思政课”建设的工作方案》的通知[EB/OL]. (2022-07-25)[2023-08-14]. https://www-moe-gov-cn.webvpn.nefu.edu.cn/srcsite/A13/moe_772/202208/t20220818_653672.html.

③ 习近平在全国高校思想政治工作会议上强调：把思想政治工作贯穿教育教学全过程开创我国高等教育事业发展新局面[N]. 人民日报，2016-12-09(1).

④ 教育部等六部门关于实施基础学科拔尖学生培养计划2.0的意见[J]. 中华人民共和国教育部公报，2018(10)：29-31.

◎ 参考文献

[1]习近平．高举中国特色社会主义伟大旗帜　为全面建设社会主义现代化国家而团结奋斗[N]．人民日报，2022-10-26(1)．

[2]习近平在全国高校思想政治工作会议上强调：把思想政治工作贯穿教育教学全过程开创我国高等教育事业发展新局面[N]．人民日报，2016-12-09(1)．

[3]中央宣传部　教育部关于印发《新时代学校思想政治理论课改革创新实施方案》的通知[J]．中华人民共和国国务院公报，2021(9)：75-80.

[4]习近平在清华大学考察时强调　坚持中国特色世界一流大学建设目标方向　为服务国家富强民族复兴人民幸福贡献力量[N]．人民日报，2021-04-20(1)．

[5]中华人民共和国教育部．教育部等十部门关于印发《全面推进"大思政课"建设的工作方案》的通知[EB/OL]．(2022-07-25)[2023-08-14]．https：//www-moe-gov-cn. webvpn. nefu. edu. cn/srcsite/A13/moe_772/202208/t20220818_653672. html.

[6]习近平在中共中央政治局第五次集体学习时强调　加快建设教育强国　为中华民族伟大复兴提供有力支撑[N]．人民日报，2023-05-30(1)．

拔尖人才培养视域下国家安全教学实地调研的多维尝试

冯存万　伏浩瑾　孟敬然

（武汉大学　政治与公共管理学院，湖北　武汉　430072）

【摘　要】 国际安全已经成为全球社会的战略关注焦点，而与国际安全密切相关的国家安全，则成为中国全面发展国家实力、提升国际竞争力的出发点、基本点和增长点。我国的高等教育积极探索拔尖人才培养，为青年人才提供多维化的安全教育场景具有显著的战略价值。从多维化设计的角度出发，推进以总体国家安全观为指引、以人的安全为切入的国家安全调研，能够较为全面地获知国家安全的基础知识要素和具体实践路径，从而形成全方位且系统化的国家安全教育资料。

【关键词】 实地调研；国家安全；国际安全；场景教学

【作者简介】 冯存万，武汉大学政治与公共管理学院国际关系学系副教授；伏浩瑾，武汉大学政治与公共管理学院外交学专业本科生；孟敬然，武汉大学政治与公共管理学院外交学专业本科生。

当前，全球安全形势不断恶化，传统安全问题与非传统安全议题交织，安全治理困难重重。气候变化、资源消耗、粮食危机、难民问题、卫生突发事件等不安全因素成为制约人的安全与发展的重要问题。中国的发展过程也伴随着复杂的安全挑战，涉及军事、经济、环境和社会等多个领域，如何维护国家安全、国际安全成为中国国家治理急需解决的问题，因此，深入了解、研究安全问题对当今的中国和世界都至关重要。

一、国际安全学知识体系中的国家安全

本项教学实地调研所依托的专业课程是国际安全学。从课程设置与研究主题的关联度来看，国际安全学在国家安全、国际安全、社会安全、科技安全、生态安全等领域均有涉及，是一门具有社会辐射力和教学创造力的课程，对国家发展与安全具有很好的理论支撑作用，且具有适应性和开放性强的特点。我国的安全观念和能力建设体系不断深化发展。自总体国家安全观践行以来，围绕国家安全与国际安全的认知不断得到提升。总体国家安全观客观上要求，以人民安全为宗旨，以政治安全为根本，以经济安全为基础，以军事、文化、社会安全为保障，以促进国际安全为依托，维护各领域国家安全，构建国家安全体

系，走中国特色国家安全道路。因此，基于国际安全学而推进对国家安全的认知，符合我国国家安全的战略设计，也适应国际安全研究的专业要求。而我们要解决的教学问题是，如何发现并充分利用国家安全的认知路径。

安全问题中的非传统安全问题影响越来越大，整体上进入活跃期，对国际安全环境乃至国际格局都产生直接影响。越来越多的国家重视非传统安全对国家安全的现实且紧迫的威胁，倾向于通过非传统安全手段实现传统安全目的，以传统理念应对非传统安全问题。由此，非传统安全问题的武器化、工具化特征更加明显，导致传统安全和非传统安全相互转化、界线日益模糊，传统和非传统的“二分法”不再适用于研判国家安全的现实重大威胁。透过这些变化和趋势可以发现，和平与战争的内涵在新时代发生了显著变化，安全问题正在变得不分“冷热”，不分“传统非传统”，需要在认识和应对国家安全挑战时加以综合考虑。这些日益复杂的安全问题，需置于世界百年未有之大变局的大背景、大视野中分析，将统筹发展和安全、贯彻总体国家安全观作为应对威胁、筹谋未来的重大原则和根本遵循。这意味着，国家安全的认知，应从综合、宏观、体系的角度去发现，并确保其科学与可行。我国的国家发展趋势、国际竞争前景离不开扎实的国家安全保障。当前，围绕以拔尖人才培养为核心目标的高等学校通识教育、专业教育进入了新的发展阶段，如何在人才培养过程中提供更好、更全面、更系统的培养环境和成长条件，需要教育界践行深度思考和踊跃尝试。国家安全是大国发展之根本，而人才培养则是国家安全大计的核心议题。因此，尝试国家安全的教学理念、场景、手段多维化发展，同时引导青年人才深入认知国家安全的具象故事和具体情境，是一种需要不断尝试、持续创新的教学要务。

二、基于“人的安全”的国家安全调研多维设计

“人的安全”(human security）概念起源于联合国开发计划署于 1994 年发布的《人类发展报告》。“人的安全”概念框架是国际社会在安全领域的一大创举。该报告将安全重心从传统的以国家、军事手段为主，转移到以个体福利与安全为主，实现了国内和国际两个舞台并重，并延伸到社会政策等非军事领域。习近平总书记指出，必须坚持总体国家安全观，以人民安全为宗旨；同时还指出，坚持以民为本、以人为本，坚持国家安全一切为了人民、一切依靠人民，真正夯实国家安全的群众基础。以上论述说明多维化的安全认知，是建构国家安全认知的基本要素。

如何通过实地调研，从系统与具体相结合、宏观与微观相融合的方式深度理解中国国家安全能力建设，是调研的首要问题。更进一步而言，从多维调研认知起步，将会收获多元化、立体化的教学资料，而这些资料的分析解读，应该归结为对国家安全内涵的深度理解，并在此基础上推进总体国家安全观的系统实践。从实地调研本身的性质切入，能够较为科学、客观地开展调查研究。根据社会科学研究中的相关认知，实地研究是研究者直接到社会生活去收集资料，然后依靠研究者本人的理解与抽象概括从经验资料中得出一般性的结论。实地研究中不仅可以得到问卷与访谈记录，而且可以得到现场的体验与感性认识，这些认识在资料分析阶段也可以起到十分重要的支撑作用。从这一基础认知出发，依

托国际安全学的实践调研，应该以总体国家安全观为指导，结合中国在多个安全领域的政策实践，建构面向新时代、新挑战的国家安全战略解析模式。为此，本研究试图通过综合分析人身安全、环境安全、粮食安全、产业安全等四个领域，提供一种全面且多维化的研究视角和解释模式。为了凝聚核心，确保调研主题的凝练性，保证对调研主题的深度认知，这一调研强调以人的安全为中心。这一观点在国际安全研究中较为新颖，它不是只停留在现象解读和问题分析阶段，而是通过提供政策建议和解决方案，提高教学及研究的运用价值。

经由指导老师遴选，学习国际安全学课程的学生在引导认知课程调研主题的基础上，通过多次组队，先后赴江苏省南京市、四川省绵阳市、湖北省武汉市进行实地调研，主要调研了侵华日军南京大屠杀遇难同胞纪念馆、汶川大地震纪念馆、三台县老马镇、东风汽车有限公司等地区和单位，分别以战争冲突中的人的安全、自然灾害中的人的安全、粮食生产、科技进步与产业发展等为主题，同时就这些主题与人的安全的重要关联进行较为深入的调研走访。其中的调研主题包括四个方面。第一是分析战争(冲突)中的人的安全问题，包括人身安全、心理健康安全和社会安全等方面的安全。第二是探讨自然灾害对人的安全的影响，比如地震等自然灾害对环境安全的影响。第三是研究粮食安全之于人的安全的重要性，以及粮食供应链的脆弱性对人的安全的威胁。第四是研究国有大型企业在科技研发领域的安全能力建设，突出强调科技研发对国家总体安全的支撑作用。

实地调研的优势在于直面并深度认知具体的案例，其有待提升之处则是应对其内涵进行更广范围的概念拓展和更深层次的理论提升。尤其是在国际安全学课程中以国家安全为主题、以人的安全为切入点的实地调研，应充分理解、挖掘并阐释安全的丰富内涵，方可实现其调查研究和专业教学的意义。因此，这一调研还应实现如下多维化的认知目标。第一，强调人的安全并强调多领域整合研究。也即，将人的安全置于国家安全议程的核心位置，有助于更全面地关注人的安全。这种以人为本的国家安全观念可以提高人民生活质量，促进社会和谐稳定。该调研应涉及人身安全、环境安全、粮食安全等人的安全多个领域，提供一种综合性的研究视角。这一视角有助于理解不同领域之间的相互关系，为综合性地解决安全问题提供基础条件。第二，为政策制定提供参考。具体来说，则是通过深入研究战争、自然灾害和粮食安全对人的安全的影响，可以为新时期的国家安全政策制定提供相应的建议。这有助于完善国家安全战略建构，更好地应对国家面临的多样化安全挑战，促进“人的安全”目标的更好实现。第三，改善中国的国际传播形象并推动国际合作。本研究有助于改善中国的国际形象，强调中国作为一个负责任的大国，关注人的安全的重要性，这可以增强中国在国际事务中的影响力和声誉。通过关注国际合作在战争创伤恢复、自然灾害救助以及粮食安全保障中的作用，有助于促进国际社会在安全领域的合作与和解，对于全球安全和稳定至关重要。第四，面向国家安全的新兴领域并积极筹备应对新挑战。面对全球气候变化、自然灾害频发、粮食安全压力等新挑战，中国需要创新化的国家安全战略和具体化的实践政策，本调研将致力于发现并提供关于如何更好应对这些新型安全领域挑战的实际建议，有助于提高维护国家安全特别是人的安全、基层安全的能力。

三、国家安全能力建设的多维实地调研案例

根据上述调研设计，国际安全学任课教师与部分学生于2023年6—8月期间，开展了四个专题的调研，其中每一个专题调研均在突出、深度挖掘主题的同时，通过现场调查、情景学习、理论探讨等方式，以国家安全为核心逻辑，构成了主题突出、路径多样的场景化教学，对调研主题之间的关联路径和知识联系做出了相关阐释。

1. 实地调研维度一：基于侵华日军南京大屠杀遇难同胞纪念馆的人的安全调研

保护人的生存和发展权益是全球化时代国家安全的首要关切。以人的安全为基础，国家安全在不同时代体现为多样的形态，但政治安全、军事安全、国土安全等则是恒定的安全条件，而上述的各类安全议题在人的安全领域均有集中体现。为此，本项调研的第一维度选择了战争遇难者的维度。

侵华日军南京大屠杀遇难同胞纪念馆是我国于1985年8月15日建成开放、具有较高国际知名度的纪念馆。其建立意在深切缅怀南京大屠杀无辜死难者，缅怀为中国人民抗日战争胜利献出生命的革命先烈和民族英雄，缅怀同中国人民携手抗击日本侵略者献出生命的国际战士和国际友人，宣示中国人民铭记历史、不忘过去，珍爱和平、开创未来的庄严立场，表达坚定不移走和平发展道路的崇高愿望。

纪念馆含侵华日军南京大屠杀史实展、“三个必胜”主题展、“‘二战’中的性奴隶——日军‘慰安妇’制度及其罪行展”等三个基本陈列，展示了南京大屠杀、日军“慰安妇”制度、中国人民抗日战争伟大胜利的历史。纪念馆共展出4000余幅照片，9992件各类文物，262部影像资料，智慧而严肃地表达了暴行、抗争、胜利、审判、和平五大主题。纪念馆内现存三处南京大屠杀“万人坑”遗址，分别展示了1984年、1998—1999年以及2006年发现的遇难同胞遗骸。2015年12月，“三个必胜”新展馆和分馆南京利济巷慰安所旧址陈列馆建成后，纪念馆总占地面积达10.3万平方米，建筑面积为5.7万平方米，展陈面积为2万平方米。纪念馆是关于南京大屠杀历史、日军“慰安妇”制度、世界反法西斯战争胜利的综合型博物馆，大量的文物、照片、历史证言、影像资料、档案以及遗址对历史真相做了完整的阐述，每年都会投入资金对南京大屠杀幸存者、“慰安妇”制度受害者、抗战老兵等群体进行援助。此外，紫金草国际和平学校是建在南京大屠杀遗址上的和平学校，是和平教育的践行者，也是“和平使者”的孵化器。紫金草国际和平学校以世界记忆遗产教育为职责，以培育和平使者为使命，坚定捍卫和平的信念，传递以史为鉴、珍爱和平、开创未来的理念。紫金草国际和平学校开设了“缅怀仪式课”“证言倾听课”“遗址寻访课”“和平手工课”“紫金草国际和平夏令营”等特色课程，培训了来自美国、德国、意大利、挪威、日本、韩国、波兰等80多个国家和地区的5000多名学员。紫金草国际和平学校的学员，在很大程度上承担着历史记忆的传承者、人类正义的维护者、和平种子的传播者等多个角色。

基于侵华日军南京大屠杀遇难同胞纪念馆的调研，在提供完整、严谨、开放的国家安全教育要素的同时，对人的安全、国际安全的意义也有直接的呈现。以此为主题的调研，能够通过沉浸式、回顾式、解读式的认知过程，深刻领悟国家安全的战略意义和能力建设的宏大体系，更进一步了解人的安全、国家安全与国际安全之间的深度关联。

2. 实地调研维度二：基于四川省三台县老马镇的粮食安全调研

保障粮食和重要农产品稳定安全供给始终是农业大国的根本要务，也是发展农业强国的头等大事。正所谓“民为国基，谷为民命”，粮食产业事关国计民生。习近平总书记站在国家粮食安全的战略高度，在不同场合多次强调粮食问题不能只从经济方面看，必须从政治站位上看，保障国家粮食安全是实现经济发展、社会稳定、国家安全的重要基础，一定要确保中国人的饭碗牢牢地端在自己手里。近年来国际形势变化纷繁复杂，全球变暖与国际冲突等问题又对粮食安全提出了新的挑战。基于这一认知，本项调研的维度之二是粮食安全，更进一步说，此次调研的主题是以管窥豹，认识总体国家安全观视野下的农业安全。

综合考虑到行程便利及被调研目的地的本质属性，我们选择了四川省三台县作为调研对象。四川省三台县在农业安全与粮食安全领域具有较好的调研资源。三台县的油菜产量居四川省第一，水稻产量居四川省第三，是西南地区乃至全国闻名的产粮大县和农业强县。三台县委、县政府因地制宜推动农业产业体系现代化，促进粮食、麦冬、生猪等产业融合发展，优质粮油和优质蔬菜两大基础产业提质增效。在保持传统产业优势的同时，作为三台县产业大镇的老马镇也积极开拓新的农业经济增长点，以“公司+合作社+农户”的方式，形成了若干个生猪和鸵鸟养殖基地。生猪养殖是三台县农业经济的主要支柱，在老马镇，生猪养殖户累计达 1290 户，养殖规模达 500 头以上的有 35 户。老马镇的非洲鸵鸟养殖在当地已经形成了一定规模，非洲鸵鸟养殖基地已经成为当地的一张靓丽名片，产自老马镇的鸵鸟肉已经构成了百姓餐桌的新元素，其皮毛和鸵鸟蛋也制成其他工艺品进入了市场。此外，老马镇的大耳羊养殖基地发展也已步入快车道，进一步提高了养殖业的整体实力。与此同时，老马镇也呈现出三台县乃至整个四川省农业发展与粮食安全普遍面临的客观挑战，比如农村青壮年劳动力资源的急剧下降、广大农村人口的空心化与老龄化问题、全球气候变化引发的极端气候事件，等等。

粮食安全始终是党中央国务院的重要战略目标。在总体安全观的思想指引之下，保障粮食安全在我国发展成为农业强国、世界大国的过程中起着关键性的作用，客观上也要求作为我国粮食安全最后一道防线的基层乡镇采取更加务实、创新的举措来保障粮食安全。老马镇是全国农业强县和产粮大县三台县的代表性乡镇，其在维护和巩固粮食安全方面的举措，正是我们得以管窥、认识中国如何构建粮食安全的窗口。保障粮食安全，是实现乡村振兴的关键环节，是解决民生问题的首要前提。更进一步而言，长久而强劲的粮食安全是国家综合实力的重要体现，也是构建国家安全的根本前提。对三台县老马镇的粮食安全实践认知，为我们提供了一个认识粮食安全与农业安全的小窗口，而中国构筑粮食安全实践的丰富内涵，仍需我们持之以恒地跟进学习。

3. 实地调研维度三：基于汶川大地震遗址的环境安全调研

自然环境是构建国家安全的物质性基础之一。在建设社会主义现代化强国的进程中，环境安全的内涵随着经济建设、生态保护、人类生产生活等范围的扩大而进一步深化、立体化、复杂化，与此同时，自然环境与国家和社会平稳运行的联系程度快速提升，源于环境安全的重大突发事件及其有效应对，往往成为国家安全建设成效的显性要素。基于21世纪以来我国应对重大突发事件的实践，本项调研选择四川汶川大地震遗址作为环境安全的调研案例。

党的二十大报告将国家安全列为专章，并指出“建立大安全大应急框架，完善公共安全体系”，“提高防灾减灾救灾和重大突发公共事件处置保障能力”，进一步丰富和发展了总体国家安全观，为新时代生态环境安全和防灾减灾体系建设提供了根本遵循。2008年5月12日，四川省阿坝藏族羌族自治州汶川县发生里氏8.0级地震，波及我国10省市417个区县，受灾总人口达4625.6万人，直接经济损失超8000亿元。邻近的绵阳市北川羌族自治县在此次地震中遭受的破坏极为严重，县城大量房屋顷刻倒塌。在灾后恢复重建的过程中，按照“一省带一重灾县”的原则，山东、广东、浙江等20个省市对口支援一个地震重灾县，充分展现了社会主义制度的优越性。2011年2月，北川新县城正式开城。新县城以羌族民族特色为底色，突出生态条件与人居环境的功能和谐搭配。从城市格局来看，经由12位院士和50多家设计单位合作，凝聚成“四个一”的空间结构，分别是：一廊(安昌河及两侧防护绿地为生态廊道)、一环(新川路和永昌大道两侧为公共服务设施环)、一带(永昌河及两侧绿地为休闲带)和一轴(禹王桥、巴拿恰商业街、抗震纪念园等设施为空间主轴)。在汶川地震中，原北川中学的两栋五层教学楼均已垮塌。震后重生的北川中学顺利完成了“三年恢复，六年启程，九年跨越”的既定目标，现已成为全国知名中学绵阳中学的合作办学点，也发展成为国内多所知名高校的优质生源基地。通过此地调研可以发现，今天的北川体现出的则是灾害之后浴火重生的强大力量。

为深化对环境安全的认知，系统领会国家总体安全观，调研组实地走访了北川地震遗址、5·12汶川特大地震纪念馆与北川新县城，探究2008年的特大地震对北川县城形态造成的毁灭性破坏，感悟北川人民弥合伤痛、携手向前的生活态度和灾难发生后中华民族“团结一心抗震救灾”的不屈意志。通过探访汶川大地震遗址而认知国家安全，客观上要求调研过程能够全面掌握从环境安全到国家安全的认知链。汶川地震遗址的保护是地震灾难之后的重要事务，而地震遗址的影响和作用则远远大于单纯的抗震救灾与环境安全。北川老县城的地震资源独特、价值特殊，是开展防灾减灾教育、生命安全教育最宝贵的基地。因此，灾难遗址的原地保护、抗震救灾的机制探索、灾后重建的有效推进，实际上构成了完整的安全教育链，其中包含生态、经济、社会可持续发展的关键议题。而从地震遗址的角度来看，认识与学习相关的环境灾难事件，其意义在于国家安全体系中的环境安全需要更先进的灾难预警技术和更完备的应急措施体系，唯此才能有效应对多样化的、不可预见的环境安全挑战和公共安全挑战。

4. 实地调研维度四：基于东风汽车公司的科技安全调研

现代化国家的建设进程离不开制造业的支持与推进。全面建设社会主义现代化强国的关键支撑在于现代制造业。在现代制造业体系中，汽车工业是重要的经济增长引擎，涵盖了汽车设计、零部件制造、装配、销售、售后服务等多个领域。从更为宏观的角度来看，汽车工业的发展可以带动钢铁、橡胶、玻璃等相关产业链的发展，促进经济的繁荣和增长。此外，在科技高速发展的全球化世界中，汽车工业也是一种高科技产业，涉及各种新技术的应用和开发，如智能驾驶、新能源汽车等。这些技术的发展不仅有助于提高汽车的安全性、环保性和智能化程度，还可以为国家的科技创新提供重要的推动力。汽车工业关系到国家的发展战略、资源配置和产业结构调整等政策问题，在提高国家的工业实力和国际竞争力方面具有显著的安全建设功能和战略价值。因此，基于对现代制造业与国家安全之间的系统关联，同时顾及调研时间和地点等条件，本项调研选择武汉东风汽车公司作为调研对象。

在中国汽车工业从小到大、从大到强的发展过程中，从初期的第二汽车制造厂到当前代表中国先进汽车产业的世界500强之一，东风汽车公司一直以来都有着举足轻重的教学观摩与科技示范价值。早期的东风汽车公司主要以生产卡车及各类商用车为主，是中国汽车制造业的活化石，更是中国制造业安全体系的核心力量。自2000年后，东风公司的经营业绩以年均30%的速度递增，不断超越自我。在企业稳健发展的同时，东风公司又成功地在经济发达的珠三角、长三角地区拓展轿车新事业，并且完成了几代东风人的夙愿，总部迁至武汉，胜利地实现了“三级跳”。值得指出的是，公司迁址实际上意味着国家的安全能力体系已经获得了显著的发展，而作为经济体的公司则在这一体系中贡献、吸收了相应的资源。习近平总书记指出，“发展新能源汽车是我国从汽车大国迈向汽车强国的必由之路”。因此，以东风汽车公司为目标的实地调研，提供了大型汽车企业如何从新中国成立之初的生存安全为主转向新时期的发展安全为主的历史图景，同时也提供了科技革命背景下汽车巨头企业的竞争安全思路。东风汽车公司的岚图分公司是一家发展新型电动汽车的高科技企业，通过自立自强、坚定发展关键核心技术，将技术研发和市场拓展主动权牢牢掌握在自己手里，累计申请专利2200余件，专利增长速度处于新能源行业第一位序，同时作为唯一的一家新能源整车车企，入选了工信部《汽车产品生产者责任延伸十点实施方案》试点单位，已完成新能源车企最完整的产品布局，正逐渐向高端新能源汽车品牌第一阵营迈进。岚图作为东风公司近年来主推的新能源汽车品牌，已经成长为东风公司助力汽车强国建设的新生代主力军。岚图公司的实地直观调研，在很大程度上强化了我们对电动汽车产业的市场竞争风向与国家电动汽车发展战略焦点的认识。当前，美欧等发达国家和地区在电动汽车领域一方面加强本国的研发，另一方面也极力打压中国的电动汽车产业，代表未来汽车产业发展新方向的电动汽车发展前景如何，关系到国家科技与产业竞争的走向。因此，对以东风公司为代表的汽车产业跟进观察和实地调研，为及时更新国家安全体系中的科技与产业安全议题，提供了有效的认知路径和知识支撑。

四、结语：国家安全实地调研的知识提升与反馈

高校开展国家安全的认知学习，既要立足于学科和课程体系的既有基础，也要不断拓展课堂内外的教学资源。高校作为基础研究的主力军、人才培养的主阵地，要切实增强加快建设教育强国、服务中华民族伟大复兴的责任感和使命感，以立德树人为根本、以学科建设为龙头，着力加强拔尖创新人才培养。从人才培养的路径和目标来看，拔尖人才培养是为强化国家安全体系而开展的精英人才选拔教育过程，促进人才培养群体对国家发展的认知，深化其国家安全理念，具有显著的战略价值。国家安全是一个以国家的安全基础、体系、观念、能力为观察和分析对象的主题概念，其与国家建构历史、国家发展资源、国家竞争能力密切相关。在新时期，技术发展、社会多元化趋向更加明显，对国家安全提出了更为复杂艰巨的挑战。因此，了解国家安全工作情况，要求坚定不移地守护以政治安全为根本、以人的安全为核心的国家安全，把维护国家安全贯穿于安全能力建设工作的各方面、全过程，加快推进国家安全体系和能力的现代化。

当前，我国发展进入战略机遇和风险挑战并存、不确定难预料因素增多的时期，各种"黑天鹅""灰犀牛"事件随时可能发生。强国建设、民族复兴需要国家安全体系来保驾护航，推进国家安全体系现代化是中国式现代化的题中应有之义。当前我们所面临的国家安全问题的复杂程度、艰巨程度明显加大，简言之，影响国家安全的内外因素相互交织，外部挑战和风险对国家安全和社会稳定的影响日益上升。与此同时，与我国所面临的安全风险和安全挑战相比，我国维护国家安全能力相对不足、应对各种重大风险能力相对不强等问题仍然突出。在这一状态下，对国家安全的认知也存在着短板，其中也同样包含对我国维护国家安全的资源、能力的认知欠缺，这是高校开展国家安全教学和研究的客观环境。当然，作为理论研究的高地与教学创新的实验场，以国家安全为教学主题的高校课堂应该积极谋划，补齐短板，增益能力，拓展资源，转化思路。联合国推出的《人类发展报告》提出，人的安全主要包括两个方面：第一，免于饥荒、疾病和压迫等慢性威胁。第二，免于家庭、工作和社区等日常场所中的危害性和突发性干扰。该报告认为，影响人类安全有七大要素，分别是经济安全(基本收入保障)、粮食安全(确保粮食供应充足)、健康安全(免于疾病和传染)、环境安全、人身安全(免遭人身暴力和威胁)、社区安全(文化身份安全)和政治安全(基本人权和自由得到保护)。国际化的国家安全认知具有多维化的发展趋向，而国家安全的构成同样具有多维化的现实资源。因此，多维实地调研对国家安全认知和国际安全建设，有着极为突出的支撑功能。作为本次调研工作的后续，课程组面向未来，拟将持续开展以人的安全为切入的国家安全主题实地调研，与课程的课堂教学形成相互支撑的教学体系，同时在调研所获材料的基础上，形成《"人的安全"在中国：多维化跨领域的国家安全综合研究》调研报告。总之，包含战争、粮食、环境和产业多维度的"人的安全"调研实践与思考，为我们进一步深化国际安全与国家安全的教学与研究提供了充分的理论及现实资源支持。

◎ 参考文献

[1]侯娜，池志培．总体国家安全观研究新探[M]．北京：中国商务出版社，2020.

[2]陈拯．国际安全导论[M]．上海：复旦大学出版社，2023.

[3]凌胜利，杨帆．新中国70年国家安全观的演变：认识、内涵与应对[J]．国际安全研究，2019(6)：3-29.

[4]左希迎．国际安全研究的新进展：核心议题与研究趋势[J]．教学与研究，2015(2)：89-97.

[5]姚琨，赵敬雅，韩一元．我们的共同议程：联合国全面改革和转型倡议[J]．国际研究参考，2021(11)：1-6.

[6]毛瑞鹏．中国对联合国和平安全议程的参与和塑造[J]．国际安全研究，2021(5)：39-66.

[7]付宇．全球安全格局与中国国际战略选择[J]．人民论坛·学术前沿，2023(3)：46-56.

以全国大学生物理实验竞赛(创新)为引：浅谈大学物理实验课程体系

马洪宇　王晓峰

（武汉大学　物理国家级实验教学示范中心，湖北　武汉　430072）

【摘　要】大学物理实验课程是高等理工科院校的一门必修课，是一门独立的、实践性很强的基础课，同时也是学生进入大学后，受到系统实验方法和实验技能基本训练的开端，是理工科类专业对学生进行科学实验训练的重要基础。因此物理实验教学如何促进大学生"拔尖人才培养计划"及"强基计划"、扩大学生受益面以发挥其更大的作用，一直是国内外特别关注并急需解决的教学问题。本文通过回顾第八届大学生物理实验竞赛(创新)的备赛过程而产生的感悟，浅谈一下对大学物理实验课程体系的思考，以期为大学物理实验课程的发展与改革提供借鉴。

【关键词】全国大学生物理实验竞赛；大学物理实验课程；创新赛

【作者简介】马洪宇(1991—)，男，汉族，湖北随州，博士，中级实验师，主要从事普通物理实验教学工作；王晓峰(1979—)，男，汉族，重庆涪陵，博士，副教授，主要从事普通物理、物理实验教学工作。

【基金项目】武汉大学实验技术项目(WHU-2022-SYJS-01)。

在高校培养综合素质高、实践能力强，具有探索精神、科学思维能力和创新能力的专业人才的教育教学中，实验教学具有其他教学环节不可替代的功能和作用。物理实验是引导大学生步入科学实验殿堂的重要启蒙课程。物理实验课程的教学对大学生科学素质的提高，自主学习习惯的建立和创新意识的培养起着科学引导和奠定基石的作用。因此物理实验教学如何促进大学生"拔尖人才培养计划"及"强基计划"、扩大学生受益面以发挥其更大的作用，一直是国内外特别关注的教学问题，也是国内高校急需解决的问题。新的科学技术的不断发展、新专业的设置，特别是新工科、新农科、新医科及新文科"四新"的建设，需要与这些专业发展相配套且有明显专业特色，适合新型人才培养的大学物理实验课程体系和方法[1]。

全国大学生物理实验竞赛由高等学校国家级实验教学示范中心联席会物理学科组、全国高等学校实验物理教学研究会、教育部大学物理课程教学指导委员会大学物理实验专项委员会和中国物理学会物理教学委员会主办。此赛事自 2010 年起开始举办，每两年由国内高校承办一次，2020 年高等学校国家级实验教学示范中心联席会决定，将该赛事分为教学赛和创新赛两部分，教学赛仍然是两年举办一次，而创新赛每年举办一次，并于2020年年底由东北大学承办第一届全国大学生物理实验竞赛(创新)，即第六届全国大学生物理实验竞赛。全国大学生物理实验竞赛旨在进一步激发我国大学生对大学物理和物理实验课程的学习兴趣和学习潜能，在实践中培养学生的创新精神和实践能力，在竞争中提升学生的团队协作意识和综合素质，竞赛搭台，教学唱戏，不断深化我国高校的物理实验教学改革，着力提高物理实验教学质量和高素质创新型人才培养质量[2]。

本文以笔者指导本科生参加第八届全国大学生物理实验竞赛(创新)为例，回顾备赛和参赛的过程，分享由此过程产生的对大学物理实验课程体系的思考，以期为大学物理实验课程的发展与改革提供参考，最终发挥大学物理实验教学在全面培养学生创新能力与综合素质中的重要作用。

一、创新赛备赛与参赛过程

全国大学生物理实验竞赛(创新)涵盖以下三个类别：(1)命题类创新作品，参赛学生从赛事组委会公布的题目中选题，按要求提交作品。(2)自选课题类创新作品，参赛学生从赛事组委会公布的自选类项目中选题，按要求提交作品。(3)大学生物理实验讲课比赛，参赛学生根据赛事组委会公布的讲课比赛形式及要求，自选讲课内容，按要求提交讲课视频。通常本科生参加创新赛首先要联系导师，组建团队，然后研读比赛规范标准，确定选题，接下来查阅相关文献资料，合理规划比赛进程，并分工协作，动手实践，接着整理实验结果，小组讨论，最后撰写实验报告，准备比赛资料。由于本届赛事处于疫情期间，为了响应国家疫情防控政策，赛事组委会决定将比赛的线下现场展示环节改成线上腾讯会议视频展示，因此参赛选手得提前找好会议室，并将参赛的作品布置好，以便评委观看现场演示和提问。由于个人时间与精力、组员之间的分工与配合、外界环境等多方面因素的影响，本科生在整个备赛的过程中呈现出“过山车式”的整体态势，即备赛初期激情满满，信心爆棚，动手实操时困难重重，举步维艰，接着整理实验结果时满脸疑惑，怀疑人生，最后撰写报告时重振精神，充满希望。纵观整个备赛过程，指导老师得引导学生参与研究，确定明确的实验目标，协助制定合理的日程安排，并定期召开小组会议，交流讨论，指引实验方向，最后指导学生合理地分析、科学直观地展示与撰写严谨的报告。

二、创新赛备赛感悟

1. 分工协作效率高

全国大学生物理实验竞赛(创新)是以基础实验为出发点，在实验的深度、广度上进行拓展和拔高，其参赛的题目都具有一定的创新性且具有学科交叉和技术融合的特点，因此对参赛选手具有一定的挑战性。这就要求不同专业的学生结合自身的特点既要进行分工协作，又要加强团队配合，从而推动实验顺利进行。

2. 缺乏专业的培训，工作汇报不规范

通常参加创新赛的选手为大二学生，由于他们刚上大学不久，大一基本是上基础理论课，大二刚开始上实验课程，同时各个学院的实验课程要求不同，造成参赛选手普遍没有经过比较全面专业的实验培训，通常都只是在指导老师的安排下经过赛前几个月的紧急培训就匆匆上场，从而造成临场时遇到许多困难，不能进行合理的数据分析，工作汇报不规范，词不达意，实验进度举步维艰。

3. 疫情防控导致团队沟通合作受限

自新冠爆发以来，全国上下都在进行严格的疫情防控或居家隔离，这就使得宝贵的竞赛培训时间大大缩减，极大地限制了实验的进度。同时地理上的隔离造成团队成员间只能通过网络进行线上交流，有时候网络和设备的原因极大地阻碍了团队成员间的沟通，除了增加沟通的时间成本外，更严重的是造成彼此理解上的误差，并且直接影响线上竞赛的效果，从而对比赛成绩造成一定的影响。

4. 动手能力差导致实验进展缓慢

通常参加比赛的学生来自不同学院的不同专业，由于自身不同的背景与特点，其动手能力参差不齐，尤其是实验装置搭建环节，不能根据实验室现有的条件因地制宜，只能在老师的指导下缓慢推进，甚至有时候指导老师没有及时解决问题可能造成实验停滞不前。

三、大学物理实验课程体系的思考

1. 构建具有特色的物理类实验通识课群

针对传统通识教育相关课程大多停留在理论知识传授上，教学内容单一，学科交叉少，学生知识面窄等问题，大学物理实验课程可以通过构建具有特色的物理类实验通识课群，将科学兴趣、专业人才和拔尖人才的培养相结合，实现理论课与实验课的交叉、融合，拓宽学生的知识面，开阔眼界，同时将通识教育理念和课程思政元素融入实验教学过程，信息技术与实验教学深度融合，著名经典物理实验与现代技术相结合，满足不同类别高校，文、理、工、医、经、管、艺术不同学科，不同层次学生的选课需求。

2. 构建物理实验多层次教学体系

新高考改革中部分学生高考不选物理科目，高考中的实验题目考生平时不做实验也能获满分，导致本应在中学阶段掌握的基本实验技能到大学阶段严重缺失。另外，目前大学实验内容及教学模式相对单一，缺少多层次设计，实验课程中的“两性一度”不明显。针对上述问题大学物理实验课程应该注重实验课程综合、交叉和融合，进一步规范“基础技能型—综合设计型—研究探索型”三大类实验项目内容，构建从低到高多层次相互衔接的实验教学新课程体系，支撑新时代“四新”建设及物理相关学科学生知识、能力、素质培养目标的要求。

3. 构建虚实结合的物理实验课程体系

针对传统高危物理实验和前沿精尖端物理实验无法开展的困境，尤其是新冠疫情防控以来学生不能到实验室上机实操等问题，通过虚实结合、科教融合和校企联合等多种方式，突破传统的“实体实验”为主的教学模式，将“虚拟仿真”“虚实结合”“校园实验”“创新实验”等实验项目引入教学[3]，开设微电子、材料、核物理及天文等专业特色系列实验或专题实验，构建适合“大理科”和“新工科”的跨专业特色实验课程体系，激发学生的求知欲和创新精神，培养学生跨学科、跨专业的综合能力。

4. 构建培养创新人才的自主探究物理实验教学平台

针对学生动手实践能力及创新意识和能力的不足，大学物理实验课程除了完成基本的教学任务之外，更应该丰富第二课堂，培养学生勇于探索的创新精神，提高学生善于解决问题的实践能力，同时积极组织和引导学生参与各类物理学、微电子专业相关的学科竞赛[4-5]，将相关学科竞赛作为对低年级学生进行广泛科研训练的第二课堂，并向高年级的学生开设科研训练必修课程，引入问题导向型综合实验、研究性实验等，激发学生的学习兴趣和信心，促进学生的自主、协作、研究创新性学习。

四、结语

全国大学生物理实验竞赛是教育部高教司批准并予以资助的大学生竞赛项目，自开赛以来，因其在创新人才培养方面的优势得到了广大师生和高校管理者的认可，赛事规模和影响力迅速扩大，并于2021年入围中国高等教育学会发布的全国普通高校大学生竞赛排行榜。通过备赛期间的组队、选题、规划安排、动手实践、科学分析、撰写报告等过程，此赛事多角度全方位地为培养本科生科研意识和创新思维提供了难得的机遇和平台。

党的二十大报告提出：“必须坚持科技是第一生产力、人才是第一资源、创新是第一动力，深入实施科教兴国战略、人才强国战略、创新驱动发展战略，开辟发展新领域新赛道，不断塑造发展新动能新优势。”在新的时代背景下，大学物理实验课程更应该建立以学生为本、以创新教育为目标的实验教学体系，探索激励学生兴趣和个性发展以及有利于学生科学精神和创新能力培养的教学模式，让广大学生在知识、能力、素质等方面得以健康协调发展。本文结合笔者指导学生参加第八届全国大学生物理实验竞赛的亲身经历，简要探讨了由备赛过程引发的对大学物理实验课程的思考，以期为大学物理实验教学的发展与改革提供一些借鉴与参考。

◎ 参考文献

[1]董仕练，唐涵．以拉曼光谱技术为引：浅谈大学物理实验中的医学和物理学科交融[J]．物理与工程，2022，32(4)：150-155.

[2]高雷，孙晓燕，丁云，等．大学物理实验课程及全国大学生物理实验竞赛(创新)的几点思考[J]．物理实验，2023，43(8)：36-42.

[3]杨智慧，刘海林，王晓峰，等．康普顿散射虚拟仿真实验设计及教学实践[J]．实验室研究与探索，2021，40(3)：102-106.

[4]杨凯宁，李井源，孟群康，等．基于图像噪声源的单粒子布朗运动模拟[J]．实验室研究与探索，2022，41(10)：54-59.

[5]陈学鹏，姜博浩，侯天驰，等．用阿特伍德机精确测量重力加速度[J]．物理与工程，2023，33(1)：95-100.

面向拔尖创新人才培养的分析化学实验课堂教学改革

林　毅[*]　丁　琼　胡　锴　赵发琼　周金平
（武汉大学　化学与分子科学学院，湖北　武汉　430072）

【摘　要】化学实验课堂教学是化学及相关专业拔尖创新人才培养体系中的重要环节。国家级实验教学示范中心(武汉大学)一直将“以学生为中心”作为出发点，在分析化学实验课程体系中开展了以问题为导向的实验课堂教学改革，以培养学生综合运用化学基础理论和基本方法解决问题的能力，为化学专业拔尖创新人才培养助力。结果表明，学生的体验及发展都有了长足进步。在相关工作的基础上，总结了面向拔尖创新人才培养的化学实验课堂教学的关键因素。

【关键词】拔尖创新人才培养；问题导向；化学实验；课堂教学改革

【作者简介】通讯作者：林毅(1977—)，女，博士，副教授。E-mail：ylin@whu.edu.cn。

【基金项目】2024年武汉大学本科教育质量建设综合改革项目(No. 35)。

拔尖创新人才培养计划旨在发现、培养和选拔在特定领域或学科具有突出学术成绩、创新能力和潜力的人才，通过提供专门的培养和支持措施，为他们提供优质的学习和研究环境，以推动科技创新和人才培养，激发人才的创新潜力，培养他们的科研能力、创新能力和领导力，帮助他们在特定领域或学科取得突出的成就，并成为该领域的拔尖人才，为国家和社会的发展做出贡献。在2023年7月中华人民共和国国务院新闻办公室举行的系列主题新闻发布会上，“如何培养拔尖创新人才”成为焦点问题。教育部部长怀进鹏表示，教育部坚持将人才培养规律、教育教学规律与国家发展需求紧密结合，着力培养拔尖创新人才。

一、问题的提出

优质的课堂教学是拔尖创新人才培养的基础。然而，在传统的应试教育思想的长期影响下，学生往往被动地接受各种各样的知识和信息，易于形成固化的思维模式，与生俱来的好奇心、求知欲、想象力和创造潜能被逐渐扼杀。反映在分析化学实验课堂教学中，常见以下问题：

(1)以教定学。把教学过程看成师生配合完成教案的过程，忽视了学情分析，所设置的教学起点和教学目标与实际的教学情况不符，使教学效果大打折扣。

(2)教学目标单一。过多强调知识目标中基本理论、基本知识和基本技能的学习，忽视了学生作为学习主体的创造性和情感价值观，难以激发学生的学习兴趣和创新思维。

(3)教学内容与教学方法陈旧。教学内容与当前科研和生产实际脱节，不利于学生知识结构的优化及科研素养、综合能力的提高，对科学思维和方法的训练不足，不利于发展学生学习的主动性、自主性和创造性。

(4)教学评价单一。只重视教学的结果，忽略了知识的来龙去脉，学生鲜有自主的探索与思考，不利于培养学生对新知识学习的思维过程。注重结果的终结性评价而忽视对过程的评价，忽视学生的个性和特长，用统一规划的教学计划、单一的模式培养学生，不能充分调动学生的学习积极性。

(5)学情分析不够。实际教学中，学生的理论基础通常是很扎实的，但是实验能力参差不齐，且普遍课业繁重。此外，传统的分析化学实验教学中普遍存在学生课前预习效率不高、课堂中教师授课占用大量学生练习时间等不足。

因此，在传统实验课程教学方式下培养出来的学生通常具有较系统的基础知识以及实验操作规范，未能充分挖掘个人潜能，个性的发展，不利于综合能力和创新能力的培养。

二、面向拔尖创新人才培养的分析化学实验课堂教学改革

根据人本主义心理学原理，教育必须适应受教育者身心发展的需要，即教学活动必须从受教育者的实际情况出发，有益于他们身心的健康发展，这就是“以学生为中心”的观点，即学习是学习者自己的事，应该也只能靠他们自己的努力来取得成效。因此，学习是受教育者自我价值实现的需要，教学目标是受教育者价值的自我实现，教学过程是受教育者的自由发展，教学原则是真诚、信任和理解，教学方法应是非指导性的引导等。基于上述原理，我们探索了如下“以学生为中心”的面向拔尖创新人才培养的分析化学实验课堂教学改革。

(一)课程目标设置

从“以学生为中心”的观点出发，依据武汉大学办学定位、培养目标及人才培养方案等，为培养志存高远、脚踏实地，具有强烈社会责任感和民族情怀、具有创新能力和国际竞争力的拔尖创新人才奠定基础，由此，我们设置的分析化学实验课程的具体课程目标如下：(1)价值目标：培养学生具有良好的科学素质、思想素养、文化修养和社会道德，使学生具有责任担当、贡献社会、保护环境等意识。(2)知识目标：使学生系统深入地掌握分析化学实验的基础知识、基本理论和基本技能，建立起严格定量的概念。(3)能力目标：培养学生严谨精细的学习态度，发现、分析、解决化学相关问题的能力及知识自主更新的能力，富有创新精神，注重理论知识与实验技能及实际应用相结合等。

(二)课程内容、教学模式和教学方法

为利于拔尖创新人才知识结构的优化及科研素养、综合能力的提高，针对课程实际，将原有的以验证性实验为主的课程内容调整为与当今科研和生产实际相关联的实验内容(见表1)。

表1　**面向拔尖创新人才培养的分析化学实验课堂教学改革实验内容**

序号	课 程 内 容	学时数
1	有机酸摩尔质量的测定	5
2	分光光度法测定蜂蜜中铁的含量	5
3	HCl-HAc 混合液的电位滴定	5
4	自来水总硬度的测定	5
5	非水滴定法测 NaAc 的含量	5
6	东湖水耗氧量的测定	5
7	间接碘量法测定胆矾中的铜含量	5
8	设计实验、课程论文及小组展示	10+3
总计		48

采用问题导向的实验课堂教学模式，即在前置基于慕课的个性化预习的基础上，将实验方案的设计和实验路线选择的主动权交给学生，使学生面临更为贴合实际的研究性实验场景，面对和解决实际实验过程中可能出现的种种状况及实验结果的不确定性等，从而激发学生的好奇心、想象力和求知欲，充分发挥学生作为学习主体的主动性和创造性。

采用启发式研究性教学方法，培养学生提出问题、分析问题、解决问题的能力，提高学生的学习兴趣。在实验课堂教学中，当学生通过典型基础实验掌握了基本的实验技能和方法之后，提倡以问题为切入点的研究性教学方法，让学生从事相对完整的探究，以训练科学思维和方法。通过启发式研究性教学，实现教师引领、学生主导的互动式教学方式。

在设计实验环节，当学生遇到一个完整的课题及种种事先未预料到的状况时，通过共同探讨，启发学生如何思考、进行文献调研并合理地解决问题，鼓励学生以小组合作的模式勇于尝试创新，引导学生主动学习一些新知识来解决实验中无法解释的实验现象和结果，而不是直接给出解决问题的方案。让学生经历锲而不舍解决问题的过程磨炼，在思考和实践中逐步具备分析问题和解决问题的能力。

实验结束后举行研讨会，除了交流和汇报采用不同实验方案所得的结果外，更要从中探讨得失。在这样一种模拟科研探索过程的研究性教学中，教师通过言传身教，可以将科学研究的各个元素渗入其中，如洞察能力、评价能力、严谨作风、敬业精神、科学道德、合作精神等。通过这样的研究性教学，不仅可以使学生逐步具备自主学习、科学研究、批

判思考和知识创新的能力，养成严谨求实的科学态度和开拓进取的创新精神，而且有可能使学生在研究过程中发现自己的兴趣与专长，找到自己的发展方向，从而完成进入大学之后的学术性转换。

(三)过程性评价及多元评价

课程采用过程性评价及多元评价综合的方法进行评价。具体如下：

(1)实验部分：占总评的70%。其中基础实验占70%，设计实验占30%。基础实验中，实验预习占10%，实验操作占40%，实验报告占40%，实验态度及卫生习惯占10%。设计实验中，课程论文占50%，课堂展示(全体互评)占50%。

(2)实验操作考核：占总评的10%。

(3)期末笔试：占总评的20%。

(四)学生对于课程改革的反馈

学生对课程的评价结果见表2。结果表明，100%的学生对该课程教学的整体满意度、该课程培养学生的规范意识与节约环保意识、该课程培养学生的动手实践能力、分析、解决问题能力及创新能力评价为五星；93.33%的学生对于该课程中教师注重与学生沟通交流、教师注重引导学生树立正确的人生观、价值观和世界观、该课程内容系统丰富，注重反映学科发展新动态、该课程教学方法灵活多样，教师在实验教学中鼓励、启发和引导学生去独立思考、勇于探索、大胆质疑、合理使用现代信息化教学手段和教学资源以及实验技能得到了严格、规范和全面的训练评价为五星；部分学生希望加强课后与教师交流课程学习情况等。综上所述，该课程改革取得了令人满意的结果。

表2　**学生对课程的评价结果**

学生评教指标	★★★★★	★★★★	★★★	★★	★
在不考虑学习成绩的情况下，本着客观、真实和负责任的态度，我对该课程教学整体满意度	100.00%	0.00%	0.00%	0.00%	0.00%
教师实验准备充分，操作娴熟，示范准确，重难点突出，提出明确的课程教学要求(包括教学大纲、教学日历、考核方式等)	80.00%	20.00%	0.00%	0.00%	0.00%
教师布置了合适的实验实践类作业	86.67%	13.33%	0.00%	0.00%	0.00%
教师对实验报告批阅反馈及时	100.00%	0.00%	0.00%	0.00%	0.00%
教师重视课堂纪律，及时纠正课堂不良现象(如学生迟到、旷课、睡觉、玩手机等)	100.00%	0.00%	0.00%	0.00%	0.00%
教师注重与学生沟通交流	93.33%	6.67%	0.00%	0.00%	0.00%
教师注重引导学生树立正确的人生观、价值观和世界观	93.33%	6.67%	0.00%	0.00%	0.00%

续表

学生评教指标	★★★★★	★★★★	★★★	★★	★
该课程实施遵循教学大纲和教学日历	93.33%	6.67%	0.00%	0.00%	0.00%
该课程注重培养学生的规范意识、节约环保意识	100.00%	0.00%	0.00%	0.00%	0.00%
该课程内容系统、丰富，有一定的深度和难度，注重反映学科发展新动态	93.33%	6.67%	0.00%	0.00%	0.00%
该课程教学方法灵活多样，教师在实验教学中鼓励、启发和引导学生独立思考、勇于探索、大胆质疑	93.33%	6.67%	0.00%	0.00%	0.00%
该课程合理使用现代信息化教学手段和教学资源	93.33%	6.67%	0.00%	0.00%	0.00%
该课程提供的教材及其他学习材料对学习本课程有帮助	80.00%	13.33%	6.67%	0.00%	0.00%
该课程考核方式明确、客观、公正，有助于实现课程教学目标	86.67%	13.33%	0.00%	0.00%	0.00%
该课程学生无上课迟到、缺勤、做与课堂无关的事情的现象	100.00%	0.00%	0.00%	0.00%	0.00%
我上课之前投入一定时间用于实验课程预习	86.67%	13.33%	0.00%	0.00%	0.00%
该课程学生在课堂上积极参与师生互动	86.67%	13.33%	0.00%	0.00%	0.00%
我在课后与教师交流课程学习情况	66.67%	33.33%	0.00%	0.00%	0.00%
掌握了该课程的重点知识，实验技能得到了严格、规范和全面的训练	93.33%	6.67%	0.00%	0.00%	0.00%
培养了我的动手实践能力、分析、解决问题能力及创新能力	100.00%	0.00%	0.00%	0.00%	0.00%
提高了我的自主学习能力	86.67%	13.33%	0.00%	0.00%	0.00%
帮助我树立了正确的人生观、价值观和世界观	86.67%	13.33%	0.00%	0.00%	0.00%
激发了我的学习热情和深度学习的兴趣	80.00%	13.33%	0.00%	0.00%	0.00%

三、小结

综上所述，我们在分析化学实验课堂教学中开展了以学为中心的教学转向以学生为中心的教学改革并取得了令人满意的结果。由该课堂教学改革我们认识到面向拔尖创新人才的课堂教学应以学生的学情为基本出发点，有的放矢，关心和爱护学生；应以学生体验为中心，针对学生课业压力大的实际，适当做减法，并进一步开展学分制改革；具体课堂中应以学生发展为中心，开展问题导向的课程学习，并开展多元化评价及过程性评价。

◎ 参考文献

[1]叶澜．课程改革与课程评价[M]．北京：教育科学出版社，2001.

[2]章文伟，李育佳，张剑荣，朱成建．从拔尖创新人才培养探讨化学实验教学改革[J]．中国大学教学，2012(10)：77-80.

[3]韩迎春，赵丽华，龚时琼．拔尖创新人才培养目标下的化学实验教学改革[J]．实验室科学，2018，21(4)：116-119.

[4]杨昱，徐雅琴，杨玉玲，白靖文．基于高等农业院校拔尖创新人才培养的基础化学实验教学改革研究[J]．化工基础教育，2014(4)：59-62.

植物发育生物学综合大实验教学改革探索

——基于“珞珈在线”实现综合大实验线上线下融合的教学模式

张　蕾　李小燕

（武汉大学　生命科学学院，湖北　武汉　430072）

【摘　要】2023 版新修订生物科学类本科培养目标中明确指出，生物科学类本科生的培养要适应国家对基础学科拔尖创新人才培养的需求。实验教学是培养生命科学领域拔尖创新人才和领袖人才的重要环节。其中，生命科学学院开设的综合大实验是培养学生创新意识和科学研究能力的重要课程。本文以作者承担的植物发育生物学实验课为例阐述生物科学类综合大实验的特点，重点阐述利用“珞珈在线”实现综合大实验线上线下融合的教学模式以及综合大实验教学过程中若干问题的解决方法，旨在探索构建综合大实验课程科学化的教学体系，为提高实验教学质量、培养拔尖创新人才提供参考。

【关键词】植物发育生物学；综合大实验；线上线下融合；过程化管理

【作者简介】张蕾（1975— ），女，满族，辽宁人，博士研究生毕业，武汉大学生命科学学院副教授。研究方向：植物发育生物学。E-mail：arabilab@ whu. edu. cn。

武汉大学生命科学学院始终坚持以培养研究型人才为己任。2023 版新修订生物科学类本科培养目标中明确指出，生物科学类本科生的培养要适应国家对基础学科拔尖创新人才培养的需求，聚焦创新型国家建设和人类医疗健康、农业发展、粮食安全、生态文明建设等国家重大发展战略。学生除了要具有系统扎实的生物科学理论基础，宽广的知识结构，同时要对本学科的前沿领域和发展趋势有所了解，学生的创新意识和科学研究能力突出，能够参与国际竞争、引领未来社会进步和文明发展[1]。

实验教学是培养生命科学领域拔尖创新人才和领袖人才的重要环节。实验课程的合理安排和高效组织，既有助于学生对于理论知识的深入理解，又有利于学生在熟练掌握实验基本技能的基础上探索钻研，强化学生理论联系实际的能力，增强学生独立思考、分析问题和解决问题的能力，培养学生的科学素养和科学精神。武汉大学生命科学学院在基础实验课的基础上开设有包含植物发育或动物发育生物学实验、高级细胞生物学实验、微生物技术实验、生物化学技术实验以及病毒学技术实验的生物科学类综合大实验。本文以作者承担的植物发育生物学实验为例阐述生物科学类综合大实验的特点、存在的问题以及过程化管理采取的方案。

一、植物发育生物学综合大实验的特点

植物发育生物学实验是生命科学学院为生物类三、四年级本科生开设的综合性、自主性、开放型、提高型的专业综合大实验课。本实验课程以模式植物为对象，以植物细胞生物学、显微技术、离体操作、细胞工程、分子生物学、基因工程等一系列实验技术为支撑；以拓展学生的植物发育生物学基础理论知识、加强学生相关基本技能的训练、培养学生综合科研的素质、提高学生独立自主的科研能力等为主线开展一系列的植物发育生物学实验。在教学实践过程中，以“强化基本技能训练，重视能力培养，激发创新意识”为指导思想，以培养创新型人才为目标(见图1)。

知识目标	能力目标	价值塑造
①学生能够熟练进行植物生物技术相关的实验操作 ②学生能够独立设计并完成植物发育生物学研究中涉及的相关实验 ③关注学科前沿和热点问题	①学生发现问题、分析问题和解决问题的能力得到提升 ②学生批判性思维、深度学习和自主学习能力得到加强 ③学生的实践与创新能力也将得到进一步的培养和提升	①培养学生诚信、严谨的科学素养 ②培养学生追求卓越、刻苦务实的精神 ③培养学生成为具有国际视野、家国情怀、使命担当的青年

图1　植物发育生物学实验的培养目标

(1)实验内容和实验方法的综合性：植物发育生物学实验教学由单一技能训练转化为综合实验技能训练，在实验课程体系和内容的设置方面以系统的综合性大实验为核心，以科学研究思路为线索，让学生在实验课程中体验科研的过程，使学生从整体上了解植物科学研究的思路和方法，培养学生正确的科研思维能力和综合素质。植物发育生物学大实验课综合了分子生物学、遗传学、植物发育生物学、植物生物技术等多门生物科学专业的基础理论知识和实验技能(见图2)。

(2)实验过程中充分发挥学生的自主性：如围绕植物愈伤组织培养，首先组织学生查阅相关文献，自主设计实验方案，拟定具体的实验流程，然后将实验方案交给任课老师，在老师的指导和建议下修改方案，学生再综合运用多种实验方法完成实验，最终对实验结果进行分析讨论，以学术论文的形式撰写实验报告。在这个过程中，学生自主设计实验，自由合理地安排时间，充分发挥学生的主观能动性。

(3)综合实验课体现本科教学的“两性一度”[2]：通过与科研实验室紧密结合，将科研实验室的学术成果转化为本科教学内容，充分体现实验教学的高阶性、创新性和挑战度(见图2)。如，生长素作为植物激素的一种在植物生长发育过程中发挥重要作用。植物发育生物学家常用生长素诱导启动子 DR5 研究生长素对环境的反应或者是基因突变对于生长素合成和分布的影响。在植物发育生物学实验课上，学生利用 DR5::GUS 和 DR5::GFP

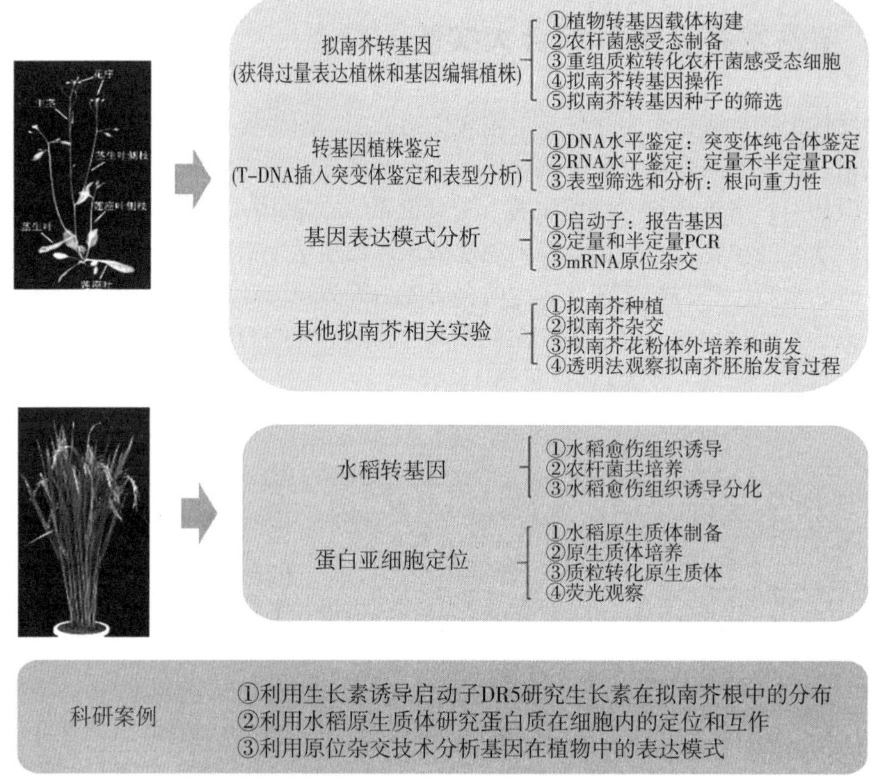

图 2　植物发育生物学实验综合设计模块

转基因植株，参考科研实验室的工作，设计并开展相关实验研究。

二、植物发育生物学综合大实验中遇到的问题

植物发育生物学实验开设十余年，在授课过程中遇到的问题主要包括以下几个方面。

(1)学生背景知识不足：综合实验课的综合性和提高型要求学生具备相应的背景知识。植物发育生物学是一门综合学科，设计的实验内容包括分子生物学、遗传学、生物化学、植物组织培养等。选修植物发育生物学实验的学生要求在前期已经经过至少分子生物学实验课、植物发育生物学理论课的系统培训。即便如此，鉴于植物发育生物学理论课授课的要点是植物发育的分子机制，而不涉及这些理论知识从何而来，因此学生在实验课前还是很难把握实验课的理论核心，导致学生在设计实验环节不能真正贯彻执行。

(2)综合实验课缺少合适的教材：综合实验课在实验内容和实验方法的设计上更加灵活，实验内容与科研实验室同步，基本上没有一本实验教材可以完全用于综合实验课的教学。笔者在上综合实验课初期编写了一本植物发育生物学实验指南，在使用过程中发现，学生只能从教材中获得每一个小实验的操作方法，对于综合设计、实验准备以及小实验之

间的衔接则缺乏详细的指导。

(3)自主性和开放型使得实验课的过程化管理困难：与基础实验课的不同之处在于，由于每一位学生的实验方案稍有不同，学生在综合实验课上自主安排实验的时间也不一样，教师很难追踪每一位学生的动态，使得综合实验课的平时成绩难以通过常规方式进行考核。

三、植物发育生物学综合大实验教学问题的解决途径和效果

学习通是由北京世纪超星信息技术发展有限责任公司于 2016 年开发的一款集移动教学和移动学习为一体的免费应用程序。2020 年年初，武汉大学与超星学习通合作，建立了与武汉大学教务系统接通的“珞珈在线”线上 MOOC 平台，通过“武汉大学网络教学在线培训”课程向全校任课教师进行推广，为顺利开展线上教学工作提供了有效保障[3]。经过三年的教学实践，笔者发现，学习通线上教学的优势不仅仅体现在理论课的教学上，同时还可以在很大程度上解决实验课教学中出现的一些难点问题。

(1)通过教师精心准备课前预习资料，可以完美解决学生实验相关知识不足的问题。植物发育生物学实验涉及的理论知识内容非常广泛，学生需要在课前查找预习的资料非常繁杂，如果没有一定的专业指引，大部分学生很难做好预习，导致教师设计的创新性实验和挑战性实验难以达成目标。在学习通上，教师可以将综合实验涉及的基础知识以 PPT 的形式逐一呈现，学生可以在短时间内将分子生物学、遗传学、细胞生物学、植物形态学、植物生物技术以及基因工程相关知识迅速整合并进行梳理和应用(见图 3)。

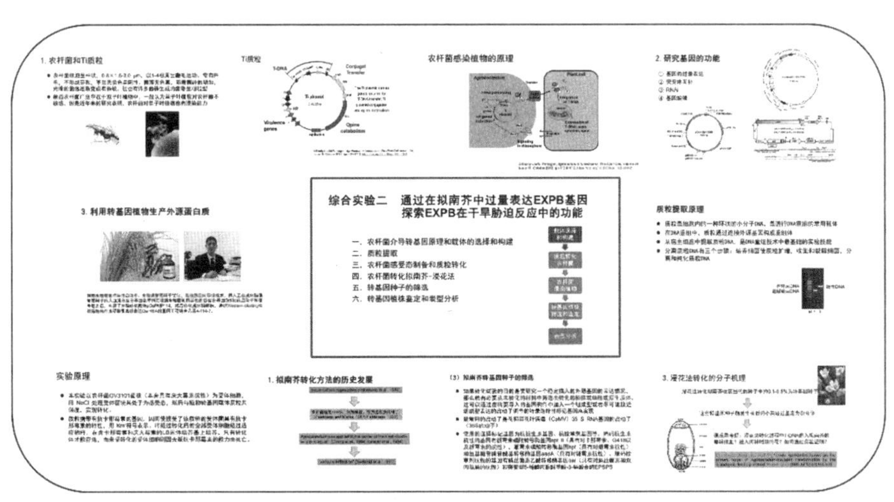

图 3　植物发育生物学实验课在学习通上的部分课前预习资料

(2)综合实验课缺少合适的教材，导致学生在实际操作过程中对实验方法和步骤不能正确把握。通过学习通，将具体的实验操作以 PPT 形式展示给学生，使得学生能够及时

掌握正确操作流程，避免了小错误导致的实验失败(见图4)。

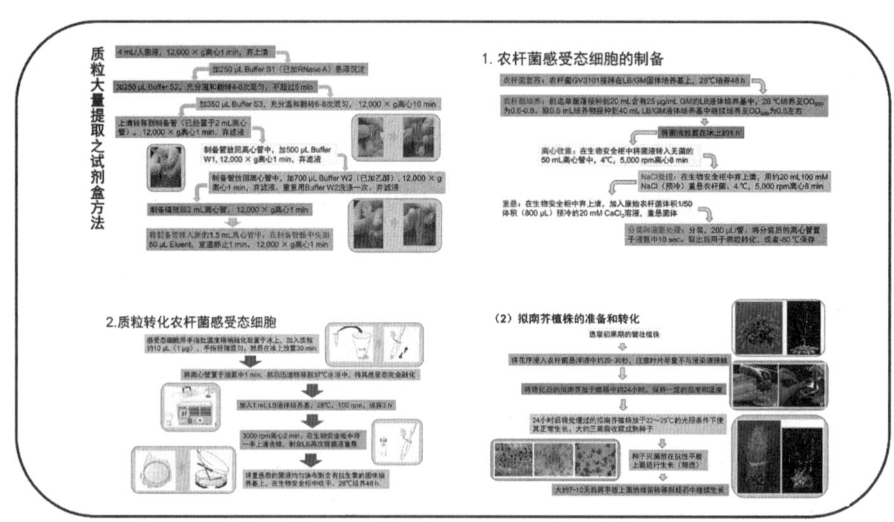

图4　植物发育生物学实验课在学习通上的实验操作步骤

(3)如何对综合实验课进行过程化管理是我们一直不断摸索解决的重点问题。“珞珈在线”(学习通)是解决实验课过程化管理的有力平台。教师在学习通手机端发布任务，学生在手机端上传实验过程图片和结果，然后教师在手机端进行批改，对学生的实验设计、流成图以及过程中的结果和出现的问题进行点评并给出建设性意见。在这个过程中，教师可以及时了解学生的实验进程，而学生也通过学习通记录了自己的实验阶段性结果，为最后撰写综合实验报告提供了丰富的素材(见图5)。

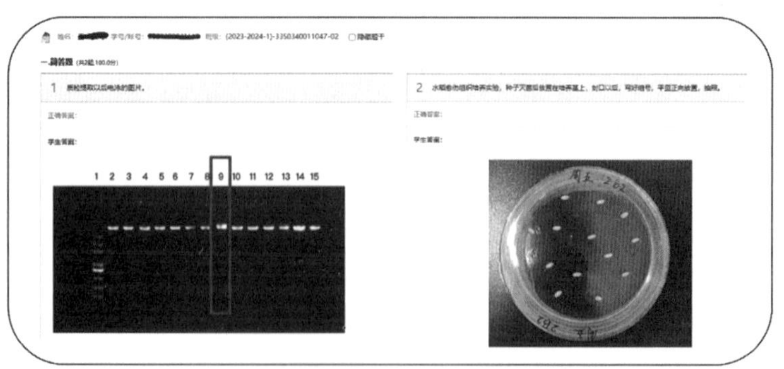

图5　学生在学习通上传的综合实验阶段性结果

(4)随着学习通在综合实验课中的推广使用，综合实验课的考核方式也发生了巨大的变化。客观和科学的实验评价体系是检查教学质量以及学生学习效果的重要标准[4]。我们建立了多元化的实验评价机制，综合评价学生的学习效果，包括：①预习(10%)：在珞珈在线上完成预习和课前测。②实验记录本(手写10%)。③实验报告(40%)：课程结束后在珞珈在线上提交。④实验操作(30%)：包括平时实验结果(通过学习通在线提交)和操作分。⑤实验素质(10%)：上课迟到、旷课、值日以及每次课仪器设备、桌面整理等。其中的预习、实验报告和实验操作均通过珞珈在线完成。教师在课前对预习部分设置不同的任务点，珞珈在线会集中收集学生在线预习的时间和时长，同时对学生课前测的成绩进行统计分析(见图6)。实验操作的打分分为两个部分，一部分来自平时操作分，还有一部分来自学习通上面提交的实验结果。通过学习通的统计分析，对学生课前预习以及实验操作的打分更加严谨，对于学生的学习动态有了更好的把握，教师可以根据学生的实际表现在课堂授课过程中进行适度的调整。

(2023-2024-1)-3350340011047-02 > 任务点　返回

任务点 | 非任务点　选择章节

序号	任务名	类型	说明	学生完成数	详情
1.1、实验课简介					
任务点1	前言(6).pptx	文档		22/27	查看
1.2、综合实验一 水稻愈伤组织诱导和小苗再生-诱导愈伤组织					
任务点1	植物组织培养.xls	章节测验	13(题)	24/27	查看
任务点2	综合实验一 植物组织培养技术(1).pptx	文档		27/27	查看
1.3、综合实验二 拟南芥转基因——质粒提取					
任务点1	拟南芥转基因操作步骤	章节测验	1(题)	21/27	查看
任务点2	综合实验二 拟南芥转基因.pptx	文档		27/27	查看

图6　学生在珞珈在线完成任务点的情况统计

四、结语

经过三年的教学实践，植物发育生物学综合大实验已经建成了线上线下融合的教学模式，解决了综合大实验中存在的诸多问题，尤其是对学生的过程化管理基本覆盖了学生从预习、实验中间环节到结果讨论的全过程，建立了对学生系统化和多元化的考核评价机制。经过综合大实验的教学培训，学生的动手能力、科研素养以及创新思维均得到了极大的提高。近年来，学院本科生在国内各项竞赛中屡获奖项，包括全国大学生生命科学竞赛(创新创业)国家级特等奖、全国生命科学创新创业大赛国家级一等奖、中国国际“互联网+”大学生创新创业大赛高教主赛道/师生共创组国家级银奖等。在大学生创新创业项目申报和结题答辩环节，学生出色的表现得到了答辩委员的一致认可。此外，在湖北省大学生实验技能大赛中，多名学生获得了一等奖的好成绩。

在教学实践过程中，我们解决了问题，同时新方法新技术在综合实验中的运用也带来了新问题。如学生对高端仪器设备的掌握程度不足以完成实验课程中的操作，导致实验内容的改革不能顺利进行。为此，我们在接下来的教学改革中，将通过录制仪器设备操作视频、“师兄师姐带我沉浸式体验”以及与生命科学学院仪器设备共享中心合作等方式，不断发挥高端仪器设备在本科生综合实验教学中的作用。另外，需要进一步培养学生养成正确、科学地书写实验记录的习惯，提高学生的科研素养。

目前，综合性大实验课程在高等院校生物科学和生物技术专业中开设得越来越多，表明综合性大实验在培养适应新时代的创新型人才方面发挥着越来越重要的作用[5-8]。未来，我们将继续优化综合大实验课程设计，不断将科研成果转化为本科实验教学的内容，在实验课的高阶性、创新性和挑战度方面做出有成效的改革。同时，进一步完善现有的线上线下融合的教学模式，将过程化管理细节化、制度化，建立更为有效的学生评价体系，以取得更好的教学效果。

◎ 参考文献

[1]武汉大学理学部生命科学类2023版培养方案.

[2]吴岩．建设中国“金课”[J]．中国大学教育，2018，340(12)：4-9.

[3]窦贤康．坚守大学初心　力促学生成长[J]．中国高等教育，2020(7)：7-9.

[4]史玲玲，马超．北京林业大学“生物制药”课程实验教学改革初探[J]．中国林业教育，2014，32(6)：63-65.

[5]张滑泽，王久利，王克宙，等．地方院校生物工程综合大实验教学实践[J]．生物学杂志，2021，38(6)：127-130.

[6]尹业师，陈华海，李百元．基于“全产业链”理念的生物工程综合大实验教学改革与实践[J]．课程教育研究，2020(47)：58-59.

[7]王晗，许晔，高学林．生物科学专业应用综合大实验的设计与实践[J]．教育教学论坛，2019(50)：171-172.

[8]吕蕊花，崔杨，刘金辉，等．基于专业课程融合的生物技术综合大实验的开设与建设思考[J]．生命的化学，2022，42(7)：1422-1426.

基于"四位一体"材料学研究思维的实验课程混合式教学创新与实践

雷　燕　肖晓晖　李正刚　雷祎凤　郭嘉琳　于洋洋

(武汉大学　动力与机械学院，湖北　武汉　430072)

【摘　要】为了培养具有学科交叉背景的新工科拔尖人才，面对工科大类专业学生开设的材料类实验课程教学改革刻不容缓。课程创新性引入材料学"四位一体"研究思维重构教学内容，搭建了"结构""性能""工艺"和"应用"四大主题实验模块，并采用线上线下多维度有机融合的教学手段，在有限的学时内显著提升课堂效果，激发学生内驱力，实现了差异化教学。同时，减少基础验证性实验个数，增加综合创新性实验内容，实验难度梯度化设计、考核标准细致化、过程化，实现了"以学生为中心"的师生互动教学模式，进一步拔高学生实验操作技能及分析水平，强化学生高阶能力，成为深受学生喜爱的一门课程，从而有效达成知行合一、素能共育的教学目标。

【关键词】材料学；"四位一体"科学思维；实验模块；混合式教学

【作者简介】雷燕(1976—)，女，江西人，博士，武汉大学动力与机械学院副教授，从事纳米多孔材料力学性能研究，E-mail：leiyan. material@ whu. edu. cn。

一、绪论

新工科建设要求，高等工程教育不仅要培养大学生在某一专业上学业精深，而且应具有"学科交叉融合"的特征。新材料是国家战略性新兴产业和重大工程的物质基础，具备融合材料专业与其他专业知识的能力对于创新性解决复杂工程问题至关重要。基于此，材料专业教师课程组面对学校工科试验班、弘毅学堂大二学生开设了材料学知识入门课——材料科学与工程基础大类平台课。本课程旨在让工科类专业学生全面、系统掌握材料理论体系的基本构成和主干知识，抓住材料共性与个性的结合，理解材料四要素，即工艺、结构、性能及应用之间的内在联系与相互作用机制，培养学生"四位一体"的科学思维，实现多学科知识的交叉与渗透。2019 年开始第一轮讲课，到目前为止有近千名学生接受授课，学生专业涉及机械、动力、核工程、先进制造等工科专业。

作为该课程实践环节重要构成，材料科学与工程实验教学任务繁重，平均一学期指导200 多名学生做实验。小班教学情况下，教师可以兼顾每位学生的掌握程度，但在大班情况下，则无法关注所有学生，不利于差异化教学。传统实验课上课方式通常为：教师满堂灌地讲述理论和实操演示，学生动手模仿，老师巡视指导，最后学生提交实验报告。这种单一的上课方式和只以验证结果为目的的实验教学缺乏挑战性、创新性和高阶性，不利于激发学生独立思考和创新性解决问题能力的培养。因此，如何进一步提升实验课程“两性一度”及差异化教学，是课程团队一直努力的方向。“立德树人”是一流人才培养的重要目标，“立德”是“树人”的根本前提，一流课程建设需始终围绕这个核心要素。材料科学与工程实验课程思政元素及输入方式单调，主要借助教师口头反复强调实验操作规范及安全，无法对学生思想层面实现多维度、深层次冲击，思政效果缺乏代入感。

为解决上述问题，课程团队探索了材料科学与工程实验课混合式教学模式，并尝试引入“四位一体”材料学思维重构教学内容及过程，让“以实验结果为目的的验证性实验教学”向“以探究机制为目的的创新性实验教学”转变，真正培养和拓展学生的学科思维与工程伦理精神。随着实验室逐渐配置了投影仪、电脑、实验仪器网络等现代化信息技术装置，实验课程混合式教学开展变得可行。

二、“四位一体”材料学研究思维

材料科学与工程可细分为材料科学与材料工程两大类。材料科学涉及材料结构与性能之间关系的研究，偏重于材料基础知识，重点解决“为什么”。材料工程则是在掌握“为什么”基础上设计材料成分及工艺来实现所需性能，偏重于材料实际应用，主要解决“怎样做”。贯穿这两大类学科的要素是材料结构、工艺、性能及应用，它们之间的关系如图1所示，各要素落在正四面体顶点处。显然，正四面体展示的“四位一体”逻辑关系不是简单的“谁决定谁”，而是相互依存、相互作用的复杂关系，彼此构成一个有机统一的知识体系。让学生建立“四位一体”材料学思维，并能在此基础上灵活解决复杂工程问题是达成课程“两性一度”教学目标的核心。

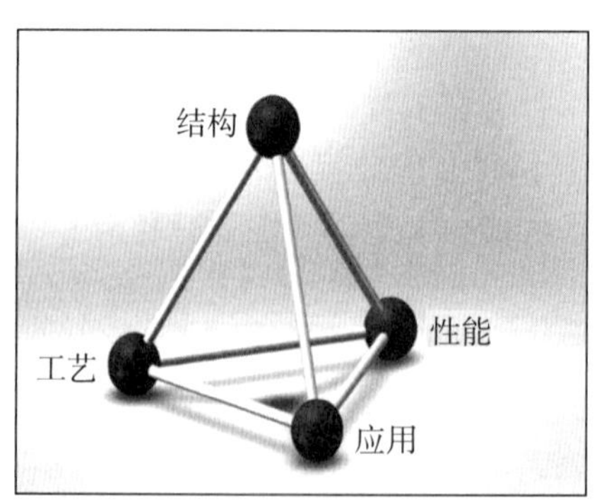

图1　材料学“四位一体”关系示意图

材料结构是一个与其内部组成有关的概念，通常包含原子结构、原子结合键、原子排列方式和组织四个层次，四个层次对应尺度范围依次增大。原子结构为电子与原子核的相互作用。原子结合键是指相邻原子、离子或分子之间的结合方式。原子排列方式为大量原子排列呈现的规律性，例如，有序排列还是无序排列，体心立方晶体结构还是面心立方晶体结构。组织是由大量原子聚集在一起构成的集合体，包括物相、晶粒、缺陷以及织构等分布的总和，分为显微组织与宏观组织。在肉眼和低倍显微镜下能观察到的称为宏观组织。在高倍显微镜下能观察到的称为微观组织。

性能指材料受到不同类型、不同程度外界刺激时产生的特定反应。例如陶瓷容易被撞击变碎，体现脆性。冰被加热到零度以上融化成水，体现出热学性能。一般情况下，材料性能与材料形状和大小无关，只与材料组织结构有关。组织结构与材料性能呈对应关系，好的组织对应好的性能，差的组织对应差的性能，这也是"四位一体"材料学思维的关键之一。当成分一定时，组织取决于制备合成工艺。如图 2 所示，碳元素通过不同工艺合成石墨和钻石，两种材料结构及性能截然不同。从图 2 给出的特性可知，四要素关系遵循如图 3 所示的规律，这也是四者之间最常见的一种关联。

材料名称	构成元素	制备方法	晶体结构	物质外观	性能特点
石墨	C	碳化有机物后进行高温石墨化处理	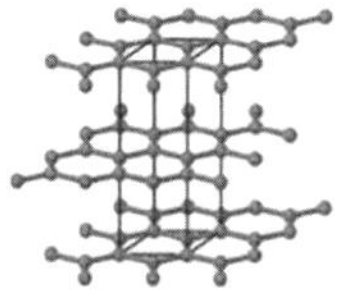		塑性好、硬度低；导电、导热性好；具有润滑性等
钻石	C	高温高压容器内进行爆炸法处理	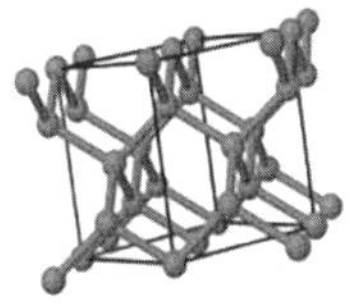	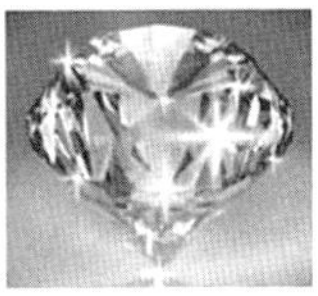	硬度很高、塑性差；不能导电；没有润滑性

图 2　石墨与钻石特性

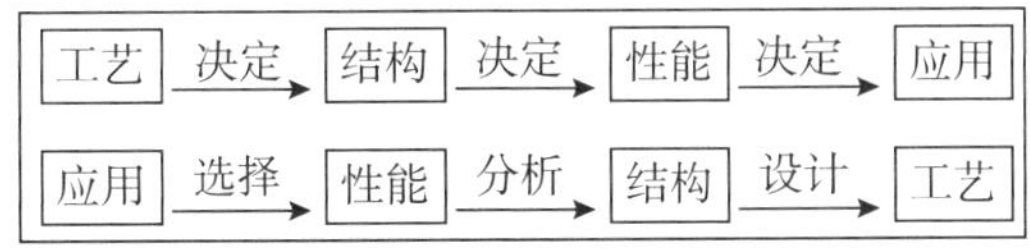

图 3　"四位一体"最常见的相互影响关系

无论材料处在制备工艺阶段还是在实际应用中，材料内部结构都在不断改变，大量微观结构变化产生的累积效应必然造成材料宏观性能的改变。因此，材料工艺及应用的两个要素都影响了结构，结构又直接关联性能，理解它们之间的内在机理是建立材料学思维的另一个关键。

综上所述，材料学研究思维是从材料具体性能体现和服役行为抽象到材料"四位一体"的科学思维，再用抽象的科学思维来设计材料成分及制备工艺，或者解决材料失效现象。

三、混合教学模式构建

对标新工科一流人才标准，基于 OBE 教学理念逆向设计实验课程教学目标，如图 4 所示。从图中可知，课程目标依据布鲁姆认知理论分为低阶能力目标和高阶能力目标。低阶能力主要指通过基础验证性实验让学生记忆、理解和应用相关基础知识、掌握和熟悉相关基础技能，并具有一定的安全意识、规则意识。高阶能力则是指创新性解决复杂工程的素质和工匠精神、爱国情怀、工程伦理等人文素养，这类目标的实现是以综合性、创新性实验教学为载体。

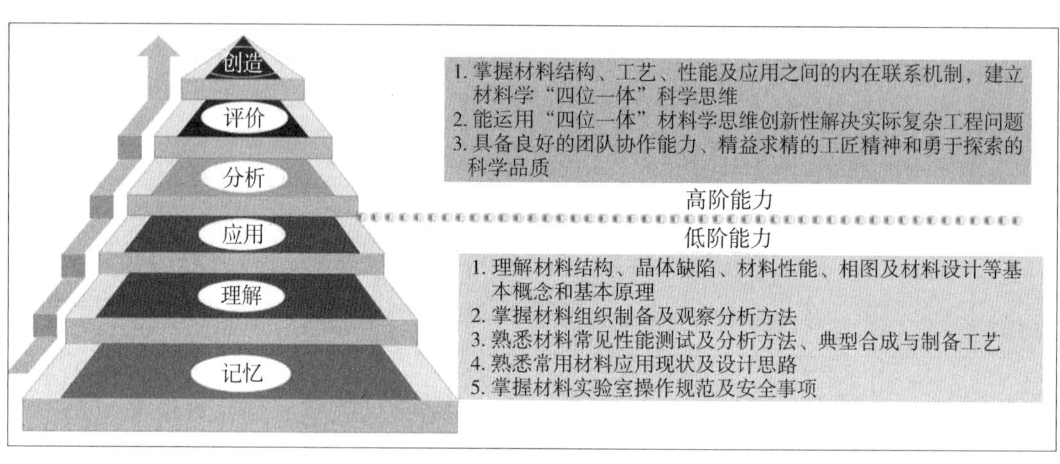

图 4　材料科学与工程实验课程教学总目标

紧扣课程教学目标，以材料学“四位一体”科学思维为指导思想重塑教学内容，打破了传统的依据章节内容设置实验的方式，按照结构、工艺、性能、应用四大主题分别设计对应实验。各主题教学过程分解为理论与实践两部分，通过 QQ 群、微助教、视频录播、实践课堂等线上线下相结合方式开展，着力打造“基础—综合—创新”三维度实验教学体系。

（一）“结构”主题实验教学

“结构”主题实验教学目标是让学生掌握组织结构、晶体、非晶体、相等抽象概念，初步了解微观结构与性能、工艺之间的关系，理解金相样品观察及制备原理，能熟练动手制备高质量金相样品，并具备分析操作技巧、制样技巧与样品质量之间关系的能力。具体教学流程见图 5。从图 5 中可知，教学模块遵循从简单到复杂、从基础到综合的原则，依次开展“观察实验”“制作实验”和“设计实验”。

“观察实验”是学生接触的第一堂课，激发他们学习兴趣尤其重要。教学环节设计如下：照片展示→猜谜游戏→“结构”解说。PPT 照片皆采用全国“微结构”大赛优秀作品，该大赛宗旨就是为了让更多人欣赏到美轮美奂的材料微观组织结构，培养大家探索微观世界的热情。随后教师讲解显微镜操作原理、演示操作过程，学生动手实践和开展“我来纠错”趣味竞赛。在“我来纠错”教学环节，教师预先调乱显微镜构件位置，学生以小组为单位对显微镜进行纠错，最终实现能在显微镜下观察到清晰的金相组织的学习目标。其中，小组用时最短者获胜，各小组表现纳入平时考核。

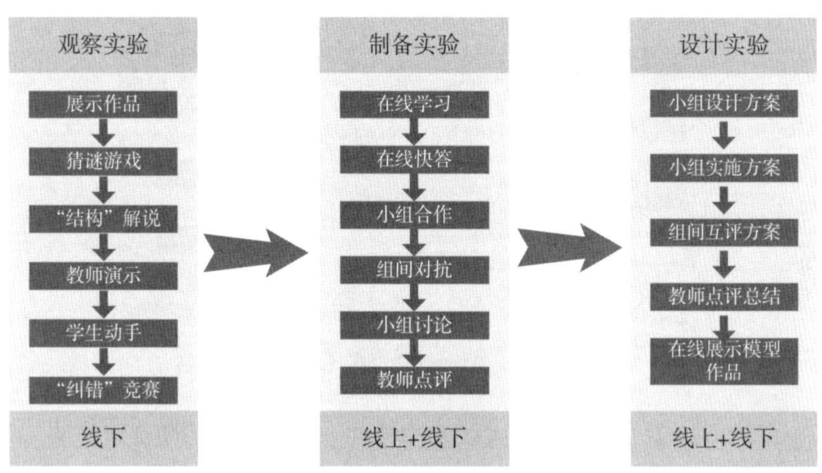

图 5 “结构”模块教学流程

“制备实验”主题学习中，学生先借助微视频在线学习样品磨制、抛光、腐蚀和观察相关的理论与操作，并在网上完成布置的习题。教师依据答题情况进行分组，本着平均分配原则，即每组都有成绩优秀与成绩一般的同学。实体课堂前半段时间用于小组讨论练习。同组成员互相配合、互相指导、互相点评以实现大家在制备方法和操作熟练度上的共同进步。随后教师任意抽取一名同学代表本组参加“小组对抗赛”，比赛结果记为全组平时成绩。课堂后半段仍以小组为单位，共同研讨完成指定任务。任务围绕“如何创新制备工艺流程和开发新的制备技巧”，着重考查学生理论指导实践的创新能力。研讨成果随后在全班分享，学生借助“微助教”点评，最后教师点评并总结。

“设计实验”主题教学在学生熟练掌握前两个实验教学内容基础上开展。教师开放实验室，学生任选时间，以小组为单位独立完成项目。围绕自己感兴趣的材料，学生查阅资料设计金相样品制备工艺方案，并进行方案的优化，再将两种方案在实验室实施，实施过程配合解说拍成视频上传网络。学生在网络上进行互评并撰写评语，教师进行总评，优质方案和优质点评通过网络向全体学生推送。

(二)“工艺”主题实验教学

“工艺”主题实验教学目标：让学生深度领悟相图、扩散和凝固等理论知识；了解金属、陶瓷及高分子材料产品常见制备工艺流程及常规设备构造；掌握工艺对材料微结构、材料性能的影响规律；能够利用相关理论设计某种材料工艺流程和工艺参数，并利用 3D

打印、热处理炉等实验装置动手制备相应材料产品。教学环节主要包括观察实验与综合设计实验，具体流程见图6。

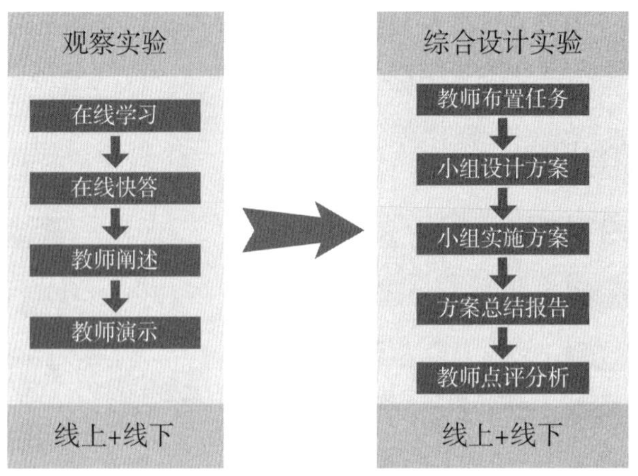

图6 “工艺”模块教学流程

利用线上学习与线下学习相结合方式实施第一个教学环节，即观察实验。学生通过在线观看材料制备实际工艺视频和模拟动漫了解常见材料制备工艺，课前参加天天快答在线测试。教师依据测试情况开展课堂教学，阐释材料微结构、性能与工艺之间的关联，现场演示金属、陶瓷和高分子材料制备工艺。在综合设计实验环节，采用项目式学习方式，教师提供实际产品服役性能指标，学生依据要求选择材料、设计工艺流程、制定工艺参数，并以小组为单位在实验室制备出符合要求的产品，最后撰写项目分析报告。项目报告提交微助教，教师点评。

(三)“性能”主题实验教学

“性能”主题实验教学目标：掌握硬度、强度、塑性、磁性、导热性和导电性等常见材料性能概念与内涵，理解材料性能测试原理，建立材料测试标准规范意识，熟练操作材料常见性能测试方法，并能对测试数据进行系统分析。实验教学流程设计见图7。

学生在中学及大一阶段已初步接触“材料性能”部分相关知识，并且在日常生活中对性能也有一些直观感受。为了考查学生前期基础，教师安排学生以小组为单位设计性能实验方案，随后在线学习慕课，课后利用慕课知识对实验方案进行互评。慕课内容从材料学科角度阐述性能基本理论，与学生原来接触的性能知识侧重点截然不同。小组互评后，教师总结梳理重难点、易错点和易漏点，并指导学生进行性能测试实操。课后撰写实验报告，内容围绕小组设计实验和测试设备上做实验的差异性及测试技术要点进行分析。

(四)“应用”主题实验教学

“应用”主题实验教学目标：强化“四位一体”材料学研究思维；能为实际失效材料设

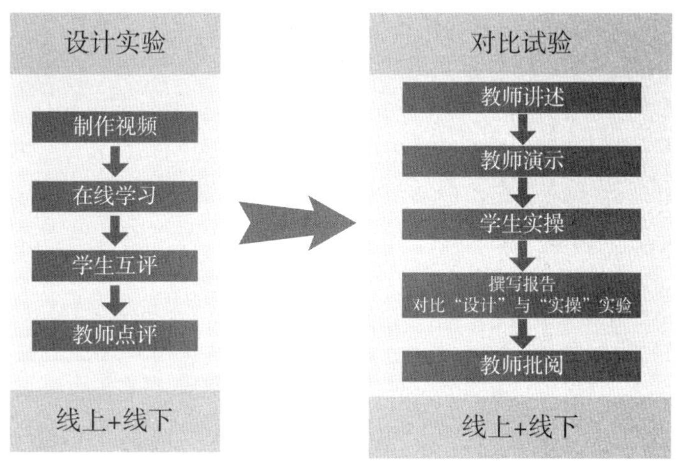

图 7 "性能"模块教学流程

计结构及性能分析测试方案；能为实际产品选择材料及合适的制备工艺。学生在前三个主题实验教学中已掌握重要的实践操作及相关理论，具备了独立设计实验和动手完成的能力，因此"应用"主题实验教学主要聚焦两个实际案例分析，考查学生综合运用理论与动手操作，创新性解决实际问题的能力。应用模块教学流程见图 8。

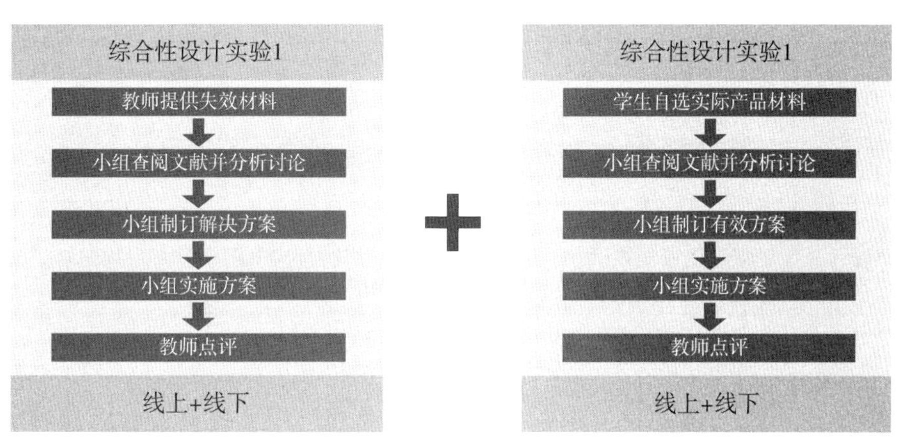

图 8 "应用"模块教学流程

四、混合教学评价及成效

(一) 教学评价

混合教学评价采用过程性评价与终结性评价相结合方式，各项分数占比见图 9。终结性评价主要为实验报告及案例分析，过程性评价包括小组合作、小组竞赛、天天快答、个人操作。评分具体细则见表1。天天快答主要考查学生前期实验基础知识及基本操作掌握情况，见图10。个人操作重点考察重要实验实践动手能力及安全意识。小组合作则侧重培养学生团队合作精神及团队协作能力。小组竞赛训练学生心理素质，尤其是面对紧急突发现象的应变能力。案例分析则要求学生综合运用所学理论知识及动手操作技能解决实际工程问题。评价贯穿教学全过程，帮助教师实时动态跟踪学生反馈，并及时调整教学内容或教学方式方法，提升教学效果。

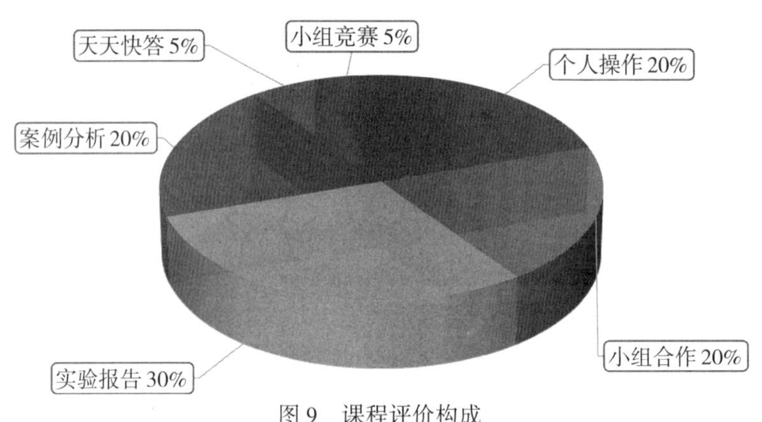

图9　课程评价构成

表1　**评价具体细则**

类别	具体要求及给分
实验报告	1. 要点突出、结构合理、格式规范、无知识点错误为20分 2. 要点较突出、结构较合理、格式规范、无知识点错误为16分 3. 要点不突出、结构较合理、格式规范、无知识点错误为10分
案例分析	1. 充分运用所学知识，思路清晰、逻辑性强为20分 2. 能运用所学知识、思路较清晰、逻辑性较强为16分 3. 较少运用所学知识、思路较清晰、逻辑性较强为10分
小组合作	1. 小组互相配合、充分沟通、方案合理为20分 2. 小组互相配合、充分沟通、方案较合理为16分 3. 小组配合较好、沟通较充分，方案较合理或不合理为10分 4. 小组配合一般、被动沟通，方案较合理或不合理为5分
个人操作	1. 操作正确、规范且很熟练为20分 2. 操作正确、规范但较熟练为16分 3. 操作有错误并及时纠正为10分 4. 操作有错误且未及时纠正为5分
小组竞赛	1. 操作正确、规范且很熟练为5分 2. 操作正确、规范但较熟练为3.5分 3. 操作有错误并及时纠正为2分
天天快答	1. 在线系统自动计分，分数折算成5%计入总分

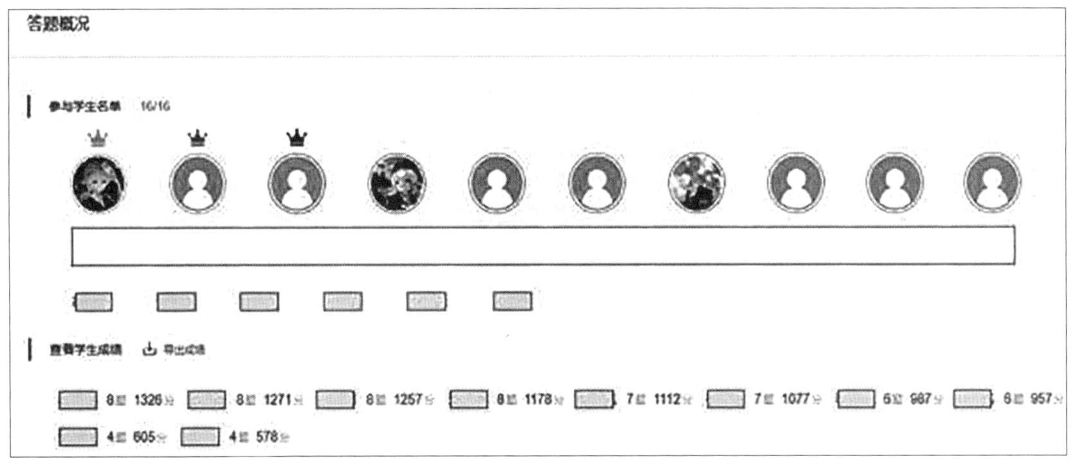

图 10　天天快答

(二)教学成效

由于课时有限，原有课堂教学内容设计主要以基础验证性实验为主，学生高阶能力难培养。采用混合教学方式后，基础知识与基础操作等简单内容可通过线上学习达成，课堂教学聚焦综合性实验教学，同时在课堂教学过程中使用线上讨论或快答功能，进一步提升了课堂效率及趣味性，基础验证实验和综合设计实验课时数所占学时设计见图 11，且总学时不变。混合教学实施前后，学生对不同教学模式看法改变见图 12。从图中可看出，混合教学实施前，学生最喜欢课堂实体教学，但在教师开展了混合教学后，大部分学生更认可混合教学模式。同时，学生对课堂满意度也显著提升(见图 13)。

综上所述，混合教学方式贯穿课前预习、课中及课后教学全过程、线上线下深度融合，既激发了学生学习主动性，强化学生高阶能力，也获得学生好评。

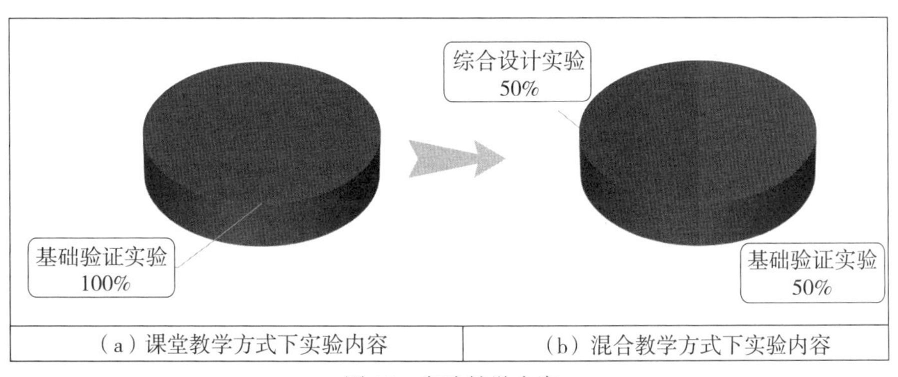

图 11　实验教学内容

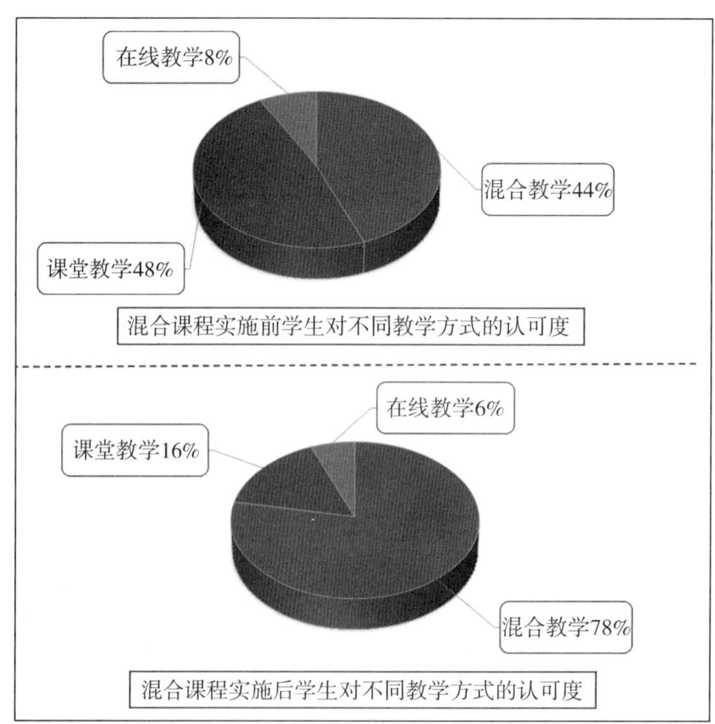

图 12　混合教学实施前后学生对不同实验教学模式的认可度

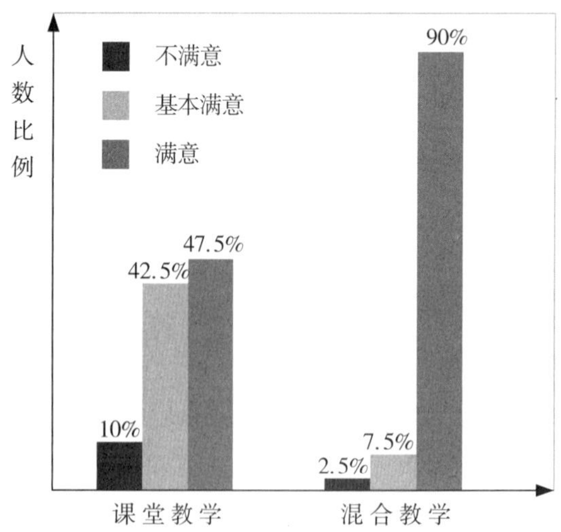

图 13　学生对实验课程课堂教学与混合教学的满意度

五、小结

本课程基于“四位一体”材料学研究思维进行材料科学与工程基础实验课程的混合式教学创新与实践。以“四位一体”研究思维为主线重构教学内容，设计了“结构”“性能”“工艺”和“应用”四大模块知识体系，帮助学生快速搭建理论框架，把握主干知识，减少学生畏难情绪。同时，构建基础验证性实验与综合创新性实验两线并进，线上线下多维度有机融合的教学方式，细化考核标准，实现了以“学生为中心”的师生互动模式，有效提升学生实验技能、理论与实际结合能力，从而达成知行合一、素能共育的教学目标。

◎ 参考文献

[1]钟登华．新工科建设的内涵与行动[J]．高等工程教育研究，2017(3)：1-6.

[2]胡波，冯辉，韩伟力，徐雷．加快新工科建设，推进工程教育改革创新——“综合性高校工程教育发展战略研讨会”综述[J]．复旦教育论坛，2017，15(2)：2，20-27.

[3]王香，刘二宝，周惠敏，刘金娜，巫瑞智．线上线下混合式教学联动课程思政教学模式——以材料科学基础课程为例[J]．高教学刊，2023(24)：45-48.

[4]邵博，孙伦业，刘志卫，陈向阳．工程材料课程混合式教学的探索与实践[J]．中国现代教育装备，2023，6(411)：73-75.

[5]张秋阳，王正军，刘静静，杨忠美，潘长江．材料类专业金相实验课程教学改革探索与实践[J]．中国现代教育装备，2022，12(399)：134-135.

新时代电气类拔尖创新人才培养的探索

专祥涛　董旭柱

（武汉大学　电气与自动化学院，湖北　武汉　430072）

【摘　要】 随着我国经济的发展以及对前沿技术突破的需求，当今社会急需培养拔尖创新人才，以引领科技创新、推动经济发展和社会进步。电气作为我国的支柱型行业，在国家能源转型、能源降碳领域发挥着举足轻重的作用。培养电气类专业拔尖创新人才，对我国的国家发展、社会进步具有重要意义。本文首先从行业、学科角度分析社会及国家对电气创新人才的需求，明确现有电气类专业人才培养缺陷，并结合武汉大学人才培养政策和人才需求，明确电气类专业人才培养目标。进一步的，从专业课程设置、特色实践教育体系两个角度，提出电气类专业人才培养体系创新方法，将智能电气试验班作为响应拔尖人才培养号召的试验田。

【关键词】 拔尖创新人才培养；电气类；人才培养创新；实践教育体系

【作者简介】 专祥涛，武汉大学电气与自动化学院教授、博士生导师；董旭柱，武汉大学电气与自动化学院教授、博士生导师。

1. 引言

当今世界正经历百年未有之大变局，高度竞争和快速变革成为常态，我国经济发展进入深层次结构调整、转型升级的攻坚期，新技术、新产品、新业态和新模式蓬勃兴起，社会对拔尖创新人才的需求日益迫切。《中国教育现代化 2035》提出“提升一流人才培养与创新能力，加强创新人才特别是拔尖创新人才培养”[1]。

拔尖创新人才是指在特定领域具有卓越创新能力和综合素质的人才，他们具备领导力、团队合作能力以及创新思维等重要特质，能够引领和推动社会的发展进步。拔尖人才特质包括个人能力维度和价值情感维度。个人能力维度包含批判性思维、创新创造能力、领导力、不怕失败的探索精神、自信心、心理韧性等，价值情感维度包括责任感、使命感以及为人类福祉而奋斗的情怀[2]。

科技的快速发展和创新对社会产生了巨大的影响，而拔尖创新人才是科技创新的重要推动者。在这个信息化和全球化的时代，科技变革的速度越来越快，需要有拔尖的人才应对和引领这种变革。

拔尖创新人才对于经济发展至关重要。他们能够提供创新的产品、服务和商业模式，推动产业升级和经济增长。面对激烈的国际竞争和不断变化的市场需求，培养拔尖创新人才成为经济发展的迫切需求。

因此，从时代背景出发，我们可以看到当今社会对拔尖创新人才培养的迫切需求。只有注重培养拔尖创新人才，提供更加优质的教育培养机制，引导他们发展创新思维和实践能力，才能满足社会的需求并推动社会的进步和发展。

2. 电气类拔尖创新人才的需求分析

2.1 行业需求/学科需求

气候变化问题是人类面临的全球性问题，世界各国以全球协约的方式减排温室气体。2020 年 9 月，中国在联合国大会上向世界宣布了 2030 年前实现“碳达峰”、2060 年前实现“碳中和”的双碳目标，该目标的直接指向是能源结构转型，即改变以往主要依靠化石能源的能源体系，降低碳排放量。2022 年全球能源消费产生的二氧化碳排放中，电力行业占能源行业二氧化碳排放总量的 41%左右。随着全球能源格局转变，开发利用清洁能源已成为各国实现能源转型的重要手段。

能源领域降碳的重要途径是提高清洁能源发电渗透率，构建以风光等清洁能源为电能供给主体的能源体系。随着清洁能源发电占整个发电结构比重的增加，依靠电力系统自身的调节能力难以实现大规模清洁能源消纳。风光等清洁能源具有波动性和随机性的特点，导致新型电力系统中时空能量供需匹配困难，解决该问题的关键是发展储能技术。打通不同能源系统之间的壁垒，实现电力系统与其他能源系统的协调优化运行，是促进清洁能源消纳的有效途径。新一代电力系统将可再生能源融入传统电网结构，降低碳排放量，并引入“人工智能”“大数据技术”和“区块链”等新一代信息控制技术调节电网能量流动，实现电网经济可靠运行。

电气类专业是为电力行业培养具有工程技术基础知识和电气工程专业知识以及具有解决电气领域科学、技术、工程等问题的基本能力的专业人才。因此，电气类专业毕业生的素质直接关系到能否满足双碳背景下新一代电力系统的要求。但当前电气类专业的课程体系已难以匹配这种需求，主要体现在：①现有课程体系知识主要体现在针对传统电力系统的运行和控制层面，缺乏储能、先进控制、人工智能等交叉学科知识；②现有课程体系中控制类课程仅传授经典控制理论知识，缺少以大数据、人工智能、云计算、区块链等为代表的先进信息控制技术内容；③现有课程体系缺少讲解风光等新能源发电装置及系统运行与控制的相关内容。基于此，双碳背景下电气类专业课程体系急需改革，以期培养满足双碳目标下转型需求的电力行业专业人才。

电力企业发展对电气人才也提出了新的要求：除了能够解决传统电力系统运行过程中面临的问题，还能够解决以“智能电网”“微电网”和“能源互联网”等为代表的新一代电力系统产生的新问题。这些问题包括在源、网、储、荷各能源环节进行优化和再造、将可再生能源与数字化技术深度融合、提出面向新型电力系统的零碳解决方案等。

2.2 学校需求

国内高校探索拔尖人才培养的实践可追溯至 1978 年中国科学技术大学所设少年班，进入 21 世纪，北京大学、清华大学、复旦大学等高校开展了拔尖创新人才培养模式探索，社会对拔尖人才培养的重视与研究与日俱增[3]。2009 年教育部牵头启动基础学科拔尖学生培养试验计划以来，各参与高校针对试验班从人才选拔、师资配备、科研政策、管理制度、条件保障等诸方面进行大刀阔斧的改革，寻求拔尖人才培养的着力点和产出的突破口。武汉大学于 2010 年成了弘毅学堂，其定位为学校拔尖创新人才培养基地，基本形成了以小班化、个性化、国际化、导师制和书院制为典型特征的人才培养模式。

进入十四五以来，武汉大学以"为党育人、为国育才"为初心使命，积极投身教育强国实践，充分发挥基础研究扎实、学科交叉融合和创新氛围浓厚的优势，强化有组织拔尖创新人才培养，着力培养担当民族复兴大任的新时期本科拔尖创新人才。

武汉大学瞄准国家重大战略需求，深入实施"特区"计划、"选育"计划和"导航"计划，建设本科拔尖创新人才培养国家级、校级、院级"三级特区"[4]。"三级特区"包括强基计划、基础学科拔尖学生培养计划 2.0 基地专业、特色化示范性软件学院等"国家级特区"；"碳中和本硕博试验班""数字文化本硕博试验班""数学自强班""新能源自强班"等"校级特区"；"智能电气试验班""智能机器人试验班""智能导航试验班"等各类"院级特区"，全力提升学校拔尖创新人才自主培养能力。通过三级人才培养特区的深入探索与实践，达到以点带面的促进效果，构建本科拔尖创新人才自主培养路径，实现"高原之上起高峰"，形成拔尖创新人才培养高质量发展新局面。

2.3 培养目标

电力能源领域作为现代社会中响应能源领域降碳的先锋队和主力军，其人才培养目标应当以现代社会需求为中心，以适应快速发展的科技和工程领域为导向，具备多方面的能力和技能。首先，应当培养学生的技术创新和解决问题的能力。电气类专业涉及面广，学科前沿技术发展日新月异，学生应具备不断学习、探索和创新的能力，能够运用所学知识解决实际问题，推动技术的发展和创新。培养学生的创新思维和问题解决能力，为将来学生开展科研工作打下坚实基础。

培养学生跨学科合作和团队协作能力。电气类专业涵盖储能、高压、电力电子等诸多方向，涉及物理学、化学、数学等诸多学科领域，学生需要具备跨学科合作的能力，与其他专业的人员有效沟通和协作，共同解决复杂的技术难题。因此，培养学生的团队合作意识和沟通能力至关重要。

同时，提高学生持续学习和自我提升的意识。为响应时代和社会的需求，电气类专业前沿技术诸如构网控制、交直流配电等蓬勃发展，学生应具备持续学习和自我提升的意识，不断跟进最新的技术和理论，提升自己的专业水平和竞争力。培养学生的自主学习能力和信息获取能力，对学生适应未来工程领域的发展和变化具有重要意义。综上所述，电气类专业拔尖创新人才培养目标应当紧密围绕着技术创新、跨学科合作、持续学习等方面制定，以满足社会对于高素质电气人才的需求，为国家电气领域发展注入蓬勃的生命力。

3. 电气类拔尖创新人才培养模式探索与成效

在电气与自动化学院开展拔尖创新人才培养，符合国家能源革命战略需求、产业发展的重大需求，是加快培养国家和社会急需的高端人才，破解共性和瓶颈技术，推动我国能源高质量发展的现实需要和必然选择。

武汉大学智能电气试验班，致力培养学生逐步成长为人文和科学素养深厚、学术思想活跃、国际视野开阔、求是与开拓精神兼备在中国乃至世界相关领域起引领作用的学者、科学家、创新工程师等，掌握电气、自动化、储能等多学科领域扎实理论和专业知识，具备批判性思维、创新创造能力、探索精神和持续学习能力。

首先，根据武汉大学本科拔尖创新人才培养院级特区的要求，学校成立了学院领导小组，从学院层面统筹规划，制定试验班的发展规划和战略目标，协调和调配各种资源，包括师资力量、教学设施、经费等，以支持试验班的建设和运行，协调教务部门、教学团队、学科专家等进行密切合作，确保试验班的各项工作有序进行。

其次，学院组建专家指导委员会，负责各阶段培养方案的制订和修订，保证人才培养质量。该委员会由校内外相关领域具有丰富经验的专家组成，主要职能包括：①提供专业指导，就人才培养中的课程设置、教学方法等方面提供指导和建议，确保该试验班的设计符合学科发展趋势和社会需求；②质量监控和评估，委员会可以参与制定试验班建设的评估标准和指标，定期对试验班进行评估，确保人才培养的质量和水平得到有效控制和提高。

此外，学院还成立了由国家级人才领衔的智能电气试验班工作组，由本科教学副院长、学工副书记、教学团队负责人等构成。教学副院长负责领导和管理试验班的工作，包括专业发展规划、课程设置和教学团队的组建等。学工副书记主要负责试验班学生的管理工作，关注试验班学生的综合素质发展，负责为学生提供学业指导、生涯规划以及心理健康等方面的支持和指导，协助组织和推动试验班的学术、文化、体育等各类学生活动，促进学生之间的交流与合作，丰富学生的校园生活。教学团队负责人负责设计和开发试验班的课程教学大纲，制定新专业试验班的教学计划，确定课程设置、学习目标和教学进度等，确保教学工作按照既定计划进行，负责管理和协调教师团队的工作，与教师一起进行教学反思和改进，提升教学质量；负责协调教学资源的准备和管理，包括教材选用、教学设备使用和实验室建设等；负责对试验班的课程进行评估和改进，收集学生和教师的反馈意见，及时调整和改进课程内容和教学方法，以提高学生的学习效果和满意度。

3.1 人才培养体系创新

为了适应时代发展和人才需求，根据智能电气试验班的建设情况，对人才培养体系进行了改革和创新，旨在培养具有创新能力、实践能力和综合素质的高素质人才。主要包括课程设置体系、特色实践教育体系。

3.1.1　课程设置体系

为了更好地适应智能电气试验班的培养目标，在已有学院培养方案的基础上，对课程体系中的课程结构进行了改革。试验班的课程主要分为通识课程、成才素养课程、数理基础课程、工程基础课程、信息技术课程、专业基础课程、专业课程等，其结构符合学校总体上对人才培养的要求。

通识课程在高等教育中扮演着重要的角色，涵盖多个学科领域，帮助学生获取广泛的知识，培养跨学科的综合素养；通过学习不同学科的知识和方法，可以培养学生分析、评估和解决问题的能力，提高思维的灵活性和创新性；跨文化和全球视野的内容，帮助学生了解不同文化、价值观和社会现象，培养学生的跨文化交流能力和全球意识，提高他们在国际化环境中的适应能力；该类课程通常涉及小组讨论、团队项目等形式，鼓励学生进行合作和交流，帮助学生提高沟通和合作能力，培养团队合作精神和领导能力；该类课程提供关于健康、人际关系、职业规划等方面的知识，帮助学生在个人生活和职业发展中做出明智的决策。

成才素养课程旨在培养学生综合素质和促进个人发展，强调培养学生的学术能力、人际交往能力、领导才能和职业准备等方面的素养。学术能力包括培养学生的学习方法、研究能力、批判思维和问题解决能力等。人际交往能力涉及培养学生的沟通能力、团队合作能力和领导能力等。职业准备包括职业规划、实习经验、职业道德等方面的内容，帮助学生为未来的职业生涯做好准备。通过掌握关于健康、人际关系、情绪管理等方面的知识，帮助学生全面发展自己的个人素养。

数理基础课程旨在培养学生在数学和科学方面的思维能力、分析能力和问题解决能力。包括：①涵盖数学的基本概念、运算方法、证明技巧等内容的数学基础。学生通过学习数学，可以培养逻辑思维和抽象推理能力，为后续学习提供坚实的数学基础。②物理学基础(涵盖基本原理、物理量的测量和运算方法等内容)。通过学习物理学，可以理解自然界的基本规律，培养科学思维和实验设计能力。③工程数学基础，将数学理论与实际工程问题相结合，为工程师和科学家提供数学工具和技术，主要包括线性代数、概率论与统计学、复变函数等。通过学习工程数学，可以获得将数学知识应用于实际工程问题的能力。

工程基础课程旨在培养学生在工程领域中所需的基本知识和技能，包括以下内容：工程力学、工程制图等。通过学习工程力学，学生可以了解物体的受力情况和结构的力学特性，为工程设计和分析提供基础。通过学习和实践工程制图，帮助学生理解和解释复杂的设计概念，提供精确的工程信息，并促进团队协作和沟通。

信息技术课程旨在培养学生在信息技术领域中所需的知识和技能，以适应现代社会对信息技术的需求。包括计算机基础、编程和软件开发、网络技术等。通过此类课程学生可以获得计算机科学和信息技术领域的基本知识和技能，帮助适应现代社会的工作和生活。

电气类专业基础课程在学生的专业发展中起着重要的作用。这些课程旨在为学生提供电气工程领域的基本理论知识和技能，为他们的学习和职业发展奠定坚实的基础。专业基础课程提供了电气领域所需的基础知识，包括电路理论、电磁场理论、电机原理、控制理论等。这些知识是学生进一步学习和理解高级专业课程的基础，为他们掌握电气领域的核心概念和原理打下基础，使他们学会运用所学知识解决实际电气工程问题，培养他们的工程思维和创新能力，有助于学生熟悉实验操作和仪器使用，培养他们的实验设计和数据分析能力，提高他们在实际工程项目中的实践能力，了解电气领域的发展趋势和前沿技术，使他们在电气工程领域中具备竞争力和适应力。

专业课程包括电力系统、电力电子技术、高电压与绝缘技术等内容，帮助学生深入学习电气工程领域的核心概念和专业知识，使学生能够全面了解电气工程的不同方面，逐步形成专业的技术能力，培养学生在电气工程领域的专业能力，使他们具备竞争力和适应力，培养学生的学习能力和自我发展意识，使他们能够跟上专业领域的最新进展。专业实验实践类课程旨在使学生能够应用所学知识解决实际问题。通过参与实际工程项目或实验实践，学生将培养出良好的实践能力、团队合作精神和解决复杂问题的能力。

与普通班的培养方案相比，在智能电气试验班中主要增加了如下课程：

(1)增加离散数学和复变函数。离散数学是一门研究离散结构和离散对象的数学学科。离散数学为电气类专业的学生提供了重要的数学工具和思维方法，培养了他们的逻辑推理能力和问题解决能力。

复变函数是研究复数域上的函数的数学学科。该课程为学生提供了分析电路、处理信号、设计控制系统和通信系统的数学工具和方法，使他们深入理解电气工程中的关键问题，并在实际应用中应对复杂的电气系统和信号处理任务。

(2)增加人工智能等方面的数智课程。增加了人工智能相关课程：人工智能概论、机器学习及应用、大数据分析与处理。

人工智能概论帮助电气类专业学生了解到人工智能的研究领域、关键技术，以及人工智能在不同领域中的应用；可以学习到监督学习、无监督学习、强化学习等机器学习方法，并了解它们在实际问题中的应用；可以学习数据挖掘和数据分析的基本概念和方法；可以了解到人工智能在电气工程领域的具体应用案例和挑战；还能帮助学生理解未来人工智能发展的趋势和挑战，为他们在电气工程领域中应对复杂问题提供思路和方法。

机器学习及应用是人工智能的分支学科，通过构建和应用统计模型，使计算机系统能够从数据中自动学习和改进，而无须明确编程。结合电气类专业，机器学习可以应用于电信号处理和模式识别任务，可以实现图像识别、目标检测、图像分割等任务，可以帮助电气类专业的学生进行数据分析和预测，如分析电力负荷、能源消耗数据等；可以应用于自动化控制、电力系统优化等方面。

大数据分析与处理帮助电气类专业的学生了解数据采集的方法和技术，以及如何设计和管理适合大数据处理的数据存储系统；学习数据清洗的技术和算法，包括数据去重、缺失值填充、异常值检测等；学习不同的数据分析技术和算法，如聚类分析、分类算法、关联规则挖掘等，以及如何应用它们解决实际问题；学习数据可视化的原理和技术，以及如何使用图表、仪表盘等有效地展示分析结果；学习如何撰写清晰、准确的数据分析报告，向相关人员传达分析结果和建议。

(3)拓宽专业基础。从本院三个专业的基础课程中各自遴选出2门核心课程来拓展专业基础，包括电机学、电磁场、电力电子技术、自动控制原理、现代控制理论、最优化方法、材料科学基础、储能科学与技术。该类课程涵盖了多个学科领域的核心概念和方法，培养学生跨学科思维和解决问题的能力，旨在提供跨越学科边界的知识和技能，为学生提供更广泛的知识背景，帮助电气类专业的学生打破学科壁垒，拓宽视野，培养综合思考和解决问题的能力，使其能够综合应用不同学科领域的知识解决复杂的实际问题。

3.1.2 特色实践教育体系

该体系将社会实践、工程实践、创新实践与人才培养中的价值引领、知识传授、能力培养紧密联系起来(见图1)。

社会实践可以带动学生的成长与发展，并引领他们认识社会、了解行业动态，从而更好地适应未来的职业发展。社会实践提供了学生将课堂学习与实际应用相结合的机会，使其将所学的理论知识应用到实际工作中，加深对专业知识的理解和掌握，提升实际问题解决能力；可以帮助学生了解不同行业的需求和趋势，培养适应职场环境的能力，增加就业竞争力；可以培养学生的人际交往能力、团队合作精神和领导才能，提高沟通、协调和解决问题的能力；培养学生的社会责任感和公民意识。

工程实践是对所学知识的应用和实际操作，帮助学生将在课堂上学到的理论知识应用到实际工程项目中，从而巩固和加深对知识的理解。学生可以学习和掌握各种工程工具、设备和技术的正确使用方法，培养实际操作能力；分析和解决各种实际工程中遇到的问题，从而巩固和拓展所学的知识；学会与他人进行有效的沟通和协作，培养团队合作精神和领导能力；积累的大量实践经验和案例，可以帮助学生更好地理解和应用所学的知识。

创新实践可以培养学生的创造力和创新思维，学会提出新颖的想法，提高解决复杂问题的能力；培养技术操作能力和数字素养，提高信息获取、处理和表达的能力；培养团队合作精神和领导能力；培养学生的问题解决能力、实践能力和实验设计能力，使他们能够更好地应对未知挑战；鼓励学生发展创业和创新意识，培养他们对市场需求的洞察力和对创业机会的发现能力。

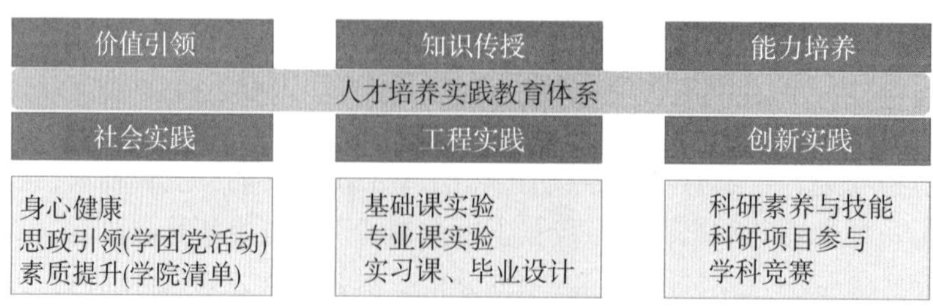

图1 电气类实践教育体系

3.2 人才培养成效

为响应人才培养创新策略，学院开展了智能电气试验班进行创新教学。智能电气试验班的教育目标是为同学们提供一流的学习环境和丰富的培养资源，以培养出拔尖的电气类创新人才。在这个试验班中，同学们将接受系统的专业知识学习和进行深入的研究，为未来的职业发展及科研工作奠定坚实的基础。

通过精心安排的课程设置和教学方法，同学们将有机会全面掌握电气领域的核心理论和技术。课程设置将涵盖电气工程的各个方面，包括基础的电路原理、先进的智能系统技术，以及最新的科研进展和应用趋势。这样的学习将使同学们具备扎实的学科基础，为未来的深入研究和创新实践提供理论支持。同时，智能电气试验班将组织各类实践活动，包括科研项目、工程实训和创业实践等。通过参与这些实践活动，同学们将能够将所学知识应用到实际问题中，培养问题解决和创新思维能力。这些实践活动还将锻炼同学们的团队合作精神和领导能力，从而一起解决问题并完成任务。此外，智能电气试验班还将积极引导同学们参加学术竞赛、科技创新比赛和创业挑战赛等活动。这些比赛将提供一个展示创新成果和交流学习的平台，同时培养同学们的创新意识和实践能力。参加这些活动将为同学们提供与同行交流的机会，激发其创新潜力，并为未来的职业发展积累宝贵的经验和资源。

通过综合的课内外培养和实践活动，智能电气试验班旨在培养出具有扎实电气专业知识、创新意识和实践能力的电气类创新人才。这些人才将在电气工程领域中发挥重要作用，推动科技进步和社会发展。

4. 总结

针对新时代电气类拔尖创新人才培养的探索，本文从需求分析、培养模式探索与创新两个角度进行阐述，总结如下：

(1) 当前电气类专业的课程体系已难以匹配当今时代发展需求，双碳背景下电气类专业课程体系急需改革，同时电气类专业学生的人才培养目标应当紧密围绕着技术创新、跨学科合作、持续学习等方面展开，以期培养满足双碳目标下转型需求的电力行业专业人才。

(2) 为更好适应智能电气试验班的培养目标，在已有学院培养方案的基础上，对课程体系中的课程结构进行了改革。改革主要内容包括：增加离散数学和复变函数、增加人工智能相关课程、拓宽电气专业基础课程等。

(3) 为响应特色实践教育体系，基于已有人才培养的积累，开展了武汉大学智能电气试验班，为同学们提供专业知识的系统学习和深入研究，并通过引导学生参与实践活动、学术竞赛等促进学生理论、实践、创新全面发展。

◎ 参考文献

[1]中共中央国务院印发《中国教育现代化2035》[EB/OL].(2021-08-06)[2023-09-06]. http://www.moe.gov.cn/jyb_xwfb/gzdt_gzdt/201902/t20190223_370857.html.

[2]回应"钱学森之问","拔尖计划"仍需努力[EB/OL].(2021-12-16)[2023-09-06]. http://digitalpaper.stdaily.com/http_www.kjrb.com/kjrb/html/2021-12/16/content_527507.htm.

[3]赵菊珊,董甲庆.高校拔尖人才小班化培养模式探析——以武汉大学弘毅学堂为例[J].高等理科教育,2020(3):107-112.

[4]武汉大学加快推进新时期本科拔尖创新人才培养[EB/OL].(2023-06-12)[2023-09-06]. https://news.whu.edu.cn/info/1481/435837.htm.

融合课程思政的绿色建筑教学探索与实践

黄凌江　杨　丽

（武汉大学　城市设计学院建筑系，湖北　武汉　430072）

【摘　要】在绿色建筑发展的背景下，社会对建筑学专业教学提出了更高的要求。根据武汉大学建筑学专业在绿色建筑教学中的培养实践，探索将课程思政融入专业性较强的绿色建筑设计教学，培养学生的社会责任感和时代使命感。以绿色建筑教学为切入点开展课程思政，实现专业教育与思政教育的融合，为高校专业教学中落实立德树人提供参考。

【关键词】绿色建筑教学；专业教育；思政教育；教学方式

【作者简介】黄凌江（1976— ），男，武汉人，武汉大学城市设计学院教授，研究方向：建筑技术科学。E-mail：huanglj@ whu. edu. cn；杨丽（1975— ），女，武汉人，武汉大学城市设计学院副教授，建筑学系副主任。

【基金项目】教育部产学合作协同育人项目“绿色建筑与人居环境性能分析课程体系改革”（编号：202102067004）。

2021 年出台的《关于碳达峰碳中和的工作意见》明确指出提升城乡建设绿色低碳发展质量、大力发展节能低碳建筑等要求。绿色低碳也成为城乡建设领域高质量发展的重要方面。除了在实践层面，在教育层面教育部于 2022 年印发了《绿色低碳发展国民教育体系建设实施方案》，明确将绿色低碳发展纳入国民教育体系。方案要求“注重绿色低碳纳入大中小学教育教学活动”，“引导大学生围绕绿色低碳发展进行学习研讨，提升大学生对实现碳达峰碳中和战略目标重要性的认识，推动绿色低碳发展理念进思政、进课堂、进头脑”。同时提倡以“润物细无声”的方式达到效果。

建筑学专业是与国家绿色低碳发展目标结合最紧密的专业之一，是培养绿色建筑专业人才的主要渠道。在建筑学专业面临诸多挑战和不利因素的当下[1,2]，绿色建筑也是建筑学专业发展的重要机遇和新的增长点，是助力“双碳目标”、服务“人民日益增长的美好生活需要”的重要学科专业。因此近年来绿色建筑在各高校建筑学专业培养中受到更多的重视。相关高校积极实施了将绿色建筑纳入建筑学专业培养计划和教学体系的改革和探索。较为常见的思路是形成专门性的以绿色建筑为主线的课程体系，通过在原有的教学体系基础上增加绿色建筑设计内容，或增加与绿色建筑、生态建筑相关的教学内容和环节予以实现[3]。不同的绿色建筑教学探索体现出不同侧重和教学特色，包括强化绿色建筑技术理论课程与实验、增加以绿色建筑或建筑技术为独立教学体系以及侧重于以设计课程为核心体现绿色建筑教学等[3-5]，都重点关注了技术类理论课程与设计课程的衔接，并以设计课程作为开展绿色建筑教学的主要切入点。

除了在建筑学专业教学上具有重要意义，绿色建筑也与国家大政方针密切相关，是培养建筑学专业学生胸怀“国之大者”、厚植“家国情怀”，贯彻“形成专业课教学与思想政治理论课教学紧密结合”要求的重要途径。因此在一段时期的发展后，绿色建筑教学也面临新的要求。目前以侧重技术视角为主导的绿色建筑教学是一种以专业能力培养为主的教学模式，如何进一步从立德树人的角度在绿色建筑教学中结合课程思政是一个值得探索的课题。同时，控制专业总学分、压缩专业选修课，“通专结合”是当前高等教育特别是综合性高校中的重要趋势。因此在专业课“减负”的背景下，如何强化绿色建筑教学也是一个值得探索的问题。针对以上两个问题，本文介绍武汉大学建筑学专业近年来根据自身的办学特点进行的绿色建筑教学的尝试和探索。

一、绿色建筑教学的思路

绿色建筑并非一种专门的建筑类型或特殊要求，而是建筑本身应具备的一种属性，这种属性在关注低碳节能和可持续发展的背景下更加受到重视。绿色建筑一些主要要求也并非新的内容，例如“结合地形地貌进行场地设计与建筑布局”“与气候条件和地理环境相适应”本身即是建筑设计中的常规性要求，一直在建筑学专业的设计课教学中有所体现。因此在总学分和专业学分有限的情况下，教学中主要在现有相关课程教学中有机地融入绿色建筑内容，让绿色建筑元素在理论课中得以体现，达到如盐入水、润物无声的教学效果。同时侧重于帮助学生在学习过程中树立正确的绿色建筑观。除了作为一种专业上的要求，在更进一步的层面绿色建筑教学也是在建筑学专业落实立德树人的重要切入点。绿色低碳发展理念与当前国家大政方针紧密相关，绿色建筑教学也不能脱离社会和时代的要求。绿色建筑的教学有责任也有条件融入反映社会责任和时代使命的教学主题，将学生个人的设计创作与社会需求和国家需求结合，建立起用设计解决社会问题、服务国家需求的意识，通过绿色建筑教学培养建筑学专业学生的责任担当意识和人文关怀。从教的角度看，绿色建筑教学不仅仅是一种专业知识和技能的传授，还要培养学生绿色建筑观、社会责任感和时代使命感；从学的角度看，绿色建筑的学习是建筑学专业学生胸怀“国之大者”的要求，而不是仅仅为了个人的分数和成绩。

二、绿色建筑教学的方式

在绿色建筑的教学组织上体现为三个方面，第一，在低年级开设专门的绿色建筑理论课程，有针对性地介绍绿色建筑的基本概念，包括安全耐久、健康舒适、生活便利、资源节约和环境宜居 5 个方面。由于学时的限制，专门的绿色建筑课程主要起到概述的作用；第二，结合现有的理论课程优化授课内容，在教学中融入绿色建筑的知识、原理和理念，帮助学生建立绿色建筑的基本概念，在教学中强化对“风环境、光环境、热环境、声环境等加以组织和利用”等主要要求。特别是逐步培养学生的绿色建筑观。这也是在教学中全过程、全方位体现绿色建筑教学元素，避免知识来源于单一的课程；第三，在高年级以相应的设计课程如三年级建筑与技术专题和五年级专题设计为主要抓手强化绿色建筑理念在设计教学中的体现。并以设计课为着力点，结合不同的设计选题引导学生关注社会热点、关注国家需求、培养人文关怀，强化课程的思政教育。

(一)融于专业基础——充实理论课程，实现全过程全方位绿色建筑教学

根据培养计划在低年级到高年级的部分理论课程中，针对常规性理论课和技术类理论课采取不同的方式。针对常规性理论课，采用化整为零的方式融入绿色建筑内容，帮助学生建立对绿色建筑的初步认识和观念。例如在针对一年级的建筑导论课程中，将绿色建筑作为一个专题介绍绿色建筑的基本概念和意义。由于是针对一年级新生，因此着重从认识建筑的角度入手，以不同地区早期乡土建筑为引入点，阐明早期建筑在与气候适应关系中所蕴含的绿色理念，帮助学生建立“绿色”是一种建筑本身属性的观念，在建筑学新生中埋下绿色建筑观念的种子；在针对高年级当代建筑理论课程中，着重从建筑理论的角度介绍采用被动式和主动式方式调节建筑与气候之间的关系的建筑师、设计实践和设计理论，帮助学生在建筑与自然关系的背景下理解绿色建筑从设计技术到设计理论的提升；在建筑法规课程中，着重从法律法规的角度介绍我国及国外相关绿色建筑评价标准的制定及发展的历程，帮助学生建立关于绿色建筑“有法可依”的规范意识。技术类课程是绿色建筑知识体系的重要理论基础，也是结合最为紧密的课程群，主要涉及建筑物理、建筑构造和建筑设备等课程。建筑物理是体现绿色建筑中对“风环境、光环境、热环境、声环境等加以组织和利用”的理论基础，在授课中有针对性地讲授热、光、声物理环境与绿色建筑设计以及绿色建筑评价之间的关系，帮助学生从物理环境理解绿色建筑。建筑构造涉及建筑单体层面的围护结构的节能，自然通风，自然采光设计构造、屋面的防水隔热设计构造、屋顶花园设计构造到城市侧面的都市永续系统和功能性景观，强调培养学生掌握通过细部设计实现绿色建筑设计的方法。

常规性理论课用于绿色建筑教学所占用的学时均不超过一次课。力图用最小的授课单元将绿色建筑教学融入已有的相关理论课程中。在这部分授课环节，重点是普及绿色建筑的概念、观念而非绿色建筑的具体知识。相比而言，技术类课程与绿色建筑密切相关，通过优化技术类课程内容，用相对较多的课时强化绿色建筑内容，使学生具有较为完整的绿色建筑理论和知识积累。常规性理论课和技术类理论课共同作为专业基础教学全过程、全方位地参与绿色建筑教学的基本知识体系架构。

(二)融入人文关怀——强化设计课程培养，以专业能力实现社会责任担当

人文关怀是对国家、历史、文化的深刻认同和情感，培育人文关怀是立德树人根本任务落地的重要方式[6]。“新工科”建设也指出人文关怀应该融入工程人才培养中，培养主动服务社会、解决国家发展和民生疾苦重大问题的工程人才[7]。武汉大学人才培养目标中提出“培养具有坚定的民族精神、强烈的社会责任感和使命感、开阔的国际视野……的

拔尖创新人才”。作为绿色建筑教学的主要抓手，设计课是培养建筑学专业学生解决社会问题、服务国家需求的主要途径，也是绿色建筑教学从专业小课堂走向社会大课堂的桥梁。同时相比于理论课，设计课在融入人文关怀的教学上具有天然的优势。首先设计课的自主性学习更强，需要学生更多地自主思考、发现和解决问题，并能够与指导教师充分地互动，因此学生可以更加主动地参与，避免完全接受课堂灌输。其次设计课的选题更为灵活，可以紧跟时事和社会热点，使得学生在设计过程中的代入感更强。通过实际项目真题真做和真题假做的形式，学生有机会接触和了解当前实际社会问题，更直接地关注时代，关注社会，培育学生利用专业解决社会问题、服务国家需求的能力。因此在设计课选题方面密切关注与绿色建筑相关的社会热点问题，引导学生思考社会需求，并通过绿色建筑设计的方法解决社会问题，增强建筑学专业学生用专业服务社会和国家需求的意识，进一步强化教学中对学生社会责任感和时代使命感的培养，将思政教育融入绿色建筑教学。

三、绿色建筑教学案例

(一)绿色建筑设计应对疫情灾害

在2020年年初武汉疫情期间，为收治超负荷的病人规模，武汉采取了新建或利用现有大型场馆改造“方舱医院”用以收治轻症确诊病人。这种形式的“方舱医院”可以最少的时间、最低的成本提供大量的临时床位，以最快的时间解决超负荷病患人数的紧迫问题，从而实现有效控制传染源、最大限度救治患者的目标。在此次疫情中方舱医院本质类似于灾害庇护所，但由于用于改建的场馆(如体育馆、展览馆)在设计之初并未考虑到作为“方舱医院”功能的使用，因此其效果存在一定不足。第一原有大型场馆一般采用集中空调机械送风系统，如果开启有可能会导致不同病菌病毒的混合产生交叉感染。例如利用武汉洪山体育馆和展览馆改造的方舱医院，为了阻断大范围空气流动引发交叉感染，方舱医院内全部停用中央空调。同时由于场馆空间容积大，空调全天候长期开启也会产生巨大的能耗负荷；第二在冬季或夏季不能开启中央空调的条件下，室内热环境较差，特别是传染性流行病经常发生的冬季，温度较低不利于病患的休养。例如受强冷空气南下影响，武汉自2020年2月14日起气温骤降，方舱医院的医护人员和患者如何御寒成为一个重要的问题，引发社会及媒体关注[8-11]。同时新冠病毒在低温下容易存活，低温环境不利于对抗新冠病毒。

突发的灾害既对建筑设计教学提出新的要求，也是培养建筑学专业学生关注社会热点担当社会责任的人文关怀的契机。在教学中首先向学生们指出和奋战在一线救死扶伤的医生一样，建筑师在抗击疫情方面也需要利用自己的专业所长担负起社会责任，通过介绍武汉火神山和雷神山两座医院的快速设计和施工，帮助学生理解建筑师在抗击疫情时期所担负的社会责任。特别是在武汉学习建筑学的学生更有责任掌握与抗疫有关的专业能力。因此以抗疫需求为要求，考虑到学生的接受程度，采用规模相对较小的社区活动中心作为设计对象，结合三年级建筑与技术专题课程设计以平疫结合设计——可改造为方舱医院的社区活动中心为设计选题。通过设计探索可用于类似方舱医院(庇护所)改造的平疫结合的公共场所的概念、模式及可能性。要求考虑特殊时期不同的功能可变性，疫时具备改为方舱医院(庇护所)的空间场所基本条件。要求探索以满足平时功能为主和满足方舱医院功能转换的可能性；重点在于培养思考在灾害条件下当人工设备无法工作时如何保证室内基本的热舒适条件和物理环境，学习通过被动式设计调节室内物理环境的方法。引导学生进一步思考在面对灾害情况时，绿色建筑设计所能发挥的作用，帮助学生跳出技术层面理解和反思绿色建筑对社会的意义和作用，从内在层面激发学生学习绿色建筑设计的动力。学生完成的设计能够通过设计探索回应上述的设计要求，并采用一定的被动式设计手法和技术实现对室内空间热、光及声环境的调节(见图1)。

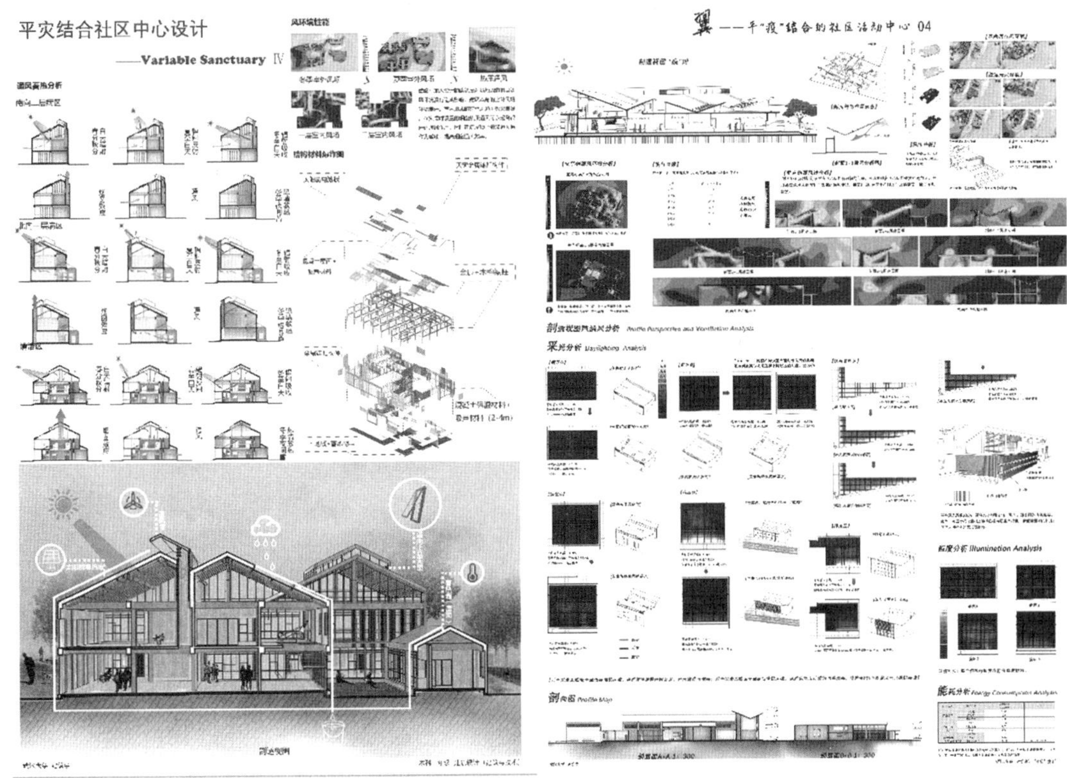

图1 “平疫结合”社区活动中心作业示例(学生：王瑶 辛文玥)

(二)绿色建筑设计改造老旧社区

2020年7月国务院办公厅印发《关于全面推进城镇老旧小区改造工作的指导意见》，要求全面推进城镇老旧小区改造工作，满足人民群众美好生活需求。2021年中国建筑学会和中国城市规划学会分别发布《关于建筑设计师进社区 开展“我为群众办实事”实践活动的倡议》和《关于规划师积极参与城镇老旧小区改造志愿行动的倡议》。老旧小区改造成为建筑领域的国家需求和社会关注热点。这也是引导建筑学专业学生认识城镇老旧小区改造对改善居住和生活条件的重要意义，实现“人民日益增长的美好生活需要”的专业教学契机，勇担时代使命和历史责任的契机。考虑到老旧小区改造的复杂性和社会关注度，在教学中安排武汉市真实老旧小区改造项目为五年级专题设计选题，在教学过程中让学生有机会切身实地深入社区基层、面对群众了解需求、发现改造中的问题、尝试用专业知识服务老旧小区改造。引导即将毕业的本科生进一步了解建筑师的社会职责，关注弱势群体，了解“接地气”的设计需求、设计特点和设计方法；训练学生在限制条件下发挥创新能力，培养创造性解决实际问题的能力；在教学中特别要求学生观察居民不同的利益诉求和存在的社会性问题，思考如何通过绿色建筑的理念和设计方法进行解决和改善。例如在老旧小区中加装电梯始终是一个难点问题，涉及不同楼层住户的不同利益诉求，在教学中要求学生通过模拟分析定量回答加装电梯对于底层住户的采光到底是否存在影响问题以及对于小区广场舞噪声扰民问题能否通过设计的方式进行解决或缓解，如何解决电动车限行和无障碍通行之间的矛盾，如何为电动车充电提供更好的设计解决老旧小区普遍存在飞线充电等居民关注的问题和矛盾。在教学中培养学生尝试通过绿色建筑的理念和设计方法解决或改善问题，进一步加深了学生的专业自信和建筑师社会责任担当的意识(见图 2)。

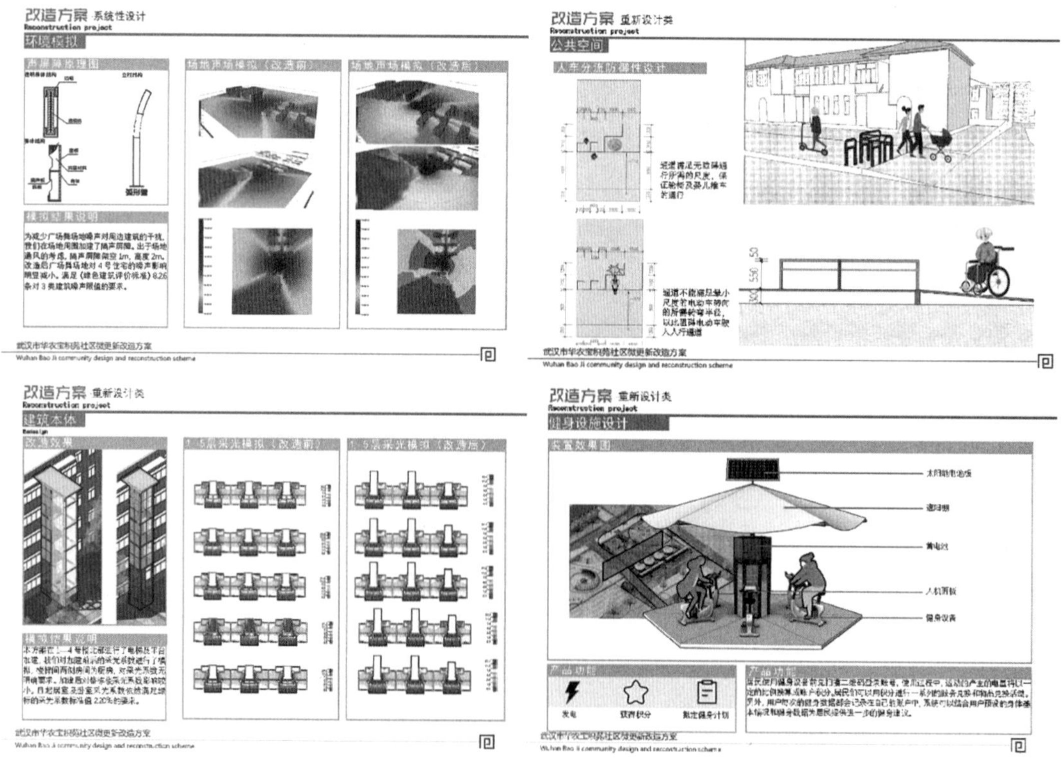

图 2　老旧小区绿色改造作业示例(学生：黄阅微　孔德伦　丁雨林　周慧敏)

(三)绿色建筑设计服务老龄社会

党的二十大报告提出，实施积极应对人口老龄化国家战略，发展养老事业和养老产业，更好承接亿万老年人的美好生活需要。随着老年人数量和“空巢”式家庭的快速增长，社会老龄化问题日趋严峻，已经成为中国社会的当务之急，也是建筑学专业需要参与解决的社会问题和国家需求。针对这一需求，结合武汉市地方真实项目的方案竞赛选题，安排《无障碍绿色康养社区设计》作为五年级专题设计。由于学生普遍缺乏照护老人或与老人共同生活的经历，在教学中首先安排学习老年护理学方面的知识，帮助学生理解人体衰老后的行为特点、生理心理特点以及对空间的特殊要求，了解自理、介护、介助老人的不同需求。并且安排专题讲座，邀请设计院康养建筑专家为学生们介绍我国老龄化的现状、康养建筑的发展趋势。让学生对这一社会问题和相应的国家政策有一定的了解。其次特别要求关注场地道路和建筑物室内无障碍设计，教学中要求学生分析自己的家庭中存在哪些无障碍设计的问题，引发学生对适老化设计必要性的共鸣。最后教学中结合绿色建筑要求详细分析不同类型病房单元的设计以及康养建筑自然采光、通风、日照、防眩光和病房之间的隔声等绿色建筑与适老化结合的问题。以自己的祖辈亲人为对象，激发学生关注老年人对于物理环境的不同感受和需求，更好地理解老年人的生活需求，引导学生开展从小家需求到国家需求的思考，进一步培养学生的人文关怀素养(见图3)。

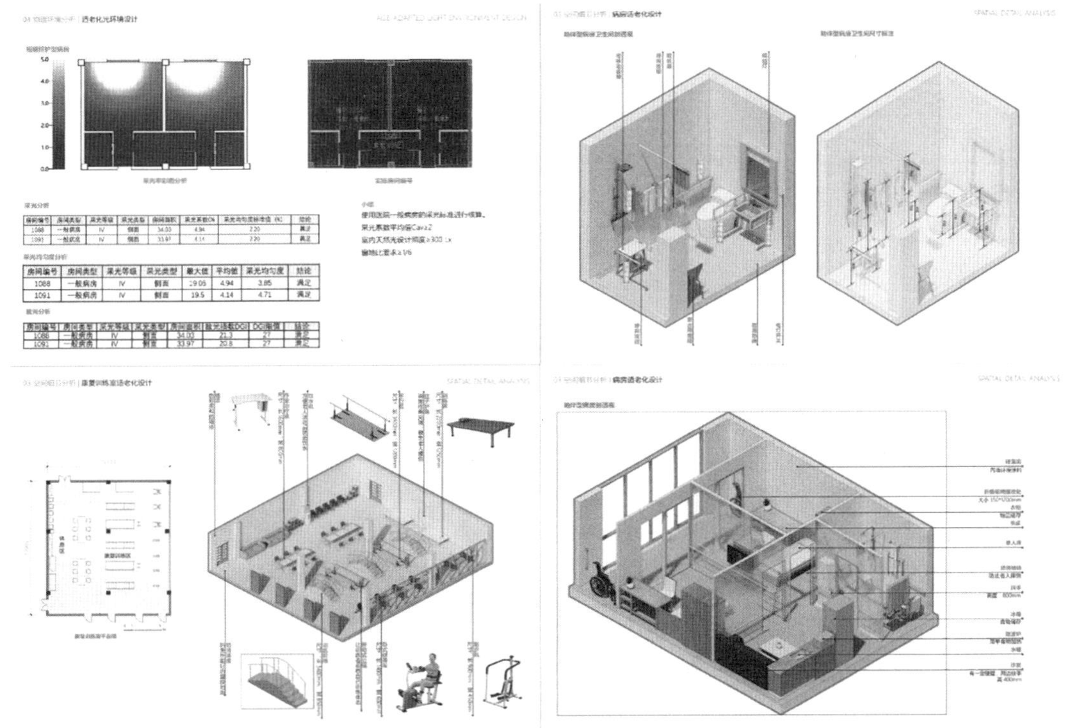

图3　无障碍绿色康养社区设计作业示例(学生：刘襄悦　李靖宜　陈诺)

(四)绿色建筑设计关爱弱势群体

除了立足本土关注中国的社会问题，也鼓励学生面向世界，以全球视野为人类福祉设计。结合 2021 年由建筑公益组织 BUILDING TRUST 举办的“her place”竞赛，设计旨在针对尼泊尔乡村贫困地区许多年轻女性从小到成年缺乏教育和庇护的情况，为尼泊尔女童提供教育培训和庇护场所，同时支持该地区的性别平等，并为遭受虐待的个人或家庭提供讲习班和课程，为她们提供安全的避风港。设计要求为女童提供一个坚固、安全、扎实的建筑，可以承受当地的气候和极端天气条件，同时要求体现对创造符合当地文化的空间的重要性的真正理解。与学生平时接触的以熟悉环境为设计对象的选题不同，这个选题关注的是跨文化跨地域的问题，具有更高的挑战性。结合三年级建筑与技术专题设计，让学生在考虑不同地域不同文化的弱势群体对空间需求的总体背景下，重点考虑气候、造价、维护成本和用地条件的限制，充分采用被动式设计方法，解决自然采光、被动式降温和自然通风的问题，创造适应地方气候条件的低成本低技术设计(见图 4)。同时通过关注世界不同地区弱势群体，帮助学生提高对建筑师责任的认识，将设计和帮助世界各地弱势群体结合在一起，以国际化视野在更高的站位建立通过设计解决全球问题的意识。

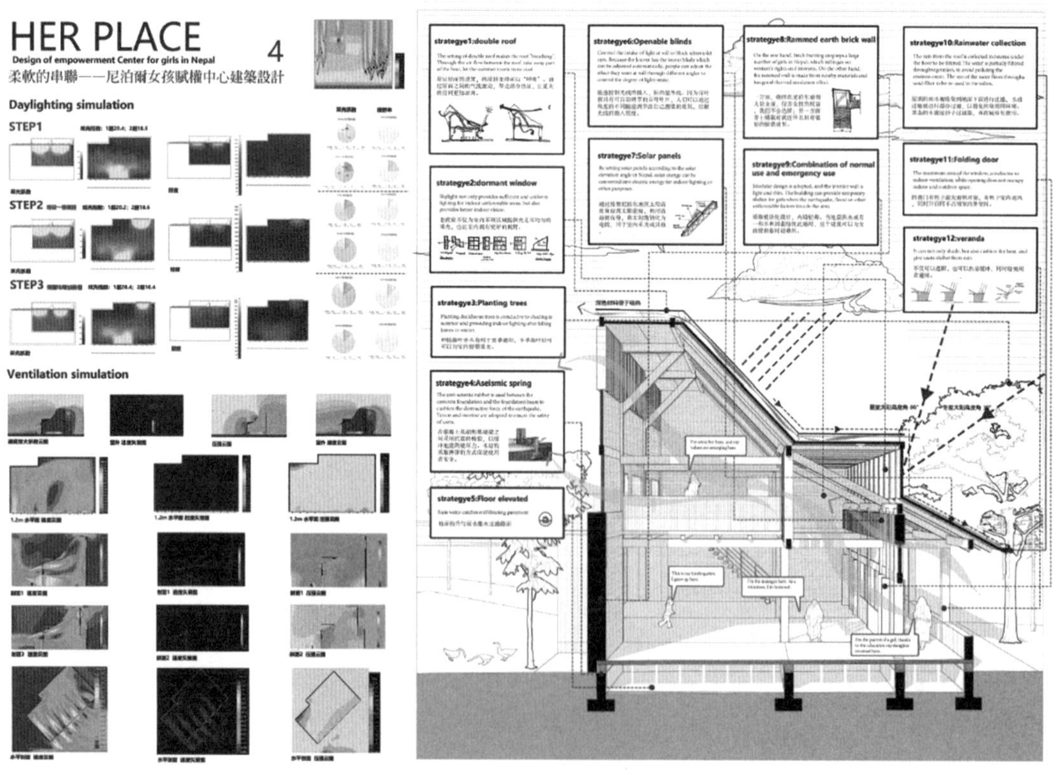

图 4 “her place”尼泊尔女童庇护中心作业示例(学生：张云天)

四、结语

这种方式的教学实践，一方面在专业培养方面取得了一定的成效。学生在一系列有影响的国际、国内建筑设计竞赛(亚洲建筑师协会大学竞赛、亚洲设计学年奖、谷雨杯、台达杯等)中与绿色建筑有关的设计获奖20多项，指导学生获得与绿色建筑和建筑技术有关的国家级和校级大学生科研项目30余项。部分学生的绿色建筑设计作业被选送参加2020年教育部高等学校建筑学专业教学指导分委员会建筑技术教学工作委员会组织的建筑技术教学作业观摩展，2021年作为中国大陆地区的选送的三份学生作业参加亚建协学生作业评选。另一方面我们更希望看到的是在这些学习过程中，学生潜移默化地理解作为建筑师的社会责任感和时代使命感，加深对课程思政的理解，通过专业能力实现对家事国事天下事的关心。

强化绿色建筑教学在建筑学专业培养中的地位是顺应国家社会发展的需求，同时也需要紧扣立德树人的新时代要求。专业学习除了从专业和技术的角度考虑，也需要从文化的高度去认识[12-13]。教学中关注“人”的培养，通过立德树人丰富人才观的内涵，不仅使学生综合、全面地了解专业知识，更重要的是向学生传递一种科学精神和人文素养，使其担当社会责任和历史使命。将专业教学和“国之大者”相结合，通过绿色建筑设计这一切入点实现专业能力培养与“人文关怀”的有机融合，着力培养学生的社会责任感和历史使命感。同时当学生认识到专业能力能够服务国家和社会需求，解决社会热点问题时，能够进一步提高学生的专业自信，从内在促进学生对专业的认同感和自主学习的动力。在教学中体现了具有人文关怀的“成人”教育引领专业学习的“成才”教育，在“成才”的专业教育中融入胸怀“国之大者”的“成人”教育，让每个学生既成为具有社会责任感和历史使命感的“人”，也成为掌握绿色建筑设计专业能力的“才”。

◎ 参考文献

[1]李振宇. 开放多元、平行自主——为了明天的建筑学教育思考[J]. 中国建筑教育，2017(Z1)：5-12.

[2]袁牧. 建筑学的产业困境与教育变革[J]. 时代建筑，2022(2)：14-18.

[3]杨维菊，徐斌，伍昭翰. 传承·开拓·交叉·融合——东南大学绿色建筑创新教学体系的研究[J]. 新建筑，2015(5)：113-117.

[4]何文芳，杨柳，刘加平. 绿色建筑技术基础教学体系思考[J]. 中国建筑教育，2016(2)：38-41.

[5]吕瑶，肖毅强. 基于全阶段参与的绿色建筑协同优化设计教学方法研究[C]. 智筑未来——2021年全国建筑院系建筑数字技术教学与研究学术研讨会论文集. 武汉：华中科技大学出版社，2021：359-364.

[6]王欢. 让人文关怀成为新时代育人起点[J]. 人民教育，2019(10)：1.

[7]钟登华．新工科建设的内涵与行动[J]．高等工程教育研究，2017(3)：1-6.
[8]韩玮．"方舱医院"患者亲述：有电热毯和羽绒服，方舱内很暖和[N]．长江日报，2022-02-15.
[9]李婷，刘元聪，杨蔚，等．铺上电热毯、送上取暖器，武汉多重防范应对寒潮[N]．长江日报，2022-02-15.
[10]湖北断崖式降温！全部停用中央空调，武汉方舱医院如何御寒？[N]．北晚在线，2022-02-16.
[11]李行健．气温骤降武汉市各区紧急采取措施保障方舱医院取暖[EB/OL]．央广网，2020-02-16.
[12]李培根．工科之"新"的文化高度(一)——浅谈工程与技术本身的文化要素[J]．高等工程教育研究，2018(2)：1-4.
[13]马涛，张秀娟．文化耦合：新工科背景下研究生人文关怀和知识能力的融合培养[J]．高等建筑教育，2022，31(5)：31-37.

实例驱动型有限单元法快速入门教案

黄　群　阳　杰　邵　倩　胡　衡
（武汉大学　土木建筑工程学院，湖北　武汉　430072）

【摘　要】有限单元法是工程力学、土木工程、动力机械等众多工科学生必须掌握的数值方法。然而，在学习之初，学生往往觉得该方法过程复杂、内容抽象，容易迷失在各知识点及其相互关系里，陷入“看起来都会，一放下全忘”的学习困境。面对这一现状，笔者结合多年的教学经验，采用实例驱动型教学方法，化繁为简，以杆为例，探索了一套有限单元法快速入门的教学方案，以期让学生在短时间内一窥有限单元法的全貌，树立掌握该方法的信心，并激发学生的学习兴趣。

【关键词】实例驱动型教案；有限单元法；刚度矩阵；边界条件；杆单元

【通讯作者】胡衡，教授。E-mail：huheng@ whu. edu. cn。

有限单元法是20世纪工程科学领域最重要的成就之一[1]，也是工科学生未来从事科学研究以及工程应用所必备的技能之一[2]。以武汉大学为例，工程力学专业开设的计算力学[3]、土木工程及水利水电专业开设的弹性力学及有限元[4]均将有限单元法列入教学大纲，并作为重点讲授内容安排相当数量的学时。然而，从控制方程的建立到求解，有限单元法综合运用了力学与数学的知识，公式推导过程较复杂、内容较抽象[5-6]。现有的教材及教案往往涵盖理论基础、程序编制、软件应用，虽面面俱到，但不够简单直观，容易导致学生迷失在分散的各知识点及其相互关系里，而难以迅速了解有限单元法的核心思想[7]。学生听完老师讲授后，往往觉得好像什么都对、什么都懂，但就是理不出思路、串不出主线，难以将理论建模与实际应用联系起来。

本文旨在提出一套“少而精”的实例驱动型有限单元法教案，通过受重力的等截面直杆（见图1）的线性有限元分析，将有限单元法直观地展现在学生面前，并通过学习小组报告的方式，以期在三到五个课时内让学生掌握该方法的核心思路，建立“一览众山小”的学习自信，激发学习积极性。因此，本文将从以下六个方面展开介绍：虚功方程、离散、单元刚度矩阵与单元载荷列阵、装配、引入位移边界条件与求解、结果分析。

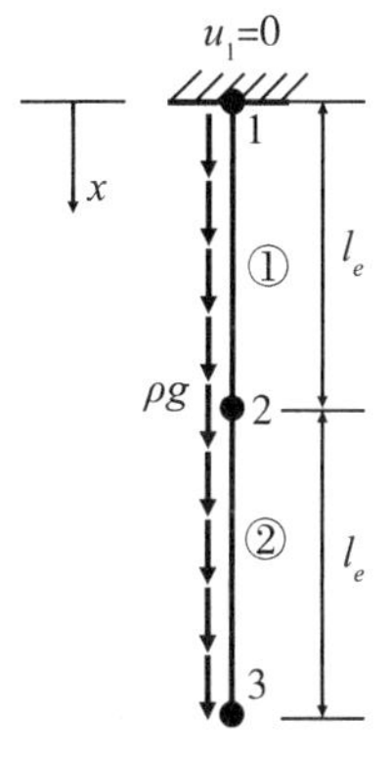

图1　受重力的等截面直杆

1. 虚功方程

基于虚位移的虚功原理常用于推导有限元的控制方程，其表述为：在外力作用下处于平衡状态的变形体，当给物体以微小虚位移 $\delta\boldsymbol{u}$ 时，外力在虚位移上做的功等于应力在虚应变上做的功，即

$$\delta P_{\text{int}} = \delta P_{\text{ext}} \tag{1}$$

引导学生根据平衡方程和力边界条件的等效积分“弱”形式，推导虚功方程的矩阵形式

$$\int_V \langle\delta\boldsymbol{\varepsilon}\rangle\{\boldsymbol{\sigma}\}\,\mathrm{d}V = \int_V \langle\delta\boldsymbol{u}\rangle\{\boldsymbol{f}\}\,\mathrm{d}V + \int_S \langle\delta\boldsymbol{u}\rangle\{\boldsymbol{T}\}\,\mathrm{d}S \tag{2}$$

其中 $\boldsymbol{f}$ 为体力，$\boldsymbol{T}$ 为面力。以图 1 所示受重力的一维线弹性等截面直杆为例(杆长为 l，截面面积为 A，密度为 ρ，弹性模量为 E)，根据平衡方程 $\dfrac{\partial\sigma_{xx}}{\partial x} + \rho g = 0$ 和应力边界条件 $(\sigma_{xx})_{x=l} = 0$，可得其虚功方程为

$$\int_V \delta\varepsilon_{xx}\sigma_{xx}\mathrm{d}V = \int_V \delta u\rho g\mathrm{d}V \tag{3}$$

其中 g 为重力加速度。由于本文考虑小变形问题，轴向应变为 $\varepsilon_{xx} = \dfrac{\partial u}{\partial x}$。根据胡克定律，轴向应力为 $\sigma_{xx} = E\varepsilon_{xx}$。

2. 离散

建立虚功方程后，将表示结构的求解域离散成若干个子域(单元)，各子域内的未知场函数采用其结点处的物理量插值表达，从而将求解整个结构物理场的问题简化为求解单元结点处物理场的问题。例如，假设图 1 中杆被离散为两个单元(编号为①、②)，每个单元含两个结点，单元长度均为 $l_e = l/2$。以单元 1 为例，其位移场 $u(x)$ 由结点位移 u_1、u_2 及插值函数 $N_1(x)$、$N_2(x)$ 表达为

$$u(x) = N_1(x)u_1 + N_2(x)u_2 \tag{4}$$

其中 $N_1(x) = (x - x_2)/(x_1 - x_2)$、$N_2(x) = (x_1 - x)/(x_1 - x_2)$，该插值函数直观、易懂，但实用性差，难以适用一般几何形状的问题，也不利于数值积分计算。为此，可采用等参变换的思想，将整体坐标 $x \in [x_1, x_2]$ 映射至局部坐标 $\xi \in [-1, 1]$，位移与坐标采用相同的插值函数，建立两结点等参单元(见图 2)，则有

$$x(\xi) = \langle N_1(\xi) \quad N_2(\xi)\rangle\begin{Bmatrix} x_1 \\ x_2 \end{Bmatrix} = \langle\boldsymbol{N}\rangle\{\boldsymbol{x}\} \tag{5}$$

$$u(\xi) = \langle N_1(\xi) \quad N_2(\xi)\rangle\begin{Bmatrix} u_1 \\ u_2 \end{Bmatrix} = \langle\boldsymbol{N}\rangle\{\boldsymbol{u}^{(1)}\} \tag{6}$$

其中 $N_1(\xi) = (1-\xi)/2$，$N_2(\xi) = (1+\xi)2$。此处，引导学生讨论和分析插值函数的性质：

(1)插值函数 N_i 在对应的结点 i 处为1，在其他结点处为0；(2)插值函数在单元内任意一点之和为1。

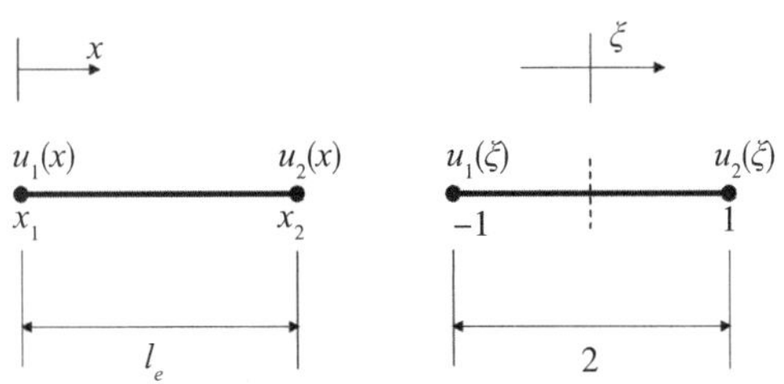

图2　整体坐标映射至局部坐标的示意图

3. 单元刚度矩阵与单元载荷列阵

以离散的单元为对象，从内力虚功出发导出单元刚度矩阵。为此，需要先导出局部坐标下的单元应变和应力。以单元1为例，根据链式法则 $\frac{\partial}{\partial x}=\frac{\partial}{\partial \xi}\frac{\partial \xi}{\partial x}$，应变为

$$\varepsilon_{xx}=\frac{\partial u}{\partial x}=\frac{\partial u}{\partial \xi}\frac{\partial \xi}{\partial x}=\left\langle -\frac{1}{l_e} \quad \frac{1}{l_e}\right\rangle\begin{Bmatrix}u_1\\u_2\end{Bmatrix}=\langle \boldsymbol{B}\rangle\{\boldsymbol{u}^{(1)}\} \tag{7}$$

其中由式(5)得 $\frac{\partial \xi}{\partial x}=\frac{2}{l_e}$。根据物理方程，可得应力

$$\sigma_{xx}=E\varepsilon_{xx}=E\langle \boldsymbol{B}\rangle\{\boldsymbol{u}^{(1)}\} \tag{8}$$

则单元1的内力虚功为

$$\delta P_{\text{int}}^{(1)}=\int_{V_e^{(1)}}\langle\delta \boldsymbol{u}^{(1)}\rangle\langle \boldsymbol{B}\rangle^{\mathrm{T}}E\langle \boldsymbol{B}\rangle\{\boldsymbol{u}^{(1)}\}\mathrm{d}V=\langle\delta \boldsymbol{u}^{(1)}\rangle[\boldsymbol{K}_e^{(1)}]\{\boldsymbol{u}^{(1)}\} \tag{9}$$

其中 $V_e^{(1)}$ 代表 单元1的积分域，单元刚度矩阵 $[\boldsymbol{K}_e^{(1)}]$ 为

$$[\boldsymbol{K}_e^{(1)}]=\int_{-1}^{1}\langle \boldsymbol{B}\rangle^{\mathrm{T}}EA\langle \boldsymbol{B}\rangle\frac{l_e}{2}\mathrm{d}\xi=\frac{EA}{l_e}\begin{bmatrix}1 & -1\\-1 & 1\end{bmatrix} \tag{10}$$

引导学生分析和讨论单元刚度矩阵特性：对称性、奇异性(行列式为零)及对角元素为正。需要注意的是，在推导单元刚度矩阵时，须将积分域变换至局部坐标。

从外力虚功出发可导出单元载荷列阵。把式(6)代入式(3)可得

$$\delta P_{\text{ext}}^{(1)}=\int_{V_e^{(1)}}\langle\delta \boldsymbol{u}^{(1)}\rangle\langle \boldsymbol{N}\rangle^{\mathrm{T}}\rho g\mathrm{d}V=\langle\delta \boldsymbol{u}^{(1)}\rangle\{\boldsymbol{F}_e^{(1)}\} \tag{11}$$

其中单元载荷列阵 $\{\boldsymbol{F}_e^{(1)}\}$ 为

$$\{\boldsymbol{F}_e^{(1)}\}=\int_{-1}^{1}\langle \boldsymbol{N}\rangle^{\mathrm{T}}\rho gA\frac{l_e}{2}\mathrm{d}\xi=\frac{\rho gAl_e}{2}\begin{Bmatrix}1\\1\end{Bmatrix} \tag{12}$$

由于两个单元的长度和受力分布相同，故刚度矩阵和载荷列阵相等，即 $[\boldsymbol{K}_e^{(2)}] = [\boldsymbol{K}_e^{(1)}]$ 和 $\{\boldsymbol{F}_e^{(2)}\} = \{\boldsymbol{F}_e^{(1)}\}$。

需要注意的是，教学中需引导学生使用高斯积分方案求积分，并指出在积分时需进行整体坐标到局部坐标的转换。

4. 装配

计算出各单元的虚功方程后，需要进行离散单元的装配，把单元的刚度矩阵、载荷列阵对结构的刚度矩阵、结点载荷列阵的贡献集成起来，求出结构的总虚功方程。以杆为例，其总内(外)力虚功为两个单元的内(外)力虚功之和，即

$$\delta P_{\text{int}} = \sum_{e=1}^{2} \delta P_{\text{int}}^{(e)} = \langle \delta \boldsymbol{u}^{(1)} \rangle [\boldsymbol{K}_e^{(1)}] \{\boldsymbol{u}^{(1)}\} + \langle \delta \boldsymbol{u}^{(2)} \rangle [\boldsymbol{K}_e^{(2)}] \{\boldsymbol{u}^{(2)}\} = \langle \delta \boldsymbol{u} \rangle [\boldsymbol{K}] \{\boldsymbol{u}\} \quad (13)$$

$$\delta P_{\text{ext}} = \sum_{e=1}^{2} \delta P_{\text{ext}}^{(e)} = \langle \delta \boldsymbol{u}^{(1)} \rangle \{\boldsymbol{F}_e^{(1)}\} + \langle \delta \boldsymbol{u}^{(2)} \rangle \{\boldsymbol{F}_e^{(2)}\} = \langle \delta \boldsymbol{u} \rangle \{\boldsymbol{F}\} \quad (14)$$

其中 $\langle \delta \boldsymbol{u} \rangle = \langle \delta u_1 \quad \delta u_2 \quad \delta u_3 \rangle$ 为结构结点虚位移，$[\boldsymbol{K}]$ 为结构刚度矩阵，$\{\boldsymbol{F}\}$ 为结构结点载荷列阵。

我们以杆的结构刚度矩阵为例说明集成过程。首先按照单元结点的自由度对单元刚度矩阵编号(以单元 2 为例)

$$\begin{array}{c} \qquad\qquad\qquad \boxed{2} \qquad \boxed{3} \\ [\boldsymbol{K}_e^{(2)}] = \dfrac{EA}{l_e} \begin{bmatrix} 1 & -1 \\ -1 & 1 \end{bmatrix} \begin{array}{c} \boxed{2} \\ \boxed{3} \end{array} \end{array} \quad (15)$$

然后按方框中的自由度编号把对应的系数 $K_{e_{ij}}$ “对号入座”地叠加到结构刚度矩阵的对应位置 K_{ij} 上($i \in [2, 3]$、$j \in [2, 3]$)，即

$$\begin{array}{c} \qquad\qquad \boxed{1} \quad \boxed{2} \quad \boxed{3} \\ [\boldsymbol{K}]: \dfrac{EA}{l_e} \quad \begin{bmatrix} & 1 & -1 \\ & -1 & 1 \end{bmatrix} \begin{array}{c} \boxed{1} \\ \boxed{2} \\ \boxed{3} \end{array} \end{array} \quad (16)$$

对其他单元(单元 1)重复上述步骤，可得结构刚度矩阵

$$[\boldsymbol{K}] = \frac{EA}{l_e} \begin{bmatrix} 1 & -1 & 0 \\ -1 & 2 & -1 \\ 0 & -1 & 1 \end{bmatrix} \quad (17)$$

同理，可得结构结点载荷列阵

$$\{\boldsymbol{F}\} = \frac{\rho g A l_e}{2} \begin{Bmatrix} 1 \\ 2 \\ 1 \end{Bmatrix} \quad (18)$$

最后，把式(17)和式(18)代入式(13)和式(14)，消除虚位移，可得杆结构的控制方程

$$[\boldsymbol{K}]\{\boldsymbol{u}\} = \{\boldsymbol{F}\} \tag{19}$$

5. 引入位移边界条件与求解

在求解控制方程之前，必须引入位移边界条件，约束刚体位移，以消除结构刚度矩阵的奇异性。以下介绍了两种常用的方法：(1)乘大数法；(2)对角元素改1法。

5.1 乘大数法

假设某结点的位移自由度编号为 i，给定位移值 $\bar{u}_i$（可为零值或非零值）

$$u_i = \bar{u}_i \tag{20}$$

则将结构刚度矩阵的对角元素 K_{ii} 乘以大数 G(可取10^8)，并将结点荷载 F_i 用 $GK_{ii}\bar{u}_i$ 取代。如有多个自由度要给定位移，则按序作以上修正。以如下控制方程为例

$$\begin{bmatrix} 1 & -1 & 0 \\ -1 & 2 & -1 \\ 0 & -1 & 1 \end{bmatrix} \begin{Bmatrix} u_1 \\ u_2 \\ u_3 \end{Bmatrix} = \begin{Bmatrix} 0 \\ 0 \\ 0 \end{Bmatrix} \tag{21}$$

边界条件为 $u_1 = 0$ 和 $u_3 = 2$，则对应的修改之处用方框标示如下

$$\begin{bmatrix} \boxed{10^8} & -1 & 0 \\ -1 & 2 & -1 \\ 0 & -1 & \boxed{10^8} \end{bmatrix} \begin{Bmatrix} u_1 \\ u_2 \\ u_3 \end{Bmatrix} = \begin{Bmatrix} \boxed{0} \\ 0 \\ \boxed{10^8 \times 2} \end{Bmatrix} \tag{22}$$

求解可得

$$u_1 = \frac{1}{10^8 - 1} \approx 0, \ u_2 = \frac{10^8}{10^8 - 1} \approx 1, \ u_3 = \frac{2 \times 10^8 - 1}{10^8 - 1} \approx 2 \tag{23}$$

该方法使用简单、编程方便，但会引入额外误差，且大数 G 可能导致方程病态。

5.2 对角元素改1法

该方法的流程分为以下两步：(1)修改结点荷载部分；(2)修改刚度系数部分

$$\begin{cases} F_i = \bar{u}_i \\ F_j = F_j - K_{ji}\bar{u}_i \end{cases} \quad j = 1:n,\ j \neq i \tag{24}$$

$$\begin{cases} K_{ii} = 1 \\ K_{ij} = K_{ji} = 0 \end{cases} \quad j = 1:n,\ j \neq i \tag{25}$$

其中 n 为总自由度。仍以式(21)为例，引入边界条件后，其表示为

$$\begin{bmatrix} \boxed{1} & 0 & 0 \\ 0 & 2 & 0 \\ 0 & 0 & \boxed{1} \end{bmatrix} \begin{Bmatrix} u_1 \\ u_2 \\ u_3 \end{Bmatrix} = \begin{Bmatrix} 0 \\ 0 - 0 \times (-1) - 2 \times (-1) \\ 2 \end{Bmatrix} = \begin{Bmatrix} 0 \\ 2 \\ 2 \end{Bmatrix} \tag{26}$$

求解可得 $u_1=0$，$u_2=1$，$u_3=2$。相比乘大数法，该方法的步骤更复杂，但能精确引入边界条件，且不会导致刚度矩阵条件数恶化，因此笔者建议采用该方法引入位移边界条件。

在杆结构问题中，引入边界条件后（$u_1=0$），其控制方程式(19)写为

$$\begin{bmatrix} 1 & 0 & 0 \\ 0 & \frac{2EA}{l_e} & -\frac{EA}{l_e} \\ 0 & -\frac{EA}{l_e} & \frac{EA}{l_e} \end{bmatrix} \begin{Bmatrix} u_1 \\ u_2 \\ u_3 \end{Bmatrix} = \frac{\rho g A l_e}{2} \begin{Bmatrix} 0 \\ 2 \\ 1 \end{Bmatrix} \tag{27}$$

求解可得

$$u_1=0,\ u_2=\frac{3\rho g l_e^2}{2E},\ u_3=\frac{2\rho g l_e^2}{E} \tag{28}$$

6. 结果分析

为了验证有限元解，本节采用弹性力学基本方程推导杆问题的解析解。根据平衡方程 $\frac{\partial \sigma_{xx}}{\partial x}+\rho g=0$ 和应力边界条件 $(\sigma_{xx})_{x=l}=0$，可求得应力 $\sigma_{xx}=\rho g(l-x)$。由物理方程可得应变 $\varepsilon_{xx}=\rho g(l-x)/E$。然后，由几何方程 $\varepsilon_{xx}=\frac{\partial u}{\partial x}$ 和位移边界条件 $(u)_{x=0}=0$，可得位移

$$u(x)=\frac{\rho g}{E}\left(lx-\frac{x^2}{2}\right) \tag{29}$$

取 $\rho=1\text{kg/mm}^3$，$g=10\text{m/s}^2$，$E=100\text{MPa}$，$l=10\text{mm}$，图 3 至图 5 为沿杆长的位移、应变、应力的有限元解与解析解的对比图。由图可知，有限元能准确预测结点位移、积分点处的应变与应力，但在其他位置的预测结果不够理想，且应变、应力在结点处不连续，这是因为所用单元数太少。

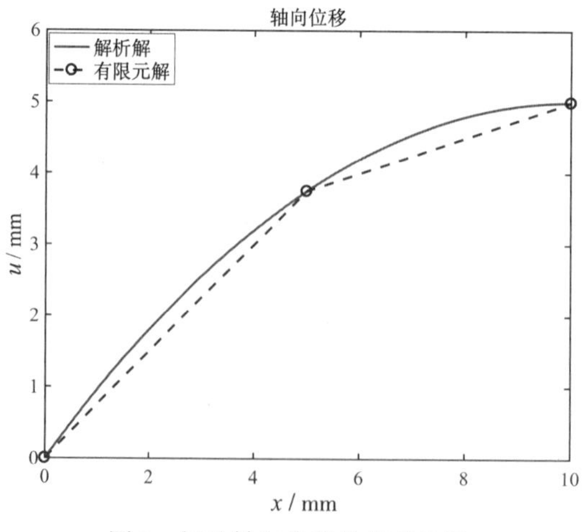

图 3　杆的轴向位移分布对比图

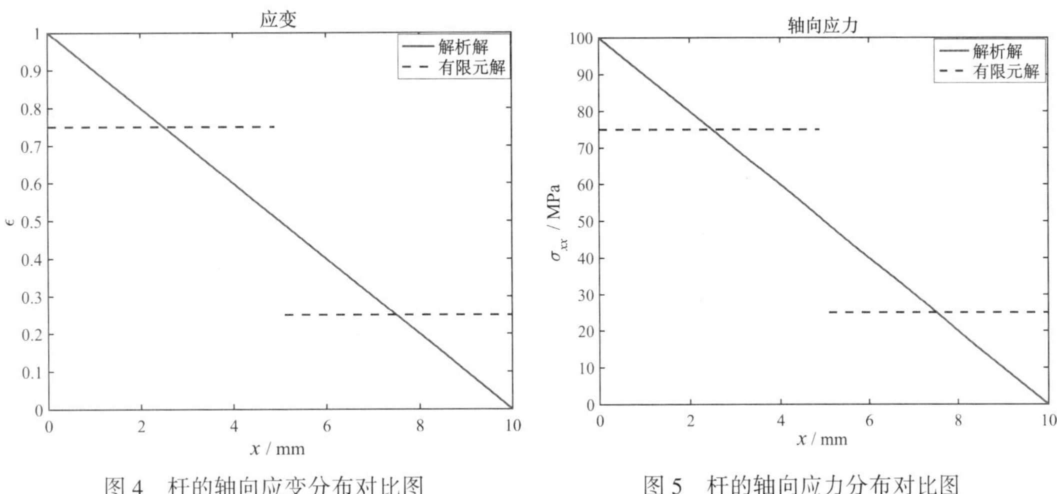

图 4　杆的轴向应变分布对比图　　　　图 5　杆的轴向应力分布对比图

为了加深学生对理论知识的理解，提高学生的主动性、积极性与实操能力，我们采用学生小组报告的方式。以 3~5 名学生为一个小组，进一步推导基于欧拉梁位移假设的有限元计算格式，并编制程序，求解梁的纯弯曲问题，与材料力学中理论公式以及商业软件仿真结果进行对比分析，编写课程报告并以 PPT 形式进行展示。此外，由学生遴选 3~5 名评委，就理论、结果等展示内容及形式进行提问、点评和打分。最后，由老师进行总结，给出反馈意见。组织该活动，能为学生提供积极性高、互动性好、形式新的课堂环境，并从中获得对有限元方法更全面的理解。同时，公开讨论环节也有助于提高学生的沟通技巧和批判性思维。

7. 结语

本文以杆为例，采用小组讨论展示的方式，提出了一套线性有限单元法的快速入门教案，将该方法的主要内容简单、直观地展现在学生面前，对帮助学生厘清知识脉络、提高学习自信、激发学习兴趣起到了良好的效果，丰富了有限元法的教学，对其他力学核心内容的教学具有一定的借鉴作用。

◎ 参考文献

[1] Zienkiewicz O C. The birth of the finite element method and of computational mechanics[J]. International Journal for Numerical Methods in Engineering, 2004(60): 3-10.

[2] 邱志平，王晓军，祁武超．航空航天结构有限单元法教学探析[J]．力学与实践，2008(2): 87-89.

[3] 王勖成．有限单元法[M]．北京：清华大学出版社，2003.

[4]徐芝纶．弹性力学简明教程[M]．3版．北京：高等教育出版社，2002.
[5]谭晓慧，侯晓亮，查甫生．有限元法课程教学探索[J]．教育教学论坛，2014(41)：185-186.
[6]苏培莉．有限单元法课程教学改革初探[J]．当代教育实践与教学研究，2016(10)：203-204.
[7]陈璞，傅向荣，孙树立，陈斌．有限元法教学的知识体系与素材选择[C]．北京力学会．北京力学会第二十四届学术年会会议论文集，2018：916-918.

新时代给排水专业课程思政体系的建设与实施

刘子正　陈轶群　薛英文　方　正

（武汉大学　土木建筑工程学院，湖北　武汉　430072）

【摘　要】本研究基于新工科专业建设及专业评估(认证)标准，构建“三全育人”模式下的给排水课程思政教学体系，解决给排水专业课程思政的建设理念不足等问题，改善课程思政教学方法及模式；同时，以“课程思政示范-人人课程思政-门门课程思政”的方式，推进给排水专业的课程思政教育体系，实现给排水课程思政建设与文化素质教育有机融合。在新建的课程思政教学体系下，对给排水专业原有课程体系、教学内容升级改造，构建目标明确、特色鲜明的新工科人才培养体系，培养一批具备马克思主义哲学观、严谨的科学精神、工匠精神、家国情怀和文化自信的复合型高级人才。

【关键词】课程创新；课程思政；问题导向；实践育人

【作者简介】刘子正，武汉大学土木建筑工程学院副教授，硕士生导师；陈轶群，武汉大学土木建筑工程学院副教授，博士生导师；薛英文，武汉大学土木建筑工程学院副教授，博士生导师；方正，武汉大学土木建筑工程学院教授，博士生导师。

【基金项目】教育部高等学校给排水科学与工程专业教学指导分委员会2022年度教育教学改革研究项目（GPSJZW2022-39）；教育部新工科研究与实践项目（E-TMJZSLHY20202115）；2022年武汉大学本科教育质量建设综合改革项目。

近年来，随着人工智能、大数据、云计算等前沿科技的快速发展，我国提出了“一带一路”倡议、“互联网+”行动计划等一系列重大政策。与此同时，教育部正大力推进工程教育改革，提出了“卓越工程师教育培养计划2.0”，并积极推进“新工科”建设，培养工程实践与创新能力强、适应经济社会发展需求的高质量工程人才[1]。

在此背景下，本研究着眼于给排水一流本科专业建设，以落实“立德树人”为根本任务，以“新工科建设”为抓手，以培养“创新型复合人才”为宗旨。首先，构建“三全育人”模式下的给排水课程思政教学体系，德智融合，将价值观培养融入专业教育，实现专业思政建设与文化素质教育的有机融合[2]。其次，改革专业课程体系，守正推新，推进育人交叉融合，构建四位一体深度融会贯通的专业课程体系；创新教学方式，建立多学科支撑、交叉融合的专业改革新模式，构建协同联动体系。创新实践教学人才培养新模式，以培养学生创新和实践能力为主线，建立教育教学协同育人长效机制，以产业和技术发展的行业需求为牵引，持续推动人才培养改革。

本研究将有助于健全武汉大学土木建筑工程学院给排水科学与工程专业教育教学协同育人长效机制，促进新工科教育模式下的教师队伍建设，进一步加快工程教育发展，同时培养一批具备严谨的科学精神、工匠精神、创新精神和家国情怀的复合型高级人才。

1. 当前给排水专业课程思政存在的问题

当前，高校思想政治教育与专业教育的协同培养并不令人满意，专业教师认为思想政治教育是思想政治教师、辅导员与班主任的事情，思想政治课程与通识课程、专业课程之间很难实现融会贯通，思想政治教育日益陷入“孤岛”困境[3]。与人文社科类专业课程相比，理工科类专业课程在思想政治教育方面更不理想。以给排水专业为例，部分给排水专业教师在课程教学中开展思想政治教育的观念不强，有些教师想但又不知道如何在教学中开展思想政治教育，单纯的说教模式效果收效甚微。在课程思政教育方面，给排水专业至少面临如下三方面的问题[4]：①教师队伍的整体思政素养有待提升；②给排水专业课程思政的建设理念不足，前沿热点问题与课程思政联系不紧密；③课程思政教学方法及模式相对落后。因此，探索如何在给排水专业课程中开展思想政治教育十分必要。

2. 给排水专业课程思政改革创新举措

2.1 挖掘给排水课程中的思政育人元素

根据工程专业评估(认证)标准、人们对美好生活的向往、碳达峰/碳中和(30/60)目标的中国战略新任务和行业发展新要求，推进本专业开展课程思政体系建设。思路如下：

①统一给排水专业教师的思想认识，使全体教师高度重视课程思政教学，在各课堂和实践教学环节中融入思政教育元素。

②实现专业评估(认证)标准中的 12 项毕业要求能力培养与课程思政元素有机结合。例如在培养工程知识、设计开发、问题分析、项目管理、环境发展、职业规范等方面，注重培养学生精益求精的大国工匠精神；在科学研究和现代工具方面，注重培养学生探索未知、追求真理、勇攀科学高峰的责任感和使命感；在个人团队、沟通交流、终身学习方面，激发学生科技报国的家国情怀和使命担当等。

2.2 科学设计、系统构建给排水课程思政教学体系

全面梳理各类课程中应承担的思政目标和任务，将给排水的专业教育元素与思政育人元素整合设计，实现分类分层落实。按照住建部的专业评估(认证)标准中的专业知识传授、毕业能力培养及素质拓展等相关要求，深度挖掘提炼专业知识体系中所蕴含的思想价值和精神内涵[5]，从而系统地构建如图 1 所示的“三全育人”模式下的给排水课程思政教学体系，从而一体化推进学生的价值塑造、知识获取、能力养成等。

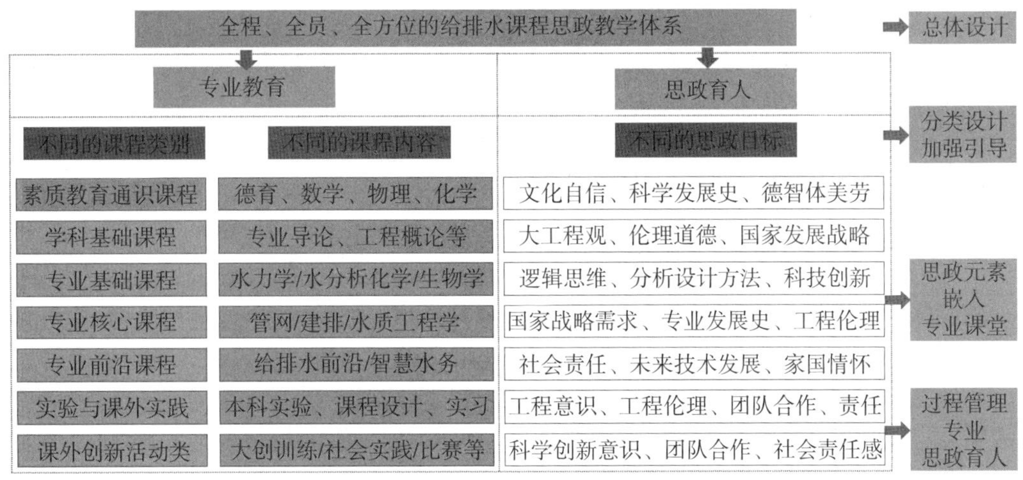

图1　给排水专业课程思政教育体系框架

在所构建的课程思政教学体系中，依据课程特点，将专业课程划分为素质教育通识课程、学科基础课程、专业基础课程、专业核心课程、专业前沿课程、实验与课外实践、课外创新活动类7大类课程，针对不同的课程内容，分别实现不同的课程思政教育目标。通过总体设计，在各课程思政教学过程中，加强教师教学、学生知识获取引导，使思政元素嵌入全部专业课堂，实现文化自信、科技创新意识、工匠精神、家国情怀等专业及思政教育目标。

2.3　实现给排水课程思政建设与文化素质教育有机融合

依据给排水专业课程思政教育体系、课程性质将专业课程分类，以立德树人为核心目标，将思政教育元素融入给排水课程的教学大纲、课程考核标准、教学设计等各个方面，贯穿教育教学各个环节，具体落实到教学内容、教学方法、教案设计、教学评价中[6]。根据学生成长发展规律，系统设计思政教育的递进教学路径，使思政教育贯穿于人才培养全过程，具体如下：

①修订本科培养方案、教学大纲和提升教学方法。在培养方案中突出培养目标、毕业要求与思政教育间的关系；根据各课程的内容特点，深入挖掘课程内容的思政元素，在教学大纲中明确专业评估(认证)标准中的毕业要求能力培养与思政元素的结合点，每年更新1次教学大纲；在教学过程的各个方面、各个环节全过程有机融入专业元素及思政元素，做到梯次引入、不生搬硬套。

②建立专业与课外实践教育协同育人机制[7]。在理论教学的同时，利用大创、科技与行业竞赛、社会实践、实习等课外实践教学环节，通过导师制及分组团队的形式，使专业知识教育与课外实践协同发展，实现课程思政建设与国家战略需求、科技创新、人文情怀、工匠精神等有机结合，增强学生的时代责任及历史使命感。

③建立专业教育及思政教育的持续改进机制。在课堂教学中，要求全体专业教师针对自己的课堂开展专业、思政教育调研(每学期 1~2 次)，依据调研及毕业要求达成度数据改善后续课程思政教学，形成课程教学改进报告；每年针对典型用人单位、往届和应届毕业生开展座谈会(每学年 1 次)，就专业及思政教育开展调研，形成 1 份报告用于本科生培养方案及课程思政教育体系的修订，从而实现课程思政教育的全过程管理及与文化素质教育的有机融合。

2.4 开设系列特色专业课程，实现课程思政全覆盖

为确保前述给排水专业课程思政教育体系顺利实施，需结合本科课程特点和教育过程开发系列特色课程，以层次推进的方式，实现本专业的课程思政全覆盖，具体内容如下：

①建立课程思政教学课程组。依据课程性质将专业课程分类，结合专业发展历史、国家战略、行业需求、环境生态、人文情怀等思政元素，组建不同的课程类别课程组(如图 1 所示的 7 个大类课程组)，重点实施体系框架中所列出的思政元素教育。

②建立给排水专业课程思政教育示范课程。以建设国家、省级高水平课程为契机，选择 1~2 门专业教育核心课程作为试点，例如泵与泵站、水质工程学、建筑给水排水等，在这些课程中融入专业评估(认证)标准所需的毕业要求，并与思政元素结合，建立给排水专业课程思政教育示范课程，总结课程思政教学经验，形成示范引领作用。

③全面推进给排水专业课程思政教育。在图 1 所示的体系框架下，促进专业教师深挖各自课程的思政元素，创新教学方法，在每学期的定期教学研讨会中加强交流，摸索经验，从而实现课程思政教育全覆盖，以“课程思政示范-人人课程思政-门门课程思政”的方式，全面推进课程思政教育，达到为党育人、为国育才的目的。

3. 创新推广价值

课程思政应当按照党的教育方针关于立德树人、全面实施素质教育的要求，德智体美劳“五育”并举，将价值塑造、能力培养和知识传授有机融入课堂，以“内化于心、外化于行”的实践充分激发学生知行合一的积极性。每门课程应当注重自身特点，形成 1+X 的思政价值体系，即以最能体现本课程特点的思政价值为主体，兼顾全面价值发挥，力求形成每门课程的课程思政特色，从而在整个本科课程体系中形成系统全面、优势互补的课程思政价值体系。本专业经过反复推敲最终形成的课程思政的价值特色，可分为如下几个方面：一是崇尚科学，培养求真唯实的科学精神。二是孜孜以求，提升至善至美的人文素养。三是继承传统，厚植精诚济世的家国情怀。四是面向行业，增强服务奉献的社会责任。五是固本强基，构建寻道解惑的思想方法。

本研究的创新举措坚持以学生为中心，坚持做到“知识传授、能力提升和价值引领”同步进行，有效解决课程教学中的难题，在“新工科”背景下具有重要的推广应用价值，具体包括：

(1)紧扣时代需求，融入课程思政，重构课程内容的推广价值。该创新举措推广后，

能将课程目标和育人目标相结合，将思想价值引领贯穿教学全过程，基于社会和时代需求，确保学生在规定时间内提升专业素养，做到“知识传授、能力提升和价值引领”同步，为社会主义培养合格的接班人。

(2)问题导向、实践育人的推广价值。在国家“新工科”建设的大背景下，国家和行业对工程专业学生的实践能力提出了更高要求。本课程“问题导向、实践育人”推广到其他工科专业教学过程后，可有效加强工科专业实践教学课程建设，提高人才培养对接国家重大战略需求和新时代行业发展需求的能力。

◎ 参考文献

[1]教育部　工业和信息化部　中国工程院关于加快建设发展新工科实施卓越工程师教育培养计划2.0的意见[J]. 中华人民共和国教育部公报，2018(10)：13-15.

[2]宋丹，侯庆敏，崔强. 文化素质教育与思想政治教育的互动与融合[J]. 思想教育研究，2020(6)：143-146.

[3]赖金茂. 专业教育中融入思想政治教育的困境及其路径研究[J]. 法制与社会，2020(1)：175-177.

[4]贾则琴，运迪. 高校工科课程思政建设的困境、经验及优化路径——基于同济大学土木工程学院的调研分析[J]. 教育与教学研究，2022，36(8)：24-35.

[5]徐杰. 对专业教育与思政教育融合的几点思考[J]. 学校党建与思想教育，2021，645(6)：49-50.

[6]丁晓东. 专业思政：大学生思想政治教育的重要一环[J]. 学校党建与思想教育，2020，633(18)：26-28.

[7]高远，李明建. 论专业课教师与思想政治教育工作者的协同育人[J]. 江苏高教，2016，187(3)：135-137.

拔尖创新人才培养经验教训与思考

——以武汉大学地球物理专业为例

李江涛

（武汉大学　测绘学院，湖北　武汉　430079）

【摘　要】拔尖创新人才培养，是当前高校和教师的重要工作，也是一个值得深入探讨的时代课题。本文结合笔者从学生到教师阶段的观察与实践，基于所在的武汉大学地球物理专业，从培养时机、培养环境和师生关系三个方面讨论了有关拔尖创新人才培养的经验教训与一些思考，提出了"早发现、早培养、好好培养、落到实处"的建议和一些具体的举措。

【关键词】拔尖创新人才；培养时机；培养环境；师生关系；学术志趣

【作者简介】李江涛(1990—)，男，湖北松滋人，博士，武汉大学测绘学院特聘研究员，主要研究方向为地震学，E-mail：jiangtaoli@ whu. edu. cn。

党的二十大报告提出："教育、科技、人才是全面建设社会主义现代化国家的基础性、战略性支撑。我们要坚持教育优先发展、科技自立自强、人才引领驱动，加快建设教育强国、科技强国、人才强国，坚持为党育人、为国育才，全面提高人才自主培养质量，着力造就拔尖创新人才，聚天下英才而用之。"[1]当前，面对世界百年未有之大变局，人才是实现社会主义现代化强国的基础，更是实现中华民族伟大复兴的重中之重。而高校作为基础研究的主力军、人才培养的主阵地，更应着力加强拔尖创新人才培养[2]。

拔尖创新人才培养是一个时代课题，如何回答好这个时代之问，需要从政策、理论以及实践层面做一系列系统深入的研究[3]。笔者作为刚入职几年的青年教师，深知自己在相关理论研究方面的不足，所以想更多结合自己从学生到教师阶段的观察与实践，基于所在的专业，谈一谈自己的一些想法。

地球物理学，作为基础学科——地球科学的分支学科，现为武汉大学"双一流"建设学科之一和国家基础学科拔尖学生培养计划 2.0 基地。再加上每一届只有二三十名本科生，很容易掌握到每名学生的发展动态，所以很适合作为拔尖创新人才培养的"试验田"。笔者本科就读于武汉大学测绘学院地球物理专业，对前后几届学生都有一定的了解；中间在美国读博和做博后，对国外的人才培养模式有一些切身体会；入职母校的这几年，也与近几届的本科生有很多交流，现担任 2020 级的学业导师(班主任)和 2022 级的班级导师团成员，指导了不少本科生的科研。结合这些年的经历和感受，我想从以下几个方面探讨一下有关拔尖创新人才培养的经验教训与一些思考。

一、天时——培养时机

这里“天时”主要指的是把握时机、尽早开始，早发现、早培养。这个尽早并非揠苗助长、强行拔尖，而是在一开始就与学生进行充分的接触，了解学生的想法，从而初步规划培养方案。绝大部分学生的基础都是不错的，但是否拔尖，需要一定时间的观察。刚进校的学生主要有三种情况，一是已经对专业有足够的认识和兴趣，二是比较迷茫、不知所措，三是经过一定的考虑打算转专业。对这几种情况，早发现就可以早行动，从而对学生进行及时反馈。

对于已经有足够认识和兴趣的学生，就可以着手开始培养了。这个培养也不是说马上开始教授专业知识和尝试科学研究，而是以兴趣为导向，循序渐进式的培养。这种学生往往很有自己的想法，也可能比较有个性，所以要做到因材施教，每个学生的培养模式可以有所区别，并给予足够的试错空间。这些学生如果引导得当、发展顺利的话，是比较有希望成为拔尖创新人才的。

对于比较迷茫的学生，需要做的工作就多一些，且这类学生往往不少。经多年观察，“迷茫”是本科生经常提到的一个词，有的同学到了大四仍然如此。有的可能也有自身的原因，但更多还是因为学校和老师做得还不到位。对于迷茫的学生，一定要尽早沟通，多多引导。很多学生是因为高考的压力突然释放，一时半会没有明确的奋斗目标，所以不知道应该做什么。针对这种情况，可以从本专业发展的角度，帮助学生找到目标和兴趣点，从而找到学习状态。当然，兴趣或者说志趣的培养本身也是一个难题，后文会有一些讨论。这些年确实观察到一些能力、思维都挺不错，但是由于没有尽早引导，加上后续的教学和培养也存在一些不尽完美之处，最后对专业失去兴趣甚至有点反感情绪的学生。这种学生本来也是有希望成为拔尖创新人才的，这些都是我们以前人才培养的教训，需要总结问题并尽量避免。

对于打算转专业的学生，其实也分为两类情况，一类是经过深思熟虑、铁了心要转专业的，另一类是随大流或受到身边人影响的，对这两类学生都需要尽早进行深入的谈话了解。对于前者，如果其确实考虑得清楚而周到，有明确的奋斗目标、浓厚的兴趣和坚定的决心，同时通过提问发现其对所选专业乃至研究方向有足够的理解，这种学生是值得支持的，强留反而有可能影响其成为感兴趣专业的拔尖创新人才。而对于所占比例更大的后者，应该先尽可能想办法挽留一下，当然也要详细了解其打算转专业的原因，有的放矢。笔者一直认为大学是一个适合试错的地方，其实如果学生确定从事理科的话，自然科学也就几个大类，地球科学作为其中之一，为何不先试试看呢？说不定就产生兴趣了。此外，也可以帮助学生从专业前景、个人发展和其关心的问题等多个角度分析，以吸引学生再仔细考虑。这里有个前提是后期的培养也要跟上，不然学生还是会有其他想法，所以应该是早发现、早培养、好好培养。

总的来说，就是要“构建基础学科拔尖创新人才早期发现、精准选拔和一体化贯通培养机制，多渠道、多阶段、多方式发现真正志在基础研究、有兴趣且有天赋的学生，给予他们能够脱颖而出的机会，鼓励学生以兴趣为导向，保持专注，勇于探索，激发学生的学术雄心与奋发有为的作风。”[2]

二、地利——培养环境

通过“早发现”，我们对每位学生都有了一定的了解，也有了初步的、有针对性的培养规划。有的拔尖创新人才可能很早就能看出来，但有的是需要深入接触并通过成体系的培养来发掘的，因此培养环境就至关重要。什么是好的培养环境，这本身就是一个很大的研究课题，在这里仅就本专业学生培养的一些有效措施和经验教训浅谈一下。最大的感想就是，好的措施一定要落到实处，不然等于没有，甚至还有可能会有反效果。

前文已经提到，小班教育，即 30 人以内一个班，就是一个经验证有效的培养模式，因为这样很容易掌握每名学生的情况，而武大地球物理专业天然符合了这个条件。但是，小班教育要取得成效，也有个很大的前提，就是班主任和专业老师要付出足够的时间和精力，尤其是班主任。从前些年来看，自然有负责的和不太负责的班主任，有的甚至一个学期也就跟学生见一两次。这当然不是本专业的问题，是一个比较有共性的问题，因为老师们往往都很忙，再加上与学生常碰面得不到及时的反馈和回报，且有时候光一个人的努力也不一定就能解决问题。因此，可能需要出台一些政策和合理的奖惩制度，以鼓励老师们积极参与本科生培养，同时给予老师们更多的支持和帮助，避免孤军奋战。

在小班教育的基础上，要如何引导和培养学生呢？在谈具体举措之前，笔者认为有一个词总结得很好——志趣。关于志趣，或者说学术志趣，近些年有不少研究[4-10]，也对“志趣”有不一样的定义。简单来说，志趣即志向和兴趣，对于拔尖创新人才二者缺一不可。有志无趣，则满腔热血但无的放矢；有趣无志，则天马行空但思而不学。明确而坚定的学术志趣是学者潜心科研、取得突破式创新的动力来源，是拔尖创新人才最重要的特质之一[9]。因此，激发和保护本科生的学术志趣，是研究型大学培养拔尖创新人才的重要方面[10]。

那么如何培养本科生的学术志趣呢？这里就要提到第二个非常重要的制度——本科生导师制。本科生导师制被证明是培养拔尖创新人才的有效策略[11-12]，很多大学普遍开始试行本科生导师制。研究发现，学术志趣与师生人际互动因素尤其是与和学生关系切近的学界领袖的榜样作用高度相关[4,5]，导师的情感关怀和学术引领均有利于本科生学术志趣的养成，其中情感关怀对学术志趣的影响作用还相对更大[10]。导师主动为学生“分享学科前沿动态、提供科研参与机会、撰写推荐信、发挥榜样示范作用、尊重和鼓励学生的兴趣等”[10]，都是激发和保护学生学术志趣的有效措施。

导师制这么好，那为什么目前并没有像我们想象的那样，体现出风生水起的效果呢？这又回到了那个关键——落到实处。据笔者多年观察，除了一小部分意向明确、干劲十足又能主动与导师保持联系的学生，大部分情况下导师制的实施效果不太理想。原因也很简单，老师们都事务繁多，又要指导研究生，没太多时间带本科生，时间一长甚至都忘了这回事；而学生们往往对老师还是有些“怕”的情绪，或者是不好意思打扰老师，当然也有就是学生刚进来对专业没太大兴趣，这些情况都会致使学生不主动与老师联系。解决办法的话，与小班教育类似，还是得靠导师主动与学生联系，特别是前期，毕竟学生一开始就主动联系老师的还是少数。根据笔者有限的经验，在培养前期多主动与学生沟通之后，慢慢地学生有想法或问题时会主动联系，特别是在线上。当然，肯定不能仅靠导师的努力，将导师制落到实处应是一个系统工程。首先，教育管理部门和学校应重视和完善本科生导师制，将其作为大学人才培养的常态机制，通过政策宣传、资金支持、导师培训和激励机制让更多师生参与到本科生科研活动中，鼓励导师发掘更多有科研潜质的学生并引领其走进科研大门。其次，本科生导师应重视师生互动中的情感交流，充分尊重学生的想法和意见，为其设计具体化、个性化的培养方案，引导学生坚定学术志趣，同时要做到言传身教，发挥榜样作用，成为新时代的“大先生”。此外，学生也要珍惜接受导师指导的机会，发挥主观能动性，保持自信乐观的心态以提升学术志趣[10]。因此，只有在多方的共同努力下，本科生导师制才能真正发挥其应有的成效。

对于学生志趣的培养，武汉大学地球物理专业近些年也尝试了不少措施，有的还取得了不错的效果。除了小班教育、导师制之外，还包括新生研讨课、科研训练课、野外地质实习、学术或科普讲座等。当然，这些也都一定得落到实处。这几年我们把新生研讨课和科研训练课都设成了必修课，给予了一定的学分，这无疑是一个好的变化。人都是有惰性的，但加上了可能会影响毕业的学分约束，实施起来就会更有效率一些。也还有些需要进一步改进之处，例如研讨课要真正做到“研讨”，要准备一些适合讨论的科学问题和相应的、难度适中的参考资料，也可以尝试让学生接触和了解最新的、最前沿的研究，同时要给学生更多发言的机会；科研训练要达到训练效果，而不应盲目追求发表论文，能完成一件完整的小工作、得到能力和思维上的锻炼即可；野外地质实习及学术或科普讲座，就一定要多选择学生真正会感兴趣的，并做好长期规划，不能流于形式、变成“任务”。除了这些，还有不少其他可以参考的举措，比如某些高校会鼓励学生们在不同的导师组进行体验和锻炼，例如每位导师那里一个月，再从中选择自己最感兴趣的导师和方向。另外还有些效果显著但不太容易开展起来的活动，例如笔者在美国留学期间，所在院系的学生主动发起了一个名为 Donuts and Dynamics 的讨论会，研究生和本科生都可以参加，每周一次，每次由一名学生主讲，大家一起边吃甜甜圈边讨论地球结构和动力学相关的问题和最新的文章。这种单纯基于兴趣自发发展起来的活动，对于参与者的兴趣养成和提高，甚至可能高于导师制带来的效果，而且对于学生的科研也有很多启发和帮助，后来甚至吸引了多位教授来参加，变成了一个“大型”活动。当然，这种自发性的活动，其前提肯定是有多名学生在早期的培养中已经产生了浓厚的学术志趣，所以只能一步一步来，从把基础措施落实做起，慢慢磨砺出这样的氛围。

最后，还有一个至关重要的点，那就是不断改善教学质量。跟导师做大学生科研毕竟还是在课外，大学的核心还是课程教学。如果这一点做不好，前面的其他努力可能就都白费了。笔者了解到有部分学生就是因为某些课程的体验不好，最后对专业失去了兴趣和学习的动力。其实解决这个问题的思路很简单，那就是重视学生评教，设立严密的奖惩制度，美国大部分高校便是这么做的。但是目前观察到国内多数学校在这方面没有足够重视，对于在教学和学生培养中费时费力的老师奖励很少，对于评教分数低的老师也没有足够的警示和惩罚，导致有的课年年低分却年年不变，每年都被学生吐槽，对学生培养造成了负面影响。因此，希望校方能对此引起重视，对于学生培养和学生评教，设立严密的奖惩制度，并严格执行，以不断改善教学质量，保护学生的志趣。

三、人和——师生关系

在前文对本科生学术志趣的讨论中，着重提到了导师的作用和影响[4,5,10]。因此，比较理想的师生关系应该是什么样，是一个值得探讨的问题。整体上而言，国内的学生天然对老师有点望而生畏，而国外的师生关系一般相对平等些，当然博士生和导师的关系会相对更复杂。以笔者有限的经历和体验，认为两者都各有优劣：学生怕老师的话，会导致不敢主动与老师联系，也不愿向老师表达自己的真实想法，这将大大影响导师制的推进效果；而学生完全不怕老师的话，又容易变得过于散漫，不完成老师布置的训练任务，甚至不尊重老师。因此，可能比较合适的定位是既保持一定的师道尊严，确保学生愿意接受老师的学术指导，又能较为平等地讨论问题，而不是都由老师说了算；此外，与不同学生的相处模式，也可在此基础上进行一些微调。笔者一直在往这个方向努力尝试，但其中的度并不太好把握，还需在实践中积累经验教训，不断改善。

千秋伟业，人才为先。中央人才工作会议上，习近平总书记强调："我国拥有世界上规模最大的高等教育体系，有各项事业发展的广阔舞台，完全能够源源不断培养造就大批优秀人才，完全能够培养出大师。我们要有这样的决心、这样的自信。"高校和教师当以此为勉，做到早发现、早培养、好好培养、落到实处，为培养拔尖创新人才和建设人才强国贡献自己的力量。

◎ 参考文献

[1] 习近平．高举中国特色社会主义伟大旗帜　为全面建设社会主义现代化国家而团结奋斗——在中国共产党第二十次全国代表大会上的报告(2022 年 10 月 16 日)[M]．北京：人民出版社，2022.

[2] 张平文．加强拔尖创新人才和国家战略急需人才培养[N]．中国教育报，2023-07-13(3).

[3] 梁丹．坚定文化自信　走好拔尖创新人才自主培养之路——访清华大学教育研究院院长石中英[N]．中国教育报，2023-07-18(4).

[4] 陆一，史静寰．志趣：大学拔尖创新人才培养的基础[J]．教育研究，2014(3)：48-54.

[5] 陆一，史静寰．拔尖创新人才培养中影响学术志趣的教育因素探析：以清华大学生命科学专业本科生为例[J]．教育研究，2015(5)：38-47.

[6]朱红，郭胜军，彭程．理科大学生职业志趣的实证分析[J]．北京大学教育评论，2016，14(4)：155-174.

[7]王喜峰．学术兴趣、学术乐趣、学术志趣：对高校人文社会科学领域学术研究现状的思考[J]．河南教育(高教)，2018(2)：83-86.

[8]刘博涵，赵璞，石智丹，刘明．学术型研究生学术志趣的影响因素探讨[J]．研究生教育研究，2019(6)：35-41.

[9]徐国兴．资优本科生学术志趣发展的类型、成因及效应——基于九所“双一流”建设高校的调查分析[J]．高等教育研究，2020，41(11)：81-89.

[10]王培菁，刘继安，戚佳．师傅如何领进门？——导师指导对本科生学术志趣的影响研究[J]．中国人民大学教育学刊，2022(2)：33-46.

[11]王牧华，全晓洁．美国研究型大学本科拔尖创新人才培养及启示[J]．教育研究，2014，35(12)：149-155.

[12]靳玉乐，李红梅．英国研究型大学拔尖创新人才培养的经验及启示[J]．高等教育研究，2017，38(6)：98-104.

空间信息与数字技术专业人才培养方案的研究

王少华　孟小亮　胡庆武　田扬戈

（武汉大学　遥感信息工程学院，湖北　武汉　430072）

【摘　要】在当前信息时代，空间信息技术与数字技术的融合呈现出巨大的潜力，如何培养空间信息与数字技术的复合型人才，是本文所探讨的主要内容。本文提出了包括课程学习、实习实践以及产学研合作在内的多维度人才培养方案。在课程学习部分，学生将学习基础课程、高阶课程等构建完整的空间信息与数字技术知识体系。同时，开展产学研合作和实习实践，让学生能将理论与实践相结合，参与到真实的科研活动、产业实践活动等中，培养学生解决知识运用和解决问题的能力和思维。

【关键词】空间信息；数字技术；人才培养；产学研协同育人

【作者简介】王少华(1976—　)，男，安徽池州人，博士，武汉大学遥感信息工程学院教授，主要研究方向为空间信息与数字文化遗产，E-mail：shwang@ whu. edu. cn。

随着信息技术的迅速发展，空间信息与数字技术作为新兴领域正展现出巨大的潜力，它们在城市规划、环境监测、智能交通等领域中扮演着至关重要的角色。针对未来社会和产业的需求，构建能够适应快速变化环境的高素质空间信息与数字技术复合型人才培养方案，成为教育界迫切需要解决的关键问题。

空间信息与数字技术专业的人才培养时间不长，过去的研究和实践也关注到了课程学习和实践应用两方面，但挖掘和强化产学研合作协同价值的系统性培养模式研究和实践依然欠缺，这也使学生的知识运用能力、创新创造能力以及对产业界的认知能力等显得不足。在这个背景下，本文在空间信息技术与数字技术专业的交叉特征分析基础上，提出了包括课程学习、实习实践以及产学研合作在内的多维度人才培养方案，以期为空间信息与数字技术专业的人才培养提供一定的借鉴。

一、空间信息与数字技术的交叉特征

信息革命促进人类社会迈向了信息时代，各类数字技术正在推动社会各领域的深刻变革。空间信息作为一种无处不在的信息存在于人类社会的各种生产生活实践中，空间信息的应用也成为全社会数字化转型中不可或缺的一个重要组成部分，随着信息化的深入，空间信息与数字技术的深入结合和应用越来越广泛。

(一)空间信息技术

空间信息技术聚焦于地理空间信息的获取、处理、分析和展示。其主要内容包括：

(1)地理空间数据的获取：使用卫星遥感等测绘技术手段获取地理空间数据；

(2)空间分析：构建科学合理的空间数据模型，进行多源异构空间数据的时空分析和挖掘；

(3)地理空间可视化：通过地图、影像、模型等可视化方法和工具将复杂的地理空间数据进行可视化呈现。

(二)数字技术

数字技术主要是指通过计算机对各类数字信息进行处理、分析和管理的技术，其主要内容聚焦于：

(1)数据处理与分析：进行数据清洗、转换、分析，提取有价值的信息。

(2)人工智能(AI)：应用机器学习、深度学习等技术，实现信息系统的自主学习和决策能力突破。

(3)虚拟现实(VR)与增强现实(AR)：通过数字技术创造虚拟环境或将数字信息叠加到真实环境中，以更直观地呈现时空世界。

二、空间信息与数字技术专业课程设计

基于空间信息与数字技术专业交叉特征的分析，其课程体系应该覆盖空间信息与数字技术两个方面的基础知识内容，尤其要加强空间信息与数字技术的融合应用知识的理论学习和应用实践。为此，本文从基础课程和高阶课程两个层面设计其主要学习内容，并安排毕业设计项目以锻炼和考评学生的知识掌握程度和综合运用能力等。

(一)基础课程

基础课程旨在让学生学习空间信息技术和数字技术的基础理论和方法，为空间信息技术和数字技术的高阶综合运用做好基础知识和能力储备。

1. 数字技术基础

本类课程旨在使学生掌握数字技术的基本认知能力和基本理论、方法，为学生构建数字技术基础知识体系奠定基础。

(1)课程内容

计算机科学导论：介绍计算机科学的基本知识，包括计算机系统、操作系统、计算机网络等的基本概念、组成、原理以及发展历程和全球趋势等。

计算机编程基础：学习至少一种编程语言，如 Python、C#等，掌握基本的编程逻辑和方法。

数据结构与算法：介绍不同的数据结构，如数组、链表、树等，以及基本的算法设计和分析方法等。

数据库原理：学习数据库的基本原理以及数据建库、基于数据库开发程序的基本方法。

(2)实践环节

编程实践项目：学生将完成一系列编程项目，从简单的控制台应用到基本的数据处理和算法实现。

数据库设计实验：学生将设计一个小型数据库，创建表格、插入数据，并编写 SQL 查询语句进行数据检索。

2. 空间信息技术基础

本类课程向学生介绍地理信息系统的基础知识，包括地理空间数据的获取、处理、分析等。旨在使学生掌握与地理空间信息相关的认知、思维和基本技术方法，为学生构建空间信息技术基础知识体系奠定基础。

(1)课程内容

认识地理空间数据：介绍地理空间信息、地理空间数据等概念，对地理空间坐标系、投影系统、地图系统、地理空间数据的类型、结构、格式等相关概念进行学习。

空间数据获取与处理：介绍不同的空间数据获取方法，包括多平台多光谱遥感、GPS 测图、传感网络等，并学习多源异构地理空间数据的预处理知识等。

空间数据管理与分析：学习空间查询、缓冲区分析、叠加分析等基本知识。

空间数据可视化：介绍数据可视化原理和方法，学习通过编程实践实现对空间数据及其分析结果的可视化表达。

(2)实践环节

地理空间数据收集和处理实验：观察和体验采用不同测绘手段采集地理信息，以及观察和体验从原始数据到典型测绘地理数据产品的数据处理过程。

地图制作实践：选择一个具体主题，如校园地图，体验地图制作过程。

数据可视化实践：学生将选择一个数据集，如气候数据、人口数据等，通过编程实践创建一个信息丰富的数据可视化项目。

空间分析实践：空间分析应用开发，涵盖基本的空间分析方法，如缓冲区分析、路径分析等。

(二)高阶课程

高阶课程旨在让学生学习集成运用空间信息技术和数字技术开展科研和应用的能力。

1. 空间数据分析挖掘

本类课程将教授学生如何通过编程实践高效地利用空间数据，包括统计分析、地理统计和机器学习算法的应用。

(1)课程内容

高级统计分析：学习高级统计方法，如空间插值、空间回归等，以分析地理数据的空间关系。

地理统计方法：介绍地理统计的基本原理，如点模式分析、空间集群等。

大数据与人工智能：学习人工智能的基本概念，如机器学习、深度学习、神经网络等。

(2)实践项目

空间数据分析项目：学生将选择一个真实的空间数据集，应用所学的统计和机器学习方法进行分析，并得出有意义的结论。

地理统计案例：学生将选取一个特定问题，如疫情传播、人口分布等，运用地理统计方法、大数据与人工智能方法等进行分析，探索规律。

2. 综合数字工程开发

本类课程旨在让学生综合运用数字技术和空间信息技术，设计和开发综合空间信息数字系统的能力。

(1)课程内容

GIS 平台和工具介绍：学习常用的 GIS 平台和工具，如 ArcGIS、QGIS 等，了解它们的特点和功能。

时空数据建库：学习空间数据库原理和如何构建一个时空数据库。

软件工程：学习计算机软件开发的工程化思想以及软件工程理论、方法和工具。

(2)实践项目

综合应用开发：学习如何根据特定领域需求设计、开发软件系统的方法，并选取城市规划、环境监测等领域需求，开展全流程实习实践。

(三)毕业项目设计

设计多样化的毕业设计项目，以进一步提升和考评学生的专业知识掌握程度和运用能力。如城市交通优化、空间数据挖掘与商业洞察等，学生将在不同领域中综合运用所学知识和技能，为未来的职业发展做好充分准备。举例如下：

1. 城市交通优化与规划项目

(1)项目内容

交通数据分析：收集城市交通数据，应用空间分析方法，探索交通流量和拥堵情况。

交通规划与优化：设计城市交通优化方案，结合数字技术提出改善交通流动性的建议。

(2)学习收益

学生将学会如何使用空间信息技术和数字技术，为城市交通规划提供科学支持。

通过城市交通优化与规划项目，学生将更好地理解城市规划和交通管理的复杂性。

2. 空间数据挖掘与商业洞察项目

(1)项目内容

空间数据挖掘：运用数据挖掘技术，开发商业分析软件，以挖掘多源空间数据蕴含的商业模式中的问题和趋势。

(2)学习收益

学生将学会如何运用大数据、人工智能等技术，从大量数据中发现商业机会。

通过空间数据挖掘与商业洞察项目，学生将锻炼数据分析和商业分析的能力。

三、产学研合作协同性设计

(一)产学研合作项目实践

安排学生与地理信息、计算机、数据科学等专业的同学合作，开展项目合作实践，并由地理信息、计算机、数据科学等不同领域的教师以及企业导师等组成联合指导团队进行指导，通过不同专业背景同学之间的协同完成实际项目，使学生更进一步提升对交叉知识内容的深入理解，提升他们开展跨学科合作研究与创新实践的能力。

(二)产学研交流

(1)活动内容

定期组织产业界和学界的专业人士，举办学生参与的产学研交流研讨会。

专业人士讲座：邀请产业界知名专业人士为学生介绍行业发展动态、挑战和机遇，分享他们的经验、教训和洞察，可以是技术讲座，也可以是案例分享、创业心得等。

(2)学习收益

让学生从产业界获得新鲜的思想碰撞，了解当前行业动态和未来趋势，了解实际工作中的挑战和机会。

帮助学生建立行业联系，扩展职业发展的机会。

(三)实习机会

在前面学习的基础上，推动学生将一个学期的时间用于在产业界实习，由教学单位搭建好产业界带薪实习机会，以促进学生在实际场景中进行实践和能力提升。

四、结论

基于交叉特征的空间信息与数字技术专业课程体系设计将空间信息技术与数字技术相融合，创造了一种更为协同、综合的教育模式，通过理论学习、实践实习、产学研合作协同教学的多方位培养，学生将获得丰富的知识和技能，使他们能够全面掌握空间信息与数字技术的核心能力，培养解决实际问题的能力、跨领域合作的素养以及创新思维的能力。学生在跨门协作、实际场景模拟和产学研合作中积累了丰富的实践经验，为未来跨领域的职业发展做好充分准备，使他们能够更好地应对复杂多变的职业挑战。

翻转课堂任务驱动的医学生自主学习能力培养与效果评价

陈桃香　彭碧文*

（武汉大学　泰康医学院(基础医学院)，湖北　武汉　430071）

【摘　要】医学生自主学习能力培养对未来职业发展及终身学习能力影响深远且意义重大。依托于中国大学 MOOC 平台的高校线上课程为学生提供了自主学习平台，然而，基于平台的大数据分析提示，在校医学生对线上资源利用率较低。如何促进医学生利用线上资源、规划自主学习是现阶段高校教师所面临的新课题。翻转课堂是一种以学生为中心的自主探究式学习模式，近 3 年来武汉大学生理学教学团队在线上线下混合式课程教学改革中开展精巧设计，创造性地规划了"阶段性翻转课堂"教学并利用平台提供的线上课程学习数据与调查问卷等方式评估了"阶段性翻转课堂"教学法对医学生自主学习能力培养的效果，通过教学反思总结了本翻转课堂教学法尚需完善之处并加以调整。本系列研究证明，在翻转课堂任务驱动下，生理学"阶段性翻转课堂"的线上线下混合式教学有助于医学生逐步培养自主学习的习惯，激发并保持学习兴趣，同时也提高了线上资源利用率。该教学法可进一步完善并推广至其他医学专业课程教学中。

【关键词】阶段性翻转课堂；自主学习；混合式学习；医学

【作者简介】陈桃香(1972—　)，女，湖北监利人，博士，武汉大学泰康医学院(基础医学院)生理学系讲师，E-mail：chentaoxiang@ whu. edu. cn；*通讯作者：彭碧文(1973—　)，女，湖北武汉人，博士，武汉大学泰康医学院(基础医学院)生理学系教授，武汉大学基础医学院生理学系主任，E-mail：pengbiwen@ whu. edu. cn。

终身学习能力是高等医学教育的培养目标之一，对医学生的职业发展影响深远且意义重大。评估终身学习能力的关键指标是学生是否具有自主学习的能力。近 10 年来，我国高校大规模开放性线上课程(massive open online course，MOOC)与平台建设发展迅猛，为大学生线上自主学习创造了极其丰富的教学资源。然而，MOOC 平台提供的大数据研究分析表明，多数 MOOC 课程学习存在线上资源利用率不高、学生自主学习动力不足等问题。数据表明，单单"中国大学慕课平台"上与医学相关的课程足有数千门，仅"生理学"相关课程就高达 1039 门，课程数量庞大客观上拉低了平均参与人数。在这种前提下，如何将本校自建的课程利用好，使其在医学人才培养中发挥最大效能，是现阶段高校教师普遍面临的新课题。

以学生为主体的翻转课堂(flipped classroom)是一种“课上”与“课下”翻转的新型教学模式。基于MOOC平台的翻转课堂可有效提高教学效果故被逐渐推广至各类医学专业学生的课程教育中[1]。在生理学教学中开展的翻转课堂教学改革也受到越来越多的认可[2-4]。近年来，武汉大学基础医学院生理学教学团队一直致力于生理学MOOC建设与各种混合式教学改革，取得了一定的成效[5-6]。本研究中我们将翻转课堂学习与MOOC学习紧密结合，通过在线数据分析与调查问卷来评估翻转课堂对学生自主学习参与度与自主学习能力的影响，探索促进学生自主学习的有效机制。

一、研究方法

本期研究以武汉大学医学部2022级护理学专业58名学生为对象，在其线上线下混合式生理学课程学习中开展“阶段性”翻转课堂教学(见图1)，并通过线上自主学习数据分析与调查问卷进行评价。

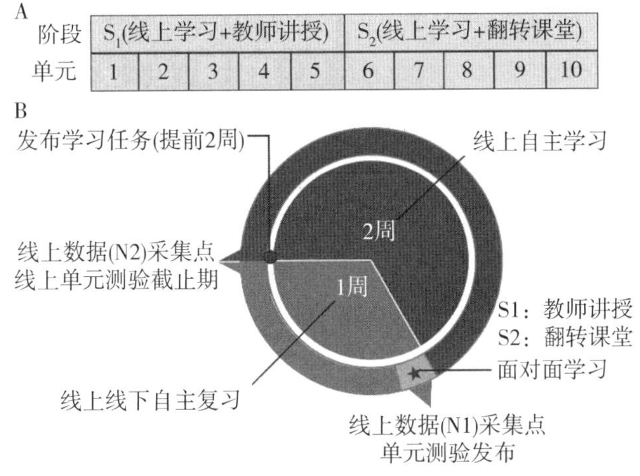

图1　生理学阶段性线上线下混合式教学方案

注：A：课程内容的阶段性分配；B：混合式教学的具体实施方案；★：课堂面对面学习

1. 线上线下混合式生理学课程阶段性学习方案

生理学课程主要内容以章为单元，共10个单元(见图1A)，1~5单元为第一阶段(Stage 1，S_1)；6~10单元为第二阶段(Stage 2，S_2)。每一单元均包含线上线下自主MOOC学习与课堂面对面学习(见图1B)。第一、二阶段线上教学模式与学习数据采集时间点相同，各单元知识学习目标与数字资源提前两周在中国大学MOOC平台发布，且持续开放至MOOC结束；MOOC单元测验则在单元知识面对面学习结束当天发布，一周后截止。不同的是课堂面对面学习第一阶段主要开展以教师授课为主的讲座式教学；第二阶段开展以学生讲解为主的翻转课堂教学。

翻转课堂以小组为单位，2~3 人一组，每组负责一个知识点的讲解。小组提前两周着手课前准备，包括课本阅读、视频学习、资料查找与整理、PPT 制作、展示排练等；在面对面的课堂学习中，小组展示 10~15 分钟，问题讨论 5 分钟；讨论结束后，教师就翻转课堂展示予以点评，并通过问卷星从 PPT 制作、表达技巧、知识理解与运用、逻辑思维与团队协作情况等方面开展学生自评与互评。

2. 翻转课堂驱动的自主学习能力培养效果评价

评价方式包括线上自主学习数据分析与调查问卷。中国大学 MOOC 平台提供每日更新的线上学习数据。对不同时间的学习数据进行分析，可获取学生对各单元知识的预习、复习、单元测验等线上自主学习的详细信息。通过比较 S_1 与 S_2 学习数据，可明确翻转课堂对学生自主学习参与度的影响。而自主学习者通常具备较好的学习认知与学习策略，能够合理评价自身的学习状态，并有一定的交流沟通能力。针对翻转课堂教学法在此四个方面(项目)的影响设计调查问卷并设置开放性意见栏。问卷每个项目包含 5 个子项目，采用 Likert 五级量表评价翻转课堂教学法的认可度：1=从不，2=很少，3=有时，4=经常，5=总是，每个子项目必须单选方可认定问卷有效。问卷总分最小值与最大值分别为 20 与 100。

3. 统计学分析

用 GraphPad Prism 5.0 软件进行统计分析。线上视频学习与单元测验相关数据用均数±标准差表示，采用 t 检验，$P<0.05$ 表示差异有统计学意义。调查问卷翻转课堂认可度用问卷项目选项的人数百分比与问卷总体得分区间的人数百分比进行评估。选项 3、4、5 人数百分比之和≥85%或选项 4、5 人数百分比之和≥50%表示认可度佳。问卷得分≤50 表示认可度低，在 50~70 表示认可度中等，≥70 表示认可度高。

二、研究结果

1. 阶段性线上学习数据比较

纳入生理学平时成绩的线上学习任务主要为单元知识的视频观看时长、单元测验成绩与讨论活跃度。视频观看任务以视频学习个数与视频学习时长作为完成评定标准。在课程学习过程中，两次采集视频学习数据(见图 1B)，统计视频观看完成人数百分比，分别用 N_1 与 N_2 表示。因平台数据更新滞后一天，N_1 采集时间在单元知识面对面学习结束当天执行；N_2 采集时间与单元测验截止时间保持一致，在单元知识面对面学习结束一周后执行。其中，N_2 代表学习进程中单元知识的预习与复习活动参与度，N_1 主要反映学生的自主预习参与度，N_2-N_1 则反映学生的即时巩固复习参与度。此外，在课程考试结束后，再次采集学习数据并统计视频观看完成人数百分比($N_{终}$)。单元测验可尝试 3 次，须在截止期前完成方才有效，选取已完成的单元测验最高分用于单元测验平均成绩(T_{ave})的计算。单元测验完成人数百分比与讨论参与人数百分比分别用 T_n 与 D_n 表示。阶段性线上视频学习与单元测验完成情况见表1。统计结果表明，课程结束后视频观看完成人数百分比、讨论参与人数百分比、单元测验完成人数百分比以及单元测验成绩均无显著差别。不过，与S1相比，S2的自主预习与即时巩固复习参与度均显著增加($P<0.0001$)，且拖延至期末阶段的视频学习任务完成人数百分比显著降低($P<0.0001$)。这些线上数据统计结果提示，在开展翻转课堂教学法阶段，学生的"拖延症"有明显改善，他们更加注重平时的学习。

表1　**阶段性线上视频学习与单元测验完成情况统计**

线上学习数据	S1(1~5单元)	S2(6~10单元)	P值
N_1(%)	21.7±3.24	42.4±2.63	<0.0001
N_2(%)	48.3±2.63	79.3±2.22	<0.0001
N_2-N_1(%)	26.6±1.61	36.9±1.89	<0.0001
$N_{终}$(%)	97.2±1.26	97.2±0.77	1
$N_{终}-N_2$(%)	49.0±2.13	17.9±2.14	<0.0001
D_n(%)	21.7±3.24	23.4±1.61	0.4094
T_n(%)	98.6±1.54	99.6±0.63	0.2897
T_{ave}(分)	99.9±0.17	99.6±0.28	0.0977

2. 翻转课堂教学法调查问卷数据统计

本研究收集的有效调查问卷共56份，有效率达96.6%。翻转课堂教学法对学生自主学习能力影响问卷选项统计结果表明(见表2)，19/20子项目选项3、4、5人数百分比之和均超过60%，表明翻转课堂教学法的整体认可度较好；选项3、4、5人数百分比之和均超过85%或选项4、5人数百分比之和≥50%占8/20，表明学生对于翻转课堂教学法可影响这些子项目的认可度高。

表2　**翻转课堂教学法对自主学习能力影响问卷选项统计**

项目		选项人数百分比				
		1	2	3	4	5
学习认知	1.1　明确自己的学习需求	23.2	12.5	37.5	25.0	1.8
	1.2　了解最适合自己的学习方式	10.7	17.9	41.1	30.4	0.0
	1.3　了解自身学习的优势与不足　*	0.0	8.9	44.6	37.5	8.9
	1.4　保持自己的学习动机	7.1	17.9	44.6	28.6	1.8
	1.5　获取知识的途径　*#	1.8	16.1	28.6	41.1	8.9

续表

项目		选项人数百分比				
		1	2	3	4	5
学习策略	2.1 寻找学习共同体 *	1.8	10.7	39.3	39.3	8.9
	2.2 有计划地学习	8.9	8.9	46.4	32.1	3.6
	2.3 寻找有效的学习方法	7.1	10.7	46.4	33.9	1.8
	2.4 寻找解决问题的方案	3.6	12.5	46.4	35.7	1.8
	2.5 合理安排作息时间 #	0.0	16.1	33.9	32.1	17.9
学习评价	3.1 对学习进度的控制	8.9	23.2	33.9	30.4	3.6
	3.2 学习目标的完成情况	5.4	14.3	35.7	39.3	5.4
	3.3 学习活动的反思	10.7	14.3	35.7	35.7	3.6
	3.4 为他人成功所激励 *	0.0	7.1	28.6	57.1	7.1
	3.5 发现新的挑战	3.6	14.3	33.9	37.5	10.7
人际交流	4.1 语言表达	25.0	16.1	21.4	33.9	3.6
	4.2 洞察力培养	7.1	21.4	48.2	23.2	0.0
	4.3 信息分享 *#	1.8	5.4	42.9	44.6	5.4
	4.4 团队合作 #	1.8	16.1	26.8	53.6	1.8
	4.5 沟通技巧 #	7.1	16.1	23.2	50.0	3.6

注：* 表示选项 3、4、5 人数百分比之和≥85%；#表示选项 4、5 人数百分比之和≥50%。

翻转课堂教学法对自主学习能力影响认可度问卷得分统计结果显示(见表 3)，25%的学生对翻转课堂教学法的认可度高，67.9%的学生认可度中等，7.1%的学生认可度低。

表 3　**翻转课堂教学法对自主学习的影响问卷得分统计**

认可度	分值范围	人数	人数百分比(%)
低	≤50	4	7.1
中	50~70	38	67.9
高	≥70	14	25

开放性意见显示，较多的同学认为翻转课堂任务驱动自己主动地学习，通过反复观看线上视频，领会演讲技巧；通过 PPT 制作与彩排，理顺知识的逻辑性，锻炼语言表达能力；通过团队合作，激发灵感，取长补短等；但也有一些负面意见，如翻转课堂会加重学习负担，希望减少翻转课堂次数，学生讲解重点不够突出、节奏把握不足、会偏重于所在

小组学习任务中知识点的学习，小组学习中有些成员浑水摸鱼等。

三、讨论

1. 翻转课堂教学法调动学生自主学习的积极性

自主学习的特点是自觉、自励与自控。在以前的线上线下混合式生理学教学中，我们发现，尽管教师一再强调课前的预习与课后的及时复习巩固，但仍有不少学生学习态度散漫，线上 MOOC 自主学习任务不能按时完成。在此教学研究中，我们分阶段开展翻转课堂教学，对线上自主学习数据分析发现，在翻转课堂任务驱动下，学生会花更多时间在知识的预习与复习巩固上(见表 1)。比较见高下，讨论出真知。翻转课堂展示之后的讨论与同学互评让绝大多数学生更能了解自身的优势与不足(见表 2 中 1. 3)，也会被他人的成功所激励(见表 2 中 3. 4)，因此，更能合理利用时间(见表 2 中 2. 5)，自觉地学、主动地学。而且每次翻转课堂展示后，同学们均有机会将问题提出一起讨论，教师对于同学们无法得出结论的难题给予适当的点拨，如此经过讨论得出的合理评判可加深学生的理解，从而促进学生在一个支持性的环境中按时完成任务[7]。

2. 翻转课堂教学法提升学生的自主学习能力

自主学习的另一特点是会学、擅学。翻转课堂要求学生先通过课本阅读与视频观看等发现新知识的要点、难点与疑点，经由小组讨论共同解析这些要点、难点和疑点，理顺其中的逻辑关系，并以 PPT 的方式呈现。在我们的教学研究中，学生对生理学翻转课堂教法的认可度高达 92. 9%(见表 3)，通过翻转课堂学习，便于学生寻找学习共同体(见表 2 中 2. 1)进行信息分享(见表 2 中 4. 3)，有利于提升他们对于新知识的获取能力(见表 2 中 1. 5)以及人际交流能力(见表 2 中 4. 4，4. 5)。翻转课堂展示之前，学生不仅需通过网络搜索获取相关图片、视频等用于 PPT 课件的制作，而且需要思考如何讲解才能使知识点清晰、准确地呈现，这类训练可增强学生的信息收集与处理能力以及分析和解决问题能力，培养学生的信息素养与逻辑思维。可见，翻转课堂实际上是通过“学中做、做中学”，让学生了解到“如何学”会收到更好的学习效果，从而做到“擅于”。

3. 翻转课堂教学法尚待解决的问题

如上所述，在我们的教学研究中，翻转课堂教学法在调动学生自主学习积极性与培养自主学习能力方面均有较好的促进作用，同时，基于中国大学 MOOC 平台的 MOOC 学习数据统计与调查问卷中的开放性意见也暴露了翻转课堂教学法尚存在一些问题，主要体现在以下几点：①学习负担较重；②课堂展示重点不突出：一些学生在知识讲解时面面俱到，且过度进行临床扩展，使听众难以抓住重点；③课堂讨论提问不积极：在每次课堂展示后的 5 分钟讨论时间内，学生主动提问少，更倾向于教师提问学生回答这种模式；④ MOOC 讨论参与度低：无论是第一阶段还是第二阶段，学生的线上讨论参与度均不足 25%

(见表1)；⑤线上自主学习任务存在拖延现象：尽管翻转课堂可以改善这种情况，但仍有部分学生的线上学习任务往往要拖延至期末考试前方能勉强完成(见表1)。

4. 翻转课堂教学反思

高校 MOOC 建设的飞速发展与网络的全覆盖为医学课程教学方法的探索革新创造了有利条件，也极大丰富了课堂翻转的内容与形式。翻转内容涉及案例讨论、实验教学与理论教学等[8-10]。翻转形式包括线上翻转、基于雨课堂的翻转、线上+线下混合式翻转等[11-13]。与以教师讲授为主的讲座式教学相比，翻转课堂打破了传统教学“满堂灌”的状态，使学生能够摆脱课堂教学时间与空间的局限，便于根据知识的难易程度合理地安排线上学习的时间与进度[14]；翻转课堂任务激发学生的学习动机，促使学生课前就新内容做大量的准备工作，在目标指引与问题导向下进行探索性学习，有助于知识的长时程记忆，提高学习效果，并能提升自主学习、信息检索、交流表达等能力，从而增强学生的认知、社会与教学临场感[15]。基于雨课堂的问题讨论式课堂翻转，可增进师生互动，提高学生学习积极性与注意力，带给学生良好的学习体验[16]。

自主学习能力强的学生往往可获得较好的翻转课堂教学效果；反之，翻转课堂教学也可促进自主学习能力的提升[17]。不过，翻转课堂的有效开展也受医学专业课程的难易程度与医学生的专业层次的影响[18]。有研究报道，尽管翻转课堂可以促进自主学习，但学习负担重、视频学习的碎片化与知识点内在联系的自主构建困难等原因使得其接受度不高[19]。作为基础医学与临床医学的桥梁，生理学课程内容逻辑性非常强，理解较为困难，这无疑也会加大翻转课堂教学改革的难度[20]。因此，在生理学翻转课堂教学设计之初，我们在学习任务的选择时已尽量避开了难度大的知识点。虽然也有学生提到，翻转课堂会加重学习负担，但多数学生认为此短期负担尚在可承受范围；在以后的生理学教学中，我们也会酌情减少翻转课堂任务量，并辅以不同的课堂翻转形式，以期带给更多学生更好的学习体验。针对课堂展示重点不突出的问题，主要从两方面着手，一是加强翻转课堂展示前的指导，明确课堂展示的重点内容，避免学生讲解跑偏；二是在学生的课堂展示之后，教师对相关知识点加以总结，再次明确重点。在实际的教学过程中，我们发现学生不是不喜欢提问，而是不喜欢在众人面前提问，这可能受传统教学模式的影响。教师应加强引导，鼓励学生参与线上讨论或群体讨论。例如，对学生提到的一些精彩问题，可以制作成小视频，在 MOOC 讨论区发布，这样既可激发提问学生的自豪感，也可让更多的同学找到问题答案并受到鼓舞。由于学生学习能力的参差不齐，还需针对不同学生的特点开展个性化学习指导，加强自主学习意识，培养其自主学习与深度学习能力，改掉拖延的毛病。此外，我们也可利用雨课堂或慕课堂开展翻转教学，以便更加充分地了解学生的学习情况并给予及时的反馈。翻转课堂教学的高阶目标是培养学生发现与解决问题的能力、科学的逻辑思维、敢于质疑的精神，这也是自主学习者需具备的优秀品格。教师应加强信息技术的学习与运用，提升自身的文化修养，为学生的自主学习创造更好的环境，做好学生的引路人。

四、结语

现代信息技术的发展推动各类线上线下混合式教学法在高等医学专业课程中的运用，将课程学习由以教师讲授为主转变为以学生自主学习为主。无论是 MOOC 还是翻转课堂，目的都是将学习主动权转交给学生，但要真正做到推动学生进行自主学习，既要激发学生的内在动力，又要授以良好的学习方法，如此才能培养学生终身学习的能力。武汉大学生理学教师团队充分利用团队自建的 MOOC，将翻转课堂与之有机结合，线上数据与调查问卷肯定了该混合式教学模式激发医学生学习兴趣、促进自主学习能力提升的有效性，同时也明确了该教学模式的不足之处。完善后的基于 MOOC 的阶段性翻转课堂教学法将能更好地培养医学生自主学习与终身学习的能力，可推广至其他专业课程教学中。

◎ 参考文献

[1] Hew K F, Lo C K. Flipped classroom improves student learning in health professions education: a meta-analysis[J]. BMC Med Educ, 2018, 18(1): 38.

[2]许建平，向阳，文志斌，管茶香，罗自强．医学生理学翻转课堂教学效果分析[J]．基础医学教育，2017，19(1)：20-23.

[3]张丹，刘位杰，吴双艳，王浩亮．翻转课堂教学模式在生理学中的应用及教学效果评价[J]．科教论坛，2023(1)：22-24.

[4]赵志芳，赵玉，姚继彬．基于“超星学习通”平台的翻转课堂在生理学教学中的应用[J]．中国高等医学教育，2023(4)：58-59.

[5]王信，陈桃香，彭碧文．基础医学教育中的慕课之我见——中美慕课教育平台现状对比[J]．武汉大学教育研究，2017(2)：127-133.

[6]韩莉，陈桃香，彭碧文．基于 MOOCs 教师的形成性反馈对生理学学习的影响[J]．武汉大学教育研究，2020(1)：243-248.

[7] Goodman, B. E., M. K. Barker, and J. E. Cooke. Best practices in active and student-centered learning in physiology classes[J]. Adv Physiol Educ, 2018, 42(3): 417-423.

[8]吴云娇，张红，乔欣怡，王萌．基于 CBL 教学法的翻转课堂在医学影像学教学中的应用[J]．中国继续医学教育，2023，15(14)：72-76.

[9]李恋．微格教学结合翻转课堂教学模式在医学微生物实验课程中的应用[J]．中医教育，2024，43(2)：91-95.

[10]潘珂，黄小华，刘念，刘倩倩．任务导向的翻转课堂在医学影像技术学理论教学中的应用[J]．中国继续医学教育，2024，16(3)：191-194.

[11]牟晓庆，舒健，唐光才．新冠疫情背景下基于 MOOC 的线上翻转课堂在医学影像诊断学课程教学中的应用[J]．中国高等医学教育，2023(9)：106-107.

[12]蒙明虑，漆光紫，邓树嵩，周敏，李阳，马迎教．基于雨课堂的翻转课堂在医学统

计学教学中的应用[J]. 中国高等医学教育, 2024(1): 131-133.

[13]程晓娟, 付剑亮.SPOC平台下基于PBL的翻转课堂教学模式在医学教学中的应用[J]. 产业与科技论坛, 2023, 22(14): 169-170.

[14]宋春玲. 翻转课堂教学模式在护理教育中的应用研究[J]. 教育教学论坛, 2020(33): 305-306.

[15]郭岩, 王晓梅, 尹海燕, 高洋, 时忠丽. 融入设计思维的O-PIRAS翻转教学在护理学专业基础课程中的实践研究[J]. 西部素质教育, 2023, 9(21): 131-134.

[16]隋丽丽, 赵丹, 金戈, 董微, 张俊, 陈晴, 任群翔. 基于雨课堂的翻转课堂在医学院校有机化学教学中的应用研究[J]. 中国高等医学教育, 2023(12): 20-21.

[17]张瑛, 万有, 邢国刚, 张嵘, 孔金阁, 王韵. 医学生自主学习能力与翻转课堂教学效果的相互促进[J]. 中华医学教育探索杂志, 2023(5): 654-659.

[18]俞徐菊, 余佳. 护生对生物化学慕课和翻转课堂学习的真实体验[J]. 中国继续医学教育, 2023, 10(34): 26-29.

[19]汪晓筠, 永胜, 张伟, 李生花, 张昱, 乔丽娟, 朱艳媚. 云班课与翻转课堂结合的双主体教学实践与反思[J]. 中国高等医学教育, 2023(4): 60-62.

[20]许倩, 刘云霞, 于永洲. 医学生生理学翻转课堂教学模式探索与实践[J]. 高教学刊, 2024(2): 101-105.

人体结构学知识点短视频化在预防医学人才培养中的实践

何　柳　刘　镕　胡成俊　雷岳山　潘　勤　郑　勇*

（武汉大学　泰康医学院（基础医学院），湖北　武汉　430071）

【摘　要】加强预防医学人才培养是提高我国公共卫生预防能力的关键，扎实的人体结构学知识体系在预防医学人才培养体系中起着不可或缺的基石作用。为了更好地提高预防医学专业人体结构学教学效果，通过问卷调查、学生访谈等方式掌握学生需求，了解到当下学生更倾向于视觉化、碎片化学习的特点。针对这一特点，我们开展了人体结构学知识点短视频化的探索，将短视频应用于学生课前课后自主学习。实践证实，知识点短视频可以作为学生学习人体结构学知识的重要辅助工具，便于学生对人体结构学知识的掌握，同时提高学生对人体结构学习的兴趣并且培养他们自主学习的能力，为预防医学人才培养夯实基础。

【关键词】人体结构学；预防医学；短视频化

【作者简介】何柳（1983—　），女，湖北武汉人，博士，武汉大学泰康医学院（基础医学院）讲师，研究方向：解剖学教学方法和组织工程，E-mail：heliuwuda@ whu. edu. cn。

【通讯作者】郑勇（1983—　），男，山东潍坊人，博士，武汉大学泰康医学院（基础医学院）讲师，研究方向：解剖学教学方法和骨组织工程，E-mail：zhengyong@ whu. edu. cn。

【基金项目】2022年武汉大学本科教育质量建设综合改革项目（2022ZG191；2022ZG193）；2023 年武汉大学本科教育质量建设综合改革项目（2023ZG223；2023ZG224）；2022 年武汉大学研究生"课程思政"示范建设项目（413100123）。

预防医学人才队伍是保障人民健康和公共卫生安全的核心[1]。在健康中国战略背景下，社会对预防医学人才的培养提出了更高的要求，同时传统的预防医学专业课堂教学模式已不能满足高质量人才培养的需要，因此逐步推进教学模式改革是适应新时代预防医学人才培养的必然要求[2]。人体结构学从宏观和微观层面全面介绍人体结构，扎实的人体结构学知识在培养医学思维方面起着不可或缺的重要作用[3]。人体结构极为复杂，名词繁多，知识点艰涩难记，有效率地记忆并且掌握人体结构学知识是打好医学知识基础的关键。人体结构学课程含有大量基于形象记忆的知识点，需要学生在有限的课堂学习时间之外及时对所学知识点查缺补漏并且反复地巩固。因此，教学模式改革重点是在传统知识传授模式基础上融入更加适应学生学习特点的新教学形式，达到巩固提升预防医学专业学生医学知识基础的目的。

以短视频为基本呈现模式的知识载体可以承载更加全面丰富的信息，同时具有直观、形象的优势，符合以形态为主要学习对象的人体结构学教学要求。短视频的播放便利性可以让学生的学习不再拘泥于解剖学书本和课堂，短视频内容的精炼便于学生对各种碎片时间的利用[4]。为了更好地提高预防医学专业人体结构学教学的效果，便于学生们对知识的掌握，课程开始之前，通过问卷调查以及对部分学生的访谈，了解到信息化时代下的学生更倾向视觉化、碎片化、娱乐化的学习，更喜欢激发兴趣的学习方式，认为通过内驱力促进自主学习的方式才是有效率的学习。因此，我们有序开展人体结构学知识点短视频化创新。知识点短视频作为学习人体结构学知识的重要辅助工具，有利于提高学生的学习效果和培养其自主学习的能力，为后续学习和深造夯实基础。同时，短视频化教学更倾向于单个或者局部知识的学习，在系统化和连续性方面存在一定不足，这也是我们在实施该项教学过程中需要特别注意的地方。

1. 方法

1.1 研究对象

选择武汉大学基础医学院 2021 级公共卫生与预防医学专业本科生为调查研究对象。

1.2 教学方法与评价

节选人体结构学教学关键知识点，通过情景化演绎加以讲解，以 3 分钟以内动画视频形式呈现。根据课程进度，有序地在课程之前将相应短视频推送给学生。后台数据显示，学生在课前对短视频任务的完成度高达 89.5%。课堂上，学生表现出对知识点较高的熟悉度和理解度，更加方便了知识体系的构建和应用。

研究包括两个方面：学生对该方式的需求情况和该方式对学生学习效果的影响。使用问卷星制作线上调查问卷，在课程结束后，通过在本课程的学生群发送二维码的方式推送给学生，学生利用手机扫描二维码在线填写调查问卷；学生成绩占比分析采用 GraphPad Prism 软件进行卡方检验分析，$P<0.05$ 表示有统计学意义。

2. 结果

2.1 知识点短视频化适应学生的需求

知识点短视频化为学习人体结构学知识提供了一种新探索新尝试，为了确认短视频化的知识点能否成为学习人体结构学知识的组成部分，我们对问卷调查结果进行统计分析。

调查问卷反馈的结果显示（见图1），将人体结构学知识点制作成短视频，绝大多数同学表示有兴趣查看学习，其中44.34%非常感兴趣、43.4%比较感兴趣；并且有46.23%的同学会经常看老师推荐的短视频，还有87.74%的同学在发现有价值的知识点短视频时会向周围的同学推荐学习，其中38.68%经常推荐、49.06%偶尔推荐；仅有3.77%的学生表示没有兴趣，没有学生反感这种知识点短视频化的学习方式。这些调查结果说明学生接受知识点短视频化这种学习方式。

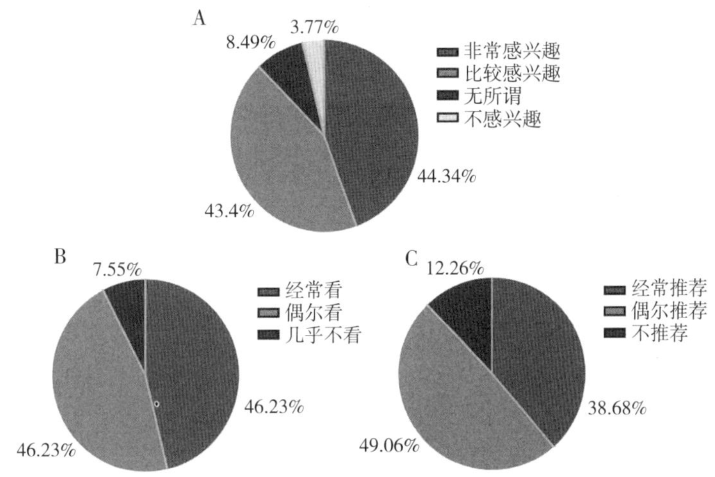

图1　对人体结构学知识点短视频的兴趣和接受情况的调查

注：A：学生对人体结构学知识点短视频的兴趣情况；B：学生观看知识点短视频的频次情况；C：学生对短视频相互交流的情况

2.2　知识点短视频化有利于学生对人体结构学知识的掌握

知识点短视频化的目的是便于学生对人体结构学知识的掌握，同时提高学生对人体结构学习的兴趣并且培养他们自主学习的能力。通过问卷调查的方式分析了学生们对知识点短视频化的评价（见图2），有86.79%的同学（其中28.3%的同学认为有非常大的帮助，58.49%的同学认为有比较大的帮助）认为知识点短视频化对人体结构知识的掌握有大的帮助，有83.96%的同学（其中33.02%的同学认为非常大地提高效率，50.94%的同学认为比较大地提高效率）感觉通过这种方式对提高学习效率很有帮助，有85.85%的同学（其中37.74%的同学认为对自主学习能力的锻炼有非常大的帮助，48.11%的同学认为有比较大的帮助）认为通过这种方式的学习能够比较好地锻炼自主学习能力。从期末考试的结果来看（见图3），2021级学生的考试成绩与以往年级（2020级）比较，低分数段学生的明显比例减少（$P<0.05$），高分段学生的比例略有增加。这说明通过知识点短视频化不仅有益于学生对人体结构知识的掌握，而且还可以获得更好的教学效果。

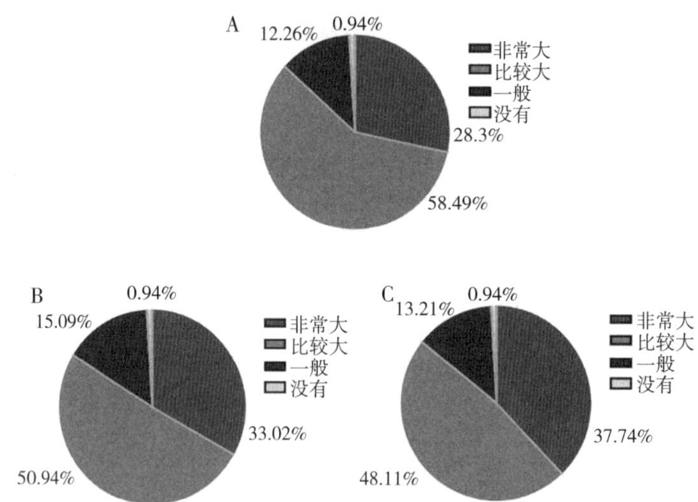

图 2 人体结构学知识点短视频对学习帮助作用的调查

注：A：知识点短视频对学习人体结构学知识的帮助程度；B：知识点短视频提高人体结构学学习效率的情况；C：知识点短视频培养自主学习能力的情况

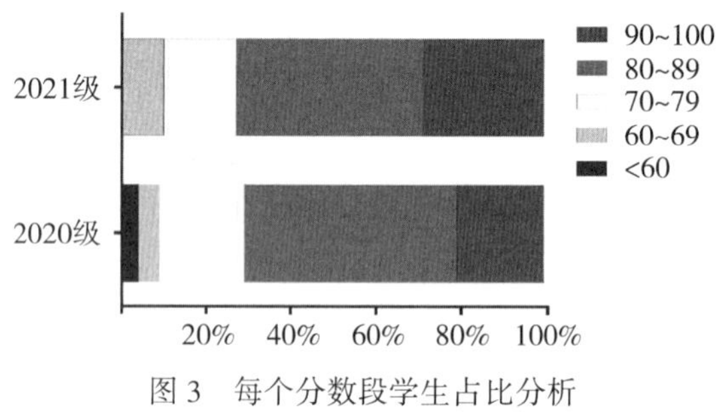

图 3 每个分数段学生占比分析

3. 讨论

预防医学肩负着保障国民健康的使命，作为一门应用学科，要求学生必须掌握扎实的理论知识基础，进而灵活运用理论知识来发现和处理实际问题[5]。人体结构学传统教学方法在教学过程中普遍以文字、图片等作为传播媒介，利用描述性语言向学生传授知识。学生往往通过死记硬背的方式来记忆知识点，容易导致学生对教学内容“消化不良”，认为课程内容枯燥乏味、难以保持学习兴趣，不能满足新时代预防医学教育的培养目标与需求。短视频的出现能弥补传统教学模式的不足，学生通过视频平台的学习查缺补漏完善知识结构和体系，还可以围绕相关知识点进行交流和互动，提高学生学习的兴趣和自主学习的能力。

人体结构学知识点的短视频化是对传统授课模式和学习形式的创新拓展，以学生喜闻乐见的形式作为知识传播媒介，提高了学生学习的积极性，获得了较好的学习成绩和教学效果。在本研究中发现知识点短视频化是受学生欢迎的一种学习方式，并且有助于提高学生的学习效率和效果。同时，人体结构学本身也是一门实践学科，实验课是教学和学习中的重要环节，能够认识和识别人体结构是人体结构学学习的目标[6]，短视频可以立体和动态地展示这些结构，起到很好的辅助教学作用。目前网络公共平台也有一些优质科普类的短视频可以纳入教学使用，学校已经引入数字人 3D Body 和 Complete Anatomy 数字仿真软件以便于学生能够在课后自主学习。另外需要注意的是，短视频化的知识点既有教育属性，也有一定的娱乐属性[7]，而且人体结构学知识点短视频化还处在探索中，并没有形成完整成熟的教学体系，需要在教育与娱乐之间找到有利于教学的平衡点，最大限度发挥短视频的优势为教育服务。

知识点短视频化是一种以视觉化呈现方式为特点的教学策略，最大化还原形态学课程的本质，以最形象和生动的方式加深学生对人体结构的认知和理解。加之娱乐化的情景呈现，最大程度迎合当下学生认识新事物的特点。尤其是对于基础和学习能力较差的学生，富有娱乐性的知识点短视频化能够有效提高学习兴趣和积极性，成绩上也有所提高。可见，知识点短视频化在分层教学和个性化教学中可选择性运用于自主学习能动性不足或者学习效率不高的学生群体，通过这种方式刺激学习兴趣、激活内驱力，逐步培养自主学习能力。

人体结构学知识点的短视频化对学生和老师来说都是一次机遇，它既能在一定程度上锻炼学生的自主学习能力，又能提高人体结构学的学习效果。对教师来说，这种新的教学方式又是一种挑战，需要总结分析教学过程中的知识点，制作成简短的视频呈现给学生，同时视频内容要积极向上，传递社会主义核心价值观。知识点短视频化是根据时代发展和教学需要出现的新思路新模式，是适应预防医学人才培养和现代医学教育持续发展的有益探索，也为其他学科的教学改革提供参考和借鉴。

◎ 参考文献

[1]申强，高境远，高扬，等．公共卫生与预防医学人才培养的建议[J]．中国中医药现代远程教育，2023，21(1)：163-165.

[2]刘嘉慧，徐进，肖焕，等．2021 年中国医学进展成果对预防医学人才培养的启示[J]．进展：教学与科研，2023(2)：55-57.

[3]冉茂成，杨懿，胡露月．基于学生自主学习的引导式教学法在人体解剖学“金课”建设中的应用[J]．中国高等医学教育，2022(6)：144-145.

[4]张晓丽，李丽娟，王望，等．临床疾病短视频在基础医学教学中的应用[J]．医学教育管理，2022，8(S01)：91-95.

[5]郑频频，彭伟霞，戴俊明，等．培养促进全体人民健康的医生：复旦大学临床医学专业的预防医学教育[J]．上海预防医学，2021，33(2)：182-184.

[6]尹史帝，吴少林，汤薇．抗疫背景下人体解剖学在线教学的探索与实践[J]．解剖学杂志，2021，44(5)：448-450.
[7]张静，周永进．医学科普短视频在新冠肺炎疫情期间对全民健康教育的影响——以抖音短视频平台为例[J]．中国医学教育技术，2022，36(1)：75-78.

创新教育视域下“诺贝尔生理学或医学奖科学史话”的课程建设与探索

张德玲[1]　赵　旻[1]　魏　蕾[1]　张　铭[2*]　刘永明[1*]

（1　武汉大学　泰康医学院（基础医学院），湖北　武汉　430071；
2　华中师范大学生命科学学院，湖北　武汉　430079）

【摘　要】 创新人才的培养主要涉及创新意识、创新思维和创新能力等方面，这有赖于科学有效的创新教育。通过科学史实还原、科学研究方法呈现、科学精神指引、科学发展与社会关系梳理等内容，科学通识教育能有效助力学生创新素养发展。“诺贝尔生理学或医学奖科学史话”课程结合科学通识教育核心理念，进行了科学创新教育的教学实践，这种探索有助于培养学生的创新思维，提升其科学素养与人文精神，以实现思政型创新教育的目标。

【关键词】 诺贝尔奖；创新教育；科学通识教育

【作者简介】 张德玲（1979— ），女，湖北武汉人，博士，武汉大学泰康医学院（基础医学院）副教授，研究方向：通识课程教学改革，E-mail：zdlme@ whu. edu. cn。＊共同通讯作者：刘永明（1968— ），男，山东威海人，博士，武汉大学泰康医学院（基础医学院）副教授，研究方向：通识课程教学改革。E-mail：liuym@ whu. edu. cn；张铭（1965— ），男，湖北武汉人，博士，华中师范大学生命科学学院副教授，研究方向：网络课程教学改革，E-mail：mzhang@ mail. ccnu. edu. cn。

【基金项目】 武汉大学通识 3.0 课程建设基金。

创新教育是以培养人的创新精神和创新能力为基本价值取向的教育，是培养创新人才的教育[1]。创新人才的培养主要涉及创新意识、创新思维和创新能力三个方面。创新意识是指形成和建立实现创造发明的目标与动力；创新思维是指形成和建立创新的思想、理论和方法；创新能力则是指如何把创新的思想、理论、方法转化为实际的精神产品或物质产品的能力[2]。以科学史、科学哲学等为重点的科学通识教育，通过还原科学史实、呈现科学研究方法、彰显科学精神、梳理科学发展与社会关系等引导学生分析经典案例，培养学生创新思维。

随着教育信息化和创新创业教育的兴起，如何通过科学通识课程形式，并结合课程思政手段，在信息化环境下开展创新教育成为一个现实课题。作者结合武汉大学通识 3.0 课程“诺贝尔生理学或医学奖科学史话”的课程建设与教学实践，对这一问题进行了有益的探索和总结。

一、教学设计与实践

(一)课程设计目标和主要内容

“诺贝尔生理学或医学奖科学史话”是武汉大学通识中心于2020年批准建设的第三批全校通识课，隶属于“科学精神与生命关怀”板块，由武汉大学泰康医学院(基础医学院)刘永明副教授负责申报，并与华中师范大学生科院张铭副教授联合进行课程教学，现主要于每学年的下学期(2月份)开课。

根据通识教育课程的特点，课程教学目标围绕科学素养和人文精神两个核心设计。在教学中，既注重文科生科学素养的培养，也注重理科生人文精神的培育，通过本课程的学习，让不同专业的学生都能了解诺贝尔生理学或医学奖(以下简称生医奖)的起源及发展趋势，熟悉对生命科学研究的探索和认知，提升对自然科学的理性思维能力，建立创新意识。

课程内容分为11讲(见表1)，共32学时，计2.0学分：

表1　“诺贝尔生理学或医学奖科学史话”课程内容

章节	专题	主要内容	相关事例	学时
第一讲	诺贝尔生医奖百年史话	介绍诺贝尔生平和诺贝尔奖的设置，介绍为什么有关生物学领域的诺贝尔奖被称为“诺贝尔生理学或医学奖”	诺贝尔家族；诺贝尔与炸药；诺贝尔奖的设立；诺贝尔奖的评选流程	3
第二讲	诺贝尔生医奖与疾病	最早获奖的白喉、获奖次数最多的疟疾；以及结核、霍乱、脊髓灰质炎、艾滋病等影响人类健康的重大疾病	贝林与抗血清疗法；科赫与结核杆菌、埃尔利希与606；	3
第三讲				3
第四讲				3
第五讲	诺贝尔生医奖与诊断治疗	介绍获得诺贝尔奖的临床上常用的诊断和治疗技术(如输血、心电图机、X射线、MRI等)	哈维与血液循环、放血疗法与华盛顿之死	3
第六讲	诺贝尔生医奖与药物	介绍感染对人类的威胁以及青霉素等抗感染药物的发现和研发历程	多马克与磺胺、弗莱明和青霉素、发霉玛丽和伤寒玛丽；屠呦呦与青蒿素	3
第七讲	诺贝尔生医奖与维生素	介绍与维生素相关的疾病和主要维生素发现的故事	维生素的来历；最早发现的维生素；林德与维生素C缺乏病	3
第八讲	诺贝尔生医奖与糖尿病	介绍糖尿病和班廷发现胰岛素的传奇经历，以及内分泌学的建立	班廷与胰岛素、巴斯德与狂犬疫苗、巴甫洛夫和他的狗	3

续表

章节	专题	主要内容	相关事例	学时
第九讲	诺贝尔生医奖与分子生物学	介绍遗传学和分子生物学中的重大发现及其对现代医学的重大影响	孟德尔与豌豆杂交、摩尔根与果蝇、沃森、克里克、威尔金斯、富兰克林与DNA双螺旋结构的解析、麦克林托克与彩色玉米	3
第十讲	诺贝尔生医奖与生物医学	介绍获得过诺奖的生物医学重要技术和重大成就	伽瓦尼与生物电、布雷内和线虫、下村修与绿色荧光蛋白、试管婴儿、干细胞	3
第十一讲	诺贝尔生医奖科学精神与争议	从交叉研究、独立人格、独立思考等方面对诺贝尔生理学或医学奖评奖工作和获奖者的共同特点进行分析	索尔克与萨宾的疫苗之争；蒙塔尼与加洛的HIV之争	2

(二)课程的教学实践

本课程是"武大通识3.0"建设体系中的一般通识课，属于"科学精神与生命关怀"板块，授课对象是全校各不同专业的本科生。考虑到选课的学生中大部分没有医学或生科的学习背景，因此在课程内容设计以及教学环节中都尽量降低专业门槛，通常选取一些常见疾病、广泛使用的诊疗技术、常用药物等进行科普性讲解，在教学方式上也加入更多的视频资料，并有针对性地提出问题，引导学生进行互动，以提高学生的学习兴趣。

基于通识教育基本理念，"诺贝尔生理学或医学奖科学史话"课程目标归纳为几个方面：以讲故事的形式传播科学精神和人文精神；以再现科学探索的过程普及生命科学知识；以重大发现的史实展现现代生物学的发展；以趣闻轶事了解科学家曲折多样的人生；以科学史的经典案例启迪学生的创新思维[3]。

(三)设计和安排课程教学中的多元化互动

根据不同教学平台运行的特点和要求，本课程设计、安排多种互动形式，开展深度互动，激发学生的学习热情和动力，使在线课程的教学更活跃。在直播互动课和实体互动课中，结合课程教学目标和近年诺贝尔奖评奖工作，我们设计和安排了10多个专题内容：青蒿素背后的争议、小儿麻痹症疫苗的故事、一氧化氮传奇、睡眠与昼夜节律、治疗癌症的免疫疗法、一条穿越百年的射线等。这些专题不仅补充了视频内容的不足，而且及时介绍每年的诺贝尔奖评奖工作，对于丰富和完善课程内容起到很好的作用。对于一些不能开展直播互动和实体互动的平台，学生通过浏览上传的教学课件和参看其他平台直播的方式也收到较好的效果。多种形式的互动不仅可以激发学生的学习兴趣，而且有助于改善在线课程的不足。不同平台上的很多学生认为，这些互动使这门在线课程成为一门有温度的课程。

二、科学通识教育在线课程创新要素分析

(一)与创新教育多维度关联

基于科学史、科学哲学和科学社会学的科学通识教育被称为“HPS 教育”。科学教育不仅是学习科学知识，而且还要让学生通过科学史的学习理解科学本质，了解各种社会因素对科学发展的影响，培养大众的科学素养和人文精神，增强科学的社会功能[4]。“诺贝尔生理学或医学奖科学史话”课程就是依照 HPS 教育模式进行设计的。

HPS 教育主要有五个特征：一是以科学史为基础；二是注重科学哲学的作用；三是强调科学知识的社会建构；四是理解科学的本质；五是培养公众的科学素养。其核心思想就是改变传统科学教育中仅用科学概念传播科学知识的教育模式，而是以科学史为基础，通过回顾科学发现和科学知识形成的过程，使学生进一步学习科学方法、培养与自然科学有关的人文精神、了解科学技术与社会的关系等[5]。

分析和比较 HPS 教育的主要特征和创新教育的内涵不难发现，HPS 教育的基本思想和方法对于深入开展创新教育具有重要意义。从科学史来看，历史上的科学发现和技术发明无疑是创新教育中最好的范例，了解科学哲学中有关方法论和认识论的形成与发展有助于启迪人的创新思维，而对科学本质的理解、对科学与社会关系的认识、培养公众的科学素养都有利于个体创新意识和社会创新环境的形成。

(二)生动案例的选择与应用

“诺贝尔生理学或医学奖史话”没有逐年介绍诺贝尔奖的成果，也没有逐个讲述获奖者的事迹，而是根据生命科学的发展规律，从诺贝尔奖的设置、为什么将与生命科学相关的诺贝尔奖称为诺贝尔生理学或医学奖说起，通过 10 多个专题和几十个小故事(详见表 1)，以诺贝尔生理学或医学奖的评奖工作为核心，将 100 多年来生命科学和医学发展中的重大事件和主要成就有机地串联起来，使学习者看到一幅幅鲜活的历史画面，而不是教科书上一段段冷冰冰的结论和定义。这些案例从多个角度潜移默化地对学生进行了创新教育。

了解科学史案例的思想历程可以很好地启发学生的创新思维。讲到为什么有关生物学的诺贝尔奖被称为诺贝尔生理学或医学奖，就必须讲到生理学在当时的学科地位，讲到生理学则必须讲到哈维与血液循环。哈维提出血液循环的理论，挑战了统治西方医学界千余年的四体液和三元气学说。哈维敢于挑战权威，是因为他有大量的实验证据、严谨的逻辑推导以及对传统学说的反思和批判。正是哈维的探索经历和思想历程，成就了血液循环理论。

了解科学史案例的研究过程可以激发学生的创新意识。班廷在阅读文献时思考能否通过结扎胰腺导管来避免胰腺消化酶对胰岛素的破坏，最终得到了有活性的胰岛素。屠呦呦

在寻找抗疟新药时反复研读葛洪不足20字的药方，终于悟出温度控制对实验的影响而发现青蒿素。布雷内多年研究不为人看好的"土壤里的小动物"，最终发现了生长周期短、身体透明、培养方便的模式生物——线虫。这些故事都表明在科学研究过程中应具备创新意识。

学习科学史案例的方法和手段有助于培养学生的创新能力。巴甫洛夫发明了假饲和巴氏小胃用以研究狗的消化机制，摩尔根选择果蝇进行遗传学研究，电压钳和膜片钳的发明和应用使人类最终解析了生物电产生的机制。这些案例有一个共同的特点，即通过不断改进科学研究的方法和手段来提高科学探索的能力。

(三)改革模式，推动创新教育

基于HPS教育设计的科学史在线课程及信息化环境下的混合式教学本身就是一种探索和创新，HPS教育实现了科学教育从单纯传授知识到对科学本质的理解、从绝对的科学真理到批判性思维培养的转变。HPS教育以科学史为基础，注重和强调科学哲学的学科价值以及社会发展对科学的影响。科学教育不再是仅仅传授知识，而是从历史、哲学和社会发展等不同层面理解科学的本质。传统教育强调所教授知识的准确性，比较忽略学生批判性思维的培养。事实上，真理是相对的，科学是不断发展和进步的，科学概念和科学理论的形成与建立需要经受实证或证伪的考验，这一历史过程往往充满了争议和批判。科学史的呈现无疑有助于培养学生的批判性思维。

从传统教学模式到开放式混合教学，从校内课堂教学到大规模开放式慕课，"诺贝尔生理学或医学奖史话"在线课程在多个平台的教学和校内教学不断探索新的方法、尝试新的模式，如混合式教学、翻转课堂、在线同步互动、在线辩论等。这个过程中教师也通过课程教学的创新尝试和体会创新教育。

三、教学创新的实践和反思

在课程教学中，我们课程组尝试将教学创新体现在创新教育中，突出科学通识教育的特色。

(1)从兴趣出发。为了激发学生兴趣，我们通过创新作业形式，开展翻转课堂。在校内混合式教学中，比如在教学中通过作业展示和翻转分享，提高学生展示作品的设计和制作能力、课件的设计和制作能力、翻转分享和辩论中的表达能力等。

(2)注重批判性思维。为培养学生的提问、质疑、思辨等创新素养基本功，该课程重视在线辩论和实体辩论课，鼓励学生提问、质疑和思辨，如对"你支持推广转基因作物吗""你怎么看仿制药的生产和销售""你怎么看基因编辑婴儿事件"等问题的辩论。教学实践表明，大学生非常乐于参加辩论活动。在线辩论的问题是最受欢迎、参与度最高的论坛问题；辩论课是互动人数最多、最活跃的课堂。学生查阅资料、罗列事例、提炼观点、相互质疑、针锋相对，在这个过程中培养了自己的创新思维。

(3)鼓励反思。在学校的教学班里，我们也设计了递进式主观题作业，效果很好。在不过分增加学生负担前提下，笔者尝试增加主观题考试(类似本校教学班的主观题作业)。这一做法不仅激发学生主动学习意识，使他们分享学习成果、形成生成性课程资源，而且使很多学生对照作业中的历史人物和案例反省自我，思考"我应该具备哪些创新能力"。

诺贝尔生理学或医学奖科学史话自 2021 年 2 月开课以来，在学生中颇受欢迎，武汉大学教务系统中近 3 年的"学生评教"分数平均为 97.46。其中，对"该课程内容系统、丰富，有一定深度和难度，注重反映学科发展新动态"表示非常同意的学生达到 89.5%；对"培养了我创新思维、批判性思维、分析问题和解决问题能力等"表示非常同意的学生达到 91.26%；对"帮助我树立了正确的人生观、价值观和世界观"表示非常同意的学生达到 94.7%。也有很多学生给予了好评和表扬，比如"课堂上会通过一些视频来辅助教学，教学形式多样，课上讲的内容也很丰富、很有趣，让我了解到了很多相关的知识和内容""老师备课认真，教学方式新颖""翻转课堂很有趣，收获满满"等。

多年的教学实践表明，"诺贝尔生理学或医学奖科学史话"作为一门通识课程，很适合于开展思政和创新教育，其主要目的不在于传授专业知识，培养专业技能，而是通过科学史上的思政案例进一步培养学生的创新思维，提高科学素养，注重人文精神，以实现思政型创新教育的目标。

◎ 参考文献

[1]吴岩. 中国式现代化与高等教育改革创新发展[J]. 中国高教研究，2022(11)：21-29.

[2]吴岩. 国际共识　中国创新——准确把握新时代高等教育发展的着力点[J]. 中国高教研究，2022(8)：7-10.

[3]张铭. 诺奖往事——诺贝尔生理学或医学奖史话[M]. 北京：科学出版社，2018.

[4]范冬萍，魏崟海. 科学教育的科学本质观争论与跨学科 HPS 教学进路[J]. 自然辩证法研究，2023，39(8)：125-130.

[5]袁维新. HPS 教育与大学教育改革[J]. 现代大学教育，2010(1)：87-92.

“金课视角”下健康评估课程教学创新与实践

罗先武　周芙玲　杨冰香

（武汉大学　护理学院，湖北　武汉　430071）

【摘　要】基于健康评估课程教学中存在的不足，课程组老师以“金课”建设理念为指引，通过开展翻转课堂、大力引进模拟教学、实行理论-实践同步教学、建立综合性评价体系等改革举措，打造了具有创新性、高阶性和有难度的健康评估课程教学体系，学生对课程教学质量满意度提高，教师的教学水平显著提升。

【关键词】健康评估；教学改革；金课

【作者简介】罗先武(1979—)，男，湖北黄冈人，博士，武汉大学护理学院副教授，主要研究方向为高仿真模拟教学，E-mail：luoxw187@ 126. com。

健康评估是护理学专业的一门主干课程，是连接基础医学课程与护理专业课程的桥梁，其任务是使学生通过该课程的学习，能熟练地应用会谈技巧收集病人身心两方面的资料，能独立地进行全身体格检查，敏锐地识别异常体征，准确地分析、推断病人的健康问题，为病人提供身心整体照护奠定坚实的基础[1]。2018 年 6 月教育部提出了要打造具有高阶性、创新性和挑战度的“金课”。健康评估课程组老师在总结传统教学工作中存在的不足的基础上，正视课程教学中存在的差距和短板，对标教育部提出的“金课”建设标准和课程培养目标，从教学模式、教学方法、教学内容、教学环境和教学评价等方面进行全方位改革，初步打造了具有创新性、高阶性和有难度的健康评估课程教学体系，取得了较好的应用效果，现报告如下：

一、传统教学实践中存在的不足

(1)理论教学中存在的不足。健康评估是护理专业基础课程过渡到临床护理课程的一门桥梁课，其目标是学生能够熟练应用健康评估知识、技能对病人进行身心两方面的评估，分析推断病人存在或潜在的健康问题，为下一步制定护理措施奠定基础，这需要学生具备较强的临床思维能力。传统的课程教学内容以健康评估知识传授为主，忽视了健康评估知识与解决特定临床任务之间的关系，阻碍了学生临床思维能力的培养。同时课堂教学内容缺少人文关怀和课程思政方面内容的渗透，未能有效发挥课程思政与思政课程协同育人的作用[2-3]。在教学方法上，现代网络和信息技术资源利用不足，尚未打破传统的课中讲授—课后复习的教学模式，未能充分体现“以学生为主体，教师为主导”的教学理念，学生学习的积极性和主动有待进一步激发。

(2)实践教学中存在的不足。实验教学是健康评估教学中的重要组成部分，科学、合理的实验教学设计不仅能有效地培养学生病史收集和体格检查的能力，而且能促进学生临床思维能力的提升。以往健康评估实验教学主要在实验室完成，学生缺少床旁问诊、为真实病人进行体检以及临床案例分析的经历，不利于学生临床思维能力的培养。同时健康评估实验教学大多以技能训练为主，缺乏综合性实验，学生在同伴身上练习，评估结果多为正常，导致学生无法明确异常体征的临床意义，阻碍了知识、技能和临床思维能力培养的有机融合。

二、课程教学创新的举措

1. 开展翻转课堂教学，促进学生自主学习

健康评估已完成了在线精品课程建设，并在武汉大学珞珈在线平台上线，为翻转课堂的实施打下了坚实基础。①课前启化：课前教师在线发布学习任务清单、讨论案例，同时结合案例提出问题引导学生思考。学生利用空余时间阅读指定教材及参考资料，在线观看微视频课程，完成课前测试，自主查阅资料寻找问题的答案，为小组讨论和课堂汇报做好准备。教师通过在线平台的统计模块及时掌握学生的学习情况。②课中内化：课堂主要通过三个环节促进学生知识内化。一是教师反馈：教师对学生课前学习任务的完成情况进行反馈，针对学生课前测试中存在的共性错误以及所涉及的知识点进行重点讲解。二是小组讨论：在小组成员课前查阅资料的基础上，小组长组织小组成员讨论案例，集中力量寻找问题的答案，讨论完毕选择一名小组成员代表小组上台汇报。三是教师总结：教师根据学生上台汇报时的表现，对学生讨论不够深入、全面的情形，结合案例中所涉及的知识点，为学生进行梳理、总结，形成系统化的知识链，真正帮助学生实现课堂知识的内化。③课后转化：课后学生完成高仿真模拟练习和临床实习，在真实的情境中进一步检验、强化课堂上所学的知识和技能，逐步学会根据病人的病史、体格检查结果分析推断病人的健康问题，提升临床思维能力。

2. 优化实验教学方法，注重综合能力培养

课程组老师根据课程目标、实验教学内容以及实验室现有条件，整体优化实验教学方法，大力将角色扮演、标准化病人、局部模拟、高仿真模拟、案例讨论等教学方法引入健康评估实验教学中，使实验教学情境与临床真实情境保持一致，促进课堂教学与临床实践紧密融合。随着学生健康评估知识、技能掌握的不断深入，学期末开展综合性实验教学，实验内容涉及解剖学、病理生理学、基础护理学、人际沟通等多学科的知识和技能，课程难度和挑战度大大增加。学生需要灵活应用问诊的方法和技巧对病人进行深入细致的问诊，为病人开展有针对性的体格检查，根据问诊和体格检查结果分析推断病人的健康问

题，并综合运用所学知识、技能对病人进行初步处置。健康评估实验教学内容安排及教学方法选择见表1。

表1　健康评估实验教学内容及教学方法

实验内容	教学方法	学时	实验内容	教学方法	学时
健康史收集	标准化病人	1	心脏评估	心脏听诊模型	2
一般状态评估	案例讨论+同伴练习	1	腹部评估	局部仿真模拟	2
心理评估	案例讨论+上机练习	1	脊柱、四肢与关节评估	案例讨论+同伴练习	2
头面部评估	局部仿真模拟	1	神经系统	案例讨论+同伴练习	2
颈部评估	案例讨论+同伴练习	1	全身体格检查	操作视频+同伴练习	2
乳房评估	局部仿真模拟	1	综合性实验	高仿真模拟	2
期中考试	标准化病人	2	期末考试	OSCE 考试	2
肺脏评估	高仿真模拟	2			

3. 理论实践同步教学，注重培养临床思维

以经验学习理论为指导，构建理论教学-临床实习同步式教学模式[4]。学生每周二完成健康评估理论知识学习和操作技能练习后，每周五上午在课程组老师的带领下进入附属医院相关科室开展健康评估技能的临床实习，每周半天，共计15周、60学时。课程组老师亲自参与健康评估的临床实习带教，每名老师带教6~8名学生。课程组老师根据实验教学目标提前为学生选择相应的科室和病人，学生进入临床后在课程组老师的指导下开展个案管理，负责收集病人的病史，评估病人的异常症状和体征。如为脑出血病人开展生命体征、意识、瞳孔、营养状态、肌力、肌张力等的评估，为支气管扩张病人做皮肤评估、肺部评估等。实习结束前半小时，课程组老师组织学生讨论，引导学生分析在病史收集、体格检查过程中存在的不足，帮助学生深入掌握特定疾病产生异常体征的机制以及异常体征的临床意义，课程深度大大增加。

4. 改善课程教学环境，提高课程教学质量

在武汉大学本科生院的资助下，健康评估已建成了在线精品课程，课程平台上传了丰富的教学资源，包括微视频课程、课前和课后测试题、章节预习资料、异常体征图片、异常心音音频库、异常呼吸音音频库、预习案例等，极大地方便了学生的自主学习。同时，学院拥有国家级虚拟仿真实验教学中心，2019年被吴阶平医学基金会模拟医学部授予国内首批“护理模拟教学培训示范基地”，实验组先后购置了头颈部评估模型（Mr. Hurt）、心音听诊模型（Harvey）、异常呼吸音听诊模型（Annie）、高仿真模拟人（Siman3G）等仿真模拟教学器材，保障了仿真模拟教学的开展。在前几年教学实践的基础上，课程组老师编写了《健康评估I》

实验指导手册，并在人民卫生出版社出版了国内第一本《健康评估》创新改革教材。

5. 推进课程思政建设，发挥协同育人作用

课程组老师高度重视健康评估课程思政建设，充分认识到课堂教学是育人的主渠道，教师是育人的主力军，多举措推进健康评估课程思政建设。①重塑健康评估课程教学目标：通过该课程的学习，培养学生成为既具备深厚的专业知识、精湛的评估技能、较强的临床思维和实践动手能力，又具有高尚的职业道德、严谨求实的科学精神和良好人文素养的高素质护理人才。②挖掘丰富的课程思政教学资源：结合健康评估课程的特点、思维方法和价值理念，动员课程组老师深入分析课程内容，充分挖掘健康评估课程中蕴含的思政元素，在教学的各个环节中，润物细无声地渗透课程思政内容。将护理学科领域中展现出来的大健康观、科学精神、家国情怀、医者精神、评判思维、人文关怀等思政素材有机融入健康评估课程教学大纲、教案课件、课堂讲授、案例讨论、课后作业、实验实训、考试考查等各环节，真正实现增长知识、培养能力、提高素质和塑造灵魂的“四位一体”的教学目标。③提升教师课程思政建设的意识和能力：邀请武汉大学课程思政教学研究中心主任到学院为课程组老师开展专题培训，转变教师重知识传授和能力培养、轻价值引领的观念，引导课程组教师树立“课程思政”理念，自觉将思政教育融入健康评估课程教学中，切实提升教师课程思政建设的意识和能力。课程组老师定期开展试讲和集体备课，充分发挥教学团队集体智慧的力量。教师在讲授皮肤评估时，精心选择“抗疫医生感染新冠病毒后全身皮肤变黑”“老年心力衰竭病人皮肤水肿照护”等思政素材，具体情况见表2。

表2　**皮肤评估课程思政教学设计**

专业知识教育(知识点)	思想政治教育(融入点)
专业知识点：皮肤色素沉着 1. 创设情境：播放白衣执甲、逆行出征的短片，诠释广大医护人员用实际行动践行护佑生命、救死扶伤、甘于奉献、大爱无疆的崇高精神，激发护理专业学生救死扶伤的责任感和使命感。视频最后出现武汉市中心医院一线抗疫医生感染新冠病毒后全身皮肤变黑的画面引发学生思考 2. 问题：一线抗疫医生感染新冠病毒后全身皮肤变黑，网络上众说纷纭，请从专业的角度分析真正原因是什么	1. 中国共产党始终坚持人民至上、生命至上，把保护人民生命安全和身体健康作为重中之重，不惜一切代价抢救病患，尽最大努力保护人民 2. 危难时刻，护士承担着救死扶伤、保护生命的神圣使命 3. 科学探究抗疫医生感染新冠病毒后全身皮肤变黑的原因，澄清网络上的错误认知
专业知识点：皮肤水肿 1. 案例：病人女，84岁。因“活动后心悸气促10余年，下肢浮肿1周”，拟诊断为“冠心病合并慢性心力衰竭，心功能Ⅲ级”收入院。查体：双侧颈静脉怒张，肝大，肝静脉反流征阳性 2. 问题： • 心力衰竭病人发生下肢水肿的机制 • 心源性水肿与肾性水肿各自的发生机制 • 心源性水肿与肾性水肿各自的特点 • 减轻心力衰竭病人下肢水肿的护理措施有哪些	1. 通过案例讨论，引导学生分析不同疾病引起皮肤水肿的原因、特点，提升学生的辩证思维能力 2. 通过情景模拟处理老年心衰病人皮肤水肿等健康问题，预防压疮的发生，培养学生主动为老年人服务的意识，弘扬尊老敬老的社会风尚

6. 改革课程评价方法，注重综合能力考查

课程组老师对课程评价方法进行了综合改革，建立了多元化评价体系，重视对学生课前自主学习、课堂师生互动、课后实习日志以及临床思维能力的综合考查(见图1)。新建立的课程评价体系既注重结果考核，又注重过程评价，科学、客观地评价学生的知识水平和综合能力[5-6]。

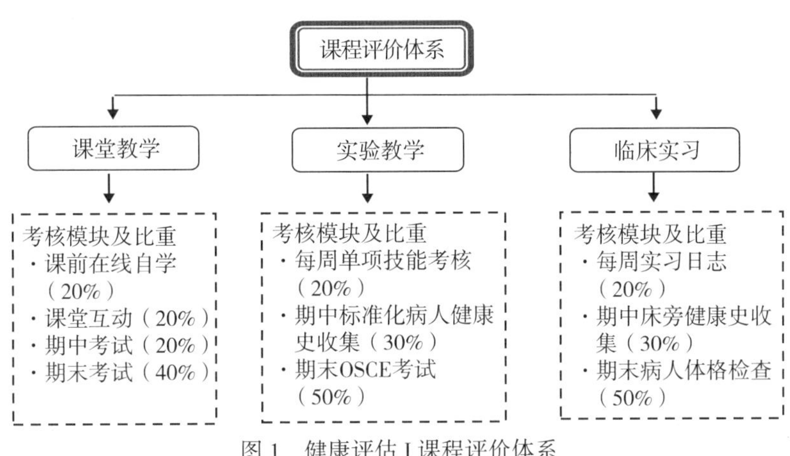

图1　健康评估Ⅰ课程评价体系

理论知识考查方面：增加学生课前在线自学和课堂师生互动所占成绩的比重。课前在线自学成绩由观看课程视频、课前测试、在线讨论、课后作业等组成，由武汉大学珞珈在线平台进行自动统计，客观记录学生的成绩。

实验技能考查方面：修订健康评估课程考核方案，将实验教学设立为单独的课头，考试成绩满分为100分，让学生从思想上高度重视实验课程的学习。增加健康评估操作技能考核的难度，改变以往单纯考查学生体格检查能力的做法。期末考试时将OSCE考试引入健康评估操作技能考核中，设立病史采集、病例分析、一般状况评估、专科体检、病例书写等多站式考核，全面考查学生的人际沟通能力、临床思维能力、技能操作能力、分析和解决问题能力以及病例书写能力。

临床实习考查方面：期中考试健康史收集在真实的病人身上进行，课程组老师为学生选择病人，取得病人知情同意后，学生按照自己事先准备好的访谈提纲对病人进行问诊，教师在旁进行观察和记录。问诊时间为10分钟，问诊结束后学生完成全面健康史的记录，教师根据学生问诊过程中的表现和病史记录的情况对学生进行综合评分，其中问诊前准备、沟通解释5分，一般信息收集5分，主诉10分，现病史20分，既往史5分，过敏史5分，家族史5分，个人社会史10分，沟通技巧20分，病史记录15分。期末病人体格检查考试时，课程组老师为学生选择病人，学生对病人进行问诊，查阅病人辅助检查结果后，分析推断病人所患疾病，然后为病人进行有针对性的体格检查，重点考查学生的临床思维能力。

三、教学实践成效

上述改革措施已在学院2019级37名护理本科生和2020级40名本科生的教学实践中实行并取得较好成效。

1. 学生对课程教学质量评价显著提升

学生对实验教学方法、理论实践同步教学模式和OSCE考试的评价见表3、表4和表5。分析评价结果发现：学生认为边理论边实习的同步教学模式促进了理论知识和临床疾病之间的融合，有利于临床思维能力的培养，提升课程的挑战度和难度。学生认为标准化病人收集病史有利于提升沟通技巧和评判性思维能力。学生认为模拟教学增加了操作技能练习的兴趣，增强了在真实病人身上进行体检的信心。

表3　学生对实验教学方法的评价[名(百分比)]

条　目	同意	中立	反对
模拟教学增加了操作技能练习时的兴趣	31(83.8)	5(13.5)	1(2.7)
模拟练习避免了同伴互相检查时的尴尬	32(86.5)	4(10.8)	1(2.7)
模拟教学能逼真地模拟异常体征(心音、呼吸音等)	28(75.7)	8(21.6)	1(2.7)
能在模拟人身上反复、多次地进行练习	36(97.3)	1(2.7)	0(0.0)
模拟教学增强了在真实病人身上进行体检的信心	31(83.8)	4(10.8)	2(5.4)
标准化病人收集病史能及时获得病人的反馈	28(75.7)	7(18.9)	2(5.4)
标准化病人收集病史有利于提高评判性思维能力	30(81.1)	7(18.9)	0(0.0)
标准化病人收集病史有利于提升沟通技巧	32(86.5)	5(13.5)	0(0.0)
案例讨论有利于知识的综合应用	35(94.6)	2(5.4)	0(0.0)
案例讨论有利于明确异常体征与特定疾病的关系	30(81.1)	6(16.2)	1(2.7)

表4　学生对理论实践同步教学模式的评价[名(百分比)]

条　目	同意	中立	反对
提高了学习健康评估课程的兴趣	32(86.5)	5(13.5)	0(0.0)
促进了理论知识和临床疾病之间的融合	33(89.5)	4(10.8)	0(0.0)
有利于提高沟通交流能力	28(75.7)	8(21.6)	1(2.7)
有利于明确异常体征的临床意义	29(78.4)	8(21.6)	0(0.0)
有利于临床思维能力的培养	30(81.1)	7(18.9)	0(0.0)

续表

条　　目	同意	中立	反对
促进了多学科知识的综合应用	33(89.5)	4(10.8)	0(0.0)
提高了健康评估课程的难度和挑战度	35(94.6)	2(5.4)	0(0.0)
实习病例书写有利于促进自我反思	33(89.5)	4(10.8)	0(0.0)

表 5　　**学生对 OSCE 考试的评价[名(百分比)]**

条　　目	同意	中立	反对
能科学、客观地评价学生的健康评估技能	28(75.7)	8(21.6)	1(2.7)
注重学生临床综合能力的考查	36(97.3)	1(2.7)	0(0.0)
能有效地考查学生的临床思维能力	35(94.6)	2(5.4)	0(0.0)
有利于考查学生应用知识分析和解决临床实际问题的能力	31(83.8)	5(13.5)	1(2.7)
健康评估技能的考查情境更加贴近临床	24(64.9)	12(32.4)	1(2.7)

2. 教师教学科研水平显著提升

健康评估课程教学改革激励了课程组老师积极开展教学研究和教材建设，教师的教学科研水平得到显著提升。2016 年，课程组罗先武老师在人民卫生出版社出版全国第一本模拟教学教材——《护理模拟教学》，在全国范围内实现了优质教学资源共享。以案例为基础、将异常体征与疾病紧密融合的《健康评估》创新改革教材于 2021 年在人民卫生出版社出版并在全国兄弟院校中推广应用。近几年，课程组老师先后发表教学研究论文 10 余篇，其中在 *nursing educator* 等 SCI 期刊上发表教学研究论文 3 篇，在《中华护理教育》上发表教学研究论文 5 篇。

2019 年，课程组罗先武老师获首届全国护理本科院校教师临床技能大赛个人特等奖第一名、团体特等奖第一名。2021 年课程组顾耀华老师获湖北省护理本科院校教师临床技能大赛个人特等奖 1 项。

四、结论

在健康评估中开展翻转课堂、大力引进模拟教学、实行理论实践同步教学、建立综合性评价体系等改革举措，大大提升了课程的“两性一度”，促进了理论知识和临床疾病之间的融合，有利于培养学生临床思维能力、沟通技巧和评判性思维能力。今后将对学生毕业后在临床实践工作中的表现进行追踪评价，全面评价课程改革的远期效果。

◎ 参考文献

[1]张欣，刘华平．不同思维类型护理本科生健康评估能力和护患沟通能力的调查研究[J]．中华护理教育，2017，14(10)：774-777.

[2]程小刚，张戎，张亚庆，等．本科生牙体牙髓病学教学“金课”的初步构建与应用[J]．中华老年口腔医学杂志，2020，18(3)：173-177.

[3]教育部发力本科建设打造“金专”“金课”[EB/OL]．(2019-04-30)．http：//www.moe.gov.cn/fbh/live/2019/50601/mtbd/201904/t20190430_380194.html.

[4]罗先武，商丽，喻惠丹．标准化引导性反馈在高仿真模拟教学中的应用[J]．中华护理教育，2020，17(2)：113-116.

[5]史瑞芬，姜小鹰．教师临床技能竞赛对护理实验教学“金课”的启示[J]．中华护理教育，2020，17(5)：427-431.

[6]Ha EH. Undergraduate nursing students' subjective attitudes to curriculum for simulation-based objective structured clinical examination[J]. Nurse Educ Today，2016(36)：11-17.

The impact of professional identity on learner well-being of undergraduate nursing students of "double world-class program" under the *Neijuan* ecology: The mediating effect of self-regulated learning

Ouyang Yan-Qiong

【Abstract】 Objectives: The narrowing of the "exit" for Chinese college students has significantly increased the pressure of internal competition at the college level; and "*Neijuan*" (the intense competitive atmosphere) has become the norm in "double world-class program" universities, which was initiated in 2019 involving key Chinese universities and colleges to promote the development of these top universities by the Ministry of Education of the People's Republic of China. This study aimed to investigate the current situation and factors affecting professional identity, learner well-being and self-regulated learning (SRL) of undergraduate nursing students in the *Neijuan* ecology of the "double world-class program" universities, and to explore the relationships between these three variables. Methods: A cross-sectional design was adopted to conduct an online survey of 322 Chinese undergraduate nursing students fromseven "double world-class program" universities. The survey included socio-demographics characteristics, students' professional identity, learner well-being, and self-regulated learning (SRL). Pearson correlation analysis was used to explain the levels of professional identity, learner well-being, SRL and the factors affecting them. Mediation effect was identified using casual steps. Results: The 322 participants scored (79.66 ± 14.95) on professional identity, (61.88 ± 12.80) on learner well-being, and (53.44 ± 10.11) on SRL. A student's year in the program ($P=0.026$) and learning conditions of the university nursing program ($P=0.008$) were the influencing factors for professional identity. Academic performance as reflected in the student's grade point average (GPA) ($P<0.001$) was an influencing factor of learner well-being. A student's year in the program ($P=0.002$) and current GPA ($P=0.001$) were influencing factors of SRL. The results of the Pearson correlation analysis showed that professional identity was significantly and positively correlated with learner well-being ($R=0.795$, $P<0.001$); professional identity was significantly and positively correlated with SRL ($R=0.843$, $P<0.001$); and, SRL was significantly and positively correlated with learner well-being ($R=0.852$, $P<$

0.001). The SRL had a mediating effect between professional identity and learner well-being (95% CI 0.366-0.548, $P<0.001$). Professional identity had a positive predictive effect on SRL ($a=0.570$, $P<0.001$), and SRL also had a positive predictive effect on learner well-being ($b=0.798$, $P<0.001$). The mediating effect value for SRL was 66.8%. Conclusions: The learner well-being of undergraduate nursing students is in the middle to upper rangeunder the *Neijuan* ecology of "double world-class program" universities, and it is crucial to enhance professional identity and develop students' SRL to improve their learning well-being. Under the *Neijuan* ecological environment, "double world-class program" universities are expected to strengthen career planning guidance and professional competence training for students as early as possible in order to develop quality nursing education programs that produce graduates who enter and remain in the workforce.

【Keywords】 undergraduate nursing students; professional identity; learner well-being; self-regulated learning; *Neijuan* ecology; mediating effect

【Corresponding Author】 Ouyang Yan-Qiong (1973—); female; Jianli City, Hubei Province; MD; School of Nursing, Wuhan University; research interest: women's health; E-mail: ouyangyq@whu.edu.cn.

Introduction

Well-being is a key concept in positive psychology and includes lower levels of stress, fatigue and burnout, as well as higher rates of achievement, adaptability to change and constructive behavior conduct (Derakhshan et al., 2021). Learner well-being is a sense of pleasure, satisfaction and achievement that learners derive from evaluating the overall learning activity (Gao, 2014). Low levels of learner well-being not only have a negative impact on the physical health of medical students (e.g., maycause individuals to experience burnout or depression), but also affect the care provided to patients (e.g., increased incidence of unprofessional practice or reduced empathy) and the development of the students' careers (Dyrbye et al., 2016; Khoushhal et al., 2017). Indeed, the physical and mental health of medical students can be negatively impacted during their undergraduate education and students are more susceptible to experience burnout and depression than those who in other specialties (Rotenstein et al., 2016; Brazeau et al., 2014).

The gross enrollment rate in higher education in China has risen from 1.55% in 1978 to 59.6% in 2022 (Ministry of Education of the People's Republic of China, 2023), marking the entry into the era of universalization of higher education. Many Chinese scholars believe that promotion of "double world-class program" has contributed to the rapid development of higher education (Liu, 2021; Feng et al., 2019). However, in China, where exam-oriented education is the mainstay, there is still the problem of nonscientific and unreasonable evaluation of the exam-based only approach in higher education: in order to compete for limited advantageous resources, students are constantly looking for shortcuts of the evaluation mechanism of universities, and each other upholds the "Doing whatever it takes to raise GPA" to carry out fierce and blind competition. This phenomenon was described by one of the top ten buzzwords on the Internet in China in 2020, that is "*Neijuan*". The English translation of "*Neijuan*" is involution, as opposed to evolution, which was initially proposed by German philosopher Immanuel Kant in his book *Critique of Judgment*. In China, "*Neijuan*" was originally used to describe "growth without development" in the agricultural economy, but with the dramatic increase in the use of the term on the Internet in the early 2020s, it is now also used to describe the intense competitive ecology that prevails in universities (Guo, 2020). At the same time, this phenomenon of excessive competition is more prevalent in "double world-class program" universities than in ordinary institutions of higher education (Hai et al., 2022).

Research shows that institutions with higher demands for scores and academic success tend to invest less attention in students' learner well-being (Bonell et al., 2014). When college learning is shrouded in a score-only outcome, students are forced to losethe heart of their learning and aimlessly chase high scores and rankings. Individuals who find it difficult to transcend the heavy pressures that pervade the group will develop emotions such as anxiety, depression, hopelessness and confusion (Hai et al., 2022). Students then become less happy about their academic experience, which affects their performance.

Studies have indicated that the level of learner well-being and professional identity of undergraduate nursing students is generally not high (Du et al., 2023; Xia et al., 2020). Professional identity refers to the emotional acceptance and recognition of learners based on their cognitive understanding of the discipline they are studying, and is accompanied by positive external behaviors and an internal sense of appropriateness (Qin, 2009). A low level of professional identity reduces students' motivation and confidence in learning, causing burnout and anxiety about learning, which in turn leads to a low level of well-being in learning. Self-regulated learning refers to the ability of learners to proactively use and regulate their metacognitive, motivational and behavioral processes in order to ensure the success of learning, improve the efficiency of learning and achieve learning goals (Zimmerman, 1989; Zimmerman 2008). Self-regulated learning is one of the most important strategies for medical students' lifelong career development (Berkhout et al., 2015; Sagasser et al., 2012). The stronger the SRL is, the more the individual can adjust the learning strategies and methods appropriately when encountering difficulties in learning, thus effectively reducing the level of learning burnout (Chen et al., 2022; Chen et al., 2019; Robb, 2016).

In this regard, this study aims to explore the current situation of undergraduate nursing students' professional identity, learner well-being and SRL and the relationship between the three under the *Neijuan* ecology. Findings can lead to the development of interventions to help undergraduate nursing students break through the *Neijuan* environment and enhance their learner well-being.

1 Methodology

1.1 Participants

Convenience sampling was adopted to select participants from undergraduate nursing programs of "double world-class program" universities. According to the sample size calculation $N = (\mu_\alpha \sigma/\delta)^2$ to estimate the sample size, so that $\alpha = 0.05$, $\mu_{0.05/2} = 1.96$, $\delta = 0.1$, $\sigma = 0.857$. The sample size was calculated as $N = 282$, taking into account a loss rate of 15%, thus, the final sample size should be 332. Inclusion criteria were: (1) full-time undergraduates enrolled in the nursing program of a "double world-class program" (2) informed consent to participate in the study. Exclusion criteria were: (1) student on leave of absence, enlisted in the military, exchange to study abroad; (2) those with a history of mental illness.

1.2 Instruments

1.2.1 Socio-demographic questionnaire

A researcher-designed questionnaire was developed which included seven items: gender, year in the program, entry into program, learning conditions of university nursing program, GPA, accepting clinical practicum experience, and classification of clinical practicum setting.

1.2.2 College students' professional identity questionnaire

This questionnaire was developed by Qin (Qin, 2009) and it includes 23 items. A 5-point Likert scale is used ranging from "completely non-compliant" (1 point) to "completely compliant" (5 points) for a total possible score of 23-115 points, with higher scores representing stronger professional identity. The Cronbach's α coefficient of the questionnaire is 0.916, and in this study, the Cronbach's α coefficient was 0.944.

1.2.3 College Students' Learner Well-being Scale

This scale was compiled by Gao (Gao, 2014), having 17 items, and the response options range from "completely non-compliant" to "completely compliant" and are scored as 1-5 points, with two reverse scored items, for a total of 17-85 points. The scale is divided into two secondary levels (subjective well-being and psychological learner well-being) and four tertiary levels (cognition of learning, emotional experience, quality of learning and personal growth). The split-half reliability of the scale is 0.891 and Cronbach's α coefficient is 0.880. In this study, the

Cronbach's α coefficient of the scale was 0. 948.

1. 2. 4 College Students' SRL Scale

The scale was compiled by Schunk and Ertmer in 1999 (Schunk et al., 1999) and revised by Chunmei Zhang in 2007 (Zhang, 2007), and has 15 items. Response options range from "completely non-compliant" (1 point) to "completely compliant" (5 points) for a total possible score of 15-75 points, with higher scores indicating greater SRL. The Cronbach's α coefficient of the questionnaire is 0. 81. In this study, the Cronbach's α coefficient was 0. 936.

1. 3 Data collection

A total of undergraduate nursing students were selected for the questionnaire survey based on geographic location using convenience sampling. All questionnaires were compiled into the Questionnaire Star platform and generated a quick response code (QR code), and the researcher shared the QR code images to the undergraduate nursing class WeChat groups of the seven "double world-class program" universities, and students scanned the code to fill out the questionnaires. The purpose of the study was explained and instructions provided for completing the questionnaires. Informed consent was obtained and students had the option of withdrawing from the study at any time. The questionnaires were anonymized, and all completed questionnaires were considered valid. The completed questionnaires were automatically saved by the platform, and the questionnaire results were exported and kept by the researcher, accessible only to the participants of this study. A total of 324 students completed the questionnaires and 322 were deemed valid, yeilding a 99. 3% valid response rate.

1. 4 Statistical analysis

The SPSS 25. 0 was used for data analysis. Quantitative variables were described by mean, extreme value and standard deviation, and qualitative variables were described by proportion. The t-test, One-Way ANOVA and multiple linear regression analysis were used to evaluate professional identity, learner well-being and SRL, respectively, with $\alpha = 0.05$. Pearson correlation analysis was used to analyze the relationship between professional identity, learner well-being and SRL. If significant correlation was found, mediation effect model was constructed and mediation effect testing was conducted using Bootstrap.

2 Results

2. 1 Socio-demographic characteristics of participants

A total of 322 undergraduate nursing students participated in this study, of which more than

80% were female and most (35.1%) were in their senior year of college. Over 70% of the participants had voluntarily enrolled in their nursing program; the vast majority had a GPA of 1.7 or higher on a scale ranged from 0 to 4.0 (1.7 being average performance), with very few students below passing. Slightly more students had started their clinical placements (52.2%) than those who had not (47.5%). (See Table 1.)

Table 1 **Socio-demographic characteristics of participants** ($N=322$)

	Number	%
Gender		
Male	56	17.4
Female	266	82.6
Year in program		
Freshman	67	20.8
Sophomore	59	18.3
Junior	83	25.8
Senior	113	35.1
Entry into program		
Voluntary enrollment	245	76.1
Parental choice or other option	49	15.2
Transferred into program	28	8.7
Learning conditions of nursing program		
Good	182	56.5
Average	132	41
Fair	8	2.5
GPA		
Excellent (3.7-4.0)	50	15.5
Good (2.7-3.6)	150	46.6
Medium (1.7-2.6)	96	29.8
Pass (1.0-1.6)	23	7.1
Fail (less than 1.0)	3	0.9
Accepting clinical practicum experience		
Yes	169	52.5
No	153	47.5
Classification of clinical practicum setting		
Tertiary hospital	167	99.4
Other location	2	0.6

2.2 Scores on professional identity, learner well-being and SRL

The mean score on professional identity of undergraduate nursing students participants was (79.66±14.95), mean score of learner well-being was (61.88±12.80) and mean score of SRL was (53.44±10.11). (See Table 2.)

Table 2 **Professional identity, learner well-being and SRL scores**

Variable	Maximum	Minimum	Mean	S. D.
Professional identity	115	23	79.66	14.95
Learner well-being				
Cognitive well-being	25	5	18.69	4.00
Emotional well-being	15	3	9.01	2.77
Qquality well-being	15	3	11.34	2.67
Growth well-being	30	6	22.85	4.79
Total score for learner well-being	84	25	61.88	12.80
SRL#	75	15	53.44	10.11

# Indicates self-regulated learning

2.3 Factors influencing professional identity, learner well-being and SRL

2.3.1 One-Way ANOVA of professional identity, learner well-being and SRL

The results of One-Way ANOVA showed that: (1) The professional identity of undergraduate nursing students differed significantly in terms of year in program ($F=3.603$, $P=0.014$), entry into program ($F=3.669$, $P=0.026$), learning conditions of nursing program ($F=3.480$, $P=0.032$), and whether or not to start a clinical practicum ($t=2.094$, $P=0.037$). Regarding year in the nursing program, the professional identity of senior students was significantly higher than students in lower levels. (2) The learner well-being of undergraduate nursing students differed significantly according to year in the program ($F=2.814$, $P=0.039$), entry into the program ($F=8.293$, $P<0.001$), GPA ($F=4.462$, $P=0.002$), and whether or not to begin a clinical practicum ($t=2.699$, $P=0.007$). In terms of year in the program, learner well-being was significantly higher among senior students than the freshmen. (3) Undergraduate nursing students participants' differed significantly in terms of year in the program ($F=4.936$, $P=0.002$), GPA ($F=3.149$, $P=0.015$), and whether or not to begin a clinical practicum ($t=2.278$, $P=0.023$). (See Table 3.)

Table 3 **One-Way ANOVA of professional identity, learner well-being and SRL#**

Variables	type	Professional identity scores(M±S. D.)	t/F	P	Learner well-being scores(M±S. D.)	t/F	P	SRL# scores (M±S. D.)	t/F	P
Gender	Male	78. 00±12. 00	-0. 914	0. 361	63. 73±10. 65	1. 193	0. 234	52. 59±8. 16	-0. 696	0. 487
	Female	80. 01±15. 51			61. 49±13. 19			53. 62±10. 47		
Year in program	Freshman	75. 90±13. 54	3. 603	0. 014*	58. 46±11. 72	2. 814	0. 039*	50. 67±9. 32	4. 936	0. 002*
	Sophomore	79. 61±12. 12			62. 36±12. 31			52. 63±9. 90		
	Junior	78. 23±16. 31			61. 33±15. 36			52. 55±11. 15		
	Senior	82. 97±15. 52			64. 06±11. 38			56. 17±9. 32		
Entry into program	Voluntary enrollment	80. 41±14. 34	3. 699	0. 026*	62. 77±12. 77	8. 293	0. 000*			
	Parental or other wishes	74. 92±17. 02			55. 41±12. 45			—	—	—
	Transfer to this program	83. 75±15. 13			65. 43±10. 05					
Learning conditions of nursing program	Good	81. 41±14. 95	3. 48	0. 032*	62. 49±11. 83	1. 286	0. 278	54. 45±9. 80	2. 364	0. 096
	Average	77. 73±14. 66			61. 42±13. 73			52. 30±10. 35		
	Fair	71. 88±15. 38			55. 5±17. 34			49. 50±11. 14		
GPA	Excellent	82. 48±17. 73	1. 761	0. 136	65. 30±13. 87	4. 462	0. 002*	55. 70±10. 79	3. 149	0. 015*
	Good	80. 61±13. 52			62. 87±11. 41			54. 25±9. 43		
	Medium	78. 07±16. 21			60. 73±13. 60			52. 22±10. 40		
	Pass	75. 48±10. 87			55. 00±12. 21			50. 04±10. 10		
	Fail	68. 33±4. 16			45. 00±7. 211			40. 67±5. 13		
Accepting clinical practicum experience	Yes	81. 31±15. 67	2. 094	0. 037*	63. 69±12. 35	2. 699	0. 007*	54. 66±10. 21	2. 278	0. 023*
	No	77. 84±13. 90			59. 88±13. 03			52. 10±9. 85		

# Indicates self-regulated learning

2.3.2 Factors influencing professional identity, learner well-being and self-regulated learning

Based on the results of One-Way ANOVA, multiple linear regression was used to analyze the influencing factors of professional identity, learner well-being and SRL of undergraduate nursing students participants. The results showed that the constructed multiple linear regression models of professional identity ($F=4.049$, $P<0.05$), learner well-being ($F=6.267$, $P<0.05$) and SRL ($F=8.468$, $P<0.05$) were statistically significant. The results indicated that the year in the program ($P=0.026$) and the learning conditions of the nursing program ($P=0.008$) were influential factors for the professional identity scores of undergraduate nursing students the participants; GPA ($P<0.001$) was an influential factor for the score of learner well-being; and year in program ($P=0.002$) and GPA ($P=0.001$) were influential factors for the scores on learner well-being.

Table 4 **Multiple linear regression of professional identity, learner well-being and SRL**

	B	SE	*β*	*t*	*P*
Professional identity					
Year in program	1.918	0.855	0.147	2.243	0.026
Entry into program	−0.126	1.305	−0.005	−0.096	0.923
Learning conditions of nursing program	−4.033	1.502	−0.147	−2.685	0.008
Accepting clinical practicum experience	−0.953	1.955	−0.032	−0.487	0.626
Learner well-being					
Year in program	1.261	0.724	0.113	1.741	0.083
Entry into program	−0.647	1.103	−0.032	−0.587	0.558
GPA	−3.160	0.819	−0.211	−3.858	0.000
Accepting clinical practicum experience	−1.804	1.661	−0.071	−1.086	0.278
Self-regulated learning					
Year in program	1.785	0.571	0.202	3.128	0.002
GPA	−2.235	0.645	−0.189	−3.467	0.001
Accepting clinical practicum experience	−0.023	1.309	−0.001	−0.018	0.986

2.4 Correlation analysis of professional identity, learner well-being and self-regulated learning

Pearson correlation analysis revealed a significant positive correlation among professional identity, learner well-being, and self-regulated learning (SRL) among the participating undergraduate nursing students.

Table 5 **Correlation analysis of professional identity, learner well-being and SRL**

	R		
	Learner well-being	Professional identity	SRL#
Learner well-being	1.000	—	—
Professional identity	0.795*	1.000	—
SRL#	0.852*	0.843*	1.000

* p<0.001

# Indicates self-regulated learning

2.5 Mediation analysis of self-regulated learning between professional identity and learner well-being

The direct path coefficients investigated by all models in this study are presented in Table 6. Learner well-being was entered as the dependent variable in the multiple linear regression analysis, demographic variables as control variables and professional identity and SRL as the main predictors. The direct and indirect paths of professional identity and learner well-being, as well as the path size of the modulating effect of professional identity on learner well-being through the SRL, are calculated. The total effect of professional identity on learner well-being explained 63.2% of the variance and the total effect was significant ($c = 0.680$, $P < 0.001$) as demonstrated in Table 6.

The SRL mediated relationships between professional identity and learner well-being were performed through the PROCESS macro of SPSS 25 using Model 4. The path relationships between the variables in this study are shown in Figure 1. When demographic variables were analyzed as control variables, SRL explained 71.1% of the variance in the moderation of professional identity and learner well-being and the Model 4 was significant under bootstrapping test ($F = 786.872$, $P<0.001$, $R^2 = 0.711$). Regression analysis showed that undergraduate nursing students with greater professional identity showed higher SRL, while the higher SRL had stronger learner well-being, consistent with the results of Model 4 path analysis.

Bootstrap was used to test the mediating effect of SRL between professional identity and learner well-being and the results showed that higher professional identity was associated with stronger learner well-being through improved SRL. The results show a significant mediating effect of the indirect effect of professional identity acting on learner well-being through SRL ($\beta = 0.455$), as based on 5, 000 bootstrap samples with no excess of zero (95% CI 0.366 to

0.548), confidence intervals that do not contain zero indicate a significant effect. Moreover, the direct effect of professional identity on learner well-being was verified ($c'=0.226$, $P<0.001$) (95% CI 0.137 to 0.314). Finally, self-regulated learning played a partial mediating role in professional identity and learner well-being, and the mediating effect size was 66.9%.

Table 6 **Mediation model and effects of the professional identity and SRL on learner well-being ($N=322$)**

Model	Path		Informant					
			β	SE	P	95% CI	R^2	Effect size (%)
Model 1	c (total effect)	Professionalidentity → Learner well-being	0.680	0.029	<0.001	0.623~0.737	0.632	100
Model 2	a	Professionalidentity→SRL	0.570	0.020	<0.001	0.530~0.610	0.711	
Model 3	b	SRL→Learner well-being	0.798	0.066	<0.001	0.667~0.928	—	
	c' (direct effect)	Professionalidentity → Learner well-being	0.225	0.045	<0.001	0.137~0.314		33.1
Bootstrap estimate	Indirect effect	Professionalidentity → SRL → Learner well-being	0.455	0.046	<0.001	0.366~0.548		66.9

Abbreviations: SRL Self-regulated learning, SE Standard error, CIconfdence interval

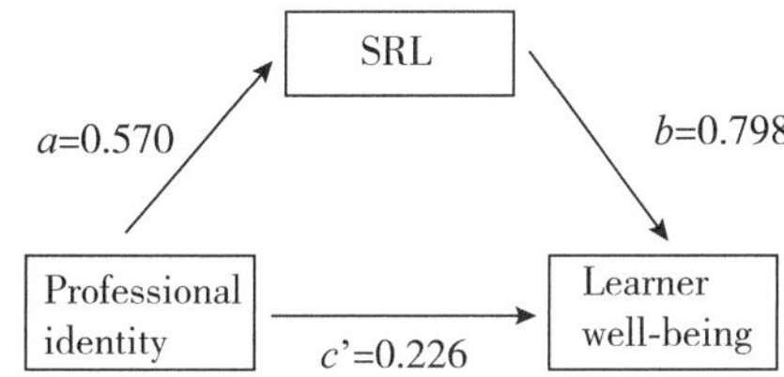

Figure 1 Mediation model. SRL, self-regulated learning

3 Discussion

3.1 Professional identity of undergraduate nursing students in the *Neijuan* ecology

The professional identity of undergraduate nursing students in the *Neijuan* ecology is at an average level, which is lower than the results of Qin's study (Qin, 2009). Research has shown that the role of instructors, nursing faculty and clinical nurses as models significantly influences nursing students' professional identity, and clinical practicum experiences before graduation are one of the most influential factors (Rasmussen et al., 2018; Kelly et al., 2020; Ewertsson et al., 2017), similar to the results of this study. In the current research, being a senior level student, voluntarily choosing to enter a nursing program and the better the learning conditions of the university's nursing program, the stronger the professional identity of undergraduate nursing students. This suggests that the personal wishes of nursing students and the learning environment are also important factors in the development of professional identity. Research has supported that the study stage in nursing colleges and universities is the key period for the development of nursing students' professional identity (Haghighat et al., 2019; Teskereci et al., 2019; Goodolf, 2018). In order to improve the professional identity of undergraduate nursing students in universities, it is necessary to reduce the number of nursing students who transfer into the nursing program, recruit students who have a firm willingness to study in the program, improve the learning conditions, and develop positive role models among the academic and clinical nursing faculty.

3.2 Learner well-being of undergraduate nursing students in the *Neijuan* ecology

In this study, undergraduate nursing students' learner well-being in the *Neijuan* ecology was in the middle-upper range, and their overall scores were slightly higher than the results of the study conducted by Gao (Gao, 2014). In the current study, senior undergraduate nursing students had a higher level of learner well-being than those in lower levels, which is inconsistent with the results of the study of learner well-being of undergraduate medical students conducted by Wang et al (Wang et al., 2018). This may be due to differences in the curriculums. Most nursing programs in Chinese universities often have only practicum courses during the senior year and few theory courses. This reduces academic pressure so that senior nursing students' learner well-being has rebounded. In addition, it may also be due to the fact that the graduation year is the end point of *Neijuan* ecology when students have already experienced the stage of fierce competition among peers, and their direction of further education or employment has been basically determined. Thus, being out of the *Neijuan* high pressure environment alleviates psychological pressures to a certain extent.

Undergraduate nursing students who voluntarily choose a nursing program have a better than average level of academic performance and have a stronger sense of well-being. Good average academic performance means that these students may have better learning abilities and can skillfully use learning strategies. Thus it is easier to achieve good results academically, resulting in enhanced self-confidence and a feeling of well-being. In order to improve the well-being of undergraduate nursing students in "double world-class program" universities, universities should optimize the learning environment of their nursing programs, employ nurse educators who have good professional and ethical qualities, improve the student assessment and evaluation process, avoid excessive attention to performance scores while neglecting students' personal development and consider realigning nurse education programs to incorporate clinical practicum experiences in conjunction with nursing theory courses.

3.3 Self-regulated learning of undergraduate nursing students in the *Neijuan* ecology

In this study, the SRL of undergraduate nursing students in the *Neijuan* ecology was at a moderately high level, which was higher than the results of the pre-intervention study conducted by Yan et al (Yan et al., 2021). Since the "double world-class program" universities admit students with top scores on their college entrance exam, they may have better study habits. The results of this study showed that undergraduate nursing students at senior academic year, had better average academic performance, and having started their clinical practicums were more capable of SRL. Research concluded that students' learning efficiency is low when they first enter a university program, and a clear understanding of learning strategies will effectively enhance their SRL ability (Pintrich, 2004; Irvine et al., 2020). Therefore, students' ability to learn should improve as they progress through their program of study and they will become increasingly more self-regulated.

The point at which students begin their clinical practicum experience is a critical period for the integration of theoretical knowledge and clinical practice, and their SRL will be enhanced due to the rich learning experience and use of problem-solving strategies. In order to improve the SRL of undergraduate nursing students in the *Neijuan* ecology, universities should actively increase the number of didactic and practicum courses, organize instructional support courses on effective learning and learning strategies, broaden the platform for the exchange of learning experiences and methods, and pay attention to the demands placed on students' learning activities and their personal lives and actively formulate a response plan.

3.4 Correlations among professional identity, learner well-being, and SRL of undergraduate nursing students in the *Neijuan* ecology

The professional identity, learner well-being and SRL of undergraduate nursing students in "double world-class program" universities were significantly positively correlated with one other. The stronger the nursing students' professional identity, the higher their well-being in learning, which is consistent with the results of the study by Lu (Lu, 2020). The stronger the nursing students' sense of professional identity, the more they will accept and recognize the demands of the nursing program, the more positive their learning behaviors will be, and it will become easier to get positive learning feedback, such as good scores and recognition and support from their instructors, and then they will be more successful in the learning process. Low learner well-being increases the likelihood of regretting the choice of the program (Dyrbye et al., 2016), which in turn reduces the level of professional identity. Undergraduate nursing students with higher levels of professional identity possessed greater SRL, consistent with the study by Kurt et al (2022). Nursing students with high professional identity may have stronger motivation to learn, be able to make timely adjustments to their learning state to organize their learning tasks, and exercise their SRL ability. The results of this study concluded that the stronger the SRL of nursing students, the higher the learner well-being will be. Research has shown that nursing students with stronger SRL can analyze their own strengths and weaknesses appropriately in front of learning tasks of different difficulties and take the initiative to choose appropriate learning methods (Tanimura et al., 2023). This can lead to efficient completion of learning tasks, positive learning feedback and increased learner well-being.

3.5 Mediating effect of SRL between professional identity and learner well-being of undergraduate nursing students in the *Neijuan* ecology

The results of this study showed that SRL played a partial mediating role in professional identity and learner well-being, i. e., professional identity not only directly affects students' well-being, but also indirectly affects their well-being by influencing their SRL. Moreover, the mediating effect of SRL was significantly higher than the direct effect of professional identity on learner well-being, which revealed that nursing educators should not only focus on developing the professional identity of undergraduate nursing students, but also pay more attention to improving the SRL of this group. Although students recruited by "double world-class program" universities may already have better study habits and abilities, but in China, where exam-oriented education is the main focus, the campus freedoms and opportunities may be both impactful and distracting. Compared to the rigors and pressures of high school, college learning relies more on students' autonomy. In the process of learning, students are bound to make self-regulation, so that they can master more suitable learning strategies to improve their SRL ability. Tanimura et al. argued that strengthening educational guidance can promote college students' SRL strategy, enhance students' confidence in completing learning tasks and improve their confidence in accomplishing these tasks and increase recognition of their own abilities (Tanimura et al., 2023). Particularly in the current *Neijuan* ecology, "double world-class program" universities should provide guidance and assistance to students on learning goals, methods, plans and resources, as well as campus opportunities, as early as possible.

3.6 Limitation

This study focused on undergraduate nursing students from seven "double world-class program" universities, from various regions of China, but the final sample size minimally reached the theoretical value, and the findings may be biased. The results could be verified by enlarging the sample size in future studies. The results may be less generalizable due to the specificity of this population. Future research should employ a mixed-methods approach combining quantitative and qualitative research, such as by interviewing students about their views on the nursing courses and other factors related to learner well-being, such as teacher quality and clinical learning environment.

4 Conclusion

The job market for Chinese university graduates in the post-epidemic era has become more restrictive, and the long-term impact of the epidemic has also reduced the willingness of students to go abroad for study or employment. The narrowing of the "exit" for domestic college students will significantly increase the pressure of internal competition at the university level, and the *Neijuan* ecology of the "double world-class program" universities will continue. Intense competition among nursing students is pervasive not only in China but worldwide. This study provides empirical evidence to support the mediating effect of SRL on the relationship between professional identity and learner well-being among undergraduate nursing students in "double world-class program" universities. By improving SRL, nursing students can rationally view the nature of university learning, re-appreciate the spirit of university education, and ultimately truly have the experience of being a successful student and graduate in the current situation of social conflicts and educational development issues that cannot be resolved.

◎ References

[1] Berkhout, J. J., Helmich, E., Teunissen, P. W., van den Berg, J. W., van der Vleuten, C. P., Jaarsma, A. D. Exploring the factors influencing clinical students' self-regulated learning[J]. Med. Educ., 2015, 49(6): 589-600.

[2] Bonell, C., Humphrey, N., Fletcher, A., Moore, L., Anderson, R., Campbell, R. Why schools should promote students' health and wellbeing [J]. BMJ, 2014, 348 (g3078).

[3] Brazeau, C. M., Shanafelt, T., Durning, S. J., Massie, F. S., Eacker, A., Moutier, C., Satele, D. V., Sloan, J. A., Dyrbye, L. N. Distress among matriculating medical students relative to the general population[J]. Acad. Med., 2014, 89(11): 1520-1525.

[4] Chen, J. H., Björkman, A., Zou, J. H., Engström, M. Self-regulated learning ability, metacognitive ability, and general self-efficacy in a sample of nursing students: a cross-sectional and correlational study[J]. Nurse Educ. Pract., 2019(37): 15-21.

[5] Chen, M., Tang, Y. L., Peng, T., Zhang, M. Q., Peng, W. B. The relationship between self-regulated learning and learning burnout among college students: the mediating role of core self-evaluation[J]. Psychologies Magazine, 2022, 17(18): 14-17.

[6]Derakhshan, A., Kruk, M., Mehdizadeh, M., Pawlak, M. Boredom in online classes in the Iranian EFL context: sources and solutions[J]. System, 2021, 101(102556).

[7]Du, Y. C., Yang, Q. J., Zhao, H. F., Ma, M. Y. Cross-temporal meta-analysis of professional identity of undergraduate nursing students in China from 2006 to 2020[J]. Chinese Journal of Nursing Education, 2023, 20(1): 60-63.

[8]Dyrbye, L., Shanafelt, T. A narrative review on burnout experienced by medical students and residents[J]. Med. Educ., 2016, 50(1): 132-149.

[9]Ewertsson, M., Bagga-Gupta, S., Allvin, R., Blomberg, K. Tensions in learning professional identities—nursing students' narratives and participation in practical skills during their clinical practice: an ethnographic study[J]. BMC Nurs., 2017, 16(1): 1-8.

[10]Feng, Y. J., Zhao, X., Zhu, L. M. Theoretical construction and practice verification of construction effectiveness evaluation system for world-class universities with Chinese characteristics[J]. Jiangsu High. Educ., 2019(1): 20-26.

[11] Gao, J. J. A study on the undergraduates' learning well-being[D]. Chongqing Normal University, 2014.

[12]Goodolf, D. M. Growing a professional identity: a grounded theory of baccalaureate nursing students[J]. J. Nurs. Educ., 2018, 57(12): 705-711.

[13]Guo, H. Y. About "*Neijuan*"[J]. Language Planning, 2020(24): 69-71.

[14]Haghighat, S., Borhani, F., Ranjbar, H., Naseri, P. Evaluating the formation of professional identity in Iranian nursing students after implementation of a new curriculum [J]. J. Nurs. Midwifery Sci., 2019, 6(3): 138-143.

[15]Hai, Z. Y., Cheng, M. The Neijuan ecology of postgraduate recommendation and its unintended consequences: a case study of the postgraduate recommendation process of college students in "double world-class" universities[J]. Modern Education, 2022(2): 75-86.

[16]Irvine, S., Brooks, I., Lau, R., McKenna, L. Self-regulated learning instructional support for students enrolled in an accelerated nursing program[J]. Collegian, 2020, 27(4): 402-409.

[17]Kelly, S. H. The hidden curriculum: undergraduate nursing students' perspectives of socialization and professionalism[J]. Nurs. Ethics., 2020, 27(5): 1250-1260.

[18]Khoushhal, Z., Hussain, M. A., Greco, E., Mamdani, M., Verma, S., Rotstein, O., Tricco, A. C., Al-Omran, M. Prevalence and causes of attrition among surgical residents: a systematic review and meta-analysis[J]. JAMA Surg., 2017, 152(3): 265-272.

[19]Kurt, E., Eskimez, Z. Examining self-regulated learning of nursing students in clinical practice: a descriptive and cross-sectional study[J]. Nurse Educ. Today, 2022, 109(105242).

[20] Liu, H. F. The lineage, innovation and improvement of "double world-class" construction [J]. J. High. Educ, 2021, 42(1): 1-7.

[21] Lu Y. The impact of professional identity of vocational college students on learning happiness: moderated mediating[D]. Liaocheng University, 2020.

[22] Ministry of Education of the People's Republic of China. 2022 national education development statistical bulletin-government portal of the Ministry of Education of the People's Republic of China[EB/OL]. (2023-07-11). http://www.moe.gov.cn/jyb_sjzl/sjzl_fztjgb/202307/t20230705_1067278.html.

[23] Pintrich, P. R. A conceptual framework for assessing motivation and self-regulated learning in college students[J]. Educ. Psychol. Rev., 2004(16): 385-407.

[24] Qin, P. B. The characteristics and correlation study of college students' speciality identity [D]. Southwest University, 2009.

[25] Robb, M. K. Self-regulated learning: examining the baccalaureate millennial nursing student's approach[J]. Nurs. Educ. Perspect, 2016, 37(3): 162-164.

[26] Rasmussen, P., Henderson, A., Andrew, N., Conroy, T. Factors influencing registered nurses' perceptions of their professional identity: an integrative literature review [J]. J. Contin. Educ. Nurs., 2018, 49(5): 225-232.

[27] Rotenstein, L. S., Ramos, M. A., Torre, M., Segal, J. B., Peluso, M. J., Guille, C., Sen, S., Mata, D. A. Prevalence of depression, depressive symptoms, and suicidal ideation among medical students: a systematic review and Meta-analysis[J]. JAMA, 2016, 316(21): 2214-2236.

[28] Sagasser, M. H., Kramer, A. W., van der Vleuten, C. P. How do postgraduate GP trainees regulate their learning and what helps and hinders them? A qualitative study[J]. BMC Med. Educ., 2012, 12(67).

[29] Schunk, D. H., Ertmer, P. A. Self-regulatory processes during computer skill acquisition: goal and self-evaluative influences[J]. J. Educ. Psychol., 1999, 91(2): 251-260.

[30] Tanimura, C., Okuda, R., Tokushima, Y., Matsumoto, Y., Katou, S., Miyoshi, M., Oshima, A., Yoshimura, J., Fukada, M., Sasaki, K., Matsuura, H., Ueki, M. Examining the reliability and validity of a self-regulated learning strategy scale for undergraduate nursing students and effective factors of self-regulated learning strategies[J]. Nurse Educ. Today, 2023, 128(105872).

[31] Teskereci, G., Boz, İ. "I try to act like a nurse": a phenomenological qualitative study [J]. Nurs. Educ. Pract., 2019(37): 39-44.

[32] Wang, S. B., Wu, Q. J., Liu, Y. Multiple linear stratified regression analysis of influencing factors of subjective well-being of medical college students[J]. Chinese Journal of Health Statistics, 2018, 35(4): 607-609.

[33] Xia, Y. T., Chen, Y. F., Zang, S. Relationship among academic achievement, learning

happiness, values of learning, and learning attitudes among undergraduate nursing students [J]. Journal of Nursing Science, 2020, 35(12): 68-70.

[34] Yan, R., Zhao, Z. L., Guo, M., Ma, L. H., Gao, X. H., Fan, N. Impact of jigsaw teaching method on self-regulated learning ability and critical thinking ability of undergraduate nursing students [J]. Chinese Nursing Research, 2021, 35(16): 2995-2997.

[35] Zhang, C. M. Research on self-regulated learning of college students and its related psychological factors [D]. Central China Normal University, 2007.

[36] Zimmerman, B. J. A social cognitive view of self-regulated academic learning [J]. J. Educ. Psychol., 1989, 81(3): 329-339.

[37] Zimmerman, B. J. Investigating self-regulation and motivation: historical background, methodological developments, and future prospects [J]. Am. Educ. Res. J., 2008, 45(1): 166-183.

基于数字化信息平台的多元教学手段在妇科腹腔镜手术入门技能培训中的应用初探

刘　成　洪　莉

（武汉大学　人民医院，湖北　武汉　430060）

【摘　要】**目的**：探讨基于数字化信息平台的多元教学手段在妇科腹腔镜手术入门技能培训中的应用效果。**方法**：研究对象均为处于本科临床实习阶段的5年制、5+3学制、8年制在校学生，被随机分为两组，每组10人，观察组采取TSPV四步教学法，对照组接受传统带教模式，分期完成培训及考核。对比分析两组学员一般资料、培训考核成绩、教学反馈及满意度调查情况。**结果**：两组学员在年龄、性别分布、学制、临床实习时间等一般资料上无统计学差异。两组理论考核成绩无显著性差异（85.3±4.6 VS 83.4±4.3，P=0.252），观察组模拟操作考核成绩（72.4±5.9 VS 91.7±5.2，P=0.000）、临床实践考核成绩（82.7±6.7 VS 88.5±4.8，P=0.011）显著优于对照组。观察组对教学满意度总体评价更好。**结论**：TSPV四步教学法是一种更优化且受欢迎的妇科腹腔镜培训模式，建议在腹腔镜手术基础技能教学中进一步推广验证。

【关键词】妇科腹腔镜；手术技能；教学方法；基础培训

【通讯作者】E-mail：2013103020057@whu.edu.cn。

【作者简介】刘成（1983— ），男，湖北孝感人，博士，武汉大学人民医院妇科副主任医师，主要研究方向包括：女性盆底功能障碍性疾病、妇科肿瘤。E-mail：2013103020057@whu.edu.cn；洪莉（1971— ），女，湖北武汉人，一级主任医师、教授、博士生导师，武汉大学人民医院妇产科主任，主要研究方向包括：女性盆底功能障碍性疾病、妇科肿瘤。E-mail：1072247562@qq.com。

近10余年来腹腔镜技术在妇科微创手术领域的应用呈爆发式增长，当前，在国内腹腔镜手术被认为是妇科医师的必备临床技能之一[1]。同时，为积极配合国家住院医师规范化培训的要求，我们尝试在临床医学专业本科实习阶段完成腹腔镜手术入门培训，旨在让本科生毕业后能衔接临床需求，缩短从毕业生到住院医师的成长周期。然而，由于腹腔镜手术与传统开放手术存在巨大差异，对于初学者而言学习曲线较长。针对传统外科教学方法中存在的不足，我们充分利用数字化信息技术平台的优势创立了TSPV四步教学法，旨在探索更加优化的教学方法，帮助本科生尽快完成入门培训。现将研究结果报告如下：

1. 对象与方法

1.1 教学对象及分组

研究对象为2021年9月至2022年2月期间在武汉大学人民医院妇科实习，处于本科阶段的5年制、5+3学制、8年制在校学生，临床实习时间5~14个月，实习前均已完成妇产科学理论学习，均无腹腔镜手术操作经验。所有学员随机分为两组，每组10人，接受标准化的教学内容，观察组采用TSPV四步教学法，对照组采用传统教学模式，培训周期均为3周。

1.2 TSPV四步教学法

TSPV教学模式分为理论教学(theoretical teaching)、模拟操作训练(simulated surgical skills training)、临床实践训练(practical surgery training)及手术录像点评(video-based review)等四个环节，反复循环训练。培训时间为期3周，具体培训计划如下：

(1)理论教学：以课堂讲授为主，辅助移动媒体端的微课推送，主要课程内容包括：妇科腹腔镜手术设备的结构及原理，手术器械的基本构造、功能及操作方法，人工气腹建立、Trocar穿刺布孔、腹腔镜执镜、举宫等操作的基本原则，术中常用技术如组织切开、分离、缝合、结扎、止血等操作规范，妇科常见腹腔镜手术的适应证和禁忌证，腹腔镜手术并发症的预防与处置，以及围术期管理等。为期1周，与模拟操作训练同步进行，授课结束后组织理论考核。

(2)模拟操作训练：采用某公司提供的腹腔镜模拟训练系统，依次完成下列模块化训练：①准确性与方位感训练：在模拟箱中完成夹豆子、左右手传递、放置绿豆、穿针等练习，重点训练空间定位及双手操作协调性；②立体器官缝合、打结：采用硅胶空腔脏器模型完成缝合、打结，重点训练单/双手持针、调针、进针、出针技巧，练习绕线、打结技巧；③组织切开、分离、止血训练：选用带皮鸡肉、带筋膜牛腱肉，进行剪切、分离、结扎止血训练。为期1周，与理论教学同步进行，结束后组织模拟操作考核。

(3)临床实践训练：自第2周开始临床实践，为期2周。理论课程及模拟操作考核合格后，在资深医师带教下开始临床实践训练，强调操作安全性、规范性。临床实践经过四个阶段：①观摩阶段：现场观摩各种妇科腹腔镜手术，了解常用的器械平台的选择和搭建，以及常见的妇科腹腔镜手术的体位摆放和手术器械的使用方法等。指导教师通过实际病例，借助实时的手术画面，向学员详尽地解释手术步骤以及术中的注意事项。②助手阶段：体验各个助手岗位的职责，熟练掌握举宫、执镜等职责后升级为第一助手，协助主刀医师完成各级手术，掌握手术野暴露常用技巧、吸引器使用技巧、组织分离技巧，学习单极电钩、双极电凝、百克钳、超声刀、Ligasure等常用能量器械的操作规范和使用技巧。③手术实操阶段：选择输卵管切除术、卵巢囊肿切除术、子宫肌瘤剔除术、子宫切除术等难度系数相对较小的手术，术中由带教老师详细讲解手术流程及操作的要点。重点培训项目包括手术体位安置、腹腔镜系统连接、上举宫杯、气腹针穿刺、建立人工气腹、Trocar定位及穿刺、牵引暴露技巧、吸引器的使用、缝合过程中的配合、能量器械的应用、利用标本袋取组织标本，考察与手术团队配合的默契度。

(4)手术录像点评：在为期2周的临床实践阶段，同步录制手术操作视频，通过微信平台发送给学员，组织课后手术视频回顾及点评。评价环节包括：自评和他评两个部分，自评即指自我点评；他评，则指由专家点评，并给出合理化指导建议。在征得学员同意的前提下可发送至培训班微信群，公开接受学员点评意见和建议。强化训练后再次录制视频，相同术式录像回顾点评至少2次。手术录像回顾点评环节的主要目的在于发现存在损伤或出血风险的、不合理的操作习惯，并提出合理化建议，帮助学员快速提高。

1.3 传统带教模式

对照组采用传统带教模式，采取"一对一"传授式教学方法，在完成理论课程学习并考核合格后直接参与临床实践，在日常诊疗过程中由治疗组负责人按个人经验指导教学，以医疗组为单位开展临床诊疗活动，按日常手术安排随机参与手术，不限定助手岗位及手术类型。自愿参加模拟操作训练，参与一次手术录像点评作为体验，培训时间为期3周。

1.4 教学效果评价

理论考核采用试卷答题形式，满分100分。模拟操作技能考核采用量化考评形式，完成既定操作程序后，评委按照操作细则评分，满分100分。临床实践考核，选定腹腔镜下卵巢囊肿切除术、腹腔镜下子宫肌瘤剔除术作为考核术式。手术操作评分项目包括：①基础指标(10分)：腹腔镜手术系统的连接、参数设置及调试，Trocar定位及穿刺，人工气腹的建立；②操作技巧评定(30分)：组织分离、止血、缝合、打结、无效操作次数、操作流畅度；③常规器械运用熟练度(30分)：吸引器、单极电钩、双击电凝、超声刀；④综合评定指标(10分)：手术操作时长、术中失血量；⑤对手术流程的理解(20分)：对手术流程是否熟悉、手术思路是否清晰、判断是否准确、主刀医生的指令是否执行到位、团队协作默契度。学员需分次完成两台手术，取两台手术得分的平均值作为临床实践考核最终得分。

1.5 教学反馈及满意度调查

采用自制调查问卷对学员进行测评，问卷项目包括：①除临床实践培训外，使你受益最大的辅助培训科目(理论教学、模拟操作、录像点评)；②你对自己取得的进步感到满意与否(很满意、基本满意、不满意)；③是否有信心独立开展手术(是、否、不确定)；④你对教学模式满意与否(很满意、基本满意、不满意)；⑤如果后期有高级技能培训班，你是否愿意参加(愿意、不愿意、不确定)。培训及考核流程见图1。

1.6 统计学处理

采用 SPSS 20.0 软件进行统计分析，计量资料(理论考核、模拟操作及临床实践考核成绩)采用 t 检验，计数资料(培训满意度调查)采用χ^2 检验，设定检验标准为 $\alpha=0.05$。

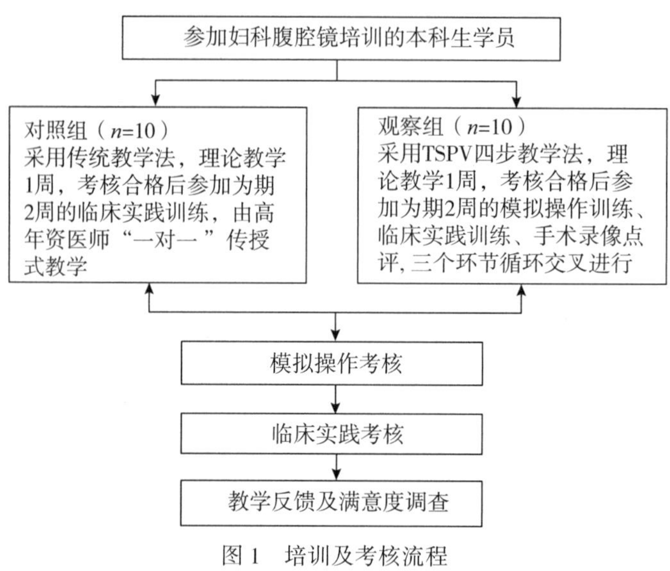

图 1　培训及考核流程

2. 结果

两组学员在平均年龄、性别分布、学制、临床实习时间等一般资料方面不存在统计学差异(见表 1)。两组学员理论考核成绩无统计学差异，观察组在模拟操作考核、临床实践考核成绩上均显著优于对照组(见表 2)。教学反馈及满意度调查显示(见表 3)，两组学员对受益最大的辅助培训科目存在显著不同的看法，对照组学员更为看重模拟操作训练，观察组学员则认为从手术录像点评中受益更多。观察组学员更容易肯定自己取得的进步，独立开展手术的自信心更强，对教学模式满意度等方面的好评优于对照组，进一步学习提高的意愿也更强烈。

表 1　**两组学员基本资料比较**

	对照组($n=10$)	观察组($n=10$)	t/χ^2	P
年龄[($\bar{x}\pm s$)，岁]	23.3±0.7	23.5±0.8	0.595	0.559
性别			0.202	0.653
女	5(50%)	6(60%)		

续表

	对照组（$n=10$）	观察组（$n=10$）	t/χ^2	P
男 5（50%）	4（40%）			
学制			0.476	0.788
本科	5（50%）	5（50%）		
5+3	3（30%）	4（40%）		
8 年制	2（20%）	1（10%）		
临床实习时间（月）			0.410	0.815
<3	6（60%）	7（70%）		
3～6	2（20%）	2（20%）		
>6	2（20%）	1（10%）		

表 2　**两组学员理论考核、模拟操作考核及临床实践考核成绩比较[（$\bar{x}\pm s$），分]**

科目/成绩	对照组（$n=10$）	观察组（$n=10$）	t	P
理论考核	92.5±5.1	91.4±4.7	0.502	0.622
模拟操作考核	78.4±7.2	85.5±6.6	2.300	0.034*
临床实践考核	69.7±6.9	82.5±7.1	4.088	0.001**

注：* 表示 $r<0.05$，** 表示 $r<0.01$

表 3　**两组学员教学反馈及满意度比较**

	对照组（$n=10$）	观察组（$n=10$）	χ^2	P
受益最大的辅助培训科目			2.397	0.302
理论培训	3（30%）	1（10%）		
模拟操作	5（50%）	4（40%）		
录像点评	2（20%）	5（50%）		
对取得的进步满意与否			2.143	0.343
很满意	3（30%）	6（60%）		
基本满意	4（40%）	3（30%）		
不满意	3（30%）	1（10%）		
是否有信心独立开展手术			3.333	0.189
是	2（20%）	6（60%）		
否	4（40%）	2（20%）		

续表

	对照组($n=10$)	观察组($n=10$)	χ^2	P
不确定	4(40%)	2(20%)		
对教学模式满意与否			6.667	0.036*
很满意	1(10%)	5(50%)		
基本满意	5(50%)	5(50%)		
不满意	4(40%)	0(0%)		
是否愿意参加高级培训班			2.104	0.349
愿意	4(40%)	7(70%)		
不愿意	1(10%)	1(10%)		
不确定	5(50%)	2(20%)		

注：* 表示 $P<0.05$

3. 讨论

传统的外科手术教学方式更多地依赖传授式教学，通常是在外科医师带教下进行临床实践，在实践中发现问题、改进操作，并随之成长。在传统的开放手术培训中，技术要素相对单一，主要是对局部解剖的理解以及操作手法的培训。但是在腹腔镜手术教学中，首先在手术理念上要从开放手术向微创手术转换，要适应腹腔镜下的操作环境，术者缺少精细的触觉感官，需要转变操作习惯，同时还增加了对腹腔镜手术适应证的评判、对多种手术器械的选择及运用[1]。其次要充分发挥腹腔镜手术的优势，例如腹腔镜手术下可获得更清晰的手术视野，有利于更细致的操作，便于录制手术操作视频做回顾分析。实践证明单一的传统教学模式已经无法适应现代腹腔镜技术的教学需求，因此，我们需要探索新的教学方法。

TSPV 四步教学法属于多元化复合教学模式，它基于拉斯卡教学理论(Laska teaching method)，将呈现、实践、发现、强化等四种基本教学理念相结合，具体通过理论课堂多媒体讲授、模拟操作训练系统、观摩手术演示、进阶式临床实践以及录像点评等教学手段，进行初期阶段、过渡阶段及强化训练。该教学方法兼具循环式培训体系在妇科临床实践教学中的优势[3]，通过理论—实践—分析—再实践，注重反复强化训练[4]，旨在提高教学效果。

TSPV 四步教学法有充分的理论基础，并且具有较强的可操作性。参照拉斯卡的教学方法论中刺激—反应联结理论，教学过程的本质在于通过合理的学习刺激达到预期的学习结果。在本研究探讨的 TSPV 四步教学法中，我们提供了多种教学方法协同开展教学培训。首先，在理论授课环节，强化对各类常见妇科疾病手术策略的制定，重点传授手术径路的选择(开放手术、阴式手术、腹腔镜手术)，建立并提升对腹腔镜手术的适应证和禁忌证的深层理解。我们以课堂讲授为主，配合微信平台推送学习资料，以及在临床实践初期观摩手术演示，属于呈现式教学方法。在模拟训练到临床实践的过程中，我们对实践方法进行了细致化的改进，制订了阶梯式、渐进式的训练计划，从模拟操作、现场观摩手术演示、助手阶段，逐步过渡到主刀阶段。之所以如此安排，一方面是遵从外科手术的安全原则，初期阶段的学员往往对腹腔镜手术中存在的潜在风险认识不足，细分实践环节并延长实践过程，有利于更好地管控培训风险[5,6]。另一方面，考虑到腹腔镜学习过程有其独特性，与传统的开放手术差异较大，腹腔镜下手术视野受限，初期阶段学员容易出现空间定向、定位障碍；腹腔镜呈现的是平面的二维影像，缺乏纵深感；腹腔镜下的操作通过刚性手术器械完成，缺乏精细触觉和力量感，通过模拟训练去适应腹腔镜操作环境，掌握缝合、打结等基本操作技巧[7-9]。本研究结果显示，录像点评是好评率最高的培训科目(见表3)。据国外研究报道，将视频辅导及反馈应用于腹腔镜模拟训练中可显著提高培训学员的考核成绩，针对有操作经验的学员获益更加显著[10-11]。TSPV 四步教学法开创性地将手术录像点评应用于临床实践训练中，通过为学员录制手术操作视频，组织回顾点评并发起讨论交流，帮助学员发现自己操作细节中的欠缺和不足，指导临床再实践并起到强化训练的效果。录像回顾点评环节是我们对拉斯卡教学理论中的发现、强化两种教学方式的具体化实践。

教学过程包括“教”和“学”两个方面，教师是教学活动的发起者，学员是受教的主体对象，教学创新的过程中总是在不断探讨建立高效的学习刺激。衡量一套教学方法成功与否的标准，既包括考核成绩的评价，也应包含教学满意度的评价，能充分调动学习积极性的教学方法更便于推广。我们的研究数据(见表3)表明 TSPV 四步教学法广泛受到学员好评。深入分析不难发现，TSPV 教学培训的经历可以加深学员对腹腔镜手术的认识，帮助学员找到更适合的训练方法，更能激励学员的自信心、积极性，帮助学员快速成长。

TSPV 教学法是一套科学、有效、可操作性强的培训方法，值得国内培训机构在腹腔镜手术培训中进一步推广验证。

◎ 参考文献

[1]赵仁峰，韦仕洋．妇科微创技术的应用研究现状[J]．微创医学，2019，14(2)：121-124.

[2]张霄，杨建华．PBL 联合腹腔镜手术在妇科教学中的应用[J]．中华医学教育探索杂志，2018，17(9)：938-941.

[3]赵旸，祝洪澜，吴燕，等．循环式临床技能培训体系在妇产科临床实习中的构建与应用[J]．中华医学教育探索杂志，2012，11(9)：940-943.

[4]王炼炼，徐红兵，漆洪波．妇产科临床教学中的知识难点剖析和应对策略[J]．中华医学教育探索杂志，2016，15(4)：407-409.

[5]Guilbaud T，Birnbaum D J，Berdah S，et al. Learning curve in laparoscopic liver resection,

educational value of simulation and training programmes: a systematic review[J]. World J Surg, 2019, 43(11): 2710-2719.

[6]李秉枢, 程丽薇, 洪莉, 等."医学沙龙式"教学在妇产科住院医师规范化培训中的应用[J]. 中华医学教育探索杂志, 2019, 18(8): 830-833.

[7] Oussi N, Enochsson L, Henningsohn L, et al. Trainee performance after laparoscopic simulator training using a blackbox versus Lap Mentor[J]. J Surg Res, 2020(250): 1- 11.

[8]王雨艳, 黄鑫. 腹腔镜模拟培训在妇产科研究生教学中的应用研究[J]. 中国继续医学教育, 2018, 10(19): 13-15.

[9]朱苏月, 张轩, 陈萍, 等. 仿真腹腔镜培训系统在普外科技能教学中的应用[J]. 中华医学教育探索杂志, 2020(2): 234-235.

[10]Warehime J M, Lenger S M, Feng X Y, et al. Video playback as an educational tool for improving resident laparoscopic performance: a randomized controlled trial[J]. J Minim Invasive Gynecol, 2023, 30(1): 39-44.

[11] Norris S, Papillon-Smith J, Gagnon L H, et al. Effect of a surgical teaching video on resident performance of a laparoscopic salpingo-oophorectomy: a randomized controlled trial [J]. J Minim Invasive Gynecol, 2020, 27(7): 1545-1551.

拔尖创新人才培养的路径优化

刘 欢

（武汉大学 第一临床学院，湖北 武汉 430060）

【摘 要】拔尖创新人才是国家核心竞争力的关键，是引领科技创新及产业发展方向的关键力量，也越来越成为全球竞争格局的关键。作为一项正处于发展阶段的实践探索，拔尖创新人才培养面临培养体系构建、培养课程体系改革、教学模式改变以及给教师带来挑战等一系列问题。高校拔尖创新人才培养的实践路径主要包括以下四点：探索多维度、多元化的拔尖创新人才选拔机制；设计高水平的拔尖创新人才培养体系；建立多层次的拔尖创新人才培养结构；树立具有高校特色的拔尖创新人才培养理念。通过这些综合性措施，旨在为高校拔尖创新人才的培养提供有效策略，以应对当前及未来社会和经济发展的需求。

【关键词】拔尖创新人才；实践探索；路径优化

【作者简介】刘欢(1990—)，女，河北承德人，博士，武汉大学第一临床学院讲师，主要研究方向为动脉粥样硬化的发病和诊疗，E-mail：liuh2015@ whu. edu. cn。

当前，拔尖创新人才培养是我国快速推进教育现代化、建设教育强国的重要战略任务。习近平总书记在党的二十大报告中强调，要“全面提高人才自主培养质量，着力造就拔尖创新人才”[1]，为新时代人才培养工作指明了方向。大学是拔尖创新人才培养的重要基地[2]。我国提出的建设“双一流”高校就是对高等拔尖创新人才培养的有效尝试。本文将对拔尖创新人才培养的理论研究做一综述。

一、拔尖创新人才培养理论研究

新时代拔尖创新人才培养的理念内涵主要可以概括为：立德树人，注重德智体美劳全面发展；适应经济社会发展需求，培养创新驱动发展所需人才；挖掘和开发每个人的潜力，实现人的自由而全面发展；倡导终身学习，培养持续学习和自我更新的能力[3]。拔尖创新人才的核心素养和能力主要包括：强烈的责任担当与奉献精神；积极进取的创新思维和创业意识；扎实过硬的专业知识与技能；优秀的团队协作和组织管理能力；敏锐的洞察力和创造力[4]。选拔培养路径可以采取：高校专业学科培养；研究生及博士后培养；联合企业、科研院所共建实践平台；国际选派交流学习；定向培养国家急需紧缺人才培养模式可采用小班化教学、师徒制、项目驱动、校企合作等。质量评价标准可以从德智体等方面制定具体指标，注重能力和社会贡献的评估。

通过比较和分析不同国家和地区的拔尖人才培养模式，不同国家和地区在拔尖人才培养模式上有些区别。比如美国主要强调通识教育，鼓励个性发展，重视校企合作，组建创新创业项目团队，注重国际交流，输出人才。英国主要鼓励独立思考，开展小组研讨，培养国际视野，参与国际竞赛，重视品德教育和社会实践能力。德国主要强调理论联系实践，将知识运用到实际中，采用双元制教学法，注重培养学生的技术技能。日本主要重视道德修养和团队精神，学习方法强调重复训练，企业提供产学合作平台。而新加坡主要通过办优质精英教育吸引外国人才，国家机构统筹规划人才培养，提供优厚待遇，重视应用型人才。综上，不同国家均形成了自己的拔尖人才培养模式，但都注重知识技能学习、创新实践能力和全球视野的培养。

立足于我国国情的拔尖创新人才培养新模式，主要包括以下几个方面：立足中国实际，服务国家重大需求，聚焦国家战略需求，如制造强国、网络强国、空间强国、生态文明等，培养相关领域的拔尖创新人才；优化选拔机制，实施分层分类培养，通过科学的选拔机制识别有潜质的学生，并按能力水平进行分层培养；强化基础训练，注重动手能力培养，加强理科基础知识学习，传授系统的创新方法、工具，强化动手实践能力；构建产学研用协同培养体系充分利用产业资源和科研平台，建立产学研用紧密衔接的培养体系；注重国际视野，加强国际交流，引入国际化培养理念，加强语言学习，提供出国交流机会；关注个性发展，发挥潜能因材施教，关注每一个学生的个性和特长，让创新潜能得到充分发挥；建立弹性管理制度，设立弹性学制、弹性课程，支持自主学习，自定义培养方案；构建全员培养的长效机制，不仅依靠学校，还要发挥家庭、社会和企业的积极作用，形成合力；建立开放式评价体系，评价方式要全面关注德智体美劳等要素，并与国际标准对接[5]。

拔尖创新人才的主要特征和评价指标体系可以考虑以下方面[6]：思维特征，主要指具有非凡的想象力和洞察力，善于发散性思维和融合思维，敢于挑战权威，提出颠覆性新见解；能力特征，主要指具备扎实的专业知识和出色的科研创新能力，有较强的适应能力、学习能力和创业能力，富有领导力、组织协调能力和团队合作精神；性格特征，主要指积极主动、好奇心强、挑战自我、充满热情，有毅力和耐心，具有责任心、奉献精神和国际视野。拔尖创新人才的评价指标，包括科研创新成果，如重大发明创造、高水平论文，获得的奖项，如国家级科技奖励，承担的重大项目和成果转化效益，在学术领域和行业内的影响力和带动作用，国际视野和交流合作情况等。综合运用上述指标，可以比较全面地识别和评价拔尖创新人才。同时，评价过程还需要采取定性与定量相结合的方法。

二、本科人才自主培养体系研究

构建高质量本科人才自主培养体系，可以从以下几个方面进行探索[7]：基础学科人才培养，主要通过加强通识教育，拓展知识面，重视方法论和科学精神培养，强化创新思维和实践能力锻炼，鼓励多学科交叉学习；国家急需专业人才培养，主要通过深入调研产业需求，优化专业设置，强化应用能力培养，加强实训条件建设，增设新工科、新农科、新医科等方向，推进产教融合，构建产学研用协同育人；本科卓越人才培养，主要通过完善评价机制，采取个性化培养方式，提供资源优先保障和导师制指导，设立卓越人才专项奖学金以及构建校内外训练基地，开展创新创业实践。培养体系的共性要求是立德树人，注重全面发展，因材施教，关注学生成长，深化教学改革，优化培养方案，提升教师能力，打造师资队伍。通过整体谋划和深入推进，可以不断提高本科人才培养质量。

拔尖创新人才培养对师资队伍也有了新的要求。首先应具备扎实的理论知识和丰富的实践经验。既要有深厚的学术功底，也要有领域前沿的视野。要有较强的科研创新能力，取得了原创性研究成果，继而能引领学生进行创新探索。要具备国际化视野，了解国际前沿动态，能带入国际先进理念。还应掌握有效的教学方法和手段，能运用问题、讨论、项目等富有效果的教学方法。具备优秀的沟通和领导能力，能与学生进行有效互动，并组织指导学生团队。要有强烈的责任心、奉献精神和主人翁精神，关爱学生成长。更要具备优秀的学术品德，言传身教，具有高尚的师德。要有强烈的科学精神和创新意识，能激发学生的科学探索兴趣和创新思维。最后应具备终身学习能力，能不断学习新知，跟上学科发展前沿。

这无疑对建设高水平师资队伍提出了挑战。吸引和建设高水平的拔尖创新人才培养师资队伍，可以从以下几个方面着手：建立竞争性的聘用机制，通过国际公开招聘吸引顶级人才；提供优厚的薪酬待遇和科研经费支持，以吸引高层次师资；建立弹性的聘期制度，兼职引进业内顶尖专家；实施人才引进和培养相结合，聘请高端人才并重点培养年轻教师；鼓励企业院所专家志愿者参与教学，实现校企合作；构建师资共享机制，实现优质教学资源的合理配置；选送教师出国进修，扩大其国际视野；建立师资持续教育体系，形成终身学习机制；建立合理的评价激励机制，充分调动师资的积极性；加大新形势下对师资队伍建设的投入和支持[8]。这样多管齐下，既注重引进，也重视培养，可以逐步形成一支高水平的师资队伍。

三、拔尖创新人才培养模式研究

面向培养适应未来发展的拔尖创新人才，可以构建以下多层次、跨学科的培养模式[9-11]：一是基础层培养，主要通过设置通识教育模块，强化科学精神、创新意识、人文素养培养，加强基础学科训练，提高逻辑思维和知识迁移能力。二是专业层培养，主要通过优化和更新专业设置，增设新兴交叉专业，强化实践环节，进行项目设计、产品开发等训练，鼓励辅修多学科，拓展跨界视角。三是强化层培养，主要包括设置小班强化培养课程，重点培养创新思维和领域能力，围绕前沿热点设计命题课程和运用项目驱动教学，并引入优秀师资和行业专家，提供专业指导。四是个性化培养，包括评估学生特长和发展方向，制订个性化培养计划，配备导师和资源，开展自主探究项目，提供出国交流、实习等机会，拓展国际视野。五是组合优势资源，主要包括学科交叉融合，构建虚拟学院、跨院系项目；产学研用协同，共建人才培养基地；引入国内外名师，开展联合培养。通过这种多层次、跨学科的培养模式，可以有效培养出优秀的拔尖创新人才。

要培养优秀的拔尖创新人才，就要分析拔尖创新人才所需的核心素质和能力。拔尖创新人才所需的核心素质和能力主要包括[12,13]：创新思维能力，即具有敏锐的观察力、深刻的洞察力，善于发散性思维，能提出颠覆性的新视角。专业知识与技能，在一个或多个领域拥有过硬的专业知识积累和出色的技能。科学研究能力，熟练掌握科学研究方法，能独立进行理论和实验研究工作。学习能力，善于学习新知，有高度的自主学习能力和终身学习姿态。沟通协作能力，能够进行学术交流或团队协作，推进共同目标。国际视野，具备国际视野，了解前沿动态，能进行国际合作。抗压能力，能够承受工作压力，有毅力完成任务。创业能力，具有创业意识，善于将成果转化为实际产出。组织领导能力，有领导天赋和魅力，能圆满完成组织目标。社会责任感，有强烈的社会责任感和奉献精神。通过全面提升这些核心素质和能力，可以培养出复合型的拔尖创新人才。

针对拔尖创新人才培养要设计针对性强的创新创业教育课程体系，可以设计以下具有针对性的创新创业教育课程体系：创新思维课程，包括设计思维、敏捷开发、颠覆性创新等课程，培养学生的创新思维能力；专业技能课程，包括专业基础理论、前沿技术、编程语言等专业技能培养课程；研究方法课程，包括科学研究方法、学术写作、学术伦理等课程，培养科研能力；产学研课程，包括产学研结合、校企合作等课程，连接理论和实践；创业课程，包括创业模型、商业计划书、市场营销等课程，培养创业能力；交叉学科课程，包括组合数学、生物、计算机等学科的交叉课程，拓宽视野；小组项目课程，包括团队合作、项目管理等小组课题，增强协作能力；国际视野课程，包括第二外语、留学经验分享、国际会议等课程，培养国际视野；启发式课程，包括历史人文等启发思维的课程，完善知识结构。这样的课程设置能适应拔尖创新人才培养的目标要求，使之成长为复合型的领军人才。

四、拔尖创新人才培养课程体系改革和教学模式研究

推进拔尖创新人才培养的课程体系改革和教学模式研究，可以考虑以下方面[14]：一是课程设置方面，主要通过强化通识教育，增设创新创业及前沿交叉学科课程；鼓励开设小班研讨式课程，培养批判性思维；设置开放式选修课，满足个性化学习需求。二是教学内容方面，应积极引入前沿理论、原始文献及前沿进展；加强案例教学，连接理论知识与实际问题；关注学科发展动态，及时更新教学内容。三是教学方法方面，要通过问题导向教学，激发主动探究精神；用项目驱动教学，培养团队合作能力；另外还要构建知识体系，重视逻辑思维训练；推行混合式教学，创新手段方法。四是学习评价方面，通常采用过程性评价，评价学习态度、思维品质等；注重对学生作品、论文、项目成果等的评价；组织专家评议，提供专业意见。五是教学管理方面，鼓励教师进行教学创新，保障学生学习自主权；优化教学管理，创建宽松和充满活力、关爱的学习氛围；加强质量监控，确保教学效果。通过持续推进教学改革，可以形成激发创新潜能的课程体系和教学模式。

关于培养方法与手段，可使用问题导向、项目驱动等有效的培养方法[15]。采用问题导向和项目驱动等培养方法，可以有效提高拔尖创新人才的培养质量。问题导向法是将实际科研问题或社会需求转化为教学问题，以问题为导向进行教学，这可以激发学生的思考和解决问题的能力。项目驱动法是由教师提出项目任务，学生以小组为单位进行项目研究和实践，这可以培养团队合作精神。案例教学法是使用实际科研案例作为教学材料，使学生在分析案例中获得知识，这可以增强对理论的理解运用。研究式学习法是指学生围绕一个具体的研究项目进行探索，教师给予指导，这可以培养独立研究的能力。师生互动式教学可使师生之间充分讨论互动，共同探索问题，这可以激发学习主动性。信息技术支撑的混合式教学是线上线下相结合，利用数字技术创新教学方法，这可以提高学习效率。国际化教学通过引入国外先进教学理念、案例和经验来拓宽学生的国际视野。这些富有效果的教学方法，可以充分调动学生的学习积极性，达到培养创新人才的目的。

此外，还可应用虚拟仿真技术、数字化学习平台等新手段提高培养效果。虚拟仿真技术，通过利用虚拟现实等技术，模拟实验环境和项目场景，安全高效地进行虚拟操作实践。数字化学习平台，通过建设覆盖各学科的数字化学习平台，进行视频教学、在线测试、智能推荐等。沉浸式课程，通过 3D 动画、互动游戏等形式，加强场景还原，提高学习沉浸感。大数据与学习，通过分析收集学生学习数据，运用大数据技术进行学习分析，实现个性化教学。智慧教室/空间，通过构建智能化的教学环境，进行智能化监控并提供个性化支持。移动学习，通过开发手机 App 和微学习资源，进行随时学习。远程双师课堂，通过视频会议等技术，实现名师远程教学。虚拟团队合作，通过数字协同平台，进行虚拟团队项目合作。混合教学，通过线上课程学习与线下课堂互补结合，实现融合教学。综合运用这些数字化手段，可以提升拔尖人才培养的效果和效率。

五、开展以数字化引领教育教学改革研究

探索以数字化引领教育教学改革，可以考虑以下几个方面[16]：(1)分析教师面临的挑战，需要具备信息技术应用能力；需要转换教学理念，即要适应数字化教学；需要设计适合数字化的新型教学内容和过程；需要学习和适应新的数字化教学工具。(2)抓住教师面临的机遇，可以利用数字技术进行多样化的教学设计；可以根据学生数据进行精准化教学；可以打造虚拟仿真实践条件；可以便捷开展翻转课堂和混合式教学。(3)推进信息技术与教学的深度融合，建设信息化教学环境和资源库；引入人工智能、虚拟仿真、远程交互等前沿技术；推广在线学习、智慧教室、移动学习等数字化教学；构建教师专业发展数字化支持系统。(4)提升教师教学创新能力，开展数字化教学能力培训；鼓励教师积极开展教学创新实验；构建教学创新社群，进行经验分享；建立教学创新评价机制，提供支持与激励。通过数字化引领，可以推动教育教学改革，提升教师教学能力。

总体而言，我国拔尖创新人才培养尚处于探索-实践阶段。靠单一力量很难实现，需要协同多方力量，共同推进。在未来，应加强对拔尖创新人才培养的研究，探索具有中国特色的拔尖创新人才培养方法。

◎ 参考文献

[1]习近平．高举中国特色社会主义伟大旗帜　为全面建设社会主义现代化国家而团结奋斗：在中国共产党第二十次全国代表大会上的报告[M]．北京：人民出版社，2022：33-34.

[2]郑军，李敏．德国高校本科拔尖创新人才培养的措施及启示[J]．山东科技大学学报(社会科学版)，2019，21(6)：103-112.

[3]马永霞，葛于壮，梁晓阳．高校拔尖创新人才培养的价值内涵、实践审视与路径优化[J]．西北工业大学学报(社会科学版)，2023(7)：1-8.

[4]李明媚，李世勇，龚敏．拔尖创新人才核心素养及培育路径：基于茨格勒理论[J]．高教学刊，2022，8(33)：156-160.

[5][8]彭术连，肖国芳，刘佳奇．我国高校拔尖创新人才培养的路径依赖及变革突破[J]．科学管理研究，2022(6)：122-129.

[6]肖琳，陈亚雯．新型拔尖创新人才培养的质量评价指标研究[J]．江苏科技信息，2023，40(10)：20-23.

[7]倪小勇，王世璐，李学骞，等．完全学分制背景下综合性大学人才培养方案构建探析[J]．高等理科教育，2023(4)：61-68.

[9]杜玉波．探索拔尖创新人才培养新机制[J]．中国高等教育，2014(2)：4-6.

[10]赵勇．国际拔尖创新人才培养的新理念与新趋势[J]．华东师范大学学报(教育科学版)，2023(5)：1-15.

[11]钟秉林，常桐善，罗志敏．拔尖创新人才自主培养(笔谈)[J]．重庆高教研究，2023(1)：3-13.

[12]叶赋桂，罗燕．拔尖创新人才培养的新思维[J]．复旦教育论坛，2011(4)：19-23.

[13]靳玉乐，李红梅．英国研究型大学拔尖创新人才培养的经验及启示[J]．高等教育研究，2017(6)：98-104.

[14][15]孙锐，吴江．构建高质量发展阶段的人才发展治理体系：新需求与新思路[J]．理论探讨，2021(4)：135-143.

[16]段晓丽，文武．智能时代高校拔尖人才培养模式探要[J]．江苏高教，2022(8)：58-62.

新医科视域下临床医学专业八年制执业医师资格考试成绩分析与策略思考

李　越　余祥庭*　杨　杪　熊荣红　刘陈昂

（武汉大学　中南医院/第二临床学院，湖北　武汉　430071）

【摘　要】**目的**：评价某高等医学院校临床医学专业八年制学生的执业医师资格考试成绩，为新医科背景下培养八年制拔尖创新人才提供理论依据。**方法**：以某校 2014 级和 2015 级临床医学专业八年制学生为研究对象，分析学生实践技能、医学综合考试的通过率，以及在认知层面和知识模块层面的掌握情况。**结果**：某院校八年制学生的执业医师资格考试实践技能考试、医学综合考试的通过率均明显高于全国水平。在认知层面上，八年制学生应用层次的掌握率最高，且逐年提升；在知识模块上，八年制学生的基础医学、医学人文、临床医学以及预防医学的得分情况均明显高于全国总水平；基础医学模块的掌握情况接近原 211 高校，但是医学人文、临床医学以及预防医学的得分均较高，尤其是医学人文和预防医学模块。**结论**：应以临床执业医师资格考试成绩为导向，结合新医科时代要求，加强八年制学生预防医学知识和医学人文精神的培养，提高综合知识的应用能力。

【关键词】新医科；八年制；执业医师资格考试

【作者简介】李越（1991—　），女，湖北咸宁人，硕士，武汉大学中南医院/第二临床学院教学办公室管理人员，研究方向：医学教育，E-mail：li-yue@ whu. edu. cn；*通讯作者：余祥庭（1963—　），男，湖北仙桃人，硕士，武汉大学中南医院/第二临床学院研究员，研究方向：医学教育，E-mail：yuxiangting@ 126. com。

为适应新一轮科技革命和产业变革的要求，助力健康中国建设，教育部于 2018 年印发了《关于加强医教协同实施卓越医生教育培养计划 2.0 的意见》，提出全面推进医工理文融通，培养医学基础知识和基本技能扎实，具备医疗、教学与科研岗位胜任力，能解决未来医疗领域难题的高层次拔尖复合型人才，新医科的概念应时而生[1]。建设新医科是国家创新发展战略的重要举措，也是时代发展的必然要求。临床医学专业八年制学生的定位是具有高尚职业素养、扎实医学知识、较强临床与科研能力、开阔国际视野、勇于激发自身潜能以及善于自主学习的拔尖创新医学人才，是新医科建设的主力军，八年制学生的培养质量关系到健康中国建设的成效。

考试是测量教学效果和评价培养质量的重要手段[2]，尤其是执业医师资格考试是国家组织的行业准入考试，是评价申请者是否具备从事医师工作所必需的专业知识与技能的考试，反映了医学人才的培养质量，对于提高医疗卫生服务质量和水平，保障人民群众身体健康和生命安全具有重要意义。国家2019年颁发了新版临床《医师资格考试大纲》，研发新型试题，调整试卷结构，实行计算机标准化考试，旨在从考试形式、试题结构、命题方式改革等方面入手，模拟临床真实场景，重现临床现场环境。通过对执业医师资格考试成绩的分析，能够全面、客观地评价学生的临床综合能力。以执业医师资格考试为导向，改革教学模式、提高教学质量已成为高等医学院校教学改革的重要方向之一[3]。本研究通过分析八年制学生执业医师资格考试情况，以结果为导向，探讨新医科背景下八年制教育改革方向，促进考试制度与教学质量共同发展。

1. 资料与方法

1.1 一般资料

选择某院校2014级和2015级临床医学专业八年制98名学生的执业医师资格考试成绩为研究对象，数据均来自国家医学考试中心。

1.2 观察指标与研究方法

临床执业医师资格考试由实践技能考试和医学综合考试两部分组成，其中实践技能考试满分100，达到60分即为合格，才能获取参加医学综合考试的资格。医学综合考试满分600分，合格分为360分。认知层面上，医学综合考试分为记忆、理解与应用三个层次。知识层面上，医学综合考试包含基础医学、临床医学、医学人文以及预防医学四个模块。其中基础医学所含学科为病理学、病理生理学、解剖学、生理学、生物化学、药理学、医学免疫学、医学微生物学；临床医学所含学科为内科学、外科学、妇产科学、儿科学；医学人文所含学科为卫生法规、医学伦理学、医学心理学。采用数据资料分析法，从认知层面和知识层面分析学生对知识的掌握情况。

1.3 统计学分析

本研究参考教育评价和测量理论，采用均数、标准差以及频数分布等指标分析成绩，采用SPSS 25.0统计软件进行相关数据分析，并绘制成绩分布直方图。

2. 结果

2.1 考试整体情况

2021年和2022年某院参加执业医师资格考试的八年制学生分别为50人和48人，实践技能考试的通过率均为100.00%，医学综合考试通过率与总通过率分别为86.00%与

91.67%，均远高于全国水平(见图1)。

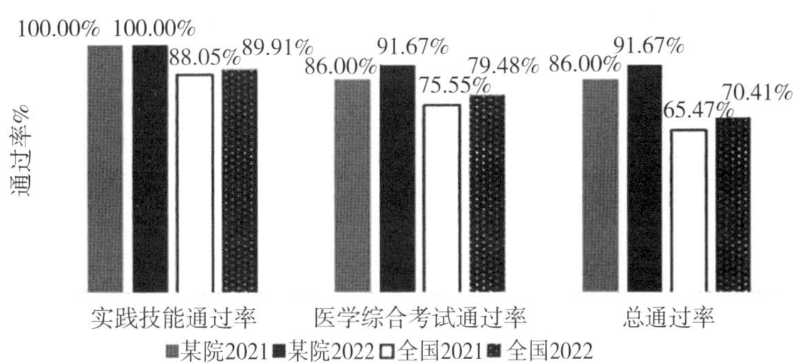

图1　近两年某院八年制学生执业医师资格考试与全国通过的整体情况

2.2　认知层次掌握情况

执业医师资格考试试题从认知层面分为记忆、理解与应用三个层次，掌握率是学生的平均得分与某认知层面满分的比值，用以表示考生在该认知层面对学科知识的掌握程度[4]。近两年的结果显示，八年制学生在应用层次的掌握率最高，且2022年三个层次的掌握情况均较2021年有所提高(见图2和图3)。

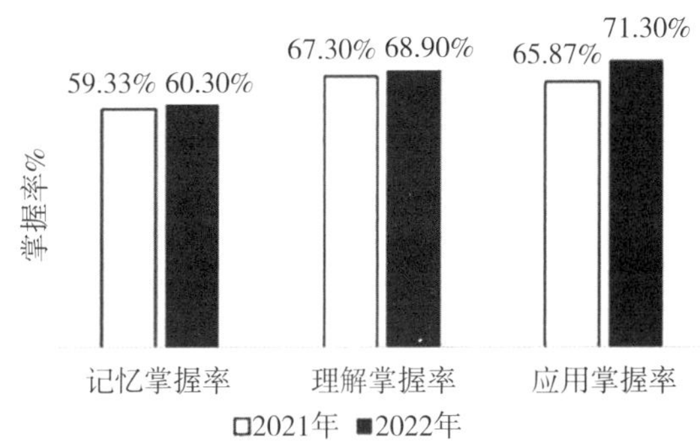

图2　近两年某院八年制学生执业医师资格考试各层次掌握情况(直方图)

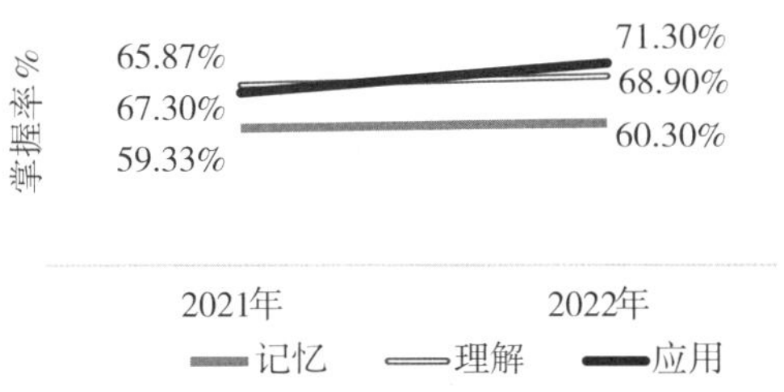

图3　近两年某院八年制学生执业医师资格考试各层次掌握情况(折线图)

2.3 医学综合模块掌握率及成绩对比

医学综合考试由基础医学、医学人文、临床医学以及预防医学 4 个模块组成。某院校八年制学生医学综合考试四大模块掌握情况及其与高校群体的对比情况见表 1。八年制学生的基础医学、医学人文、临床医学以及预防医学的得分情况均明显高于全国总水平；与原 211 高校相比，基础医学模块的掌握情况相接近，但是医学人文、临床医学以及预防医学的得分均较高，尤其是医学人文和预防医学模块。

表 1　**2022 年某院八年制学生与各医学群体院校考生医学综合笔试各模块成绩对比**

模块	比较群体	2022 年	
		均分±标准差	掌握率
基础医学	全国	42.17±7.85	56.23%
	某院八年制	44.40±6.34	59.19%
	原 211 高校	44.77±7.33	59.69%
医学人文	全国	32.24±3.88	67.17%
	某院八年制	34.23±3.09	71.31%
	原 211 高校	33.44±4.18	69.67%
临床医学	全国	299.23±41.86	67.70%
	某院八年制	308.40±29.94	69.77%
	原 211 高校	308.11±38.35	69.71%
预防医学	全国	23.10±3.78	66.00%
	某院八年制	26.52±2.66	75.77%
	原 211 高校	25.04±3.57	71.54%

3. 讨论

临床执业医师资格考试是国家组织的行业准入性考试，是一种典型的标准参照测验，具有可信度高、效度好与区分度较强的特性，是被广泛认可的高等医学教育质量检测手段[5]。首次临床执业医师资格考试的通过率是三级公立医院绩效考核核心指标，并且与高等医学院校的招生指标相关联。建设新医科是新时代背景下医学教育改革的必然要求，也是国家创新发展战略的重要举措。如何运用好临床执业医师资格考试杠杆，培养出引领未来医学事业发展的卓越医学人才具有重要意义。

3.1 新医科背景下，提高八年制学生对知识的应用能力

新医科是科学、人文、工程等的交叉融合，强调培养复合型人才，新医科培养的人才

要主动适应和服务于信息时代的医疗实践与医学研究，这就要求注重理论知识与实践的结合，提高学生对知识的应用能力。通过数据对比，八年制学生实践技能考试的通过率为100.00%，医学综合考试通过率与总通过率远高于全国水平，应用层次的知识掌握情况最佳，且逐年升高，这与新医科的要求是不谋而合的。提高应用能力的培养模式见图4。

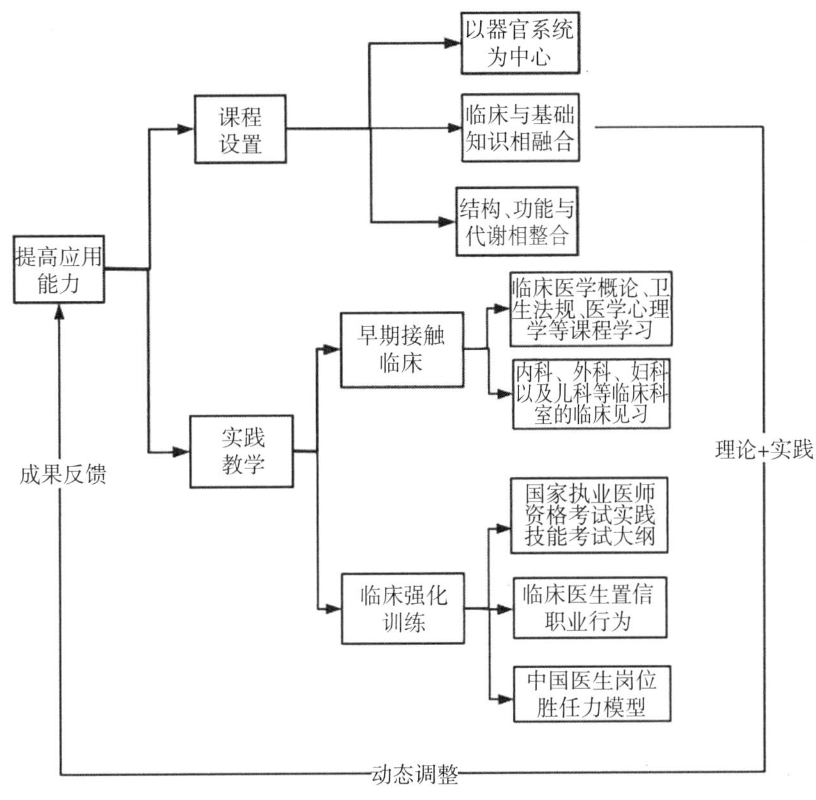

图4　提高应用能力的培养模式

在课程体系方面，构建以岗位胜任力为导向的课程模块，加强课程融合，将基础课程中的结构、功能与代谢相整合，临床课程与相关的基础课程相融合，突破学科界限，构建以器官系统为中心的课程模式，促进学生对知识的吸收，提高学生综合运用知识的能力（见表2）。

表2　**整合课程设置**

整合课程	传统学科课程
人体结构学	解剖学、影像学、胚胎学总论
组织与功能	组织学、生理学
细胞、分子与基因	医学遗传学、细胞生物学、分子生物学与生物化学

续表

整合课程	传统学科课程
损伤与反应	免疫学、病理学总论、病理生理学总论
神经科学	神经解剖、神经生理、神经病学、医学心理学
病原生物学	医学微生物学、医学寄生虫学、免疫学总论
临床病理、病理生理与治疗学	病理学各论、病理生理学各论、药理学、内科学、部分妇产科、部分外科、传染、神经病学
诊断学	诊断学、外科学总论、护理、儿科基本技能、妇产科基本技能

在临床实践教学方面，大学一年级结束后，即开设早期接触临床学习，让低年级医学生在见习、实习之前，提前到医院接触临床。通过安排低年级学生早期接触临床环境、诊疗流程，能使学生更好地了解医院的工作环境和职业角色，帮助学生做好职业规划[6]。早期接触临床的课程设置也是先进行临床医学概论、卫生法规、医学心理学、传染病护理学等理论知识的讲授，然后进行为期一周的内科、外科、妇科以及儿科等临床科室的临床见习。在学生进入临床实习前，要求学生进行临床强化训练(含临床思维)的学习，临床强化训练(含临床思维)课程聚焦在国家执业医师资格考试实践技能考试大纲、临床医生置信职业行为以及中国医生岗位胜任力模型，结合学习小组讨论与计划、模拟实操、临床案例思辨、自评互评以及反馈反思等学习模式，促进学生临床思维的培养，强化学生将医学理论知识转化为实际应用的能力。实习阶段，每个三级学科出科考核要求学生进行病例汇报，引导学生从问题入手，围绕临床问题，紧密结合病例展开讨论，按照正确的临床思维过程和诊疗程序做出正确的处置，强调培养临床思维的发散性、批判性、综合性以及逻辑性。从理论课程体系到实践教学全过程，强化学生将理论知识内化为实践技能的能力，加强对医学知识的应用。

3.2 新医科背景下，加强八年制学生对预防医学的重视

《“健康中国2030”规划纲要》首次将健康纳入了国家中长期战略规划，提出了以“预防为主、防治结合、关口前移、促进资源下沉”的指导性意见，从“以治病为中心”转向“以健康为中心”，全方位、全周期保障人民健康[7]。教育部以及科技部等13个部门2019年在天津联合启动了“六卓越一拔尖”计划2.0，全面推进新医科、新工科、新农科和新文科建设，提出了从治疗为主到兼具预防治疗、康养的生命健康全周期的医学新理念，强调要持续优化服务生命全周期、健康全过程的专业结构，解决当前医疗卫生机构中健康管理与疾病治疗衔接的问题，解决生命全过程、疾病发展全过程防治结合的问题，要将服务健康全过程理念贯穿人才培养的全过程。某院校八年制学生预防医学模块的成绩远高于全国以及原211高校，得益于学院认真践行新医科从治疗为主转为“促防诊控治康”的生命健康全周期服务的新理念。

邀请公共卫生学院专业教师给学生讲授预防医学类课程，加强预防战略思想和新时期

卫生工作方针的教育。强调临床知识的系统整合，从单纯偏重诊疗知识能力的培养，转向诊疗和预防保健综合知识能力的培养，确保学生掌握必备的群体和个体预防知识以及相应技能，强化疾病防疫和慢性病管理的基本知识和技能储备，指导学生树立预防为主的观念。讲授临床医学专业课程时，授课内容涵盖各种慢病的流行病学情况、病因以及危险因素，社会危害、早期诊断、多学科防治的融合和整合干预手段，包括预防保健、保健康复以及心理干预技术，促进临床与预防医学的交叉整合。此外，加强学生对社区实习的重视，认真落实社区实习，掌握慢性病高危人群的筛查、健康教育和健康促进的应用、传染病和突发公共卫生事件的处理，常见慢性病的健康管理，以及社区常见病、多发病和传染病的诊疗，严格落实预防医学教育的实践环节。

3.3 新医科背景下，强化对八年制学生医学人文的培养

新医科的本质是培养能解决未来医学领域前沿问题的高层次医学创新人才，助力健康中国建设，满足人民群众的健康需求。在“大健康”“大卫生”和“大医学”的发展新格局下，新医科时代对于医学人文教育也提出了更高的要求[8]。在注重医学专业知识和技能培养的同时，重视医学生人文素养的提升，准确把握医学科学的发展方向，紧靠人民群众追求美好生活的期许，是新医科时代发展的必然要求。从执业医师资格考试的情况来看，某院校八年制学生医学人文模块的掌握率优于全国与原211医学高校。学院着力增强八年制学生的责任感和使命感的培养，加强人文素质教育，让医疗技术更有温度和生命力，助力新时代健康中国的建设与发展。

医学人文精神的培育是全体教学人员通力协作的结果，学院临床教师、教学管理人员、辅导员以及党团干部等都是医学人文精神的传播者，全体教师紧密配合形成人文教育的合力，共同营造良好的育人氛围，践行全员、全程、全方位的育人模式，为学生医学人文精神的培养提供肥沃土壤。根据临床医学八年制特点，从医院各教职工党支部选拔优秀临床教师担任八年制杏林导师。杏林导师从一年级开始就对学生进行正确的思想引领，加强八年制学生人文精神的培养。科学优化人文课程体系，构建知识、能力与情感三维目标，根据学生所处的阶段，在基础和临床阶段分别设置不同的医学人文类课程，循序渐进地将人文素养的培养贯穿学生培养的全过程，形成系统、规范的人文课程体系。医学人文课程体系建设三阶段的安排是：基础课程阶段除讲授马克思主义基本原理概论等思政类课程外，开设人文社科经典导引、自然科学经典导引、中华文明与世界文明、艺术体验与审美鉴赏以及社会科学与现代社会等通识类课程，涵盖哲学、美学、文学等内容，帮助八年制学生树立科学的世界观。临床课程阶段通过医学伦理学、临床伦理与职业态度、医学史以及医院管理等探讨人文知识背景在医学中的重要作用，从医疗专业角度探究医学与人文的融合，促进自我约束，加强医德修养。临床实践阶段通过带教老师的床边教学以及在临床小讲课、教学查房与病例汇报中融入人文元素，生动形象地向学生展示了医学人文的实施方法和途径。

4. 结语

新医科时代下，要求学生的综合素质高，对知识的应用能力强，为推动医学与工科、理科等多学科交叉提供基础。同时强调了注重预防、康养的生命健康全周期的医学新理念，更好地满足人民群众对健康卫生的需求。临床医学八年制学生是新医科时代高层次医学拔尖创新人才的储备军，尤其应从课程设置和实践教学两个方面提高他们对知识的应用能力并且重视预防医学和医学人文素养的培养。本研究基于新医科赋予高层次医学人才的使命，结合临床执业医师资格考试情况，为八年制卓越医学人才培养提供思路。

◎ 参考文献

[1]吕福现，井于玲，李贞兰，等．新医科背景下的康复医学教育改革思考[J]．中国实验诊断学，2023，27(2)：249-252.

[2]王玮，李海潮，余奇志，等．八年制临床医学专业学生临床基础综合课程考试成绩和试卷分析的评价与思考[J]．中华医学教育杂志，2018，38(2)：299-303.

[3]孙莉，郎明非，曾常茜，等．从临床执业医师资格考试成绩分析加强基础与临床结合的教学改革效果[J]．中华医学教育探索杂志，2023，22(2)：203-207.

[4]黄星，潘小炎，范丽萍，等．以执业医师资格考试为导向的广西某医科大学临床医学本科教学改革探索[J]．医学与社会，2017，30(7)：84-86.

[5]王跃秀，徐慧莉．临床执业医师资格考试成绩分析与思考[J]．继续医学教育，2023，37(1)：13-16.

[6]邓斯琪，潘晓彦，李芳，等．本科医学生“早期接触临床”教育评价指标体系构建研究[J]．中华医学教育探索杂志，2023，22(5)：679-684.

[7]刘莹，靳光付，王建明，等．新医科背景下的预防医学教育改革思考[J]．中华预防医学杂志，2020，54(6)：593-596.

[8]郝介一，刘瑞洋，杨涵，等．新医科时代加强医学人文教育的思考[J]．延安大学学报(医学科学版)，2023，21(1)：110-112.

医学拔尖创新人才培养思考

王时雨　雷　红　杨　琨　谢亚典　魏任雄
（武汉大学　中南医院/第二临床学院，湖北　武汉　430071）

【摘　要】临床医学专业承载着医学人才培养的重任，与全民健康息息相关。"新医科"建设强调高层次医学拔尖创新人才培养。本文基于"新医科"建设，通过发挥医学课程育人功能，储备医学人才；加强课程思政与专业教育的融合，注重师生正确价值观塑造；在国际合作与沟通中注重医疗技术和资源共享，实现全民健康的共同目标；通过"医科+X"的交叉人才培养，探索医学拔尖创新人才培养路径。

【关键词】新医科；医学教育；拔尖医学创新人才；临床医学专业

【作者简介】王时雨(1991—　)，女，湖北武汉人，硕士研究生，武汉大学中南医院/第二临床学院教学管理人员，中级，研究方向：高等教育学、医学教育研究，E-mail：sy_wang1205@163.com；雷红(1964—　)，女，广西人，硕士研究生，武汉大学督导，副教授/副主任医师；杨琨(1984—　)，湖北人，博士研究生，武汉大学中南医院/第二临床学院外科学系主任助理，副主任医师；谢亚典(1990—　)，湖北人，硕士研究生，中级；魏任雄(1980—　)，男，湖北人，博士研究生，武汉大学中南医院/第二临床学院教学办公室主任，副教授/主任医师，研究方向：骨科，E-mail：renxiong.wei@whu.edu.cn。

【基金项目】2022年教育部产学合作项目(220501639190159、220501639195817、220501639190535)；2022年湖北高校省级教学研究项目(2022013)；2023年武汉大学综合改革项目(2023ZG216、2023ZG313)。

当前全球面临的公共卫生危机、世界经济发展缓慢、全球气候变化、国际关系变化和局部地区冲突等问题更明显，复杂、多变的国际形势对国际秩序和安全带来挑战。党的二十大强调"要坚持教育优先发展、科技自立自强、人才引领驱动……全面提高人才自主培养质量，着力造就拔尖创新人才"[1]。面向新时代的新要求，"健康中国"战略、"新医科"等相继提出，医学教育如何培养能服务国家重大战略需求的高层次医学拔尖创新人才，以面对当下和未来的医学挑战，是医学教育发展需解决的重要问题。本研究在采用文献分析、案例分析的基础上，探索新医科背景下医学拔尖创新人才培养的实践路径，以期为培养医学拔尖人才提供参考。

1."新医科"的基本含义

为应对社会发展、新科技革命和产业变革带来的机遇与挑战，2018年教育部高等教育司吴岩司长在“一流人才培养研讨会”上提出“六卓越一拔尖”计划2.0，新工科正式扩展至包括“新医科”在内的“四新”建设。随后，《教育部办公厅关于实施一流本科专业建设“双万计划”的通知》《教育部办公厅等四部门联合推进新医科建设》《教育部等五部门关于印发〈普通高等教育学科专业设置调整优化改革方案〉的通知》等文件陆续出台。强调“面向人民生命健康”，落实“大健康”理念，加快构建服务生命全周期、健康全过程的医学学科专业体系。各高校聚焦理念内容、方法技术、标准评价等，全方位改造升级现有医学专业，主动适应医学、健康产业新发展，布局建设智能医学、互联网医疗、医疗器械等领域紧缺专业。紧跟医学科技发展前沿，大力推进医科与理科、工科、文科等学科深度交叉融合，培育“医学+×”“×+医学”等新兴学科专业[2]。

2. 医学拔尖创新人才培养的意义

近年来，社会对医学和健康事业的重视程度日趋增强，对临床医学人才、医学科研人才和公共卫生人才的需求越来越大。加强医学拔尖创新人才培养，有利于实现全民健康和构建人类健康共同体目标，也为之提供了丰富的医学人才基础；为构建人类命运共同体，实现人类健康、可持续发展提供了医疗保障；为未来预防、治疗不同疾病，应对突发公共卫生危机培养储备了人才。

以“拔尖创新人才”“高等学校”（除“职业院校”）为关键词在知网站内搜索近10年相关文献438篇，运用Citespace软件进行关键词聚类分析（见图1），Modularity（Q值）=0.6001>0.3，Silhouette（S值）=0.9007>0.5，表明聚类结果显著、合理。通过文献梳理发现，相关研究呈上升趋势，且“创新”“国际化”“思想政治教育”等是研究的高频关键词。可见，拔尖创新医学人才培养相关研究日渐受到重视。

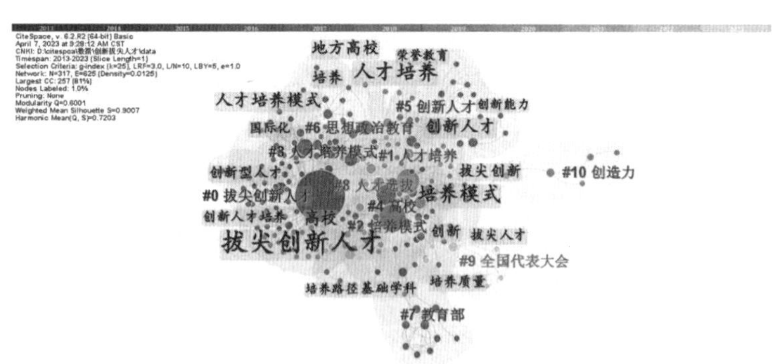

图1 “拔尖创新人才”关键词聚类分析

立足于“医科”基础上创“新”的“新医科”人才培养意义重大。美国研究型大学“积极探索本科拔尖创新人才培养模式创新，把科学研究和人才培养相结合、注重大学与产业部门的合作、强调学术实践对人才成长的重要性”[3]。英国大学“以特色学科和交叉学科课程为基础设计课程，以产学研一体化为路径创新人才培养模式，以学院制和导师制为主导创新人才培养机制，培养了一大批卓越的拔尖创新人才”[4]。日本则受精英主义影响，培养过程中采取官产学联盟以搭建互动平台、提供实践基地、联合拓展培养模式等路径[5-6]。20 世纪我国开始跨学科人才培养研究和探索[7]，高校开设交叉课程、设立混合课程班、建立拔尖创新人才培养学院、通过产学合作促进创新人才培养等[8-12]。

医学的强实践性和应用性，要求学生有丰富的理论知识和扎实的基本操作技能，了解学科前沿和技术最新进展，具备知识迁移和技能转化的能力。因此，学生不能局限于课本，应了解前沿知识和先进技术，具备一定临床胜任力。在知识结构上突出交叉融合和人文情怀[13]。高校科学把握新医科内涵，处理好传统医学与新医科的关系，做好医学拔尖创新人才培养计划，是目前高校进行改革与实践的关键问题。从实现全人类追求和平、发展、合作、共赢、可持续的目标出发，培养医学拔尖创新人才，具有时代价值和重要意义。

3. 医学拔尖创新人才培养的思考

培养医学拔尖创新人才，可通过发挥医学教育专业育人的功能，培养大批医学储备人才；通过课程思政与专业教育的融合，促进学生价值观的形成；通过国际合作与沟通，实现医疗资源共享和全民健康的共同目标；准确把握推进教育数字化，开展“医科+X”的交叉人才培养实践，实现医学拔尖创新人才培养。

3.1 充分发挥临床医学专业育人功能

我国医学教育随着国家健康、医疗战略不断更新和发展而优化。当前，国内医学院校现行临床医学专业的学制主要包括：5 年制、“5+3”一体化和 8 年制。不同学制的人才培养目标涵盖了临床医生、医学科研人员和医疗相关工作的从业者。因此，临床医学专业为“健康中国”、全面小康建设提供了医疗专业人才，为全球公共卫生事业做出了不可磨灭的重要贡献。要充分发挥医学专业育人的功能，从基础阶段开始针对学生特点，培养优秀医学人才。

将医学“本科-硕士-博士”一体贯穿式统筹考虑，从本科课程阶段开始，为学生提供医学前沿知识和技术讲座，外科方向面向本科生开展手术机器人课程，为学生提供参与大学生创新创业训练计划和“互联网+”的科研训练；研究生阶段开设交叉学科课程，为学生提供参与科研、实操和产学合作的机会，以及进行交叉学科联合培养。这都是充分发挥医学专业特点，开展医学拔尖创新人才培养的重要途径。

3.2 加强课程思政与临床医学专业教育融合

将课程思政与专业教育相融合，联合专业教师和思政教师针对医学课程进行章节分解，做好思政元素整理和融入。在临床医学专业课程中，充分利用课堂主战场，在专业课教学中加入正确的人生观、职业观等思政元素，让学生切实认识到自己作为一名医务工作者的使命和担当。让医学生在基本医学常识和技能的基础上，以坚定的职业信念感和开放、包容的态度面对未来的专业发展。培养理想、信念坚定的医学人才，为健康中国发展提供人才保障。

3.3 注重国际医学教育的交流与发展

国际化是引领拔尖创新人才培养的一个重要方向[14]。在医学教育探索和医学发展上保持开放的态度是有必要的。全球化进程仍是当前社会发展的总趋势，人类社会想要实现共同发展，就必须认识到合作、交流的重要性。医学是一个不断发展、技术不断更新的学科，很多医学技术的发展离不开国际交流与合作。因此，国际医学交流和医学教育交流是医学拔尖创新人才培养的具体表现。一方面，通过国际交流与合作，我们可以了解到当前全球医疗发展的最新进展和水平，为解决国内暂未攻克的难题或瓶颈问题提供借鉴。另一方面，使我国医学研究成果走向全球，为世界医疗作出贡献。这将有利于我们维护人类生命健康发展的共同目标，实现可持续发展。

3.4 加强医学交叉拔尖人才培养

新一轮科学革命、技术革命和产业革命影响下，人工智能、大数据、互联网等科学技术发展与医学结合得越发紧密。新医科、交叉学科人才培养日趋受到重视，各高校在医工、医理、医文方面进行交叉人才培养实践。结合有利于医学领域的发展，和不同学科间优势互补，攻坚克难，更好地应对当前社会发展所面临的挑战，培养符合社会发展的医学交叉专业的拔尖创新人才。北京大学、上海交通大学、清华大学、四川大学、中山大学、复旦大学、浙江大学、哈尔滨医科大学等高校通过设立医工、医理交叉科研教学机构、学院，促进学科交叉融合、开展交叉学科研究生培养[15-16]。

4. 医学拔尖创新人才培养的实践探索

国内高校顺应发展需要，开展复合型交叉人才培养实践与探索。学院根据“本-硕-博”不同培养阶段特点和人才培养需求出发，本科阶段立足课程，重点在培养学生兴趣；硕士研究生阶段重点开展交叉学科的科研小组活动，提供相关课程及教学资源；博士研究生阶段开展定向培养。从“纲-面-点”三个层面推进课程改革，培养医学生医道、医术和医技，实现医学拔尖创新人才培养。

4.1 “纲-面-点”的医道培养

医道包含对学生道术和仁术的培养。按照“纲-面-点”的三级层次展开课程内容编排，以实现学生医道培养的教学目标。纲是外科学基础课程，着重于医道传承及思想洗礼，塑造“不为良相，便为良医”的职业精神；在不同专科知识讲解部分，牢固树立“减少患者病痛”的职业追求；“临床科研思维”，强调“求真创新”的科研精神。将政治认同、家国情怀、医生职业认同感、医学人文素养等融入课程建设中，如通过医学发展史或专科发展史引入，给学生树立全面的“纲”，加强学生对道术和仁术的总体认识。“面、点”串联课程，形成知识面的拓展。选择学生身边的常见、多发病和其关心的技术进展进行重点讲解，强化全民健康意识。牢固树立学生“大医精诚、敬畏生命”的职业精神。所有课程统一思想，层次分明，彼此呼应又层层递进，共同形成全方位的思政教育与专业教学的有机融合，实施润物细无声的隐性思政教育。

4.2 符合学生认知发展的系统医术培养

医术包括知识扎实的学术、本领过硬的技术和方法科学的艺术。将医科与工科结合，贯穿临床医学专业“本-硕-博”培养各阶段。针对各层次学生建立不同的课程、知识体系，在本科、硕士和博士研究生阶段，借鉴工科的技术解决医学问题，将不可测量的主观估计转化为可精确测量的客观量化数据；强化学生精准医学的理念、科学研究的严谨态度，开拓医学生视野，提高团队合作和解决问题的能力。从本科阶段开始，采用课堂讨论及大学生创新创业训练计划、“互联网+”等项目进行本科生医工结合交叉能力培养。同时，根据授课内容，给学生安排手术室-课堂直连，帮助学生更好地理解“外科”。在研究生阶段，开展选修课和医工交叉学生培养。

为学生提供充分的自主学习研讨机会，加强院企合作，搭建虚拟仿真教学平台。在项目中实现医工交叉学科思维训练，指导本科生参与大学生创新创业训练项目、“互联网+”项目，为硕士和博士提供交叉学科交流和培养机会等。这种医工结合的思路和新模式，可在不同阶段快速提升学生的思维能力和科研水平。

4.3 顺应时代发展的医技培养

医技和医术相近，重点融合学术和技术，帮助学生了解时代发展趋势和前沿技术。学生从本科阶段开始学习先进技术或专业知识，如手术机器人模拟器训练等。由腹腔镜和机器人微创外科技术作为核心支柱课程，课程间相互贯通，互为补充。将科技自信、文化自信、创新意识及职业精神等思政教育融入医学人才培养各阶段。让学生尽早接触微创外科理念，将人才培养和能力培养贯穿课程和学生学业及职业生涯全过程。

为保证教学质量，加快课程教学模式改革，缓解学生基数大和先进教学工具短缺之间的矛盾。硬件上建立了腹腔镜/手术机器人模拟训练中心和云平台系统，实现手术室与模拟训练中心之间互动，向学员手机端进行直播推送。融合多种教学手段，包括线上学习、虚拟练习、模拟器训练等，难度随阶段逐渐增加，通过翻转课堂、分组竞争机制调动学生的学习积极性，确保教学质量。临床医学专业人才培养示例见图2。

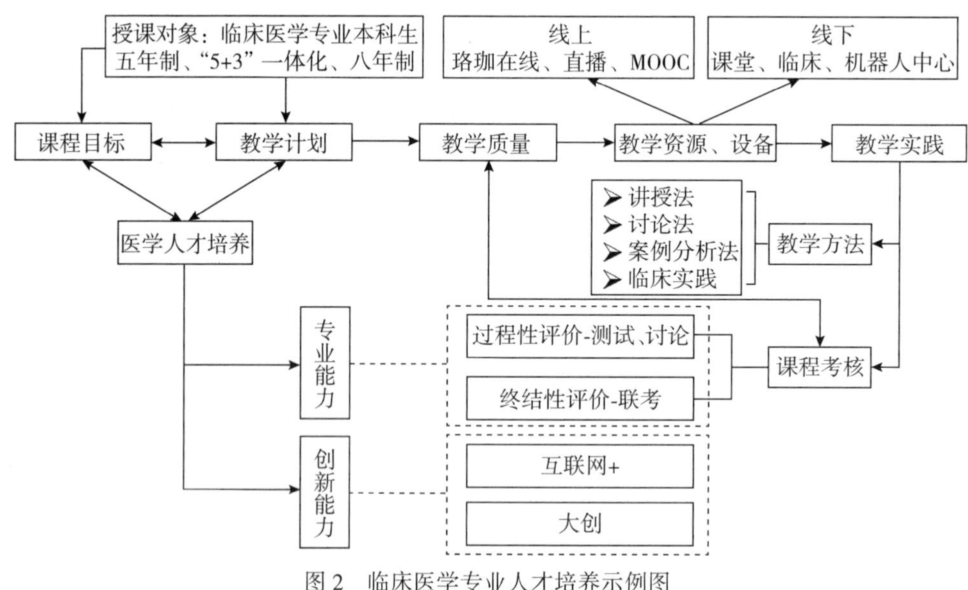

图 2　临床医学专业人才培养示例图

5. 小结

“四新”建设是中国高等教育自主培养卓越拔尖人才的战略一招、关键一招和创新一招，是有一定时代必然性且符合社会发展大趋势的。基于此，注重医学专业基础建设，强化临床医学专业与课程思政深度融合，注重医学教育的国际交流以及“医学+X”的医学拔尖创新人才培养意义重大。信息化技术发展给教育带来挑战，如 ChatGPT 的迅速发展促使教育变革、创新，也带来了新的伦理问题[17-18]。因此，医学拔尖创新人才培养路径需坚守医学、教育和伦理底线，继续优化临床医学专业医学人才培养规模、结构和布局，注重系统化、整体性协调，遵循医学教育原则和临床医学教育认证标准，回归教育本原，提高医学生的能力，保障人才培养质量，培养更好的合格医学人才[19-20]。

◎ 参考文献

[1]习近平. 高举中国特色社会主义伟大旗帜　为全面建设社会主义现代化国家而团结奋斗——在中国共产党第二十次全国代表大会上的报告[EB/OL]. (2022-10-25)[2023-04-06]. http://www.gov.cn/xinwen/2022-10/25/content_5721685.htm.

[2]教育部等五部门关于印发《普通高等教育学科专业设置调整优化改革方案》的通知[EB/OL]. (2023-03-02)[2023-04-07]. http://www.moe.gov.cn/srcsite/A08/s7056/202304/t20230404_1054230.html.

[3]王牧华，全晓洁. 美国研究型大学本科拔尖创新人才培养及启示[J]. 教育研究，2014，35(12)：149-155.

[4]靳玉乐，李红梅. 英国研究型大学拔尖创新人才培养的经验及启示[J]. 高等教育研

究，2017，38(6)：98-104.
[5]李祖超，杨淞月．美日高校拔尖创新人才培养制度比较分析[J]．中国高教研究，2011，216(8)：69-72.
[6]李祖超，张利勤．美日产学研协同培养拔尖创新人才路径比较分析[J]．现代大学教育，2013，141(3)：41-47.
[7]“创新教育研究与实验”课题组，华国栋．推进创新教育　培养创新人才[J]．教育研究，2007，332(9)：16-22.
[8]周叶中．关于跨学科培养研究生的思考[J]．学位与研究生育，2007，175(8)：7-11.
[9]徐晓媛，史代敏．拔尖创新人才培养模式的调研与思考[J]．国家教育行政学院学报，2011，160(4)：81-84，57.
[10]马廷奇．交叉学科建设与拔尖创新人才培养[J]．高等教育研究，2011，32(6)：73-77.
[11]邹晓东，李铭霞，陆国栋，等．从混合班到竺可桢学院——浙江大学培养拔尖创新人才的探索之路[J]．高等工程教育研究，2010，120(1)：64-74，85.
[12]马廷奇．产学研合作与创新人才培养[J]．中国高等教育，2011，456(6)：44-46.
[13]尚丽丽．新医科背景下医学研究生教育的思考[J]．医学研究生学报，2018，31(10)：1078-1081.
[14]周绪红，李百战．国际化引领新时代高校拔尖创新人才培养[J]．中国高等教育，2018(2)：28-30.
[15]马振秋，徐凌霄，韩魏，柯越海，周天华．多学科交叉融合培养新医科人才的探索[J]．中华医学教育杂志，2022，42(4)：292-295.
[16]李牧，郭军，高彦芳，何作祥，董家鸿．清华大学医工交叉人才培养初探[J]．中华医学教育杂志，2022，42(11)：965-968.
[17]于浩，张文兰．ChatGPT 技术下教育面临的挑战和机遇[J]．中国医学教育技术，2023，37(3)：260-267.
[18]冯雨奂．ChatGPT 在教育领域的应用价值、潜在伦理风险与治理路径[J]．思想理论教育，2023，528(4)：26-32.
[19]Wang W. Medical education in china：progress in the past 70 years and a vision for the future[J]. BMC Med Educ.，2021，21(1)：453.
[20]周光明，段书凯，杜彬恒，等．拔尖创新人才培养的典型模式和实践反思[J]．西南师范大学学报(自然科学版)，2013，38(5)：150-157.

基于拔尖创新人才培养要求的临床技能教学师资培训探索与实践

谢亚典　陈谨瑜　何　莉　叶燕青　雷　红　魏任雄

（武汉大学　第二临床学院/中南医院，湖北　武汉　430071）

【摘　要】 拔尖创新人才培养对提升医学教育质量，改善医疗服务水平和推动医学学科进步都具有积极的影响。基于拔尖创新人才培养的要求，临床技能教学师资除了丰富的临床经验、熟练的临床技能还应掌握恰当的教学方法和优秀的指导反馈能力。第二临床学院根据临床技能教学特点，结合"学-看-练-证-做-维"模型开展了院内技能教学师资培训的探索，为临床医学专业拔尖创新人才培养提供师资力量。

【关键词】 创新人才培养；技能教学；师资培训

【作者简介】 谢亚典(1990—)，女，湖北天门人，硕士研究生，武汉大学中南医院/第二临床学院，教学管理人员，管理八级，主要从事医学教育研究和临床技能培训中心管理工作，E-mail：361894850@ qq. com。

【基金项目】 2021 年武汉大学医学部教学研究项目(2021046)；2023 年武汉大学本科教育质量建设综合改革项目(202312)；2023 年教育部产学合作协同育人项目(230907560254948)。

拔尖创新人才是一个国家科技竞争力的代表，近几年，国内对拔尖创新人才培养越来越重视，2022 年习近平总书记在党的二十大报告中再次明确提出，要全面提高人才培养质量，着力造就拔尖创新人才，可见拔尖创新人才培养已经上升到治国、强国的高度。对于临床医学专业而言，拔尖创新人才的培养可以提升临床医学专业水平，推动医学科研创新和技术发展，培养领导才能和团队合作能力，促进学科交叉与创新，以及培养未来医学领域的领导者。拔尖创新人才的培养涉及理念、制度、方法、技术、资源等要素的改革，要改变整体教育模式，重点应面向绝大部分学生[1]，而高质量的师资队伍是拔尖创新人才培养的重要保证[2]。

临床技能操作是医生进行诊断和治疗的必备能力，是保证医疗质量和安全的必要条件，临床技能教学的重点除了培养学生熟练掌握操作技能和诊断能力外，还应注重实践操作能力、观察力和临床决策能力，而临床技能的教学方法、评价方法则是技能教学的难点[3]。基于拔尖创新人才培养的要求，临床技能教学师资不仅需要具备丰富的临床实践经验、优秀的专业知识和技能，还应掌握恰当的教学方法和优秀的指导反馈能力，能够指导学生进行临床实践和研究，培养学生的创新能力和综合素质[4]。为促进提高武汉大学第二临床学院医学生和住院医师的培养质量，以教学胜任力为导向，建立经过系统培训和评估准入的骨干师资队伍，切实提升开展实践技能教学教师的教学能力，第二临床学院开设了临床技能教学师资培训班，围绕如何做好临床技能教学这一主题展开，根据临床技能教学特点，结合“学-看-练-证-做-维”（learn-see-practice-prove-do-maintain，LSPPDM）模型开展了院内技能教学师资培训的探索。

一、教学团队组建

学院组织了 8 名教师组成导师团参与师资培训的课程设计和授课，包括全国医学模拟教学具有影响力的师资培训师 3 人，国家和省级青年教师教学竞赛一等奖指导者 1 人，湖北省优秀住培管理工作者 1 人，湖北省住培师资大练兵技能教学竞赛一等奖获者 1 人，临床技能培训中心管理人员 1 人，培训课程秘书 1 人。

二、师资培训过程

培训过程如图 1 所示，师资培训采用小班教学工作坊和教学实践结合的模式。工作坊每期限额 24 人，每 3 人 1 小组，方便每位参加培训的教师都能深度参与讨论，工作人员

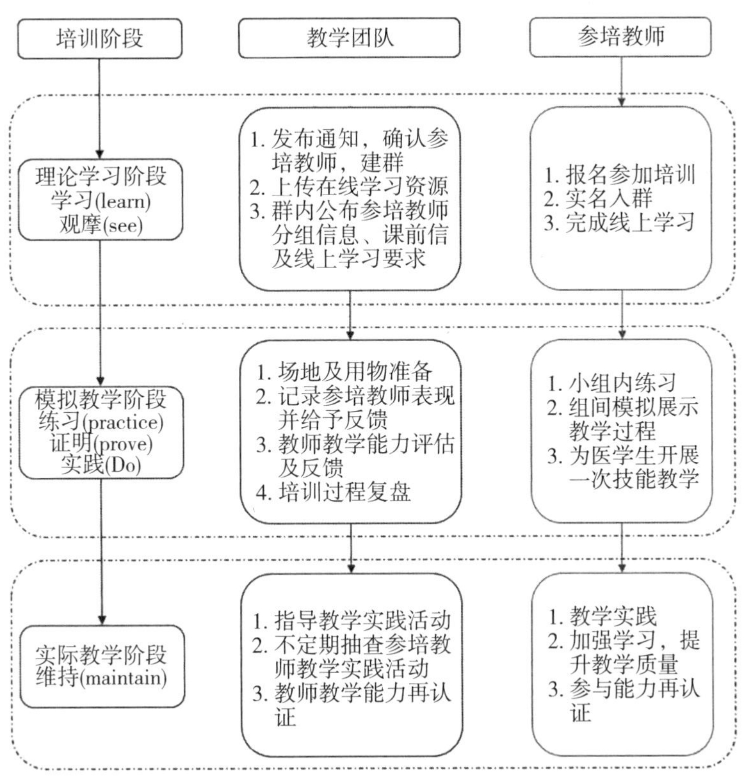

图 1　基于 LSPPDM 模型的临床技能教学教师培训过程

记录培训过程中个人及小组参与讨论的次数，每期评选出最佳小组和最佳个人。工作坊结束后，导师团队复盘当天的培训内容和组织过程，梳理可以改进的流程，如授课过程中多导师的合作、讲课顺序、场地布置、时间安排等多个细节。教学实践分为受训教师技能教学资源包提交(包括临床技能教学教案、操作规范、操作视频、评估表、教学课件及课程简介、课前信、理论测试题等)和临床技能教学督导两部分。参加工作坊培训后 1 个月内，教师提交个人设计开发的一次临床技能教学的课程资源包作业，并登记实际开展临床技能教学的时间，督导按照登记的时间实地督查教学过程，并给予评价。

三、培训模式及内容

临床医学技能操作学习的指导模型 LSPPDM[5] 即“学-看-练-证-做-维”将技能培训分为理论学习阶段、模拟实操阶段和临床实操阶段，为将这一理念在技能教学教师中普及，改变以往临床技能培训中少数人动手、多数人旁观得不到有效反馈，评价方式单一的培训模式，技能教学师资培训也基于这一模型开展。期望在 LSPPDM 模型指导下，教师能使用合理的教学方法和恰当的指导反馈能力，在临床技能教学同伴小组学习过程中使用形成性评价，结合终结性评价和实际临床操作中的持续和多维度评价，营造有利于各类临床医学生崭露头角的多样化评价制度[1]，服务于临床医学专业拔尖创新人才培养。

整个培训分为理论学习、模拟教学和实际教学三个阶段，用体验式培训的方式解决临床技能教学设计与实施中的重难点问题。理论学习阶段包括学习(learn)和观摩(see)，教学团队将技能教学相关的微课资料、参考资料以及阅读材料上传在线教学平台(“治趣技能”微信小程序)，如刻意练习、Peyton 教学法微课视频，临床技能教学的教案、操作流程、评分标准、操作视频、课程评价表等参考资料及模板，临床技能教学相关文献资料等，作为理论学习的课前预习部分；工作坊培训时，导师团队以第二临床学院湖北省住培师资竞赛一等奖的教案设计介绍了教学课程设计的 ADDIE 模型，以湖北省住培师资大练兵临床技能教学竞赛一等奖的参赛作品作为实例，展示技能教学的准备、课程介绍、课程导入、操作示范讲解、引导练习、学习效果评价等各环节的做法，通过学习和观摩两部分让教师明白临床技能教学组织实施细节。

模拟教学阶段包括练习(practice)、证明(prove)和实践(do)，参加培训的教师在小组内练习技能教学的准备、课程介绍、导入、讲解、示范、引导、评价等多个环节，导师给予形成性评价；教师在组间展示完整技能教学的流程，并于工作坊培训结束后提交一份技能教学的完整课程资源包，导师进行终结性评价，经导师组评价合格后授予“培训证书”；最后教师为学生实际开展一次技能教学，督导现场基于真实教学行为给予评估和反馈，教师临床技能教学能力评价表根据全国住院医师规范化培训临床操作技能床旁教学评分表(督导专家/同行评议使用)及湖北省住培师资教学技能练兵活动(技能教学组)评分表修改，共 20 个条目，采用 Likert 5 级评分法，评价表 Cronbach's a 系数为 0.931，经导师团队核定教学能力达 80 分及以上为合格。

实际教学阶段包括教师教学能力的维持(maintain)，针对首次现场督导临床技能教学不达标的老师，导师对其进行一对一有针对性的指导，再进行二次教学督导直至合格。教学能力合格的教师通过不断的教学实践，按需加强专项师资培训，保持教学技能水平，导师团队成员和督导不定期抽查，记录教师教学水平，督促教师持续提升临床技能教学质量，每 2~3 年对临床技能教学能力进行重新认证，保证教学质量。

四、培训效果及启示

全院共有 174 人参加临床技能教学师资培训，专家督查教师实际教学 44 人次，并从教学准备、教学目标、教学内容、教学方法、教学反馈、教学组织等方面对教师的能力进行评估，教师临床技能教学能力评分为 63~100 分，平均 86.89±11.11 分，合格率 75%，评估详细结果见表 1。教师教学能力不合格的主要原因有物品准备不充分；学情了解不充分，未针对学员水平设计训练流程；对学生的指导及反馈不够等，不合格的教师将根据督导反馈意见改进教学后再次申请能力考核。

表 1　**教师临床技能教学能力评分表得分（$n=44$）**

项目	条目数	得分范围	均数±标准差
教学准备	3	6~15	13.11±2.13
教学目标	2	2~10	8.64±1.78
教学内容	4	14~20	18.02±1.61
教学方法	4	8~20	16.93±2.95
教学反馈	4	9~20	17.00±3.03
教学组织	3	9~15	13.18±1.86
总分	20	63~100	86.89±11.11

参加培训的教师表示在今后的技能带教中会遵循科学的教学方法实施规范教学，将以往的“单向输出”变成“双向交互”式学习；将“讲解”变成“讨论”；将“演示”变成“互动”；将“模拟”变成“实战”，并在住院医师岗前培训的临床技能教学培训课程中遵循 LSPPDM 模型开展了教学工作。首先，教师在线上平台上传临床技能操作流程、评分标准、操作视频等作为学生理论学习阶段的学习资源，如图 2 所示；其次，开放学院实验中心场地，学生可以多次反复练习，并上传操作视频，教师在后台给予评价和反馈，作为模拟实操阶段的学习过程，如图 3 所示；最后，在临床实习实践过程中，学生完成临床实操阶段的学习。整个过程的顺利实施需要教学管理部门、教研室、教师、线上平台技术人员、学员等多方人员的配合。

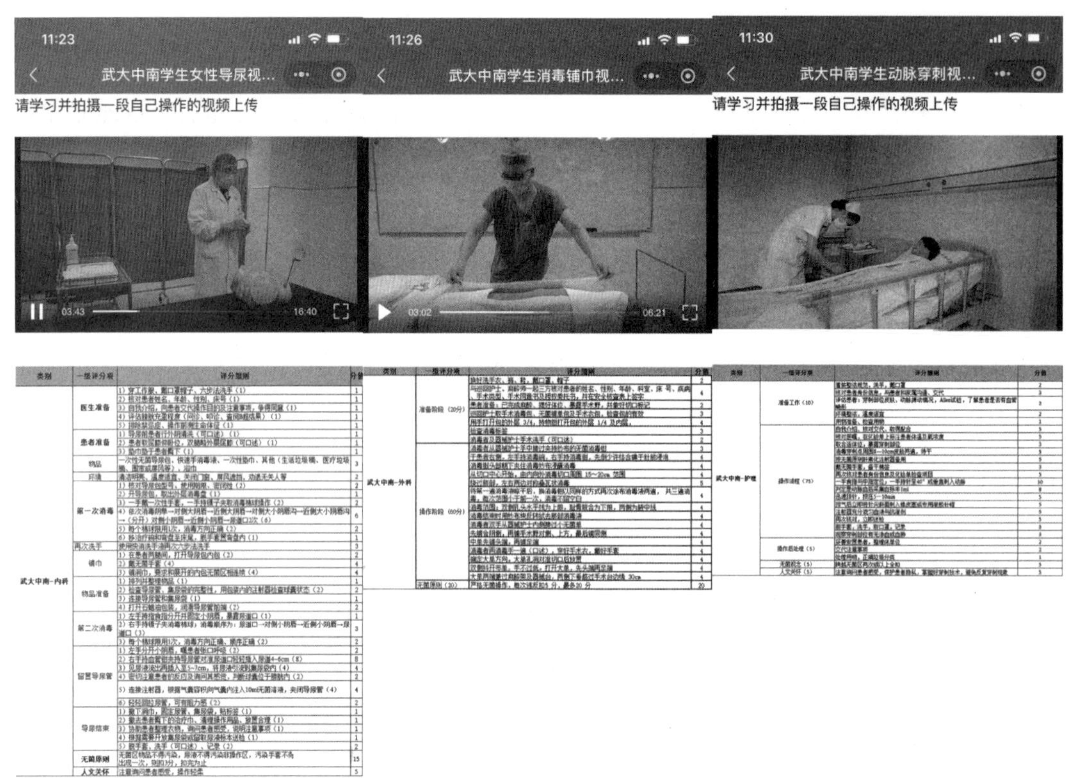

图 2　住院医师岗前培训技能课程线上学习资源

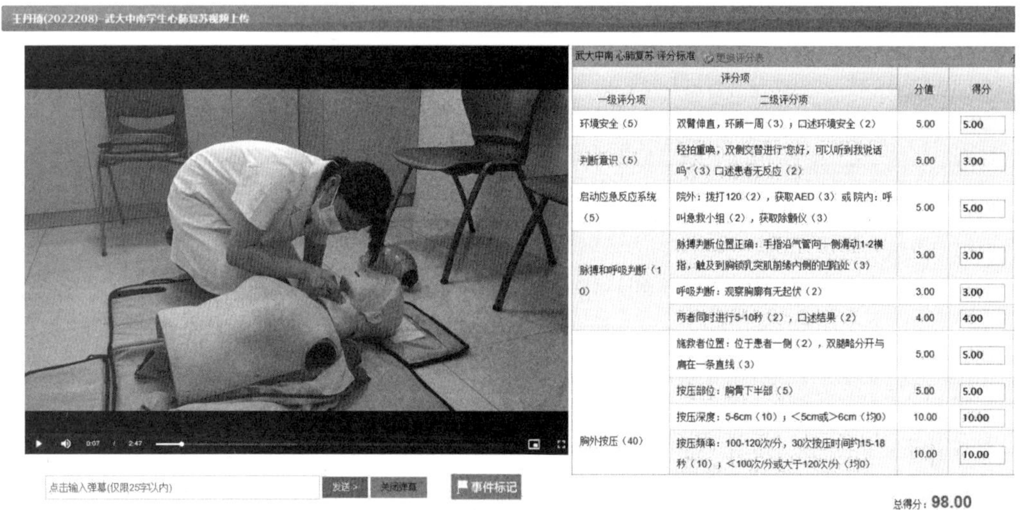

武大中南 心肺复苏 评分标准

评分项		分值	得分
一级评分项	二级评分项		
环境安全（5）	双臂伸直，环顾一周（3）；口述环境安全（2）	5.00	5.00
判断意识（5）	轻拍重唤，双侧交替进行"您好，可以听到我说话吗"（3）口述患者无反应（2）	5.00	3.00
启动应急反应系统（5）	院外：拨打120（2），获取AED（3）或院内：呼叫急救小组（2），获取除颤仪（3）	5.00	5.00
脉搏和呼吸判断（10）	脉搏判断位置正确：手指沿气管向一侧滑动1-2横指，触及到胸锁乳突肌前缘内侧的凹陷处（3）	3.00	3.00
	呼吸判断：观察胸廓有无起伏（2）	3.00	3.00
	两者同时进行5-10秒（2），口述结果（2）	4.00	4.00
胸外按压（40）	施救者位置：位于患者一侧（2），双腿略分开与肩在一条直线（3）	5.00	5.00
	按压部位：胸骨下半部（5）	5.00	5.00
	按压深度：5-6cm（10）；<5cm或>6cm（均0）	10.00	10.00
	按压频率：100-120次/分，30次按压时间约15-18秒（10）；<100次/分或大于120次/分（均0）	10.00	10.00

总得分：98.00

图 3　住院医师岗前培训技能操作视频上传并评分

临床技能教学是以加强临床技能操作能力为主线，以基本临床技能操作、专科临床技能操作、综合临床技能操作为教学内容的实践型教学，主要侧重于学习者对临床技能的掌握，注重各项技能操作的规范、有序，加强学习者临床实践能力和动手能力的培养，第二临床学院创新性地将 LSPPDM 模式融入临床技能教学师资培训中，让教师在体验中学习新的教学方法和理念，是一种切实有效的培训手段，可以改变教师的教学模式，为遴选高质量技能教学师资打下基础，为建设高质量临床技能教学课程提供保障。未来开展高质量的临床技能教学师资培训，应制定明确的培训目标，采用多元化的培训方法，注重实践操作和情景模拟，让教师亲身体验新的教学和评价方法，结合实践进行反思讨论；定期评估教师教学能力，提供有针对性的反馈，帮助教师及时改进；同时为教师提供参加学术会议、研究项目、学术交流等的发展机会，激发教师的教学热情和学术研究兴趣；鼓励教师分享教学经验，促进教学创新。

◎ 参考文献

[1]柯政，李恬．拔尖创新人才培养的重点与方向[J]．全球教育展望，2023，52(4)：3-13.

[2]张佳伟，潘虹，陈霜叶．培养拔尖创新人才的教师如何养成？——资优教育师资培养的国际比较与政策建议[J]．全球教育展望，2023，52(4)：73-86.

[3]王宁，孙茂才，钱健，等．从竞赛命题思路浅谈医学实践教学重点与难点[J]．考试周刊，2019(34)：1-3，6.

[4]常桐善．拔尖创新人才培养的四个要点[J]．重庆高教研究，2023，11(1)：6-9.

[5]Sawyer T.，White M.，Zaveri P.，等．Learn，see，practice，prove，do，maintain：an evidence-based pedagogical framework for procedural skill training in medicine[J]．Acad Med，2015，90 (8)：1025-1033.

口腔数字化虚拟仿真培训系统在口腔局部麻醉教学中的应用

李瑞芳　陈　刚

（武汉大学　口腔医学院，湖北　武汉　430079）

【摘　要】口腔局部麻醉教学中采用虚拟仿真技术，通过虚拟仿真系统进行操作训练，运用实时交互系统，允许学生在安全的学习环境中反复练习，调动学生学习的积极性和主动性，提高学生的临床操作能力。通过在实践课中设置对照组及实验组，利用成绩评价及教学效果评价的方式及时获得反馈结果，从而提高学生的实践能力。虚拟仿真系统能够减少学生对真实资源和患者的依赖，优化实习前培训，加强学生理论知识和实践操作的有机结合。

【关键词】虚拟仿真；口腔局部麻醉；教学改革

【作者简介】李瑞芳（1989— ），女，汉族，山东潍坊人，武汉大学口腔医学院口腔颌面外科，博士学位，主治医师，研究方向：牙槽外科学，E-mail：ruifangzw@whu.edu.cn。

口腔医学是一门实践性很强的学科，教学的主体是口腔专业学生，实施对象是广大病患。近年来，随着国家医药卫生相关法律法规的完善和患者维权意识的增强，医学生在临床实践中的动手操作机会越来越少。尤其是目前学生临床实践机会减少，特别需要加强学生的技能训练[1]。局部麻醉是口腔各个学科中最常用的技能之一。现今全新的口腔治疗理念强调无痛舒适化的治疗体验，同时口腔操作的成功与否与麻醉效果的好坏也有着密切的联系。不但要求操作者有着扎实的医学知识，还要具备熟练、精细、准确的操作技术。因此对口腔专业的学生来说，实践操作技能的培养和训练特别重要。

数字化策略作为未来口腔行业的发展趋势，已经被应用于口腔临床和临床前教育中，虚拟仿真作为数字化口腔的重要组成部分，在口腔领域的应用越来越广泛，也在不断挑战传统的教学模式[2]。虚拟仿真技术运用于口腔实训，能提供给学生大量的锻炼机会，提高口腔医学教学技术水平、改善实验实训环境、优化教学过程，对培养具有创新意识和创新能力的人才将产生深远的影响[3]。武汉大学口腔医学院最新引进的口腔数字化虚拟仿真培训系统，是我国自主研制的首款视觉、力觉融合的多功能虚拟现实口腔手术模拟器，用于口腔局部麻醉本科生教学具有显著优势。通过虚拟仿真系统教学，达到了提高学生的学习效果和动手能力，培养学生实际操作技巧和经验的目的。

一、口腔数字化虚拟仿真培训系统在局部麻醉教学中的意义

虚拟仿真系统在局部麻醉教学中的意义在于提供了一种创新的教学手段，弥补了传统教学中的一些不足。通过虚拟仿真系统教学，可以提高学生的学习效果和动手能力，培养实际操作的技巧和经验。此外，虚拟仿真系统还能够减少对真实资源和患者的依赖，降低教学成本和风险。通过虚拟仿真系统教学，学生可以在安全、自主的环境中进行实践和探索，提高学习动力和积极性[4]，从而可以提高实际操作能力和技术水平，为将来的临床实践打下坚实的基础。

二、口腔数字化虚拟仿真培训系统在局部麻醉教学中的优势

(1)实践机会增加。局部麻醉是口腔医学中的一项重要技能，但学生在真实临床环境下的实践机会有限。虚拟仿真系统通过模拟真实的口腔环境和操作过程，为学生提供更多的实践机会。学生可以在虚拟环境中进行麻醉器械的选择、使用、药物注射等操作练习。这些练习可以帮助学生熟悉操作步骤、提高技巧水平，并且可以随时反复进行，加强对局部麻醉的理解和应用。通过虚拟仿真系统，学生可以获得更大的实践机会，提高自己的实际操作能力和技术水平，以便日后面对真实患者时更加熟练和自信[5]。

(2)安全性保障。传统的局部麻醉教学可能存在一定的安全隐患，学生的操作可能对真实患者造成意外伤害。而虚拟仿真系统提供了一个安全的学习环境，学生可以在没有真实患者的情况下进行操作练习，避免了患者的风险[6]。虚拟仿真系统可以模拟各种特殊情况和事件，如突发状况、药物过敏反应等。学生可以在虚拟环境中对这些情况进行应对和处理，提高临床应变能力和处理风险的能力。

(3)实时反馈和指导。虚拟仿真系统可以实时记录学生的操作过程，给予实时反馈和指导。学生可以通过系统的提示和评估，了解自己操作的准确性和不足之处，并及时进行改进和调整。这样可以帮助学生及时发现并纠正错误，改善操作技巧，提高安全性。学生可以通过反复的练习和系统的指导，逐步提高局部麻醉操作中的安全性。

(4)可视化和交互性学习。虚拟仿真系统通过逼真的视觉效果和交互性学习的方式，增强学生的学习体验和参与度，可以激发学生的学习兴趣和动力。学生可以在虚拟环境中观察和参与各种操作过程，提高对学习内容的理解和记忆。同时，可以掌握正确的操作步骤，获得准确无误的操作经验，有效地提高其在操作相关领域的直观认识，为今后的医疗实践活动奠定坚实的基础。

(5)灵活性和个性化。虚拟仿真系统可以根据学生的实际需求和水平，提供个性化的学习资源和指导。学生可以选择适合自己的学习模块和教学资源，在虚拟环境中自主学习和定制学习路径，这种个性化的学习内容能够满足不同学生的学习需求，提高学习效果和学习动力。

三、口腔数字化虚拟仿真培训系统在局部麻醉教学中的实施方法

(1)教学设计。根据口腔颌面外科学实践教学大纲进行四节不同的实验课教学，甲班和乙班两个班分开教学。

(2)教学实施。将研究对象分为实验组和对照组，对照组采用以往的实验教学方法(小讲课+教师演示+互相练习)，实验组在以往实验教学方法的基础上，将教师演示部分替换为虚拟仿真系统培训。

(3)教学评价。每次课程完成后，对两组学生进行统一测试，分为两个方面：①成绩评价：实验组和对照组进行统一考试，包括理论测试成绩、临床实践能力成绩等 2 个项目。理论测试：统一命题，统一考试，重点考察学生的基础理论知识。临床实践能力：利用虚拟仿真设备进行局部麻醉注射部位及方法的操作考试，机器统一计分。两个项目分别以百分制计算分数。②教学效果评价：在两组中进行相应的问卷调查，测评学生的满意度，包括：激发学习兴趣、临床操作技能、自主学习能力、提高基础理论知识水平等。此项同样以百分制计算。

四、小结

虚拟仿真系统能提供大量的学习操作机会，弥补传统教学中的一些不足。学生可以在传统理论课程的基础上，通过虚拟仿真系统进行实践操作练习，加深对理论知识的理解和应用。通过让学生不断地自主实习，熟练掌握口腔医师的技能，逐步达到合格口腔医师的标准。此外，虚拟仿真系统还能够减少对真实资源和患者的依赖，降低教学成本和风险。通过虚拟仿真系统教学，学生可以在安全的环境中进行实践和探索，提高学习动力和积极性[7]。因此，虚拟仿真系统教学在口腔医学领域具有重要的意义和广泛的应用前景。

◎ 参考文献

[1]雷娟，薛声能，严励，等.21 世纪新的医学目标与医学生素质教育的探讨[J]. 医学教育，2006(3)：12-13.

[2]Quinn F，Keogh P，McDonald A，et al. A study comparing the effectiveness of conventional training and virtual reality simulation in the skills acquisition of junior dental students[J]. Eur J Dent Educ，2003，7(4)：164-169.

[3]施敏，沈道洁，林育华，等. 虚拟仿真系统在口腔实验教学中的应用[J]. 口腔材料器械杂志，2018，27(4)：234-237.

[4]Murbay S，Neelakantan P，Chang JWW，et al. Evaluation of the introduction of a dental virtual simulator on the performance of undergraduate dental students in the pre-clinical

operative dentistry course[J]. Eur J Dent Educ, 2020, 24(1): 5-16.

[5]Roy E, Bakr MM, George R. The need for virtual reality simulators in dental education: a review[J]. Saudi Dent J, 2017, 29(2): 41-47.

[6]何天龙，金亚婷，杨琳．融合虚拟现实技术的交互性数字图形[J]. 江西科学，2009(5)：103-107.

[7]林育华，池政兵．两种虚拟操作系统在口腔临床前实训中的应用评价[J]. 口腔材料器械杂志，2017，26(3)：155-158.

形成性评价在口腔预防医学临床实习教学中的应用

刘　畅　谢　思　张　爽　余　凯　江　汉　杜民权
（武汉大学　口腔医学院，湖北　武汉　430079）

【摘　要】目的：当前口腔预防医学临床实习考核评价方式大多是以终结性评价为主，通常是以点带面，不能全面体现学生在实习过程中的综合能力水平。本研究将形成性评价应用在本科生口腔预防科临床实习教学中，并观察其效果。方法：随机选取 2017 级和 2018 级口腔医学专业本科生，并分为实验组和对照组。各组学生分别进入口腔预防科实习 2 周。在进科和出科时使用 Mini-Cex 量表对实验组进行形成性评价，出科时对两组学生进行终结性评价。结果：实验组在出科时 Mini-Cex 量表的各项分值都高于进科时。与对照组相比，实验组学生的出科评价成绩更高，并有显著性差异。结论：形成性评价的应用能提高口腔医学专业本科生口腔预防医学实习的效果。

【关键词】口腔预防医学；临床实习；形成性评价；终结性评价

【作者简介】刘畅（1981—　），女，汉族，湖北武汉人，博士，武汉大学口腔医学院副教授，研究方向：口腔预防医学，E-mail：liuc0728@ whu. edu. cn。

【基金项目】武汉大学医学部教学研究项目（项目编号 2021073）。

口腔预防临床实习教学是口腔预防医学教育的重要阶段，是实现口腔预防医学专业理论与实践相结合的关键环节，旨在使学生熟悉临床与社区口腔预防保健的基本原则与方法，组织和开展个体和群体口腔常见病的防治工作。目前传统的实习模式是由带教老师依据自身的工作经验，以老师示范—学生观摩—学生操作—老师检查—给予指导的教学模式进行，该指导只是就事论事，并不系统和科学。学生需要完成实习任务，在一年的临床实习结束后，参加理论和操作考核。该教学模式对于教学效果缺乏即时反馈，导致学生实习起来目的性不明确。形成性评价（formative assessment）是在学生学习过程中进行评价，教师及时反馈并指导学生改进，从而使学生明确学习目标，激发学习动力，最终提高学习效果[1]。迷你临床演练评估（mini-clinical evaluation exercise，Mini-Cex）是形成性评价的一种方式，目前已被应用于部分临床医学或口腔医学的理论和实验教学中[2,3]，但应用在口腔医学本科生临床实习教学中的很少[4]。因此，本研究将 Mini-Cex 量表与形成性评价相结合应用到口腔预防实习教学中，为提高实习质量提供新的思路和参考。

1. 资料与方法

1.1 一般资料

选择轮转到武汉大学口腔医院口腔预防科临床实习的2017级和2018级本科生为研究对象，按照随机数字表法将其分为实验组(59名)和对照组(62名)。两组学生年龄均在22~23岁，其性别、大四年级末理论成绩和实验成绩无显著性差异，具有可比性(见表1)。

表1　**实验组和对照组实习本科生一般情况比较($\bar{x}\pm s$)**

组别	例数	性别(男)	大四年级末理论成绩(分)	大四年级末实验成绩(分)
实验组	59	21	79.95±11.26	89.07±4.30
对照组	62	23	79.00±12.18	89.69±5.35
Pearson		0.030		
t 值			0.445	0.689
P 值		0.864	0.647	0.492

1.2 方法

实验组开展形成性评价和传统终结性评价，对照组只采用传统教学模式。两组学生皆为口腔医学专业，每2周安排3~4人进入口腔预防科实习。入科时由带教老师(包括医生和护士)进行培训，内容包括：科室实习规章制度、实习生门诊实习目标、工作安排、材料物品的认识和使用、院感管理要求和防控具体流程；实习期间需要重点进行窝沟封闭患者的诊治、局部应用氟化物预防龋病、预防性洁治和口腔健康教育等并完成相应工作量。在入科和出科时对实验组学生开展形成性评价，并将形成性评价结果及时反馈给学生。

对照组学生按照循序渐进的原则先进行观摩，待教师认为学生具备接诊条件后试接诊，但老师不在实习期间予以形成性评价。实验组和对照组学生实习结束时均进行终结性评价。

1.3 评价标准

根据新医科“医防融合”的格局[5]，结合口腔预防医学专业特点，针对Mini-Cex量表各项指标进行改良[6]，最终确定以下指标和内容(见表2)。终结性评价是随机选择一位患者，考核学生完成从问诊到治疗的能力，包括五项指标：病史采集；病例分析、诊治方案；临床操作及效果；口腔健康教育；病历书写。根据执业医师资格考试的要求制定相应评分标准，每项满分均为20分。

表 2 **改良 Mini-Cex 量表**

一级指标	二级指标					
医疗问诊技能	主述(3 分)	现病史(3 分)	既往史(1 分)	全身病史(1 分)	有关的其他资料(1 分)		
口腔检查技能	视诊(1 分)	触诊(1 分)	探诊(1 分)	叩诊(1 分)	冷热诊(1 分)	松动度(1 分)	放射片判读(3 分)
人文关怀	提前告知(3 分)	帮助患者(3 分)	尊重患者(3 分)				
临床综合诊疗能力	问诊归纳总结(1.5 分)	阳性体征总结(1.5 分)	主述与阳性症状、体征综合分析判断(2 分)	初步诊断和鉴别诊断(2 分)	治疗计划(2 份)		
临床/社区沟通能力	顺利建立医患关系(2 分)	自信心充足(2 分)	沟通自然(2 分)	患者轻松自愿配合(2 分)	技巧性穿插幽默语言(1 分)		
整体岗位胜任力	言谈举止符合医生职业特征(1 分)	工作态度严谨认真(1 分)	操作规范,疗效好(6 分)	诊疗过程自信/果断(1 分)			
临床/社区组织效能	检查准备充分(3 分)	诊疗熟练有序(3 分)	进一步检查安排合理(3 分)				

1.4 统计学分析

采用 SPSS20.0 统计学软件对两组学生的基线资料和评价结果进行统计分析。基线资料中性别比较采用卡方检验，形成性评价和终结性评价结果用均数±标准差($\bar{x}\pm s$)表示，采用 t 检验。$P<0.05$ 为差异有统计学意义。

2. 结果

在医疗问诊技能、口腔检查技能、人文关怀、临床综合诊疗能力、临床/社区沟通能力、整体岗位胜任力、临床/社区组织效能方面，出科时比入科前有显著提升($P<0.05$)(见表 3)。出科时，在总评成绩、病例分析、诊治方案和临床操作及效果的评分比较中，实验组和对照组之间的差异有统计学意义(见表 4)。

表 3　实验组实习本科生入科和出科时改良 Mini-Cex 评分结果比较($\bar{x}\pm s$)

组别	医疗问诊技能	口腔检查技能	人文关怀	临床综合诊疗能力	临床/社区沟通能力	整体岗位胜任力	临床/社区组织效能	总分
实验组前	5.61±1.03	6.14±1.01	5.56±1.29	4.81±0.74	4.95±1.72	4.78±1.25	5.07±1.13	36.92±4.64
实验组后	7.19±0.66	7.60±0.29	8.71±0.11	6.61±0.74	7.81±0.71	7.59±0.84	7.88±1.03	53.39±3.36
t 值	9.887	10.695	15.690	13.139	11.854	14.298	14.171	22.088
P 值	0.000	0.000	0.000	0.000	0.000	0.000	0.000	0.000

表 4　实验组和对照组实习本科生出科时终结性评价结果比较($\bar{x}\pm s$)

组别	病史采集	病例分析、诊治方案	临床操作及效果	口腔健康教育	病历书写	总分
实验组	16.79±0.87	17.61±0.74	18.36±1.13	16.76±3.68	17.53±2.86	84.93±4.77
对照组	16.35±1.75	17.02±0.38	16.07±0.82	15.44±4.25	17.42±2.16	80.78±4.76
t 值	1.740	5.425	12.704	1.843	0.231	4.788
P 值	0.085	0.000	0.000	0.069	0.818	0.000

3. 讨论

为了培养具有岗位胜任力的口腔医生，更好地衔接本科毕业后的口腔执业医师考试要求，同时能在有限的时间内完成临床实习任务，提高临床实习效果，本研究将 Mini-Cex 量表作为形成性评价的标准，应用到口腔预防医学临床实习中，不仅显著提升了本科生在医疗问诊技能等七个方面的能力，而且有助于提高出科成绩，尤其是在学生通过病例分析确定诊治方案的能力和进行临床操作并获取良好效果的水平方面。目前，临床病历书写有固定的电子病历模版，病史采集可依据病历要求进行逐一问诊，学生认真对待基本能掌握。但临床思维的培养和临床技能的习得更加复杂，需要全面考虑、综合应对，这些都需要通过科学的形成性评价促使学生尽快由“旁观者”的身份转为“参与者”的角色[7]。这也提示临床带教老师，应充分调动学生在前期理论学习中获得的知识储备，采取情境教学或案例分析等形式对复杂病例进行综合分析判断，促使学生将知识内化为行动，从而提升临床思维水平。在临床操作技能培训过程中，带教老师应督促学生认真接诊，能够逐步规范、高质量地完成对每一位患者的治疗工作，针对共性和个性化问题老师应及时反馈具体意见。学生应根据反馈结果，了解自身不足，以问题为抓手，目标为导向，有的放矢地进行实训，有针对性地锻炼自己，从而高效利用临床资源，夯实理论知识，强化相关能力，达到事半功倍的效果[8]。

近年来，越来越多的形成性评价方法开始应用到临床实习的考核中，如直视下操作技能评价(direct observation of procedural skills，DOPS)、SOAP 病历汇报、病历内涵检查等[9]。本研究选用的是 Mini-Cex 评价模式，将来可以联合使用两种或两种以上的评价方法，以期更加客观、全面、系统地评估学生口腔预防医学的实习过程。

综上所述，将 Mini-Cex 引入口腔预防临床本科实习教学的形成性评价中，提升了教学效果，可推广应用到其他学科，尤其是短期实习的专业。未来可联合其他教学方法，共同促进教学质量的进一步提高。

◎ 参考文献

[1]Bennett D，Kelly M，O'Flynn S. Framework for feedback：the peer mini-clinical examination as a formative assessment tool[J]. Med Edu，2012，46(5)：512.

[2]张丛，孙茜，冯玲，等．妇产科教学门诊在本科医学生实习阶段的恢复建设与实践探索[J]. 中华医学教育杂志，2022，42(5)：453-457.

[3]王垚，王金华．形成性评价在口腔预防医学实验教学中的应用[J]. 重庆医学，2016，45(11)：1575-1577.

[4]姜艾佳，康媛媛，刘东娟，等．形成性评价在口腔黏膜病学临床教学中的应用[J]. 中国高等医学教育，2022(9)：45-46.

[5]刘莹，靳光付，王建明，等．新医科背景下的预防医学教育改革思考[J]. 中华预防医学杂志，2020，54(6)：593-596.

[6]王福华，代燕燕，郭靖涛，等．Mini-Cex 在临床本科实习医师形成性评价中的应用研究[J]. 中国误诊学杂志，2019，14(11)：524-527.

[7]钱雪雅，周蓓，黄倩，等．大数据及网络平台助力形成性评价在临床实习教学中的价值[J]. 医学教育研究与实践，2022，30(3)：388-391.

[8]丘雨蓓，吕红兵．目标教学法结合形成性评价在口腔解剖生理学实验教学中的应用[J]. 中国高等医学教育，2022(6)：106-107.

[9]李海潮．我国医师胜任力模型的形成性评价：设计、实施与思考[J]. 中华医学教育探索杂志，2024，23(1)：7-11.

数字化引导口腔医学临床前实习实践教学

赵 熠 史卓玥 梁珊珊 王婧宇 陈 斯
（武汉大学 口腔医学院，湖北 武汉 430079）

【摘 要】临床前实习实践训练作为口腔医学技能教学的重要组成部分，是口腔医学专业的核心课程之一。临床前各项实习实践训练对口腔医学生在熟悉口腔颌面部诊疗必备的解剖形态知识、掌握口腔临床技能、培养美学素养等方面具有极为重要的意义。武汉大学口腔医学院不断发展和深化数字化转型赋能教学改革，优化教学内容，综合教学手段，创新教学模式，加强临床前实习实践训练"早接触、深记忆"，为促进培养具有良好早期实践基础技能、综合思维能力、美学素养的口腔医学综合型人才奠定坚实的基础。

【关键词】数字化；口腔医学；实践操作；实习教学

【作者简介】赵熠（1981— ），男，湖北武汉人，医学博士，武汉大学口腔医学院副教授，主任医师，口腔材料学教研室主任，主要研究破骨细胞分化及口腔颌面部溶骨性疾病，E-mail：zhao_yi@whu.edu.cn；史卓玥（2000— ），女，山西长治人，武汉大学口腔医学院硕士在读，E-mail：shizhuoyue1102@whu.edu.cn；梁珊珊（1982— ），女，辽宁沈阳人，医学博士，武汉大学口腔医学院副教授，主任医师，主要研究口腔美学修复，E-mail：wb000867@whu.edu.cn；王婧宇（1999— ），女，湖南衡阳人，武汉大学口腔医学院硕士在读，主要研究口腔咬合重建修复及前牙美学修复，E-mail：2017302180172@whu.edu.cn；陈斯（1981— ），女，湖北武汉人，医学博士，武汉大学口腔医学院副主任医师，教学梯队人才，主要进行口腔种植学临床及教学研究，E-mail：doctorsisi@whu.edu.cn。

【基金项目】武汉大学"教育教学改革"建设引导专项（子项目）。

口腔医学是一门实践性、操作性及治疗个体化属性极强的学科，是非常注重临床实践经验的学科，它要求未来的口腔专业人才在具备扎实的理论基础、娴熟的临床技能及分析与解决问题能力的同时，兼具较高的职业素养，人际沟通、技术管理能力和创新水平[1]。医疗诊疗的对象是活生生的人，这就更要求口腔医生不仅拥有牢固的医学基础理论和临床知识，还必须具备良好的、规范化的临床操作技能。在临床工作中，口腔医生通过口腔及颌面部诊疗操作来治疗各种牙齿美观及口腔功能方面的疾病，即需在有限的空间内进行精细的操作。因此，高质量的临床前实习实践训练是每一位口腔医学工作者的必修课和基本功，更是口腔医学生学习牙体形态、正确理解和掌握临床操作特点及操作流程意义的重要方法，也是培养口腔医学生动手能力、提高临床操作水平的重要环节之一，其授课质量很大程度上影响着口腔医学生的实际临床实践能力[2]。近年来，本教学团队对口腔临床前实习实践训练的教学内容、教学方法、教学模式、课程设置不断进行深化和改革，旨在加强临床前实习实践训练"早接触、深记忆"。故此总结武汉大学口腔医院临床前实习实践训练与数字化应用结合的教学与改革情况，为各院校更好开展临床前实习实践训练提供参考。

1. 应用数字化技术于口腔临床实践教学的目的与意义

我国目前的口腔医学教育发展很快，但现有的教育和培养模式仍需更加精准化，建立更加有效的培养机制。为了更客观地对学生的技能训练结果进行评价，数字化口腔教学系统被广泛应用于口腔医学教学中。目前国内各大院校最常用的数字化教学系统主要包括虚拟仿真模拟系统和数字化过程评估系统[3,4]。口腔医学生应学习掌握的内容包括：加强疾病诊断相关的问诊、查体及病历书写训练；加强各种辅助检查适应证选择及诊断结果判断能力训练；加强基本操作技术训练，提升基础知识与临床实践联系能力；学习新的诊疗理念与新技术。应用数字化技术于口腔临床前操作教学改革，有利于口腔专业医学生重视临床、提高诊疗能力，掌握临床基本技能与操作规范，并拓展疑难疾病诊治的思路，注重综合能力的培养和临床实践经验的积累，加强临床分析思维能力的培养，为从业后的临床工作做好必要的准备[5]。

2. 应用数字化技术于口腔临床实践教学的方式与方法

应用数字化技术于临床实践教学的典型特质就是教师将统一的、标准化的数字化模块运用于课堂的操作训练中，以达到学生训练层面的统一化及考核标准的同质化。不仅仅是把实体教学搬进虚拟空间，而且能将虚拟课堂所学反馈到实际临床操作，通过构建数字化教学场景使得教学模式发生了改变。数字化种植导板、数字化牙体预备导板、数字化分类放大颌骨缺损模型、数字化对称的标准雕牙模型、数字化找寻根管导板、数字化桩核预成等一系列教学应用，其目的是让"动脑""动手"真正发生。

2.1 数字化种植导板的教学应用

口腔种植技术为临床治疗牙列缺损及缺失的常规修复方式之一。种植治疗效果主要取决于医生的手术操作和临床经验，术中任何微小的操作失误和准确度偏差都会影响种植义齿美观、功能及远期效果，甚至损伤重要毗邻结构，造成不必要的并发症。在传统的种植临床前教学中，医学生利用仿真人头模及牙列缺失的标准口腔操作模型，练习种植手术操作。当种植体被植入标准模型后，指导教师及初学者仅能通过肉眼观察粗略评估种植体植入情况，无法精确评价种植体植入位置、深度及角度的偏差，导致初学者的种植手术操作无法得到一针见血的评价和有的放矢的指导。应用数字化设计并制作的教学用种植体植入偏差评价装置定位快捷、固位稳定，可通过计算种植于标准口腔操作模型缺牙区种植体上部转移杆所对应刻度，精确量化种植体实际植入位置、角度及深度与理论值的偏差。其与标准口腔操作模型配合应用，辅助指导老师对种植体植入情况进行定量评价，帮助医学生快速提高实践操作水平。数字化设计种植体植入后检测测量评价装置见图 1。

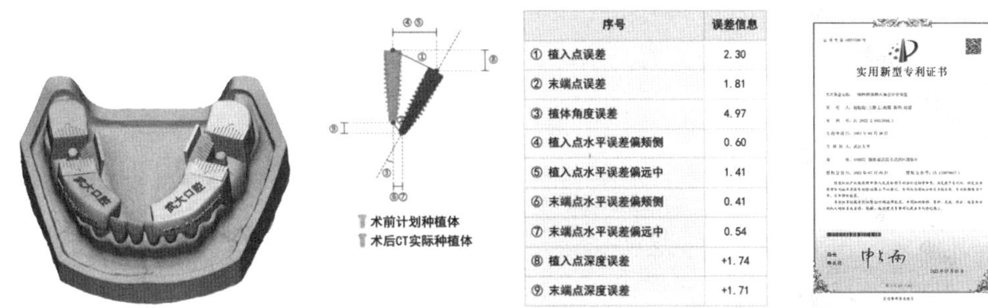

序号	误差信息
① 植入点误差	2.30
② 末端点误差	1.81
③ 植体角度误差	4.97
④ 植入点水平误差偏颊侧	0.60
⑤ 植入点水平误差偏远中	1.41
⑥ 末端点水平误差偏颊侧	0.41
⑦ 末端点水平误差偏远中	0.54
⑧ 植入点深度误差	+1.74
⑨ 末端点深度误差	+1.71

图 1　数字化设计种植体植入后检测测量评价装置

2.2　数字化牙体预备导板的教学应用

口腔修复学是口腔专业高校毕业生必须掌握的专业主干课程之一，“精确”是牙体预备在口腔修复学科临床教育实践中的重要要求，因此对操作者有着较高的技术要求，这就需要学习者反复练习，并根据练习中出现的问题不断改进。当学生在教学仿真头模上完成牙体预备操作后，需要对其练习结果做出相应评价，但该结果通常由教师进行主观判断。数字化系统通过将实物数据或手机运动轨迹转化为虚拟的数字数据并即时在显示屏中显示，以便观察操作者的操作过程以及预备体的形态、预备量等。应用数字化设计教学用牙体预备量化测量模具及测量工具，通过设置与磨前牙齿模型相匹配的透明主体部，并在主体部上根据牙齿的立体形态特点设置相应的标记线，可以观察磨后牙齿模型相比于磨前牙齿模型的磨除量，同时配合相应的测量尺，即可以进行定量测量。这不仅提高了教学评价的可操作性，同时相比于传统的测量方式，数字化成本更低且观测结果更直观，可以提高操作者对牙齿空间感的认知。结合轨迹跟踪系统进行牙齿制备评分见图 2。

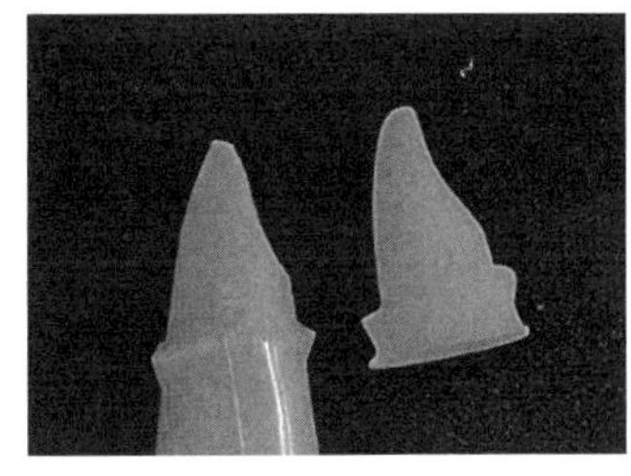
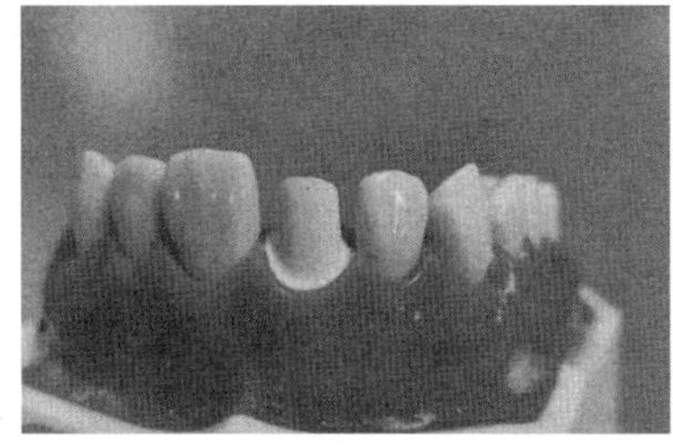
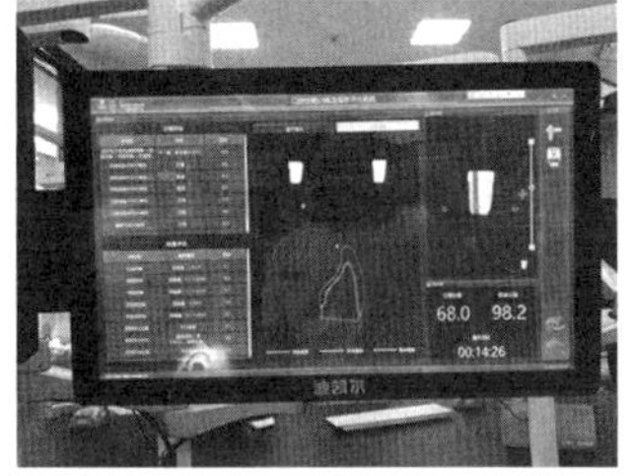

图 2　结合轨迹跟踪系统进行牙齿制备评分

2.3 数字化分类颌骨缺损模型的教学应用

口腔修复学科的数字化技术在口腔赝复治疗临床教学中也有应用，通过数字化三维设计及三维打印树脂印模，应用可重复制作的模型指导制作赝复体[6]。学生面对的是印模或模型，不存在初次面对颌骨缺损患者时的紧张与畏惧感，能够更自如地操作；操作过程中出现不当亦可及时被指导老师发现与纠正，不会引起不良诊疗后果；学生可以针对自己在治疗过程中的不足反复练习，直至熟练掌握。获取肿瘤病变术前数字化模型，建模与设计赝复体修复见图3。

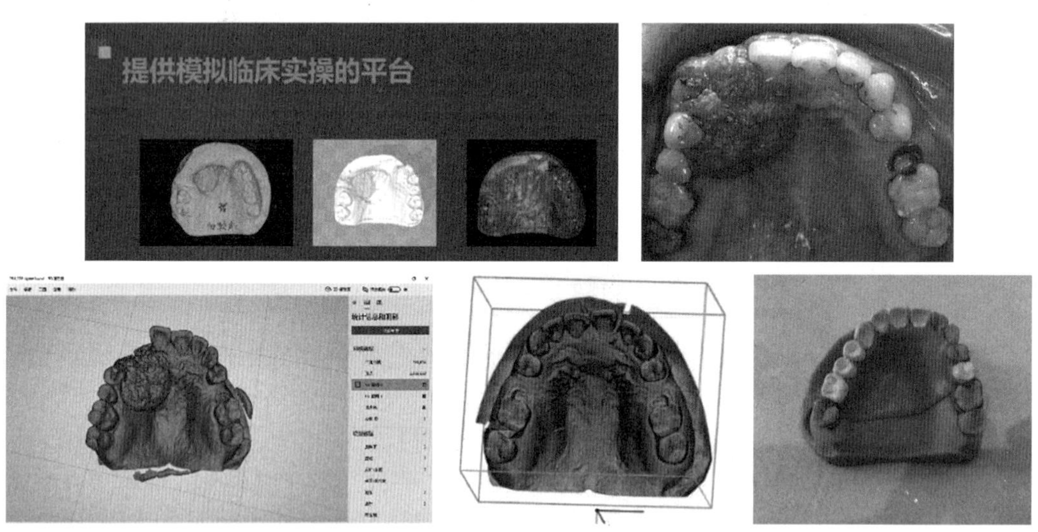

图3 获取肿瘤病变术前数字化模型，建模与设计赝复体修复

2.4 数字化标准对称的雕牙模型的教学应用

牙体解剖学是口腔基础医学的重要学科之一，也是口腔医学专业学生接触口腔医学的第一门课程。牙体解剖学属形态学范畴，其课程内容以记忆为主，解剖术语多，专业性强，概念抽象。因此，牙雕塑实践课程的设置希望能够充分调动学生学习兴趣，激发学习热情，同时加深学生对牙齿形态的认识，使其在头脑中建立起牙齿的三维立体概念，更好掌握牙体解剖学知识。在实践教学上采用直观的数字化教学模型是帮助学生将二维形象转化为三维立体形象的不二选择，其中数字化教学模型包括离体牙、全口牙列模型、单颗独立的牙齿模型、等倍大牙齿雕刻模型、牙体雕刻步骤模型等。学生可以在雕刻过程中对比牙体雕刻步骤模型，或者在雕刻后对比多倍大或等倍大牙齿雕刻模型，发现自己操作的不足并进行修改，掌握各类牙齿形态雕刻方法的同时，也加强对牙齿与邻牙、对颌牙关系的整体性观念，为后续口腔临床课程的学习奠定良好的基础。根据手刻建模制作更具形态特征的标准化教学模具见图4。

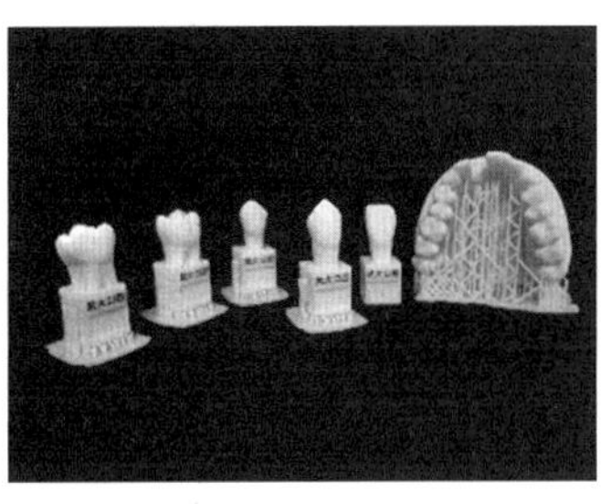

图 4　根据手刻建模制作更具形态特征的标准化教学模具

2.5　数字化找寻根管导板的教学应用

龋性及非龋性牙体硬组织疾病在造成牙体硬组织缺损的基础上，往往会继发牙髓甚至根尖周组织的细菌性感染，故彻底地清除根管系统内的感染，修复缺损并恢复功能是治疗成功的关键。根管治疗是目前最有效和常用的手段，可以达到控制感染、修复缺损、促进根尖周病变的愈合或防止根尖周病变发生的目的。根管口的寻找与定位是根管治疗中非常重要的一步，是后续治疗成功的保障。但牙齿的根管系统本就结构复杂，加之增龄性变化及某些病理因素的影响，除根管的固有形态外，不同年龄、不同情况下的根管亦有其特殊性，故根管口的定位往往是医学生实践教学中遇到的比较棘手的问题。通过数字化软件设计完成的根管治疗导板，能够帮助医学生定位细小的根管口，准确控制根管预备的方向，缩短操作时间，适用于临床实践教学的根管治疗过程中对根管口进行定位。应用数字化根管治疗导板，让医学生了解科技使用如何提高患者的舒适度与满意度，让临床操作更为简单、高效、精确。

2.6　数字化设计与制作桩核的教学应用

由于龋病、外伤以及发育性疾病等导致牙体缺损数量较多、缺损范围较大，桩核能增加修复体的支持和固位，使得大量不同程度缺损的患牙得以保存。现临床应用较多的为铸造金属桩及预成桩，当桩核数量较多时，椅旁操作时间将会大大延长，且共同就位道难以控制。在实践教学操作过程中，桩核的定位及其共同就位道的获得一直是医学生操作中的要点及难点，不同的桩核就位道可能直接导致最终修复体的失败，造成人力、物力、财力的浪费。桩核就位道的控制很大程度上依赖于医生的临床技术和经验，医生需花费大量的椅旁时间来调整各个桩核形态及方向，经验尚浅的医学生在操作中不仅耗费更多的材料，而且浪费时间和精力。数字化设计与制作桩核模具可让医学生用于牙体缺损数量较多、范围较大时桩核的定位及成型，方便获取共同就位道，导板固位部与导板体部用不同的颜色进行区分，用于桩核的成型，易于裁剪，便于分段成核，容易拆卸。

2.7　数字化预测口腔囊肿病变变化的教学应用

颌骨囊性病变是口腔颌面外科常见的疾病之一，多为颌骨内含有液体的囊性肿物，因其生长速度常较慢，故患者早期多无自觉症状。而随之不断进展，可导致周围颌骨骨质吸收、神经血管束移位，直至患者因麻木、疼痛、感觉异常等神经症状出现而就诊，或由于其他原因拍摄 X 线碰巧发现病变时，囊肿常已造成大范围的颌骨破坏，导致面部膨隆等畸形，甚至出现病理性骨折等功能障碍。目前对下颌骨囊性病变袋形术/减压术后的治疗过程及颌骨改变过程和囊肿引流装置制作、调改的教学常以文字阐述的方式为主，此方式局限于理论，无法演示术后术区愈合过程的动态变化，这可能使学生疏于对袋形术/减压术和囊肿引流装置的治疗机制及囊肿引流装置制作、调改操作过程的掌握[7]。数字化预测口腔囊肿病变变化的教学应用目的是提供一种下颌骨囊性病变袋形术/减压术后教学用模型，以解决现有手段不能动态展示下颌骨囊性病变袋形术/减压术后术区愈合过程和不便练习制作、调改囊肿引流装置的问题。

2.8 数字化预成囊肿引流装置的教学应用

颌骨囊性病变袋形术/减压术是颌面外科医生使用开窗减压术，将囊性病变的封闭囊腔打开，然后制造一个通过囊肿减压引流装置保持颌骨囊性病变通向口腔的开口，从而降低囊腔内的液体压力，诱导骨质向囊壁沉积的一种治疗方式。数字化预成囊肿引流装置的教学应用展示了大型颌骨囊性病变的全数字化治疗方法——通过 3D 扫描和 CT 数据，获取患者牙列及颌骨信息，通过云端上传的方式，快速整合数据并与设计软件进行匹配，根据云端数据在设计软件上进行手术方案及数字化预成程序化囊肿减压引流装置的设计，技师端完成 3D 设计、打印囊肿减压引流装置的同时，颌面外科医师根据术前设计的手术方案，通过手术机器人精准完成手术，术后即刻帮助患者配戴术前预成囊肿减压引流装置。学生可以跟随数字化建模过程，了解高效率精准完成治疗方案的设计与修复体制作流程，同时颌面外科与修复科的联合诊疗也使得治疗效率得到提高。此外，上述云端数据全程可远程监测，方便异地就诊。对病变模型集合 CBCT 与口扫透视囊性病变减压装置见图 5。

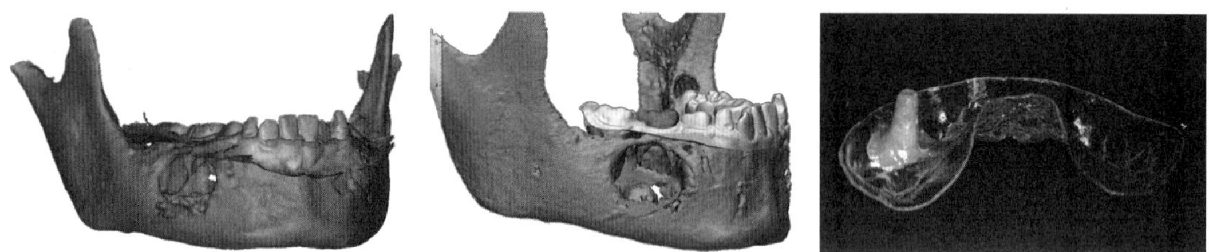

图 5 病变模型集合 CBCT 与口扫透视呈现囊性病变减压装置

2.9 数字化面扫结合口扫的教学应用

口腔医学是一门医学专业知识与艺术审美密切结合的学科。近年来，国内口腔高等医学院校对口腔医学美学的教育越来越重视，例如，武大口腔医学院在本科生口腔医生职业素养系列课程中设置口腔艺术美学修养课程。数字化面扫结合口扫既是一项技术，也是一门艺术[8]。通过掌握各种空间形态的表现规律，建立良好的尺寸观念，培养空间秩序感，数字化面扫结合口扫有助于学生对颜面及口腔各部分形态的把控。在数字化面扫结合口扫的训练过程中，学生可掌握一定的美学规律，不断设计并修改口腔修复作品，使之线条更为流畅、尺寸更加精确、形态更为美观自然。因此，数字化面扫结合口扫训练有助于提高口腔医学生自身美学素养，增强审美感受能力，从功能和美学的双重角度完成口腔修复体的设计与治疗。结合面部扫描数据进行虚拟改变的模拟与重合见图 6。

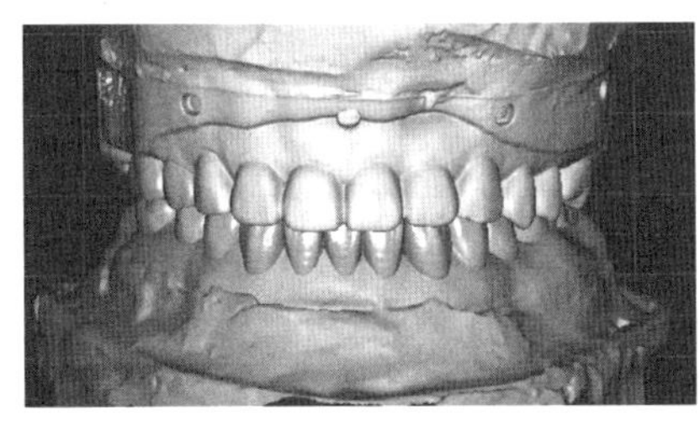

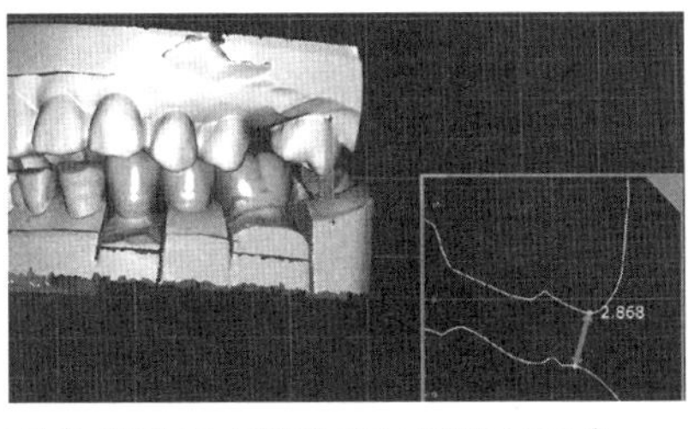

图 6　结合面部扫描数据进行虚拟改变的模拟与重合

3. 应用数字化于口腔实践教学的接受度和认可度

3.1　学生对应用数字化于口腔实践教学的认可度

学生借助数字化模型更加理解标准操作结果与步骤，对比考核要求，实时检测自己的操作误差，不需要等到整个流程做完才能发现问题所在。不同教师认同统一化考核标准，也使得评分结果更被学生认可。

3.2　教师对应用数字化于口腔实践教学的认可度

进行住院医师规范化培训的医学生来自不同的本科院校，实践水准参差不齐，如何进行临床前同质化管理一直是难题。应用数字化于口腔实践教学会获得较理想的训练成果。

3.3　进行不同阶段的难度分级以完善同质考核

口腔长学制的教学、专硕专博的教学也可通过数字化模块的更迭进行很好的难度分级，符合本科生技能考核、住院医师规范化培训考核的不同要求。

4. 总结

随着互联网、5G、虚拟现实、人工智能等技术的迅猛发展和组合创新，在医学实践类教育迈进“智能时代”的重要当口，应用数字化技术提升临床前实践教学训练正在引领口腔医学教育行业的变革，未来的临床前实践教育将更加数字化、个性化和多元化。实践性是口腔医学的重要突出特点之一，要求口腔医生在拥有牢固的医学基础理论和临床知识的同时，必须具备良好的、规范化的临床操作技能。口腔医学教育是培养专业型口腔医疗卫生保健人才的主要教育模式，临床前实践教学是培养具有优秀临床技能的口腔医学生的重要教学内容之一。尽管国内各口腔医学高等院校重视口腔医学生的实践能力培养，但由于课时受限等种种原因，口腔专业学生难以进行充分有效的专业技能训练，在学期间仅进行少量基础训练，其数量与质量较低，无法满足新时代口腔医学教育的需要[9]。因此，应用数字化技术提升口腔医学生临床前实践教学训练的教学改革需引起重视。应用数字化技术提升临床前实践教学训练对口腔医学生在牙体解剖形态知识的掌握、口腔临床技能的训练、美学素养的培养等方面有极为重要的意义。

本教学团队适应时代和学科的发展，不断深化口腔教学内容和课程体系的建设和改革，优化教学方法，探索数字化与实践教学训练结合的教学模式。通过整理归纳总结了教学团队应用数字化技术于口腔临床前实践教学中的教学与改革情况，期望未来在此基础上进一步探索有效的、满足现代化口腔医学人才培养实践的教学改革对策，为培养有良好实践技能、综合思维能力、美学素养的口腔医学综合型人才奠定坚实的基础。在实习实践课程中，借助数字化技术开发及应用临床前教学检测新型模具，将教学专利转化为教学模具应用于教学工作。通过应用数字化技术进行教学改革让学生切身体会到口腔医学临床与教学中数字化设计与加工、个性化定制的特点。数字化实践课程具有因人制宜、就地制作的特点，能满足医学生临床前训练个体化、精准化的需求，有利于调动学生的学习积极性，改进教学效果及提高教学质量。同时，注重总结和积累本科生及专业型研究生教学经验，充分了解口腔医师执业考核要求，将本科生的临床前教学与研究生阶段的临床实践有机结合，将数字化技术与实践有机结合，指导学生在临床实习实践过程中有的放矢，重点掌握执业医师实践技能考试的内容，并加强口腔美学、数字化技术、精密修复技术等新技术的学习。本教学团队所指导的多名学生在全国及中华口腔医学会等各项竞赛及科普活动中位列奖项前列。

应用数字化技术提升口腔医学临床前实践教学训练逐渐表现出广泛的应用前景和潜力，下一阶段探索教育和虚拟现实技术的融合发展，可能有力地催生类人助教，促进高阶的探究式、自适应学习，拓展智慧教育场景应用，推动智慧教育的不断发展与深化[10]。在未来，科学技术的不断进步与人工智能的不断完善势必带给口腔医学教学新一轮的技术革命，数字化技术也有望在临床前实践教学训练中得以拓展。

◎ 参考文献

[1]王智帆，郭玲伶．医学专业学位研究生专业素养与能力养成的影响因素分析[J]．当代教育论坛，2022(4)：55-61.

[2]陈罗娜，王剑，张鑫．基于根管-修复序列治疗的口腔临床前实践学科整合教学模式评价[J]．口腔疾病防治，2023，31(12)：883-888.

[3]王振慧，杨宏业．虚拟仿真技术在口腔医学教育中的应用[J]．口腔医学研究，2022，38(9)：811-814.

[4]曹勇，杨学英，李晓捷，等．数字化过程评估系统在牙体预备教学中的应用评价[J].

中华口腔医学研究杂志：电子版，2017，11(1)：53-57.
[5]余培，罗有成，吴哲，等．基于数字化技术的整合课程教学模式探索——以口腔修复临床实习前培训为例[J]. 口腔颌面修复学杂志，2022，23(3)：218-222.
[6]白石柱，毕云鹏，高蕊，等.3D打印及其在口腔医学中的应用(四)——经验总结[J]. 实用口腔医学杂志，2022，38(5)：683-688.
[7]赵熠，刘冰．颌骨牙源性囊肿袋形术/减压术引流装置的设计与临床应用[J]. 中国实用口腔科杂志，2020，13(10)：577-581.
[8]冯玥，胡仲琳，刘伟才．三维虚拟牙科患者的建立对前牙美学修复效果的影响研究[J]. 口腔医学，2022，42(10)：905-910.
[9]沈佩，张善勇，房兵，等．欧、美与中国3所口腔医学院口腔医学教育比较[J]. 上海口腔医学，2014，23(1)：110-112.
[10]Zitzmann N U，Matthisson L，Ohla H，Joda T. Digital undergraduate education in dentistry：a systematic review[J]. Int J Environ Res Public Health，2020，17(9)：3269.

素质体育课“课程思政”的价值引领

——以武汉大学素质体育课为例

陈　畅　关　倩

（武汉大学　体育部，湖北　武汉　430072）

【摘　要】高校体育课是体育育人的重要途径，素质体育课是体育育人体系中的关键基础环节。素质体育课针对不同身体素质的学生，通过打造适合学生运动的教学环境，增强学生运动体验，使其形成乐于运动的习惯，实现促进学生身心健康的教学目标。本文运用文献资料、逻辑推理、数据分析等研究方法，对素质体育课的定位及培养目标进行了系统阐释。研究认为通过深挖校内体育育人资源，用好中华优秀体育精神，倡导终身运动理念，发挥体育教育与思政教育同向同行、同频共振的作用，在培养爱国、爱校、爱运动的拔尖创新人才方面取得良好效果。将体育育人“课程思政”元素融入教学中，发挥优势体育项目作用，总结了素质体育课教学中课程思政的教学成果及发展方向。

【关键词】体育育人；素质体育课；课程思政；教学设计

【作者简介】第一作者：陈畅（1983.10— ），男，汉族，湖北武汉人，博士研究生，武汉大学讲师。主要研究方向：体育教育教学与训练、服务科学。E-mail：cch@whu.edu.cn。通讯作者：关倩（1984.7— ），女，湖北武汉人，硕士研究生，武汉大学七级职员。主要研究方向：体育教学、科研管理。E-mail：2008201140003@whu.edu.cn。

习近平总书记指出：“做好高校思想政治工作，要用好课堂教学这个主渠道，思想政治理论课要坚持在改进中加强，提升思想政治教育亲和力和针对性，满足学生成长发展需求和期待，其他各门课都要守好一段渠、种好责任田，使各类课程与思想政治理论课同向同行，形成协同效应。”[1]高校体育课在立德树人方面要发挥重要作用。习近平总书记强调：“要坚持健康第一的教育理念，开齐开足体育课，帮助学生在体育锻炼中享受乐趣、增强体质、健全人格、锤炼意志。”[2]体育课是“寓促进身心和谐发展、思想品德教育、文化科学教育、生活与体育技能教育于身体活动并有机结合的教育过程”，[3]作为立德树人的必修课程，有着丰富的“课程思政”资源。进一步加强体育课“三全育人”效果，将思想品德教育融入体育教育教学整个过程中，培养德智体美劳高素质全面型新时代人才，是“课程思政”教学目标[4]。

1. 高校学生身心状态及武汉大学公共体育课现状

1.1 高校学生身心状态

当今高校学生普遍学业压力大，平时繁多的课程给学生的身体和心理带来太多压力。学生们要想在各自的专业领域有所成就，需要拥有强健的体魄和健康的心理状态，要能承受繁重的学习和工作重任。近年来在校学生的体质呈现逐年下降趋势，表现在学生体质测试各项指标下降，包括肺活量指标、速度、耐力、柔韧素质指标等，普遍来看学生的体重指标有所上升。当今大学新生即大一、大二新生，独生子女较多，自尊心及自我意识很强，对新鲜事物比较感兴趣，对不太喜欢的事物表现淡漠的情绪比较直接，甚至抵抗的情绪比较极端，新生大多数在较封闭及单纯的环境中成长，他们承受挫折的能力还不太强，极易引起不好的心理问题[5]。

1.2 武汉大学公共体育课开设情况

在 2021 年之前，武汉大学公共体育课主要由各专项体育课组成，有三大球(足篮排球)和三小球(乒羽网球)，教学内容主要以教授专项技能和相互练习为主，每次课有部分时间学生以小组为单位进行专项技能训练。学生在自主练习时，因运动能力差异较大及个人习惯不同，容易出现练习的运动量不够，运动内容单调及简单等问题。由于教学方式及内容的吸引度不高，学生容易产生应付体育课的情绪，导致形成终身体育锻炼习惯的氛围不足。

1.3 专项体育课程中课程思政深度广度不够

在武汉大学体育课教学改革之前，专项体育课开展"课程思政"的手段与方法相对表面化、内涵不深、可运用的体育教学辅助设施有限。在教学过程中，学生的教学情景体验不佳，教学内容和场景比较单一，教学体验略显枯燥，思政教学感受不深。特别是在对学校体育文化和中华体育精神传播上，不能让学生感同身受，没能让学生对体育产生热爱之情，从而使课程思政只浮于表面的教学上，课程思政的深度和广度还不够。专项体育课程重视技能传授，在引导学生树立终身锻炼的理念方面还不足，部分学生是为了拿到必修学分而参加专项体育课，对体育课的应付心态较重。

2. 开设素质体育课的教学目标和特点

2.1 素质体育课培养目标

"双一流"高校的目标是培养高素质高层次的人才，身心健康是高素质高层次人才的重要体现。体育教学的目标，便是针对不同专业学生情况，打造适合学生运动的教学环境，促进学生积极参与运动，增强学生运动体验，形成乐于运动、养成运动习惯的良好教学氛围，实现培养身心健康学生的教学目标。针对学生特点和公共体育课现状，武汉大学于2021年实行体育教育教学改革，在大一、大二新生中开设素质体育课，提高身体素质，培养终身运动习惯，进一步增强体育课“课程思政”，以培养学生“爱校、爱国、爱运动”为目标，让学生深入体验学校体育育人资源，感受中华优秀体育精神，促进学生对体育的强烈参与度和共鸣，实现学生将体育健身的理念贯穿一生，从而落实培养学生践行终身体育锻炼的教学目标。

2.2 素质体育课程的特点

素质体育课是武汉大学体育育人的重要基础(见图1)。素质体育课以培养学生身心健康为目的，提高学生身体素质，让学生掌握一定的运动锻炼方法和学习基础性的体育知识，为形成良好的运动习惯和终身运动意识打好运动基础。素质体育课“课程思政”采取理论+实践的教学方式，培养学生团结协作、顽强拼搏的体育精神和规则意识，形成促进身心健康的生活方式。通过身体素质+专项技能训练的教学模式，让学生们具有一定的专项运动技能水平，形成定期运动的习惯，让他们将来走上工作岗位后，能够健康工作50年。

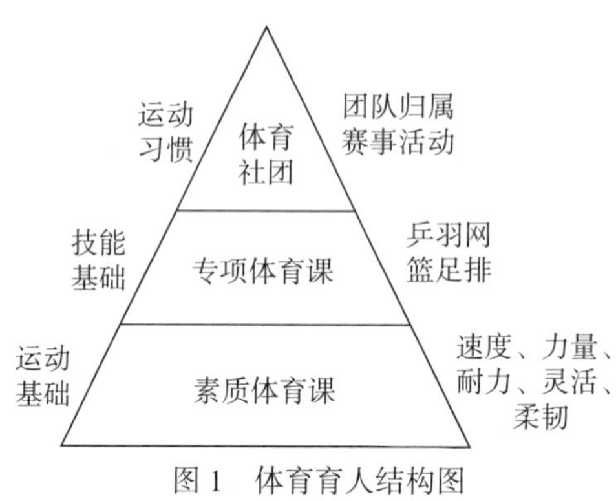

图1　体育育人结构图

2.3 素质体育课教学主要内容

在教学内容设置方面，根据教学资源和学生情况，以模块化方式设置教学内容。分别为：身体素质模块、定向越野模块、太极拳模块、乒乓球模块、排球模块等。每学期按照1+X模块方式开展教学。按照全员、全过程、全方位的“三全育人”理念，体育部全体教师共同承担素质体育课程开发和任教工作。在教学全过程中，遵循三个加强原则：一是加强与学生的沟通，任课教师做到每学期与每位学生都有沟通交流，让学生感受到老师的关心；二是加强体育精神的德育，中华体育精神是课程思政元素的宝贵财富且内容十分丰富，有家喻户晓的女排精神，长盛不衰的乒乓精神，使国人骄傲的中国武术“精气神”；三是加强学生的切身体验，体育课堂上要更多地让学生身体力行地参与，学生在运动中获得专项技能和学习知识，感受运动带来的快乐，通过教师示范讲授和学生练习过程中加入德育教育元素，达到润物细无声的效果。

3. 素质体育课“课程思政”的特点

素质体育课“课程思政”因其课程特点及内容、形式的特别，与其他课程相比具备独特品性。素质体育课在实施“课程思政”过程中，将思想政治教育融入体育教学过程，促进了学生在体育教学活动中更积极更主动，使体育课上思想政治教育深入学生身心。“体者，为知识之载而为道德之寓者也。其载知识也如车，其寓道德也如舍。体者，载知识之车而寓道德之舍也。”[6]

3.1 深挖校园体育育人资源，培养学生“爱校”情感

充分运用学校红色育人资源。在定向越野课程模块中，让学生在完成定向越野跑任务中感受学校历史积淀。武汉大学建筑历史悠久，校内红色基因建筑和体育场馆设施资源丰富。老建筑宋卿体育馆让学生感受厚重的历史，由衷地为百年武汉大学自豪。见证重大历史时刻的九一二体育场能让学生被周围环境中的氛围熏陶和感染。在李四光、闻一多、王星拱、李达等知名教授及武大历史名人雕塑前打卡，以纪念先贤业绩，启迪教育后学。感受武大发展史上的重要历史人物与事件，使每位武汉大学学子感到骄傲。

挖掘学校民族传统体育资源。太极拳课程模块成为武汉大学民族传统体育项目的特色，在太极拳教学过程中传播中华武术精神，潜移默化地让当代青年成为中华文化坚定的传承者。中华民族传统体育传承着中国精神、中国力量与中国自信。学生们通过对中华民族传统体育项目的学习，文化自觉和文化自信显著增强，国家文化软实力的根基更为坚实。

用好学校体育社团及高水平运动队体育育人资源。武汉大学以高水平运动队为牵引，高水平竞技体育和群众体育齐头并进。学校现有男子排球高水平运动队、乒乓球高水平运动队、羽毛球高水平运动队、田径高水平运动队四支运动队，乒乓球、羽毛球运动队在全省及全国高校中位居前列，男子排球、田径运动队在全省高校中位居前列，在全国高校中处于上等水平。这些高水平运动队代表学校在全省和全国争金夺银。高水平运动员就在普通学生中间，与冠军做同学，与专业选手交流学习，让更多学生深入了解各种专项运动，为学校高水平运动队呐喊助威，增强对学校的归属感，从而更爱校。由普通学生组建的阳光运动队 8 支(篮球队、足球队、排球队、乒乓球队、羽毛球队、龙舟队、帆船队、定向越野队)，他们代表学校在全省和全国争得多项荣誉。学校体育类社团协会近 20 个，体育类社团活动的普及能让更多学生参与到运动活动中，从而爱上运动。

3.2 弘扬中华体育精神，培养学生“爱国”情怀

3.2.1 中国乒乓精神

在乒乓球课程模块中融入中国乒乓精神。中国乒乓球运动员容国团在第 25 届世乒赛

男单比赛中为新中国夺得了有史以来的第一个世界冠军。中国乒乓球队在第36届世界乒乓球锦标赛上，包揽了全部比赛冠军，在国际舞台上获得巨大的成就。万里同志代表党中央、国务院称赞中国乒乓球队具有“胸怀祖国、放眼世界、为国争光的精神；发奋图强、自力更生、艰苦奋斗的实干精神；同心同德、团结战斗的集体主义精神；胜不骄、败不馁的革命乐观主义和革命英雄主义精神”[7]。“中国乒乓精神”促进了我国乒乓球事业一次又一次的突破，实现了我国体育从无到有，从大到强的蜕变，是“四个自信”的重要体现，极大增强了国人复兴中国梦的信心[8]。在乒乓球课堂上，严格要求学生技术动作和击球回合质量，学生们通过自身反复训练和刻苦钻研，在一次次失败后，最终完成任务，感同身受地体会不屈不挠、勤学苦练、不断钻研、不断创新的中国乒乓精神。

3.2.2 中国女排精神

在排球课程模块中融入中国女排精神。中国女排凭借着顽强战斗和勇敢拼搏的精神连续五次获得了世界冠军，为中国人民争了光，给国人及整个民族带来了巨大的鼓舞[9]。中国女排精神发扬了中华民族坚强不屈的性格，是爱国主义精神、集体主义精神、顽强拼搏精神、永不言败精神的集中体现[10]。排球运动作为三大球类运动之一，是一个集体性项目，每位场上队员的表现都会对整场比赛的走势产生一定的影响，因此需要整个团队相互配合，团结一心，才能发挥出高水平的竞技状态，才能形成有战斗力的团队。中国女排的姑娘们相互鼓励，相互促进，不论失败还是胜利都是铁板一块，正是这种团队意识和集体主义精神使得中国女排的姑娘们不断取得新的辉煌成绩[11]。在体育课上，引导学生进行排球练习时，以小组为单位，相互配合，共同完成练习任务和对抗性比赛，体会团队协作的精神。

3.2.3 培养学生爱国意识

素质体育课是一门理论与实践一体的课程，通过理论教学让实践活动更加有深度，通过实践体验让理论教学更能感同身受。要用好中华体育精神这座思想政治教育资源宝库，讲好“课程思政”故事。中华体育精神体现了中华民族自强不息、顽强拼搏的民族精神，也是新时代我国社会主义核心价值观的具体体现[12]。中华体育精神是爱国精神、奉献精神、创新精神、团队精神、拼搏精神的集合[13]。中华体育精神是中国传统文化不可分割的一部分，中华体育精神不断融入中华民族精神之中，是爱国主义教育，顽强拼搏精神传播，公平竞争和团队合作意识培养的资源宝库[14]。习近平总书记指出“‘为国争光、无私奉献、科学求实、遵纪守法、团结协作、顽强拼搏’为主要内容的中华体育精神来之不易，弥足珍贵，要继承创新、发扬光大”。[15]素质体育课精心打造思政元素，通过中国体育精神让学生们更加爱国。

3.3 加强集体性的教育情境，让学生养成“爱运动”习惯

素质体育课以身体素质项目+专项体育运动项目为载体，以理论及实践相结合开展教学活动，教学的场域、情境因体育项目的特性，具有极强的集体特性。素质体育课以集体形式

开展教学活动，身体素质项目有个人运动项目，也有团体的协作和对抗运动项目，但不论是个人运动项目还是团体运动项目，个人的表现和成绩将直接影响集体成绩。以集体形式开展的教学活动，能够让学生真实体验到集体协作带来集体归属感和荣誉感。“作为集体中的一员，要承担一定的角色，在体育教育活动中要遵守一定的规则，并为达到集体的共同目标拼搏进取，协同奋斗，因而在活动中，可以与队友沟通情感，加深友谊，促进人际关系的协调，促进学生形成有关集体的力量、智慧、尊严的价值观念”，[16]学生们通过集体形式的体育教学活动能够体会到集体的力量，从而培养学生的集体主义精神、合作精神和遵守规则纪律的意识，让学生更爱参加集体活动，更“爱运动”，形成健康的生活习惯。

4. 素质体育课实践成果及发展方向

4.1　以学生为本，学生身体素质有所提高

通过一年两个学期在全校大一新生中开展素质体育课教学，武汉大学大一学生身体素质普遍有所提高。工学部动力与机械学院 145 名大一学生，其体测总分的平均分从 2021 年的 70.4 分，增长到 2022 年的 73.4 分(见图 2)。

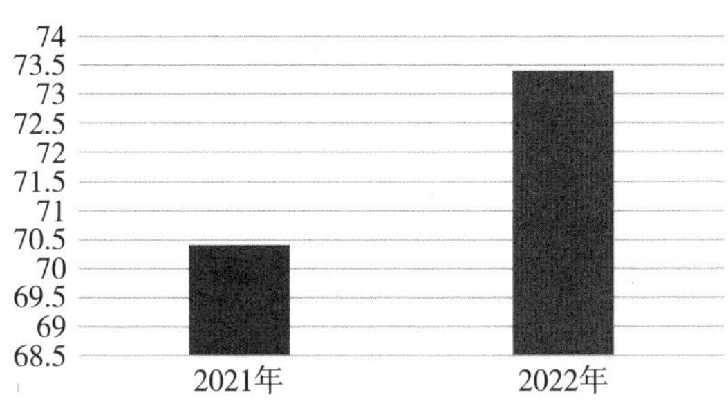

图 2　2021 年及 2022 年体测总分的平均分对比图

从总分等次数据来看，2022 年体测“良好”等次率提升 11.04%，“良好”“优秀”等次有明显提高(见表 1)。

表 1　**2021 年及 2022 年体测总分等次统计表**

等次	2021 年(人/百分比)		2022 年(人/百分比)	
合格	9	6.21	4	2.76
及格	119	82.07	107	73.79
良好	17	11.72	33	22.76
优秀	0	0.00	1	0.69
合计	145	100	145	100

从个体单项分数据来看，2022 年体测在力量、灵活、柔韧、速度方面均有提升(见表 2 和图 3)。

表 2　**2021 年及 2022 年体测个体单项分统计表**

年份	力量	灵活	柔韧	耐力	速度
2021 年	50	78	85	90	80
2022 年	85	85	95	78	95

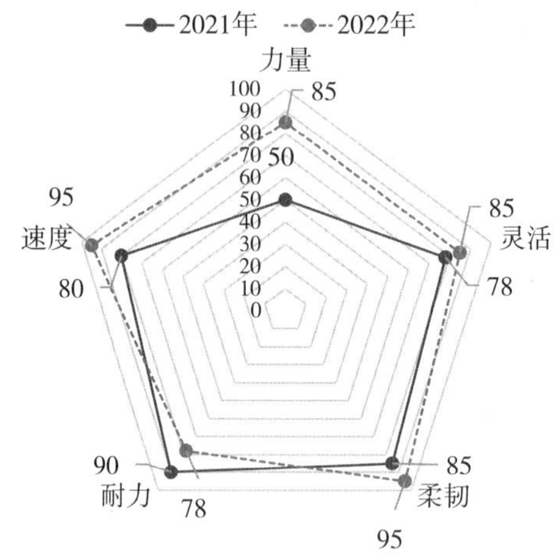

图 3　2021 年及 2022 年体测个体单项分对比图

在素质体育课整个教学过程中，以全面培养学生为出发点和落脚点，始终以学生为中心。在教学安排上，打通全校教学资源，让每位学生都能体验到现代化及具有厚重历史感的体育场馆，使用更丰富的运动器械，让学生接受到更专业的运动技能教学资源。素质体育课教学是一个培养人和教育人的过程，通过思政教学、运动参与、运动技能、身体健康、心理健康等方面的培养，实现了与德育、智育、美育和体育教育相结合，培养全面发展的时代新人。

4.2　以教师为主，持续加强“思政”素养

素质体育课“课程思政”作为隐性思想政治教育的一种方式，教育者要有较高的思政教育能力，成为社会主义核心价值观和正确的思想道德观念的传播者，要让受教育者的实际思想道道状况符合社会要求。教师是课程思政建设实施的主体，要自觉以德立身、以德立学、以德施教，争做“四有”好老师，做好学生的“四个引路人”，坚定不移走中国特色社会主义教育发展道路。武汉大学承担素质体育课的授课教师经过集体备课，逐渐成为多面手。一方面提高了自身的思想政治素质，另一方面建立了课程思政教学资源库，讲好了体育励志故事。下一步素质体育课教师团队还需设计、构建“互联网+教学+思政”的新平

台，深入学生，了解学生，用学生喜欢的方式和乐于接受的话语体系，讲解好课程思政内容，做到教授中既有意义，又有意思，使体育专业知识与思政教育无缝衔接。

4.3 以内容为核，坚定铸魂育人方向

素质体育课“课程思政”始终旗帜鲜明地坚定社会主义方向，坚守“为党育人，为国育才”的重任。在教学理念上始终坚持以马克思主义及其中国化理论为指导，坚持以社会主义核心价值观为价值导向。在培养目标上坚持以培养德智体美劳全面发展的人才为导向。素质体育课的核心是课程内容，其“课程思政”元素要与思政课程的方向和目标一致，在教育形式和方法上体现素质体育课的独特性，实现隐性思想政治教育的目的。素质体育课是“寓于专门的思想政治教育之外，社会实践活动中开展的、不为受教育者关注的一种思想政治教育存在类型”。[17]素质体育课“课程思政”融合了体育运动练其“身”和思政教育修其“心”，通过实践的运动训练教学活动，以潜移默化的方式持续地将“课程思政”元素不知不觉地实现渗透。素质体育课“课程思政”的渗透，应该层层递进，通过“爱国”的情怀，“爱校”的情感，倡导“爱运动”的健康生活方式，广泛深入引导学生，通过素质体育课的理论+实践教学方式，1+X 教学模块形成的丰富内容，着力持续地对学生开展润物无声的教育，从而培养身体素质强健、专业技术精湛、思想政治素质过硬的高素质人才。武汉大学素质体育课，始终以培养爱国、爱校、爱运动的拔尖创新人才为己任，以人才培养改革创新为目标，不断探索体育育人系统性跃升和质变经验。

◎ 参考文献

[1]习近平．把思想政治工作贯穿教育教学全过程，开创我国高等教育事业发展新局面[N]．人民日报，2016-12-09(1)．

[2]习近平在全国教育大会上强调坚持中国特色社会主义教育发展道路培养德智体美劳全面发展的社会主义建设者和接班人[N]．人民日报，2018-09-11(1)．

[3]中华人民共和国教育部．关于印发《全国普通高等学校体育课程教学指导纲要》的通知[EB/OL]．//http：//www. moe. gov. cn/s78/A10/moe_918/tnull_8465. html.

[4]王海棠．高校公共体育课“课程思政”理论探析[J]．齐齐哈尔大学学报(哲学社会科学版)，2022(6)：154-158.

[5]许治华．工科院校体育综合课教学模式的设计与实践——以内蒙古工业大学为例[J]．内蒙古工业大学学报(社会科学版)，2016，25(1)：115-118.

[6]毛泽东．体育之研究[J]．新青年，1917，3(2)．

[7]朱惠平．“乒乓精神”的文化内涵[J]．中国学校体育(高等教育)，2015，2(9)：1-5.

[8]宋绍兴．王玉峰，宋子夷，等．论“乒乓精神”及其社会价值[J]．体育学刊，2010，17(12)：49-51.

[9]聂晓梅，曲永鹏，易锋．中华体育精神弘扬社会主义核心价值观的功效研究——以乒乓精神、珠峰登山精神和女排精神为例[J]．南京体育学院学报，2021，20(6)：35-

39.
[10]张波．鲍婷．夏天．等．经验·反思·启示：新中国70年中国女排发展历程口述史研究[J]．天津体育学院学报，2021，36(1)：117-124.
[11]王军伟．张岚．余丁友．中国女排精神的内涵、价值及文化效力构建[J]．体育学刊，2017，24(3)：35-39.
[12]郑永廷．罗姗．当代社会精神文化的发展与价值彰显——努力建设健康的精神文化环境与精神家园[J]．思想政治教育研究，2010，26(1)：1-5.
[13]黄莉．中华体育精神的文化内涵与思想来源[J]．中国体育科技，2007(5)：3-17.
[14]黄蓉生．社会主义核心价值观的文化视域思考[J]．中国高校社会科学，2015(1)：30-41，156-157.
[15]习近平会见全国体育先进单位和先进个人代表等时强调发展体育运动增强人民体质，促进群众体育和竞技体育全面发展[N]．人民日报，2013-09-01(1).
[16]刘清黎．体育教育学[M]．北京：高等教育出版社，1998.
[17]白显良．隐性思想政治教育基本理论研究[M]．北京：人民出版社，2013：43.

来华留学生在线汉语课堂沉默的影响因素探析

洪豆豆

（武汉大学　国际教育学院，湖北　武汉　430072）

【摘　要】疫情使对外汉语教师和来华留学生从线下课堂来到了线上课堂，然而不论线上还是线下，课堂沉默都不利于提升教学效果。以是否存在外显性行为参与和内隐性思维投入把在线汉语课堂留学生群体归为活跃者、思考者、表现者和隐性逃课者四种类型，从学生层面、教师层面和外部环境层面探讨引起课堂沉默的各项因素以及可能打破课堂沉默的路径，探索有利于提高留学生学习主动性的线上教学模式。

【关键词】留学生；对外汉语；在线教学；课堂沉默

【作者简介】洪豆豆(1980—　)，女，湖北武汉人，博士，讲师，主要研究方向为国际中文教育、中国古代文学，E-mail：771025823@ qq. com。

【基金项目】中国高等教育学会2023年度高等教育科学研究规划课题重大课题“数字教育发展推动国际学生教育变革创新研究”(23LH0101)。

有关“课堂沉默”的研究论文最早出现在20世纪80年代，随着社会、学校及教师对教学质量和课堂教学效果的重视，2010年之后发展成为教学领域学术热点之一[1]。众多研究论文中不乏对大学生课堂沉默的关注，不过这种关注暂时还未转移到来华留学生这一特殊群体上来。

在中国知网数据库进行高级检索，检索条件分别为“关键词=留学生课堂沉默+精确”和“关键词=对外汉语课堂沉默+精确”，搜索结果均为0条。检索条件为“主题=留学生课堂沉默+精确”和“主题=对外汉语课堂沉默+精确”，分别得到11条和24条搜索结果，其中9条结果重合。这些文献均为硕士论文，然后在结果中进一步检索，得到篇名中有“课堂沉默”的6篇。所以，目前能看到的把课堂沉默和留学生以及对外汉语课堂联系起来的研究成果并不丰富，有待进一步深入探讨。与之相对的是留学生的课堂沉默却是长期存在并日益明显，呈现出从语言课向专业课渗透，由高年级向低年级扩散的趋势，对课堂教学效果产生不容忽视的负面影响。2020年新冠疫情袭来，中国高校不得不开展线上教学，特别是留学生，直到2022年年底还是以在线授课为主。即使2023年开始陆续恢复线下课堂，但可能较长时间之内还需要提供线上线下混合式教学服务。留学生在在线汉语课堂上表现出的沉默，向对外汉语教师提出了新的挑战。

一、在线汉语课堂沉默的含义

首先，有必要厘清“课堂沉默”的概念内涵。学生个体参与课堂教学活动，可以表现为回答教师提问或向教师提问，以及参与课堂讨论等多种行为。换言之，在课堂上把自己的意见表达出来。没有表达，课堂上就会出现沉默。

很多学者已经就此提出了个人看法，很有值得借鉴之处。从外在表现上来看，课堂沉默“产生于教师期待回应和学生做出回应的间隙，在这个间隙中每个人都在等待他人的回应”[2]，课堂沉默主体既可以是教师，也可以是学生。因此，广义的课堂沉默可被定义为“课堂教学环境中，教师和学生所呈现出来的无声且无固定语义的非言语交际行为”[3]。狭义的课堂沉默指的则是“学生个体在课堂教学活动中，在思维、情感和行为等层面所表现出来的一种对教学内容与要求不关联、不参与的心理状态与行为”[4]。开展线上教学之后，“课堂沉默”概念中加入了“在线”这一新元素。学生在在线汉语课堂中表现出来的思维上不活跃，行为上不参与的状态即为“在线汉语课堂沉默”。

刘向前(2005)提出了课堂沉默的两种表现形式：积极沉默和消极沉默。积极沉默的表现形式是“学生在教师提出问题之后陷入积极思考中的沉默，学生对教师或其他同学的讲述或回答认真去倾听和思考的沉默等”[5]。如果学生在脑中对所学内容主动思考、探索，虽然没有在课堂上把自己的所思所想表达出来，可这种沉默无疑是积极的，那么没有伴随思考的沉默只能是消极沉默，课堂消极沉默的弊病无须赘言。成功的课堂教学有赖于师生双方的紧密合作，倘若面对的是一个寂静无声的课堂，一群不能、不愿、不敢表达的学生，再优秀的教师也无计可施。

二、留学生在线汉语课堂沉默的现状

现在，高校对留学生的各项教学管理规定已经非常全面。以武汉大学国际教育学院为例，对学业成绩的评定由考勤成绩+平时成绩+考试成绩(期中、期末)按比例构成，其中“考勤成绩”一项考察的就是留学生是否存在无正当理由而不去上课的现象，如果缺勤达到课程总课时数的一定比例，就取消其期末考试资格，意味着拿不到该课程的学分。戴上了这个紧箍咒以后，留学生缺勤现象的确大幅度减少了，但是隐性逃课却增加了：看似认真听课，实则人在心不在，看手机、发微信、刷抖音……甚至只是看着黑板发呆。这样的情况多了，对外汉语课堂自然就沉默下来了。

“课堂参与包括外显性行为参与和内隐性思维投入”，“外显性行为参与指学生在课堂中可被观测的行为”，“内隐性思维投入指学生在课程学习中为消化吸收知识而进行的思维活动”[6]，因而应该从是否存在行为参与和思维投入两个维度观察课堂。结合教学实践，根据课堂表现可以把留学生划分成四个群体：第一，行为活跃、思维活跃的活跃者。活跃者跟得上教师讲课的节奏，积极参与课堂互动，乐于表现自己，被同学们视作课堂提问的专职回答者。第二，行为沉默、思维活跃的思考者。思考者不会主动回答老师的提问，但如果被点到名字，通常能给出令人满意的回答。可见，行为沉默的背后却是思维上的高度投入。第三，行为活跃、思维沉默的表现者。和活跃者相同，表现者在课堂上也踊跃回答问题，积极参与讨论，但仔细观察就会发现他们的发言质量其实不高，其原因是缺乏深入思考。第四，行为沉默、思维沉默的隐性逃课者。隐性逃课者不主动参与任何课堂互动，被点名提问时不是答非所问就是闭口不语。行为沉默的同时，思维也不在线。

“学生对教育活动的参与程度在一定意义上决定了教育活动成效的大小”[7]。以回答课堂提问为例：每当教师提出一个问题，活跃者当仁不让地发言，思考者在脑中积极思考，表现者在正确答案出现后随声附和，隐性逃课者则置身事外。毫无疑问，活跃者是最理想的学生，而隐性逃课者是最不理想的学生。身处同一个课堂中，他们的表现犹如鲜明的两极。理想的课堂需要学生在行为和思维上的双重投入，行为或思维的沉默都不利于理想课堂的构建。从这个角度来评价，思考者和表现者都并非理想的学生，然而两个群体之间还有区别：与行为参与相比，思维投入才是决定学生学业成功的重要标准。相对于表现者，思考者明显能从课堂上收获更多知识。

行为上的沉默是显性的、可被察觉的，而思维上的沉默更加隐蔽，是隐性的、难以察觉的。当课堂被搬到线上以后，离开了老师的视线，隔着电脑屏幕和网络，学生沉默的借口更多了，网络拥堵、APP 卡顿或电脑故障是最常见也最好用的理由之一。

三、留学生在线汉语课堂沉默的原因分析

网络远程教育中存在着学习者与学习内容的交互、学习者与教师的交互以及学习者与学习者之间的交互，交互行为水平的高低影响学习者知识建构水平和学习质量[8]，而师生互动是在线教学交互中的核心环节。因此，理应从留学生与教师两个方面探析在线汉语课堂沉默原因，寻求打破留学生在线课堂沉默的有效方法。与中国大学生的课堂沉默相比，留学生的课堂沉默有特殊之处。

(一)在线汉语课堂沉默的学生层面分析

1. 文化因素

“聚类分析表明，中国、韩国和南非的大学生在学习参与方面的特征接近，欧洲和美洲的大学则构成另一群体”，“中国、韩国和南非的大学生在课堂上显得内敛保守，欧美大学的本科生显得活跃主动，东西方的差异在这个维度上初步显现。”[9]不仅是韩国留学生，其他同样来自属于儒学文化圈范围的国家如日本、越南和新加坡等的留学生，他们在课堂上表现类似：谨言慎行、含蓄内敛，较少主动表达自己的意见和看法。这是因为“受儒家文化影响的东亚国家，在思维活动上更加偏向遵从、中庸，而较少进行批判和反驳”[9]。再者，儒家提倡尊师重道，让他们习惯于服从教师的权威性和主导地位，拒绝质疑教师讲授的内容，哪里敢表达自己的看法，更何况提出不同观点？置身于在线课堂，隔着屏幕和网络，这种情况也没有发生多大变化，甚至由于不用和教师面对面，学生变得更

加安静。留学生相信沉浸在真实的汉语语言环境中对自身汉语能力提高有非常大的促进作用，这是他们来中国留学的最大驱动力。但是因为疫情，留学生不能来中国感受真实的语言环境，只能进行线上教学，所以中国各高校的来华留学申请人数在疫情期间无不呈现减少的趋势。仍然选择学习汉语并愿意接受线上教学的留学生大多来自韩国、日本、越南、泰国等亚洲国家，特别是韩国留学生常常在班上占人数优势，他们上课时的沉默表现让其他同学也安静下来。

2. 性格因素

当然在课堂上，并非所有来自受儒家文化影响的东亚国家的留学生都表现得谨言慎行，来自欧美的留学生也不都是活跃者。性格对留学生课堂活跃程度也有影响，“学生的课堂参与模式与学生的性格之间存在着较强的相关性，特别是课堂言语活动与学生的性格之间存在着紧密的联系”[10]。根据人的心理活动倾向于外部还是内部，把性格分为外向型和内向型。外向型性格的学习者愿意与他人分享自己的观点，喜欢参与课堂提问、课堂质疑、课后提问等言语活动，内向型性格的学习者喜欢投入做笔记、听讲等非言语活动，其参与课堂言语活动常常是被动的。因为性格是一个人稳定的态度系统和相应习惯了的行为风格的心理特征，所以在在线课堂上，内向型性格的学习者沉默如故。

3. 能力因素

通过入学分级考试，汉语水平相近的留学生被分在一个班，但是同班学生之间语言能力的差距依然存在。能力强的学生愿意进行课堂交流与配合，能力弱的学生则无意于此。表面上看起来是不愿意，但细究起来可以进一步分成不能和不敢。不能是由于个人能力或知识不足，确实不知道如何开口。不敢则是为了保护自己，担心当众露怯，害怕被老师批评……总之，其动机是在众人面前保持形象、不丢面子，不让自己陷入窘境。“不确定是对的，我就不想说。如果错了，在老师面前没问题，但是还有很多同学，我不希望他们看到。”这是一个韩国学生的原话。这种心理绝非亚洲学生独有，欧美学生亦不能免俗。出于谨慎的沉默似乎有传染性，当课堂上大部分人保持沉默时，原本跃跃欲试的人感受到压力，在随大流和出风头之间，选择前者似乎更轻松。从初级班到高级班，从大一到大四，汉语课堂变得越来越安静，留学生在逐渐习惯沉默。对于课堂学习中不理解的部分，很多留学生不愿在课堂上提问，而倾向于课后问同学、老师。在他们看来，这是个比较安全的策略——既能获得知识，又不会浪费宝贵的课堂时间，更不会在同学面前暴露自己的无知。

4. 学习习惯因素

不能除了和个人能力不足有关，还和缺乏良好的学习习惯有关。课堂表达遇到障碍往往是准备环节出了问题。在一次随堂问卷调查中，关于“如果在上课之前事先预习所学内容，会觉得比较自信，有可能在课堂上发言”这一题项，班上 75%的人表示同意或比较同意。可实际情况却是：很多留学生没有课前预习的习惯。通过对留学生的长期观察和访谈，发现他们对课堂学习、课后复习和课前预习的重视程度呈递减趋势。学习常态是等着老师上课讲，因为作业，会在课后复习上花一些时间，至于课前预习很少或从不被纳入安排。汉语有着独特的发音方式、书写方法，与留学生的母语天差地别，如果没有足够的课前准备，上课时只能被老师牵着走，回答不了问题，更提不出问题，不得不用沉默掩饰自己的窘境。

5. 跨文化适应因素

以上提及的四个因素在中国大学生和留学生身上都有体现，跨文化适应因素却是留学生独有的。来到中国后，留学生身处一个全新的环境，需要面对语言差异、行为差异、饮食差异等方方面面的冲击。在适应期间的学习效果可能不那么理想，他们需要一段时间调整自己、适应环境，融入一个全新的语言氛围。融入就是留学生克服困难获得学习能力的过程，顺利的话能更好地参与课堂互动，如果不顺利就会导致个体课堂沉默。另外，为了入乡随俗，有的留学生会选择按中国人的方法行事，其中包括效仿中国人对待教师的态度。东方文化属于高语境倾向的文化，高语境文化国家将沉默解读为认同、稳重和真诚，所以中国乃至亚洲学生习惯用沉默表达对教师身份的尊敬，乃至对教师讲授内容的认可。一旦形成了沉默等同于尊敬的观念，留学生在课堂上就多听而少说，难得主动发表自己的意见和看法。

(二)在线汉语课堂沉默的教师层面分析

课堂上师生之间的互动，是提升教学质量、实现有效教学的关键所在[11]。教师、学习者、环境等都是影响学习过程和效果的主要因素，其中教师直接影响学生的行为与师生交互的产生[8]。教师作为课堂教学的设计师和主导者，掌握着课堂互动的主动权，直接影响学生的课堂表现。

1. 教学方式

既然掌握着课堂交互的主动权，教师就可以采用提高学生课堂参与度的教学方式，多为学生创造发言机会。传统汉语课堂中留学生的角色是知识的被动接受者，教师只要把知识填进学生脑子里就好了，长此以往学生逐渐丧失了主动追逐知识的能力，坐等老师喂饭吃。这样培养不出高质量人才，对外汉语教学需要改变教学方式。从精讲多练到“以学生为中心”，让留学生成为课堂的主角，教师从旁引导和鼓励，学生必然会打破沉默、勇敢发声。原本在线下课堂，老师还能通过表情、眼神以及身体语言传达自己的意思和感情，到了线上课堂老师和学生的互动主要依赖言语，学生难以长时间集中注意力，因此在线教学时迫切需要教师设计富于趣味性的话题和互动形式，吸引学生打破沉默，参与问答和讨论。

2. 课堂问答

提问是课堂师生互动中最重要的活动之一，教师根据学生的回答了解他们对课堂内容的掌握情况。如果学生无法对提问做出回应，课堂上就会出现沉默。原因比较复杂，首先是提问难度不当，过难和过易的问题都可能引起沉默。如果难度超过班上大部分人的汉语水平，只有几个汉语水平高的学生能回答，其他人可能对探求答案失去兴趣，习惯性地把这个问题留给专职回答者。而对于太过容易的提问，汉语水平高的学生看不上，水平不高的学生倒是积极，可是这样提问有效果吗？其次是等待时间不当，也就是没有给学生留下足够思考答案的时间。按照既定的课程进度，每节课都有必须完成的教学安排。如果长时间得不到回答，教师担心拉慢进度，一般有两种处理方法：有时是自问自答，让提问流于形式，有时是直接点学优生回答。这种情况多了，学生积极性受挫，不愿自己动脑子，一心坐等答案。其实，只要稍微多给一点儿时间，可能就有人发言了。教学进度固然重要，更重要的是激发学生的学习动机以及提供操练和演示的机会，作为教师不该舍本逐末，而应该想方设法平衡教学进度和学习效果之间的关系。最后是提问对象单一。不可否认，学优生汉语基础好、语言能力强，跟得上教学节奏，教师从他们身上能获得更大的成就感，不自觉地把更多发言机会给了学优生。相对地，汉语基础差、语言能力弱的学困生容易被忽略，教师特意准备几个特别简单的问题，自以为是照顾他们，这样真能把思维调动起来吗？不论学优生还是学困生都只是少数，多数学生既不好也不差，更多发言机会应该被留给有较大进步空间的他们。

3. 师生关系

师生关系是教学活动中最基本的关系。积极的师生关系促进学生积极参与课堂，从而促进学习，有助于减少课堂沉默，而消极的师生关系则阻碍学生学习与教师教学的进展，更容易出现课堂沉默[12]。中国大学生与中国老师如此，外国留学生与中国老师也不例外。用“铁打的营盘流水的兵”来形容对外汉语教师和留学生的现状恰如其分，教师是“营盘”，留学生是“兵”。只要顺利完成一学期的学习就会升级，进修生从初级班到中级班再到高级班，学历生从大一到大四，每次升级意味着面对一批新教师。以学历生为例，大学四年加起来二三十门课，需要与二三十位新教师建立关系。再者，教师和留学生上课来、下课走，彼此面对面交流的唯一场所就是教室。现在连教室也没有了，教师为了教学效果在上网课时打开视频，而多数留学生连麦克风都不想开，更不用说摄像头了，一学期下来教师可能连学生的脸都没见过，不利于建立积极的师生关系。缺少积极的师生关系，留学生在情感上从教师那儿得不到足够的支持和鼓励，无法积极、主动地投入学习，课堂互动时只能无言以对。同样地，由于学生的沉默，教师不仅无法推动教学，而且工作热情受挫。短期的消极师生关系，影响的只是留学生对某门课程的学习兴趣和学习干劲，长期的消极师生关系无疑会对留学生的学习方法、学习习惯乃至学习态度产生影响，因而损害的不仅是某门课程的学习效果，而是所有课程的学习效果。

（三）在线汉语课堂沉默的外部环境层面分析

除了教师和学生以外，外部环境也在一定程度上引起课堂沉默，对教学效果产生影响。

1. 班级规模

19 世纪 80 年代，美国学者格拉斯和史密斯关于班级规模的研究成果显示：小班的学生学习兴趣更浓，学习态度更好，课堂气氛更加友好愉快[13]。当学生人数较多，教室面积较大时，教师进行课堂提问和互动，不能照顾到所有人。教师的注意力常常不自觉地集中在活跃者常驻的前几排，一旦提问从活跃者处获得满意的答案，难免会忽略后排学习者。即使教师也会走到教室后方巡回，但次数毕竟有限。另外，有的学生喜欢坐在离讲台较远的后几排，拉开与教师的空间距离，并且刻意不做眼神接触，就是打算逃避课堂互动。教师可以提醒他们往前坐，却不能强迫。长此以往，活跃的前排学习者自信心得到满足，汉语水平不断提高，愈发频繁参与互动，进入良性循环；沉默的后排学习者自信心得不到满足，汉语水平停滞不前，愈发恐惧课堂互动，出现恶性循环。如果班级规模缩小，教室面积紧凑，就能避免沉默的死角，让所有学生进入教师的关注视野。在线学习中，教室面积大小的影响不复存在，然而学生人数多少仍然有影响。在无法眼见为实的情况下，后排学习者似乎更容易被遗忘在角落。

2. 班级构成

班级构成与课堂沉默产生联系，一方面在于男女比例。男女个性不同导致了课堂表现差异。表面看来女生比男生害羞，深层原因是女生更加在乎自己在他人眼中的形象，为了保持良好的个人形象，在课堂互动中更加谨慎和保守。对自己的回答缺乏信心时，女生倾向于沉默，个体性沉默常常引发群体性沉默，谁也不愿意第一个发言。如果班上女生占比高，教师就应该多鼓励和启发，在交流和示范时多邀请女生参与，还要在活跃者中树立女生榜样，缓解她们恐惧失败的焦虑情绪，激发她们参与课堂互动的热情。另一方面，来自同一国家或地区的学生多了，课堂上的消极行为也多一些。相反，多元化班级学生的课堂活跃度更高。

3. 失真课堂

虽说开展在线教学是世界未来教育的发展方向，但是在技术和心理上都没有做好准备的情况下，对外汉语教师和留学生被疫情一下子推进了在线课堂，陌生感和失真感让师生双方备感焦虑。教师不熟悉在线教学平台的各项功能；留学生身在国外，也遇到了不能下载 APP、无法注册等各式各样的难题，网络延迟、直播卡顿之类的状况更是屡见不鲜。即使不提技术障碍，居家上课使留学生模糊了学习和生活的界限，逐渐丧失应有的学习态度，穿着睡衣躺在床上进课堂成了常态。在一次随堂问卷调查中，八成留学生表示愿意打开麦克风，而愿意打开摄像头的仅有四成。进一步追问原因，“不方便露面”和“网络问题”两个选项并列第一，对不方便的具体描述是“衣服、头发不合适”。总之，在线学习让那些自我管理能力不足的留学生有借口放松要求。尽管设计了多种多样的互动形式，但教师期望的活跃的课堂依然只是偶尔出现。

四、改变留学生在线汉语课堂沉默的对策探讨

教师、留学生和外部环境都不同程度地引起课堂沉默，影响在线汉语教学效果，妨碍理想在线汉语课堂的构建。因此，探讨改变课堂沉默的对策也要同时从教师、留学生和外部环境三个层面着手。

促使留学生打破行为或思维的沉默，主动参与课堂上师生、生生间的互动，需要老师和学生的共同努力，也需要学校或学院在管理上的有力支持。制定打破课堂沉默的对策时应该坚持“以学生为中心”的教学理念，“学生主体是打破在线课堂沉默的最重要因素”，而“能否改善在线课堂沉默现状在很大程度上取决于教师”[14]。在在线教学过程中，如果教师秉持传统教学观念依然采取灌输方式开展工作，只能把线下课堂的沉默带到线上来。唯有转变观念，围绕学生精心设计教学环节，提高课堂提问技巧，用富于趣味性的话题和互动形式调和，才能引发留学生的学习兴趣和求知欲，唤起他们参与互动的热情，让在线汉语课堂变得充满活力。

除了转变教学观念与提高教学能力，师生关系亦能为改善在线汉语课堂沉默提供切入点。除了传授知识，教师更应该帮助留学生学会如何思考、如何学习。在线汉语课堂沉默的学生层面分析中列举了文化、性格、能力、学习习惯和跨文化适应五项因素，要想减轻它们对在线课堂的负面影响，需要教师潜移默化、持之以恒地引导留学生突破性格桎梏、端正学习态度，养成良好学习习惯和自我管理能力，适应在线课堂，在新的教学模式下提高汉语水平。

学校或学院要为留学生在线教学提供更好的管理服务和技术支持。其一，在班级成立之初，学生人数、男女比例等都可以由学生办公室把控，搭配有利于建设理想在线汉语课堂的组合。其二，由上而下地贯彻“以学生为中心”的教学理念，推动教师的教学观念革新，鼓励教师进行教学设计创新；组织在线教学技能培训，打造与时俱进的教学团队。其三，制定在线教学管理办法，规范教师和留学生的课堂行为，为在线汉语课堂保驾护航。

综上所述，教师、留学生与学院齐心协力才能最大程度地减少课堂沉默，优化在线学习体验，逐步构建属于留学生的理想在线汉语课堂。

◎ 参考文献

[1]曾建国，刘婷婷．基于中国知网的课堂沉默文献研究[J]．甘肃高师学报，2021，26(1)：82-85.

[2]张林，温涛，张玲．大学生课堂沉默的阻力与动力机制研究——基于560份调查问卷的实证[J]．西南师范大学学报(自然科学版)，2019，44(3)：156-162.

[3]骆晓玲，张艳琼．工科院校大学英语课堂沉默现象成因及解决方法[J]．西南民族大学学报(人文社科版)，2009，30(S2)：171-173.

[4]滕明兰．大学生课堂沉默的教师因素[J]．黑龙江高教研究，2009(4)：146-148.

[5]刘向前．论课堂沉默[D]．曲阜：曲阜师范大学，2005.
[6]张华峰，郭菲，史静寰．我国大学生课堂积极表达行为的现状及对学习收获的影响[J]．教育研究，2020，41(4)：85-94.
[7]郝一双．大学生课堂参与行为分析[J]．高等工程教育研究，2007(6)：131-134.
[8]马婧，韩锡斌，周潜，程建钢．基于学习分析的高校师生在线教学群体行为的实证研究[J]．电化教育研究，2014(2)：13-18，32.
[9]吕林海，张红霞．中国研究型大学本科生学习参与的特征分析——基于12所中外研究型大学调查资料的比较[J]．教育研究，2015，36(9)：51-63.
[10]蒋桂珍．大学生性格因素与课堂参与模式的相关性[J]．教育评论，2008(2)：79-82.
[11]江毅，王炜，康苗苗．基于行为序列分析的师生互动效果研究[J]．现代远距离教育，2019(6)：53-61.
[12]胡媛艳．大学生师生关系的现状及其与课堂沉默的关系[J]．重庆高教研究，2014，2(4)：54-58.
[13]冯建华．小比大好，还是大比小好——班级规模与教学效果的实验研究[J]．教育实验与研究，1995(4)：61-66.
[14]崔思佳，朱泓．大学生在线课堂沉默：追问与反思[J]．黑龙江高教研究，2022，40(5)：10-15.

来华留学生高级汉语精品课程建设研究与实践报告

熊　莉　刘　姝　程乐乐
（武汉大学　国际教育学院，湖北　武汉　430072）

【摘　要】高级汉语是留学生汉语本科专业三年级的一门主干核心课程，在各高校留学生专业中都占有重要地位。近年来我们发现，具备较高水平的汉语学习者人数增多，不仅表现在数量上的增加，国别也越来越丰富。2016 年我们开始高级汉语课程建设，2018 年高级汉语慕课汉语 upup 上线，2020 年汉语 upup 获湖北省一流精品在线课程。我们尝试多种混合式教学模式，注重实现与传统课堂的同质等效；注重发挥网上资源和线下课堂优势，保证课程的两性一度；注重在提升留学生汉语水平的同时，增强他们对中国的情感认同。2021—2023 年，依托课程创新，我们成功申报多项省部级科研教学项目，同时，斩获校级、省级、国家级等多个教学创新大赛奖。本文希望总结近些年的课程建设实践，为来华留学生精品课程建设提供研究和实践样本。

【关键词】高级汉语；来华留学生；混合式教学；精品课程

【作者简介】熊莉（1982—　），女，博士，讲师，主要研究方向为国际中文教育、教师发展等，E-mail：188178430@qq.com；刘姝（1981—　），女，博士，讲师，主要研究方向为国际中文教育、课程思政等，E-mail：807254591@qq.com；程乐乐（1972—　），男，教授，主要研究方向国际中文教育、现代汉语语法研究等，E-mail：1545749423@qq.com。

高级汉语是留学生汉语本科专业三年级的一门主干核心课程，在各高校留学生专业中都占有重要地位。以往，汉语学习者的数量一直呈现金字塔形，初级（包含零起点）学生多，水平越高人数越少。究其原因，除了汉语本身的难度外，本科专业高年级课程设置、教学方法等同样制约着学生的学习。

武汉大学从 1997 年设置留学生汉语本科专业开始就开设了高级汉语课程，每周 6 课时。近年来我们发现，具备较高水平的汉语学习者人数增多，疫情前学生数量一直呈现增长态势，不仅表现在人数上的增加，国别也越来越丰富。2016 年我们开始高级汉语课程改革和建设，经过努力，2018 年高级汉语慕课汉语 upup 上线，2020 年汉语 upup 获湖北省一流精品在线课程。2021 年起，我们总结创新经验，教学科研融合，获得了省部级多个教学科研项目立项①，同时以高级汉语综合课程参赛斩获了一

---

① 2021 年“基于《等级标准》七-九语法点的慕课资源建设项目”获批教育部中外语言交流合作中心教学资源建设项目；2022 年“产出导向的高级中文教学创新模式研究与实践”获批教育部中外语言交流合作中心国际中文教学实践创新项目；2022 年“双一流背景下外国留学生线上线下‘混合式’汉语教学模式研究”获批湖北高校省级教学研究项目。

系列教学创新奖[①]。在教学实践中，我们遇到了不少困难，也进行了多种尝试，现将近些年来华留学生高级汉语课程建设的研究与实践汇报给大家，希望通过对武汉大学高级汉语精品课程建设经验进行总结，为同行提供借鉴。

一、慕课建设缘起(2014—2016年)

在汉语热大背景下，来华学生人数增长，高级阶段汉语学习者日益增多，高级阶段教学的问题也日渐暴露。综观武汉大学，乃至全国，各高校留学生高级阶段教学状况均面临很多实际问题，如学生注册到校时间不一致、高级阶段课程难度大、学生水平目标不一致、学生生病或游学影响教学等。任课老师常因此延慢进度，无法按时完成教学目标，影响教学质量；学生自主学习机会少，有的吃不饱，有的消化不良，无法实现差异化学习。

面对教学实际问题，我们想拍摄“慕课”来帮助“课堂”。我们希望用新的教学理念、教学方式达到以下目标：(1)从留学生的实际需求出发，让他们真正学有所获；尝试突破留学生教学中较难实现的“高阶性”和“挑战度”，提高留学生自主学习能力，实现个性化教学。(2)从汉语教师角度出发，尝试解决任课教师课时压力大，教学科研无法兼顾的矛盾。“线上线下”相结合的形式让教师有更多时间针对学生进行个性化教学，同时，也能有更多时间进行研究工作。(3)从学科建设出发，由于高级汉语是留学生汉语言专业的一门主干课程，希望通过教学实践，总结探索出新的教学模式，能为同行提供一定的借鉴。

二、慕课制作过程(2016—2018年)

2016年，我们计划拍摄一门高级汉语的“慕课”，当时国内慕课刚起步，汉语方面的慕课极少，高级方面慕课更是为零，直至我们的慕课上线运行两年后，王陈欣(2020)在文章中谈到汉语upup仍是目前国内外线上慕课课程中唯一的语言技能方面的高级课程[②]。

2016年年底，我们的高级汉语慕课项目获批，当时的心情是激动、忐忑、压力、憧憬。因为毫无经验可循，一切都是摸着石头过河。前期我们做了大量准备工作：首先，全面扫描国内主要慕课平台(爱课程、学堂在线、超星、好大学在线、华文慕课等)，搜集本课程及相关课程建设情况；同时，参与各类慕课学习班。其次，与同行交流，向前辈取经。积极向已经建设成熟的优秀慕课教师学习；与同期项目的老师们切磋交流学习；通过学术会议汇报慕课建设情况，与相关老师切磋碰撞，获取宝贵经验。

① 2023年获得第三届全国高校教师教学创新大赛(新文科中级及以下组)二等奖；2023年第三届省级高校教师教学创新大赛(新文科中级及以下组)一等奖；2022年第四届全国高校混合式教学设计创新大赛“设计之星”奖；2022年武汉大学第二届教师教学创新大赛(中级及以下组)一等奖；2021年高级汉语课程“吃一行，恨一行”视频获得“国际中文课堂教学短视频大赛”三等奖；2021年武汉大学首届教师教学创新大赛(中级及以下组)三等奖；2021年武汉大学课程思政说课大赛二等奖；2020年“第一届全球华文教学微课大赛”三等奖等。

② 王陈欣．国际汉语慕课的历史、现状分析及展望[J]．世界华文教育，2020(2)：50-68.

前期准备的一个重要环节是团队建设。当时我们面临的困难是：没有助教，只有三名教师。虽然人员不多，但主讲老师都是有着丰富一线高级汉语教学经验且教学受到学生欢迎的中青年骨干教师。组队的同时，我们开始与拍摄公司接触。2017 年年初与拍摄公司正式签约。

前期准备就绪，进入大纲、脚本的制定。经过不断碰撞、交流、修改；与制作公司项目经理切磋、商讨，经过专家团队多次审核，几轮磨课之后，制定出教学大纲，写出拍摄脚本。2017 年 4 月，选定一个章节的内容开始拍摄样片。经过拍摄—讨论—修改脚本—再拍摄，最终，跟制作公司的项目团队磨合一致。2017 年 5 月正式开始为期 2 个月的集中拍摄；7 月底，主体部分基本拍摄完毕；8 月，拍摄宣传片外景。2017 年 9 月—2018 年 2 月，经过几轮校对最终确定版本。2018 年 6 月申请上线。

最终，2018 年 10 月汉语 upup 在中国大学 MOOC(爱课程)和珞珈在线同时上线。

三、线上慕课运行

高级汉语慕课汉语 upup2018 年 10 月在中国大学 MOOC(爱课程)首轮上线，共计 97 个知识节点，时长 424 分钟；在第二轮(2019 年 2 月)、第五轮(2020 年 9 月)更新增加“中国传统节日”(约 51.5 分钟)和“中国传统文化”(约 47.34 分钟)的内容。2018 年 10 月—2023 年 6 月间，共完成 10 轮运行，累计学习人数 13526 人①。

线上运行经历如下阶段：(1)推广期(2018 年 10 月—2020 年 1 月)，前三轮运行累计学习人数 6561 人。这是一门针对留学生的慕课，因在国内网站上线，受众对象主要是来华留学生和汉语国际教育专业的中国学生，以及少部分对汉语教学感兴趣的社会人士。我们的推广主要靠同行、朋友以及以前教过的学生朋友圈转发，所以推广范围有限。(2)爆发期(2020 年)，2020 年因线下教学不得不全面转到线上，第 4 轮运行也出现了选课人数 3069 人的小高峰。国内 7 所高校②在中国大学 MOOC(爱课程)上使用汉语 upup 进行 SPOC(小规模限制性在线课程)学习，累计选课人数 217 人，同时，还有很多来自新疆等地的少数民族学生选课学习并对课程给予了高度评价。(3)稳定期(2021—2023 年)，5 到 10 轮的运行，选课人数均未超过千人，呈现平稳且逐渐下滑的趋势。一是因来华留学生数量下降，国内学习群体有限，二是慕课亟待更新。(4)升级期(2023 年至今)，2021 年 7 月国际中文教育界迎来了里程碑式的新标准《国际中文教育中文水平等级标准》实施，为“互联网+”时代国际中文教育提供了重要依据。2021 年 12 月我们基于新标准的高级语法慕课建设项目在教育部语言合作交流中心立项，这是我们课程升级的重要契机。2023 年，针对等级标准高级阶段七~九级语法的 101 条慕课建设完成并上线。语法通关 101 将取代汉

① 第 1 轮 3212 人；第 2 轮 1818 人；第 3 轮 1531 人；第 4 轮 3069 人；第 5 轮 771 人；第 6 轮 671 人；第 7 轮 935 人；第 8 轮 626 人；第 9 轮 501 人；第 10 轮 392 人。

② 甘肃中医药大学、贵州理工学院、哈尔滨师范大学、天津中德应用技术大学、西安科技大学、西昌学院、玉林师范学院。

语 upup 成为新的高级汉语慕课课程上线运行。

四、校内混合式教学实践

在高级汉语的教学中，我们不断尝试创新教学模式，进行了多种形式的混合式教学实践。优质的线上资源能为线上线下混合式教学提供良好的基础。在慕课基础上，我们建立"翻转课堂""线上线下混合式"等多元化新型中文课堂，提升国际学生的人才培养质量。从 2018 年 10 月至今，我们进行了多种混合式教学(见表 1)。

表 1 **混合式教学类型(2018 年 10 月至今)**

类型	混合式教学 1.0 版	混合式教学 2.0 版	混合式教学 3.0 版	混合式教学 3.0 升级版	混合式教学 "新"常态化
内容	翻转课堂模式	疫情模式	线上线下 融合模式	线上线下融合模式 +升级包	差异化混合 教学模式
实施过程	慕课+实体课堂	慕课+线上直播 +学习通、微信群等	慕课+线上直播 +线下课堂 +学习通、微信群等	升级包：微信视频号、 实景沉浸式	教学内容重构 +教学过程改进 +教学评价多元化
实施时间	2018 年 10 月— 2019 年 12 月	2020 年 2 月— 2020 年 9 月	2020 年 9 月— 2021 年 7 月	2021 年 9 月— 2022 年 12 月	2023 年 2 月至今

(一)疫情前时期(2018 年 10 月—2019 年 12 月)

混合式教学 1.0 版，慕课+实体课堂，即传统意义的翻转课堂形式。我们尝试了两种类型：作为通识课配套的混合式教学和作为专业课配套的混合式教学。

1. 作为通识课配套的线上资源(2018 年 10 月—2019 年 2 月)

汉语 upup 面向全校相应汉语水平的留学生开放①。这一轮混合主要是将视频资源作为学生学习汉语、提升水平的补充，未对分数进行强制规定。在第 1 轮混合式教学尝试中，因经验不够，没有取舍，凡在爱课程上上线的视频资料均在校内珞珈在线"同步播出"，操作过于粗放。

2. 作为专业课的线上配套资源(2019 年 3 月—2019 年 7 月)

汉语 upup 面向国际教育学院汉语言本科生三年级学生开放。作为实体课程高级汉语综合的混合式教学的一部分，每个单元并未全部开放，只开放 3 个左右的语言点，实施限

① 由于技术原因，仅对 2017 级全校留学生本科生的一个班进行试点，学生来自除汉语言以外的不同专业。

时开放和关闭。

3. 总结与思考

第1轮混合式教学实施后我们开始重点思考如何提高学生观看率的问题，在第2轮中进行了如下改进：首先，教学内容上做取舍。针对学生的具体情况，在每周(实体课堂上的每课内容)的重难点中挑出2~3个语言点开放给学生，内容不多，学生看起来压力不大，学习也更有针对性。其次，开放时间上做限制。第1轮我们只设定了内容开放的时间，开放后直至学期结束均可观看。第二轮我们“调整策略”——限时开放。规定开放时间，要求学生在指定时间内看完，关闭后将无法观看，提高了学生观看的积极性。限定时间可以有效预防“拖延症者”；同时，不按时观看将影响平时成绩，起到有效督促的作用①。再次，将“纯预习”的单项动作变为“预习和复习”的花样动作。第1轮只把视频作为预习，预习完课堂讨论；第2轮设计多样化，有的作为课前预习资料；有的作为课后复习资料。最后，不定时公布学生观看情况。学生发现老师能看到后台数据，观看视频积极性也有所提高。

(二)疫情时期(2020年2—9月)

2020年年初疫情突发后，全部课程均被迫改为线上课程。高级汉语课程因为有慕课的基础，又有线上线下混合教学的前期经验，迅速调整教学计划和安排，尝试适合留学生的“慕课(珞珈在线)+直播课(微信群、腾讯课堂)”相结合的混合式教学模式，即混合式教学2.0版。

(1)“慕课+直播课”的混合模式较之于直播课程来说，可以克服留学生时差、网络条件等问题。留学生滞留在自己的国家，有时差、网络条件等众多客观因素，慕课可以满足学生观看的个性化需求，选择合适自己的时间观看学习。故这一轮我们并没有像第2轮那样“精细”地限时开放和限时关闭，我们实施的是“粗线条”地限时开放和限时关闭。只设定两个关闭时间，一是期中考试前，二是期末考试前。期中考试前提前发布关闭预告，关闭开学至期中考试前所学的教学视频内容。“强制”要求观看完毕，提高观看率，督促学生复习。期末考试前操作一致。这里提前预告很重要，有助于帮助学生有计划地安排复习。

“限时开放”的功能也做了调整，有的学生学习能力较强，学生主动性高，加之疫情期间在家时间长，我们沿用以往布置预习观看视频节点的方式，同时提前开放下一课的视频节点，如在学习第3课时，要求学生预习3-1、3-2和3-3，并开放第4课全部节点，为学有余力的学生提供个性化服务，这种方式受到了学生的欢迎。

(2)“慕课+直播课”混合模式中的直播课类似于传统混合式教学的“线下”部分。直播课教学步骤：①通过测试检查学生对视频中知识点的掌握情况；②对学生错误率高或者重点知识点再次进行讨论；③进行课后练习或口语交际练习，这是最重要的部分；④传统线

① 当然，即使珞珈在线关闭后，对于想回看的学生还是可以同时观看爱课程的相关内容。

下时的朗读环节和课前学生演讲环节继续保留。直播课可以尽可能保证语言实践课的“互动性”，实现师生互动、生生互动。这轮直播我们主要使用微信群和腾讯课堂。

2020 年刚开始实施线上教学时，我们曾在微信群里进行了一段较短时间的直播作为过渡。因疫情突发，加之微信对网络条件要求不高，我们利用学生原有的微信群，以语音直播为主，学生以语音答题或者文字答题的方式实施师生互动和生生互动。微信群直播时要充分利用好“公告”和“接龙”等功能。

后来，我们的直播课就转到“腾讯课堂”进行。“腾讯课堂”基本上可以实现实体课堂的功能，最重要的是教师出镜，学生“身临其境”；学生和老师连线，互动更及时。最大的好处是有讨论区，有些平时内向、不敢发言的同学，因为是打字提问或回答问题，反而更放松、更积极，师生互动比传统课堂更活跃。腾讯课堂另一个优点就是有回放录像，学生可以根据需要观看回放①。

(3)调整考试分数权重，注重过程性评价。传统留学生教学课程成绩组成比重为：15%考勤+20%期中成绩+15%作业+50%期末成绩。第 2 轮混合教学中，我们仅将观看视频作为平时作业的一部分，占比 7.5%。第 3 轮做了较大幅度调整：20%观看视频+10%作业+10%期中成绩+10%考勤+50%期末成绩②。提高平时成绩的比重，注重学生学习的过程性评价。过程性评价更加关注学生的学习过程，也更符合线上教学特点。

综合来看，第 3 轮“慕课+直播课”的混合式教学模式是适应疫情背景下做出的较为合适的调整，国内诸多有留学生的院校采用了这种形式，也得到了学生较为满意的评价。有学者把这种混合形式称为“线上翻转课堂”。我们实施的混合式教学 2.0 版受到了学生的好评。

(三)后疫情时期(2020 年 9 月—2021 年 7 月)

2020 年下半年，国内疫情相对稳定，国外疫情还较为紧张，大部分学生回国后暂不能返校，少部分学生留在国内，留校的学生希望采用线下教学方式，而回国学生则只能线上教学，学生对教学形式产生了不同需求，线上线下融合式教学模式应运而生(见图 1)，即混合式教学 3.0 版。针对学生实际需求，通过“腾讯会议”，让线上、线下的同学同时出现在课堂中③。

① 我也尝试使用过腾讯会议。优点在于学生可以同时打开摄像头，面对面交流；缺点是无法生成回放。因为这一轮有时差和网络问题的学生较多，回放功能很重要。综合考虑之后我们选择了腾讯课堂。

② 因为《武汉大学国际教育学院课程考试与成绩评定管理规定》中规定期末考试占比不得少于 50%，后面随着线上教学深入，这个比例又做出了调整，降低期末考试比重为 30%。

③ 腾讯课堂功能较少，不能看回放、不能布置作业，所以我们的直播平台也由腾讯课堂转向腾讯会议。

图 1　利用腾讯会议的线上线下融合式教学模式

2020 年 9 月—2021 年 7 月，一整学年我们都采用“慕课+线上直播+线下课堂+学习通、微信群等”方式，利用武汉大学网络平台珞珈在线学习慕课，提交作业、参与测试等(见图 2)。利用腾讯会议，线上线下一起学习、讨论。

图 2　2020—2021 武汉大学珞珈在线平台混合式教学

较长时间的线上教学使学生出现了倦怠，学习兴趣、积极性下降，为了提升学生学习兴趣，使其更多地了解中国大学、中国社会，更多地进行师生互动、生生互动。我们又实施了混合式教学 3.0 升级版。重构教学内容，引入社会热点问题，从主流媒体中选择“新鲜话题”提供给学生；同时，开设公众号(汉语 upup)、微信视频号(熊老师的汉语课堂)，教师通过拍摄“熊老师带你游武大”系列活动带领学生探寻武大文化密码；通过展示学生作品为学生提供交流平台，增进生生交流；除此之外，尝试“实景沉浸式”教学直播，让学生身临其境似地在中国学习，带着任务来学习。

当时，很多线上学习的留学生虽说是武汉大学的学生，但从没来过武大，为了增进他们对校史的了解，增强对学校的感情，我们设计了一系列精彩的“熊老师带你游武大”的教学环节(见图 3)，带领学生云游大门牌坊、图书馆、博物馆、樱顶、食堂等学校里有代表性的地标建筑，“身临其境”式地给学生讲述武汉大学的故事。

利用线上课程优势，我们将实体课堂课前发言环节的“变体”学生作品视频放在微信视频号上。学生之间互动交流增多，拉进了学生之间的距离。有的学生得知自己的作品有几百人甚至几千人观看时，非常兴奋，激发了他们学习汉语的热情。在对学生期末调查中反馈“最喜欢的环节就是课下还可以看同学们拍摄的家庭作业”。其他任课老师也反映这个班的学生网课学习气氛和同学关系更好。“熊老师的汉语课堂”微信视频号上的一些资料截图见图4。

图3 “熊老师带你游武大”

图4 “熊老师的汉语课堂”微信视频号资料截图①

① 截至2023年9月26日的视频号数据。

我们还尝试“实景沉浸式”直播(见图5)。2021年12月、2022年10月分别开展了针对欧洲学生和泰国学生的线上团组直播。“走进武大”的直播分别从武大正门牌坊、图书馆、老图樱顶、食堂等几个方面带领学生感受武大校园气氛，近距离体验武大学生的吃住行，受到了学生的好评，线上团组的在地性教学直播收到了较好的效果。

图5 “实景沉浸式”教学直播课实录和学生提交的樱花城堡作业

(四)常态化教学“新”时期(2023年2月至今)

2023年2月新学期伊始，留学生课堂才真正意义上开始重返常态化教学，学生重回教室，重返实体课堂教学①。常态化线下学习不再是以前单纯的线下学习，根据几年混合式教学实践中总结的经验，提炼出以产出为导向的“三引入、三连通、三结合”的差异化混合式教学模式。

“三引入”体现教学内容革新，以培养“知华友华”的国际复合型人才这一育人目标为根本，构建“高质量的课程资源”，具体包括：教材内容引入热点问题、传统方式引入新媒体、知识输入引入价值引领。传授汉语知识的同时，用优秀的中国文化对学生进行润物细无声式的文化滋养。“三连通”体现教学过程改进，通过线上线下连通、课内课外连通、语言学习与体验实践连通，训练学生汉语运用能力及高阶思维。“三结合”体现教学评价多元化，通过过程与结果结合、共性与个性结合、终极一致性目标与分层阶段性目标结合，实现精准指导、科学评价。

我们重构教材的知识内容，突破传统形式，拆开一课一课的课文外衣，将高级阶段综合课的教学内容分成生词、语言点、篇章结构、修辞四大骨架板块；从知识难度、迭代角度，分成初阶知识、中阶知识、高阶知识，两者进行一一对应，分解难点，合并同类。

我们改进教学过程，突破教学时空限制，创设一体化教学环境，并且采取多种教学方法，设置多模态的教学活动，逐步训练学生综合分析、批判、创新的高阶思维。如我们抓住学生来到中国后的激动心情，注重“线上线下连通”“课内课外连通”“语言学习与体验实践连通”开展各种活动(见图6)。

---

① 除极少数学生由于签证、机票等原因暂时不能返校。

图 6　2023 年樱花盛开之际学生语言实践及课后提交的视频作业

我们基于 POA(production-oriented approach)理论，以产出为导向，逆向设计教学。从学生产出开始驱动，再让学生进行输入，最后产出-评价，强调学以致用。学习吃一行，恨一行这篇课文时，我们结合学生毕业后大部分从事汉语教师这一点，通过对汉语教师的深度访谈(见图 7)，“驱动-输入-再产出”，收到了较好的教学效果。

图 7　吃一行，恨一行课程视频访谈环节截图

五、结语

几年的课程建设为我们积累了宝贵的经验，也积累了大量学生学习样本，为我们的课程改革和科研提供了基础。我们发现，首先，精品课程建设首先需要优质线上资源支持。现代化课程建设离不开线上资源，教师如果可以自己建设适合本校学生的线上资源，更有利于服务本校学生。如果没有条件自己建设，也应尽可能结合本校学生特点重构现有线上资源。

其次，精品课程建设需要关注学生学习体验，注重学生个性进行差异化教学。我们在课程建设中始终以“学生为中心”，以“学生的实际学习需求”和“汉语产出时的困难”为教学重点，尝试突破留学生教学较难实现的“高阶性”和“挑战度”，让他们真正学有所获。培养学生举一反三的学习迁移能力和自主学习能力，实现个性化教学。

最后，精品课程建设需要教师有反思意识，终身学习，注重个人专业发展。教师要不断学习新的教学理念，更新自己的课堂。在这几年的高级汉语课程建设中，我们教师团队不断进行教学创新升级，尝试多种形式的混合式教学，始终用新思维、新技术武装头脑，创新教学模式。

常态化混合式教学新时期才刚开始，还有很多需要继续研究的方向，面临 AI 工具蓬勃兴起，作为语言教师的国际中文教师需要不断思索如何应对。如 AI 工具如何更好地辅助课堂，如何有效组织学生合作互助，教师和学生如何通过反思日志指导“教与学”，如何利用学生元认知监控学习过程等都有待于进一步深入研究。

◎ 参考文献

[1]丁安琪，王维群．实境直播短期中文教学模式的建构与实践研究[J]．国际汉语教学研究，2021(4)：76-85.

[2]季薇，桂靖，朱勇．“产出导向法”教学中输入促成环节的设计与实施[J]．语言教学与研究，2020(3)：33-40.

[3]居烽．一流本科课程的教学质量要求与教学实践[R]．武汉大学报告(内部资料)，2020.

[4]王陈欣．国际汉语慕课的历史、现状分析及展望[J]．世界华文教育，2020(2)：50-68.

[5]文秋芳．“产出导向法”与对外汉语教学[J]．世界汉语教学，2018(3)：390-400.

[6]朱勇，白雪．“产出导向法”在对外汉语教学中的应用：产出目标达成性考察[J]．世界汉语教学，2019(1)：95-103.

[7]中国大学 MOOC(爱课程)“汉语 upup”，https：//www. icourse163. org/course/WHU-1002924016.

[8]武汉大学网络平台珞珈在线“高级汉语”，http：//www. mooc. whu. edu. cn/portal.

学生编

个性化与共性化的平衡

——对化学与分子科学学院拔尖创新人才本科阶段培养模式的思考

杨一鸣

（武汉大学　化学与分子科学学院，湖北　武汉　430072）

【摘　要】拔尖创新人才的培养是国家发展的需要，也是时代赋予高等教育的使命。随着社会需求的变化以及对人才培养模式的不断探索，武汉大学化学与分子科学学院对于拔尖创新人才培养的认识不断深化。本科阶段是拔尖创新人才发现与培养的重要阶段。本文基于实际情况，提出了对武汉大学化学与分子科学学院本科阶段拔尖创新人才培养模式的一些思考，以期为后续的工作提供参考。

【关键词】拔尖人才；培养模式；本科；创新

【作者简介】杨一鸣(2002—)，男，山东曲阜人，2024年于武汉大学获学士学位，现就读于武汉大学化学与分子科学学院。E-mail：2024102030007@ whu. edu. cn。

一、引言

马克思主义政治经济学认为，人是生产力中最活跃的因素。人才是强国建设和民族复兴的重要支撑。党的二十大报告提出："我们要坚持教育优先发展、科技自立自强、人才引领驱动，加快建设教育强国、科技强国、人才强国，坚持为党育人、为国育才，全面提高人才自主培养质量，着力造就拔尖创新人才，聚天下英才而用之。"随着新一轮科技革命的到来和产业结构变革加快，人才的培养与储备越发成为构成一个国家国际竞争力的关键因素[1]。2023年2月21日，习近平总书记在中央政治局第三次集体学习时发表重要讲话，指出加强基础研究，归根结底要靠高水平人才。在社会主义现代化建设道路中，科技是第一生产力、人才是第一资源、创新是第一动力，拔尖创新人才作为重要的战略资源，对于国家政治、经济、科技和文化的发展具有重要意义。

高校是高等人才培养的主阵地，拔尖创新人才的培养是时代赋予当下高等教育的使命[2]。近几十年来，国家各部委相继实施了多个拔尖创新人才培养计划，例如，2009年教育部提出了"基础学科拔尖人才培养计划"；2015年国务院印发《统筹推进世界一流大学和一流学科建设总体方案》；2018年，《教育部等六部门关于实施基础学科拔尖学生培养计划2.0的意见》发布；2020年，依据《教育部关于在部分高校开展基础学科招生改革试点工作的意见》，“强基计划”开始实施；2021 年，教育部公布了第二批基础学科拔尖人才培养计划 2.0 基地名单。一系列文件与培养计划为各高校开展拔尖人才培养提供了重要的指导。

在教育部的统筹下，各高校积极创新拔尖创新人才培养的模式和机制。例如，西安交通大学的“侯宗濂医学实验班”采用第一课堂与第二课堂结合的培养模式，第一课堂设置专业课程，第二课堂则在传统教学内容之外鼓励学生参与多样化的项目竞赛，旨在培养学生的创新能力与实践能力。吉林大学成立“唐敖庆班”，实行个性化、小班化教学，建立多元导师制促进学生参与科研实践训练，打造开放环境下的人才培养机制，提升人才培养质量。这一系列探索为拔尖创新人才培养提供了有益的借鉴。

武汉大学化学与分子科学学院拥有深厚的历史底蕴和优良的文化传承，为国家培养了大量的优秀人才，先后列入“211 工程”“985 工程”“双一流”得到重点支持。学院始终坚持“四个面向”，立足国家重大需求，关注学科发展前沿领域。在新的时代背景下，学院坚持以习近平新时代中国特色社会主义思想为指导，全面贯彻党的教育方针，培养宽口径、厚基础、强能力、高素质的拔尖创新型人才。本文对武汉大学化学与分子科学学院培养本科拔尖创新人才的模式进行了梳理并提出见解，以期为后续的人才培养工作提供参考。

二、本科拔尖创新人才的选拔与培养

(一)探索多元化的拔尖创新人才选拔机制

拔尖创新人才的选拔机制会对创新人才选拔的效果产生直接影响，同时，选拔机制也会在学生发展过程中发挥一定的导向作用，因此十分值得研究。通过不同指标对学生进行测试与挑选，向被挑选出的学生倾斜更多的教育资源并设计新的培养方案，是目前常见的拔尖创新人才培养方式，然而经过长期的发展后，当前的创新人才选拔机制仍有继续完善的空间。首先，拔尖创新人才的培养出发点在于承认个体自然禀赋的差异并尊重个体对自身发展方向的选择，然而伴随着高等教育的普及化，从大量的学生中选拔出具有更高发展潜力的个体成为一项富有挑战性的工作。目前拔尖创新人才的选拔标准主要偏重于绩点、论文等便于直接量化的外在指标，而难以对个体真正的内在禀赋进行细致的考察。如何利用有限的资源对人才进行更高效的选拔，如何引入多元化的人才衡量标准使得更多类型的创新人才获得机会，值得更深入的探索，而在探索过程中，如何平衡人才选拔标准的多样性与公平性，也将是具有挑战性的课题。其次，注重绩点、论文的选拔方式，使得有志于科研的学生在本科阶段便形成了一定的“卷成绩”“卷论文”的风气。学生们更看重产出的成果，而相对忽视了在本科阶段更为重要的创新思维的培养。合理的人才选拔机制可以有效引导学生提升自身创新能力，而学生创新能力的整体提升也可以使得创新人才的选拔更为高效，实现这一良性循环与反馈，需要从上至下对人才选拔机制进行进一步的精心设计。

化学与分子科学学院于 2020 年实施“强基计划”，选拔有志于基础科学研究的学生组成星拱班。2023 年，在国家“四新”建设和“双碳”政策背景下，化学与分子科学学院设立新能源自强班，紧跟国家重大战略需求，通过与其他单位联合培养以促进学生创新能力的提高。目前，这一类班级的成员选拔工作主要通过高考志愿填报、入学前免试以及培养过程中对成员的考核与动态管理来完成。通过多元化的选拔方式，优秀且有志于基础学科研究的学生可以获取更多学业与科研上的支持。学院的选拔流程与选拔标准经过师生多次讨论而形成，且在考核过程中更注重个体的素质而非成果的产出，从而在确保公平性的前提下有效破除了“唯成果论”。此外，动态化的管理模式则使得学院可以在培养过程中及时根据学生的能力与诉求调整其培养模式，促使教育教学资源得到更合理的分配。

(二)实现拔尖创新人才培养体系的有效创新

多维度的培养模式有利于多类型、多层次人才的培养，对人才培养模式的探索对提高人才培养质量有着重要的推动作用。在过往的人才培养体系探索中，各高校通过一系列论证与尝试得到了许多宝贵的经验，探索出了许多行之有效的人才培养路径。这些人才培养路径一方面有效促进了拔尖创新人才的培养，另一方面也使得后续对人才培养模式的探索容易产生路径固化。在有效的培养模式得以确立之后，后续的培养模式往往倾向于沿袭已有的路径，在相对成熟的现有框架内进行有限的创新，难以使创新人才培养效果得到重大提升。此外，部分院校在进行人才培养体系改革时借鉴其他院校的成果经验，只是将院校不同的人才培养创新点进行机械的排列组合，从而导致了人才培养体系改革的低效性。只有将提升人才培养质量作为发展拔尖创新人才培养体系的出发点和落脚点，以问题为导向对拔尖创新人才培养体系进行设计，才能有效提升拔尖创新人才培养质量。

目前对化学学科的人才培养，武汉大学拥有弘毅学堂化学班、强基计划、新能源自强班与学院普通班等不同的培养模式，不同的培养模式对应着不同的培养路径。例如，强基班在课程设置上注重提升深度与广度，安排国字号人才和二级教授担任学业导师暨烛光导航师，一对一全程指导每一名学生，贯穿本科四年，旨在有针对性地对学生的专业学习、科研能力、思想道德、人生规划、生活以及心理等方面进行引导，帮助解决学生发展中的实际困难、思想困惑和具体问题。该班级由学院与中国科学院化学研究所、中国科学院大连化学物理研究所联合办学，培养方案力求构建以基础课程为核心，前沿课程为特色，理论、实验和实践相融合的课程体系，课程设计创新性强，紧扣新能源专业特色。该试验班注重实验和实践环节，将实习实训纳入必修环节，并且在三学期集中组织学生前往联合培养单位开展科研能力训练，更好地促进学生创新能力培养。在学校与学院的精心设计下，不同培养模式均有明确的自身定位，有利于拔尖创新人才的多维度发展。

(三)在拔尖创新人才培养中引入院系特色

为响应教育部的号召，各大高校对拔尖创新人才的培养进行了一系列探索，并开展了广泛交流。一些成功的经验有力推动了各高校拔尖创新人才培养水平的整体提升，但是也不可避免地导致了不同高校人才培养的同质化现象。在拔尖创新人才培养体系的设计中如何充分整合利用学校、学院的特有资源，形成有院系特色的人才培养模式，为社会供给更多样化的人才，成为一个有意义且富有挑战性的课题。

武汉大学化学与分子科学学院充分利用现有资源，在培养模式上扬长避短，推陈出新，打造了具有院系特色的拔尖创新人才培养模式。例如，学院与中国航天科工集团签订协议，每年选派学生前往中国航天科工集团各分厂分所进行实地参观与实习实践。学院与中国科学院化学研究所、中国科学院大连化学物理研究所开展合作进行联合办学，为新能源自强班的同学提供了大量外出学习的机会。此外，学院充分发挥影响力，与国内外多所高校进行合作，每年选拔并推荐本科生赴其他学校进行科研实践与学习。一系列有益的尝试为拔尖创新人才的培养与成长提供了更多的维度与方向，也为多层次、多样化的人才培养奠定了基础。

三、总结

人才是经济社会发展中最积极、最活跃的要素。高质量发展对拔尖创新人才的培养提出了更高的要求，高质量的人才培养体系对于支撑社会发展具有十分重要的价值。在数十年的拔尖创新人才培养体系的建设过程中，各高校积累了大量成功的经验，也产生了一系列问题。武汉大学化学与分子科学学院立足于社会实际需求，充分结合自身优势，在拔尖创新人才的选拔与培养上进行了有益的探索，形成了具有院系特色的拔尖创新人才培养体系。

◎ 参考文献

[1]马永霞，葛于壮，梁晓阳．高校拔尖创新人才培养的价值内涵、实践审视与路径优化[J]．西北工业大学学报(社会科学版)，2023(7)：1-8.

[2]赵志丹，颜丹平，李亚林，等．实施人才强国战略下的地学拔尖创新人才培养模式的探索与实践——以中国地质大学(北京)为例[J]．中国地质教育，2023，32(3)：14-18.

理解·交流·共情：学生中心视阈下的视频教学弹幕实践

李天昊
（武汉大学　新闻与传播学院，湖北　武汉　430072）

【摘　要】在教育教学的特殊场景，如视频教学内容播放的过程中，学习者表现出了对弹幕的钟爱，构建了一条理解——交流——共情的弹幕实践路径。学习者首先借助弹幕满足其信息需求，视频文本与弹幕文本综合交会的全新视觉文本帮助学习者获取信息、理解内容，弹幕与影像既可以互为引文，在整体默看的背景下答疑解惑，也可以一定程度上引申画意，创造理解的情境，勾连深层次内容，语言叙事与图像叙事互相促进，实现共同的叙事目标。在整体静观审美的背景下，弹幕扭曲了时间并勾连起学习者所在的现实空间与虚拟空间，建立时空分离的信息场景，学习者依靠弹幕，以神交的形式完成跨时空的再交往，组成新的观赏共同体，共时在场、虚拟交互，在理想的语言情境中理性对话，坚持着“间离”的文化生产实践与弱连接的社交关系。学习者在虚拟时空内聚焦于相同的视觉焦点，情感高频同步互振，个体的互动行为与宏观社会结合在一起，促成集体认同与情感连带，学习者通过弹幕互动产生真实情感以达成共情，也在文本之外与指涉的社会现实互动激发集体记忆与社会认同，实践情感的社会属性。

【关键词】弹幕；语言叙事；弱连接；情感连带

【作者简介】李天昊(2000—　)，男，内蒙古锡林郭勒人，武汉大学新闻与传播学院传播学专业硕士研究生，E-mail：li_tianhao@ foxmail. com。

一、引言

弹幕，作为视听媒介时代的一种崭新的评论方式和交流方式，获得了年轻群体和边缘文化追随者的喜爱，但对于许多力求视听内容纯粹、干净的传统观众或是主流文化代表者而言，弹幕意味着对正在播放着的内容的解构甚至是破坏。

由此产生了一个课堂上的新问题，当讲台上的教育者有必要为讲台下的学生播放视频内容以促进教学时，是否应该打开视频网站的弹幕功能？无论是作为课堂开始阶段的情境导入，还是课堂中段的深化理解，抑或是课堂尾声阶段的补充拓展，教育者们都承认视频教学内容的重要性和便捷性，多感官的反复刺激、丰富的表达手段可以极大程度上调动起学生的学习兴趣，促进学生对教学内容的分析和理解，是传统教学手段的有益补充。

但是论及弹幕，多数教师坦言他们会在第一时间关掉弹幕，甚至不惜暂停正在播放的内容来找到关闭按钮，以保证学生不受到弹幕的影响，注意力更加集中于视频内容本身。笔者曾担任武汉大学人文社科经典导引课程的带班助教，其中一节课的教学内容恰是为同学们播放舞剧《红楼梦》的现场录制视频，引导学生思考与之相关的一些问题。当屏幕上出现密密麻麻的弹幕时，笔者确实略显慌张，有意和之前的教师一样把视频暂停，关掉弹幕。但与此同时我注意到，学生们的注意力似乎更加集中，纷纷停下手中其他的事情，开始关注屏幕上混乱、闪烁着的“大杂烩”。我小声询问他们是否需要关掉弹幕，学生们给了我否定的答案。

由此，研究关注到一个新的问题，在教育教学这样一个特殊的场景下，视频教学内容播放的过程中弹幕究竟意味着什么？可以起到什么样的作用？其中的关键在于，站在学生的角度，以学生自己为中心，他们如何理解弹幕？弹幕如何发挥作用？笔者出身于新闻传播学科，又对教育实践有着浓厚的兴趣，虽然本身的研究领域不在此类，仍愿意做出一些尝试。

二、文献综述

弹幕，通俗而言，是指“用户实时互动，在视频内容上发表的即时评论字幕(Danmaku)”①，作为一种“即时交互的工具”，“以简短的文本符码和滚动式的呈现方式，将受众瞬间的所思所想可视化”②。弹幕源于日本，侯君荔的研究指出，视听网站“哔哩哔哩”和“AcFun 弹幕视频网”最早将其引入国内，这一新颖的评论功能随后被优酷、爱奇艺、腾讯等多家视频网站应用，成为网络视听平台的“标配互动功能”③。弹幕的流行衍生出了弹幕文化，它是“以数字技术为支撑，通过媒介平台针对特定内容发送文字、表情等表意符号，并最终以流动的形式显示于屏幕之上的文化景观”，其鲜明特征为“交互性、即时性、指向性、娱乐性”④。

1. 弹幕与弹幕文化

就弹幕的生成而言，孟凡萧等将其放在“语-图”互文的视阈下考察，提出弹幕的本质其实是语言和图像两种异质性文本的叠置与对话，“流动的弹幕作为正在进行时态的语言文本”，弹幕的生成与运行机制是“逆仿”，“视频文本被置换成语言文本”，实质是观众在

---

① 陈志娟，丁靓琦．狂欢与理性：青年群体弹幕使用研究——以网络综艺类节目《创造 101》为案例[J]．中国青年研究，2019(11)：93-99.

② 王蕊，刘瑞一，矫立斌，等．走向大众化的弹幕：媒介功能及其实现方式[J]．新闻记者，2019(5)：44-54.

③ 侯君荔．商品化视角下的“弹幕”研究[J]．中国电视，2022(9)：102-107.

④ 罗红杰．弹幕文化的生成逻辑、表意实践与正向建构[J]．深圳大学学报(人文社会科学版)，2021，38(6)：133-140.

技术支持下对视频的再创作，弹幕与视频不是二元对立的形态，而是“浑融共生的一体化状态”①。仝冲等基于内容分析法，对弹幕视频网站用户使用动机和行为进行了研究，认为信息需求是弹幕用户的最主要需求，其次是娱乐需求和社交需求②。王蕊等的研究也指出，大多数弹幕承担了文本解读或社交互动中的一项功能③。王赟芝等④、冯钰茹等⑤对用户弹幕评论行为驱动因素或影响因素的研究也不同程度上证明了上述观点。张宁等基于CAPS理论，认为用户的弹幕评论行为可以分为“认知驱动—情感聚合—行为生成”三个阶段，总体遵循了“情境—认知情感单元—行为”⑥的生成路径，李浩君等⑦、黎杨全等⑧以及叶许婕等⑨对弹幕评论行为的研究也大多遵循这一路径，给出了相似的模型或讨论结果。

论及作为一种文化景观的弹幕文化，罗红杰的研究认为，青年群体通过自主的编码与解码实现了对弹幕文化的话语建构，又通过拼贴与重构完成了弹幕文化的风格生成，其中隐藏着“对现实困境和主流文化温和的抵抗意蕴”，却难免“滑入被收编的窠臼”⑩。弹幕文化形成于现代信息技术与资本逻辑驱动的双重加持，弹幕技术的嵌入掀起了叙事介质的视觉革命，内容生产的权力下放模糊了视听内容生产者与消费者之间的界限，其极高的商业价值被逐利的资本发现、迎合并努力挖掘。侯君荔进一步指出，“弹幕在某种程度上已经被商业收编”，通过广告植入、免费数字劳动、数据攫取等方式，“将视听产品使用者的劳动属性进一步深化、隐匿”⑪。

弹幕的生成及弹幕文化的流行引发了审美旨趣、交往方式与情感传递路径的深刻变

① 孟凡萧，吴怀东．论“语-图”互文视域下的弹幕生成机制——“逆仿”的律动与跨媒介的狂欢[J]．现代传播(中国传媒大学学报)，2022，44(10)：106-111，119.

② 仝冲，赵宇翔．基于内容分析法的弹幕视频网站用户使用动机和行为研究[J]．图书馆论坛，2019，39(6)：80-89.

③ 王蕊，刘瑞一，矫立斌，等．走向大众化的弹幕：媒介功能及其实现方式[J]．新闻记者，2019(5)：44-54.

④ 王赟芝，王雪，查先进．弹幕视频网站用户从众信息评论行为驱动因素探索[J]．信息资源管理学报，2020，10(4)：60-69.

⑤ 冯钰茹，邓小昭．弹幕视频网站用户弹幕评论行为的影响因素研究——以Bilibili弹幕视频网站为例[J]．图书情报工作，2021，65(17)：110-116.

⑥ 张宁，段小宣，袁勤俭．数字人文视频的用户弹幕评论行为生成机制[J]．图书馆论坛，2022，42(8)：148-161.

⑦ 李浩君，汪旭辉，廖伟霞．在线教育弹幕情感信息智能识别模型研究——融合变式情感词典与深度学习技术[J]．现代远距离教育，2023(1)：19-31.

⑧ 黎杨全．走向交往诗学：弹幕文化与社交时代的文艺变革[J]．南京社会科学，2021(04)：140-148.

⑨ 叶许婕，赵宇翔，张轩慧．Reaction视频的用户弹幕评论行为生成机制探索——基于认知-情感系统理论[J]．数据分析与知识发现，2023，7(2)：1-14.

⑩ 罗红杰．弹幕文化的生成逻辑、表意实践与正向建构[J]．深圳大学学报(人文社会科学版)，2021，38(6)：133-140.

⑪ 侯君荔．商品化视角下的“弹幕”研究[J]．中国电视，2022(9)：102-107.

革，一众学者从自己的研究领域出发，作出了多样化的表态与预测。

对此持乐观态度的学者不在少数，陈志娟等就提出："青年群体在通过弹幕使用进行狂欢化的情绪表达、游戏化的压力宣泄和符号化的偶像消费的同时，也在表达深层自我中的存在诉求，在间离和对话中实践着理性思考和交往互动。"①孙藜对弹幕的媒介史研究也提出了相似的观点，"数字书写亦引发对传统书写时间性价值的重审，弹幕所蕴含的特定'间离'效应，或可展示出一种打破技术时间的束缚、走出'观看化'的新可能性"②。梁君健等认为，作为一种集体性的情感建构和情感表达，弹幕通过外部性和内部性两个机制促成观众情感的表达与互动，"通过真实的共情与共鸣，使观众得到情感的积累与宣泄，并引发集体记忆与身份认同"③。黎杨全更是提出了交往诗学的文艺观念，"弹幕文化呈现了'社交型'文艺场景，社交媒体成为文艺活动的基础，群体性讨论生成了文艺作品本身不具有的艺术效果"，文艺理论走向交往诗学，"从社区性去理解社交媒体时代的文艺活动，将作品外的交往活动也视为文艺内容"，考虑文艺外部的连接性与交往性，弹幕文化"表现了这种附件逻辑与先锋的可能性"④。此外，赵艺哲等关注到了原本不参与文本评论与互动、被认为是无效弹幕的位置弹幕，发现其以弹幕空间为核心，联结现实空间、文本空间和弹幕空间的实践意义，成为交往方式变革新的注脚⑤。

与之对应，部分学者对弹幕带来的实践变革并不乐观。曾一果关注到了弹幕背后观众群体的情感需要与价值诉求，认为观众的感知结构已经由"观看"和"欣赏"活动转为"介入"与"参与"行动，弹幕反映了当代人的情感结构、精神状况和价值立场，又映射出两种截然相反的群体性社会症状——群体性狂欢和群体性孤独——尽管"狂欢节的场所由现实世界转移到了互联网的虚拟世界中"，却"并不能从根本上消弭数字居民在现实生活中无助的孤独感受"⑥。吴果中等指出，弹幕不过是人类社会中"媒介依存症"的延续，"弹幕人"主动选择、参与信息传播，建立弱关系的线上社交，共享信息和知识，"为了情绪宣泄、在共通的群体语境下寻求一种融入感的狂欢而依赖弹幕"⑦。李蕾等通过对一档综艺节目弹幕文本的内容分析发现，无论是自我话语还是互动性话语的弹幕生成，其内隐线索均在于"弹幕文本对视频文本的整体性依附"，受众话语权的表达始终存在边界，自由表

---

① 陈志娟，丁靓琦．狂欢与理性：青年群体弹幕使用研究——以网络综艺类节目《创造 101》为案例[J]．中国青年研究，2019(11)：93-99.

② 孙藜．数字平面中书写的"观看化"："弹幕"媒介史之思[J]．新闻记者，2022(12)：41-52.

③ 梁君健，龙嫚如．情感实践的内部性与外部性：现实主义主流电视剧的影视弹幕研究[J]．现代传播(中国传媒大学学报)，2023，45(05)：93-101.

④ 黎杨全．走向交往诗学：弹幕文化与社交时代的文艺变革[J]．南京社会科学，2021(4)：140-148.

⑤ 赵艺哲，蒋璐璐，刘袁龙．作为"位置"的弹幕：用户的虚拟空间实践[J]．新闻界，2022(4)：32-41.

⑥ 曾一果．弹幕背后青年群体的情感需要与价值诉求[J]．人民论坛，2021(10)：34-37.

⑦ 吴果中，陈妍．从"电视人"到"弹幕人"：媒介技术对人类交往方式的影响[J]．传媒观察，2021(2)：79-84.

达和互动体验不过是一种假象，其内在机理是平台方“将弹幕使用驯化为受众的一种生活方式”①。

正如王婷概括的那样，这是一个并不确定的答案，弹幕这种具身的主体性实践以至狂欢，“体现出参与性的欲望，本质指向一种民主的潜能和公共性”，但是“原有的囚徒感和焦虑并没能真正化解，转而以技术性的方式尖锐地刺激着个体的肉身和心灵，媒介狂欢带来的是对弹幕的恋物情结”②。在此基础上，包雅玮③、王润等④、徐明华等⑤、张宁等⑥基于“哔哩哔哩”网站，以弹幕或弹幕文化为主要研究对象所做的青年亚文化、国族认同等研究，也几乎没有解答这个难题。

2. 弹幕与教育教学

具体到教育教学领域中弹幕的应用，丁国栋等通过对教学类视频的弹幕文本做批判话语分析，印证了前述研究中提到的弹幕“文本字数少、意义表达碎片化，用词被打上学科术语和弹幕流行语的双重烙印，语气简洁直接”等特点，其对弹幕文本生产、消费及互动特点做了相对准确的概括，目的也是“帮助教师更好地理解基于弹幕交互技术的在线学习文化，从而更有效地开展在线教学”⑦。赵雪芹在“电子文件管理”课程中应用弹幕的尝试，既取得了良好的互动效果，又“通过汇总学生发送弹幕的内容，评估学生对课堂知识的掌握与理解情况，及时调整教学方式，提高了教学质量”⑧。

绝大多数学者对弹幕在教育教学中的应用前景非常乐观，杨九民等的元分析指出，弹幕对学习者的学习具有积极影响，但主要体现在对学习结果而非学习过程的影响⑨。王雪等通过对学习者的眼动行为模式进行研究，发现弹幕内容和视频内容两者兼顾型的学习者

① 李蕾，宋航．自由表达与互动体验的幻象：受众弹幕文本的话语生产——基于《再见爱人》弹幕的内容分析[J]．新闻与写作，2022(1)：49-57.

② 王婷．交互性神话、公共修辞与悬置的主体——作为一种社会历史实践的弹幕电影[J]．当代电影，2022(6)：53-58.

③ 包雅玮．新媒体环境下青年爱国表达的新特征——以“B站”弹幕文化为例[J]．中国青年研究，2021(7)：96-101，109.

④ 王润，吴飞．从“御宅族”到“正气少年”：弹幕互动中的亚文化资本汇集与认同构建[J]．现代传播(中国传媒大学学报)，2020，42(2)：86-90.

⑤ 徐明华，李丹妮．互动仪式空间下当代青年的情感价值与国家认同建构——基于B站弹幕爱国话语的探讨[J]．中州学刊，2020(8)：166-172.

⑥ 张宁，段小宣，杨帆，等．青少年弹幕评论中的文化认同——以某视频网站作品《国家宝藏》为例[J]．青年研究，2022(3)：40-49，95.

⑦ 丁国栋，杜华．教学类视频弹幕文本的批判话语分析——以哔哩哔哩网站的某套高中物理教学视频为例[J]．现代教育技术，2021，31(7)：72-79.

⑧ 赵雪芹．弹幕在课堂互动教学中的探索与实践——以“电子文件管理”课程为例[J]．档案学通讯，2019(2)：88-92.

⑨ 杨九民，吴长城，皮忠玲，等．促进学习还是干扰学习——弹幕对学习影响的元分析[J]．电化教育研究，2019，40(6)：84-90，120.

的结果性积极情绪和迁移测试成绩显著更高，“两者兼顾型学习者能更合理地分配弹幕区和学习内容区的认知资源，既可以及时提取弹幕中的有效信息，也可以深度加工视频材料中的学习内容”①。蔡辰等对弹幕用户的偶发性学习过程做的现象学研究也提出，偶然浏览弹幕能够促使用户借助动态更新的信息流刺激思维，发现概念或信息之间隐藏的联系，获得意想不到的新见解，触发更有意义的学习”②。也有部分学者针对弹幕的娱乐性等问题，先人一步地提出了干预手段，主张根据在线异步交互描述框架设计智能实时管理机制③。

至此可知，近几年来对于弹幕研究主要集中在三个领域：新闻传播学、信息情报科学及教育技术学，笔者在这一部分用相当多的笔墨综述了弹幕的生成机制及其带来的实践变革，且更多是站在新闻传播学的学科视角，这是非常有必要的。对一般意义上的弹幕生成与运行机制的研究，揭示了弹幕用户的使用动机和行为路径，迈出了理解弹幕的第一步；对弹幕文化的解读尽管存在着不同的表态和预测，但也不约而同地关注到了弹幕内蕴的交流愿望与情感需求，以上启示了本文的主要路径和写作思路。教育教学领域对弹幕的研究相对碎片化，但正是在这些多样的理解和探究中将对弹幕的具体研究专业化、特色化，指示了本文一以贯之的研究目标——视频教学弹幕实践。

笔者同时认为，无论是信息情报学科对弹幕的探索还是电化教育领域对弹幕的期待，都存在着一个缺陷，那就是对传播要素的忽视，信息情报学科构建了相当多的模型研究弹幕实现其功能、发挥其作用的路径与方法，却很少关心弹幕作为传播的内容，甚至是媒介本身的特殊性；电化教育领域对于弹幕的乐观程度更甚，对学习者本身，尤其是学习者如何理解弹幕这一关键过程却关注不够。笔者努力的方向也恰在此处，更多基于新闻传播学的视角，研究教育教学过程中对于弹幕的应用，关注学生自身的理解过程、交往方式与情感实践，以期真正实现传播的教育。

因此，本文的研究问题即，在教育教学的一个特殊场景，如视频教学内容播放的过程中，学生如何借助弹幕理解教学内容？如何展开沟通与交流？如何实现情感的共鸣？

本文将采用案例分析法，所掌握的研究语料包括课堂上《红楼梦》舞台剧播放过程中的所有弹幕文本，以及学生在课后提交的心得感悟。《红楼梦》内容丰富、情感动人，具备超越时代的影响力，进入互联网时代，在新技术表达的助力下，这部经典继续在不同的网络平台之间穿梭不老，构建起“情感丰富、话题活跃、囊括当下生活的‘网络红楼’”④，成为一个超级话题。恰如李静对“弹幕版四大名著”的研究中所概括的那样，“对原文本的

---

① 王雪，张蕾，王崟羽，等．弹幕教学视频中学习者的眼动行为模式及其作用机制研究[J]．远程教育杂志，2022，40(5)：103-112.

② 蔡辰，刘思琦，孙晓宁．弹幕用户的偶发学习过程模型构建——一项现象学研究[J]．现代情报，2022，42(1)：108-118.

③ 李彤彤，周彦丽，边雨迎，等．面向有效交互的在线教育视频课程弹幕智能实时管理机制设计[J]．电化教育研究，2023，44(1)：61-69.

④ 许苗苗．全媒体时代的微话语表述：弹幕文化里的《红楼梦》[J]．红楼梦学刊，2020(5)：137-153.

模糊处、空白处保有热情”①的弹幕，是最值得进行深入研究的。

三、理解：叙事的文本综合体

弹幕使用的首要需求其实是信息需求，无论是对弹幕的发送者还是对弹幕的观看者而言，都满足此项条件。学生在观看作为教学内容一部分的视频时，显然不具备发送弹幕的条件，因此通过弹幕获取信息、实现对正在播放的内容的理解成为此刻最重要的事情。与传统视听网站的评论区相比，弹幕相对碎片化，因而更加有针对性，可以对相应的视频内容本身做补充或进一步延伸。所谓“完全跟着弹幕看”就是这个道理，弹幕中“有没有人能解释一下剧情呀”“紫色衣服是谁”等疑问其实也是教学时学习者的疑问，“宝钗刚开始是看不上宝玉的”“林妹妹初到贾府的时候就是穿着披风的”既是对前序弹幕的回应，也是对观看视频的学习者的回应。

克里斯蒂瓦的《符号学：语义分析研究》中提到了一个源自巴赫金的“纵向轴”概念，互文性作品中存在的纵向轴，承载着文本与背景之间的对话②。从这个角度理解起来，学生观看的其实是视频文本与弹幕文本综合交会的文本综合体——一个全新的视觉文本，对话性就体现在语言文本和图像文本二者之间平等、互补的对话与互动。“宝玉的玉第一次真正露面就是宝钗来了后，和宝钗的金锁一起，‘莫失莫忘，仙寿恒昌’‘不离不弃，芳龄永继’”，异质的、流动的弹幕作为说明、注脚同动态的影像叠置于同一块屏幕上，始终处在进行时态的语言文本，其实是对处于完成时态的影像文本的“逆仿”，二者构成互文关系，面向读者促成意义的流转。

换言之，语言与图像其实是两种完全独立的叙事元素，语言的本性是指涉事物与表达思想，适合叙事与论说，图像的本性则是视觉直观，适合展示客体，二者的互文叙事使得其功能相互交叉，以弹幕形态出现的语言文本赋予动态影像审美的张力，其嵌入形成了新的视觉文本，在不同的叙事维度上展开互补、平等的对话，构成了当下典型的视觉叙事方式。

先有视频，后有弹幕，互文的语言文本和视频文本在时空因果上表现为一种“引文性”，视频文本被置换为语言文本，图像符号、声音符号被置换为语言符号。传统文艺批评理论认为，诗高而画低，语言为实指，图像为虚指，语言符号高于或广于图像符号，拥有正向的优势地位。弹幕作为语言对图像的模仿，尽管因为从右向左“弹出”的特性获得了空间属性，但仍是非对称性的，不可能完整、顺畅地模仿、呈现出图像中所有的内容和关系，本质上其实是一种“逆仿”。如：“好像是贾政让宝玉读书，宝玉不喜欢这些功名利禄，黛玉从来不劝他追求名利”“对的，应该是王夫人在黛玉进贾府之前让凤姐找缎子，然后表现贾府富贵”，这些弹幕通过对画面中出现的人物、事物、情节展开直接描述、重复或评价，完成了图像符号到语言符号的转变，虽然只是简单地诠释画面，但对于学习者

① 李静．弹幕版四大名著：“趣味”的治理术[J]．读书，2021(1)：30-37.

② 萨莫瓦约．互文性研究[M]．邵炜，译．天津：天津人民出版社，2003：4.

而言是有重要意义的，在整体默看的背景下，完成了答疑解惑。

进一步地，部分弹幕立足于当前画面，但又超越视频本身，着眼于整段视频文本甚至是当下之外的历史文化背景、社会现实环境等深层次内涵，实现了“引申画意”的功能。如：“这里相互交织缠绕试探打量有种宿命感”“等级制度下的溺爱，从来都是地位的宣告。所以对黛玉的溺爱真的就是当媳妇养的”，此类弹幕文本便克服了影像浅表化的叙事，补充与延伸了影像内容，扩展了审美时空，可以帮助学习者加深对在播教学影像的认识与理解。视频内容在教学中的应用相较于其他形式的教学手段显然更加复杂，教学内容碎片化程度更高，“零散分布于个体、集体共建知识中”①，学习目标也是虚置的、处在变化中的，因此有必要在静态的、线性的视频内容中提供动态的、隐性的、与其相关的知识，即弹幕，促进信息输入—深度加工—反思生成的学习过程，创造理解的情境。

概而言之，所有的叙事天生“被注定用于表达含义”②，语言和图像是人类最为重要的两种叙事手段或工具，都适宜叙事，但又存在着各自的天然缺陷，传统二元对立的考察模式贬抑图像而推崇文字，媒介技术的发展则显著提升了图像的地位，并在逐渐消解这种对立，促进语言符号与影像符号的浑融共生，弹幕与影像的叠置其实是对学习者新的解放运动。仅就必要的教学而言，语言叙事与图像叙事有着共同的叙事目标，遵循共同的叙事原则，突破各自的天然缺陷，在尊重媒介差异的基础上相互融通，流动的弹幕被嵌在动态的影像之中，呈现出视觉化的文字形态，作为视觉文本栖身于影像的叙事空间。

语言文本借助影像演绎实现更清晰的视觉转换，影像文本依赖言语书写促成意义增值，弹幕兼具语言文字的时间性与动态的空间性，作为一种“时空体”③艺术，并非要取代教学过程中的某种装置，而是促进内容的理解及其有效性，语言叙事空间与影像表意空间实现的是共同的教学目标。

四、交流：对话的观赏共同体

于班级教学而言，弹幕的使用场景稍显特殊，因为它面对的仍是单向的、非人格化的观众，学习者聚集在一起成为一个集体，却坚持静观式欣赏的情境，这一场景中缺乏交流与互动，教学活动变成了“独自一个人完成的最理想的工作”。在这个教学单元中，作为整体的班级不复存在，每个人像书写或阅读活动一样退回了自己的小世界。

笔者因此对弹幕投以极高的期待，弹幕可以在静观审美的背景下实现前所未有的交往活动，交往、交往、再交往，连接以实现无所不在的交往讨论。弹幕作为新媒介的代表，改变人群的疏离状态，使其组成互相交谈的共同体，塑造新的交互场景，从面对面的沉默

① 李彤彤，周彦丽，边雨迎，等．面向有效交互的在线教育视频课程弹幕智能实时管理机制设计[J]．电化教育研究，2023，44(1)：61-69.

② Dudley Andrew. Conceptsin film theory[M]. New York：Oxford University Press，1984：103.

③ 孟凡萧，吴怀东．论“语-图”互文视域下的弹幕生成机制——“逆仿”的律动与跨媒介的狂欢[J]．现代传播(中国传媒大学学报)，2022，44(10)：106-111，119.

转向更具包容性的信息获取模式，不再受物理环境的限制，带来可时空分离的信息场景。换言之，既然物理性的身体在场连接也是有隔阂的、孤独的，不妨尝试通过弹幕实现跨时空的数字神交。对于课堂上的后人类而言，主体是可以分解的，一个身体对应着许多意志，生活在许多小世界中，拥有无数的身份与不同场景下的自我，弹幕帮助他们完成日常与网络的互渗。

时间意义上，这种跨越性的群体交互场景“不仅是共时的、现场的连接，也是历时的、累积的连接”①。学习者在视频播放过程中能够看到的是用户针对视频的特定位置发出的弹幕，针对的是同一个画面，发出的时间可能同时，也可能相隔甚远，所有这些都被整合在一条时间线上同时出现，改变了时间的不可逆性。弹幕扭曲了时间，因此学习者对话的对象可能是共时的网络上的其他人，也可能是过去的人，同时又累积为潜在的未来的人，实现了跨时空的参与和连接。这种对话不再是单纯的想象性交往，而是极有可能得到回应的虚拟与现实交织的互动喊话。

空间意义上，此处与彼处被预先设定发生互动，“身体与技术交互、耦合、共处”②，学习者的空间实践借助弹幕超越现实空间而进入虚拟空间，并反复切换，回应了现代性的关切。

于学习者而言，长期的静观训练带来的最大的遗憾就是被看见、被认可的满足感，如果不能在现实世界的同学身上得到认同，就有可能转向屏幕世界求得自我价值的肯定，如果能在飘过的弹幕中发现自己的看法被关注和认可，或者发现某一条与自己的观点一致，哪怕只有一条，也会收获满足与快感，认为自己收获了集体认同，找到了自我在群体中存在的价值。概括地说，弹幕某种意义上是作为学习者的精神抚慰而存在的。

让我们对自我与群体的关系再做一个详解，在课堂上这个固定的时间段内，所有学习者观看相同的内容，事实上已经形成了观赏的共同体，但由于静观的限制，学习者实际上通过弹幕与想象中的共同观看者组成了另一个跨时空的观赏共同体，共同在场的观看体验也是在这个共同体内被营造出来的，学习者通过弹幕在这个共同体内感知他人的情绪和情感，分享观点与价值。滑屏而过的弹幕提醒学习者他者的存在，所有人虚拟共时在场，完成想象性的连接，建构起学习者与其他情感共同体的互动仪式。通过对“我是谁”个体身份的建构和“我们是谁”③同一性身份的确证，学习者最终确认自身在这场跨时空交流中的位置与想象的共同体中他者的位置。

学习者以个体身份进入视频场域，作为教学内容的视频此时是所有个体关注的共同焦点，特定的对象和情节在关键节点处唤起学习者强烈的情感体验和表达热情，弹幕为学习

① 黎杨全．走向交往诗学：弹幕文化与社交时代的文艺变革[J]．南京社会科学，2021(4)：140-148.

② 赵艺哲，蒋璐璐，刘袁龙．作为“位置”的弹幕：用户的虚拟空间实践[J]．新闻界，2022(4)：32-41.

③ 李蕾，宋航．自由表达与互动体验的幻象：受众弹幕文本的话语生产——基于《再见爱人》弹幕的内容分析[J]．新闻与写作，2022(1)：49-57.

者创造了分享这一系列即时情感的可能性——他们不与现实中的伴学者分享，反倒更倾向于以神交的形式与虚拟在场的想象共同体分享，在这样一个虚拟互动的交互场景中，观看者分享其观看感受从而获得观看经验，进而凭借这种共同想象被赋予共享的意义。学习者沉浸于这种弱社交关系中，仅依靠特定情境下某个相同的兴趣点与陌生人维持着弱关系，平等交流、自由对话，通往参与性极强的乌托邦世界。

辩证地看，在这种特殊的交流方式中，学习者借助弹幕实现的跨时空的自我存在，反映的是文化生产实践中的"间离"效果，他们能从正在播放的视频文本中抽离出来，更积极地思考，从而超越简单的情感共鸣，始终保持着一个动态的实践过程和相互冲突的思想动力，和更高一级的教学目标是契合的。哈贝马斯认为："人类社会的存在并不是以独立的个人为基础，而是以双向理解的交往行动为起点。交往行动至少有两个以上的行动者，借助语言理解彼此的关系，主体间以语言的乌托邦潜能为基础相互交往，交往理性在主体间相互理解的范式中被表达，形成非强迫性的共识，保持社会的有序化。"①弹幕为学习者建构了一个自由、开放、平等、包容的理想语言情境，在其中以理性对话真实地表达其思想态度、审美观念和价值立场。弹幕作为一种沟通交往的媒介，引导学习者与更广阔的世界发生关联，与客观世界、社会世界、主观世界全面发生关系，形成一种共识结构并作用于其中。

不可否认的是，学习者对于弹幕的钟爱，也可能是巴赫金笔下的狂欢，"一个特定的节庆日，在这个节日里，人们打破层级壁垒和礼仪约束，尽情欢乐，平等交往，过着充满欢笑的'第二种生活'——狂欢广场式的自由自在的生活，充满了两重性的笑，充满了对一切神圣物的亵渎和歪曲，充满了不敬和猥亵，充满了同一切人一切事的随意不拘的交往"②。弹幕上众声喧哗，学习者与之完成散漫的对话，进行"狂欢化"的表达，好像满足了他们破坏性的心理特质，行动的生活高于沉思的生活，静观的限制下通过弹幕实现了最大程度的心理放纵，学习者最在意的仍是传统教学秩序的崩塌。

究其根本，哈贝马斯设想的所谓文化公共领域，未尝不是学习者此刻正在进行的神交实践。

五、共情：情感的连带仪式

在交流的基础上，通过弹幕实现情感的传递，是整个教学活动的最后一部分，也是最重要的教学目标之一。相较于传统的视听元素，弹幕所承载的情感强度更高，情感语汇更加集中，也更加契合学习者(观看者)的实际感受。

---

① 尤尔根·哈贝马斯．交往行为理论[M]．曹卫东，译．上海：上海世纪出版集团，上海人民出版社，2004：100.

② 巴赫金．小说理论[M]．白春仁，晓河，译．石家庄：河北教育出版社，1998：230-232.

互动仪式链理论认为，情感是整个互动仪式中的核心要素与重要结果①，注意力在某个对象或情节的聚焦唤起了强烈的情感体验和表达热情，弹幕使这种情感的即时表达成为可能，学习者在神交的互动仪式中围绕共同的视觉焦点共享情感，与共同符号相联系，进行信息交换与情感互动。随着这一类互动不断推进与深入，学习者越发强烈地感知到彼此的情感状态，在虚拟时空中彼此情感高频同步互振，个体情感涌动成为集体共享情感，又反过来强化个体对自身意义的体察与认同，微观层面上个体的互动行为就与宏观视野中社会团结结合在一起，成就了群体归属感、团结感以及身份认同。弹幕未经正式的定型化程序设定，便可以在学习者之间建立起相互关注及情感连带的自然仪式。

究其根本，弹幕对情感的承载与连接源自情感的社会属性，它彰显出一种文化的力量，体现着社会的某些普遍情绪，唤起集体认同感、情感共鸣和情感张力。情感社会学理论将这种共情分解为内部性和外部性两种机制，弹幕既是个体性的情感表达，也是集体性的情感建构。

内部性，指的是学习者通过弹幕与播放着的视频内容互动，参与到文本内部，在互动过程中产生真实情感以达成共情，通感、推断、评价是弹幕互动的三种主要形式②。例如有学生在课后的赏析中说："不应该带着道德带着喜恶带着情绪去看他们，然后越发心疼所有人……"表现的就是通感，学习者主动地走进了人物的内心世界；《红楼梦》的情节相对固定，学生不需要做出什么推断，但可以把自己的思考融入其中，如有学生赏析，"宝黛相见之时，人海如波浪般分开退去，我想尽管人海茫茫，但他们眼中只余彼此之意吧"；评价最能彰显作品与人物的矛盾性，有学生在观看后给出自己的思考："曹先生一点不可怜书中人，他比谁都热诚地爱着他的人物们，但是他一点都不可怜他们，这是曹雪芹的伟大的绝情。类似的，曹先生看贾府、看书中人是无关忧国忧民这种"宏大情感"的，而是更多出自一种个人化的、旁观化的、艺术化的视角——他不要为这个社会做出什么，他要完成手中这艺术的集大成作。"以上虽然是学生的赏析而非发在视频中的弹幕，但在这样一个浑融的交际情境内，也体现了学生的心理历程，可以理解为弹幕交往的延续。伴生于影视文本的弹幕文本和赏析文本紧紧跟随着教学视频内容的节奏，提升了学习者观看过程中的情感浓度和虚拟参与度，在这个基础上完成情感积累与宣泄。

外部性建立在播放内容引发的对文本之外的社会现实的指涉上。弹幕对观看体验进行实时强化，调动学习者分享已有经验，促成学习者与学习对象、学习者与其他群体之间的互动，激发其真实经验、集体记忆与身份认同，引发一系列特殊的观看情感。对于学习者来说，弹幕首先是一个放大镜，增强对学习内容的体验与感受，发现那些一带而过和极少被注意到的细节，"先是小厮的舞蹈，他们跳舞时都朝向上位的贾母献媚。贾母端庄地舞动，接着是贾宝玉和贾母几个亲昵的动作表现他们之间的关系非常亲近"，学生对细微之

① 兰德尔·柯林斯．互动仪式链［M］．林聚任，王鹏，宋丽君，译．北京：商务印书馆，2009：86-87.

② 梁君健，龙娉如．情感实践的内部性与外部性：现实主义主流电视剧的影视弹幕研究［J］．现代传播（中国传媒大学学报），2023，45（5）：93-101.

处的体察离不开弹幕的提醒。弹幕也在促成一种集体的认知，分散在个体观众内在世界中的认知可以通过弹幕凝结为集体的认知过程与心理体验，个体情感与体验得到叠加，影像文本的社会意义也被形塑和强化，学生赏析称“三人交织的舞步与生动的表情将这种复杂难明的关系展现得淋漓尽致，在雾里看花般的审美氛围中，个人命运与家族的深沉关联也显露无遗”，就体现了这种趋于一致的认知。

共情的核心是弹幕对虚构文本与现实社会的连接，文本与社会之间的互动促使观学习者在互动中实现共鸣，引发情感并表达。学习者借助弹幕与延伸的弹幕表达对作品的态度和认可，也调动着自己的真实社会经验，实现多元的社会背景中文化的共鸣。也有观点认为，焦虑与孤独根本不曾缓解，共情不过是恋物情结的技术神话①，与其说学习者是和其他学习者及跨时空的群体共享同一套经验和情感，不如说学习者是在和播看设备绑定缠绵，身体与情感仍被禁锢着。

不过最终，笔者想强调的还是这样一种情感效果，学习者通过弹幕穿梭在虚构故事与现实世界之间，他们会同情虚构的人物，也会感受到跨时空的现实世界中的人的集体问候，这种感动的效果超越任何教学论与技术观点，去治愈作为观众的学习者。

六、结语

笔者的研究缘起于一次课堂教学实践，试图从学理性的角度解释课堂教学中对视频弹幕的使用，关键在于真正站在学习者的角度，理解学生的弹幕观看实践。笔者通过系统的研究梳理出了一条学习者弹幕观看的实践路径，即：理解——交流——共情，依靠互文性的叙事首先满足学习者的信息需求，进而在静观的背景下促成跨时空的交流，建构想象的观看共同体，最终实现情感的传递，共享社会经验与情绪感受。

本研究的创新之处在于引入了新闻传播学的学科视角，借用了大量该学科对弹幕的研究成果来解释教育领域内弹幕的使用实践，教育教学的过程就是传播的过程，此类研究也是大传播的生动实践。

不能否认的是，本文仍存在着部分有待完善和解决的问题。首先是研究语料，所使用的语料来自学习者的第一手材料，作为案例分析尚可，但并没有经历严谨的实验验证，分析所得的路径也并不是一个系统的模型，想在这个基础上更进一步，需要更大规模的实验检验其规范性；其次是研究视野，笔者的研究还是被更多地限制在新闻传播学科，对于信息情报学、教育技术学等理论资源虽有所利用，但讨论不深刻，有必要进行更多的理论的积累和文献的阅读；最后即使是研究本身，笔者也认为理论和实践的契合存在不够紧密的问题，相关表述需要进一步规范，行文也要继续调整。

① 王婷．交互性神话、公共修辞与悬置的主体——作为一种社会历史实践的弹幕电影[J]．当代电影，2022(6)：53-58.

◎ 参考文献

[1]陈志娟，丁靓琦．狂欢与理性：青年群体弹幕使用研究——以网络综艺类节目《创造101》为案例[J]．中国青年研究，2019(11)：93-99.

[2]王蕊，刘瑞一，矫立斌，等．走向大众化的弹幕：媒介功能及其实现方式[J]．新闻记者，2019(5)：44-54.

[3]侯君荔．商品化视角下的"弹幕"研究[J]．中国电视，2022(9)：102-107.

[4]罗红杰．弹幕文化的生成逻辑、表意实践与正向建构[J]．深圳大学学报(人文社会科学版)，2021，38(6)：133-140.

[5]孟凡萧，吴怀东．论"语-图"互文视域下的弹幕生成机制——"逆仿"的律动与跨媒介的狂欢[J]．现代传播(中国传媒大学学报)，2022，44(10)：106-111，119.

[6]仝冲，赵宇翔．基于内容分析法的弹幕视频网站用户使用动机和行为研究[J]．图书馆论坛，2019，39(6)：80-89.

[7]王賨芝，王雪，查先进．弹幕视频网站用户从众信息评论行为驱动因素探索[J]．信息资源管理学报，2020，10(4)：60-69.

[8]冯钰茹，邓小昭．弹幕视频网站用户弹幕评论行为的影响因素研究——以 Bilibili 弹幕视频网站为例[J]．图书情报工作，2021，65(17)：110-116.

[9]张宁，段小宣，袁勤俭．数字人文视频的用户弹幕评论行为生成机制[J]．图书馆论坛，2022，42(8)：148-161.

[10]李浩君，汪旭辉，廖伟霞．在线教育弹幕情感信息智能识别模型研究——融合变式情感词典与深度学习技术[J]．现代远距离教育，2023(1)：19-31.

[11]黎杨全．走向交往诗学：弹幕文化与社交时代的文艺变革[J]．南京社会科学，2021(4)：140-148.

[12]叶许婕，赵宇翔，张轩慧．Reaction 视频的用户弹幕评论行为生成机制探索——基于认知-情感系统理论[J]．数据分析与知识发现，2023，7(2)：1-14.

[13]孙藜．数字平面中书写的"观看化"："弹幕"媒介史之思[J]．新闻记者，2022(12)：41-52.

[14]梁君健，龙娉如．情感实践的内部性与外部性：现实主义主流电视剧的影视弹幕研究[J]．现代传播(中国传媒大学学报)，2023，45(5)：93-101.

[15]赵艺哲，蒋璐璐，刘袁龙．作为"位置"的弹幕：用户的虚拟空间实践[J]．新闻界，2022(4)：32-41.

[16]曾一果．弹幕背后青年群体的情感需要与价值诉求[J]．人民论坛，2021(10)：34-37.

[17]吴果中，陈妍．从"电视人"到"弹幕人"：媒介技术对人类交往方式的影响[J]．传媒观察，2021(2)：79-84.

[18]李蕾，宋航．自由表达与互动体验的幻象：受众弹幕文本的话语生产——基于《再见爱人》弹幕的内容分析[J]．新闻与写作，2022(1)：49-57.

[19]王婷．交互性神话、公共修辞与悬置的主体——作为一种社会历史实践的弹幕电影[J]．当代电影，2022(6)：53-58.
[20]包雅玮．新媒体环境下青年爱国表达的新特征——以“B站”弹幕文化为例[J]．中国青年研究，2021(7)：96-101，109.
[21]王润，吴飞．从“御宅族”到“正气少年”：弹幕互动中的亚文化资本汇集与认同构建[J]．现代传播(中国传媒大学学报)，2020，42(2)：86-90.
[22]徐明华，李丹妮．互动仪式空间下当代青年的情感价值与国家认同建构——基于B站弹幕爱国话语的探讨[J]．中州学刊，2020(8)：166-172.
[23]张宁，段小宣，杨帆，等．青少年弹幕评论中的文化认同——以某视频网站作品《国家宝藏》为例[J]．青年研究，2022(3)：40-49，95.
[24]丁国栋，杜华．教学类视频弹幕文本的批判话语分析——以哔哩哔哩网站的某套高中物理教学视频为例[J]．现代教育技术，2021，31(7)：72-79.
[25]赵雪芹．弹幕在课堂互动教学中的探索与实践——以“电子文件管理”课程为例[J]．档案学通讯，2019(2)：88-92.
[26]杨九民，吴长城，皮忠玲，等．促进学习还是干扰学习——弹幕对学习影响的元分析[J]．电化教育研究，2019，40(6)：84-90，120.
[27]王雪，张蕾，王崟羽，等．弹幕教学视频中学习者的眼动行为模式及其作用机制研究[J]．远程教育杂志，2022，40(5)：103-112.
[28]蔡辰，刘思琦，孙晓宁．弹幕用户的偶发学习过程模型构建——一项现象学研究[J]．现代情报，2022，42(1)：108-118.
[29]李彤彤，周彦丽，边雨迎，等．面向有效交互的在线教育视频课程弹幕智能实时管理机制设计[J]．电化教育研究，2023，44(1)：61-69.
[30]许苗苗．全媒体时代的微话语表述：弹幕文化里的《红楼梦》[J]．红楼梦学刊，2020(5)：137-153.
[31]李静．弹幕版四大名著：“趣味”的治理术[J]．读书，2021(1)：30-37.
[32]萨莫瓦约. 互文性研究[M]. 邵炜，译. 天津：天津人民出版社，2003：4.
[33]Dudley Andrew. Conceptsin film theory[M]. New York：Oxford University Press，1984：103.
[34]尤尔根·哈贝马斯．交往行为理论[M]．曹卫东，译．上海：上海世纪出版集团，上海人民出版社，2004：100.
[35]巴赫金．小说理论[M]．白春仁，晓河，译．石家庄：河北教育出版社，1998：230-232.
[36]兰德尔·柯林斯．互动仪式链[M]．林聚任，王鹏，宋丽君，译．北京：商务印书馆，2009：86-87.

面向新时代治国理政的高校学生实践能力培养机制与效果提升路径研究

——以师生价值共创视角下的武大政管院实践类课程为例

黄　健　戴凯歆

（武汉大学　政治与公共管理学院，湖北　武汉　430072）

【摘　要】面对我国新的发展形势，高校学生应当顺应时代要求不断提高自身综合素质，通过实践类课程参与锻炼自身的实践能力，并积极投身于新时代治国理政之中。本文基于价值共创模型，深入探讨了实践类课程的育人机制，研究发现，学院层面的师资力量、课程类型、实践平台和实践氛围对大学生实践能力有显著的正向影响，教师层面的教学能力、专业指导和资源支持对大学生实践能力有显著的正向影响，学生层面的参与意愿、参与态度和参与能力对大学生实践能力有显著的正向影响，实践层面的理论教学、共同调研、师生交流、反馈改进也对大学生实践能力有显著的正向影响。最后，本文基于被检验的大学生实践能力影响机制，提出了优化实践类课程配置、更新教师的教育理念、提高学生的实践类课程投入水平、强化师生的实践共同参与等四方面的优化建议。

【关键词】大学生实践能力；师生价值共创；实践类课程；育人成效

【作者简介】黄健（2002—　），男，江西赣州人，武汉大学2024届行政管理专业本科毕业生，中国人民大学公共财政与公共政策专业硕士研究生在读，E-mail：huangjian2002@ruc.edu.cn；戴凯歆（2001—　），女，浙江杭州人，武汉大学2024届行政管理专业本科毕业生，清华大学法学院法律硕士研究生在读，E-mail：16622536996@163.com。

一、引言

习近平总书记在党的十九大报告中作出重大判断："经过长期努力，中国特色社会主义进入了新时代，这是我国发展新的历史方位。"随着我国发展进入新时代，国内外形势新变化也向治国理政提出了一系列新要求，需要我们将理论与实际相结合，回应关系到国家发展的重大时代课题。高校学生作为重要的青年力量，需要应时代要求不断提高综合素质，而实践能力作为大学生的一项重要基本素质，在人才培养和市场竞争中的作用越来越凸显，对新时代治国理政的意义越来越重要。

根据21世纪教育委员会报告所指出的未来社会对人的能力要求，本文把实践能力理解为一个人所特有的能够在现实生活中应付各种情况和集体工作的能力。[1]针对我国高校学生实践能力不容乐观的现实，《中华人民共和国高等教育法》明确规定，高等教育的任务是培养具有社会责任感、创新精神和实践能力的高级专门人才，发展科学技术文化，促进社会主义现代化建设。2018 年教育部发布《关于加快建设高水平本科教育全面提高人才培养能力的意见》，强调以促进学生全面发展为中心，增强学生社会责任感、创新精神和实践能力，优化实践育人机制，提高创新型、复合型、应用型人才培养质量。为深入探究高等学校实践类课程与学生实践能力培养之间的内在联系，进一步提高高校学生的实践能力，本文将结合价值共创理论构建高校学生实践能力培养机制。

二、价值共创视角下的高校学生实践能力培养机制

(一)高校学生实践能力培养

高校学生实践能力是其在实践活动中培养和发展起来的解决实际问题的能力，具体而言，是指学生在大学阶段学习科学文化知识的过程中，通过学习、生活中各类问题的处理、体验等实践环节，把学校中的理论知识转化为处理各种矛盾和问题的实际能力[2]。刘磊、傅维利(2005)将实践能力分为四个基本构成要素，即实践动机、一般实践能力因素、专项实践能力因素和情境实践能力因素[3]，明确了实践能力的构成要素，对后来的研究具有重要的指导意义。赵建华(2009)[4]，何万国、漆新贵(2010)[5]，禹华平等(2016)[6]多位学者进一步指出，大学生实践创新能力呈现螺旋上升的状态，表现为基本实践能力、综合实践能力和实践创新能力三个从低到高的变迁趋势。在高校学生实践能力的培养方面，姚云(2003)将我国高校开展的以提高学生实践能力为核心的素质教育模式概括为“讲授启发式”“课程建构式”“活动探索式”和“社会锻炼式”等四种培养模式[7]。张树伟、牛立蕊(2016)通过对中外大学生实践能力培养模式在培养形式、培养过程以及培养机制三方面的比较分析，发现我国大学生实践能力培养模式应该在其系统性、实效性、社会化方面进行改进[8]。

(二)高等教育情境下的师生价值共创模式

价值共创始于经济学，指消费者共同参与企业产品生产消耗全流程，以提高企业产品的效用和价值的过程(姜尚荣等，2020)[9]。该理论研究通常基于顾客体验或服务主导逻辑展开，前者强调顾客个性化体验在价值共创过程中的主导地位，后者从生产者视角阐述价值共创的基本原理，并进一步扩展和演化为服务生态系统(张洪等，2021)[10]。2017 年，Johnson 等以概念模型的形式展现了对价值共创过程的理解，提出 Airbnb 环境下的价值共创概念模型，该模型基于服务主导(S-D)逻辑、价值共创等理论框架[11]，主要探讨在共享经济背景下，客人、主人和更广泛的当地社区如何共创价值，并进一步构建了价值共创理论框架，即资源(自然环境及人文环境等)——实践(嵌入目的地真实文化中的实践)——效应(特定的价值成果)，如图 1 所示。

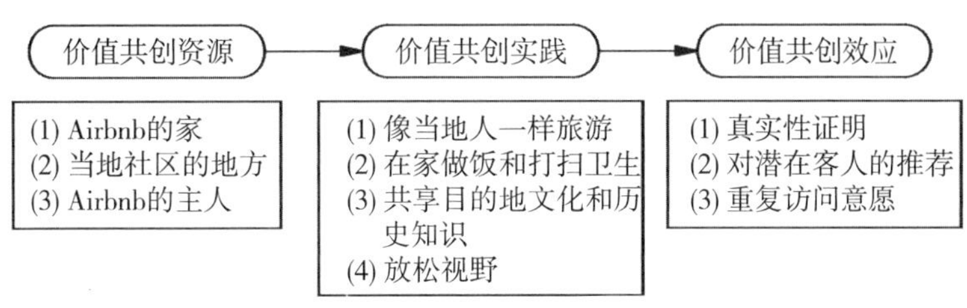

图 1　价值共创理论框架

近年来，越来越多的学者将价值共创理论应用于高等教育领域，Dollinger 等(2018)认为高等教育情境下的价值共创是指学生将个人的资源，如反馈、意见、智力、个性或学习习惯等与院校资源相整合的过程，最终为学生和院校创造共同价值[12]。Maxwell-Stuart 等(2018)认为高等教育情境下的价值共创是指院校和学生共同创造价值产出[13]。马晓旭(2017)指出，师生价值共创是指教师与学生投入各自资源，通过循环互动与良性合作实现新价值的创造，最终实现人才培养质量的提高[14]。因此，从价值共创理论的视角来看，大学经历帮助学生在各项核心素养维度指标上获得成长与发展，学生核心素养的增值正是高等教育所创造的一类重要价值(赵远，2021)[15]。故众多学者关注“学生价值”的提高，对价值共创理论进行了一定的改良和优化，例如，郭子浈(2023)参考了 Johnson 等提出的价值共创模型，通过扎根理论和质性访谈法构建了旅游管理本科生专业学习获得感的影响因素模型，认为教师不再是学生学习过程中的唯一价值创造者，学生也不再仅为价值吸收者，而需要和教师共同创造新的价值，唯有学生、教师、学校和社会多方协同推进才能构建完善的共创生态系统[16]，详见图 2。

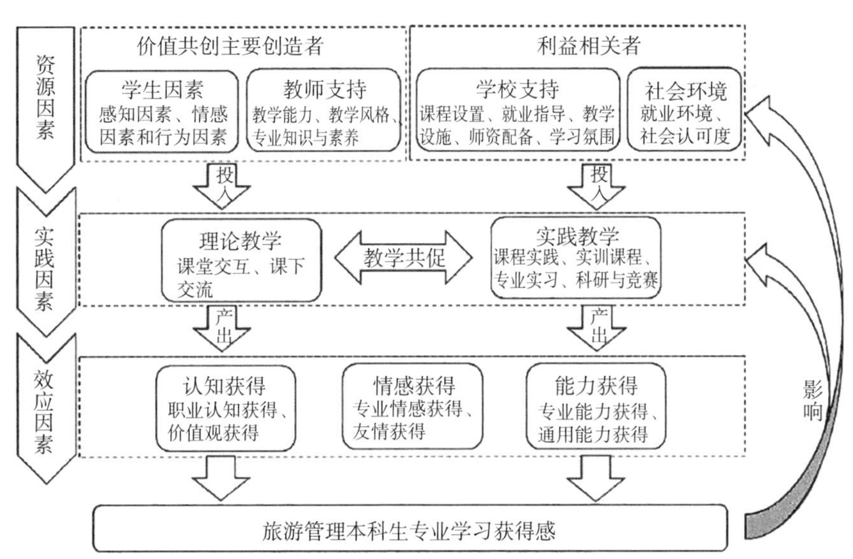

图 2　旅游管理本科生专业学习获得感影响因素模型

结合上述学者的观点可知，大学生核心素养是高等教育的重要价值产出，实践能力作为其中不可或缺且亟待提高的部分，更是当前高校需要进行改革的重中之重，而价值共创理论能够为高校环境下大学生实践能力的培育机制提供一定的借鉴和参考意义。

(三)价值共创视角下的高校实践类课程育人机制

价值共创理论强调企业和消费者都是价值创造的主体，二者通过不断互动和持续对话来共同创造个性化体验的价值。迁移到传统的教学活动中，学生可以被视为消费者，教师则可以被视为教学服务的生产者，通过嵌入四年的实践类教学课程，学生的综合能力能够在实践课堂之中得到提升。因此，基于价值共创的视角，“谁来教、教什么、怎么教”是改革的关键点，在新文科建设引领下，实践类课程需要多方主体共同推进，专业人才社会化、教师角色多样化、教学手段信息化、素质教育全方位，是必然的发展趋势[17]。

综上，本研究将价值共创理论与实践类课程相结合，并将其定义为：高校、教师和学生之间通过有效互动，共同参与价值的创造及交换过程。具体表现为，学生通过课内外活动积极地参与实践类课程，并将自己的需求和意见反馈给学校，以便学校和教师充分了解学生的需求，进而优化已有的实践教学体系，提升实践类课程的育人成效。

同时，本研究主要采用 Johnson 提出的价值共创概念模型，差异于以往从生产流程角度提出的模型，该模型从纵向角度入手，将价值共创分为资源、实践和效应三个层次，更契合本研究主题“实践类课程育人成效”，育人成效是在客观的实践类课程基础上产生的，而这一客观基础则表现为资源、实践与效应三个环节。Johnson 提出的价值共创模型在教学活动中也具有实用性，其中，资源对应的是学院支持、师资力量、学生自身等多方面的投入因素；实践对应的是课堂内外的师生参与情况和二者的互动情况；而效应则主要对应学生在参与实践类课程后所提升的个人能力，在三方的共同作用下，最终能对高校学生产生一种正向的育人效应。

具体的师生价值共创对高校学生实践能力培育的模型机制如图 3 所示：

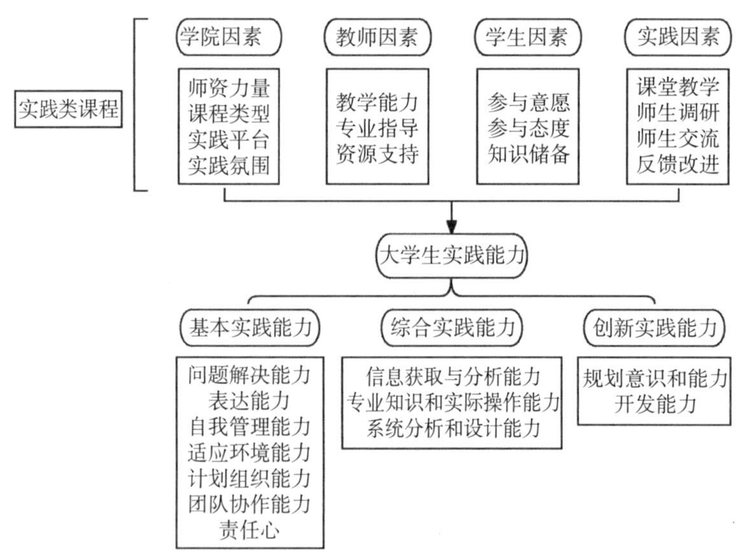

图 3　师生价值共创对高校学生实践能力培育的模型机制

三、研究资料与方法

（一）研究假设

价值共创理论所关注的主要是价值的内涵（是什么）、价值的焦点（如何创造）以及价值共创的演变过程（怎么增效），因此，本研究根据此逻辑提出以下假设：基于价值共创的高校实践类课程能够有效提升大学生的各方面实践能力。

（二）数据来源

本研究采用定量研究设计，通过问卷调查法的方式收集数据，研究对象为目前就读于武汉大学政治与公共管理学院的本科二年级及以上学生。同时，结合学院开设的实践类课程的特殊性，本研究将实践类课程范围限定为寒暑期实践、含实践调研类作业的专业课程、学期内师生自发组织的实践调研、含实践调研环节的科研和其他符合要求的课程，上述课程均包含课堂内外的学习环节，具有鲜明的实践特性，赢得学院学生的广泛参与。最终，共收集得到83份有效问卷进行后续的数据分析。

（三）变量设定

本研究的被解释变量为大学生实践能力，借鉴了禹华平等人构建的大学生实践能力结构模型[18]，将大学生实践能力分为一般实践能力、综合实践能力和创新实践能力三个维度（见表1）。基于此，本研究编制了政管院学生实践能力评价量表，共区分为12种具体能力，并采用李克特5分量表计分法，1~5分依次代表“完全没提升”“没太大提升”“不确定”“有些提升”和“非常有提升”。在正式调查之前，针对此项的预调查表明该量表具有良好的信度和效度。

表1　**大学生实践能力结构模型**

大学生实践能力	一般实践能力（50%）	问题解决能力
		表达能力
		自我管理能力
		适应环境能力
		计划组织能力
		团队协作能力
		责任心
	综合实践能力（30%）	信息获取与分析能力
		专业知识和实际操作能力
		系统分析和设计能力
	创新实践能力（20%）	规划意识和能力
		开发能力

同时，基于师生价值共创模型，大学生实践能力的影响因素变量分为学院因素、教师因素、学生因素和实践因素四个维度，各维度分别有三至四个小问进行测量，并采用李克特5分量表计分法，将不同的维度所包含的各小问分值加总后再取平均，最终分值越高，代表受访者对应维度的水平越高。具体的变量设定见表2。

表2 **变量类型与赋值**

类别	名称	赋　值
因变量	大学生实践能力	完全没提升=1，没太大提升=2，不确定=3，有些提升=4，非常有提升=5
影响因素变量		
学院因素	师资力量	1~5分，连续变量
	课程类型	1~5分，连续变量
	实践平台	1~5分，连续变量
	实践氛围	1~5分，连续变量
教师因素	教学能力	1~5分，连续变量
	专业指导	1~5分，连续变量
	资源支持	1~5分，连续变量
学生因素	参与意愿	1~5分，连续变量
	参与态度	1~5分，连续变量
	知识储备	1~5分，连续变量
实践因素	课堂教学	1~5分，连续变量
	师生调研	1~5分，连续变量
	师生交流	1~5分，连续变量
	反馈改进	1~5分，连续变量
控制变量	性别	女=0，男=1
	年级	2020级=1，2021级=2，2022级=3
	专业	行政管理=1，公共事业管理=2，劳动与社会保障=3，政治学与行政学=4，外交学=5
	参与实践类别	1~4分，连续变量
	参与实践次数	0~10分，连续变量

(四)统计方法

本研究采用stata15.0作为数据整理和分析工具。首先，对于政管院学生的实践能力提升情况，通过 Mean±SD 进行描述性分析；对于学院因素、教师因素、学生因素和实践因素，也通过 Mean±SD 进行描述性分析；而对于其余的分类变量，则汇报其频数/频率（n,%）。其次，对大学生实践能力的控制变量和影响因素变量进行初步的多重共线性检验与相关性分析。最后，采用多元线性回归模型进一步分析政管院学生实践能力培育的影响因素。

四、研究结果

(一)基本特征

在所有接受调查的学生中，对于性别而言，71.08%为女生，28.92%为男生，其中女生比例较大；对于年级而言，22.89%为 2020 级本科生，37.35%为 2021 级本科生，39.76%为 2022 级本科生，各年级比例较为均衡；对于专业而言，30.12%为行政管理专业，15.66%为公共事业管理专业，28.92%为劳动与社会保障专业，22.89%为政治学与行政学专业，仅 2.41%为外交学专业，其中外交学专业学生占比最少；对于参与的实践课程种类而言，40.96%的同学只参与过 1 种实践类课程，33.73%的同学参与过 2 种实践类课程，18.07%的同学参与过 3 种实践类课程，7.23%的同学参与过 4 种实践类课程，其中大部分同学参与过 1~2 种实践类课程；对于参与的实践课程次数而言，77.11%的同学在本科阶段参与过 1~3 次实践类课程，未参与过实践类课程的同学仅占 3.61%(见表 3)。

表 3　**研究对象基本特征**

变　　量	频数/范围	Mean±SD(%)
性别		
男	59	71.08
女	24	28.92
年级		
2020 级	19	22.89
2021 级	31	37.35
2022 级	33	39.76
专业		
行政管理	25	30.12
公共事业管理	13	15.66
劳动与社会保障	24	28.92
政治学与行政学	19	22.89
外交学	2	2.41
参与的实践种类(范围/均值)	0~4	1.91±10.31
参与的实践次数(范围/均值)	0~10	2.63±19.52

续表

变　量	频数/范围	Mean±SD(%)
学院因素(范围/均值)	1~5	3.34±8.01
教师因素(范围/均值)	1~5	3.39±8.43
学生因素(范围/均值)	1~5	3.41±7.37
实践因素(范围/均值)	1~5	4.11±7.87
大学生实践能力(范围/均值)	1~5	3.68±7.88
实践育人成效(范围/均值)	1~10	5.80±2.37

(二)大学生实践能力影响因素及其相关性分析

本文主要研究的是学院因素、教师因素、学生因素、实践因素和控制变量对大学生实践能力的影响机制，因此有必要检验本文所选取的4个解释变量与5个控制变量作为大学生实践能力的影响因素之间是否存在多重共线性，并进一步检验其与被解释变量之间的相关性。

首先，为提高分析结果的可靠性，本文采取方差膨胀因子法(VIF)来检验变量的多重共线性，检验标准为：计算方差膨胀因子VIF，当0<VIF<10时，不存在多重共线性；当10≤VIF<100时，存在较强的多重共线性；当VIF≥100时，存在严重多重共线性。经计算，各变量间的方差膨胀因子均小于5，最大值为1.97，可见解释变量之间不存在明显的多重共线性问题，不需要对变量进行剔除或调整(见表4)。

表4　**多重共线性检验结果**

变量		VIF	1/VIF
控制变量	性别	1.11	0.901
	年级	1.62	0.617
	专业	1.15	0.870
	参与的实践种类	1.50	0.667
	参与的实践次数	1.43	0.699
影响因素变量	学院因素	1.97	0.508
	教师因素	1.60	0.625
	学生因素	1.61	0.621
	实践因素	1.36	0.735
Mean VIF		1.48	

之后，采用Pearson相关分析法对各解释变量进行相关性分析，以初步检验控制变量

和影响因素变量与因变量之间的显著性关系。如表 5 和表 6 所示，根据控制变量与大学生实践能力的相关性分析结果，在控制变量中，性别与实践能力的相关系数为 0. 181，专业与实践能力的相关系数为-0. 072，但均不显著；年级与实践能力的相关系数为 0. 214($P<0.1$)，实践种类与实践能力的相关系数为 0. 270($P<0.05$)，实践次数与实践能力的相关系数为 0. 476($P<0.01$)。根据影响因素变量与大学生实践能力的相关性分析结果，学院因素与实践能力的相关系数为 0. 561($P<0.01$)，教师因素与实践能力的相关系数为 0. 615 ($P<0.01$)，学生因素与实践能力的相关系数为 0. 521($P<0.01$)，实践因素与实践能力的相关系数为 0. 486($P<0.01$)。由此可见，实践种类、实践次数、学院因素、教师因素、学生因素和实践因素均与实践能力呈现较为显著的相关性，因此需要后续通过多元线性回归来进行进一步检验。

表 5　　控制变量相关性检验结果

变量	实践能力	性别	年级	专业	实践种类	实践次数
实践能力	1					
性别	0. 181	1				
年级	0. 214*	0. 033	1			
专业	-0. 072	-0. 010	0. 268**	1		
实践种类	0. 270**	0. 029	-0. 164	-0. 164	1	
实践次数	0. 476***	0. 075	-0. 192*	-0. 141	0. 506	1

注：*，**，***分别表示 $P<0.1$，$P<0.05$，$P<0.01$，后同。

表 6　　影响因素变量相关性检验结果

变量	实践能力	学院因素	教师因素	学生因素	实践因素
实践能力	1				
学院因素	0. 561***	1			
教师因素	0. 615***	0. 536***	1		
学生因素	0. 521***	0. 457***	0. 433***	1	
实践因素	0. 486***	0. 340***	0. 334***	0. 324	1

(三)大学生实践能力回归分析结果

根据上述相关性检验结果，在线性回归阶段选择将实践种类、实践次数、学院因素、教师因素、学生因素和实践因素引入多元线性回归模型。结果显示(见表 7)，除了实践种类，实践次数($P<0.01$)、学院因素($P<0.05$)、教师因素($P<0.01$)、学生因素($P<0.05$)

和实践因素($P<0.01$)均对大学生实践能力有着显著的正向影响，对于实践次数较多、学院支持水平较高、教师支持水平较高、学生实践意愿与能力较强、实践互动与改进效果较好的同学，其实践能力的提升效果会较明显。

表 7　　大学生实践能力的影响因素分析

变量名称	参数值	标准误
实践种类	-0. 262	0. 060
实践次数	0. 157***	0. 031
学院因素	0. 191**	0. 082
教师因素	0. 343***	0. 077
学生因素	0. 105**	0. 086
实践因素	0. 228***	0. 072
常数项	0. 220*	0. 331
F 值	26. 04***	
R-squared	0. 6728	
N	83	

五、结论与建议

(一)研究结论

根据上文的实证研究可知，高校实践课程的种类对于大学生实践能力并无显著的影响效应，但是实践课程的次数、学院因素、教师因素、学生因素和实践因素均对大学生实践能力有显著的正向影响效应，详细的结论分析如下：

第一，高校实践类课程的开展次数越多，对于大学生实践能力的培育作用更为显著。相较于种类，高校学生更加关注自己是否能在浓厚的实践类课程氛围下得到锻炼，而衡量课程氛围的重要起始指标并不是丰富程度，而是实践类课程的开设有无及其数量多少，当学校(院)为学生提供了更多的实践类课程参与机会时，学生会更加积极主动地投身于实践类教学环节中，自觉接受实践类课程的熏陶和教导，进一步增强实践类课程的育人长效性。

第二，高校实践类课程的学院因素越积极有效，对于大学生实践能力的培育作用越显著。当学院更加重视实践类课程时，会系统地匹配相应的师资力量，并合理规划好完整的人才培养周期内实践类课程的安排频次与种类，从而营造院内良好的实践氛围。此外，在完备的实践类课程体系下，学院与之匹配相适应的课外实践平台能有效承载师生的实践课堂需求，从而提高实践类教学的成效，聚合院内院外相关资源构建扎实的实践育人体系。

第三，高校实践类课程的教师因素越积极有效，对于大学生实践能力的培育作用越显著。作为教学的引导者，教师本身的教学能力、专业指导和资源支持都会影响实践育人成效，较高的教学能力、科学的专业指导和雄厚的资源支持都有助于减小实践类课程的开设阻力，提高实践类课程的教学效果，使得实践类课程的知识技能更为有效地为大学生所接受，最大化实践类课程的育人功效。

第四，高校实践类课程的学生因素越积极有效，对于大学生实践能力的培育作用越显著。作为教学的参与者，一方面，学生积极的参与意愿和端正的参与态度能够稳定实践类课程的育人下限，使得实践类课程能够对其稳定地发挥基础效用，另一方面，学生扎实的专业知识储备也能够提升其在实践类教学中的理解与吸收能力，从而进一步拓展实践类课程对学生的效用边界。

第五，高校实践类课程的实践因素越积极有效，对于大学生实践能力的培育作用越显著。实践情景是实践类课程开展的土壤，一方面，课堂内的理论教学与课堂外的实地调研相结合的教学方式有利于将实践类课程的知识概念融会贯通，从而使得实践类课程在课堂内外的互动中走实、走活；另一方面，师生之间的沟通交流和反馈改进也是实践类课程发挥长效性的重要保障，有利于促进实践类课程在一次次师生有效互动中得到改进与优化，从而不断提升实践类课程的育人成效。

(二)优化建议

1. 学院层面：优化实践类课程配置，加强实践育人平台建设

学院作为价值共创的平台提供方和利益相关者，所供应的课程设置、教学资源等会影响学生的学习获得感，对师生价值共创产生直接影响。本文的研究结果显示，大学生实践能力之间有着显著的正相关关系，如果学院在实践类课程部分投入更加充足的师资力量，提高实践类课程质量，优化实践平台建设，为学生提供更加浓厚的实践氛围和更多实践机会，则学生的实践能力将会得到显著提升，师生价值共创也会进入良性发展。

因此，学院需要从课程教学和资源支持入手改善学生的实践能力培养机制。一方面，课程内容决定了学生接收的教育内容，直接影响着学校教育效果。学院需要合理安排课程模块和类型，在现有专业基础课程、专业选修课程模块基础上添加设置实践课程，丰富实践类课程内容，增加课外实践活动，保证理论知识学习和实践能力提升的科学合理进行，将学生实践能力的培养贯穿于教学的各环节。另一方面，学院是学生直接接触实践活动的首要平台，应综合运用校内外资源，建设满足实践教学需要的实验实习实训平台，统筹安排课程实践与课外实践活动，建立和完善学生实践活动的科学评价和奖惩制度，激发学生参与实践活动的积极性。

2. 教师层面：更新教育理念，提高实践活动参与度

教师的课程教学和活动指导在很大程度上决定着学生在实践活动中的体验与获得感，

也是价值共创能否顺利进行的关键因素。教育理念不仅局限于自身专业知识水平的提高，更重要的是关注到行业的发展情况和学生的实际需求，以课堂教学效果和学生反馈为参考，进一步优化课程内容和教学指导。本文的研究结果显示，教师因素与大学生实践能力之间存在显著的正相关关系，教师展现的教学能力、基于学生实践活动的专业指导和资源支持直接影响到学生实践能力的培养，教师基于学生反馈进行具有针对性的教学改进，也正符合价值共创理论的建构理念。

因此，在课程教学方面，教师要善于根据学生课堂表现、情感状态以及行为倾向，优化教学内容，灵活运用教学手段，提升教学效果，从而提升学生的学习获得感。理论教学、课程实践安排与案例选取等应紧跟时代脚步，保证实效性，促进学生更好地投入课程学习过程中，推动价值共创深入发展。同时，在实践活动的专业指导与资源支持方面，教师需要积极与学生进行交流沟通，转变传统的“生产者”身份，在适当的教学情境中以“消费者”的身份去体验学生“生产”的产品，与学生充分沟通、聆听学生需求，并在此基础上提高自身在实践活动中的投入水平，完善教学内容与形式，实现价值共创闭环。

3. 学生层面：提高实践类课程投入水平，注重培育自身实践技能与知识

学生投入水平对学生学业是否成功起关键性作用，也是价值共创能否开展的关键。学生投入并非狭义的学生付出的行动，而是涵盖学习情感与行为，对于学生参与实践类课程而言，从“愿不愿意参与”到“以怎样的态度参与”，都反映了学生对于实践类课程的情感态度，进而影响其在实践环节中采取的行动选择。本文的研究结果显示，学生因素与大学生实践能力之间有着显著的正相关关系，因此，若学生对于实践类课程具备较高的参与意愿和参与态度，实践类课程的育人成效也将得到较大提升。

因此，学生首先需从情感方面入手，在思想上端正自身对于实践类课程的态度，使自身保持积极的学习心态并付出实际行动，从而更多地选择在实践类课程中锻炼自身能力，更好地在实践类课程中理解和掌握专业知识，使实践类课程的育人成效得到最大限度发挥。同时，学生应注重自身实践技能与知识储备的培育，不断丰富自身对专业知识的理解和认识，并迁移运用到实践类课程中，从而强化自身的理论应用能力，促进理论知识向实践端口的有效转化，使实践类课程的育人成效能够充分发挥。

4. 实践层面：实现理论与实践的双向对接，强化师生的实践共同参与

师生是教学价值的共同创造者，而师生互动是价值共创的重要途径。本文的研究结果显示，实践因素与大学生实践能力之间有着显著的正相关关系，因此，若实践类课程中的理论与实践相贯通、师生积极交流互动，实践类课程的育人成效也将得到较大提升。但是，目前多数学生困于自身传统身份的认知，认为自己仅是教学活动中的“消费者”，缺乏自身需求的表达，在参与实践类课程中无法充分投入并与教师进行及时讨论，同时，教师也往往仅以“生产者”的身份出现，难以把握实践教学内容是否真正被学生接受，也难以从根本上提高实践育人质量，提升对学生的实践育人成效。

因此，价值共创平台的构建是师生有效互动的重要载体，首先需打通理论与实践教学

之间的对接通道。尽管其侧重点不同，但总体都是学生将所学的理论知识进行灵活运用。在实践类课程中，使学生感觉自身所学理论知识可以运用到实践中，进而学有所获、学有所感。同时，实践类课程中的师生关系培育也尤为关键，一方面，学生需要在实践过程中积极发言、充分表达想法，另一方面，教师也需要及时响应实践过程中的学生需求，师生双方共同发现实践问题并进行沟通解决，从而促进实践类课程在不断的反馈调试中提升育人成效，获得较好的实践能力培育效果。

◎ 参考文献

[1]李芳．我国大学生实践能力培养的现状、问题与对策研究[D]．长春：东北师范大学硕士学位论文，2009.

[2]张蓉．大学生实践能力的含义、构成及培养途径探析[J]．赤峰学院学报(自然科学版)，2016，32(5)：228-229.

[3]刘磊，傅维利．实践能力：含义、结构及培养对策[J]．教育科学，2005(2)：1-5.

[4]赵建华．大学生实践能力的概念、结构与影响因素分析[J]．中国大学教学，2009(7)：67-69.

[5]何万国，漆新贵．大学生实践能力的形成及其培养机制[J]．高等教育研究，2010，30(10)：62-66.

[6]禹华平，陈洪余，郑瑞伦．大学生实践能力模型的初步构建[J]．西南师范大学学报(自然科学版)，2016，41(1)：189-194.

[7]姚云．提高大学生实践能力的四种模式[J]．江苏高教，2003(4)：102-104.

[8]张树伟，牛立蕊．中外大学生实践能力培养模式比较研究[J]．中国成人教育，2016(16)：73-76.

[9]姜尚荣，乔晗，张思，等．价值共创研究前沿：生态系统和商业模式创新[J]．管理评论，2020，32(2)：3-17.

[10]张洪，鲁耀斌，张凤娇．价值共创研究述评：文献计量分析及知识体系构建[J]．科研管理，2021，42(12)：88-99.

[11]Johnson，A. G.，& Neuhofer，B. Airbnb-an exploration of value co-creation experiences in Jamaica[J]. International Journal of Contemporary Hospitality Management，2017，29(9)：2361-2376.

[12]Dollinger M，Lodge J，Coates H. Co-creation in higher education：towards a conceptual model [J]. Journal of Marketing for Higher Education，2018，28(2)：210-231.

[13]Maxwell-Stuart R，Taheri B，Paterson A S，et al. Working together to increase student satisfaction：exploring the effects of mode of study and fee status [J]. Studies in Higher Education，2018，43(8)：1392-1404.

[14]马晓旭．价值共创视角下高校学生评教制度之缺陷及优化路径[J]．黑龙江高教研究，2017(11)：97-100.

[15]赵远．价值共创理论视角下的大学生核心素养培育研究[D]．天津：天津大学博士学位论文，2021.
[16]郭子湞．旅游管理本科生专业学习获得感影响因素及提升路径探析[D]．大连：辽宁师范大学硕士学位论文，2023.
[17]王玉卓．高校辅导员开展“90后”大学生思想政治教育探析[J]．科教文汇(上旬刊)，2017(10)：13-14.
[18]禹华平，陈洪余，郑瑞伦．大学生实践能力模型的初步构建[J]．西南师范大学学报(自然科学版)，2016(1)：189-194.

土木工程拔尖创新人才培养模式的实践探索

张　钰

（武汉大学　土木建筑工程学院，湖北　武汉　430072）

【摘　要】新一轮科技革命和产业变革对工程教育的改革提出了新的挑战，土木工程专业拔尖创新人才的培养正是对这一战略要求的积极回应。本文基于土木工程专业人才培养方案构建的第一课堂、第二课堂和课外实践教学的“三维一体”实践教学体系，提出其实施要点，探讨土木工程拔尖创新人才培养的实践模式。

【关键词】土木工程；拔尖创新人才；“三维一体”实践教学体系

【作者简介】张钰（2003—　），女，吉林通化人，武汉大学土木工程专业本科在读，E-mail：2021302191706@ whu. edu. cn。

党的二十大报告首次系统性阐述了教育、科技、人才是全面建设社会主义现代化国家的基础性、战略性支撑，强调要坚持教育优先发展、科技自立自强、人才引领驱动，加快建设教育强国、科技强国、人才强国，坚持为党育人、为国育才，全面提高人才自主培养质量，着力造就拔尖创新人才，聚天下英才而用之。

高等学校是拔尖创新人才培养的重要基地，担负着培育新时代德智体美劳全面发展的高素质人才以及社会主义建设者和接班人的特殊使命。土木工程学科在我国的经济发展中一直发挥着重要的作用，土木工程人才培养应面向行业需求和未来发展，培养具有实践创新能力、跨界整合能力的高素质交叉复合型人才。

武汉大学的土木工程为湖北省一级学科重点学科，进入国家“双一流”重点建设学科行列，是国家特色专业、“卓越工程师教育培养计划”和综合改革试点专业，通过了全国高等学校土木工程专业评估和国际工程教育专业认证，学科排名位居全球100名左右，在国际上有较大影响力。本文瞄准武汉大学“宽口径、厚基础、复合型”的培养目标，探索在第一课堂、第二课堂和课外实践教学“三维一体”实践教学体系下的学习方法。

一、土木工程卓越班“三维一体”实践教学体系的实施要点

武汉大学土木工程卓越班发挥武汉大学综合性大学优势，面向未来工程建设领域的需求，注重培养学生开阔的国际视野、强烈的社会责任感、良好的通识素养、坚实的数学、自然科学、力学和土木工程领域的相关理论、专业知识和专业技能以及较强的实践能力和

创新能力。利用不同教学环境和教学资源在人才培养方面的各自优势，推进第一课堂(课堂教学)、第二课堂(讲座、竞赛等)和课外实践教学的协同育人，即以第一课堂为主，以第二课堂和课外实践教学为辅，助力拔尖创新人才培养。

(一)第一课堂

第一课堂即课堂教学，根据土木工程人才培养方案，总结出以下要点。

(1)通德通识，方成大器。大学是与经典做伴的“修身”宝地，“成人教育”，就是通过教育使学生成长为有人性、有人情、有人格的人。要充分利用好学校开设的各类通识课程及通识大讲堂等讲座，丰富哲学、历史、社会学、经济学、心理学、文学等方面的基本知识。同时加强土木工程与人工智能、大数据、云计算等学科交叉融合的探索，从广泛阅读、名师课程与互动交流中碰撞出思维的火花。

(2)专业课程厚基础，慕课资源善利用。对于高等数学、材料力学等数学力学类的课程，要打好基础，做到学以致用。专业课程方面，要扎实掌握地下工程、岩土工程、结构工程、道路与桥梁工程等专业知识，了解新结构、新材料、新设备、人工智能等先进技术。混凝土结构基本原理、土木工程材料等课程充分利用 MOOC 资源，采用了线上线下相结合的教学方式，互为补充。这也启示学生在课程学习时，要主动构建知识体系，善用线上资源，实现探究学习。

(3)拓展学习，教学相长。在学习过程中积极与教师同学们交流，有助于开拓视野、激发学习兴趣与热情、培养严谨细致的作风。土木工程材料授课教师在打牢学生基础的同时，让学生查找相关课题国内外研究动态，并进行汇报分享。通过案例式、研讨式教学方式，培养学生检索文献、归纳总结、形成观点并清晰阐明的能力。自动控制原理、工程大数据基础和应用、传感器技术、机器学习等专业课程对培养一批掌握智能技术的复合型人才进行积极探索。这类课程以启发式教学为主，需要学生针对兴趣进一步拓展学习。

(二)第二课堂

第二课堂是课堂教学的延伸，在培养学生创新意识、科学精神、团队合作等方面有着重要的作用。第二课堂具有灵活、广泛、新颖的特质，是实践创新人才培育的重要环节。武汉大学土木工程专业第二课堂主要由专家讲座、科研训练、学科竞赛等组成。

(1)在专题讲座中开阔视野。学校开设的“珞珈讲坛”会定期邀请本校顶级学者和国内外各个学科领域的顶级学者作报告，学院也定期举办“筑浪珞珈”等交流论坛，邀请优秀的导师及博士硕士分享自己的科研经历。学生可以从各位大咖的讲座中学到知识，感受大学者们的求学态度和人格魅力，不断提高自己的专业素质。

(2)在科研训练中提升自身素质。土木工程卓越班实行烛光导航师制，每 3~4 名学生配备一名烛光导航师，烛光导航师均为长江学者、杰出青年基金获得者和其他知名教授，为学生的专业学习、人生规划、科研能力等提供定向引导与帮助。学生可以依托武汉大学雄厚的师资力量、优秀的科研平台，参加导师的大创课题。学生在积极参与科研活动、大创训练项目和自主科研项目的过程中，可以较早掌握基本科研技能，具备一定的科研动手能力和善于分析问题、解决问题的能力，并且可以培养自身严谨的科研态度和追求卓越的科学精神，这对于培养大学生的创新意识和全面素质十分重要。

(3)在学科竞赛中培养实践创新能力。学科竞赛可以提高学生将理论知识应用到实际中去的能力，培养学生的创造力和协作精神，例如全国大学生岩土工程竞赛、“斯维尔杯”BIM-CIM创新大赛、结构设计竞赛、数学建模竞赛、周培源力学竞赛等。学院对参赛队伍会派对应导师进行指导，通过赛前的集中指导与培训，使学生在参赛时有科学的理论依据，并且有机会提前接触到研究生和博士生导师，了解导师的科研项目，对自身能力提高有较大帮助。

(三)课外实践教学

课外实践教学是理论联系实际的重要环节，对于学生科研能力、创新意识和综合能力的培养起重要作用，课外实践教学由实验课程、课程设计、暑期实习等组成。

(1)实验课程是培养本科生动手实践能力的重要课程，对于工科生来说，更是从理论计算到实际工程设计的过渡课程。学生要充分了解实验原理、目的和流程，认真参与实验的全流程，提高实践动手能力，将专业课程知识运用到实验中，让实验课程进一步促进专业课程的学习。土木工程材料将智能建造、3D打印等技术融入实验课程，适应社会需求，让学生们更好地与新时代接轨。

(2)工程意识是每个工程师必须具备的基本素质，课程设计是培养学生建立全局工程视角和系统的知识体系的有效方式。基于“大工程观”，将房屋建筑学设计、钢筋混凝土结构设计、钢结构设计、基础工程设计、施工组织设计等融合为一门课程设计，提高学生对知识的综合运用能力及解决难题的责任意识。

(3)目前，武汉大学已经形成包含国家工程实践教育中心、省级示范实习实训基地和院级创新训练中心的三层实践教学平台，聘请校外企业实训基地的工程师作为企业导师，加强校企合作。学生可以利用暑期进行实习实践，了解行业发展现状与社会人才需求，从而进一步指导自身的学习发展。

二、“三维一体”实践教学体系的实施保障措施

(1)大学之道，不仅在于知识的传递，更在于智识的培养。学生要按照规划实现人生蓝图，需要强大的内驱力，找到自己的价值意义与行动意义；寻求志同道合之伴，相互促进，相互鼓励；拆解总目标，分步实施，逐个击破。

(2)在德智体美劳全面发展的路上免不了多个目标的冲突影响，这就需要分清事情的轻重缓急，合理规划时间，主动寻求帮助，果断取舍，同时保持积极心态，努力向拔尖创新人才迈进。

(3)学习是人类认识自然和社会、不断完善和发展自我的必由之路。要树立自主学习、终身学习的意识。吾生也有涯，而知也无涯。在世界飞速变化，人工智能急速发展的今天，新情况、新问题层出不穷，知识更新的速度大大加快，要求学生养成主动的、不断

探索的、自我更新的、学以致用的良好习惯。

三、结语

在行业转型升级、新业态不断发展和国际竞争激烈的背景下，本文提出土木工程专业拔尖创新人才“三维一体”实践教学体系，探索第一课堂、第二课堂、课外实践教学的有机结合与贯通，提出实践教学体系的保障措施。今后学生更应重视自身实践能力的培养，全面发展，做新知识的创造者、新领域的开拓者、新技术的发明者。

◎ 参考文献

[1]赵志丹，颜丹平，李亚林，等．实施人才强国战略下的地学拔尖创新人才培养模式的探索与实践——以中国地质大学(北京)为例[J]．中国地质教育，2023，32(3)：14-18.

[2]尹家波，杨光．“新工科”背景下土木水利拔尖创新人才培养模式研究[J]．江苏科技信息，2022，39(29)：20-22，40.

[3]徐礼华，池寅，刘素梅，等．基于 MOOC 的混凝土结构课程混合式教学设计与实践[J]．高等建筑教育，2022，31(5)：118-125.

[4]傅旭东，司马军，刘芙蓉，等．新工科背景下土力学课程实践教学体系的构建与实践[J]．高等建筑教育，2021，30(6)：168-174.

[5]刘成柏，陈妍，于湘晖，等．“拔尖创新人才”培养模式及经验的推广与实施——以吉林大学生物学科“拔尖计划”改革及与实践为例[J]．教育现代化，2019，6(46)：1-3.

[6]徐礼华，傅旭东，彭华，等．土木工程专业复合型创新人才培养体系的构建与实践[J]．高等建筑教育，2016，25(1)：55-60.

从学生视角看拔尖人才培养所需要的课程教学模式

——基于生理学线上-线下混合式教学改革的调查研究

梁竞艺　陈桃香*

(武汉大学　泰康医学院(基础医学院)，湖北　武汉　430071)

【摘　要】创新人才培养是当前我国高等教育的重点。武汉大学泰康医学院(基础学院)教师紧跟时代步伐，在专业课程教学中积极推进信息技术与教育教学融合，开展生理学线上-线下混合式教学改革并重塑课程考核评价体系，以探寻有效的拔尖人才培养策略。本研究针对2020级及2021级基础医学强基计划学生进行问卷调查和半结构式访谈，结果显示，学生对线上-线下混合式生理学课程教学持认可态度。该教学模式的开展有效促进了学生自主学习能力、应用创新能力的提升，但同时也存在翻转课堂压力大、缺乏学生个性化培养等问题。本研究提出了合理安排翻转课堂难度、以“导”促“学”等改进性意见，为拔尖创新人才培养提供借鉴。

【关键词】学生视角；人才培养；教学模式；生理学；混合式教学

【作者简介】梁竞艺(2002—)，女，河南平顶山人，武汉大学基础医学专业本科在读，E-mail：2020305231014@ whu. edu. cn；＊通讯作者：陈桃香(1972—)，女，湖北监利人，博士，武汉大学泰康医学院(基础医学院)生理学系讲师，E-mail：chentaoxiang@ whu. edu. cn。

一、研究背景

党的二十大报告指出，“要坚持教育优先发展、科技自立自强、人才引领驱动，加快建设教育强国、科技强国、人才强国，坚持为党育人、为国育才，全面提高人才自主培养质量，着力造就拔尖创新人才”[1]。高校教育对基础学科拔尖创新人才培养具有奠基性作用，可以为拔尖人才的顺利成长提供有力支撑。武汉大学着眼于基础学科拔尖人才培养制订了系列强基计划，旨在多方位加强基础学科人才培养，为国家基础学科创新建设贡献力量。专业课程教学作为高等教育的中心工作，是拔尖人才培养的必然路径。

医学生理学是高等医学教育的核心课程，也是联系基础医学与临床医学的桥梁。为加强基础医学专业人才培养，自2021年开始，基础医学专业的生理学课程学习从合班教学改为小班教学。基础医学院生理学教师团队在该专业生理学教学中积极推进信息技术与教育教学的融合，开展了一系列线上-线下混合式教学改革，如利用本校资源，在中国大学慕课(massive open online course，MOOC)平台开设同步或异步小规模在线课程(small private online course，SPOC)进行线上教学；基于SPOC，实施翻转课堂(flipped classroom)教学；在微信上通过"雨课堂"插件开展课堂在线教学等。同时，生理学课程考核评定体系也做出了相应的调整。历经两轮的教学改革实践，目前已构建较为成熟的线上-线下混合式课程教学与考核模式(见图1)。本研究通过对已完成生理学课程学习的基础医学专业2020级、2021级本科生开展问卷调查与半结构式访谈，从学生视角评价线上-线下混合式生理学教学改革效果及其对创新人才培养的影响，并提出相应的完善建议，以期为拔尖人才培养课程体系的优化提供借鉴。

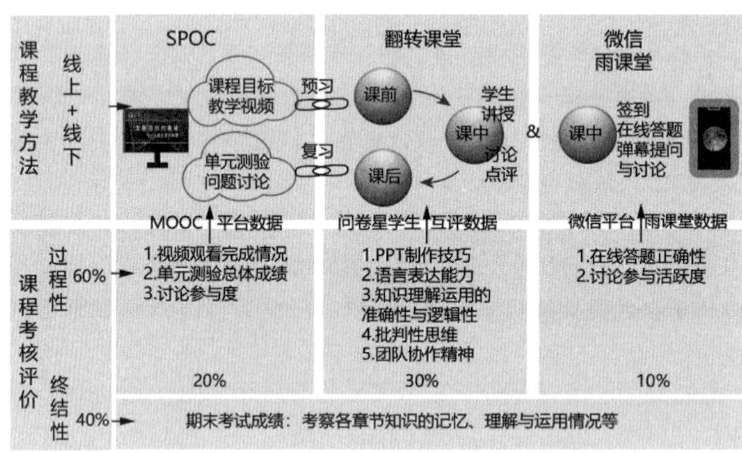

图1 线上-线下混合式课程教学与考核模式

二、研究方法

本研究采用问卷调查及半结构式访谈的方式，探究基础医学专业学生对生理学线上-线下混合式教学法的感受、需求及建议，并进一步评估生理学线上-线下混合式教学的教学效果。

基础医学专业生理学课程开设时间为每学年第1学期，共56学时，开设对象为二年级本科生。目前2022级本科生尚未完成生理学课程学习，因而问卷投放对象仅选取2020级与2021级基础医学专业共计37名学生。问卷通过问卷星平台进行制作、发放。评估内容主要涉及5个方面：①课程教学、课程考核模式的整体情况；②生理学混合式教学法的有效性；③课程内容的丰度、深度、创新性等；④教师在教学上的投入；⑤个人自主知识建构与自身能力提升情况等，每个方面设置2~5个项目，同时设置开放性意见栏。采用1~5☆评价方式：☆——非常不认可、☆☆——不认可、☆☆☆——一般认可、☆☆☆☆——中等认可、☆☆☆☆☆——非常认可。

半结构式访谈以信息饱和原则确定访谈对象数量[2-5]。访谈纳入标准：参与生理学混合式教学课程的学习，能用语言准确表达学习体验并自愿参加本研究者；排除标准：因病、事假等未参加课程学习者，最终确定7名访谈对象。访谈提纲如下：①你是否适应生理学线上-线下混合式教学模式？请描述一下你在学习过程中的感受；②你在生理学学习过程中遇到了哪些困难和挑战？你是如何处理的？③你如何看待生理学线上-线下混合式教学模式？你有哪些意见和建议？访谈资料收集：访谈地点通过协商沟通确定；访谈前说明访谈目的，在访谈对象知情同意的情况下对访谈过程进行录音；访谈时间为30~40分钟。访谈结束后24小时内将访谈录音转为文字稿，及时整理访谈笔记，遵循Colaizzi 7步分析法萃取主题，进行结果分析。

三、问卷结果

接受问卷调查的学生总数为37，全部问卷有效。问卷共计20项，所有问卷中，各项目☆与☆☆选项的选择率均为0，选择率最高者为☆☆☆☆☆，其次为☆☆☆☆；20项中仅2项出现☆☆☆选项，且比例不高。

1. 课程教学与课程考核评价方式的整体评价

线上-线下混合式生理学课程教学与课程考核体系的整体评价问卷显示(见图2)：约86%(32/37)的学生非常认可课程教学整体情况，14%(5/37)的学生表示中等认可；约95%(35/37)的学生对课程考核评定方式与比例表示非常认可；尚有5%(2/37)的学生表示中等认可。在开放性意见栏中，有学生表示，线上-线下结合的教学模式有利于提高其对于生理学学习的兴趣。

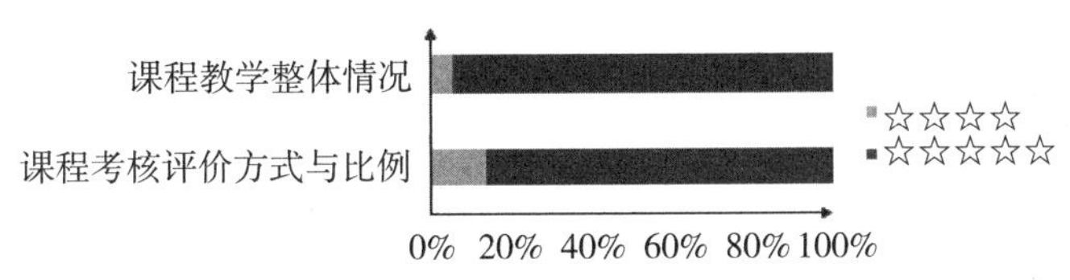

图2　课程教学与课程考核的整体评价选项比例分布

2. 混合式教学方法的评价

生理学SPOC、翻转课堂、雨课堂等混合式教学法运用的合理性及其对师生互动、学习兴趣影响的问卷结果表明(见图3)，约95%(35/37)的学生表示非常认可这些混合式教学手段运用的合理性，5%(2/37)的学生表示中等认可；在促进师生互动以及激发学习热情两个方面，均有约占76%(28/37)的学生表示非常认可，24%(9/37)的学生表示中等认可。不过，在开放性意见栏，有学生提及，翻转课堂频次过高，学习压力较大。也有学生提及，线上互动不够深入，形式讨论多。

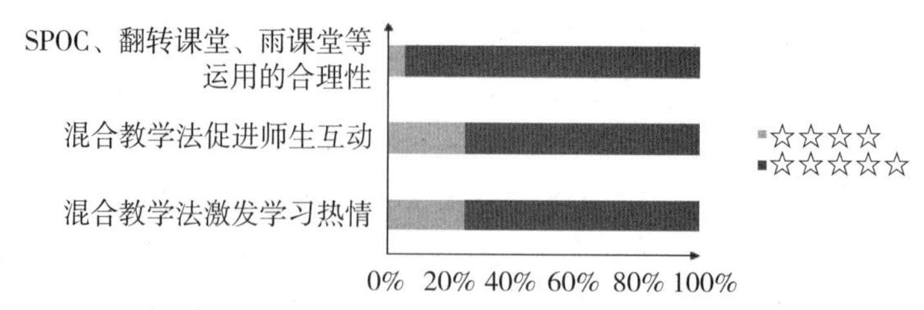

图 3 混合式教学法及其效果评价选项比例分布

3. 课程内容的评价

课程内容是课程教学的核心。生理学课程教学内容的问卷结果表明(见图 4)，在思维和能力培养、创新性与挑战度以及课程内容的丰度与深度等方面，约 89%(33/37)的学生表示非常认可，11%(4/37)的学生表示中等认可；在完善知识结构方面，约 81%(30/37)的学生表示非常认可，19%(7/37)的学生表示中等认可；但在课程帮助树立正确人生观、价值观、世界观方面，仅约 70%(26/37)的学生表示非常认可，约 25%(9/37)的学生表示中等认可，尚有约 5%(2/37)的学生表示一般认可。开放性意见栏处，有学生表达了对生理学教学内容丰富，关注学科发展新动态的认可。

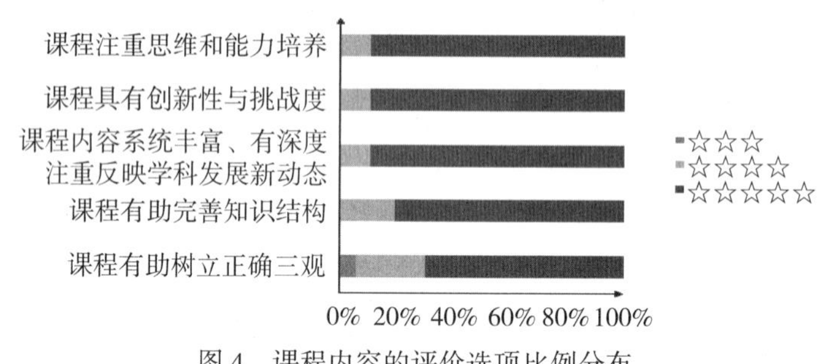

图 4 课程内容的评价选项比例分布

4. 教师教学投入的评价

新时代高水平的人才培养需要高水平的教学作为支撑，而高水平教学需要教师情感、精力和时间的全面投入。生理学线上-线下混合式教学教师投入问卷结果表明(见图 5)，约 92%(34/37)的学生非常认可教师以学生为中心的教学理念，约 8%(3/37)的学生表示中等认可；约 95%(35/37)的学生非常认可教师重视师生沟通，约 5%(2/37)的学生表示中等认可；在教师关注学生个性化差异、因材施教方面，57%(21/37)的学生表示非常认可，24%(9/37)的学生表示中等认可，19%(7/37)的学生表示一般认可；在作业量与作业难度合适方面，约 89%(33/37)的学生表示非常认可，约 11%(4/37)的学生表示中等认可；约 81%(30/37)的学生表示非常认可教师对作业问题能够及时反馈，约 19%(7/37)的学生则表示中等认可。个别开放性意见表示，线上单元测验试题难度不够；课后思考可提供相关高水平科研文献，方便学有余力的同学选择学习。

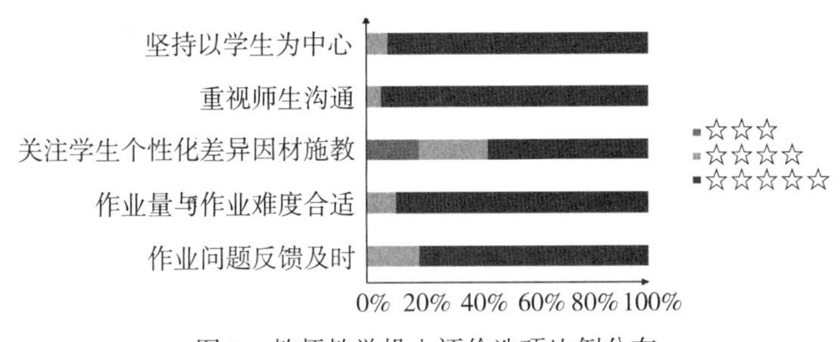

图 5　教师教学投入评价选项比例分布

5. 学生个人能力提升的评价

线上-线下混合式教学作为一种顺应信息化时代的新教学方式，具有线上教育的便利性以及线下沟通交流的互动性，可以极大程度提高学生的自主学习能力，增强数字化意识与信息化素养。线上线下混合式生理学课程学习后学生个人能力提升的问卷结果表明（见图6），约86%（32/37）的学生非常认可课程学习促进自主学习能力的提升，14%（5/37）的学生表示中等认可；在分析问题与解决问题能力提升方面，89%（33/37）的学生表示非常认可，11%（4/37）的学生表示中等认可；在促进个人信息化素养提高以及知识自主构建能力提升方面，95%（35/37）的同学表示非常认可，5%（2/37）的同学表示中等认可；65%（24/37）的同学非常认可课程有助于提升交流沟通能力，35%（13/37）的学生则表示中等认可。在开放性意见栏处，有学生提出了可以通过分组合作完成课堂翻转的建议。

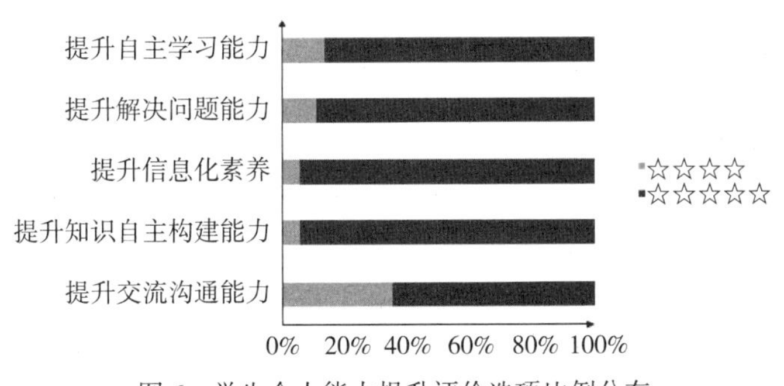

图 6　学生个人能力提升评价选项比例分布

四、访谈结果

1. 线上-线下混合式教学有利于学生自主学习

访谈的学生一致认为其对生理学线上-线下混合式教学模式适应良好，同时认为该模式可以提供大量学习资源，对学生学习设备要求低，便于学生利用碎片时间进行学习。学生 1 认为“线上-线上混合式教学可以灵活安排学习时间，丰富的学习资源可以为预习与复习提供便利”。学生 2 提到“对于生理学的一些具体过程，比如在讲解肌丝滑行学说时，观看肌球蛋白通过横桥拉动肌动蛋白的动画视频，可以更清楚地了解骨骼肌收缩的过程”。

2. 生理学线上-线下混合式教学有利于提高解决问题的能力

线上-线下混合式教学模式适合当前信息技术与教育教学深度融合的形势。线上教学提供了丰富的慕课、测验习题，拓展知识等资源，线下翻转课堂的形式可以检测学生自学成果，多方面提高学生分析与解决问题、内化知识的能力。学生 4 表示“生理学学习是一个挑战与成长交织的过程，生理学需要理解复杂的机制并记忆大量的知识点，我会通过思维导图、小范围讨论等方式进行学习，突破心脏生物电活动、肾脏重吸收功能等难点”。学生 6 和学生 7 则认为“翻转课堂部分使学习体验更加丰富，可以锻炼自己在公共场合交流表达的能力”。

3. 线上-线下混合式教学模式仍有待进一步完善

线上-线下混合式教学模式仍存在一些问题。学生 3 认为“线上部分的学习完全依赖于学生的自觉，自觉性差的学生可能学习效率更低”。学生 4 认为“预习阶段的 SPOC 教学视频内容与线下课堂内容重复过高，减少了线下课堂学习的兴趣”。学生 5 则希望线下能有更多实验操作的机会，以便更好地将理论知识应用于实践。

五、讨论与建议

1. 线上-线下混合式生理学课程教学与考核评价模式获得了学生的认可

近年来，生理学教师团队一直致力于探索符合学科特点与学生个性化发展的新型课程教学与评价考核体系[6-8]，不仅利用团队自建的 MOOC 在多个医学专业的生理学教学中开展异步 SPOC 线上教学，还将翻转课堂、“雨课堂”等新颖的教学方法引入基础医学专业的生理学课程学习中，开展了系列线上-线下相结合的混合式教学改革和以过程性评价为主的课程考核改革。两个年级的问卷调查及半结构式访谈结果表明学生对该教学法与考核体系的接受程度高(见图 2)，可推广至其他专业课程学习中。

2. 线上-线下混合式教学法可促进师生互动、激发学生的学习热情

生理学 SPOC 课程目标清晰，内容丰富，课程视频可以随时观看，每单元都有小测试与自测题便于学生灵活安排时间，预习或复习巩固知识。教师可以实时检查学生任务完成情况，及时督促学生学习，也可在讨论区详细回答同学提出的疑问。微信上的“雨课堂”插件可实现教师端与学生端的 PPT 同步，教师在授课过程中适时插入课堂测验，学生限

时答题。这种教学方法便于教师实时检测学生的知识掌握情况，有助于学生紧跟课程进度；学生亦可通过发送匿名弹幕提问，将不懂之处及时反馈给教师。而在翻转课堂展示后，均有约5分钟的讨论时间，同学们可以相互提问，教师对于翻转课堂教学予以点评，并就学生争论的问题给予适当的引导。上述不同的教学法在生理学课堂有机地结合与合理地运用，可较好地促进师生互动，激发学生的学习热情(见图3)。

3. 线上-线下混合式生理学课程教学助力拔尖创新人才培养

拔尖创新人才的培养要求课程教学内容具有一定的高阶性、创新性与挑战度。课程的高阶性体现在课程教学不只是知识的传授，而是知识、能力与素质的全面培养。翻转课堂是一种以学生为主体的自主探究式学习模式，可培养自主学习、终身学习的能力[9]。在生理学课程学习中，学生在翻转课前通过SPOC课程目标、视频观看以及课本阅读，了解该章节的知识要点，并努力理顺各知识点的逻辑性，思考如何通过PPT与语言表达更好地呈现待讲解的内容。在翻转课堂PPT的制作过程中，教师会就PPT呈现的方式与逻辑顺序等提出修改意见，帮助学生构建知识的内在联系并在课程讲授过程中适时地引入学科发展新动态。例如，通过最新文献介绍，让学生了解到红细胞不仅具有氧气运输功能，还可通过表面的TLR9结合来自细菌的DNA以及受损细胞释放的线粒体DNA，导致细胞形态结构的显著变化，继而激活免疫系统，引发免疫反应[10]。生理学是一门逻辑性非常强的学科，为了帮助学生克服学习上的困难，生理学教师坚持以学生为中心的教学理念，重视师生沟通交流，在课程教学的准备、课后线上讨论与答疑解惑方面也投入大量的时间与精力(见图5)；在课程教学中，注重课程内容的高阶性、创新性与挑战度(见图4)，着力培养学生逻辑思维、分析与解决复杂问题的能力，强调知识、能力与素质的全面提升(见图6)。学生在上述方面的认可反映了生理学线上-线下混合式教学法能够较好地适应拔尖创新人才培养对专业课程教学的要求。

4. 问题与建议——学生想要的“教”与“学”

尽管相较于传统单一的课堂讲授，基于SPOC的翻转课堂能充分调动学生的积极性和主动性[11]，但也有研究认为，翻转课堂因给学生造成较大的学习压力而不被接受[12]。本研究结果亦暴露混合式生理学教学中尚存在一些问题，如翻转课堂需要花大量时间准备，产生学习压力，课堂展示中学生没抓住重点致使课后负担加重；与之相反，SPOC课程中的单元测验与自测题过于简单；SPOC讨论区的回复不够及时；“雨课堂”讨论受限于课堂时间，不能充分展开；教师对于学生的个性化差异关注不够(见图5)；课程学习对学生树立正确的三观方面帮助有限(见图4)等。这些问题提示混合式教学还有较大的提升空间。

好的教学需要学生的主体地位与教师的主导作用和谐统一。学生想要的是可以激发兴趣、增强信心的课程学习活动。在以学生为主体的翻转课堂展示中，学生可以清楚地看到彼此的学习成果：或是对某些知识点的补充，或是文献查阅能力的提升，又或是设计精美的PPT、流畅的演讲展示。整个过程既锻炼了学生收集整合资料的能力，又能增强展示自我的信心。这种多元化的学习可以引发不断的讨论与思考的碰撞，有利于建立畅所欲言的学习氛围，带动良好的学习风气，逐步培养学生学习生理学的兴趣。

关注学生个性化差异，因材施教，是学生所需，也是拔尖创新人才培养的要求。教师应针对学生个性化特点在“导”字上下功夫，发现学生的优点，欣赏每一位同学，拉近师生间的距离，将教师的“教”最终落脚在学生的“学”。在翻转课堂教学的设计阶段，教师需要根据学生的认知水平、已有的学习经验，选择翻转课堂教学内容与频次，避免学生因任务过于简单产生枯燥乏味的情绪，或因任务艰巨产生畏难情绪而退却[13]。在 SPOC 单元测验与自测中，合理设置试题难度梯度，让学业不太好的同学能够应对，避免丧失信心，学业优秀的同学适度挑战，保持学习兴趣，对作业存在的问题及时给予反馈性意见，让学生意识到教师的重视。在课程教学中，对于学生的提问尽量避免直接给出答案，而是引导学生进行探究式学习，通过资料查阅、讨论思考获得解决问题的方法。此外，线下教学还需减少与 SPOC 教学视频内容重复部分，运用发散性思维，进一步扩展教学内容的深度与广度。例如，如在学习细胞信号转导或长时程增强机制（long-term potentiation，LTP）时，引导学生阅读最新高水平科研论文[14]——《Ca^{2+}/钙调素依赖性蛋白激酶Ⅱ通过酶结构变化而非酶活性改变诱导 LTP》，不仅让学生了解到细胞信号转导与 LTP 的新知识，而且可培养学生的开放性科研思维；在介绍红细胞激活免疫系统新研究时，也可适当地融入思政教育，让学生意识到科学研究不能墨守成规，要敢于挑战，从而培养学生的科研思维方法与挑战精神。

六、结语

当下，拔尖创新人才培养课程体系建设与教学模式研究是高校课程教学改革的中心工作。拔尖创新人才培养需要一种以学生为主体的启发式、探究式、讨论式、参与式的学习方式。本文基于 2021 年以来武汉大学基础医学院生理学教师团队进行的生理学线上-线下混合式教育教学改革，运用线上问卷调查以及线下半结构式访谈的方式，从基础医学专业学生的视角对课程教学法的互动性，课程内容的高阶性、创新性和挑战度，学生多方位能力提升等的认可度进行了调研，评估了线上-线下混合式生理学教学在拔尖创新人才培养中的有效性，探讨了学生想要的“教”与“学”，并提出了一些能够促进“教”与“学”相统一的建议。这些建议可用于混合式教学法的改进与优化，为拔尖创新人才的培养提供参考方案。

◎ 参考文献

[1]习近平强调，坚持科技是第一生产力人才是第一资源创新是第一动力[EB/OL]. https://www.gov.cn/xinwen/2022-10/16/content_5718815.htm? eqid=9e2b6eea0007277b00000003647d3307.

[2]张冬梅，张林，黄安乐，等．护理本科生对课内翻转课堂学习体验的质性研究[J]．卫生职业教育，2024，42(2)：78-81.

[3]王黎，马雪玲，王臻，等．基于SPOC的线上-线下混合式教学模式在中医护理教学中的实践与探索[J]．中西医结合护理，2022(11)：103-107.

[4]李津，胡芳，朱郁芳．深度学习视域下混合式教学模式的构建与应用[J]．继续医学教育，2023，37(5)：25-28.

[5]刘建军，唐建国，袁萌，等．基于翻转课堂为主的混合式教学在预防医学临床实习中应用[J]．创新教育研究，2021，9(3)：7.

[6]王信，陈桃香，彭碧文．基础医学教育中的慕课之我见——中美慕课教育平台现状对比[J]．武汉大学教育研究，2017(2)：127-133.

[7]韩莉，陈桃香，彭碧文．基于MOOCs教师的形成性反馈对生理学学习的影响[J]．武汉大学教育研究，2020(10)：243-248.

[8]童攒，陈桃香，王媛，等．小组PK在组织与功能病例讨论教学中的应用[J]．基础医学教育，2022(8)：24.

[9]张瑛，万有，邢国刚，等．医学生自主学习能力与翻转课堂教学效果的相互促进作用[J]．中华医学教育探索杂志，2023，22(5)：654-659.

[10]Lam L K M，Murphy S，Kokkinaki D，et al. DNA binding to TLR9 expressed by red blood cells promotes innate immune activation and anemia[J]．Science Translational Medicine，2021，13(616).

[11]王玉阁，齐晓娟，牛淑冬，等．基于SPOC+翻转课堂的生理学混合式教学模式实践[J]．基础医学教育，2020，22(7)：3.

[12]汪晓筠，永胜，张伟，等．云班课与翻转课堂结合的双主体教学实践与反思——以青海大学生理学课程为例[J]．中国高等医学教育，2023(4)：60-62.

[13]刘姣姣．从认知负荷视角探究翻转课堂——兼及翻转课堂的典型模式分析[J]．西部皮革，2016，38(14)：2.

[14]Tullis J E，Larsen M E，Rumian N L，et al. LTP induction by structural rather than enzymatic functions of CaMKII[J]．Nature，2023，621(7977)：146-153.

数字教材平台建设与高校教学资源改革：以武汉大学为例

苏景怡　唐　娟　刘　柯

（武汉大学　信息管理学院，湖北　武汉　430072）

【摘　要】 随着教育信息化战略持续贯彻与执行，教学资源不断多元化、创新化，数字资源的利用日益普及。其中，数字教材成为高校学生学习过程中重要的资源之一。数字教材平台的建设与高校教学资源改革密切相关，为教育带来了新的机遇和挑战。高等教育数字教材平台集成各类教学资源，为教师和学生提供丰富、实时的学习资源。同时，数字教材平台的发展也面临着版权保护、网络安全和技术支持等方面的挑战和问题。本文以武汉大学为例，采用问卷调查法、深度访谈法，并结合资料收集法，研究数字教材平台建设现状、存在问题和不足，发现学生学习需求和数字教材的使用需要，并提出有针对性的建议。

【关键词】 数字教材；平台建设；教学改革；高等教育

【作者简介】 苏景怡（2002— ），女，汉族，湖北宜昌人，本科生，武汉大学信息管理学院在读，E-mail：1254526238@qq.com；唐娟（2001— ），女，土家族，湖南张家界人，本科生，武汉大学信息管理学院在读，E-mail：1872226391@qq.com；刘柯（2002— ），女，汉族，湖北武汉人，武汉大学信息管理学院在读，E-mail：885483937@qq.com。

随着科技的迅猛发展和信息技术的深入应用，教育方式和教学手段正在发生深刻的变革。党的二十大报告明确提出“加强教材建设和管理”“推进教育数字化”，对教材工作和教育数字化作出总体部署。把握教材建设的政治性、时代性、科学性和适用性，需要注重学科建设、教材建设、教学建设协同发展。其中，教材是教育教学的关键要素、立德树人的基本载体。而数字教材则是教材与信息技术深度融合的产物，是推动教育教学改革的重要抓手。我国高等教育教材数字化转型经历了网络课程、新形态教材、电子图书、数字课程、数字教材等发展过程，在教学改革和立德树人中发挥了重要作用。数字化教材平台建设不仅引领了教材的创新和变革，还为教学提供了全新的方式和工具。通过数字教材平台，学生可以轻松地访问丰富多样的教学资源，包括电子教材、实验视频、在线题库等，其灵活性和互动性为学生提供个性化的学习内容和学习方式。同时，教师也可以利用数字教材平台进行课堂管理、作业布置和学习评估，实现有针对性的教学和精细化管理，提高教学效果。然而，当前数字教材平台建设仍然面临技术、知识产权、数据管理等一系列的挑战。为充分响应国家教育教学改革号召，适应新时代的发展与教育教学实际需求，有必要加大对数字教材平台建设的投入和研发，推动教育数字化的深入实施。

一、数字教材平台建设背景

随着信息技术迅猛发展，当今知识快速更新，学习内容日趋丰富多样，教学方式日益多样化，借助数字平台开展线上课程越来越流行，也更多强调交互性，传统的教学模式和教材形式已经难以满足学生多元化的学习需求和教师智能化、有针对性的教学需要，数字化教材平台便应运而生。同时，教学改革对于创新性教学和个性化教育的需求，以及教育信息化战略的推动，都促使数字教材平台建设在教育领域的不断发展和创新。数字教材平台是指利用互联网和信息技术手段，提供学习资源和学习工具的在线平台，不仅能够为教育教学提供新的教学工具和教材形式，更能够搭建起学生与学生、学生与教师、教师与教师乃至高校与高校之间的学习交流桥梁。合理建设和利用数字教材平台顺时代之趋势，应教学改革之方向，对国家与社会、出版发行行业、学生与教师等各个方面均有重要的意义。

国家与社会方面。数字教材平台的建设与教育信息化战略的推进密切相关。在国家战略方针的指导下，许多教育部门纷纷建立数字教育平台，包括数字教材资源库、数字化校园、MOOC 等。这些平台通过数字化技术实现教育资源的共享，促进教育数字化的深入发展。同时，为了提升数字教育资源的质量和规模，国家出台了系列鼓励政策，例如对数字化教育资源的建设和推广给予财政补贴，吸引更多教育机构和企业参与其中。

出版发行行业方面。一方面，数字化教材出版符合未来教育智慧化、数字化的发展趋势，也是当前出版发行行业与相关机构需要探索的内容。另一方面，数字教材的出版可以省去印刷、运输、存储等中间环节，节约人力、物力、财力，使得传统教材出版转向绿色与环保出版方向。教材经常需要进行及时的修订与更新，而数字教材具有更强的即时性和灵活性，修订成本大大降低。利用不断发展成熟的数字化技术，出版行业正在积极探索数字化出版模式，构建自己的平台吸引用户群体，占领市场份额，增加行业话语权。

学生与教师方面。传统的纸质教材往往难以满足个性化教学和学习环境的需求。而数字教材平台提供了更为灵活和多样化的学习资源和工具，使得教学变得更加开放和个性化，为教师提供了更多的教学方式和策略，为学生提供了更具吸引力和互动性的学习环境。同时，学生的学习设备更加丰富，无纸化学习逐渐成为学生青睐的学习方式。数字化教材能够摆脱传统纸质资料的携带负担，将信息高度整合在电子设备上，可以实现资料在不同设备间的无损转移，从而实现随时随地学习。

二、调研设计

本次调研主要采用问卷调查法、深度访谈法，并结合资料收集法获取研究材料。本研究结合现有纸质教材的发行状况和学生对数字教材的需求反馈，针对全校学生设计了一份调查问卷，面向全体师生发放，通过对武汉大学学生数字设备拥有情况、教材使用习惯以及对数字教材及服务平台的期望等方面进行问卷调查，分析武汉大学数字教材及服务平台使用现状，并了解学生对数字教材及平台的需求状况。

同时，对武汉大学出版社数字出版分社社长、产品总监等出版行业从业人员进行访谈，对数字教材行业发展现状与前景、数字出版流程、数字教材平台的功能设想等情况进行了深入沟通，并分析总结数字教材与服务平台发展的困境与挑战。

此外，还通过广泛的资料查询，对现有数字教材平台建设状况、知识产权保护技术、数字教材的建设环境等情况进行调查。基于以上调研设计，开展调研与回收材料，并在下文中予以分析。

(一)武汉大学数字教材及服务平台使用现状

本次调研共收到了225份有效答卷，覆盖全校22个学院，其中优势学科样本充足，基本符合武汉大学各学院学生分布比例现状。调研结果显示，武汉大学学生数字化学习常用终端为手机、电脑与平板。当前，武汉大学学生手机拥有率100%，电脑拥有率98.17%，平板拥有率60.73%。

1. 纸质教材不能充分满足学生学习需求

本调研发现，武汉大学学生最常结合数字教材与纸质教材使用的人数大约占53.55%，最常使用纸质教材的人数比例为46.59%，最常使用数字化教材的比例为25.16%，最常使用融媒体教材的比例为4%，可见单一的纸质教材并不能充分满足武汉大学学生的学习需求，学生频繁使用数字化教材作为纸质教材的替代与补充。图1为武汉大学学生最常使用教材组合形式统计图。

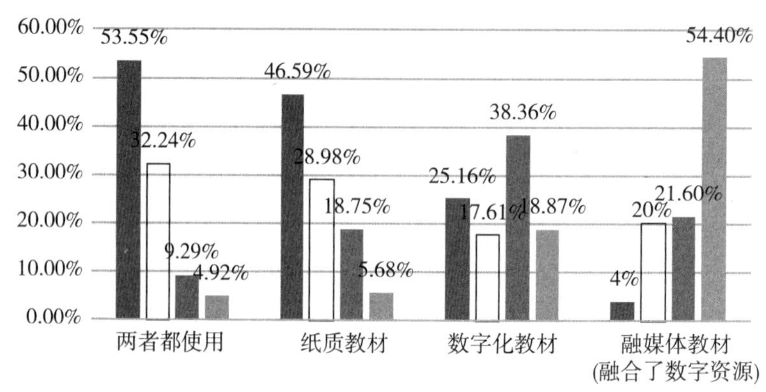

图1　武汉大学学生使用教材组合形式统计图

2. 学生数字化学习习惯广泛养成

本研究发现，武汉大学学生普遍惯用多种电子设备完成各种学习工作任务，学生常用数字化教材的频率为 39.11%(见图 2)，可以看出，武汉大学无纸化学习方式蔚然成风，数字学习场景愈发广泛。

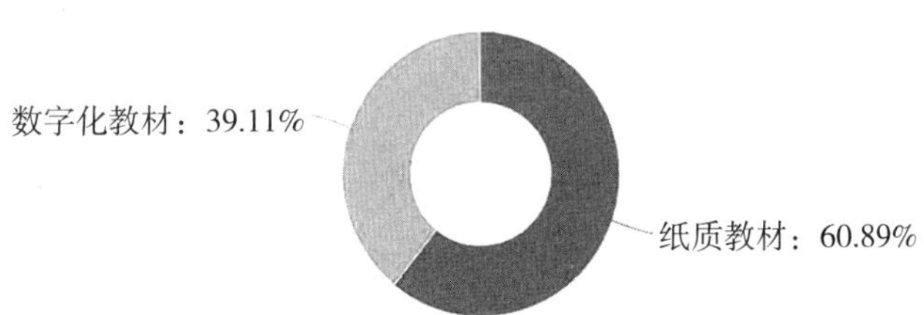

图 2　武汉大学学生常用教材类型统计图

3. 高校电子教材传播存在知识产权隐患

经过调研发现，武汉大学学生通过非官方渠道获取电子化教材的比例为 54.55%，学生不清楚数字教材来源的比例为 13.64%(见图 3)，电子化教材无官方购买渠道的情况普遍。

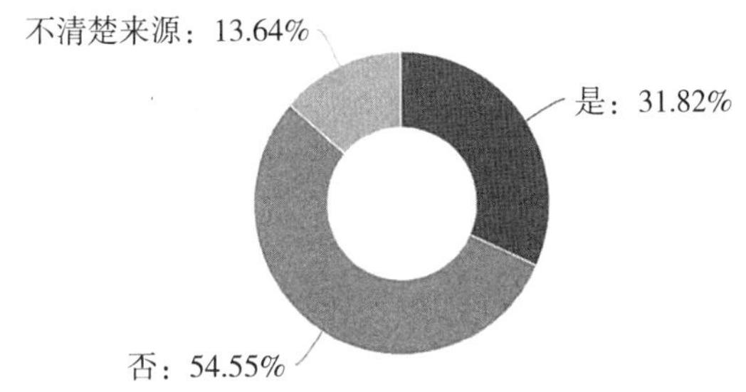

图 3　武汉大学学生是否从官方渠道获取数字教材统计图

(二)数字教材平台需求分析

1. 用户画像

根据高校用户学习习惯绘制用户画像，将用户分为数字学习者、数字学习适应者、传统学习者。

(1)数字学习者。数字学习者是指当前完全习惯并优先使用电子设备阅读、做笔记、听课等数字化学习方式进行学习的学生，是数字教材平台的目标用户。武汉大学学生群体中有 39.1%的数字学习者，且集中于医学、管理学、法学等学科门类。在日常学习场景中，此类用户优先选择数字教材，以便高效管理学习任务，仅在部分教材找不到相关数字资源的情况下使用纸质教材。数字学习者用户画像见图4。

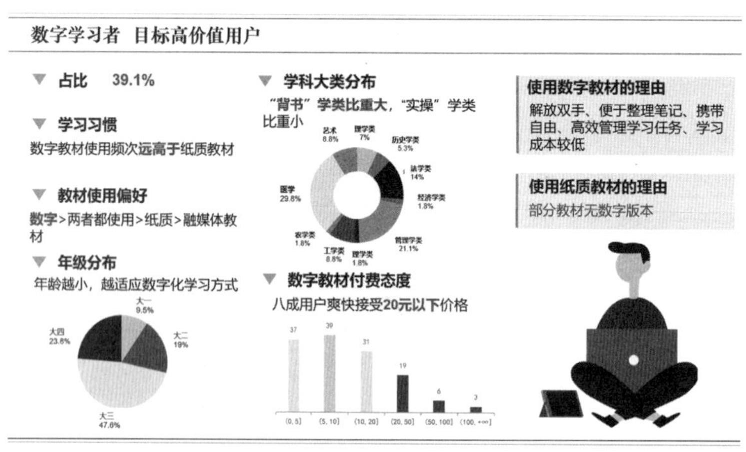

图4 数字学习者用户画像

(2)数字学习适应者。数字学习适应者是指处于从传统学习转向数字化学习过渡期的用户，他们在日常学习生活中纸质教材优先，数字教材作为辅助。武汉大学学生群体中有56.0%的数字学习适应者，集中于大一、大二、大三年级，且工学类用户比重尤高。在日常学习场景中，此类用户优先选择纸质教材，但也愿意积极尝试数字化学习方式，总体上青睐两者相互结合、相得益彰的学习方式。数字学习适应者用户画像见图5。

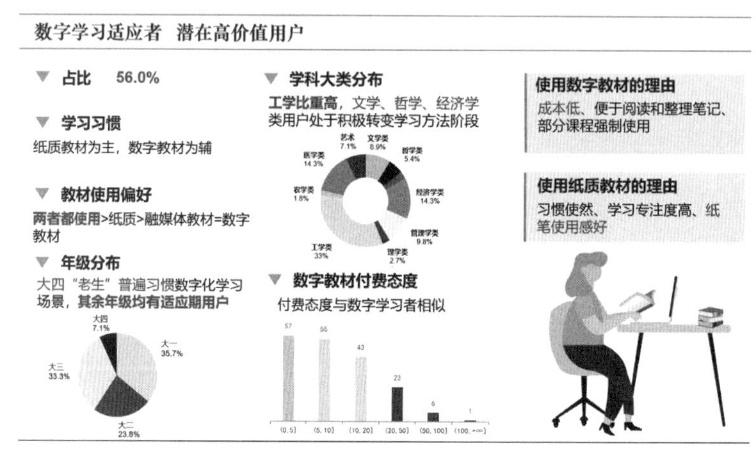

图5 数字学习适应者用户画像

(3)传统学习者。传统学习者是指仍然习惯于并优先通过阅读纸质教材、做纸质笔记等传统学习方式进行学习的武汉大学用户。武汉大学学生群体中有4.9%的传统学习者，主要分布于大二、大三年级，零星分布于各个学科门类。在日常学习场景中，传统学习者通常使用纸质教材，仅在部分课程要求的少数情况下会使用数字教材，且对于花时间适应数字化学习方式的意愿较低。传统学习者用户画像见图6。

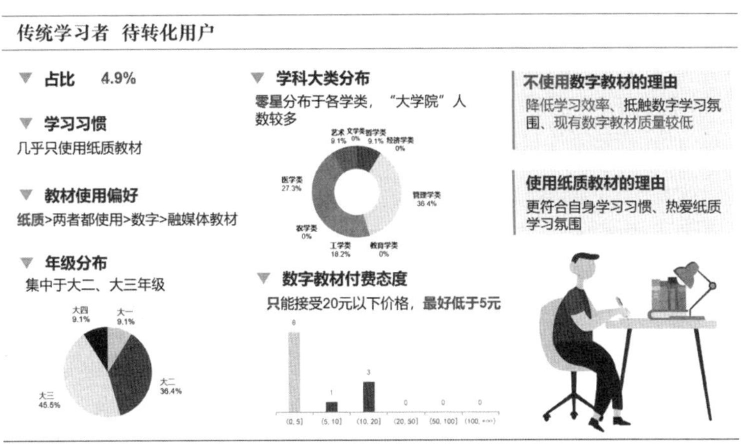

图6 传统学习者用户画像

2. 需求分析

本研究采用经典的“用户-问题-解决方案”框架来分析武汉大学教材用户的整体需求，并将其划分为核心需求和非核心需求，以及针对上述三类典型用户的个性化需求。

(1)核心需求。武汉大学教材用户的四类核心需求分别为数字教材资源需求、数字化笔记管理需求、数字教材阅读器配备需求和平价需求。

数字教材资源需求：需要数字教材的武汉大学校园用户比例为94.88%，不需要数字教材的用户仅占0.93%。

数字化笔记管理需求：近九成用户希望数字教材服务平台具有笔记管理功能，这反映武汉大学学生使用数字教材的一个重要原因是便于使用电子笔记。

数字教材阅读器配备需求：在诸多功能限制条件下，超八成用户依旧愿意使用针对武汉大学出版社教材的电子教材阅读器，说明用户对配备此软件的需求强烈。

平价需求：对于不配备相关数字资源的电子化教材，64.65%的用户理想价格集中在5元以下，40.47%的用户的理想价格区间在5~10元，25.12%的用户愿意接受价格在10~20元的电子教材。对于有配套资源的教材，绝大多数用户的理想价格集中在20元以下，仅7.91%的用户愿意付费高于50元。

(2)非核心需求。武汉大学教材用户的三类非核心需求分别为教学管理需求、自助购买教材需求和社交与教材平价需求。

教学管理需求：教学管理需求是指“教”与“学”的任务管理，尽管七成用户希望数字教材服务平台具有该功能，但是高达58.67%的学生担忧此功能“挂钩绩效”，带来额外学习负担。因此，教学管理需求可以适当简化，满足师生的基础要求即可。

自助购买教材需求：武汉大学绝大多数纸质教材购买方式为班级统一购买后分发给学生，无独立购买渠道，53.02%的学生希望可以实现自助订购数字教材，但现有教材订购方式也并未对学生学习生活带来不便，因此该需求为非核心需求。

社交与教材平价需求：五成学生希望能够拥有针对单本教材的评价和在线交流渠道。

(3)个性化需求。针对不同类型用户的个性化需求(见图7)，分析不同用户类型除通用核心需求外的个性化核心需求。

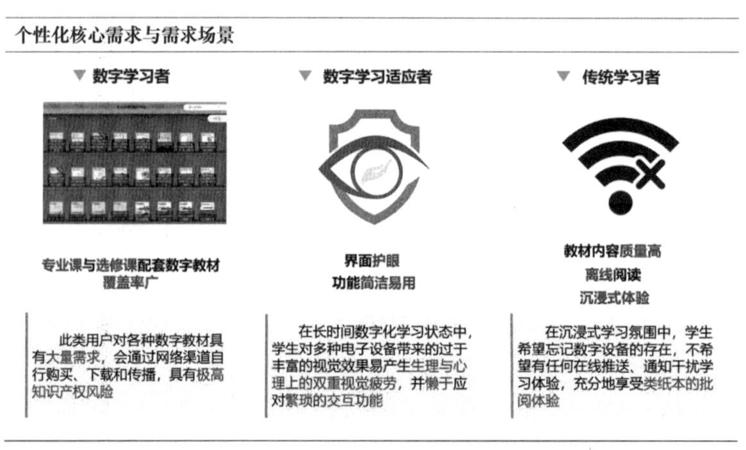

图7　个性化核心需求

数字学习者的核心需求为大量的专业必修课与专业选修课配套数字教材。原因是学生大多通过网络渠道自行购买、下载和传播电子版专业课程教材，具有极高知识产权风险。

数字学习适应者的核心需求为界面护眼、功能简捷易用。原因是在长时间的数字学习状态中，学生易产生身心的双重疲劳。

传统学习者需求的核心需求为数字教材质量高、离线使用。原因是学生希望充分享受沉浸式的类纸本的阅读与批注体验，没有任何信息干扰。当前，大多数在线数字教材服务平台功能过多，内容质量难以与纸质资源媲美，而电子版教材可以极低成本满足此类用户需求。

(二)数字教材与服务平台发展困境

1. 出版技术开发难度大

数字教材的出版与应用对技术与设备的要求非常高，一般的技术无法满足高等教育的需求。出版社掌握着教材、教辅等丰富的内容资源，但是如何对现有教育资源进行整合利用，还需要长时间的探索。

2. 缺乏行业标准规范

到目前为止还没有一种成熟的、可借鉴的数字教材出版模式。同时，高等教育数字教材缺乏行业标准，相关标准仅完善至中小学阶段，因此也导致信息资源开发不到位，数字化资源更新缓慢。

3. 市场秩序有待完善

数字教材发展时间较短，尚未形成完善的管理模式与方法，各类主体分工管理不到位，越来越多的出版社加入数字出版行业，导致目前市面上各大数字教材平台各自为政的状况。

4. 教材数字化方式单一

教材研发过程中难以实现内容与技术之间的平衡。国内许多教材的数字化出版，只是将传统的纸质资源转变为数字格式，并未实现教材内容与现代媒体的有机融合。

5. 对受众的吸引有限

数字化教材不同于传统纸质教材，可能存在分散读者的注意力、不利于读者深入思考等缺点，难以判断学生是否都接受数字教材。

6. 版权保护问题有待解决

数字出版与传统出版行业相比，在版权保护方面存在一定的问题与阻碍。利用网络进行数字化出版，很容易出现知识产权被侵犯的现象，如资源泄露、盗印等问题，需要尽可能探索出符合数字教材的版权授权和保护模式；此外，还应该注重对作者著作权的保护，这样才能使著作权人的身份得到保障，从而在保护著作权人利益的前提之下，对其著作权进行合理的使用，以科学、合理的形式支付报酬，建立起完整规范的版权保护体系。教材出版的版权保护问题若无法妥善解决，将会成为阻碍教材出版数字化转型的重要原因。

三、结论与建议

基于上述分析可以发现，在武汉大学数字教材与服务平台使用过程中，纸质教材不能充分满足学生学习需求，学生数字化学习习惯广泛养成，并且高校电子教材传播存在知识产权隐患。学生在数字教材资源、数字化笔记管理与数字教材阅读器配备等方面存在较大需求。然而，当前数字教材与服务平台仍存在出版技术开发难度大、缺乏行业标准规范、市场秩序有待完善以及教材数字化方式单一等问题。

因此，武汉大学应当积极推动高校教材数字化建设，提升武汉大学在教育数字化转型进程中的地位与话语权。据此，本研究尝试提出基于优质教育资源构建武汉大学数字教材平台的建议，以供参考。针对武汉大学的纸质教材使用现状和珞珈在线教育平台应用现状，有两种平台建设方案可供选择。

一是建设独立平台，即建成一个数字资源中心，独立提供相关服务。独立平台预期集合武汉大学特有的优质教材资源，基于信息资源多形态和先进信息技术，完善知识产权保护技术，为用户提供多元化数字资源，方便用户获取使用数字教材，同时提供丰富的配套服务。

二是嵌入服务，即将数字教材功能或链接嵌入珞珈在线平台中。珞珈在线平台是满足武汉大学师生线上教学和管理需求的特色平台，在疫情期间发挥了重要作用，但该平台在常规时期的利用率持续走低，说明平台的开发尚不完善，不能满足师生核心需求。珞珈在线平台应用前景广阔，因此可以考虑补充数字教材功能，嵌入丰富的电子教材资源，不仅能为武汉大学师生提供便利的数字教材获取渠道，也能实现珞珈在线平台资源的活化复用。

此外，该项目涉及出版社、教务处、教师、学生、平台开发企业等多元主体，具有多重知识产权风险与复杂的责任关系，因此必须注意完善健全数字教材资源的知识产权保护机制和项目建设中的履责机制，保障平台开发与维护的稳步推进。

◎ 参考文献

[1]教育部．国家新闻出版广电总局关于进一步加强和改进高校出版工作的意见[EB/OL]．(2015-02-11)．http：//www. moe. gov. cn/srcsite/A13/s7061/201802/t20180208_327146. html.

[2]中共中央宣传部．关于推动出版深度融合发展的实施意见[EB/OL]．(2022-04-24). http：//www. gov. cn/xinwen/2022-04/24/content_5686923. htm.

[3]李林，夏长青，陈镇鑫．高校教材数字化深度融合与创新实践——以《植物学》2.0版数字教材为例[J]．中国编辑，2021(11)：53-57.

[4]毛芳，李正福．我国高等教育数字教材发展的现状、问题与对策[J]．出版参考，2023(5)：11-16.

[5]黄秀明．媒介融合环境下开放教育教材的数字化服务模式探析——以国家开放大学出版社数字教材为例[J]．新媒体研究，2019，5(14)：71-72.

[6]邱显清，庄红权．融合出版背景下的大学出版社数字化平台建设——以清华大学出版社为例[J]．出版广角，2022(16)：11-15，39.

创新人才培养方法：高效教学与深度教学并不相悖

——基于知识的内在结构的方法论

黄厚成

（武汉大学　生命科学学院，湖北　武汉　430072）

【摘　要】为总结以生物学为代表的理学学科的教学理念和方法，探讨培养拔尖创新人才所需的教学方式，本文主要通过总结概括、深度剖析相关教学理论以及结合自身经验分析论证，指出培养创新人才不应止于知识的量，而是力求从逻辑形式与意义层面认识知识，并从学生视角给出了吸引听者注意力、构建“平等对话圈”、平衡科学与趣味性、还原科学研究过程、把握“全局观”与“还原观”、平衡课内外时间六个方面的方法论建议，为教师改进教学方法、构建良性师生交流关系提供了更多思路。

【关键词】创新人才培养；知识内在结构；生物学

【作者简介】黄厚成（2004— ），男，湖北随州人，武汉大学生命科学学院生物技术专业本科在读，E-mail：2022302041123@whu.edu.cn。

一、前言

拔尖创新人才是建设创新型现代化国家的必要条件，也是实现中华民族伟大复兴的历史要求。近年来，国家在高校拔尖人才培养方面做出不少探索，如鼓励高校探索并建立以问题为导向的教学模式，倡导以学生为主体的本科人才培养和研究型教学人才改革，旨在充分调动学生学习的主观能动性与创造力，激发学生自主创新潜能。

拔尖人才各个时代、各个领域都有，但“创新”这一定语赋予其更多时代内涵。事实上，随着时代的发展，人们普遍认识到行业发展往往与创新紧密联系，尤其是重大飞跃往往和极具创新性的事物相对应。诚然，创新是各行各业前沿的“脉搏”，产业中只有源源不断地流淌着新鲜“血液”，才能长盛不衰、蒸蒸日上。

那么，如何引导才能让人具备创新能力与创新意愿？创新思维无疑是重要一环。笔者认为，创新思维与其说是一门要去学习的课程，不如说是一种从认知新事物之时起就存在并影响认知逻辑的思维形式，而培养创新人才应重视这种思维形式的渗透，应当认识到知识的内在结构，重视符号表征下的逻辑形式与意义[1]，并引导学生体会这种略显抽象的内容，以期学生以后在遇到新知识、新事实时，能够自然产生创新性思考，而非进行知识的简单堆砌，导致“懂得越多越不会思考”。故言高效教学与深度教学并不相悖，因为仅将知识全部呈现的“高效”并非长效机制，更不是时代发展所需的“高效”，相反地，引导学生积极挖掘知识深层逻辑，在潜移默化中带动学生进行创造性思考，将课上没法完全涉及的具体知识，交由已具有学习与思考意愿的学生课后学习，不但平衡了课堂进度与讲述细致度，还一定程度上缓解了学生掌握水平与教师课程设计的矛盾。

二、挖掘知识的逻辑形式与意义——改变认知视角

英国教育哲学家赫斯特(Hirst, P. H.)认为：“最有价值的知识，是人类理解世界时形成的七八种独特的、基本的以及逻辑上明确的认知知识的形式。”[2]

首先，知识的逻辑形式不容忽视。我们要知道“符号表征”是一切知识传递的首要要求，是给他人呈现知识本身最惯用且普适的方式，也是我们评判一个人是否掌握知识的重要途径，但是仅靠这一层次的知识无法促进创造性思考，无法培养创新型人才，因为知识是人类理性思维与实践经验的高度凝练，很多时候是省去了知识产生中的发现、探讨、假设、实验与争执等不必要叙述的。然而，创新恰恰就在这些“不必要叙述”中，创造恰恰就需要一些不那么“高效”的试错、探讨与波折。

以理科教学为例，在讲授某一数学定律时，若教师直奔主题呈现证明过程，固然能高效完成教学任务，但该定律的缘起以及经历何种波折才化为教材上那条精简的定律，是学生无法体会到的。当然，如果教习数学的目的仅仅是作为一项工具，无须创新，那或许足矣。然而，在许多自然科学学科的专业课教学中，不少教师如上文所描述的那样，加快了课程进度，也减少了创造性思考的机会。要知道，知识的意义不止于符号表征，若不了解其创造过程(即便只是一些科学创造的基本思想)，再多的知识也不能造就一个创新人才。也正如郭元祥教授所说的，知识不应该仅仅作为一个名词(knowledge)来接受，而应该作为一个动词(knowing)来经历[1]。所以，在课堂中适当增加引导学生创造性、探索性思考的环节，将有利于切实体会科学家的研究历程，激发感兴趣的学生积极思考，种下创新之种。

其次，知识的意义也值得探索。在学习一门课程前，我们常常会发问：学习这门课的意义是什么？事实上，意义感是我们顺利做任何事都需要的，学习也不例外。在高等院校，有成千上万的学生学习同样的教材与知识，但不意味着所有人都将走向同一终点，而是散布到各行各业或是同一领域的不同方向。那所学知识的意义岂非无法用到实处？事实是大部分人(尤其是高水平工作群体)的能力水平、发展后劲都受到了知识储备的影响，而知识的不完全对口、未直接用到带来的“摩擦感”，又恰恰是交叉创造的源泉，因为毕生所学终成人生的一点一滴养料，在和自身背景、兴趣、工作的有机结合中焕发出光芒。正如德国哲学家赖欣巴哈(Reichenbach, H.)所言，“一切知识都是概率性知识，只能以假定的意义被确认”[3]。知识的意义本就是不确定的、假定性的，所以知识不应被视作静态的“数据库”，而应在不同个体的理解与再创造中焕发生机，在多元解读与运用中迸发出无限潜能。

三、从学生视角谈教师建构创新性课堂的方法论

(一)吸引学生注意力与清晰的讲述逻辑同样重要

在本科课程教学中，武汉大学不乏讲课诙谐幽默又不离课堂主线的优秀教师，也有拘泥于严谨的叙述逻辑和预设的课堂安排而语言枯燥的教师。无疑大多数学生会更喜欢前者。从第三者视角来看，前者的课堂气氛足够轻松，让同学们可以不再被动、煎熬地接受知识，更重要的是，老师与学生之间的高低隔阂被消除了，学生有没听懂的问题能很自然地询问老师或同学，及时解决问题的快乐又会正反馈于学习动力，有时课堂甚至被延伸到了教室之外——在课后的想法、问题、建议都可在课程群里交流，这样的平台让课堂不再是照本宣科，而是结合了听者想法和感受的"个性化设计"。通过增加学生的学习乐趣，提高学习、思考与讨论的意愿，从根本上解放学生创造力，才是应对一些学生"临考时熬夜机械记背，考完即忘"的应付式学习问题的良策。

由于每个人的兴趣不完全与需要学习的课程重合，所以课堂中总会存在一定比例兴趣不高的学生，想要取得最佳教学效果，就需要教师以风趣幽默的语言引导，抓住听者兴趣点并循循善诱。对此，笔者有四条参考建议：①由生活场景或应用实例引入，降低新课初学的理解壁垒；②在课程知识中适当穿插故事性强的研究历程、科学史话等内容，因为不失幽默的相关奇闻轶事，能有效增强学生注意力，缓解平淡乏味的基调；③结合教师自身经历谈谈与讲授内容相关的趣闻，抓住听者的猎奇心理来提高其专注度；④讲讲所知的本专业学生发展情况等，抓住听者的关注点也不失为一种良方。

(二)构建"平等对话圈"

如前文提到的，理想的课堂期望消除师生壁垒，实现宽口径、大范围的交流。具体来说，教师要创造相对轻松自由的氛围，并逐步引导学生思考知识的逻辑，对知识的讲述不求量多但求抓住内在逻辑，对了解性内容不求详尽但求激发兴趣，如此，学生会更愿意在课后自主学习课本内容、课外资料，形成自己的理解，而不是被动接受知识，也更愿意与同伴交流讨论，讨论仍然有疑问时会一起询问老师。这样的"平等对话圈"(见图1)一旦构建起来并被更多人知晓，就会有更多的同学受影响加入其中，最终在潜移默化中摆脱了课程大纲的"限制"，既开阔了学科视野，也享受到了学习、讨论和创新性思考的乐趣。在多方对话背景下，学生可对既有观点进行独立思考和判断，也拥有了表达想法、合理批判的空间[4]。

上述"平等对话圈"其实是对传统"线性"灌输教学(见图2)的优化，这将使作业和考试不再是学习的"最终目标"，而是对具体知识的巩固与再认识，或许这才是作业和考试的初衷。

(三)平衡科学性与趣味性

科学知识需要严谨的叙述逻辑，这是不争的事实，但趣味性作为一种"调味剂"也可

提升听者投入度，而如何平衡二者是每个优秀教师都会思考的问题。优秀的教师往往会储备一些科学史话、应用案例[5]等，以便在合适的时机缓解课堂沉闷的气氛，通过增添趣味性来恢复学生听讲状态。此外，教师也可通过学科前沿动态、与日常生活相关的学科应用等激发兴趣[6]，促使学生将课堂所学的科学理论与生产实践相联系，构建枯燥晦涩的理论与有趣的应用之间的桥梁。

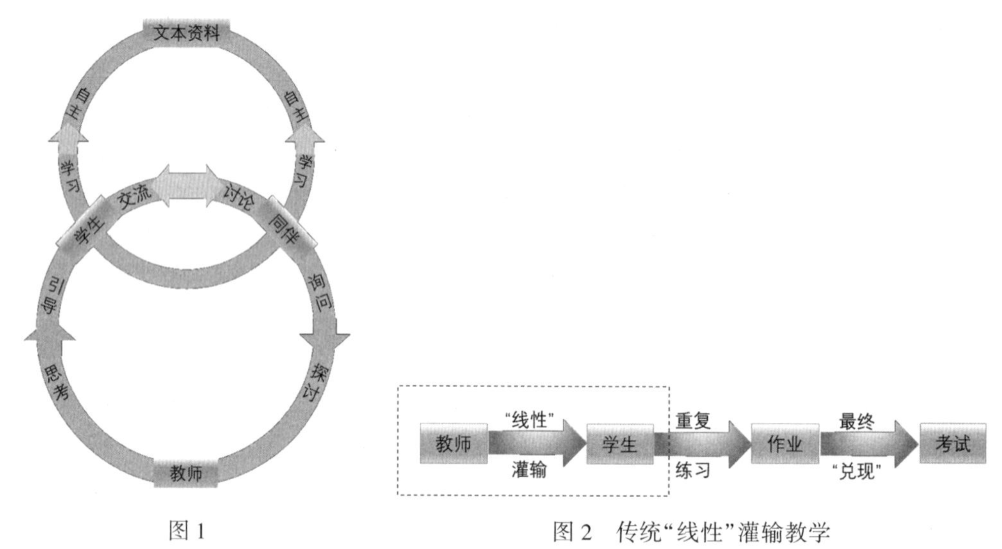

图 1　　图 2　传统“线性”灌输教学

课堂趣味性不是为了有趣而刻意为之，而是旨在通过改变惯用的叙述方式、语言来给人耳目一新的感受，重新提起听者已耗尽的专注力，如能有效唤起学生注意力与思考力，便无须在该方面“精雕细琢”。

(四)尽可能还原科学研究的过程

还原科学研究过程无疑是让学生体会创造性思维的良方，但一般会因为该环节耗时多、与知识点讲授关系较小、同学们参与意愿不强而被略过。事实上，这里说的还原过程不是要把漫长的研究历程全部呈现出来，这既浪费时间也不必要，讲述该部分的关键是抓住经验知识的三个要素：观察(observation)、事实(fact)、概念化(包括概括总结 generalizations、假设 hypotheses 和理论 theories)[7]。大多数时候，教师只需把研究历程的三个要素阐释清楚，即可让学生清晰了解知识发现与形成的过程，而无须为了讲历史而讲历史，造成重心不突出的问题。

(五)把握“全局观”和“还原观”

“全局观”是希望教师尽可能以精简的讲述，让学生先一窥章节或课程全貌，给人以通透感和全局感，在提前打消对新课知识量的担忧的同时，又培养了同学们的宏观审视思维。“还原观”则是希望教师把一个较复杂的生物学过程拆解成若干线索和要素，让学生从单个要素来审视，化繁为简，给人豁然开朗之感，在心理上减轻学生学习的压力和难度。

关于“还原观”，以代谢生化中的生物氧化过程为例，教师可先放出表格(见表1)，并让同学们尝试根据表格信息构建生物学模型(从零散的数据到完整的模型)。此后，教师在分析的同时板书模型，最后再通过幻灯片呈现出模型图(见图3)。另一种方式是“先入为主”，即先放出模型图，然后将表格一一列出，将复杂过程解构为若干要素。两种方式都能将一件事更有条理地呈现，提高教学效率。

表1　**哺乳动物复合体Ⅰ、Ⅱ、Ⅲ和Ⅳ的结构和性质**

复合体	别名	相对分子质量/$\times 10^6$	多肽链的数目	辅酶或辅基	电子流动方向	一对电子产生的质子	抑制剂
Ⅰ	NADH-CoQ 氧化还原酶	0.7~0.9	44，其中有7条由mtDNA编码	1个FMN，6~9个铁硫蛋白	NADH→CoQ	4	鱼藤酮、安米妥、杀粉菌素
Ⅱ	琥珀酸-CoQ 氧化还原酶	0.14	4~5	1个FAD、3个铁硫蛋白	琥珀酸→CoQ	0	萎锈灵(carboxin)
Ⅲ	CoQ-细胞色素c氧化还原酶	0.25	11，其中有1条由mtDNA编码	2个血红素b，1个血红素c1、1个铁硫蛋白	CoQ→细胞色素c	4	抗霉素A
Ⅳ	细胞色素c氧化酶	0.16~0.17	13，其中有4条由mtDNA编码	2个Cu、血红素a、血红素a_3	细胞色素c→O_2	2	CO、H_2S、氰化物、叠氢化物

资料来源：杨荣武．生物化学原理[M]．3版．北京：高等教育出版社，2018：304.

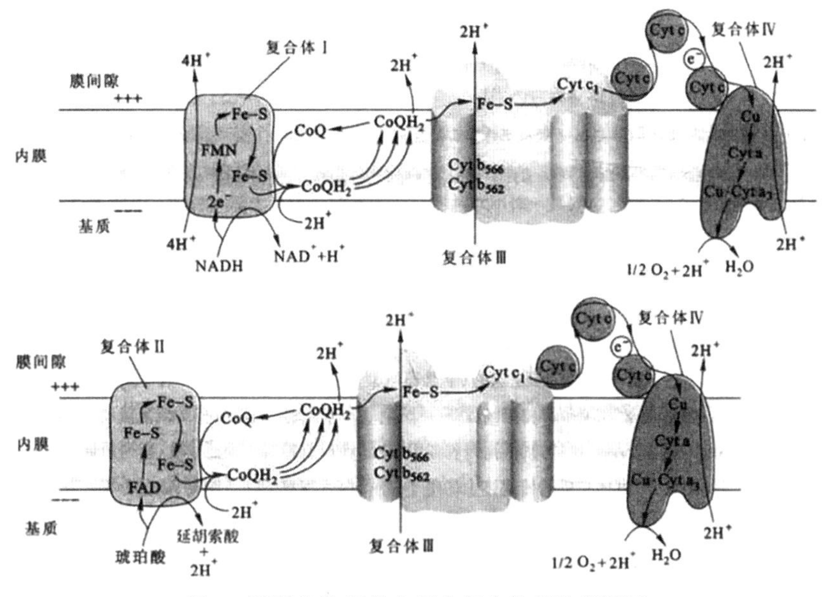

图3　两种生物氧化电子在复合体间传递图示

资料来源：杨荣武．生物化学原理[M]．3版．北京：高等教育出版社，2018：304.

(六)实验类教学需平衡课内外安排

传统的生物学实验教学中，教师会用30分钟至一个小时讲解实验原理与步骤，首次用到的仪器还需要有一定的缓冲时间让学生熟悉仪器用法，留给教师介绍自己所熟知的学科前沿的时间就相应较少，学生了解前沿的机会也会更少，对相关问题的独立思考、交流讨论时间也相应更少[8]，不利于创新人才的培养。在“学习通”“微助教”等教学辅助平台发达的今天，教师可考虑将实验基本原理与操作(课件、视频等演示性资料)上传至平台，供学生预习，课上则可减少对基本原理的解释，着重介绍本实验的意义、与学科前沿的联系等能激发研究性思维的内容，将高效教学与创造启发融入有限的教学时间中。

四、明确创新性课堂的最终目的

拔尖创新人才培养是现阶段中国亟待解决的问题，它的存在不是要否定传统的知识性教学，相反地，恰恰是要在原本的知识上深挖底层逻辑与内核，以期培养出不仅懂知识，而且能够并愿意创造的人。为了达到这一目的，在初期难免会经历不顺，我们要做的应是“因地制宜”和“对症下药”，积极探索同学们愿意接受并尝试的创新性教学模式。相信中国的拔尖创新人才培养计划在将来会造就一批具有自主创新实力的时代新人。

◎ 参考文献

[1]郭元祥. 知识的性质、结构与深度教学[J]. 课程·教材·教法，2009，29(11)：17-23.

[2]Soltis, J. F. Knowledge and the curriculum: a review[J]. Teachers College Record，1979，80(4).

[3]H. 赖欣巴哈. 科学哲学的兴起[M]. 伯尼，译. 北京：商务印书馆，2020.

[4]邱泽国，张帅，张雨，等. “科教融合”背景下创新人才培养模式研究[J]. 合作经济与科技，2024(13)：75-77.

[5]晁相蓉. 基于云课堂的生物化学检验多元化教学模式的探讨与实践[J]. 卫生职业教育，2021，39(17)：84-85.

[6]丁烽，张兴丽，孟武，等. 科教融合背景下的“生物化学”教学改革与实践[J]. 教育教学论坛，2023(44)：70-73.

[7]Garland E. Allen，Jeffrey J. W. Baker. 生命科学的历程[M]. 李峰，王东辉，译. 上海：中西书局，2020.

[8]杨明，李琦，王弘瑞，等. 基于“科教融合”的分子生物学教学模式的改革与实践[J]. 中国继续医学教育，2023，15(8)：23-27.

创新创业教育视域下的科创竞赛成果取得方法探析

罗婷瑜

（武汉大学　资源与环境科学学院，湖北　武汉　430072）

【摘　要】在国家创新驱动发展战略的推动下，高等教育改革不断推进，创新创业教育不断加强。在此背景下，针对如何在大学期间取得竞赛成果的问题，从自身实际体会出发，思考并总结得出竞赛成果的取得需要学校或学院、老师和学生三个层面的共同努力：学校或学院要完善相应的制度和体系，提供完备的创新创业实践平台；老师作为专业教师和创新创业导师，要积极关心学生成长，吸纳学生参与科研项目、组织学生参与科创竞赛；学生要适当跳出功利思维，提升内在驱动力，在日常学习和科研训练中进行积累与完善，进而完成成果的转化。

【关键词】大学生；创新创业教育；科创竞赛；拔尖创新人才；创新实践

【作者简介】罗婷瑜(2001—　)，女，湖北潜江人，武汉大学2023届地理信息科学专业毕业生，南京大学地图学与地理信息系统专业硕士研究生在读，E-mail：tyluo@smail. nju. edu. cn。

0. 引言

“培养什么人、怎样培养人、为谁培养人”是新时代教育需要回答的根本问题。而党的二十大报告中明确强调了“着力造就拔尖创新人才，聚天下英才而用之”。目前，我国已经形成了较为完善的“理论—实践—实效—理论再创新”的闭环生态体系，培养具备出色的创新意识与系统思维能力、扎实全面的知识以及融会贯通的学习能力的创新人才。

现如今，我国的创新创业教育致力于培养大学生的创新创业意识和拓新的思维方式，主要通过大学生创新创业训练项目和科创竞赛的形式来培养学生的自主创新能力，引导学生在项目或者比赛的过程中学习、锻炼和创新。目前大创项目和科创竞赛已成为大学生利用所学专业知识进行创新实践和自我发展的重要途径和主要平台，也有越来越多的大学生积极参与到大创项目和科创竞赛中，如何在大学期间取得竞赛成果，也成为大家广泛关注的问题，对此，本文从学校或学院、老师以及学生三个角度出发，探析创新创业教育背景下竞赛成果的取得关键和方法。

1. 学校或学院的推动作用

在国家创新驱动发展战略的推动下，高等教育改革不断推进，各高校在优化学科、专业架构、挖掘专业内涵方面开展一系列举措，并全力推动专业教育与创新创业教育进行有序和深度的融合，以培养高素质、复合型、应用型的拔尖创新人才。在此环境下，大学生也积极参与到科创竞赛中，寻求自我发展新模式。

1.1 完善课程教学体系，打造精品课程

想要在大学期间取得较为显著的竞赛成果，其根本是扎实的专业基础、全面的专业技能以及自主创新意识。这就需要学院充分考虑并尊重人才的成长历程，完善课程教学体系，打破传统的专业教育人才培养模式，以创新创业教育为导向，以专业教育为基础，不断完善专业人才培养体系和创新创业课程体系，进行课程结构和教学内容的改革，将创新创业有机融入人才培养中，激发学生创新潜能，为后续科创竞赛的开展夯实基础。其主要途径包括：

在课程体系上，除基本的专业课程和通识课程外，增加创新创业课程在课程体系中所占的比重，并鼓励学生多修创新创业课程，获取创新创业学分，在潜移默化中培养学生创新创业意识。

在课程设置上，实现从单一理论授课到理论与实践相结合的转换，以提升学生科研及实践能力为目标。减少理论授课时长，增加实践应用时长，鼓励学生将所学知识应用到实际，引导学生在掌握专业基础知识和提高实践技能的同时，锻炼将创新思维与方法应用到社会活动、科创竞赛中的能力。

在课程内容上，减少既有固定理论知识的讲授，增加相关学科专业前沿知识的讲授，帮助学生了解行业最新发展趋势。例如资源与环境科学学院开设的GIS+行业创新应用一课中，老师讲授了目前GIS在各行业中的创新应用，并与小组讨论相结合，了解GIS+物流、GIS+商业、GIS+健康、GIS+应急、GIS+规划、GIS+旅游等领域的发展前景，激发学生依托专业开展创新创业的潜能，在帮助学生了解本专业与创新创业关系的同时，进一步激发他们的学习兴趣，为今后的学习工作做好相关知识储备。

1.2 打造科研与交流平台，提升科技创新能力

一个好的科创竞赛项目往往依托于学校或学院内的优质科研平台和重大科研项目。需要牢牢把握这些优质资源，鼓励学生参与到科研训练中，在日常的科研训练中提升科学素养和创新意识，并不断完善与积累，进而开展创新创业实践、参与科创竞赛。其主要途径包括：

挖掘优质科研平台的育人作用，将其转换成人才培养的有效载体，为学生参与科研项目和科创竞赛提供支持。鼓励学生加入老师的科研团队进行科研训练和项目研究，提升个人能力。鼓励学生积极参与学科竞赛，并在竞赛中学习、在竞赛中练习、在竞赛中创造。

搭建校内外的创新创业实践平台，利用科研项目、学科竞赛、社会实践、志愿服务等各项活动，培养学生对创新创业的兴趣，并通过这些活动搭建学生互相交流学习的平台，促进学科交叉融合，各专业人才共同创新创造。比如自2021年开始由武汉大学大学生创新实践中心举办的“青创营”活动，为全校学生提供了一个创新创业训练的平台，通过邀请校内外创新创业领域的专家进行有针对性的培训，从而完善项目，使学生参加更高水平的科创竞赛；另外，还可以拓展校外实践平台、强化校企合作，通过建立校内外实习实训基地和邀请行业经验丰富的校外专家对学生进行指导，来提升学生的实践创新水平。

定期邀请校内外院士和专家学者作学术报告，鼓励学生参加学术报告会，把握和专家学者交流的机会，不断提升学生的科研素养和创新能力。

1.3　营造良好的学习和创新氛围

良好的专业学习氛围和创新创业氛围，能在潜移默化中促进学生友好地竞争与交流，培养具有扎实的专业基础、突出的科研水平、开阔的学科视野和卓越的创新能力的人才。这需要加大对各类科创竞赛的宣传力度，并努力将科创竞赛保研加分、竞赛奖励的物质性、功利性驱动力转化为学生内在的精神动力，是对自身发展的一次探寻、对个人综合能力的一次检验、对科研成果的一次转化。此外，邀请往届优秀的获奖团队举办座谈会，并进行经验分享，发挥朋辈引领帮扶作用，从自身感受出发分享竞赛体会和竞赛要点，更贴近学生的需求，有助于寻找适合自己的方式方法，有利于成果的取得。通过学生标兵、年度人物等的评选活动树立创新创业、科创竞赛典型，引导并激励学生广泛参与科创活动，形成科创典型不断树立、成果不断涌现的良好局面。

2. 老师的引导和促进作用

老师不仅是专业教师，也是创新创业导师，对于学生获得科研成果或者竞赛成果具有良好的推动作用。

通过实行学业导师制度，将师徒关系贯穿人才培养的全过程，可以全方位地对学生课程学习、专业发展和科创竞赛进行指导。导师可以积极吸纳学生参与到自己的科研项目和学术活动中，并积极带领学生申报大创项目、参加各类科创竞赛等，通过科研项目或者科创竞赛，培养学生创新能力和跨学科的视野，巩固学生专业能力并培养包括统筹协调、沟通交流、创新创造等在内的其他全方位的能力，有助于学生成果的积累。同时，老师在指导期间还可以鼓励学生自主探索，并给予学生一定的试错、容错空间，在学生充分发挥个人能力的基础上进行适当指导，把控项目整体的运行方向，提高知识转化的效率和师生对话互动的质量。

是否拥有一个好的指导老师是能否在科创竞赛中取得成果的关键因素之一。老师需要发挥在团队中的指引作用，把控项目进度、调整项目方向，为项目发展提供建议，为学生信心提供支撑。因此，需要定期开展指导老师培训，培养一批具有专业能力和创新能力的优秀导师，为科创竞赛助力，同时也需要为老师组织学生开展科研训练和竞赛活动等提供必要的财物支持和政策保障。通过评选并树立优秀的指导教师典型，带动更广泛的教师群体投身创新创业教育和实践。

通过加强老师和学生之间的联系，培养学生各方面的能力，促使学生在科研项目和科创竞赛中不断锻炼自己，在不断积累成果的同时培养自主学习意识、提升科研素养、提高创新水平。

3. 学生的选择与努力

现阶段，随着越来越多的学生投身到大创项目和科创竞赛中，也涌现出各种各样的问题与矛盾。比如很多学生为了科创竞赛取得成果所带来的“福利”，辗转于各种不同的竞赛项目之中，顾此失彼，自身精力不足而影响到基本的专业学习；很多学生不能沉下心真正做好一个项目，而是“抱大腿”“搭便车”，对提升个人能力毫无益处，并影响团队的发展。这些现象制约了科创竞赛对人才培养的促进作用，反而在一定程度上不利于学生创新能力的培养和科创成果的获得。针对这些问题，其解决根本在于学生本身。

3.1 科创竞赛在质不在量

纵使目前学校对于保研加分的学科竞赛项目数量已经控制至 3 个，但关键还在于学生本身。学校和老师都要积极引导学生结合自身情况进行合理的选择，根据学生本身具有的能力水平选择相应的比赛。比如低年级的学生由于专业知识储备不足、人际关系有限，可以专业学习和科研训练为主，提升自身专业能力、有针对性地培养某些方面的技能，或者少量地参加一些专业性不强、等级相对较低的比赛；比如学生有明确的未来发展方向，可以个性化地选择与未来发展相契合的比赛锻炼能力，来适应发展的需要。

科创竞赛并不是越多越好，关键在于完成的质量。适度的科创竞赛，可以提升学生的学习热情，并使其在全身心的投入中提升自己。在竞赛的过程中，真正了解所学的专业知识并学会专业知识的灵活运用，真正深入地接触某一专业领域加深对某一行业的了解，在不断遇到问题、解决问题的过程中磨炼自己。在科创竞赛后，进行总结与反思、理解与沉淀，进而总结更多经验。要想在科创竞赛中取得成果，选择往往更重要。

3.2 科创竞赛的核心在于知识获取

科创竞赛是检验大学生所学专业知识，获取增量知识，并进行知识与实践的转化和融会贯通的重要途径，知识获取是科创竞赛的核心价值。现阶段，很多人往往带着功利性的目的参加科创竞赛，有时候，纯粹一点会发现结果出乎意料。学生要注重科创竞赛本身的价值和意义，适当忽略结果带来的效益。科创竞赛是一个很好的知识获取与转化的过程，在良好的团队竞赛氛围中专注于项目本身，尽自己所能把项目做好，知识获取效率会大幅提升。在日常学习和科研训练中不断进行积累与完善，提升个人能力的同时也会提升竞赛项目本身的竞争力。

3.3 从小目标开始，把握每一次经历

科创竞赛的门槛并不高，参加科创竞赛的作品可以来源于一个课程作业、一篇结课论文、一次科研训练、一次社会实践或者是课题组的一个小课题。不同等级的科创竞赛，对项目的要求不同。在开始前期，可以先与指导老师充分地沟通，确立一个小目标，然后参加某个比赛，在比赛结束后完善项目、丰富项目，再参加某个稍高层次的比赛，然后再积累成果，完善项目……每次的参赛过程都是项目不断完善发展、个人能力不断提升的过程。此外，在进行科研项目的同时，可以将其转化为科研成果，而科研成果又可以为竞赛提供支撑。

要想在科创竞赛中取得成果，不断完善与发展非常重要。个人的专业能力与科学素养、团队紧密的联系与协作、老师的指导与帮助、成果呈现的打磨与完整、专家评委的建议……都是竞赛项目完善的重要环节，重视每一个环节，才会取得比较好的成果。

4. 总结

本文结合自身经历和感受，思考并总结了在创新创业教育视域下如何在大学期间取得竞赛成果。科创竞赛作为创新创业教育的主要形式之一，对于培养拔尖创新人才具有重要意义。取得好的科创竞赛成果，是学生专业素养和创新能力的充分体现。这需要学校或学院、老师以及学生三方共同努力，学校或学院需要完善相应的制度和体系，提供完备的创新创业实践平台，形成良好的学习和创新氛围；老师作为专业教师和创新创业导师，要积极关心学生成长，吸纳学生参与科研项目、组织学生参与科创竞赛；学生要适当跳出功利思维，提升内在驱动力，在日常学习和科研训练中进行积累与完善，进而完成成果的转化。

◎ 参考文献

[1]朱睿，李勇，吴忠明．双创教育视域下高校拔尖创新人才协同培养探析[J]．西部素质教育，2023，9(8)：92-95，124.

[2]滕笑丽，蒋钰鑫，赵得爱，刘志兴．创新创业教育与专业教育深度融合背景下地质学拔尖创新人才培养路径探索[J]．创新与创业教育，2023，14(2)：151-156.

[3]钱方兵，吴颖，钱桂芳．拔尖创新人才视域下科创竞赛经历对大学生创新行为的影响[J]．宁波大学学报(教育科学版)，2023，45(3)：42-51.

[4]郑永和，杨宣洋，谢涌，王晶莹．我国拔尖创新人才的选拔与培养——基于教育实践的多案例循证研究[J]．中国科学院院刊，2022，37(9)：1311-1319.

新时代拔尖创新人才培养策略研究

——基于城乡规划专业

高　北

（武汉大学　城市设计学院，湖北　武汉　430072）

【摘　要】 在新时代科技与产业变革不断加快的背景下，拔尖创新人才越来越成为世界各国增强综合国力、促进经济社会不断发展的关键。鉴于此，如何开展拔尖创新人才培养理论研究、如何建立顺应时代变革的拔尖创新人才培养模式，成为亟待解决的问题。本文将基于城乡规划专业，从受教育者的角度探讨新时代拔尖创新人才培养的策略。

【关键词】 拔尖创新人才；人才培养；培养模式；城乡规划

【作者简介】 高北（2003— ），女，武汉大学城市设计学院城乡规划专业2021级本科生。

随着我国步入社会主义现代化建设新时期，拔尖创新人才在推动经济社会持续健康发展、改善人民生活质量、增强综合国力、提高国际地位等方面发挥着越来越重要的作用。可以说，人才引领发展。近年来，以美国为首的西方国家加大对我国的制裁力度，实行经济封锁和科技遏制。要想解决这些“卡脖子”问题，当务之急是重点培养拔尖创新人才。因此，我国针对拔尖创新人才培养先后出台《国家创新驱动发展战略纲要》《中国教育现代化2035》等战略性指导文件，从国家战略的高度指导拔尖创新人才培养，推动新时代科教事业取得新的历史性成就。其中，《中国教育现代化2035》指出，我们要“发展中国特色世界先进水平的优质教育”“提升一流人才培养与创新能力”“建设高素质专业化创新型教师队伍”。党的二十大报告也指出：“我们要坚持教育优先发展、科技自立自强、人才引领驱动，加快建设教育强国、科技强国、人才强国，坚持为党育人、为国育才，全面提高人才自主培养质量，着力造就拔尖创新人才，聚天下英才而用之。”而要想完成这些战略任务，则需要各大高校携手教师从深化拔尖创新人才理论研究、建立顺应时代变革的拔尖创新人才培养模式等方面入手，开展教学改革研究与实践。而作为一门与国家战略政策有着密切联系的学科，城乡规划学科的拔尖创新人才培养更应得到重点关注，也更值得被深入研究与探索。

一、深化拔尖创新人才理论研究

1. 拔尖创新人才的界定

关于拔尖创新人才如何界定这个问题，一些学者给出了定义。郝克明于2003年首次提出，拔尖创新人才是指在各个领域有强烈的事业心和社会责任感、掌握先进科学技术和创新能力、能够创造和开拓新思想、新成果、新领域，并为国家和社会的发展做出重大贡献的杰出人才。此后众多学者在新的社会形势和时代背景下，持续探索拔尖创新人才的时代内涵。徐晓媛等认为拔尖创新人才是复合型、学术型、管理型和应用型等多种类型创新人才的总称，主要具备以下四个特征：健全的身心素质、基本的知识结构、创新精神以及组织协作能力。高晓明认为拔尖创新人才是一个概念模型，是特定时代背景下各行各业中希望以变革引领发展，为国家、民族乃至整个人类做出贡献的人，他们具有精深的专业造诣、强烈的社会责任感以及敢于批判和推动变革的勇气。陈权等综合了前人观点，认为拔尖创新人才是指具备完善且独立的人格个性、强烈的事业心和社会责任感，且具有丰富的科学素养和专业知识、超凡的创新精神和创新能力，能够引领和带动某一专业领域创造性发展，并能为国家和社会发展作出重大贡献的杰出人才。尽管不同学者对拔尖创新人才的定义略有不同，但综合他们的观点可以看出，拔尖创新人才具有以下几点共性特征：(1)突出的专业能力；(2)健全的人格；(3)强烈的社会责任感。

2. 深化拔尖创新人才理论研究的意义

任何一项事业的发展壮大都离不开相关理论的研究与探索，而对于拔尖创新人才的培养来说，深化其相关理论的研究还有着独特的意义。首先，深化拔尖创新人才理论研究有助于认清拔尖创新人才培养的现状、当前面临的困境以及未来的发展趋势等，为后续拔尖创新人才的培养提供借鉴经验、指明发展方向。其次，深化拔尖创新人才理论研究有助于探索更优的拔尖创新人才培养模式，为之后的拔尖创新人才培养模式改革提供理论依据。

3. 深化拔尖创新人才理论研究的要点

(1)关注时代背景。深化拔尖创新人才理论研究需要关注时代背景。例如，在过去几年里，西方资本主义国家对我国实行核心科技封锁，尤其是对科技公司以及重点院校采取了制裁措施，给我国科技的发展带来较大的阻力。在此背景下，对于拔尖创新人才的理论研究应当聚焦这些核心科技领域，侧重于尽快解决“卡脖子”问题。

(2)关注新兴技术手段。深化拔尖创新人才理论研究需要关注新兴技术手段。近年来，随着数字技术的飞速发展，理论研究的技术手段如雨后春笋般不断涌现。其中既包括MATLAB、SPSS等数理统计工具，也包括Python、Java、R等编程工具，甚至还出现了CiteSpace这种论文分析工具。研究人员应当充分利用这些新兴的技术手段，将其运用到拔尖创新人才的理论研究之中，从而赋予相关研究以新的活力。

(3)关注跨学科交叉融合。深化拔尖创新人才理论研究需要关注跨学科交叉融合。随着时代的发展，跨学科交叉融合已经成为国内外高校拔尖创新人才培养的大势所趋，跨学科复合型拔尖创新人才的培养日益成为高校人才培养的焦点问题。在此背景下，建立多层次、跨学科的拔尖创新人才培养模式越来越成为教育改革的重中之重。鉴于此，针对拔尖创新人才的理论研究更应关注不同学科之间的交叉融合，揭示它们之间的内在联系与区别，形成更深刻的认识。

二、建立顺应时代变革的拔尖创新人才培养模式

1. 以思政教育引领拔尖创新人才培养模式改革

思想政治教育是我国新时代教育事业中的一个重要课题，肩负着培养政治认同和价值观自信的重要任务，而对拔尖创新人才的思想政治教育工作更是至关重要。思政教育既是拔尖创新人才个人发展的指路明灯，又能够为新时代中国特色社会主义事业添砖加瓦。因此，应当以思政教育引领拔尖创新人才培养模式改革。具体而言，可在拔尖创新人才的培养方案中加入多样化的思政课程，可在专业课中融入思想政治教育内容，也可将“思政教育实施效果”作为一项考核指标纳入学生课堂成绩的评价体系内。例如，在社会调查类课程的评分标准中，可加入“是否体现了人文关怀”“是否针对社会痛点提出符合公众利益的解决策略”等考核标准，促进思政教育在拔尖创新人才培养模式中的深度融入，从而提高拔尖创新人才的思想觉悟。

2. 推进拔尖创新人才培养模式数字化转型

随着现代信息技术的迅猛发展，数字技术逐渐融入我们生活的方方面面。在此背景下，拔尖创新人才的培养模式也应与数字技术有机结合，实现数字化转型。具体到城乡规划专业，可在课堂教学中融入PPT、小视频、可视化软件等元素进行授课，提升趣味性与直观性。如设计类课程在介绍具体的案例时，教师可借助SketchUp、Rhino、Revit等设计软件向学生展示案例的模型，让学生直观地认识和理解案例；也可通过Lumion、V-ray等渲染软件导出动画，让学生对所学案例产生更加全面、立体的认识。此外，在拔尖创新人才的课程设置上，也应加入更多数字技术领域的相关课程，甚至与相关院系(如遥感、测绘、计算机学院)合作，开设跨学院课程，充分利用武汉大学上述院系的优势学科资源，提升拔尖创新人才培养模式的数字化水平，从而提高拔尖创新人才的综合能力。

3. 针对人才特点开展拔尖创新人才培养课程体系改革

由于拔尖创新人才具有多样性这一显著特征，不同领域拔尖创新人才的培养模式也应进行相应的调整。以城乡规划专业为例，本专业与国家的城乡发展密切相关，决定着城市与乡村未来的发展格局与定位，甚至是所有国土空间资源的开发与分配，在国家的经济社会发展中起着至关重要的作用。根据专业特点，城乡规划专业主要分为以下六大领域：

(1)城乡规划与设计；(2)城乡规划技术科学；(3)城乡与区域规划理论和方法；(4)城乡规划管理；(5)社区与住房规划；(6)城乡历史遗产保护规划。以上各领域的拔尖创新人才各有所长，专业技能也各有侧重，显然不应一概而论，而应当针对各自特点量身打造个性化课程体系，从而充分挖掘每一位拔尖创新人才的潜能。

三、结语

拔尖创新人才肩负着中华民族伟大复兴的历史重任，是实施人才强国战略的重要力量，是落实创新型国家战略的必然要求。如何培养新时代拔尖创新人才已经成为极为重要的时代课题，需要各相关方通力合作，共同探讨并实施有效的措施。笔者作为一名正在接受高等教育的高校在校学生，基于城乡规划专业对此进行探讨，希望能为新时代拔尖创新人才培养提供一些参考意见，为我国教育事业的发展略尽绵薄之力。

◎ 参考文献

[1]彭术连，肖国芳，刘佳奇．我国高校拔尖创新人才培养的路径依赖及变革突破[J]．科学管理研究，2022，40(6)：122-129.

[2]习近平．高举中国特色社会主义伟大旗帜　为全面建设社会主义现代化国家而团结奋斗：在中国共产党第二十次全国代表大会上的报告[M]．北京：人民出版社，2022：33-34.

[3]马永霞，葛于壮，梁晓阳．高校拔尖创新人才培养的价值内涵、实践审视与路径优化[J]．西北工业大学学报(社会科学版)，2023(7)：1-8.

[4]李明媚，李世勇，龚敏．拔尖创新人才核心素养及培育路径：基于茨格勒理论[J]．高教学刊，2022，8(33)：156-160.

[5]郝克明．造就拔尖创新人才与高等教育改革[J]．当代教育科学，2004(17)：3-5.

[6]徐晓媛，史代敏．拔尖创新人才培养模式的调研与思考[J]．国家教育行政学院学报，2011(4)：81-84，57.

[7]高晓明．拔尖创新人才概念考[J]．中国高教研究，2011(10)：65-67.

[8]陈权，温亚，施国洪．拔尖创新人才内涵、特征及其测度：一个理论模型[J]．科学管理研究，2015，33(4)：106-109.

[9]王伟，杨德广．新时代我国进入拔尖创新人才培养新阶段[J]．教育发展研究，2023，43(Z2)：24-31.

[10]张维．基于学科交叉融合的本科拔尖创新人才培养[J]．创新创业理论研究与实践，2021，4(23)：80-83.

星驰寰宇元景探幽　顶天立地青春有为

——遥感学子在创新实践道路上前进

朱禹涵

（武汉大学　遥感信息工程学院，湖北　武汉　430072）

【摘　要】 本文以第十一届"中国软件杯"大学生软件设计大赛全国一等奖第一名、第九届中国国际"互联网+"大学生创新创业大赛省赛金奖和武汉大学英诺奖学金唯一成果奖项目"元景校园为例"，介绍了由遥感信息工程学院本科生组建的"元景校园"团队，立足于深厚的学科背景，用遥感技术助力校园数字孪生建设，叩开元宇宙奥秘之门。"元景校园"团队致力于用遥感技术探索教育数智化新路径，利用"第三代摄影测量技术"以及其他摄影测量技术复刻真实校园场景，并接入 AI 大模型，以实景校园模型为数字底座，搭建元宇宙课堂、元宇宙智慧导览等众多功能。文章从萌芽阶段、备赛阶段、比赛阶段和获奖阶段四个方面介绍了团队的成长历程和取得的成果，强调了团队成员的努力、团队合作的重要性以及导师和学校的支持对项目成功的促进作用。

【关键词】 遥感技术；摄影测量；校园数字孪生；元景校园；以赛促学

【作者简介】 朱禹涵，武汉大学遥感信息工程学院 2020 级本科生，第十一届"中国软件杯"大学生软件设计大赛全国一等奖第一名、第九届中国国际"互联网+"大学生创新创业大赛省赛金奖队长，武汉大学首届英诺创新成果奖唯一特等奖获得者。E-mail：yuhan57@whu. edu. cn。

"元景校园——多模态遥感技术开拓教育数智化新路径"项目利用遥感技术打造了首个校园实景元宇宙，拥有精度最高的数字底座(突破毫米级)，并将 AI 大模型引入教育场景当中。

在数据采集方面，团队在全球著名摄影测量专家——张祖勋院士的指导下，研发了空天地逐级细化的自动化采集方法，实现了模型分辨率突破毫米级，建模精度突破 3~5 倍。

在数据处理方面，团队针对传统的数据处理算法中多源数据无法直接融合、数据处理效率低下的问题，自主研发了智能驱动的混合建模技术，实现一站式生成兼顾几何精度和视觉效果的实景模型。

在校园应用方面，团队将 AI 大模型接入以实景模型为时空数据底座的教育场景，并利用动作捕捉设备、建模软件打造了数字人教师，赋能智慧思政课堂，助力红色基因薪火相传。

元景校园项目深度挖掘校园应用场景，紧密结合学校之所需、学生之所学，在虚拟仿真、元宇宙教育、招生宣传等方面持续开展应用，在教育数智化发展新路径上砥砺前行。

1. 这是一颗理想种子的萌发

站在传承与发展的天平上，世界第一的遥感学科与美丽的樱花都深深吸引着我，我希望在这里学习、前进。从进入遥感信息工程学院学习开始，我心中只有一个坚定的目标：踏踏实实地学习，在遥感领域做些什么，让自己的生活更有意义。在完成课内学习的基础上，我想向更深、更前沿的遥感去探索。在大一的某个下午，我花了几个小时的时间逛遍了整个校园。晚上，我坐在樱顶上，瞭望对面的珞珈山，心里忽然想着，能否利用我一直在学习的遥感技术，将下午所饱览的所有美景，复刻进虚拟世界当中。怀着这样的想法我找到了我们学院的季铮老师，并和几个志同道合的朋友一起，正式申请了"数字孪生武大"的大创项目。或许回过头来看，当时的一个懵懵懂懂的想法就如同天边飘过的那一朵云翳，幻化成了"元景校园"的初心，这是遥感人对于科研的兴趣，但更是一名遥感学子的使命与担当，这个信念在我心中不断生根、萌发。季铮老师指导团队成员进行数据处理见图 1。

图 1　季铮老师指导团队成员进行数据处理

2. 这是一份勇敢的坚定

如果说一个项目扎实的厚度在于科研过程中的积淀程度，那么一个项目的成功则在于所遇到困难时的信念与勇敢。葱葱郁郁的珞珈山美景如画，但是对于几个大二的本科生来说，完成数据采集工作却是一个巨大的挑战。依然记得我们从不熟悉无人机的使用，到能够独立用无人机完成多次数据采集；依然记得从不了解激光雷达设备，到熟练使用设备完成既定目标；依然记得对后期数据处理毫无头绪到一步步克服困难，同心协力完成数据采集……现在回忆起这些困难，不会记得这个过程是多么困难，多么痛苦，而是这些困难奏出最富诗意的交响，团队中的同学一起感受思想与智慧的碰撞，让屏幕前的代码充满想象空间，这个过程是奋进与拼搏的交融，让涌动的激情生生不息，似乎在备赛过程中每一次完成阶段性的任务、每一项行动的落实都是一粒火种，都有希望燃起整个团队的梦想。大创项目部分阶段性成果见图 2。

图 2　大创项目部分阶段性成果

3. 这是一份沉淀积累的厚积薄发

时间回到 2022 年 8 月，第十一届“中国软件杯”大学生软件设计大赛全国总决赛在南京落幕。共有来自 31 个省份的 5576 支队伍积极参与。我们的“WTUSM 信七大队”团队造出一座武汉大学元宇宙虚拟校园，以第一名的优异成绩捧回“中国软件杯”(见图 3)，荣誉的背后，是我们对武汉大学的深刻了解和深厚的情感。我们都来自武汉大学遥感信息工程学院，是同一专业的同学，是住在 627、630、632 三个或对面或相邻寝室的好友，更是一同作战的比赛“战友”(见图 4)。回忆这两个月的开发过程，马文卓说，“挑一个寝室，一张桌子，就能开会”。四张椅子，四个人，四台电脑，充分发挥每个人的优点长处。可能上午有的思路，到了晚上就能够开发出功能的雏形，完成了一个体系宏大又在细节见工见巧的项目。我们希望最终能打造一个让游客随时随地游览欣赏的中国最美虚拟校园，让大家无论身在何处，都可以“云回珈”。

最让我们高兴的是，我们的作品得到了学校的高度认可(见图5)。“武汉大学元宇宙虚拟校园平台”作品荣获武汉大学首届英诺大学生创新成果奖唯一特等奖(见图6)，这份荣誉极大地鼓舞了我们垂直深耕，继续精进技术，扩大团队，完善产品，反哺学校。

图3　“中国软件杯”夺冠

图4　团队成员在寝室连夜奋战

图5　奖杯、证书与鲜花

图6　英诺大学生创新成果奖颁奖现场

4. 这是一个薪火相传的成长环境

只有经历过这个过程的人才会深刻领悟到，“以赛促学”绝非空谈，比赛是过程，学习才是目的，无论是筹备软件杯时从外业数据采集到内业数据整合和软件实体开发，还是刚接触“互联网+”比赛时对于商业的一无所知到最后完整制作出精美的商业计划书，人总是在困顿和压力中蜕变成长。“以赛促学”就是我们团队的学习路径，设立明确的目标，再规划为了达到这个目标所需要学习的知识和能力，然后逐个攻克，总是在不经意间轻舟已过万重山。

依托遥感信息工程学院大创中心和元宇宙实验室(见图 7)，我们的团队不断吸纳新鲜血液，让低年级同学也有平台和机会学习与成长。他们有专门负责外业数据采集的，也有负责内业建模和修模的，还有学习先进的动捕技术的(见图 8)。大家各司其职又互通有无，学习氛围欣欣向荣。同时，以团队为平台，不断孵化项目并探索可能性，新加入的同学在各类比赛中也表现不俗，除了投身“互联网+”等大型赛事的筹备以外，也先后在“蓝桥杯”等比赛中取得优异成绩(见图 9)。薪火相传，赓续理想，我们相信，在学校和学院对团队成员的支持下，在团队所有人的努力下，我们一定会矢志不渝，传递信念，让元景校园的成果惠及每一个同学。

图 7　遥感信息工程学院大创中心

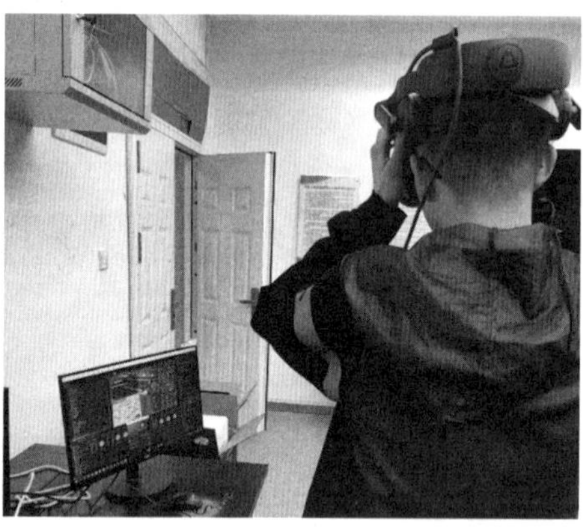
图 8　团队成员开展 VR 开发技术培训

蓝桥杯全国软件和信息技术专业人才大赛组委会

第十四届蓝桥杯全国软件和信息技术专业人才大赛

数字科技创新赛—金融科技创新赛道决赛获奖名单

学校名称	团队名称	作品名称	奖项
武汉大学	元海泛舟队	元景校园——基于实景校园元宇宙的数字资产交易体系	一等奖
武汉大学	CarobMarket	CarbonMark基于Topsis评价模型的碳市场服务平台	一等奖

图 9　项目荣获“蓝桥杯”一等奖

5. 这是一束汇聚的火把在燃烧

阶段性的成果、获奖镌刻着我们前进的足迹，但是行走、奔跑从未停止，我们在获奖以后仍在继续完善作品想通过自己的努力让武汉大学元宇宙平台早日上线。在这个过程中，我们陆陆续续得到了来自其他学院二十多名同学的支持与参与，这种合作的情谊如同一种光芒在点亮我们整个团队，而这种协作互助的旋律也正穿越时空带给我们力量。得益于学校、学院良好的科创沃土，吴平副校长以及学校、学院的领导老师们看过我们的作品之后表示要大力支持，2023 年 3 月，当一批批万向轮、VR 眼镜、动作捕捉、高性能显卡等各种各样的硬件设备为我们采购后（见图 10），元宇宙实验室被一点点打造出来（见图 11），我们更有信心。“以学生为本”从来不是一句口号，而是落实在了学校、学院对于学生科研支持的每一件事情中，我们在感谢学校给我们提供这么好的创新实践平台的同时，更加投入我们的项目中。我们利用学校学院提供的设备，参与制作了首个宜昌城市形象宣传大使——虚拟数字人昭昭，当昭昭在屏幕上向我们介绍宜昌美景的时候，我们的内心十分激动——自己的作品真正走出校园了！在这之后，我们多次参与行业研讨会、进行展会路演，与百度大疆等龙头企业合作交流，让更多人了解我们的项目，让我们的项目更完善、更有实用性，我们始终在奔跑！

我们的作品，不仅要走出校园，更要走向世界！在继续打磨项目的同时，高智老师从科研的角度启发我们思考项目在虚拟仿真、智能无人系统上的潜力，并让我们在科研组会上向新加坡工程院院士陈本美院士做项目汇报。在演示完项目 Demo 后，陈院士和高老师勉励我们将项目同智能无人系统的仿真研究结合起来，争取在科研领域也做出自己的创新成果。

图 10　团队利用动作捕捉设备制作数字人

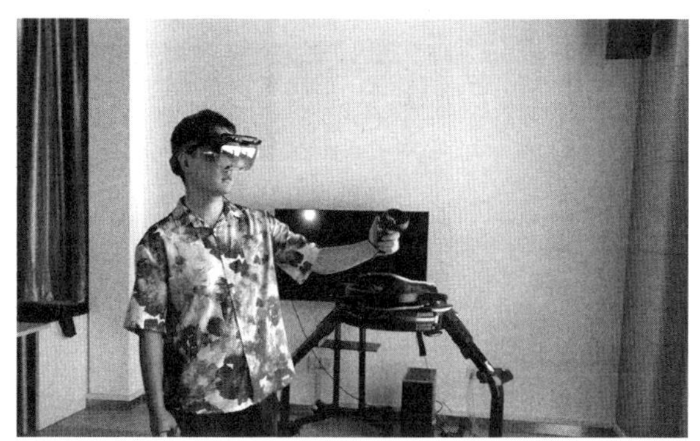

图 11　元宇宙实验室

6. 这是一份改变，仍在继续

前进的过程并非一帆风顺，但是这些风暴在前进的过程中像是“助燃剂”点燃了我们前进的动力。从“中国软件杯”到“互联网+”，从技术类型的竞赛跨越到创新创业大赛，这个跨度之大让我们措手不及。校赛时抓不到痛点、不能够展现我们的技术优势……各种各样的问题让我们的项目在众多优秀的项目中表现不佳。但是孟小亮老师和季铮老师始终相信我们能够做好，带着我们一起总结、剖析路演中的问题，反思改进不足。高智老师在我们的实际开发过程中提供了许多算法方面的建议和引导，并教会我们如何撰写比赛所需的专业文件和进行科研成果的转化。龚健雅院士与我们面对面交流(见图 12)，张祖勋院士在讲座中高度评价我们的项目让我们更有信心(见图 13)，我们的团队在挫折中成长，最终从险些未入围省赛到斩获“互联网+”省级金奖(见图 14)，再到现在备战国赛，这一路的经历让我们不断成长，然而改变仍在发生，前进仍在继续。元景校园的梦终究会成为现实，我们的代码编织出来的美好会让更多同学感受到，让技术真正成为人们的福祉，这是元景校园团队前进的源源不竭的动力。

图 12　龚健雅院士悉心指导团队

图 13　张祖勋院士指导团队研发

图 14　获得第九届中国国际“互联网+”大学生创新创业大赛省赛金奖

结束语：星驰寰宇，青春有为，从图像点云到飞檐碧瓦，从愿景初心到小有所成，元景校园团队的故事还未结束，我们将继续用遥感技术助力校园元宇宙建设，让“校园愿景”相伴“元景校园”！

师生共同探索基础医学实验教学的创新实施路径

孙 恒[#] 徐圆景[#] 周 冰 郭 颖 张德玲[*]
（武汉大学 泰康医学院（基础医学院），湖北 武汉 430071）

【摘 要】 基础医学实验课程是医学教育中重要的实践性环节。随着新医科时代赋予医学教育的神圣使命与挑战，基础医学实验教学急需改革。本研究团队在一系列教学改革举措基础上，聚焦于学生视角，设计并展开调查问卷，对基础医学实验课程教学方式、教学效果以及教学活动喜爱度进行全面调研。结果表明，教改组学生对实验教学效果的认可度更高，认为自身的知识技能、思维能力、团队意识都得到显著提升。综合学生的调研结果及需求反馈，本团队师生进而设计出一套适合基础医学实验教学改革创新需求的实施路径，以期改变教学改革中学生视角缺席的现状，满足医学生学习和成长需求，提升课程育人的效果。

【关键词】 基础医学实验；教学改革；问卷调查；能力培养；小组合作

【作者简介】 #共同第一作者：孙恒（2003— ），男，湖北咸宁人，武汉大学泰康医学院（基础医学院）口腔医学五年制专业本科生，E-mail：2021303042025@whu.edu.cn；徐圆景（2004— ），女，湖北咸宁人，武汉大学泰康医学院（基础医学院）口腔医学专业5+3一体化专业本科生，E-mail：2107834560@qq.com；*通讯作者：张德玲（1979— ），女，湖北武汉人，医学博士，武汉大学泰康医学院（基础医学院）病理生理学教研室副教授。主要从事糖尿病分子机制、医学教育研究，E-mail：zdlme@whu.edu.cn。

0. 引言

基础医学实验课是医学专业学生在基础阶段的重要课程，武汉大学针对一到三年级的医学生开展了一系列基础医学综合实验，涵盖机能、形态、生化等方面。机能学实验是研究生物正常功能、疾病发生及药物作用机制的综合性实验，它以动物实验为主要手段，这些实验在基础医学教学阶段占据较重的分量，对于学生的能力培养起到非常重要的作用。

随着新医科时代赋予医学教育的神圣使命与挑战，医学高等教育也需要在教学理念、主体地位和教学方法上进行转变，从以教为主的知识传授，转变为关注学生学习成效[1]。因此，基础医学实验课程亟待教学改革。

本研究基于团队教师前期做出的一些实验教学改革举措，联合团队本科生设计调查问卷，聚焦于学生视角，对基础医学实验课程的教学进行全面调研，通过调查学生在不同教学形式下的学习体验和收获，倾听学生对教学形式、教学效果以及教学活动喜爱度的反馈，从而有的放矢，团队师生共同设计出一套适合实验课程教学改革创新需求的实施路径，以改变教学改革中学生视角缺失的现状，满足医学生学习和成长需求，培养适应和引领现代医学发展、满足未来健康需求的医学人才。

1. 资料与方法

1.1 调查对象

选取武汉大学基础医学院(泰康医学院)2021级口腔医学专业、临床医学专业本科生作为调查对象，每个专业涵盖5年制、5+3一体化、8年制，共计178人，调查时间为2022年10月至2023年5月。

1.2 教学实施

基础医学实验课为小班教学模式(20~25人/班)，将调查对象以小班为单位随机纳入教学改革组(简称为教改组)和对照组。教改组由本研究团队教师执教，在该课程的连续8次机能学实验中实施一系列教学改革举措，对照组由其他教师按常规教学方式上课，具体教学实施见表1。在8次实验课程结束后，组织调查对象填写调查问卷。

表1　**教改组与对照组教学实施的比较**

	教改组	对照组
学生	相同学制随机分组，20~25人/班	相同学制随机分组，20~25人/班
指导教师	本团队教师	其他教师
教学内容	1. 刺激强度和频率对肌肉收缩的影响 2. 期前收缩和代偿间歇 3. 血液凝固和红细胞脆性 4. 心血管活动的神经体液调节 5. 呼吸运动的调节及膈神经放电 6. 尿生成的影响因素 7. 实验性缺氧 8. 实验性发热	
教学组织	MOOC预习 实验理论讲解 操作演示(强化) 带教指导(强化) 指导学生开展小组讨论(强化) 总结实验结果(强化) 抽选学生回答问题、反思总结(强化) 点评作业、反馈问题(强化)	MOOC预习 实验理论讲解 操作演示(部分实验开展) 带教指导(常规) 总结实验结果(部分实验开展) 指导学生开展小组讨论(偶尔) 抽选学生回答问题(偶尔) 点评作业、反馈问题(偶尔)

1.3 调查内容与方法

本次调查采用问卷星问卷调查法，问卷内容包括学生基本信息、课程教学方式、课程感受、课程收获、课程能力培养、教学活动喜爱度等多个评价维度，主要采用李克特(Likert)5级量表评分，从完全不同意到完全同意分别赋值1~5分，辅以单项/多项选择题。课程教学方式的频率考量，按“从不”“极少”“有时”“经常”“总是”给出五种选项。教改组与对照组的问卷内容完全一致。

1.4 统计分析

采用Graphpad Prism 10.0.2软件对数据进行统计学处理，计量资料以平均数±标准差进行描述，采用Student's t检验分析比较两组间的各项指标差异，计数资料采用卡方检验，以 $P<0.05$ 表示差异具有统计学意义。

2. 结果

2.1 一般资料

本次调查共发放问卷178份，回收问卷178份，有效问卷回收率100%。调查受访者中教改组学生为84人，对照组学生为94人。每组都包括5年制、5+3一体化、8年制专业学生。

2.2 实验课教学方式反馈

对于实验课的教学方式设计了一个问题：“根据你所在班级的真实课堂经历，你的带教教师开展以下课程教学方式的频率如何?”，分别统计在各种课程教学方式下选择频率为“总是”的学生人数比例，以期从学生角度了解教改组与对照组实验教学方法的差异。

如图1所示，与对照组相比，教改组教师明显强化了多种教学方式的使用频率，包括教师在课堂上的操作演示、带教指导、指导学生开展小组讨论、抽选学生回答问题、总结实验结果、点评作业及反馈问题等(卡方值为108.8，P 值<0.0001)。两组教师在MOOC视频教学的课堂运用频率上无明显差异。

2.3 实验教学效果反馈

为了解学生在实验课的课程感受、课程收获、课程能力培养等多个维度的具体情况，设计以下问卷选项，使用李克特5级量表进行调查。

表2中的结果显示，在课程感受维度上，教改组学生的总体评分显著高于对照组。两组学生都非常喜欢上这门课，但教改组学生更能感受到教师经常鼓励学生、教师给予学生充分试错的机会。

在课程收获维度上，教改组学生的总体评分显著高于对照组。具体表现为：教改组学

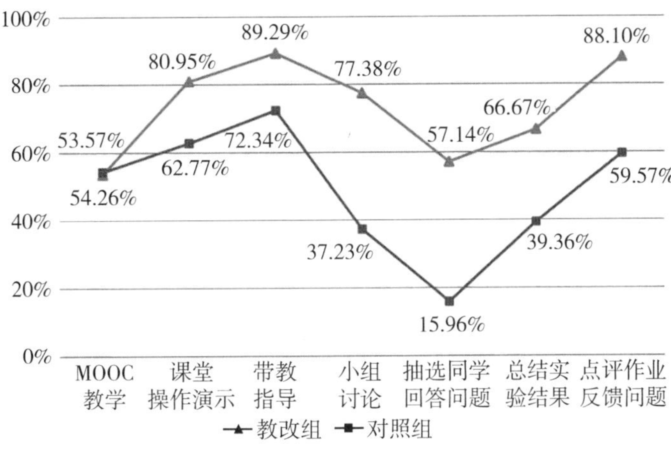

图 1　教改组与对照组开展各种教学方式的频率比较

生更加认可，该课程能促进相应理论知识的记忆和理解，学生能够自主解决实验过程中遇到的难题，以及通过与同学们讨论，经常能解决实验过程中遇到的难题。

在课程能力培养的维度上，教改组学生的总体评分明显高于对照组。具体表现为：教改组学生更加认可，该课程充分锻炼了自己的动手能力，提升了自己参与小组(团队)合作的意识和能力，提升了自己分析、解决问题的能力，启发了科学研究思维。对于“提升了提出问题的能力”这一项，两组学生的认可度无明显差别。

表 2　**教改组与对照组的问卷调查结果比较**

	维度/项目	最大分值	教改组	对照组	P 值
	课 程 感 受	25	23. 04±2.486 *	21.96±3.069	0.0114
1	我喜欢上这门课	5	4.667±0.6463	4.468±0.7139	0.0544
2	该课程学习增强我参与实验操作的兴趣和积极性	5	4.655±0.7362	4.468±0.7578	0.0981
3	教师经常鼓励我	5	4.786±0.4675 ***	4.489±0.6679	0.0009
4	教师给予我充分试错的机会	5	4.690±0.6581	4.489±0.7295	0.0562
5	经过这段时间学习，我对带教老师的依赖感显著减少	5	4.238±1.001	4.043±0.8665	0.1643
	课 程 收 获	20	17.60±2.537 **	16.51±2.626	0.0058
6	我基本掌握了课程中每一种实验操作技能	5	4.369±0.7409	4.160±0.6926	0.0529
7	该课程促进我对相应理论知识的记忆和理解	5	4.595±0.6036 **	4.277±0.8086	0.0036
8	我经常能够自主解决实验过程中遇到的难题	5	4.238±0.9133 *	3.957±0.8154	0.0317
9	我通过与同学们讨论，经常能解决实验过程中遇到的难题	5	4.393±0.6945 *	4.117±0.7600	0.0127

续表

	维度/项目	最大分值	教改组	对照组	P 值
	课程能力培养	25	22.62±2.832 **	21.44±3.384	0.0129
10	我的动手操作能力得到了充分锻炼	5	4.619±0.5788 *	4.404±0.6928	0.027
11	增强我参与小组(团队)合作的意识和能力	5	4.560±0.6277 *	4.319±0.8061	0.029
12	提升了我提出问题的能力	5	4.429±0.7328	4.245±0.7286	0.0954
13	提升了我分析、解决问题的能力	5	4.488±0.6493 *	4.213±0.7602	0.0106
14	启发了我的科学研究思维	5	4.524±0.7359 *	4.255±0.7751	0.0192

注：各项目以平均数±标准差进行统计描述；比较教改组与对照组在各维度评分总分及各问题评分上的差异，其统计学显著性依此为 * 表示 $P<0.05$，** 表示 $P<0.01$，*** 表示 $P<0.001$。

2.4 学生对教学活动喜爱度调查

通过问卷调查："你最喜欢/期待的课程教学活动是？(最多选择三种)"，以期从学生角度了解该阶段医学生对实验课教学形式的真实需求。如图 2 所示，对比不同教学活动的投票率，教改组与对照组学生都喜爱"教师带教指导""教师在课堂上操作演示"这两项教学活动，但教改组与对照组学生之间在其他教学活动上的兴趣点存在显著差异，教改组学生更偏向于开展小组讨论，对照组学生更偏向于在课堂上观看 MOOC 教学视频(卡方值为 15.33，P 值为 0.018)。

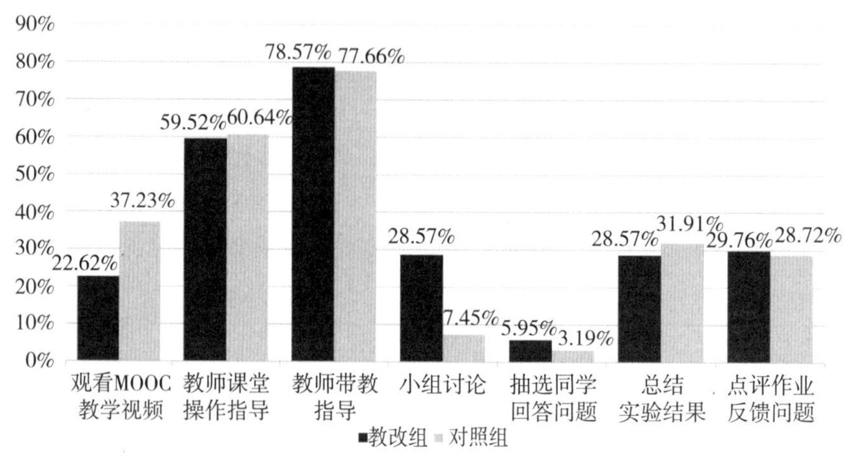

图 2　学生喜欢/期待的课堂教学活动情况

3. 基础医学实验课程的教学新路径探索

以构建人才培养目标与医学生学习成长需求相一致的基础医学实验教学体系为课程创

新建设理念，本研究团队基于前期在教改组中的教学改革创新尝试，结合本次调查问卷获取的学生学习体验反馈，参考线上线下混合式教学创新模式，融入多种教学方法，从学生视角出发，本团队师生积极探寻适合医学生学习和成才需求的实验教学创新路径，总体设计框架如图 3 所示。

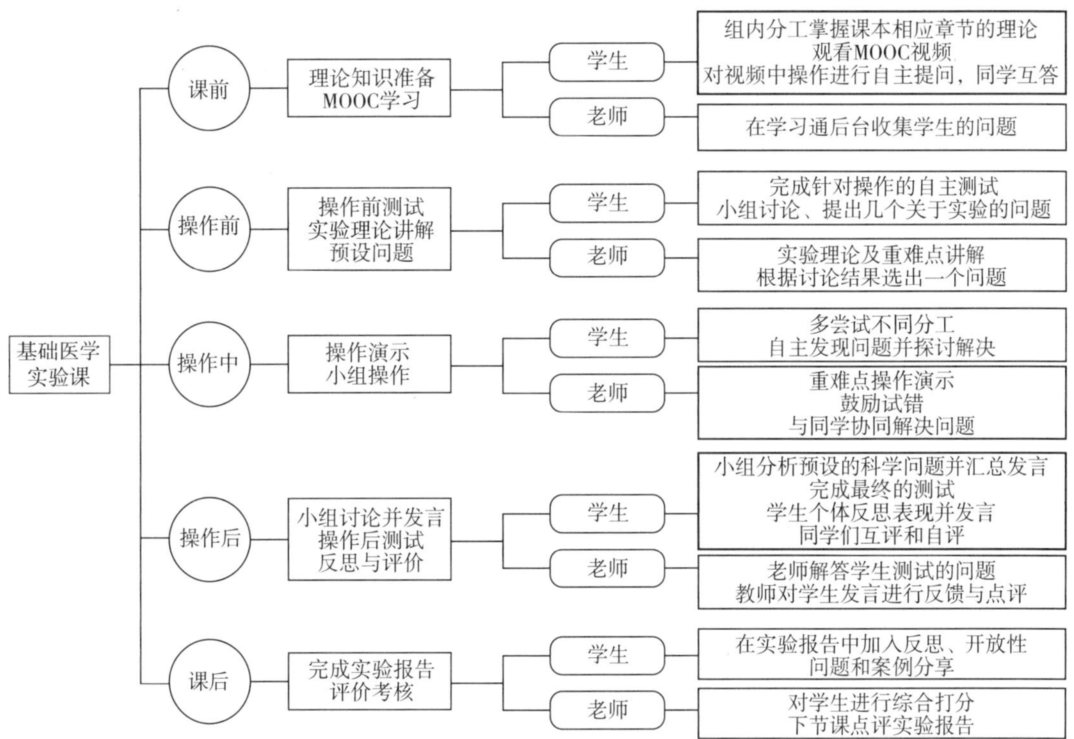

图 3　基础医学实验课教学实施新路径的设计框架

以机能实验“刺激强度和频率对肌肉收缩的影响”为例，阐述该设计框架。实验课前，学生自由组队(每组 4~5 人)，提前预习教师发放的课件 PPT、观看 MOOC 视频，并针对存疑的部分在 MOOC 讨论区提问，学生可以互答，教师在后台收集学生的问题。

实验课上，首先，学生自主完成基于本节课实验内容的课前测试，初步考查实验内容及流程的熟悉程度。其次，教师参考 MOOC 讨论区提问、课前测试结果，有针对性地对本实验流程及重难点进行讲解，然后由同学开展简短的小组讨论，每组提出几个与本实验相关的科学问题，教师依据讨论结果预设 1~2 个科学问题让学生们边做实验边思考，如“神经干的兴奋是如何引起肌肉收缩的”。预设问题的选择依据是涵盖本课程教学目标、有一定难度且现成信息不足以解决、需要学生进行思考探究并查询理论资料的问题。学生进行自主操作前，教师对重难点操作进行现场集中演示。学生开始操作后，教师根据各组学生需求和实验进度，开展小组带教指导，应注意鼓励学生多尝试不同的操作任务以及大胆试错，由学生自主发现实验问题，如“如何迅速准确找到牛蛙的枕骨大孔”，师生协同解决。实验操作结束后，教师组织学生进行小组讨论，结合实验过程对预设的问题进行解答，每组派一名代表或自由发言。学生发言时，教师应适当调动课堂气氛，不必过多强调对错，鼓励学生多发言、敢发言。再次，学生完成基于本节课内容的最终测试，教师针对测试结果进行盲点反馈。最后，学生对各小组的整体表现进行自评、互评、总结反思。

实验课后，学生完成实验报告，报告的内容注重于学生对实验过程及结果的反思，还包括对教师课后给出的开放式问题或临床案例的分析与探究，如“骨骼肌不发生完全强直收缩会对机体造成什么影响”。下次课上，教师将对学生的实验报告予以点评与反馈，挑选几位同学进行实验报告中的案例分享。教师对学生的课程考核标准包括课堂参与度、学习态度、学习积极性等课堂表现、课堂测试、实验报告评分。

该设计路径着重强化医学生的动手能力、增强其自信心；启发医学生观察、思考、分析的综合思维能力；增强团队合作意识和能力以及启发医学生自主学习意识与反思意识。

4. 讨论

医学是一门实践学科，而基础医学实验课是医学教育中重要的实践性环节。在医教协同以质量为核心的医学高等教育改革指导思想以及注重医学知识和医学职业素养融合的教学模式下，基础医学实验教学应突破“重操作轻能力培养”的束缚，从动手能力、思维能力、团队精神、科学探究等方面来设计、实施基础医学实验，拓展实验课的深度和广度，实现医学人才的全面培养。

本团队教师在实验课程中尝试实施了一系列教学改革举措，如加强使用课堂操作演示、带教指导、指导学生开展小组讨论、抽选学生回答问题、总结实验结果、点评作业及反馈问题等多种教学方式，通过问卷调查发现，教改组学生在课程感受、课程收获、课程能力培养等多个维度上的总体评分显著高于对照组，教改组学生认为自身的知识技能、思维能力、团队意识都得到显著提升，这表明我们的实验教学改革举措非常有效。

两项传统的实验教学形式“教师带教指导”“教师在课堂上操作演示”是两组学生都比较喜欢的模式，因为现阶段的医学生属于低年级学生，他们刚开始医学专业课程的学习，尚处于积累阶段，教师带教指导、操作演示有助于帮助学生尽快进入实验状态，提高实验成功率。本团队教师在教改组也加强了这两项课堂教学方式的使用频率，避免了学生因一些基本操作问题停滞不前，有效确保了课程实施路径按规划推进，有利于争取更多的实验课时间，去帮助学生开展高阶思维和能力训练。

本团队在实验教学改革尝试中打出一套组合拳(同时运用多种教学方式)，收获了较好的学生学习体验与效果反馈。但是，如何将各种教学形式进行有效的组合，以发挥更大的效能？这个问题促使我们在探索实验教学实施新路径的过程中进行了更多的思考。

4.1 建立分析问题的意识与能力

在传统的验证性实验教学中，由于实验结论已知以及由教师主导教学，学生按部就班完成实验，仅注重对学生自身实验技能的培养，完全缺乏对学生发现、分析和解决问题的思维训练。本研究中，教改组学生认为该课程既充分锻炼了自己的动手能力，也提升了自己分析、解决问题的能力，启发了科学研究思维，表明教学改革举措有利于学生综合能力的培养。

建构主义教学观是1966年由瑞士心理学家让·皮亚杰提出的，是对传统教学观的批判和发展。我们在改革实践及设计实施路径时，基于建构主义教学理论，引导学生在情境中感受，教师发挥教学组织者的“导向”作用，调动学生的积极性，突出学生的主体地位，帮助他们发现、分析和解决问题[2]。

首先，是以问题为导向串联起整个实验过程。一方面，在实验操作之前，由学生小组讨论并提出几个与实验相关的科学问题，教师挑选后预设1~2个科学问题，初步引导学生思考和推测。基于PBL理论，所提出的问题要能激发学生深入思考的兴趣，同时，问题本身具有复杂性且现成信息不足以解决，该问题能与学生所学知识有机联系起来，让学生能够根据已有的知识去习得新的知识，通过分析问题、查询资料，进行思考探究[3]。另一方面，在实验中，鼓励学生边做边思考预设的问题，以及积极地思考与解决自己在操作过程中遇到的问题，随时与教师交流。

其次，是形成学生反思与教师评价的良性互动过程。在传统的以教师单方面评价实验报告的基础上增加学生反思的过程，在实验操作结束后，学生及时对小组的整体表现和成果进行总结反思，教师当堂给予反馈与点评，双方共同汲取经验，达成一致意见，在课后留足够的时间给学生去反思自身表现和更多实验细节，对自己做出评价，也结合更充分的资料对实验现象进行分析，教师在下次课上予以点评。

本次调查中，教改组与对照组相比，在“提出问题的能力”这一项目上无明显提升，提示我们今后可强化“学生反思与教师评价的良性互动”模式，相信该模式有利于培养提出问题的能力。

4.2 在实验操作中敢于试错，积极寻找解决方案

在传统的实验教学中，带教教师把知识“嚼碎了喂给学生”，学生大多仍是遵循“照方抓药”的原则进行验证实验。大多数学生仅对实验动物、实验操作感兴趣，只关注于是否能得到与理论一致的实验结果，而对于实验原理、实验操作则是一知半解，不能有效地对实验操作进行掌握，遇到问题就束手无策，不能独立思考积极寻找解决方案，对教师依赖性强，遇到问题即向教师求助，解决问题后不愿再次尝试，不敢试错。

本研究中，教改组学生更能感受到教师经常鼓励学生、教师给予学生充分试错的机会，学生认为自己经常能自主解决实验过程中遇到的难题。由此，教学过程应强调以学生为中心，而教师则作为学生的引导者，课中不断表扬、鼓励和鞭策，在多个环节把关并对每个环节的结果给予积极引导和纠偏，与同学共同预设更多解决方案引导思维发散，强调小组分工合作、轮流尝试等基于自主与引导教学模式的方式，充分调动学生学习的主动性，转变学生的认知思维，引导学生重视创新而非模仿，积极尝试而非结果导向，推动学生参与、体验、亲身实践与独立思考[4]。

4.3 发挥小组合作学习效能

本次调查中，教改组学生更偏向于开展小组讨论，而不是被单独提问；教改组学生更加认可，自己参与小组(团队)合作的意识和能力得到提升；通过与同学们讨论，经常能解决实验过程中遇到的难题。

小组合作学习模式是近年来国内外教育工作者提倡的一种发展性教学策略，它有效实现学生之间互助学习，使学生的压力得到分散，提高学生学习效率，形成互教互学、互问互答、互帮互助的良好学习氛围和合作精神[5]；发挥“头脑风暴”的作用，调动学生整体的学习积极性和主观能动性，集合碎片化的信息点形成完整的知识环路；提高学生的逻辑思维分析能力、语言表达力和组织力[6]。

我们在教学实施新路径中做了具体规划，将小组合作学习形式贯穿于课前准备、课上设疑、操作实践、实验后讨论、总结与评价五个环节，以便更好地在实验教学中发挥小组合作学习效能。

尽管小组合作学习有其独特优势，但在教学实施过程中也遇到一些问题。有的学生害怕犯错尴尬，而且不善于表达自我，陈述观点总是词不达意；部分学生缺乏团队合作意识，没有真切地感受过团队协作带来的好处，尚未形成有效的团队合作模式；有些小组操作时的分工过于固定，导致技能分化，学生的能力难以得到全面锻炼。因此，教师应适当调动课堂气氛，激发小组活跃度，引导小组成员轮流尝试，鼓励小组学生多发言、敢发言，不必过多强调对错，使学生处于一种比较放松又充满好奇心的状态，确保小组合作学习的顺利进行。

4.4 把握量与度的关系

由于医学专业的特殊性，医学生课业任务较重，相应的实验课学时受到压缩，甚至有时割裂了理论与实验的相关性及实验之间的连续性。实验 MOOC 作为课程教学的一部分，能够弥补实验课时不足的问题，为学生提供自由学习的机会。但实际教学中，通过观看 MOOC 预习是学生被动获取知识的过程，知识往往“过眼不过脑”，也无法取代教师操作演示的教学环节。我们可以发挥 MOOC 的预习、测试、线上讨论等功能，辅助配合课堂教学活动[7]。

此外，要在有限的课时内完成实验教学任务，进行的开放式教学活动不宜过多，避免延长学生上课时间，反而影响教学效果。教师可根据实验内容灵活把控讨论形式和时间，比如操作中的空当时间较长时，可以将课前的讨论渗透在操作间隙。

5. 结语

总之，医学是一门实践学科，而基础医学实验课是医学教育中重要的实践性环节，在医学生实践能力培养中占有重要地位，其授课质量直接影响医学人才的培养。关注学生视角、倾听学生声音，通过学生的学习体验和就读经历的反馈，帮助教育者了解基础医学实验教学存在的缺陷，从而有的放矢进行教学改革，构建人才培养目标与学生学习成长需求相一致的实验教学体系，这既是服务医学生成长成才的迫切需要，也是培养新时代医学人才的关键和根本。

◎ 参考文献

[1]邱波，赵俊杰．基础医学实验教学改革的实践与思考[J]．现代盐化工，2022，49(5)：140-142.

[2]安英，沈楠，赵丽晶，等．基于建构主义理论的医学机能学混合式教学模式探索[J]．中国新通信，2021，23(8)：242-243.

[3]唐娟，蒋建利，陈志南．结合以问题为导向教学法的开放式教学新模式在基础医学实验课教学中的应用和效果评价[J]．细胞与分子免疫学杂志，2022，38(4)：378-382.

[4]赵培源，刘喜红，侯俊林，杨丽萍，李晓冰，李新民，刘征．自主与引导教学模式在医学综合设计性实验中的应用[J]．中国中医药现代远程教育，2022，20(15)：15-17.

[5]邱超，侯敏．医学本科生对小组合作学习效果评价研究[J]．继续医学教育，2020，34(8)：32-34.

[6]刘程程，周学东，徐欣．基于同伴教学法的新型口腔医学教学模式[J]．华西口腔医学杂志，2016，34(5)：544-547.

[7]王颖，王蕾，田毅．"病原生物学与免疫学"MOOC在临床专业实验教学中的应用[J]．江苏科技信息，2021，38(20)：58-60.

医学本科生“实践育人”设计与评测方法研究

朱闰琳　张琼月　张德玲　魏　蕾*

（武汉大学　泰康医学院（基础医学院），湖北　武汉　430071）

【摘　要】 目的：“实践育人”是基于实践拓展课程思政教学的重要手段和实施路径，本研究旨在探究适合医学本科生的“实践育人”设计及评测方法。方法：研究对象为武汉大学泰康医学院（基础医学院）2023 年 6 月 27 日—8 月 14 日参加暑期社会实践的 6 个实践队的 117 名医学本科生，问卷根据《武汉大学课程思政教学评价指南》进行设计，从“专业认同感”“学习自我效能感”“爱国主义态度”“学生核心素养”“批判思维及科学精神”五个维度评价“社会实践活动”对学生专业认知和行为产生影响的条件和效果。结果：在所设计的五个维度中，学生总体“专业认同感”有了显著提升（$P<0.05$），且进行“实操调研”的两支队伍“青海组”和“恩施组”提升尤为明显（$P<0.05$）。结论：通过在国内开展“实操调研”型社会实践，可在短期内有效提高“专业认同感”。

【关键词】 专业认同感；医学生；问卷调查；社会实践

【作者简介】 朱闰琳（2004— ）（第一作者），女，湖北武汉人，武汉大学口腔医学八年制专业本科生，E-mail：runlinzhu@ whu. edu. cn；张琼月（2004— ），女，湖北武汉人，湖北第二师范学院教育科学学院小学教育本科生，E-mail：zqqqyue@ qq. com；＊通讯作者：魏蕾（1969— ），女，湖南新化人，医学博士，武汉大学泰康（基础医学院）病理生理学教研室主任，三级教授，博士生导师，主要从事疾病分子机制研究、医学教育研究。E-mail：leiwei@ whu. edu. cn。

随着医学的发展进步，技艺精湛不再是医学人才的唯一评判标准。为了达成对医学人才道、仁、学、技、艺全方位的培养，加强和持续推进新时代高校课程思政工作刻不容缓。因其可感召学生自主意识的特点，“实践育人”被认为是提高大学生思想政治教育实效的重要途径[1]。面对新的时代要求和形势变化，做好高校实践育人课程思政工作成为刚需。全过程育人的实质是要将思想政治工作融入教育教学全过程与学生成长过程[2]。想要有针对性地根据医学本科生专业知识储备和兴趣特点，选择实践场景，就要不断探索实践教育设计理念、评测方法和手段。

本文以问卷调查的研究方法，通过研究医学本科生参加不同地区、不同类型的实践活动前后核心思想素养的变化，探究更适于新时代要求的医学本科生实践活动设计方案，研究提示在国内开展“实操调研”型健康服务类社会实践，在短期内能有效提高医学本科生的"专业认同感"。

1. 对象与方法

1.1 研究对象

本次调查对象包括在 2023 年 6 月 27 日—8 月 14 日赴武汉大学校外开展社会实践的全部武汉大学泰康医学院(基础医学院)暑期实践队的医学本科生，共 123 人。这些学生涵盖临床医学、基础医学、公共卫生、口腔医学、护理医学 1~3 年级本科生，其暑期实践目的地包括：青海、恩施、加拿大、北京、新疆、英国以及山东等 7 个地区(国家)。

实践内容可归纳为以下七个类别："理论学习""场地参观""专家访谈""问卷调查""实操调研""科普讲座"和"文化活动"。

"知识学习"邀请武汉大学基础医学专业教授及武汉大学中南医院的临床医师，对学生开展医学专业知识授课，包括理论知识的学习与临床思维的培养。"场地参观"带领学生走入一线工作场所，主要包括进入实践地所属医院、疾控中心、水厂等各种专业化场地进行实地学习。"专家访谈"邀请医学界的前辈们，向学生讲述自己的医学之路故事，并传授学习经验。"问卷调查"由学生自发编写健康调查问卷，在实践过程中邀请当地居民填写，在实践结束后对问卷结果进行分析和讨论。"实操调研"指各类与当地居民或工作人员直接接触的具有身临其境的感受效果的调研活动，例如入户调研、健康检查、跟随水厂进行实地水质考察采样等。"科普讲座"由学生根据实践地的特点选择讲座主题，开展健康常识及疾病知识公益科普讲座。"文化活动"则是带领学生参观实践地博物馆、图书馆、文化遗址，组织学生进行宣传海报设计、签名合影留念、读书见面会、唱校歌扬校旗等。各实践队实践活动队员人数、持续时间以及实践内容具体组成情况如表 1 所示。

表 1　**各实践队实践时间及实践内容组成情况**

实践队伍	实践时间(天)	队伍人数	知识学习	场地参观	专家访谈	问卷调查	实操调研	科普讲座	文化活动
青海组	7	10		✓	✓	✓	✓	✓	✓
恩施组	5	16	✓	✓	✓	✓	✓	✓	
加拿大组	31	30	✓	✓					✓
北京组	8	17	✓		✓	✓			
新疆组	7	12		✓				✓	✓
英国组	25	32	✓	✓					✓
山东组	10	6							✓

1.2　研究方法

本次调查问卷根据《武汉大学课程思政教学评价指南》进行设计，从“专业认同感”“学习自我效能感”“爱国主义态度”“学生核心素养”“批判思维及科学精神”五个维度对参与实践的学生进行评估。在实践队出发开始进行暑期实践活动之前以及活动结束之后分别进行“课程思政教学评价”问卷调查的前测(A 卷)和后测(B 卷)。问卷使用问卷星二维码由实践队带队教师转发至各实践队群中进行收集，并从后台导出详细数据进行统计学分析。其中，赴山东开始暑期实践的 6 位学生问卷回收比例不合格(A 卷 2 份，B 卷 0 份)，因此数据未被纳入后续分析。此外，6 组问卷调查回收有效问卷为 117 份。具体问卷内容参见附表 1 及附表 2。

1.3　统计学处理

计数资料直接以频数表示，符合正态分布的计量资料用均数和标准差($\bar{x}\pm s$)表示。采用 SPSS 软件进行方差分析和 t-test 分析，$P<0.05$ 表示统计学上差异有显著性。

2. 结果

2.1　问卷设计(见表 2)

表 2　**问卷题目设计构成**

维度	题数	具体指标	题数
专业认同感	10	专业认知	3
		专业情感	3
		专业行为	4
学习自我效能感	8	学习能力自我效能	4
		学习行为自我效能	4
爱国主义态度	8	情感性态度	4
		价值性态度	2
		行动性态度	2
学生核心素养	8	文化基础	2
		自主发展	3
		社会参与	3
批判思维及科学精神	6	批判性思维	3
		科学精神评价	3

其中，“专业认同感”维度的10道测试题分别为：(1)我能列举出至少3个本专业的杰出人物并讲出他们的故事；(2)我了解所学专业领域中主要及最新的研究成果；(3)我了解本专业在社会上的就业状况；(4)我对本专业非常感兴趣，它带给我快乐；(5)我常常忍不住去和别人谈论我的专业；(6)我期待有更多的人来学习我的专业；(7)我倾向于从所学专业的角度思考分析问题；(8)我经常阅读与所学专业相关的书籍和文献资料；(9)我经常与同学探讨所学专业的相关问题；(10)我对继续本专业的学习干劲十足。

学生需要根据自己的实际情况与题干进行比对，在“完全不同意”“比较不同意”“无所谓”“比较同意”和“完全同意”五个程度中选择最匹配的程度。

2.2 问卷分析

表3显示实践前后本科生在“专业认同感”“学习自我效能感”“爱国主义态度”“学生核心素养”“批判思维及科学精神”五个维度上的评分。结果提示，与实践前相比较，实践后，学生的“专业认同感”评分上升，差异有显著性。随后，针对本组数据按照不同的实践地进行了进一步的分析。此外，“学习自我效能感”“爱国主义态度”“学生核心素养”以及“批判思维及科学精神”评分差异均没有显著性($P>0.05$)。

表3　**实践前后调查问卷各维度的评分比较**

	专业认同感	学习自我效能感	爱国主义态度	学生核心素养	批判思维及科学精神
总分	50	40	40	40	30
实践前(A卷，n=91)	40.48	33.71	34.30	37.55	24.42
实践后(B卷，n=107)	42.27	32.97	34.31	37.03	23.94
P值	0.023*	0.119	0.491	0.198	0.112

注：*表示$P<0.05$，后同。

2.3 “专业认同感”分析

表4显示各实践队“专业认同感”数据，结果提示，“青海组”和“恩施组”均值提升较大，分别为5.12与3.75，提升幅度为9.49%与14.55%，“加拿大组”为1.50，“北京组”和“新疆组”也有一定提升，分别为0.61与0.71，而“英国组”均值下降0.08。

表4　**各实践队“专业认同感”调查结果**

实践队伍	实践前参评人数	实践前专业认同分值	实践后参评人数	实践后专业认同分值	P值	提升幅度
青海组	10	39.50±5.04	8	43.25±3.77	0.059	9.49%
恩施组	16	35.19±9.21	16	40.31±8.87	0.066	14.55%

续表

实践队伍	实践前参评人数	实践前专业认同分值	实践后参评人数	实践后专业认同分值	P 值	提升幅度
加拿大组	20	41. 10±5. 59	30	42. 60±6. 13	0. 197	3. 65%
北京组	13	41. 77±5. 74	13	42. 38±4. 60	0. 387	1. 46%
新疆组	7	44. 29±5. 65	12	45. 00±5. 63	0. 402	1. 60%
英国组	25	41. 76±4. 10	28	41. 68±4. 63	0. 474	-0. 19%

2. 4 “实操调研”环节对“专业认同感”的影响分析

为了探究实践活动对“专业认同感”的影响情况，我们可以从实践地点、实践时间、队伍人数和实践内容(见表 1)四个方面进行初步分析。时间和地点的不同情况直接影响队员的见闻感受。实践时间较长则可能使影响更加深刻，而队伍人数的变化会让队员在实践过程中产生不同的社交体验，从而产生整体性的感想和体会。本文主要选择从实践内容方面进行深入分析。根据表 1 各实践队活动的具体内容分析，可知“青海组”和“恩施组”都具有“实操调研”型实践活动，而其他实践队则无。那么，“实操调研”是否与提升学生“专业认同感”有相关性?

根据实践队的活动内容，进一步将六支队伍划分为有“实操调研”队和无“实操调研”队。分析显示，有“实操调研”队的学生经过一次暑期实践后，“专业认同感”有了显著性提升。而无“实操调研”队则没有明显的统计学差异。因此，可以基本证实“‘实操调研’在‘实践育人’过程中对提升学生‘专业认同感’有较大帮助”。

表 5　　不同“实操调研”队的“专业认同感”评分结果

	A 卷(n=91)	B 卷(n=107)	P 值	提升幅度
有“实操调研”队	36. 85±8. 15	41. 29±7. 68	0. 029*	12. 05%
无“实操调研”队	41. 83±5. 19	42. 60±5. 46	0. 194	1. 84%

3. 讨论

关于“学习自我效能感”“爱国主义态度”“学生核心素养”“批判思维及科学精神”四个维度，并未表现出明显的统计学差异。分析其原因如下:

“自我效能感”是指人们对自己实现特定领域行为目标所需能力的信心或信念[3]，而“学习自我效能感”则表现在学习领域。该维度主要评价信念、信心等主观层面因素。在实践过程中，学生主要为 1~3 年级的低年级医学生，尚欠缺系统的医学专业知识，因而无法将所学知识运用于实践，或实践所需知识未曾涉及，从而感到信心受挫，对自我能力的信任程度降低。在本次调查中，实践后该维度均值降低了0.74。但由于实践难度经过控制，学生的信心并没有受到严重打击，因此没有出现显著的下降趋势。

实践活动具有时间较短、项目较零散的特点，而“学生核心素养”和“批判思维及科学精神”需要长期的培养训练，因此在短期内难以发生显著性改变。

在“爱国主义态度”方面，本次恩施组与北京组并未设置“文化活动”环节，加拿大组和英国组则只设有有关当地风俗的“文化活动”。因此，学生只能在实践中自行体会，其最终成果不具“实践设计”导向性。在大学生爱国情怀培育过程中，要将不同元素融会贯通到教育教学内容中，增强大学生爱国情怀培育内容的时效性和鲜活度[4]。而青海组、新疆组虽设置中华文化相关活动，但其形式仍局限于讲座分享、博物馆参观、诗词朗诵等，未做到融合创新，因此也无法造成显著的影响。

根据数据分析(见表5)，“实操调研”在“实践育人”过程中对提升学生“专业认同感”有较大帮助。探究其原因如下：

“实操调研”是一种体验型活动，学生利用所习得的专业知识，深入民众开展与主题相关的健康帮扶，如入户调研、健康检查等。学生是活动的策划者、组织者和执行者，在活动中全程参与、亲力亲为。在健康检查时，“我是医生”，在入户调研时，“我是研究人员”，这种强烈的身份认同感给人以心灵震撼。尽管只是短期实践，学生们却能够感悟到自己所处专业的职责所在。

而其他组的实践安排则没有这种特点，因此效果也不如“实操调研”显著。例如，“知识学习”“科普讲座”和“文化活动”在校内同样可以进行，没有很好地体现出“实践育人”切实感受体验的独特之处，对“专业认同感”这一维度的提升帮助不及“实操调研”。而“场地参观”“专家访谈”和“问卷调查”则是到实地实景中“看”与“听”，其成效虽不及实地实景中“做”的“实操调研”活动，但强于“知识学习”“科普讲座”和“文化活动”。

此外，有“实操调研”队伍的“专业认同感”大幅提升也与所到实践地的现实境况有关。青海组与恩施组的实践活动选址地区生活状况较差、医疗水平相对落后，医疗资源较为匮乏。学生在实践中更容易产生怜悯之情并感受到自身专业被需要。学生深入基层为村民们提供免费的健康帮助，集学校、社会和学生自我教育于一体，能够引导学生开阔学习思路与学习空间，帮助学生认知自我、服务社会、提高自身素质与能力，做到将课程思政贯穿活动始终。并且本次调查所涉及的两支有“实操调研”的队伍实践时间甚至不足一周，效果却远超为期近一个月的“加拿大组”和“英国组”。该结果提示，在国内开展“实操调研”型社会实践，可在短期内有效提高“专业认同感”。

4. 结语

医学生是我国医疗卫生行业中重要的人才资源，医学生的培养不仅仅在于其是否具有扎实的专业知识与技能，更重要的是其是否对医生职业有职业认同等核心思想素质的塑造[5]。因此，探究能提升“专业认同感”等核心思想素质的实践活动方案设计对培养医学人才具有重要意义。本次研究表明：在国内开展“实操调研”型社会实践，可在短期内有效提高“专业认同感”。对于“爱国主义态度”，应从情感性、价值性、行动性三个维度出发，将爱国教育有机融合于实践内容中，做到理论与实践相结合，使其改变更加显著，而其他维度则有待进一步探究。

5. 附表

附表 1　　**问卷调查前测（A 卷）**

1. 你所在的暑期实践活动队是	青海组	恩施组	加拿大组	北京组	新疆组	英国组
2. 请根据你的实际情况判断以下描述	完全不同意	比较不同意	无所谓	比较同意	完全同意	
我相信自己有能力在学习上取得好成绩						
我喜欢选择富有挑战性的学习任务						
我认为自己能够很好地理解书本上的知识及老师所讲授的内容						
即使我在某次考试中的成绩很不理想，我也能平静地分析自己在考试中所犯的错误						
我总是在书本或笔记本上画出重点部分以帮助学习						
阅读书本时我能够将所阅读的内容与已掌握的知识联系起来思考						
当我为考试复习时，我能够将前后所学的知识融会贯通起来进行复习						
我经常发现自己虽然在阅读书本，却不知道它讲的是什么意思						
3. 请根据你的实际情况判断以下描述	完全不同意	比较不同意	无所谓	比较同意	完全同意	
我能列举出至少三个本专业的杰出人物并讲出他们的故事						
我了解所学专业领域中主要及最新的研究成果						
我了解本专业在社会上的就业状况						
我对本专业非常感兴趣，它带给我快乐						
我常常忍不住去和别人谈论我的专业						
我期待有更多的人来学习我的专业						
我倾向于从所学专业的角度思考分析问题						
我经常阅读与所学专业相关的书籍和文献资料						

续表

我经常与同学探讨所学专业的相关问题						
我对继续本专业的学习干劲十足						
4. 请根据你的实际情况判断以下描述	完全不同意	比较不同意	无所谓	比较同意	完全同意	
我对我国的"科学技术成就"感到自豪						
我对我国的"社会公平与平等"感到自豪						
我对我国的"社会保障制度"感到自豪						
我对我国的"辽阔国土和大好河山"感到自豪						
当听到国歌响起的时候，我会很激动						
批评中国的人，就不配做中国人						
为了国家，我愿意牺牲自己的利益						
为了国家，我愿意牺牲我的生命						
5. 请对以下"医学生应具备的核心素养"指标进行判断，选择你认同的程度	完全不同意	比较不同意	中立	比较同意	完全同意	
批判质疑						
勇于探究						
自我管理						
团队协作						
抗压能力						
民族认同						
国家安全观						
主动服务						
6. 请根据你的实际情况判断以下描述	完全不同意	比较不同意	无所谓	比较同意	完全同意	
初次接触某一消息时，我经常会先寻找渠道求证						
我善于列计划去解决复杂的问题						
即使我知道怎样做决定，我也会反复考虑其他选择						
对自己能够想出有创意的选择，我很满足						
我觉得权威人士分享的观点往往是对的						
我善于倾听并乐于了解别人对事物的想法						

附表 2　**问卷调查后测(B 卷)**

1. 你所在的暑期实践活动队是	青海组	恩施组	加拿大组	北京组	新疆组	英国组
2. 请根据你的实际情况判断以下描述	完全不同意	比较不同意	无所谓	比较同意	完全同意	
我觉得凭我的能力，可以学好大多数功课						
我经常选择那些虽然难却能够从中学到知识的学习任务，哪怕需要付出更多的努力						
我认为自己能够很好地理解书本上的知识及老师所讲授的内容						
我认为自己有能力解决学习中遇到的问题						
我总是在书本或笔记本上画出重点部分以帮助学习						
学习时我总喜欢通过自问自答的方式来检验自己是否已掌握了所学的内容						
做作业时我总力求回忆起老师在课堂上所讲的内容以便把作业做好						
我上课时总是开小差以至于不能认真听讲						
3. 请根据你的实际情况判断以下描述	完全不同意	比较不同意	无所谓	比较同意	完全同意	
我熟悉本专业的发展历程及重要历史人物						
我了解所学专业领域中主要及最新的研究成果						
我知道我所学专业未来可以为社会做些什么						
我对深入探索这一专业领域充满了期待						
我很乐意向他人介绍我的专业，这让我觉得自豪						
我对所学专业本身的发展前景很有信心						
我倾向于养成从本专业角度思考问题的能力						
我在专业学习上花了很多时间						
我经常与亲朋好友探讨本专业的相关问题						
我乐意从事和所学专业有关的工作						
4. 请根据你的实际情况判断以下描述	完全不同意	比较不同意	无所谓	比较同意	完全同意	
我对我国的“科学技术成就”感到自豪						
我对我国的“社会公平与平等”感到自豪						
我对我国的“社会保障制度”感到自豪						
我对我国的“辽阔国土和大好河山”感到自豪						
当听到国歌响起的时候，我会很激动						
批评中国的人，就不配做中国人						
为了国家，我愿意牺牲自己的利益						

续表

为了国家，我愿意牺牲我的生命						
5. 请对以下“医学生应具备的核心素养”指标进行判断，选择你认同的程度	完全不同意	比较不同意	中立	比较同意	完全同意	
理性思维						
探究精神						
自我管理						
协作能力						
问题解决						
民族认同						
国家安全						
主动奉献						
6. 请根据你的实际情况判断以下描述	完全不同意	比较不同意	无所谓	比较同意	完全同意	
我常常通过亲自验证的方式来辨别问题						
我熟练掌握归纳与演绎的基本过程，并能运用在实验设计中						
制订方案时我会考虑多种可能						
当我脑海里浮现一个前人没有说过的观点时，我会认为这可能成为我的新发现						
做研究时我会直接沿用权威人士分享的观点						
我善于倾听并乐于了解别人对事物的想法						

（致谢：感谢暑期实践队带队教师陈声亮、卡德尔江·库尔班、赵成毅、左文静、王燕舞、冯勇的协助和支持。）

◎ 参考文献

[1]李海娟．新时代高校实践育人路径探析[J]．思想理论教育，2021(8)：108-111.

[2]杨晓慧．高等教育“三全育人”：理论意蕴、现实难题与实践路径[J]．中国高等教育，2018(18)：4-8.

[3]张鼎昆，方俐洛，凌文辁．自我效能感的理论及研究现状[J]．心理学动态，1999(1)：39-43.

[4]郭南，张婷．基于课程思政的大学生爱国情怀培育探究[J]．高教学刊，2019(23)：167-169.

[5]王凤前，曲乃强，牛启超．医学生职业认同现状调查[J]．中国公共卫生，2018，34(9)：1260-1262.